Fehlzeiten-Report 2019

Bernhard Badura
Antje Ducki
Helmut Schröder
Joachim Klose
Markus Meyer
(Hrsg.)

Fehlzeiten-Report 2019

Digitalisierung - gesundes Arbeiten ermöglichen

Hrsg.
Prof. Dr. Bernhard Badura
Universität Bielefeld
Bielefeld, Deutschland

Joachim Klose
Wissenschaftliches Institut der AOK (WIdO)
Berlin, Deutschland

Prof. Dr. Antje Ducki
Beuth Hochschule für Technik
Berlin, Deutschland

Markus Meyer
Wissenschaftliches Institut der AOK (WIdO)
Berlin, Deutschland

Helmut Schröder
Wissenschaftliches Institut der AOK (WIdO)
Berlin, Deutschland

ISBN 978-3-662-59043-0   ISBN 978-3-662-59044-7 (eBook)
https://doi.org/10.1007/978-3-662-59044-7

Die Deutsche Nationalbibliothek verzeichnet diese Publikation in der Deutschen Nationalbibliografie; detaillierte bibliografische Daten sind im Internet über http://dnb.d-nb.de abrufbar.

© Springer-Verlag GmbH Deutschland, ein Teil von Springer Nature 2019
Das Werk einschließlich aller seiner Teile ist urheberrechtlich geschützt. Jede Verwertung, die nicht ausdrücklich vom Urheberrechtsgesetz zugelassen ist, bedarf der vorherigen Zustimmung des Verlags. Das gilt insbesondere für Vervielfältigungen, Bearbeitungen, Übersetzungen, Mikroverfilmungen und die Einspeicherung und Verarbeitung in elektronischen Systemen.
Die Wiedergabe von allgemein beschreibenden Bezeichnungen, Marken, Unternehmensnamen etc. in diesem Werk bedeutet nicht, dass diese frei durch jedermann benutzt werden dürfen. Die Berechtigung zur Benutzung unterliegt, auch ohne gesonderten Hinweis hierzu, den Regeln des Markenrechts. Die Rechte des jeweiligen Zeicheninhabers sind zu beachten.
Der Verlag, die Autoren und die Herausgeber gehen davon aus, dass die Angaben und Informationen in diesem Werk zum Zeitpunkt der Veröffentlichung vollständig und korrekt sind. Weder der Verlag noch die Autoren oder die Herausgeber übernehmen, ausdrücklich oder implizit, Gewähr für den Inhalt des Werkes, etwaige Fehler oder Äußerungen. Der Verlag bleibt im Hinblick auf geografische Zuordnungen und Gebietsbezeichnungen in veröffentlichten Karten und Institutionsadressen neutral.

Fotonachweis Umschlag: © SFIO CRACHO / stock.adobe.com (Symbolbild mit Fotomodellen)

Springer ist ein Imprint der eingetragenen Gesellschaft Springer-Verlag GmbH, DE und ist ein Teil von Springer Nature.
Die Anschrift der Gesellschaft ist: Heidelberger Platz 3, 14197 Berlin, Germany

Vorwort

Vor 20 Jahren – im Jahr 1999 – erschien der erste Fehlzeiten-Report. Dies ist für uns ein gegebener Anlass nochmal allen Autorinnen und Autoren der vergangenen Fehlzeiten-Reporte ganz herzlich für Ihr Engagement zu danken. Ebenso danken wir auch den Fachkreisen des Betrieblichen Gesundheitsmanagements, die als treue Leserschaft dem Fehlzeiten-Report über die Jahre zu einer großen Verbreitung und Bekanntheit verholfen haben. Dies ist für uns eine Bestätigung unserer Mühen und Ansporn für die Zukunft. Unser Ziel war von Anfang an mit dem Fehlzeiten-Report einen Beitrag dazu zu leisten, Unternehmen und Beschäftigten die Bedeutung des Betrieblichen Gesundheitsmanagements vor Augen zu führen. So konnten wir regelmäßig in den Reporten aufzeigen, dass nicht nur das Gesundheits- und Wohlbefinden der Beschäftigten durch eine betriebliche Präventionsarbeit positiv beeinflusst werden kann, auch die Senkung von Fehlzeiten und eine höhere Arbeitsmotivation resultieren aus dieser Arbeit. Vonseiten der Leserschaft haben wir immer wieder das erfreuliche Feedback bekommen, dass wir mit unserer Themensetzung der Schwerpunkte der letzten Jahre oftmals stilbildend und richtungsweisend waren – wir sind zuversichtlich, dass uns dies auch in den kommenden Jahren gelingen wird und wir mit den Themen des Fehlzeiten-Reports weiterhin das vorhandene große Interesse der betrieblichen Gesundheitsmanager/innen und Personaler/innen in den Unternehmen, der wissenschaftlichen Experten/innen und Studenten/innen und aller Praktiker/innen im Betrieblichen Gesundheitsmanagement binden, weiterentwickeln oder auch neu gewinnen können. Wir alle haben das gleiche Ziel, nämlich die Gesundheit der Beschäftigten zu fördern und Krankheiten – wo immer dies möglich ist – zu verhindern. Aus unserer Sicht ist dies eine sehr lohnenswerte Arbeit, denn davon profitieren nicht nur die Beschäftigten, sondern auch die Unternehmen. Wir sind der festen Überzeugung, dass das Betriebliche Gesundheitsmanagement insbesondere in Zeiten des Fachkräftemangels und der älter werdenden Belegschaften weiter an Bedeutung gewinnen wird. Dies ist für uns eine Triebfeder in unserer Arbeit nicht nachzulassen. So hoffen wir auch mit diesem Report wieder ein wichtiges Thema aufgegriffen zu haben.

Digitalisierung gilt derzeit als wichtigster Treiber für Veränderungen in der Arbeitswelt. Die meisten Beschäftigten in Deutschland nutzen in ihrer beruflichen Tätigkeit Informations- oder Kommunikationstechnologien. Experten sind sich einig, dass wir derzeit eine Schwelle überschreiten, an der die Digitalisierung zunehmend das Alltags- und Arbeitsleben durchdringt. Mit der zunehmenden Nutzung von digitalen Geräten in Beruf und Freizeit kommen umfassende Veränderungen auf die Gesellschaft, insbesondere auf die Arbeitswelt zu:

■ ■ Es gibt Gewinner und Verlierer

Als Gewinner der Digitalisierung können sich vor allem gut ausgebildete Beschäftigte sehen, die komplexen Tätigkeiten mit hohen qualitativen Anforderungen nachgehen. Ihre fachliche und technische Expertise ist eine Grundvoraussetzung für das Funktionieren der immer komplexer werdenden und zunehmend automatisierten Arbeitsprozesse. Qualifizierte Sach- und Facharbeiter hingegen, die bisher beispielsweise für qualifizierte Produktionsarbeiten in der Montage eingesetzt waren, können entweder durch Maschinen entbehrlich gemacht werden oder einer zunehmenden Dequalifizierung ausgesetzt sein. Wenn nach einer weitgehenden Automatisierung des Arbeitsumfeldes nur noch monotone Resttätigkeiten übrig bleiben, können physische und psychische Fehlbeanspruchungen die Folge sein. Beschäftigte brauchen zukünftig noch stärker die Bereitschaft zu stetigen Weiterbildungen, um den rasanten technologischen Veränderungen in der Arbeitswelt standzuhalten. Doch nicht alle werden mit dem Tempo mithalten können.

Unternehmensstrukturen verändern sich

Unternehmensstrukturen müssen sich den Marktbedingungen einer beschleunigten Gesellschaft und dem Druck immer kürzer werdender Produktzyklen anpassen. An die Stelle des vertikal-hierarchisch organisierten Betriebes treten flexible, flach-hierarchisch organisierte Einheiten, die schnell auf Marktveränderungen reagieren müssen. Die Beschäftigten bekommen in der Folge mehr Entscheidungsspielräume und stehen so aber auch mehr in der Verantwortung. Selbstregulierung wird daher zukünftig zu einer Schlüsselkompetenz, um die eigene gesundheitliche Unversehrtheit bewahren zu können.

Führung muss neu gedacht werden

Auch auf Führungskräfte kommen zukünftig ganz neue Herausforderungen zu: Aufgrund beschleunigter Prozesse wächst der Handlungs- und Entscheidungsdruck stetig. Zunehmend flache Hierarchien, teamorientiertes Arbeiten, interkulturelle Teams und Führung auf Distanz braucht vor allem eine hohe Sozial- und kommunikative Kompetenz der Führungskräfte. Je instabiler sowie von mehr Veränderung geprägt das Umfeld der Unternehmen ist, umso mehr sehnen sich Mitarbeiter nach Halt und Orientierung.

Soloselbständigkeit boomt

Immer mehr so genannter Click- und Cloudworker arbeiten als Soloselbstständige. Dies bringt für diejenigen zwar einen hohen Grad an Selbstbestimmtheit, aber auch eine hohe Unsicherheit bezüglich der Beschäftigungs- und Einkommenssituation mit sich. Soloselbstständige fallen bei den klassischen Präventions- und Gesundheitsschutzmaßnahmen durch das Raster, da man sie nicht in Betrieben vorfindet. Nur über ein persönliches Gesundheitsmanagement kann die eigene Arbeitskraft geschützt werden. Hier braucht es neue Präventionsstrategien jenseits des bisher etablierten betrieblichen Gesundheitsmanagements.

Die Präsenzkultur verliert an Bedeutung

Mit der Digitalisierung erodiert zunehmend auch die Präsenzkultur in den Unternehmen. Ständige Erreichbarkeit wird zum Standard und eine permanente Mobilitätsbereitschaft ist bereits heute für viele Erwerbstätige Realität. Hierdurch wird der klassische Nine-to-Five-Arbeitstag abgelöst. Die Grenze zwischen Berufs- und Privatleben, Arbeit und Freizeit, Arbeitsplatz und Wohnung wird durchlässiger. Diese Flexibilisierungsmöglichkeiten haben viele Vorteile, führen oftmals aber auch zu einer Verdichtung von Arbeit, die sich beispielsweise durch Multitasking und in einer schwer beherrschbaren Informationsflut zeigt. Überforderungserscheinungen können die Folge sein und zu psychischen Belastungen führen.

Vorwort

▪▪ Ansprüche an die Arbeit ändern sich

Mit dem Wandel von Wirtschaft und Gesellschaft verändern sich auch Lebensstile und Ansprüche an die eigene Arbeit. So wollen Frauen und Männer stärker gleichberechtigt arbeiten und sich eher gemeinsam um die Familie kümmern. Die digitalisierte Arbeit lässt hier durch zeit- und ortsungebundenes Arbeiten mehr Flexibilität zu. Die Work-Life-Balance der Beschäftigten im Blick zu halten, wird für die Unternehmen immer mehr zu einem zentralen Wettbewerbsvorteil.

Der vorliegende Report will sich mit folgenden Fragen beschäftigen:

- Welche Risiken und Chancen ergeben sich durch die Digitalisierung für die Arbeitswelt und für die Gesundheit der Beschäftigten?
- Wie kann entgrenztes Arbeiten gesundheitsgerecht gestaltet werden?
- Welche Herausforderungen und Chancen ergeben sich aktuell und zukünftig für das (auch digitale) Betriebliche Gesundheitsmanagement?

Zusätzlich zum Schwerpunktthema gibt der Fehlzeiten-Report auch in diesem Jahr einen Überblick über die krankheitsbedingten Fehlzeiten in der deutschen Wirtschaft mit aktuellen Daten und Analysen. Er berichtet zum einen über die Krankenstandsentwicklung aller gesetzlich krankenversicherten Arbeitnehmer wie auch der Bundesverwaltung. Zum anderen informiert er auf der Basis des bundesweit größten Datenpools von 13,9 Mio. AOK-versicherten Beschäftigten, die im Jahr 2018 in mehr als 1,6 Mio. Betrieben tätig waren, ausführlich über krankheitsbedingte Fehlzeiten. Die Entwicklungen in den einzelnen Wirtschaftszweigen werden differenziert dargestellt, sodass die Leserschaft einen schnellen und umfassenden Überblick über das branchenspezifische Krankheitsgeschehen erhält.

Aus Gründen der besseren Lesbarkeit wird innerhalb der Beiträge bei der Benennung von Personen – wo immer möglich – eine „geschlechtsneutrale" Formulierung verwendet (z. B. Beschäftigte, Mitarbeitende). Ist dies nicht möglich wird ggf. die männliche Schreibweise verwendet. Wir möchten darauf hinweisen, dass auch diese Verwendung explizit als geschlechtsunabhängig verstanden werden soll und selbstverständlich jeweils alle Geschlechter gemeint sind.

Wir möchten uns wieder herzlich bei allen bedanken, die zum Gelingen des Fehlzeiten-Reports 2019 beigetragen haben. Zunächst gilt unser Dank natürlich den Autorinnen und Autoren, die trotz ihrer vielfältigen Verpflichtungen das Engagement und die Zeit gefunden haben, uns aktuelle und interessante Beiträge zur Verfügung zu stellen.

Danken möchten wir darüber hinaus allen Kolleginnen und Kollegen im WIdO, die an der Buchproduktion beteiligt waren. Zu nennen sind hier vor allem Miriam-Maleika Höltgen und Maia Maisuradze, die uns bei der Organisation, der Betreuung der Autorinnen und Autoren und durch ihre redaktionelle Arbeit exzellent unterstützt haben. Unser Dank gilt ebenfalls Susanne Sollmann für das ausgezeichnete Lektorat und Jenny Wenzel für ihre professionelle Unterstützung bei der Autorenrecherche und -akquise als auch dem gesamten Fachteam BGF im WIdO. Danken möchten wir gleichermaßen allen Kolleginnen und Kollegen im Backoffice des WIdO, ohne deren Unterstützung diese Buchpublikation nicht möglich gewesen wäre.

Unser Dank geht weiterhin an den Springer-Verlag für die gewohnt hervorragende verlegerische Betreuung, insbesondere durch Frau Hiltrud Wilbertz.

Berlin und Bielefeld
im Juni 2019

Inhaltsverzeichnis

1	**Digitale Transformationen – von gesundheitsschädigenden Effekten zur gesundheitsförderlichen Gestaltung**	1
	Antje Ducki	
1.1	**Transformationen des Alltagshandelns**	2
1.2	**Transformationen des Arbeitens**	2
1.3	**Transformationen der Gesundheit**	4
1.4	**Transformationen des Betrieblichen Gesundheitsmanagements**	5
1.5	**Qualitätsstandards für ein digitales Betriebliches Gesundheitsmanagement**	6
1.5.1	Spezifikation: Schnittstellengestaltung	7
1.5.2	Spezifikation gesundheitsförderliche Softwaregestaltung	7
1.5.3	Zusammengefasst	8
1.6	**Die Beiträge im Einzelnen**	8
	Literatur	12

I Gesellschaftliche Ebene: Auswirkungen der Digitalisierung auf die Gesellschaft

2	**Arbeit 4.0: Segen oder Fluch?**	17
	Hartmut Hirsch-Kreinsen und Tobias Wienzek	
2.1	**Technologieschub Digitalisierung**	18
2.2	**Arbeit 4.0 – Zum Wandel von Arbeit**	19
2.2.1	Umstrittene Beschäftigungseffekte	19
2.2.2	Widersprüchlicher Strukturwandel von Arbeit	20
2.2.3	Generelle Arbeitsfolgen	21
2.3	**Digitalisierte Arbeit als Gestaltungsprojekt**	23
2.3.1	Sozio-technisches System	24
2.3.2	Gestaltung der Schnittstelle zwischen Arbeit und digitalen Technologien	25
2.4	**Fazit: Unverzichtbare Zusatzbedingungen**	26
	Literatur	27

3	**Welche Folgen hat die Digitalisierung für den Arbeitsmarkt?**	29
	Katharina Dengler	
3.1	**Einleitung**	30
3.2	**Folgen der Digitalisierung für die Beschäftigung**	31
3.3	**Substituierbarkeitspotenzial als Maß**	31
3.4	**Substituierbarkeitspotenziale nach Anforderungsniveau**	32
3.5	**Substituierbarkeitspotenziale nach Berufssegmenten**	33
3.6	**Folgen der Digitalisierung für die Beschäftigten**	34
3.7	**Schlussfolgerungen**	35
	Literatur	36

4	**Arbeiten und Lernen in einer zunehmend digitalisierten Arbeitswelt** ...	39
	Lars Windelband	
4.1	Einleitung	40
4.2	Digitalisierung der Arbeitswelt und deren Konsequenzen für die berufliche Bildung	40
4.3	Veränderte Anforderungen an Kompetenz und Qualifikation bis zu neuen Berufen?	42
4.4	Bedeutung des Erfahrungswissens in einer digitalisierten Arbeitswelt	44
4.5	Handlungsempfehlungen: Chancen und Risiken für die Beschäftigten	46
	Literatur	48
5	**Möglichkeiten 4.0: Chancen der Digitalisierung für Beschäftigte und Unternehmen**	51
	Elisa Clauß und Birgit Verworn	
5.1	Die Digitalisierung ist bereits Teil unseres Lebens	52
5.2	Auf zu neuen Ufern: Was bringt die Digitalisierung für Beschäftigte und Unternehmen?	53
5.3	Neue Herausforderungen für Betriebe	55
5.4	Neue Herausforderungen für Beschäftigte	58
5.5	Neue und alte Rahmenbedingungen für den digitalen Wandel	59
5.6	Fazit	59
	Literatur	60
6	**Gute Digitale Arbeit?**	63
	Astrid Schmidt, Barbara Susec und Karl-Heinz Brandl	
6.1	Einleitung	64
6.2	Souveränität und Mobilität	64
6.2.1	Die Realität: Flexibilisierung, Arbeitsintensivierung und indirekte Steuerung	65
6.2.2	Das Ziel: Souveränität und Gestaltungsspielräume	66
6.2.3	Die Grundlage: gesundheitserhaltende Arbeitsbedingungen	68
6.3	Fachkräfte und Zukunfts-Skills	70
6.3.1	Qualifizierung forcieren	70
6.3.2	Qualifizierung und Beschäftigungssicherheit verbinden	71
6.4	Neue Herausforderungen: Datenschutz im digitalen Wandel	72
6.5	Künstliche Intelligenz – wer steuert wen?	73
6.6	Fazit	74
	Literatur	75
7	**Arbeitszeit und Arbeitsort – (wie viel) Flexibilität ist gesund?**	77
	Andrea Waltersbacher, Maia Maisuradze und Helmut Schröder	
7.1	Einführung	78
7.1.1	Flexibilisierung von Arbeitszeit und Arbeitsort als Forschungsgegenstand	78
7.1.2	Zentrale Fragen und Methodik der Untersuchung	81
7.2	Darstellung der Befragungsergebnisse	82
7.2.1	Flexibilisierung	82
7.2.2	Beschäftigte nach Arbeitsorten	84
7.2.3	Die Bewertung des flexiblen Arbeitens	86

7.2.4	Die Nutzung digitaler Geräte und digitaler Infrastruktur	87
7.2.5	Entgrenzung zwischen Arbeits- und Privatleben und das Grenzziehungsmanagement der Beschäftigten	88
7.2.6	Selbstmanagement: Ressourcen und Schwierigkeiten	93
7.3	**Flexible Arbeitsformen und Gesundheit**	95
7.3.1	Krankheitsbedingte Fehlzeiten und Präsentismus	95
7.3.2	Beeinträchtigungen und gesundheitliche Beschwerden	97
7.4	**Diskussion der Ergebnisse und Ausblick**	102
	Literatur	104

II Betriebliche Ebene: Herausforderungen durch Digitalisierung für Betriebe

8	**Digitale Gefährdungsbeurteilung psychischer Belastung**	111
	Nico Dragano, Ines Catharina Wulf und Mathias Diebig	
8.1	**Einleitung**	112
8.2	**Durchführung der Gefährdungsbeurteilung psychischer Belastung im Allgemeinen**	113
8.3	**Vorteile einer digitalen Gefährdungsbeurteilung psychischer Belastung**	114
8.3.1	Vorbereitung	115
8.3.2	Messen und Bewerten	115
8.3.3	Maßnahmenentwicklung und Durchführung	116
8.3.4	Wirksamkeitsprüfung und Dokumentation	117
8.3.5	Weitere Aspekte: neue Anforderungen an die GBP in einer digitalisierten Arbeitswelt	117
8.4	**Nachteile einer digitalen GBP**	119
8.5	**Existierende digitale Verfahren der GBP: Beispiele**	119
8.6	**Schlussfolgerung und Ausblick**	124
	Literatur	124
9	**New Work und psychische Gesundheit**	127
	Carsten C. Schermuly und Jan Koch	
9.1	**Einleitung**	128
9.2	**Begriffsklärung New Work**	129
9.3	**Psychologisches Empowerment**	130
9.3.1	Psychologisches Empowerment als Ziel von New-Work-Maßnahmen	130
9.3.2	Konsequenzen von psychologischem Empowerment für die psychische Gesundheit	133
9.4	**Agiles Arbeiten als New-Work-Initiative**	134
9.4.1	Agiles Arbeiten: Historische Entwicklung und Definition	134
9.4.2	Agile Werte, Prinzipien und Praktiken und die Verbreitung agiler Methoden	136
9.4.3	Zusammenhänge zwischen agilem Arbeiten und psychischer Gesundheit	136
9.5	**Fazit**	137
	Literatur	138
10	**Digitalisierung aus der Perspektive der gesundheitsfördernden Organisationsentwicklung**	141
	Nadine Pieck, Ute Held und Claudia Bindl	
10.1	**Einleitung**	143
10.2	**Digitalisierung als Eingriff in ein soziotechnisches System**	143

10.3	**Digitalisierung als Gegenstand von Gesundheitsmanagement**	144
10.3.1	Es fehlen gesundheitsbezogene Ziele und Kriterien	145
10.3.2	Belastungs- und Ressourcenkonstellationen in Digitalisierungsprozessen	145
10.4	**Beobachtung von Auswirkungen auf kultureller Ebene**	147
10.4.1	Erwartungen an Digitalisierungsprozesse	147
10.4.2	Hierarchisierung der Kommunikation verhindert Bearbeitung bestehender Probleme	147
10.4.3	Fokussierung auf technische Aspekte	148
10.4.4	Unsichtbarkeit der eigenen Anpassungsleistung	148
10.4.5	Zwischenbilanz	148
10.5	**Anforderungen an die Gestaltung von Digitalisierungsprozessen**	149
10.5.1	Kommunikationsarchitektur	149
10.5.2	Haltung der Beteiligten – Lernen am Modell	150
10.5.3	Sinnhaftigkeit für die Betroffenen	150
10.5.4	Enthierarchisierung der Kommunikation	151
10.5.5	Resonanz fördern	151
10.5.6	Salutogene Geschäftsprozessanalyse	152
10.6	**Fazit**	152
	Literatur	153
11	**Occupational e-Mental Health – eine Übersicht zu Ansätzen, Evidenz und Implementierung**	**155**
	Dirk Lehr und Leif Boß	
11.1	**Digitalisierung in Arbeit und Gesundheit**	157
11.2	**Occupational e-Mental Health – eine Definition**	157
11.3	**Interventionsansätze aus technologischer Sicht**	157
11.4	**Internet-Interventionen**	158
11.5	**Mobile Health**	159
11.6	**Social Media**	159
11.7	**Serious Gaming und Gamification**	160
11.8	**Virtual Reality**	160
11.9	**Videokonferenzen, Telefon oder Instant Messaging**	161
11.10	**Merkmale von internetbasierten und klassischen Trainings zur Stress-Bewältigung im Vergleich**	161
11.11	**Wirksamkeit von psychotherapeutischen Internet- und mobilen Interventionen**	162
11.12	**Wirksamkeit von Internet- und mobilen Interventionen in Prävention und Betrieblicher Gesundheitsförderung**	164
11.13	**Heterogenität metaanalytischer Befunde und die Herausforderung einer evidenzbasierten Prävention**	165
11.14	**Übersicht zu Inhalten und Aufbau internetbasierter Trainings für Berufstätige**	165
11.15	**Perspektive der Nutzenden auf internetbasierte Interventionen**	170
11.16	**Webbased Health Risk Assessment**	173
11.17	**Gesundheitsökonomische Effekte von Internet-Interventionen für Berufstätige**	174
11.18	**Fazit und Ausblick**	175
	Literatur	176

12	**Digitale Möglichkeiten der Verhaltensprävention in Betrieben**	179
	Oliver Hasselmann, Leonie Franzen und Birgit Schauerte	
12.1	Ausgangslage – die Arbeitswelt wird digitaler, die Betriebliche Gesundheitsförderung auch	180
12.2	Digitalisierung und Betriebliche Gesundheitsförderung	181
12.3	Digitales BGF am Beispiel Schritt4fit	182
12.3.1	Schritt4fit – so funktioniert der Wettbewerb	183
12.3.2	Die Studie – Effekte des Schrittzählerwettbewerbs	184
12.3.3	Schlussfolgerungen aus der Studie	186
12.4	Potenziale digitaler BGM-Maßnahmen	188
12.5	**Fazit und Ausblick**	190
	Literatur	190
13	**Wie nachhaltig sind agile Arbeitsformen?**	193
	Andreas Boes und Tobias Kämpf	
13.1	Einleitung: Agilität als neuer strategischer Trend	194
13.2	Agile Arbeitsformen in der Praxis: Fallbeispiel Software-Entwicklung	196
13.3	Agilität und Belastung: Wie entwickelt sich die Gesundheits- und Belastungssituation in agilen Teams?	199
13.4	Agile Arbeit nachhaltig gestalten	202
	Literatur	204
14	**Mobile Arbeit: Arbeitsbedingungen und Erleben**	205
	Kerstin Rieder, Sylvia Kraus und Gerlinde Vogl	
14.1	Einleitung	206
14.2	Belastungen und Ressourcen mobiler Arbeit	207
14.3	Belastungserleben bei mobiler Arbeit	208
14.4	Zielsetzung und Methoden	208
14.4.1	Stichprobe	209
14.4.2	Fragebogen und Interviews	209
14.4.3	Ausprägung mobiler Arbeit	210
14.4.4	Analysen	210
14.5	Bedingungen für positives Erleben mobiler Arbeit	210
14.5.1	Bedeutung demografischer Aspekte	211
14.5.2	Bedeutung allgemeiner Arbeitsbedingungen	211
14.5.3	Bedeutung mobilitätsspezifischer Arbeitsbedingungen	211
14.6	Erleben mobiler Arbeit und Gesundheit	213
14.7	Diskussion	213
14.8	**Fazit**	214
	Literatur	215
15	**Gesunde Führung in vernetzter (Zusammen-)Arbeit – Herausforderungen und Chancen**	217
	Henning Staar, Jochen Gurt und Monique Janneck	
15.1	Einleitung	218
15.2	Vernetzte Arbeit – Gegenstandsbestimmung	219
15.3	Vernetzte Arbeit – Standard oder (noch) Ausnahme?	220

15.4	**Führung und Gesundheit in dynamischen Arbeitswelten – die Rolle der Vorgesetzten**	221
15.4.1	Gesundheitsrelevante Führungskonzepte und ihre Gültigkeit im Kontext vernetzter Arbeit	222
15.5	**Gesundheitsbezogene Herausforderungen und Chancen vernetzter Arbeit – konkrete Führungsansätze**	224
15.5.1	Arbeitsinhalte	225
15.5.2	Arbeitsumgebung und Technik	227
15.5.3	Arbeitsorganisation	229
15.5.4	Soziale Beziehungen	230
15.6	**Fazit**	232
	Literatur	233
16	**Private Nutzung sozialer Medien am Arbeitsplatz**	237
	Tim Vahle-Hinz, Christine Syrek, Jana Kühnel und Nicolas Feuerhahn	
16.1	**Einleitung**	238
16.2	**Nutzung sozialer Medien**	239
16.3	**Private Nutzung sozialer Medien im Arbeitskontext**	240
16.3.1	Private Nutzung sozialer Medien im Arbeitskontext: Negative *und* positive Wirkungen?	241
16.3.2	Work-non-Work-Balance und Kreativität	242
16.4	**Exemplarische empirische Erkenntnisse**	242
16.5	**Fazit und praktische Implikationen**	244
	Literatur	246

III Individuelle Ebene: Auswirkungen der Digitalisierung auf den Menschen

17	**Wie erholt ist Bayern? – Ergebnisse einer repräsentativen Erwerbstätigenbefragung**	251
	Johanna Schrödel und Werner Winter	
17.1	**Einführung**	252
17.1.1	Was ist Erholung?	252
17.1.2	Methodik und Forschungsfragen	255
17.2	**Darstellung der Befragungsergebnisse**	256
17.2.1	Aktueller Erholungszustand	256
17.2.2	Erholungsaktivitäten und Erholungsstrategien	257
17.2.3	Pausengestaltung und arbeitsbezogene Ressourcen	257
17.2.4	Extremgruppenbetrachtung: Hoch Belastete und hoch/niedrig Erholte	258
17.2.5	Erholung bei veränderten Arbeitsinhalten durch Arbeit 4.0	259
17.3	**Diskussion**	261
17.4	**Fazit und Implikationen für die Praxis**	263
	Literatur	264

18	**Extensives und intensiviertes Arbeiten in der digitalisierten Arbeitswelt – Verbreitung, gesundheitliche Risiken und mögliche Gegenstrategien** .	267
	Anika Schulz-Dadaczynski, Gisa Junghanns und Andrea Lohmann-Haislah	
18.1	Einleitung	268
18.2	Informationsüberflutung	269
18.2.1	Zum Phänomen	269
18.2.2	Gesundheitliche Risiken	270
18.2.3	Umgangsweisen	271
18.3	Umgang von Beschäftigten mit Anforderungen der digitalisierten Arbeitswelt	274
18.3.1	Das Projekt „Begrenzung und Fokussierung"	275
18.3.2	Extensives und intensiviertes Arbeiten	275
18.3.3	Begrenzung und Fokussierung als mögliche Gegenstrategien	278
18.4	**Fazit und Ausblick**	281
	Literatur	281
19	**Selbstmanagement als Kernkompetenz**	285
	Anita Graf und Sibylle Olbert-Bock	
19.1	**Bedeutung von Selbstmanagement-Kompetenz in der heutigen Arbeitswelt**	287
19.2	**Modell der Selbstmanagement-Kompetenz als Orientierungsrahmen**	288
19.2.1	Selbstmanagement-Kompetenz verstehen	288
19.2.2	Selbstmanagement praktisch – Reflexionsfragen für Coachings und Trainings	290
19.3	**Das dynamische Kernmodell von Selbstmanagement-Kompetenz**	290
19.3.1	Kern der Werte- und Haltungsebene – Selbstverantwortung übernehmen	290
19.3.2	Kern der Reflexionsebene – Selbsterkenntnis vertiefen	293
19.3.3	Kern der Umsetzungsebene – Selbstentwicklung entfalten	294
19.4	**Sechs weitere Bausteine von Selbstmanagement-Kompetenz auf der Reflexions- und Umsetzungsebene**	295
19.4.1	Baustein Ziele	295
19.4.2	Baustein Zeit und Informationen	296
19.4.3	Baustein Physische und psychische Gesundheit	297
19.4.4	Baustein Soziale Beziehungen	298
19.4.5	Baustein Selbstkontrolle und Selbstregulation	299
19.4.6	Baustein Weitere Persönlichkeitsaspekte	300
19.5	**Selbstmanagement praktisch**	300
19.5.1	Reflexion von Verhaltensindikatoren entlang der neun Bausteine von Selbstmanagement-Kompetenz	301
19.5.2	Modell der Selbstmanagement-Kompetenz als Basis für die Gestaltung eines Zertifikatskurses	303
	Literatur	305
20	**Von der Arbeit (Nicht) Abschalten-Können: Ursachen, Wirkungen, Verbreitung und Interventionsmöglichkeiten**	307
	Andrea Lohmann-Haislah, Johannes Wendsche, Anika Schulz, Tina Scheibe und Ina Schöllgen	
20.1	**Einleitung**	308
20.2	**Definition**	308
20.3	**Verbreitung**	309

20.4	Erklärungsmodelle	310
20.5	Befunde zu Wirkungen von und Einflussgrößen auf Detachment	311
20.5.1	Wirkungen von Detachment	311
20.5.2	Einflussgrößen auf Detachment	312
20.6	Interventionen	313
20.6.1	Verhältnisorientierte Gestaltungsansätze	314
20.6.2	Verhaltensorientierte Gestaltungsansätze	314
20.6.3	Kombinierte Gestaltungsansätze	315
20.7	Fazit und Ausblick	316
	Literatur	316

21 Gesundheit in der Arbeitswelt 4.0 ... 319
Anouschka Gronau, Sonja Stender und Sabrina Fenn

21.1	Arbeitswelt 4.0	320
21.2	Herausforderungen der Arbeitswelt 4.0 in der betrieblichen Praxis	320
21.3	Das Innovationsprojekt „Gesundheit in der Arbeitswelt 4.0"	321
21.4	Erste Erkenntnisse	323
21.4.1	Führung in der Arbeitswelt 4.0	323
21.4.2	Betriebliches Gesundheitsmanagement zukunftsfähig gestalten	325
21.5	Fazit und Ausblick	328
	Literatur	328

IV Digitale Neuentwicklungen für betriebliche Anwendungen

22 Digi-Exist: Eine digitale Plattform zur Gesundheitsförderung für junge Unternehmen ... 333
Antje Ducki, Dörte Behrendt, Leif Boß, Martina Brandt, Monique Janneck, Sophie Jent, Daniela Kunze, Dirk Lehr, Helge Nissen und Paul Wappler

22.1	Gesundheit von Anfang an	334
22.2	Wissenschaftlicher Hintergrund	335
22.2.1	Evidenz verhaltens- und verhältnisbezogener Interventionen	335
22.2.2	Evidenz digitaler Interventionen	336
22.2.3	Technische und methodische Besonderheiten	336
22.2.4	Anforderungen an digitale Präventions- und Gesundheitsförderungsangebote	337
22.3	Die Digi-Exist-Plattform	338
22.3.1	Anforderungsanalyse und Konzeption der Plattform	338
22.3.2	Angebote der Verhältnisprävention	340
22.3.3	Verhaltensorientierte Trainings	341
22.3.4	Idealtypischer Gesamtablauf im Unternehmen	341
22.4	Implementierung und erste Evaluationsergebnisse	342
22.5	Ausblick	345
	Literatur	345

23	**Arbeitsgestaltungs- und Gesundheitskompetenz bei Beschäftigten mit flexiblen Arbeitsbedingungen fördern: Eine Online-Intervention** ... 349
	Monique Janneck, Jan Dettmers und Annekatrin Hoppe
23.1	Einleitung ... 351
23.2	Arbeitsgestaltungskompetenzen ... 351
23.3	Erholungskompetenzen ... 353
23.4	Der EngAGE-Coach ... 354
23.5	Das Modul „Meine Arbeit" ... 356
23.5.1	Ergonomie ... 356
23.5.2	Arbeit organisieren ... 357
23.5.3	Selbstmotivation ... 359
23.6	Das Modul „Mein berufliches Umfeld" ... 359
23.6.1	Networking ... 360
23.6.2	Soziale Ressourcen im Unternehmen ... 360
23.6.3	Erreichbarkeit ... 360
23.7	Das Modul „Meine freie Zeit" ... 360
23.7.1	Freiräume schaffen ... 360
23.7.2	Entspannen und Genießen ... 361
23.7.3	Positives Denken ... 362
23.8	Fazit und Einsatzmöglichkeiten ... 362
	Literatur ... 362

V Praxisbeispiele

24	**Vom Taylorismus zur Selbstorganisation – Wie Betriebliches Gesundheitsmanagement zur Gestaltung der Digitalisierung beitragen kann** ... 367
	Bernhard Badura und Mika Steinke
24.1	Einleitung ... 368
24.2	Selbstorganisation ... 369
24.3	Der Beitrag des BGM ... 371
24.4	Agiles und gesundes Arbeiten im Unternehmen A ... 376
24.5	Forschungsbedarf ... 380
	Literatur ... 381

25	**Einblick: Reorganisation im Zuge der Digitalisierung – BGM im Unternehmen Moll Marzipan** ... 383
	Gerhard Westermayer und Mathias Schilder
25.1	Einleitung ... 384
25.2	Was bisher geschah: Das Fallbeispiel Moll Marzipan ... 384
25.3	Eine neue Unternehmensidentität ... 389
25.4	Der Reorganisations- und Digitalisierungsprozess ... 390
25.4.1	Aktuelle Situation ... 390
25.4.2	Die Bedeutung der Gesundheitspotenziale im Reorganisations- und Digitalisierungsprozess ... 390

25.5	**Intervention**	392
25.5.1	Workshops	392
25.5.2	Auswirkungen der Digitalisierung	393
25.6	**Ergebnisse**	394
	Literatur	395
26	**BGM 4.0 – Intelligente Vernetzung in der VUKA-Welt**	397
	Natalie Lotzmann	
26.1	**Vorstellung der Arbeitswelt der SAP**	398
26.2	**Gesundheitsmanagement bei SAP: Evolution in Ansatz und Strategie**	399
26.3	**Digitalisierung im Gesundheitsmanagement: „Risiken erkennen und Chancen nutzen"**	402
26.3.1	Digitale Tools und Services im Gesundheitsmanagement	403
26.3.2	Deep Dive Best Practice: Der Gesundheitskulturindex BHCI	405
26.3.3	Deep Dive Best Practice: Das Aktivitätsprogramm „Run Your Way on Fit@SAP"	406
26.4	**Reflexion und Fazit**	407
	Literatur	409

VI Daten und Analysen

27	**Krankheitsbedingte Fehlzeiten in der deutschen Wirtschaft im Jahr 2018 – Überblick**	413
	Markus Meyer, Maia Maisuradze und Antje Schenkel	
27.1	**Datenbasis und Methodik**	417
27.2	**Allgemeine Krankenstandsentwicklung**	421
27.3	**Verteilung der Arbeitsunfähigkeit**	422
27.4	**Kurz- und Langzeiterkrankungen**	424
27.5	**Krankenstandsentwicklung in den einzelnen Branchen**	425
27.6	**Einfluss der Alters- und Geschlechtsstruktur**	426
27.7	**Fehlzeiten nach Bundesländern**	433
27.8	**Fehlzeiten nach Betriebsgröße**	433
27.9	**Fehlzeiten nach Ausbildungsabschluss und Vertragsart**	434
27.10	**Fehlzeiten nach Berufsgruppen**	439
27.11	**Fehlzeiten nach Wochentagen**	441
27.12	**Arbeitsunfälle**	443
27.13	**Krankheitsarten im Überblick**	445
27.14	**Die häufigsten Einzeldiagnosen**	451
27.15	**Krankheitsarten nach Branchen**	451
27.16	**Langzeitfälle nach Krankheitsarten**	458
27.17	**Krankheitsarten nach Diagnoseuntergruppen**	459
27.18	**Burnout-bedingte Fehlzeiten**	459
27.19	**Arbeitsunfähigkeiten nach Städten 2018**	462
27.20	**Inanspruchnahme von Krankengeld bei Erkrankung des Kindes**	465
	Literatur	476

28	**Krankheitsbedingte Fehlzeiten nach Branchen im Jahr 2018**	479
	Markus Meyer, Maia Maisuradze und Antje Schenkel	
28.1	Banken und Versicherungen	480
28.2	Baugewerbe	497
28.3	Dienstleistungen	516
28.4	Energie, Wasser, Entsorgung und Bergbau	538
28.5	Erziehung und Unterricht	558
28.6	Gesundheits- und Sozialwesen	577
28.7	Handel	599
28.8	Land- und Forstwirtschaft	618
28.9	Metallindustrie	634
28.10	Öffentliche Verwaltung	656
28.11	Verarbeitendes Gewerbe	673
28.12	Verkehr und Transport	701
29	**Die Arbeitsunfähigkeit in der Statistik der GKV**	719
	Klaus Busch	
29.1	Arbeitsunfähigkeitsstatistiken der Krankenkassen	720
29.2	Erfassung von Arbeitsunfähigkeit	721
29.3	Entwicklung des Krankenstandes	722
29.4	Entwicklung der Arbeitsunfähigkeitsfälle	724
29.5	Dauer der Arbeitsunfähigkeit	726
29.6	Altersabhängigkeit der Arbeitsunfähigkeit	726
29.7	Arbeitsunfähigkeit nach Krankheitsarten	729
30	**Betriebliches Gesundheitsmanagement und krankheitsbedingte Fehlzeiten in der Bundesverwaltung**	741
	Annette Schlipphak	
30.1	Grundlagen des Betrieblichen Gesundheitsmanagements	742
30.1.1	Einführung in die Evaluation	742
30.1.2	Ansatzpunkte der Evaluation	742
30.1.3	Wer ist für die Evaluation zuständig und wer verantwortlich?	743
30.1.4	Umsetzung der Evaluation im BGM-Prozess	743
30.2	Überblick über die krankheitsbedingten Abwesenheitszeiten im Jahr 2017	744
30.2.1	Methodik der Datenerfassung	744
30.2.2	Allgemeine Entwicklung der Abwesenheitszeiten	744
30.2.3	Dauer der Erkrankung	744
30.2.4	Abwesenheitstage nach Laufbahngruppen	745
30.2.5	Abwesenheitstage nach Statusgruppen	745
30.2.6	Abwesenheitstage nach Behördengruppen	747
30.2.7	Abwesenheitstage nach Geschlecht	747
30.2.8	Abwesenheitstage nach Alter	747
30.2.9	Gegenüberstellung mit den Abwesenheitszeiten der AOK-Statistik	749
	Literatur	750

Serviceteil 751
Anhang 1 752
Anhang 2 762
Die Autorinnen und Autoren 767
Stichwortverzeichnis 798

Digitale Transformationen – von gesundheitsschädigenden Effekten zur gesundheitsförderlichen Gestaltung

Editorial

Antje Ducki

1.1 Transformationen des Alltagshandelns – 2

1.2 Transformationen des Arbeitens – 2

1.3 Transformationen der Gesundheit – 4

1.4 Transformationen des Betrieblichen Gesundheitsmanagements – 5

1.5 Qualitätsstandards für ein digitales Betriebliches Gesundheitsmanagement – 6
1.5.1 Spezifikation: Schnittstellengestaltung – 7
1.5.2 Spezifikation gesundheitsförderliche Softwaregestaltung – 7
1.5.3 Zusammengefasst – 8

1.6 Die Beiträge im Einzelnen – 8

Literatur – 12

© Springer-Verlag GmbH Deutschland, ein Teil von Springer Nature 2019
B. Badura et al. (Hrsg.), *Fehlzeiten-Report 2019*, https://doi.org/10.1007/978-3-662-59044-7_1

1.1 Transformationen des Alltagshandelns

Digitale Tools und künstliche Intelligenz durchziehen unser heutiges Leben in Arbeit und Freizeit. Eines der wichtigsten digitalen Hilfsmittel sind Smartphones, die schon längst nicht nur Mobiltelefone sind, sondern sich durch umfangreichere Computer-Funktionalitäten und Internetkonnektivität zu umfassenden persönlichen Assistenzsystemen und Multifunktionsgeräten entwickelt haben. Bereits jedes zweite Kind im Alter von neun Jahren besitzt ein Smartphone (Haug 2018), im Alter von 13 Jahren sind es 92 %. 98 % aller 18- bis 34-Jährigen besitzen ein Smartphone, bei den über 50-Jährigen sind es 64 % (Költzsch 2019). Das Smartphone liefert Informationen zu fast allen Themen dieser Welt, wir nutzen es als Wecker, Kompass, wir buchen Reisen, bezahlen und wickeln Geschäfte ab, fotografieren, spielen und lassen unser Bewegungsverhalten und unseren Schlaf überwachen. Eine Befragung von Deloitte aus dem Jahr 2018 ergab, dass Smartphones hauptsächlich dafür genutzt werden, Nachrichteninhalte zu lesen (47 %) und zu netzwerken (35 %). Nur noch 32 % telefonieren täglich mit dem Smartphone; viel regelmäßiger werden WhatsApp und E-Mails verwendet. 41 % der Deutschen schauen innerhalb von 15 min nach dem Aufstehen auf ihr Smartphone, über ein Drittel der Befragten checkt das Handy auch nachts. 38 % der Befragten haben bereits versucht, ihre Smartphone-Nutzung zu begrenzen. Nur 12 % ist dies gelungen (Deloitte 2018). Eine Studie aus dem Jahr 2015 ermittelte, dass alle 18 min durch den Blick auf das Handy die Tätigkeit, mit der die Person gerade beschäftigt ist, unterbrochen wird (Markowetz 2015). Drei Stunden am Tag werden mit Aktivitäten auf dem Handy verbracht, insbesondere junge Menschen im Alter zwischen 17 und 25 Jahren sind allzeit online (ebd.). Eine Studie, die das Internetverhalten von 9- bis 24-Jährigen untersucht hat, zeigt jedoch deutlich, dass der Bildungsgrad der Eltern ebenso wie ihre digitale Lebenswelt, in der die Kinder sozialisiert werden, maßgeblich dafür sind, wie und wozu das Internet genutzt wird. Für Kinder aus Familien mit geringerer formaler Bildung ist das Internet vor allem ein Freizeitmedium. Kinder bildungsnaher Eltern nutzen die vielfältigen digitalen Möglichkeiten deutlich breiter – etwa für Informationssuche und Lernzwecke (Kammer 2015). In jedem Fall ist das Smartphone zu einem der wichtigsten digitalen Alltagshelfer geworden. Es gibt uns Orientierung, es leitet uns, es organisiert unseren Alltag und verbindet uns mit anderen Menschen. Gleichzeitig wird auch erkennbar, dass Chancen und Risiken, die mit der Digitalisierung verbunden sind, immer noch eine Frage der sozialen Position bzw. Lage sind.

Vergleicht man die heutige Alltagsdurchdringung digitaler Geräte mit der vor zehn Jahren, kann man die Entwicklung durchaus als fundamental bezeichnen.

1.2 Transformationen des Arbeitens

Ähnlich grundlegend ist der digitale Umbruch in der Arbeitswelt: In der Finanzwirtschaft wurden schon 2015 70 % aller Finanztransaktionen von Algorithmen gesteuert (vgl. Helbing 2015). Algorithmen werten Daten aus der Verbrechensstatistik aus, um künftige Kriminalitätsschwerpunkte zu bestimmen und vor Ort durch höhere Polizeipräsenz abzuschrecken und Täter schneller festzunehmen (Heide et al. 2018). Industrieroboter werden breitflächig in der Produktion eingesetzt, die Pflege wird durch digitale Dokumentationssysteme, durch technische Assistenzsysteme, Robotik und Telecare revolutioniert (Rösler et al. 2018). Aufgaben zwischen Mensch und Maschine werden neu verteilt, wenngleich in unterschiedlicher Geschwindigkeit: Während der Digitalisierungsgrad in der IKT-Branche 2017 bei 78 % lag, betrug er im Gesundheitswesen 38 % (BMWi 2018).

In Unternehmen werden Arbeits- und Geschäftsprozesse digitalisiert, Arbeitszeiten, Orte und Formen der Zusammenarbeit weiter flexibilisiert. Stichworte sind hier agile Projektarbeit, mobile Arbeit, Entgrenzung und virtuelle Zusammenarbeit. Damit einhergehend ergeben sich neue Anforderungen an Führung (*Schermuly und Koch*, ▶ Kap. 9) und auch Führungsaufgaben werden digitalisiert: Informationen für wichtige Entscheidungen aufbereiten, Geschäftsprozesse optimieren, Aufgaben verteilen, Arbeitsergebnisse kontrollieren oder auch geeignete Bewerberinnen und Bewerber auswählen kann heute Künstliche Intelligenz (KI) besser und effizienter als der Mensch (vgl. Fidler 2015).

Durch die digitale Transformation haben sich bislang eher positive Beschäftigungseffekte ergeben, die sich nach verschiedenen Langzeitprognosen auch bis zum Jahr 2030 fortsetzen können (BMAS 2016). Auch wenn es nicht sofort zu Arbeitsplatzverlusten kommt, ist unübersehbar, dass sich Berufsprofile stark verändern: Aus Chirurgen werden Telechirurgen, aus Ingenieuren Robotik-Ingenieure, Pflegekräfte üben heute ähnliche Überwachungstätigkeiten wie Leitwartenfahrer in Kraftwerken oder Fluglotsen aus. Neue Berufe wie Data Scientist, Web Designer oder Architekt für Virtual Reality entstehen, alte Berufe wie Postzusteller, einfache Bank- oder Versicherungsangestellte werden überflüssig. Ein massiver Bedarf an Weiterbildung, Neu- und Nachqualifizierung scheint unvermeidbar. Ob alle mitgenommen werden können, ist noch nicht entschieden. Auch hier zeigt sich eine soziale Spaltung – Geringqualifizierte und Ungelernte sind mit großer Wahrscheinlichkeit die Verlierer der Veränderungsprozesse, wie auch *Dengler* (▶ Kap. 3) befürchtet. Relativ unstrittig ist aber, dass sich der Wert einmal erworbener Qualifikationen deutlich verringert und Beschäftigte mit der Notwendigkeit lebenslangen Lernens konfrontiert werden (BMAS 2016; *Hirsch-Kreinsen* und *Wienzek*, ▶ Kap. 2 oder *Windelband*, ▶ Kap. 4). Beim Wandel der Berufsprofile und auch bei der neuen Arbeitsteilung zwischen Mensch und Maschine ist entscheidend, dass überall digitale Kompetenzen erforderlich sind: sei es zur Programmierung, zur Überwachung oder zur Anwendung von digitalen Tools. Digitale Kompetenz gilt längst nicht nur als Grundvoraussetzung für Beschäftigungsfähigkeit, sondern als generelle Voraussetzung für soziale Teilhabe. Zukünftig dürfte sich dies noch verstärken (Kammer 2015).

Ob sich durch diese Veränderungen gesundheitsförderliche oder -schädigende Effekte ergeben, ist dabei wesentlich von der konkreten Gestaltung der Arbeit abhängig. Der diesjährige Fehlzeiten-Report macht deutlich, dass psychische Belastungen wie Arbeitsverdichtung und -intensivierung, Zeitdruck oder Multitasking kontinuierlich zunehmen. Hinzu kommen Entgrenzungsprobleme und Phänomene der interessierten Selbstgefährdung, Technostress, verursacht durch intensive mobile IKT-Nutzung, Informationsüberflutung und ständige Unterbrechungen (vgl. *Schmidt et al.*, ▶ Kap. 6 oder *Schulz-Dadaczynski et al.*, ▶ Kap. 18; Reinecke et al. 2016). Die Beiträge in diesem Band machen deutlich, dass vor allem maßvolle Arbeitsmengen, Kontrolle und individuelle Einflussmöglichkeiten der Beschäftigten bei der Ausgestaltung der konkreten Arbeitsbedingungen und der Nutzung digitaler Tools grundlegende Voraussetzungen für eine gesundheitsförderliche Gestaltung der digitalen Arbeitswelt sind.

Viele der Autorinnen und Autoren sind sich aber auch einig, dass die Digitalisierung mit zahlreichen Chancen für eine menschengerechte und gesunde Gestaltung der Arbeit verbunden ist. Insbesondere die Reduzierung körperlicher Belastungen und gefahrenreicher Arbeit, größere Gestaltungsmöglichkeiten für Beschäftigte und stärkere Partizipationsangebote sind gesundheitsförderliche Potenziale, die vor allem in hochbelasteten Branchen wie der Pflege oder im Baubereich zu starken Arbeitserleichterungen beitragen können.

Von hervorgehobener Bedeutung sind der Datenschutz und das Recht des Einzelnen, selbst zu entscheiden, wer Zugriff auf die eigenen Daten erhält und zu welchen Zwecken sie genutzt werden. Qualifizierte Entscheidungen in diesem Feld zu treffen setzt aber digitale Basiskenntnisse und Kompetenz voraus, die – wie schon vorne beschrieben – sozial ungleich verteilt sind. Überhaupt scheint digitale Kompetenz zukünftig nicht nur der Schlüssel für Beschäftigungsfähigkeit zu sein, sondern sie ist die notwendige Voraussetzung, um überhaupt „mündig" zu bleiben und eigenverantwortlich zentrale Lebensbedingungen zu entscheiden und zu gestalten.

Dieser Wandel erfordert auch Anpassungen auf der gesetzlichen Seite. Ein neues Arbeitszeitgesetz ist in Planung, ein Recht auf Homeoffice soll Arbeitnehmerinnen und Arbeitnehmern zukünftig garantiert werden, die europäische Datenschutzverordnung (DGSVO) ist in der Umsetzung. Zusammengefasst: Digitalisierungsprozesse verändern und beeinflussen grundlegend die Art des Zusammenlebens und

- was wir arbeiten,
- wie wir arbeiten,
- wo und wann wir arbeiten,
- mit wem wir arbeiten,
- unter welchen Rahmenbedingungen wir arbeiten.

Auch hier kann der digitale Wandel mit Recht als fundamental bezeichnet werden.

1.3 Transformationen der Gesundheit

Die aufgezeigten technologiegetriebenen Veränderungen der Lebens- und Arbeitsformen, Arbeitsbedingungen und Arbeitsumgebungen treffen auf Menschen mit der bekannten Grundausstattung als leib-seelisches, aktives und soziales Wesen, das bestimmte Grundkompetenzen wie z. B. denken und planen, Handlungen zielgerichtet organisieren und Grundbedürfnisse z. B. nach Wachstum, Anerkennung, sozialer Verbundenheit hat. Als aktives Wesen gestaltet der Mensch die technologische Transformation und wird gleichzeitig durch diese verändert. Wie grundlegend hier die Veränderungen sein können, zeigen u. a. Berichte darüber, wie KI im Bereich der Medizin durch verbesserte Früherkennung und individualisierte Interventionsgestaltung Sterberisiken bei den Volkskrankheiten Diabetes und Herzinfarkt minimieren kann (Hofmann et al. 2019). Wearables und Smartphones werden in der Lage sein, Krankheitsrisiken weit vor ihrem Ausbruch zu diagnostizieren, KI in Kombination mit Augmented Reality hilft die Leistungsfähigkeit von mikroskopischen Untersuchungen zu vervielfältigen und krebsbefallene Stellen zu entdecken, die für das menschliche Auge unsichtbar bleiben – Verheißungen, dass durch die Digitalisierung nicht nur ein längeres, sondern auch ein gesünderes Leben möglich wird.

Andererseits kann die Digitalisierung auch krank machen. Im zweiten Teil dieses Fehlzeiten-Reports (Berieblche Ebene: Herausforderungen durch Digitalisierung für Betriebe) weisen mehrere Autoren darauf hin, dass bei hoher Arbeitsverdichtung und geringer Verfügbarkeit von Ressourcen Erschöpfungszustände zunehmen. Zu intensive Mediennutzung kann Technostress hervorrufen. Durch die Beschleunigung der Kommunikationsprozesse verändern sich Erwartungen und Haltungen, was zum Beispiel die Unmittelbarkeit von Reaktionen angeht. Dauert eine Antwort auf eine E-Mail-Anfrage länger als 24 h, wird dies in vielen Kontexten als unhöflich oder unprofessionell wahrgenommen. Das wiederum befeuert das Bedürfnis, immer online zu sein. Immer online zu sein führt jedoch zu ständigen Unterbrechungen. Ständige Unterbrechungen reduzieren die Konzentrationsfähigkeit (z. B. Zimber und Rigotti 2015). Unterbrechungen führen dazu, dass Arbeitsaufgaben nicht abgeschlossen werden können. Unerledigte Aufgaben befördern „Rumination", d. h. eine fortwährende gedankliche Beschäftigung mit der Aufgabe bzw. dem Problem. Rumination wiederum reduziert die Fähigkeit abzuschalten („Detachment"). Gehäufte Arbeitsunterbrechungen gehen einher mit negativen Gefühlen wie Kontrollverlust, höherer Depressivität, höherer Erschöpfung, erhöhten psychosomatischen Beschwerden und eingeschränkter Schlafqualität sowie einem erhöhten Risiko für die Entwicklung von Herzkreislauferkrankungen (*Lohmann-Haislah et al.*, ▶ Kap. 20). Neue Teufelskreise zeichnen sich ab. Die Studie von *Waltersbacher, Maisuradze* und *Schröder* in diesem Band kommt zu dem Schluss, dass insbesondere mobil Arbeitende größere Schwierigkeiten haben, am Ende des Tages abzuschalten, und dass sie stärker als stationär Arbeitende auch im Urlaub noch an Arbeitsprobleme denken (▶ Kap. 7).

Dieser Entwicklung entspricht eine stetige Zunahme psychischer Erkrankungen, die zwischen 2007 und 2017 67,5 % betrug (Badura et al. 2018). Im Mittelfeld der 40 häufigsten Einzeldiagnosen finden sich psychische Erkrankungen wie Reaktionen auf schwere Belastungen und Anpassungsstörungen, depressive Episoden, andere neurotische Störungen, Unwohlsein und Ermüdung und Migräne (ebd.). Die Zusatzklassifikation „Burnout" auf den Krankschreibungen hat sich bei den AOK-Versicherten in den letzten zehn Jahren verdreifacht. Inzwischen hat die WHO den Begriff Burnout als arbeitsbezogene Stressreaktion im neuen internationalen Klassifikationssystem für Krankheiten (ICD 11) konkretisiert.

Welche gesundheitlichen Auswirkungen die digitale Transformation hat, werden die nächsten Jahren noch zeigen, denn Menschen ändern sich nicht so schnell wie die Technologien, die sie entwickeln. Aus unbekannter Quelle kommt der folgende Satz: „Maschinen sind gestaltbar, Menschen sind bereits gestaltet. Entwicklungszeit 500.000 Jahre, ergonomisch perfekte Lösung. *Aber:* Nicht wartungsfrei, von begrenzter Lebensdauer, verletzlich und vielfach gefährdet."

1.4 Transformationen des Betrieblichen Gesundheitsmanagements

Für das aktuelle Geschehen stellt sich aber die Frage, wie das Betriebliche Gesundheitsmanagement auf diese Veränderungen angemessen reagieren kann und wie es selbst durch die Digitalisierung verändert wird. Auch hier sind die Entwicklungen ähnlich fundamental, wie u. a. der Beitrag von *Lehr* und *Boß* (▶ Kap. 11) in diesem Band zeigt. Internetbasierte Technologien und digitale Anwendungen wie Gesundheitsapps, Wearables, Cardio-Scan, Biofeedback, Online-Trainings, Online-Coachings, Plattformen werden im Rahmen des digitalen Betrieblichen Gesundheitsmanagements genutzt, um die Gesundheit und die Gesundheitskompetenz der Beschäftigten zu verbessern und ihre Arbeitsfähigkeit zu erhalten. Zahlreiche Analyse-, Diagnostik- und Self-Assessment-Tools sind aktuell in der Entwicklung und Erprobung (vgl. z. B. *Dragano et al.*, ▶ Kap. 8), Online-Trainings zur Information und Edukation und zur Verhaltensoptimierung werden für unterschiedliche Zielgruppen entwickelt und erprobt, mit ersten vielversprechenden Ergebnissen (vgl. *Ducki et al.*, ▶ Kap. 22 oder *Janneck et al.*, ▶ Kap. 23). Unzählige Apps unterstützen das individuelle Gesundheitsverhalten. Eine Untersuchung der Medizinischen Hochschule Hannover zählt alleine für Apple iOS und Android-Betriebssysteme bis zu 90.000 Apps in den Kategorien Medizin, Gesundheit und Fitness (Albrecht 2016). Die sogenannte persönliche Schutzausrüstung (PSA) im Arbeits- und Gesundheitsschutz ist durch zahlreiche digitale Anwendungen verbessert worden. Intelligente Schutzkleidung für Feuerwehrleute kann Körpertemperatur und Blutdruck messen und den Personalaustausch im Einsatz veranlassen, tragbare Detektoren ermitteln Gefahrstoffe auch unterhalb von Grenzwerten, Sensoren können Lärmbelastungen in Echtzeit messen, intelligente Auffanggurte ziehen den Mitarbeiter automatisch zurück, wenn er zu nah an eine Kante getreten ist (Haufe Online Redaktion 2018). Kurz: der E-Health-Markt boomt nicht nur allgemein im Gesundheitswesen, sondern auch im Bereich betrieblicher Anwendungen.

Die Fülle dieser praktischen Tools und Hilfsmittel wirft die dringende Frage auf, unter welchen Voraussetzungen digitale Unterstützungsangebote tatsächlich wirksam sind und welchen Qualitätsanforderungen sie genügen sollten. *Lehr* und *Boß* geben in ihrem Beitrag einen guten Überblick über den Forschungsstand zur Wirksamkeit von Online-Trainings. Als einen ersten Schritt hat das Bundesgesundheitsministerium die Entwicklung von Qualitätskriterien zu Beurteilung von Gesundheitsapps beauftragt (Bittner und Thranberend 2019). Im Kasten sind die Themenbereiche abgebildet, denen insgesamt 290 Kriterien zugeordnet werden.

Kernset-Themen zur Beschreibung der Qualität von Gesundheits-Apps

Datenschutz:
– Wie werden regulative Anforderungen an den Datenschutz umgesetzt?
– Werden Einwilligungen des Anwenders datenschutzfreundlich abgefragt?
– Ob und wie wird die Privatheit des Anwenders geschützt?
– Wie wird das Gebot der Datensparsamkeit eingehalten?

Informationssicherheit:
– Kann der Anbieter einer Gesundheits-App die Sicherheit von Daten gewährleisten?
– Ist die Vertraulichkeit personenbezogener Daten durch den Einsatz aktueller Verschlüsselungstechnologien gewährleistet?

Interoperabilität:
– Welche Möglichkeit zum Datenexport bestehen für den Anwender?
– Sind standardisierte Schnittstellen und Optionen zur Interaktion mit anderen digitalen Anwendungen verfügbar?

Verbraucherschutz und Fairness:
– Liegen aussagekräftige App-Informationen im App-Store vor?
– Sind die Nutzungsbedingungen verbraucherfreundlich gestaltet?

Technische Qualität:
– Wie ist die Qualität medizinisch-technischer Funktionen?
– Wie robust ist die App gegen Störungen und Fehlbedienungen?

Verwendung in Deutschland:
– Wie anschlussfähig ist die App an die Spezifika des deutschen Gesundheitssystems, beispielsweise durch Interaktion mit (künftigen) E-Health-Diensten der Telematikinfrastruktur?

Information und Motivation:
– Ist die Nutzbarkeit der Gesundheits-App leicht und intuitiv?
– Ist sie individualisierbar?
– Enthält sie motivierende Elemente?
– Sind anleitende Maßnahmen im Alltag umsetzbar?
– Wird der Anwender mit geeigneten Gesundheitsinformationen unterstützt?

Medizinische Qualität und Nutzen:
– Welche Kriterien zur medizinischen Wissensgrundlage einer Anwendung werden berücksichtigt?
– Welche zur Patientensicherheit?
– Welche zur medizinischen Wirksamkeit?
– Welche zum Nutzen einer Gesundheits-App für die intendierte Zielgruppe?

Der Prozess der Festlegung der Qualitätskriterien ist noch nicht abgeschlossen. Anhand der Themenübersicht wird aber deutlich, dass es eine interdisziplinär anspruchsvolle Aufgabe ist, angemessene und hinreichende Kriterien für die zukünftige Beurteilung digitaler Gesundheitstools zu formulieren, die sowohl fachlich-inhaltliche als auch prozedurale und technologische Aspekte umschließen. Auch die Gewichtung einzelner Kriterien scheint noch nicht abgeschlossen (ebd.).

1.5 Qualitätsstandards für ein digitales Betriebliches Gesundheitsmanagement

Vor dem Hintergrund dieser Bemühungen stellt sich die Frage, welche *spezifischen Qualitätsaspekte* bei der Gestaltung eines digitalen Betrieblichen Gesundheitsmanagements

1.5 · Qualitätsstandards für ein digitales Betriebliches Gesundheitsmanagement

(dBGM) gelten sollten. Wie können beispielsweise die Qualitätsstandards für das klassische BGM auf digitale Angebote übertragen werden? Welche ergänzenden Standards gilt es zu entwickeln? Der Präventionsleitfaden der GKV listet beispielsweise folgende Standards auf (GKV-Spitzenverband 2018):

1. Maßnahmen Betrieblicher Gesundheitsförderung sind in Form eines multimodalen, ganzheitlichen Vorgehens möglichst unter Nutzung evidenzbasierter Konzepte im Rahmen eines strukturierten Prozesses umzusetzen.
2. Die Beschäftigten und ihre gesetzlichen Vertretungen sind dabei einzubeziehen.
3. Maßnahmen sind bedarfsgerecht zu konzipieren.
4. Ihre Wirksamkeit ist durch Evaluationen zu überprüfen und die Ergebnisse erfolgter Maßnahmen sind zu dokumentieren.
5. Betriebliche Gesundheitsförderung sollte sich gleichermaßen an den Betrieb als Organisation und an die einzelnen Beschäftigten richten und
6. Strukturen und Bedingungen sind gesundheitsförderlich zu gestalten.

Standards wie die Forderung nach evidenzbasierten Konzepten und Methoden, Bedarfsorientierung und Evaluationen sind ohne Weiteres auf digitale Angebote übertragbar. Schwieriger wird es mit der Forderung, Betriebe *und* Einzelpersonen zu adressieren und Strukturen *und* Bedingungen gesundheitsförderlich zu gestalten. *Digitale* Angebote des BGM adressieren bislang in erster Linie Einzelpersonen und nicht Kollektive. Wearables, Online-Trainings oder auch Online-Coachings richten sich an Einzelpersonen und sind darauf ausgerichtet, individuelle Verhaltensänderungen zu unterstützen, aber nicht Verhältnisse zu ändern. Auch fehlt bei den meisten Onlineangeboten ein Teambezug, der aber im betrieblichen Setting sehr wichtig ist.

1.5.1 Spezifikation: Schnittstellengestaltung

Hier bedarf es also einer Konkretisierung und Anpassung der Standards an die Besonderheiten digitaler Angebote. So kann beispielsweise als Standard formuliert werden, dass dBGM die Schnittstelle zwischen on- und offline definieren und gestalten muss, um sicherzustellen, dass z. B. online erworbenes Wissen auch faktisch umgesetzt wird und tatsächlich dazu führt, dass Arbeitsbedingungen sich verändern. Schnittstellengestaltung heißt auch sicherzustellen, dass die Beschäftigten die Chance erhalten, aktiv auf die Gestaltung ihrer Arbeitsbedingungen Einfluss zu nehmen. Dies geschieht in der Regel in der realen Welt. Das bedeutet, digitales BGM kann sich *nicht* auf digitale Angebote beschränken, sondern *muss* diese in einem Gesamtprozess mit Face-to-Face-Angeboten verknüpfen.

Digitales BGM hat darüber hinaus zukünftig stärker die Mensch-Maschine-Schnittstelle zu gestalten, denn Menschen werden zukünftig noch enger mit Maschinen kooperieren. Wer macht was und wer legt fest, wer was macht? *Hirsch-Kreinsen* und *Winzek* sprechen in diesem Zusammenhang von variablen Mustern einer „verteilten Handlungsträgerschaft" zwischen Mensch und Maschine. Die Herausforderung ist, eine dynamische Verschränkung und Integration stofflicher und virtueller Realitäten zu gestalten, die über traditionelle Konzepte der Mensch-Technik-Interaktion hinausgehen und neue Lösungen u. a. durch den Einsatz intelligenter Informations- und Assistenzsysteme erforderlich machen.

1.5.2 Spezifikation gesundheitsförderliche Softwaregestaltung

Ein bislang völlig unterbelichtetes Arbeitsfeld ist die gesundheitsförderliche Softwaregestaltung: Softwareprogramme legen heute fest, welche Aufgaben beim Menschen verbleiben und welche von Maschinen übernommen werden. Softwareprogramme legen fest, wie anspruchsvoll Aufgaben sind und wie viele Entscheidungsmöglichkeiten dem Menschen konkret verbleiben. dBGM, das auch prospektive Arbeitsgestaltung zum Inhalt hat, sollte somit schon in der Phase der Softwareentwicklung Einfluss nehmen. Insbesondere ist hier darauf zu achten, dass zentrale aufgabenbezogene Ressourcen, Handlungs- und Entscheidungsspielraum und Aufgabenkomplexität erhalten bleiben, aber auch auf spätere Kooperationserfordernisse. Dies kann nur in enger Abstimmung mit den Entwicklern erfolgen, wobei es grundlegender Programmierkenntnisse bedarf. Dass dies möglich ist, zeigen erste Initiativen im Bereich Pflege (vgl. Fuchs-Frohnhofen et al. 2018).

Digitales BGM muss hier ggf. zukünftig politischer denken und handeln als dies bislang der Fall ist. Bündnispartner gibt es hier durchaus. So hat die Initiative „Data for Humanity" einen Ehrenkodex für die nachhaltige Verwendung von Big Data entworfen, der fünf ethische Grundprinzipien für Big-Data-Akteure enthält, die auch als Leitlinien für ein dBGM Verwendung finden sollten. Sie lauten:

Verwende Daten
1. so, dass sie Dritten keinen Schaden zufügen,
2. so, dass die Ergebnisse die friedliche Koexistenz der Menschen unterstützen,
3. um Menschen in Not zu helfen,
4. um die Natur zu schützen und die Umweltverschmutzung zu reduzieren,
5. um Diskriminierung und Intoleranz zu beseitigen sowie ein faires Zusammenleben zu schaffen
(aus dem digitalen Manifest von Zwitter und Zicari 2015).

Übertragen auf das Setting dBGM könnte man übersetzen:

Verwende digitale Anwendungen so, dass
1. Arbeitsplätze nicht zerstört, sondern erhalten werden,
2. Belastungen für den Menschen abgebaut und Ressourcen gestärkt werden,
3. Beschäftigungsfähigkeit und Selbstregulationskompetenz der Einzelnen gestärkt werden,
4. zwischenmenschliche Kommunikation und Kooperation, das Erleben von Solidarität und die Bindungsfähigkeit gefördert werden,
5. natürliche Ressourcen des Menschseins geschützt und gefördert werden,
6. die Kontrolle jeder Person über die eigenen Daten und die ihn umgebenden Bedingungen erhalten und gestärkt wird.

1.5.3 Zusammengefasst

Die digitale Transformation sorgt für umfassende und weitreichende Veränderungen, nicht nur für jeden einzelnen Menschen, sondern für unser gesamtes Sozialgefüge, unsere Demokratie und Rechtsstaatlichkeit. Nur wenn Digitalisierung Beschäftigungsmöglichkeiten erhält und so eingesetzt wird, dass sie die Lebens- und Arbeitsbedingungen der Bevölkerung verbessert, kann sichergestellt werden, dass demokratische Strukturen erhalten bleiben und die Digitalisierung auf lange Sicht dem Wohle der Menschen bzw. der Menschheit dient.

1.6 Die Beiträge im Einzelnen

- **Gesellschaftliche Ebene**

Hartmut Hirsch-Kreinsen und *Tobias Wienzek* beleuchten den Zusammenhang zwischen der Einführung digitaler Technologien und dem Wandel von Arbeit. Sie nennen verschiedene Voraussetzungen, die gegeben sein müssen, damit sich aus der Digitalisierung positive Folgen für die arbeitenden Menschen ergeben. Zentral ist zum einen eine intelligente Anpassungsfähigkeit der Informations- und Assistenzsysteme an unterschiedliche Arbeitssituationen und individuell verschiedene Qualifikationsniveaus. Zum anderen ist notwendig,

1.6 · Die Beiträge im Einzelnen

dass menschliche Arbeit stets Transparenz und Kontrollmöglichkeiten über die Produktionsabläufe erhält bzw. behält und dass vielfach unverzichtbares Erfahrungswissen erhalten bzw. ausgebaut werden kann.

Katharina Dengler setzt sich mit den Substituierbarkeitspotenzialen von Berufen auseinander. Sie zeigt, dass die Herausforderungen der Digitalisierung weniger in der Zahl möglicher Arbeitsplatzverluste bestehen, sondern vielmehr in der sich stark verändernden Branchen- und Berufsstruktur. Fraglich bleibt, was dies für einzelne Beschäftigtengruppen, insbesondere für Geringqualifizierte, bedeutet.

Lars Windelband setzt sich auf dem Hintergrund aktueller Studien mit den Auswirkungen und Konsequenzen der Digitalisierung für die Beschäftigten und die berufliche Bildung auseinander. Er macht deutlich, dass für eine zukunftsfähige Aus- und Weiterbildung das Bildungspersonal weiter qualifiziert werden muss und dass Selbstlernprozesse und kooperative Lernformen über Social-Media-Plattformen in den Vordergrund rücken werden.

Elisa Clauß und *Birgit Verworn* betonen in ihrem Beitrag, dass die positiven Digitalisierungschancen durch eine humanzentrierte Gestaltung erreicht werden können und hier Unternehmen, Beschäftigte, Verbände, Politik und Wissenschaft Hand in Hand arbeiten müssen. Sie heben hervor, dass bei allen Veränderungsprozessen die Beschäftigten mitgenommen werden müssen und ihre Arbeitsgestaltungskompetenz gestärkt werden muss.

Astrid Schmidt, Barbara Susec und *Karl-Heinz Brandl* beschreiben in ihrem Beitrag die gewerkschaftlichen Handlungsfelder im digitalen Wandel. Neben dem Thema Verdichtung der Arbeit ist die alles entscheidende Frage – wer steuert wen? Der Mensch die Maschine oder umgekehrt? Hier liegen zukünftig zentrale Gestaltungs- als auch Regulierungsnotwendigkeiten.

Andrea Waltersbacher, Maia Maisuradze und *Helmut Schröder* berichten die Ergebnisse einer repräsentativen Befragung zu mobiler Arbeit unter Erwerbstätigen. Sie kommen u. a. zu dem interessanten Ergebnis, dass Beschäftigte, die auch von zu Hause arbeiten zwar zufriedener sind, tendenziell aber auch über stärkere Beschwerden berichten. Flexibel Beschäftigte, also solche, die sowohl beim Arbeitgeber als auch beim Kunden oder von unterwegs arbeiten, weisen den höchsten Präsentismus und vergleichsweise geringere Fehlzeiten auf. Deutliche Unterschiede in den Beschwerden zeigen sich zwischen Beschäftigten mit hohem und geringem Autonomieerleben. Hier zeigen sich interessante Querverweise zu der Studie von *Rieder, Kraus und Vogl*.

- **Betriebliche Ebene**

Nico Dragano, Ines Catharina Wulf und *Mathias Diebig* stellen Vor- und Nachteile einer digitalen Gefährdungsbeurteilung psychischer Belastungen dar. Im Fokus stehen die Darstellung von Anforderungen an eine moderne Gefährdungsbeurteilung und die Frage, ob softwaregestützte Verfahren geeignet sind, diese Anforderungen zu erfüllen. Sie zeigen, dass softwaregestützte Verfahren nicht für alle betrieblichen Settings geeignet sind.

Carsten C. Schermuly und *Jan Koch* befassen sich mit der Frage, wieso psychologisches Empowerment, d. h. die Wahrnehmung von Bedeutsamkeit, Kompetenz, Selbstbestimmung und Einfluss, die Zielsetzung von New-Work-Maßnahmen sein sollte. Forschungsergebnisse zum Zusammenhang zwischen psychologischem Empowerment und psychischer Gesundheit werden vorgestellt und es wird herausgearbeitet, wie agile Arbeit gesundheitsförderlich in Organisationen eingesetzt werden kann.

Nadine Pieck, Ute Held und *Claudia Bindl* weisen darauf hin, dass Digitalisierung vor allem durch ihre Folgen, nämlich Fehlbeanspruchungen, Gegenstand der gesundheitsfördernden Organisationsentwicklung wird. Sie heben hervor, dass die Dialog- und Reflexionsfähigkeit der Organisation eine zentrale Voraussetzung für eine gelingende, mensch-zentrierte Technikentwicklung bzw. Digitalisierung und Arbeitsgestaltung ist.

Dirk Lehr und *Leif Boß* liefern eine theorie- und evidenzbasierte Übersicht über Occupational-e-Mental-Health-Angebote im Themenfeld der Verhaltensprävention. Es werden die Merkmale von Internet-Interventionen herausgearbeitet, Ergebnisse zur gesundheitlichen Wirksamkeit vorgestellt und gesundheitsökonomische Aspekte beschrieben. Erfahrungen von Nutzenden illustrieren wichtige Aspekte, die für eine erfolgreiche Implementierung zu beachten sind.

Oliver Hasselmann, *Leonie Franzen* und *Birgit Schauerte* befassen sich ebenfalls mit den digitalen Möglichkeiten der Verhaltensprävention in Betrieben. Am Beispiel des Schrittzählerwettbewerbs und der Onlineplattform „Schritt4fit", wird gezeigt, dass digitale Methoden gesundheitsförderliche Effekte erzielen können. Insbesondere Ansätze mit Gamification- und Wettbewerbselementen sind vielversprechend. Empfohlen wird eine zentrale digitale Plattform, um Einzelmaßnahmen in einen gesamten BGM-Prozess einzubinden.

Andreas Boes und *Tobias Kämpf* beantworten die Frage, wie nachhaltig agile Arbeitsformen sind. Forschungsbefunde zeigen, dass Chancen und Risiken agilen Arbeitens in der Praxis eng beieinanderliegen. Sie stellen ein Modell vor, das die komplexen Entwicklungsdynamiken agiler Teams systematisiert; mögliche Belastungskonstellationen und Wirkmechanismen werden aufzeigt und zentrale Handlungsfelder für eine nachhaltige Gestaltung skizziert.

Kerstin Rieder, *Sylvia Kraus* und *Gerlinde Vogl* befassen sich mit der Frage, welche Rolle mobilitätsspezifische Arbeitsbedingungen für das Erleben durch die Mitarbeitenden spielen. Eine Studie in vier Unternehmen zeigt, dass der mobilitätsbezogene Planungsspielraum, die mobilitätsbezogene Unterstützung sowie Übernachtungen zu einem positiven Erleben mobiler Arbeit beitragen. Deutlich wird auch, dass diejenigen, die gern mobil arbeiten im Durchschnitt gesünder sind als diejenigen, die es nur notgedrungen tun.

Henning Staar, *Jochen Gurt* und *Monique Janneck* beschreiben in ihrem Beitrag die Auswirkungen neuer, vernetzter Formen der Arbeit auf die Gesundheit von Beschäftigten und Führungskräften. Möglichkeiten der Gestaltung durch die Führung werden thematisiert wie auch notwendige Qualifikationen. Besonders bedeutsam scheinen u. a. Medienkompetenzen, digitale Kommunikationskompetenzen, spezifisches Wissen darüber wie in virtuellen Kontexten Vertrauen aufgebaut werden kann sowie interkulturelle Kompetenz.

Tim Vahle-Hinz, *Christine Syrek*, *Jana Kühnel* und *Nicolas Feuerhahn* setzen sich mit der privaten Nutzung sozialer Medien am Arbeitsplatz auseinander. Die private Nutzung sozialer Medien am Arbeitsplatz wird meistens als unerwünschtes Verhalten aufgefasst und diskutiert. In diesem Beitrag werden empirische Ergebnisse berichtet, die positive Wirkungen auf Leistung, Arbeitsengagement und Work-Non-Work-Balance bestätigen.

- **Individuelle Ebene**

Johanna Schrödel und *Werner Winter* berichten die Ergebnisse einer von der AOK Bayern durchgeführten repräsentativen Erwerbstätigenbefragung in Bayern zum Thema Erholung. Die Studienergebnisse zeigen, dass sowohl die Anwendung bestimmter Erholungsstrategien als auch das Vorhandensein arbeitsbezogener Ressourcen sowie die Pausengestaltung einen Beitrag zur Erholung leisten.

Anika Schulz-Dadaczynski, *Gisa Junghanns* und *Andrea Lohmann-Haislah* geben einen Überblick über extensives und intensiviertes Arbeiten in der digitalisierten Arbeitswelt. Sie zeigen die Verbreitung, gesundheitliche Risiken und mögliche Gegenstrategien. Die Informationsüberflutung wird als ein relevanter Belastungsfaktor der digitalisierten Arbeitswelt exemplarisch beleuchtet sowie Umgangsweisen der Arbeitsausdehnung und -intensivierung mit Anforderungen, vor allem Zeit- und Leistungsdruck, näher behandelt.

Anita Graf und *Sibylle Olbert-Bock* zeigen, dass Selbstmanagement eine Kernkompetenz in der digitalen Arbeitswelt ist. Im Beitrag wird das Modell der Selbstmanagement-Kompetenz mit seinen neun Bausteinen vorgestellt. Ein spezieller Fokus wird dabei auf

Herausforderungen einer modernen Arbeitswelt gelegt.

Andrea Lohmann-Haislah, Johannes Wendsche, Anika Schulz, Tina Scheibe und *Ina Schoellgen* beschreiben die Verbreitung, Ursachen und Wirkungen des (Nicht) Abschalten-Könnens von der Arbeit und zeigen Interventionsmöglichkeiten auf. Sie belegen mit verschiedenen Studien, dass gelingendes Detachment mit besserer Gesundheit und höhere Arbeitsleistung einhergeht. Zur Verbesserung des mentalen Abschaltens sind verhältnisorientierte Gestaltungsansätze erforderlich.

Anouschka Gronau, Sonja Stender und *Sabrina Fenn* schildern das Innovationsprojekt der AOK Niedersachsen „Gesundheit in der Arbeitswelt 4.0". Erste Erkenntnisse zur betrieblichen Realität des digitalen Wandels, zur Bedeutung der Führung in der Arbeitswelt 4.0 sowie zur zukunftsfähigen Weiterentwicklung eines Betrieblichen Gesundheitsmanagement-Konzepts werden dargestellt.

- **Digitale Neuentwicklungen für betriebliche Anwendungen**

Antje Ducki, Dörte Behrendt, Leif Boß, Martina Brandt, Monique Janneck, Sophie Jent, Daniela Kunze, Dirk Lehr, Helge Nissen und *Paul Wappler* zeigen in ihrem Beitrag, wie auf digitalen Plattformen für Gesundheitsförderung verhaltens- und verhältnispräventive Angebote kombiniert werden können. Die Plattform Digi-Exist wurde für junge Unternehmen und Start-Ups entwickelt und unterstützt dabei, ein systematisches betriebliches Gesundheitsmanagement aufzubauen. Neben einer Gefährdungsbeurteilung psychischer Belastungen verbessern abgestimmte Online-Trainings die Wissensgrundlage von Beschäftigten und Gründer-/innen und liefern praktische Tipps zur Verbesserung des eigenen Verhaltens und der Arbeitsbedingungen.

Monique Janneck, Jan Dettmers und *Annekatrin Hoppe* beschreiben ebenfalls eine digitale Neuentwicklung bei der die Arbeitsgestaltungs- und Gesundheitskompetenz der Beschäftigten im Mittelpunkt steht. Der EngAGE-Coach ist eine Online-Intervention, mit deren Hilfe Selbstständige und Beschäftigte mit individualisierten Arbeitsformen Kompetenzen für eine effektive und gesundheitsförderliche Arbeits- und Freizeitgestaltung erlangen. Das Online-Instrument ist in die Module „Meine Arbeit" „Mein berufliches Umfeld" und „Meine freie Zeit" aufgeteilt.

- **Praxisbeispiele**

Bernhard Badura und *Mika Steinke* stellen in ihrem Beitrag verschiedene Instrumente zur Bewältigung der digitalen Transformation vor. Im Fokus stehen Kennzahlen zum Human- und Sozialvermögen, regelmäßige Gesundheitsberichte, Kulturworkshops, Qualifizierung zum Thema Arbeit, Organisation und Gesundheit sowie die Förderung der Grundlagenforschung zu Kultur, Gesundheit und Produktivität sowie zu Formen und Folgen der Selbstorganisation.

Gerhard Westermayer und *Mathias Schilder* geben Einblick in die gesundheitsförderliche Reorganisation eines Unternehmens im Zuge der Digitalisierung. Dabei werden die praktische Herangehensweise des Berliner Mittelständlers sowie die unkonventionelle Methode des Drehbuchschreibens als Teil der Veränderung erläutert und der Zusammenhang zum wirtschaftlichen Erfolg des Unternehmens deutlich gemacht.

Natalie Lotzmann zeigt, wie SAP die neuen Herausforderungen durch Digitalisierung im BGM aufgreift und umsetzt. Eingebettet in eine Betrachtung über die Evolution im Gesundheitsmanagement und die Darstellung der neuen Gesamtstrategie BGM 4.0 werden zwei Maßnahmen, die den traditionellen Begrifflichkeiten der Verhältnis- und Verhaltensprävention zugeordnet werden können, als Best Practice näher beleuchtet.

Markus Meyer, Maia Maisuradze und *Antje Schenkel* beschreiben die krankheitsbedingte Fehlzeitenentwicklung in der deutschen Wirtschaft im Jahr 2018. Vorgestellt werden die Verteilung der Arbeitsunfähigkeit, die Bedeutung von Kurz- und Langzeiterkrankungen und Arbeitsunfällen, von Kinderpflegekrankengeld, regionale Unterschiede in den einzelnen Bundesländern und Städten sowie die Abhängigkeit des Krankenstandes von Faktoren wie Branche, Beruf, Beschäftigtenstruktur und demografischen Faktoren.

Klaus Busch gibt anhand der Statistiken des Bundesministeriums für Gesundheit (BMG) einen Überblick über die Arbeitsunfähigkeitsdaten der Gesetzlichen Krankenkassen (GKV).

Annette Schlipphak beschreibt das Betriebliche Gesundheitsmanagement und krankheitsbedingte Fehlzeiten in der Bundesverwaltung für den Erhebungszeitraum 2017. Das Schwerpunktthema des Berichts fokussiert die Evaluation im Betrieblichen Gesundheitsmanagement (BGM).

Literatur

Albrecht UV (Hrsg) (2016) Chancen und Risiken von Gesundheits-Apps (CHARISMHA). Medizinische Hochschule Hannover. https://www.bundesgesundheitsministerium.de/fileadmin/Dateien/3_Downloads/A/App-Studie/CHARISMHA_gesamt_V.01.3-20160424.pdf. Zugegriffen: 24. Mai 2019

Badura B, Ducki A, Schröder H et al (Hrsg) (2018) Fehlzeiten-Report 2018: Sinn erleben – Arbeit und Gesundheit. Springer, Berlin Heidelberg

Bittner J, Thranberend T (2019) AppQ: Diese Themen umfasst unser Entwurf eines Gütekriterien-Kernsets für Gesundheits-Apps. https://blog.der-digitale-patient.de/appq-guetekriterien-kernset/. Zugegriffen: 24. Mai 2019

Bundesministerium für Arbeit und Soziales (BMAS) (Hrsg) (2016) Weißbuch Arbeiten 4.0. https://www.bmas.de/DE/Service/Medien/Publikationen/a883-weissbuch.html. Zugegriffen: 22. Jan. 2019

Bundesministerium für Wirtschaft und Energie (BMWi) (Hrsg) (2018) Monitoring-Report Wirtschaft DIGITAL 2018. https://www.bmwi.de/Redaktion/DE/Publikationen/Digitale-Welt/monitoring-report-wirtschaft-digital-2018-langfassung.pdf?__blob=publicationFile&v=4. Zugegriffen: 24. Mai 2019

Deloitte Gmb HWirtschaftsprüfungsgesellschaft (2018) Im Smartphone-Rausch: deutsche Mobilfunknutzer im Profil. https://www2.deloitte.com/de/de/pages/technology-media-and-telecommunications/articles/smartphone-nutzung-2017.html. Zugegriffen: 24. Mai 2019

Fidler D (2015) Here's How Managers Can Be Replaced by Software. https://hbr.org/2015/04/heres-how-managers-can-be-replaced-by-software. Zugegriffen: 24. Mai 2019

Fuchs-Frohnhofen P, Blume A, Ciesinger KG et al (2018) Memorandum „Arbeit und Technik 4.0 in der professionellen Pflege". http://www.memorandum-pflegearbeit-und-technik.de/files/memorandum/layout/js/Memorandum%2011-2018.pdf. Zugegriffen: 24. Mai 2019

GKV-Spitzenverband (2018) Leitfaden Prävention. https://www.gkv-spitzenverband.de/media/dokumente/presse/publikationen/Leitfaden_Pravention_2018_barrierefrei.pdf. Zugegriffen: 24. Mai 2019

Haufe Online Redaktion (2018) Wearables machen den Arbeitsplatz sicherer. https://www.haufe.de/arbeitsschutz/sicherheit/wearables-machen-den-arbeitsplatz-sicherer_96_446114.html. Zugegriffen: 24. Mai 2019

Haug K (2018) Die Hälfte aller Neunjährigen besitzt ein Handy. https://www.spiegel.de/lebenundlernen/schule/wie-kinder-digitale-medien-und-spielzeuge-nutzen-a-1221733.html. Zugegriffen: 24. Mai 2019

Heide D, Riecke T, Gauto A et al (2018) In diesen 7 Branchen ist künstliche Intelligenz heute schon Alltag. https://www.handelsblatt.com/technik/forschung-innovation/algorithmen-in-diesen-7-branchen-ist-kuenstliche-intelligenz-heute-schon-alltag/22912842.html?ticket=ST-7624216-GjZm1AYbMiMstcfQPC91-ap3. Zugegriffen: 24. Mai 2019

Helbing D (2015) Digitale Demokratie statt Datendiktatur. Das Digital-Manifest - Sonderausgabe Spektrum der Wissenschaft:5-19. https://www.spektrum.de/pdf/digital-manifest/1376682. Zugegriffen: 24. Mai 2019

Hofmann S, Telgheder M, Weddeling B (2019) Die Medizin der Zukunft – Wie uns KI vor Krebs und Herzinfarkt schützt. https://www.handelsblatt.com/technik/medizin/digitalisierung-und-gesundheit-die-medizin-der-zukunft-wie-uns-ki-vor-krebs-und-herzinfarkt-schuetzt/23919382.html?ticket=ST-623714-DBYEMaBxvEvqvyEOPghP-ap1. Zugegriffen: 24. Mai 2019

Kammer M (2015) DIVSI U9-Studie: Kinder in der digitalen Welt. https://www.divsi.de/publikationen/studien/divsi-u9-studie-kinder-der-digitalen-welt/. Zugegriffen: 24. Mai 2019

Költzsch T (2019) Mehr als 2,5 Milliarden Menschen besitzen ein Smartphone. https://www.golem.de/news/mobile-mehr-als-2-5-milliarden-menschen-besitzen-ein-smartphone-1902-139219.html. Zugegriffen: 24. Mai 2019

Markowetz A (2015) Digitaler Burnout: Warum unsere permanente Smartphone-Nutzung gefährlich ist. Droemer Knaur, München

Literatur

Reinecke L, Aufenanger S, Beutel M et al (2016) Digital Stress over the Life Span: The Effects of Communication Load and Internet Multitasking on Perceived Stress and Psychological Health Impairments in a German Probability Sample. Media Psychol. https://doi.org/10.1080/15213269.2015.1121832

Rösler U, Schmidt K, Merda M et al (2018) Digitalisierung in der Pflege. Wie intelligente Technologien die Arbeit professionell Pflegender verändern. Geschäftsstelle der Initiative Neue Qualität der Arbeit, Berlin. Bundesanstalt für Arbeitsschutz und Arbeitsmedizin. https://www.inqa.de/DE/Angebote/Publikationen/pflege-4.0.html. Zugegriffen: 24. Mai 2019

Zimber A, Rigotti T (2015) Multitasking. Komplexe Anforderungen im Arbeitsalltag verstehen, bewerten und bewältigen. Hogrefe, Göttingen

Zwitter A, Zicari R (2015) Big Data zum Nutzen von Gesellschaft und Menschheit. Das Digital-Manifest. Sonderausgabe Spektrum der Wissenschaft: 33–34. https://www.spektrum.de/pdf/digital-manifest/1376682. Zugegriffen: 24. Mai 2019

Gesellschaftliche Ebene: Auswirkungen der Digitalisierung auf die Gesellschaft

Inhaltsverzeichnis

Kapitel 2   Arbeit 4.0: Segen oder Fluch? – 17
Hartmut Hirsch-Kreinsen und Tobias Wienzek

Kapitel 3   Welche Folgen hat die Digitalisierung für den Arbeitsmarkt? – 29
Katharina Dengler

Kapitel 4   Arbeiten und Lernen in einer zunehmend digitalisierten Arbeitswelt – 39
Lars Windelband

Kapitel 5   Möglichkeiten 4.0: Chancen der Digitalisierung für Beschäftigte und Unternehmen – 51
Elisa Clauß und Birgit Verworn

Kapitel 6   Gute Digitale Arbeit? – 63
Astrid Schmidt, Barbara Susec und Karl-Heinz Brandl

Kapitel 7   Arbeitszeit und Arbeitsort – (wie viel) Flexibilität ist gesund? – 77
Andrea Waltersbacher, Maia Maisuradze und Helmut Schröder

Arbeit 4.0: Segen oder Fluch?

Hartmut Hirsch-Kreinsen und Tobias Wienzek

2.1 Technologieschub Digitalisierung – 18

2.2 Arbeit 4.0 – Zum Wandel von Arbeit – 19
2.2.1 Umstrittene Beschäftigungseffekte – 19
2.2.2 Widersprüchlicher Strukturwandel von Arbeit – 20
2.2.3 Generelle Arbeitsfolgen – 21

2.3 Digitalisierte Arbeit als Gestaltungsprojekt – 23
2.3.1 Sozio-technisches System – 24
2.3.2 Gestaltung der Schnittstelle zwischen Arbeit und digitalen Technologien – 25

2.4 Fazit: Unverzichtbare Zusatzbedingungen – 26

Literatur – 27

Zusammenfassung

Gegenstand des Beitrags ist der Zusammenhang zwischen der Einführung digitaler Technologien und dem Wandel von Arbeit. Aufgegriffen wird damit eine Frage, die gesellschaftspolitisch wie auch wissenschaftlich mit Schlagworten wie Digitalisierung, Industrie 4.0 oder auch Arbeit 4.0 seit Jahren intensiv diskutiert wird. Im Mainstream dieser Debatte wird davon ausgegangen, dass in den westlichen Ländern gegenwärtig ein ausgeprägter Innovationsschub digitaler Technologien stattfindet, der zu einem weitreichenden Wandel von Arbeit führe. Weit verbreitetes Schlagwort hierbei ist „Disruption", wonach über kurz oder lang durch Digitalisierung ein totaler Umbruch aller sozialer und wirtschaftlicher Strukturen stattfinde.

2.1 Technologieschub Digitalisierung

Seit einigen Jahren prägen die Schlagworte digitale Transformation und Industrie 4.0 nachhaltig die politische und wissenschaftliche Debatte über die Zukunft des industriellen Sektors und der wirtschaftlichen Entwicklung in Deutschland. Die hierzu vorgelegten programmatischen Publikationen sowie die einschlägigen Tagungen, Kongresse und Messen sind kaum mehr überschaubar. Zudem wurde in diesem Feld inzwischen eine Vielzahl von industrie- und forschungspolitischen FuE-Maßnahmen angestoßen. Die grundlegende Perspektive dieses Diskurses richtet sich im Kern auf die Anwendungspotenziale digitaler Technologien, die neue Formen der Produktion und des Absatzes industrieller Güter in einem so erheblichen Ausmaß eröffnen sollen, dass von einer absehbaren „vierten industriellen Revolution" mit strukturverändernden, disruptiven Elementen gesprochen werden kann. Der Diskurs ist Teil der internationalen Debatte über die neue Qualität, die Perspektiven und die Konsequenzen der Nutzung digitaler Technologien, die auch als „Second Machine Age" und „Internet of Things" bezeichnet werden und die gegenwärtig weltweit mit dem Thema „Künstliche Intelligenz" ihre Fortsetzung findet (z. B. McAfee und Brynjolfsson 2017).

Nun kann die These von einer disruptiven Entwicklung sozialer Verhältnisse und des Wandels von Arbeit nicht grundsätzlich bestritten werden. Ohne Frage ist in einer ganzen Reihe von Wirtschaftssektoren und Arbeitsmarktsegmenten durch Digitalisierung ein anhaltender Prozess weitreichender struktureller Veränderungen im Gange. Beispielsweise betrifft dies seit dem Ende 1990er Jahre jene Sektoren, wo Produktion, Verkauf und Kommunikation unmittelbar auf immateriellen Transaktionen sowie der Nutzung von großen Datenmengen basieren. Zu nennen sind hier Dienstleistungssektoren wie die Musikherstellung und -distribution, das Verlags- und Zeitschriftenwesen oder auch Finanzdienstleistungen, deren Digitalisierung weitreichende Veränderungen von Firmen- und Branchenstrukturen nach sich gezogen hat. Auch finden im Konsumtionsbereich durch die Nutzung digitaler Plattformen erhebliche Wandlungsproesse statt, die zu einer neuen Qualität der Kundenbeziehungen, Geschäftsmodellen und damit zusammenhängenden Arbeitsmustern führen. Im industriellen Sektor finden sich dagegen bislang zumeist eher zögerliche technologische, organisatorische und personelle Wandlungstendenzen (z. B. Arntz et al. 2016; Hirsch-Kreinsen 2018; Wienzek 2018). Längerfristig werden sich aber auch hier Tätigkeiten und Qualifikationen deutlich verändern. Dies betrifft nicht nur die ausführenden Tätigkeiten auf dem Shopfloor, sondern auch die indirekten Bereiche wie Planung, Steuerung und Engineering. Auch die Anforderungen an Leitung und Management sowie Führungskulturen werden sich deutlich verändern. Darüber hinaus ist mit einer durchgreifenden Reorganisation überbetrieblicher Arbeits- und Wertschöpfungsketten zu rechnen sowie damit, dass sich neue Geschäftsmodelle durchsetzen.

In Hinblick auf die längerfristigen Entwicklungstendenzen digitalisierter Arbeit werden sowohl in der öffentlichen wie auch in wissenschaftlichen Debatten einerseits sehr optimistische, andererseits aber auch negative, ja dystopische Entwicklungsperspektiven prognostiziert. Optimistisch wird vielfach betont, dass Digitalisierung geradezu zwangsläufig zu sicheren Arbeitsplätzen, guter Arbeit, anspruchsvollen Jobs und einer deutlichen Verbesserung der Work-Life-Balance führen werde. Mit Industrie 4.0 eröffneten sich danach zugleich Möglichkeiten, den Fachkräftemangel bewältigen und längerfristig auch die demografischen Probleme beherrschbar machen zu können. So werden beispielsweise in der deutschen Debatte über Industrie 4.0 die Möglichkeiten für eine humanorientierte Gestaltung der Arbeitsorganisation betont (Kagermann 2014). In einer pessimistischen Perspektive wird vor allem vor absehbar hohen Arbeitsplatzverlusten, Gefahren der Dequalifizierung, einem deutlich erhöhten Kontrollpotenzial für Arbeit, einer forcierten Flexibilisierung und Prekarisierung von Arbeit sowie wachsenden Belastungen bei der Arbeit gewarnt. Resümiert man allerdings die bislang vorliegenden Ergebnisse der sozialwissenschaftlichen Arbeitsforschung, so lässt sich derzeit die Frage kaum endgültig beantworten, in welcher Weise sich Beschäftigung, Tätigkeiten und Qualifikationen tatsächlich verändern werden. Vielmehr finden sich widersprüchliche und nur wenig eindeutige Forschungsergebnisse und Prognosen.

An diese Debatte schließt die folgende Argumentation an. Die Fragen sind, wie die Wandlungsprozesse digitaler Arbeit genauer beschrieben werden können und welche Möglichkeiten der gesellschaftlichen Gestaltung von Arbeit in Zukunft gegeben sind. Dabei wird, dem deutschen Digitalisierungsdiskurs über Industrie 4.0 folgend, besonders auf industrielle Arbeit Bezug genommen. Die empirische Basis der folgenden Ausführungen umfasst dabei ein Resümee der gegenwärtigen Debatte über die Perspektiven digitaler Arbeit und insbesondere eine Zusammenfassung der Ergebnisse laufender empirischer Untersuchungen über den Wandel von Arbeit an der TU Dortmund.[1]

2.2 Arbeit 4.0 – Zum Wandel von Arbeit

Resümiert man die vorliegenden Forschungsergebnisse über den absehbaren Wandel von Arbeit, so lassen sich nur wenig eindeutige Aussagen treffen. Es lassen sich, ganz im Gegensatz zur These eines disruptiven Wandels, differenzierte Entwicklungstrends von Arbeit ausmachen.

2.2.1 Umstrittene Beschäftigungseffekte

Die Frage nach möglichen Jobverlusten infolge der Digitalisierung ist heftig umstritten. Folgt man dem Stand der Forschung, so ist unstrittig, dass kurzfristig mit Freisetzungseffekten durch die neuen Technologien zu rechnen ist. Umstritten ist indes, ob diese sich auch langfristig durchsetzen oder ob sie längerfristig durch neu entstehende Arbeitsplätze kompensiert werden. Weitgehend einig sind sich fast alle einschlägigen Autoren, dass Arbeitsplatzverluste vor allem im Segment geringqualifizierter und standardisierter Tätigkeiten wie in Produktion und Logistik anfallen werden. Denn solche Tätigkeiten weisen einen strukturierten und regelorientierten Charakter auf und lassen sich daher problemlos in Algorithmen überführen. Zu nennen sind hier vor allem die englischen Ökonomen Frey und Osborne, die erstmals 2013 in einer international einflussreichen Studie auf der Basis einer Analyse des US-amerikanischen Arbeitsmarktes für die

---

[1] Genauere Angaben zu den Studien und ihrer methodischen Basis finden sich unter: ▶ http://www.wiwi.tu-dortmund.de/wiwi/de/forschung/gebiete/fp-hirschkreinsen/forschung/projekte/laufende_projekte/index.html

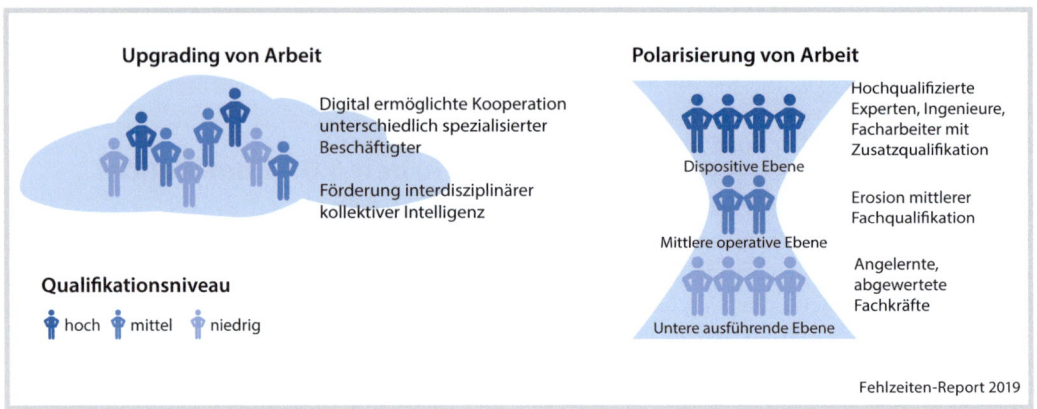

Abb. 2.1 Entwicklungsszenarien von Arbeit

nahe Zukunft hohe Gefahren der Substitution von Berufen mit vornehmlich routinisierten Tätigkeiten prognostizierten. Darüber hinaus erwarten sie und viele weitere Autoren aber auch längerfristig die Substitution qualifizierter (nicht-)routinisierter Tätigkeiten und Berufe (Frey und Osborne 2017). Ähnliche Befunde wurden in jüngster Zeit auch für Deutschland vorgelegt (z. B. Dengler und Matthes 2018).

Solchermaßen weitreichende Substitutionsthesen sind allerdings auch umstritten. Denn – so das Argument (Warning und Weber 2017) – erwartbare positive Wachstums- und Beschäftigungseffekte der Digitalisierung heben das gesamte Beschäftigungsniveau an und zudem werde insbesondere auch einfache Routinearbeit in einem dynamischen Wirtschaftssystem weiterhin gebraucht. Darüber hinaus wird kritisiert, dass auch Routinetätigkeiten stets Nicht-Routine-Elemente wie Erfahrungswissen einschließen, die sich computertechnisch kaum hinreichend abbilden und substituieren lassen (z. B. Autor 2015; Pfeiffer und Suphan 2018). Letztlich richtet sich diese Kritik auf die als tendenziell überschätzt angesehenen technologischen Nutzungspotenziale digitaler Systeme, die methodisch zumeist auf den Einschätzungen von Technikexperten beruhen. Zusammenfassend lässt sich daher festhalten, dass die tatsächlichen quantitativen Beschäftigungseffekte der Digitalisierung derzeit nur schwer zu prognostizieren sind.

2.2.2 Widersprüchlicher Strukturwandel von Arbeit

Allerdings wird in der laufenden Debatte unisono von einer wachsenden Dynamik und weitreichenden Strukturverschiebungen auf dem Arbeitsmarkt ausgegangen (z. B. Wolter et al. 2015; BMAS 2017; Hirsch-Kreinsen et al. 2018). Angenommen wird, dass diese ganze Branchen, Beschäftigtensegmente sowie Tätigkeiten und Qualifikationen verschiedenster Beschäftigtengruppen betreffen. Unseren Forschungsergebnissen zufolge muss man allerdings von einem breiten Spektrum möglicher Szenarien des Strukturwandels ausgehen, das, sehr vereinfacht, durch zwei Pole begrenzt wird (◘ Abb. 2.1).

Der eine Pol bezeichnet ein Szenario, das als generelle Aufwertung von Tätigkeiten und Qualifikationen gefasst werden kann. Dies ist zunächst Folge der Substitution einfacher und geringqualifizierter Tätigkeiten durch digitale Technologien. Darüber hinaus aber ist darunter ein Prozess zu verstehen, der alle weiteren Beschäftigtengruppen erfasst. Digitalisierung von Arbeit wird in dieser Perspektive als primär Informatisierung von Arbeit verstanden, die zu einer steigenden Verfügbarkeit einer großen Vielfalt von Informationen und Wissen über laufende Prozesse führt. Deren Komplexität und Nutzungsmöglichkeiten führen danach ganz generell zu neuen und bislang nicht gekannten Anforderungen an Tätigkeiten und zu ihrer Aufwertung in Hinblick auf die erforderlichen Kompetenzen und Qualifikationen.

Der andere Pol bezeichnet ein Szenario, das als fortschreitende Polarisierung von Arbeit bezeichnet werden soll. Sein Kern ist, dass sich zunehmend eine Schere zwischen komplexen Tätigkeiten mit hohen Qualifikationsanforderungen einerseits und einfachen Tätigkeiten mit niedrigem Qualifikationsniveau andererseits öffnet, während mittlere Qualifikationsgruppen durch Automatisierung und qualifikatorische Entwertung zunehmend an Bedeutung verlieren. Danach entstehen neue, einfache Tätigkeiten dadurch, dass durch computergestützte Informationsvorgaben ursprünglich komplexe Tätigkeiten durch ihre Modellierung und Formalisierung weitreichend standardisiert werden können. Etwa durch den Einsatz entsprechend ausgelegter Assistenzsysteme können im industriellen Bereich viele Tätigkeiten, etwa bislang anspruchsvolle Produktionsarbeiten in der Montage und Überwachung, relativ problemlos arbeitsteilig in Teiloperationen zerlegt und vereinfacht werden. Neue komplexe Tätigkeiten hingegen entstehen dabei dadurch, dass ein störungsfreier Einsatz digitaler Technologien zugleich neue Planungs- und Überwachungsarbeiten erfordert, die nur mehr von spezialisierten technischen Experten ausgeführt werden können.

2.2.3 Generelle Arbeitsfolgen

Darüber hinaus lassen sich aber auch generelle Folgewirkungen der Digitalisierung von Arbeit erwarten. Sie sind in der Forschung zwar unstrittig, jedoch lassen sich aktuell deren tatsächliche Reichweite und Wirkung kaum hinreichend bestimmen. Zudem setzen sie sich je nach Sektor und Beschäftigungssegment differenziert durch. Insbesondere sind folgende Trends hervorzuheben: Zum einen eröffnen die digitalen Technologien ganz erhebliche neue Kontrollmöglichkeiten von Arbeit. So sind im industriellen Arbeitsprozess die Kontrollpotenziale digitaler Endgeräte wie Assistenzsysteme, Werkstattsteuerungssysteme oder Wearables der verschiedensten Art beträchtlich, denn sie können unter allen Umständen und im Kontext der verschiedensten Arbeitsformen zu weitreichenden Leistungs- und Verhaltenskontrollen genutzt werden (z. B. Hofmann und Kurz 2016; Staab und Nachtwey 2016). Dies ist in mindestens zweierlei Hinsicht realisierbar: Erstens eröffnen sich Möglichkeiten, die Ausführung von Arbeitsvorgaben – seien es bloße Rahmenvorgaben oder detaillierte Arbeitsanweisungen – zu verfolgen und Abweichungen zu registrieren oder auch durch unmittelbare Fehlermeldungen zu sanktionieren. Zweitens können sie die geleistete Arbeit selbst und die dabei anfallenden Leistungs-Bewegungs-Daten aufzeichnen und in Echtzeit ein individuelles Leistungsprofil erstellen. Möglich wird damit nicht nur eine permanente Drohkulisse der Überwachung und Sanktionierung, sondern es werden dem Management damit auch verlässliche Informationen an die Hand gegeben, Maßnahmen der Personalselektion nach Bedarf durchsetzen und begründen zu können. Arbeitskraft droht damit zur nachhaltig „flexibilisierten Verfügungsmasse" der Unternehmen zu werden. Die Nutzung von RFID-gestützter Nachverfolgbarkeit von Bauteilen in einem Logistikbetrieb ermöglicht bspw. eine genaue Aussage über den Status und Standort des Bauteils. Da diese Informationen mit den Informationen über den jeweiligen Mitarbeiter, der das Bauteil bewegt/transportiert, verknüpft werden können, ergibt sich die Möglichkeit einer sehr genauen Leistungskontrolle (Dauer der Tätigkeit, Richtung des Transports etc.) des Einzelnen.

Zum zweiten ist von einer weiter zunehmenden Flexibilisierung und Entgrenzung von Arbeit infolge der durch dezentral vernetzte digitale Systeme möglichen Abkehr von bisherigen hierarchisch aufgebauten IT-Systemen auszugehen. Eine Konsequenz ist, dass vermehrt flexible und temporäre Projektorganisationen und Netzwerke an die Stelle geregelter und hierarchischer Organisations- und Managementstrukturen treten. Darüber hinaus ermöglichen digitale Technologien eine Öffnung von Unternehmensgrenzen durch eine datengestützte Vernetzung mit Kunden und weiteren externen Partnern in sehr vielfältiger Weise. Die Folge ist, dass sich damit eine sehr viel weitergehende Ausdifferenzierung von Arbeitsprozessen als früher ergibt und via Internetplattformen unterschiedlichste unternehmensexterne Akteure in den Wertschöpfungsprozess koordiniert einbezogen werden können. Bei den dabei neu entstehenden Jobs handelt es sich oft um sog. Crowdworker und Gigworker. Verstanden wird darunter die Vergabe von Arbeitsaufgaben an eine ex ante nicht definierte Anzahl unterschiedlich spezialisierter, teilweise individueller Akteure (Leimeister und Zogaj 2013; BMAS 2017). Bei diesen Arbeitsaufgaben kann es teilweise um zuvor unternehmensintern ausgeführte oder aber um neue, bislang nicht durchgeführte Aufgaben handeln. Grundsätzliche Voraussetzung hierfür ist, dass sich diese Aufträge vollständig online abwickeln lassen. Typische Aufgabenschwerpunkte hierfür sind Grafik und Design, Texterstellung und Übersetzungen sowie Programmieren. Indes ist das Ausmaß eines solchermaßen überbetrieblich vernetzten orts- und zeitentkoppelten Arbeitens auf Grund uneindeutiger Forschungsergebnisse weitgehend unklar. Oftmals sind hierzu genannte Zahlen überzogen und Crowdworking ist bislang und für die absehbare Zukunft als Nischenmodell auf dem deutschen Arbeitsmarkt anzusehen (Pongratz und Bormann 2017). Gleichwohl wird von politischer und gewerkschaftlicher Seite hier auf einen ganz erheblichen sozialpolitischen Regelungsbedarf verwiesen, um in Bereichen von Crowd- und Gigworking das Aufkommen prekärer Beschäftigungsverhältnisse zu vermeiden (BMAS 2017).

Zum dritten ist eine widersprüchliche Entwicklung von Prozesskenntnissen und Erfahrungswissen vieler Beschäftigter nicht auszuschließen. So sprechen zunächst einmal viele Evidenzen für eine Tendenz zur Objektivierung dieser Qualifikationskomponenten in den digitalisierten Daten und Informationsvorgaben. Dies zeigt sich beispielsweise in der industriellen Fertigung daran, dass bislang erforderliche Kenntnisse und Erfahrungen über Materialeigenschaften und Bearbeitungsprozesse in Steuerungs- und Planungsdaten übertragen werden. Voraussetzung hierfür ist der breite Einsatz von sensorgestützten Betriebs- und Maschinendatenerfassungssystemen, die Auswertung der Daten durch intelligente Softwaresysteme bzw. Systeme künstlicher Intelligenz und auf dieser Basis die technologisch-autonome Erstellung von Steuerungsdaten. Menschliches Arbeitshandeln wird unter solchen Bedingungen nur mehr darauf reduziert, hochstandardisierte Steuerungssysteme zu bedienen und formalisierte Arbeitsvorgaben auszuführen. Ein Anwendungsfeld für solche Trends der Objektivierung von Kenntnissen und Erfahrungen und damit verbundene Standardisierungstendenzen sind beispielsweise bislang qualifizierte Instandhaltungtätigkeiten (z. B. acatech 2015). So nutzt ein Hersteller von intralogistischen Systemen durch eine sensorgestützte Sammlung von Maschinenzuständen und Fehlermeldungen eine auf einem eigenen Algorithmus aufbauende Auswertung, die dem jeweiligen Servicemitarbeiter vor Ort einen genauen Ablaufplan vorgibt, der bei der Wartung oder Fehlerbehebung einzuhalten ist. Zudem werden Daten über auftretende und behobene Fehler systemseitig aufgenommen und ausgewertet und ebenfalls für die zukünftige Instandhaltung genutzt. Ziel des Systems ist eine möglichst genaue Analyse und vorausschauende Instandhaltung der Anlagen. Gleichzeitig können damit sowohl Stillstandzeiten geplant als auch ungeplante Ausfälle vermieden werden.

Indes sind aber auch gegenläufige Tendenzen unübersehbar: Dabei handelt es sich um unvermeidbare Übersetzungsleistungen der Beschäftigten, d. h. die Notwendigkeit einer mehr oder weniger laufenden Abstimmung zwischen den digital formalisierten virtuellen Prozessabbildern und daraus resultierenden Arbeitsvorgaben einerseits und den häufig nicht endgültig kalkulier- und beherrschbaren realen physischen und sozialen Prozessabläufen andererseits. Wie eine ganze Reihe von empirischen Befunden zeigen, funktionieren viele informationstechnologisch gesteuerten Prozesse nur dann, wenn Mitarbeiter alltäglich Kreativität und Improvisationsvermögen aufwenden, um mit ihren Tücken und Störungen umzugehen (z. B. Orlikowski 2010; Büchner et al. 2017). Voraussetzung hierfür sind Fachwissen, die akkumulierten Erfahrungen und die Motivation der Beschäftigten, sich im laufenden Prozess mit neuen technischen Anforderungen auseinanderzusetzen. Konkret wird dabei auf Tätigkeitselemente verwiesen, die ein hohes Maß an Flexibilität, Urteilsvermögen, sozialer Interaktion und Kommunikation sowie eben auch akkumulierter Erfahrung über bestimmte Abläufe erfordern. Diese Tätigkeitselemente finden sich vor allem in kognitiv-intellektuellen Jobs, die ein hohes Maß an Kreativität, Problemlösungsfähigkeit und Intuition aufweisen. Wie viele empirische Befunde zeigen, spielt Erfahrungswissen aber auch in Bereichen einfacher manueller Tätigkeiten eine zentrale Rolle, wo situative Anpassungsfähigkeit und flexibles Handeln, soziale Interaktion, körperliche Geschicklichkeit und Fingerspitzengefühl gefordert sind. So wird von einem Hersteller von Automatisierungstechnik durchaus die Gefahr einer zu großen Distanz zwischen der physischen Anlage vor Ort und digitaler Steuerung von zentralen Orten aus gesehen. Dies könne zu möglichen Risiken führen, wenn beide Bereiche zu entkoppelt voneinander agieren. Dieses Problem bringt ein Managementvertreter eines Maschinenherstellers auf den Punkt: „Es gibt aber auch auf der anderen Seite eine Gefahr. Weil, wenn die Kollegen, die heute an einem PC sitzen, irgendwas in Betrieb nehmen, wissen, dass da auch eine Mechanik ist. Und sind dann weit weg und sehen gar nicht, was sich da bewegt. Also die Gefahr der Digitalisierung ist auch, dass man die Mechanik vernachlässigt und damit Personen- und Sachschäden verursacht. Weil man einfach zu weit von dem bewegendem Geschehen weg ist." Insgesamt betrachtet werden daher einerseits bisherige Arbeitspraktiken und Erfahrungsbestände vieler Beschäftigter im Zuge der Digitalisierung entwertet. Andererseits verbindet sich mit der digitalen Reorganisation von Arbeitsprozessen gleich welcher Art aber auch die Notwendigkeit, Optimierungsdefizite zu beseitigen und Prozessstörungen zu bewältigen.

2.3 Digitalisierte Arbeit als Gestaltungsprojekt

Die Forschungsergebnisse zeigen, dass zukünftig mit wenig eindeutigen, oftmals widersprüchlichen Entwicklungstrends von Arbeit zu rechnen ist. Es existieren offensichtlich keine geradlinigen, durch die Technologie determinierten und vor allem disruptiven Entwicklungsperspektiven von Arbeit. Dieser Befund verweist auf „Common Wisdom" der sozialwissenschaftlichen Technik- und Arbeitsforschung. Sie verfügt über einen breiten Fundus konzeptioneller und empirischer Forschungsergebnisse, die instruktiv zeigen, dass die Entwicklung und die Diffusion neuer Technologien alles andere als bruchlos und widerspruchsfrei verlaufen und ihre sozialen Effekte kaum allein aus den Potenzialen neuer Technologien ableitbar sind. Spätestens seit der kritischen Debatte um den „Technikdeterminismus" in den 1970er und 1980er Jahren (Lutz 1986) wird davon ausgegangen, dass zwischen der Einführung technischer Systeme und den Konsequenzen für Arbeit eine von vielen nichttechnischen und sozialen Faktoren beeinflusste Beziehung besteht. Keineswegs darf eine durch Technikauslegung eindeutige und festliegende Beziehung zwischen beiden Dimensionen angenommen werden.

Daher lässt sich für digitale Technologien festhalten, dass der Zusammenhang zwischen ihrer Verbreitung und ihren sozialen Konsequenzen keinesfalls linear und deterministisch zu verstehen ist. Vielmehr handelt es sich dabei um einen komplexen und wechselseitigen Zusammenhang, der von einer Vielzahl ökonomischer, sozialer und arbeitspolitischer Einflussfaktoren geprägt wird, deren Einfluss letzt-

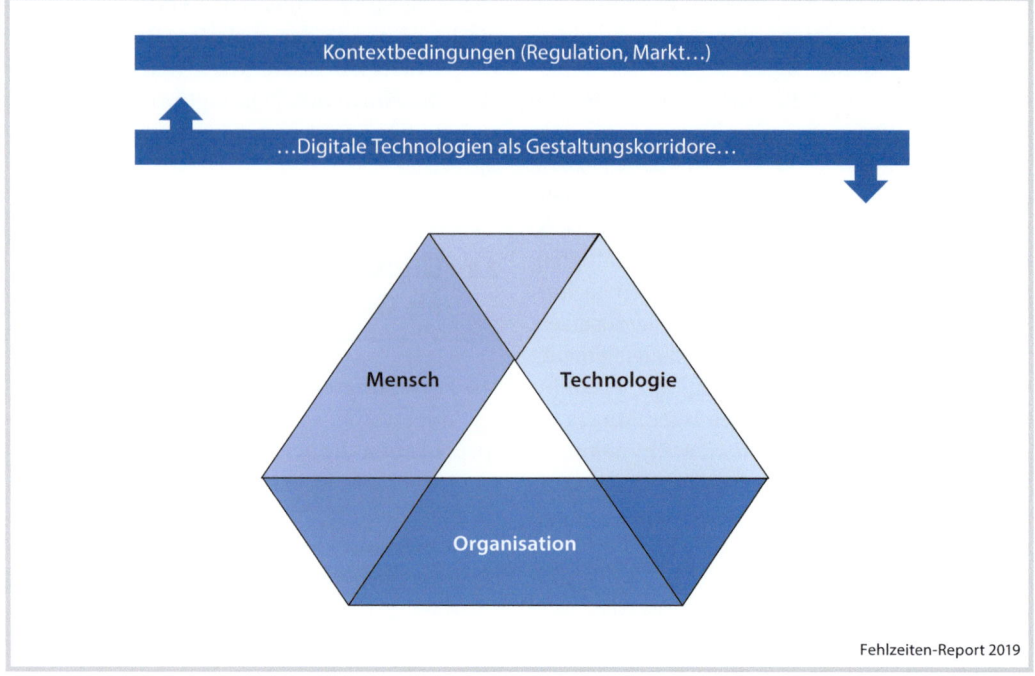

☐ **Abb. 2.2** Sozio-technisches System

lich darüber entscheidet, in welcher Weise die technologisch gegebenen neuen Nutzungspotenziale tatsächlich ausgeschöpft werden und welche Konsequenzen für Arbeit sich einspielen. Mehr noch: Wie die arbeitssoziologische Technikforschung der letzten Dekaden gezeigt hat, ist vielfach die Form der arbeitsorganisatorischen Einbettung und Ausgestaltung der neuen Technologien der bestimmende Faktor für deren Nutzung. Deutlich wurde insbesondere, dass dabei stets technisch-organisatorische Alternativen der Gestaltung existieren, die Gegenstand betrieblicher und arbeitspolitischer Entscheidungsprozesse sind. Anders formuliert: Digitalisierung, Industrie 4.0 und Arbeit 4.0 sind als betriebliches und gesellschaftliches Gestaltungsprojekt zu verstehen und die Entscheidungsakteure, insbesondere Management und Arbeitnehmervertretungen, haben ganz offensichtlich Wahlmöglichkeiten zwischen alternativen Formen der Arbeit.

2.3.1 Sozio-technisches System

Diese Wahlmöglichkeiten können anhand des Konzepts des sozio-technischen Systems verdeutlicht werden. Es hat schon seit geraumer Zeit in der Arbeitsforschung einen einflussreichen analytischen und praktischen Stellenwert bei der Untersuchung und Gestaltung technisierter und automatisierter Arbeitsprozesse und auf dieses Konzept wird auch im Kontext der Umsetzungsempfehlungen für die Vision Industrie 4.0 verwiesen (Forschungsunion/acatech 2013). Ihm zufolge geht es bei der Analyse und Gestaltung eines technisierten Arbeitsprozesses nicht um die Frage „entweder Technik oder Mensch", sondern anzustreben ist eine komplementäre Gestaltung der einzelnen Systemelemente zu einem aufeinander abgestimmten sozio-technischen Gesamtsystem (☐ Abb. 2.2). Bei der komplementären Gestaltung des Gesamtsystems sollte zudem das leitende Kriterium stets sein, die Potenziale einer qualifikationsorientierten Gestaltung der Arbeit bestmöglich auszuschöpfen. Mit anderen Worten: Die Einführung und Anwendung digitaler Technologien soll danach nicht nur, wie häufig zu beobachten, technikzentriert angegangen werden, sondern es sollte der wechselseitige Zusammenhang zwischen der technologischen, der organisatorischen und der arbeitsbezogenen Dimension eines Produktionsprozesses in den Blick genommen werden. Die dafür zentralen Gestaltungsräume sind daher nicht die einzelnen Teilsysteme eines Produktionsprozesses, also jeweils Arbeit, Technik und Organisation, als vielmehr die Interdependenzen bzw. die Schnittstellen zwischen diesen drei Elementen. Die damit verbundenen Gestaltungsmöglichkeiten sollen im Folgenden am Beispiel der Schnittstelle zwischen Arbeit und digitalen Technologien aufgezeigt werden. Denn wie diese gestaltet werden kann, muss generell als eine Schlüsselfrage digitalisierter Prozesse angesehen werden.

2.3.2 Gestaltung der Schnittstelle zwischen Arbeit und digitalen Technologien

An der Schnittstelle zwischen digitalen Technologien und Arbeit werden neue Formen der Mensch-Maschine-Interaktion möglich. Die Forschung spricht hier von neuen und variablen Mustern einer „verteilten Handlungsträgerschaft" zwischen Mensch und Maschine (z. B. Schulz-Schaeffer 2017). Die Herausforderung ist, eine dynamische Verschränkung und Integration stofflicher und virtueller Realitäten zu gestalten, die über traditionelle Konzepte der Mensch-Technik-Interaktion hinausgeht und neue Lösungen u. a. durch den Einsatz intelligenter Informations- und Assistenzsysteme erforderlich macht. Im industriellen Bereich handelt es sich dabei beispielsweise um Werkstattsteuerungssysteme, Tablets, Datenbrillen usw. Freilich verbinden sich damit unterschiedliche Gestaltungsoptionen für Arbeit:

Einerseits können Assistenzsysteme durch automatisiert erstellte, strikte Prozessvorgaben den Handlungsspielraum der Beschäftigten einschränken und ihre Tätigkeiten einer strikten und kontinuierlichen Kontrolle unterwerfen. Solche restriktiven digitalisierten Tätigkeiten finden sich beispielsweise oft im Logistikbereich oder auch bei Callcentern. Andererseits können Assistenzsysteme aber auch für die Gestaltung angereicherter abwechslungsreicher Arbeit genutzt werden und sie können durch eine entsprechende Informationsvorgabe arbeitsplatznahe Lernprozesse unterschiedlich qualifizierter Mitarbeiter unterstützen. Die Mitarbeiter können damit letztlich Träger sowohl ausführender als auch planender, steuernder, generell dispositiver Tätigkeiten werden. In diesem Sinn eröffnen digitale Technologien die Möglichkeit, Arbeit auf den unterschiedlichsten Ebenen qualifikationsorientiert und anspruchsvoll zu gestalten. Zentral ist dabei zweierlei: Zum einen ist eine intelligente Anpassungsfähigkeit bzw. Adaptivität der Informations- und Assistenzsysteme an unterschiedliche Arbeitssituationen und individuell verschiedene Qualifikationsniveaus erforderlich. Damit können technikseitig eine situationsabhängige, komplementäre Systemauslegung und die Voraussetzungen für kontinuierliche Lern- und Qualifizierungsprozesse gewährleistet werden. Zum zweiten ist es notwendig, dass menschliche Arbeit stets Transparenz und Kontrollmöglichkeiten über die Produktionsabläufe erhält bzw. behält und das vielfach unverzichtbare Erfahrungswissen erhalten bzw. ausgebaut werden kann. Ein Beispiel hierfür ist die Entwicklung des mobilen Assistenzsystems „APPsist"[2]. Mit diesem System wurde ein ganzheitlicher Ansatz für die Interaktion zwischen Mensch und Maschine in der Produktion verfolgt. Es stellt sich auf die spezifischen Kompetenzen von Mitarbeitern und deren Unterstützungsbedarf automatisch ein. Auf diese Weise können Hilfen und Lernprozesse für unterschiedliche Anforderungen entwickelt werden, wie z. B. für die Inbetriebnahme, den Betrieb,

---

2 ▶ https://www.digitale-technologien.de/DT/Redaktion/DE/Standardartikel/AutonomikFuerIndustrieProjekte/autonomik_fuer_industrie_projekt-appsist.html

die Wartung, Reparatur und vorbeugende Instandhaltung von Anlagen. Durch diese passgerechte Unterstützung können Mitarbeiter mit unterschiedlichem Vorwissen systematisch geschult und umfassender als bisher eingesetzt werden.

Deutlich wird damit, dass sich bei den gewandelten Formen der Mensch-Maschine-Interaktion Entscheidungen in spezifischer Weise stets zwischen der neuen Technik und dem Menschen abspielen. Grundsätzlich wird in Hinblick auf die Gestaltung der Mensch-Maschine-Schnittstelle damit die viel diskutierte Frage aufgeworfen, inwieweit bei Mensch-Maschinen-Interaktionen gleichermaßen von „maschineller Verantwortung" und „menschlicher Verantwortung" gesprochen werden kann (Tüllmann et al. 2017). Diese grundlegende, rechtliche und ethisch hoch umstrittene Frage wird derzeit beim Einsatz autonomer Fahrzeuge intensiv diskutiert, sie stellt sich in Zukunft aber auch verschärft für autonome Industrie-4.0-Systeme.

2.4 Fazit: Unverzichtbare Zusatzbedingungen

Abschließend muss allerdings betont werden, dass die angedeuteten Gestaltungsoptionen für digitale Arbeit nur dann ausgeschöpft werden können, wenn eine Reihe unverzichtbarer Zusatz- und Randbedingungen gegeben sind.

Betriebs- und arbeitspolitisch muss die Akzeptanz von digitalen Systemen und den neuen Gestaltungsmöglichkeiten der Arbeit sowohl seitens der Belegschaften und der Betriebsräte als auch seitens des Managements gesichert werden (z. B. Ullrich et al. 2015). Um Vorbehalte seitens der Belegschaft gegenüber den neuen Gestaltungsmöglichkeiten von Arbeit zu verringern, müssen beispielsweise Befürchtungen wegen möglicher Arbeitsplatzverluste, neuer Belastungen wie steigender Flexibilitätsanforderungen, bei Assistenzsystemen besonders Probleme des Datenschutzes sowie der Kontrollierbarkeit von Arbeit angesprochen und ausgeräumt werden. Geeignete Lösungsansätze bieten Methoden einer partizipativen Systemauslegung und Beteiligungsverfahren für Beschäftigte und ihre Interessenvertretungen, die im Verlauf des Einführungs- und Gestaltungsprozesses von digitalen Systemen eingesetzt werden. Seitens des Managements dürften oftmals Vorbehalte gegenüber weitreichenden Umstellungsmaßnahmen der eingespielten Arbeits- und Betriebsorganisation aufkommen, da dadurch die bisherigen, hierarchisch verfestigten Managementpraktiken obsolet zu werden drohen. So verweist die derzeit erkennbare Richtung des Wandels von Managementrollen auf die wachsende Bedeutung von „Soft Skills" sowie Kommunikations- und Teamfähigkeiten. Statt Kontrolle stehen Führen und Motivation auf „Distanz" und statt hierarchischer Direktion nunmehr „Orchestrieren" von Mitarbeitern im Zentrum; „Peer-to-Peer"-Kommunikation und Förderung von Mitarbeiterpartizipation werden zu zentralen Erfolgsfaktoren. Zudem werden bisherige Statusunterschiede zwischen „Blue Collar" und „White Collar" zunehmend verschwimmen. Eine Zielvorstellung wäre dabei, dass sich neue Formen der Selbstorganisation und eine an den Unternehmenszielen orientierte Kontrolle etablieren, die sich durch fluide, problemorientierte Formen der Leitung auszeichnen.

Auf der überbetrieblichen Ebene spielen Faktoren eine Rolle, die insbesondere den Wandel und die Weiterentwicklung arbeits- und sozialpolitischer Regulationsformen zum Gegenstand haben und zumindest indirekt die Einführung digitaler humanorientierter Formen der Arbeit berühren. Zu nennen sind beispielsweise die Herausforderungen der Regulation von Flexibilisierung, Arbeitszeit, Mitbestimmung sowie Aus- und Weiterbildung (BMAS 2017). Erforderlich ist in diesen Feldern vielfach ein neuer arbeits- und sozialpolitischer Interessenkompromiss. Denn nur dann können wirksame Hemmnisse und Vorbehalte gegen einen Wandel der Arbeit vermieden werden, die aus ungeklärten Konflikten und Vorbehalten resultieren. Zudem kann die Bedeutung von Maßnahmen der Weiterbildung und Bildung sowie Kompetenzentwicklung für die Verbreitung humanorientierter Arbeitsformen im Kontext des digitalen Wandels nicht hoch genug eingeschätzt werden. Ein zentrales Ziel solcher Maßnahmen muss vor allem sein, einen wirtschafts- und sozialstrukturellen „digital Divide" zu vermeiden: Einmal müssen die Kompetenzunterschiede zwischen großen technologieintensiven Unternehmen und weniger technologieintensiven KMU ausgeglichen werden. Darüber hinaus sollen Kompetenz- und Leistungsdivergenzen zwischen unterschiedlichen Beschäftigtengruppen möglichst angeglichen werden. Den Beschäftigten sollen dabei Fähigkeiten und Kompetenzen vermittelt werden, wie sie den absehbaren, digital getriebenen Strukturwandel in der Arbeitswelt erfolgreich bewältigen können.

Literatur

acatech (2015) Smart Maintenance für Smart Factories. Mit intelligenter Instandhaltung die Industrie 4.0 vorantreiben. acatech Position, 10/2015. acatech, Berlin

Amazon Mechanical Turk – Access a global, on-demand, 24x7 workforce. https://www.mturk.com/. Zugegriffen: 8. Apr. 2019

APPsist – Mobile Assistenzsysteme und Internetdienste in der intelligenten Produktion. https://www.digitale-technologien.de/DT/Redaktion/DE/Standardartikel/AutonomikFuerIndustrieProjekte/autonomik_fuer_industrie_projekt-appsist.html. Zugegriffen: 8. Apr. 2019

Arntz M, Gregory T, Lehmer F, Matthes B, Zierahn U (2016) Arbeitswelt 4.0 – Stand der Digitalisierung in Deutschland. IAB Kurzbericht 22/2016

Autor D (2015) Why are there still so many jobs? The history and future of Workplace automation. J Econ Perspect 29(3):3–30

BMAS – Bundesministerium für Arbeit und Soziales (2017) Weissbuch Arbeiten 4.0. Bundesministerium für Arbeit und Soziales, Berlin

Büchner S, Kühl S, Muster J (2017) Digitalisierung zähmt keine Menschen. FAZ, 3. Juli 2017

Dengler K, Matthes B (2018) Wenige Berufsbilder halten mit der Digitalisierung Schritt. IAB-Kurzbericht 4/2018. IAB, Nürnberg

Forschungsunion/acatech (2013) Umsetzungsempfehlungen für das Zukunftsprojekt Industrie 4.0. Abschlussbericht des Arbeitskreises Industrie 4.0. Forschungsunion/acatech, Frankfurt am Main

Frey C, Osborne M (2017) The future of employment: how susceptible are jobs to computerisation? Technol Forecast Soc Chang 114(1):254–280

Hirsch-Kreinsen H (2018) Die Pfadabhängigkeit digitalisierter Industriearbeit. Arbeit 27(3):1–21

Hirsch-Kreinsen H, Ittermann P, Niehaus J (Hrsg) (2018) Digitalisierung industrieller Arbeit. Die Vision Industrie 4.0 und ihre sozialen Herausforderungen, 2. Aufl. Nomos, Baden-Baden

Hofmann J, Kurz C (2016) Industrie 4.0 – Industriearbeit der Zukunft im digitalen Wandel. In: Schröder L, Urban H-J (Hrsg) Gute Arbeit. Digitale Arbeitswelt – Trends und Anforderungen. BUND, Frankfurt am Main, S 73–85

Kagermann H (2014) Chancen von Industrie 4.0 nutzen. In: Bauernhansl T, ten Hompel M, Vogel-Heuser B (Hrsg) Industrie 4.0 in Produktion, Automatisierung und Logistik. Anwendung, Technologien, Migration. Springer, Wiesbaden, S 603–614

Leimeister J, Zogaj S (2013) Neue Arbeitsorganisation durch Crowdsourcing. Eine Literaturstudie. Arbeitspapier der Hans-Böckler-Stiftung. Reihe Arbeit und Soziales 287. Hans-Böckler-Stiftung, Düsseldorf

Lutz B (1987) Das Ende des Technikdeterminismus und die Folgen. In: Lutz B (Hrsg) Technik und Sozialer Wandel Verhandlungen des 23. Deutschen Soziologentages, Frankfurt am Main, S 34–57

McAffee A, Brynjolfsson E (2017) Harnessing our digital future. Norton

Orlikowski W (2010) The sociomateriality of organisational life: considering technology in management research. Cambridge J Econ 34(1):125–141

Pfeiffer S, Suphan A (2018) Industrie 4.0 und Erfahrung: Statt vager Prognosen zu technologischer Arbeitslosigkeit morgen, heute das Gestaltungspotenzial der Beschäftigten nutzen und anerkennen. In: Hirsch-Kreinsen H, Ittermann P, Niehaus J (Hrsg) Digitalisierung industrieller Arbeit, 2. Aufl. Nomos, Baden-Baden, S 275–302

Pongratz HJ, Bormann S (2017) Online-Arbeit auf Internet-Plattformen. Empirische Befunde zum ‚Crowdworking' in Deutschland. Arbeits- Ind Studien 10(2):158–181 (http://www.ais-studien.de/home/veroeffentlichungen-17/november.html. Zugegriffen: 16. April 2019)

Schulz-Schaeffer I (2017) Technik und Handeln. Eine handlungstheoretische Analyse. Technical University Technology Studies Working Papers, Berlin

Staab P, Nachtwey O (2016) Die Digitalisierung der Dienstleistungsarbeit. Aus Polit Zeitgesch (apuz) 66(18/19):24–31

Tüllmann C, ten Hompel M, Nettsträter A, Prasse C (2017) Social Networked Industry ganzheitlich gestalten. Whitepaper. Fraunhofer IML, Dortmund

Ullrich A, Vladova G, Thim C, Gronau N (2015) Akzeptanz und Wandlungsfähigkeit im Zeichen der Industrie 4.0. Springer, Wiesbaden

Warning A, Weber E (2017) Digitalisierung verändert die betriebliche Personalpolitik. IAB-Kurzbericht 12/2017. IAB, Nürnberg

Wienzek T (2018) Typologie Industrie 4.0. In: Wagner R (Hrsg) Industrie 4.0 in der Praxis umsetzen – eine Orientierung für mittelständische Unternehmen. Springer, Wiesbaden

Wolter M, Mönnig A, Hummel M, Schneemann C, Weber E, Zika G, Helmrich R, Maier T, Neuber-Pohl C (2015) Industrie 4.0 und die Folgen für Arbeitsmarkt und Wirtschaft. IAB-Forschungsbericht 8/2015. IAB, Nürnberg

Welche Folgen hat die Digitalisierung für den Arbeitsmarkt?

Substituierbarkeitspotenziale von Berufen

Katharina Dengler

3.1 Einleitung – 30

3.2 Folgen der Digitalisierung für die Beschäftigung – 31

3.3 Substituierbarkeitspotenzial als Maß – 31

3.4 Substituierbarkeitspotenziale nach Anforderungsniveau – 32

3.5 Substituierbarkeitspotenziale nach Berufssegmenten – 33

3.6 Folgen der Digitalisierung für die Beschäftigten – 34

3.7 Schlussfolgerungen – 35

Literatur – 36

• • Zusammenfassung
In der letzten Zeit werden in vielen öffentlichen und akademischen Debatten immer wieder Befürchtungen geäußert, dass durch die fortschreitende Digitalisierung der Mensch zukünftig vom Arbeitsmarkt gedrängt werden könnte. Inwiefern sind Berufe bereits heute ersetzbar, weil Tätigkeiten, die derzeit noch von Beschäftigten erledigt werden, demnächst von Computern oder computergesteuerten Maschinen übernommen werden? Um diese Fragestellung zu klären, haben Dengler und Matthes (2015, 2018a, 2018b) sogenannte Substituierbarkeitspotenziale von Berufen berechnet. Das heißt, sie bestimmen, in welchem Ausmaß Berufe gegenwärtig durch Computer oder computergesteuerte Maschinen übernommen werden könnten. Dadurch können die Folgen der Digitalisierung sowohl für verschiedene Berufe dargestellt als auch für die Beschäftigten bestimmt werden. In diesem Beitrag wird gezeigt, dass die Befürchtungen vor einem massiven Beschäftigungsabbau im Zuge der Digitalisierung derzeit unbegründet sind. Die Herausforderungen der Digitalisierung bestehen weniger in der Zahl der Arbeitsplatzverluste, sondern viel mehr in der sich stark verändernden Branchen- und Berufsstruktur. Dabei werden Berufe nur in den seltensten Fällen komplett verschwinden, sie werden sich vor allem verändern.

3.1 Einleitung

In vielen öffentlichen wie auch akademischen Debatten gibt es Befürchtungen, dass Roboter den Menschen die Arbeit wegnehmen könnten. In der Tat können mit der fortschreitenden Digitalisierung immer mehr Tätigkeiten von Computern oder computergesteuerten Maschinen übernommen werden. Inzwischen hat die Digitalisierung viele Arbeitsbereiche erfasst. In den letzten Jahren sind insbesondere vier Technologien marktreif geworden: kollaborative, mobile Roboter, selbstlernende Computerprogramme, 3D-Druck und Virtuelle Realität (Dengler und Matthes 2018b). Mobile, kollaborative Roboter können im Gegensatz zu klassischen Industrierobotern verschiedene Tätigkeiten an unterschiedlichen Orten verrichten. Insbesondere sind keine trennenden Schutzeinrichtungen mehr nötig, da die Roboter mit Sensoren ausgestattet sind, die eine Verletzung des Menschen verhindern. Kollaborative Roboter kommen in sehr unterschiedlichen Bereichen zum Einsatz. Sie können einerseits beim Heben von schweren Werkstücken assistieren, andererseits aber auch Tätigkeiten wie Kommissionieren im Lager übernehmen oder bei der Patientenbetreuung das Essen oder die Medikamente bringen. Selbstlernende Computerprogramme können mithilfe von intelligenter Bilderkennung verschiedene einfache Tätigkeiten wie einfache Qualitätsprüfungen oder Wareneingangskontrollen übernehmen, aber auch komplexe Tätigkeiten wie die vollautomatische Prüfung von Steuererklärungen oder Versicherungsanträgen sowie die Auswahl von geeigneten Bewerbern bei der Besetzung von offenen Stellen. Erste Anwendungen von 3D-Druck kommen bereits bei der Herstellung von Prototypen und Modellen zum Einsatz, aber auch in der Medizin- und Zahntechnik werden Prothesen und Zahnersatz bereits mit 3D-Druck gefertigt. Neu im Bereich der Virtuellen Realität ist Simulationssoftware, die beispielsweise virtuell ein Haus simulieren kann, bevor es gebaut wird.

Durch die Weiterentwicklung dieser Technologien müssen immer mehr berufliche Tätigkeiten als potenziell ersetzbar eingestuft werden. Parallel ändern sich aber auch die Tätigkeitsprofile in vielen Berufen über die Zeit. Automatisierbare Tätigkeiten werden von Computern übernommen oder verlieren an Bedeutung, während nicht-automatisierbare Tätigkeiten an Bedeutung gewinnen und neue Tätigkeiten hinzukommen. Außerdem entstehen neue Berufe, wenn auch nur selten (Dengler und Matthes 2018b).

Welche Folgen hat nun die fortschreitende Digitalisierung für den deutschen Arbeitsmarkt? Um dies abzubilden, berechneten Dengler und Matthes (2015, 2018a, 2018b) sogenannte Substituierbarkeitspotenziale von Berufen. Das heißt, sie bestimmen, in welchem Ausmaß Berufe gegenwärtig durch Computer oder computergesteuerte Maschinen übernommen werden könnten. Dadurch ist es möglich, die Folgen der Digitalisierung sowohl für verschiedene Berufe darzustellen als auch für die Beschäftigten zu bestimmen, indem die Substituierbarkeitspotenziale der Berufe auf die Berufsstruktur der Beschäftigten in Deutschland übertragen werden. Dieser Beitrag geht auf beide Aspekte ein, nachdem zunächst ein theoretischer und empirischer Überblick zu den Folgen der Digitalisierung für die Beschäftigung gegeben wird und das Substituierbarkeitspotenzial als Maß näher erläutert wird.

3.2 Folgen der Digitalisierung für die Beschäftigung

Die Folgen der Digitalisierung für die Beschäftigung sind umstritten. Einerseits können Maschinen immer mehr Tätigkeiten übernehmen und so zu einem Verlust von Arbeitsplätzen führen (Keynes 1933). Andererseits entstehen durch die Digitalisierung aber auch neue Möglichkeiten. Es können zusätzliche Arbeitsplätze entstehen, da die neuen Produkte und Dienstleistungen gebaut und bereitgestellt werden müssen. Zudem können auch neue Arbeitsplätze durch Produktivitätssteigerungen entstehen, indem die Preise sinken und die Nachfrage sich erhöht (Appelbaum und Schettkat 1995). Bisherige empirische Studien kommen ebenfalls zu kontroversen Ergebnissen. So untersuchten Acemoglu und Restrepo (2017) die Effekte von Industrierobotern zwischen 1990 und 2007 in den USA und stellten einen Beschäftigungsrückgang fest. Dauth et al. (2017) hingegen fanden keine negativen Auswirkungen von Industrierobotern auf die Gesamtbeschäftigung in Deutschland.

Ein weiterer Literaturzweig befasst sich mit sogenannten Automatisierungswahrscheinlichkeiten von Berufen. Die prominente Studie von Frey und Osborne (2017) deutet darauf hin, dass etwa 47 % der Arbeitsplätze in den USA in den nächsten 10 bis 20 Jahren durch Computer oder computergesteuerte Maschinen ersetzt werden. Werden die Ergebnisse von Frey und Osborne (2017) auf Deutschland übertragen, so ergeben sich vergleichbare Werte (Bonin et al. 2015; Brzeski und Burk 2015; Arntz et al. 2016). Diese Studien haben gemeinsam, dass sie ganze Berufe nach deren Ersetzbarkeit einschätzen. Betrachtet man einzelne Tätigkeiten in den Berufen, so kommt man zu deutlich niedrigeren Werten. Mit einem tätigkeitsbasierten Ansatz finden Arntz et al. (2016, 2017), dass nur 9 % der Jobs in den USA bzw. 12 % der Jobs in Deutschland in den nächsten 10 bis 20 Jahren von einer Automatisierung bedroht sind. Nichtsdestotrotz beruhen auch diese Studien letztlich auf den Automatisierungswahrscheinlichkeiten von Frey und Osborne (2017), die Technologieexperten für ganze Berufe in den USA eingeschätzt haben.

3.3 Substituierbarkeitspotenzial als Maß

Um all diese Probleme zu vermeiden, berechneten Dengler und Matthes (2015, 2018a, 2018b) Automatisierungswahrscheinlichkeiten bzw. sogenannte Substituierbarkeitspotenziale von Berufen direkt für Deutschland auf Grundlage der Expertendatenbank BERUFENET der Bundesagentur für Arbeit. Das BERUFENET enthält für alle bekannten Berufe in Deutschland Informationen wie etwa zu den dazugehörigen Tätigkeiten. Dengler und Matthes ermittelten dann für jeden der ca. 4.000 Berufe in Deutschland das Substituierbarkeitspotenzial, indem sie in Anlehnung an den Task-Ansatz von Autor et al. (2003) den Anteil der Tätigkeiten bestimmten, die bereits heute von Computern oder computergesteuerten Maschinen übernommen werden könnten. Dazu haben drei Kodierer unabhängig voneinander für jede der insgesamt ca. 8.000 Tätigkeiten recherchiert, ob es gegenwärtig eine computergesteuerte Maschine oder einen Computeralgorithmus gibt, der diese Tätigkeit vollumfänglich automatisch erledigen kann.

Bei dieser Einschätzung geht es ausschließlich um die technische Machbarkeit. Wenn eine Tätigkeit als ersetzbar eingestuft wurde, heißt das nicht, dass sie auch tatsächlich durch Computer oder computergesteuerte Maschinen ersetzt wird. Sofern die menschliche Arbeit wirtschaftlicher, flexibler oder von besserer Qualität ist oder rechtliche oder ethische Hürden einem Einsatz solcher Technologien entgegenstehen, werden substituierbare Tätigkeiten eher nicht ersetzt (Dengler und Matthes 2018b). Tätigkeiten, die Computer eventuell zukünftig übernehmen könnten, bei denen es derzeit jedoch noch technische Hürden für einen serienmäßigen Einsatz in Deutschland gibt, gelten als (noch) nicht durch Computer ersetzbar. So gilt – trotz selbstfahrender LKWs und PKWs – das Führen von Fahrzeugen als derzeit noch nicht durch Computer ersetzbar, weil selbstfahrende Fahrzeuge gegenwärtig nur teilautonom, zu Testzwecken und nur auf bestimmten Strecken zum Einsatz kommen können. Vor allem in unvorhersehbaren und unübersichtlichen Verkehrssituationen – wie Baustellen oder Unfällen – sind die technischen Fahrassistenzsysteme noch nicht in der Lage, angemessen zu reagieren. Dabei ist es aber absehbar, dass in Zukunft das Führen eines Fahrzeuges zu einer ersetzbaren Tätigkeit wird (Dengler und Matthes 2015).

Die Substituierbarkeitspotenziale wurden erstmals für das Jahr 2013 berechnet (Dengler und Matthes 2015, 2018a). Diese Einschätzung war eine Momentaufnahme, ausgehend von den technischen Möglichkeiten und den Berufsbildern im Jahr 2013. So sind seit 2013 vor allem mobile, kollaborative Roboter und selbstlernende Computerprogramme sowie erste Anwendungen von 3D-Druck und Virtueller Realität so weiterentwickelt worden, dass immer mehr berufliche Tätigkeiten als potenziell ersetzbar eingestuft werden müssen. Gleichzeitig ändern sich aber auch die Berufsbilder. Weil automatisierbare Tätigkeiten von Robotern oder Computeralgorithmen erledigt

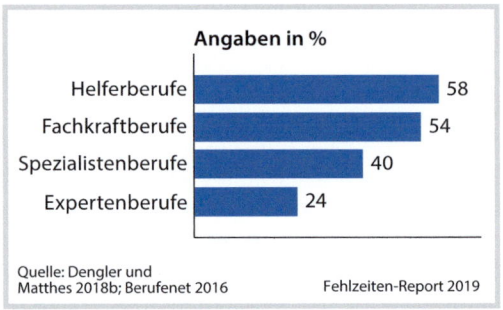

© Abb. 3.1 Substituierbarkeitspotenzial nach Anforderungsniveau für das Jahr 2016

werden können, müssen sie nicht mehr vom Menschen ausgeführt werden. Sie verlieren an Bedeutung oder sind für die Ausübung des Berufs nicht mehr relevant. Es entstehen durch die Einführung von neuen Technologien aber auch neue Tätigkeiten. Und es können – wenn auch nur sehr selten – neue Berufe entstehen. Deswegen ist es in bestimmen Zeitabständen erforderlich, eine Aktualisierung der Substituierbarkeitspotenziale – also der Abschätzung, in welchem Ausmaß Berufe durch Computer oder computergesteuerte Maschinen ersetzt werden könnten – vorzunehmen. Dengler und Matthes (2018b) haben die Substituierbarkeitspotenziale deswegen für die technischen Möglichkeiten und Berufsbilder im Jahr 2016 aktualisiert. Diese werden im Folgenden näher betrachtet.

3.4 Substituierbarkeitspotenziale nach Anforderungsniveau

© Abb. 3.1 stellt zunächst das Substituierbarkeitspotenzial für die verschiedenen Anforderungsniveaus dar (Dengler und Matthes 2018b). Es zeigt sich, dass vor allem Helferberufe, für die typischerweise keinerlei Ausbildung erforderlich ist, mit 58 % das höchste Substituierbarkeitspotenzial aufweisen. Das bedeutet, dass 58 % der Tätigkeiten in den Helferberufen von Computern oder computergesteuerten Maschinen erledigt werden könnten. In Fach-

3.5 · Substituierbarkeitspotenziale nach Berufssegmenten

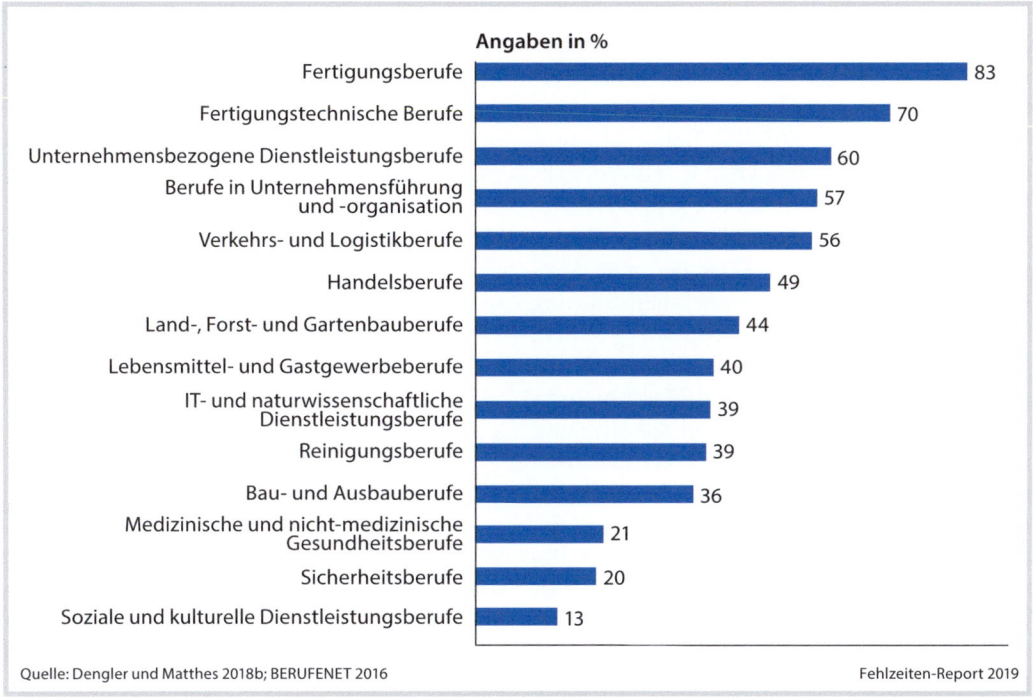

◘ Abb. 3.2 Substituierbarkeitspotenziale nach Berufssegmenten für das Jahr 2016

kraftberufen, die in der Regel eine mindestens zweijährige Berufsausbildung erfordern, beträgt das Substituierbarkeitspotenzial 54 %. Im Jahr 2013 hatten Helfer- und Fachkraftberufe noch ein ähnlich hohes Substituierbarkeitspotenzial von ca. 45 % (Dengler und Matthes 2018a). Dies liegt daran, dass in den letzten Jahren Technologien marktreif geworden sind, die vermehrt einfache Helfertätigkeiten wie einfache Qualitätskontrollen oder Wareneingangskontrollen ersetzen können. Das Substituierbarkeitspotenzial in den Spezialistenberufen, für die typischerweise eine Meister- oder Technikerausbildung oder auch ein weiterführender Fachschul- oder Bachelorabschluss erforderlich sind, beträgt 40 % und in den Expertenberufen, die ein mindestens vierjähriges abgeschlossenes Hochschulstudium voraussetzen, 24 %. Insgesamt lässt sich also resümieren, dass sich Bildung auszahlt. Dies bedeutet wiederum aber auch, dass mit der Digitalisierung die Anforderungen steigen.

3.5 Substituierbarkeitspotenziale nach Berufssegmenten

Da nicht die Substituierbarkeitspotenziale für alle ca. 4.000 Berufe dargestellt werden können, werden im Folgenden die Substituierbarkeitspotenziale für 14 Berufssegmente untersucht (Dengler und Matthes 2018b).[1]

Anhand von ◘ Abb. 3.2 kann man erkennen, dass vor allem Fertigungsberufe und fertigungstechnische Berufe ein hohes Substituierbarkeitspotenzial mit 83 bzw. 70 % aufweisen. Demnach könnten insbesondere Berufe, in denen Rohstoffe gewonnen und Produkte aus Materialien wie Glas, Kunststoff usw. hergestellt sowie Maschinen, Anlagen oder Fahrzeuge produziert werden, von computergesteuerten Maschinen ausgeübt werden. Aber auch unternehmensbezogene Dienstleistungs-

---

[1] Für die Substituierbarkeitspotenziale der ca. 4.000 Einzelberufe siehe ▶ https://job-futuromat.iab.de/.

berufe (wie Versicherungs- und Finanzdienstleistungen, Dienstleistungen im Rechnungswesen oder Controlling, in der Steuerberatung, Rechtsberatung oder öffentlichen Verwaltung) weisen mit 60 % ein hohes Substituierbarkeitspotenzial auf. Dies ist gut vorstellbar, da Computerprogramme z. B. Versicherungsanträge oder Steuererklärungen vollautomatisch prüfen können (Dengler und Matthes 2018b). Berufe in Unternehmensführung und -organisation können ebenso zu einem nicht unwesentlichen Teil (57 %) durch Computer oder computergesteuerte Maschinen ersetzt werden. Insbesondere administrative und organisatorische Büro- und Sekretariatsarbeiten können Computerprogramme bereits heute übernehmen, aber auch rechtliche Kenntnisse können sie anwenden. Selbst bei der Bewerberauswahl ist es inzwischen möglich, dass Computerprogramme das Stellenprofil mit einer großen Menge an Daten über die bisherigen Rekrutierungsentscheidungen abgleichen, um so geeignete Kandidaten vorzuschlagen (Dengler und Matthes 2018b). Bei den Verkehrs- und Logistikberufen, die ein Substituierbarkeitspotenzial von 56 % aufweisen, sind vor allem Tätigkeiten in der Logistik und Intralogistik durch Computer oder computergesteuerte Maschinen ersetzbar. Tätigkeiten rund um den Material- und Warenfluss in einer Fertigungslinie oder einer gesamten Wertschöpfungskette können von Robotern vollautomatisch erledigt werden, wie zum Beispiel das Kommissionieren im Lager, das Be- und Entladen von Maschinen oder das Transportieren von Waren. Mit Hilfe von intelligenter Bilderkennung lassen sich aber auch Wareneingangskontrollen, Qualitätsprüfungen oder Warenkommissionierung optimieren.

Alle anderen Berufssegmente weisen ein Substituierbarkeitspotenzial von unter 50 % auf. Soziale und kulturelle Dienstleistungsberufe wie Kinder erziehen oder unterrichten können nur schwer von Computern ausgeübt werden. Auch die medizinischen und nicht-medizinischen Gesundheitsberufe können nur zu einem geringen Teil von Computern oder computergesteuerten Maschinen übernommen werden. In diesem Berufssegment gibt es viele Berufe mit sehr niedrigem Substituierbarkeitspotenzial, wie z. B. Altenpfleger, Ärzte oder Friseure. Manche Tätigkeiten der medizinischen und nicht-medizinischen Gesundheitsberufe können aber durchaus substituiert werden. So können mithilfe von 3D-Druck Prothesen und Zahnersatz gefertigt werden, die genau auf die Bedürfnisse des Patienten zugeschnitten sind (Dengler und Matthes 2018b).

3.6 Folgen der Digitalisierung für die Beschäftigten

Was bedeuten nun die Substituierbarkeitspotenziale der Berufe für die Beschäftigten in Deutschland? Um dies herauszufinden, überträgt man die Substituierbarkeitspotenziale auf die Berufsstruktur der sozialversicherungspflichtig Beschäftigten in Deutschland (Dengler und Matthes 2018b). ◘ Abb. 3.3 zeigt, dass etwa 28 % der sozialversicherungspflichtig Beschäftigten in Berufen mit niedrigem Substituierbarkeitspotenzial beschäftigt sind. Das heißt, dass der Anteil der Tätigkeiten, die durch Computer oder computergesteuerte Maschinen übernommen werden können, bei maximal 30 % liegt. Darunter sind etwa 4 % der Beschäftigten in Berufen tätig, in denen keinerlei Tätigkeiten von Computern erledigt werden könnten. Hierzu zählen z. B. Friseure, Ärzte, Erzieher oder Busfahrer. Im Gegensatz zur schienengebundenen Fahrzeugführung ist das Fahren von Bussen, Autos oder LKW bislang nicht ersetzbar, da diese Technologien noch nicht marktreif sind (Dengler und Matthes 2018b). Aber auch die Tätigkeit von Ärzten kann lediglich von Computern unterstützt, aber nicht ersetzt werden. So können Computer schneller und gezielter als Ärzte die statistisch wirkungsvollsten Therapievorschläge unterbreiten, letztendlich entscheidet aber der Arzt über die richtige Therapie (Dengler und Matthes 2015). Ähnliches gilt für die Kindererziehung. Gerade soziale und interaktive Kom-

3.7 · Schlussfolgerungen

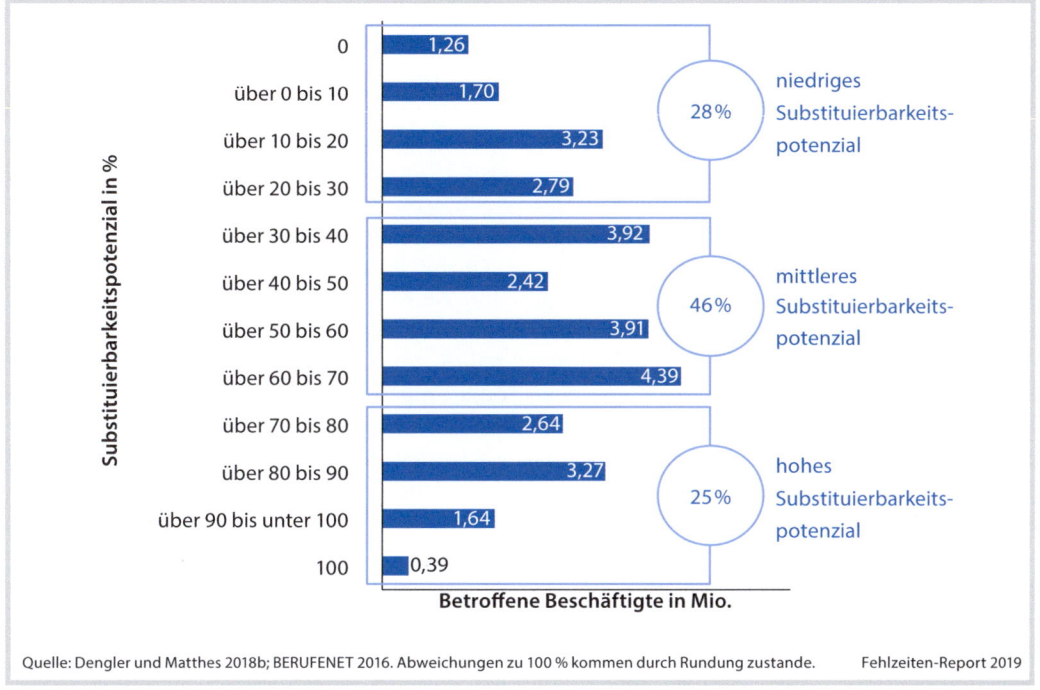

Abb. 3.3 Betroffenheit der sozialversicherungspflichtig Beschäftigten vom Substituierbarkeitspotenzial der Berufe 2016

petenzen, aber auch Techniken der Problemlösung oder der kreativen Betätigung können nur schlecht durch Computer oder computergesteuerte Maschinen ersetzt werden (Dengler und Matthes 2015).

In einem Beruf mit einem mittleren Substituierbarkeitspotenzial – das heißt, dass zwischen 30 bis maximal 70 % der Tätigkeiten von Computern übernommen werden könnten – arbeiten ca. 46 % der Beschäftigten. Etwa 25 % der Beschäftigten arbeiten in einem Beruf mit einem hohen Substituierbarkeitspotenzial von über 70 %. Darunter fallen auch ca. 1 % der Beschäftigten, die in einem Beruf mit einem Substituierbarkeitspotenzial von 100 % tätig sind, d. h. alle Tätigkeiten in diesem Beruf könnten von Computern oder computergesteuerten Maschinen übernommen werden. Dies trifft z. B. auf Bäcker, Aufbereitungsmechaniker, Buchhalter oder Kassierer zu.

3.7 Schlussfolgerungen

Zusammenfassend lässt sich also sagen, dass etwa 25 % der sozialversicherungspflichtig Beschäftigten in Deutschland mit einem hohen Substituierbarkeitspotenzial konfrontiert sind. Dies bedeutet aber nicht, dass in gleichem Umfang Arbeitsplätze wegfallen müssen. Bei den Substituierbarkeitspotenzialen handelt es sich lediglich um die technische Machbarkeit. Ob diese Tätigkeiten dann tatsächlich von Computern oder computergesteuerten Maschinen ersetzt werden, hängt von einer Reihe anderer Faktoren ab. So kann die menschliche Arbeit wirtschaftlicher, flexibler oder von besserer Qualität sein oder rechtliche oder ethische Hürden einer Automatisierung entgegenstehen. Aber auch Präferenzen von Kunden z. B. für handwerklich hergestellte Produkte können eine Automatisierung verhindern. Des Weiteren berücksichtigt das Substituierbarkeitspotenzial nicht, dass neue Produkte und Dienstleistungen im Zuge der Digitalisierung entstehen sowie Produktivitätswachstum und Innovationen zu Preissenkungen führen, die Beschäftigung schaffen könnten.

Selbst wenn Tätigkeiten tatsächlich ersetzt werden, bedeutet dies nicht zwangsläufig, dass ein Beruf dadurch verschwindet. Allerdings ist es wahrscheinlich, dass sich die in diesem Beruf zu erledigenden Tätigkeiten verändern. Während die ersetzbaren Tätigkeiten Computer oder computergesteuerte Maschinen ausführen, gewinnen die nicht-ersetzbaren Tätigkeiten für den Menschen an Bedeutung, und es kommen neue zu erledigende Tätigkeiten hinzu. In seltenen Fällen entstehen sogar neue Berufe. Das bedeutet, dass die Herausforderung der Digitalisierung weniger in der Zahl der Arbeitsplatzverluste besteht, sondern viel mehr in der sich stark verändernden Berufsstruktur. Die Befürchtungen, dass Roboter den Menschen die Arbeit wegnehmen könnten, sind derzeit also unbegründet.

Die wichtigste zukünftige Herausforderung im Zuge der Digitalisierung ist somit die (Weiter-)Bildung (Dengler und Matthes 2015). Bereits in der Schule müssen die Voraussetzungen für den bewussten Umgang mit Computern geschaffen werden. Aber auch Ausbildungen müssen so gestaltet werden, dass alle Auszubildende mit den neuesten technischen Innovationen vertraut gemacht werden. Dabei müssen sich die Ausbildungen bzw. Ausbildungsordnungen mit dem technischen Stand weiterentwickeln. Aber auch das Wissen und Können der Arbeitskräfte muss auf dem technisch aktuellen Stand gehalten werden. Somit muss lebenslanges Lernen für alle Arbeitskräfte und Arbeitgeber zur einer selbstverständlichen und dauerhaften Investition werden. Eine abgeschlossene Ausbildung oder ein Hochschulstudium sind zwar weiterhin eine solide Basis; da das Wissen aber immer schneller veraltet, reicht eine Erstausbildung immer seltener aus. Es müssen weitere Möglichkeiten und Strukturen zur Weiter- und Höherqualifizierung bzw. Umschulung ausgebaut werden (Kruppe et al.

2017). Dabei geht es also nicht nur um Weiterbildung im erlernten Beruf, sondern auch um berufliche Umorientierungen. Andererseits steigen die beruflichen Anforderungen durch die Digitalisierung insgesamt, sodass auch über eine Höherqualifizierung nachgedacht werden sollte. Auf den ersten Blick liegt es dabei nahe, vor allem digitale Inhalte zu stärken. Da sich aber durch die Digitalisierung auch die Art und Weise des Arbeitens verändert, wie z. B. in virtuellen Teams, werden zunehmend auch soziale Kompetenzen wie Kommunikationsstärke oder Empathie und fachübergreifende Kompetenzen wichtig.

In den derzeitigen Debatten um die fortschreitende Digitalisierung werden vor allem Befürchtungen geäußert, dass den Menschen die Arbeit ausgeht. Dabei wird oftmals vergessen, dass die Technik den Menschen die Arbeit auch erleichtern kann. So können digitale Technologien die Menschen von körperlich schwerer Arbeit befreien, indem sie schwere Werkstücke heben und positionieren. Aber auch gefährliche Arbeiten wie das Lackieren von Fahrzeugen oder monotone, stupide Aufgaben wie das Sortieren von Produkten können von Computern oder computergesteuerten Maschinen übernommen werden, die uns so die Arbeit erleichtern (Dengler und Matthes 2015). Die digitalen Technologien geben dabei nicht allein vor, wie die zukünftige Arbeitswelt aussehen soll. Sie stecken lediglich den Rahmen ab. Es gilt die neuen Chancen, die sich im Zuge der Digitalisierung ergeben, dementsprechend zu nutzen.

Literatur

Acemoglu D, Restrepo P (2017) Robots and jobs: evidence from US labor markets. NBER Working Paper No. 23285

Appelbaum E, Schettkat R (1995) Employment and productivity in industrialized economies. Int Labor Rev 134(4–5):605–623

Arntz M, Gregory T, Zierahn U (2016) The risk of automation for jobs in OECD countries – a comparative analysis. OECD Social, Employment and Migration – Working Papers No 189

Literatur

Arntz M, Gregory T, Zierahn U (2017) Revisiting the risk of automation. Econ Lett 159:157–160

Autor DH, Levy F, Murnane RJ (2003) The skill content of recent technological change: an empirical exploration. Q J Econ 118(4):1279–1333

Berufenet (2016) Berufsinformationen der Bundesagentur für Arbeit, Nürnberg. https://berufenet.arbeitsagentur.de/berufenet/faces/index?path=null

Bonin H, Gregory T, Zierahn U (2015) Übertragung der Studie von Frey/Osborne (2013) auf Deutschland. ZEW – Leibniz-Zentrum für Europäische Wirtschaftsforschung, Mannheim

Brzeski C, Burk I (2015) Die Roboter kommen. Folgen der Automatisierung für den deutschen Arbeitsmarkt. INGDiBa Economic Research

Dauth W, Findeisen S, Südekum J, Wößner N (2017) German robots – the impact of industrial robots on workers. IAB Discussion Paper 30/2017

Dengler K, Matthes B (2015) Folgen der Digitalisierung für die Arbeitswelt. In kaum einem Beruf ist der Mensch vollständig ersetzbar. IAB-Kurzbericht 24/2015. Institut für Arbeitsmarkt- und Berufsforschung (IAB), Nürnberg

Dengler K, Matthes B (2018a) The impacts of digital transformation on the labour market: substitution potentials of occupations in Germany. Technol Forecast Soc Chang 137:304–316

Dengler K, Matthes B (2018b) b) Substituierbarkeitspotenziale von Berufen – Wenige Berufsbilder halten mit der Digitalisierung Schritt. IAB Kurzbericht 4/2018. Institut für Arbeitsmarkt- und Berufsforschung (IAB), Nürnberg

Frey CB, Osborne MA (2017) The future of employment: How susceptible are jobs to computerisation? Technol Forecast Soc Chang 114:254–280

Keynes JM (1933) Economic possibilites for our grandchildren. In: Keynes JM (Hrsg) Essays in Persuasion, 1. Aufl. Macmillan, London, S 358–373

Kruppe T, Leber U, Matthes B (2017) Sicherung der Beschäftigungsfähigkeit in Zeiten des digitalen Umbruchs. IAB-Stellungnahme 7/2017. Institut für Arbeitsmarkt- und Berufsforschung (IAB), Nürnberg

Arbeiten und Lernen in einer zunehmend digitalisierten Arbeitswelt

Lars Windelband

4.1 Einleitung – 40

4.2 Digitalisierung der Arbeitswelt und deren Konsequenzen für die berufliche Bildung – 40

4.3 Veränderte Anforderungen an Kompetenz und Qualifikation bis zu neuen Berufen? – 42

4.4 Bedeutung des Erfahrungswissens in einer digitalisierten Arbeitswelt – 44

4.5 Handlungsempfehlungen: Chancen und Risiken für die Beschäftigten – 46

Literatur – 48

Zusammenfassung

Die Digitalisierung der Arbeitswelt stellt die berufliche Bildung und damit das Lernen vor vielfältige Herausforderungen. Die Entwicklungen der Digitalisierung, die aktuell unter den Schlagworten Industrie 4.0/Wirtschaft 4.0/Berufsbildung 4.0 diskutiert werden, verändern Technologien, Produkte, Organisationsprozesse und damit die Arbeitsprozesse, ganze Geschäftsmodelle und letztendlich die ganz konkreten Arbeitsaufgaben und Lernprozesse der Beschäftigten. Wie schnell diese Entwicklungen voranschreiten und welche genauen Umbrüche sich in der Arbeitswelt ergeben, lässt sich zum gegenwärtigen Zeitpunkt nicht immer klar abschätzen. Anhand von aktuellen wissenschaftlichen Studien greift dieser Beitrag sowohl die Potenziale der Digitalisierung der Arbeitswelt als auch die Herausforderungen, Auswirkungen und Konsequenzen für die Beschäftigten und die berufliche Bildung auf.

4.1 Einleitung

Unternehmen durchlaufen seit einigen Jahren eine mehr oder weniger umfassende digitale Transformation nicht nur ihrer Produkte und Dienstleistungen, sondern auch ihrer Arbeits- und Geschäftsprozesse. Bereits heute ist diese Transformation in allen Branchen zu erkennen, auch im Gesundheitsbereich. Dieser Wandel hat unterschiedliche Dimensionen (technische, soziale, ethische oder organisatorische Dimensionen) und darf nicht allein auf eine technologische Dimension reduziert werden.

In der industriellen Produktion kann dieser Wandel unter den Schlagworten „Industrie 4.0" oder „Internet der Dinge" subsumiert werden. Zurzeit werden einige wissenschaftliche Studien zu den technologischen und organisatorischen Veränderungen in ihren Auswirkungen auf die Berufsausbildung insgesamt sowie konkret in den industriellen Metall- und Elektroberufen vorgenommen und teilweise bereits in die Anpassung bestehender Berufsbilder umgesetzt. Es sind jedoch nicht nur die Metall- und Elektroberufe betroffen, sondern die Digitalisierung beeinflusst und verändert fast alle Berufe in der beruflichen Bildung in den unterschiedlichen Branchen.

Zugleich werden die Art und Weise des Erwerbs neuer Qualifikationen und Kompetenzen, ja die beruflichen Lernprozesse insgesamt ebenfalls durch eine digitale Transformation beeinflusst und verändert. Die verstärkte Digitalisierung umfasst das berufliche Lernen selbst, das in Aus- und Weiterbildung, aber auch im Arbeitsprozess immer stärker auf digitale, interaktive und vernetzte Medien zurückgreift und angewiesen ist. Für die Berufsbildung geht es dabei – neben der Frage der Gestaltung von Lernprozessen für ein lebenslanges Lernen – auch um grundlegende Zukunftsfragen nach der passenden Ausbildungsgestaltung, dem Verhältnis von Berufsbildung und akademischer Bildung oder um die Frage, ob ein Lernen in zukünftigen Arbeitsprozessen noch möglich ist, wenn die „intelligenten Technologien" die Handlungen steuern.

4.2 Digitalisierung der Arbeitswelt und deren Konsequenzen für die berufliche Bildung

Die Veränderungen der industriellen Produktion durch eine Digitalisierung ganzer Produktionsprozesse betreffen produzierende Unternehmen genauso wie Dienstleister und Zulieferer aller Branchen. Die Digitalisierung eröffnet Unternehmen viele neue Chancen, setzt jedoch langfristig eine Vernetzung der gesamten Wertschöpfungskette voraus. Ziel ist es, mit Hilfe von Sensoren Daten aus der physischen Welt zu erfassen, diese zu analysieren und zu interpretieren und für netzbasierte Dienste innerhalb der gesamten Wertschöpfungskette zur Verfügung zu stellen. Dadurch kann eine Verzahnung zwischen physischer und virtueller Welt erreicht werden, in dem u. a. Produkte, Maschinen und Anlagen mit eingebetteter Hard- und Software über die bisherigen Anwendungsgrenzen hinweg miteinander agieren. Noch ist dies in der Verknüpfung der gesamten Wertschöpfungskette „Zukunftsmusik", jedoch beginnen Unternehmen diese Entwicklungen voranzutreiben. Ein weiteres Ziel ist eine möglichst kundenindividuelle Produktion („Losgröße 1").

Wenn Anlagen mit Industrie-4.0-Hardware eingesetzt werden, dann bekommen die Anforderungsprofile der Fachkräfte eine andere Ausrichtung. Aspekte der Vernetzung und ein Denken in vernetzten Systemen spielen eine immer wichtigere Rolle. Besonders das weitere Zusammenwachsen von informationstechnischen mit den klassischen Produktionsprozessen macht es erforderlich, die betroffenen Berufe auf diese veränderte Perspektive auszurichten. Die mit Industrie 4.0 einhergehende dezentrale Intelligenz führt zu einer erhöhten Verfügbarkeit von Daten, die hochgradig prozessrelevant sind und von den Fachkräften analysiert, bearbeitet und für die Optimierung der Arbeitsprozesse genutzt werden können (vgl. Spöttl et al. 2016).

Jedoch nicht nur die Produktion ist von den Entwicklungen der Digitalisierung betroffen. Eine aktuelle Studie des Bundesinstituts für Berufsbildung zeigt, dass der „digitale" Durchdringungsprozess in vierzehn unterschiedlichen Ausbildungsberufen – von der Fachkraft für Abwassertechnik über Industriekaufmann/frau bis hin zu Mediengestalter/-in Digital und Print – unternehmensabhängig ungleichzeitig erfolgt und sich in Tiefe und Rigorosität, auch zwischen den Berufen, durchaus unterscheidet (Berufsbildung 4.0 – BIBB 2018). In allen vierzehn untersuchten Berufen ist laut der Studie die Digitalisierung zwar angekommen, jedoch nur „jeder Dritte aller befragten Fachkräfte, Ausbilder und Ausbilderinnen sowie Vorgesetzten von Fachkräften und Ausbildungsverantwortlichen in den Betrieben schätzt den Digitalisierungsgrad der Arbeitsplätze der hinterfragten Berufe bereits aktuell als hoch ein." (ebd.) Diese unterschiedliche Geschwindigkeit der Digitalisierung hängt von verschiedenen Faktoren ab, wie u. a. vom jeweiligen Geschäftsmodell, den wirtschaftlichen Rahmenbedingungen, den Einführungsstrategien für neue Technologien, der Akzeptanz der Technologie bei den Beschäftigten sowie von den umgesetzten Qualifikationskonzepten und nicht zuletzt von den Gestaltungsansprüchen und Zielstellungen, die mit der Einführung verbunden sind. Dabei ist die Gestaltung der zukünftigen Arbeitsplätze mit einer Interaktion von Mensch und Maschine sehr entscheidend. Hier stellt sich die Frage, wer schlussendlich die Entscheidungshoheit innerhalb einer digitalisierten Arbeitswelt „noch" hat. Bei manuellen und/oder kognitiven Tätigkeiten nicht nur in einfachen, sondern auch in komplexen Arbeitsprozessen besteht mehr und mehr die Möglichkeit der (Teil-)Automatisierung (Rump et al. 2017, S. 12). Dies wird zu einer Abnahme der Kompetenzen für den Menschen führen. Je mehr Entscheidungen von Computerprogrammen übernommen werden, desto mehr verschwindet die Fähigkeit, mit komplexen Situationen umzugehen und die Arbeitswelt bewusst zu gestalten. Die Entwicklung zu „Industrie 4.0" birgt die Gefahr, dass Erfahrungen, Wissen und Intuition der Menschen durch Computerprogramme und Software ersetzt werden, die auf Statistiken, Algorithmen und Wahrscheinlichkeitsberechnungen beruhen. Diese ersetzen immer mehr die menschliche Entscheidung. Ein deutlicher Indikator dafür ist die Nutzung von Datenbrillen für die Mitarbeiter. Hierüber werden genaue Anweisungen und Informationen an die Mitarbeiter weitergeben, ohne dass diese in den Arbeitsablauf noch eingreifen können. Die Mitarbeiter setzen die Anweisungen der Technik nur noch um (vgl. Windelband 2014).

Daneben wird der Einsatz von digitalen Technologien auch mit Entlastungseffekten im Arbeitsprozess verbunden sein (z. B. monotone und belastende Aufgaben). Assistenzsysteme können hier die Arbeit unterstützen. Zu den Unterstützungssystemen zählen dabei unterschiedlichste Technologien zur Bereitstellung von Informationen im Arbeitsprozess. Im Fall von Störungen eines Produktionssystems müssen meist unter Zeitdruck Entscheidungen von großer Tragweite getroffen werden. Umfassende Informationen über das Produktionssystem sowie den aktuellen Stand der Auftragsbearbeitung können dann dazu genutzt werden,

Handlungsmöglichkeiten aufzuzeigen und anhand von Kennzahlen wie der Produktivität oder der Termintreue simulationsbasiert zu bewerten (Jeske und Terstegen 2017, S. 83). Ein weiteres Beispiel dafür ist die Mensch-Roboter-Kollaboration. Diese kann wesentlich dazu beitragen, den Menschen und sein Muskel-Skelett-System von monotonen und körperlich beanspruchenden Tätigkeitsanteilen zu entlasten (ebd. S. 83).

Darüber hinaus können durch die Digitalisierung Ort und Zeit am Arbeitsplatz und damit im Arbeitsprozess entkoppelt werden (vom Homeoffice bis zur Fernwartung in der Instandhaltung). Sofern die Informationen, Materialien und Betriebsmittel vorliegen, die notwendig sind, um eine Arbeitsaufgabe auszuführen, kann die Aufgabe auch ortungebunden erledigt werden. Dazu muss zwischen Unternehmen und Beschäftigten eine Datenübertragung mit ausreichender Infrastruktur vorhanden sein, gleichzeitig muss die Datensicherheit gegeben sein. Dies kann dazu führen, Personen den Zugang zum Arbeitsmarkt zu erleichtern, die aufgrund ihrer Lebenssituation in ihrer Mobilität und damit der Wahl ihres Arbeitsorts eingeschränkt sind (ebd. S. 81 f.). Hier kommt es jedoch immer mehr zu einer Entgrenzung der Arbeitszeit, wenn die Zeiten von Arbeit und Freizeit verschwimmen. Gleichzeitig kann viel Zeit gespart werden, wenn z. B. durch die Möglichkeit einer Fernwartung die Fachkraft nicht zum Kunden (teilweise rund um die Welt) reisen muss.

4.3 Veränderte Anforderungen an Kompetenz und Qualifikation bis zu neuen Berufen?

Es scheint unvermeidbar zu sein, dass Ausbildungsschwerpunkte und Curricula sowie ganze Berufsbilder sich verändern müssen, wenn Arbeitsaufgaben, Arbeitsprozesse, Arbeitsbedingungen, Arbeitsstrukturen sowie Arbeitsorganisationen sich schon aktuell und zukünftig massiv weiter wandeln werden.

Dabei tauchen in den unterschiedlichen Studien immer wieder die Qualifikationsanforderungen im Umgang mit Informations- und Kommunikationstechnologien (IT-Technologien), die IT-Sicherheit und ein umfassendes Prozessverständnis auf (vgl. Zinke et al. 2017; Pfeiffer et al. 2016, Ittermann und Niehaus 2018). Darüber hinaus werden ein selbständiges und kontinuierliches Lernen, informelle Kompetenzen in abstraktestem Denken und Kommunikation und Problemlösefähigkeit als wichtige Fähigkeiten der Beschäftigten im Zeitalter „4.0" genannt. Doch was sich konkret im Umgang mit IT-Technologien verändert und was das „Neue" im Prozessverständnis ist, bleibt oftmals unbeantwortet.

Im Folgenden sollen die tiefgreifenden Veränderungen am Beispiel der Instandhaltung im Produktionsbereich verdeutlicht werden.

Um die veränderten Aufgaben der Digitalisierung in der Instandhaltung bewältigen zu können, müssen die Mitarbeiter zunehmend die Prozesszusammenhänge verstanden haben und Aufgaben wie Daten- und Prozessmanagement, vorausschauende Instandhaltung, Diagnose, Störungssuche und -behebung an den vernetzten Anlagen beherrschen. Daneben sind auch die traditionellen, handwerklichen Fertigkeiten und Fähigkeiten zur Beherrschung von Robotik, Pneumatik, Hydraulik, Antriebstechniken usw. noch relevant, aber nicht mehr allein ausreichend. Auch verschiebt sich die Fehlerhäufigkeit in der Instandhaltung in Richtung softwarebasierter Fehler. Ursache dafür ist das veränderte Zusammenspiel von Anlagen und Maschinen mit einer informationstechnischen Vernetzung mit den jeweiligen organisatorischen Verknüpfungen (vgl. Spöttl et al. 2016, S. 127 ff.). Zur Beherrschung der vernetzten Systeme sind auch methodische, soziale und personale Kompetenzen immer wichtiger. Die komplexen digitalisierten Produktionsprozesse sind heute von einzelnen Fachkräften kaum noch zu beherrschen. Um diese Systeme handlungssicher betreiben zu können, arbeiten interdisziplinäre Teams in der gesamten Wertschöpfungskette zusammen. Diese Verschiebungen sind auch auf den unterschiedlichen Hierarchieebenen zu sehen.

Die Autoren der wissenschaftlichen bayme-vbm-Studie (Spöttl et al. 2016, S. 3 f.) fordern daher eine Neuausrichtung der vorhandenen Berufsbilder speziell in der M+E-Industrie (Metall- und Elektroindustrie). In der Studie heißt es: „Es geht nicht nur um Veränderungen, um eine Anreicherung von Berufsbildern um Industrie 4.0-Inhalte, sondern es geht um deren Neuausrichtung mit einer Prozess- und Digitalisierungsperspektive, wobei die Vernetzung, die Digitalisierung der Prozesse und die Gestaltung intelligenter Arbeitsplätze im Mittelpunkt stehen müssen." Die Sozialpartner in der M+E-Industrie haben sich in ihrem Verfahren zur Weiterentwicklung der Metall- und Elektroberufe jedoch gegen diese strukturelle Neuausrichtung ausgesprochen. In der aktuellen Teilnovellierung der Metall- und Elektroberufe wurden Ergänzungen im Ausbildungsprogramm zur Digitalisierung und zum Datenschutz sowie Zusatzqualifikationen lediglich als Option für die Betriebe umgesetzt.

Durch die Digitalisierung entstehen teilweise sogar ganz neue Ausbildungsberufe wie Kaufmann/Kauffrau im E-Commerce – ein branchenübergreifender Ausbildungsberuf für den wachsenden Onlinehandel. Gleichzeitig besteht auch die Gefahr, dass Berufe verschwinden. Aktuell sind hier Prognosen noch sehr schwierig. Viel wird davon abhängen, wie zukünftig die Gestaltung der Arbeits- und Geschäftsprozesse erfolgen wird; dabei sind die Zusammenhänge der zunehmenden Technisierung der Arbeit, die veränderten Organisationsprozesse, die Arbeitsbelastungen sowie selbst- und fremdbestimmte Handlungsmöglichkeiten entscheidend. Aktuell werden drei Thesen zur Entwicklung der Qualifizierung in einer digitalisierten Arbeitswelt diskutiert (◘ Tab. 4.1).

Dabei werden diese beschriebenen Entwicklungsmöglichkeiten (Thesen) je nach Branche und Unternehmen unterschiedlich aussehen. Bei einer positiven Betrachtung für die Beschäftigten, dem „Positivszenario" nach Ittermann und Niehaus (2018), wird es neben dem Zuwachs an Beschäftigten vor allem eine Anreicherung von Tätigkeiten und Fähigkeiten bei allen Beschäftigungsgruppen geben (Höherqualifizierung). Routine- und Standardaufgaben werden immer mehr von automatisierten Systemen übernommen (Roboter in der Industrie und im Pflegebereich). Das negative Szenario wäre gekennzeichnet von massivem Verlust von Arbeitsplätzen und der Substituierbarkeit von Berufen. Neben den Beschäftigungsverlusten wird, so Ittermann und Niehaus (2018), die Arbeit voraussichtlich hochgradig arbeitsteilig organisiert und zerlegt. Entscheidungen werden zunehmend von Computerprogrammen übernommen, womit die Fähigkeit verschwindet, mit komplexen Situationen umzugehen (Dequalifizierung). Die These der Polarisierung stellt eine Kombination der beiden anderen dar (Positiv- und Negativszenario). Die Gewinner dieser These sind vor allem hochqualifizierte Beschäftigte mit einer partiellen Aufwertung von Tätigkeiten, dagegen wird es partielle Substitutionen der anderen Beschäftigungsgruppen geben (vgl. Vogler-Ludwig et al. 2016). Wie genau sich diese Entwicklungen auf den Arbeitsmarkt auswirken werden, ist sehr schwer vorhersehbar. Die Ergebnisse der Fachkräfteprognosen, hier insbesondere der BIBB-IAB Qualifikations- und Berufsprojektionen (Zika et al. 2018), weisen aufgrund der Zuwanderungsgewinne bis zum Jahr 2035 darauf hin, dass die Bevölkerungszahl vorübergehend zunimmt. Aber trotz der Ausweitung des Arbeitskräfteangebots wird den Prognosen zufolge die Erwerbslosigkeit nicht zunehmen Der Einfluss der Digitalisierung (Zuwanderung, Wirtschaftswachstum und demografische Veränderung spielen ebenso eine Rolle) wird im Jahre 2035 zum Verlust von 1,46 Mio. Arbeitsplätzen führen, andererseits werden rund 1,4 Mio. neue Arbeitsplätze entstehen.

Das verarbeitende Gewerbe wird laut der Studie die höchsten Beschäftigungsverluste aufgrund der Digitalisierung erfahren. Hier könnten rund 130.000 Arbeitsplätze verloren-

◼ **Tabelle 4.1** Thesen zur Entwicklung der Qualifizierung in einer digitalisierten Arbeitswelt (Auszug aus Windelband und Spöttl 2018, S. 8)

These	Dequalifizierung	Höherqualifizierung	Polarisierung
Definition	Entwertung von beruflichen Qualifikationen durch Veränderungen im Stand des Wissens, von Rationalisierungsprozessen, eines wirtschaftlichen und/oder technologischen Wandels, was zu einem beruflichen Abstieg führen kann.	Der Einsatz von Technologien oder die Entwicklungen zur Wissenschaftsorientierung führen nach dieser These zu komplexeren Anforderungsprofilen und im Durchschnitt zu einer Höherqualifizierung.	Die Facharbeit verliert massiv an Bedeutung und damit öffnet sich die Schere zwischen komplexen Tätigkeiten mit hohen Qualifikationsanforderungen einerseits und einfachen Tätigkeiten mit niedrigem Qualifikationsniveau andererseits.
Digitalisierung	Erste Tendenzen in der Debatte zur Digitalisierung, wonach die intelligenten Steuerungen in der Produktion dazu führen, dass die Facharbeiter zu einfachen Maschinenbedienern degradiert werden und damit eine neue Epoche der Dequalifizierung startet (Windelband 2014).	Aktuell wird eine Entwicklung zum zunehmenden Bedarf der Unternehmen an produktionsbezogener Flexibilität sichtbar, ausgelöst durch eine stärkere Nachfrage nach variantenreicheren und entwicklungsintensiveren Produkten. Dies führte zu einer Flexibilisierung, Deregulierung von Arbeit und zu Tendenzen der Höherqualifizierung (vgl. Hirsch-Kreinsen 2009, Spöttl et al. 2016).	Durch die Digitalisierung abgewertete Fachtätigkeiten lassen vielfach neue, einfache Tätigkeiten mit niedrigen Qualifikationsanforderungen entstehen (Hirsch-Kreinsen 2016). Im gleichen Maße entstehen Aufgaben auf höheren Anforderungsebenen zur systemübergreifenden Steuerung und Überwachung von Prozessen (Windelband et al. 2012).

Fehlzeiten-Report 2019

gehen. Die größten Beschäftigungsgewinne sind dagegen in der Branche „Information und Kommunikation" mit rund 120.000 zusätzlichen Arbeitsplätzen zu erwarten (ebd. S. 2). Bildung und Weiterbildung werden nach Aussage der Autoren eine zentrale Rolle bei der Bewältigung des digitalen Wandels spielen. Das lebenslange Lernen muss an Bedeutung weiter zunehmen, gerade weil das Wissen immer schneller veraltet. Eine Erstqualifizierung wird nicht ausreichen, um den Anforderungen eines gesamten Arbeitslebens gewachsen zu sein. Lebenslanges Lernen muss deshalb zur Normalität werden. Dazu müssen jedoch die Möglichkeiten und Strukturen zur Fort- und Weiterbildung gerade im Bezug zur Thematik Digitalisierung weiter ausgebaut werden (vgl. Kruppe et al. 2017).

4.4 Bedeutung des Erfahrungswissens in einer digitalisierten Arbeitswelt

Benötigen wir noch ein Erfahrungswissen, wenn Maschinen immer mehr eigenständig entscheiden können und sich damit die künstliche Intelligenz immer mehr verbreitet?

Eine Unternehmensbefragung des Instituts der deutschen Wirtschaft (Hammermann und Stettes 2016) zeigt, dass bei der Mehrheit der Betriebe das betriebliche und berufliche Erfahrungswissen als sehr wichtige Qualifikation angesehen wird, die das Gros der Beschäftigten aufweisen muss, um die Arbeitsaufgaben adäquat ausführen zu können. „Für die Hypothese, die Potenziale einer schnelleren, effektiveren Datenverarbeitung könnten zu seiner

Abwertung führen, liegt derzeit keine empirische Evidenz vor. Im Gegenteil vertreten Unternehmen 4.0 signifikant häufiger die Auffassung, dass betriebliches bzw. berufliches Erfahrungswissen gewinnen wird." (ebd. S. 8). Die Beherrschung der Komplexität in einer immer stärker vernetzten Arbeitswelt wird die Herausforderung der Zukunft werden. Gerade durch die weitere Vernetzung und damit die Öffnung der Systeme innerhalb der gesamten Wertschöpfungskette besteht eine Diskrepanz zwischen der datentechnischen Erfassung, der Analyse und Nutzung der Daten zur Optimierung der Prozesse einerseits und der Komplexität und Dynamik der realen Gegebenheiten vor Ort (vgl. Böhle 2017) andererseits. Diese Bedingungen und Anforderungen zwischen der realen und virtuellen Welt zu beherrschen erfordert, mit Unwägbarkeiten umgehen zu können und in nicht planbaren Situationen richtig zu handeln (vgl. Pfeiffer 2014). Dies ist nur möglich, wenn man die Fähigkeit hat, neue Erfahrungen zu sammeln und alte Erfahrungen in neuer Art und Weise auf nicht vorhersehbare Herausforderungen und deren Bewältigung anzuwenden (ebd., S. 5). Dieser Aufbau und die Aneignung dieses Erfahrungswissens gelingen jedoch nicht in klassischen Lernsituationen (wie in Seminaren), es ist nur im direkten Arbeitsprozess oder in prozessnahen Lernsituationen möglich. Hier muss eine Fokussierung auf eine Prozessorientierung stattfinden, die nicht nur die Integration von Maschinen zu Anlagen umfasst, sondern darüber hinaus deren IT-Vernetzung und arbeitsorganisatorische Einbettung. Die Lösung von Problemsituationen und Unwägbarkeiten gerade im Umgang mit virtuellen Umwelten muss dabei im Mittelpunkt stehen, um ein berufliches Erfahrungswissen zu entwickeln. Damit können lebenslanges Lernen, Veränderungsfähigkeit und -bereitschaft und der Umgang mit Unwägbarkeiten als Schlüssel einer erfolgreichen Transformation genannt werden.

Bei der beschriebenen These der Polarisierung (vgl. ◘ Tab. 4.1) werden jedoch die Beschäftigungsperspektiven von Personen mit mittlerem Qualifikationsniveau negativ dargestellt. Denn gerade bei dieser Gruppe besitzt das Erfahrungswissen ein relativ großes Gewicht im Kompetenzportfolio mit einer sehr starken prozessbezogenen Ausbildung. Dies verdeutlicht die enorme Bedeutung der Zielgruppe der Facharbeiter bei der Bewältigung und Umsetzung der Digitalisierung in der Arbeitswelt. Die Digitalisierung wird auch die Art und Weise verändern, wie man arbeitet und vor allem wie man zusammenarbeitet. Deshalb ist es nicht nur wichtig, die Kompetenzen im Umgang und der Beherrschung der neuen Technologien zu fördern, sondern auch soziale Kompetenzen wie Kooperationsbereitschaft, Kommunikationsstärke, Selbstmanagement. Dies geschieht in einer digitalen Arbeitswelt oft mittels digitaler Medien wie Chats oder die Kommunikation über Foren. Deshalb wird es zukünftig noch wichtiger, das Erfahrungswissen der Beschäftigten mit den neuen digitalen Kompetenzen zu verzahnen.

Bei der veränderten Art zu arbeiten und zusammenzuarbeiten spielen Fragen der Flexibilisierung und Entgrenzung von Arbeit in einer digitalen Arbeitswelt eine immer größere Rolle. Hierunter werden die Verschiebungen von Beschäftigungen verstanden, die ortsungebunden und zeitunabhängig erfolgen und neue Formen der Eigenverantwortung mit sich bringen. Diese neue Arbeitsform wird unter den Schlagwörtern Crowd- und Clickworking oder Crowdsourcing diskutiert.

> Beim Crowdsourcing schlägt ein Crowdsourcer, der Unternehmung, Organisation, Gruppe oder Individuum sein kann, einer undefinierten Menge von potenziell Mitwirkenden (Crowdsourcees bzw. Crowd Worker) eine Aufgabe über einen offenen Aufruf vor. Diese Crowd Worker, die Individuen, formelle oder informelle Gruppen, Organisationen oder Unternehmen sein können, übernehmen die Bearbeitung der Aufgabe. Der folgende Interaktionsprozess erfolgt über IT-gestützte Crowdsourcing-Plattformen.
> (Leimeister et al. 2016, S. 15)

Ob die Entgrenzung wirklich zu Beschäftigungsgewinnen oder -verlusten führt, ist aktuell noch offen. Die Entwicklungen zum Croudworking stehen in Deutschland noch ganz am Anfang, sodass Aussagen zur konkreten Verbreitung in den Branchen sowie eine Einschätzung, welche Berufe betroffen sind, sehr schwierig sind. Die Entwicklung startete in der IT- und Softwarebrache mit IT-Dienstleistungen und Programmierungen von Websites oder mobilen Applikationen und weitete sich auf Dienstleistungsaufgaben wie Texterstellungs- und Übersetzungsarbeiten aus (vgl. ebd.). Dieses neue Modell setzt nicht mehr nur auf festangestellte Beschäftigte, sondern auf die flexible Nutzung weltweit verfügbarer Arbeitskräfte, die ohne festen Arbeitsplatz und Arbeitsvertrag über eine Plattform nach Bedarf in den Wertschöpfungsprozess integriert werden. Nach Boes et al. (2016, S. 39) entstehen neue Chancen für einen neuen sozialen Handlungsraum, für mehr Empowerment der Beschäftigten, die Vernetzung von Wissen und eine Steigerung der geistigen Produktivkräfte. Gleichzeitig werden Szenarien wie ein „digitales Fließband", ein „Kontrollpanoptikum der Daten" oder auch eine neue Austauschbarkeit selbst hochqualifizierter Arbeitskräfte an Bedeutung gewinnen. Zusätzlich besteht die Gefahr, dass sich die Grenzen zwischen der Arbeitswelt und der Freizeit auflösen. Diese neuen Möglichkeiten kollidieren oftmals mit arbeitsrechtlichen Regelungen, gerade hinsichtlich der Arbeitszeitregelung; Überschreitungen der Zehn-Stunden-Grenze und der 48-Stunden-Woche sind dabei ebenso schnell möglich wie die Nichteinhaltung der elfstündigen Ruhezeit (Ruhezeitregelung) durch einen dienstlichen Anruf oder die sofortige Antwort auf eine dienstliche E-Mail außerhalb der Arbeitszeit (Börner et al. 2017, S. 20).

Die Konsequenzen für die berufliche Bildung sind bisher kaum zuverlässig einzuschätzen. Generell werden alle Berufe von diesen Entwicklungen betroffen sein. Metall- und Elektroberufe, Logistikberufe, Medienberufe oder die IT-Berufe werden durch diese Entwicklungen jedoch nach aktuellem Stand am wahrscheinlichsten beeinflusst werden.

4.5 Handlungsempfehlungen: Chancen und Risiken für die Beschäftigten

Die Digitalisierung der Arbeitswelt eröffnet zahlreiche Möglichkeiten und Chancen, um die Arbeit flexibler zu gestalten und Mitarbeitern eine angenehme Arbeitsatmosphäre zu schaffen. Dazu müssen jedoch die Arbeitsplätze so gestaltet sein, dass die Mitarbeiter ihre Kompetenzen und vor allem ihr Erfahrungswissen einbringen können. Wenn dies mit einer Entwicklung zu mehr autonomer Steuerung der Systeme (weitere Automatisierung) nicht der Fall ist, werden Erfahrungen, Wissen und Intuition der Fachkräfte durch Computerprogramme und Software ersetzt, die auf Statistiken, Algorithmen und Wahrscheinlichkeitsberechnungen beruhen. Damit werden die Gestaltungsräume und Entscheidungsmöglichkeiten der Fachkräfte eingeschränkt und Arbeitsplätze werden verlorengehen. Die Arbeit wird weiter standardisiert, digital quantifiziert, zu Parametern innerhalb von Algorithmen strukturiert.

Nutzt man jedoch die eigentliche Idee der Digitalisierung als hochkomplexes, wandlungsfähiges und flexibles System mit dem Menschen im Mittelpunkt, dann braucht das System auch Fachkräfte, die als Entscheider, Steuerer, Problemlöser und Improvisierer agieren. Dafür benötigen die Fachkräfte vor allem Analysefähigkeiten und ein Denken in Netzwerken, um mit den abstrakten Informationen/Daten umgehen, einen schnellen Überblick über die jeweiligen Prozesse gewinnen und Probleme lösen zu können (vgl. Spöttl et al. 2016). Diese Veränderungen führen zu einer neuen Qualität von Facharbeit, die auch in den Berufen abgebildet werden muss. Dies gelingt mit den aktuellen Änderungen in den Berufsbildern jedoch nur ansatzweise (vgl. Teilnovellierung der Metall- und Elektroberufe im Jahre 2018).

Die Informationsflut (Big Data) in einer digitalisierten und vernetzten Arbeitswelt so zu steuern, dass der Fachkraft nur die für den Arbeitsprozess notwendigen Informationen zur Verfügung gestellt werden, wird eine der wichtigsten Herausforderungen für die Zukunft werden. Wenn dies gelingt, kann die Technologie als eine Art Unterstützungssystem (Assistenzsystem) für die Beschäftigten gesehen werden, das den Menschen in seinem Handeln und Tun stärkt. Ein Assistenzsystem benötigt partizipative Strategien für die Gestaltung des Arbeitsplatzes, sodass menschliche Anforderungen schon im technischen Designprozess berücksichtigt werden.

Dafür müssen die Unternehmen jedoch die Aufgabenzuschnitte und die Rolle der Menschen in der digitalen Arbeitswelt klären. Ist eine Entwicklung zur Unterstützung (Assistenzsystem) des Menschen gewünscht oder soll der Mensch in seinem Handeln eher gelenkt werden (Automatisierungssystem):

- Gestaltungsfreiräume, Flexibilitätsgewinne oder mehr Vorgaben für die Beschäftigten
- Formalisierungs-/Standardisierungslogik von IT-Systemen als Assistenz oder zur weiteren Automatisierung
- Umgang mit räumlich, zeitlich und organisatorisch erweiterten Kommunikations- und Interaktionsmöglichkeiten – mehr Entgrenzung und/oder verbesserte Work-Life-Balance
- Mitsprachemöglichkeit und Mitgestaltungsmöglichkeiten bei der Umsetzung der Digitalisierung oder Einschränkung der Handlungsmöglichkeiten
- Bedienerfreundlichkeit (Usability) – Akzeptanz der eingeführten neuen Technologien

Gerade bei der Frage der Transparenz der Systeme und der Nutzung der Daten zur Kontrolle oder Überwachung der Mitarbeiter am Arbeitsplatz müssen teilweise neue Regelungen in den Unternehmen getroffen werden. Dazu gehören erstens fundierte und verlässliche Regelungen zum Datenschutz und zur -sicherheit, da insbesondere die Vernetzung des gesamten Geschäftsprozesses weitreichende Überwachungsmöglichkeiten der Mitarbeiter ermöglicht. Damit darf die Frage der Gestaltung der Arbeitsplätze und der zukünftigen Arbeitswelt nicht allein eine ökonomische und technische Frage sein.

Bei allen denkbaren Entwicklungsvarianten (Assistenz- und Automatisierungssystem) kann es zu spezifischen Belastungskonstellationen für die Beschäftigten kommen:

- Starke Arbeitsteilung u. a. in Automatisierungssystemen führt zu Monotonie und geringen Handlungsspielräumen/geringer Autonomie für den Menschen
- Assistenzsysteme mit qualifizierter Arbeit führen zu einer höheren Eigenverantwortung, steigenden Flexibilitätsanforderungen, höheren Anteilen von Kooperationsaufgaben und neuen „hybride Konstellationen" von Menschen und Maschine

Für die Gestaltung der Arbeitswelt 4.0 entstehen jedoch auch viele Potenziale, um die Menschen in ihrer Arbeit zu unterstützen. Zahlreiche Ansätze erlauben eine kognitive Entlastung durch Assistenzsysteme und eine Verminderung körperlich stark belastender Tätigkeitsanteile, sodass die Belastungs-Beanspruchungs-Situation des Menschen weiter verbessert werden kann (vgl. Jeske und Terstegen 2017, S. 78).

Eine zukunftsorientierte berufliche Bildung mit aktuellen Berufsbildern ist eine der Grundvoraussetzungen, um sich den Herausforderungen der Digitalisierung stellen zu können. Dazu muss sich die Art und Weise der Ausbildung in den Unternehmen den neuen Herausforderungen der Industrie und der Wirtschaft stellen. Die Prozesskompetenz mit einem Denken und Handeln in Netzwerken ist eine entscheidende Kompetenz der Zukunft. Dabei müssen die Prozesszusammenhänge mit allen vor- und nachgelagerten Bereichen innerhalb der vernetzten Systeme verstanden werden. Dies kann natürlich nicht gelingen, wenn die Ausbildung immer noch einen starken Fokus auf das Beherrschen der Grundfertigkeiten legt und die Betrachtung des technischen Gesamtsystems und dessen Vernetzung mit seinen neuen Problemstellungen oftmals zu spät in den Mittelpunkt gerückt wird.

Für die meisten Facharbeitsberufe besteht aktuell wohl kein Risiko, den Job zu verlieren – teilweise findet sogar eine Aufwertung statt, da Routineaufgaben und stark belastende Aufgaben automatisiert werden und qualifizierte Aufgaben hinzukommen. Dies kann zu einer Steigerung der Attraktivität der Facharbeit und damit des „blue collar workers" führen, wenn die Arbeitsplätze so gestaltet sind, dass Kompetenzen und vor allem Erfahrungswissen eingebracht werden können. Zielgruppen, die heute eine akademische Karriere anstreben, könnten für die Facharbeit gewonnen werden, da Arbeitsplätze durch die Integration neuer Medien/Werkzeuge wie Tablets, Augmented-Reality-Brillen oder Roboter gerade für Jugendliche immer interessanter werden. Allerdings wachsen damit auch die Anforderungen auf der Facharbeitsebene für ein stark interdisziplinäres Denken und Handeln und Agieren in vernetzten Systemen. Bei der Umsetzung der Digitalisierung können Assistenzsysteme unterstützen. Diese humanorientiert zu gestalten, um einen wesentlichen Teil der Entscheidungen innerhalb der Unternehmen den Mitarbeitern zu überlassen, wäre eine wichtige Voraussetzung zum Erhalt der Arbeitsplätze in einer digitalisierten Arbeitswelt.

Für eine zukünftige Weiterentwicklung der Aus- und Weiterbildung muss jedoch auch das betriebliche Bildungspersonal weiter qualifiziert werden, damit es einschätzen kann, welche digitalen Anforderungen und Medien, Lernprogramme und -plattformen, Social-Media-Anwendungen, Tools, Applikationen usw. in die betrieblichen Strategien und Abläufe eingebunden werden können und müssen und welche Konsequenzen sich daraus für Arbeitsplätze, -formen und -abläufe ergeben. Dabei verschieben die Veränderungen durch die Digitalisierung die klassische Rollenverteilung zwischen Lehrenden und Lernenden weiter: Selbstlernprozesse rücken weiter in den Vordergrund, das kooperative Lernen wird immer mehr über Social-Media-Plattformen und im Prinzip zu jeder Zeit an jedem Ort stattfinden (Härtel et al. 2018, S. 8).

Literatur

Spöttl G, Gorldt C, Windelband L et al (2016) Industrie 4.0 – Auswirkungen auf Aus- und Weiterbildung in der M+E-Industrie, Hrsg. vom Bayerischen Unternehmensverband Metall- und Elektro e.V. (bayme) und vom Verband der Bayerischen Metall- und Elektro-Industrie e.V. (vbm), München. https://www.baymevbm.de/Redaktion/Freizuegangliche-Medien/Abteilungen-GS/Bildung/2016/Downloads/baymevbm_Studie_Industrie-4-0.pdf. Zugegriffen: 21. Juni 2019

Berufsbildung 4.0 – BIBB (2018) Berufsbildung 4.0 – Fachkräftequalifikationen und Kompetenzen für die digitalisierte Arbeit von morgen – Zentrale Ergebnisse auf Fachtagung vorgestellt. Pressemitteilung des BIBBs vom 23.11.2018. https://www.bibb.de/de/87878.php. Zugegriffen: 8. Jan. 2019

Boes A, Kämpf T, Gül K et al (2016) Digitalisierung und „Wissensarbeit": Der Informationsraum als Fundament der Arbeitswelt der Zukunft. Apuz – Aus Polit Zeitgesch 66(18–19):32–39

Böhle F (2017) Digitalisierung braucht Erfahrungswissen. DENK-doch-MAL.de – Das Online-Magazin 1–17:1–8

Börner F, Kehl C, Nierling L (2017) Chancen und Risiken mobiler und digitaler Kommunikation in der Arbeitswelt. TAB-Arbeitsbericht Nr. 174. Berlin

Hammermann A, Stettes O (2016) Qualifikationsbedarf und Qualifizierung – Anforderungen im Zeichen der Digitalisierung. IW Policy Paper Nr 3. Köln. https://www.iwkoeln.de/studien/iw-policy-papers/beitrag/andrea-hammermann-oliver-stettes-qualifikationsbedarf-und-qualifizierung-251836.html. Zugegriffen: 21. Juni 2019.

Härtel M, Brüggemann M, Sander M et al (2018) Digitale Medien in der betrieblichen Berufsbildung. Medienaneignung und Mediennutzung in der Alltagspraxis von betrieblichem Ausbildungspersonal. Wissenschaftliche Diskussionspapiere, Heft 196. Barbara Budrich, Bonn

Hirsch-Kreinsen H (2009) Entgrenzung von Unternehmen und Arbeit. Köln Z Soziol 49:447–465

Hirsch-Kreinsen H (2016) Digitalisierung und Einfacharbeit. WISO Diskurs 12/2016. Friedrich-Ebert-Stiftung, Bonn

Ittermann P, Niehaus J (2018) Industrie 4.0 und Wandel von Industriearbeit. In: Hirsch-Kreinsen H, Ittermann P, Niehaus J (Hrsg) Digitalisierung industrieller Arbeit. Nomos, Berlin, S 33–60

Jeske T, Terstegen S (2017) Potenziale und Umsetzung von Industrie 4.0. In: Spöttl G, Windelband L (Hrsg)

Literatur

Industrie 4.0 – Risiken und Chancen für die Berufsbildung. Bertelsmann, Bielefeld, S 75–92

Kruppe T, Leber U, Matthes B (2017) Sicherung der Beschäftigungsfähigkeit in Zeiten des digitalen Umbruchs. IAB-Stellungnahme Nr 7

Leimeister J, Durward D, Zogaj S (2016) Crowd Worker in Deutschland: Eine empirische Studie zum Arbeitsumfeld auf externen Crowdsourcing-Plattformen. Hans-Böckler-Stiftung. http://www.boeckler.de/pdf/p_study_hbs_323.pdf. Zugegriffen: 27. März 2018

Pfeiffer S (2014) Erfahrungswissen, oder: Von der Bedeutung des sinnlichen Lernens in der „Wissensgesellschaft". DENK-doch-MAL.de – Das Online-Magazin 1–14:1–7

Pfeiffer S, Lee H, Zirnig C et al (2016) Industrie 4.0 – Qualifizierung 2025. Verband Deutscher Maschinen- und Anlagenbau (Hrsg), Frankfurt. http://arbeitsmarkt.vdma.org/documents/7974667/7986911/VDMA-Studie%20Qualifizierung%202025/f88fce03-d94e-46cb-a60f-54329236b2b7. Zugegriffen: 3. Dez. 2018

Rump J, Zapp D, Eilers S (2017) Erfolgsformel: Arbeiten 4.0 und Führung 4.0. http://www.ibe-ludwigshafen.de/downloadbereich/. Zugegriffen: 8. Jan. 2018

Vogler-Ludwig K, Düll N, Kriechel B (2016) Arbeitsmarkt 2030. Wirtschaft und Arbeitsmarkt im digitalen Zeitalter – Prognose 2016. Studie im Auftrag des Bundesministeriums für Arbeit und Soziales. http://www.economix.org/assets/content/ERC%20Arbeitsmarkt%202030%20-%20Prognose%202016%20-%20Langfassung.pdf. Zugegriffen: 15. Mai 2018

Windelband L (2014) Zukunft der Facharbeit im Zeitalter Industrie 4.0. J Tech Educ (joted) 2:137–159

Windelband L, Spöttl G (2018) Qualifikationsstruktur und Kompetenzprofile von Fachkräften im aktuellen ökonomisch-technischen Wandel. In: Arnold R, Lipsmeier A, Rohs M (Hrsg) Handbuch Berufsbildung. Springer Reference Sozialwissenschaften. Springer, Wiesbaden, S 1–14

Windelband L, Fenzl C, Hunecker F et al (2012) Qualifikationsentwicklungen durch das Internet der Dinge in der Logistik. In: Abicht L, Spöttl G (Hrsg) Qualifikationsentwicklungen durch das Internet der Dinge. Bertelsmann, Bielefeld, S 103–192

Zika G, Helmrich R, Maier T et al (2018) Arbeitsmarkteffekte der Digitalisierung bis 2035: Regionale Branchenstruktur spielt eine wichtige Rolle. IAB-Kurzbericht 09. Nürnberg

Zinke G, Renger P, Feirer S et al (2017) Berufsausbildung und Digitalisierung – ein Beispiel aus der Automobilindustrie. Bundesinstitut für Berufsbildung (Hrsg) Reihe Wissenschaftliche Diskussionspapiere, Heft 186, Bonn. https://www.bibb.de/veroeffentlichungen/de/publication/show/8329. Zugegriffen: 3. Dez. 2017

Möglichkeiten 4.0: Chancen der Digitalisierung für Beschäftigte und Unternehmen

Elisa Clauß und Birgit Verworn

5.1 Die Digitalisierung ist bereits Teil unseres Lebens – 52

5.2 Auf zu neuen Ufern: Was bringt die Digitalisierung für Beschäftigte und Unternehmen? – 53

5.3 Neue Herausforderungen für Betriebe – 55

5.4 Neue Herausforderungen für Beschäftigte – 58

5.5 Neue und alte Rahmenbedingungen für den digitalen Wandel – 59

5.6 Fazit – 59

Literatur – 60

© Springer-Verlag GmbH Deutschland, ein Teil von Springer Nature 2019
B. Badura et al. (Hrsg.), *Fehlzeiten-Report 2019*, https://doi.org/10.1007/978-3-662-59044-7_5

Zusammenfassung

Die Digitalisierung ist bereits Teil unseres täglichen Lebens. Auch der Arbeitswelt. Sie bringt Chancen und Herausforderungen für Unternehmen und Beschäftigte mit sich. Richtig angegangen, können ihre Möglichkeiten für alle Beteiligten von großem Nutzen sein. Dazu müssen bei der Gestaltung von Digitalisierungsprozessen Unternehmen, Beschäftigte, Verbände, die Politik und die Wissenschaft Hand in Hand arbeiten. Dieses Kapitel zeigt auf, wie die Beiträge der verschiedenen Akteure aussehen können, insbesondere in Bezug auf gute Arbeitsgestaltung, die Stärkung von Gesundheit und Reduzierung von Unfallrisiken. Sicher ist, dass der digitale Wandel nicht auf uns wartet. Die Devise heißt also: Offen bleiben gegenüber neuen Technologien und Veränderungen in der Arbeitswelt, um im internationalen Wettbewerb zu bestehen und den Bedürfnissen der Kunden, Beschäftigten und Betrieben nach mehr Flexibilität gerecht zu werden.

5.1 Die Digitalisierung ist bereits Teil unseres Lebens

Die digitale Welt ist längst Bestandteil unseres Alltags. Wer nutzt nicht die Gelegenheit, schnell eine Mail von unterwegs zu beantworten? Selbst die Terminvergabe in Ämtern läuft in Berlin (fast) nur noch digital. Auch im Arbeitskontext ist die Digitalisierung längst angekommen. Videokonferenzen und 3D-Drucker sind nichts Außergewöhnliches mehr. Laut einer Studie des Bundeswirtschaftsministeriums (BMWi 2018) nutzen 43 % der Unternehmen Cloud Computing (d. h. Daten, Speicherplatz, Rechenleistung und/oder Anwendungssoftware steht online für die Beschäftigten zur Verfügung). 67 % geben an, ihre internen Prozesse hoch oder äußerst hoch digitalisiert zu haben. Dabei ist der Einsatz neuer Technologien in jeder Branche zu beobachten: Knapp ein Fünftel der Industrieunternehmen nutzt Robotik, Sensorik oder automatische Prozesssteuerung. Im Maschinenbau sind es sogar knapp ein Drittel (BMWi 2018). Auch in der Gastronomiebranche hat die Digitalisierung für knapp die Hälfte der Unternehmen eine hohe bis sehr hohe Relevanz. Ein Drittel der Betriebe mit über 300 Mitarbeiterinnen und Mitarbeitern in dieser Branche setzt bereits Roboter ein (BGN 2018).

Die Digitalisierung und die damit einhergehende zunehmende Flexibilität sind vor allem eine Reaktion der Unternehmen auf die Wünsche der Kunden und Verbraucher – also auf die Wünsche von uns allen – nach mehr 24/7-Service, längeren Öffnungszeiten, individualisierten Produkten und Leistungen. Digitalisierung ist ein wesentlicher Treiber von Innovationen. Fast die Hälfte der Betriebe gibt an, dass sie ihre Innovationsfähigkeit durch digitale Prozesse und Anwendungen steigern konnten (BMWi 2018). Auch die Beschäftigten wünschen und fordern die mit der Digitalisierung einhergehende Flexibilität. Bereits mehr als die Hälfte der Beschäftigten nutzt mobile Endgeräte (Richter et al. 2017), bei den stationären sind es sogar über 80 % (BMWi 2018). Dabei hat sich nicht nur die Einstellung zu neuen Technologien, sondern auch die Einstellung zur Arbeit grundlegend gewandelt; besonders in der Generation der Millennials (geboren in den frühen 1980er bis zu den späten 1990er Jahren). Oftmals gut ausgebildet und technikaffin, wünschen sie sich vor allem Vereinbarkeit der Lebensbereiche. Diese Generation wird sich ihr Wirkungsfeld zukünftig frei aussuchen können. Unternehmen können sie nur als Beschäftigte gewinnen und halten, wenn sie gut gestaltete Arbeit bieten, die eine Vereinbarkeit der Lebensbereiche ermöglicht.

In Bezug auf Unternehmen können wir davon ausgehen, dass in den kommenden Jahren diejenigen erfolgreich sein werden, die bereit sind sich zu verändern und flexibel zu agieren. Nur Bereitschaft zur Veränderung kann Wachstum, Wohlstand und Beschäftigung sichern. Tatsächlich könnte die deutsche Wirtschaft bei voller Ausschöpfung ihres digitalen Potenzials bis 2025 rund 500 Mrd. € mehr erwirtschaften (Hunt et al. 2018). Natürlich gibt es im Zusammenhang mit Digitalisierung

Befürchtungen und dementsprechend Forderungen nach (noch) mehr Regulierung. Letztlich würden diese Regulierungen Deutschland bei der Digitalisierung jedoch ins Hintertreffen bringen, da Konkurrenten in einem weniger regulierten Umfeld schneller neue Produkte und Prozesse entwickeln und auf den Markt bringen könnten und damit letztendlich die Standards setzen würden. Bereits heute werden Gesetze, Regulierungen, lange Verwaltungsverfahren, Standards und Normen insbesondere von kleinen und mittleren Unternehmen regelmäßig als wichtige Innovationshemmnisse benannt (Astor et al. 2016).

Den Weg in die digitale Welt und Arbeit 4.0 müssen wir daher gemeinsam als Arbeitgeber, Beschäftigte, Verbände, Politik und Wissenschaft antreten. Zusammen können wir zukünftige und sich ändernde Arbeitsfelder gut gestalten und mit geeigneten Rahmenbedingungen dafür sorgen, die Chancen der Digitalisierung zu nutzen und Herausforderungen zu bewältigen.

■ ■ **Randphänomene wie Plattformökonomie und Crowdwork**

Andere Dinge sind wiederum nicht so sehr Teil unseres Lebens, wie häufig der Eindruck erweckt wird. Ein digitales Prekariat mit sich von Gig zu Gig hangelnden Internettagelöhnern ist in Deutschland nicht in Sicht (Askitas et al. 2018). Repräsentative Umfragen zeigen, dass lediglich 1,2 % der Unternehmen des verarbeitenden Gewerbes und 3,2 % der Unternehmen der Informationswirtschaft überhaupt Crowdworking nutzen (Ohnemus et al. 2016). Die Befürchtung, dass in großem Umfang reguläre Jobs nun in Kleinstaufgaben „zerstückelt" werden könnten, um sie von Soloselbstständigen in der Crowd durchführen zu lassen, geht an der Unternehmensrealität in Deutschland vorbei. Nur ein Bruchteil aller Erwerbstätigen führt online akquirierte Arbeitsaufträge aus (Askitas et al. 2018). Ein Großteil der Crowdworker ist zusätzlich abhängig beschäftigt oder befindet sich in der Ausbildung bzw. im Studium. Das Einkommen durch Crowdwork spielt für sie eine untergeordnete Rolle (Bertschek et al. 2016).

Seriöse Prognosen für die weitere Entwicklung von Crowdwork liegen nicht vor. Aussagekräftige Ableitungen von Entwicklungen in anderen Ländern sind aufgrund der unterschiedlichen Rahmenbedingungen nicht möglich.

5.2 Auf zu neuen Ufern: Was bringt die Digitalisierung für Beschäftigte und Unternehmen?

■ ■ **Mehr Flexibilität und individuellere Lösungen**

Die Digitalisierung führt insbesondere zu mehr Flexibilisierung, sowohl in Bezug auf den Arbeitsort als auch auf die Arbeitszeit. Für Beschäftigte bedeutet dies, dass es einfacher wird, unterschiedliche Lebensbereiche unter einen Hut zu bringen. Arbeiten von unterwegs oder zu Hause bietet die Möglichkeit, lange Arbeitswege zu sparen, Reisezeiten effektiv zu nutzen oder kranke Familienmitglieder zu pflegen. Flexible Arbeitszeiten machen es möglich, die Kinder früher von der Kita abzuholen, den Sportkurs am Vormittag zu besuchen oder Freiräume für individuelle Weiterbildung zu schaffen. Beschäftigte können eher und einfacher auf neue Umstände reagieren und den eigenen Arbeitsalltag sowie die Erwerbsbiografie individueller gestalten. So gehen einige Unternehmen bereits neue Wege und bieten ihren Beschäftigten an, während eines Sabbaticals mithilfe von Arbeitszeitkonten und dem Ansparen von Entgelt „mal den Kopf frei zu bekommen und Neues zu erleben".

Die Mehrheit der Erwerbstätigen (56 %) sieht Vorteile in der Möglichkeit, mobil arbeiten zu können z. B. mit Smartphone, Tablet oder Laptop (Brodersen und Lück 2017). Dabei ist die Zustimmung über alle Altersklassen hinweg hoch, auch bei denen, die tendenziell häufiger annehmen, in ihrer Freizeit für ihre Arbeit erreichbar sein zu müssen. Eine große Zahl der Betriebe bietet bereits Möglichkeiten, Arbeitszeit und -ort vor allem mit Hilfe digitaler Technologien flexibel zu gestalten wie auch ◘ Abb. 5.1 veranschaulicht. Die Studie der Bundesanstalt für Arbeitsschutz und Arbeitsmedizin (BAuA) zum Vergleich der Arbeitszeit zwischen 2015 und 2017 kommt zu dem gleichen Ergebnis: Die Mehrzahl der Erwerbstätigen kann 2017 – im Gegensatz zu 2015 – verstärkt Einfluss auf ihre Arbeitszeitgestaltung nehmen (BAuA 2018).

Mobiles Arbeiten bzw. Homeoffice sollten, wo immer möglich und sinnvoll, unterstützt werden. Der Arbeitsschutz findet dabei auch bereits Berücksichtigung, beispielsweise ist das Arbeiten im Homeoffice als „Telearbeit" in der Arbeitsstättenverordnung geregelt. Einen Rechtsanspruch der Beschäftigten auf Homeoffice kann es jedoch nicht geben. Der Arbeitgeber trägt das Risiko für den wirtschaftlichen Erfolg des Unternehmens und hat daher auch das Recht und die Pflicht, über Arbeitsort und auch -zeit zu bestimmen.

Beim Thema Flexibilisierung geht es übrigens nicht nur um die Frage, inwiefern Berufliches Teil des Privatlebens wird. Eine Umfrage zur Vermischung von Privat- und Berufsleben (Personalberatung Michael Page 2018) zeigt, dass auch private Angelegenheiten Teil des Arbeitsalltags sind: 71 % der 669 Befragten geben an, dass sie Nachrichten an Freunde und Familie schicken, 77 % koordinieren private Termine in der Arbeitszeit. Wissenschaftliche Studien zeigen ebenfalls, dass Beschäftigte während der Arbeit auf Facebook und Co. unterwegs sind (Syrek et al. 2018; Kühnel et al. 2017). Studienergebnisse wie diese verdeutlichen, dass Arbeit und Privates längst nicht mehr getrennt betrachtet werden. Die Arbeit ist wesentlicher Bestandteil des Lebens – deshalb geht es heute und zukünftig um die Frage, wie wir diese gut und sinnvoll in die anderen Lebensbereiche integrieren.

Für Unternehmen sind neue Technologien sowie flexibles Arbeiten unabdingbar, um sich an den schnell ändernden Markt und neue Gegebenheiten anzupassen. Bei kurzfristigen Auftragsschwankungen sowie Kundenwünschen, aber auch zum Beispiel bei krankheitsbedingtem Ausfall von Beschäftigten, müssen Arbeitgeber flexibel reagieren können. Daher kann es auch zu kurzfristigen Änderungen der Arbeitszeiten von Beschäftigten kommen. Allerdings bieten neue technische Lösungen wie digitale Abstimmungsplattformen auch eine verbesserte Einsatzplanung. Diese berücksichtigen bei der Planung nicht nur Verfügbarkeit und Qualifikation, sondern auch ergonomische Aspekte und bevorzugte Arbeitszeiten (vgl. z. B. ▶ www.kapaflexity.de).

■ ■ Neues Zusammenarbeiten, Führen und Lernen

Die Digitalisierung beeinflusst und verändert die Erwartungen an die Arbeit und Zusammenarbeit. Die Befragung von Erwerbstätigen zu ihren Ansprüchen (Badura et al. 2018) an die Arbeit zeigt, dass Geld immer weniger eine Rolle spielt. Vertrauensvolle und gute Zusammenarbeit im Team auf Augenhöhe rücken in den Vordergrund. Unternehmen bauen daher Hierarchien und Grenzen zwischen Fachbereichen ab und implementieren flache Arbeits-, Führungs- und Kommunikationsstrukturen. Beschäftigte arbeiten daher immer häufiger eigenverantwortlich in bereichsübergreifenden Teams an innovativen Produkten und Lösungen. Dabei verändert sich auch die Art des Führens. „Digitale Führungskräfte" sind die Vorbilder in der Nutzung digitaler Medien und Geschäftsmodelle und setzen neue Ideen und Arbeitsmethoden um. Meinungen und Vorschläge der Teammitglieder sind dabei immer willkommen. Entscheidungen werden eher partizipativ getroffen. Arbeitsort und -zeit spielen nicht die zentrale Rolle, Teams und Projekte werden aus der Distanz geleitet (Kienbaum und Stepstone 2018).

Nicht nur die Führungskräfte, auch Mitarbeiterinnen und Mitarbeiter brauchen zunehmend digitale Kompetenzen. Weiterbildung ist unabdingbar für den Umgang mit den sich ändernden Arbeitsbedingungen und neuen Technologien. Die Unternehmen sind hierbei die größten Weiterbildungsanbieter. 85 % aller Unternehmen engagieren sich in der Weiterbildung und investieren jährlich 33,5 Mrd. € (Seyda und Placke 2017). Heute finden rund 87 % der erfassten Weiterbildungsstunden während

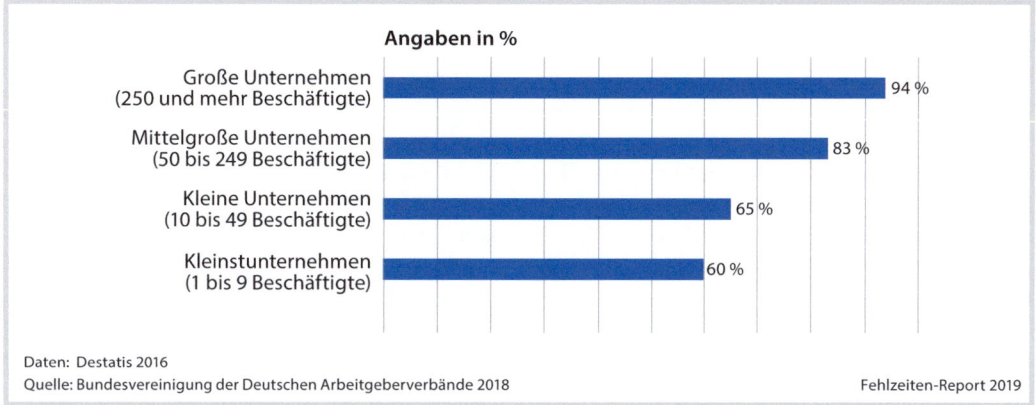

Abb. 5.1 Anteil der Betriebe, die ihren Beschäftigten die Möglichkeit bieten, mobil zu arbeiten

der Arbeitszeit statt (Seyda und Placke 2017). Die Beschäftigten profitieren ebenfalls unmittelbar von Weiterbildung, indem sie ihr Fachwissen aktualisieren, neue Kompetenzen erwerben und ihre Beschäftigungsfähigkeit sichern. Daher ist von ihrer Seite Bereitschaft erforderlich, sich durch den Einsatz von Zeit an der Finanzierung von Weiterbildung zu beteiligen.

Möglichkeiten zur Inklusion von Silver Workers und Menschen mit Behinderungen

Insbesondere ältere Beschäftigte (Silver Workers) und Menschen mit Behinderung profitieren von (intelligenten) Assistenzsystemen. Diese Systeme (z. B. Exoskelette oder Datenbrillen) können ältere oder motorisch eingeschränkte Beschäftigte dabei unterstützen, länger in körperlich fordernden Bereichen zu arbeiten. Arbeiten im Homeoffice bietet mobilitätseingeschränkten Menschen neue Chancen. Eine weitere Chance ist die Kompensation von Sinnesbeeinträchtigungen durch innovative Sprach-, Seh- und Hörhilfen oder kompetenzfördernde Assistenzsysteme. Der Einsatz digitaler Technologien wie z. B. Datenbrillen erleichtert die Inklusion von Menschen mit Behinderung in die Arbeitswelt. Ein Beispiel hierfür ist das familiengeführte Fachhandelsunternehmen Schmaus GmbH, dem 2018 der Inklusionspreis für die Wirtschaft verliehen worden ist. Gemeinsam mit der TU München und dem Softwarehersteller CIM GmbH hat die Schmaus GmbH das Forschungsprojekt „Work-by-Inclusion" initiiert – mit dem Ziel, gehörlose Menschen durch innovative Arbeitshilfen in den Betrieb zu integrieren. Das Unternehmen setzt dafür digitale Datenbrillen ein, die den gehörlosen Logistikmitarbeitern die jeweiligen Lagerartikel, Warnhinweise, aber auch Informationen über eine Geburtstagsrunde im Betrieb direkt ins Sichtfeld einblenden (Bundesagentur für Arbeit et al. 2018).

5.3 Neue Herausforderungen für Betriebe

Arbeit sicher und gut gestalten

Aktuell verzeichnet Deutschland eine Rekordbeschäftigung – und dass, obwohl der digitale Wandel bereits vor Jahren begonnen hat. Dabei wird es auch in Zukunft klassische Berufsbilder und Tätigkeitsfelder geben. Viele Beschäftigte arbeiten weiterhin bei Tageslicht zu regulären Arbeitszeiten, z. B. im Erziehungs- und Bildungssektor. Andere Sektoren haben bereits jetzt atypische Arbeitszeiten im Schichtsystem, beispielsweise in der Gastronomie und im Nachrichtenwesen. Nichtsdestotrotz werden sich auch diese Berufsbilder zum Teil ändern und weiterentwickeln. Andere werden ganz wegfallen. Gleichzeitig entstehen neue Berufsbilder (z. B. Kaufmann/-frau im E-Commerce). Insgesamt schafft die Digitalisierung mehr Jobs als durch sie wegfallen – zu diesem Schluss kommt der OECD Employment Outlook „The Future of Work" (2019). Sogenannte „Normalarbeitsverhältnisse" bleiben dabei die Regel. Zwischen 2006 und 2017 ist die Zahl abhängig Beschäftigter in einem sogenannten „Normalarbeitsverhältnis" um 16 % auf 25,8 Mio. gewachsen, während die flexible Beschäftigung im selben Zeitraum geringfügig um 2 % auf 7,7 Mio. gestiegen ist. Der Anteil der Befristungen aller abhängig Beschäftigter liegt seit Jahren auf einem geringen Niveau unter 10 %. Nach Zahlen des Statistischen Bundesamtes lag der Anteil im Jahr 2017 sogar nur bei 7,6 %. Flexible Beschäftigungsformen spielen auf dem Arbeitsmarkt eine wichtige Rolle: Sie erleichtern den Einstieg in Arbeit und bieten neue Beschäftigungsperspektiven gerade auch für Geringqualifizierte und Langzeitarbeitslose. Zudem befriedigen flexible Beschäftigungsformen oft das Bedürfnis der Beschäftigten nach mehr Flexibilität.

Der technologische Wandel der Arbeitswelt stellt Betriebe vor neue Herausforderungen. Er erfordert, das bestehende Wissen zur Arbeitsgestaltung zu überprüfen. Dabei kommt es teilweise fast zu einer Überschwemmung mit Handlungshilfen und Vorschlägen zu guter Praxis. Letztlich gelten jedoch nach wie vor die bewährten Gestaltungsansätze: Komplexe, herausfordernde und vor allem vollständige Aufgaben (keine herausgelösten kleinen Arbeitsschritte) sind gesundheitsgerecht und fördern den Wunsch der Beschäftigten, längerfristig im Unternehmen zu bleiben. Die hohe Veränderungsgeschwindigkeit und zunehmende Komplexität erfordern jedoch mehr Flexibilität und Bereitschaft, sich regelmäßig an technologische Veränderungen anzupassen. Der Einsatz digitaler und mobiler Arbeitsmittel kann durch Informationsverdichtung und das Gefühl ständiger Erreichbarkeit zu individuell empfundener Überlastung führen.

■ ■ Rolle von Vertrauen und Absprachen beim Thema Erreichbarkeit

Zusammen mit der zunehmenden Digitalisierung entsteht eine gewisse Sorge dahingehend, durch mobile Endgeräte und flexible Arbeitszeiten quasi rund um die Uhr erreichbar zu sein, auch über die eigentliche Arbeitszeit hinaus. Der Anteil tatsächlich kontaktierter Beschäftigter (die im Privatleben von Kolleginnen und Kollegen, Mitarbeiterinnen und Mitarbeitern, Vorgesetzten oder Kundinnen und Kunden kontaktiert wurden), liegt seit 2015 konstant bei 12 %. Dabei liegen der Dienstleistungsbereich (mit 13 %) und der öffentliche Dienst (mit 12 %) an der Spitze. Anders sieht es in Bezug auf die Erwartung der Beschäftigten aus, erreichbar zu sein. Hier gehen 24 % der Beschäftigten davon aus, auch privat erreichbar sein zu müssen (BAuA 2018), auch wenn dies nicht notwendig ist oder gar nicht erwartet wird. Studien zeigen, dass insbesondere die innere Erwartungshaltung und der eigene Anspruch, erreichbar zu sein, das Abschalten von der Arbeit verhindern (Dettmers 2017).

Was kann helfen, dass Beschäftigte die Erwartung ihrer Führungskräfte sowie Kolleginnen und Kollegen realistisch einschätzen können? Klare Absprachen im Team, zwischen Kollegen, Abteilungen sowie Vorgesetzen und Mitarbeiterinnen und Mitarbeitern sowie Vertrauen (dass diese Absprachen eingehalten werden) sind ausschlaggebend. Entsprechende innerbetriebliche Regelungen helfen die Frage zu klären, ob der Arbeitgeber vom Beschäftigten überhaupt eine Erreichbarkeit außerhalb der regulären Arbeitszeit verlangt. Hilfreich sind hier Regeln zur Festlegung von Reaktionszeiten auf Mails oder die Begrenzung von Verteilerkreisen.

■ ■ Chancen für Arbeitsschutz und Gesundheit

Wenn der Mensch im Fokus steht, bietet die Digitalisierung diverse Möglichkeiten, die physische und psychische Gesundheit zu fördern. So können neue Technologien Gesundheits- und Unfallrisiken für Beschäftigte nachhaltig reduzieren. Beispielsweise können intelligente Schutzhelme z. B. Leckagen auf Baustellen erkennen und direkt an die Bauleitung melden. Drohnen können Schäden am Dach, Brände oder Unfallbereiche aus der Luft begutachten und somit die Risiken für Dachdecker und Feuerwehr reduzieren. Arbeiten, die für den Menschen gefährlich oder monoton sind, können von Servicerobotern wie z. B. Reinigungsrobotern für Tanks, Inspektionsroboter für Abwasserkanäle oder Fassadenreinigungsroboter erledigt werden. Serviceroboter können Hol- und Bringdienste übernehmen und entlasten somit zeitlich und körperlich. In der Automobilindustrie werden in der Getriebemontage bereits Roboter eingesetzt, die schwere Teile montieren, während parallel Beschäftigte leichtere Teile montieren. Innovative Hebehilfen oder Exoskelette dienen ebenfalls dazu, körperliche Anstrengungen zu reduzieren.

In Bezug auf psychische Belastung bieten neue Technologien die Möglichkeit, einseitige Routinetätigkeiten zu reduzieren. Zum Beispiel können intelligente Chatbots im Kundenservice häufige Routineanfragen autonom bearbeiten, während die Beschäftigten mehr Zeit für die Bearbeitung anspruchsvollerer Kundenanliegen haben. Damit kann Monotonie reduziert werden, während wir Menschen unsere eigentliche Arbeit abwechslungsreicher gestalten können. Insgesamt bietet der Einsatz von neuen Technologien die Möglichkeit, dass Fachkräfte sich verstärkt auf kreative, kooperative und soziale Tätigkeiten konzentrieren. Geringer qualifizierte Arbeitskräfte können mit Unterstützung von neuen Technologien komplexere Aufgaben übernehmen. Dadurch werden – richtig durchdacht und umgesetzt – individuelle Entscheidungs- und Handlungsspielräume erhöht, psychische Fehlbelastung reduziert und Arbeit sinnhafter gestaltet. Zudem können hochkomplexe und/oder stressanfällige Tätigkeiten vereinfacht bzw. technisch unterstützt werden, sodass der sogenannte „information overload" (die Überflutung mit Informationen) eingedämmt werden kann.

▪▪ Digital, flexibel und gesundheitsgerecht

Welche Rolle spielt nun die digitale Arbeit bei psychischer Gesundheit? Prinzipiell gibt gute Arbeit Struktur, Sinnerleben, Selbstvertrauen, soziale Anerkennung und Zufriedenheit (Enste und Ewers 2014). Allerdings kann Fehlbelastung bei der Arbeit (wie dauerhaft hoher Zeit- und Termindruck) die Wahrscheinlichkeit erhöhen, eine psychische Störung zu entwickeln. Für Unternehmen ist die psychische Gesundheit ihrer Beschäftigten daher ein zentrales Thema. Neben dem Wunsch nach motivierten und zufriedenen Beschäftigten ist bekannt, dass psychische Erkrankungen zu mehr Unfällen und krankheitsbedingten Ausfällen führen. Eine Vielzahl von Forschungsergebnissen zeigen, dass psychische Erkrankungen grundsätzlich nicht zunehmen (u. a. Melchior et al. 2014; Richter und Berger 2013; Wittchen 2015). Ursache für den Anstieg der Diagnosen und Frühverrentungen ist die gestiegene Akzeptanz von psychischen Erkrankungen (Antwort der Bundesregierung, 2018). Dadurch werden heute mehr Patienten, die früher z. B. wegen Erkrankungen des Muskel-Skelett-Systems behandelt wurden, als psychisch erkrankt diagnostiziert. Erfreulicherweise wird das Thema Psyche weniger zum Tabu und Beschäftigte sprechen psychische Probleme gegenüber Ärzten eher an. Arbeit ist jedoch nie der einzige Faktor für psychische Gesundheit bzw. Erkrankungen.

Auch der Wandel der Arbeit bringt nicht mehr psychische Erkrankungen mit sich (Zielke 2017). Er lässt jedoch neue oder veränderte Anforderungen entstehen (z. B. Führen aus der Distanz). Es entstehen derzeit eine Vielzahl von Chancen, aber auch Risiken für die Gesundheit. Neue Formen der Arbeit bieten die Möglichkeit, unsere Arbeit eigenverantwortlicher zu gestalten und damit die Chance, Gesundheit und Wohlbefinden zu fördern (und damit psychischen Krankheiten vorzubeugen): Mehr Autonomie führt zu weniger Erschöpfung und besserem Abschalten von der Arbeit (BAuA 2016). Zudem erlaubt mehr Flexibilität, dem individuellen Wach- und Schlafrhythmus zu folgen (Kühnel et al. 2018; Roenneberg et al. 2012). Eine wöchentliche statt tägliche Höchstarbeitszeit würde es erlauben, die Woche entsprechend flexibel zu gestalten. Arbeitgeber könnten so ihren Beschäftigten legal einräumen, unterschiedlich lang oder in zeitlich getrennten Blöcken zu arbeiten – allerdings nur in einem Maße, das die täglich notwendige Erholung und Regeneration in der Freizeit weiterhin ermöglicht. Eine Flexibilisierung der Arbeitszeit erfordert demnach auch ein gewisses Maß an Selbstmanagement und -fürsorge (in Bezug auf die eigene Gesundheit) sowie die Möglichkeit für den Arbeitgeber, gegebenenfalls regulierend eingreifen zu können (z. B. durch innerbetriebliche Regelungen zum Arbeitsbeginn und -ende). Hierbei spielt das Thema Pausen bzw. Ruhezeiten eine Rolle. Für die Beschäftigten wäre es ein großer Gewinn an Autonomie, wenn sie ihre Ruhezeiten beispielsweise in zwei Blöcke aufteilen könnten, von denen einer acht Stunden umfasst. Flexibilität wird hierbei nicht im gleichen Ausmaß für alle Berufe bzw. Tätigkeitsfelder möglich sein. Zudem können Flexibilisierungsanforderungen von Seiten der Unternehmen an ihre Beschäftigten (durch schwankende Kundennachfrage oder Produkten) auch mit Unzufriedenheit in Bezug auf Life-Domain-Balance (d. h. Balance der Lebensbereiche) und Wohlbefinden verbunden sein (BAuA 2016). Letztlich fehlt es vor allem noch an Forschung, die die Auswirkung von digitalem, flexiblem Arbeiten (ohne Mehrarbeit!) auf die Gesundheit aufzeigt.

Zusammengefasst gilt es für Beschäftigte und Unternehmen, eine gute Balance zwischen den Chancen und Risiken des digitalen, flexiblen Arbeitens zu finden. Gesundheitsschutz im digitalen Wandel kann gelingen, indem bewährte Grundsätze der Arbeitsgestaltung im Blick behalten werden, ebenso wie die umfassenden Regelungen im Arbeitsschutz. Auch gegenseitiges Vertrauen und Wertschätzung zwischen Arbeitgeber und -nehmer sowie ein stetiger Dialog zwischen beiden kann dabei helfen, dass die notwendigen Veränderungen zur Chance statt zur zusätzlichen Belastung werden. Letztlich gibt es jedoch keinen Masterplan für die Digitalisierung – jeder Schritt muss mutig, reflektiert und bewusst gegangen werden.

5.4 Neue Herausforderungen für Beschäftigte

Der Wandel der Arbeit geht nicht nur mit neuen Aufgaben für die Betriebe, sondern auch mit neuen Herausforderungen für die Beschäftigten einher. Die Digitalisierung bietet mehr Spielräume, die Arbeit eigenverantwortlich zu gestalten. Auch werden eher Ziele statt konkreter Aufgaben festgelegt. Wie die Ziele erreicht werden, liegt verstärkt in der Hand der Beschäftigten.

Bei der Zielerreichung spielt die sogenannte *Arbeitsgestaltungskompetenz* eine große Rolle (Dettmers und Clauß 2017). Neben der positiven Wirkung von Gestaltungmöglichkeiten auf die eigene Motivation oder positive Bewertung der Arbeit (Wrzesniewski und Dutton 2001) kann die Gestaltung der Arbeit auch eine zusätzliche Anforderung für die Beschäftigten sein. Das bedeutet, unabhängig von den Pflichten der Arbeitgeber muss der Beschäftigte Arbeitsgestaltungskompetenz erwerben und anwenden. Diese Kompetenz umfasst das Wissen, wie die Arbeitsbedingungen (Zeit und Ort) günstig gestaltet werden, damit die Arbeitsaufgaben effektiv bewältigt, die Motivation gefördert und Fehlbelastung reduziert werden können (Dettmers und Clauß 2017). Der Arbeitgeber kann zwar ein geeignetes Gerät für mobiles Arbeiten stellen, auf eine geeignete Sitzposition, Blendfreiheit etc. muss aber der Beschäftigte selbst an seinem gewählten Arbeitsort achten. D. h., Beschäftigte brauchen Fertigkeiten und Strategien, um dieses Wissen sinnvoll umzusetzen. Ebenso gewinnen *Selbstmanagement-Kompetenz* (zur Selbstregulation und -führung) und *Erholungskompetenz* an Bedeutung (Clauß et al. 2016; Hoppe et al. 2017). Eigenverantwortlich zu arbeiten bedeutet auch, auf die eigene Gesundheit und Ressourcen zu achten – und daher Erholungsphasen bewusst zu planen und zu nutzen. Kompetenzentwicklung bzw. Eigenverantwortung darf an dieser Stelle nicht gleichgesetzt werden mit Selbstoptimierung. Im Gegenteil – mentales Loslassen (Abschalten) ist wesentlich für die Regeneration von Energiereserven. Hier geht es um das wachsende Bewusstsein, dass der Wunsch nach mehr Selbstbestimmung bei der Arbeit – die wir in anderen Lebensbereichen durch die Digitalisierung bereits erleben – auch mit Selbstmanagement und -fürsorge einhergehen. Dazu gehört auch die Kompetenz, bewusst, achtsam, aber auch effizient mit vorhandenen Ressourcen, Herausforderungen und mit sich selbst umzugehen.

5.5 Neue und alte Rahmenbedingungen für den digitalen Wandel

Das bestehende Arbeitsschutzsystem ist gut aufgestellt, um die Arbeitswelt im Zeitalter der Digitalisierung sicher und gesund gestalten zu können. Die heute geltenden Arbeitsschutzvorschriften – insbesondere das Arbeitsschutzgesetz, das Arbeitsschutzziele definiert und nicht detaillierte Maßnahmen vorgibt – sind flexibel genug und werden auch neuen Arbeitsformen und Arbeitsbedingungen gerecht. Allerdings ist teilweise eine an der Praxis orientierte Interpretation und Übersetzung dieser grundlegenden Ziele in die moderne Arbeitswelt erforderlich. Die selbstverwalteten Berufsgenossenschaften können dabei wichtige Unterstützung leisten. In sozialpartnerschaftlicher Verantwortung und unter Berücksichtigung der betrieblichen Praxis sowie der neuesten Forschung entstehen hier Vereinbarungen sowie konkrete Handlungshilfen für Unternehmen. So ist es beispielsweise gelungen, Industrieroboter und Menschen kollaborieren zu lassen, statt sie durch Schutzeinrichtungen zu trennen. Da es beim Einsatz kollaborierender Roboter für bestimmte Arbeits- bzw. Kollaborationsräume keine trennenden Schutzeinrichtungen mehr gibt, sind hier andere Schutzmaßnahmen einzusetzen, um das Verletzungsrisiko zu minimieren.

Auch die Arbeitgeberverbände leisten ihren Beitrag. Die Bundesvereinigung der Deutschen Arbeitgeberverbände (BDA) engagiert sich beispielsweise in verschiedenen Gremien und Arbeitsprogrammen mit dem Ziel, sinnvolle und gute Arbeitsgestaltung zu definieren sowie mögliche negative Belastungsfaktoren durch Arbeit 4.0 aufzudecken und effektive Maßnahmen daraus abzuleiten (z. B. in der Gemeinsamen Deutschen Arbeitsschutzstrategie zum Thema Gefährdungsbeurteilung oder im RKW zum Thema Digitalisierung im Mittelstand) und formuliert eine Agenda für die digitale Arbeitswelt (BDA 2018).

5.6 Fazit

Der technologische Wandel der Arbeitswelt stellt Beschäftigte und Arbeitgeber natürlich vor neue Herausforderungen. Richtig angegangen, bietet dieser Wandel jedoch die Chance, die Arbeit gesundheitsgerecht zu gestalten, Arbeitsunfälle weiter zu reduzieren und unsere Lebensbereiche einfacher miteinander zu vereinen. Einen Masterplan, wie der Wandel der Arbeit umgesetzt werden soll, gibt es nicht. Alle Beteiligten in Politik, Wissenschaft sowie die Sozialpartner müssen die Digitalisierung aktiv gestalten und deren Chancen nutzen.

Digitalisierung bedeutet für Arbeitgeber und Beschäftigte mehr Flexibilität auf allen Ebenen. Kunden und ihre Bedürfnisse fordern diese Flexibilität – wer agil darauf reagieren kann, ist am Markt erfolgreich und kann Arbeitsplätze halten bzw. ausbauen. Das bedeutet auch: Mit mehr Regulierung wird die Digitalisierung der Arbeitswelt und Wirtschaft nicht gelingen. Die Politik muss hier die richtigen Weichen stellen. Deutschland hat dafür die robuste industrielle Basis, Innovationskraft und technologische Stärke.

Arbeitgeber nehmen die möglichen Risiken der Digitalisierung ernst. Bei allen Veränderungsprozessen müssen die Beschäftigten mitgenommen werden. Wesentlich sind gegenseitiges Vertrauen und klare Absprachen. Für die Beschäftigten bedeutet der digitale Wandel mehr Autonomie und Handlungsfreiheit. Es wächst jedoch auch die Notwendigkeit und Pflicht zur Selbstfürsorge. Beschäftigte müssen ihre Arbeits- und Erholungszeit und ihre vorhandenen Ressourcen bewusst gestalten und nutzen.

Literatur

Askitas N, Eichhorst W, Fahrenholtz B, Meys N, Ody M (2018) Industrial relations and social dialogue in the age of collaborative economy (IRSDACE), IZA research report no. 86. https://www.iza.org/publications/r/196/industrial-relations-and-social-dialogue-in-the-age-of-collaborative-economy-irsdace. Zugegriffen: 1. März 2019

Astor M, Rammer C, Klaus C, Klose G (2016) Innovativer Mittelstand 2025 – Herausforderungen, Trends und Handlungsempfehlungen für Wirtschaft und Politik. ZEW, prognos, Berlin

Badura B, Ducki A, Schröder H, Klose J, Meyer M (2018) Fehlzeiten-Report 2018: Sinn erleben – Arbeit und Gesundheit. Springer, Berlin

BAuA (2016) Arbeitszeitreport Deutschland 2016. Bundesanstalt für Arbeitsschutz und Arbeitsmedizin, Dortmund Berlin Dresden

BAuA (2018) BAuA-Arbeitszeitbefragung: Vergleich 2015–2017. Bundesanstalt für Arbeitsschutz und Arbeitsmedizin, Dortmund Berlin Dresden

Bertschek I, Ohnemus J, Viete S (2016) Befragung zum sozioökonomischen Hintergrund und zu den Motiven von Crowdworkern. Forschungsbericht Bundesministerium für Arbeit und Soziales 462. Bundesministerium für Arbeit und Soziales, Mannheim

Berufsgenossenschaft Nahrungsmittel und Gastgewerbe (BGN) (2018) Jahrbuch Prävention 2018/2019

BMWi (2018) Monitoring-Report Wirtschaft DIGITAL 2018. https://www.bmwi.de/Redaktion/DE/Publikationen/Digitale-Welt/monitoring-report-wirtschaft-digital-2018-kurzfassung.html. Zugegriffen: 1. März 2019

Brodersen S, Lück P (2017) iga.Report 36, iga.Barometer 2016, Erwerbstätigenbefragung zum Stellenwert der Arbeit. iga, Dresden

Bundesagentur für Arbeit, Bundesvereinigung der Deutschen Arbeitgeberverbände, Charta der Vielfalt, UnternehmensForum (2018) Inklusionspreis für die Wirtschaft 2018 – Inklusion schafft Mehrwert für Unternehmen. https://www.arbeitgeber.de/www/arbeitgeber.nsf/res/EF7A3B01D75DD7AAC125827A002444DE/\protect\T1\textdollarfile/Inklusionspreis2018.pdf. Zugegriffen: 1. März 2019

Bundesvereinigung der Deutschen Arbeitgeberverbände (BDA) (2018) Germany Reloaded: Wie Wirtschaft und Beschäftigte von der Digitalisierung profitieren können. https://www.arbeitgeber.de/www/arbeitgeber.nsf/res/467226D6CCF0258EC12583440029EA42/\protect\T1\textdollarfile/BDA_Germany_reloaded.pdf. Zugegriffen: 1. März 2019

Clauß E, Hoppe A, Dettmers J (2016) Förderung von Erholungskompetenzen bei Berufstätigen mit hoher Autonomie und Flexibilität. PERSONALQuarterly 68(2):22–27

Dettmers J (2017) Ständige Erreichbarkeit und erweiterte Verfügbarkeit – Wirkung und Möglichkeiten einer gesundheitsförderlichen Gestaltung. In: Knieps F, Pfaff H (Hrsg) BKK Gesundheitsreport 2017. MWV Medizinische Wissenschaftliche Verlagsgesellschaft, Berlin, S 167–174

Dettmers J, Clauß E (2017) Arbeitsgestaltungskompetenzen für flexible und selbstgestaltete Arbeit. In: Janneck M, Hoppe A (Hrsg) Gestaltungskompetenz für Arbeits- und Organisationsprozesse: Konzepte, Maßnahmen und Erfahrungen. Springer, Berlin, S 13–25

Enste D, Ewers M (2014) Lebenszufriedenheit in Deutschland – Entwicklung und Einflussfaktoren. IW-Trends 2:1–18

Hoppe A, Clauß E, Schachler V (2017) Wie wirksam sind Online-Interventionen? Evaluation des Moduls „Meine Freie Zeit" des EngAGE-Coaches. In: Janneck M, Hoppe A (Hrsg) Gestaltungskompetenz für Arbeits- und Organisationsprozesse: Konzepte, Maßnahmen und Erfahrungen. Springer, Berlin, S 117–126

Hunt V, Yee L, Prince S, Dixon-Fyle S, McKinsey & Company (2018) Delivering through diversity: McKinsey & company article. https://www.mckinsey.com/~/media/McKinsey/Business%20Functions/Organization/Our%20Insights/Delivering%20through%20diversity/Delivering-through-diversity_full-report.ashx. Zugegriffen: 1. Dez. 2018

Initiative Neue Qualität der Arbeit (INQA) (2014) Führungskultur im Wandel – Tiefenstudie mit 400 Interviews

Kienbaum & Stepstone (2018) Leadership Survey. Die Kunst des Führens in der Digitalen Revolution. https://www.stepstone.de/ueber-stepstone/wp-content/uploads/2018/08/Kienbaum-StepStone_Die-Kunst-des-F%C3%BChrens-in-der-digitalen-Revolution_Webversion.pdf. Zugegriffen: 13. Okt. 2018

Kühnel J, Vahle-Hinz T, De Bloom J, Syrek CJ (2017) Staying in touch while at work: relationships between personal social media use at work and work-nonwork balance and creativity. Int J Hum Resour Manag 10.1080/09585192.2017.1396551

Literatur

Kühnel J, Syrek CJ, Dreher A (2018) Why don't you go to bed on time? A daily diary study on the relationships between chronotype, self-control resources and the phenomenon of bedtime procrastination. Front Psychol 9:77

Melchior H, Schulz H, Härter M (2014) Faktencheck Gesundheit Depression. Bertelsmann, Bielefeld

OECD (2019) The Future of Work. In: OECD Employment Outlook 2019. OECD Publishing, Paris

Ohnemus J, Erdsiek D, Viete S (2016) Nutzung von Crowdworking durch Unternehmen: Ergebnisse einer ZEW-Unternehmensbefragung. Forschungsbericht Bundesministerium für Arbeit und Soziales 473. Mannheim

Personalberatung Michael P (2018) Working Life – Studie zur Vermischung von Privat- und Berufsleben 2018

Richter M, Berger K (2013) Nehmen psychische Störungen zu? Update einer systematischen Übersicht über wiederholte Querschnittsstudien. Psychiatr Prax 40:176–182

Richter M, Kliner K, Rennert D (2017) Ergebnisse der BKK Umfrage „Digitalisierung, Arbeit und Gesundheit". In: Knieps F, Pfaff H (Hrsg) BKK Gesundheitsreport 2017. MWV Medizinische Wissenschaftliche Verlagsgesellschaft, Berlin, S 105–124

Roenneberg T, Allebrandt KV, Merrow M, Vetter C (2012) Social jetlag and obesity. Curr Biol 22:939–943

Seyda S, Placke B (2017) Die neunte IW-Weiterbildungserhebung – Kosten und Nutzen betrieblicher Weiterbildung. https://www.iwkoeln.de/studien/iw-trends/beitrag/susanne-seyda-beate-placke-die-neunte-iw-weiterbildungserhebung-369145.html. Zugegriffen: 1. März 2019

Syrek CJ, Kühnel J, Vahle-Hinz T, De Bloom J (2018) Share, like, twitter, and connect: Ecological momentary assessment to examine the relationship between non-work social media use at work and work engagement. Work Stress 32(3):209–227

Wittchen H (2015) Psychische Störungen in Deutschland: Ausmaß und Größe des Problems. 24. Rehabilitationswissenschaftliches Kolloquium 2015 in Augsburg „Psychische Störungen – Herausforderungen für Prävention und Rehabilitation". DRV-Schriften, Bd. 107

Wrzesniewski A, Dutton JE (2001) Crafting a job: revisioning employees as active crafters of their work. Acadamy Manag Rev 26(2):179–201

Zielke M (2017) Die Fake-News-Connection der Versorgungsforschung bei psychischen Erkrankungen. Klin Verhaltensmed Rehabil 100:205–223

Gute Digitale Arbeit?

Gewerkschaftliche Handlungsfelder im digitalen Wandel

Astrid Schmidt, Barbara Susec und Karl-Heinz Brandl

6.1 Einleitung – 64

6.2 Souveränität und Mobilität – 64
6.2.1 Die Realität: Flexibilisierung, Arbeitsintensivierung und indirekte Steuerung – 65
6.2.2 Das Ziel: Souveränität und Gestaltungsspielräume – 66
6.2.3 Die Grundlage: gesundheitserhaltende Arbeitsbedingungen – 68

6.3 Fachkräfte und Zukunfts-Skills – 70
6.3.1 Qualifizierung forcieren – 70
6.3.2 Qualifizierung und Beschäftigungssicherheit verbinden – 71

6.4 Neue Herausforderungen: Datenschutz im digitalen Wandel – 72

6.5 Künstliche Intelligenz – wer steuert wen? – 73

6.6 Fazit – 74

Literatur – 75

© Springer-Verlag GmbH Deutschland, ein Teil von Springer Nature 2019
B. Badura et al. (Hrsg.), *Fehlzeiten-Report 2019*, https://doi.org/10.1007/978-3-662-59044-7_6

Zusammenfassung

Die Digitalisierung der Arbeitswelt geht mit vielen Veränderungen für die Beschäftigten einher. Der Einsatz moderner Technik kann den Menschen entlasten und bringt neue Spielräume wie zum Beispiel mehr Selbstbestimmung durch die Möglichkeit von orts- und zeitflexiblem Arbeiten mit sich. Gleichzeitig nehmen viele Beschäftigte derzeit eine Verdichtung ihrer Arbeit wahr, die Sorge vor Überwachung am Arbeitsplatz nimmt zu und führt zu Stress. Zwischen diesen beiden Polen liegt der Handlungsspielraum bei der Gestaltung des technologischen Wandels im Betrieb. Die Vereinte Dienstleistungsgewerkschaft ver.di setzt mit ihrem Leitbild Gute Arbeit auf eine beteiligungsorientierte Gestaltung digitaler Transformationsprozesse.

Die Auswertung von Beschäftigtenbefragungen zeigen, dass es dabei auch um klassische Handlungsfelder wie die Reglung von Arbeitszeit oder die berufliche Aus- und Weiterbildung oder den Datenschutz geht. Sie müssen allerdings unter dem Vorzeichen *Digitalisierung* gedacht werden, da diese andere Belastungsmomente mit sich bringt. Bei der nächsten Stufe der Digitalisierung, die wir gerade erleben, geht es um den Einsatz von Algorithmen und selbstlernenden digitalen Systemen in der Arbeitswelt. Hier ist eine Gestaltung und auch Regulierung wichtiger denn je, denn hier geht es um die alles entscheidende Frage – wer steuert wen? Der Mensch die Maschine oder umgekehrt?

Spätestens hier wird klar, dass es um mehr geht, als nur um den Einsatz neuer Technologien. Es geht darum, wie wir die Arbeit – von den Inhalten bis zur Arbeitsorganisation – mittels digitaler Unterstützung im Betrieb gestalten. Mit welchem Ziel? Dass Digitalisierung im Sinne von Guter Arbeit zu einer Verbesserung der Arbeitsbedingungen für die Beschäftigten führt. Digitalisierung muss dem Menschen dienen – und nicht umgekehrt. Dafür brauchen wir die Beteiligung und Expertise der Beschäftigten im Betrieb sowie ihrer Betriebs- und Personalräte, die von Anfang an und auf Augenhöhe Teil der entsprechenden Aushandlungsprozesse sein müssen. Nur so wird eine nachhaltige Gestaltung der Digitalisierung im Sinne aller Beteiligten möglich. ver.di hat hierzu bereits 2014 *Leitlinien für Gute Digitale Arbeit* entwickelt und sich proaktiv an den gesellschaftspolitischen und betrieblichen Debatten, z. B. dem Aushandlungsprozess zum „Weißbuch Arbeit 4.0" beteiligt. Aktuell ist ver.di in der Enquête-Kommission *Künstliche Intelligenz* des Deutschen Bundestages vertreten.

Auf dem Weg zum Ziel „Gute Digitale Arbeit" gibt es aus unserer Sicht gegenwärtig vier zentrale betriebliche Handlungsfelder, die von den Sozialpartnern gemeinsam mit den Beschäftigten auszugestalten sind:
- Chancen für Beschäftigte: Souveränität und Mobilität
- Qualifizierung in Zukunfts-Skills
- Neue Herausforderungen im Datenschutz
- Künstliche Intelligenz – wer steuert wen?

6.1 Einleitung

In vielen Bereichen wird Digitalisierung immer noch sehr stark aus einem technologischen Blickwinkel heraus diskutiert, oft rund um den viel beschworenen Begriff Industrie 4.0. Doch Digitalisierung ist mehr, sie dringt auch in scheinbar „digitalisierungsresistente" Bereiche des Arbeitslebens vor, wie z. B. in die personenbezogenen Dienstleistungen.

6.2 Souveränität und Mobilität

Die Flexibilisierung von Arbeitszeit und Arbeitsort ist – insbesondere angesichts der neuen Möglichkeiten im Zuge der Digitalisierung durch mobile, leistungsstarke Endgeräte und gute Netze – ein zentrales Thema für Arbeitgeber und Beschäftigte. Während sich Beschäftigte mehr Souveränität zugunsten einer effizienteren Arbeitsorganisation, einer gelungene-

6.2 · Souveränität und Mobilität

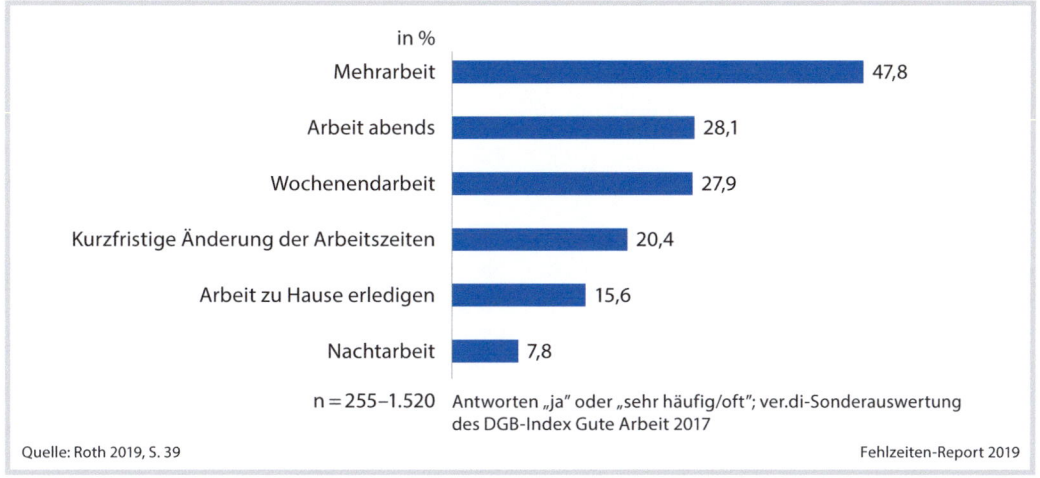

 Abb. 6.1 Arbeitszeitflexibilisierung im Dienstleistungssektor

ren Work-Life-Balance insgesamt sowie guter Vereinbarkeit von Beruf und unbezahlter Sorgearbeit wünschen[1], streben viele Arbeitgeber hingegen eine Flexibilisierung zugunsten eines noch besseren Zugriffs auf die Beschäftigten an. Davon zeugen auch die arbeitgeberseitigen Forderungen das Arbeitszeitschutzgesetz zu lockern und z. B. die täglichen Höchstarbeitszeiten zugunsten wöchentlicher Arbeitshöchstzeiten aufzugeben (vgl. BDA 2015).

Es bestehen also miteinander konkurrierende Interessenlagen und es bedarf dementsprechend einer guten Gestaltung sowie schützender Rahmenregelungen, damit die positiven Potenziale bei den Beschäftigten ebenso ankommen wie in den Unternehmen. In Anbetracht des Machtgefälles zwischen Arbeitgeber und Arbeitnehmer*innen spielen tarifvertragliche und gesetzliche Absicherungen eine wichtige Rolle.

6.2.1 Die Realität: Flexibilisierung, Arbeitsintensivierung und indirekte Steuerung

Zurzeit dominiert eine Flexibilisierung zugunsten der Unternehmen. Viele Arbeitnehmer*innen arbeiten hochflexibel, was Dauer und Lage der Arbeitszeiten betrifft. Dazu kommen kurzfristige Änderungen der Arbeitszeiten und ständige Erreichbarkeitsanforderungen für einen nicht unerheblichen Teil der Beschäftigten (vgl. Roth 2019, S. 39) (Abb. 6.1).

Die Flexibilisierung geht allerdings nicht unbedingt mit den entsprechenden Spielräumen einher. Gründe für Mehrarbeit, Änderungen der Arbeitszeit oder auch Arbeit außerhalb der regulären Arbeitszeiten von zu Hause liegen oft darin, dass Beschäftigte ihre Arbeit sonst nicht schaffen oder es Anweisungen vom Vorgesetzten bzw. dem Betrieb gibt (vgl. Roth 2019, S. 40).

Zu der bereits beschriebenen Entgrenzung kommt eine Verdichtung von Arbeit hinzu. Diese Verdichtung – also immer mehr in der gleichen Zeit schaffen zu müssen – führt zu Arbeitshetze und Arbeitsstress, mindert die abgelieferte Arbeitsqualität und konterkariert die Spielräume, die in bestimmten Branchen

---

[1] Das eine bezieht sich generell auf die Vereinbarkeit von Beruf und Privatleben mit allen Facetten insgesamt, das andere auf die unbezahlte Sorge- und Reproduktionsarbeit (die im Hinblick auf die Verteilung zwischen den Geschlechtern aber auch auf die Zwänge z. B. durch die Öffnungszeiten der Infrastrukturen nochmal gesondert zu betrachten sind).

durchaus vorhanden sind (vgl. Roth 2016). Ursächlich hierfür ist der sehr geringe Einfluss auf die wachsenden Arbeitsmengen: Zweidrittel aller Beschäftigten haben gar keinen oder nur in geringem Maß Einfluss auf die Arbeitsmenge (vgl. DGB 2018, S. 20), vor allem aber auch die Steuerungsmethoden.

Quer durch alle Branchen hat sich die Art und Weise, wie Beschäftigte gesteuert werden, verändert (vgl. Kratzer und Dunkel 2013). Immer häufiger gilt nicht mehr die geleistete Arbeitszeit als Maß, sondern das Ergebnis. Zielvereinbarungen oder Kennziffern geben den Takt vor – und werden nicht selten als unrealistisch eingeschätzt (vgl. Chevalier und Kaluza 2015). Die Verantwortung für das Erreichen der geforderten Ergebnisse wird dabei häufig auf die Beschäftigten selbst übertragen – in der Regel ohne ihnen dabei entsprechende Mitspracherechte bei der Aufwandseinschätzung bzw. der Zielbestimmung einzuräumen (vgl. Peters 2011).

Solche Steuerungsmechanismen führen oft dazu, dass Beschäftigte sich selbst unter Druck setzen und die Schuld für den Arbeitsstress bei sich selbst suchen (ebenda). Wird die Verantwortung für das Ergebnis ins Team abgegeben, kommt noch das Gefühl hinzu, Arbeit auf Kolleginnen und Kollegen abzuwälzen, wenn man für sich selbst beispielsweise Überstunden ablehnt. Die Betriebsrätebefragung des WSI 2014 konnte nachweisen, dass selbstgefährdendes Verhalten wie Arbeitszeiten über 10 h und das Unterlaufen von Regelungen zum Schutz der Gesundheit deutlich häufiger in Betrieben mit Zielvereinbarungen auftreten (vgl. Absenger et al. 2014).

In der Diskussion über Flexibilisierung sind die Wechselwirkungen mit einer steigenden Arbeitsintensivierung – die indirekt auch die Frage nach Leistungssteuerung beinhaltet – sowie mit indirekten Steuerungssystemen zu berücksichtigen. In diesem Zusammenhang betrachtet geht Flexibilisierung in der betrieblichen Realität bislang oft eher mit mehr Stress einher als mit einem besseren Leben, mehr Selbstbestimmung und einer ausgewogeneren Work-Life-Balance. Hier knüpfen die gewerkschaftlichen Ansätze und Forderungen von ver.di an.

6.2.2 Das Ziel: Souveränität und Gestaltungsspielräume

Nicht wenige Beschäftigte wünschen sich die Möglichkeit, ab und zu im Homeoffice zu arbeiten – und 42 % der Beschäftigten insgesamt halten das auch für vereinbar mit ihrer Tätigkeit. Von ihnen würden Zweidrittel die Option nutzen, auch von zu Hause aus zu arbeiten – wenn diese vom Arbeitgeber oder Betrieb angeboten würde (vgl. Brenke 2016). Realität ist das im Dienstleistungssektor bisher nur für 15,6 % aller Arbeitnehmer*innen (vgl. Roth 2019, S. 44).

Auch Zeitsouveränität – also Entscheidungsspielräume bei der Arbeitszeitgestaltung – birgt positive Potenziale und könnte z. B. nach Ansicht von 44,6 % der Dienstleistungsbeschäftigten dabei helfen, die Vereinbarkeit von Beruf und Privatleben zu verbessern (Roth 2019, S. 78).

Ein notwendiges Kriterium dafür, dass eine solche Flexibilisierung von Arbeitszeit und Arbeitsort positiv bei den Beschäftigten ankommt, sind eigene Gestaltungsspielräume und Planungssicherheit. Gestaltungsspielräume bei der Arbeitsplanung und Einflussmöglichkeiten auf die Arbeitszeit – oft als Souveränität bezeichnet – sind positive Ressourcen und helfen z. B. beim Umgang mit Zeitdruck und Stress (vgl. Semmer 1990). Wer hier über hohe Freiräume und Einfluss verfügt, ist weniger häufig gehetzt und gestresst als diejenigen, die hier über wenig Spielraum verfügen – und das sind im Dienstleistungssektor über die Hälfte der Beschäftigten (vgl. Roth 2016, S. 30) (◘ Abb. 6.2).

Erfahrungsgemäß ist es bei ortsmobiler oder zeitsouveräner Arbeit weiterhin notwendig, mittels schützender Rahmenregulierungen – wie z. B. einer verpflichtenden Arbeitszeiterfassung und definierter Zeiträume, innerhalb derer eine Erreichbarkeit erwartet werden darf – zu verhindern, dass die Souveränität in Ent-

6.2 · Souveränität und Mobilität

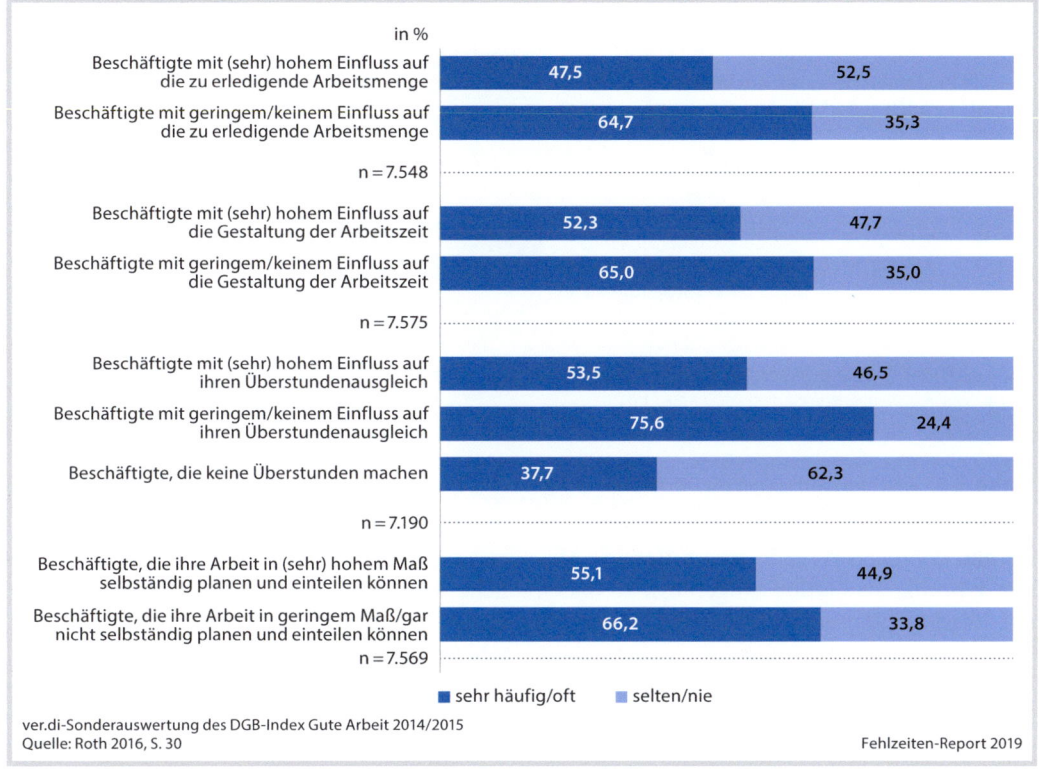

■ **Abb. 6.2** Der Einfluss von Freiräumen in der Arbeit auf Arbeitshetze und Zeitdruck. „Wie häufig fühlen Sie sich bei der Arbeit gehetzt oder stehen unter Zeitdruck?"

grenzung mündet. Die Folgen fehlender Arbeitszeiterfassung lassen sich am Beispiel der IKT-Branche aufzeigen. Beschäftigte ohne Arbeitszeiterfassung arbeiten länger – 34,6 % geben an, regelmäßig mehr als 48 Wochenstunden zu arbeiten –, sie leisten häufiger in hohem Maß Mehrarbeit und es wird von ihnen häufiger erwartet, außerhalb der normalen Arbeitszeiten erreichbar zu sein (Roth 2016, S. 40 f) (■ Abb. 6.3).

Einen schützenden und verbindlichen Rahmen für Zeitsouveränität bietet z. B. der „Tarifvertrag Arbeitszeit" bei IBM. Anders als in vielen IT-Unternehmen gilt bei IBM keine sogenannte Vertrauensarbeitszeit, also der Verzicht auf die Erfassung der geleisteten Arbeitszeiten, sondern Arbeitszeitsouveränität: das bedeutet, es gibt eine definierte Länge der wöchentlichen Arbeitszeit und einen Rahmen, innerhalb dessen flexibel gearbeitet werden darf. Wann gearbeitet wird, entscheiden jedoch die Beschäftigten entlang der konkreten Anforderungen. Auch dass innerhalb von zwölf Monaten (im Ausnahmefall auch in bis zu zwei Jahren) angefallene Überstunden ausgeglichen sein müssen, ist festgelegt (Schmidt 2018, S. 28).

> **ver.di fordert Zeitsouveränität im Rahmen der tätigkeitsbedingten Möglichkeiten und das Recht auf Nichterreichbarkeit.**

Auch ortsmobile Arbeit braucht einen guten Rahmen. Der Tarifvertrag „Mobile Working" bei der Telekom (vgl. Zanker 2017) etwa regelt Mindeststandards für mobile Arbeit wie Erreichbarkeitsanforderungen, die Pflicht zur umfassenden Arbeitszeiterfassung oder die konkreten Zeiträume, innerhalb derer mobil gearbeitet werden darf. Aber auch Bedingungen, die der mobile Arbeitsplatz zu erfüllen hat,

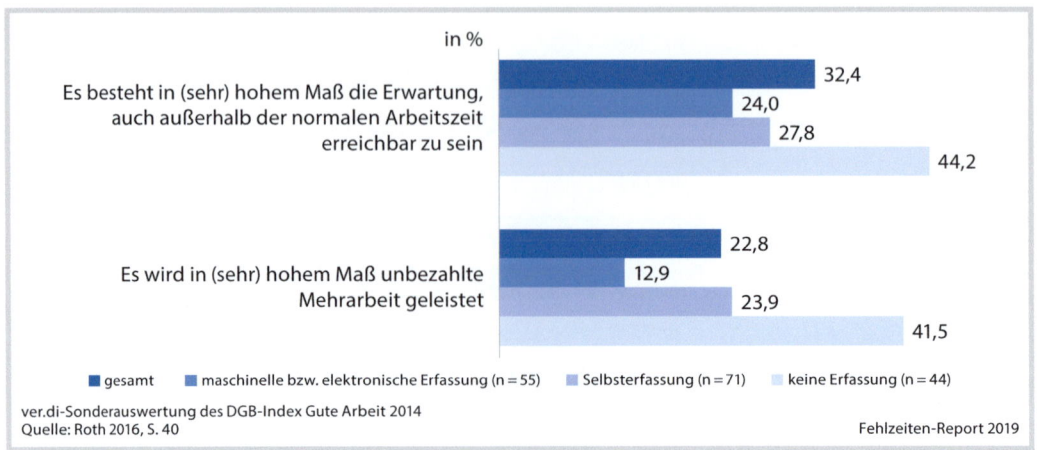

Abb. 6.3 Welchen Einfluss hat die (Nicht-)Erfassung von Arbeitszeiten?

werden definiert. Wird in einem Bereich Mobile Working als Option eingeführt, so haben alle Beschäftigten einen tariflichen Anspruch, von dieser Möglichkeit Gebrauch zu machen. Wenn der Arbeitgeber bei einzelnen Beschäftigten Mobile Working nicht zulassen will, ist er in der Darlegungspflicht und muss diesen Ausschluss begründen (ebenda).

> ver.di fordert das Recht auf Telearbeit im Rahmen der tätigkeitsbedingten Möglichkeiten mit regulierenden Leitplanken, um Entgrenzung zulasten der Beschäftigten zu verhindern.

Im Zuge der digitalisierungsbedingten Rationalisierungspotenziale und angesichts eines theoretisch vorhandenen gesellschaftlichen Zeitwohlstands stellt sich zudem die Frage nach einer Verkürzung der Arbeitszeiten (und entsprechend der Arbeitsvolumina) zugunsten einer gerechteren Verteilung derselben. Eine Verkürzung der Wochenarbeitszeit käme jedoch oft nicht spürbar bei den Beschäftigten an. Im Gegenteil: Die vertraglich vereinbarten Wochenarbeitszeiten werden in vielen Bereichen regelmäßig überschritten, um die angeforderten Leistungen zu erbringen (vgl. Roth 2016, S. 36 ff) (◘ Abb. 6.4).

Bei der Post wurde daher in der Tarifrunde 2018 die Möglichkeit mit durchgesetzt, dass Beschäftigte ihre Entgelterhöhung auch in zusätzliche freie Tage, so genannte Entlastungszeit, umwandeln können – circa acht Tage im ersten, weitere sechs Tage im zweiten Schritt (vgl. ver.di-Fachbereich Postdienste Speditionen Logistik 2018).

> ver.di fordert eine Verkürzung der Arbeitszeit – kurze Vollzeit – in Form von zusätzlichen freien Verfügungstagen.

6.2.3 Die Grundlage: gesundheitserhaltende Arbeitsbedingungen

Es gilt aber nicht nur, neue Modelle einzufordern und in der Praxis zu erproben, sondern es gilt auch, bewährte Schutzregeln wie das Arbeitszeitschutzgesetz zu verteidigen. Eben diese Regelungen stehen seit einiger Zeit unter Beschuss: Die Arbeitgeberverbände fordern eine Lockerung der Arbeitszeitgesetze, etwa die tägliche Höchstarbeitszeit betreffend. Ihr Argument: Die bisherigen Regelungen seien unzeitgemäß und zu unflexibel, gerade im Zeitalter der Digitalisierung (vgl. BDA 2015). Diese Forderungen ignorieren sowohl die bereits vorhandenen und vielfach genutzten Möglichkeiten zu flexiblen Gestaltungsmodellen als auch

6.2 · Souveränität und Mobilität

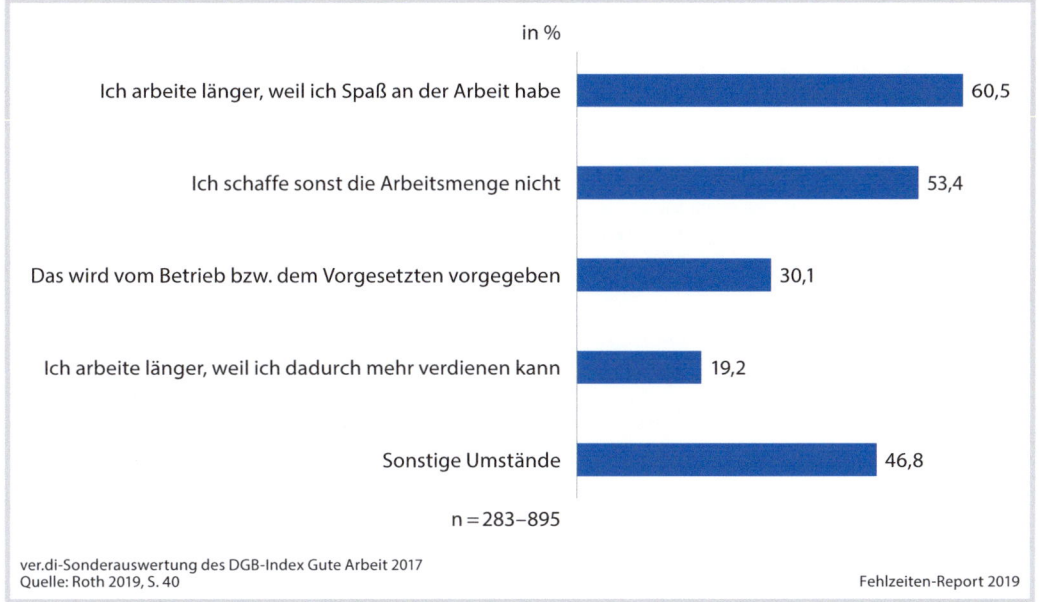

Abb. 6.4 Gründe für Mehrarbeit im Dienstleistungssektor

den arbeitsmedizinisch begründeten Schutzaspekt der Regelungen. Und sie korrespondieren mit einer Situation, in der Beschäftigte immer häufiger dazu getrieben werden, die Schutzgesetze zu unterlaufen: Weil sie die an sie gestellten Leistungsanforderungen sonst nicht erfüllen können, zugleich aber für das Gelingen verantwortlich gemacht werden. Oder weil Dienstleistungen am Menschen – etwa im Krankenhaus – sonst nicht im notwendigen Maß geleistet werden können. ver.di prangert daher schon seit Langem die steigende Arbeitsverdichtung an, die für fast zwei Drittel aller Beschäftigten Realität ist und nachhaltig gesundheitlich belastend wirkt (vgl. Roth 2016, S. 52 ff) (◘ Abb. 6.5).

▶ **ver.di fordert den Erhalt des Arbeitszeitschutzgesetzes in seiner heutigen Form und wendet sich gegen jede Variante der Unterminierung darin formulierter Schutzregelungen.**

Darüber hinaus plädiert ver.di dafür, dass Regelungen des Arbeitsschutzgesetzes, etwa die betriebliche Gefährdungsbeurteilung, konsequenter angewendet werden und dass der Schutz vor psychischen Belastungen weiterentwickelt wird. Um mehr Verbindlichkeit herzustellen, schlägt ver.di eine eigene Verordnung zu psychischen Gefährdungen sowie die Aufnahme von Sanktionsparagraphen vor. Denn derzeit führt weniger als ein Viertel (24 %) aller Betriebe die obligatorische Gefährdungsbeurteilung – die auch die psychischen Belastungen beinhaltet – vollständig durch (vgl. GDA 2017; zum Thema *Gefährdungsbeurteilung* siehe auch ▶ Kap. 8). Gerade im Zuge des digitalen Wandels gilt es jedoch, die potenziellen (psychischen) Belastungsfaktoren – sowohl regelmäßig im betrieblichen Alltag als auch vorausschauend im Kontext von grundlegenden Veränderungen – durch umfassende Gefährdungsbeurteilungen zu ermitteln und Ressourcen zur Verfügung zu stellen, um entsprechende Maßnahmen zur Verbesserung der Arbeitsbedingungen zu entwickeln.

▶ **ver.di fordert die konsequente Umsetzung eines zeitgemäßen Arbeits- und Gesundheitsschutzes und regelmäßiger vollständiger Gefährdungsbeurteilungen.**

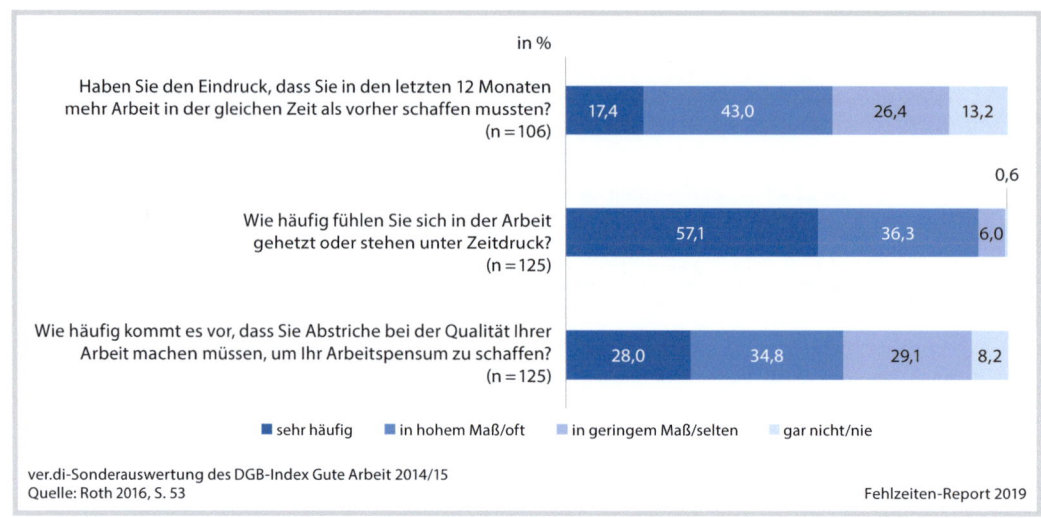

☐ **Abb. 6.5** Arbeitshetze und Zeitdruck in der Krankenhauspflege

Dazu braucht es neben einer eigenen Verordnung zu psychischen Gefährdungen auch eine Aufstockung des Aufsichtspersonals sowie Sanktionsmöglichkeiten bei unterlassener Gefährdungsbeurteilung.

6.3 Fachkräfte und Zukunfts-Skills

Digitalisierung verändert nicht nur die Art und Weise, wie gearbeitet wird und wie Arbeitsprozesse organisiert werden. Digitalisierung verändert auch Jobprofile, in vielen Fällen fundamental, und wirkt auf Beschäftigungsfähigkeit und Beschäftigungssicherheit (vgl. Hoffmann und Suchy 2016). So prognostizierten Frey und Osborne 2013 in einer Studie zur Situation in den USA, dass fast die Hälfte aller Jobs durch die Digitalisierung gefährdet sei (vgl. Frey und Osborne 2013). Bowles übertrug diese Prognosen auf Europa und schätzte ein, dass gut die Hälfte der Arbeitsplätze in Deutschland gefährdet seien (vgl. Bowles 2016, S. 160). Die Boston Consulting Group kam 2015 zu deutlich optimistischeren Einschätzungen und ging von einem Zuwachs an Jobs in Deutschland aus (vgl. BCG 2015).

Auch wenn es unterschiedliche Einschätzungen über das Ausmaß an Jobverlusten gibt, ist klar, dass mit der Automatisierung, dem Einsatz intelligenter Software sowie selbstlernender Systeme und auch der Zunahme von Selbstservice durch die Kundschaft viele Jobs und ganze Berufe wegfallen werden. Gleichzeitig werden neue Berufe entstehen, aber nicht alle Beschäftigten können eins zu eins von einer Tätigkeit in die andere wechseln. Umgegangen werden muss vielmehr mit einer Gleichzeitigkeit von Jobverlusten und Fachkräftemangel.

6.3.1 Qualifizierung forcieren

Das bedeutet für ver.di als Gewerkschaft einerseits, dass Sicherheiten für diejenigen geschaffen werden müssen, deren Jobs betroffen sind, z. B. durch Tarifverträge zum Rationalisierungsschutz. Und es gilt andererseits, eine Qualifizierungsoffensive anzuschieben – denn nur so kann dem digitalisierungsbedingten Fachkräftemangel begegnet und das notwendige Qualifikationslevel in den Betrieben und Verwaltungen gewährleistet werden. Dabei geht es um Zukunfts-Skills: zum einen müssen diese im Unternehmen in ausreichendem Maß vorhanden sein. Das schließt auch die gezielte Qualifizierung zu neuen Herausforderungen wie etwa den Umgang und die Kollaboration mit Künstlicher Intelligenz und selbstlernenden Maschinen ein. Zum anderen müssen viele dieser Skills in immer schnellerem Takt regelmäßig aktualisiert werden – 78 % der Befragten einer Betriebs- und Beschäftigtenbefragung des BMAS gaben an, ihre Fähigkeiten aufgrund technologischer Veränderungen permanent weiterentwickeln zu müssen (BMAS 2016).

Dafür braucht es Konzepte. Qualifizierungspotenziale und -wünsche sowie vorhandene Kompetenzen im Unternehmen sollten vorausschauend analysiert und mit einer strategischen Personalplanung verbunden werden. So können die Potenziale der eigenen Beschäftigten gezielt weiterentwickelt werden. Lebenslanges Lernen sowie Um- und Weiterqualifizierungen müssen in den betrieblichen Alltag implementiert werden. Damit werden die Beschäftigungsfähigkeit der Einzelnen wie auch die Zukunftstauglichkeit der Unternehmen gesichert. Notwendig sind außerdem nachhaltige Konzepte zur Um- und Weiterqualifizierung derjenigen, deren Jobs durch Digitalisierung bedroht sind. Hier gilt es, Beschäftigungsperspektiven zu erhalten.

Für die Umsetzung der Konzepte braucht es ausreichende Ressourcen. Das beinhaltet die passenden Qualifizierungsangebote, um auf die heutigen und künftigen Aufgaben vorbereitet zu sein und fachliche Qualifikationen auf dem aktuellen Stand zu halten. Es beinhaltet eine lernförderliche Umgebung. Und es beinhaltet eingeplante zeitliche Ressourcen, damit die Angebote auch wahrgenommen werden können.

> ver.di fordert eine Qualifizierungsoffensive durch lebenslange berufsbegleitende Um- und Weiterqualifizierung in Zukunfts-Skills.

6.3.2 Qualifizierung und Beschäftigungssicherheit verbinden

Gute Arbeitszeitgestaltung kann Beschäftigung sichern. Dazu gehört ein ganzheitlicher und vorausschauender Blick, der für die betriebliche Umsetzung von Qualifizierungsbedarfen zeitliche Ressourcen einplant sowie Arbeitszeitverkürzung als Instrument für eine gerechte Verteilung von Arbeit und damit die Beschäftigungssicherung nutzt. So können digitalisierungsbedingte negative Beschäftigungswirkungen teilweise aufgefangen und gewährleistet werden, dass Erfahrungswissen im Betrieb bleibt.

Zugleich können durch eine vorausschauende Arbeitszeitgestaltung Zeitressourcen für die dringend benötigte Weiterqualifizierung geschaffen werden, um dem ebenfalls digitalisierungsbedingten Fachkräftemangel besser beggenen zu können und sowohl lebenslanges Lernen als auch Um- und Weiterqualifizierungen in den betrieblichen Alltag zu implementieren. Damit werden die Beschäftigungsfähigkeit der Einzelnen wie auch die Zukunftstauglichkeit der Unternehmen gesichert.

Für die Versicherungsbranche haben ver.di und der Arbeitgeberverband daher 2017 einen Qualifizierungstarifvertrag abgeschlossen sowie Bildungsteilzeit vereinbart. Der Qualifizierungstarifvertrag regelt, dass jede und jeder Beschäftigte einen Anspruch auf eine regelmäßige Feststellung der Qualifizierungsbedarfe und daraus abgeleitete Maßnahmen zur Umsetzung hat. Insbesondere auch für diejenigen, deren Arbeitsplatz durch Digitalisierung/Automatisierung bedroht ist, erhöhen sich so die Chancen auf zukunftsgerichtete Weiterbildungsmaßnahmen und damit die Chance auf Beschäftigungsperspektiven. Um die Beschäftigungsfähigkeit jedes und jeder Einzelnen besser abzusichern, haben zudem alle das Recht und die Möglichkeit, ihren Arbeitsplatz für mindestens bis zu sechs Monate zu reduzieren, um sich weiter zu qualifizieren. Ähnliche tarifvertragliche Vereinbarungen gibt es auch bei der Ing Diba. Hier wird Weiterbildung in Vollzeit in bestimmen Fällen vom Arbeitgeber finanziert – bei voller Entgeltfortzahlung und verbunden mit einem Rückkehrrecht ins Unternehmen.

> ver.di plädiert neben einer generellen Arbeitszeitverkürzung für die Einführung einer geförderten Bildungsteilzeit, die es Beschäftigten – analog dem Modell der geförderten Altersteilzeit – ermöglicht, die Arbeitszeit bei mindestens teilweisem Lohnausgleich zu reduzieren, um sich weiterzubilden.

6.4 Neue Herausforderungen: Datenschutz im digitalen Wandel

Die Kommunikation in den Büros wird aktuell neu erfunden. Interne soziale Netzwerke treten an die Stelle von E-Mails. „Facebookartige" Kommunikationssoftware erlaubt schnellen Informationsaustausch innerhalb definierter Arbeitsgruppen. Gemeinsames Bearbeiten von Dokumenten, schnelle Durchführung von Audio- und Videokonferenzen per Smartphone oder Laptops, das Verteilen und Kontrollieren von Arbeitsaufgaben ist immer einfacher und schneller möglich (vgl. BMAS 2016; Boes et al. 2018).

Diese Arbeitsformen machen die individuelle Arbeit der Beschäftigten transparent. „Zeitstempel" erfassen sekundengenau die Aufgabenerledigung der Beschäftigten und sind vielfach nicht löschbar und somit langfristig für alle möglichen Zwecke auswertbar.

Darüber hinaus können interne soziale Netzwerke mithilfe selbstlernender Big-Data-Software unter dem Stichwort „Mining the social graph" auf auffällige Muster im Handeln hin analysiert werden. Solche Systeme ziehen aus den Kommunikationsdaten beispielsweise Rückschlüsse in Bezug auf vermeintliche Kündigungsabsichten von Mitarbeiter*innen. Das zeigt, wie tiefgreifend neue Technologien die Arbeitswelt verändern (vgl. Höller und Wedde 2018). Zu den Herausforderungen im Zuge der Digitalisierung gehört die Frage, wie ein sensibler Umgang mit der wachsenden Menge an Beschäftigtendaten und mit den immer umfassenderen Möglichkeiten der Leistungs- und Verhaltenskontrolle aussehen kann und muss. Denn – so die Auffassung von ver.di – die Digitalisierung kann nur dann ein gesamtgesellschaftlicher Erfolg werden, wenn auch hier die Bedürfnisse der Beschäftigten berücksichtigt und ein guter Gestaltungsrahmen geschaffen wird.

> ver.di setzt sich für ein starkes und zeitgemäßes Beschäftigtendatenschutzgesetz ein, das die Gefährdungen aufgrund neuer Analysetechniken, Entbetrieblichung der Datenverarbeitung und größer werdender Datenbestände gerecht wird.

Nachdem dieses Anliegen schon seit mehreren Jahrzehnten unerfüllt bleibt, sollte kurzfristig zumindest ein Beirat beim Bundesarbeitsministerium eingerichtet werden, der Empfehlungen zur Einflussnahme auf Fehlentwicklungen im Arbeitnehmerdatenschutz erarbeitet und „Good-Practice-Beispiele" identifiziert. Darüber hinaus sind wirksame Durchsetzungsinstrumente zur Einhaltung gesetzlicher Mindestbedingungen notwendig, wie z. B. ein effektives Verbandsklagerecht der zuständigen Tarifvertragsparteien.

Durch die Verabschiedung der Europäischen Datenschutzgrundverordnung (DSGVO) wurde ein hinreichender Spielraum für ein eigenständiges nationales Beschäftigtendatenschutzgesetz geschaffen. Die eminenten Gefährdungen, die sich aus der Praxis für die Persönlichkeitsrechte von Erwerbstätigen ergeben, erfordern rechtliche, technische und organisatorische Schutz- und Abwehrmaßnahmen, die in einem zeitgemäßen Beschäftigtendatenschutzgesetz normiert werden müssen. Darüber hinaus sieht die neue Datenschutz-Grundverordnung die Gestaltung des Beschäftigtendatenschutzes durch Kollektivvereinbarungen vor. Die Umsetzung dieses Auftrags setzt ein neues „Mitbestimmungsrecht zum Datenschutz" voraus, das als durchsetzbares Initiativrecht auszugestalten ist.

6.5 Künstliche Intelligenz – wer steuert wen?

Das Schlagwort Künstliche Intelligenz (KI) ist derzeit in aller Munde. Wir alle nutzen tagtäglich KI-basierte Anwendungen, meist ohne dass wir uns dessen bewusst sind. Oft werden damit recht unrealistische Vorstellungen – sowohl Utopien als auch Dystopien – verbunden. Fakt ist, dass selbstlernende Maschinen und Systeme eine weitere Dimension der Digitalisierung darstellen, die unsere Gesellschaft und damit die Arbeitswelt massiv verändern werden, da ihre Einsatzmöglichkeiten schier grenzenlos sind.

Gerade am Arbeitsplatz zeigt sich die Ambivalenz dieser Systeme. Auf der Habenseite stehen die Verheißungen, mit denen auch Hoffnungen verbunden sind: So können selbstlernende Assistenzsysteme die Beschäftigten darin unterstützen, fundierte Entscheidungen zu treffen oder genauere Diagnosen zu stellen. Sie können ihnen monotone Routinetätigkeiten und belastende Arbeiten abnehmen und den Beschäftigten so mehr Raum für kreative, soziale und Interaktionsarbeit geben.

Doch können solche Systeme ebenso zur „Optimierung der Beschäftigten" eingesetzt werden: zur Leistungssteuerung, Überwachung, bis hin zur Bewertung von Mitarbeiter*innen. Damit verbunden sind Ängste der Beschäftigten vor der Kontrollabgabe an Maschinen und davor, dem zunehmenden Veränderungstempo nicht gewachsen zu sein. Die Aussicht, dass lernende Maschinen hohe Automatisierungspotenziale haben, führt zu der berechtigten Sorge hinsichtlich der eigenen Beschäftigungsperspektiven – die Angst vor der Entwertung der eigenen Qualifikationen oder gar dem Verlust des Arbeitsplatzes.

Diese Sorgen sind ernst zu nehmen. Daher ist es wichtiger denn je die Debatte nicht allein auf das technisch Machbare zu reduzieren. Es ist immer der Mensch, der im Mittelpunkt steht. Er und seine Bedürfnisse bilden den Ausgangspunkt für die Gestaltung der Zusammenarbeit von Mensch und Maschine sowie den Einsatz von Künstlicher Intelligenz – am Arbeitsplatz und in der Gesellschaft. Dazu brauchen wir eine breite gesellschaftliche Diskussion darüber, was wir von der KI genannten Technologie erwarten. Mit welcher Zielsetzung soll sie eingesetzt werden?

Für ver.di ist klar, dass KI so gestaltet werden muss, dass ihr Einsatz im Betrieb zu einer Verbesserung der Arbeitsbedingungen im Sinne von Guter Arbeit führt. Auch hier gilt der Leitsatz: Die Technologie hat dem Menschen zu dienen und nicht umgekehrt. Daraus ergeben sich konkrete Herausforderungen für die Gestaltung des Einsatzes lernender Maschinen in Betrieben und Verwaltungen.

Wenn KI zu Guter Arbeit führen soll, dann müssen Gestaltung und Einsatz von KI in der Arbeitswelt dem Prinzip „Gute Arbeit by design" folgen[2]. Das bedeutet, dass Beschäftigte und ihre Interessenvertretungen schon von Anfang an, d. h. bei der Ausarbeitung der Zielsetzungen eines KI-basierten Systems, beteiligt werden und ihre Mitbestimmungsrechte wahrnehmen. Diese sind gegebenenfalls an die neuen Parameter anzupassen und entsprechend zu erweitern. Als Expert*innen für ihre Arbeit können sie mit ihrem Wissen und ihren Erfahrungen einen wichtigen Beitrag dazu leisten, die Schnittstelle von Mensch und Maschine optimal zu gestalten. Und nicht nur das. Eine umfassende Beteiligung von Anbeginn würde auch zum Abbau von Sorgen und Ängsten vieler Beschäftigter – etwa dem Gefühl, der Technik ausgeliefert zu sein – beitragen.

Sich selbst optimierende Systeme („maschinelles Lernen") arbeiten auf der Basis von Daten – auch von Daten, die Beschäftigte im Unternehmen bei der Arbeit generieren. Diese nutzt das System, wertet sie aus und zieht daraus Schlüsse. Das heißt, es geht nicht nur darum, welche Daten erhoben werden dürfen

---

[2] DGB 2019.

und welche nicht – die Persönlichkeitsrechte der Beschäftigten sind zu wahren und es gelten die Vorgaben der Europäischen Datenschutzgrundverordnung (DSGVO) sowie das Bundesdatenschutzgesetz (neu). Sondern es geht auch darum, wie und zu welchem Zweck persönliche Daten erhoben und genutzt werden. Es gilt, diesen Aspekt der Datengenerierung und Datennutzung im Entwicklungsprozess verstärkt zu berücksichtigen und die Mitbestimmungsakteure von Beginn an in die Entwicklung der Zielsetzung einer KI mit einzubeziehen.

Die Digitalisierung hat aus Sicht vieler Beschäftigten bislang zu Arbeitsverdichtung geführt[3]. Der Einsatz von KI kann diesen Trend verstärken und auch zu einer Verringerung von Handlungs- und Entscheidungsspielräumen bis hin zur Fremdsteuerung durch Maschinen führen. Um dies zu vermeiden, braucht es eine umfassende Technikfolgenabschätzung und die verbesserte Nutzung bereits vorhandener Instrumente. Hier sei insbesondere die verpflichtende Durchführung von ganzheitlichen Gefährdungsbeurteilungen erwähnt. So könnte gewährleistet werden, dass Auswirkungen auf die Arbeitswelt und die Beschäftigten vorausschauend und begleitend ermittelt und entsprechende Maßnahmen für menschengerechte Arbeitsgestaltung implementiert werden.

Digitalisierung und auch der Einsatz von Künstlicher Intelligenz bieten große Chancen für eine bessere Arbeitswelt, für ein besseres Leben. Aber nur dann, wenn es uns gelingt die Risiken der neuen Technologien zu minimieren. Dies funktioniert am besten im Zusammenspiel aller Akteure und entlang der Kriterien von Guter Arbeit. Nur dann wird der digitale Wandel zum Fortschritt aller und nicht nur einiger weniger.

6.6 Fazit

Der digitale Wandel beinhaltet enorme Gestaltungsaufgaben für Gewerkschaften und die betriebliche Mitbestimmung, für die entsprechende Ressourcen benötigt werden. Es braucht Wissen darum, wie und wo die Digitalisierung auf die Arbeitswelt und die Erwerbstätigen wirkt. Es braucht innovative Ansätze zur Arbeitsgestaltung, die dem Schutz der Gesundheit und der Arbeitnehmer*innenrechte verpflichtet sind, und mitbestimmte betriebliche Umfelder, in denen diese ausprobiert werden. Es braucht aber auch zeitliche Ressourcen für die Mitbestimmungsakteure, deren Aufgaben alleine schon durch das Thema Arbeitnehmerdatenschutz bei der Einführung von neuen digitalen Systemen im Zuge des digitalen Umbruchs exponentiell zugenommen haben.

Die Risiken liegen klar auf der Hand und dürfen nicht unterschätzt werden.

Arbeitsintensivierung, d. h. die Verdichtung und Entgrenzung von Arbeit und die Zunahme von Arbeitshetze und Arbeitsstress, ist einer der zentralen stressauslösenden Faktoren und damit ein drängendes Problem in allen Branchen. Untersuchungen zeigen, dass die Arbeitsintensität im Zuge der Digitalisierung stark zunimmt. Möglichkeiten für selbstbestimmteres Arbeiten werden eben dadurch unterminiert. Hier gilt es, schützende kollektive Rahmenregelungen abzuschließen und in der betrieblichen Praxis wirksam zu etablieren. Nur so können die Beschäftigten von den positiven Potenzialen profitieren.

Beschäftigungsunsicherheit bleibt ein Thema, das auf betrieblicher ebenso wie auf politischer Ebene zu gestalten sein wird. Hier spielt Qualifizierung in all ihren Facetten eine zentrale Rolle und der Umgang damit wird mit darüber entscheiden, wie Deutschland nicht nur als Wirtschaftsstandort, sondern als Land und als Gesellschaft den digitalen Wandel vollzieht.

Technik ist integraler Bestandteil unserer Arbeitswelt und in ihren Möglichkeiten, Wirkungen und Gefahren stets mitzudenken. Diese nicht unbedingt neue Erkenntnis entfaltet im Zuge des digitalen Wandels eine neue Wucht, gilt es doch, die Einführung neuer Technologien in ihren Wechselwirkungen mit Persönlichkeitsrechten, Arbeitnehmer*innenrechten

---

[3] DGB 2016.

und Arbeitsbedingungen vorausschauend und mitgestaltend zu begleiten.

Wir sind bereits mitten im Prozess und das bedeutet, es gibt Erfahrungen und Wissen derjenigen, die unter den gegebenen Bedingungen und Umbrüchen arbeiten. Dieses Wissen gilt es, zum Ausgangspunkt der Gestaltung und der Veränderungsprozesse zu machen. Die Beteiligung der Beschäftigten ist Herzstück und Ansatz des ver.di-Leitbilds Gute Arbeit. Nur gemeinsam mit allen Akteuren können wir gute digitale Arbeit gestalten und durchsetzen.

▶ Die Positionen und Beschlüsse von ver.di zum digitalen Wandel stehen hier online zur Verfügung: ▶ https://innovation-gute-arbeit.verdi.de/themen/digitale-arbeit/beschluesse-und-positionen

Literatur

Absenger N et al (2014) Arbeitszeiten in Deutschland: Entwicklungstendenzen und Herausforderungen für eine moderne Arbeitszeitpolitik, WSI-Report Nr. 19, 2014. http://www.boeckler.de/pdf/p_wsi_report_19_2014.pdf. Zugegriffen: 16. Mai 2019

Boes A, Gül K, Kämpf T, Langes B, Lühr T, Marrs K, Vogl E, Ziegler A (2018) Silicon Valley: Vorreiter im digitalen Umbruch. Folgen für Deutschland und Europa. Forschungsreport. München. http://digit-dl-projekt.de/wp-content/uploads/2018/11/Boesetal_2018_Forschungsreport-Silicon-Valley.pdf. Zugegriffen: 16. Juli 2019

Boston Consulting Group (BCG) (2015) Deutscher Arbeitsmarkt profitiert von positiven Effekten durch Industrie 4.0. http://www.industrial-internet.de/bcg-deutscher-arbeitsmarkt-profitiert-von-positiven-effekten-durch-industrie-4-0/#.XNmJAWPgq70. Zugegriffen: 16. Mai 2019

Bowles J (2016) Die Computerisierung von Arbeitsplätzen in Europa. In: Schröder L, Urban HJ (Hrsg) Gute Arbeit. Digitale Arbeitswelt – Trends und Anforderungen. Bund Verlag, Frankfurt/M, S 156–162

Brenke K (2016) Home Office: Möglichkeiten werden bei weitem nicht ausgeschöpft. Diw Wochenbericht 5/2016:95–105

Bundesministerium für Arbeit und Soziales (2016) Monitor, Digitalisierung am Arbeitsplatz. Aktuelle Ergebnisse einer Betriebs- und Beschäftigtenbefragung. Bundesministerium für Arbeit und Soziales, Berlin

Bundesvereinigung der deutschen Arbeitgeber (BDA) (2015) Chancen der Digitalisierung nutzen. https://arbeitgeber.de/www%5Carbeitgeber.nsf/res/BDA_Chancen_Digitalisierung.pdf/$file/BDA_Chancen_Digitalisierung.pdf. Zugegriffen: 16. Mai 2019

Chevalier A, Kaluza G (2015) Psychosozialer Stress am Arbeitsplatz: indirekte Unternehmenssteuerung, selbstgefährdendes Verhalten und Folgen für die Gesundheit. In: Gesundheitsmonitor 1/2015. Bertelsmann, Gütersloh

Deutscher Gewerkschaftsbund (2016) DGB-Index Gute Arbeit. Der Report 2016. Mit dem Themenschwerpunkt: Die Digitalisierung der Arbeitswelt – Eine Zwischenbilanz aus der Sicht der Beschäftigten. DGB, Berlin

Deutscher Gewerkschaftsbund (2018) DGB-Index Gute Arbeit. Der Report 2018. DGB, Berlin

Deutscher Gewerkschaftsbund (2019) Künstliche Intelligenz und die Arbeit von morgen. Ein Impulspapier des Deutschen Gewerkschaftsbundes zur Debatte um Künstliche Intelligenz (KI) in der Arbeitswelt. DGB, Berlin

Frey CB, Osborne MA (2013) The future of Employment: How Susceptible are Jobs to Computerisation?, Working Paper Oxford Martin School. https://www.oxfordmartin.ox.ac.uk/downloads/academic/The_Future_of_Employment.pdf. Zugegriffen: 16. Mai 2019

Gemeinsame Deutsche Arbeitsschutzstrategie (GDA) (2017) GDA-Dachevaluation. 1. Zwischenbericht. Auswertung der Betriebs- und Beschäftigtenbefragungen. Geschäftsstelle der Nationalen Arbeitsschutzkonferenz, Berlin

Hoffman R, Suchy O (2016) Aussichten für die Arbeit der Zukunft. HBS Working Paper Forschungsförderung Nr 013, Mai 2016. https://www.boeckler.de/pdf/p_fofoe_WP_013_2016.pdf. Zugegriffen: 16. Mai 2019

Höller HP, Wedde P (2018) Die Vermessung der Belegschaft. Mining the Enterprise Social Graph in Mitbestimmungspraxis Nr 10, Januar 2018. Hans-Böckler-Stiftung

Kratzer N, Dunkel W (2013) Neue Steuerungsformen bei Dienstleistungsarbeit – Folgen für Arbeit und Gesundheit. In: Junghanns G, Morschhäuser M (Hrsg) Immer schneller, immer mehr. Psychische Belastung bei Wissens- und Dienstleistungsarbeit. BAuA, Wiesbaden, S 41–62

Peters K (2011) Indirekte Steuerung und interessierte Selbstgefährdung. Eine 180 Grad Wende bei der betrieblichen Gesundheitsförderung. In: Kratzer N et al (Hrsg) Arbeit und Gesundheit im Konflikt. Analysen und Ansätze für ein partizipatives Gesundheitsmanagement. edition sigma, Berlin, S 105–122

Roth I (2016) Arbeitszeit und Belastung. Eine Sonderauswertung auf Grundlage des DGB-Index Gute Arbeit 2015/15 für den Dienstleistungssektor. ver.di, Berlin

Roth I (2019) Vereinbarkeit von Erwerbsarbeit und Sorgearbeit. Eine Sonderauswertung auf Grundlage des DGB-Index Gute Arbeit 2017 für den Dienstleistungssektor. ver.di, Berlin

Schmidt A (2018) IBM: Tarifvertrag für Gute Arbeit. In: ver.di Bereich Innovation und Gute Arbeit (Hrsg) Arbeitspolitik von unten. Sonderausgabe Zeitschrift für Gute Arbeit September, Bd. 2018, S 26–28

Semmer N (1990) Streß und Kontrollverlust. In: Frei F (Hrsg) Das Bild der Arbeit, 1. Aufl. Huber, Bern, S 190–207

ver.di-Fachbereich Postdienste Speditionen Logistik (2018) Tarifabschluss Deutsche Post AG. Wie funktioniert die neue Entlastungszeit? Bewegen 4/2018:4–6

Zanker C (2017) Mobile Arbeit – Anforderung und tarifliche Gestaltung. Das Beispiel Deutsche Telekom. WSI Mitt 6/2017:456–459

Arbeitszeit und Arbeitsort – (wie viel) Flexibilität ist gesund?

Ergebnisse einer repräsentativen Befragung unter Erwerbstätigen zu mobiler Arbeit und gesundheitlichen Beschwerden

Andrea Waltersbacher, Maia Maisuradze und Helmut Schröder

7.1 Einführung – 78
7.1.1 Flexibilisierung von Arbeitszeit und Arbeitsort als Forschungsgegenstand – 78
7.1.2 Zentrale Fragen und Methodik der Untersuchung – 81

7.2 Darstellung der Befragungsergebnisse – 82
7.2.1 Flexibilisierung – 82
7.2.2 Beschäftigte nach Arbeitsorten – 84
7.2.3 Die Bewertung des flexiblen Arbeitens – 86
7.2.4 Die Nutzung digitaler Geräte und digitaler Infrastruktur – 87
7.2.5 Entgrenzung zwischen Arbeits- und Privatleben und das Grenzziehungsmanagement der Beschäftigten – 88
7.2.6 Selbstmanagement: Ressourcen und Schwierigkeiten – 93

7.3 Flexible Arbeitsformen und Gesundheit – 95
7.3.1 Krankheitsbedingte Fehlzeiten und Präsentismus – 95
7.3.2 Beeinträchtigungen und gesundheitliche Beschwerden – 97

7.4 Diskussion der Ergebnisse und Ausblick – 102

Literatur – 104

Zusammenfassung

Immer erreichbar, hochflexibel und ständig mobil – infolge der Digitalisierung droht die bisherige, bei den meisten Erwerbstätigen vorherrschende Trennung von Arbeit und Privatleben verlorenzugehen. Digitale Informations- und Kommunikationsgeräte ermöglichen bereits zum heutigen Zeitpunkt zahlreichen Beschäftigtengruppen die Möglichkeit zeit- und ortsunabhängig zu arbeiten. Diese Formen von mobiler Arbeit eröffnet Betrieben und Beschäftigten neue Gestaltungsspielräume, stellen aber auch neue Herausforderungen dar. So stellt sich die Frage, ob die Flexibilisierung von Arbeitszeiten und -orten einen Einfluss auf das Wohlbefinden der Beschäftigten hat. In einer repräsentativen Befragungsstudie unter Erwerbstätigen im Jahr 2019 werden die Beschäftigten, die ausschließlich in der Betriebsstätte des Arbeitgebers arbeiten mit denjenigen Beschäftigten verglichen, die entweder zu Hause oder an verschiedenen Orten arbeiten. Hierbei zeigt sich, dass einerseits die Flexibilisierung der Arbeitszeiten und Arbeitsorte die Zufriedenheit der Beschäftigten erhöhen kann, aber andererseits der erhöhte Aufwand der Selbstorganisation und der Abgrenzung von den Anforderungen des Betriebes negativ auf das Wohlbefinden und die Gesundheit einwirken. Beschäftigte, die mit großer Autonomie viel in ihrer häuslichen Umgebung arbeiten, berichten am häufigsten darüber nicht abschalten zu können, aber auch von psychischen Beeinträchtigungen.

Vor dem Hintergrund der gewonnenen Befragungsergebnisse scheint es sich zu empfehlen, dass Beschäftigte befähigt werden sollten, sich selbst beim mobilen Arbeiten besser zu managen, um möglichen gesundheitlichen Beeinträchtigungen vorzubeugen. Wesentliche Aspekte der Selbstorganisation wie Planung, Motivierung, Abgrenzungs- und Entscheidungsfähigkeit sind Prozesse, die in entsprechenden Maßnahmen erlernt werden können.

7.1 Einführung

Digitale Werkzeuge wie Smartphones, Computer und das World Wide Web ermöglichen in zahlreichen Berufen eine zunehmende Flexibilisierung: Arbeitszeit und Arbeitsort, in der bzw. an dem die Arbeitsleistung erbracht wird, lösen sich von starren Vorgaben.

Flexibilität kann bedeuten, dass der Arbeitnehmer sich die Arbeitszeit nach persönlichen Erfordernissen selbst einteilen kann und auf Tage oder Tageszeiten legt, die außerhalb der normalen Betriebszeiten liegen, um während der Betriebszeiten andere Belange wie Familienleben oder Pflege von Angehörigen realisieren zu können. Andererseits könnte die Arbeitsintensität zunehmen: Ist es vielleicht notwendig, die ersten E-Mails bereits auf dem Weg zur Arbeit zu checken, um später am Tag die Aufgaben bewältigen zu können? Vielleicht wird dabei das Privatleben zugunsten der Anforderungen der Arbeitswelt zurückgedrängt. Flexibel zu sein, kann atypische Beschäftigung oder atypische Arbeitszeiten bedeuten, aber auch die vom Beschäftigten geforderte oder stillschweigend geleistete erweiterte Erreichbarkeit in der Freizeit oder im Erholungsurlaub beinhalten – mit Folgen für die notwendige Balance zwischen Beruf und Freizeit.

Die vorliegende Untersuchung beschäftigt sich mit den Folgen der Flexibilisierung von Arbeitszeit und Arbeitsort durch die Digitalisierung für die Beschäftigten: Führt der zunehmende Einsatz von Informations- und Kommunikationsmedien zu zusätzlicher Belastung oder eher zur Entlastung von Beschäftigten? Zeigen sich Belastungen in Form von gesundheitlichen Beeinträchtigungen?

7.1.1 Flexibilisierung von Arbeitszeit und Arbeitsort als Forschungsgegenstand

Mit der Digitalisierung geht ein großer kultureller Wandel des Arbeitslebens einher: Die zunehmende Globalisierung und die Entwicklung neuer Technologien bringt neue Produkte und Dienstleistungen hervor sowie eine umfängliche Flexibilität; die hiermit verbundene Servicegeschwindigkeit entwickelt sich zunehmend zu einer Leistungskomponente. Datenvermittelte außerbetriebliche Arbeit wird so zu einem relevanten Faktor, einem Wettbewerbsvorteil für die Unternehmen. Für die Beschäftigten können oder müssen die Flexibilitätsanforderungen seitens der Unternehmen zu neuen Arbeitskonzepten führen. Die Entgrenzung von Arbeit und Privatleben, die den Flexibilitätsanforderungen innewohnt, führt zu neuen Herausforderungen in Bezug auf Motivation, Führung und Grenzziehungsprozesse (vgl. Arnold et al. 2016; Arnold et al. 2015; Gisin et al. 2013; IZA/XING 2018; Müller-Thur et al. 2018; Neuhaus et al. 2018; Walwei 2017; Absenger et al. 2016; Ahlers 2018; Korunka und Kubicek 2013; Manyika et al. 2016; Soziales BfAu 2015, 2016).

■■ **Der Arbeitnehmer wird zum „Arbeitskraftunternehmer"**

Zu den Folgen der Entwicklung von Digitalisierung und Globalisierung stellten Voß und Pongratz die These auf, dass Arbeitnehmer dadurch zunehmend zum „Arbeitskraftunternehmer" würden (Voß und Pongratz 1998, S. 132). In dem Maße, in dem Arbeitssteuerung und Kontrolle auf Seiten des Unternehmens abgebaut würden, müssten sie beim Arbeitnehmer selbst aufgebaut werden und führten zu einer „entsprechenden Verbetrieblichung der alltäglichen Lebensführung" (Voß und Pongratz 1998, S. 132, S. 143 f). Der organisationale Rahmen würde kleiner, aber auch inhaltlich ergäben sich zwangsläufig Veränderungen: Entscheidungen und Verantwortung werden von der Managementebene an den Arbeitnehmer delegiert (Voß und Pongratz 1998). Wie bereits von Selbstständigen oder freien Berufen bekannt (und untersucht) müssen durch die Flexibilisierungsanforderungen einer zunehmend digitalisierten Arbeitswelt immer weitere Gruppen von Beschäftigten zu ihrer eigenen Führungskraft werden und Managementqualitäten aufweisen. Selbststeuerung und Selbstorganisation sind notwendige Fähigkeiten, die der Beschäftigte – ohne starre Arbeitszeiten und ohne feste Ortsbindung im Betrieb – als persönliche Ressource einbringen muss. Nach wie vor existieren Vorgaben seitens des Arbeitgebers zu den Arbeitsergebnissen oder den Terminen, zu dem ein Arbeitsergebnis vorliegen muss, und der Beschäftigte, der unterwegs oder zu Hause arbeitet, muss sich selbst motivieren und im Sinne der Unternehmensziele agieren – aber auch selbst entscheiden, wann welche Arbeit zu unterbrechen oder zu beenden ist, um sich zu erholen oder anderen (privaten) Aufgaben nachzugehen (Voß und Pongratz 1998, S. 140; Pongratz und Voss 2003). Ein besonderer Aspekt ist dabei, dass die vormals durch räumliche und zeitliche Vorgaben stattfindende Grenzziehung zwischen der Erwerbssphäre einerseits und dem Privatleben der Arbeitnehmer andererseits beim Arbeiten unterwegs oder zu Hause bei flexiblen Arbeitszeiten vom Arbeitnehmer aktiv geplant und vollzogen werden muss (◘ Abb. 7.1).

■■ **Chancen der Flexibilisierung: Wegezeiten reduzieren, bessere Vereinbarkeit der Lebenswelten und höhere Zufriedenheit**

Die Arbeitnehmer als „Arbeitskraftunternehmer" verfügen über unterschiedliche persönliche Ressourcen und das alltägliche Management der Lebenswelten wird dementsprechend unterschiedlich wahrgenommen und bewältigt (Kratzer 2003; Kratzer et al. 2018). In Verbindung mit großer Eigenständigkeit kann Flexibilität als positive Ressource gesehen werden, weil Erwerbstätige für eine gleichmäßigere Arbeitsbelastung bei sich sorgen können (Hill et al. 2010). Höge et al. beobachten, dass selbstorganisierte Flexibilität die Effektivität und Selbstwirksamkeitserfahrung steigert (Höge 2011; Höge et al. 2016). Die Entlastungsfunktion der Flexibilisierung durch die Wahl des aufgabenbezogenen Zeitpunktes für die Arbeitsleistung wird von Höge und Hornung im überwiegend positiven Effekt auf die Vereinbarkeit von Beruf und Familie gesehen (Höge und Hornung 2015).

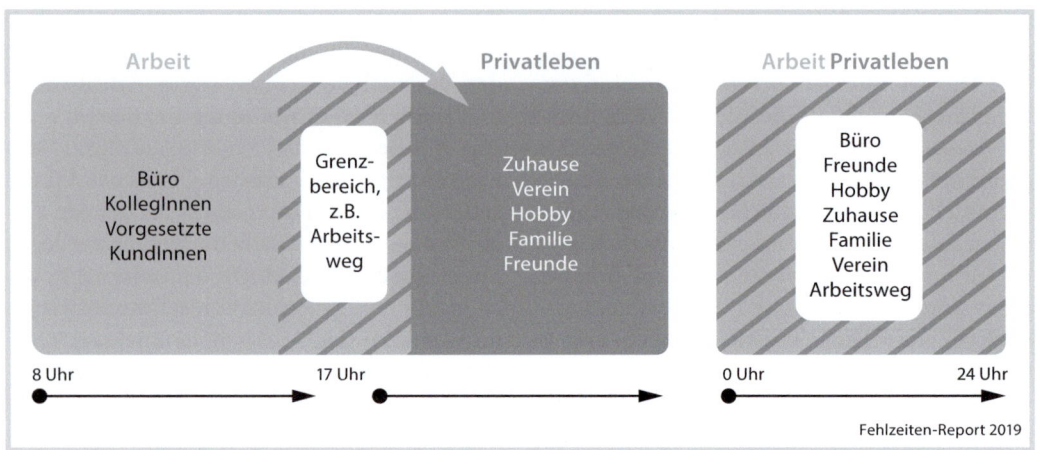

Abb. 7.1 Digitalisierung erhöht die Durchlässigkeit zwischen den Lebensbereichen. (Quelle: Schröder und Meyer 2018, nach Menz et al. 1996)

Von Brenke ausgewertete Daten des Sozioökonomischen Panels (SOEP) deuten darauf hin, dass Beschäftigte, denen die Möglichkeit im Homeoffice zu arbeiten zur Verfügung steht, trotz längerer Arbeitszeiten zufriedener sind als Beschäftigte, die diese Möglichkeit nicht haben (Brenke 2016; vgl. auch Gajendran und Harrison 2007; Gisin et al. 2013; Lott 2017a). Wer Einfluss auf die Arbeitszeit und den Arbeitsort hat, ist laut einiger Studien aber nicht nur zufriedener, sondern auch gesünder: (beispielhaft: Ala-Mursula et al. 2004; Arbeit IINQd 2017; Gajendran und Harrison 2007; Grunau et al. 2019; Messenger et al. 2017; Neuhaus et al. 2018). Arbeiten zu Hause spart die Zeit für den Arbeitsweg ein; die Möglichkeit, weit entfernt vom Arbeitgeber zu wohnen oder die Arbeit mit familiären Pflichten zu vereinbaren, führte zu mehr Zufriedenheit sowie zu höherer Produktivität und könnte helfen, arbeitsunfähigkeitsbedingte Fehlzeiten zu reduzieren (Messenger et al. 2017).

Risiken der Entgrenzung: Das Arbeitsleben dehnt sich ins Privatleben aus

Andererseits zeigen aktuelle Studien, dass sich aus der Flexibilisierung auch ein ständiger und womöglich unbezahlter Bereitschaftsdienst oder ein überlanger Arbeitstag entwickeln kann. Nach Sauer (Sauer 2012, S. 9) sind die genutzten Spielräume „vor allem der lebensweltlichen Flexibilität geschuldet und nicht der arbeitsweltlichen Flexibilisierung". Inhaltlich gesehen, so Sauer, scheinen die Anforderungen der Arbeit mit den Ansprüchen an eine interessante und befriedigende Arbeit für eine größer werdende Gruppe von Arbeitnehmern besser übereinzustimmen (Sauer 2012, S. 9). Die Kehrseite läge jedoch in der Erfahrung der Endlichkeit der eigenen Ressourcen oder dass mit der größeren Freiheit gleichzeitig auch der Arbeitsdruck steigt (Sauer 2012; vgl. auch Gajendran und Harrison 2007; Jurczyk et al. 2010; Keller et al. 2017). Gerade wenn die Arbeitsleistung durch Ziele oder Resultate bestimmt wird und nicht durch den Aufwand, der zur Erreichung notwendig war, führt die Entgrenzung offenbar zu einer Ausdehnung des Berufslebens (beispielhaft: Brandt und Brandl 2008; Gottschall und Voß 2003; Jurczyk et al. 2010; Jürgens 2002). Brandt und Brandl berichten, dass im Homeoffice arbeitende Beschäftigte länger arbeiteten und weniger Pausen machten und eher die Kontrolle über die Arbeitszeit verlören.

Hat sich die Flexibilität des Arbeitenden nach den Erfordernissen des Betriebes zu richten (Ausweitung der Arbeitszeiten, Unsicherheit gegenüber der Arbeitszeit oder des Arbeitspensums) gilt Flexibilität als Belastung und korreliert mit Irritation und Stress (Höge 2011; Absenger et al. 2016; Gimpel et al. 2018; Höge et al. 2016). Höge unterscheidet in seinen Studien explizit zwischen Flexibilitätsanforderungen, die sich vom Arbeitgeber an den Arbeitnehmer richten und der seitens des Arbeitgebers zugestandenen Flexibilität (Höge 2011; Höge und Hornung 2015). Jürgens verweist in diesem Zusammenhang auf die Erosion kollektiver Freizeiten, durch die neue Risikolagen entstehen (Rechtfertigungsdruck gegenüber dem Arbeitgeber und erhöhter Aufwand, um soziale Bindungen aufrechtzuerhalten; Jürgens 2002).

Die hier knapp skizzierte Forschungslage macht bei allen dargestellten Vorteilen der – durch die Digitalisierung ermöglichten – Flexibilisierung von Ort und Zeit der Arbeit auf miteinander zusammenhängende problematische Aspekte aufmerksam:

Zu den Anforderungen seitens des Arbeitgebers an den flexibel arbeitenden Arbeitnehmer zählt die Selbstorganisation und Eigenverantwortung. Schon die Trennung zwischen Arbeit und Privatleben muss zunehmend vom Arbeitnehmer aktiv herbeigeführt werden. Die Anforderungen des Arbeitslebens müssen mit den zur Verfügung stehenden Ressourcen bewältigt werden. Das bedeutet, dass der Arbeitnehmer eventuell diese Anforderungen aktiv begrenzen muss, um sein Privatleben zu schützen. Die von den Arbeitnehmern geschätzten Mit- und Selbstbestimmungsmöglichkeiten bei der Arbeit können sich als große Belastung herausstellen, wenn es dem flexibel arbeitenden Beschäftigten nicht gelingt, die Selbstsorge, die eigene Rekreation und die Erfordernisse des Privatlebens ausreichend zu priorisieren.

7.1.2 Zentrale Fragen und Methodik der Untersuchung

Digitale Informations- und Kommunikationsgeräte ermöglichen das Arbeiten zu Hause, unterwegs und bei Kunden ohne starre Anbindung an betriebsbasierte Zeiten für immer mehr Berufsgruppen. Diese vergleichsweise neuen Formen von mobiler Arbeit eröffnen den Beschäftigten Gestaltungsspielräume, stellen aber auch neue Herausforderungen dar, wie die Studienlage mit einigen Widersprüchen aufzeigt. In dieser Untersuchung gehen wir davon aus, dass die erweiterten Anforderungen an Beschäftigte durch die Flexibilisierung der Arbeitsorte auf jeden Fall einen Einfluss auf das Wohlbefinden der Beschäftigten hat (Arbeit IINQd 2017; Ducki und Nguyen 2016; Hupfeld et al. 2013; Keller et al. 2017; Robelski 2016).

Um die Effekte des mobilen Arbeitens deutlich zu zeigen, werden Beschäftigte, die ausschließlich in der Betriebsstätte arbeiten (*Inhouse-Arbeitende*) im Folgenden mit denen verglichen, die eher ortsunabhängig (*Mobil-Arbeitende*) tätig sind – entweder zu Hause (*Tele-Arbeitende*) oder an verschiedenen Orten (*Flex-Arbeitende*). Für diese Beschäftigtengruppen werden sowohl der Umfang von Arbeitszeit und Arbeitsweg als auch die Häufigkeit der Verwendung von digitalen Informations- und Kommunikationstechnologien verglichen. Ein Fragekomplex beschäftigt sich mit der Häufigkeit von Entgrenzungserfahrungen, also mit der Notwendigkeit durch die Anforderung des Arbeitgebers oder des Privatlebens flexibel sein zu müssen. Ein weiterer Themenbereich dieser Untersuchung betrifft die Selbststeuerung (siehe dazu auch Schulz-Dadaczynski, Junghanns und Lohmann-Haislah in diesem Band, ▶ Kap. 18) mit Fragen zu Grenzziehungsprozessen (Pausen, Feierabend, Konzentrationsfähigkeit). Stress und Überforderung ergeben sich nicht aus objektiv gegebenen Anforderungen, sondern hängen wesentlich davon ab, wie die Situation und die eigenen Ressourcen wahrgenommen werden (Keller et al. 2017; Lazarus und Launier 1981; Lott 2017b; Robelski 2016). Beschäftigte verfügen in unterschiedlichem Ausmaß über persönliche und personale Ressourcen bei der Selbstsorge. Als zunächst positive Ressource der Beschäftigten wird Autonomie in der Arbeit angesehen, deshalb werden einige Fragen zu den Selbst- und Mitbestimmungsoptionen gestellt (Karasek et al. 1998). Ein weiterer Fragekomplex betrifft in Anlehnung an Mohr et al. (Höge 2011; Mohr et al. 2005) sowohl kognitive Irritation („Nicht-Abschalten-Können") als auch emotionale Irritation (Angst, Wut, Ärger) als Folgen misslungener Grenzziehung resultierend aus dem Ungleichgewicht zwischen persönlichen Ressourcen und alltäglicher Belastung (siehe auch Lohmann-Haislah et al. in diesem Band, ▶ Kap. 20). Fragen zu Fehlzeiten, Präsentismus sowie Wohlbefinden und Gesundheit werden abschließend auch mit Bezug zu Selbstbestimmungsmöglichkeiten dargestellt.

Die empirische Basis dieser Untersuchung ist eine bundesweit repräsentative telefonische Befragung unter 2.001 Erwerbstätigen (16 bis 65 Jahre alt). Im Vergleich zur aktuellen Erwerbstätigenstatistik (Destatis 2019) ist in der vorliegenden Stichprobe ein leichter Überhang an Frauen und ein höheres Bildungsniveau zu erkennen. Der Fragebogen, der im WIdO entwickelt wurde, besteht überwiegend aus standardisierten, geschlossenen Fragen. Die Befragung wurde vom Sozialwissenschaftlichen Umfragezentrum in Duisburg (SUZ) im Februar und März 2019 realisiert. Ausgesuchte Fragen dieser Befragung werden mit den Ergebnissen einer 2011 bundesweit durchgeführten repräsentativen Befragung von 2.002 Beschäftigten zwischen 16 und 65 Jahren unter Verwendung des Originaldatensatzes verglichen (Dammasch und Zok 2012).

Wie sich die Beschäftigtengruppen hinsichtlich einer Grenzziehung von Beruf und Freizeit, der Arbeitszufriedenheit, der eigenen Ressourcen sowie des gesundheitlichen Wohlbefindens unterscheiden, kann Erkenntnisse bieten, die Personalverantwortlichen in Betrieben Hinweise darauf geben, welche Maßnahmen zur Unterstützung von außerbetrieblich arbeitenden Beschäftigten ergriffen werden müssten.

7.2 Darstellung der Befragungsergebnisse

7.2.1 Flexibilisierung

Arbeitsverhältnisse, wie sie die Mehrheit der jetzigen Rentnergeneration noch gekannt hat, mit einer geregelten Arbeitszeit von morgens bis abends – und dies ein Arbeitsleben lang im selben Betrieb –, sind heute keine Selbstverständlichkeit mehr. Neben den so genannten „Normalbeschäftigten" – gemeint sind unbefristete Vollzeitbeschäftigte – hat 2017 schon mehr als ein Fünftel (20,8 %) der 37,2 Mio. Erwerbstätigen in der Bundesrepublik in „atypischen" Beschäftigungsverhältnissen gearbeitet. Dazu gehören etwa 4,8 Mio. Beschäftigte in Teilzeit, 2,5 Mio. befristete Beschäftigte oder 932.000 Leiharbeitnehmer (Statistisches Bundesamt 2018, S. 362). Doch nicht nur die Art des Beschäftigungsverhältnisses ist der zunehmenden Flexibilisierung unterworfen, auch Arbeitsorte und -zeiten werden individuell und flexibel gestaltet.

So berichten die Beschäftigten, dass sie im Durchschnitt 51 Tagesminuten zum Pendeln zwischen Arbeitsplatz und Wohnung benötigen (◘ Abb. 7.2). Diese Pendeldauer hat sich im Vergleich zu 2011 um knapp 16 % erhöht. Fast jeder fünfte Beschäftigte hat (sehr) häufig einen wechselnden Arbeitsort – auch hier ist 2019 ein Zuwachs im Vergleich zu 2011 zu verzeichnen. Aber auch die durchschnittlich geleistete Arbeitszeit hat sich um knapp 7 % erhöht und erreicht im Durchschnitt 36,4 Wochenstunden. Darin enthalten sind die geleisteten Überstunden, die sich 2019 im Vergleich zu 2011 von 4,7 auf 5,1 Wochenstunden leicht erhöht haben.

Die bekannten Unterschiede zwischen den Geschlechtern zeigen sich auch 2019 deutlich: Männer arbeiten durchschnittlich 38 Wochenstunden und damit 7 Wochenstunden mehr als Frauen (31 Wochenstunden). Männer berichten jedoch auch über durchschnittlich 6 Überstunden pro Woche (Frauen: 4 Überstunden pro Woche). Jüngere Beschäftigte zwischen 18

7.2 · Darstellung der Befragungsergebnisse

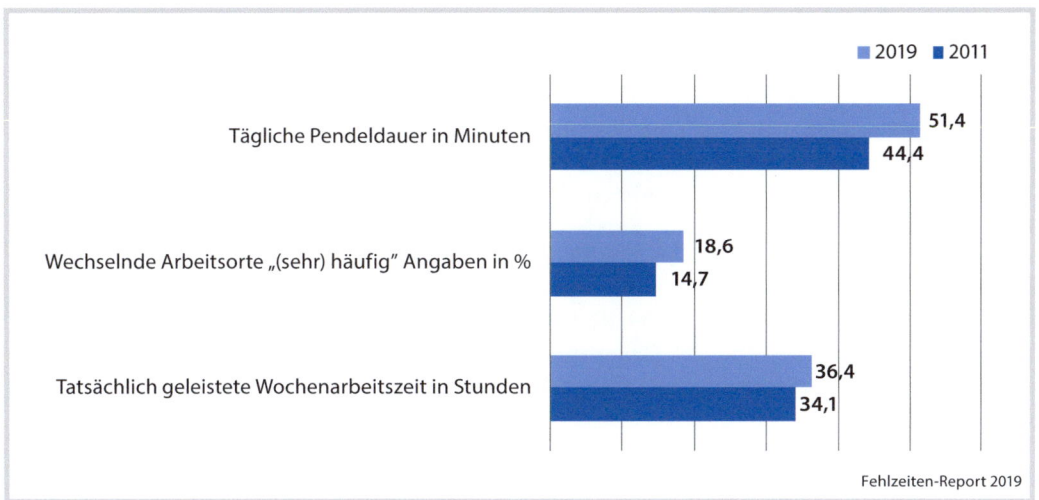

Abb. 7.2 Kennzahlen der Flexibilisierung

und 29 Jahren leisten mit 6,7 Überstunden mehr Überstunden als die älteren Beschäftigten über 50 Jahre (4,3 Überstunden).

Knapp 7 % der Beschäftigten berichten über (sehr) häufige Nachtarbeit, knapp 17 % über sehr (häufiges) Arbeiten am Samstag sowie an Sonn- und Feiertagen. Es geben 41,2 % an, dass sie in den letzten vier Wochen von ihrem Arbeitgeber telefonisch oder über E-Mail außerhalb ihrer Arbeitszeit kontaktiert wurden, bei der Befragung 2011 gaben 34,1 % an, kontaktiert worden zu sein. Diese Zahlen zeigen, dass sich eine zunehmende Durchdringung von beruflicher und privater Sphäre abzeichnet.

Der Ort, an dem die Arbeitsleistung erbracht wird, ist nicht immer der Betrieb. Die Erwerbstätigen in der Befragung von 2019 wurden gebeten anzugeben, an welchen Orten sie in der letzten Arbeitswoche jeweils gearbeitet haben. Knapp 80 % aller geleisteten Arbeitsstunden wurden im Unternehmen erbracht (◘ Abb. 7.3). Arbeiten beim Kunden oder beruflichen Partnern kommen auf einen Stundenanteil von 7,8 %, und die Stunden, die zu Hause gearbeitet werden, auf einen Anteil von 6,7 %. Auch die Arbeitszeit, die unterwegs, beispielsweise in Auto, Bahn oder Flugzeug, geleistet wurde, summiert sich auf einen Anteil von 4,7 % an allen Arbeitsstunden. Andere Orte wie Gemeinschaftsbüros oder Cafés werden nur selten zum Arbeiten genutzt (1,8 % der gesamten Arbeitsstunden).

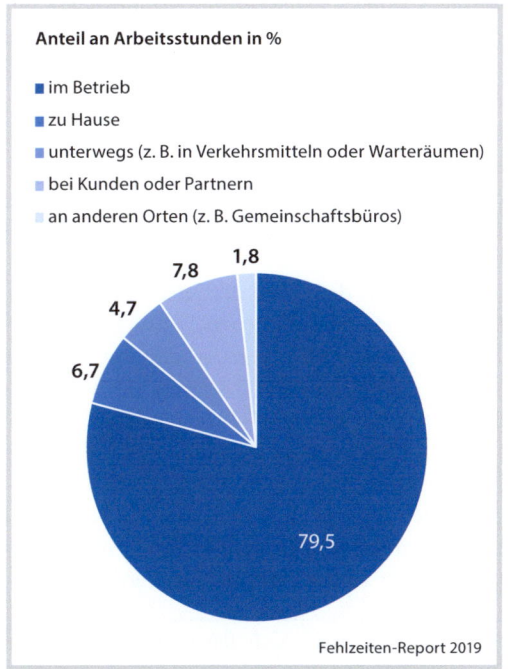

Abb. 7.3 Orte, an denen in der letzten Arbeitswoche gearbeitet wurde

7.2.2 Beschäftigte nach Arbeitsorten

Bei der vorliegenden Untersuchung liegt der Fokus auf den verschiedenen Arbeitsorten der Beschäftigten sowie auf den besonderen Anforderungen an die Beschäftigten durch die räumliche Flexibilisierung und den damit verbundenen Chancen und Risiken für die eigene Gesundheit. Die Beschäftigten wurden deshalb nach ihren Arbeitsorten und der Dauer ihrer Arbeitszeit, die sie dort verbringen, in Gruppen eingeteilt (◘ Abb. 7.4).

▪▪ „Inhouse-Arbeitende" und „Mobil-Arbeitende"

Beschäftigte, die 100 % ihrer Arbeitszeit im Unternehmen verbringen, „Inhouse-Arbeitende", werden mit den Beschäftigten verglichen, die einen Teil ihrer Arbeitszeit (im Durchschnitt 54,7 %) außerhalb des Betriebes tätig werden, den „Mobil-Arbeitenden".

▪▪ „Tele-Arbeitende" und „Flex-Arbeitende" unter den „Mobil-Arbeitenden"

Beschäftigte, die den überwiegenden Teil *ihrer außerbetrieblichen Arbeitszeit* zu Hause arbeiten, werden der Gruppe der „Tele-Arbeitenden" zugewiesen. Diese arbeiten im Durchschnitt knapp ein Drittel ihrer Arbeitszeit im Homeoffice (29,5 %) und zu zwei Dritteln (65,7 %) im Unternehmen. Alle anderen räumlich flexiblen Beschäftigten, die außerbetrieblich nicht ausschließlich im Homeoffice gearbeitet haben, befinden sich in der Gruppe der „Flex-Arbeitenden". Diese sind zu nahezu der Hälfte der geleisteten Arbeitszeit im Betrieb anzutreffen (47 %), zu mehr als einem Viertel beim Kunden (27,5 %), arbeiten jedoch auch 15,6 % ihrer Arbeitszeit unterwegs, im Zug oder Flugzeug oder in Wartesälen[1].

Mit 56 % haben mehr als die Hälfte der Beschäftigten ausschließlich im Unternehmen gearbeitet (◘ Tab. 7.1). Nahezu 40 % haben in der letzten Arbeitswoche ihre Arbeitsleistung auch an einem anderen Ort als im Unternehmen erbracht. Im Durchschnitt wird dabei von 2,5 von 5 abgefragten Arbeitsorten berichtet. Auf die Gruppe der Tele-Arbeitenden, die 50 und mehr Prozent ihrer außerbetrieblichen Arbeitszeit im Homeoffice verbracht haben, entfallen knapp 17 % der Beschäftigten; mehr als jeder Fünfte (22,5 %) gehört zur Gruppe der sogenannten Flex-Arbeitenden, die im Durchschnitt über 2,6 verschiedene Arbeitsorte berichten.

Die von den Beschäftigten als tatsächlich geleistet angegebene wöchentliche Arbeitszeit zeigt, dass Inhouse-Arbeitende weniger Stunden arbeiten (Durchschnitt: 35 Wochenstunden) als die Flex-Arbeitenden (Durchschnitt: 43,5 Wochenstunden) oder die Tele-Arbeitenden (Durchschnitt: 40,8 Wochenstunden). Dahingegen zeigt sich, dass die Pendelzeit bei den mobil tätigen Beschäftigten mit 56 Tagesminuten höher liegt als bei den „Inhouse-

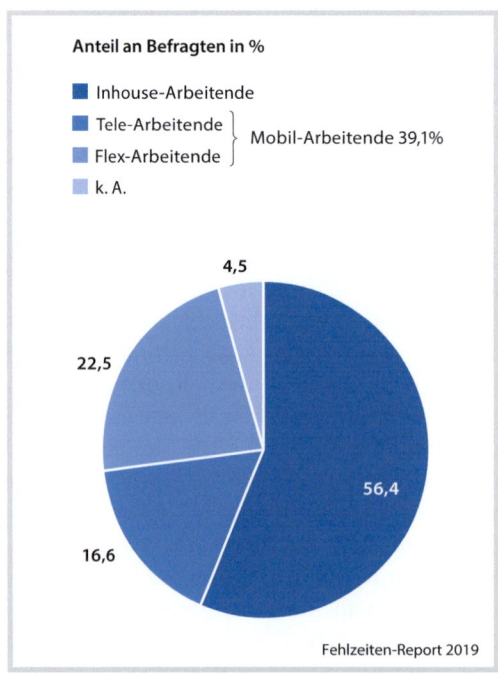

◘ **Abb. 7.4** Beschäftigtengruppen nach Arbeitsorten

---

[1] Von der Analyse nach differenzierten Beschäftigungsgruppen müssen knapp 4,5 % der Befragten ausgeschlossen werden (N = 90), da sie die Beantwortung der umfangreichen Frage zur Arbeitszeit nicht vollständig abgeschlossen haben.

7.2 · Darstellung der Befragungsergebnisse

◘ **Tabelle 7.1** Kennzahlen der Beschäftigtengruppen

	Gesamt	Inhouse-Arbeitende	Mobil-Arbeitende		
			Gesamt	Tele-Arbeitende	Flex-Arbeitende
Anzahl der Befragten	2.001	1.128	783	332	451
Anteil in Prozent	*100,0*	*56,4*	*39,1*	*16,6*	*22,5*
Durchschnittliche Zahl der verschiedenen Arbeitsorte	1,6	1,0	2,5	2,3	2,6
Anteil der geleisteten Stunden in %					
Im Betrieb		100,0	54,7	65,7	47,0
Zu Hause		–	14,7	29,5	4,2
Unterwegs (z. B. in Verkehrsmitteln oder Warteräumen)		–	10,1	2,3	15,6
Bei Kunden oder Partnern		–	16,9	1,7	27,6
An anderen Orten (z. B. Gemeinschaftsbüros)		–	3,6	0,8	5,6
Anteil an Befragten in %					
Männer	44,8	39,9	51,6	41,9	58,8
Frauen	55,2	60,1	48,4	58,1	41,2
Anteil an Altersgruppen in %					
18 bis 29 Jahre	9,7	8,9	11	7,3	13,8
30 bis 39 Jahre	18,5	16,8	21,4	21	21,7
40 bis 49 Jahre	25,8	25,7	26,7	31	23,5
50 bis 65 Jahre	45,9	48,6	40,9	40,7	41
Durchschnittsalter in Jahren	46,2	46,9	45,1	45,9	44,5
Schulbildung, Anteil an Befragten in %					
(Ohne) Hauptschulabschluss	11,7	14,4	7,5	2,4	11,2
Mittlere Reife	37,4	46,2	24,6	16,4	30,7
Abitur, Hochschulreife	50,9	39,4	67,9	81,2	58,1
Durchschnittliche Wochenarbeitszeit	36,4	35,1	42,3	40,8	43,5
Pendelzeit in Minuten pro Tag zwischen Betrieb und Wohnort	51,4	48,6	56,0	54,8	56,8
Durchschnittliche Anzahl der Personen unter 18 Jahren im Haushalt	0,70	0,70	0,78	0,82	0,74

Fehlzeiten-Report 2019

Arbeitenden" (48,6 Tagesminuten). Würden die Tele-Arbeitenden nicht im Homeoffice arbeiten können, würde dies zu einer Erhöhung ihrer Wegezeit um 23,1 % führen. Die durch das Arbeiten im Homeoffice nicht notwendigen Pendelzeiten führen zu einer Reduktion der Wegezeit aller befragten Beschäftigten von 6,8 %.

Wie vermutet werden kann, sind die Flex-Arbeitenden mit ihren verschiedenen Arbeitsorten eher männlich (58,8 %) und jünger (Durchschnittsalter: 44 Jahre), die Tele-Arbeitenden eher weiblich (58,1 %) und haben überwiegend einen höheren Bildungsabschluss (81,2 %). Unter den Flex-Arbeitenden befinden sich überproportional viele Beschäftigte aus den Bereichen Baugewerbe, Verkehr und Transport. Unter den Tele-Arbeitenden sind überproportional viele Beschäftigte aus Forschung und Lehre.

Auch die von den Beschäftigten genannte Anzahl der Personen unter 18 Jahren, die mit im Haushalt leben, liegt bei den Tele-Arbeitenden im Durchschnitt bei 0,82 Personen und damit um 17 % über der Personenzahl in den Haushalten der Inhouse-Arbeitenden. Diese Ergebnisse deuten darauf hin, dass insbesondere das Homeoffice unter Umständen auch Beschäftigtengruppen mit spezifischen Bedürfnissen eine Erwerbstätigkeit ermöglicht.

Bei den weiteren Analysen der Beschäftigtengruppen wird nicht nach Alter und Geschlecht sowie Bildung unterschieden. Dies liegt darin begründet, dass eine Subgruppenanalyse aufgrund der geringen Zellenbesetzungen nicht sinnvoll ist.

7.2.3 Die Bewertung des flexiblen Arbeitens

Von den Tele-Arbeitenden bezeichnet nahezu die Hälfte die eigenen Arbeitszeitaufwände außerhalb des Unternehmens als genau richtig. Mehr als jeder Fünfte (21,9 %) würde eher weniger im Homeoffice arbeiten und knapp ein Drittel eher mehr (31,2 %). Das Arbeiten außerhalb des Unternehmens wird von knapp drei Vierteln der Erwerbstätigen als (sehr) gut bewertet. Erwerbstätige im Homeoffice bewerten dies noch positiver als die Flex-Arbeitenden, weil die Möglichkeiten der Selbstbestimmung an den verschiedenen Orten außerhalb des Betriebes unterschiedlich sind. Während Beschäftigte zu Hause (innerhalb der von Ihnen erwarteten Arbeitsleistung) größtmögliche Selbstbestimmungsmöglichkeiten haben, werden die Flex-Arbeitenden durch die Gegebenheiten beim Kunden und an den verschiedenen anderen Orten, an denen sie tätig sind, mitbestimmt.

Die subjektive Ablehnung von mobiler Arbeit oder der Wunsch nach weniger Arbeit außerhalb des Betriebes zeigt: Die Gründe für das mobile Arbeiten können stark variieren und eventuell ist das mobile Arbeiten nicht freiwillig, sondern wird vom Arbeitgeber angeordnet oder ist dem Mangel an alternativen Beschäftigungsverhältnissen in der eigenen Region geschuldet. Dieser Aspekt der Unfreiwilligkeit wurde in der Befragung nicht angesprochen.

Wenn es nach dem Wunsch von einem Teil der Befragten geht, sind die Möglichkeiten des mobilen Arbeitens dabei noch nicht ausgeschöpft: Mehr als ein Viertel der Beschäftigten, die ausschließlich im Unternehmen arbeiten, haben den Wunsch, einen Teil ihrer Arbeitszeit außerbetrieblich zu verbringen (27,6 %). Der überwiegende Teil der Beschäftigten hat jedoch den Wunsch nach mobiler Arbeit nicht. Diese Verteilung ist auch aus anderen Studien bereits bekannt (Brenke 2016; Grunau et al. 2019). Eventuell kann die Tätigkeit ausschließlich im Betrieb erledigt werden. Die Ablehnung von außerbetrieblicher Arbeit könnte aber auch darin begründet liegen, dass die Trennung zwischen Arbeits- und Privatleben, die durch das Arbeiten im Betrieb gewährleistet wird, diesen Beschäftigten wichtig ist oder auch, dass die Beschäftigten die entsprechenden Ressourcen nicht bereitstellen können oder wollen. Eventuell fehlt den Befragten neben der Struktur auch der ständige direkte Kontakt zu den Kollegen oder der Führungskraft.

Tabelle 7.2 Verwendete Informations- und Kommunikationsgeräte bzw. -infrastruktur

„Wie häufig verwenden Sie bei Ihrer Arbeit ...?"

	Gesamt	Inhouse-Arbeitende	Mobil-Arbeitende		
			Gesamt	Tele-Arbeitende	Flex-Arbeitende
N	2.001	1.128	783	332	451
(Sehr) häufig (Angaben in %, Mehrfachnennungen)					
Computer/Laptop/Tablet*	74,3	71,6	78,4	88,2	71,1
E-Mail*	63,8	55	76,5	83,6	71,3
Smartphone*	62,2	55,6	71,6	64,8	76,7
Intranet**	59,2	56,8	62,8	66,1	60,4
Internet*	54,6	47,6	64,6	74,6	57,2
Videokonferenz*	11,1	6,2	18,2	23,5	14,2

Chi-Quadrat nach Pearson, signifikant (*p < 0,01 **p < 0,05)
Fehlzeiten-Report 2019

7.2.4 Die Nutzung digitaler Geräte und digitaler Infrastruktur

Digitale Technik und digitale Infrastruktur haben in nahezu allen Lebensbereichen und somit auch den Branchen nahezu aller Berufe Einzug gehalten. In diese Befragung wurde aber ausschließlich die Nutzung von digitalen Geräten und der entsprechenden Infrastruktur einbezogen, die vor allem der Information oder der Kommunikation dienen, und mit der so genannte „Wissensarbeiter" ihre Arbeitsleistung erbringen (◘ Tab. 7.2)[2].

Computer bzw. Laptop oder Tablet stellen das am häufigsten genutzte digitale Arbeitsmittel dar: Drei Viertel der Befragten nutzen diese bei ihrer Arbeit – 15 % nutzen solche Geräte nie. Die Nutzung der digitalen Geräte und Infrastruktur für die Arbeit ist zwischen den Gruppen der Beschäftigten signifikant unterschiedlich: Für Tele-Arbeitende sind sie das wichtigste Arbeitsmittel (88,2 %) und nur drei Prozent der Befragten aus dieser Gruppe benutzt diese Geräte nie. Auch der Austausch via E-Mail wird von den Beschäftigten aus der Gruppe der Tele-Arbeitenden am häufigsten genannt und nur 4,2 % aus dieser Gruppe schreiben keine beruflichen E-Mails. Für die Beschäftigten, die bei Kunden, unterwegs oder an weiteren Orten außerhalb des Betriebes arbeiten, ist das Smartphone das wichtigste Arbeitsmittel (76,7 %), nur 7,5 % der Befragten aus dieser Gruppe verwendet kein Smartphone aus beruflichen Gründen. Insgesamt gesehen werden die digitalen Hilfsmittel, die für Kontakt- und Informationsaustausch verwendet werden, von den Tele-Arbeitenden, die außerbetrieblich überwiegend zu Hause arbeiten, am häufigsten genutzt. Insbesondere die sonst eher selten verwendete Kommunikation mit Bildübertragung kommt hier bei fast einem Viertel der Befragten zum Einsatz. Es scheint so, dass sich Beschäftigte, die außerhalb des Betriebs arbeiten, für den notwendigen Austausch mit den Kollegen dieser digitalen Hilfsmittel bedienen. Während im betrieblichen Kontext ein kurzer mündlicher Austausch von Angesicht zu Angesicht gewählt wird, können außerbetrieblich arbeitende Mitarbeiter auf digitale Medien zurückgreifen.

---

[2] Digital gesteuerte Produktionsmaschinen, Scanner, Ultraschallgeräte etc. werden bei dieser Betrachtung nicht berücksichtigt.

7.2.5 Entgrenzung zwischen Arbeits- und Privatleben und das Grenzziehungsmanagement der Beschäftigten

Flexibilitätsanforderungen des Arbeitgebers

Außerhalb der Arbeitszeit erreichbar sein zu müssen oder den Zwang zu haben, noch einmal schnell die E-Mails zu überfliegen, gilt als ein typischer Stressfaktor einer zunehmenden Digitalisierung und Flexibilisierung – nicht nur im Beruf. Ein Indikator für die Forderung nach erweiterter Erreichbarkeit könnte die Kontaktaufnahme des Arbeitgebers bzw. des Betriebes außerhalb der Arbeitszeiten sein. Im Jahr 2011 antworteten mehr als 34 % der Befragten, dass sie innerhalb der letzten vier Wochen mindestens einmal vom Arbeitgeber auch außerhalb ihrer eigentlichen Arbeitszeit kontaktiert wurden. Bei der vorliegenden Untersuchung gaben 41 % der Befragten an, dies sei vorgekommen, bei jedem Zehnten sogar (sehr) häufig (◘ Tab. 7.3). Während von den ausschließlich im Unternehmen Arbeitenden nur 5,6 % (sehr) häufig vom Arbeitgeber kontaktiert wurden, waren es bei Mobil-Arbeitenden mit 16,9 % signifikant mehr. Am häufigsten wurden Beschäftigte kontaktiert, die außerbetrieblich überwiegend im Homeoffice arbeiteten (19,5 %). Ein Vergleich der Kontaktaufnahme seitens des Arbeitgebers nach Altersgruppen könnte auf eine zukünftige Entwicklung hindeuten: Junge Beschäftigte bis 29 Jahre wurden ebenfalls überdurchschnittlich oft in der Freizeit wegen beruflicher Belange kontaktiert (15,8 %).

Vereinbarungen die dazu führen, dass Arbeitnehmer (eventuell) unangekündigt und spontan eine Arbeitsleistung erbringen müssen, verschieben die Grenze zwischen Arbeit und Privatleben weit in das Privatleben hinein. Ein Drittel (32,3 %) der Befragten gibt an, eine Absprache zur Erreichbarkeit mit dem Arbeitgeber getroffen oder zumindest das Gefühl zu haben, dass erwartet wird, in der Freizeit für die Belange der Arbeit erreichbar zu sein. Junge Beschäftigte bis 29 Jahre sagen signifikant häufiger (40,2 %), dass sie diese Absprache hätten bzw. diese Erwartung so wahrnähmen im Vergleich zu Älteren (32,5 %). Am häufigsten haben Tele-Arbeitende diese Absprache oder das Gefühl dieser Erwartung an sie (44,2 %).

Als ein weiterer Indikator für die Flexibilitätsanforderungen seitens des Betriebes, die zudem noch stärker in das außerbetriebliche Leben der Beschäftigten eingreifen, kann die Änderung privater Pläne aufgrund beruflicher Verpflichtungen angesehen werden. Auch ein Teil der Befragten, der ausschließlich im Betrieb arbeitet (40,3 %), berichtet davon, in den letzten vier Wochen private Pläne geändert zu haben, knapp 6 % (sehr) häufig (◘ Tab. 7.3). Von den Mobil-Arbeitenden haben 69,5 % ihre privaten Pläne umstellen müssen, davon 13,6 % (sehr) häufig. Das Privatleben von Beschäftigten mit außerbetrieblichen Arbeitsorten muss offenbar flexibler sein. Für Mobil-Arbeitende stellt sich die Aufgabe der Moderation zwischen den Anforderungen von betrieblich basierter Arbeit und reproduktiver haushaltsnaher Arbeit signifikant stärker: von den Beschäftigten, die ausschließlich im Betrieb arbeiten, sagten 63,3 %, sie hätten keine Probleme gehabt, Arbeit und Freizeit zu verbinden – aber 8,8 % hatten dieses Problem (sehr) häufig. Demgegenüber gaben von den Tele-Arbeitenden nur 33,9 % an, in den letzten 4 Wochen keine Probleme damit gehabt zu haben und 18,8 % hatten diese Probleme der Vereinbarkeit (sehr) häufig. Eventuell zeigt sich hier, dass einige Beschäftigte die Tele-Arbeit gerade deshalb ausüben, weil nur so eine Berufstätigkeit möglich ist. Junge Beschäftigte bis 29 Jahre gaben auch hier signifikant häufiger als alle älteren Beschäftigten Probleme der Vereinbarkeit an.

Flexibilität zugunsten des Privatlebens

Andererseits dehnt sich das Privatleben mit seinen Verpflichtungen wie Pflege- und Sorgearbeit auch in das Arbeitsleben aus. Bei Beschäftigten, die nur im Betrieb tätig sind kommen Unterbrechungen durch Belange des Privatlebens bei 62,7 % nie vor, bei den mobil Arbeitenden sagen dies nur 41,6 %. Wie schon in an-

7.2 · Darstellung der Befragungsergebnisse

Tabelle 7.3 Flexibilitätsanforderungen der Arbeit

	Gesamt	Inhouse-Arbeitende	Mobil-Arbeitende		
			Gesamt	Tele-Arbeitende	Flex-Arbeitende
N	2.001	1.128	783	332	451
„(Sehr) häufig in den letzten vier Wochen …" (Angaben in %)					
… kam es vor, dass wegen beruflicher Verpflichtungen Pläne für private Aktivitäten geändert werden mussten.*	9,3	5,9	13,6	13,9	13,3
… gab es Probleme damit, Arbeitszeit und Freizeit miteinander zu vereinbaren.*	12,1	8,8	16,7	18,8	15,2
… wurden Sie außerhalb Ihrer Arbeitszeit vom Arbeitgeber angerufen oder per E-Mail kontaktiert.*	10,2	5,6	16,9	19,5	15,1
Wie ist es grundsätzlich – haben Sie mit Ihrer Arbeitsstelle eine Absprache oder wird es erwartet, dass Sie auch außerhalb Ihrer Arbeitszeit für Ihren Arbeitgeber bzw. Ihre Firma telefonisch oder per E-Mail erreichbar sind? (Ja)*	32,3	27,1	31,7	44,2	36,5

*Chi-Quadrat nach Pearson, signifikant ($p < 0{,}01$)
Fehlzeiten-Report 2019

deren Untersuchungen beobachtet, betrifft das „Verschwimmen" der Grenze zwischen Arbeits- und Privatleben signifikant stärker die Tele-Arbeitenden: 38 % hatten in den letzten vier Wochen keine Unterbrechungen durch Belange des Privatlebens aber 11,6 % (sehr) häufig. Von den ausschließlich im Betrieb arbeitenden Befragten wurden hingegen nur 3,3 % durch Privates bei der Arbeit gestört.

Die Vorteile des ortsungebundenen und zeitflexiblen Arbeitens werden häufig in der besseren Vereinbarkeit von Arbeits- und Privatleben gesehen, weil beispielsweise unter der Woche Termine des Privatlebens wahrgenommen und die betrieblichen Aufgaben dann zu einer anderen Zeit (am Abend, am Wochenende) vor- oder nachgearbeitet werden können (Tab. 7.4). Bei dieser Frage waren die statistisch bedeutsamen Unterschiede zwischen den untersuchten Gruppen auch besonders groß: Der überwiegende Teil (85,6 %) der Inhouse-Arbeitenden hat diese flexiblen Arbeitszeiten in den letzten vier Wochen kein einziges Mal in Anspruch genommen. Dagegen hat jeder Dritte der Tele-Arbeitenden (33,9 %) in den letzten vier Wochen (sehr) häufig Arbeit auf die Abendstunden oder das Wochenende gelegt, um Zeit für private Verpflichtungen zu haben. Damit wird deutlich, dass die Anforderungen des Privatlebens stärker im Homeoffice ihre Wirkung entfalten können, was dann unter Umständen dazu führt, dass alternative Zeiträume für ein ungestörtes Arbeiten gesucht werden. Die Anforderungen beider Lebenssphären werden von den Beschäftigten im Hinblick der zur Verfügung stehenden Gesamtzeit gemanagt, indem der Einsatz der eigenen Leistungskraft auf diese Anforderungen hin optimiert wird.

◘ **Tabelle 7.4** Flexibilität zugunsten des Privatlebens

	Gesamt	Inhouse-Arbeitende	Mobil-Arbeitende		
			Gesamt	Tele-Arbeitende	Flex-Arbeitende
N	2.001	1.128	783	332	451
Angaben in %					
Wie häufig kam es in den letzten 4 Wochen vor, dass Sie sich Arbeit auf den Abend oder das Wochenende gelegt haben, um im Alltag mehr Zeit für private Verpflichtungen zu haben?* (häufig/sehr häufig)	10	3,1	20,1	33,9	9,7
Wie häufig kam es in den letzten 4 Wochen vor, dass Sie durch Belange des Privatlebens bei der Arbeit unterbrochen wurden?* (häufig/sehr häufig)	5,2	3,3	7,9	11,6	5,1

*Chi-Quadrat nach Pearson, signifikant ($p < 0{,}01$)
Fehlzeiten-Report 2019

■■ **Die Arbeitszeit nutzen, aber auch begrenzen**

Eine Herausforderung bei der Flexibilisierung von Arbeitszeit und Arbeitsort ist das Management der Grenzziehung, das von den Beschäftigten außerhalb des Betriebes verstärkt selbst übernommen werden muss. Auch wenn der Mitarbeiter im Betrieb häufig selbst entscheidet, wann er seinen Arbeitstag beendet, erreichen ihn jedoch von seinen Kollegen oder seiner Führungskraft entsprechende Signale, eventuell existieren auch gar keine Möglichkeiten einfach weiterzuarbeiten (Dienstpläne, Maschinenzeiten, Öffnungszeiten etc.). Bei den Beschäftigten, die nicht im Unternehmen arbeiten, kann dieses notwendige Korrektiv fehlen. Die Entscheidung, wann die Arbeitszeit endet und die Anforderungen des Betriebes auch aus Gründen der Selbstsorge notfalls zurückzudrängen sind, fällt ggf. ungleich schwerer. Ein Drittel der Beschäftigten (32,3 %), die auch außerhalb des Betriebes arbeiten, empfinden es als leichter, an diesen anderen Arbeitsorten Feierabend zu machen, der überwiegende Teil aber empfindet das nicht so (62,0 %). Dabei unterscheiden sich die Tele-Arbeitenden und die Flex-Arbeitenden kaum (◘ Abb. 7.5). Dahingegen unterscheiden sich Tele- und Flex-Arbeitende hinsichtlich der Bewertung ihres Pausenverhaltens im Vergleich zum Arbeiten im Betrieb signifikant: 68 % der Tele-Arbeitenden fällt es nicht schwerer, Pausen zu machen – bei den „Flex-Workern" sind es knapp 57 %. Unter Umständen geben die Anforderungen vom Kunden oder die Reiseaktivitäten hier den Takt vor (◘ Abb. 7.5).

Ein signifikanter Unterschied zwischen den Beschäftigten, die auch außerhalb des Betriebs arbeiten, zeigt sich sowohl bei der Beurteilung der möglichen Arbeitsintensität als auch bei der Konzentrationsfähigkeit: Nahezu drei Viertel der Tele-Arbeitenden (73,7 %) können zu Hause konzentrierter arbeiten und 67,3 % können dort auch mehr Arbeit bewältigen als im Betrieb. Dieses Qualitätskriterium der Arbeitszeit könnte ggf. ein Grund dafür sein, dass auch Beschäftigte ohne Kinder das Arbeiten im Homeoffice schätzen. Es besteht allerdings die Gefahr, dass ein Teil der Tele-Arbeitenden diese Zeit im Homeoffice wegen der Arbeitsumgebungs-

7.2 · Darstellung der Befragungsergebnisse

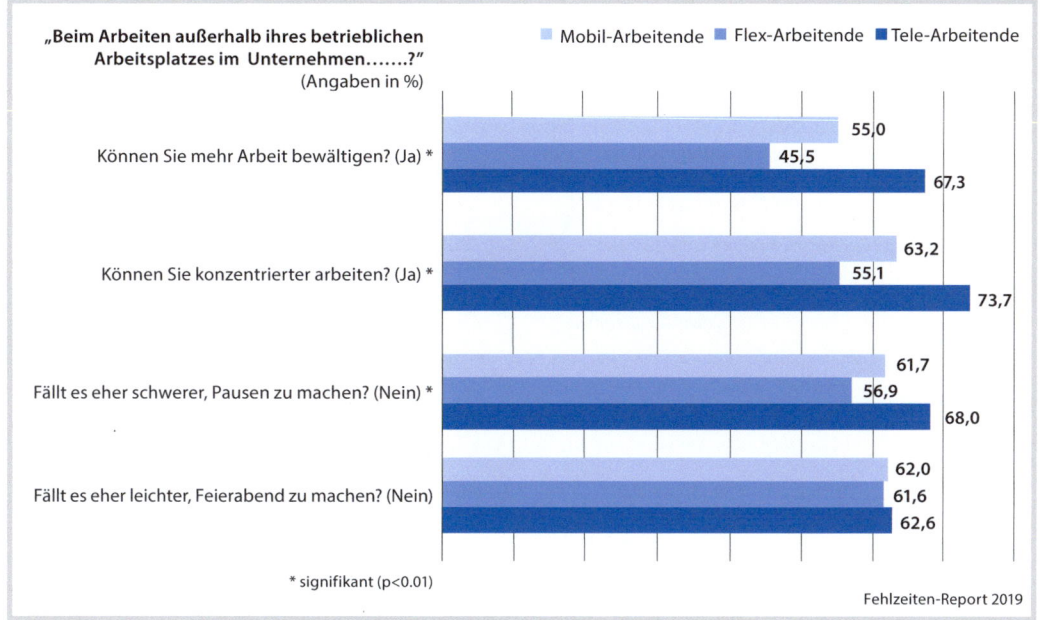

Abb. 7.5 Konzentration und Arbeitszeitbegrenzung

qualität (mehr Ruhe zum Arbeiten) auch noch zusätzlich zur „normalen" Arbeitszeit leistet.

Das virtuelle Team – soziale Unterstützung aus dem Betrieb

Wie sehr sind Beschäftigte, die außerhalb des Betriebes arbeiten, noch Teil des sozialen Gefüges in ihrem Betrieb? Die soziale Unterstützung durch Kollegen und Führungskraft kann bei der außerbetrieblichen Arbeit nicht darin bestehen „mit anzupacken", sie kann hingegen verschiedene andere Aspekte – sowohl informationelle als auch emotionale – umfassen: Der überwiegende Teil der Mobil-Arbeitenden hat beim außerbetrieblichen Arbeiten weniger Kontakt zu den Kollegen: Flex-Arbeitende berichten zu 59,1 % und Tele-Arbeitende zu 78,1 % davon. Mobil Arbeitende, insbesondere Tele-Arbeitende sind also stärker auf sich selbst gestellt.

Der Kontakt zur Führungskraft ist aufgrund der funktionellen Aspekte (Entscheidungen, Anweisungen) für den Mitarbeiter von größerer Bedeutung als der Kontakt mit Kollegen. Tatsächlich berichten Befragte nicht so häufig, dass sie weniger Kontakt zur Führungskraft beim mobilen Arbeiten hätten als beim Arbeiten im Betrieb: 57,8 % aus der Gruppe der Flex-Arbeitenden und 68 % der Tele-Arbeitenden. Der Unterschied zwischen den beiden mobil arbeitenden Beschäftigtengruppen könnte darin liegen, dass Flex-Arbeitende zwar an verschiedenen Orten aber zeitlich näher an den betrieblichen Arbeitszeiten arbeiten als die Tele-Arbeitenden, die sich häufiger Arbeit auf den Abend oder das Wochenende legen (Abb. 7.6). Für diese insgesamt sehr große Gruppe von mobil Arbeitenden mit weniger Kontakt zu Personen im Betrieb, entfallen viele positive Erfahrungen von kollektiven Arbeitszeiten: der informelle Informationsfluss, das „Gesehenwerden" beim Arbeiten, die direkte Erfahrung der Kooperation und nicht zuletzt die emotionale Unterstützung durch Kollegen und Führungskraft.

Trotz der berichteten Erfahrung von weniger Kontakt beim mobilen Arbeiten, zeigt sich beim subjektiven Gefühl der sozialen Unterstützung ein überraschendes Ergebnis: Tele-Arbeitende berichten genauso häufig, dass

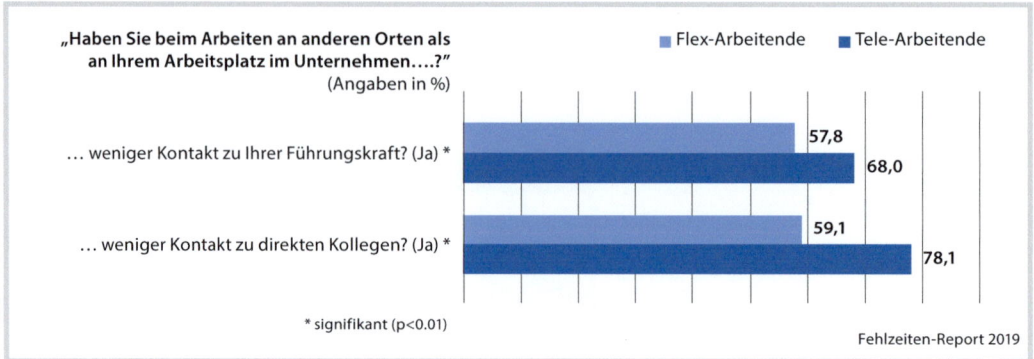

Abb. 7.6 Soziale Kontakte

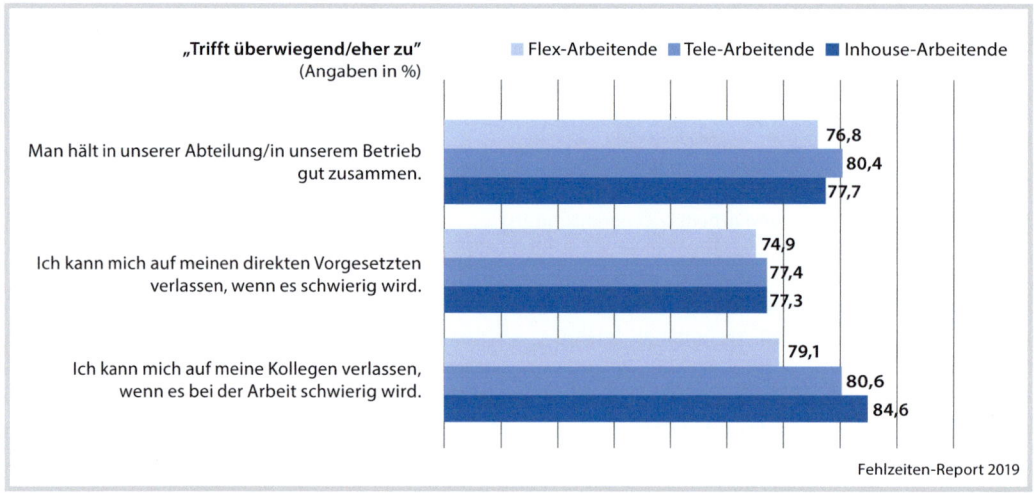

Abb. 7.7 Soziale Unterstützung

es überwiegend/eher zutreffend ist, dass sie sich auf ihre Führungskraft verlassen können wie Inhouse-Arbeitende (77,3 %) (Abb. 7.7). Möglicherweise wird den Beschäftigten das Arbeiten zu Hause zugestanden, die mit ihrer Führungskraft ein gutes Tandem bilden, wo also die Kommunikation und die Kooperation gut funktioniert und die Führungskraft viel Vertrauen in den Beschäftigten im Hinblick auf Produktivität und Entscheidungskraft setzt. Ein ähnliches Ergebnis zeigt sich bei der Güte des solidarischen Aspektes: Über 80 % der Tele-Arbeitenden finden es überwiegend oder eher zutreffend, dass in ihrem Betrieb/ihrer Abteilung gut zusammengehalten wird. Aber auch das Vertrauen, dass die Unterstützung durch Kollegen im Notfall erfolgt, ist bei den Tele-Arbeitenden am stärksten ausgeprägt. Eventuell trauen sich eher Beschäftigte das Arbeiten zu Hause zu, die sich ausreichend gut vernetzt fühlen. Für die Flex-Arbeitenden stellt sich die soziale Unterstützung weniger gut dar: In allen Kategorien geben die Beschäftigten aus dieser Gruppe seltener gute Zusammenarbeit und Unterstützung durch Kollegen oder Führungskraft an.

7.2.6 Selbstmanagement: Ressourcen und Schwierigkeiten

■ ■ „Sein eigener Chef" sein: Autonomie in der Arbeit

Der persönliche Planungsspielraum und die (zumindest teilweise) Selbstbestimmung in der Arbeitsorganisation und -durchführung hat sich in bisherigen Untersuchungen immer als positiv verbunden mit der Arbeitszufriedenheit erwiesen – weil Beschäftigte die eigenen Ressourcen bestmöglich an die Ziele ihrer Arbeit anpassen können. Dies gilt ebenso für innerbetrieblich arbeitende Beschäftigte wie für Beschäftigte, die bei Kunden, unterwegs oder zu Hause arbeiten. Diese Autonomie in der Arbeit muss jedoch vom Unternehmen auch jeweils zugestanden werden. In der vorliegenden Untersuchung zeigt sich zunächst ein deutlicher Zusammenhang zwischen dem Bildungsstand und den zugestandenen Selbst- und Mitbestimmungsmöglichkeiten der Befragten. In Anbetracht der überhaupt für außerbetriebliche Arbeit infrage kommenden Berufe und des etwas höheren Ausbildungsniveaus insbesondere bei den Beschäftigten, die auch zu Hause arbeiten, sind die signifikanten Unterschiede der hier verglichenen Gruppen wenig überraschend (◘ Tab. 7.5).

Die beiden mobil arbeitenden Gruppen verfügen in allen abgefragten Aspekten von Autonomie in der Arbeit über gefühlt größere Freiheitsgrade. Knapp 71 % der Befragten insgesamt hat ein Mitspracherecht bei der Reihenfolge der Arbeitsschritte, der Kategorie, bei der die meisten Befragten mit „Trifft-(eher) zu" antworten. Die Tele-Arbeitenden geben mit 81 % weit häufiger an, dass diese Aussage zutrifft als „Inhouse-Arbeitende", die das zu 66,3 % angeben. Das Mitspracherecht darüber, wie etwas gemacht wird, haben von allen abgefragten Kategorien die wenigsten Befragten – die sogenannten Inhouse-Arbeitenden, für die das nur zu 53,5 % (eher) zutrifft, am seltensten von allen Gruppen. Die mobil arbeitenden Gruppen, unterscheiden sich dahingehend, dass Tele-Arbeitende durchgehend häufiger von selbstständiger Arbeitsplanung und Entscheidungshoheit berichten – diese Gruppe muss sich vergleichsweise weniger an Kunden, äußeren Gegebenheiten oder betrieblichen Abläufen orientieren. Diese Unterschiede zu den Inhouse-Arbeitenden überraschen nicht: Von Beschäftigten im Homeoffice oder mit flexiblen Arbeitsorten wird erwartet, dass sie die Anforderung ihres Arbeitsalltags selbst meistern.

Autonomie in der Arbeit ist auch in dieser Untersuchung statistisch bedeutsam verbunden mit der Zufriedenheit des Arbeitens an Orten außerhalb des Betriebes: Von den Befragten, auf die die abgefragten Aspekte der Mitbestimmung zutreffen, geben jeweils knapp drei Viertel an, dass ihnen das Arbeiten außerhalb des Betriebes sehr/eher gut gefällt ($p < 0{,}01$) (vgl. auch Fonner und Rolof 2010).

■ ■ „Viel im Kopf behalten" – Kognitive Irritation

Arbeitsleistung hat immer auch Motivation als Voraussetzung und die Arbeitsziele müssen (zumindest in Teilen) vom Arbeitnehmer akzeptiert werden. Die mit der Flexibilisierung verbundene Selbstorganisation und Arbeitszeitsouveränität verlangt vom Beschäftigten sehr viel stärker die Verinnerlichung von Arbeitszielen und die Entscheidung darüber, welchen Vorrang Arbeitsvorgaben vor anderen Lebensbereichen haben oder welcher Zeitaufwand als Ressource in das Erreichen der Arbeitsziele einfließen muss. Daraus kann folgen, dass Beschäftigte zwar die Arbeit beenden, weil Anforderungen anderer Lebensbereiche oder die Notwendigkeit zur Rekreation dies notwendig machen (was ja zu einem gelungenen Selbstmanagement dazugehört) – möglicherweise können sie sich dann gedanklich aber nur schwer von den Belangen ihrer Arbeit lösen. Werden außerhalb der Arbeitszeit noch Probleme des Arbeitslebens im Geiste bearbeitet, zeigt dieser – auch *kognitive Irritation* genannte – Vorgang, dass dem Beschäftigten die Grenzziehung misslingt und das Arbeitsleben ihn übermäßig beansprucht. Das Umschalten von der Arbeit in die anderen Lebensberei-

Tabelle 7.5 Mit- und Selbstbestimmungsrechte

	Gesamt	Inhouse-Arbeitende	Mobil-Arbeitende		
			Gesamt	Tele-Arbeitende	Flex-Arbeitende
N	2.001	1.128	783	332	451
„In meiner Arbeit …", „Trifft (eher) zu" (Angaben in %)					
… kann ich die Reihenfolge der Arbeitsschritte selbst bestimmen.*	70,9	66,3	77,4	81,0	74,7
… kann ich viele Entscheidungen selbst treffen.*	68,8	60,9	80,1	83,1	77,8
… kann (ich) meine Arbeit selbst planen und einteilen.*	66,3	60,0	75,2	80,1	71,6
… habe ich viel Mitspracherecht, wie etwas gemacht wird.*	61,2	53,5	72,4	76,8	69,2

*Chi-Quadrat nach Pearson, siginifikant (p < 0,01)
Fehlzeiten-Report 2019

che fällt auch etwa einem Viertel der Gruppe der Inhouse-Arbeitenden schwer, weitaus häufiger haben die Mobil-Arbeitenden aber damit Schwierigkeiten (◘ Abb. 7.8). Besonders stark zeigt sich hier die durchweg größere Irritation der Tele-Arbeitenden im Vergleich zu den Flex-Arbeitenden: Außerhalb der Arbeitszeit an Schwierigkeiten bei der Arbeit denken zu müssen, trifft auf 42,3 % der Befragten dieser Gruppe zu.

Die (im Vergleich zu den anderen Beschäftigtengruppen größere) Möglichkeit der Tele-Arbeitenden, private und betriebliche Belange im Einklang mit den eigenen Ressourcen zu moderieren, führt offenbar dazu, dass die Grenzziehung mehr Aufwand erfordert („Abschalten"). Hier zeigt sich ein mit selbstorganisierter Arbeit verbundener Mechanismus: dienstliche Probleme werden gedanklich weiterbearbeitet, befördert dadurch, dass man sich

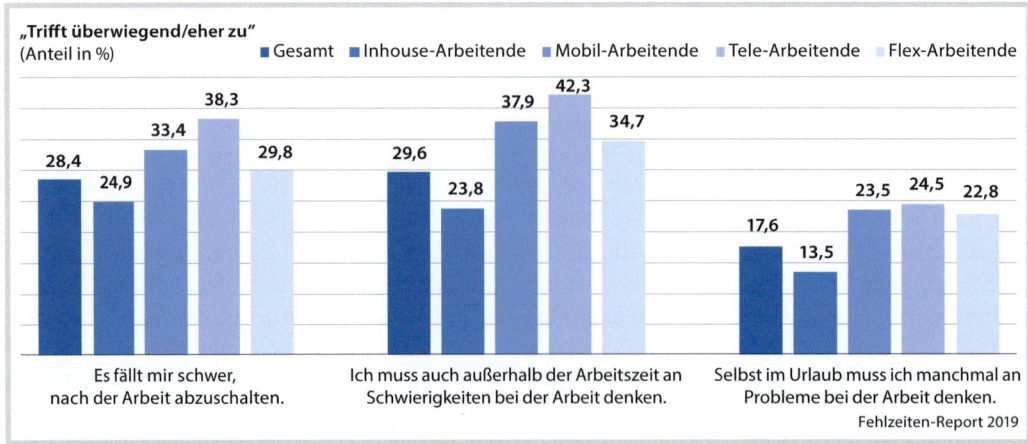

◘ Abb. 7.8 Kognitive Irritation

ja sozusagen noch am Arbeitsplatz befindet, wenn man zu Hause ist, weil dort die Arbeit jederzeit wiederaufgenommen werden könnte – etwas, das Inhouse-Arbeitenden oder Flex-Arbeitenden beim Kunden nicht möglich wäre. Damit ist die Privatwohnung, die Familie ihrer Funktion als Rückzugsraum von der Arbeit beraubt. Ist die Identifikation mit der Arbeit hoch, könnten dienstliche Belange übermäßig häufig die Oberhand vor allen anderen Lebensbereichen gewinnen, denn die Anforderungen des Betriebes stehen immer mit im Raum. (Zu den Folgen für das Familienleben vgl. Ducki und Nguyen 2016; Hupfeld et al. 2013.) Die Grenzziehung bedeutet also nicht allein, dass der Beschäftigte von den Anforderungen der Arbeit auch nach Feierabend verfolgt wird (E-Mail-Kontakt, Gedankenkreisen) sondern, dass das aktive Zurückdrängen der betrieblichen Anforderungen eventuell nur unzureichend gelingt und der Beschäftigte weiterarbeitet.

7.3 Flexible Arbeitsformen und Gesundheit

7.3.1 Krankheitsbedingte Fehlzeiten und Präsentismus

Wie wirkt sich die Flexibilisierung der Arbeitsorte und auch der Arbeitszeiten, die durch die Digitalisierung ermöglicht wird, auf das Wohlbefinden und die Gesundheit aus? Lassen sich Folgen der zusätzlichen Belastung durch Selbstorganisation und Selbstmanagement und die Erfordernisse eigener aktiver Grenzziehungsprozesse als Unterschiede in den Befindlichkeiten und gesundheitlichen Beschwerden zwischen den Untersuchungsgruppen beobachten? Zwei zentrale Kennzahlen des Absentismus und des Präsentismus können als Indikatoren herangezogen werden. In der vorliegenden Befragung geben 24,9 % der Beschäftigten an, dass es bei ihnen im vergangenen Jahr zu keinen krankheitsbedingten Fehlzeiten (AU-Tage) gekommen sei. Im Vergleich zu dieser subjektiven Einschätzung lag die objektive Anzahl der AOK-Mitglieder ohne Arbeitsunfähigkeitsbescheinigung im Jahr 2018 bei 45,9 %, was auch auf die unterschiedliche Behandlung der Karenztage zurückzuführen sein dürfte[3].

Die Beschäftigten, die an der Befragung teilgenommen haben, berichten über durchschnittlich 11 krankheitsbedingte Fehltage in den letzten 12 Monaten (◘ Abb. 7.9). Bei den Inhouse-Arbeitenden liegt dieser Wert mit 11,9 Tagen über diesem Durchschnitt, bei den Flex-Arbeitenden unterdurchschnittlich bei 10,9 Tagen. Tele-Arbeitende berichten jedoch nur über 7,7 krankheitsbedingte Fehltage.

Die Anwesenheit am Arbeitsplatz trotz krankheitsbedingt eingeschränkter Arbeitsfähigkeit bzw. gegen ärztlichen Rat wird als „Präsentismus" bezeichnet – in Analogie zur krankheitsbedingten Abwesenheit, dem sogenannten „Absentismus". Um den Gesundheitszustand der befragten Beschäftigten ausreichend abzubilden, wurden neben Fragen zu den krankheitsbedingten Fehlzeiten auch Fragen zum Themenfeld „Präsentismus" gestellt.

Trotz einer Erkrankung zur Arbeit zu gehen, kann langfristig negative Folgen für die Gesundheit der Betroffenen haben. Krankheiten sollten weder verleugnet noch verschleppt werden, denn dies kann mittel- und langfristig zu einem problematischeren Krankheitsver-

---

[3] Die Differenz lässt sich darauf zurückführen, dass keine einheitliche Regelung bezüglich des Umgangs mit Karenztagen besteht: Einige Unternehmen verlangen bereits ab dem ersten AU-Tag ein ärztliches Attest, während andere erst ab dem dritten Tag der Erkrankung einen ärztlichen Nachweis fordern. Für den Fehlzeiten-Report werden – anders als bei dieser Befragung – nur die Krankheitsfälle berücksichtigt, für die eine ärztliche Arbeitsunfähigkeitsbescheinigung vorliegt. Auch die Anzahl der AU-Tage, die im Rahmen der Arbeitsunfähigkeitsmeldungen erfasst wurden, unterscheiden sich von denen, an die sich der Befragte erinnert: So werden bei den AU-Statistiken 7 Werktage einer Woche (Arbeitsunfähigkeitsmeldungen umfassen auch das Wochenende) berücksichtigt, und der befragte Beschäftigte, der überwiegend an 5 Tagen die Woche arbeitet, wird nur 5 Tage melden. Somit wird eine 7 Tage dauernde Erkrankung subjektiv interpretiert als eine 5 Tage dauernde Arbeitsunfähigkeit.

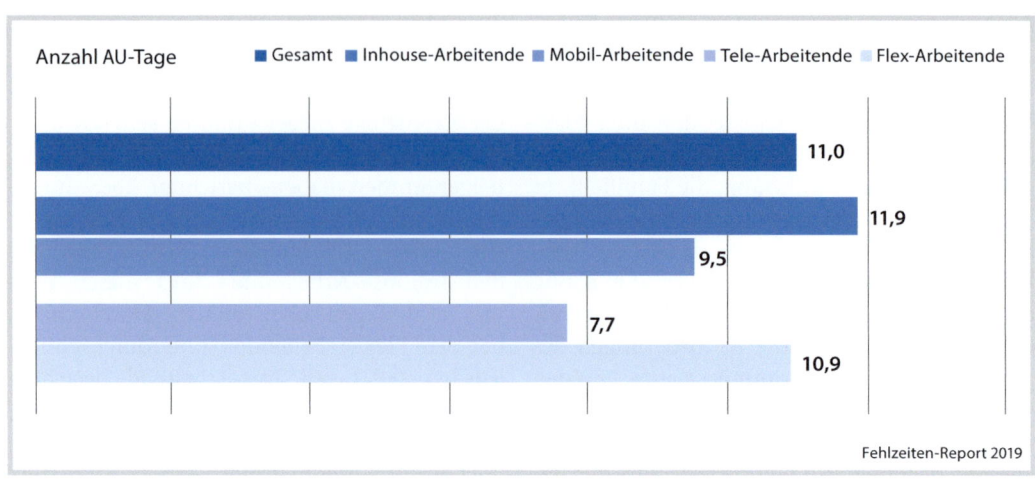

◘ **Abb. 7.9** Durchschnittliche Arbeitsunfähigkeitstage nach Beschäftigtengruppen

lauf und damit auch zu längeren und häufigeren Fehlzeiten führen. Dieses Verhalten birgt Nachteile sowohl für den Einzelnen als auch für den Betrieb. So besteht die mögliche Ansteckungsgefahr für andere Mitarbeiter im Betrieb oder für Kunden, die Leistungsfähigkeit ist eingeschränkt und die Anfälligkeit für Fehler steigt. Die Compliance – nicht zur Arbeit zu gehen, wenn der Arzt eine Arbeitsunfähigkeitsbescheinigung ausgestellt hat – gilt also als angemessenes Gesundheitsverhalten.

Auch bei dieser Frage zeigen sich Unterschiede zwischen den untersuchten Gruppen: Knapp ein Viertel der insgesamt befragten Erwerbstätigen ist in den letzten 12 Monaten krank und gegen ärztlichen Rat zur Arbeit gegangen (23,7 %) (◘ Abb. 7.10). Angesichts der geringeren durchschnittlichen Zahl an Arbeitsunfähigkeitstagen von Tele-Arbeitenden wäre zu erwarten, dass von dieser Gruppe auch höhere Präsentismusraten erreicht werden. Tele-Arbeitende haben aber – ebenso wie Inhouse-Arbeitende – einen Anteil von 23 %, der gegen ärztlichen Rat zur Arbeit gegangen ist. Hingegen berichten 26,5 % der Flex-Arbeitenden mit wechselnden Arbeitsorten über das Arbeiten gegen ärztlichen Rat. Hier könnte eventuell der Erwartungsdruck auf Seiten der Kunden (und damit auch des Arbeitgebers) der Entscheidung zugrunde liegen, dass die eigene Gesundheit zurückstehen muss. Unter Umständen sollen aus Sicht der Befragten lang geplante Arbeitsarrangements (beispielsweise Kunden-Meetings oder Kooperationen) nicht gefährdet werden. Andererseits sind es Tele-Arbeitende gewöhnt, sich ihre Arbeitszeiten so zu legen, dass sie ihre zur Verfügung stehenden Ressourcen passgerecht einsetzen. Eventuell verfahren Telearbeiter auch bei Krankheit so und arbeiten dann nur wenige Stunden, verlegen die Arbeitsstunden, finden das Arbeiten zu Hause gerade noch zumutbar etc., während betrieblich gebundene Beschäftigte sich arbeitsunfähig melden, weil sie einen Arbeitsweg antreten und eine vereinbarte Zeit anwesend sein müssen.

Der Unterschied zwischen den Mobil-Arbeitenden und den Inhouse-Arbeitenden kann aber auch darin begründet liegen, dass erkrankte Beschäftigte von Kollegen oder Führungskraft im Betrieb darauf hingewiesen werden, dass eine Leistungserbringung trotz Krankheit nicht erwünscht ist. Dieser korrigierende Mechanismus fehlt bei Mobil-Arbeitenden.

7.3 · Flexible Arbeitsformen und Gesundheit

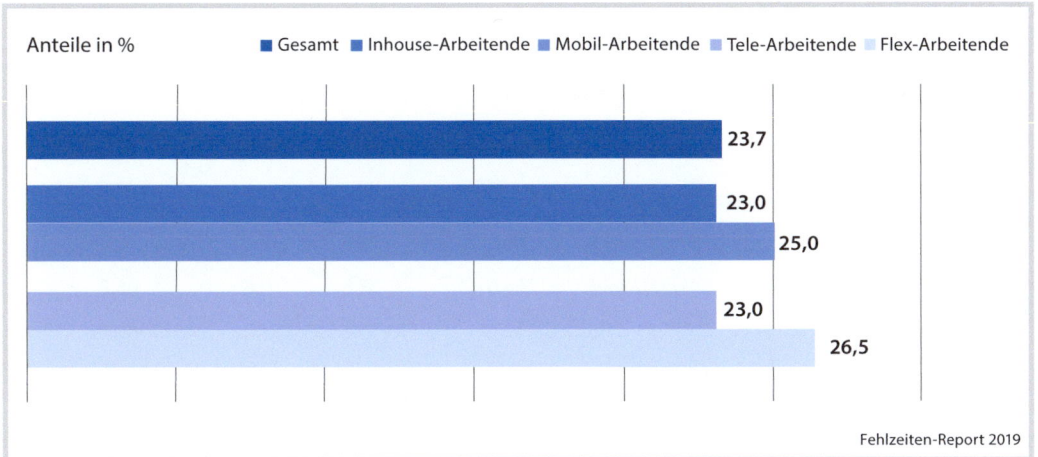

◘ **Abb. 7.10** Anteil der Beschäftigten, die gegen ärztlichen Rat in den letzten 12 Monaten krank zur Arbeit gegangen sind

7.3.2 Beeinträchtigungen und gesundheitliche Beschwerden

Arbeit kann Auswirkungen auf Gesundheit und körperliche Leistungsfähigkeit, aber auch auf das seelische Wohlbefinden haben. Bei dieser Untersuchung zu den Auswirkungen der Flexibilisierung der Einsatzorte und -zeiten wurden nicht nur Fragen zu Erkrankungen (Infektionserkrankungen, Herz-Kreislaufbeschwerden …) sondern auch zu Befindlichkeiten, wie beispielsweise emotionaler Irritation (Wut, Ärger), gestellt (◘ Tab. 7.6, unten). Diese Beeinträchtigungen des Wohlbefindens werden, wenn sie sehr häufig und über einen längeren Zeitraum betrachtet vorkommen, als Wegbereiter für Erkrankungen gesehen. Für den Vergleich der gesundheitlichen Belastung in den Untersuchungsgruppen wurde jeweils gefragt, wie häufig diese Beschwerde, diese Irritation oder Störung des Wohlbefindens in den letzten vier Wochen auftrat.

Gut ein Fünftel der Befragten berichtet, unter keiner der abgefragten Beeinträchtigungen in den letzten vier Wochen gelitten zu haben. Betrachtet man die Häufigkeit von Beeinträchtigungen insgesamt, dann haben die Befragten im Durchschnitt unter 6,2 Beeinträchtigungen aus der abgefragten Liste mit Beeinträchtigungen gelitten („selten" bis „ständig darunter gelitten") (◘ Abb. 7.11). Mobil-Arbeitende geben bei mehr Beeinträchtigungen an, darunter gelitten zu haben als Inhouse-Arbeitende, Tele-Arbeitende wiederum mehr als Flex-Arbeitende.

■ ■ **Flexibilität führt zu Beeinträchtigungen des psychischen Wohlbefindens**

Die am häufigsten genannte Beeinträchtigung bei dieser Befragung ist Erschöpfung. Von den Tele-Arbeitenden geben die meisten Beschäftigten an, unter Erschöpfung zu leiden (73,4 %). Der Unterschied zwischen den Mobil-Arbeitenden und den Inhouse-Arbeitenden (66 %) ist dabei deutlich und signifikant (◘ Tab. 7.6). Knapp 18 % der Befragten gibt an, häufig oder sogar ständig unter Erschöpfung gelitten zu haben, wobei Männer signifikant häufiger davon berichten (20,1 %) als Frauen (14,8 %), Jüngere bis 29 Jahre häufiger (23,6 %) als Ältere ab 50 Jahre (19 %).

Wut und Verärgerung ist die zweithäufigste Beeinträchtigung. Auch hier geben die Tele-Arbeitenden am häufigsten an, unter dieser emotionalen Irritation gelitten zu haben (89,6 %). Die beiden Gruppen der Mobil-

Tabelle 7.6 Beeinträchtigungen und gesundheitliche Beschwerden

	Gesamt	Inhouse-Arbeitende	Mobil-Arbeitende		
			Gesamt	Tele-Arbeitende	Flex-Arbeitende
… *unter diesen Beinträchtigungen gelitten* (Anteil in %, Mehrfachantworten)					
Erschöpfung*	68,6	66	72,2	73,4	71,4
Wut und Verärgerung*	62,8	58,6	68,8	69,8	68,2
Rücken- oder Gelenkbeschwerden*	61,3	62,4	59,7	51,2	65,9
Lustlosigkeit, wie „ausgebrannt sein"	57,2	55,6	59,6	63,4	56,8
Nervosität und Reizbarkeit*	56,6	52,7	62,3	67,5	58,5
Konzentrationsprobleme*	45,3	42,8	49	49,2	48,8
Niedergeschlagenheit*	44	42,2	46,8	52,3	42,7
Schlafstörung	42,5	41,5	44	46,7	42,1
Kopfschmerzen	42,2	42	42,5	42,6	42,5
Zweifel an den eigenen Fähigkeiten*	35,9	33,8	39	46,5	33,4
Infektionserkrankungen	30	28,8	31,7	33,5	30,4
Atemwegserkrankungen	22,6	23,1	21,9	24,2	20,2
Magen-Darm-Beschwerden	21,9	21,7	22,1	24,5	20,4
Herz-Kreislauf-Beschwerden	18,9	19,6	17,9	16,4	19
Angstgefühl bei und vor der Arbeit	18,8	19,6	17,6	17,8	17,4

*Chi-Quadrat nach Pearson, signifikant (p < 0,01)
Fehlzeiten-Report 2019

Arbeitenden unterscheiden sich signifikant in der Häufigkeit von den Inhouse-Arbeitenden. Auch bei den weiteren Fragen nach emotionaler Irritation und psychischen Beeinträchtigungen wie Lustlosigkeit, Selbstzweifeln und Niedergeschlagenheit sowie Reizbarkeit geben die Beschäftigten aus der Gruppe der Tele-Arbeitenden jeweils immer am häufigsten an, darunter gelitten zu haben. Die signifikanten Unterschiede der Mobil-Arbeitenden zu den Inhouse-Arbeitenden gelten dabei nicht immer auch für die Flex-Arbeitenden. So ist etwa der Anteil der Flex-Arbeitenden, der Lustlosigkeit oder Niedergeschlagenheit fühlt oder an den eigenen Fähigkeiten zweifelt, nahezu der gleiche wie bei den Inhouse-Arbeitenden.

Die dritthäufigste Beschwerde sind Rücken- und Gelenkbeschwerden, unter denen insgesamt 61,3 % gelegentlich bis ständig leiden, 23,4 % aller Befragten häufig bis ständig. Unter diesen Beschwerden leiden die Tele-Arbeitenden signifikant seltener, während die Flex-Arbeitenden häufiger als die Inhouse-Arbeitenden darunter leiden. Offenbar machen sich hier branchen- und berufsspezifische Belastungen bemerkbar, von denen die Berufsgruppen, die zu Hause arbeiten können, weniger betroffen sind. Rücken- und Gelenkbe-

7.3 · Flexible Arbeitsformen und Gesundheit

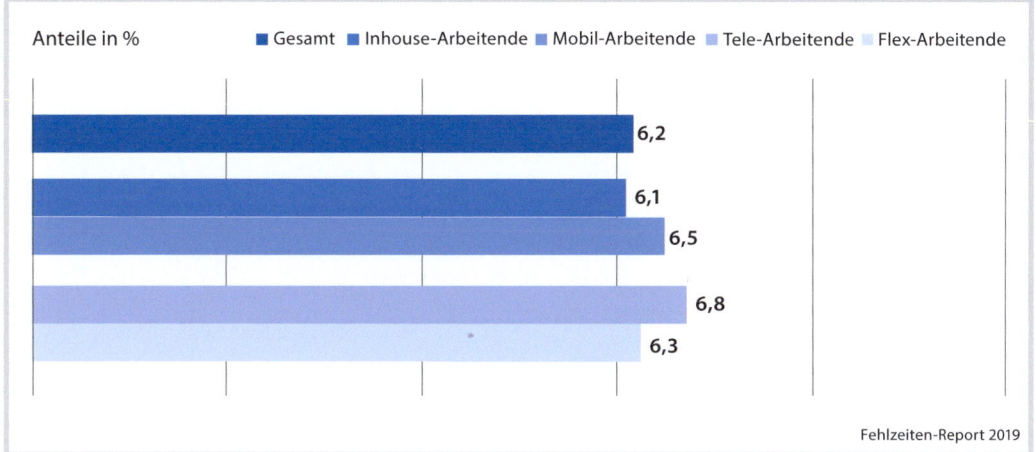

◧ **Abb. 7.11** Durchschnittliche Anzahl der Beeinträchtigungen nach Beschäftigtengruppen

schwerden steigen aber auch mit dem Alter signifikant an: Beschäftigte zwischen 50 und 65 Jahren gaben doppelt so häufig an, ständig darunter gelitten zu haben (14,9 %) wie junge Beschäftigte bis 29 Jahre (7,3 %).

Emotionale Irritation und beeinträchtigtes psychisches Wohlbefinden sowie Schlafstörungen und Konzentrationsstörungen werden in dieser Untersuchung bei Mobil-Arbeitenden signifikant häufiger gefunden – Schlafstörungen, Niedergeschlagenheit, Nervosität und das Gefühl, „wie ausgebrannt zu sein" („Burn-out") wird aber vor allem von den Tele-Arbeitenden häufiger genannt.[4]

---

[4] Zukünftig wird es aufgrund einer Erweiterung des Diagnosekatalogs der WHO möglich sein, dieses Gefühl „wie ausgebrannt zu sein" differenzierter mit Arbeitsunfähigkeitsdaten der Krankenkassen zu analysieren. „Burn-out" als Syndrom aufgrund von „chronischem Stress am Arbeitsplatz, der nicht erfolgreich verarbeitet wird" kann dann der beruflichen Sphäre zugeschrieben werden. Die WHO weist darauf hin, dass der Begriff „Burn-out" ausschließlich im beruflichen Zusammenhang und nicht „für Erfahrungen in anderen Lebensbereichen" verwendet werden sollte. Bisher war „Burn-out" unter „Probleme mit Bezug auf Schwierigkeiten bei der Lebensbewältigung" und ohne Verweis auf das berufliche Umfeld im Katalog ICD-10 aufgeführt.

▪ ▪ Extremgruppen im Vergleich: Autonomie

Da Selbstbestimmungs- und Mitwirkungsrechte bei der Arbeit als positive Ressource betrachtet werden, wurden die Antworten auf die Fragen nach Autonomie mit den Fragen zu den Beeinträchtigungen in Beziehung gesetzt. Dazu wurden zwei Gruppen gebildet: Teilnehmer mit (sehr) viel Autonomie in der Arbeit bilden das obere Quantil von allen Befragten (27,4 %) und Teilnehmer mit (sehr) wenig Autonomie (25 %) bilden das untere Quantil aller Befragten (◧ Abb. 7.12). Diese beiden Extremgruppen werden einander gegenübergestellt, um einen Trend erkennbar zu machen: Gibt es einen positiven Zusammenhang von Autonomie und Beeinträchtigungen?

Unter allen hier abgefragten Beschwerden leiden Beschäftigte mit wenig Autonomie in der Arbeit häufiger als Beschäftigte, die zu dem Viertel der Befragten mit den größten Selbst- und Mitbestimmungsmöglichkeiten gehören. Die Unterschiede zwischen den beiden Extremgruppen sind immer statistisch bedeutsam. Während bei einigen Beschwerden wie Erschöpfung, Wut, Reizbarkeit und Niedergeschlagenheit, aber auch Rücken- und Kopfschmerzen die Differenzen zwischen den beiden Vergleichsgruppen eher größer sind, liegen die Anteile bei Zweifeln und Angstgefühlen

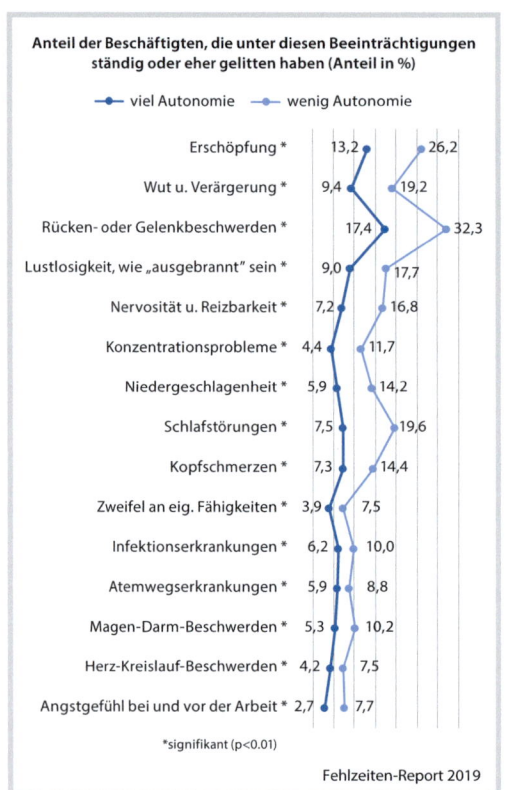

◘ **Abb. 7.12** Extremgruppenvergleich: Selbst- und Mitbestimmungsmöglichkeiten (Autonomie)

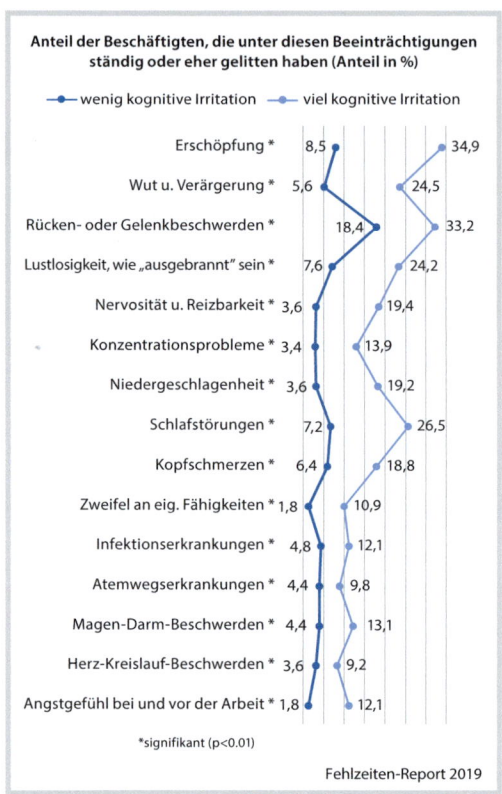

◘ **Abb. 7.13** Extremgruppenvergleich: Kognitive Irritation

ebenso wie bei einer Reihe von körperlichen Beschwerden dichter beieinander.

Extremgruppen im Vergleich: Kognitive Irritation

Das „Nicht-Abschalten-Können" nach der Arbeit, kann einen negativen Einfluss auf das Wohlbefinden oder sogar die Gesundheit haben, weil der Beschäftigte im Geiste weiterarbeitet und freie Zeiten nicht zur notwendigen Erholung genutzt werden können. Auch zur kognitiven Irritation wurden zwei Extremgruppen gebildet, um den Einfluss der kognitiven Irritation als Trend sichtbar zu machen. Das erste Quantil besteht aus Befragten mit viel kognitiver Irritation (21 %) und das vierte Quantil besteht aus den 25 % der Befragten, die wenig oder keine kognitive Irritation empfinden. Bei den meisten Beeinträchtigungen ist eine starke und statistisch relevante Korrelation zwischen kognitiver Irritation und Beeinträchtigung zu sehen (◘ Abb. 7.13). Wie zu erwarten war, sind Erschöpfung und Schlafstörungen bei den Beschäftigten mit mehr kognitiver Irritation besonders häufig. Die signifikanten Unterschiede zwischen den beiden Gruppen betreffen aber dieselben Beeinträchtigungen wie beim Gruppenvergleich zu den Selbstbestimmungs- und Mitwirkungsmöglichkeiten: neben der Erschöpfung sind das weitere Beeinträchtigungen des psychischen Wohlbefindens wie Wut, Lustlosigkeit, Nervosität, Niedergeschlagenheit, aber auch Kopfschmerzen.

Damit zeigen sich im Extremgruppenvergleich einerseits der positive Einfluss von Selbst- und Mitbestimmungsmöglichkeiten auf das Befinden der Beschäftigten und anderer-

7.3 · Flexible Arbeitsformen und Gesundheit

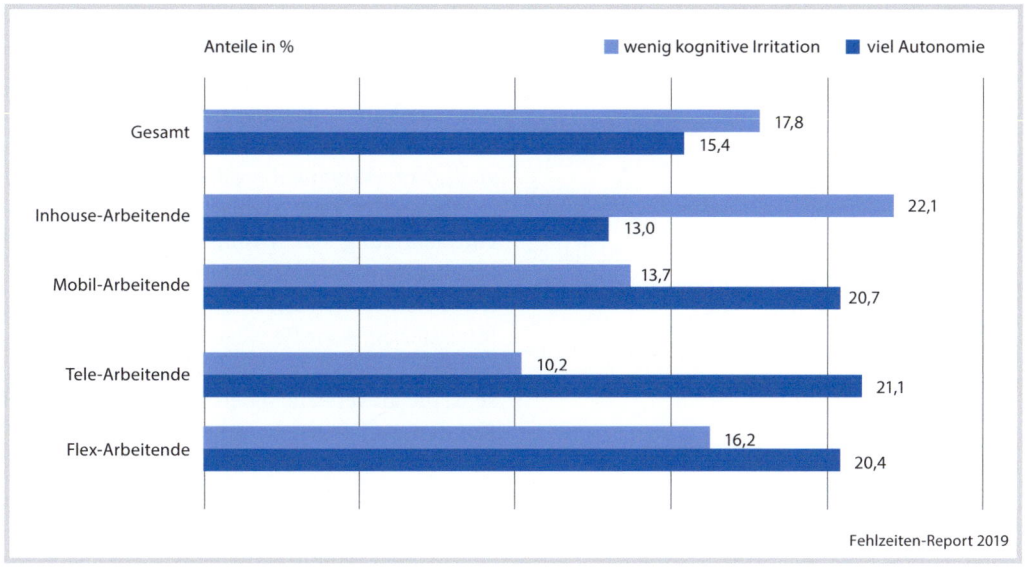

◘ Abb. 7.14 Viel Autonomie und wenig kognitive Irritation: die Befragten ohne Beschwerden

seits der negative Einfluss von kognitiver Irritation.

▪▪ Extremgruppen im Vergleich: Inhouse- und Mobil-Arbeitende

Der positive Einfluss auf das Wohlbefinden sowohl von viel Autonomie in der Arbeit als auch wenig kognitiver Irritation wirkt auf die hier untersuchten Beschäftigtengruppen unterschiedlich stark ein (◘ Abb. 7.14). Betrachtet man – zur Vergleichbarkeit – Befragte, die angegeben haben, dass sie unter keiner der abgefragten Beschwerden gelitten haben (Antwortkategorie „überhaupt nicht darunter gelitten"), in den hier unterschiedenen Gruppen von Inhouse- und Mobil-Arbeitenden nach dem Anteil an einer der beiden oben dargestellten Extremgruppen, zeigt sich eine signifikant unterschiedliche Verteilung: Von den „gesunden" Mobil-Arbeitenden gehört etwa ein Fünftel zu den Beschäftigten mit viel Autonomie (21,1 % bzw. 20,4 %). Im Gegensatz dazu gehören mit einem Anteil von 13 % unterdurchschnittlich viele der „gesunden" Inhouse-Beschäftigten zu dieser Gruppe des oberen Quantils mit viel Autonomie. Die „gesunden" Inhouse-Arbeitenden zeigen andererseits mit 22,1 % einen überdurchschnittlich großen Anteil an der Gruppe von Beschäftigten mit wenig kognitiver Irritation. Während „gesunde" Flex-Arbeitende einen Anteil von 16,2 % an der Gruppe mit wenig Irritation haben, sind es bei den „gesunden" Tele-Arbeitenden aber nur 10,2 % – dem niedrigsten Wert. Der Trend, der sich hier bei den „Gesunden" beobachten lässt, weist dahin, dass Inhouse-Arbeitende trotz gefühlt geringerer Freiheitsgrade bei der Arbeitsorganisation aufgrund der geringeren kognitiven Irritation weniger unter psychischen Beeinträchtigungen leiden als Mobil-Arbeitende. Unter den „gesunden" Mobil-Arbeitenden sind es die Tele-Arbeitenden, die bei viel Autonomie in der Arbeit stärker unter kognitiver Irritation leiden. Das könnte als Hinweis verstanden werden, dass die Tele-Beschäftigten trotz einer hohen Autonomie unter Belastungen leiden, welche die zur Verfügung stehenden Ressourcen übersteigen.

7.4 Diskussion der Ergebnisse und Ausblick

Die Ergebnisse zeichnen insgesamt das Bild von einer zunehmenden Entgrenzung von Arbeit und Privatleben, die durch die neuen Informations- und Kommunikationsmedien ermöglicht wird: Im Vergleich zu 2011 haben die Kontaktaufnahme außerhalb der Arbeitszeiten seitens der Betriebe aber auch die Verlegung von privaten Plänen aufgrund dienstlicher Belange zugenommen.

- **Der private Rückzugsraum wird zunehmend aufgelöst**

In den Befragungsergebnissen zeigt sich eine Erosion des heimischen „privaten Schutzraumes": Ein großer Anteil an Beschäftigten hat das Gefühl, Kontakt mit dem Arbeitgeber würde außerhalb der Arbeitszeit von ihnen erwartet werden bzw. dieser Kontakt besteht tatsächlich. Insbesondere Tele-Arbeitende ändern aufgrund von beruflichen Belangen private Pläne.

- **Starre Arbeitszeiten werden von Arbeitnehmern selbst nicht gewollt**

Die Flexibilität kommt den Beschäftigten auch zugute: Gerade die Tele-Arbeitenden berichten über eine bessere Vereinbarkeit ihres Privatlebens mit dem Job, weil sie sich beispielsweise Arbeit auf das Wochenende legen können. Offenbar bringt diese Flexibilität mehr Qualität – sowohl in das Arbeits-, als auch in das Privatleben: So kann zu Hause konzentrierter gearbeitet und mehr Arbeit bewältigt werden. Besonders stark verwischen sich deshalb die Grenzen zwischen Arbeit und Privatleben bei den Tele-Arbeitenden.

- **Die Grenzziehungsprozesse fordern bei den mobil Arbeitenden ihren Tribut**

Die höheren Selbstbestimmungsmöglichkeiten beim mobilen Arbeiten sind offenbar nicht nur als positive Ressource anzusehen, sondern wie in einigen Studien vermutet, (beispielhaft: Arlinghaus 2017) auch die Quelle für kognitive und emotionale Irritation. Da aber auch der entsprechende Kontakt durch die Kollegen oder die Führungskräfte beim mobilen Arbeiten reduziert ist, kann ein entsprechendes soziales Korrektiv nicht greifen.

Insgesamt zeigt sich eine signifikante Beeinträchtigung des Wohlbefindens bei mobil arbeitenden Beschäftigten im Vergleich mit betrieblich arbeitenden Beschäftigten. Die hier fokussierten Aspekte zeigen zudem einen Unterschied zwischen Flex-Arbeitenden einerseits, die an verschiedenen Orten und auch bei Kunden und Partnern arbeiten und Tele-Arbeitenden andererseits, die vergleichsweise viel selbständig und selbstbestimmt zu Hause arbeiten.

Bei den Mobil-Arbeitenden lässt sich im Vergleich zu den Inhouse-Arbeitenden beobachten, wie einerseits die Flexibilisierung der Arbeitszeiten und Arbeitsorte die Zufriedenheit der Beschäftigten erhöhen kann, aber andererseits der erhöhte Aufwand der Selbstorganisation und der Abgrenzung von den Anforderungen des Betriebes negativ auf das Wohlbefinden und die Gesundheit einwirken. Die Befragung hat gezeigt, dass die mobilen Beschäftigten mit viel Autonomie besonders belastet sind: Beschäftigte, die mit großen Selbstbestimmungsmöglichkeiten viel in ihrer häuslichen Umgebung arbeiten, berichten am häufigsten von kognitiver und emotionaler Irritation sowie von anderen psychischen Beeinträchtigungen. Gerade bei den Tele-Arbeitenden zeigen sich am häufigsten psychische Beeinträchtigungen und gesundheitliche Beschwerden und im Widerspruch dazu geringere Fehlzeiten, ohne dass sie häufiger gegen ärztlichen Rat krank zur Arbeit gegangen sind. Offenbar sind Tele-Arbeitende, die über vergleichsweise großen Gestaltungsspielraum verfügen gerade dadurch auch gefährdet, diesen Spielraum für eine Moderation zwischen Arbeit und Privatleben zu nutzen, bei der der optimale Selbsteinsatz der Beschäftigten zulasten der Regeneration geht.

▪▪ Ausblick: Wie können Unternehmen die Gesundheit ihrer Mitarbeiter angesichts der gegenwärtigen und zukünftigen Digitalisierung stärken und erhalten?

Immer erreichbar, hochflexibel und ständig mobil – infolge der Digitalisierung droht die bisherige, bei den meisten Erwerbstätigen vorherrschende Trennung von Arbeit und Privatleben verlorenzugehen. Für einen Teil der Belegschaften wird dies mit einer indirekten Form der Leistungssteuerung einhergehen. Während bei direkter Steuerung im Rahmen von vereinbarten Arbeitszeiten die Vorgaben der Führungskräfte befolgt und die Arbeitsergebnisse direkt bewertet werden, berücksichtigt indirekte Steuerung mehr das individuelle Engagement. Der Beschäftigte fühlt sich gegenüber dem Unternehmen und seinen Kunden stärker verantwortlich und verpflichtet. Dies fördert die Bereitschaft, auch außerhalb der Arbeitszeiten des Betriebes erreichbar zu sein.

Für die Beschäftigten ist es wichtig, dass das Unternehmen die besonderen Anforderungen, die gerade auch das mobile Arbeiten an den Beschäftigten stellt, ganz selbstverständlich in die Voraussetzungen integriert, die ohnehin gegeben sein müssen, damit der Beschäftigte arbeitsfähig ist: Vorbereitung auf die fachlichen Aufgaben, Bereitstellung der Arbeitsmaterialien, Absprachen zu den Leistungszielen und nicht zuletzt: Führung und Fürsorge.

Unter dem Begriff „Mobilitätsmanagement" existieren bereits zahlreiche Vorschläge für Unternehmen mit Maßnahmen zur Unterstützung von mobil arbeitenden Mitarbeitern (beispielsweise Hupfeld et al. 2013), die sich sowohl auf die Arbeitsmittel (technische Infrastruktur), als auch auf die Unternehmenskultur und die Kommunikation beziehen. Die Regeln zur Kommunikation von arbeitsrelevanten Informationen können gerade durch die zunehmende Digitalisierung leicht an die Bedürfnisse der mobil Arbeitenden angepasst werden: keine mündlichen Absprachen und spontanen Meetings, sondern digitale Konferenzen, virtuelle Informationsablagen und digitale Kommunikationskanäle.

Betriebe müssen auch neuen Situationen begegnen: Beispielsweise müssen bei der Einführung von Videokonferenzen in der Berufssphäre aus dem heimischen Büro Regelwerke abgesprochen werden. So ist vorstellbar, dass die unausgesprochene Kleiderordnung für Beschäftigte bei beruflichen Terminen nicht kompatibel mit der im heimischen Office ist, oder die private Ausstattung des Homeoffice Irritationen bei den Gesprächspartnern einer Videokonferenz auslösen kann. Global agierende Unternehmen nutzen bereits heute zahlreiche digitale Lösungen, um internationale Teams zu organisieren und zu führen. Damit wird regional die Kooperation mit Beschäftigten ohne Präsenz gefördert, bedeutet jedoch gleichzeitig auch eine Verständigung auf ein Regelwerk des Miteinander: Die Technik steht an 24 h an 365 Tagen im Jahr zur Verfügung – die Mitarbeiter in den verschiedenen Regionen der Welt aber aufgrund des Tag/Nacht-Rhythmus' etc. jedoch nicht.

Doch wie kann das Betriebliche Gesundheitsmanagement unterstützend tätig werden? Ein „Mobiles Gesundheitsmanagement" könnte hier ansetzen: Gerade die mobil Arbeitenden, die an wechselnden Orten tätig werden, könnten von Programmen zur Stressbewältigung und von Kommunikationstrainings profitieren, zudem von Schulungen zur Unterstützung in ergonomisch ungesunden Arbeitsumständen. Denkbar wären auch festgelegte Präsenzzeiten im Betrieb, die nicht nur für die Koordination der Arbeit, sondern auch für Gesundheitsprogramme genutzt werden. Auch Coworking Spaces wären in der Lage sowohl technische Möglichkeiten als auch Maßnahmen des Betrieblichen Gesundheitsmanagements zu bieten.

Mit den zahlreichen neuen digitalen Produkten lässt sich nicht nur aufwandsarm Wissen zur Verfügung stellen, diese bieten auch Hilfe dabei, dass sich Beschäftigte vernetzen können und ermöglichen so einen Erfahrungsaustausch untereinander – etwa in Form gegenseitiger Motivation sich gesundheitsgerechter zu verhalten. Laufgruppen, Ernährungsberatungen, Stresspräventionskurse oder Sicherheitsunterweisungen lassen sich virtuell und interaktiv unterstützen. Dabei muss der alte „Content" weiterhin durch qualifizierte Fachkräfte erstellt werden, muss jedoch dann nicht mehr durch einen persönlichen Trainer zur Anwendung kommen, sondern steht dem Nutzerkreis orts- und zeitunabhängig online oder mobil niedrigschwellig zur Verfügung. Darüber hinaus können – wenn der Datenschutz dies zulässt – die Teilnahme und die Ergebnisse automatisiert gemessen werden. Auch wenn dies für einen Betrieb effizient erscheinen mag, darf – kritisch betrachtet – dabei aber nicht vergessen werden, dass Verhaltensänderungen eher durch eine persönliche Ansprache und Begleitung begünstigt werden.

Vor dem Hintergrund der gewonnenen Befragungsergebnisse scheint es aber besonders empfehlenswert, dass Beschäftigte befähigt werden, sich selbst beim mobilen Arbeiten zu managen. Dies kann in Form eines regelmäßigen Erfahrungsaustausches mobil arbeitender Beschäftigten ggf. mit deren Führungskräften, in Form von Workshops und Vorbereitungskursen als Personalentwicklungs-Maßnahmen für mobil Arbeitende und ihre Führungskräfte regelhaft angeboten werden. Wesentliche Aspekte der Selbstorganisation wie Planung, Motivierung, Abgrenzungs- und Entscheidungsfähigkeit sind Prozesse, die in entsprechenden Maßnahmen erlernt werden können (Brandstädter et al. 2018; Ducki und Nguyen 2016; Gerlmaier und Latniak 2013; Hupfeld et al. 2013; Joiko et al. 2010).

Betriebe und Führungskräfte sollten hier verstärkt die Tele-Arbeitenden befähigen, achtsamer mit ihrer eigenen Gesundheit umzugehen. Neben dem kooperativen Mitarbeiter kommt besonders der Führungskraft auch hier eine große Verantwortung zu. Es braucht immer mehr die Fähigkeit zur Ab- und Begrenzung, die viele Beschäftigte erst erlernen müssen. Führungskräfte haben hier eine Vorbildfunktion für die sie sensibilisiert werden müssen. Neben Leitplanken, die in betriebsspezifischen Leitlinien festgehalten werden sollten, helfen Schulungen dazu – sowohl für Mitarbeiter als auch für die Führungskräfte – wie vor diesem Hintergrund die digitale Arbeit mithilfe eigenständiger Grenzziehung nicht zu gesundheitlichen Belastungen führt.

Die Untersuchung hat auch gezeigt: Festlegungen zur Arbeitszeit und zur Arbeitsleistung müssen für mobil arbeitende Beschäftigte realistisch abgesprochen werden, da keine Korrektive mehr greifen, wenn der Beschäftigte nicht präsent ist: Die Arbeitspakete müssen Zeitpuffer für Unvorhergesehenes (zum Beispiel beim Kunden) genauso enthalten wie für technische Schwierigkeiten (z. B. Netzausfall, Verkehrssituation etc., siehe Hupfeld et al. 2013). Die Leistung muss in einem durchschnittlichen Tempo erledigt werden können. Beim Zuschnitt der Arbeitsvolumina muss darauf geachtet werden, dass der Beschäftigte keine Abendstunden oder Feiertage mit einplant, weil es zu Hause möglich ist auch zu diesen Zeiten zu arbeiten. Dass man zu Hause ungestört arbeiten kann, sollte kein Argument dafür sein, Arbeit mit nach Hause zu nehmen. Ruhige Zeiten ohne Erreichbarkeit können auch innerhalb des Betriebes realisiert werden. Flex-Arbeitende brauchen zudem offenbar klare Regelungen zu Ausgleichszeiten.

Ein Unternehmen, das sich strukturell auf die Bedarfe von mobilen Beschäftigten einstellt und entsprechende Angebote für seine Mitarbeiter anbietet, zeigt damit, dass es verstanden hat, wie die Mitarbeiterpflege in der zukünftig zunehmend digitalisierten Arbeitswelt aussieht und kümmert sich um die Leistungsfähigkeit seiner Beschäftigten. Und noch mehr: Mit einem entsprechenden Angebot können Unternehmen hochqualifizierte, selbständig arbeitende, zufriedene und gesunde Mitarbeiter auch dauerhaft an das Unternehmen binden.

Literatur

Absenger N, Ahlers E, Herzog-Stein A, Lott Y, Maschke M, Schietinger M (2016) Digitalisierung der Arbeitswelt. https://www.boeckler.de/pdf/p_mbf_report_2016_24.pdf. Zugegriffen: 13. Nov. 2018

Ahlers E (2018) Die digitalisierung der Arbeit. Verbreitung und Einschätzung aus Sicht der Betriebsrä-

Literatur

te. https://www.boeckler.de/pdf/p_wsi_report_40_2018.pdf. Zugegriffen: 27. Aug. 2018

Ala-Mursula L, Vahtera J, Pentti J, Kivimaki M (2004) Effect of employee worktime control on health: a prospective cohort study. Occup Environ Med 61:254–261. https://doi.org/10.1136/oem.2002.005983

Arbeit IINQd (2017) Psychische Gesundheit in der Arbeitswelt. http://psyga.info/ueber-psyga/angebote/monitor-psychische-gesundheit-in-der-arbeitswelt/. Zugegriffen: 27. Aug. 2018

Arlinghaus A (2017) Wissensarbeit – Aktuelle Arbeitswissenschaftliche Erkenntnisse. MBF-Report 35

Arnold D, Butschek S, Steffes S, Müller D (2015) Digitalisierung am Arbeitsplatz. Bericht. http://www.bmas.de/SharedDocs/Downloads/DE/PDF-Publikationen/Forschungsberichte/fb-468-digitalisierung-am-arbeitsplatz.pdf?__blob=publicationFile&v=3. Zugegriffen: 28. Aug. 2018

Arnold D, Bellmann L, Steffes S, Wolter S (2016) Digitalisierung am Arbeitsplatz. Technologischer Wandel birgt für die Beschäftigten Chancen und Risiken. http://doku.iab.de/forum/2016/Forum1_2016_Wolter_Bellmann_Arnold_Steffes.pdf. Zugegriffen: 28. Aug. 2018

Brandstädter S, Seiferling N, Feldmann E, Sonntag K (2018) Gefährdungsbeurteilung psychischer Belastungen in kleinen und mittleren Unternehmen (KMU). Adaption und Erprobung einer KMU-tauglichen Version der GPB. https://gesundearbeit-mega.de/sites/gesundearbeit-mega.de/files/u8/forschungsbericht_gpb_fuer_kmu.pdf. Zugegriffen: 29. Aug. 2018

Brandt C, Brandl KH (2008) Von der Telearbeit zur mobilen Arbeit. Comput Arb 2008(3):15–20

Brenke K (2016) Home Office: Möglichkeiten werden bei weitem nicht ausgeschöpft. Diw Wochenbericht 83:95–105

Dammasch H, Zok K (2012) Flexible Arbeitswelt: Ergebnisse einer Beschäftigtenbefragung. In: Badura B, Ducki A, Schröder H, Klose J, Meyer M (Hrsg) Fehlzeiten-Report 2012: Gesundheit in der flexiblen Arbeitswelt: Chancen nutzen – Risiken minimieren. Springer, Berlin, Heidelberg, S 39–52

Destatis (2019) https://www.destatis.de/DE/Themen/Arbeit/Arbeitsmarkt/Erwerbstaetigkeit/_inhalt.html;jsessionid=FE995C9E7BC94A2A56A52AD8D222B16B.internet731#sprg235976. Zugegriffen: 1. Mai 2019

Ducki A, Nguyen T (2016) Psychische Gesundheit in der Arbeitswelt – Mobilität. Bundesanstalt für Arbeitsschutz und Arbeitsmedizin, Dresden

Fonner KL, Rolof ML (2010) Why Teleworkers are More Satisfied with Their Jobs than are Office-Based Workers: When Less Contact is Beneficial. J Appl Commun Res 34:336–361. https://doi.org/10.1080/00909882.2010.513998

Gajendran RS, Harrison DA (2007) The good, the bad, and the unknown about telecommuting: meta-analysis of psychological mediators and individual consequences. J Appl Psychol 92:1524–1541. https://doi.org/10.1037/0021-9010.92.6.1524

Gerlmaier A (2013) Psychische Belastungen in der IT-Projektarbeit – betriebliche Ansatzpunkte der Gestaltung und ihre Grenzen. In: Bundesanstalt für Arbeitsschutz und Arbeitsmedizin (BAuA), Junghanns G, Morschhäuser M (Hrsg) Immer schneller, immer mehr. Psychische Belastung bei Wissens- und Dienstleistungsarbeit. Springer VS, Wiesbaden, S 165–193

Gimpel H, Lanzl J, Manner-Romberg T, Nüske N (2018) Digitaler Stress in Deutschland. https://www.boeckler.de/pdf/p_fofoe_WP_101_2018.pdf. Zugegriffen: 4. Dez. 2018

Gisin L, Schulze H, Knöpfli D, Degenhardt B (2013) Schweizerische Umfrage „Home-Office 2012": aktuelle Bedingungen sowie Vor- und Nachteile aus Sicht von Routiniers. Fachhochschule Nordwestschweiz FHNW, Olten, S 86

Gottschall K, Voß G (2003) Entgrenzung von Arbeit und Leben: zum Wandel der Beziehung von Erwerbstätigkeit und Privatsphäre im Alltag. Hampp, München und Mering

Grunau P, Ruf K, Steffes S, Wolte S (2019) Homeoffice bietet Vorteile, hat aber auch Tücken. http://doku.iab.de/kurzber/2019/kb1119.pdf. Zugegriffen: 13. Juni 2019

Hill EJ, Erickson JJ, Holmes EK, Ferris M (2010) Workplace flexibility, work hours, and work-life conflict: finding an extra day or two. J Fam Psychol 24:349–358. https://doi.org/10.1037/a0019282

Höge T (2011) Work 20:2019

Höge T, Hornung S (2015) Perceived flexibility requirements: Exploring mediating mechanisms in positive and negative effects on worker well-being. Econ Ind Democr 36:407–430. https://doi.org/10.1177/0143831x13511274

Höge T, Palm E, Strecker C (2016) Anforderungen an selbstorganisierte Arbeit und das Verhältnis von Arbeit und Privatleben. Zur Rolle von passiver und aktiver IuK-Technologie-Nutzung in der Freizeit. Wirtschaftspsychologie 2:35–43

Hupfeld J, Brodersen S, Herdegen R (2013) Arbeitsbedingte räumliche Mobilität und Gesundheit. iga-Report 25. https://www.iga-info.de/veroeffentlichungen/igareporte/igareport-25/. Zugegriffen: 23. Jan. 2019

IZA/XING (2018) Neue Arbeitswelt: Arbeitszeitgesetz verliert an Bedeutung. Ergebnisse der 2. Welle der großen Arbeitsmarktstudie von IZA und XING in Hamburg vorgestellt. https://newsroom.iza.org/wp-content/uploads/2018/05/IZA-PM_20180306.pdf. Zugegriffen: 20. März 2019

Joiko K, Schmauder M, Wolff G (2010) Psychische Belastung und Beanspruchung im Berufsleben: Erkennen

– Gestalten. Bundesanstalt für Arbeitsschutz und Arbeitsmedizin (BAuA), Dortmund

Jurczyk K, Schier M, Szymenderski P, Lange A, Voß GG (2010) Entgrenzte Arbeit – entgrenzte Familie: Grenzmanagement im Alltag als neue Herausforderung. Ed Sigma, Berlin

Jürgens K (2002) Arbeitszeitflexibilisierung. Marktanpassung oder neue Balance von Familie und Beruf. DISKURS Studien zu Kindheit, Jugend, Famile und Gesellschaft, Bd. 12, S 17–23

Karasek R, Brisson C, Kawakami N, Houtman I, Bongers P, Amick B (1998) The Job Content Questionnaire (JCQ): an instrument for internationally comparative assessments of psychosocial job characteristics. J Occup Health Psychol 3:322–355

Keller H, Robelski S, Harth V, Mache S (2017) Psychosoziale Aspekte bei der Arbeit im Homeoffice und in Coworking Spaces: Vorteile, Nachteile und Auswirkungen auf die Gesundheit. Asu Arbeitsmed Sozialmed Umweltmed 52:840. https://doi.org/10.17147/ASU.2017-11-03-02

Korunka C, Kubicek B (2013) Beschleunigung im Arbeitsleben – neue Anforderungen und deren Folgen. In: Junghanns G, Morschhäuser M, Bundesanstalt für Arbeitsschutz und Arbeitsmedizin (Hrsg) Immer schneller, immer mehr. Springer VS, Wiesbaden, S 17–39

Kratzer N (2003) Arbeitskraft in Entgrenzung grenzenlose Anforderungen, erweiterte Spielräume, begrenzte Ressourcen. Ed Sigma, Berlin

Kratzer N, Sauer D, Hacket A, Trinks K, Wagner A (2018) Flexibilisierung und Subjektivierung von Arbeit. https://nbn-resolving.org/urn:nbn:de:0168-ssoar-235541. Zugegriffen: 6. Juni 2019

Lazarus RS, Launier R (1981) Streßbezogene Transaktionen zwischen Personen und Umwelt. In: Nitsch JR (Hrsg) Stress. Theorien, Untersuchungen, Massnahmen. Huber, Stuttgart, S 213–259

Lott Y (2017a) Selbstorganisiertes Arbeiten als Ressource für Beschäftigte nutzen! Forschungsförderung Policy Brief Nr. 003. https://www.boeckler.de/pdf/p_fofoe_pb_003_2017.pdf. Zugegriffen: 21. März 2019

Lott Y (2017b) Stressed despite or because of flexible work arrangements? https://www.boeckler.de/pdf/p_fofoe_WP_046_2017.pdf. Zugegriffen: 4. Dez. 2018

Manyika J, Lund S, Bughin J, Robinson K, Mischke J, Mahajan D (2016) Independent work: Choice, necessity, and the gig economy. Executive summary. https://www.mckinsey.com/~/media/McKinsey/Featured%20Insights/Employment%20and%20Growth/Independent%20work%20Choice%20necessity%20and%20the%20gig%20economy/Independent-Work-Choice-necessity-and-the-gig-economy-Executive-Summary.ashx. Zugegriffen: 14. Nov. 2018

Menz W, Pauls N, Pangert B (1996) Arbeitsbezogene erweiterte Erreichbarkeit: Ursachen, Umgangsstrategien und Bewertung am Beispiel von IT-Beschäftigten. Wirtschaftspsychologie 55(2):55–66

Messenger J, Vargas Llave O, Gschwind L, Boehmer S, Vermeylen G, Wilkens M (2017) Working anytime, anywhere: The effects on the world of work. ILO, Luxembourg, Genf

Mohr G, Rigotti T, Müller A (2005) Irritation – ein Instrument zur Erfassung psychischer Befindensbeeinträchtigungen im Arbeitskontext. Skalen- und Itemparameter aus 15 Studien. Hogrefe, Göttingen

Müller-Thur K, Angerer P, Körner U, Dragano N (2018) Arbeit mit digitalen Technologien, psychosoziale Belastungen und potenzielle gesundheitliche Konsequenzen. Short Report. ASU Zeitschrift Für Medizinische Prävention 53:388–391

Neuhaus AE, Lechleiter P, Sonntag K (2018) Auswirkungen der Digitalisierung auf die Arbeitswelt. Veränderungen von Kompetenzen und Belastungen der Beschäftigten – ein Literaturreview. https://gesundearbeit-mega.de/sites/gesundearbeit-mega.de/files/u29/literaturreview.pdf. Zugegriffen: 29. Aug. 2018

Pongratz HJ, Voß GG (2003) Berufliche Sicherheit und Spaß an Herausforderung. WSI-Mitteilungen: Monatszeitschrift des Wirtschafts- und Sozialwissenschaftlichen Instituts in der Hans-Böckler-Stiftung, Bd. 56, S 228–234

Robelski S (2016) Psychische Gesundheit in der Arbeitswelt. Bundesanstalt für Arbeitsschutz und Arbeitsmedizin, Dortmund, Berlin, Dresden

Sauer D (2012) Entgrenzung – Chiffre einer flexiblen Arbeitswelt – Ein Blick auf den historischen Wandel von Arbeit. In: Badura B, Ducki A, Schröder H, Klose J, Meyer M (Hrsg) Fehlzeiten-Report 2012: Gesundheit in der flexiblen Arbeitswelt: Chancen nutzen – Risiken minimieren. Springer, Heidelberg, S 3–13

Schröder H, Meyer M (2018) Digital olé – Gesundheit adé? Wie sich der digitale Wandel auf Firmen, Führungskräfte und die Gesundheit der Mitarbeiter auswirkt. Gesundh Ges Ausg 6:20–27

Soziales BfAu (2015) Monitor Mobiles und entgrenztes Arbeiten. https://www.bmas.de/SharedDocs/Downloads/DE/PDF-Publikationen/a873.pdf?__blob=publicationFile&v=2. Zugegriffen: 28. Aug. 2018

Soziales BfAu (2016) Monitor Digitalisierung am Arbeitsplatz. http://www.bmas.de/SharedDocs/Downloads/DE/PDF-Publikationen/a875-monitor-digitalisierung-am-arbeitsplatz.pdf?__blob=publicationFile&v=2. Zugegriffen: 28. Aug. 2018

Statistisches Bundesamt (2018) Statistisches Jahrbuch 2018. https://www.destatis.de/mwg-internal/de5fs23hu73g7/progress?

Literatur

id=wW89Xmj6hoqG2QuGEPF9VBZKq-jgBA4IQApBobHeK1Y. Zugegriffen: 1. Mai 2019

Voß G, Pongratz H (1998) Der Arbeitskraftunternehmer: Eine neue Grundform der Ware Arbeitskraft. Köln Z Soziol 50:131–158

Walwei U (2017) Beschleunigt die Digitalisierung den Wandel der Erwerbsformen. https://www.iab-forum.de/beschleunigt-die-digitalisierung-den-wandel-der-erwerbsformen/. Zugegriffen: 14. Nov. 2018

Betriebliche Ebene: Herausforderungen durch Digitalisierung für Betriebe

Inhaltsverzeichnis

Kapitel 8 Digitale Gefährdungsbeurteilung psychischer Belastung – 111
Nico Dragano, Ines Catharina Wulf und Mathias Diebig

Kapitel 9 New Work und psychische Gesundheit – 127
Carsten C. Schermuly und Jan Koch

Kapitel 10 Digitalisierung aus der Perspektive der gesundheitsfördernden Organisationsentwicklung – 141
Nadine Pieck, Ute Held und Claudia Bindl

Kapitel 11 Occupational e-Mental Health – eine Übersicht zu Ansätzen, Evidenz und Implementierung – 155
Dirk Lehr und Leif Boß

Kapitel 12 Digitale Möglichkeiten der Verhaltensprävention in Betrieben – 179
Oliver Hasselmann, Leonie Franzen und Birgit Schauerte

Kapitel 13 Wie nachhaltig sind agile Arbeitsformen? – 193
Andreas Boes und Tobias Kämpf

Kapitel 14 Mobile Arbeit: Arbeitsbedingungen und Erleben – 205
Kerstin Rieder, Sylvia Kraus und Gerlinde Vogl

Kapitel 15 *Gesunde Führung in vernetzter (Zusammen-)Arbeit –*
Herausforderungen und Chancen – 217
Henning Staar, Jochen Gurt und Monique Janneck

Kapitel 16 *Private Nutzung sozialer Medien am Arbeitsplatz* – 237
Tim Vahle-Hinz, Christine Syrek, Jana Kühnel und Nicolas Feuerhahn

Digitale Gefährdungsbeurteilung psychischer Belastung

Nico Dragano, Ines Catharina Wulf und Mathias Diebig

8.1 Einleitung – 112

8.2 Durchführung der Gefährdungsbeurteilung psychischer Belastung im Allgemeinen – 113

8.3 Vorteile einer digitalen Gefährdungsbeurteilung psychischer Belastung – 114
8.3.1 Vorbereitung – 115
8.3.2 Messen und Bewerten – 115
8.3.3 Maßnahmenentwicklung und Durchführung – 116
8.3.4 Wirksamkeitsprüfung und Dokumentation – 117
8.3.5 Weitere Aspekte: neue Anforderungen an die GBP in einer digitalisierten Arbeitswelt – 117

8.4 Nachteile einer digitalen GBP – 119

8.5 Existierende digitale Verfahren der GBP: Beispiele – 119

8.6 Schlussfolgerung und Ausblick – 124

Literatur – 124

Zusammenfassung

Die Gefährdungsbeurteilung psychischer Belastungen (GBP) ist ein wichtiges Element der betrieblichen Prävention. Hierfür stehen zahlreiche analoge Instrumente wie Fragebögen, Checklisten oder Workshop-Verfahren zur Verfügung. Die Möglichkeiten der Digitalisierung werden aber auch für diesen Bereich zunehmend gesehen und es werden Verfahren entwickelt, um einzelne Elemente oder gleich die gesamte GBP software-gestützt durchzuführen. Dieser Beitrag stellt Vor- und Nachteile einer digitalen GBP vor, verstanden als komplexer, software-gestützter Prozess von der Messung über die Maßnahmenableitung bis zur Evaluation. Im Fokus steht die Frage, ob software-gestützte Verfahren geeignet sind, die Anforderungen an eine moderne GBP zu erfüllen. Obwohl die digitale GBP derzeit noch kaum verbreitet ist, deutet sich an, dass software-gestützte Verfahren den Prozess der GBP tatsächlich nachhaltig erleichtern könnten. Allerdings wird auch deutlich, dass die Methode bestimmte Nachteile hat und nicht für alle betrieblichen Settings geeignet ist.

8.1 Einleitung

Informations- und Kommunikationstechnologie, digitale Arbeitsorganisation, Robotik und cyber-physische Systeme gehören heute für viele Beschäftigte zum Alltag (Carstensen 2015). Es liegt daher nahe, diese Technologien auch für den Arbeitsschutz und die Betriebliche Gesundheitsförderung zu nutzen. Eine der vielfältigen Einsatzmöglichkeiten ist die Verwendung von software-basierten Verfahren für die Messung, Bewertung und anschließende Prävention von arbeitsbedingten gesundheitlichen Belastungen. Das ist potenziell auch für den Gegenstand dieses Beitrags möglich, nämlich für die GBP – verstanden als kompletter Zyklus von der Messung über die Maßnahmenableitung bis zur Evaluation und Dokumentation. Aus technischer Sicht geht es darum, einzelne Komponenten der GBP, wie beispielsweise eine Mitarbeiterbefragung, oder gleich den gesamten Zyklus, mit Hilfe von Software zu automatisieren, zu organisieren und durchzuführen. Dabei kommen bislang insbesondere Webanwendungen (oder Web-Apps) zum Einsatz, da diese browserbasiert arbeiten und somit unabhängig vom auf dem jeweiligen Endgerät installierten Betriebssystem sind. Es können also alle internetfähigen Eingabegeräte wie Desktop-Computer, Tablets oder Smartphones verwendet werden, um beispielsweise Fragebögen zu beantworten, Begehungen zu protokollieren, Maßnahmenpläne zu erstellen oder automatisierte Berichte anzufordern. Die eigentlichen Funktionen wären jedoch auch mit anderen technischen Lösungen wie Desktopprogrammen oder anderen Offline-Anwendungen zu erfüllen, sodass wir in diesem Beitrag weniger die konkrete technische Umsetzung bzw. die gewählte Softwarelösung als vielmehr die Frage nach der generellen Anwendbarkeit und den spezifischen Einsatzmöglichkeiten digitaler Verfahren der GBP in den Vordergrund stellen.

Die Hypothese, die wir diesem Beitrag voranstellen, ist, dass software-gestützte und -gesteuerte Methoden gerade im Bereich der Prävention psychischer Belastungen spezifische Vorteile gegenüber analogen Verfahren haben können. Zunächst sollen aber die allgemeinen Anforderungen an eine zeitgemäße GBP dargestellt werden, um dann in den folgenden Unterkapiteln die Einsatzmöglichkeiten digitaler Systeme vor diesem Hintergrund genauer ausloten zu können. Neben der Identifikation von Vorteilen werden auch mögliche Nachteile angesprochen. Praktische Beispiele für Anwendungen schließen die Ausführungen ab, wobei anzumerken ist, dass es bislang nur wenige Beispiele für ausgearbeitete software-gestützte Systeme der GBP gibt und die Forschung hierzu entsprechend fragmentarisch ist. Die folgende Darstellung beruht daher mehr auf theoretischen Überlegungen und praktischen Erfahrungen in der Entwicklung, als auf empirisch-wissenschaftlichen Daten.

8.2 Durchführung der Gefährdungsbeurteilung psychischer Belastung im Allgemeinen

Nachdem die Forschung hinreichend Belege für die gesundheitlichen Auswirkungen von psychosozialen Arbeitsbelastungen geliefert hat, sind diese Belastungen mittlerweile eine feste Größe in der betrieblichen Prävention. Seit der Änderung des Arbeitsschutzgesetzes im Jahr 2013 werden psychische Belastungen auch im gesetzlich verfassten Arbeitsschutz explizit als Faktor genannt, der in der obligatorischen Gefährdungsbeurteilung (GB) im Betrieb zu berücksichtigen ist (§ 5 Abs. 3 Nr. 6). Ziel dieser GB ist es, arbeitsbedingte psychische Belastungen zu erfassen, zu beurteilen sowie präventive Maßnahmen zu entwickeln, umzusetzen und auf ihre Wirksamkeit hin zu überprüfen. Es ist vorgesehen, dass bei negativer Wirksamkeitskontrolle erneut Maßnahmen erarbeitet werden. Eine Wiederholung ist auch dann notwendig, wenn sich Arbeitsbedingungen verändern oder Ausfallzeiten in den entsprechenden Arbeitsbereichen gehäuft auftreten (BAuA 2014; GDA 2018). Gerade Ersteres ist in stark digitalisierten Arbeitsfeldern, wie z. B. in der Industrie 4.0, eher die Regel als die Ausnahme.

Empfehlungen zur Durchführung der GBP (GDA 2017) lassen Betrieben große Spielräume bei deren Gestaltung, da lediglich ein grober Handlungsrahmen vorgegeben wird, innerhalb dessen sich die konkrete Umsetzung der Prozessschritte bewegen sollte. Nicht fraglich ist aber, dass die GPB ein mehrstufiger Prozess ist. Die Gemeinsame Deutsche Arbeitsschutzstrategie (GDA 2017) beschreibt sieben Prozessschritte, die im Folgenden kurz vorgestellt werden, um Anhaltspunkte für die Bewertung digitaler Verfahren zu geben: (1) Vorbereitung, (2) Analyse, (3) Bewertung, (4) Maßnahmenentwicklung, (5) Maßnahmenumsetzung, (6) Wirksamkeitskontrolle, (7) Dokumentation.

▪ ▪ (1) Vorbereitung

Vor dem Hintergrund der großen Gestaltungsspielräume kommt einer umfassenden Vorbereitung der GBP eine entscheidende Bedeutung zu. In der Regel wird hierzu ein Steuerkreis einberufen (z. B. Arbeitsschutzausschuss), der alle relevanten Akteure einschließlich der verantwortlichen Führungskräfte einbindet und der die Durchführung der GBP unterstützt, überwacht und evaluiert (Wulf et al. 2017). In diesem Gremium sollte der konkrete Ablauf der GBP anhand eines realistischen Zeitplans erarbeitet werden. Da die Thematik „psychische Belastung" oft mit Vorbehalten seitens der Belegschaft und Führungskräfte verbunden ist, sollten alle Beteiligten frühzeitig miteinbezogen werden und die Transparenz der Ziele, Methoden und Verfahren das zentrale Gestaltungskriterium sein. Besonders förderlich für die Akzeptanz ist die Durchführung einer Kick-Off-Veranstaltung, auf der u. a. die Geschäftsführung und der Betriebsrat das Vorgehen erläutern und die Wichtigkeit für den gesamten Betrieb hervorheben.

▪ ▪ (2) Analyse und (3) Bewertung

Im Zentrum der GBP steht die Messung und Bewertung psychischer Belastungen am Arbeitsplatz (DIN EN ISO 10075-1 (2000)). Hierfür stehen eine Vielzahl von Beobachtungs- oder Workshopverfahren, Checklisten sowie Fragebögen zur Verfügung (BAuA 2014). Diese Instrumente unterscheiden sich hinsichtlich Analysetiefe und Aufwand für die Durchführung und haben bestimmte Stärken und Schwächen. Gerade die Auswahl der zu messenden Belastungen ist häufig schwierig und sollte auf die tatsächlich im Betrieb auftretenden Probleme zugeschnitten sein. Die eingesetzten Analyseverfahren und auch die Methode der Datenerhebung sollten laut DIN EN ISO 10075-3 (2004) die Kriterien guter wissenschaftlicher Praxis (insbesondere die der Objektivität, Zuverlässigkeit und Gültigkeit) erfüllen. Es wird empfohlen, dass die Ergebnisse der Belastungsmessung an die Belegschaft kommuniziert werden, um so die Transparenz des gesamten Prozesses zu erhöhen.

Ob eine gesundheitsrelevante Belastung vorliegt, wird entweder über die Betrachtung kritischer Schwellenwerte der Instrumente, über eine Beurteilung im Workshop oder die Nutzung von empirischen Vergleichswerten (sogenannte Benchmarks; GDA 2017) festgestellt. Hier existieren sehr unterschiedliche Auswertungsmethoden, die teilweise anspruchsvolle interpretative Leistungen erfordern. Ziel dieses Prozessschrittes ist es, zu identifizieren, wo Gestaltungsbedarf besteht und für welche Belastungen Arbeitsschutzmaßnahmen entwickelt werden sollten.

■ ■ **(4) Maßnahmenentwicklung und (5) Maßnahmenumsetzung**

Die Maßnahmenentwicklung und -umsetzung sind meist die schwierigsten Schritte. Zunächst müssen ausgehend von den Ergebnissen der Analyse grundlegende Strategien ausgewählt und priorisiert werden. Dies erfordert eine umfangreiche Kenntnis möglicher Maßnahmen der Verhaltens- und Verhältnisprävention. Die konkrete Ausarbeitung und die Umsetzungsplanung müssen unter direkter Beteiligung der betroffenen Beschäftigten erfolgen. Dies erzeugt einerseits Akzeptanz, andererseits verfügen Beschäftigte über Expertise bzgl. ihrer Arbeit und haben daher meist konkrete Ideen, wie diese gesundheitsförderlicher gestaltet werden kann. Eine Beteiligung könnte beispielsweise in Form von Workshops erfolgen (BAuA 2014). In diesen Workshops sollten zunächst nochmals die zentralen Ergebnisse der GBP vorgestellt werden. Anschließend kann die Gruppe passende Lösungsvorschläge erarbeiten, die Maßnahmenumsetzung konkretisieren und Verantwortlichkeiten festlegen. Die erarbeiteten Maßnahmen sollten zusätzlich hinsichtlich der Kriterien „Dringlichkeit" und „Umsetzbarkeit" gewichtet werden, um einen Zeitplan für ihre Umsetzung zu erarbeiten.

■ ■ **(6) Wirksamkeitsprüfung der umgesetzten Maßnahmen**

In dieser Phase wird überprüft, ob sich die psychische Belastungssituation nach Umsetzung der Maßnahmen in der gewünschten Weise verändert hat. Es gibt bislang keine konkreten Vorgaben, wie Maßnahmen evaluiert werden sollen (GDA 2017). Beispielsweise kann die Belastungssituation erneut gemessen werden. Auch Arbeitsplatzbegehungen durch Fachkräfte sind ein zulässiges Mittel, um den Erfolg von Maßnahmen zu beurteilen. Bei der Wahl des Evaluationszeitpunktes ist abzuschätzen, wie lange es dauert, bis der Erfolg der Maßnahmen sichtbar wird (unmittelbare, mittel- oder langfristige Auswirkungen). Fällt die Wirksamkeitskontrolle negativ aus, sind weitergehende Maßnahmen zu entwickeln und umzusetzen.

■ ■ **(7) Dokumentation**

Aus der Dokumentation der GBP müssen das Ergebnis der Gefährdungsbeurteilung, die festgelegten Maßnahmen sowie das Ergebnis ihrer Überprüfung hervorgehen. Hierdurch sollen die Durchführung der Maßnahmen kontrolliert und die Beschäftigten über bestehende Gefährdungen informiert und in sicherheits- und gesundheitsgerechtem Handeln unterwiesen werden.

8.3 Vorteile einer digitalen Gefährdungsbeurteilung psychischer Belastung

Es steht außer Frage, dass die Anforderungen an eine GBP durch verschiedene Verfahren erfüllt werden können und dass es sogar in den meisten Fällen notwendig ist, einen Mix aus unterschiedlichen Methoden anzuwenden. Software-gestützte Verfahren sind aber geeignet, die Durchführung aller Prozessschritte zu unterstützen. ◘ Tab. 8.1 fasst beispielhaft einige Möglichkeiten zusammen, die digitale Lösungen bieten. Eine kurze Vertiefung folgt in den nächsten, an den Prozessschritten orientierten Abschnitten.

Tabelle 8.1 Beispiele für das Potenzial software-gestützter Verfahren im Rahmen der GBP

Prozessschritte	Möglichkeiten software-gestützter Verfahren
1. Vorbereitung	Zeitpläne mit wesentlichen Meilensteinen der Vorbereitung und späteren Durchführung; Materialiensammlungen, etwa mit Templates für Informationsschreiben
2. und 3. Analyse und Bewertung	E-Learning Elemente zur Vermittlung von Kenntnissen der Belastungsmessung (z. B. erklärende Videos, Wikis, Linksammlungen); kommentierte digitale Instrumentensammlung; Auswahlmenüs für eine einfache Skalierung; integrierte Online-Befragungen; automatisierte Auswertung und Priorisierung von Problembereichen; grafische Aufbereitung der Ergebnisse; Kommunikation der Ergebnisse
4. und 5. Maßnahmenentwicklung und -umsetzung	Kataloge mit Maßnahmen der Verhältnisprävention; Algorithmen zur Zuordnung von Maßnahmen zu Problembereichen; unterstützende E-Learning-Elemente; Einbindung von Online-Trainings zur Verhaltensprävention (z. B. Anti-Stress-Trainings)
6. Wirksamkeitsprüfung	Einfache, automatisierte Wiederholungsmessung zur Prä-Post-Evaluation; digitale Dokumentation der durchgeführten Maßnahmen mit Zuordnung zur Problemanalyse
7. Dokumentation	Automatisierte Gesamtberichte

Fehlzeiten-Report 2019

8.3.1 Vorbereitung

Grundsätzlich ermöglicht ein webbasiertes Verfahren die Beschäftigten fortlaufend und transparent über den Status der Durchführung zu informieren. Beispielsweise kann eine eigene Website erstellt werden, auf der alle Informationsmaterialien zur Durchführung der GBP gesammelt abrufbar sind, Ansprechpartner benannt werden, Zeitpläne dargestellt sind und die Ergebnisse veröffentlicht werden. Neben Transparenz ermöglicht ein digitales Vorgehen auch eine schnelle Erreichbarkeit von Personengruppen, die nicht ständig auf dem Betriebsgelände präsent sind. Zudem können in Softwareportalen Materialien wie Templates für Informationsschreiben, Anschreiben für Zugangscodes etc. bereitgestellt werden. Verfahren wie das weiter unten beschriebene System DYNAMIK 4.0 integrieren zudem Projektplanungsfunktionen, die es erlauben bereits in der Vorbereitung alle Prozessschritte anzuzeigen und somit sicherzustellen, dass alle notwendigen Meilensteine bedacht und terminiert werden.

8.3.2 Messen und Bewerten

Obwohl die Anforderungen klar und die Vorgehensweisen definiert sind, ist die Messung von psychosozialen Belastungen in den Betrieben immer noch nicht weit verbreitet. Denn selbst wenn eine allgemeine Gefährdungsbeurteilung durchgeführt wird, ist die Erfassung psychischer Belastungen häufig nicht darin enthalten (Beck et al. 2012). Hierfür mag es eine ganze Reihe unterschiedlicher Gründe geben. Einer davon ist in der Schwierigkeit zu sehen, dass psychische Arbeitsbelastungen nicht ohne Weiteres zu messen und angemessen zu bewerten sind (Wulf et al. 2017). Dies liegt in der Natur dieser spezifischen Belastungsform, die ihre Gesundheitswirkung in einem komplexen Zusammenspiel bio-psychosozialer Faktoren entwickelt. Die Analyse erfordert daher eine besondere Expertise. Diese ist bereits bei der Messung notwendig, zu der es zwar etablierte Konzepte und Verfahren gibt, die aber häufig für einen anderen Zweck entwickelt wurden, nämlich zur Verwendung in wissenschaftlichen Studien (Tabanelli et al. 2008). Da psychische Belastungen genuin subjektiv sind, ist es zudem schwer bis unmöglich, „objektive" Messungen durchzuführen. Vielmehr ist das Standardinstrument der Erfassung ein psychometrisch validierter Fragebogen, mit dem bei den Beschäftigten direkt bestimmte Belastungsformen nach Maßgabe theoretischer Konzepte wie dem Anforderungs-Kontroll-Modell oder dem Modell beruflicher Gratifikationen abgefragt werden (Tabanelli et al. 2008). Häufig sind die Resultate abstrakte Skalen-Werte, die die Stärke der Belastung etwa durch „job strain" oder niedrigen Handlungsspielraum anzeigen. Die arbeitspsychologischen und -soziologischen Hintergründe dieser Verfahren sind in der Regel komplex und können Praktiker in den Betrieben leicht überfordern. Dies gilt insbesondere dann, wenn keine Ressourcen für die Einbindung entsprechender Fachkräfte vorhanden sind. Voraussetzungsreich sind auch alternative Verfahren, z. B. die Arbeitsplatzbeobachtung oder das Fokusgruppenverfahren.

Die Stärke digitaler Verfahren liegt zunächst darin, dass die Auswahl der Instrumente in Form von kommentierten Auswahlmenüs erleichtert werden kann. Solche Menüs können ohne großen Aufwand auch branchenspezifisch angepasst werden. Zentral ist zudem, dass zu den einzelnen Instrumenten Informationen bereitgestellt werden können. Hilfefunktionen bis hin zu E-Learning-Elementen erläutern dann die Hintergründe der jeweiligen Verfahren, sodass fehlende Ressourcen im Hinblick auf die wissenschaftlichen Grundlagen der Instrumente in gewissem Maß ausgeglichen werden können. Da wie oben dargelegt die subjektive Sicht der Beschäftigten auf psychische Belastungen erfasst werden sollte, arbeiten software-basierte Verfahren typischerweise mit Online-Befragungen. Im Vergleich zu einer papierbasierten Befragung liegen die Vorteile einer digitalen Erfassung auf der Hand. So können Einladungen zur Befragung an einen großen Kreis der Beschäftigten versandt werden. Diese können den Online-Fragebogen direkt ausfüllen und die Ergebnisse werden automatisch ausgewertet und nachvollziehbar für den Steuerkreis der GBP dargestellt. Hier entfällt das mühsame Austeilen von Papierfragebögen an die Beschäftigten wie auch das Eingeben der Antworten in eine Computeranwendung zur Datenauswertung. Jedoch erfordert die webbasierte Analyse den Zugang zu Computern oder mobilen Endgeräten bei der Arbeit, was bei einigen Tätigkeiten (u. a. Produktionsarbeit) nicht selbstverständlich ist (s. u.). Online-Befragungen erlauben auch schnelle und wiederholte Messungen nach Bedarf, etwa dann, wenn es zu kurzfristigen Änderungen der Arbeitstätigkeit kommt. Im Bereich der Analyse und Bewertung bieten digitale Verfahren den Vorteil, dass die Auswertung automatisiert durchgeführt und z. B. in Form von grafisch illustrierten Berichten ausgegeben werden kann. Dies kann auch die Priorisierung von Problembereichen beinhalten, etwa indem häufig genannte Probleme in der Ergebnisdarstellung grafisch gekennzeichnet werden. Auch hier können wieder E-Learning-Elemente eingesetzt werden, um die Interpretation der Ergebnisse zu erleichtern.

8.3.3 Maßnahmenentwicklung und Durchführung

Auf Basis der Erfassung von Belastungen werden dann mögliche Probleme differenziert bewertet und – wenn nötig – Maßnahmen zur Belastungsreduktion abgeleitet. Auch diese Maßnahmen sind häufig komplex und multimodal, d. h. sie müssen verschiedene Elemente der Verhaltens- und Verhältnisprävention kombinieren, um wirksam zu sein, was wiederum spezifische Expertise erfordert. Hier könnten digitale Verfahren mit automatisierter Auswertung, Aufarbeitung der Ergebnisse und der Einbindung erläuternder Ressourcen (z. B. Wikis, erklärende Videos und Bilder) einen deutlichen Fortschritt gegenüber analogen Verfahren bedeuten. Software-Anwendungen bieten die Möglichkeit, konkrete Maßnahmen der betrieblichen Prävention vorzuschlagen, etwa in Form von thematisch gegliederten Maßnahmenlisten geeigneter Verfahren der Betrieblichen Gesundheitsförderung oder durch die Einbindung von digitalen Methoden der Verhaltensprävention. Letztere sind beispielsweise Online-Trainings zur Resilienz und Stressverarbeitung, deren Wirksamkeit und Kosteneffektivität einen Einsatz lohnenswert machen (Ebert et al. 2018). Es ist jedoch anzumerken, dass die Möglichkeiten von softwaregestützten Verfahren bei diesen Prozessschritten limitiert sind. Die Prävention von psychosozialen Belastungen im Betrieb erfordert Kompetenz und Umsetzungswillen in der „analogen" Welt der Arbeitsgestaltung, der sozialen Beziehungen im Betrieb und der Führungskultur. Hier können unterstützende Systeme zwar hilfreich sein, eine vollständige Automatisierung ist aber nicht möglich.

8.3.4 Wirksamkeitsprüfung und Dokumentation

Eine Evaluation der durchgeführten Verfahren sollte bei jeder Maßnahme der betrieblichen Prävention erfolgen. Die Vorteile von digitalen Verfahren liegen hier insbesondere in der Durchführung einfacher Prä-Post-Messungen. Wie weiter oben ausgeführt wurde, können Messinstrumente passgenau zusammengestellt werden, um dann eine einfache und schnelle Datenerhebung über Online-Befragungen vorzunehmen. Auch hier kann die Auswertung und Ergebnisdarstellung automatisiert erfolgen. Weitere Vorteile liegen in Funktionen, die den kompletten Prozess von der Vorbereitung bis zur Evaluation aufbereiten und in Form digitaler Reports des kompletten Zyklus der GBP ausgeben.

8.3.5 Weitere Aspekte: neue Anforderungen an die GBP in einer digitalisierten Arbeitswelt

Bislang wurden vor allem allgemeine Aspekte der GBP angesprochen. Die aktuellen Entwicklungen der Arbeitswelt, die in diesem Buch ausführlich thematisiert werden, berühren aber auch die Anforderungen an eine GBP im Speziellen. Diebig et al. (2018) leiten in diesem Zusammenhang auf Basis einer qualitativen Interviewstudie mit Fachkräften des Arbeitsschutzes Anforderungen an eine moderne GBP in der digitalisierten Arbeitswelt ab und beschreiben zentrale Merkmale: (1) Orts- und Zeitunabhängigkeit, (2) Partizipation der Beschäftigten, (3) Messung veränderter Belastungen sowie (4) Passung an die Betriebsgröße. Auch diesen neuen Anforderungen müssen digitale Verfahren gerecht werden.

■ ■ **(1) Orts- und Zeitunabhängigkeit**
Viele Beschäftigte sind heute mobil oder in dezentral operierenden (internationalen) Teams organisiert, sodass Maßnahmen des Arbeitsschutzes nicht lokal auf eine Betriebsstätte fokussiert sein können (Bundesministerium für Arbeit und Soziales 2016). Es besteht ein Bedarf an dynamischen und flexiblen Gefährdungsbeurteilungsverfahren, die der Komplexität vieler moderner Arbeitsplätze gerecht werden (Paulus 2018). Insbesondere online-gestützte Verfahren haben hier klare Vorteile, da sie genuin orts- und zeitunabhängig sind und die Belegschaft so einfach zu erreichen ist.

■ ■ **(2) Partizipation der Beschäftigten**
Die Verfahren sollten Beschäftigten die Möglichkeit bieten, sich in allen Phasen aktiv zu engagieren (dies nicht nur in der Analyse, sondern auch bei der Maßnahmenentwicklung). Das Bedürfnis aktiv an der Gestaltung der eigenen Arbeit mitzuwirken, gewinnt im Allgemeinen für Arbeitnehmer an Bedeutung (Bundesministerium für Arbeit und Soziales 2016). Zusätzlich können Beschäftigte mit ihrer Ex-

pertise auch wertvolle Hinweise zur Reduktion bestehender Belastungen in ihrer eigenen Tätigkeit geben. Auch hier bieten Online-Verfahren neue Möglichkeiten, z. B. in Form von Chat- oder Kommentarfunktionen, die eine niedrigschwellige und ggf. anonyme Form der Beteiligung und damit einen hohen Grad an Partizipation ermöglichen. Zudem ist insbesondere die jüngere Generation in hohem Maße internetaffin und ggf. für digitale Verfahren der Partizipation eher zu gewinnen als für klassische Methoden.

(3) Messung veränderter Belastungen

Eine wichtige Anforderung ist, dass der aktuelle Wandel der Arbeitswelt auch in der GBP abgebildet werden muss. Das heißt vor allem, dass neue Belastungsformen, die direkt mit der Digitalisierung in Verbindung stehen, eingeschlossen werden. Die aktuellen Veränderungen sind im Arbeitsalltag vieler Beschäftigter deutlich zu spüren und äußern sich z. B. in neuen Tätigkeiten. Aber auch Arbeitsabläufe, -organisation, -orte und -zeiten wandeln sich. Das alles hat Folgen für die Verbreitung psychischer Belastungen in den Betrieben. Zum einen ist die Digitalisierung – und hier insbesondere die breite Nutzung von Informations- und Kommunikationstechnologie – mitverantwortlich dafür, dass klassische Formen von psychosozialen Arbeitsbelastungen wie Arbeitsverdichtung oder Multitasking mittlerweile weit verbreitet sind. Zum anderen sind neue Formen psychischer Belastung entstanden (Müller-Thur et al. 2018). Ein Beispiel dafür ist der sogenannte „Technostress", d. h. Stress, der entsteht, weil digitale Arbeitsmittel zu Überforderung führen, fehlerhaft oder schlecht bedienbar sind (Tarafdar et al. 2007). Ein anderes Beispiel sind die verschwimmenden Grenzen zwischen Berufs- und Privatleben infolge der Möglichkeit mit mobilen Geräten jederzeit und überall arbeiten zu können bzw. zu müssen (Korunka and Kubicek 2017).

Verfahren der GBP sollten in der Lage sein, die genannten neuartigen Belastungen zu messen. Dies betrifft u. a. die Arbeit mit Technologie, räumliche Mobilität, atypische Arbeitsverhältnisse, zeitliche Flexibilisierung oder die fehlende Trennung von Arbeits- und Privatleben (GDA 2018). Die meisten der derzeit in Gebrauch befindlichen Standardverfahren berücksichtigen zumeist nur klassische Belastungen wie Überstunden, Zeitdruck oder fehlende Anerkennung. Neue Belastungen fehlen und auch dem konstanten Wandel der Arbeitsbedingungen als Merkmal flexibilisierter Arbeit wird mit statischen Systemen nur begrenzt Rechnung getragen. Daher müssen Verfahren in der Lage sein, auch diese Themen kurzfristig zu integrieren. Selbstverständlich können neue psychische Belastungen in der digitalisierten Arbeitswelt auch „analog" gemessen und bekämpft werden. Jedoch stellen die hohe Flexibilität, um auf schnelle Veränderungen reagieren zu können, die Skalierbarkeit, um heterogene Belastungsformen zu erfassen, und die dezentrale Einsatzmöglichkeit klare Vorteile einer software-gestützten Erfassung dar.

(4) Passung an die Betriebsgröße

Es zeigt sich, dass insbesondere in kleinen und mittelständischen Unternehmen (KMU) die GBP nur unzureichend umgesetzt wird. Damit einhergehend zeigt sich, dass das Wissen über konkrete Vorgehensweisen zum Erkennen und Vermeiden von Gefährdungen durch psychische Belastung in KMU nicht sehr stark verbreitet ist (Schuller 2018). Aber selbst wenn eine GBP durchgeführt wird, kann sich das Vorgehen in Großunternehmen von dem Vorgehen in Kleinstbetrieben stark unterscheiden. Bestimmte Methoden zur Messung der Belastung erfordern beispielsweise eine Mindestanzahl an Teilnehmern, die bei Kleinstbetrieben nicht immer gegeben ist. Vor diesem Hintergrund überrascht der Befund nicht, dass besonders Klein- und Kleinstunternehmen (KKU) Schwierigkeiten haben, Maßnahmen zur Stressprävention zu implementieren (van Stolk et al. 2012; Walters and Wadsworth 2016). Digitale Verfahren könnten daher im Segment der KMU als auch KKU eine wichtige Unterstützung bei der Durchführung der GBP sein. Speziell die bereits erwähnten Möglichkeiten, die Prozessschritte durch die Software organisieren zu lassen (z. B. Analyse und Maßnahmenableitung) und zugleich erklärende Ressourcen zur Verfügung zu stellen, scheinen hier von Vorteil zu sein.

8.4 Nachteile einer digitalen GBP

Neben allen Vorteilen sind auch mögliche Schwierigkeiten zu bedenken. Digitale Verfahren erfordern es, dass die Beschäftigten Zugang zu sicheren Endgeräten haben – idealerweise während ihrer Arbeitszeit. Dies ist nicht bei allen Arbeitsplätzen gegeben, z. B. bei Personen, die hauptsächlich in der Produktion tätig sind, bei Beschäftigten der Transportbranche oder im Baugewerbe. In solchen Settings können analoge Verfahren funktioneller sein. Ein weiterer Aspekt ist die Datensicherheit im Netz. Grundsätzlich müssen Online-Verfahren so konzipiert sein, dass Daten verschlüsselt und ohne Möglichkeit des Zugangs Dritter (in diesem Falle zählen hierzu auch die Arbeitgeber) gespeichert werden. Dies gilt insbesondere für nicht anonymisierte Daten. Teil einer digitalen GBP muss daher ein geprüftes Datenschutzkonzept sein. Aber selbst wenn die Datensicherheit technisch gewährleistet ist, kann es zu Vorbehalten seitens der Beschäftigten kommen. Datenskandale im Internet sind in der Öffentlichkeit sehr präsent und haben das Vertrauen in die Sicherheit nachhaltig beschädigt. Insofern müssen diese Bedenken bei der Kommunikation der Maßnahme offensiv behandelt und Vertrauen hergestellt werden. Des Weiteren ist zu bedenken, dass nicht alle Belegschaften mit dem Umgang mit digitalen Medien vertraut sind. So ist aus anderen Bereichen der Prävention bekannt, dass bestimmte Personengruppen Schwierigkeiten mit der Bedienung und Rezeption digitaler Angebote haben (Lippke et al. 2018). Durch rein digitalisierte Verfahren könnten diese Gruppen, zu denen beispielsweise Beschäftigte mit einer niedrigen Qualifikationsstufe gehören, benachteiligt werden, sodass beim Einsatz abzuwägen ist, ob eine digitale Lösung den Bedürfnissen der jeweiligen Belegschaft entspricht.

8.5 Existierende digitale Verfahren der GBP: Beispiele

Ziel einer digitalen Gefährdungsbeurteilung psychischer Belastung sollte es sein, alle sieben Prozessschritte der GDA abzubilden, damit sie von den Anwendern als einfaches Unterstützungsangebot zur Dokumentation wie auch zur Steuerung der gesamten GBP genutzt werden können. Derzeit gibt es nur vergleichsweise wenige digitale Verfahren zur Durchführung der GBP, die die ganze Breite der Möglichkeiten nutzen. Schaut man sich bestehende kommerzielle Angebote in Deutschland zur digitalen GBP an, so zeigt sich, dass der überwiegende Teil der Anbieter lediglich eine webbasierte Belastungsanalyse mit integrierter Auswertung durchführt. Alle vor- und nachgelagerten Prozessschritte der GBP bleiben weiterhin offline und ohne eine systemseitige Prozessunterstützung. Zudem ist bei einem Teil der kommerziellen Angebote die wissenschaftliche Fundierung hinsichtlich Objektivität, Zuverlässigkeit und Gültigkeit (DIN EN ISO 10075-3 2004) unklar, sodass nicht alle Möglichkeiten einer digitalen GBP ausgeschöpft werden. Aber auch bei wissenschaftlich entwickelten Verfahren fällt auf, dass meist nur der Analyse-Teil in Form von Online-Fragebögen digital zur Verfügung steht (BG ETEM 2018), wobei einer der bekanntesten und international etablierten Fragebögen der COPSQQ (FFAW Freiburger Forschungsstelle für Arbeitswissenschaften GmbH 2018) ist. Auch auf der Internetplattform „OiRA" der EU-OSHA (2018) werden diverse Tools zur Online-Gefährdungsbeurteilung für verschiedene Branchen und in verschiedenen Sprachen kostenlos zur Verfügung gestellt.

Bislang bieten demnach wenige Verfahren die Durchführung der GBP mittels eines wissenschaftlich basierten, digitalen Prozessmanagement-Tools, das Hilfestellung bei allen

Prozessschritten bietet und außerdem erlaubt, neue Arbeitsbelastungen zu erfassen. Ein Verfahren, das diese Kriterien erfüllen soll, ist das webbasierte System DYNAMIK 4.0 (Angerer et al. 2018), das im Rahmen eines BMBF-geförderten Verbundprojektes entwickelt wurde (www.dynamik40.de). Das System DYNAMIK 4.0 bildet den gesamten Prozess der GBP von der Vorbereitung über die Analyse bis hin zur Evaluation und Dokumentation ab und soll hier beispielhaft vorgestellt werden. Das System lässt sich zentral über eine Weboberfläche steuern (vgl. ◘ Abb. 8.1: Screenshot Cockpit). Nutzer erreichen über das Kreislaufmodell der GBP alle Prozessschritte und können die entsprechenden Aufgaben bearbeiten. So ist es u. a. möglich, im Prozessschritt Vorbereitung eine für die Beschäftigten zugängliche Website, den sogenannten öffentlichen Bereich, einzurichten, um Transparenz im gesamten Prozess zu schaffen (vgl. ◘ Abb. 8.2: Screenshot Öffentlicher Bereich). Mittels eines eigens entwickelten Videos werden hier die Beschäftigten einerseits allgemein über das Thema GBP informiert. Andererseits können sich die Mitarbeiter mithilfe eines Zeitplans einen Überblick über die geplante Durchführung der GBP in ihrer Organisation verschaffen. Zusätzlich können Nachrichten veröffentlicht werden, um z. B. weitere Schritte anzukündigen oder ggf. Aufforderungen zur Teilnahme an der Befragung an die Beschäftigten zu versenden. Expertenstimmen, d. h. kurze Statements von anerkannten Persönlichkeiten aus der Organisation, bieten zudem die Möglichkeit, das Vorgehen bei den Beschäftigten zu bewerben und über eine persönliche Ansprache Vertrauen zu schaffen. Der öffentliche Bereich ist besonders hilfreich, wenn Beschäftigte nicht täglich zur Betriebsstätte kommen, sich nicht mit anderen austauschen können oder nicht an einer Kick-off-Veranstaltung teilnehmen können.

Im Bereich Analyse kann im System DYNAMIK 4.0 ein unternehmensspezifischer Fragebogen erstellt werden, den anschließend die Beschäftigten online zur Belastungsmessung ausfüllen. Bei der Fragebogenerstellung hat der Anwender flexible Wahlmöglichkeiten zur Fragebogenkonfiguration (orientiert an den Vorgaben der GDA). Zunächst werden die Rahmenbedingungen (u. a. Befragungszeitraum) festgelegt und der Anwender entscheidet, ob dem Fragebogen ein kurzes erklärendes Video mit Ausfüllanleitungen für den Fragebogen vorangestellt werden soll. Ebenso ist auswählbar, welche Fragearten den Beschäftigten gestellt werden sollen: 1) Ist eine bestimmte Belastung (u. a. Zeitdruck) gegeben, 2) was ist die Ursache für diese Belastung sowie 3) welche Maßnahmen zur Reduktion dieser Belastung sehen die Beschäftigten. Diese dreistufige Befragung dient dazu, passgenaue Arbeitsschutzmaßnahmen zu entwickeln, die eine Gefährdung an der Ursache abwenden sollen. Die Ergebnisse der Befragung werden automatisch ausgewertet und grafisch aufbereitet. Anschließend können Arbeitsschutzmaßnahmen erarbeitet werden. Das System DYNAMIK 4.0 empfiehlt hierzu, Präsenz-Workshops mit den Beschäftigten durchzuführen, um eine maximale Partizipation zu erreichen. Die Ergebnisse dieser Workshops können direkt im System dokumentiert werden (vgl. ◘ Abb. 8.3: Screenshot Maßnahmenentwicklung System DYNAMIK 4.0).

Anschließend kann der Umsetzungsstand der erarbeiteten Maßnahmen kontrolliert und protokolliert werden, sodass übersichtlich dargestellt ist, welche Maßnahmen bereits erfolgreich umgesetzt wurden und welche noch in Bearbeitung sind. Das System DYNAMIK 4.0 organisiert zudem eine automatische Evaluation der GBP mittels einer erneuten Online-Befragung. Auch hier werden die Ergebnisse automatisch ausgewertet, sodass die Wirksamkeit der Maßnahmen überprüft werden kann. Im Schritt Dokumentation werden alle Informationen und Ergebnisse des gesamten Prozesses der GBP automatisch abgespeichert und dokumentiert.

8.5 · Existierende digitale Verfahren der GBP: Beispiele

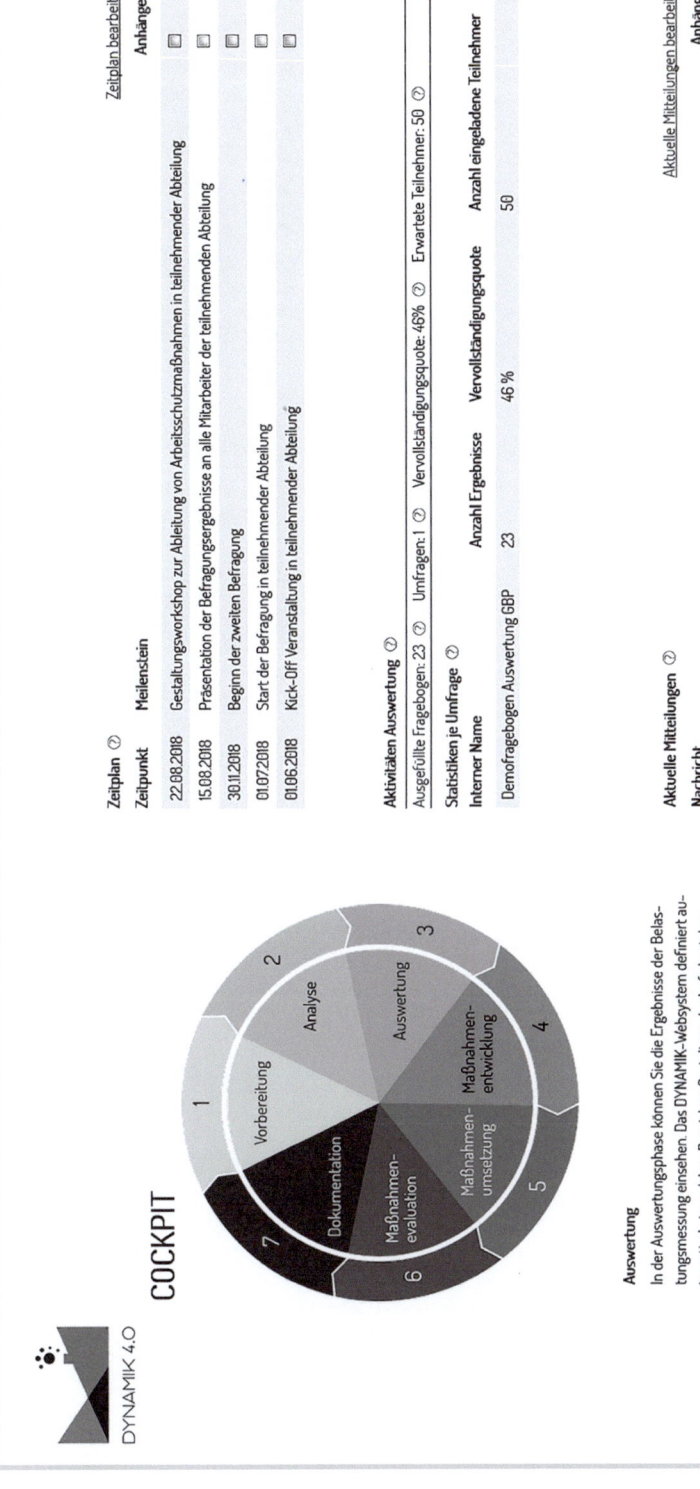

◘ Abb. 8.1 Screenshot Benutzeroberfläche System DYNAMIK 4.0

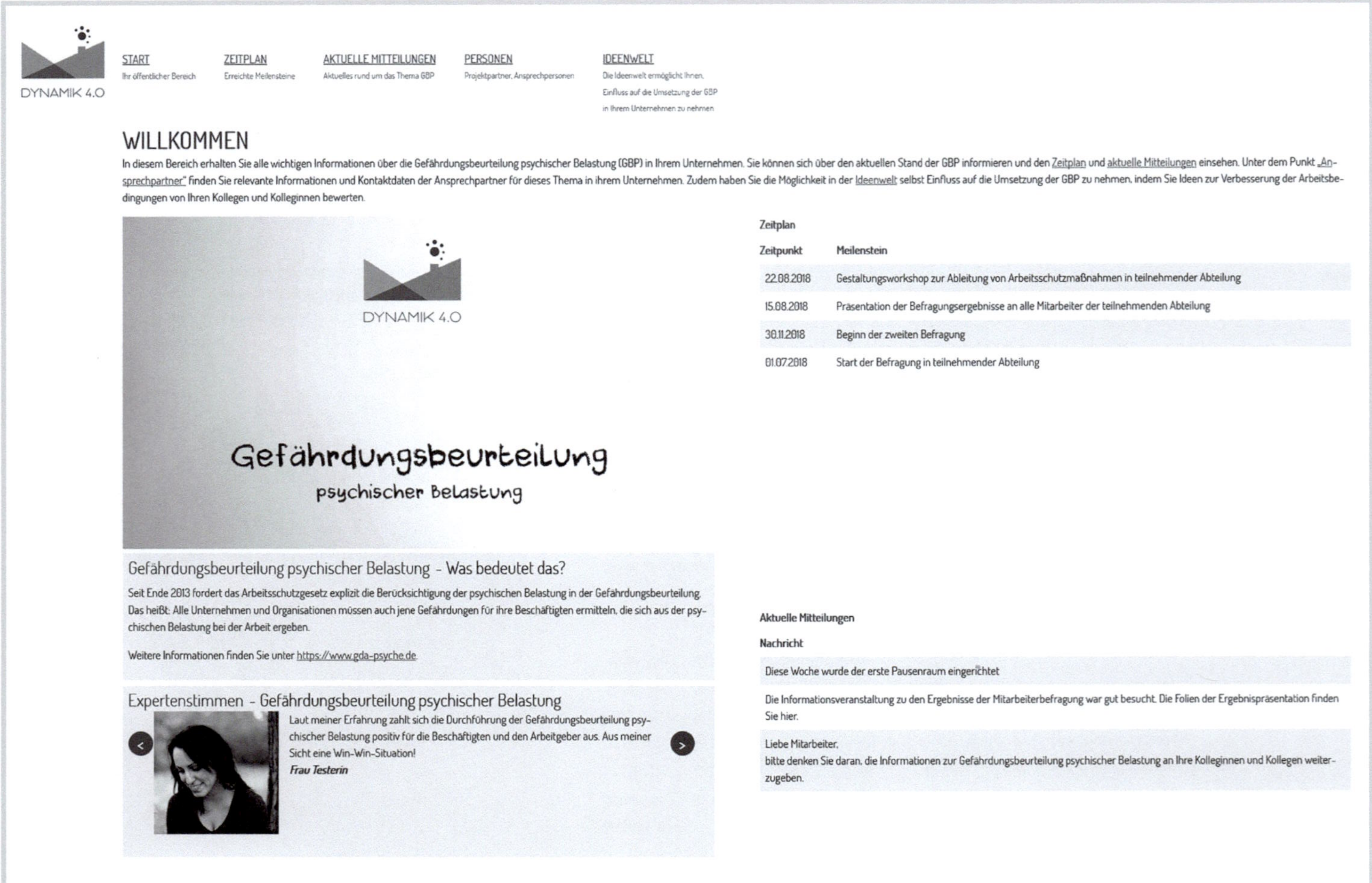

Fehlzeiten-Report 2019

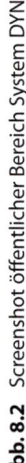

Abb. 8.2 Screenshot öffentlicher Bereich System DYNAMIK 4.0

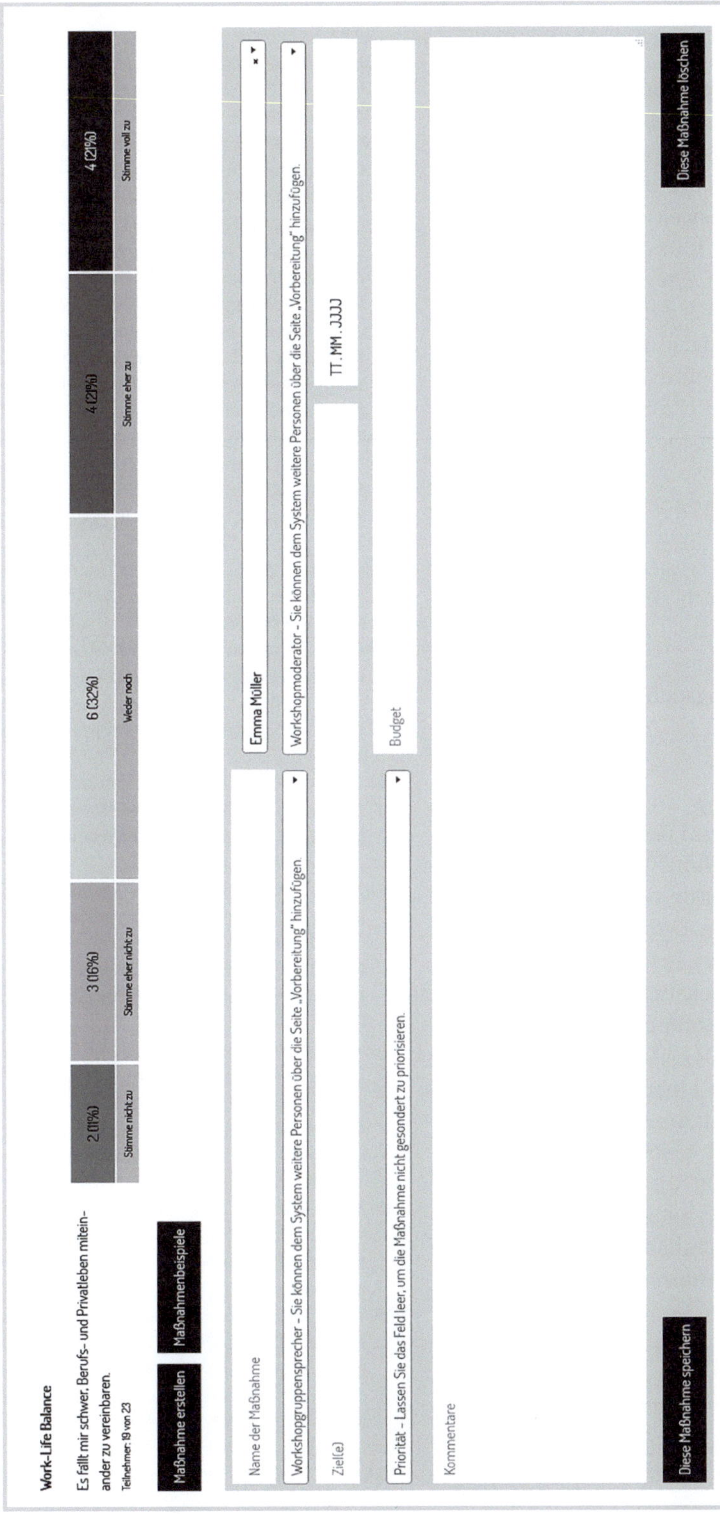

8.5 · Existierende digitale Verfahren der GBP: Beispiele

Abb. 8.3 Screenshot Maßnahmenentwicklung System DYNAMIK 4.0

8.6 Schlussfolgerung und Ausblick

Zusammenfassend lässt sich festhalten, dass eine digitale GBP den Betrieben neue Möglichkeiten an die Hand gibt, um eine professionelle Gesundheitsförderung zu implementieren. Diese Vorgehensweise ermöglicht Betrieben effizient, schnell und großflächig Beschäftigte in den Prozess der GBP mit einzubinden. Gleichzeitig wird dadurch erreicht, dass die zentralen Anforderungen an eine moderne GBP (wie Orts- und Zeitunabhängigkeit, Partizipation der Beschäftigten, die Messung veränderter Belastungen, Internationalität des Verfahrens sowie Passung an die Betriebsgröße) erfüllt werden können. Dieses Potenzial wird derzeit jedoch noch nicht ausgeschöpft und elaborierte wie wissenschaftlich fundierte Verfahren sind noch eine Seltenheit. Somit stellt die systematische (Weiter-)Entwicklung digitaler Verfahren eine Möglichkeit dar, das derzeitige Umsetzungsdefizit der GBP in der Praxis zu reduzieren.

■■ **Förderhinweis**
Dieser Beitrag entstand im Rahmen der durch das Bundesministerium für Bildung und Forschung (BMBF) geförderten Forschungs- und Entwicklungsprojekte Dynamik 4.0 („Ein dynamisches System zur Erfassung und Prävention psychischer Arbeitsbelastungen in kleinen und mittleren Unternehmen der Industrie 4.0", Förderkennzeichen 01FA15092) und PragmatiKK („Pragmatische Lösungen für die Implementation von Maßnahmen zur Stressprävention in Kleinst- und Kleinbetrieben", Förderkennzeichen 02L16D020), die vom Projektträger Karlsruhe (PTKA) betreut werden. Die Verantwortung für den Inhalt dieser Veröffentlichung liegt bei den Autoren.

Literatur

Angerer P, Müller A, Süß S, Lehr D, Buchner A, Dragano N (2018) Gefährdungsbeurteilung psychischer Belastung für die digitalisierte Arbeit: Das System DYNA-MIK 4.0. Arbeitsmed Sozialmed Umweltmed 53:718–722

BAuA (2014) Gefährdungsbeurteilung psychischer Belastung: Erfahrungen und Empfehlungen. Erich Schmidt, Berlin

Beck D, Richter G, Ertel M, Morschhäuser M (2012) Gefährdungsbeurteilung bei psychischen Belastungen in Deutschland. Praev Gesundheitsf 7:115–119. https://doi.org/10.1007/s11553-011-0326-x

BG ETEM (2018) Gemeinsam zu gesunden Arbeitsbedingungen (GzgA): Beurteilung psychischer Belastung. https://www.bgetem.de/arbeitssicherheit-gesundheitsschutz/themen-von-a-z-1/psychische-belastung-und-beanspruchung/gemeinsam-zu-gesunden-arbeitsbedingungen-beurteilung-psychischer-belastung. Zugegriffen: 25. Jun. 2019

Bundesministerium für Arbeit und Soziales (2016) Weißbuch Arbeiten 4.0. http://www.bmas.de/SharedDocs/Downloads/DE/PDF-Publikationen/a883-weissbuch.pdf?__blob=publicationFile&v=9. Zugegriffen: 25. Jun. 2019

Carstensen T (2015) Neue Anforderungen und Belastungen durch digitale und mobile Technologien. Wsi Mitteilungen 68:187–193

Diebig M, Jungmann F, Müller A, Wulf IC (2018) Inhalts- und prozessbezogene Anforderungen an die Gefährdungsbeurteilung psychischer Belastung im Kontext Industrie 4.0. Zeitschrift Für Arbeits- Organisationspsychologie A&o 62:53–67

DIN EN ISO 10075-1 (2000) Ergonomische Grundlagen bezüglich psychischer Arbeitsbelastung – Teil 1: Allgemeines und Begriffe. Normenausschuss Ergonomie im DIN. Beuth, Berlin

DIN EN ISO 10075-3 (2004) Ergonomische Grundlagen bezüglich psychischer Arbeitsbelastung – Teil 3: Grundsätze und Anforderungen an Verfahren zur Messung und Erfassung psychischer Arbeitsbelastung. Normenausschuss Ergonomie im DIN. Beuth, Berlin

Ebert DD, Kählke F, Buntrock C, Berking M, Smit F, Heber E, Baumeister H, Funk B, Riper H, Lehr D (2018) A health economic outcome evaluation of an internet-based mobile-supported stress management intervention for employees. Scand J Work Environ Health 44:171–182. https://doi.org/10.5271/sjweh.3691

EU-OSHA (2018) OiRA: free and simple tools for a straightforward risk assessment process. https://osha.europa.eu/en/tools-and-publications/oira. Zugegriffen: 25. Jun. 2019

FFAW Freiburger Forschungsstelle für Arbeitswissenschaften GmbH (2018) Die Mitarbeiterbefragung zu psychischen Belastungen am Arbeitsplatz COPSOQ deutsche Standardversion. https://www.copsoq.de/wie-befragen-wir/ablauf-in-7-schritten/. Zugegriffen: 25. Jun. 2019

GDA (2017) Empfehlungen zur Umsetzung der Gefährdungsbeurteilung psychischer Belastung:

Arbeitsschutz in der Praxis. http://www.gda-psyche.de/SharedDocs/Publikationen/DE/broschuere-empfehlung-gefaehrdungsbeurteilung.pdf?__blob=publicationFile&v=14. Zugegriffen: 25. Jun. 2019

GDA (2018) Leitlinie Beratung und Überwachung bei psychischen Belastungen am Arbeitsplatz. http://www.gda-portal.de/DE/Downloads/pdf/Leitlinie-Psych-Belastung.pdf?__blob=publicationFile&v=5. Zugegriffen: 25. Jun. 2019

Korunka C, Kubicek B (Hrsg) (2017) Job Demands in a changing world of work: Impact on workers' health and performance and implications for research and practice. Springer, Cham

Lippke S, Preißner CE, Pischke CR (2018) Zielgruppen und digitale Affinitäten: Unterschiede und Besonderheiten. In: Scherenberg V, Pundt J (Hrsg) Digitale Gesundheitskommunikation: Zwischen Meinungsbildung und Manipulation, 1. Aufl. Apollon University Press, Bremen, S 137–165

Müller-Thur K, Angerer P, Körner U, Dragano N (2018) Arbeit mit digitalen Technologien, psychosoziale Belastungen und potenzielle gesundheitliche Konsequenzen. Arbeitsmedizin Sozialmedizin Umweltmedizin 53:387–391

Paulus S (2018) Gefährdungsbeurteilungen von psychosozialen Risiken in der Arbeitswelt. Zum Stand der Forschung. Z Arbeitswiss 4:673

Schuller K (2018) „Gut, dass wir mal darüber geredet haben …?!" – Methodische Herausforderungen für die Gefährdungsbeurteilung psychischer Belastung in kleinen und mittelständischen Unternehmen (KMU). Arbeitsmed Sozialmed Umweltmed 53:790–797

Tabanelli MC, Depolo M, Cooke RMT, Sarchielli G, Bonfiglioli R, Mattioli S, Violante FS (2008) Available instruments for measurement of psychosocial factors in the work environment. Int Arch Occup Environ Health 82:1–12. https://doi.org/10.1007/s00420-008-0312-6

Tarafdar M, Tu Q, Ragu-Nathan B, Ragu-Nathan T (2007) The impact of technostress on role stress and productivity. J Manag Inf Syst 24:301–328. https://doi.org/10.2753/MIS0742-1222240109

van Stolk C, Staetsky L, Hassan E, Kim CW (2012) Management of psychosocial risks at work

Walters D, Wadsworth EJ (2016) Contexts and arrangements for occupational safety and health in micro and small enterprises in the EU-SESAME projects. https://osha.europa.eu/de/tools-and-publications/publications/contexts-and-arrangements-occupational-safety-and-health-micro. Zugegriffen: 25. Jun. 2019

Wulf IC, Süß S, Diebig M (2017) Akteure der Gefährdungsbeurteilung psychischer Belastung – Perspektiven und Konflikte im betrieblichen Arbeits- und Gesundheitsschutz. Z Arb Wiss 71:296–304

New Work und psychische Gesundheit

Carsten C. Schermuly und Jan Koch

9.1 Einleitung – 128

9.2 Begriffsklärung New Work – 129

9.3 Psychologisches Empowerment – 130
9.3.1 Psychologisches Empowerment als Ziel von New-Work-Maßnahmen – 130
9.3.2 Konsequenzen von psychologischem Empowerment für die psychische Gesundheit – 133

9.4 Agiles Arbeiten als New-Work-Initiative – 134
9.4.1 Agiles Arbeiten: Historische Entwicklung und Definition – 134
9.4.2 Agile Werte, Prinzipien und Praktiken und die Verbreitung agiler Methoden – 136
9.4.3 Zusammenhänge zwischen agilem Arbeiten und psychischer Gesundheit – 136

9.5 Fazit – 137

Literatur – 138

Zusammenfassung

Als Reaktion auf eine sich dynamisch verändernde Arbeits- und Wirtschaftswelt initiieren immer mehr Organisationen neue Formen der Zusammenarbeit. Diese werden in der Praxis unter dem Label *New Work* eingeführt. Den Begriff New Work hat der Philosoph Frithjof Bergmann mit einer gesellschafts- und kapitalismuskritischen Orientierung geprägt. In diesem Kapitel wird gezeigt, dass der Begriff diesen Charakter weitestgehend verloren hat. Die Autoren stellen dar, was gestern und heute unter New Work verstanden wird und wieso psychologisches Empowerment, d. h. die Wahrnehmung von Bedeutsamkeit, Kompetenz, Selbstbestimmung und Einfluss, das Ziel von New-Work-Maßnahmen sein sollte. Anschließend stellen sie Forschungsergebnisse zum Zusammenhang zwischen psychologischem Empowerment und psychischer Gesundheit vor. Vertieft wird das Thema am Beispiel des derzeit populären agilen Arbeitens. Es wird herausgearbeitet, wie agile Arbeit gesundheitsförderlich in Organisationen eingesetzt werden kann.

9.1 Einleitung

Verschiedene Trends wirken auf die Gegenwart und Zukunft der Arbeit ein. Dazu gehört ein gesteigerter *Informationszuwachs*, der es verzögert und erschwert, nach validen Informationen zu suchen und Wissen zu erwerben. Der *demografische Wandel* und die *Globalisierung* führen zu einer heterogenen Belegschaft hinsichtlich der Altersverteilung, aber auch der Werte, was die Zusammenarbeit zum Beispiel durch mehr Beziehungskonflikte herausfordern kann. Die *Globalisierung* und die damit einhergehende komplexe Vernetzung erschweren zusätzlich die Vorhersagbarkeit von Marktentwicklungen. Und letztlich wirkt die *Digitalisierung* mit ihren unterschiedlichen Facetten auf die Gegenwart und Zukunft der Arbeit ein. Soziale Netzwerke, künstliche Intelligenz, Big Data, Cloud Computing und mobile Endgeräte verändern dramatisch und weitestgehend unvorhersehbar die Art und Weise, wie und was in vielen Organisationen gearbeitet wird. Gleichzeitig wirkt die Digitalisierung als Katalysator für neue Märkte und neue Unternehmen, die auch als Konkurrenz gegenüber klassischen Organisationen mit ihren Produkten auftreten. So besitzt das größte Taxiunternehmen der Welt keine Taxis (Uber) und das größte Medienunternehmen erstellt keine wesentlichen eigenen Medieninhalte (Facebook). Diese Trends führen dazu, dass selbst klassische Unternehmen beginnen, ihre Zusammenarbeit neu zu organisieren (Schermuly 2019).

Als ein Hindernis für die Bewältigung der vier genannten Zukunftstrends identifizieren viele Unternehmen die klassische Hierarchiestruktur in ihren Unternehmen. Wie wir weiter unten darstellen, können Hierarchien den Wissensaustausch verlangsamen und zu Frustrationen in der Belegschaft führen. Daher wird eine Demokratisierung der Strukturen angestrebt, um der Komplexität der Außenwelt durch eine Komplexität in der Organisation zu begegnen (Schermuly 2019). Diese Demokratisierungsprozesse werden häufig unter dem Label *New Work* in Organisationen eingeführt. Laut einer Marktbefragung hat sich eine Mehrheit der Unternehmen in Deutschland mit dem Thema New Work bereits auseinandergesetzt (Kienbaum 2017). Viele neue und manche bereits etablierten Arbeitsformen wie zum Beispiel Holokratie, Open-Space-Büros, Home-Office, Bureaucracy Busters, Barcamps, Innovation Garages oder agile Projektarbeit werden im Zuge von New-Work-Initiativen eingeführt.[1] Mit diesen ist die Hoffnung verbunden,

---

[1] Open-Space-Büros sind hierarchiefreie Großraumbüros, in denen die Kooperation durch architektonische Maßnahmen gefördert werden soll. Bureaucracy Busters sind Großgruppenverfahren, bei denen in Organisationen bürokratische Hürden, die die Arbeit behindern, identifiziert und Vorschläge zur Abschaffung beschlossen werden. Barcamps sind hierarchiefreie „Unkonferenzen", bei denen die Teilnehmenden für ihre Themen werben und kurze Workshops zu diesen anbieten, wenn sie sich durchgesetzt haben. Innovation Garages sind Garagen, die als Innovationslabore auf dem Gelände eines Unternehmens aufgestellt werden. In diesen Räumen arbeiten

dass die Mitarbeiter innovativer und leistungsfähiger den Herausforderungen der modernen Arbeitswelt begegnen. Weniger Aufmerksamkeit erhält die Frage, welche gesundheitlichen Konsequenzen diese Arbeitsformen besitzen.

Ziel dieses Beitrags ist es, zunächst den Begriff New Work und seine historische Entwicklung zu beschreiben. Im Anschluss arbeiten wir psychologisches Empowerment als Ziel von New-Work-Maßnahmen heraus. Danach wird gezeigt, wie psychologisches Empowerment als Ziel von New Work mit der psychischen Gesundheit von Mitarbeitern verknüpft ist. Dann konzentrieren wir uns auf die agile Teamarbeit als eine bekannte Maßnahme von New Work und arbeiten deren Konsequenzen für die psychische Gesundheit heraus.

9.2 Begriffsklärung New Work

Den Begriff New Work hat der austro-amerikanische Philosophieprofessor Frithjof Bergmann geprägt (Bergmann 2017). Sein Buch mit dem Titel „Neue Arbeit – Neue Kultur" ist mittlerweile in Deutschland in der sechsten Auflage erhältlich und der Titel offenbart, dass Bergmann mehr als nur eine neue Gestaltung von Arbeit anstrebt. Es geht ihm um eine neue Kultur und er strebt „die Entwicklung und Einführung einer anderen Wirtschaftsform" an (Bergmann 2017, S. 205). Bergmann kritisiert den in den achtziger Jahren des vergangenen Jahrhunderts weit verbreiteten tayloristisch geprägten Kapitalismus und will die Lohnarbeit grundsätzlich reformieren. Er ruft vor allem das linke Gesellschaftsspektrum auf, ihn dabei zu unterstützen, den Kapitalismus in eine neue Richtung zu drehen (Bergmann 2017; Schermuly 2019).

Bergmann schreibt dazu (S. 11): „In der Vergangenheit war die zu erledigende Aufgabe in vielen Fällen das Ziel oder der Zweck. Der Mensch wurde von anderen, aber auch von sich selbst als Werkzeug benutzt, als Mittel zur Verwirklichung dieses Zwecks ... Die Neue Arbeit ist eine nun schon mehr als 20 Jahre andauernde Bemühung, diesen Zustand umzukehren. Nicht wir sollten der Arbeit dienen, sondern die Arbeit sollte uns dienen. Die Arbeit, die wir leisten, sollte nicht all unsere Kräfte aufzehren und uns erschöpfen. Sie sollte uns stattdessen mehr Kraft und Energie verleihen, sie sollte uns bei unserer Entwicklung unterstützen, lebendigere, vollständigere, stärkere Menschen zu werden." Bergmann will, dass Menschen in ihrer Arbeit Sinn erleben und die Arbeit verrichten, die sie wirklich wollen. Arbeit soll herausfordernd gestaltet sein und so sollen Menschen mit ihrer Arbeit wachsen und sie als Entwicklungschance nutzen. Arbeit soll nicht weiterhin als eine milde Krankheit, sondern als ein kompetenz- und persönlichkeitsförderliches Element des Lebens verwirklicht werden (Bergmann 2017). Dies sind Forderungen, denen bereits im Human-Relations-Ansatz und im Zuge von wissenschaftlichen, betrieblichen und politischen Initiativen zur Humanisierung des Arbeitserlebens im 20. Jahrhundert Beachtung geschenkt worden war (siehe z. B. das staatlich geförderte Programm Humanisierung des Arbeitslebens, HDA oder die Kohlebergbaustudien des Tavistock-Instituts).

Bergmann war Philosophieprofessor an der University of Michigan und konnte die Massenentlassungen in der amerikanischen Autoindustrie im Norden der USA in den achtziger und neunziger Jahren des vergangenen Jahrhunderts aus der Nähe beobachten. Diese Entlassungen, die durch fortschreitende Automatisierungsprozesse ausgelöst wurden, beeinflussten seine Philosophie stark. Bergmann stellt sich die Frage, was mit den vielen Menschen, die in Amerika und in anderen Ländern ihre Arbeit verlieren, geschehen soll – eine Frage, die durch die Digitalisierung erneut sehr aktuell geworden ist. Bergmann schlägt folgende Lösung vor:

Da Maschinen immer mehr Arbeiten übernehmen, sollen Menschen nur noch in re-

---

die Mitarbeiter autonom und bereichsübergreifend für eine begrenzte Zeit an einer Innovation. Alle anderen Begriffe werden im Laufe des Texts erläutert oder werden von den Autoren als bekannt vorausgesetzt (z. B. Home-Office).

duzierter Form einer Lohnarbeit nachgehen. Bergmann schlägt zwei Tage Lohnarbeit pro Woche vor, die bestenfalls bar bezahlt werden soll. An den übrigen Wochentagen sollen Menschen Tätigkeiten nachgehen, die sie wirklich wollen. Bergmann ist sich klar, dass Menschen Zeit und Unterstützung benötigen, um herauszufinden, welchen Tätigkeiten ihnen wirklich wichtig sind. Deswegen möchte er überall auf der Welt New-Work-Büros einrichten, in denen Menschen bei ihrem Findungsprozess unterstützt werden (Schermuly 2019).

Letztlich sollen in Bergmanns Philosophiegebäude neue Technologien die Menschen in ihrem Alltag unterstützen. Bergmann stellt sich eine High-Tech-Eigenproduktion vor und träumt „von Technologien, die es jedermann erlauben, die meisten Produkte, die für ein attraktives Leben nötig sind, in wenigen Stunden Arbeit pro Woche selbst herzustellen" (Bergmann 2017, S. 308). Mit der Unterstützung von intelligenten Technologien sollen Menschen selbständig tätig werden. Sie sollen sich morgens fragen, welche Produkte sie heute herstellen und welche Kompetenzen sie dadurch erlernen möchten (Bergmann 2017). Zusammenfassend lässt sich schreiben, dass in der Philosophie von Bergmann die Konzepte Kompetenzerfahrung, Sinnerleben und Selbständigkeit besonders wichtig sind und dass durch New Work eine neue Wirtschafts- und Gesellschaftsform entstehen soll.

Von diesem kapitalismuskritischen Charakter ist in der derzeitigen New-Work-Szene nichts mehr zu spüren. Der Begriff New Work ist zu einem unübersichtlichen Sammelbegriff für die unterschiedlichsten Maßnahmen im Rahmen der drei großen „D"s geworden: Demokratisierung, Digitalisierung und Dezentralisierung (Väth 2016). Die Unternehmensberatung Kienbaum führte eine Unternehmensbefragung zum Thema New Work durch (Kienbaum 2017). Bei 74 % der befragten Unternehmen steht das Thema New Work auf der Agenda und 63 % der Unternehmen haben bereits eine New-Work-Initiative in ihrem Unternehmen etabliert. Die häufigsten Maßnahmen im Rahmen einer New-Work-Initiative sind die Einführung von Home-Office-Möglichkeiten und der Einsatz von mobilen Technologien. Mit Abstand folgen offene Bürokonzepte, flache Hierarchien, Cultural-Change-Initiativen, Führung auf Augenhöhe und Demokratisierungsprozesse. New Work ist hinsichtlich der Bergmann'schen Philosophie entkernt worden – dadurch ist eine klare Zielstellung von New Work verlorengegangen. Im nächsten Abschnitt soll dieses Problem fokussiert und eine moderne, praktisch lohnenswerte und wissenschaftliche Zielstellung von New Work entworfen werden.

9.3 Psychologisches Empowerment

9.3.1 Psychologisches Empowerment als Ziel von New-Work-Maßnahmen

Viele New-Work-Initiativen starten mit einer Kritik an der Zusammenarbeit in autoritär und steil organisierten Hierarchien. Solche Hierarchien bergen Probleme bei der Bearbeitung von komplexen Problemstellungen (Anderson und Brown 2010) und können zu mehr Konflikten führen. Die Machtdifferenzierung privilegiert Mitarbeiter auf höheren Ebenen und frustriert solche mit weniger Macht (Halevy et al. 2011). So sind steile Hierarchien mit weniger Zufriedenheit, Selbstbewusstsein und Loyalität der Mitarbeiter assoziiert (Pierce et al. 1989; Smith und Tannenbaum 1963) und können für mehr Frustration, Angst und Stress sorgen (Becker und Blaloff 1969; Ivancevich und Donnelly 1975). Durch steile Hierarchien können Routineaufgaben gut gesteuert und kontrolliert werden, doch wenn die organisationale Innen- und Außenwelt für die Bearbeitung der Aufgaben Kreativität und Zusammenarbeit erfordern, dann kann die gemeinsame Arbeit durch diese gestört werden (Schermuly 2019).

New-Work-Maßnahmen sind in der Regel an einem rein strukturellen Empowerment-Ansatz orientiert. Die hierarchischen Struktu-

9.3 · Psychologisches Empowerment

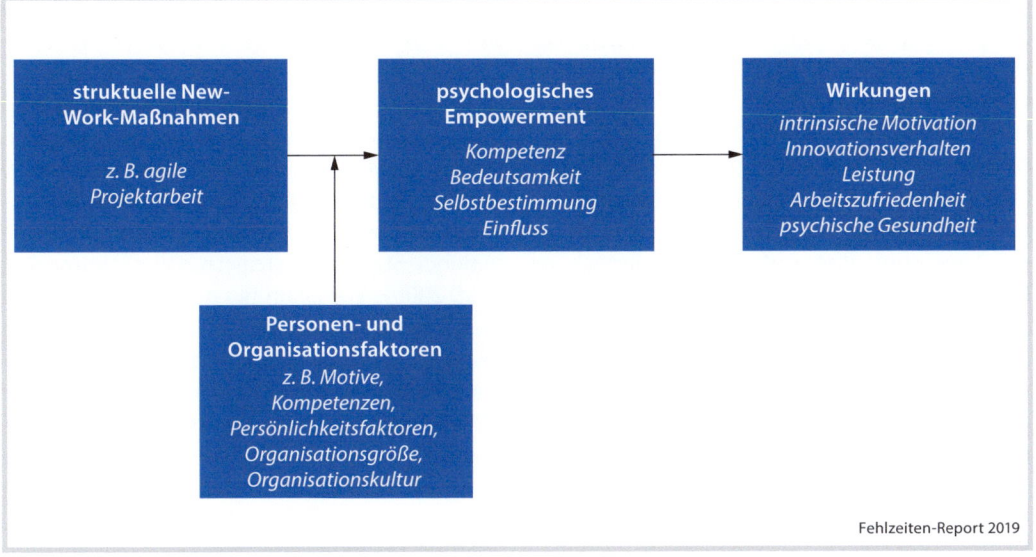

Abb. 9.1 Rahmenmodell für den Zusammenhang zwischen New Work, psychologischem Empowerment und den Wirkungen

ren sollen verflacht und demokratisiert werden (Spreitzer 2008). Bei radikaldemokratischen Ansätzen wie Holokratie werden Führungskräfte ganz aus der Organisation verbannt und durch selbstorganisationale Maßnahmen ersetzt. Dies führt, ähnlich wie bei flachen Hierarchien, zu neuen Problemen. Kühl (1998) nennt und beschreibt bei der Verflachung von Hierarchien das Politisierungsdilemma, das Identitätsdilemma und das Komplexitätsdilemma. Durch flache Hierarchien können mehr Machtkämpfe entstehen sowie Subgruppenidentitäten, die sich von derjenigen der Gesamtorganisation abkoppeln. Aufgaben und Verantwortlichkeiten müssen immer wieder neu verhandelt werden, was die Zusammenarbeit in flachen Hierarchien komplex werden lässt (Kühl 1998).

Darüber hinaus ist an dem rein strukturellen Ansatz problematisch, dass er ausschließlich die Makroebene der Organisation fokussiert und nicht die Menschen, die in diesen Strukturen arbeiten müssen (Spreitzer 2008). Die Strukturen werden verändert, ohne dass die Menschen in diesen Strukturen berücksichtigt werden. Doch Menschen interpretieren ihre Arbeitsstrukturen subjektiv – je nach Ausprägung von Motiven, Kompetenzen und anderen Persönlichkeitsfaktoren kann dieselbe Arbeitsstruktur von zwei Menschen unterschiedlich interpretiert und konstruiert werden (Schermuly 2019).

Der psychologische Empowerment-Ansatz fokussiert das Individuum in den Strukturen einer Organisation und kann helfen das Dilemma aufzulösen, dass demokratische Strukturen sowohl positive als auch negative Wirkungen haben können (siehe Abb. 9.1).

Darüber hinaus wird damit das Thema New Work mit seinen Bergmann'schen Wurzeln versöhnt. Letztlich liegen für die Gesundheitsförderlichkeit dieses Ansatzes zahlreiche positive Belege vor.

Der psychologische Empowerment-Ansatz wurde von Gretchen Spreitzer begründet (Spreitzer 1995, 2008). Psychologisches Empowerment setzt sich aus vier Bewertungen der Arbeitsrolle und damit der Arbeitsstrukturen zusammen: *Bedeutsamkeit*, *Kompetenz*, *Selbstbestimmung* und *Einfluss*. Menschen mit hohem Bedeutsamkeitserleben nehmen ihre Arbeitsaufgaben als wichtig und sinnvoll wahr. Die für die Tätigkeit notwendigen Werte entsprechen dem persönlichen Wertemuster (Spreitzer 1995). Im Lichte der Philosophie von Bergmann sollen Mitarbeiter die Arbeit verrichten, die sie wirklich tun wollen. Das Kompetenzerleben entspricht dem beruflichen Selbstwirksamkeitserleben. Menschen mit hoher Ausprägung sind überzeugt, dass sie in der Lage sind, ihre Aufgaben erfolgreich zu bearbeiten (Spreitzer 1995). Das Selbstbestimmungserleben bezieht sich auf das Erleben von Autonomie im Beruf. Menschen mit hoher Ausprägung nehmen wahr, dass sie unter anderem über ihre Arbeitsmittel, Arbeitszeiten und die Organisation ihrer Arbeitsprozesse selbständig bestimmen können (Spreitzer 1995). Mit Einfluss ist das Gegenteil von erlernter Hilflosigkeit (Seligman 1975) gemeint. Die Mitarbeiter nehmen wahr, dass sie Einfluss auf ihre Arbeit und Arbeitsumgebung haben. Mitarbeiter mit hoher Ausprägung fühlen sich mächtig. Sie glauben, strategische, administrative und operative Ergebnisse ihrer Arbeit beeinflussen zu können (Spreitzer 1995, 2008).

Zusammen ergeben diese vier Facetten die Gestalt des Konstrukts und repräsentieren das Gefühl von psychologischem Empowerment. Metaanalytisch konnte ein gemeinsamer Faktor nachgewiesen werden, auf den die vier Facetten gemeinsam laden (Seibert et al. 2011). Wie bereits erwähnt, deckt sich das Konstrukt gut mit den Vorstellungen von Bergmann bezüglich einer sinnvollen, kompetenzförderlichen und selbstbestimmten Arbeit. Und die Empirie zeigt, dass psychologisches Empowerment mit solchen Variablen assoziiert ist, die von New-Work-Maßnahmen beeinflusst werden sollen. Dazu gehören metaanalytisch abgesichert zum Beispiel mehr Innovationsfähigkeit, Arbeitszufriedenheit und extraproduktives Verhalten sowie weniger Fluktuationsabsichten (Seibert et al. 2011).

Es stellt sich die Frage, wie sich psychologisches Empowerment von anderen Konstrukten wie z. B. dem Kohärenzerleben (Antonovsky 1987) abhebt. Antonovsky entwickelte das Konstrukt aus der Beobachtung von Holocaust-Überlebenden und stellte sich die Frage, wie viele dieser Menschen die Konzentrationslager ohne psychische Folgeschäden überstehen konnten. Das Kohärenzerleben ist eine dispositionelle Bewältigungsressource, die sich aus den Dimensionen *Verstehbarkeit*, *Handhabbarkeit* und *Sinnhaftigkeit* zusammensetzt und die Widerstandsfähigkeit gegenüber Stressoren steigern soll (Schumacher et al. 2000). Vor allem bei der Handhabbarkeit und dem Kompetenzerleben sowie der Sinnhaftigkeit und der Bedeutsamkeit sind Parallelen zwischen den Konstrukten ersichtlich. Die globale und vor allem die dispositionelle Orientierung des Kohärenzerlebens bilden aber Unterschiede gegenüber dem Empowerment-Konstrukt. Zwar haben Dispositionen wie z. B. zentrale Selbstbewertungen (*core self-evaluation traits*) einen Einfluss auf psychologisches Empowerment (siehe Seibert et al. 2011) und dies mag auch für das Kohärenzerleben gelten, doch ist psychologisches Empowerment ein berufsbezogenes Konstrukt und keine Eigenschaft. Auch hat psychologisches Empowerment eine weniger starke klinische Prägung als das Kohärenzerleben.

Wie ◘ Abb. 9.1 verdeutlicht, führen New-Work-Maßnahmen, d. h. die Veränderung von Arbeitsstrukturen, nicht direkt zu den weiter oben erwähnten erwünschten Wirkungen wie mehr Innovationsfähigkeit und Leistung. Die strukturellen Bedingungen werden durch Menschen individuell interpretiert: Je nach Ausprägung von Motiven, Kompetenzen und anderen Persönlichkeitsfaktoren führen sie potenziell zu mehr psychologischem Empowerment und dieses löst dann die produktiven Wirkungen aus. Wegen dieser Mittlerposition zwischen den Arbeitsstrukturen und den erwünschten Konsequenzen ist psychologisches Empowerment das lohnende Ziel von New-Work-Initiativen. Für dieses Ziel spricht auch, dass das Konstrukt des psychologischen Empowerments eine solide wissenschaftliche Fundierung besitzt. Es ist theoretisch und empirisch abgesichert und es liegt ein Instrumentarium vor, das eine normorientierte Messung in wenigen Minuten möglich macht (siehe für die deutschen Items Schermuly 2019). Damit können New-Work-Maßnahmen evaluiert werden, indem beispielsweise das Empowerment-Erleben der Mitarbeiter vor und nach Einführung einer New-Work-Maßnahme verglichen wird. Dadurch kann ermittelt werden, ob und bei wem die New-Work-Maßnahme zu mehr Empowerment-Erleben geführt hat. Mittlerweile liegen hunderte Studien aus den verschiedensten Kulturkreisen zum Thema psychologisches Empowerment vor. Im Folgenden soll differenziert ein Forschungsbereich vorgestellt werden: der Zusammenhang zwischen psychologischem Empowerment und psychischer Gesundheit.

9.3.2 Konsequenzen von psychologischem Empowerment für die psychische Gesundheit

Verschiedene Argumente sprechen für einen günstigen Einfluss von psychologischem Empowerment auf die psychische Gesundheit. Im transaktionalen Stressmodell von Lazarus (2006) durchlaufen Menschen verschiedene Bewertungsstufen, bevor es zu einer Stressreaktion kommen kann. Auf der zweiten Stufe werden die Bewältigungsfähigkeiten (*coping resources*) und Bewältigungsmöglichkeiten (*coping options*) kognitiv eingeschätzt. Berufliche Selbstwirksamkeit und eine bedeutungsvolle Arbeit können als wichtige Ressourcen angesehen werden und durch die Selbstbestimmung und den Einfluss ergeben sich mehr Bewältigungsmöglichkeiten. Auch das Demand-Control-Modell (Karasek 1979) tangiert wichtige Variablen des psychologischen Empowerment-Konstrukts. Selbstbestimmung und Einfluss führen bei den Mitarbeitern zu mehr Kontrolle über ihre Arbeitstätigkeit. In der Perspektive des Demand-Control-Modells führt mehr Kontrolle vor allem dann zu weniger Stress, wenn die Anforderungen der Tätigkeit hoch sind. Und auch das Person-Environment-Fit Modell (French et al. 1974; Harrison 1978) lässt sich zur Ableitung des Zusammenhangs zwischen psychologischem Empowerment und psychischer Gesundheit heranziehen. Wenn die Kompetenzen nicht zu den Anforderungen der Stelle passen und die Bedürfnisse nicht zum Befriedigungspotenzial, dann sollten über diesen „Misfit" bei den Dimensionen Kompetenz und Bedeutsamkeit mehr psychische Herausforderungen entstehen.

Verschiedene Studien haben sich mit dem Zusammenhang von psychologischen Empowerment und psychischer Gesundheit auseinandergesetzt. Bereits in der Metanalyse von Seibert und Kollegen konnte 2011 ein signifikanter Zusammenhang zwischen psychologischem Empowerment und psychischer Belastung nachgewiesen werden (unkorrigierter Zusammenhang r = −0,28 [−0,36, −0,20]).

Im Anschluss wurde der Zusammenhang differenzierter erforscht und verschiedene Konstrukte der psychischen Gesundheit als Konsequenzen psychologischen Empowerments auf die Probe gestellt. Verschiedene Studie belegen den Zusammenhang zwischen psychologischem Empowerment und weniger Stresserleben (z. B. im Pflegebereich: Larrabee et al. 2010 oder bei Coaches: Schermuly 2014). In einer Stichprobe mit 103 rheinlandpfälzischen Konrektoren konnte ein negativer Zusammenhang zwischen psychologischem Empowerment und Burnout nachgewiesen werden, d. h. je geringer das wahrgenommene psychologische Empowerment war, desto höher war die Ausprägung des Burnouts (Schermuly et al. 2011). Burnout wurde in der Studie mit der emotionalen Erschöpfung aus dem Maslach-Burnout-Inventory (MBI) operationalisiert. Der Effekt von psychologischem Empowerment auf die emotionale Erschöpfung wurde durch die Arbeitszufriedenheit mediiert. Vor allem die Subfacetten Einfluss und Selbstbestimmung scheinen stärker protektiv gegenüber emotionaler Erschöpfung zu wirken (Schermuly und Meyer 2016). Weitere Studien (z. B. Gong et al. 2017; Tian et al. 2015) zeigen, dass psychologisches Empowerment auch mit den anderen Facetten des MBI (Depersonlisation und verminderte Leistungsfähigkeit) assoziiert ist.

Psychologisches Empowerment hat noch weitere gesundheitsrelevante Konsequenzen. Längsschnittlich konnte ein Effekt auf die Depressionsneigung nachgewiesen werden: Je höher das psychologische Empowerment wahrgenommen wurde, desto niedriger fiel die Depressionsneigung drei Monate später aus (Schermuly und Meyer 2016). Für eine weitere Studie wurden 1.485 deutsche Arbeitnehmer, die 55 Jahre oder älter waren und noch einer Berufstätigkeit nachgingen, telefonisch unter Zuhilfenahme eines Fragebogens befragt (Schermuly et al. 2017). In dieser Studie zeigte sich, dass hohes psychologisches Empowerment bei älteren Arbeitnehmern nicht nur mit geringerer psychischer, sondern auch mit weniger physischer Belastung assoziiert war. Darüber hinaus wollen ältere Arbeitnehmer, die starkes psychologisches Empowerment erleben, auch erst später in Rente gehen.

Nachdem hergeleitet wurde, dass sich psychologisches Empowerment als Ziel von New-Work-Maßnahmen anbietet und Zusammenhänge zwischen psychologischem Empowerment und gesundheitsrelevanten Variablen vorliegen, soll mit der agilen Teamarbeit nun eine spezifische und weit verbreitete New-Work-Maßnahme auf ihren Zusammenhang mit psychologischem Empowerment und psychischer Gesundheit geprüft werden.

9.4 Agiles Arbeiten als New-Work-Initiative

Es gibt viele konkrete New-Work-Maßnahmen, die das psychologische Empowerment der Beschäftigten in den Fokus rücken. Agile Methoden der Arbeitsgestaltung sind dafür – wenn konsequent in Organisationen umgesetzt – ein zielführendes Anwendungsbeispiel. Wo kleine, autonome Teams in permanenter Abstimmung mit Kunden oder Lieferanten auf die zunehmende Geschwindigkeit der globalen Veränderungen reagieren können, steigt das Erleben von Bedeutsamkeit, Kompetenz, Selbstbestimmung und Einfluss für die Beschäftigten (Schermuly 2019). Im Folgenden soll zunächst ein gemeinsames Verständnis des agilen Arbeitens erlangt werden, anschließend werden die gebräuchlichsten Formen agiler Methoden und ihre Verbreitung unter Berücksichtigung ihrer historischen Entstehung diskutiert. Schließlich soll aufgezeigt werden, inwiefern agiles Arbeiten mit Chancen und Risiken für die psychische Gesundheit der Beschäftigten einhergeht.

9.4.1 Agiles Arbeiten: Historische Entwicklung und Definition

Die ersten Wurzeln agiler Gedanken finden sich bereits in William Demings (1950) Theorien wieder. Der Grundgedanke des sogenannten Deming-Kreises (s. ◘ Abb. 9.2) ist es, sich jeden Tag weiterzuentwickeln, indem Prozesse kontinuierlich verbessert werden. Was zunächst noch auf den Produktionsbereich beschränkt war, bildet heute die Basis einer jeden agilen Methode. Anstatt einen Plan für mehrere Monate oder Jahre im Voraus zu entwickeln, werden jeweils nur die nächsten Aufgaben geplant, schnellstmöglich umgesetzt und auf Relevanz, Qualität und Kundennutzen geprüft (Sauter et al. 2018). Im Folgeschritt wird der Kunde in die Feedbackschleife involviert, damit seine Meinung für künftige Zyklen berücksichtigt werden kann.

Anfang des 21. Jahrhunderts fanden sich Software-Entwickler mit immer anspruchsvolleren Kundenwünschen und komplexeren Produkten konfrontiert. Da die wandelnden Umweltbedingungen den Projekterfolg erschwerten, wurden unter Berücksichtigung Deming'scher Werte Anstrengungen unternommen, diese Herausforderungen zu meistern. Als in immer mehr kleinen Entwicklereinheiten Ideen zur Handhabung der wechselnden Umweltbedingungen reiften, trafen sich im Jahr 2001 17 Hauptakteure der Bewegung, um die Gemeinsamkeiten ihrer Lösungen zu diskutieren (Sauter et al. 2018).

9.4 · Agiles Arbeiten als New-Work-Initiative

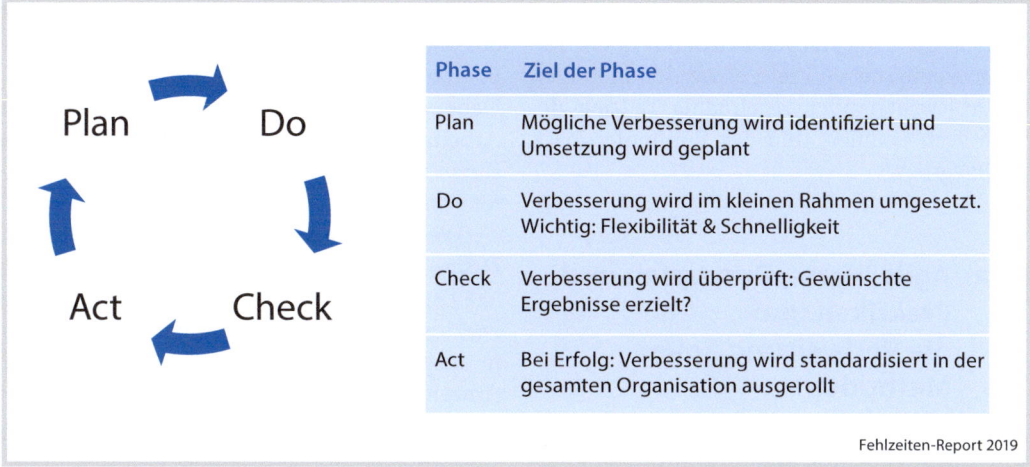

Abb. 9.2 Deming-Kreis

Am Ende dieser Diskussionen einigten sich die Experten auf zentrale Werte, die den eigenen Erfolg des ökonomischen Handelns in volatilen Umgebungen positiv beeinflussen können. Das Resultat wurde das „Agile Manifest" genannt (Beck et al. 2001). Gegenstand des agilen Manifests sind vier zentrale Werte für eine erfolgreiche Softwareentwicklung:
- „Individuen und Interaktionen mehr als Prozesse und Werkzeuge
- Funktionierende Software mehr als umfassende Dokumentation
- Zusammenarbeit mit dem Kunden mehr als Vertragsverhandlung
- Reagieren auf Veränderung mehr als das Befolgen eines Plans" (Beck et al. 2001)

Durch die Wertschätzung der Menschen und ihrer Interaktionen wird auch die Verbindung zum psychologischen Empowerment deutlich: Wo der direkte Austausch von Mensch zu Mensch das Lernen stimuliert und dem Handeln eine Bedeutung verleiht, wo umfassende Dokumentation und damit Kontrolle der Beschäftigten in den Hintergrund tritt, wo das Reagieren auf Veränderung explizit dem Team Entscheidungskompetenzen zuspricht, da erleben Menschen Bedeutsamkeit, Kompetenz, Selbstbestimmung und Einfluss (Schermuly 2019).

Obwohl die Softwareentwicklung und IT-nahe Themen immer noch das Kerneinsatzgebiet von agilen Methoden sind, konnte Komus (2017) zeigen, dass inzwischen 34 % der befragten Unternehmen agile Methoden für Aktivitäten ohne besonderen IT-Bezug nutzen. Um agiles Arbeiten auch für solche Anwendungskontexte als New-Work-Maßnahme identifizieren zu können, wird agiles Arbeiten nachfolgend definiert. Hierfür wurden bestehende Definitionen von agilem Arbeiten (Dingsøyr et al. 2012; Dybå und Dingsøyr 2008; Fernandez und Fernandez 2008) vom Kontext der Softwareentwicklung gelöst und in allgemeingültige Prinzipien überführt. Da agiles Arbeiten häufig als Alternative zum klassischen Projektmanagement verstanden wird (Komus 2017), bezieht sich die Definition explizit auf agiles Arbeiten in Projektsettings:

Agile Projektarbeit findet in einer eher kleinen Gruppe von Mitarbeitern statt, die eng zusammenarbeiten, um ein gemeinsames Projektziel zu erreichen. Vor allem drei Prinzipien sind für agile Projektarbeit zentral:
1. Autonomie: Das Team besitzt ein hohes Maß an Selbstorganisation und Entscheidungsbefugnissen
2. Gleichberechtigung: Die Teammitglieder arbeiten auf Augenhöhe zusammen an den Aufgaben

3. **Flexibilität/Kundeninvolvierung:** Am Anfang der Projektarbeit existieren in der Regel keine starren Ziele; es werden in kurzen Projektintervallen regelmäßig Teilziele definiert, evaluiert und das Kundenfeedback integriert.

9.4.2 Agile Werte, Prinzipien und Praktiken und die Verbreitung agiler Methoden

Unternehmen setzen die Grundidee des agilen Arbeitens in den unterschiedlichsten Formen um (Komus 2017). Sie orientieren sich dafür an den abstrakten Werten des agilen Manifests (Beck et al. 2001), übersetzen diese in konkretere Prinzipien der Arbeitsgestaltung wie selbstorganisierte Teams oder nutzen agile Praktiken wie die Teamreflektion des Arbeitsprozesses in Retrospektiven (Komus 2017). Um aus der Vielzahl von agilen Werten, Prinzipien und Praktiken einen ganzheitlichen, schlüssigen Prozess zusammenzufügen, haben sich seit Beginn des 21. Jahrhunderts agile Methoden etabliert (Sauter et al. 2018). Diese Methoden strukturieren die Zusammenarbeit im Team und ermöglichen einen verlässlichen Ablauf, durch den eine flexible Anpassung auf sich wandelnde Umweltbedingungen gewährleistet werden kann.

Komus (2017) konnte zeigen, dass die agile Methode *Scrum* momentan von 85 % aller agilen Anwender genutzt wird und ihr damit eine zentrale Bedeutung zukommt. Scrum ist eine Methode der Projektarbeit vor allem für Produktentwicklungsteams, bei dem ein Prozess der schrittweisen Annäherung initiiert wird (Sauter et al. 2018). Durch eine laufende Ermittlung von Zwischenergebnissen kann die Vorgehensweise kontinuierlich angepasst werden (für einen detaillierten Überblick über die Methode siehe Gloger 2016).

Neben Scrum hat sich in vergangenen Jahren die agile Methode *Kanban* etabliert, die inzwischen von rund 60 % der agilen Anwender eingesetzt wird (Komus 2017). Kanban hat das Ziel, gleichzeitig Arbeitsprozesse zu optimieren und die Kommunikation zu fördern. Dabei wird vor allem auf die Visualisierung von Arbeitsschritten gesetzt, die in gemeinsamen Kurztreffen vom Team priorisiert werden (Sauter et al. 2018).

Weitere agile Methoden wie *Lean*, *DevOps*, *Design Thinking* oder *Extreme Programming* (*XP*) spielen nach Komus' Untersuchung eine eher untergeordnete Rolle oder kommen nur in ausgewählten Unternehmenskontexten zur Anwendung (Komus 2017).

9.4.3 Zusammenhänge zwischen agilem Arbeiten und psychischer Gesundheit

Die Studienlage zu agilem Arbeiten und psychischer Gesundheit ist aktuell noch wenig umfangreich, erste Studien weisen jedoch auf ein differenziertes Gesamtbild hin. Agiles Arbeiten geht nach einer finnischen Studie von Tuomivaara et al. (2017) mit geringeren Belastungen für die Beschäftigten einher. Die Autoren konnten mithilfe eines längsschnittlichen Designs und einer Stichprobe von 36 Softwareentwicklern zeigen, dass die Herzrate von Beschäftigen in hoch agilen Settings (also Arbeitsumgebungen, die anhand eines selbst entwickelten, mehrdimensionalen Fragebogens als agil eingeschätzt wurden) gleichmäßiger ausfällt als in wenig agilen Settings. Insbesondere zum Ende einer Arbeitsperiode zeigte sich, dass Beschäftigte in hoch agilen Settings niedrigere physiologische Stresssymptome aufweisen als Beschäftigte in wenig agilen Settings (Tuomivaara et al. 2017). Mann und Maurer (2005) fanden in ihrer längsschnittlichen Fallstudie in einer kanadischen Software-Entwicklungsorganisation vergleichbare Hinweise auf ein nachhaltigeres Arbeitstempo und weniger Überstunden der Beschäftigten ($n = 10$), nachdem die agile Methode Scrum im Unternehmen eingeführt wurde. Der Anteil von Überstunden an der Gesamt-Arbeitszeit konnte durch die Einführung agiler Arbeit mehr als halbiert werden (Mann und Maurer 2005). Ein geringeres Stresserleben in agilen Settings kann vor allem dann erzielt werden, wenn sich die Beschäftigten empowert fühlen (Laanti 2013). Laanti führt dies darauf zurück, dass empowerte Beschäftigte den Umfang ihrer Arbeitsmenge festlegen und regelmäßig anpassen können, ergo ein nachhaltiges Tempo der Arbeit entwickeln. Syed-Abdullah et al. (2006) konnten ferner mit einem experimentellen Design und 75 britischen Studierenden zeigen, dass eine höhere Anzahl angewandter agiler Praktiken mit einer niedrigeren Depressionsneigung der Studienteilnehmer einhergeht. Die Autoren führen dies auf einen Zugewinn an Kontrolle über die Arbeitstätigkeit und die Sichtbarkeit des eigenen Fortschritts zurück. Gleichzeitig vermuten sie, dass regelmäßiges Feedback (durch das Team und den Kunden) einen relevanten Schutzfaktor vor depressiven Episoden bildet (Syed-Abdullah et al. 2006).

Eine aktuelle Befragung von 425 Beschäftigten mithilfe des Index des Deutschen Gewerkschaftsbundes (DGB) „Gute Arbeit" (Müller und Wille 2019) zeigt neben Chancen agiler Arbeit auch Risiken für die psychische Gesundheit der Beschäftigten auf. So werden einerseits positive Aspekte wie gesunkene emotionale Anforderungen der Arbeit und gesteigerte Beschäftigungssicherheit berichtet, andererseits wird die gesteigerte Arbeitsintensität betont (Müller und Wille 2019). Ein erhöhter Zeitdruck, Störungen der Arbeit und Überstunden charakterisieren für viele Befragte ihre Arbeit in agilen Settings und stehen im Kontrast zu den oben diskutierten Forschungsergebnissen. Die gegensätzlichen Ergebnisse dieser Studie im Vergleich zum bisherigen Forschungsstand (Laanti 2013; Mann und Maurer 2005; Syed-Abdullah et al. 2006; Tuomivaara et al. 2017) könnten auf die konkrete Umsetzung der agilen Praktiken und Methoden zurückzuführen sein: Ob und wie sehr agile Arbeit mit positiven oder negativen Konsequenzen einhergeht, hängt nachweisbar von ihrer Ausgestaltung ab (Müller und Wille 2019). Die Autoren identifizieren in ihren Ergebnissen zentrale Hebel und damit Moderatoren für die positive Entfaltung agiler Arbeit: Wenn die Teams in hohem Maße selbstorganisiert arbeiten, also über die benötigten (zeitlichen) Ressourcen und Entscheidungsbefugnisse verfügen, wenn die Rahmenbedingungen für gute agile Projektarbeit geschaffen sind und diese sich in angemessenen (Empowerment-orientierten) Strukturen, der Ausstattung sowie der Qualifizierung widerspiegeln, dann steigt das Potenzial für das Erleben von Bedeutsamkeit, Kompetenz, Selbstbestimmung und Einfluss und damit die Wahrscheinlichkeit einer gesundheitsförderlichen Wirkung agiler Arbeit. Agile Arbeit muss adäquat strukturell unterfüttert werden, damit sie psychologisches Empowerment und psychische Gesundheit stimulieren kann.

9.5 Fazit

Die Wirtschafts- und Arbeitswelt verändert sich mit großer Geschwindigkeit, sodass viele Organisationen neue Formen der Zusammenarbeit wählen, um der Komplexität und Dynamik des Wandels Rechnung zu tragen. Diese neuen Arbeitsformen, die unter dem Label New Work eingeführt werden, sollten das Ziel haben, das psychologische Empowerment der Beschäftigten, also das Erleben von Bedeutsamkeit, Kompetenz, Selbstbestimmung und Einfluss, durch strukturelle Maßnahmen zu stärken. Psychologisches Empowerment verbindet die vielen aktuellen Maßnahmen mit der ursprünglichen New-Work-Philosophie von Frithjof Bergmann. Wie weiter oben hergeleitet wurde, ist psychologisches Empowerment eine lohnenswerte und messbare Zielstellung für New-Work-Maßnahmen. Psychologisches Empowerment kann nicht nur zu mehr Innovationsfähigkeit, Arbeitszufriedenheit und extraproduktivem Verhalten führen, sondern geht gleichzeitig einher mit erstrebenswerten Ausprägungen auf Variablen der psychischen Gesundheit. Das sind die psychische Belastung im Allgemeinen sowie Stresserleben, Burnout und Depressionsneigung im Speziellen. Mithilfe der Vertiefung am konkreten Beispiel der New-Work-Maßnahme agiles Arbeiten konnte darüber hinaus gezeigt werden, warum agiles Arbeiten das ökonomische Handeln in dynamischen Kontexten positiv beeinflussen kann und wie agile Werte, Prinzipien, Praktiken und Methoden das psychologische Empowerment der Beschäftigten fördern können. Anhand der aktuellen Studienlage wurde herausgearbeitet, dass agiles Arbeiten sowohl mit Chancen als auch mit Herausforderungen für die psychische Gesundheit der Beschäftigten in Organisationen einhergeht. Zentral für die Entfaltung der gesundheitsförderlichen Potenziale von agilem Arbeiten ist die Stärkung der Selbstorganisation der Beschäftigten und die Schaffung von agilitätsförderlichen Rahmenbedingungen, also im Kern Strukturen, die das Erleben von psychologischem Empowerment nachhaltig ermöglichen.

Literatur

Anderson C, Brown CE (2010) The functions and dysfunctions of hierarchy. Res Organ Behav 30(1):55–89. https://doi.org/10.1016/j.riob.2010.08.002

Antonovsky A (1987) Unraveling the mystery of health. How people manage stress and stay well. Jossey-Bass, San Francisco

Beck K, Beedle M, Van Bennekum A, Cockburn A, Cunningham W, Fowler M, Kern J et al (2001) Manifest für Agile Softwareentwicklung. http://www.agilemanifesto.org/iso/de

Becker SW, Blaloff N (1969) Organization structure and complex problem solving. Adm Sci Q 14(2):260–271. https://doi.org/10.2307/2391104

Bergmann F (2017) Neue Arbeit – Neue Kultur, 6. Aufl. Arbor, Freiburg

Deming WE (1950) Elementary principles of the statistical control of quality: a series of lectures. Nippon Kagaku Gijutsu Remmei

Dingsøyr T, Nerur S, Balijepally V, Moe NB (2012) A decade of agile methodologies: towards explaining agile software development. J Syst Softwares 85(6):1213–1221. https://doi.org/10.1016/j.jss.2012.02.033

Dybå T, Dingsøyr T (2008) Empirical studies of agile software development: A systematic review. Inf Softw Technol 50(9–10):833–859. https://doi.org/10.1016/j.infsof.2008.01.006

Fernandez DJ, Fernandez JD (2008) Agile project management—agilism versus traditional approaches. J Comput Inf Syst 49(2):10–17

French JRP Jr, Rodger W, Cobb S (1974) Adjustment as person-environment fit. In: Coelho GV, Hamburg DA, Adams JE (Hrsg) Coping and adjustment. Basic Books, New York, S 316–333

Gloger B (2016) Scrum: Produkte zuverlässig und schnell entwickeln. Carl Hanser, München

Gong Z, Zhang J, Zhao Y, Yin L (2017) The relationship between feedback environment, feedback orientation, psychological empowerment and burnout among police in China. Policing: Int J Police Strateg Manag 40(2):336–350. https://doi.org/10.1108/PIJPSM-03-2016-0046

Halevy N, Chou EY, Galinsky AD (2011) A functional model of hierarchy: Why, how, and when vertical differentiation enhances group performance. Organ Psychol Rev 1(1):32–52. https://doi.org/10.1177/2041386610380991

Harrison RV (1978) Person–environment fit and job stress. In: Cooper CL, Payne R (Hrsg) Stress at work. Wiley, New York, S 175–205

Ivancevich JM, Donnelly JH Jr (1975) Relation of organizational structure to job satisfaction, anxiety-stress, and performance. Adm Sci Q 20(2):272–280. https://doi.org/10.2307/2391699

Karasek RA Jr (1979) Job demands, job decision latitude, and mental strain: Implications for job redesign. Adm Sci Q 24:285–308. https://doi.org/10.2307/2392498

Kienbaum (2017) New Work Pulse Check 2017. https://www.kienbaum.com/de/blog/new-work-pulse-check

Komus A (2017) Abschlussbericht: Status Quo Agile 2016/2017. Studie über Erfolg und Anwendungsformen von agilen Methoden

Kühl S (1998) Wenn die Affen den Zoo regieren: die Tücken der flachen Hierarchien. Campus, Frankfurt

Laanti M (2013) Agile and wellbeing – stress, empowerment, and performance in Scrum and Kanban teams. System Sciences (HICSS) 2013, 46th Hawaii International Conference on System Sciences. IEEE, S 4761–4770 https://doi.org/10.1109/HICSS.2013.74

Larrabee JH, Wu Y, Persily CA, Simoni PS, Johnston PA, Marcischak TL, Gladden SD et al (2010) Influence of stress resiliency on RN job satisfaction and intent to stay. West J Nurs Res 32(1):81–102. https://doi.org/10.1177/0193945909343293

Lazarus RS (2006) Stress and emotion: a new synthesis. Springer, Heidelberg

Mann C, Maurer F (2005) A case study on the impact of scrum on overtime and customer satisfaction. Agile Development Conference (ADC'05)(ADC), Denver, S 70–79 https://doi.org/10.1109/ADC.2005.1

Müller N, Wille C (2019) Gute agile Arbeit – Arbeitsstress im Zuge der Digitalisierung vermeiden. In: Jahrbuch Gute Arbeit 2019. Bund Verlag, Frankfurt/M. (http://www.innovation-gute-arbeit.verdi.de/gute-arbeit/jahrbuch-gute-arbeit)

Literatur

Pierce JL, Gardner DG, Cummings LL, Dunham RB (1989) Organization-based self-esteem: Construction definition, measurement, and validation. Acad Manag J 32(3):622–648. https://doi.org/10.2307/256437

Sauter R, Sauter W, Wolfig R (2018) Agile Werte- und Kompetenzentwicklung. Wege in eine neue Arbeitswelt. Gabler, Heidelberg

Schermuly CC (2014) Negative effects of coaching for coaches – An explorative study. Int Coach Psychol Rev 9(2):165–180

Schermuly CC (2019) New Work – Gute Arbeit gestalten Psychologisches Empowerment von Mitarbeitern (2. Ausgabe). Haufe-Lexware, Freiburg

Schermuly CC, Büsch V, Graßmann C (2017) Psychological empowerment, psychological and physical strain and the desired retirement age. Pers Rev 46(5):950–969. https://doi.org/10.1108/PR-06-2015-0159

Schermuly CC, Meyer B (2016) Good relationships at work: The effects of Leader–Member Exchange and Team–Member Exchange on psychological empowerment, emotional exhaustion, and depression. J Organ Behav 37(5):673–691. https://doi.org/10.1002/job.2060

Schermuly CC, Schermuly RA, Meyer B (2011) Effects of vice-principals' psychological empowerment on job satisfaction and burnout. Int J Educ Manag 25:252–264

Schumacher J, Gunzelmann T, Brähler E (2000) Deutsche Normierung der sense of coherence scale von Antonovsky. Diagnostica 46(4):208–213. https://doi.org/10.1026//0012-1924.46.4.208

Seibert SE, Wang G, Courtright SH (2011) Antecedents and consequences of psychological and team empowerment in organizations: a meta-analytic review. J Appl Psychol 96:981–1003. https://doi.org/10.1037/a0022676

Seligman ME (1975) Helplessness: on depression, development, and death. W.H. Freeman, San Francisco

Smith CG, Tannenbaum AS (1963) Organizational control structure: a comparative analysis. Hum Relations 16(4):299–316. https://doi.org/10.1177/001872676301600401

Spreitzer GM (1995) Psychological empowerment in the workplace: Dimensions, measurement, and validation. Acad Manag J 38(5):1442–1465. https://doi.org/10.2307/256865

Spreitzer GM (2008) Taking stock: A review of more than twenty years of research on empowerment at work. In: Barling J, Cooper CL((Hrsg) Handbook of organizational behavior. SAGE, Thousand Oaks, S 54–72

Syed-Abdullah S, Holcombe M, Gheorge M (2006) The impact of an agile methodology on the well being of development teams. Empir Softw Eng 11(1):143–167. https://doi.org/10.1007/s10664-006-5968-5

Tian X, Liu C, Zou G, Li G, Kong L, Li P (2015) Positive resources for combating job burnout among Chinese telephone operators: resilience and psychological empowerment. Psychiatry Res 228(3):411–415. https://doi.org/10.1016/j.psychres.2015.05.073

Tuomivaara S, Lindholm H, Känsälä M (2017) Short-term physiological strain and recovery among employees working with agile and lean methods in software and embedded ICT systems. Int J Human–computer Interact 33(11):857–867

Väth M (2016) New Work und die Psychologie: Wer bin ich – und wenn ja, was nicht? Wirtschaftspsychologie 2:21–24

Digitalisierung aus der Perspektive der gesundheitsfördernden Organisationsentwicklung

Nadine Pieck, Ute Held und Claudia Bindl

10.1 Einleitung – 143

10.2 Digitalisierung als Eingriff in ein soziotechnisches System – 143

10.3 Digitalisierung als Gegenstand von Gesundheitsmanagement – 144
10.3.1 Es fehlen gesundheitsbezogene Ziele und Kriterien – 145
10.3.2 Belastungs- und Ressourcenkonstellationen in Digitalisierungsprozessen – 145

10.4 Beobachtung von Auswirkungen auf kultureller Ebene – 147
10.4.1 Erwartungen an Digitalisierungsprozesse – 147
10.4.2 Hierarchisierung der Kommunikation verhindert Bearbeitung bestehender Probleme – 147
10.4.3 Fokussierung auf technische Aspekte – 148
10.4.4 Unsichtbarkeit der eigenen Anpassungsleistung – 148
10.4.5 Zwischenbilanz – 148

10.5 Anforderungen an die Gestaltung von Digitalisierungsprozessen – 149
10.5.1 Kommunikationsarchitektur – 149
10.5.2 Haltung der Beteiligten – Lernen am Modell – 150

© Springer-Verlag GmbH Deutschland, ein Teil von Springer Nature 2019
B. Badura et al. (Hrsg.), *Fehlzeiten-Report 2019*, https://doi.org/10.1007/978-3-662-59044-7_10

10.5.3	Sinnhaftigkeit für die Betroffenen – 150
10.5.4	Enthierarchisierung der Kommunikation – 151
10.5.5	Resonanz fördern – 151
10.5.6	Salutogene Geschäftsprozessanalyse – 152

10.6   Fazit – 152

   Literatur – 153

Zusammenfassung

Dieser Artikel basiert auf Ergebnissen und Erfahrungen aus Pilotprojekten in mehreren Unternehmen, insbesondere öffentlicher Verwaltungen, sowie Erkenntnissen aus einem Expert*innenworkshop zum Thema „Digitalisierung – Anforderungen und Gestaltungsansätze menschzentrierter Technikentwicklung". Die Autorinnen befassen sich mit Digitalisierung aus der Perspektive der gesundheitsfördernden Organisationsentwicklung. Digitalisierung findet in den Betrieben statt, jedoch weitgehend ohne sich in der Definition von Zielen und Kriterien auf Gesundheit und eine menschengerechte Gestaltung von Arbeit zu beziehen. Digitalisierung wird vor allem durch ihre Folgen – nämlich Fehlbeanspruchungen – zum Thema, beispielsweise in Gefährdungsbeurteilungen bzw. in der gesundheitsfördernden Organisationsentwicklung. Bevorstehende Digitalisierungsprozesse sind mit hohen Erwartungen an Rationalisierungspotenziale verbunden, ihre Planung und methodische Gestaltung ist jedoch bisher nicht mit dem Betrieblichen Gesundheitsmanagement (BGM) verknüpft. Die Dialog- und Reflexionsfähigkeit der Organisation ist eine zentrale Voraussetzung für eine gelingende, menschzentrierte Technikentwicklung bzw. Digitalisierung und Arbeitsgestaltung. Eine systematische Bearbeitung von Digitalisierungsvorhaben im Rahmen der gesundheitsfördernden Organisationsentwicklung kann hierzu einen wesentlichen Beitrag leisten.

lung davon aus, dass die Arbeitsbedingungen – und damit die Gesundheit der Beschäftigten – maßgeblich durch die Strukturen, Prozesse und Routinen der Organisation sowie durch die Qualität der Interaktionen ihrer Mitglieder (und Kunden*innen, Klient*innen etc.) bestimmt werden (Faller 2017; Pieck 2013). So entsteht die Belastung „Zeitdruck" durch das kontextspezifische Zusammenwirken von betrieblichen Vorgaben und Regeln sowie Zielen und den zur Verfügung stehenden Ressourcen. Psychische Belastungen resultieren insbesondere aus konfligierenden Konstellationen von Belastungen und Ressourcen (Schubert 2019, S. 44; Moldaschl 2017). Bestehende Belastungen der Beschäftigten zu identifizieren ist lediglich der erste Schritt in der gesundheitsfördernden Organisationsentwicklung. Darüber hinaus geht es im zweiten Schritt darum, zu analysieren, wie diese Belastungen zustande kommen. Es geht also nicht nur darum, zu erkennen, was geändert werden müsste, sondern auch um die Frage, wie eine Veränderung herbeigeführt werden kann. Aus mikropolitischer Sicht sind Entscheidungen in Organisationen das Ergebnis von Aushandlungsprozessen zwischen verschiedenen Akteur*innen mit jeweils eigenen Interessen und unterschiedlicher Ressourcenausstattung (z. B. Macht) zur Durchsetzung ihrer Interessen. Mit welchen Vorgehensweisen und Methoden lassen sich also Aushandlungsprozesse unterstützen und gestalten, die Entscheidungen zugunsten einer gesundheitsorientierten Technologieentwicklung fördern?

10.1 Einleitung

Gesundheitsfördernde Organisationsentwicklung zielt darauf ab, Arbeitsbedingungen gesundheitsförderlich zu gestalten, Mitarbeitende zu befähigen, die an sie gestellten Anforderungen zu bewältigen sowie die Einflussfaktoren ihrer Gesundheit gestalten bzw. beeinflussen zu können. Dabei geht der Ansatz der gesundheitsfördernden Organisationsentwick-

10.2 Digitalisierung als Eingriff in ein soziotechnisches System

In unserer Betrachtung von Digitalisierungsprozessen in Organisationen gehen wir davon aus, dass es sich bei Organisationen um soziotechnische Systeme handelt (z. B. Grossmann und Scala 2011; Bauer und Jenny 2013;

Haun 2016, S. 119). Als komplexe soziale Systeme zeichnen sie sich u. a. dadurch aus, dass nicht vorhergesagt werden kann, wie sie sich verhalten werden. Die Beziehungen zwischen Ursache und Wirkung sind in ihnen nicht linear. Wie die einzelnen Elemente des sozialen Systems aufeinander wechselseitig wirken, ist im Prinzip unbekannt (Black Box). Eine Veränderung des Systems lässt sich demnach nicht gezielt steuern. Technische Systeme hingegen basieren auf einer kausalen Beziehung von Ursache und Wirkung. Ein bestimmter Input führt zu einem vorgegebenen Output. Unser Eindruck ist, dass in den Betrieben ein an technischen Systemen orientiertes Verständnis von Organisationen vorherrscht. Dies führt dazu, dass nicht hinreichend berücksichtigt wird, wie sich Technik auf die Beschäftigten und ihr Handeln auswirkt. Zudem realisieren sich in der Technik partikulare Interessen betrieblicher Akteure, etwa durch angebotene Funktionen, Eingriffsmöglichkeiten, Kontrollrechte oder vorgeschriebene Abläufe. Dadurch wird das Handeln der Mitarbeitenden vorgegeben bzw. eingeschränkt. Gleichzeitig hängen die Auswirkungen der Technik davon ab, wie mit ihr umgegangen wird (Techniknutzung). Sie ist also Teil eines soziotechnischen Systems (Jahnke 2006, S. 19 f.). Bei der Planung und Ausgestaltung technischer Neuerungen wird in den Betrieben der Schwerpunkt auf technische Aspekte gelegt, die damit verbundene Intervention in ein soziales System bleibt unreflektiert.

10.3 Digitalisierung als Gegenstand von Gesundheitsmanagement

Wie stellen sich nun aus der Perspektive der gesundheitsfördernden Organisationsentwicklung Digitalisierungsprozesse dar? Im Folgenden gehen wir davon aus, dass es sich bei der Digitalisierung um ein sehr heterogenes Feld handelt und um einen langwierigen und in der Regel nicht abgeschlossenen Prozess. Unter Digitalisierungsprozesse fallen beispielsweise die Einführung elektronischer Akten (papierloses Büro), Automatisierung von Prozessen oder die Vernetzung und Selbststeuerung von Geräten. Ebenso heterogen sind die Erwartungen und Interessen bzw. Ziele, die mit der Digitalisierung verbunden werden. Mit der Einführung von neuen Technologien ist immer eine Veränderung des jeweiligen soziotechnischen Systems verbunden, die zu Anpassungsanforderungen bei den Beschäftigten führt. Aus der Perspektive der gesundheitsfördernden Organisationsentwicklung interessiert uns, wie sich Digitalisierungsprozesse auf die Arbeitsbedingungen (und mittelbar auf die Gesundheit der Beschäftigten) auswirken und wie Digitalisierungsprozesse durch eine gesundheitsfördernde Organisationsentwicklung begleitet werden können.

In diesem Beitrag werten wir die Ergebnisse und Erfahrungen zur gesundheitsfördernden Organisationsentwicklung aus acht Projekten – einem Unternehmen, zwei gemeinnützigen Organisationen und fünf Verwaltungen – aus. Die folgenden Ergebnisse und Überlegungen basieren auf der Auswertung von Arbeitssituationsanalysen und Konzeptionsworkshops sowie aus Reflexionsprotokollen des Beratungsprozesses aus der Begleitung solcher Prozesse. In die Reflexion der Ergebnisse geht zudem der Erfahrungsaustausch in einem Expert*innenworkshop zum Thema „Digitalisierung – Anforderungen und Gestaltungsansätze menschzentrierter Technikentwicklung" ein.

Forschungsleitend ist die Frage, ob Digitalisierungsprozesse und deren Auswirkungen auf Belastungen und Ressourcen überhaupt Gegenstand des Gesundheitsmanagements sind.

Im Rahmen der Untersuchung wurden die Dokumente entlang der Phasen der gesundheitsfördernden Organisationsentwicklung analysiert. In den jeweiligen Phasen gibt es unterschiedliche Anknüpfungspunkte, um Digitalisierung und Gesundheit zu thematisieren und zu bearbeiten:
- *Planungs- und Konzeptionsphase*
  - Auftragsklärung – mit Führung und Interessenvertretung – gesundheitsbezoge-

ne Ziele und Kriterien (z. B. ganzheitlich, partizipativ)
  – Auswahl von Pilotbereichen (Themen, Belastungs- und Ressourcenschwerpunkte)
- *Analysephase*
  – z. B. salutogene Analysen der Geschäftsprozesse, Personalbefragungen und/oder Arbeitssituationsanalysen – Identifikation kritischer Ausprägungen von Belastungen/Ressourcenmangel, Identifikation von Handlungsbedarfen und Ressourcen
  – Kontextbezogene vertiefende Analyse in Beteiligungsgruppen, Analyse der Wirkungszusammenhänge, Entwicklung von Maßnahmen
- *Umsetzungsphase*: Erprobung und Umsetzung der Maßnahmen durch die Organisation, Begleitung durch interne und externe Akteure
- *Überprüfung der Wirksamkeit*: Evaluations- und Reflexionsworkshops
- *Anpassung und Fortschreibung*

10.3.1 Es fehlen gesundheitsbezogene Ziele und Kriterien

Die Auswertung von Führungskräfteworkshops zur Auftragsklärung zeigt, dass Digitalisierungsprozesse eine große Anforderung an die Organisation darstellen, diese jedoch nicht mit dem Gesundheitsmanagement verknüpft werden. In der Entwicklung von Zielen und Kriterien für die Digitalisierungsprozesse werden gesundheitsbezogene Kriterien kaum diskutiert. Im Vordergrund stehen Erwartungen an die Steigerung von Effizienz bzw. an die Senkung der Personalkosten. Zudem werden Gesundheitsexpert*innen und deren arbeitswissenschaftliche Erkenntnisse nicht systematisch einbezogen. Auch betroffene Mitarbeitende als Expert*innen ihrer Arbeitsaufgaben werden nur unzureichend beteiligt. Ihre Arbeitsvorgänge werden zwar beobachtet, sie werden zu ihrer Tätigkeit befragt, ihre Vorstellungen werden jedoch nicht systematisch in der Zielbildung und Festlegung von Kriterien berücksichtigt. Auch in Projekt- und Entscheidungsgremien sind sie nicht beteiligt. Technik-Expert*innen entwerfen auf der Grundlage der gewonnenen Informationen die digitalen Prozesse. Wie diese aus Sicht der Beschäftigten hinsichtlich Arbeitsaufwand, Nutzerfreundlichkeit etc. eingeschätzt werden, wird weder erhoben noch rückgekoppelt. Eine vorausschauende Gefährdungsbeurteilung oder, um einen altbekannten Ansatz zu bemühen, eine Technikfolgenabschätzung ist nicht erkennbar. Potenzielle Auswirkungen auf die Arbeitsbedingungen und damit auf die Gesundheit der Beschäftigten sind nicht Gegenstand des Planungsprozesses. Seitens der Gesundheitsakteur*innen gab es auch keine Vorschläge, Digitalisierung für die Verbesserung der Arbeitsbedingungen zu nutzen, etwa durch Mobile Working/Home Office etc. Lediglich im Bereich der Gesundheitsangebote werden auch „digitale Angebote" entwickelt, z. B. Webinare.

10.3.2 Belastungs- und Ressourcenkonstellationen in Digitalisierungsprozessen

In der Analysephase werden zahlreiche Belastungen und fehlende Ressourcen thematisiert, die im Zusammenhang mit Digitalisierung entstehen. Es wird deutlich, dass viele Veränderungs- und Digitalisierungsprozesse in Unternehmen in der Regel nicht mit einer erhöhten Arbeitsqualität und Zufriedenheit der Beschäftigten einhergehen. Fast immer beschreiben die Beschäftigten im Rahmen von beteiligungsorientierten Workshopverfahren Probleme und Schwierigkeiten im Zusammenhang mit technischen Veränderungen.

Insbesondere in Arbeitssystemen bzw. Organisationseinheiten, die bereits unter Zeitdruck stehen oder in denen die Arbeitsbelastung (Menge) bereits als hoch eingeschätzt wird, verstärken Digitalisierungsprozesse häufig das Belastungserleben:

- Für die Aneignung neuer Software/Softwareanpassungen ist keine Zeit eingeplant.
- Arbeitsprozesse sind aufgrund technischer Ausfälle störanfälliger.
  Es kommt z. B. häufig zu Serverausfällen. Fehlende technische Voraussetzungen wie Internetverbindungen bei mobilen Anwendungen führen zu Doppelstrukturen – die Dokumentation erfolgt digital und analog in einer Patientenakte.
- Veraltete bzw. nicht-kompatible Hardware führt zu Störungen und erheblicher Verlangsamung der Arbeitsabläufe. Häufig fehlen die finanziellen Mittel für ausreichende Betreuung und Wartung der Systeme oder es werden nur unzureichende Lizenzen erworben, die die Handlungsfähigkeit der Mitarbeitenden einschränken. Aufgrund von Sparmaßnahmen an der falschen Stelle kann die neue Technologie ihr Potenzial nicht entfalten, da der effektive und effiziente Umgang mit ihr durch mangelnde Ausstattung behindert wird.
- Einzelne Schnittstellen zu anderen Prozessen, Programmen oder Geräten funktionieren nicht wie geplant: Dokumente werden nicht erkannt, es müssen manuell Deckblätter ausgedruckt und mit dem Dokument gescannt werden, damit sie von der Software erkannt werden.

Die Einführung neuer Technologie ist in der Regel mit erheblichem Mehraufwand verbunden. Die dafür notwendigen zeitlichen und personellen Ressourcen sind jedoch nicht vorgesehen.

Ein weiteres Belastungsmoment entsteht durch die Gestaltung der neuen Technologie bzw. Software und deren mangelhafter Ergonomie.

- Die Software weist z. B. wenig Fehlertoleranz auf und lässt sich nicht individuell anpassen. So können beispielsweise maschinell erzeugte Briefe nicht selbständig angepasst werden.
- Zur Bearbeitung einzelner Vorgänge müssen beispielsweise mehrere Anwendungen parallel laufen und können nicht mehr lesbar (z. B. kleine Schriftgrößen) dargestellt werden. Die Anordnung der Eingabemöglichkeiten folgt nicht den Arbeitsvorgängen der Beschäftigten, insgesamt ist die Anordnung der Elemente (viele sich überlappende Fenster) am Bildschirm unübersichtlich. Die Eingabemasken sind so komplex geworden, dass die Eingaben nicht schneller und bedienungsfreundlicher sind und Eingabefelder übersehen werden. Die Prozesse laufen aus Sicht der Beschäftigten nicht schneller und reibungsloser.

Neue Softwarelösungen sind also nicht per se mit einfacheren, schnelleren und reibungsloseren Abläufen und Bearbeitungsschritten verbunden. Im Gegenteil: Neue technische Lösungen erfordern häufig Zusatzleistungen und zeitintensive Nachjustierungen sowie neue Abstimmungsprozesse über Abläufe und Aufgabenumverteilungen im Team. Bei einer gleichzeitigen Überforderung durch die Arbeitsmenge können und werden hier vom Team keine Entwicklungschancen durch die neue Technologie wahrgenommen. In der Planung und Gestaltung der alltäglichen Arbeit ist kaum Zeit vorgesehen, um sich neue Technik anzueignen und Neues zu lernen. Es fehlt an gemeinsamer Klarheit in den Teams, wie neue Programme für die jeweilige Aufgabe angewendet werden, welche Prozesse entsprechend wie angepasst werden müssen und wer dafür zuständig ist. Durch die Einführung neuer Technologien werden alte Routinen außer Kraft gesetzt, gleichzeitig fehlen neue Routinen, die als entlastend und reibungslos erfahren werden.

10.4 Beobachtung von Auswirkungen auf kultureller Ebene

10.4.1 Erwartungen an Digitalisierungsprozesse

Einen eigenständigen Belastungsfaktor scheinen die hohen Erwartungen an die Digitalisierung darzustellen. Die Schilderungen der Beschäftigten in den Analysen (siehe oben) zeigen, dass die betriebliche Praxis den Erwartungen oftmals hinterherhinkt. Die entstehende Diskrepanz erzeugt Leistungsdruck und ein Gefühl des Ungenügens bei den Beschäftigten (vgl. auch Dunkel et al. 2010).

Digitalisierungsvorhaben erzeugen zunächst bei den Führungskräften die Erwartung, dass Abläufe besser, schneller und kosteneffizienter werden oder dass mit neuen technischen Lösungen bisherige Probleme besser gelöst werden können. Digitalisierung und Automatisierung fungieren als Treiber der Rationalisierung und bestärken eine bereits verinnerlichte Steigerungslogik. Die Erwartungen an Effizienzsteigerungen drücken sich u. a. in Kennzahlen bzw. Vorgaben aus.

Der dadurch entstehende Druck und der Glaube an die technische Machbarkeit verhindern jedoch, dass die Erwartungen kritisch hinterfragt werden. Führungskräfte (Topmanagement) sind versucht, den „Digitalisierungsmythos" (Reindl 2018) zu reproduzieren. Auf diese Weise tragen sie dazu bei, unrealistische Erwartungen und damit die Diskrepanz zwischen Erwartung und realisierten Prozessen zu verfestigen und zu verschleiern.

10.4.2 Hierarchisierung der Kommunikation verhindert Bearbeitung bestehender Probleme

Ähnlich wie in Untersuchungen zur indirekten Steuerung (Krause und Dorsemagen 2017) zeigt sich auch in unserer Untersuchung, dass eine hierarchisierte und wenig beteiligungsorientierte Kommunikation zur Verschleierung der unterschiedlichen Wahrnehmungen bzw. der Diskrepanz zwischen erwarteten und realisierten Effekten der Digitalisierung beiträgt. Seitens der Beschäftigten benannte Belastungen oder Schwierigkeiten sind zwar bekannt, werden aber nicht ernst genommen bzw. sie werden durch Führungskräfte oder IT-Expert*innen negiert. So ließ sich beobachten, dass technische Probleme unter Führungskräften zwar bekannt waren, aber an einer Verbesserung nicht oder nur selten gearbeitet wurde. Es zeigte sich, dass in vielen Fällen Rückmeldungen der mittleren Führungsebene an ihre Vorgesetzten wirkungslos blieben. Die unterschiedliche Wahrnehmung und Beurteilung der Sachverhalte führt zudem dazu, dass Misserfolge oder Probleme nicht oder nur stark verändert in höhere Hierarchieebenen kommuniziert werden, weil z. B. die Missstände als persönliches Leistungsversagen ausgelegt werden. Im Rahmen solch disparater Wahrnehmungen und Einschätzungen können weder realistische Ziele, Lösungen noch die erforderlichen Ressourcen verhandelt werden.

Je besser jedoch die Kommunikation der Beschäftigten und Führungskräfte über mehrere Hierarchieebenen hinweg funktioniert, desto eher können passende Lösungen gefunden werden. Im Gesundheitsmanagement streben wir deshalb an, die Dialogbereitschaft und einen gemeinsamen Verstehensprozess zwischen den Hierarchien zu verbessern.

Organisieren im Betrieb ist nach Reindl (2018) also „in erster Linie die Bearbeitung von Widersprüchen, das Umgehen mit dem Unvorhergesehenen, der Ausgleich von Interessen, die Balance zwischen Zeit, Kosten und Qualität." Dem steht jedoch offenbar eine eigentümliche Fokussierung auf technische Details und Machbarkeit gegenüber.

10.4.3 Fokussierung auf technische Aspekte

Führungskräfte können angesichts der vielfältigen unterschiedlichen Perspektiven kaum überblicken, welche technischen Anpassungen notwendig sind. Gleichzeitig fehlt ihnen das nötige (Fach-)Wissen, um einschätzen zu können, was technisch möglich ist. Die Kompetenz zur Automatisierung von Aufgaben, Aufbau einer IT-Infrastruktur, Auswahl geeigneter Hardware etc. wird dementsprechend von IT-Expert*innen (IT-Dienstleister) eingekauft. Diese orientieren sich aber häufig an den technischen Möglichkeiten ihrer Produkte und deren Anforderungen und weniger an dem, was aus Nutzer*innenperspektive wichtig und nützlich ist.

„Die IT-Spezialisten machen sich ihr Bild und schreiben dann Berichte, da wundern wir uns, was da drinsteht, ob die uns überhaupt zugehört haben. Die sind so in ihrer Welt und dann werden Prozesse gestartet, die für unsere Arbeit überhaupt nicht passen.", beschreibt eine Führungskraft ihre Erfahrungen. Kriterien der gesundheitsförderlichen Gestaltung von Arbeit spielen kaum eine Rolle, noch besteht Raum für die Klärung von Ziel- und Interessenkonflikten.

10.4.4 Unsichtbarkeit der eigenen Anpassungsleistung

Die hohen Erwartungen an das Rationalisierungspotenzial der Digitalisierung werden häufig begleitet von Personaleinsparungen in den Teams und Abteilungen, die geplant oder bereits realisiert sind, bevor die veränderten Abläufe reibungslos laufen und wieder in eine neue Routine überführt sind. Die Einführung neuer Technik erfordert jedoch eine Anpassung des soziotechnischen Systems: Der Umgang mit der neuen Technik muss erst gelernt werden, Anlaufschwierigkeiten müssen überwunden bzw. ausgeglichen werden, Arbeitsprozesse umgestellt sowie Fehler und Folgewirkungen erkannt und bearbeitet werden. Die hierfür erforderlichen Investitionen in den sozialen Implementierungs- und Anpassungsprozess sowie in die Entwicklung der Technik werden jedoch unterschätzt bzw. fehlen, ganz zu schweigen von einem partizipativen Prozess. Die Leistungen, die die Beschäftigten – das „soziale System" – erbringen, um die Technik überhaupt anwenden und deren Rationalisierungspotenzial ausschöpfen zu können, bleiben unsichtbar und werden damit nicht anerkannt bzw. erfahren keine Wertschätzung und Berücksichtigung. Dies stellt unserer Einschätzung nach eine eigenständige Belastung dar.

10.4.5 Zwischenbilanz

Insgesamt lässt sich also sagen, dass Digitalisierung in der Regel nicht als Eingriff in ein soziotechnisches System verstanden wird. Dies hat zur Folge, dass zentrale Wirkmechanismen zur Realisierung des Rationalisierungspotenzials unterschätzt werden, ebenso wie die nicht intendierten Belastungen bzw. die daraus resultierenden Arbeitsbedingungen. Während Unternehmen also an ihrer Digitalisierung arbeiten, mit erheblicher Mehrbelastung der Beschäftigten, beauftragen sie Gesundheitsexpert*innen damit, die Fehlzeiten zu senken bzw. die Arbeitsfähigkeit der Beschäftigten zu erhalten – ohne ein grundlegendes Verständnis der dahinter liegenden sozialen Prozesse.

Eine große Hürde für erfolgreichere Digitalisierungsprozesse liegt also in den Wahrnehmungs- und Deutungsmustern der

Beteiligten sowie ihren unterschiedlichen und teils widersprüchlichen Bedürfnissen und Interessen.

Da sich die komplexen Veränderungen durch Digitalisierung und ihre Auswirkungen nicht aus einer einzelnen Perspektive heraus erfassen, verstehen oder gar lösen lassen, ist ein *gemeinsames* Nachdenken und Verstehen der Zusammenhänge und Kontexte erforderlich, um zu wirksamen und tragfähigen Lösungen zu kommen. Es geht darum, die Perspektiven, Denk- und Handlungsweisen der Beteiligten – auch der eigenen! – wahrzunehmen und zu reflektieren (Bindl et al. 2018, S. 187 ff.).

Die eigenen Wahrnehmungsmuster als perspektivengebunden zu erkennen und andere Perspektiven wahrzunehmen und zuzulassen, ist nicht selbstverständlich. Die jeweils bestehenden Kommunikationsstrukturen und -praktiken geben wenig Raum für solche auf Dialog und Verstehen ausgerichtete Formen der Kommunikation. Die Dialogfähigkeit muss erst entwickelt werden, sowohl auf der individuellen Ebene als auch auf kollektiver und organisationaler Ebene (Krizanits 2015, S. 92 ff.).

Für das Individuum bedeutet dies z. B., die eigenen Bedürfnisse, Ängste und Interessen wahrzunehmen, artikulieren zu können sowie aktiv zuzuhören – im Sinne von „zuhören, um zu verstehen statt zuhören, um sich zu bestätigen, was man schon weiß und denkt" (Franz Friczewski im Gespräch). Diese Haltung des aktiven Zuhörens ist dafür Voraussetzung.

Auf der organisationalen Ebene (Krizanits 2015, S. 105 ff.) müssen entsprechende Räume (Ort, Zeit, Teilnehmende, Strukturierung) zur Verfügung gestellt werden, damit Dialog Eingang in die Routine und Kommunikationsstruktur finden kann. Das systematische Schaffen von Dialogräumen unterstützt Lernen und Üben von Dialog und Aushandlungsprozessen in Organisationen.

10.5 Anforderungen an die Gestaltung von Digitalisierungsprozessen

Eine zentrale Leistung der gesundheitsfördernden Organisationsentwicklung liegt nach Einschätzung der Verfasserinnen in der Gestaltung partizipativer Prozesse, die modellhaft neue Kommunikationsräume durch die Architektur des Projekts etablieren. Die Haltung der Beratenden sowie die eingesetzten Methoden unterstützen dabei die oben skizzierte Form der Kommunikation. Unserer Erfahrung nach lassen sich beteiligungsorientierte Prozesse in Organisationen, die bereits eine offene und wertschätzende Unternehmenskultur praktizieren, leichter realisieren. Gleichwohl zeigen die im Folgenden skizzierten Methoden und Haltungen auch in Organisationen Wirkung, die wenig mitarbeiterorientiert sind und deren Führungshandeln eher autoritär ausgerichtet ist. Voraussetzung hierfür ist jedoch, dass sich diese Organisationen im Rahmen von Pilotvorhaben zumindest auf das Verfahren einlassen – angeregt u. a. durch Anreizsysteme oder Anschubfinanzierungen durch Krankenkassen.

10.5.1 Kommunikationsarchitektur

Die Gestaltung partizipativer Prozesse in den Projekten leistet einen eigenen Beitrag für eine gute Unternehmenskommunikation.

Die architektonische Gestaltung von Partizipationsprozessen wird vor allem von der Frage begleitet, wer, wann mit wem worüber sprechen sollte. Entlang dieser Fragestellung werden unterschiedliche Dialoggruppen eingerichtet, die sich nach horizontaler und vertikaler Zusammensetzung sowie thematischer Schwerpunktsetzung unterscheiden.

Die Architektur und Initiierung der verschiedenen Dialoggruppen orientiert sich an vier Dimensionen: der inhaltlichen, sozialen, zeitlichen und räumlichen.

- Inhaltliche Dimension: Worüber muss gesprochen werden? Welche Ziele sollen verfolgt werden? Welche Themen sind dazu relevant?
- Zeitliche Dimension: Wann, an welcher Stelle im Ablauf, wird etwas passieren?
- Soziale Dimension: Wer ist auf welcher Ebene in welchem Bereich zu beteiligen? Wer ist betroffen? Welche Perspektiven sind einzubinden?
- Räumliche Dimension: Die Gestaltung eines z. B. ungestörten, ästhetisch ansprechenden Ortes, an dem Austausch und Klausur stattfinden, fördert einen intensiven Lernprozess (Königswieser und Exner 2004, S. 63 ff.).

10.5.2 Haltung der Beteiligten – Lernen am Modell

Die Haltung der prozessbegleitenden Berater*innen und ihre Gestaltung der Kommunikation in Gesprächen und Workshops spielt eine entscheidende Rolle.

Außer den eigentlichen Sachthemen, die Inhalt und Anlass der Treffen sind, spielt im Hintergrund auch immer die psychosoziale Ebene eine Rolle.

„Kommunizieren" ist in allen Gruppen immer ein Hintergrundthema, auch wenn auf der sachlichen Ebene andere Themen verhandelt werden (Langmaack und Braune-Krickau 2010, S. 3). Um ihre Sachaufgabe erfolgreich lösen zu können, müssen Gruppen sowohl auf der Sachebene als auch auf der psychosozialen Ebene (ebenda) arbeiten. Die Art und Weise, wie die Moderation/Gruppenleitung selbst die Teilnehmenden in Gesprächen und Gruppen beteiligt, ihnen zuhört, Perspektivwechsel vornimmt, mit widersprüchlichen Interessen und Zielen umgeht etc,. ermöglicht den Teilnehmenden, am Modell zu lernen (Bandura 1994). So wird in den Gesprächen und Workshops eine dialogische Haltung zur Förderung von Dialog im Miteinander gemeinsam praktiziert.

Diese Veränderung in der Kommunikation kann auch bei schon lange festgefahrenen Situationen einen Perspektivwechsel und somit neue Handlungsweisen der Beteiligten ermöglichen.

10.5.3 Sinnhaftigkeit für die Betroffenen

Um neue Aufgaben, Abläufe u. ä. umsetzen zu können, müssen diese von den Beschäftigten durch ihr Handeln mitgetragen werden. Dies erfordert Akzeptanz der geplanten Veränderungen durch die Beschäftigten. Diese ist umso eher gegeben, wenn die Sinnhaftigkeit für die Beteiligten nachvollziehbar ist. Sinnhaftigkeit meint jedoch nicht, das Vorhaben nur richtig zu erklären oder die Beteiligten durch Argumente zu überzeugen. Die Veränderungen müssen vielmehr für die Betroffenen von Bedeutung sein. Es geht dabei also um die subjektive Sinnkonstruktion der Mitarbeitenden. Durch partizipative Methoden wird systematisch an den Wahrnehmungen und subjektiven Sinnkonstruktionen der Beteiligten angesetzt. Dies geschieht beispielsweise bei der Auftragsklärung im Workshop mit Führungskräften.

In der Vier-Ecken-Methode werden die Teilnehmenden aufgefordert, sich dem Thema Gesundheit aus vier Perspektiven zu nähern. Sie werden gebeten, sich in wechselnder Zusammensetzung an Stellwänden jeweils über eine Frage auszutauschen, z. B.
- Über welche Ressourcen verfügen Sie als Führungskraft? Was hält Sie gesund?
- Was belastet Sie in Ihrer Arbeit als Führungskraft? Welche Herausforderungen sehen Sie für die Organisation?
- Welchen Belastungen sind Ihre Mitarbeitenden ausgesetzt?
- Über welche Ressourcen verfügen Ihre Mitarbeitenden?

So hat jede/r Teilnehmende die Chance, sich zunächst in einer kleinen Gruppe zu den Themen zu äußern. Die Anmerkungen werden sichtbar für alle notiert und somit auch gewürdigt.

Nach einer Phase in Kleingruppen wird das Gesamtergebnis im Plenum reflektiert. Die Teilnehmenden werden gebeten, ihren Gesamteindruck zu schildern. Für alle wird sichtbar, über welche Aspekte aus den verschiedenen Perspektiven Einigkeit herrscht oder wo es Differenzen gibt. Die Beteiligten werden zudem gebeten zu benennen, welche Schlussfolgerungen sie daraus ziehen bzw. wo sie in Bezug auf z. B. Gesundheit Handlungsbedarf sehen. Die inhaltliche Fragestellung (hier Belastungen und Ressourcen) rahmt den zu bearbeitenden Gegenstand. Die eigenen Erfahrungen, was Gesundheit beeinflusst, fügen sich zu einem Gesamtbild zusammen, das als Grundlage für die weitere Planung dient. Im Unterschied zu einem Vortrag durch Expert*innen werden die Zusammenhänge (in Grundzügen) durch die Teilnehmenden selbst erarbeitet. Sie schließen damit bereits an die subjektive Sinnhaftigkeit der Beteiligten an.

10.5.4 Enthierarchisierung der Kommunikation

Voraussetzung für eine Enthierarchisierung der Kommunikation ist, dass überhaupt Workshops stattfinden dürfen, in denen Führungskräfte und Mitarbeitende hierarchieübergreifend miteinander arbeiten. In Workshops sprechen dann bei entsprechender Zusammensetzung Personen miteinander, die sonst aufgrund der organisationalen bzw. hierarchischen Distanz nur wenig oder kaum miteinander kommunizieren. Das methodische Vorgehen und die Haltung trägt dazu bei, die Kommunikation zu enthierarchisieren. Durch die jeweilige inhaltliche Fragestellung wird an die eigenen Wahrnehmungen und Erfahrungen angeknüpft. Gleichzeitig werden die Teilnehmenden aufgefordert, sich aus unterschiedlichen Perspektiven mit der Thematik auseinanderzusetzen, inhaltlich und aus der Perspektive anderer Beteiligter.

10.5.5 Resonanz fördern

In vielen Projekten fällt auf, dass sich durch die Form der Beteiligung scheinbar festgefahrene Situationen auflösten. So streiten sich die Beteiligten in einem Projekt seit einem Jahr über einen Verfahrenspunkt im Betrieblichen Eingliederungsmanagement. In einem Evaluationsworkshop wird der BEM-Prozess aus der Perspektive aller beteiligten Akteur*innen auf einer Metaplanwand visualisiert. Die Teilnehmenden werden aufgefordert, zu den einzelnen Prozessschritten ihre positiven und negativen Erfahrungen zu notieren und mit einem Beispiel zu erläutern. In der Auswertung werden sie gebeten, ihren Gesamteindruck zu schildern und zu benennen, welche Handlungsbedarfe sie sehen. Der strittige Verfahrenspunkt, der vorher als Faktenlage bekannt war, wird überraschenderweise von allen als Handlungsbedarf anerkannt. Die Gruppe stimmt einstimmig für eine Veränderung.

In einem anderen Projekt arbeiten in einer Umsetzungsgruppe erstmals Mitarbeiter*innen gemeinsam mit ihren Führungskräften an Lösungen zuvor benannter Belastungen im Arbeitsprozess. Nach der Umsetzung der erarbeiteten Maßnahmen im Evaluationsworkshop geben alle Beteiligten einhellig an, dass die gemeinsame Umsetzungsgruppe das Highlight im Projekt war. Diese Arbeitsform wollen sie auch für künftige Projekte beibehalten.

Was hatte sich verändert gegenüber der bisherigen Bearbeitungsform? Die Fakten waren ja im Prinzip vorher bekannt. Ohne das an dieser Stelle schon abschließend beantworten zu können, haben wir zumindest die Vermutung, dass Dialog von Angesicht zu Angesicht Resonanz ermöglicht. Menschen sind als soziale Wesen darauf angewiesen, Rückmeldung durch andere zu erhalten. Sich zugehörig und verbunden zu fühlen ist ein wesentlicher Aspekt für Gesundheit und Wohlbefinden. Diese Form der Verbindung vermittelt sich vor allem über emotionale Kommunikation (in der Regel nonverbal). Unsere eigenen Gefühle signalisieren uns dabei, ob unsere Bedürfnisse z. B. nach Verbundenheit und Anerkennung erfüllt werden, indem wir uns wahrgenommen fühlen etc. (Goetz und Reinhardt 2017; Petzold 2011). In der direkten Kommunikation und Interaktion mit anderen erfahren wir Resonanz. Wir vermuten, dass genau dies durch partizipative Prozesse gefördert wird. Diese Form der Resonanz lässt sich nicht zeichenvermittelt und durch emotional distanzierte Berichte herstellen.

10.5.6 Salutogene Geschäftsprozessanalyse

Erfolgreiche Digitalisierung braucht eine Analyse der Aufgaben und Abläufe sowie den Blick auf die Technik und das soziale System. In den Projekten zur gesundheitsfördernden Organisationsentwicklung erweist sich die salutogene Geschäftsprozessanalyse – SalutoGPA – (Wienemann 2010) als partizipatives Instrument, mit Hilfe dessen die Auswirkungen von Digitalisierung erkannt, Veränderungsbedarfe ermittelt sowie tragfähige Lösungsideen entwickelt und letztendlich Arbeit gesundheitsförderlicher gestaltet werden können. Sie bietet eine Grundlage für eine ressourcenorientierte Aushandlung von betrieblichen Abläufen, in dem sie ausdrücklich die personenbezogene Perspektive aller am Prozess beteiligten Mitarbeitenden einbindet. Jede Mitarbeitende wird über ihre Funktion im Arbeitsprozess hinaus angesprochen und kann sich mit ihren Erfahrungen, Kompetenzen und Wertmaßstäben einbringen. So entsteht Resonanz und ein gemeinsamer Verstehensprozess im Team einer Abteilung oder auch teamübergreifend für relevante Schnittstellen. Die SalutoGPA zeigt auf, wo sich die Beschäftigten mit ihren individuellen Kompetenzen einerseits wahrgenommen und wertgeschätzt erleben oder anderseits eingeengt und überfordert fühlen. Den Kern einer solchen SalutoGPA bildet im ersten Schritt die Visualisierung der realen Prozesse mit ihren Arbeitsschritten und Aufgaben durch die Beteiligten sowie deren Bewertung nach gesundheitsförderlichen und belastenden Faktoren. Die wichtigsten Arbeitsschritte werden aus Sicht der Beteiligten anhand folgender Fragen bewertet:

- Welcher Arbeitsschritt macht Spaß, … bringt Anerkennung?
- Welcher Arbeitsschritt benötigt viele Absprachen, Nachsteuerung, … ist besonders störanfällig?
- Welcher Arbeitsschritt ist mit viel (Zeit-)Druck verbunden?
- Welcher Arbeitsschritt wird immer wieder als extrem belastend erlebt?

In den anschließenden Schritten werden Entwicklungs- und Lösungsideen gesammelt, wie sich Ressourcen erhalten, verstärken bzw. erweitern lassen sowie bestehende Probleme gelöst und Belastungen reduziert werden können. Insbesondere im Dialog mit Führungskräften konnten hier die Wahrnehmung und das Verständnis von Problemen und ihren z. T. komplexen Zusammenhängen verbessert werden. Diese Verstehensprozesse bildeten die Grundlage für wirksames Handeln und effektive Veränderungen.

10.6 Fazit

Die Digitalisierung verändert einiges in unserem Arbeitsleben und das nicht ohne Folgen für das Belastungserleben der Beschäftigten.

„Mit der konsequenten Digitalisierung eines Unternehmens kommt vor allen Dingen mehr Arbeit auf die Beschäftigten zu, Arbeit die nötig ist, um im Unternehmen überhaupt die Voraussetzungen für eine Digitalisierung zu schaffen. […] Er [der Computer] ist mit dem realen Chaos überfordert." (Reindl 2018)

Eine erfolgreiche Digitalisierung erfordert, die technischen und die sozialen Abläufe und Möglichkeiten zu betrachten. Durch ein partizipatives Vorgehen können die sozialen Aspekte und die Auswirkungen der Digitalisierung im Prozess erhoben und bearbeitet werden.

Es ist notwendig, dass Unternehmen in den Bereichen, in denen sie Digitalisierungsprojekte und -vorhaben umsetzen wollen, schon im Planungsprozess die Gesundheitsperspektive berücksichtigen und entsprechende Ziele und Kriterien definieren. Zudem sollte darauf verzichtet werden, bereits im Vorfeld Personal einzusparen. Denn es wird entsprechend mehr Personal, Zeit und Raum benötigt, um notwendige Vorarbeiten wie Geschäftsprozessanalysen, die Weiterentwicklung von Standards sowie erhöhte Dokumentationspflichten überhaupt leisten zu können. Letztlich müssen auch die unterschiedlichen Kompetenzen von technikaffinen und nicht-technikaffinen Mitarbeitenden berücksichtigt werden, um eine vom Team getragene technische Weiterentwicklung zu befördern. Das heißt auch, mit erhöhtem Zeitaufwand in die Entwicklung neuer Lösungen und die Aneignung neuer Techniken auf Teamebene zu investieren. Den kulturellen Deutungs- und Erwartungsmustern ist mehr Aufmerksamkeit zu widmen, da diese einer an Gesundheit orientierten oder menschzentrierten Technikentwicklung entgegenstehen. Durch eine konsequente Partizipation kann Digitalisierung durchaus für eine Verbesserung der Arbeitsbedingungen nutzbar gemacht werden.

Der beschriebene partizipative Ansatz wird mit der Zielsetzung gestaltet und praktiziert, gesundheitsförderliche kommunikative Kompetenzen wie Konfliktfähigkeit und Dialogbereitschaft auf organisationaler und individueller Ebene zu verbessern.

Dies gelingt leichter in Unternehmen und Arbeitsbereichen, die bereits eine inhaltliche Nähe zum Thema Beteiligung aufweisen oder schon über Erfahrung mit dialogischen Verfahren verfügen. Jedoch zeigt sich in den bisherigen Evaluationen Grund zur Annahme, dass auch wenig partizipativ organisierte Unternehmen von dem Ansatz profitieren – auch hier haben die Beteiligten deutlich eine positive Wirksamkeit gesundheitsförderlicher und kommunikativer Kompetenzen beschrieben. Gelungene Perspektivwechsel, gemeinsames Verständnis der Entstehungszusammenhänge von Belastungen sowie Erkennen von Ressourcen wurden als konstruktive und bereichernde Erfahrungen benannt. Wie stark die Effekte sind und ob sie zu nachhaltigen strukturellen Veränderungen der Organisation beitragen, lässt sich noch nicht beurteilen. Sie scheinen jedoch ein zentrales Element in einem Prozess der gesundheitsfördernden Organisationsentwicklung zu sein.

Literatur

Bandura A (1994) Lernen am Modell. Klett-Cotta, Stuttgart

Bauer GF, Jenny GJ (Hrsg) (2013) Salutogenic organizations and change. Springer, Dordrecht

Bindl C, Held U, Pieck N (2018) Betriebliches Gesundheitsmanagement im Dialog. In: Johns H, Vedder G (Hrsg) Organisation von Arbeit und berufsbegleitendem Lernen. Hampp, Augsburg München, S 187–207

Dunkel W, Kratzer N, Menz W (2010) „Permanentes Ungenügen" und „Veränderung in Permanenz" – Belastungen durch neue Steuerungsformen. WSI Mitt 7:357–364

Faller G (2017) Was ist eigentlich Betriebliche Gesundheitsförderung? In: Faller G (Hrsg) Lehrbuch Betriebliche Gesundheitsförderung, 3. Aufl. Hogrefe, Bern, S 25–38

Goetz D, Reinhardt E (2017) Führung: Feedback auf Augenhöhe. Springer Gabler, Wiesbaden

Grossmann R, Scala K (2011) Gesundheit durch Projekte fördern. Ein Konzept zur Gesundheitsförderung durch Organisationsentwicklung und Projektmanagement, 5. Aufl. Juventa, Weinheim München

Haun M (2016) Cognitive Organisation: Prozessuale und funktionale Gestaltung von Unternehmen. Springer Vieweg, Berlin Heidelberg, S 117–143

Jahnke I (2006) Dynamik sozialer Rollen beim Wissensmanagement. DUV, Wiesbaden

Königswieser R, Exner A (2004) Systemische Intervention. Architekturen und Designs für Berater und Veränderungsmanager. Schäffer-Poeschel, Stuttgart

Krause A, Dorsemagen C (2017) Neue Herausforderungen für die Betriebliche Gesundheitsförderung durch indirekte Steuerung und interessierte Selbstgefährdung. In: Faller G (Hrsg) Lehrbuch Betriebliche Gesundheitsförderung, 3. Aufl. Hogrefe, Bern, S 153–164

Krizanits J (2015) Einführung in die Methoden der systemischen Organisationsberatung, 2. Aufl. Carl-Auer, Heidelberg

Langmaack B, Braune-Krickau M (2010) Wie die Gruppe laufen lernt, 8. Aufl. Beltz, Weinheim Basel

Moldaschl M (2017) Das Konzept der Widersprüchlichen Arbeitsanforderungen (WAA). In: Faller G (Hrsg) Lehrbuch Betriebliche Gesundheitsförderung, 3. Aufl. Hogrefe, Bern, S S139–151

Petzold TD (2011) Emotionen und Kommunikation. Wie Emotionen in sozialer Resonanz entstehen und mit Interaktionsmustern verknüpft sind. Mensch 42/43:44–51

Pieck N (2013) Gender Mainstreaming in der betrieblichen Gesundheitsförderung. Rainer Hampp, München

Reindl J (2018) Schöne neue digitale Welt – Autonomie und/oder Kontrolle. Tagungsdokumentation Vortrag. https://www.h2.de//fileadmin/user_upload/Einrichtungen/Veranstaltungsmanagement/Tagungen/BGM2018/Vortrag_Herr_Josef_Reindl.pdf. Zugegriffen: 5. Juli 2019

Schubert A (2019) Gesundheit als Organisationaler Lernprozess. Rainer Hampp, Augsburg München, S 44

Wienemann E (2010) Salutogene Geschäftsprozessanalyse (Saluto-GPA). In: Hamburger Stadtentwässerung AöR (Hrsg) MeGA-Wandel. Gesundheitsförderung im demografischen Wandel. Leitfaden für Praktiker. Hamburger Stadtentwässerung AöR, Hamburg, S 31–43

Occupational e-Mental Health – eine Übersicht zu Ansätzen, Evidenz und Implementierung

Dirk Lehr und Leif Boß

11.1 Digitalisierung in Arbeit und Gesundheit – 157

11.2 Occupational e-Mental Health – eine Definition – 157

11.3 Interventionsansätze aus technologischer Sicht – 157

11.4 Internet-Interventionen – 158

11.5 Mobile Health – 159

11.6 Social Media – 159

11.7 Serious Gaming und Gamification – 160

11.8 Virtual Reality – 160

11.9 Videokonferenzen, Telefon oder Instant Messaging – 161

11.10 Merkmale von internetbasierten und klassischen Trainings zur Stress-Bewältigung im Vergleich – 161

11.11 Wirksamkeit von psychotherapeutischen Internet- und mobilen Interventionen – 162

11.12	Wirksamkeit von Internet- und mobilen Interventionen in Prävention und Betrieblicher Gesundheitsförderung – 164
11.13	Heterogenität metaanalytischer Befunde und die Herausforderung einer evidenzbasierten Prävention – 165
11.14	Übersicht zu Inhalten und Aufbau internetbasierter Trainings für Berufstätige – 165
11.15	Perspektive der Nutzenden auf internetbasierte Interventionen – 170
11.16	Webbased Health Risk Assessment – 173
11.17	Gesundheitsökonomische Effekte von Internet-Interventionen für Berufstätige – 174
11.18	Fazit und Ausblick – 175
	Literatur – 176

Zusammenfassung

Digitalisierung verändert die Art und Weise, wie Prävention und Betriebliche Gesundheitsförderung gestaltet werden. Mit „Occupational e-Mental Health" wird die Nutzung von internetbasierter Informations- und Kommunikationstechnologie bezeichnet, wenn diese mit dem Ziel eingesetzt wird, die psychische Gesundheit von Berufstätigen zu verbessern. In diesem Beitrag werden die aus einer technologischen Perspektive unterschiedlichen Ansätze von „Occupational e-Mental Health" vorgestellt (z. B. Mobile Health bzw. Gesundheits-Apps, Serious Gaming und Gamification) und ihre jeweiligen Einsatzmöglichkeiten skizziert. Der Schwerpunkt liegt auf Internet-Interventionen bzw. Online-Gesundheitstrainings, da für diesen Bereich die umfangreichsten Forschungsarbeiten vorliegen. Es werden die Merkmale von Internet-Interventionen herausgearbeitet, Ergebnisse zur gesundheitlichen Wirksamkeit vorgestellt und gesundheitsökonomische Aspekte beschrieben. Erfahrungen von Nutzenden illustrieren wichtige Aspekte, die für eine erfolgreiche Implementierung zu beachten sind.

11.1 Digitalisierung in Arbeit und Gesundheit

Zu den vielen Facetten der Digitalisierung gehört, dass sie in der Arbeitswelt eine Quelle von Stress sein kann und gleichzeitig die Entwicklung neuer Angebote der Stressprävention und der Gesundheitsförderung ermöglicht. Ein Blick auf die Gründe für krankheitsbedingte Fehltage und Frühberentungen zeigt (s. Meyer et al. in diesem Band) den Bedarf an wirksamen Interventionen zur Förderung der Gesundheit bei Berufstätigen sowie zur Reduktion psychischer Beschwerden. Obwohl bewährte Angebote kontinuierlich weiterentwickelt werden, erscheint es notwendig, neue und innovative Wege zur Förderung der Gesundheit zu gehen, um insgesamt mehr Berufstätige zu erreichen. Da Digitalisierung und Vernetzung über das Internet den Alltag bereits in vielen Bereichen prägen, erscheint es folgerichtig, die Potenziale von e-Mental Health systematisch zu untersuchen und für die Prävention und Gesundheitsförderung für Berufstätige zu erschließen.

11.2 Occupational e-Mental Health – eine Definition

Occupational e-Mental Health ist ein Überbegriff für die Nutzung von Informations- und Kommunikationstechnologien – insbesondere Technologien, die das Internet betreffen – mit dem Ziel, die psychische Gesundheit von Berufstätigen zu verbessern. Dies umfasst Maßnahmen in den Bereichen der Edukation, der Messung psychischer Belastungen und Beanspruchung sowie des Screenings und der Diagnostik psychischer Störungen, der Gesundheitsförderung, der universell-, selektiv- und indiziert-präventiven Interventionen, der Behandlung, der Rückfallprophylaxe und der Rückkehr zum Arbeitsplatz. Neben Maßnahmen, die primär digital umgesetzt werden, zielt Occupational e-Mental Health ebenso darauf ab, den Arbeitsschutz, die Betriebliche Gesundheitsförderung, die betriebsärztliche Versorgung, die Fortbildung sowie die Forschung zu Arbeit und Gesundheit durch den begleitenden Einsatz von Informations- und Kommunikationstechnologien zu verbessern. Dabei beinhaltet Occupational e-Mental Health sowohl verhaltens- als auch verhältnisorientierte Ansätze (Lehr et al. 2016a; Lehr et al. 2016b).

11.3 Interventionsansätze aus technologischer Sicht

In diesem Beitrag werden Interventionen zur Gesundheitsförderung, Prävention und Behandlung vorgestellt. Als Orientierungshilfe bietet es sich an, die verschiedenen Ansätze zunächst aus einer technologischen Perspektive zu unterscheiden (Mohr et al. 2013; Abb. 11.1).

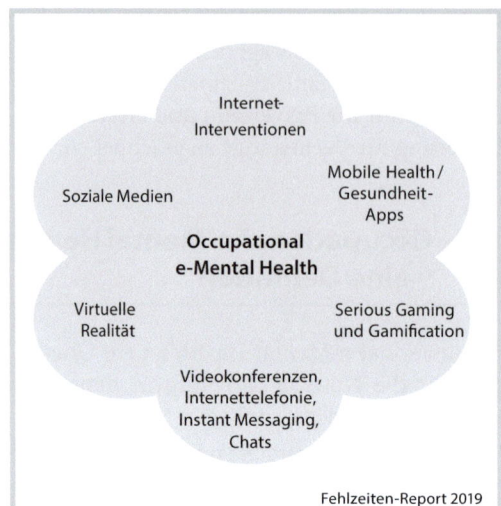

◘ Abb. 11.1 Ansätze der Occupational e-Mental Health. (nach Lehr et al. 2016b)

◘ Abb. 11.2 Formate von internetbasierten Interventionen

11.4 Internet-Interventionen

Internet-Interventionen, die auch als Online-Gesundheitstrainings bezeichnet werden, wurden folgendermaßen beschrieben: „typically behaviorally or cognitive-behaviorally-based treatments that have been operationalized and transformed for delivery via the Internet. Usually, they are highly structured; self- or semi-self-guided; based on effective face-to-face interventions; personalized to the user; interactive; enhanced by graphics, animations, audio, and possibly video; and tailored to provide follow-up and feedback" (Ritterband und Thorndike 2006). Typischerweise handelt es sich dabei um Trainings- bzw. Therapieprogramme, die zwischen vier bis zehn Einheiten umfassen, die in der Regel wöchentlich, meist an einem Laptop oder Desktop-Computer absolviert werden. Online-Gesundheitstrainings können in unterschiedlicher Intensität persönlicher Unterstützung angeboten werden (◘ Abb. 11.2). Während die technische Anwendung prinzipiell einer beliebig großen Zahl von Nutzenden angeboten werden kann, bestimmt in der Praxis der Ressourceneinsatz im Bereich der persönlichen Unterstützung die Reichweite einer Internet-Intervention. Selbsthilfetrainings werden entweder mit Unterstützung bei technischen Fragen oder ohne jegliche Unterstützung angeboten. Beim Format der „Unterstützung auf Anfrage" (auch Minimal Guidance oder Adhärenz-fokussierte Unterstützung) steht ein e-Coach bzw. Therapeut den Nutzenden bei Bedarf zur Verfügung, wenn sie z. B. mit bestimmten Übungen des Trainings nicht zurechtkommen. Oft erinnert der e-Coach in diesem Format daran, mit dem Training fortzufahren, wenn eine Zeit lang keine Aktivität gezeigt wird. Nach dem „Efficiency Model of Support" (Schueller et al. 2017) sollte ein e-Coach v. a. darauf achten, dass die Nutzenden keine Probleme bei der Handhabung einer Intervention haben (Usability herstellen), sie zur regelmäßigen Nutzung des Trainings motivieren, darauf achten, ob die Intervention tatsächlich zu den Bedürfnissen und Problemen passt, bei der korrekten Bearbeitung und Durchführung von Übungen unterstützen sowie die Verankerung, z. B. von neuem Gesundheitsverhalten, im Alltag vorbereiten helfen.

Bei der intensiven Unterstützung geht die Aktivität stärker vom e-Coach aus, z. B. in Form einer Rückmeldung nach jeder absolvierten Trainingseinheit. Die erfolgt meistens durch eine Nachricht oder E-Mail. Möglich sind aber auch Kontakte in Echtzeit, z. B. mittels Videochat. Bei gemischten Formaten (Blended

Trainings) werden einige Teile des Trainings online absolviert und andere Teile finden zu festen Terminen vor Ort statt (z. B. Gruppenveranstaltungen zu Beginn und zum Abschluss eines Trainings). Ein Beispiel für ein besonders intensiv erforschtes Internet-Training für Berufstätige ist „Fit im Stress" (z. B. Heber et al. 2016), das in einer berufsgruppenübergreifenden Variante vorliegt, aber auch für spezifische Gruppen angepasst wurde, wie Beschäftigte in Startups (vgl. Digi-Exist ▶ Kap. 22), in der Landwirtschaft oder unter dem Namen „Gelassen im Referendariat" für Berufseinsteiger im Lehramt. Eine Übersicht zu Internet-Interventionen für Berufstätige sowie deren Wirksamkeit erfolgt gesondert an späterer Stelle dieses Kapitels (Übersicht ◘ Tab. 11.2).

11.5 Mobile Health

Ein sehr großes Potenzial besitzen Mobile Health Applications bzw. mobile Anwendungen, da die meisten Menschen ein Mobiltelefon oder Smartphone nutzen. Mobile Health Applications werden oft als Gesundheits-Apps bezeichnet. Gesundheits-Apps im engeren Sinne zeichnen sich dadurch aus, dass sie Interventionen unter Alltagsbedingungen, in Echtzeit, kostengünstig und in sehr großer Reichweite zur Verfügung stellen (Ecological Momentary Interventions). Dies lässt sich zudem mit einer alltagsnahen, kontinuierlichen und zunehmend nutzerfreundlichen Messung des Gesundheitszustandes verbinden (Ecological Momentary Assessments). Mobile Health Applications können für sich stehen oder auch in Kombination mit Internet-Interventionen angewendet werden. Bislang konzentrieren sich gesundheitswissenschaftliche Forschungsarbeiten auf Internet-Interventionen. Im Bereich der Entwicklung von Mobile Health Applications lässt sich eine steigende Zahl randomisiert-kontrollierter Studien beobachten. Die größte Evidenz liegt hier für Apps zur Reduktion depressiver Beschwerden vor (Firth et al. 2017). Daneben liegen auch positive Effekte mobiler Interventionen zur Reduktion des Alkoholkonsums vor, die meisten darunter setzten in der Vergangenheit auf die Nutzung von SMS (Kazemi et al. 2017; Song et al. 2019). Erste Studien untersuchen Apps, die sich an die Allgemeinbevölkerung richten (siehe ◘ Tab. 11.2 zu Headspace), während andere Apps speziell für Berufstätige entwickelt wurden (siehe Holidaily im Abschnitt Serious Gaming und Gamification).

11.6 Social Media

Soziale Medien zeichnen sich dadurch aus, dass deren Nutzende Inhalte selbst erstellen und für Andere zugänglich machen. Gesundheitsbezogene Interventionen, die auf sozialen Medien bzw. Netzwerktechnologien beruhen, lassen sich in verschiedene Formate kategorisieren: Gesundheitsblogs und Mikroblogs (z. B. Twitter), Content Communities (z. B. YouTube), virtuelle soziale Netzwerke (z. B. Facebook) und gesundheitsbezogene Websites und Wikis (z. B. www.pflegewiki.de) (Welch et al. 2018). Erste Untersuchungen weisen darauf hin, dass gesundheitsbezogene Social-Media/Social-Networking-Interventionen positive Effekte auf die psychische Gesundheit haben können (Ridout und Campbell 2018). Die Effekte von Gesundheitsinterventionen, die auf sozialen Medien basieren, sind hierbei von allgemeinen Effekten sozialer Medien auf die psychische Gesundheit ihrer Nutzenden abzugrenzen. So weisen mehrere Studien darauf hin, dass soziale Medien je nach Nutzungsintensität auch zu negativen Effekten auf die psychische Gesundheit führen können (Hunt et al. 2018; Marino et al. 2018; Shensa et al. 2018). Soziale Medien als Basis für Gesundheitsinterventionen können ein eigenständiges Angebot darstellen oder als Teil von Internet-Interventionen fungieren und ein besonders großes Potenzial für die Öffentlichkeitsarbeit entfalten, um dadurch die Bereitschaft zur Nutzung anderer Angebote, wie z. B. Online-Gesundheitstrainings, zu erhöhen. Ein Beispiel für die Kombination von Gesundheits-App und Social Media ist die App Daily Challenge (Cobb und Poirier 2014), die die Förderung einer breiten Palette von Gesundheitsverhalten zum Ziel hat. Die Nutzenden der App sind dabei in einer Community verbunden und können Erfahrungen und Ermutigungen teilen.

11.7 Serious Gaming und Gamification

Einen spielerischen Zugang zur Gesundheitsförderung wählen Serious Games. Diese wurden als „digital games with the purpose to improve an individual's knowledge, skills, or attitudes in the ‚real' world" (Graafland et al. 2014) und „entertaining games with non-entertainment-related goals" (Mohr et al. 2013) definiert. Ein wichtiges Anliegen dabei ist es, die motivationalen Anreize von Spielen für die Veränderung von Gesundheitsverhalten zu nutzen (z. B. Reduktion von Alkohol; Förderung körperlicher Aktivität). Richten sich Serious Games an Berufstätige, sind sie ein weiterer Teil von Occupational e-Mental Health. Zudem lassen sich spielerische Elemente bei der Gestaltung von Internet-Interventionen oder Mobile Health Applications anwenden, um deren Attraktivität zu erhöhen (Dadaczynski und Tolks 2018). Dies wird als Gamification bezeichnet. Zu Gamification-Techniken zählen z. B. digitale Belohnungen wie Belohnungspunkte, Auszeichnungen, Medaillen; sozialorientierte Techniken wie z. B. Avatare; Wettbewerbe zwischen einzelnen Nutzenden oder Teams sowie Rückmeldungen zum Erreichten, z. B. Fortschreiten in unterschiedlichen Leistungs-Levels, Ranglisten oder Bestenlisten (Christmann et al. 2017). Systematische Übersichtsarbeiten weisen darauf hin, dass Serious Games und Gamification einen positiven gesundheitlichen Effekt haben können, wobei die Anzahl hochwertiger Studien noch klein ist, jedoch mit ansteigender Tendenz (Johnson et al. 2016; Lau et al. 2017; Sardi et al. 2017).

Ein Beispiel für ein Serious Game ist die deutschsprachige Variante des neuseeländischen „The Wellbeing Game", bei dem die Bedürfnisse nach Kompetenzerleben, sozialer Verbundenheit und Autonomie durch den Einsatz verschiedener Gamification-Techniken gefördert werden sollen (Horstmann et al. 2018). Es wurden erste niedrigschwellige Anwendungen für den beruflichen Kontext entwickelt und untersucht. So zeigte sich die Internet-Intervention „Healingo Fit", die spielerische Techniken nutzt (v. a. Wettbewerbe um die höchste Anzahl von Schritten oder besten Ergebnisse in Quizzen, zwischen einzelnen Nutzern oder Teams) als wirksame Anwendung und effektiv, um die körperliche Aktivität bei Angestellten in der Automobilindustrie zu erhöhen (Dadaczynski et al. 2017). Mit der gamifizierten Erholungs-App „Holidaily" wurde ein Trainingsprogramm entwickelt, das auf die Förderung der gedanklichen Distanzierung von beruflichen Problemen sowie die Förderung von Entspannung, Kompetenzerleben, sozialer Verbundenheit, Autonomie und Sinnerleben abzielt (Smyth et al. 2018). Dabei kommen Gamification-Techniken wie die Nutzung von Avataren und Belohnungspunkten zum Einsatz. In einer Studie zeigte sich, dass die User Experience im Umgang mit der App der wichtigste Prädiktor für deren gesundheitlichen Effekt war (Smyth et al. 2018). Während sich die bisherigen Maßnahmen an die Beschäftigten richten, wurde von Hanisch und Kollegen ein gamifiziertes Lern- und Trainingsprogramm für Führungskräfte entwickelt, das mit einem gesteigerten Wissen zu psychischen Belastungen, einer reduzierten Stigmatisierung psychischer Störungen und mit einer größeren Selbstwirksamkeit im Umgang mit den psychischen Belastungen der Mitarbeitenden einherging (Hanisch et al. 2017).

11.8 Virtual Reality

Das Potenzial von Anwendungen virtueller Realitäten für die psychische Gesundheit (v-Health) wurde zunächst erfolgreich in der Virtual-Reality-Expositionstherapie bei Angststörungen (z. B. Flugangst) untersucht (Opriş et al. 2012). Virtuelle Realitäten ermöglichen es den Nutzenden, sich innerhalb einer simulierten, aber realistischen visuellen Umwelt zu bewegen und mit dieser zu interagieren. Innerhalb einer virtuellen Realität ist es möglich, den Umgang mit stress- oder angstauslösenden Situationen zu trainieren. Für spezifische Szenarien lassen sich neue Verhaltensweisen erproben. Untersuchungen zum Einsatz virtueller Realitäten zur Unterstützung der Therapie von Angststörungen zeigten eine hohe Wirksamkeit (Morina et al. 2015). Auch zum Einfluss auf gesundheitsschädliches Verhalten, z. B. Alkohol- und Nikotinkonsum, liegen erste Befunde vor, die jedoch gemischt ausfallen (Trahan et al. 2019). Ein Ziel virtueller Anwendungen im Bereich Stress ist es, gezielt den Umgang mit schwierigen Situationen wie Gesprächen mit unzufriedenen Kunden im Callcenter zu simulieren. Dabei können stressfördernde Gedanken identifiziert und ein selbstsicherer Umgang mit Herausforderungen eingeübt werden. Virtuelle Umgebungen können sich perspektivisch zur digitalen Variante des Rollenspiels entwickeln, das Teil vieler klassischer Trainingsprogramme zur Verhaltensänderung und Stressbewältigung ist.

11.9 Videokonferenzen, Telefon oder Instant Messaging

Echtzeitkommunikation ist das gemeinsame Merkmal von Videokonferenzen, Kommunikation am Telefon oder Instant Messaging. Diese Kommunikationsmöglichkeiten basieren zunehmend auf Internettechnologien und sind entsprechend Teil von Occupational e-Mental Health.

Es gibt Belege dafür, dass Videokonferenzen eine effektive Methode der psychotherapeutischen Versorgung von Patienten zu Hause sind. Sie sind besonders relevant für Menschen, die sich in abgelegenen Gebieten aufhalten oder dort leben (z. B. Militärs und Menschen in Bürgerkriegsgebieten oder Entwicklungsländern) oder für die Unterstützung und Expertise von spezialisierten Angehörigen des Gesundheitswesens bis hin zu entlegenen Kliniken (Hilty et al. 2013; Richardson et al. 2009). Videokonferenzen zur Gesundheit am Arbeitsplatz wurden erfolgreich zur Behandlung von psychischen Störungen bei Veteranen eingesetzt (Hilty et al., 2013). Die telefonisch durchgeführte Psychotherapie zur Behandlung von Veteranen liefert gemischte Ergebnisse (Mohr et al. 2011); die telefonisch durchgeführte Psychotherapie ist jedoch in anderen Situationen generell wirksam (Mohr et al. 2008). Im deutschsprachigen Raum wurde der Ansatz des Telefon-Coachings bislang vor allem im Bereich der Nachsorge stationär behandelter Patienten mit chronischen Erkrankungen eingesetzt (Kivelitz et al. 2017; Tiede et al. 2017). Ein mögliches Einsatzgebiet dieses Ansatzes im Arbeitskontext könnte die Unterstützung der beruflichen Wiedereingliederung von Berufstätigen im Zuge der Rehabilitation sein.

11.10 Merkmale von internetbasierten und klassischen Trainings zur Stress-Bewältigung im Vergleich

Gruppentrainings zur Stressbewältigung gelten als prototypische Maßnahme verhaltenspräventiver Angebote für Berufstätige. Im Vergleich zu internetbasierten Trainings lassen sich die spezifischen Merkmale beider Formate verdeutlichen, die sie jeweils für bestimmte Zielgruppen attraktiv machen. Die bisherigen Erfahrungen mit internetbasierten Stresstrainings deuten darauf hin, dass mit diesem Format Personen angesprochen werden, die vorhandene klassische Trainingsformate im Gruppenformat nicht präferieren und annehmen. Werden beide Formate parallel in der Fläche angeboten, scheint dies insgesamt zu einer breiteren Inanspruchnahme von Trainings zur Stressbewältigung zu führen. In zahlreichen eigenen Studien geben 80–90 % der Teilnehmenden an internetbasierten Trainings an, dass sie bislang keine Erfahrungen mit klassischen Formaten der Prävention und betrieblichen Gesundheitsförderung haben. Ob gemischte Formate, bei denen ein Training teilweise in der Gruppe und teilweise internetbasiert angeboten wird, das Beste aus zwei Welten vereint, ist empirisch noch nicht beantwortet. Möglich ist ebenso, dass Personen, die z. B. das Individuelle von internetbasierten Trainings bevorzugen, die Gruppenanteile des Angebots ablehnen oder umgekehrt.

Zunächst ist zu beobachten, dass bei beiden Formaten häufig die gleichen Trainingskonzepte zum Einsatz kommen, z. B. systematisches Problemlösen oder Entspannungsverfahren (Lehr et al. 2016b). Neben gemeinsamen Voraussetzungen wie der notwendigen Bereitschaft, Zeit in ein Training zu investieren, neue Verhaltensweisen auszuprobieren und Gewohnheiten zu verändern gibt es einige Unterscheidungsmerkmale zwischen klassischen und internetbasierten Trainings zur Stressbewältigung. In ◘ Tab. 11.1 sind entsprechende Charakteristika aufgeführt. Während klassische Trainings zur Stressbewältigung typischerweise in Gruppen, an einem bestimmten Ort und zu einem definierten Zeitpunkt durchgeführt werden, sind internetbasierte Trainings individuell 24 h am Tag prinzipiell an jedem Ort mit Internetzugang durchführbar. Durch das Gruppenformat bei klassischen Trainings ist von den Teilnehmenden eine Bereitschaft zur Selbstöffnung notwendig, um an den individuellen Stärken und Schwächen zu arbeiten. Es ist davon auszugehen, dass dieser Öffnungsprozess eine Hemmschwelle insbesondere für sozial ängstliche Menschen darstellt. Gleichzeitig kann eine Gruppenkonstellation jedoch den sozialen Rückhalt und die Adhärenz zum Training stärken. Teilnehmende an internetbasierten Trainings hingegen können das Ausmaß der Selbstöffnung entsprechend ihrer persönlichen Präferenzen in größerem Ausmaß selbst bestimmen. Insbesondere schambesetzte Themen können bearbeitet werden, ohne dass ein direkter persönlicher Kontakt erforderlich ist. Der Grad der Anonymität steht jedoch in enger Verbindung zur (wahrgenommenen) Informationssicherheit seitens des Plattformbetreibers und kann eine Hürde zur Teilnahme darstellen. Eine weitere Herausforderung bei internetbasierten Trainings ist die Tatsache, dass ein Ausstieg seitens der Teilnehmenden niedrigschwellig und einfach durchführbar ist – die Kehrseite eines einfachen Einstiegs: In beide Richtungen sind die Hürden niedrig (Lehr et al. 2016b).

11.11 Wirksamkeit von psychotherapeutischen Internet- und mobilen Interventionen

Die Wirksamkeit von Internet-Interventionen wurde zuerst im Bereich der Psychotherapie untersucht. Es gibt substanzielle Evidenz aus Metaanalysen über zahlreiche randomisiert-kontrollierte Studien für die Wirksamkeit von Internet-Interventionen zur Reduktion von Depressivität (Karyotaki et al. 2017; Königbauer et al. 2017), Angststörungen (Haug et al. 2012; Romijn et al. 2019), Schlafstörungen (Zachariae et al. 2016) und chronischen Schmerzen (Martorella et al. 2017). Im Hinblick auf das Gesundheitsverhalten zeigten sich Internet-Interventionen als wirksam zur Reduktion des Alkoholkonsums (Riper et al. 2018), zur Gewichtsreduktion (Sorgente et al. 2017) und der Förderung von Bewegung (Jahangiry et al. 2017), jedoch mit inkonsistenter Befundlage bei der Raucherentwöhnung (Taylor et al. 2017). Verglichen wurden meistens eine Gruppe, die an einer Internet-Intervention teilnehmen konnte, und eine nicht aktive Wartegruppe. Internet-Interventionen mit psychotherapeutischer Ausrichtung bieten sich insbesondere als Option innerhalb des werks- und betriebsärztlichen Behandlungsangebots an.

Tabelle 11.1 Typische Merkmale von internetbasierten und klassischen Gruppentrainings zur Stressbewältigung im Vergleich. (nach Lehr et al. 2014)

Merkmal	Internetbasierte Stresstrainings	Klassische Stresstrainings
Setting	Individuelles Training	Gruppen-Setting
Rolle eines Stress-Experten	Selbsthilfe oder Begleitung durch persönlichen e-Coach	Ein Trainer arbeitet mit 10–20 Teilnehmern
Zugang	Niederschwelliger Einstieg möglich, insbesondere bei Selbsthilfeformaten	
Start	Flexibler Trainingsstart, geringe Latenz von Teilnahmeabsicht und Startmöglichkeit	Trainingsstart termingebunden, Wartezeiten wahrscheinlich
Ort	Jeder Ort mit Internetzugang	Fixer Ort, Verkehrsmittel sowie An- und Abfahrzeiten notwendig
Termine	Zeitliche Flexibilität	Extern, durch Trainer bzw. Gruppe fixiert
Trainingstempo	Gemäß persönlich präferiertem Tempo	Tempo abhängig von Trainer bzw. Gruppe
Selbstöffnung	Ausmaß der Selbstöffnung kann leichter gemäß persönlicher Norm erfolgen	Trainer bzw. Gruppe setzen soziale Norm zum Ausmaß der Selbstöffnung
Soziale Unterstützung	Keine (bei Selbsthilfe) oder durch e-Coach gegeben	Trainer und andere Teilnehmer
Feedbackmöglichkeit	Programmbasiert (automatisierte Rückmeldungen) und/oder e-Coach	Trainer und andere Teilnehmer
Krisen im Training	Zeitversetzte Krisenintervention durch e-Coach	Unmittelbare Krisenintervention
Selbstmanagement	Organisation von Aufgaben mit dem Ziel, dass flexibler Termin nicht durch Dringlichkeiten verdrängt wird	Organisation von Aufgaben mit dem Ziel, dass fester Termin wahrgenommen werden kann
Durchführungsmodalität	Schreib-Lese-Präferenz	Gesprächs-Präferenz
Kanäle der Kommunikation	Verbal	Verbal, paraverbal, nonverbal
Anonymität	Wahrgenommene Anonymität schwankt von nahezu vollständig gegeben bis totaler Transparenz bzw. Überwachung	Variiert mit der Gruppenzusammensetzung, niedrig bei unternehmensinternen Trainings – höher bei sich fremden Teilnehmern
Spezifische Ängste	Überwachung und Veröffentlichung persönlicher Daten im Internet	Soziale Ängste in Gruppen; Weitergabe von Vertraulichem durch Gruppenmitglieder
Trainingsabbruch	Niederschwelliger Ausstieg möglich (Easy-in easy-out-Problem)	Höherschwellig, abhängig von (wahrgenommener) Kohäsion der Gruppe

11.12 Wirksamkeit von Internet- und mobilen Interventionen in Prävention und Betrieblicher Gesundheitsförderung

Im Bereich von Prävention und Gesundheitsförderung wurden zwar nicht im selben Umfang Untersuchungen durchgeführt wie im therapeutischen Bereich, jedoch weisen die Ergebnisse in eine vergleichbare Richtung. Eine Metaanalyse über 23 randomisiert-kontrollierte Studien zur Wirksamkeit von Internet-Interventionen zur Stressbewältigung zeigte, dass sie wirksam Stress (Cohen's d = 0,43), depressive Beschwerden (d = 33) und Angst (d = 0,32) reduzieren (Heber et al. 2017). Dabei zeigte sich, dass auch Internet-Interventionen als reine Selbsthilfe wirksam sind (d = 0,33; gemittelter Effekt auf Stress, Depressivität und Angst), Interventionen mit persönlicher Unterstützung jedoch deutlich effektiver sind (d = 0,64). In einer Metaanalyse zur Wirksamkeit von traditionellen Trainings zur Stressbewältigung bei Berufstätigen berichten Richardson und Rothstein von vergleichbaren Effekten (d = 0,53), wobei Trainings auf kognitiv-behavioraler Grundlage einen Effekt von d = 0,68 erreichten (Richardson und Rothstein 2008). Dies legt die Annahme nahe, dass beide Formate von Stressbewältigungstrainings – internetbasierte Trainings und Trainings in Gruppen – in einem vergleichbaren Ausmaß wirken.

In einer weiteren Metaanalyse wurden Internet-Interventionen für Berufstätige untersucht; die Analyse schloss Trainings zum Stressmanagement ein, berücksichtigte aber auch weitere Interventionen (Stratton et al. 2017). Auch hier fanden sich positive Effekte auf ein kombiniertes Maß psychischer Beschwerden (Stress, Depressivität, Angst). Dabei zeigten sich achtsamkeitsbasierte Interventionen besonders wirksam – ein Befund, der sich in der Studie von Heber und Kollegen (Heber et al. 2017) jedoch nicht fand. Carolan und Kollegen berichten in ihrer Metaanalyse ähnliche Effekte von Internet-Interventionen für Berufstätige in Bezug auf das Wohlbefinden, was durch ein kombiniertes Maß von Stress und Depressivität gemessen wurde (Carolan et al. 2017). Diese Studie konnte zudem zeigen, dass sich auch die Arbeitsproduktivität verbesserte, die u. a. im Sinne eines erhöhten Work-Engagements und beruflicher Selbstwirksamkeitserwartung erfasst wurde. In einer Übersichtsarbeit zur Wirksamkeit von Internet-Interventionen zur Resilienzförderung, die überwiegend an Berufstätigen untersucht wurden, fanden sich heterogene Befunde. Diese Interventionen zeigten geringe bis hin zu ausgeprägten Effekten auf Maße der psychischen Gesundheit und des Wohlbefindens (Lehr et al. 2018). Die Unterschiedlichkeit könnte Ausdruck eines heterogenen Verständnisses von Resilienz sein, das sich in ganz unterschiedlichen Trainingskonzepten ausdrückt.

Während die Metaanalysen fast ausschließlich laptop- bzw. desktop-basierte Trainings einschlossen, zeigen erste Studien, dass auch rein mobile Anwendungen (z. B. per Smartphone-App) effektiv zur Reduktion von Stress und Depressivität beitragen können (Bostock et al. 2019; Ly et al. 2014).

Basierend auf den beiden Metaanalyse von Heber und Kollegen (Heber et al. 2017) und Carolan und Kollegen (Carolan et al. 2017) lässt sich ableiten, dass internetbasierte Trainings zur Stressbewältigung dann wirksamer sind, wenn sie mit der Möglichkeit einer persönlichen Unterstützung angeboten werden, fünf bis acht Wochen dauern (was i. d. R. fünf bis acht Trainingseinheiten entspricht, die in einem wöchentlichen Rhythmus absolviert werden), sich gezielt an Menschen mit erhöhtem Stresserleben richten, einen weiteren Kommunikationskanal für die Steigerung des User-Engagements nutzen (z. B. E-Mails oder Textnachrichten), auf die Bedürfnisse der jeweiligen Zielgruppe angepasst sind und die Möglichkeit zum Selbst-Monitoring (z. B. tägliche Erfassung des Wohlbefindens) bieten.

11.13 Heterogenität metaanalytischer Befunde und die Herausforderung einer evidenzbasierten Prävention

Unabhängig vom Format zeigen die Metaanalysen, dass es erhebliche Unterschiede zwischen den untersuchten Trainings zur Stressbewältigung gibt. Die dargestellten Effekte auf die psychische Gesundheit stellen Durchschnittswerte dar. Dahinter verbergen sich Trainings, die sehr wirksam sind, und solche, die im Durchschnitt liegen oder sogar negative Effekte aufweisen. Zu beachten ist, dass metaanalytische Befunde als Marketingargument leicht missbräuchlich kommuniziert werden können. Dies geschieht dann, wenn sie zur Begründung der Wirksamkeit der neuen, nicht evaluierten Intervention herangezogen werden. Beispielsweise stellt der Befund, dass auf einem kognitiv-behavioralen Ansatz basierende Internettrainings zur Stressreduktion wirksam sind (Heber et al. 2017), keine Begründung dafür dar, dass ein neues Internettraining, das demselben Ansatz folgt, deswegen ebenfalls wirksam sei. Ebenso unzulässig ist die Schlussfolgerung, dass Trainings, die in einem klassischen Gruppenformat gut funktionieren, deshalb auch in einer anderen „Darreichungsform" als Internettraining oder als App effektiv sind. Derartige implizite und explizite Argumentationsfiguren zur Wirksamkeit umgehen die Forderung nach einem Wirksamkeitsnachweis durch Studien. Sie sind zunehmend auf dem Markt zu beobachten und stellen letztlich unbegründete Versprechen auf Gesundheit dar und sollten als unzulässige Health Claims gekennzeichnet werden. Evidenzbasierte Prävention und Gesundheitsförderung hat das Ziel, den berufstätigen Nutzenden von Internet- und mobilen Interventionen bestmögliche Information zur Wirksamkeit zur Verfügung zu stellen. Dazu sind für jede Intervention die Angaben zur Wirksamkeit in einer jeweils eigenen Studie nachzuweisen, die hohen methodischen Standards entspricht (Klein et al. 2018). Dies sind wichtige Voraussetzungen für eine verantwortungsvolle Implementierung von internetbasierten Trainings in die Praxis von Prävention und Betrieblicher Gesundheitsförderung.

11.14 Übersicht zu Inhalten und Aufbau internetbasierter Trainings für Berufstätige

In ◘ Tab. 11.2 sind die zentralen Ergebnisse von Studien zu Internet- und mobilen Interventionen für Berufstätige dargestellt, die in Deutschland durchgeführt wurden oder in deutschsprachigen Versionen verfügbar sind. Die Übersicht erhebt keinen Anspruch auf Vollständigkeit, da sie sich auf den Bereich der psychischen Gesundheit beschränkt und nur Trainings enthält, für die Evidenz aus randomisiert-kontrollierten Studien vorliegt und die einen beruflichen Fokus haben.

Während sich die Mehrzahl der Trainings allgemein an Berufstätige richtet, haben einzelne Trainings spezifische Zielgruppen wie Pflegekräfte (Clauss et al. 2018), Berufstätige mit Schlafstörungen (Thiart et al. 2015) oder Berufstätige in der Wiedereingliederungsphase nach stationärer Rehabilitation (Zwerenz et al. 2017). Inhaltlich finden sich Trainings, die Achtsamkeit mittels Smartphone-App (Bostock et al. 2019), in Form eines Trainings per E-Mail (Rexroth et al. 2017) oder mittels internetbasiertem Training fokussieren (Pauls et al. 2016). Andere Trainings haben einen positiv-psychologischen Hintergrund, wie das PERMA-Training (Neumeier et al. 2017), das Glückstraining (Feicht et al. 2013), das Dankbarkeitstraining (Heckendorf et al. 2019; Lehr et al. eingereicht) oder das Training zur positiven Reflexion der eigenen Arbeit (Clauss et al. 2018). Das Stresstraining „Fit im Stress" nutzt das aus Gruppentrainings bekannte systematische Problemlösen sowie Methoden der Emotionsregulation und der Selbstunterstützung (Heber et al. 2016), die im Training „Clever weniger trinken" mit Methoden der Motivierenden Gesprächsführung kombiniert wer-

Tabelle 11.2 Übersicht zu ausgewählten Internet- und mobilen Interventionen

Zielgruppe	Intervention	Durchführung	Kontrolle	Fallzahl[a]	Post/Follow-up[b]	Ergebnis (Cohen's d)[c]	Studie	Anmerkung
Berufstätige mit beruflichem Stress	Headspace	Smartphone-App; 45 Meditationseinheiten à 10–20 min, ohne e-Coach	WL	128/110	8W 16W	W: 0,41* (Post); D: 0,47* (Post) W: – (FU) D: – (FU)	(Bostock et al. 2019)	Studie an Berufstätigen zweier Unternehmen in Großbritannien, deutschsprachige App-Version vorhanden; Förderung der Studie durch Headspace
Berufstätige	PERMA-Training zum Wohlbefinden basierend auf positiv psychologischem Ansatz zum „Flourish"	Online-Training; 7 Übungen à 5–10 min	WL	288/218	2W	W: 0,30* AW: 0,35*	(Neumeier et al. 2017)	Internationale Studie mit 13 % Teilnehmenden aus Deutschland. PERMA-Training und Dankbarkeit sind der Kontrollgruppe überlegen. Es gibt keine Unterschiede zwischen beiden Trainings, d. h. sie wirken vergleichbar stark
			Dankbarkeitstagebuch	287/175	2W	W: –0,18 AW: –0,21		
Berufstätige	Achtsamkeit mit Training zur Gestaltung der Grenzen zwischen Arbeit und anderen Lebensbereichen	3 Trainingseinheiten über 3 Wochen; Edukation + verschiedene Übungen per E-Mail und herunterladbare Audio-Dateien	WL	412/246	3W 5W	EE: 0,45* (Post) EE: 0,26* (FU)	(Rexroth et al. 2017)	Studie mit Beschäftigten aus Unternehmen in Süddeutschland
Pflegekräfte	Positive Reflexion von Erlebnissen im Beruf, die bedeutsam waren und positive Gefühle ausgelöst haben	Online-Training; Tägliche Reflexion in Kombination mit kurzen Achtsamkeitsübungen à 5–10 min pro Tag	WL	88/73	2W 4W	EE: 0,24 (Post) EE: 0,53* (FU)	(Clauss et al. 2018)	Studie mit Beschäftigten in Pflege- und Seniorenreinrichtungen und mobilem Pflegedienst; Vorstellung der Studie im persönlichen Kontakt vor Ort

11.14 · Übersicht zu Inhalten und Aufbau internetbasierter Trainings für Berufstätige

☐ Tabelle 11.2 (Fortsetzung)

Zielgruppe	Intervention	Durchführung	Kontrolle	Fallzahl[a]	Post/Follow-up[b]	Ergebnis (Cohen's d)[c]	Studie	Anmerkung
Berufstätige	Kurzes Achtsamkeitstraining zur Resilienzförderung	Online-Training; Tägliche Übungen über 5 Tage, ohne e-Coach	AC	113/72	–	Berechnung nicht möglich	(Pauls et al. 2016)	In der Studie wurde der Einfluss von Achtsamkeit auf resilientes Verhalten und emotionale Erschöpfung mit Teilnehmenden verschiedener deutscher Unternehmen untersucht. Studie gefördert durch BMBF
Berufstätige	Glückstraining, das zahlreiche Übungen mit positiv psychologischem Hintergrund umfasst	Online-Training; 7 wöchentliche Einheiten	WL	147/101	7W 11W	ST: 0,64* (Post) ST: 0,84* (FU) H: 0,93* (Post) H: 0,92* (FU)	(Feicht et al. 2013)	Studie mit Beschäftigten einer deutschen Krankenversicherung. Studie gefördert durch Stiftung „Humor hilft heilen"
Berufstätige mit Schlafbeschwerden	Regenerationstraining zur Förderung von erholsamem Schlaf, gedanklicher Distanzierung von der Arbeit und Erholungsverhalten	Online-Training; 6 wöchentliche Einheiten, mit e-Coach	WL	128/128	8W 6M	SB: 1,45* (Post) SB: 1,43* (FU) R: 0,73* (Post) R: 0,99* (FU)	(Thiart et al. 2015)	Untersucht wurde eine berufsgruppenspezifische Version des Trainings für Lehrkräfte. Studie gefördert im Innovations-Inkubator durch EU (EFRE: CCI 2007DE161PR001), unterstützt UK NRW
Berufstätige mit riskantem Alkoholkonsum	Clever weniger trinken zur Reduktion von problematischem Alkoholkonsum	Online-Training, 5 Einheiten über 7 Wochen mit Erinnerungen und e-Coach auf Anfrage	WL	288/286	6W 6M	A: 0,38* (Post) A: 0,38* (FU) ST: 0,33* (Post) ST: 0,46* (FU)	(Boß et al. 2018)	Es finden sich keine Unterschiede zwischen Selbsthilfe und dem Angebot der Unterstützung durch e-Coach. Studie gefördert im Leuphana Innovations-Inkubator durch EU (EFRE: CCI 2007DE161PR001)
		… als Selbsthilfe		290/290		A: 0,25* (Post) A: 0,45* (FU) ST: 0,33* (Post) ST: 0,26* (FU)		

Tabelle 11.2 (Fortsetzung)

Zielgruppe	Intervention	Durchführung	Kontrolle	Fallzahl[a]	Post/Follow-up[b]	Ergebnis (Cohen's d)[c]	Studie	Anmerkung
(Berufstätige) Personen mit Neigung zu kreisenden negativen Gedanken	Dankbarkeitstraining zur Förderung der Wahrnehmung und Wertschätzung positiver Erlebnisse sowie Reduktion von arbeitsbezogenem Grübeln und Sorgen	Online-Training; 5 wöchentliche Einheiten, ohne e-Coach; parallel: App für tägliche Übungen	WL	262/262	8W 3M	R: 0,61* (Post) R: 0,75* (FU) D: 0,38* (Post) D: 0,40* (FU)	(Heckendorf et al. 2019)	Studie gefördert im Leuphana Innovations-Inkubator durch EU (EFRE: CCI 2007DE161PR001)
Berufstätige mit chronischem beruflichem Stress	Fit im Stress; systematisches Problemlösen, Emotionsregulation incl. Entspannung und Selbstunterstützung	Online-Training; 7 Einheiten à 45–60 min mit intensiver Unterstützung durch e-Coach	WL	264/264	6W 6M	SE: 0,83* (Post) ST: 1,02* (FU) D: 0,64* (Post) D: 0,95* (FU) LQ: 0,68* (FU)	(Heber et al. 2016)	Studien gefördert im Leuphana Innovations-Inkubator durch EU (EFRE: CCI 2007DE161PR001), unterstützt durch BARMER
		Mit Unterstützung durch e-Coach bei Bedarf auf Anfrage	WL	264/263		ST: 0,79* (Post) ST: 0,85* (FU) D: 0,55* (Post) D: 0,85* (FU) LQ: 0,78*(FU)	(Ebert et al. 2016a)	
		Selbsthilfe, Unterstützung bei technischen Fragen	WL	264/263		ST: 0,96* (Post) ST: 0,65* (FU) D: 0,60* (Post) D: 0,52* (FU) LQ: 0,49* (FU)	(Ebert et al. 2016b)	

11.14 · Übersicht zu Inhalten und Aufbau internetbasierter Trainings für Berufstätige

Tabelle 11.2 (Fortsetzung)

Zielgruppe	Intervention	Durchführung	Kontrolle	Fallzahl[a]	Post/Follow-up[b]	Ergebnis (Cohen's d)[c]	Studie	Anmerkung
Berufstätige nach stationärer Rehabilitation in Wiedereingliederung	Psychodynamische Intervention zur Förderung der Auseinandersetzung mit beruflichen interpersonellen Beziehungen	Online-Training; 12 wöchentliche Einheiten à 45 min, mit e-Coach	AC	646/632	3M 12M	D: 0,18* (Post) D: 0,18* (FU) LQ: 0,20* (Post) LQ: 0,20* (FU)	(Zwerenz et al. 2017)	Studie mit Patienten aus psychosomatischer, orthopädischer, kardiologischer Rehabilitation. Studie gefördert durch Deutsche Rentenversicherung Bund

[a] Anzahl randomisierter und analysierter Studienteilnehmer;
[b] Darstellung der Zeiträume der Wirksamkeitsmessungen im Verhältnis zur Messung vor dem Beginn der Intervention, *P* Post-Intervention, *FU* Follow-up, *M* Monat; *W* Woche;
[c] *Cohen's* standardisierte Differenz der Mittelwerte zwischen Gruppen; positive Werte von Cohen's d: Interventionsgruppe zeigt bessere Ergebnisse als die Kontrollgruppe (z. B. größere Reduktion von Stresserleben); negative Werte von Cohen's d: Interventionsgruppe zeigt schlechtere Ergebnisse als die Kontrollgruppe in diesem Endpunkt (z. B. geringere Reduktion von Stresserleben);
* Gruppenunterschied ist statistisch signifikant;
WL Wartelisten-Kontrollgruppe; *AC* Attention Control; *PERMA-Ansatz* Förderung des Wohlbefindens durch Positive Emotions, Engagement, Relationships, Meaning and Accomplishment; *W* Wohlbefinden; *AW* Arbeitsbezogenes Wohlbefinden; *ST* Stress; *D* Depressivität; *EE* Emotionale Erschöpfung; *H* Happiness; *SB* Schlafbeschwerden; *R* Arbeitsbezogenes Ruminieren/Grübeln bzw. mangelnde gedankliche Distanzierungsfähigkeit gegenüber beruflichen Problemen; *A* Alkoholkonsum; *LQ* Lebensqualität.

Fehlzeiten-Report 2019

den (Boß et al. 2018). Das Regenerationstraining umfasst Elemente aus der kognitiven Verhaltenstherapie des nicht-erholsamen Schlafs, die mit verschiedenen Übungen zur Förderung der gedanklichen Distanzierungsfähigkeit gegenüber beruflichen Problemen kombiniert sind (Thiart et al. 2015). Schließlich zeigt das Training von Zwerenz et al. (2017), dass auch psychodynamische Konzepte in einem internetbasierten Training angeboten werden können. Einzig in der Studie von Neumeier et al. (2017) werden zwei internetbasierte Trainings miteinander verglichen. Dabei führten das PERMA-Training und ein Dankbarkeitstagebuch im gleichen Ausmaß zu Verbesserungen. ◘ Tab. 11.2 zeigt ausgewählte Angaben zu den gesundheitlichen Effekten, die eine gute Orientierung bieten. Es ist jedoch zu beachten, dass Trainings oft bei einigen gesundheitlichen Merkmalen positive Effekte zeigen und gleichzeitig bei anderen Merkmalen keine Wirkung nachgewiesen werden kann. Beispielsweise finden sich für eine Achtsamkeits-App (Bostock et al. 2019) positive Effekte in Bezug auf die Reduktion depressiver Beschwerden, jedoch keine Effekte auf den Blutdruck. Entsprechend sollte gegenüber potenziellen Nutzenden deutlich gemacht werden, in welchen Bereichen eine Wirksamkeit erhofft werden kann und in welchen dies nicht zu erwarten ist. Dies stellt ein weiteres Merkmal für eine verantwortungsvolle Implementierung dar (siehe oben). Damit in Forschungsarbeiten eine selektive Darstellung von positiven Befunden ausgeschlossen werden kann, ist zudem darauf zu achten, dass Studien zu gesundheitlichen Effekten in öffentlich einsehbaren Registern (z. B. Deutsches Register Klinischer Studien, DRKS) veröffentlicht sind (vgl. Klein et al. 2018), was nur für einen Teil der in ◘ Tab. 11.2 dargestellten Trainings zutrifft.

Die dynamische Entwicklung im Bereich Occupational e-Mental Health hat zu einer erfreulichen Vielfalt an Trainings geführt, die sich sicherlich in den kommenden Jahren noch erweitern wird. Entsprechend ist es bereits aktuell möglich, Berufstätigen je nach persönlichem Bedürfnis oder Präferenz unterschiedliche evidenzbasierte Trainingsmöglichkeiten anzubieten. Beispielsweise wurde im Projekt Digi-Exist (vgl. ▶ Kap. 22) eine Plattform entwickelt, die internetbasiertes Health Risk Assessment mit darauf abgestimmten evidenzbasierten Internet-Interventionen kombiniert. Auf diese Weise konnten das Stresstraining (Heber et al. 2016), „Clever weniger trinken" (Boß et al. 2018), das Regenerationstraining (Thiart et al. 2015) und das Dankbarkeitstraining (Heckendorf et al. 2019; Lehr et al. eingereicht) in Gesamtangebot für die Zielgruppe der Beschäftigten in jungen Unternehmen integriert werden.

11.15 Perspektive der Nutzenden auf internetbasierte Interventionen

Eine Interviewstudie von Carolan und de Visser (Carolan und de Visser 2018) liefert wertvolle Informationen und Originaltöne zu den Vor- und Nachteilen von Internet- Intervention. Es werden Themen deutlich, die bei der Gestaltung von Interventionen und deren Implementierung im Unternehmen zu beachten sind. Die Befragten hatten das Training „Work-Guru" absolviert, das in Großbritannien verfügbar ist. Die illustrativen Zitate in den nachfolgenden blauen Boxen sind sinngemäß der Publikation von Carolan und de Visser entnommen. Zu den Vorteilen werden der einfache und bequeme Zugang zum Training und seine ständige Verfügbarkeit gezählt, sodass es möglich ist, zu einer persönlich passenden Zeit und in einer selbstgewählten Geschwindigkeit zu trainieren. Ebenso scheint der niederschwellige und relativ anonyme Zugang wichtig zu sein – gerade dann, wenn andere nicht mitbekommen sollen, dass psychische Beschwerden ein Thema sind. Einzelne Nutzende schätzen zwar die Möglichkeit, das Training in der Arbeitszeit und am Arbeitsplatz durchführen zu können, dies bringt jedoch eine Reihe anderer Probleme mit sich. Die Sorge, dass andere beim Blick auf den Bildschirm sehen könnten, womit man sich beschäftigt, scheint viele umzutreiben. Die Umgebung des Arbeitsplatzes wird als wenig passend empfunden, um sich mit persönlich bedeutsamen Fragen zu beschäftigen, die nachdenklich oder verletzlich machen können. Dafür wird eine geschütztere Atmosphäre gewünscht.

> **Vor- und Nachteile von Internet-Interventionen aus Sicht der Nutzenden**
>
> **Vorteile der Internet-Intervention**
>
> Einfache und bequeme Verfügbarkeit, zeitlich und örtlich flexibles Trainieren
> - *„Wann immer ich etwas brauche, kann ich einfach und sofort darauf zugreifen, ohne auf jemanden warten zu müssen, auf einen Termin oder ähnliches. Ich kann so schnell wie möglich Hilfe bekommen und ich kann sie überall bekommen, weil sie online im Internet ist."* (Sara, 31 Jahre).
> - Natalie (40 Jahre) schätzt die *„Flexibilität, auf das Training zu einem Zeitpunkt zuzugreifen zu können, der am besten zu dem persönlichen Arbeitsplan passt."*
> - *„Es ist unglaublich leicht zugänglich, sowohl in Bezug auf die Wahl, wann ich mich mit den Themen des Trainings beschäftigte, als auch in Bezug auf die Geschwindigkeit, wie ich mich auf die Dinge einlassen und darüber nachdenken möchte, und dabei die Möglichkeit habe, immer wieder zu bestimmten Themen zurückzukehren, die mir wichtig sind. Das ist ein Unterschied dazu, wenn man sagen muss: ‚Nun, du hast eine Sitzung, es ist um 14 Uhr an einem Freitag, das ist dein einziges Zeitfenster' an dem du teilnehmen kannst. Also denke ich, dass es dies in gewisser Weise für mich lebendiger gemacht hat als eine Veranstaltung, zu der man hingeht."* (Robert, 46 Jahre)
>
> Niederschwellige, nicht stigmatisierende und anonymere Möglichkeit, mit beruflicher Überlastung und psychischen Beschwerden umzugehen
> - *„Ich denke auch, dass es sehr diskret ist"* (Fionna, 62 Jahre).
> - *„Persönlich war es einfacher zu sagen: ‚Ich tue etwas, um mir selbst zu helfen', aber ohne tatsächlich mit jemandem sprechen zu müssen. Ich finde die Vorstellung ganz unangenehm, zum Telefon greifen zu müssen und mit jemandem zu sprechen"* (Anna, 47 Jahre).
> - *„Ich würde es (Vorhandensein psychischer Beschwerden) niemandem an meinem Arbeitsplatz erzählen"* (Sara, 31 Jahre).
>
> Wertschätzung des Angebots, das Training während der Arbeitszeit absolvieren zu können.
> - *„In einem Umfeld arbeiten zu können, in dem es möglich ist, nach der Bearbeitung eines besonders stressigen Falls sich selbst mit Erlaubnis des Arbeitgebers zurückziehen zu dürfen und etwas für sich zu tun, war wirklich ein stärkendes Hilfsmittel, das sie uns zur Verfügung gestellt haben"* (Jane, 28 Jahre)
>
> **Probleme bei Internet-Intervention**
>
> Flexibilität erfordert eine hohe Selbstdisziplin.
> - *„Einerseits ist es gut, nicht in einer bestimmten Zeit Dinge tun zu müssen, aber andererseits ist diese Flexibilität auch nicht gut, weil man oft denken kann: ‚Eigentlich kann ich es auch später noch machen', und dann aber nie dazu kommt. Wenn es online ist, liegt es an der Person. […] Wenn es im Internet ist, liegt es an dem Einzelnen selbst, zu entscheiden, ob er das Training auch wirklich macht"* (Simon, 48 Jahre).
>
> Mangelnde Privatsphäre bei einer Durchführung am Arbeitsplatz.

— *"In unserem Raum stehen die Schreibtische unmittelbar nebeneinander, es gibt keine Sichtschutzwände zwischen ihnen. Man weiß also nie, ob der Kollege nebenan gerade sieht, woran man arbeitet und auf den Bildschirm meines Computers sieht"* (Natalie, 40 Jahre).

Problematik bei einer Durchführung am Arbeitsplatz: Wechsel zwischen dem öffentlichen Arbeitsmodus und einem Training, das einer Selbstöffnung bei der Bearbeitung persönlicher Themen bedarf.

— *"Wenn Sie woanders zu einem Termin gehen, denke ich, dass Sie im Großen und Ganzen mehr davon haben werden, als wenn Sie es am Schreibtisch machen, wo man immer die ganzen Rechnungen vor Augen hat, die noch bearbeitet werden müssen und wo die To-Do-Liste hängt"* (Katy, 63 Jahre).
— *"Du tust etwas sehr Persönliches und denkst über Wichtiges nach, das dich dazu bringen könnte, dich verletzlich oder unwohl zu fühlen, und dann musst du sofort wieder in den Arbeitsmodus zurückzukehren. Ich denke, selbst wenn man zu einem Beratungstermin hingeht, macht man eine kleine Reise dahin und zurück zum Schreibtisch, das hilft, zurück in den Arbeitsmodus zu wechseln und so hat man zumindest etwas Zeit, diese Gefühle hinter sich zu lassen"* (Sue, 43 Jahre).
— *"Ich habe innerlich gekämpft. […] es fängt an, wenn du über die Dinge nachdenkst, die dich innerlich bewegen, aber man schafft es, die hübsche ‚es läuft alles prima'-Persönlichkeit nach außen zu zeigen. So kennen mich die anderen auf der Arbeit. […] Ich wollte mich nicht zu sehr vor anderen entblößen"* (Anna, 47 Jahre).

Bei der Motivation für die Nutzung von Internettrainings und dafür, sich immer wieder in die nächste Einheit einzuloggen, scheint die Gestaltung der Intervention, eine gute User-Experience, wichtig zu sein. Ebenso trägt es zur Motivation bei, wenn die Teilnehmer wahrnehmen, dass die Unternehmensleitung hinter dem Training steht und die Teilnahme unterstützt. Gleichzeitig war hoher Zeitdruck und Überlastung ein Haupthindernis, was wiederum mit den Leistungsvorgaben des Unternehmens im Zusammenhang steht.

Motivatoren und Barrieren zur Nutzung von Internet-Interventionen aus Sicht der Nutzenden

Motivatoren zur Teilnahme am Training

Interessanter und relevanter Inhalt, der ansprechend aufbereitet wurde.
— *"Es war der Inhalt, der mich dazu bewogen hat, das Training weiter zu machen, weil er interessant war. Das Training hatte interessante Inhalte"* (John, 33 Jahre).
— *"Es war in gute, kleine Einheiten gegliedert. Es war gut aufbereitet. Es war sehr unterhaltsam. Ja, es war sehr angenehm, mit dem Training zu arbeiten. Es war gut, sich für eine Weile aus der Arbeitssituation zurückzuziehen, bevor man wieder durchstartet. Ich finde, das war eine sehr positive Erfahrung und ich glaube, das hat mich ermutigt weiterzumachen"* (Claire, 57 Jahre).

Legitimation durch die Unternehmensführung
— *"Wenn Sie eine Nachricht vom Manager erhalten, dass es in Ordnung ist das Training zu machen, dass man explizit dazu ermutigt und dabei unterstützt wird,*

macht das einen großen Unterschied" (Natalie, 40 Jahre).
- *"Ich denke, dass die Tatsache, dass das Training durch das Unternehmen verbreitet wurde, dem Ganzen mehr Legitimität verliehen hat. Auch wenn es vielleicht etwas dumm klingt, aber wenn man in einer stressigen Phase ist und weiß, dass das Training vom Unternehmen unterstützt wird und es in Ordnung ist teilzunehmen, dann hilft es mir, zu mir selbst zu sagen, dass es in Ordnung ist, mir die Zeit zu nehmen und das Training zu machen. Irgendwie ist es ja auch zum Nutzen für das Unternehmen, wenn ich effektiver arbeite"* (Claire, 57 Jahre).

Barrieren für die Teilnahme am Training

Zeitdruck, Arbeitsüberlastung und depressive Beschwerden
- *"Obwohl das Training etwas war, was ich tun wollte, ging es mir, wenn die Erinnerung zum Einloggen kam, so in der Art: ‚Oh mein Gott, habe ich wirklich heute die Zeit dafür? Werde ich mich schlecht und schuldig fühlen, weil ich meine Kollegen mit der ganzen Arbeit im Stich lassen werde?'"* (Jane, 28 Jahre).
- *"Wahrscheinlich war ich zu der Zeit sehr niedergeschlagen und deprimiert. Ich nehme an, die Zeit wäre an sich ein kleines Problem gewesen, aber verbunden mit Depressionen war es so, dass ich überhaupt keinen Antrieb hatte"* (Chloe, 44 Jahre).

Das Training wurde mit Unterstützung durch einen e-Coach angeboten, dessen Unterstützung sich jedoch auf Erinnerungen zum Einloggen und auf unterstützende Nachrichten beschränkte, die bei Bedarf aktiv von den Nutzenden angefragt werden konnten (Format: „Minimally Guided"). Bei dieser Form der Unterstützung scheint es zunächst schwer zu sein, sich ein genaues Bild davon machen zu können, auf welche Art und Weise eine e-Coach-Unterstützung hilfreich sein kann: *„Kann der Coach mir bei diesen Dingen helfen oder nicht? Bei den Übungen, die ich schon für mich gemacht habe, wie könnte der Coach mir darüber hinaus noch helfen?"* (Sara, 31 Jahre). Das Format der minimalen Unterstützung ging mit unterschiedlichen Rückmeldungen einher. *„Ja, es war nur so, dass es automatisiert schien. Ich dachte, wenn ich ihnen eine E-Mail schicke, dann erreicht es jemandem, aber die Nachricht fühlte sich einfach nicht sehr persönlich an"* (Rose, 38 Jahre). Andere Nutzende empfanden diese Art der Unterstützung positiver: *„Ich habe tatsächlich den ersten Kontakt gemacht und fand den sehr wertschätzend. Ich war ein Individuum und nicht nur eine Nummer, was mich wirklich beeindruckt hat"* (Robert, 46 Jahre). Während einige Nutzende mit dem geringen Kontakt zum e-Coach zufrieden schienen, wünschten sich andere mehr Unterstützung: *„Ich denke, es wäre nützlich, wenn der e-Coach etwas proaktiver wäre und darauf achtet, dass die Leute mit dem, was sie im Training machen, auch wirklich zufrieden sind"*. Die Mehrheit der Befragten wünschte sich, dass ein e-Coach verfügbar ist. Dabei zeigte sich keine klare Präferenz bezüglich einer zeitversetzten Unterstützung (z. B. per E-Mail) oder einer Unterstützung in Echtzeit (z. B. per Videochat). Vor diesem Hintergrund scheint es empfehlenswert, jeweils individuell zu vereinbaren, wie proaktiv ein e-Coach sein sollte und ob die Unterstützung zeitversetzt oder in Echtzeit geschieht.

11.16 Webbased Health Risk Assessment

Häufig werden internetbasierte und mobile Interventionen mit kurzen Screening-Elementen kombiniert, die i. d. R. der eigentlichen Gesundheitsintervention vorgeschaltet sind. Dies kann z. B. ein Fragebogen zum Ausmaß von (beruflichem) Stress sein. Dadurch kann die Aufmerksamkeit und Motivation zur Inanspruchnahme für gesundheitsbezogene Themen gefördert und so ein niedrigschwelliger Einstieg in umfangreichere Gesundheitsinterventionen ermöglicht werden (Ebert et al. 2018a; Solenhill et al. 2016). Darüber hinaus ermöglicht die vorherige Messung verschiedener Indikatoren der psychischen Gesundheit (z. B. von erlebtem Stress und gesundheitsbezogenen Verhaltensweisen) die Empfehlung von Gesundheitsinterventionen oder bestimmten Interventionsmodulen, die auf den speziellen Bedarf einzelner Personen zugeschnitten sind (Bolier et al. 2014). Online-Gesundheits-Screenings mit automatisierten individuellen Rückmeldungen können auch als eigenständige Gesundheitsintervention eingesetzt werden. Meta-analytische Befunde zeigen, dass solche Interventionen z. B. den Alkoholkonsum wirksam reduzieren können (Riper et al. 2018). Eine Herausforderung dabei ist die Nutzung einer validen und evidenzbasierten Grundlage, auf deren Basis die Rückmeldung der Testergebnisse erfolgt. Dazu sind validierte Grenzwerte notwendig, die transparent gegenüber den Nutzenden zu kommunizieren sind. Die Verwendung sozialer Vergleiche im Sinne eines Benchmarks, d. h. die Rückmeldung individueller Werte im Vergleich zu bestimmten Gruppen (z. B. andere Führungskräfte oder Branchen) mag interessant sein, ist aber im Bereich der Gesundheit sehr problematisch. So zeigen auch 39 °C auf dem Fieberthermometer einen zu hohen Wert und gesundheitlichen Handlungsbedarf an, unabhängig davon, wie dieser Wert im Vergleich zu anderen ausfällt.

11.17 Gesundheitsökonomische Effekte von Internet-Interventionen für Berufstätige

Um die vorhandenen und meist limitierten Ressourcen bestmöglich einzusetzen, sind Informationen zu den ökonomischen Aspekten von Maßnahmen der Prävention und betrieblichen Gesundheitsförderung wichtig. Entscheidungsträger haben dadurch eine Grundlage, die Maßnahmen auszuwählen, die das beste Verhältnis zwischen Kosten, gesundheitlichem und/oder finanziellem Nutzen bieten.

In der Vergangenheit wurden regelmäßig die ökonomischen Vorteile von Investitionen in die Betriebliche Gesundheitsförderung insofern hervorgehoben, als der Return-on-Investment (ROI) ausgeprägt positiv sei. Die systematische Übersichtsarbeit und Metaanalyse von Baxter und Kollegen legt jedoch die Annahme nahe, dass der ROI oft zu positiv dargestellt wurde (Baxter et al. 2014). In die Metanalyse flossen Daten aus 52 Studien mit insgesamt über 380.000 Beschäftigten ein. Über alle Studien und Interventionsarten (inkl. Interventionen zu Rauchen, Ernährung, Alkohol, körperlicher Aktivität, Stress und Impfungen) hinweg fand sich ein positiver ROI von 1,38 (138 %) für die Maßnahmen der Betrieblichen Gesundheitsförderung. Jedoch zeigte sich ein eindeutiger Zusammenhang zwischen der Qualität der Studien und dem ROI. Dabei zeigen qualitativ minderwertigere Studien einen höheren ROI (2,32) – eine Größenordnung, die häufig kommuniziert wird –, während die methodisch besten Studien den niedrigsten ROI (0,26) berichten. Für Studien mit dem stärksten Studiendesign, d. h. randomisiert-kontrollierte Studien, fand sich sogar ein leicht negativer ROI (−0,22).

Inzwischen liegen erste gesundheitsökonomische Untersuchungen für Internet-Interventionen bei Berufstätigen vor. Parallel zur Analyse der Wirksamkeit des Regenerationstrainings (Thiart et al. 2015) und zum Training „Fit im Stress" (Heber et al. 2016) (siehe oben) wurden gesundheitsökonomische Analysen aus einer Unternehmensperspektive durchgeführt, d. h. mit dem Fokus auf die Kosten für Absentismus und Präsentismus. In der Studie zum Regenerationstraining wurden Lehrkräfte untersucht, die unter nicht erholsamem Schlaf litten. Die gesundheitsökonomische Analyse zeigte zunächst, dass nicht erholsamer Schlaf im Verlauf eines halben Jahres mit Kosten von 3.936 € pro Person für Präsentismus und Absentismus assoziiert sind (Thiart et al. 2016). Dies unterstreicht die große Bedeutung des erholsamen Schlafes und dürfte eher eine Unterschätzung der tatsächlichen Kosten darstellen, da Folgekosten für Fehler durch unkonzentriertes Arbeiten nicht berücksichtigt wurden. Bei Lehrkräften, die an dem internetbasierten Regenerationstraining teilnahmen, sanken diese Kosten im Verlauf von sechs Monaten nach dem Training auf 2.327 €, während sie in der Wartekontrollgruppe auf durchschnittlich 2.945 € sanken. Werden 200 € als Kosten für die Intervention angenommen, entspricht dies einem ROI von 208 %. Aufgrund der relativ kleinen Stichprobengröße von 128 Personen sind die Konfidenzintervalle jedoch sehr breit (95 %-KI: −296 % bis 744 %), sodass der vergleichsweise hohe ROI in einer randomisiert-kontrollierten Studie als Schätzung betrachtet werden sollte. Werden die Kosten in Relation zur gesundheitlichen Wirksamkeit gesetzt, nimmt die Incremental Cost-Effectiveness Ratio (ICER) einen Wert von ICER = 1.162 € an, was der Ersparnis im Verlauf von sechs Monaten für jede Person entspricht, deren Schlafqualität sich substanziell verbessert. Auf dieser Basis zeigt die Analyse des Cost-Effectiveness Plane, dass das Regenerationstraining im Vergleich zur Kontrollgruppe mit einer Wahrscheinlichkeit von 87 % wirksamer und gleichzeitig kostengünstiger ist.

Eine vergleichbare Analyse wurde für das Stresstraining „Fit im Stress" durchgeführt (Ebert et al. 2018b). Nach sechs Monaten sanken die Kosten für Absentismus und Präsentismus in der Trainingsgruppe auf 2.924 € und in der Wartekontrollgruppe auf 3.412 €. Bei angenommen Trainingskosten von 299 € entspricht dies einem ROI von 0,61, wobei die Konfidenzintervalle wiederum breit waren (95 %-KI: −2,2 bis 3,5). Gelingt es, den wahrgenommenen Stress so weit zu reduzieren, dass die Werte in einem unauffälligen Bereich liegen, dann nimmt die ICER den Wert 521 an, d. h. 521 € können pro Person im Verlauf von sechs Monaten eingespart werden. Es besteht eine Wahrscheinlichkeit von 67 %, dass das Stresstraining wirksamer und gleichzeitig günstiger ist als die Vergleichsbedingung.

Im Vergleich zu den metaanalytischen Befunden aus randomisiert-kontrollierten Studien zeigen beide Studien zu internetbasierten Trainings für Berufstätige sehr gute gesundheitsökonomische Kennwerte. Entsprechend können sie insbesondere aus der Perspektive von Unternehmen eine vielversprechende Option zur Prävention und Gesundheitsförderung darstellen. Dennoch ist zu beachten, dass in diesen Studien die Kosten ganz erheblichen statistischen Streuungen unterliegen, die zu breiten Konfidenzintervallen führen, sodass selbst ein negativer ROI nicht ausgeschlossen werden kann. Entsprechend sind weitere Studien mit großen Fallzahlen nötig, um zu zuverlässigeren Schätzungen zu gelangen.

11.18 Fazit und Ausblick

Die bisherige Forschung zeigt, dass die Digitalisierung neue und wirksame Möglichkeiten bietet, einen Beitrag zur psychischen Gesundheit von Berufstätigen zu leisten. Dies gilt insbesondere für Internet-Interventionen, die auch als Online-Gesundheitstrainings bezeichnet werden. Diese haben das Potenzial die Gesundheit zu fördern (z. B. durch die Stärkung von Resilienz), Risikofaktoren zu mindern (z. B. durch den Abbau von chronischem Stress) oder vorhandene psychische Beschwerden wirksam zu reduzieren (z. B. Schlafstörungen oder depressive Beschwerden). Zwar liegen Hinweise vor, dass auch mobile Anwendungen (Gesundheits-Apps) dieses Potenzial besitzen, jedoch ist hier die Studienlage noch zu klein, um verlässliche Aussagen treffen zu können. Gleichzeitig ist zu beachten, dass die Wirksamkeit der vorliegenden Interventionen im Durchschnitt zwar positiv zu bewerten ist, die Befunde zwischen den Interventionen jedoch deutlich abweichen können. Für manche Interventionen wird zwar eine Wirksamkeit behauptet, die aber nicht durch entsprechende Studien belegt ist. Dies macht die Bedeutung der Qualitätssicherung deutlich und fordert zu einer sorgsamen Auswahl von digitalen Interventionen heraus, die im Rahmen der betrieblichen Gesundheitsförderung und Prävention eingesetzt oder empfohlen werden. Eine zentrale Herausforderung für die kommenden Jahre ist es, erfolgreiche Implementierungsstrategien, insbesondere für wirksame Internet-Interventionen, zu entwickeln. Dazu zählt beispielsweise die Frage, über welche Kommunikationskanäle und Strategien auf digitale Interventionen hingewiesen werden sollte, welche Rolle das jeweilige Unternehmen dabei spielt und wie die Bereitschaft zur Inanspruchnahme ziel- und bedarfsgerecht gefördert werden kann.

■■ **Einhaltung ethischer Richtlinien**
Anzeige von Interessenkonflikten. Dirk Lehr erhielt Forschungsgelder von BMBF, BARMER und Unfallkasse NRW. Zudem ist er Gesellschafter des GET.ON Instituts GmbH, einer Ausgründung der Leuphana Universität, deren Ziel es ist, evidenzbasierte internetbasierte Interventionen in der Regelversorgung verfügbar zu machen.

Literatur

Baxter S, Sanderson K, Venn AJ, Blizzard CL et al (2014) The relationship between return on investment and quality of study methodology in workplace health promotion programs. Am J Health Promot 28:347–363
Bolier L, Ketelaar SM, Nieuwenhuijsen K et al (2014) Workplace mental health promotion online to enhance well-being of nurses and allied health professionals: A cluster-randomized controlled trial. Internet Interv 1:196–204
Boß L, Lehr D, Schaub MP et al (2018) Efficacy of a web-based intervention with and without guidance for employees with risky drinking: results of a three-arm randomized controlled trial. Addiction 113:635–646
Bostock S, Crosswell AD, Prather AA et al (2019) Mindfulness on-the-go: Effects of a mindfulness meditation app on work stress and well-being. J Occup Health Psychol 24:127–138
Carolan S, de Visser RO (2018) Employees' perspectives on the facilitators and barriers to engaging with digital mental health interventions in the workplace: qualitative study. JMIR Ment Health 5:e8
Carolan S, Harris PR, Cavanagh K (2017) Improving employee well-being and effectiveness: systematic review and meta-analysis of web-based psychological interventions delivered in the workplace. J Med Internet Res 19:e271
Christmann CA, Hoffmann A, Bleser G (2017) Stress management apps with regard to emotion-focused coping and behavior change techniques: a content analysis. JMIR Mhealth Uhealth 5:e22
Clauss E, Hoppe A, O'Shea D et al (2018) Promoting personal resources and reducing exhaustion through positive work reflection among caregivers. J Occup Health Psychol 23:127–140
Cobb NK, Poirier J (2014) Effectiveness of a multimodal online well-being intervention. Am J Prev Med 46:41–48
Dadaczynski K, Tolks D (2018) Spielerische Ansätze als innovative Kommunikationsstrategie der Gesundheitsförderung und Prävention. Präv Gesundheitsf 13:269–271
Dadaczynski K, Schiemann S, Backhaus O (2017) Promoting physical activity in worksite settings: results of a German pilot study of the online intervention Healingo fit. BMC Public Health 17:696
Ebert DD, Lehr D, Heber E et al (2016a) Internet- and mobile-based stress management for employees with adherence-focused guidance: efficacy and mechanism of change. Scand J Work Environ Health 42:382–394
Ebert DD, Heber E, Berking M et al (2016b) Self-guided internet-based and mobile-based stress management for employees: results of a randomised controlled trial. Occup Environ Med 73:315–323
Ebert DD, Franke M, Kählke F et al (2018a) Increasing intentions to use mental health services among university students. Results of a pilot randomized controlled trial within the World Health Organization's World Mental Health International College Student Initiative. Int J Methods Psychiatr Res 28:e1754
Ebert DD, Kählke F, Buntrock C et al (2018b) A health economic outcome evaluation of an internet-based mobile-supported stress management intervention for employees. Scand J Work Environ Health 44:171–182
Feicht T, Wittmann M, Jose G et al (2013) Evaluation of a seven-week web-based happiness training to improve psychological well-being, reduce stress, and enhance mindfulness and flourishing: a randomized controlled occupational health study. Evidence-based complementary and alternative. Medicine 2013:1–14
Firth J, Torous J, Nicholas J et al (2017) The efficacy of smartphone-based mental health interventions for depressive symptoms: a meta-analysis of randomized controlled trials. World Psychiatry 16:287–298
Graafland M, Dankbaar M, Mert A et al (2014) How to systematically assess serious games applied to health care. JMIR Serious Games 2:e11
Hanisch SE, Birner UW, Oberhauser C et al (2017) Development and evaluation of digital game-based

training for managers to promote employee mental health and reduce mental illness stigma at work: quasi-experimental study of program effectiveness. JMIR Ment Health 4:e31
Haug T, Nordgreen T, Öst LG et al (2012) Self-help treatment of anxiety disorders: a meta-analysis and meta-regression of effects and potential moderators. Clin Psychol Rev 32:425–445
Heber E, Lehr D, Ebert DD et al (2016) Web-based and mobile stress management intervention for employees: a randomized controlled trial. J Med Internet Res 18:e21
Heber E, Ebert DD, Lehr D et al (2017) The benefit of web- and computer-based interventions for stress: a systematic review and meta-analysis. J Med Internet Res 19:e32
Heckendorf H, Lehr D, Ebert DD et al (2019) Efficacy of an internet and app-based gratitude intervention in reducing repetitive negative thinking and mechanisms of change in the intervention's effect on anxiety and depression: Results from a randomized controlled trial. Behav Res Ther 119:103415. https://doi.org/10.1016/j.brat.2019.103415
Hilty DM, Ferrer DC, Parish MB et al (2013) The effectiveness of telemental health: a 2013 review. Telemedicine E-health 19:444–454
Horstmann D, Tolks D, Dadaczynski K et al (2018) Förderung des Wohlbefindens durch „Gamification". Präv Gesundheitsf 13:305–311
Hunt MG, Marx R, Lipson C et al (2018) No more FOMO: limiting social media decreases loneliness and depression. J Soc Clin Psychol 37:751–768
Jahangiry L, Farhangi MA, Shab-Bidar S et al (2017) Web-based physical activity interventions: a systematic review and meta-analysis of randomized controlled trials. Public Health 152:36–46
Johnson D, Deterding S, Kuhn KA et al (2016) Gamification for health and wellbeing: A systematic review of the literature. Internet Interv 6:89–106
Karyotaki E, Riper H, Twisk J et al (2017) Efficacy of self-guided internet-based cognitive behavioral therapy in the treatment of depressive symptoms. JAMA Psychiatry 74:351
Kazemi DM, Borsari B, Levine MJ et al (2017) A systematic review of the mhealth interventions to prevent alcohol and substance abuse. J Health Commun 22:413–432
Kivelitz L, Kriston L, Christalle E et al (2017) Effectiveness of telephone-based aftercare case management for adult patients with unipolar depression compared to usual care: a randomized controlled trial. PLoS ONE 12:e186967
Klein JP, Knaevelsrud C, Bohus M et al (2018) Internetbasierte Selbstmanagementinterventionen. Nervenarzt 89:1277–1286
Königbauer J, Letsch J, Philipp D et al (2017) Internet- and mobile-based depression interventions for people with diagnosed depression: a systematic review and meta-analysis. J Affect Disord 223:28–40
Lau HM, Smit JH, Fleming TM et al (2017) Serious games for mental health: are they accessible, feasible, and effective? A systematic review and meta-analysis. Front Psychiatry 7:209
Lehr D, Freund H, Prieß N et al Efficacy of an internet- and smartphone-based gratitude training reducing perseverative thinking – a randomized controlled trial. (eingereicht)
Lehr D, Eckert M, Baum K et al (2014) Online-Trainings zur Stressbewältigung – eine neue Chance zur Gesundheitsförderung im Lehrerberuf? Lehrerbildung Auf Dem Prüfstand 7:190–212
Lehr D, Geraedts A, Asplund RP et al (2016a) Healthy at work. In: Wiencke M, Cacace M, Fischer S (Hrsg) Healthy at work – interdisciplinary perspectives. Springer, Cham, S 257–281
Lehr D, Heber E, Sieland B et al (2016b) „Occupational eMental Health" in der Lehrergesundheit. Präv Gesundheitsf 11:182–192
Lehr D, Kunzler A, Helmreich I et al (2018) Internetbasierte Resilienzförderung und Prävention psychischer Erkrankungen. Nervenarzt 89:766–772
Ly KH, Asplund K, Andersson G (2014) Stress management for middle managers via an acceptance and commitment-based smartphone application: a randomized controlled trial. Internet Interv 1:95–101
Marino C, Gini G, Vieno A et al (2018) The associations between problematic Facebook use, psychological distress and well-being among adolescents and young adults: a systematic review and meta-analysis. J Affect Disord 226:274–281
Martorella G, Boitor M, Berube M et al (2017) Tailored web-based interventions for pain: systematic review and meta-analysis. J Med Internet Res 19:e385
Mohr DC, Vella L, Hart S et al (2008) The effect of telephone-administered psychotherapy on symptoms of depression and attrition: a meta-analysis. Clin Psychol Sci Pract 15:243–253
Mohr DC, Carmody T, Erickson L et al (2011) Telephone-administered cognitive behavioral therapy for veterans served by community-based outpatient clinics. J Consult Clin Psychol 79:261–265
Mohr DC, Burns MN, Schueller SM et al (2013) Behavioral intervention technologies: evidence review and recommendations for future research in mental health. Gen Hosp Psychiatry 35:332–338
Morina N, Ijntema H, Meyerbröker K et al (2015) Can virtual reality exposure therapy gains be generalized to real-life? A meta-analysis of studies applying behavioral assessments. Behav Res Ther 74:18–24
Neumeier LM, Brook L, Ditchburn G et al (2017) Delivering your daily dose of well-being to the workplace: a randomized controlled trial of an online well-being programme for employees. Eur J Work Organ Psychol 26:555–573

Opriş D, Pintea S, García-Palacios A et al (2012) Virtual reality exposure therapy in anxiety disorders: a quantitative meta-analysis. Depress Anxiety 29:85–93

Pauls N, Schlett C, Soucek R et al (2016) Resilienz durch Training personaler Ressourcen stärken: Evaluation einer web-basierten Achtsamkeitsintervention. Gruppe. Interaktion. Organisation. Zeitschrift Für Angew Organisationspsychologie 47:105–117

Rexroth M, Michel A, Bosch C (2017) Promoting well-being by teaching employees how to segment their life domains. Zeitschrift Für Arbeits- Organisationspsychologie 61:197–212

Richardson KM, Rothstein HR (2008) Effects of occupational stress management intervention programs: a meta-analysis. J Occup Health Psychol 13:69–93

Richardson LK, Frueh BC, Grubaugh AL et al (2009) Current directions in videoconferencing tele-mental health. Res Clin Psychol Sci Pract 16:323–338

Ridout B, Campbell A (2018) The use of social networking sites in mental health interventions for young people: systematic review. J Med Internet Res 20:e12244

Riper H, Hoogendoorn A, Cuijpers P et al (2018) Effectiveness and treatment moderators of internet interventions for adult problem drinking: an individual patient data meta-analysis of 19 randomised controlled trials. PLoS Med 15:e1002714

Ritterband LM, Thorndike F (2006) Internet Interventions or Patient Education Web sites? J Med Internet Res 8:e18

Romijn G, Batelaan N, Kok R et al (2019) Internet-delivered cognitive behavioral therapy for anxiety disorders in open community versus clinical service recruitment: meta-analysis. J Med Internet Res 21:e11706

Sardi L, Idri A, Fernández-Alemán JL (2017) A systematic review of gamification in e-Health. J Biomed Inform 71:31–48

Schueller SM, Tomasino KN, Mohr DC (2017) Integrating human support into behavioral intervention technologies: the efficiency model of support. Clin Psychol Sci Pract 24:27–45

Shensa A, Sidani JE, Dew MA et al (2018) Social media use and depression and anxiety symptoms: a cluster analysis. Am J Health Behav 42:116–128

Smyth A, Syrek C, Reins JA et al (2018) User experience predicts the effectiveness of a gamified recovery app. Präv Gesundheitsf 13:319–326

Solenhill M, Grotta A, Pasquali E et al (2016) The effect of tailored web-based feedback and optional telephone coaching on health improvements: a randomized intervention among employees in the transport service industry. J Med Internet Res 18:e158

Song T, Qian S, Yu P (2019) Mobile health interventions for self-control of unhealthy alcohol use: systematic review. JMIR Mhealth Uhealth 7:e10899

Sorgente A, Pietrabissa G, Manzoni GM et al (2017) Web-based interventions for weight loss or weight loss maintenance in overweight and obese people: a systematic review of systematic reviews. J Med Internet Res 19:e229

Stratton E, Lampit A, Choi I et al (2017) Effectiveness of ehealth interventions for reducing mental health conditions in employees: a systematic review and meta-analysis. PLoS ONE 12:e189904

Taylor GMJ, Dalili MN, Semwal M et al (2017) Internet-based interventions for smoking cessation. Cochrane Database Syst Rev. https://doi.org/10.1002/14651858.CD007078.pub5

Thiart H, Lehr D, Ebert DD et al (2015) Log in and breathe out: internet-based recovery training for sleepless employees with work-related strain – results of a randomized controlled trial. Scand J Work Environ Health 41:164–174

Thiart H, Ebert DD, Lehr D et al (2016) Internet-based cognitive behavioral therapy for insomnia: a health economic evaluation. Sleep 39:1769–1778

Tiede M, Dwinger S, Herbarth L et al (2017) Long-term effectiveness of telephone-based health coaching for heart failure patients: a post-only randomised controlled trial. J Telemed Telecare 23:716–724

Trahan MH, Maynard BR, Smith KS et al (2019) Virtual reality exposure therapy on alcohol and nicotine: a systematic review. Res Soc Work Pract. https://doi.org/10.1177/1049731518823073

Welch V, Petkovic J, Simeon R et al (2018) Interactive social media interventions for health behaviour change, health outcomes, and health equity in the adult population. Cochrane Database Syst Rev CD012932

Zachariae R, Lyby MS, Ritterband LM et al (2016) Efficacy of internet-delivered cognitive-behavioral therapy for insomnia – A systematic review and meta-analysis of randomized controlled trials. Sleep Med Rev 30:1–10

Zwerenz R, Becker J, Gerzymisch K et al (2017) Evaluation of a transdiagnostic psychodynamic online intervention to support return to work: a randomized controlled trial. PLoS ONE 12:e176513

Digitale Möglichkeiten der Verhaltensprävention in Betrieben

Oliver Hasselmann, Leonie Franzen und Birgit Schauerte

12.1 Ausgangslage – die Arbeitswelt wird digitaler, die Betriebliche Gesundheitsförderung auch – 180

12.2 Digitalisierung und Betriebliche Gesundheitsförderung – 181

12.3 Digitales BGF am Beispiel Schritt4fit – 182
12.3.1 Schritt4fit – so funktioniert der Wettbewerb – 183
12.3.2 Die Studie – Effekte des Schrittzählerwettbewerbs – 184
12.3.3 Schlussfolgerungen aus der Studie – 186

12.4 Potenziale digitaler BGM-Maßnahmen – 188

12.5 Fazit und Ausblick – 190

Literatur – 190

▪▪ Zusammenfassung

Der Beitrag beschäftigt sich mit den Möglichkeiten der Digitalisierung für das BGM. Am Beispiel des Schrittzählerwettbewerbs und der Onlineplattform „Schritt4fit", wird gezeigt, dass digitale Methoden erfolgreich gesundheitsförderliche Effekte für die Beschäftigten erzielen können. Insbesondere die Ansätze mit Gamification- und Wettbewerbselementen sind vielversprechend. Von den Ergebnissen ausgehend wird geschlussfolgert, dass digitale Ansätze eine gute Möglichkeit sind, u. a. das BGM in ein Unternehmen zu integrieren. Es kann gelingen, die Qualität und die Teilnahmequoten zu verbessern sowie nachhaltige Effekte zu erreichen. Dazu sind einzelne Bausteine wie der Schrittzählerwettbewerb nicht ausreichend. Eine zentrale digitale Plattform sollte den gesamten BGM-Prozess unterstützen. Die Plattform wäre online aufrufbar und über differenzierte Zugangsebenen für Beschäftigte, Führungskräfte, Geschäftsführung sowie Präventionsberater oder weitere Akteure verfügbar. Jede Nutzergruppe könnte so die für sie relevanten und interessanten Inhalte einsehen bzw. bearbeiten. Zusätzlich erfordert ein ganzheitliches BGM zum Beispiel die Integration bereits vorhandener Daten sowie Präventionsmaßnahmen mit persönlicher Präsenz vor Ort.

12.1 Ausgangslage – die Arbeitswelt wird digitaler, die Betriebliche Gesundheitsförderung auch

Digitale Transformation, Arbeit 4.0, künstliche Intelligenz (KI), selbstlernende Systeme oder ähnliche Begriffe beschreiben den Wandel der Arbeit und der Gesellschaft durch die Digitalisierung. Gemeint sind differenzierte Prozesse und unterschiedlichste Bereiche der digitalen Entwicklung, doch eines ist ihnen gemein: Sie beziehen sich auf betriebliche und gesellschaftliche Effekte, die mit diesen neuen Technologien einhergehen. Die Digitalisierung hat im Zeitalter flächendeckenden Internets mit mobilen Endgeräten wie z. B. Smartphones sowie der Vernetzung zwischen Menschen, Dingen, Maschinen und Prozessen im Internet der Dinge (IoT) eine neue Qualität erreicht. Die Technik erlaubt es per Sensoren, ein virtuelles Abbild der Realität zu erschaffen, das von intelligenter Software in Echtzeit analysiert und ausgewertet wird. Damit ist die Software in vielen Bereichen der menschlichen Entscheidungsfähigkeit überlegen, denn sie bezieht alle Faktoren mit ein und kommt zu rationalen, nicht emotional gesteuerten Lösungen. Durch die Vernetzung ist die Software in der Lage, Prozesse bis hin zu ganzen Wertschöpfungsketten autonom und in Echtzeit zu steuern.

Soweit die Vision 4.0. Im betrieblichen Alltag der meisten Klein- und Mittelständischen Unternehmen scheinen diese Ausprägungen autonomer Softwaresysteme noch weit von der Realität entfernt. Dennoch schreitet die Digitalisierung sukzessive in nahezu allen Branchen und Unternehmensbereichen voran und wird zu einem wichtigen Wettbewerbsfaktor – sei es durch moderne Zeiterfassungssysteme, digitalisierte Buchhaltung, digitale Gefährdungsbeurteilungen, neue Kommunikationswege oder neue Möglichkeiten mobiler und flexibler Arbeit (Cernavin und Lemme 2018).

Ein weiterer wesentlicher Wettbewerbsfaktor ist der Mensch. Die Digitalisierung verändert nicht nur die Arbeitsbedingungen, sondern auch die Unternehmens- und Führungskultur sowie die Organisationsformen. Umso wichtiger ist es, das Wohlbefinden und die Gesundheit der Beschäftigten bei allen Veränderungsprozessen mitzudenken und zu fördern. Bei der Einführung neuer Technologien und Prozesse sollten stets präventive Aspekte für sichere und gesunde Arbeit berücksichtigt werden. Darüber hinaus ist die Beteiligung der Beschäftigten ein wichtiger Aspekt für die Gestaltung guter Arbeitsbedingungen in der Digitalisierung (Baumann et al. 2018).

Im Kontext eines ganzheitlichen Betrieblichen Gesundheitsmanagements bedeutet das, sich mit den digitalen Entwicklungen und den veränderten Arbeitsbedingungen sowie neuer Organisations- und Kommunikationsformen, neuer mobiler und flexibler Arbeitsweisen und einer sich veränderten Unternehmenskultur auseinanderzusetzen. Es ist notwendig, effektive Analysemethoden und Maßnahmen zu entwickeln, die den Anforderungen der digitalisierten Arbeitswelt gerecht werden und den Ansprüchen von Unternehmen und Beschäftigten genügen. Es gilt, neue Belastungen der Arbeit zu identifizieren und darauf zu reagieren. Studien belegen, dass sich ca. zwei Drittel der Beschäftigten durch die Digitalisierung zusätzlich belastet fühlen. Arbeitsvolumen, Arbeitsdichte, Zeit- und Termindruck nehmen zu, Multitasking-Anforderungen sind allgegenwärtig und viele empfinden eine zunehmende Kontrolle als belastend. Es handelt sich dabei meist um psychische Beanspruchungen, die bei Fehlbelastung in Stressempfinden mit negativen gesundheitlichen Folgen münden können. Gleichzeitig muss es gelingen, neue digitale Gesundheitsressourcen für Führungskräfte und Beschäftigte zu erschließen und nutzbar zu machen. So berichtet ca. ein Drittel der Beschäftigten von körperlicher Entlastung durch die Digitalisierung, einer Verbesserung der Work-Life-Balance und mehr Handlungs- und Entscheidungsspielraum (Institut DGB-Index Gute Arbeit 2016; Arnold et al. 2016; Hasselmann et al. 2018).

Die Akteure im Betrieblichen Gesundheitsmanagement (BGM) sind gefordert, passende Analysen, Maßnahmen und Angebote zu entwickeln, um Arbeitsbedingungen im digitalen Wandel gesundheitsförderlich zu gestalten und die Beschäftigten zu einem gesunden Arbeits- und Lebensstil zu befähigen. Parallel entstehen auch im BGM immer mehr digitale Ansätze und Tools, die Eingang in die Betriebliche Gesundheitsförderung finden. Dies ist notwendig und sinnvoll, sofern Qualitätsansprüche nicht vernachlässigt werden und ein sicherer Umgang mit den sensiblen persönlichen Daten von Beschäftigten und Unternehmen gewährleistet ist (Hasselmann 2018).

Im Folgenden wird ein kurzer Überblick zu digitalen Tools im BGM dargestellt und anschließend anhand einer Studie zum Schrittzählerwettbewerb *Schritt4fit* gezeigt, ob und inwieweit durch die Unterstützung digitaler Tools im BGM gesundheitsförderliche Effekte zu erwarten sind.

12.2 Digitalisierung und Betriebliche Gesundheitsförderung

Die Ziele und Möglichkeiten digitaler Tools in der Betrieblichen Gesundheitsförderung sind vielfältig. Sie helfen bei der Organisation und Planung von BGF- und BGM-Maßnahmen, sie dienen der Information und Sensibilisierung sowie der Stärkung von Gesundheitskompetenz von Führungskräften und Beschäftigten, wie etwa das Lernen mit E-Learning-Tools oder Apps. Mit der Einbindung von betrieblichen und individuellen Sensoren lassen sich vielfältige Daten erfassen. Hieraus könnten zum Beispiel ein Anstieg der Fehlerquote nach bestimmten Zeitintervallen oder besonders belastende Bewegungsabläufe erkannt werden, die anschließend im BGM-Prozess berücksichtigt würden. Auf individueller Ebene lassen sich Daten integrieren, die Beschäftigte per Tracker oder Wearables wie z. B. Smartwatches, Smart Glasses oder smarte Arbeitskleidung (PSA) messen, analysieren und online in das System einspielen. Hierzu könnten zum Beispiel Puls und Stressniveau gehören. Darüber hinaus sollten die Ergebnisse von weiteren Analysen und Maßnahmen wie zum Beispiel Mitarbeiterbefragungen oder Gesundheitszirkeln Eingang in die BGM-Plattform finden (Thranberend et al. 2016).

Neben den inhaltlichen Ansätzen haben digitale Tools bzw. Apps viele weitere Potenziale, zum Beispiel Analysen, Durchführung und Reichweite von BGF-Maßnahmen zu verbessern, denn sie

- *unterstützen eine effiziente und kostensparende Organisation von BGF-Interventionen* – Die Organisation von Maßnahmen, die Anmeldung und Teilnahme an Kursen bzw. Seminaren oder das Anmeldemanagement im Rahmen von Gesundheitstagen lassen sich durch digitale Tools oder Onlineplattformen wesentlich übersichtlicher gestalten. Auch für Beschäftigte stellt die Plattform eine Vereinfachung der Anmeldung dar und bietet durch zusätzliche Informationen einen Mehrwert.

- *ermöglichen schnelle Ergebnisse bei beteiligungsorientierten Analysen* – Eine wichtige Analysemethode im BGM ist die Mitarbeiterbefragung. Für diese eröffnen sich im digitalen Zeitalter neue Möglichkeiten. Die elektronische Befragung ist einerseits kostengünstiger als die herkömmliche Papierform, jedoch liegt der wesentliche Vorteil darin, dass die Ergebnisse deutlich schneller vorliegen, da eine manuelle Übertragung der Daten entfällt und standardisierte Befragungen oftmals direkt automatisiert ausgewertet werden können. Die Ergebnisse können sehr kurzfristig präsentiert werden und im Idealfall werden Maßnahmen und Aktivitäten direkt umgesetzt. Dies zeigt die Ernsthaftigkeit, mit der die Geschäftsführung und der Arbeitskreis das BGM betreiben, und erhöht das Vertrauen und die Akzeptanz gegenüber dem BGM in der Belegschaft. Im Resultat steigert dies die Teilnahmebereitschaft (Baxheinrich und Henssler 2018).
- *unterstützen eine transparente Kommunikation* im BGM-Prozess – Digitale Tools erlauben eine transparente Kommunikation, die für alle gleichermaßen zugänglich ist und jeden zur selben Zeit einbindet. Dies sorgt für strukturierte Prozesse, Wertschätzung und Gleichberechtigung. Darüber hinaus besteht die Möglichkeit der Interaktion zwischen Teilnehmern und Arbeitskreis sowie zwischen den Teilnehmern untereinander (Berger und Nolten 2019).
- *ermöglichen es neue Zielgruppen zu erreichen und die Reichweite zu erhöhen* – Digitale Tools können kostengünstig und schnell sehr individuell eingerichtet bzw. konfiguriert werden. Einerseits lassen sich Sprachbarrieren durch Übersetzungen überwinden, andererseits kann auf individuelle Besonderheiten wie z. B. Genderaspekte eingegangen werden. Damit gelingt es, Zielgruppen zu erreichen, die bisher Gesundheitsangeboten eher ablehnend gegenüberstanden. Zusätzlich sind viele Angebote überall, jederzeit und mobil abrufbar. Dies erlaubt die Nutzung auch außerhalb der Arbeitszeit und Außenstehende wie z. B. Familie und Freunde können integriert werden (Braun und Nürnberg 2018).
- *fördern Interaktion zwischen Nutzergruppen* – Teilnehmer können sich untereinander über ihre Erfahrungen und Interessen austauschen und regional vernetzt gemeinsam aktiv werden. Digitale Apps bieten die Möglichkeit, dies in Form von Foren, Chatrooms oder Messenger zu tun.
- *verbessern Nachhaltigkeit und Qualität* ist davon auszugehen, dass digitale Tools bei entsprechender Implementierung nachhaltige Wirkung erzielen können. Beispielsweise lässt sich eine Online-Mitarbeiterumfrage in kürzeren Zyklen realisieren. Damit werden Veränderungen frühzeitig erkannt und Maßnahmen können ergebnisbasiert abgeleitet und umgesetzt werden. Bei der Umsetzung verhaltenspräventiver Maßnahmen können digitale Apps und Gamification-Elemente dabei unterstützen, präventionsferne Zielgruppen zu erreichen und somit die Teilnehmerzahlen zu verbessern.

Am Beispiel des Schrittzählerwettbewerbs „Schritt4fit" wird im Folgenden gezeigt, welche Effekte mit diesem digitalen Tool erreicht werden konnten und wo dessen Grenzen liegen. Schließlich wird der Frage nachgegangen, welche Anpassungen und Erweiterungen die Effekte ausweiten und verbessern könnten.

12.3 Digitales BGF am Beispiel Schritt4fit

Bei „Schritt4fit" handelt es sich um einen Schrittzählerwettbewerb, der vom Institut für Betriebliche Gesundheitsförderung als Tochter der AOK Rheinland/Hamburg digital in

Form eines Teamwettbewerbs mit Onlineplattform entwickelt und bereits in mehr als 80 betreuten Firmen durchgeführt wurde. Insgesamt wurden so bereits mehr als 11.000 Beschäftigte erreicht (von Pawelsz 2019). Er verfolgt als niederschwelliges Bewegungsangebot das Ziel, die körperliche Aktivität der Beschäftigten zu erhöhen, das Bewusstsein für die eigene Gesundheit zu verbessern und das soziale Miteinander durch den Teamwettbewerb zu fördern.

12.3.1 Schritt4fit – so funktioniert der Wettbewerb

Der „Schritt4fit"-Wettbewerb wird in den Betrieben durch einen Präventionsexperten begleitet, der für inhaltliche und organisatorische Fragestellungen zur Verfügung steht. Bei einer Impulsveranstaltung im Unternehmen werden die Vorgehensweise und das Handling rund um die Onlineplattform erläutert. Im Rahmen dessen wird die Empfehlung ausgesprochen, 10.000 Schritte täglich zu gehen, um gesundheitsförderliche Effekte erzielen zu können (Bravata et al. 2007; Tudor-Locke und Bassett 2004). Interessierte Teilnehmerinnen und Teilnehmer erhalten einen elektronischen Schrittzähler, der sich individuell auf die jeweilige Schrittlänge einstellen lässt.

Eine interessante Variante ist die Durchführung des Wettbewerbs in einer Betriebsnachbarschaft, in der sich mehrere kleine und mittlere Unternehmen (KMU) zusammentun und in Teams gegeneinander antreten (Schauerte und Zähringer 2017). Es ist auch denkbar, verschiedene Unternehmen virtuell in einem Wettbewerb antreten zu lassen.

Die Teilnehmer eines Unternehmens oder einer Betriebsnachbarschaft bilden 5er-Teams, die in der Onlineplattform angelegt werden und im Wettbewerb gegeneinander antreten. Sie erhalten wenige Tage vor dem Start des Wettbewerbs eine Einladungsmail inklusive Link, mit dem sie sich auf der Onlineplattform registrieren können. Die Strecke ist so kalkuliert, dass in einem Zeitraum von sechs Wochen jeder Teilnehmende 10.000 Schritte täglich zurücklegen sollte, damit das 5er-Team gemeinsam das Ziel erreicht. Das Gewinnerteam hat im vorgegebenen Zeitraum die meisten Schritte auf dem Weg zum Ziel zurückgelegt.

Auf ▶ www.schritt4fit.de wird eine virtuelle Strecke konfiguriert und angezeigt, die vorher gemeinsam mit den Verantwortlichen des Unternehmens festgelegt wurde und unter Berücksichtigung der Interventionsdauer, der Anzahl der Teammitglieder sowie der Empfehlung, 10.000 Schritte täglich zu gehen, zu bewältigen ist. Diese virtuelle Strecke kann beispielsweise vom Firmenstandort nach Rom führen. Auf der Internetplattform werden Ortsschilder des jeweiligen Start- und Zielortes, die Gesamtlänge der Strecke in Kilometern sowie die der Streckenlänge entsprechende Anzahl der Schritte angezeigt. Zusätzlich wird die Wettbewerbsdauer, die Anzahl der Gesamttage, der jeweilige Wettbewerbstag, die Schrittzahl aller bis zu diesem Tag, die Teilnehmeranzahl und die Anzahl der Teams angezeigt (◘ Abb. 12.1). Die eigenen bisher erfassten Schritte und die aller einzelnen Teams sind ebenfalls einsehbar. Die individuell eingetragenen Schrittzahlen von anderen Teilnehmenden können nicht eingesehen werden.

Die täglichen Schrittzahlen werden von den Teilnehmenden manuell in der Plattform erfasst. Zusätzliche Bewegungsaktivitäten können hinzugefügt werden, wenn der Schrittzähler in der betrachteten Zeit nicht getragen wurde (z. B. beim Schwimmen oder Fahrradfahren). Als mögliche Kategorien für die weiteren Bewegungsaktivitäten stehen auf der Plattform folgende Bewegungsaktivitäten zur Auswahl: Tanzen, Radfahren, Schwimmen, Fitnessstudio, Ballsport, Gymnastik/Yoga und sonstige sportliche Aktivitäten. Im Maximum können 60 min pro Tag zusätzliche Bewegungsaktivitäten erfasst werden. Diese werden auf ▶ www.schritt4fit.de in Schritte umgerechnet. Pro zehn Minuten zusätzlich erfasster Bewegungsaktivität werden 1.000 Schritte addiert. Um die Motivation aufrechtzuerhalten, werden die Teilnehmenden gebeten, ihre Schritte möglichst täglich zu erfassen.

Abb. 12.1 Übersicht der zu laufenden Strecke – Tage, Schritte, Teilnehmer und Teams

Nach Sailer (2016) wird unter Gamification die „spielerische [...] Gestaltung von Aktivitäten in einem spielfremden Kontext" verstanden, die bei „Schritt4fit" durch verschiedene Elemente genutzt wird, um die Motivation der Teilnehmenden zu fördern. Zusätzlich unterstützen individuelle Übersichten zu den durchschnittlich und in der Summe zurückgelegten Schritten. Andererseits ist für alle Teilnehmenden die Schrittzahl des eigenen und der anderen Teams ersichtlich. Eine virtuelle Karte zeigt Ranglisten, Teamnamen, Platzierung sowie die erfassten Kilometer und Schritte an (Abb. 12.2). Ein virtueller „Schweinehund" läuft als ergänzende Motivationshilfe immer mit. Wie viele Schritte er am Tag macht, ist nicht vorhersagbar, mal sind es mehr, mal weniger Schritte als die der teilnehmenden Spieler und Spielerinnen.

Ein Online-Fragebogen mit 13 Items, dessen Skalierung überwiegend einer Intervallskalierung zwischen 1 und 5 und zum Teil einer Likert-Skala entspricht, thematisiert zu Beginn (t_0) und am Ende (t_1) des Wettbewerbs u. a. folgende Kategorien: Körperliche Aktivitäten im Rahmen der beruflichen Tätigkeit (gering, moderat oder hoch), die Bedeutung der eigenen Gesundheit, eine Einschätzung zum körperlichen und mentalen Wohlbefinden, die Häufigkeit einer mindestens 30-minütigen Aktivität pro Woche, eine Einschätzung zum allgemeinen körperlichen Aktivitätsniveau und die Zufriedenheit mit dem Unternehmen. Nach der sechswöchigen Intervention findet eine Abschlussveranstaltung mit Siegerehrung und Ausgabe der Urkunden statt.

12.3.2 Die Studie – Effekte des Schrittzählerwettbewerbs

Um die Effekte des teambasierten digitalen Wettbewerbs „Schritt4fit" zu untersuchen, wurde eine kontrollierte Studie mit einer Interventionsgruppe (n = 122) und einer Kontrollgruppe (n = 30) durchgeführt. Der Interventionsgruppe wurden Personen zugeordnet, deren gesamtes Unternehmen am Schrittzählerwettbewerb teilgenommen hat. Die Kontrollgruppe setzt sich aus Teilnehmenden zusammen, die als Einzelpersonen aus verschiedenen Unternehmen bei der Aktion mitgemacht haben. Demnach war die Zuordnung zur jeweiligen Gruppe abhängig davon, ob das Unternehmen „Schritt4fit" als betrieblichen Wettbewerb durchgeführt hat oder einzelne Mitarbeitende interessiert waren. Beide Gruppen waren sehr heterogen zusammengesetzt. In ihnen befanden sich neben Auszubildenden teil- und vollzeittätige Beschäftigte aus unterschied-

12.3 · Digitales BGF am Beispiel Schritt4fit

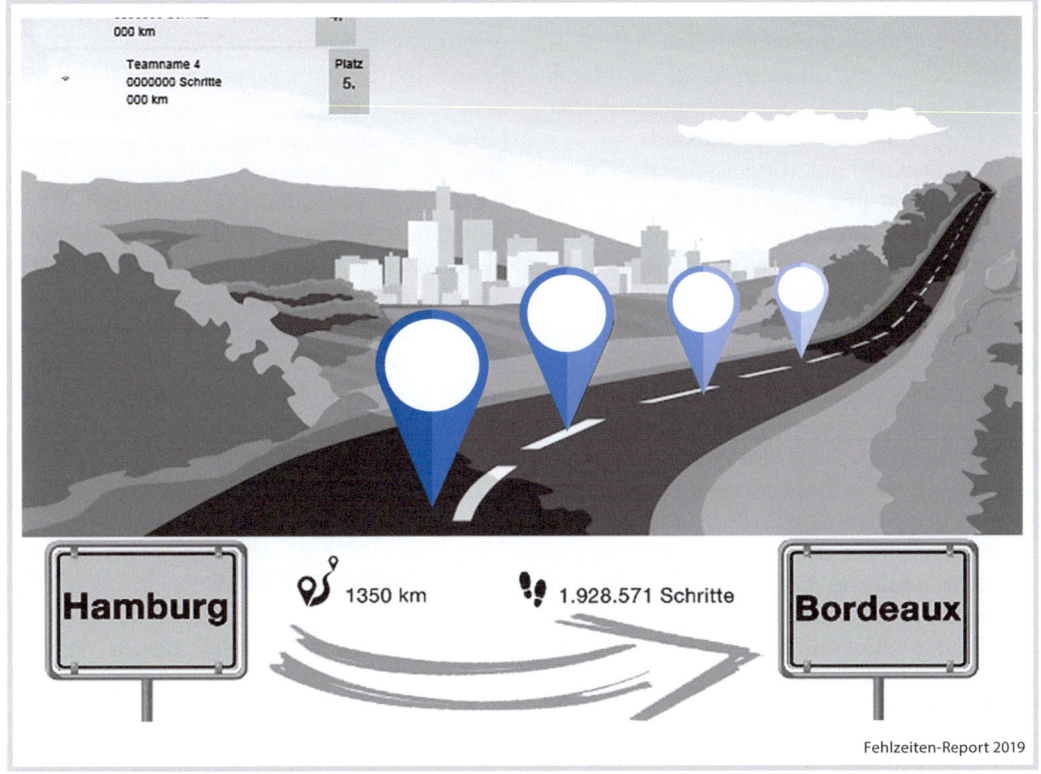

◨ **Abb. 12.2** Karte zur Übersicht der Teamleistungen auf der Internetseite von Schritt4fit. (Zähringer 2017)

lichen Branchen und Hierarchiestufen. Die Antworten in der Fragebogenkategorie „Häufigkeit einer mindestens 30-minütigen Aktivität pro Woche" unterscheiden sich nicht signifikant zwischen den beiden Gruppen, demnach bewegen sie sich zu Beginn der Schrittzähleraktion vergleichbar viel.

Während in der Interventionsgruppe 5er-Teams im Wettbewerb gegeneinander angetreten sind, wurde mit den Teilnehmenden der Kontrollgruppe eine individuelle, digitale Schrittzähleraktion ohne Interaktion über einen Gruppen- und Wettbewerbscharakter durchgeführt.

Beide Gruppen nutzten die Plattform ▶ www.schritt4fit.de, trugen ihre täglichen Schrittzahlen online ein und beantworteten den Fragebogen zu Beginn und am Ende der sechswöchigen Interventionszeit. Für die Kontrollgruppe wurde die Internetseite ▶ www.schritt4fit.de angepasst, um einerseits die Idee der Bewältigung einer vorgegebenen Strecke in sechs Wochen zu erhalten und andererseits den Gruppen- und Wettbewerbscharakter zu eliminieren.

Inwiefern durch das Gamification-Element (Team-)Wettbewerb eine höhere Teilnahmequote erreicht wird, wurde nicht ausgewertet. Die Erfahrung zeigt allerdings, dass die Teilnahme durch die Gruppendynamik und das soziale Miteinander gefördert wird.

Entsprechend der Testbedingungen lassen sich sowohl grundlegende Rückschlüsse auf die Effekte der Schrittzähleraktion ziehen als auch die Auswirkungen von Gamification-Elementen wie Teambildung und Wettbewerb messen.

Für die Studie wurden die Parameter Schrittzahl, Umfang der körperlichen Aktivität, subjektives psychisches und körperliches Wohlbefinden untersucht. Die Daten der Personen, die den Fragebogen zu Beginn und am Ende der jeweiligen Intervention vollständig ausgefüllt und die mindestens die Schrittzahlen für die ersten 41 Tage angegeben haben, sind in die Auswertung eingeflossen.

Aus Datenschutzgründen musste auf die Erhebung von personenbezogenen Daten, zu denen u. a. Geschlecht, Alter und berufliche Tätigkeit zählen, verzichtet werden.

Die Ergebnisse der betrachteten Studie (siehe ◘ Tab. 12.1) zeigen für die Interventionsgruppe eine Verbesserung des körperlichen Wohlbefindens und eine Erhöhung des Umfangs der körperlichen Aktivität durch den *Schritt4fit-Wettbewerb*. Eine Verbesserung des seelischen Wohlbefindens konnte jedoch nicht festgestellt werden. Für die individuelle Schrittzählerintervention der Kontrollgruppe wurden ebenfalls deutliche Verbesserungen des körperlichen Wohlbefindens gemessen, während gleichzeitig ein geringfügiger Rückgang der körperlichen Aktivität auftrat. Zusätzlich wurde in der Kontrollgruppe eine positive Auswirkung auf das seelische Wohlbefinden gemessen.

Verglichen mit einer individuellen Schrittzählerintervention bewirkt der Wettbewerb eine signifikant größere Verbesserung des Umfangs an körperlicher Aktivität. Hierzu wurden die Teilnehmer befragt, in welchem Umfang sie Ausdauersport (z. B. Joggen, Nordic Walking, Radfahren, Schwimmen), Kräftigungsübungen und Mannschaftssport betreiben. Zusätzlich wurde ihr allgemeines subjektives Empfinden bezüglich ihrer körperlichen Aktivität abgefragt. Auch die tägliche durchschnittliche Schrittzahl lag mit 9.800 in der Interventionsgruppe über dem Wert (9.051 Schritte) der Kontrollgruppe. Dabei kann von einem nahezu gleichen Ausgangsniveau der untersuchten Parameter in beiden Gruppen ausgegangen werden.

Demnach haben sich beide Gruppen an der Empfehlung orientiert, täglich 10.000 Schritte zu gehen. Allerdings fällt auf, dass die Standardabweichung in der Interventionsgruppe beinahe doppelt so groß ist wie in der Kontrollgruppe. Obwohl dies nicht differenziert ausgewertet wurde, kann angenommen werden, dass der Wettbewerbscharakter in der Interventionsgruppe vermehrt zu schwankenden Tagespensen führen kann. Zu erklären wäre dies mit dem Ehrgeiz, gegenüber anderen Teams aufzuholen bzw. eine weniger gute Tagesleistung am Folgetag durch einen überdurchschnittlichen Wert wieder wettzumachen. Auch in den Fragebogenkategorien ist die Standardabweichung in der Kontrollgruppe meistens niedriger als in der Interventionsgruppe.

Bei den mittels Fragebogen erhobenen Daten konnten Werte zwischen 1 und 5 angekreuzt werden, wobei das Minimum die beste und das Maximum die schlechteste Antwortmöglichkeit darstellt.

12.3.3 Schlussfolgerungen aus der Studie

Die vorliegende Studie zeigt, dass der Schrittzählerwettbewerb „Schritt4fit" innerhalb von sechs Wochen zu einer Steigerung der körperlichen Aktivität und zu einer Verbesserung des subjektiven körperlichen Wohlbefindens führen kann.

Der Einsatz von digitalen BGM-Produkten hat nachweislich das Potenzial, einen Beitrag zur Gesundheitsförderung zu leisten. Der Zusammenhang zwischen körperlicher Aktivität und Leistungssteigerung sowie einer Erhöhung der Lebensqualität wurde bereits durch verschiedene Studien belegt (Dugdill et al. 2008; GKV-Spitzenverband 2014; Malik et al. 2014; Scott und Browning 2016; World Health Organization 2010). Dies kann für Arbeitnehmer und für Arbeitgeber eine Reihe von Vorteilen bedeuten. Zudem sind eine Verbesserung des kollegialen Miteinanders sowie eine Steigerung der Motivation durch den Einsatz von Schrittzähler(wettbewerbe)n möglich (Völker et al. 2017). Diese Effekte wurden möglicherweise auch in der vorliegenden Untersuchung erzielt.

Die Entwicklung eines aktiveren Lebensstils sowie die Minderung des Risikofaktors Inaktivität (Leibiger 2014) ist mit Hilfe des Schrittzählerwettbewerbs „Schritt4fit" möglich. Hin-

◘ **Tabelle 12.1** Antworten der Teilnehmer in der Interventionsgruppe (Schrittzählerwettbewerb Schritt4fit) und in der Kontrollgruppe (individuelle Schrittzählerintervention) in den Dimensionen körperliches und seelisches Wohlbefinden sowie körperliche Aktivität (Skala 1–5, prä = t_0; post = t_1) im Fragebogen zu beiden Messzeitpunkten und deren Schrittzahlen. Die Werte zeigen den Mittelwert sowie ± die Standardabweichung (Minimum–Maximum) an

Parameter	Interventionsgruppe (n = 122)	Kontrollgruppe (n = 30)
Körperliches Wohlbefinden prä	2,54 ± 0,76 (1,00–5,00)	2,40 ± 0,62 (1,00–4,00)
Körperliches Wohlbefinden post	2,39 ± 0,73 (1,00–5,00)	2,20 ± 0,71 (1,00–4,00)
Seelisches Wohlbefinden prä	2,32 ± 0,82 (1,00–5,00)	2,30 ± 0,84 (1,00–4,00)
Seelisches Wohlbefinden post	2,32 ± 0,88 (1,00–5,00)	2,07 ± 0,74 (1,00–4,00)
Körperliche Aktivität prä	3,27 ± 0,69 (1,40–4,80)	3,21 ± 0,52 (2,40–4,20)
Körperliche Aktivität post	3,00 ± 0,78 (1,00–5,00)	3,24 ± 0,51 (2,20–4,20)
Gesamtschrittzahl	411.620 ± 183.285 (153.485–1.116.330)	380.133 ± 100.325 (229.398–761.678)
Tägliche Schrittzahl	9.800 ± 4.364 (2–66.000)	9.051 ± 2.389 (213–29.553)

Fehlzeiten-Report 2019

sichtlich der Krankheitsvorbeugung und Gesundheitsförderung ist dies von bedeutender Relevanz (Dugdill et al. 2008; GKV-Spitzenverband 2014; Malik et al. 2014; Scott und Browning 2016; World Health Organization 2010). Langfristig kann dies zu einer Entlastung der Gesellschaft aufgrund einer geringeren Belastung des Gesundheitssystems beitragen (Murray et al. 2013; Scott und Browning 2016).

Die vorliegenden Ergebnisse zeigen, dass körperliche Aktivität beim Schrittzählerwettbewerb „Schritt4fit" durch den (Team-)Wettbewerb zusätzlich gefördert wird. Lediglich die Verwendung eines Schrittzählers und die Empfehlung, 10.000 Schritte täglich zu gehen, wirkt sich weniger effektiv aus als die Teamchallenge. Um das Aktivitätsverhalten und das körperliche Wohlbefinden sowie das soziale Miteinander zu fördern, bieten Schrittzählerinterventionen, die mit einem Wettbewerbscharakter eingesetzt werden, einen Mehrwert für die körperliche Aktivität gegenüber Einzelaktivitäten wie in der Kontrollgruppe.

Der Schrittzählerwettbewerb ist für viele Betriebe eine attraktive Möglichkeit, das Thema Gesundheit in das Unternehmen zu integrieren. Gründe hierfür sind die Implementierung der Intervention in den (Berufs-)Alltag in nahezu allen Branchen und die mögliche Teilnahme aller Mitarbeiter eines Unternehmens, vom Auszubildenden bis zur Führungskraft. Aufgrund der Niederschwelligkeit der Maßnahme hat der Wettbewerb außerdem eine große Reichweite innerhalb der Belegschaften und spricht auch Zielgruppen an, die sonst eher zurückhaltend auf BGM-Maßnahmen reagieren (Malik et al. 2014). Integration in den Arbeitsalltag, Niederschwelligkeit, Teambildung und Wettbewerb sind die Erfolgsfaktoren für den Schrittzählerwettbewerb.

Je nach Ausprägung soziodemografischer Faktoren wie zum Beispiel Alter, Geschlecht, Tätigkeit, berufliche Stellung, Bildung sind differenzierte Ergebnisse zu erwarten. Diese Spezifizierung konnte im Rahmen der Studie u. a. aus datenschutzrechtlichen Gründen nicht untersucht werden, sodass sich die Erkenntnisse nur auf die heterogene Gesamtgruppe beziehen lassen.

Daneben lässt die Untersuchung zwei wesentliche Fragen unbeantwortet: Sind niederschwellige Interventionen in der Lage, auch das seelisches Wohlbefinden zu verbessern, und wie müssten diese gestaltet sein? Es bleibt auch offen, wie nachhaltig die ermittelten Effekte sind. Ändert sich tatsächlich das Gesundheitsbewusstsein und der Arbeits- und Lebensstil oder verebbt die Motivation mit Ablauf des Wettbewerbs wieder? Inwieweit können Ergänzungen durch verhältnispräventive Maßnahmen die Effekte verbessern und etablieren? Weiterhin sollten die Schrittzahlen zukünftig zusätzlich vor Beginn der Intervention in Form einer Baselinemessung gemessen werden, damit die Ergebnisse differenzierter interpretiert werden können.

Außerdem wäre es sinnvoll, eine Untersuchung durchzuführen, in der keine Empfehlung (10.000 Schritte täglich zu gehen) vorgegeben wird, damit ein potenzieller Effekt des Wettbewerbs unabhängig von einer solchen Vorgabe gemessen werden kann.

Die Evaluierung von digitalen Interventionen im BMG gewinnt zunehmend an Bedeutung, denn der Bedarf an innovativen Ansätzen, die dazu beitragen, dass sich die Aktivität der Bevölkerung erhöht und sich nachweislich das bewegungsarme Verhalten reduziert, ist groß (Jancey et al. 2016). Wie die betrachtete Studie zeigt, ist es sinnvoll, digitale Produkte im Rahmen des BGM anzuwenden.

12.4 Potenziale digitaler BGM-Maßnahmen

Das Beispiel des Schrittzählerwettbewerbs hat gezeigt, dass digitale Tools das Potenzial haben, neue Impulse zu geben und Ansätze für BGM-Maßnahmen zu realisieren. Insbesondere mithilfe von Gamification-Elementen können gesundheitsförderliche Effekte gesteigert und die Zielgruppen erweitert werden. Darüber hinaus fördern Wettbewerbselemente nicht nur die Motivation der Teilnehmer, sondern wirken sich auch positiv auf die Atmosphäre im Betrieb, die Unternehmenskultur und das soziale Miteinander aus (Franzen 2018). Es bleibt jedoch offen, wie nachhaltig die erzielten Effekte sind und inwieweit sie von soziodemografischen Faktoren und anderen Parametern beeinflusst werden. Für die zukünftige Gestaltung Betrieblicher Gesundheitsförderung mit digitalen Tools müssen daher folgende Überlegungen berücksichtigt werden:

— Digitale Methoden mit Wettbewerbscharakter sind für die Betriebliche Gesundheitsförderung ein vielversprechender Ansatz. Jedoch bleibt bisher unklar, wie erzielte Effekte verbessert und nachhaltig etabliert werden können. In Folgestudien sollten die offenen Fragen untersucht und ein Studiendesign kreiert werden, das soziodemografische Faktoren berücksichtigt sowie eine Nachbetrachtung nach Ablauf der Interventionsphase vorsieht. Damit könnten Zielgruppen identifiziert und Rückschlüsse auf die Nachhaltigkeit der Maßnahmen gezogen werden.

— Es wird deutlich, dass eine Wettbewerbsintervention das Thema Gesundheit im Betrieb verankert. Zumindest während der Intervention befassen sich Beschäftigte und Unternehmen intensiv damit. Diese Euphorie sollten die BGM Akteure nutzen und parallel flankierende Maßnahmen zum Schrittzählerwettbewerb einsetzen. Es ist davon auszugehen, dass das Unternehmen und die Beschäftigten offen für weitere BGF-Themen sind. Beispielsweise könnte eine Treppenhausaktion (Treppe statt Aufzug) zusätzlich die Motivation fördern. Entscheidend ist dabei, weitere Themen wie Ernährung und Stress oder Suchtverhalten einzubinden. Daneben wäre es eine gute Gelegenheit, auch das Unternehmen in die Pflicht zu nehmen. Neben den verhaltenspräventiven Aktionen, bei denen die Beschäftigten etwas für ihre Gesundheit tun, könnte der Schrittzählerwettbewerb mit der Verpflichtung für das Unternehmen verbunden werden, parallel verhältnispräventive Maßnahmen zu initiieren bzw. umzusetzen. Damit würde die Ernsthaftigkeit, das Thema Gesundheit anzugehen, untermauert und die Akzeptanz und Teilnahmebereitschaft erhöht.

- Der Schrittzählerwettbewerb zeigt auch: Damit der digitale Wettbewerb Erfolg hat, braucht es eine Begleitung durch Präventionsexperten, die eine Face-to-Face-Beratung durchführen, die Einführung umsetzen, die als Ansprechpartner fungieren und den Wettbewerb mit Leben füllen. Die digitalen Tools sind unterstützende Hilfsmittel, die neue Möglichkeiten bieten, doch ist es kaum vorstellbar, dass sie Experten und Präventionsberater ersetzen können. Nach wie vor steht der menschliche Umgang im Mittelpunkt.
- Der Schrittzählerwettbewerb ist aktuell sehr erfolgreich, doch sollten sowohl inhaltliche als auch technische Erweiterungen entwickelt und möglichst umgesetzt werden. So könnte die Plattform ▶ www.schritt4fit.de als ein Baustein eines ganzheitlichen BGM verstanden werden und es könnten multifunktionale Plattformen für Gesundheit im Betrieb integriert werden. Inhaltlich ist zu überlegen, zusätzliche Elemente aus der Gesundheitsförderung in den Wettbewerb zu integrieren.

Ein ganzheitliches digitales BGM erfordert mehr als die digitale Umsetzung einzelner Maßnahmen oder die Nutzung verschiedener Gesundheitsapps. Vielmehr muss es Ziel sein, den gesamten BGM-Kreislauf von der Analyse über die Maßnahmenplanung und -umsetzung bis zur Evaluation digital zu unterstützen. Ein BGM in diesem Sinne besteht aus drei wesentlichen Bausteinen: Zentral ist eine Onlineplattform, die alle Aspekte des BGM integriert und für die Akteure als Steuerungszentrale fungiert. Durch die zunehmende Digitalisierung stehen immer mehr Daten zur Verfügung, die den BGM-Prozess als zweiten Baustein unterstützen und in Echtzeit abbilden können. Als drittes Element bleiben die „klassischen" Präsenz- und Vor-Ort-Aktivitäten des BGM im Face-to-Face-Modus unabdingbar. Die zentrale Steuerplattform sollte über folgende Möglichkeiten verfügen:

- Individuelle Zugänge für die Beschäftigten als Teilnehmer. Sie erhalten über eine Desktop-Funktion die direkte Übersicht über ihre Aktivitäten, die geplanten möglichen Maßnahmen und – sofern sie es wünschen – ihre Gesundheitswerte.
- Zugänge für die Geschäftsführung, die einen Überblick über den aktuellen Gesamtstand des BGM-Prozesses erhält sowie aggregierte Analysen und geplante Maßnahmen mit den dazugehörigen Verantwortlichkeiten einsehen kann.
- Zugänge für die Akteure des BGM, die über die Plattform Veranstaltungen, Kurse, Seminare und sonstige Aktivitäten organisieren und planen können. Gleichzeitig kann die Plattform eine transparente Kommunikation über das BGM gewährleisten. Darüber hinaus sind Konzepte und Vorlagen sowie Tools in die Plattform integriert und abrufbar.
- Zur Sensibilisierung und Verbesserung der Gesundheitskompetenz bietet das System aktuelle Informationen zu Gesundheitsthemen für Beschäftigte und Arbeitgeber in unterschiedlichen Medienformaten.
- Teilnehmer finden Informationen und Angebote zu Präventionsleistungen zum Beispiel der Krankenkassen und Berufsgenossenschaften und zu regionalen Gesundheitsanbietern.
- Digitale betriebliche Prozesse werden in das BGM integriert. So lassen sich zum Beispiel steigende Fehlerquoten, Stresssituationen oder Müdigkeitserscheinungen erkennen und analysieren und die Prozesse präventiv und gesundheitsförderlich gestalten und optimieren.
- Digitale Tools und Aktionen wie z. B. der Schrittzählerwettbewerb oder Online-Mitarbeiterbefragungen werden als Bausteine in die zentrale Plattform integriert.
- Eine Chat- bzw. Interaktionsfunktion für Kommunikation und Austausch unter den Beteiligten (Hasselmann 2018).

12.5 Fazit und Ausblick

Der Einsatz von digitalen Tools, insbesondere mit Gamification-Elementen und Wettbewerbscharakter, ist eine gute Möglichkeit, um neue Zielgruppen zu erreichen, die Motivation und Teilnahmequoten zu erhöhen und die Qualität des BGM zu verbessern. Der Schrittzählerwettbewerb ist ein gutes Beispiel, wie Beschäftigte mit überwiegend sitzenden Tätigkeiten zu mehr Bewegung aktiviert werden können. Es kann aber nicht das Ziel sein, Beschäftigte in bewegungsintensiven Berufen wie zum Beispiel der Pflege, der Gastronomie oder dem Handwerk mit zusätzlichen Aktivitäten herauszufordern. Um diese Zielgruppen zu erreichen, sind Maßnahmen im Bereich der Entspannung, der Ergonomie oder der Ernährung notwendig. Letztendlich geht es darum, die digitalen Möglichkeiten so zu entwickeln und einzusetzen, dass sie die Risiken der jeweiligen Zielgruppe reduzieren.

Damit allein ist es jedoch nicht getan. Ein ganzheitlicher digitaler BGM-Prozess benötigt eine zentrale digitale Plattform, die den Gesamtprozess unterstützt, ebenso wie Präsenzaktivitäten und Face-to-Face-Termine vor Ort. Dazu gehören nicht nur verhaltensfördernde Maßnahmen, sondern auch verhältnispräventive Umsetzungen im Betrieb. Denkbar wäre zum Beispiel ein Schrittzählerwettbewerb, der mit der Verpflichtung des Unternehmens einhergeht, während der Laufzeit verhältnispräventive Maßnahmen umzusetzen. Verhältnispräventive Ansätze können sehr vielfältig sein und unterscheiden sich von Betrieb zu Betrieb. Parallel zu einem Schrittzählerwettbewerb bietet es sich zum Beispiel an, die Klassiker wie Wasserspender oder Obstkorb dauerhaft einzuführen. Daneben sollten aber tiefergehende Maßnahmen anhand von Arbeitssituationsanalysen oder Beschäftigtenbefragungen ermittelt und umgesetzt werden. Ergonomische Standards wie zum Beispiel höhenverstellbare Tische sind weitere Möglichkeiten, verhaltenspräventive Aktivitäten flankierend zu begleiten und so die Verhältnisse am Arbeitsplatz dauerhaft gesundheitsförderlicher zu gestalten.

Eine digitale Plattform als zentrales Steuerungselement für ein Betriebliches Gesundheitsmanagement könnte die Nachhaltigkeit fördern und einen integrierten BGM-Prozess unterstützen. In diesem Sinne muss die Plattform fest in das Unternehmensportfolio integriert werden, um den BGM-Prozess dauerhaft zu begleiten. Entscheidend sind eine einfache, selbsterklärende Handhabung und ein inhaltlicher Mehrwert für alle Beteiligten. Wenn dies gelingt, sollten Unternehmen die Chance nutzen, ihr BGM digital in die Unternehmensstrategie zu integrieren, damit nicht nur die Mitarbeitenden gesünder, motivierter und engagierter sind, sondern auch das Unternehmens-Image und die Arbeitgeberattraktivität verbessert werden. Präventionsdienstleister wie z. B. Krankenkassen sind gut beraten, ihre Angebote weiterzuentwickeln und sich auf die digitale Arbeitswelt einzustellen, um den Ansprüchen auch jüngerer Generationen im Umgang mit digitalen Medien entsprechen zu können. Denn die Digitalisierung verändert zwar die Arbeitsbedingungen und die Möglichkeiten der Gesundheitsförderung, doch die Ziele des BGM bleiben identisch: Es geht darum, Belastungen der Arbeit zu reduzieren und gleichzeitig Gesundheitspotenziale zu bergen sowie das Wohlbefinden der Beschäftigten zu fördern. Schließlich sind zufriedene Beschäftigte innovativer, produktiver und motivierter.

Literatur

Arnold D, Butschek S, Steffes S et al (2016) Digitalisierung am Arbeitsplatz. Forschungsbericht, Berlin

Baumann A, Cernavin O, Frost M et al (2018) Betriebliche Prävention 4.0. In: Cernavin O, Schröter W, Stowasser S (Hrsg) Prävention 4.0. Analysen und Handlungsempfehlungen für eine produktive und gesunde Arbeit 4.0. Springer, Wiesbaden, S 3–20

Baxheinrich A, Henssler T (2018) Auf dem Weg zum BGM 4.0: Verknüpfung der analogen und digitalen Welt – Chancen und Grenzen für das Betriebliche Gesundheitsmanagement. In: Matusiewicz D, Kaiser L (Hrsg) Digitales Betriebliches Gesundheitsmanagement. Theorie und Praxis. Springer Gabler, Wiesbaden, S 301–312

Literatur

Berger H, Nolten A (2019) Rahmenbedingungen des BGM: gesundheitspolitische und betriebswirtschaftliche Grundlagen. In: Reinfelder EC, Jahn R, Gingelmaier S (Hrsg) Supervision und psychische Gesundheit. Springer, Wiesbaden

Braun P, Nürnberg V (2018) Zielgruppen im Digitalen Betrieblichen Gesundheitsmanagement: „Best-Practice"-Beispiele. In: Matusiewicz D, Kaiser L (Hrsg) Digitales Betriebliches Gesundheitsmanagement. Theorie und Praxis. Springer Gabler, Wiesbaden, S 413–426

Bravata DM, Smith-Spangler C, Sundaram V et al (2007) Using pedometers to increase physical activity and improve health: a systematic review. JAMA 298:2296–2304

Cernavin O, Lemme G (2018) Technische Dimensionen der 4.0-Prozesse. In: Cernavin O, Schröter W, Stowasser S (Hrsg) Prävention 4.0. Analysen und Handlungsempfehlungen für eine produktive und gesunde Arbeit 4.0. Springer, Wiesbaden, S 21–57

DGB-Index Gute Arbeit (2016) Der Report 2016. Wie die Beschäftigten die Arbeitsbedingungen in Deutschland beurteilen. Die Digitalisierung der Arbeitswelt – eine Zwischenbilanz aus Sicht der Beschäftigten. DGB, Berlin

Dugdill L, Brettle A, Hulme C et al (2008) Workplace physical activity interventions: a systematic review. Int J Workplace Health Manag 1:20–40. https://doi.org/10.1108/17538350810865578

Franzen L (2018) Effekte des Schrittzählerwettbewerbs „Schritt4fit" – eine teamorientierte Maßnahme zur Steigerung der körperlichen Aktivität im Rahmen der betrieblichen Gesundheitsförderung. Bergische Universität Wuppertal, Wuppertal (Masterthesis)

GKV-Spitzenverband (2014) Leitfaden Prävention: Handlungsfelder und Kriterien des GKV-Spitzenverbandes zur Umsetzung des §§ 20 und 20a SGB V vom 21. Juni 2000 in der Fassung vom 10. Dezember 2014

Hasselmann Oliver (2018) Digitales BGM für die Arbeitswelt 4.0. Optionen für das Betriebliche Gesundheitsmanagement. In: Matusiewicz D, Kaiser L (Hrsg) Digitales Betriebliches Gesundheitsmanagement. Theorie und Praxis. Springer Gabler, Wiesbaden, S 57–71

Hasselmann O, Meyn C, Schröder J et al (2018) Gesundheit in der Arbeitswelt 4.0. In: Cernavin O, Schröter W, Stowasser S (Hrsg) Prävention 4.0. Analysen und Handlungsempfehlungen für eine produktive und gesunde Arbeit 4.0. Springer, Wiesbaden, S 231–268

Institut für Betriebliche Gesundheitsförderung (2017) Schritt4fit. Ecomit GmbH

Jancey JM, McGann S, Creagh R et al (2016) Workplace building design and office-based workers' activity: a study of a natural experiment. Aust N Z J Public Health 40:78–82. https://doi.org/10.1111/1753-6405.12464

Leibiger AU (2014) Betriebliche Gesundheitsförderung durch den Einsatz von Schrittzählern zur Steigerung körperlicher Aktivität und Senkung kardiovaskulärer Risikofaktoren. Christian-Albrechts-Universität, Kiel (Inauguraldissertation)

Malik SH, Blake H, Suggs LS (2014) A systematic review of workplace health promotion interventions for increasing physical activity. Br J Health Psychol 19:149–180. https://doi.org/10.1111/bjhp.12052

Murray CJL, Atkinson C, Bhalla K et al (2013) The State of US Health, 1990–2010: Burden of Diseases, Injuries, and Risk Factors. JAMA 310:591–608. https://doi.org/10.1001/jama.2013.13805

v Pawelsz R (2019) Statistische Auswertung der Plattform www.Schritt4fit.de. Ecomit GmbH, Düsseldorf

Sailer M (2016) Die Wirkung von Gamification auf Motivation und Leistung. Springer, Wiesbaden (Dissertation)

Schauerte B, Zähringer M (2017) Mit starken Nachbarn zu einem gesunden Unternehmen. Leitfaden zur Initiierung und Betreuung von Betriebsnachbarschaften

Scott KA, Browning RC (2016) Occupational physical activity assessment for chronic disease prevention and management: a review of methods for both occupational health practitioners and researchers. J Occup Environ Hyg 13:451–463

Thranberend T, Knöpler K, Neisecke T (2016) Gesundheits-Apps. Bedeutender Hebel für Patient Empowerment. Potentiale jedoch bislang kaum genutzt. Spotlight Gesundh 2016(2):2–8. ISSN (Online): 2364-5970

Tudor-Locke C, Bassett DR (2004) How many steps/day are enough? Preliminary pedometer indices for public health. Sports Med 34:1–8

Völker I, Burnus M, Winkler D et al (2017) GoTeam Challenge – Fitness-Tracker-Wettbewerb bewegt Mitarbeiter eines großen Versicherers: Evaluation zeigt: Schritt halten fördert Gesundheit und Wohlbefinden. Betriebliche Prävention 129:530–534

World Health Organization (2010) Global recommendations on physical activity for health. WHO, Genf

Zähringer M (2017) Einführungsvortrag Schritt4fit. Institut für Betriebliche Gesundheitsförderung, Köln

Wie nachhaltig sind agile Arbeitsformen?

Andreas Boes und Tobias Kämpf

13.1 Einleitung: Agilität als neuer strategischer Trend – 194

13.2 Agile Arbeitsformen in der Praxis: Fallbeispiel Software-Entwicklung – 196

13.3 Agilität und Belastung: Wie entwickelt sich die Gesundheits- und Belastungssituation in agilen Teams? – 199

13.4 Agile Arbeit nachhaltig gestalten – 202

Literatur – 204

Zusammenfassung

Auf dem Weg in die digitale Arbeitswelt wird die „agile Organisation" zu einem neuen strategischen Leitbild für die Entwicklung von Unternehmen. Ausgehend vom Vorreiter-Bereich der Software-Entwicklung verbreiten sich agile Arbeitsformen derzeit rasant in der Praxis. Grundlegende Veränderungen von Arbeit und Organisation sind die Folge. Auf Basis umfangreicher empirischer Forschung fragt der folgende Beitrag nach der Nachhaltigkeit agiler Arbeitsformen. Die Befunde zeigen, dass Chancen und Risiken agilen Arbeitens in der Praxis eng beieinanderliegen. Auf der einen Seite lassen sich hier zukunftsweisende Ansätze für eine gesundheitsförderliche Gestaltung einer modernen Arbeitswelt erkennen. Auf der anderen Seite drohen in der Praxis – ohne entsprechende Gestaltung – neue Belastungen in der Arbeit und eine Verschärfung der psychischen Beanspruchung der Beschäftigten. Die Ergebnisse werden zu einem Modell verdichtet, dass die komplexen Entwicklungsdynamiken agiler Teams systematisiert, die damit verbundenen Belastungskonstellation und ihre Wirkmechanismen aufzeigt und die zentralen Handlungsfelder für eine nachhaltige Gestaltung skizziert.

13.1 Einleitung: Agilität als neuer strategischer Trend

Der digitale Umbruch in der Wirtschaft ist weit mehr als Technik. Die Art und Weise, wie wir Arbeit und Organisation seit mehr als 150 Jahren denken, wird heute in den Unternehmen grundlegend erschüttert. Betroffen sind nicht nur die „üblichen Verdächtigen" der Start-up-Szene, auch die großen Konzerne und Flaggschiffe der Industrie stehen vor tiefgreifenden Veränderungen. Das gerade für Deutschland paradigmatische Modell des „bürokratischen Unternehmens" gerät zunehmend an seine Grenzen. Seine zentralen Merkmale – die starren Prozesse, eine pyramidenförmige Aufbauorganisation mit voneinander abgeschotteten „Silos", ausgeprägte Hierarchien und Führung nach dem Prinzip „command & control" – erweisen sich als immer weniger passförmig zu den Erfordernissen einer Ökonomie, die sich auf Basis der Digitalisierung rasant verändert. Zum Gegenmodell und neuen Leitbild avanciert nun die Vorstellung von Agilität und einer „agilen Organisation" (Boes et al. 2018a, b). Die Unternehmen versprechen sich davon insbesondere schnellere Innovationszyklen, eine stärkere Kundenorientierung, flexiblere und intelligente Prozesse, aber auch mehr Selbstorganisation und Eigenverantwortung der Beschäftigten.

Ihren Ursprung hat die Idee der agilen Organisation in der Software-Entwicklung. Sie ist hier Ende der 1990er Jahre zunächst als Graswurzel-Bewegung der Entwickler-Community gegen eine zunehmende Bürokratisierung der Software-Entwicklung entstanden (vgl. dazu zum Beispiel Sutherland 2012; Rigby et al. 2016; Boes et al. 2018a; ▶ www.agile-manifesto.com). Insbesondere ein immer rigideres Projektmanagement, eine zunehmende Prozessorientierung, die die Entwicklungsarbeit selbst immer mehr einengte, aber auch die mangelnde Qualität vieler Software-Produkte haben zu einer Suche nach alternativen Entwicklungskonzepten jenseits der klassischen „Wasserfall-Projekte" geführt. Neben neuen Konzepten wie Xtreme-Programming und Test-Driven-Development hat sich hier insbesondere Scrum (Beedle und Schwaber 2002) als neue Methode schnell einen Namen gemacht, die bei vielen Entwicklern auf großes Interesses gestoßen ist – nicht zuletzt deshalb weil sie auf ein starkes „Empowerment" der Entwickler setzt und die Software-Entwicklung selbst wieder ins Zentrum rückt.

> **Empowerment**
>
> Der Empowerment-Begriff (grundlegend dazu Boes et al. 2018b) hat von seinem Ursprung in der US-amerikanischen Bürgerrechtsbewegung her einen stark emanzipatorischen Bezug. In diesem Sinne hat er als wissenschaftlicher Begriff zunächst vor allem in die soziale Arbeit

> bzw. in die Gemeindepsychologie Eingang gefunden (als Kontrolle über die eigenen Lebensbedingungen, Rappaport 1981). In die sozialwissenschaftliche Befassung mit der Arbeitswelt wurde der Begriff von Kanter (1977) eingeführt (für einen Überblick aus der Perspektive der Managementforschung: Spreitzer 2008). Dabei wurde der emanzipatorische Gehalt des Begriffs um den Aspekt der wirtschaftlichen Effizienz (durch Mobilisierung der Mitarbeiterpotenziale) ergänzt (kritisch dazu: Bröckling 2003).

Trotz vielfältiger Erfolge in ersten Pilotprojekten, blieb Scrum in den Unternehmen selbst zunächst ein Nischenphänomen. Erst als das Konzept mit den Ideen des Lean-Managements verknüpft wurde (Poppendieck und Poppendieck 2007), begann sich das neue Entwicklungskonzept auch in der Breite der Software-Entwicklung durchzusetzen (ausführlich dazu Boes et al. 2018a). Lean steht dabei nicht nur für ein etabliertes Management-Konzept aus der Industrie (Womack et al. 1991), das auch das obere Management von den neuen agilen Ansätzen überzeugt. Mit Lean konnten auch Antworten gegeben werden, wie sich mit agilen Ansätzen nicht nur einzelne Teams, sondern auch ganze Entwicklungsabteilungen mit mehreren Tausend Mitarbeitern organisieren lassen. Seitdem haben sich die agilen Entwicklungsformen in der Praxis rasant verbreitet. Agile Entwicklungsformen haben sich heute in der Fläche als neuer „State of the Art" durchgesetzt, die alten Wasserfallmodelle vielfach verdrängt und einen Paradigmenwechsel in der Software-Entwicklung ausgelöst (Boes et al. 2018a, Kämpf 2018).

Ausgehend von den Erfolgen in der Software-Entwicklung schreitet der Siegeszug agiler Arbeitsformen mit großer Geschwindigkeit voran. Agilität lässt sich heute kaum noch auf die Welt der IT beschränken. Auf der einen Seite beginnen sich agile Methoden in der klassischen Entwicklungsarbeit von Ingenieuren – z. B. in der Automobil- und Elektroindustrie – flächendeckend durchzusetzen (ausführliche Fallbeispiele finden sich in Boes et al. 2018a). Auf der anderen Seite setzen Unternehmen nun auch in den Bereichen jenseits der Entwicklung – zum Beispiel in den Personalabteilungen, dem Vertrieb oder selbst dem Controlling und der öffentlichen Verwaltung – auf Agilität (vgl. z. B. Häusling 2018; Hill 2018). Es geht nun nicht mehr um einzelne agile Projekte, sondern um die agile Organisation als solche. So unterschiedliche Unternehmen wie ING-DiBa, Bosch oder auch die Deutsche Bahn gelten hier in Deutschland als Vorreiter.

Die Erfahrungen in der Software-Entwicklung zeigen, dass Agilität weit mehr als eine oberflächliche Mode ist. Arbeitsprozesse und Arbeitsbedingungen haben sich hier in der Folge tiefgreifend verändert. Vor dem Hintergrund, dass agile Methoden nun auch in der Breite der Arbeitswelt ankommen, gewinnt die Frage nach den Folgen für Arbeit und Beschäftigte an Bedeutung und Brisanz. Mit Blick auf den aktuellen „Hype" um Agilität – der tendenziell jeder Reorganisation und selbst klassischen Rationalisierungsprogrammen das Attribut „agil" zuweist – ist jedoch eine differenzierte und empirisch fundierte Analyse notwendig. Die Themen reichen von der Frage, wie agile Arbeitsformen konkret funktionieren und umgesetzt werden, bis hin zu der Frage, was aus dem ursprünglichen emanzipatorischen Impetus der Bewegung wird und wie das „Empowerment" der Beschäftigten in der Praxis wirklich gelebt wird. Auf Basis umfangreicher empirischer Forschung wird im Folgenden aus der Perspektive der Gesundheitsförderung die Nachhaltigkeit der neuen Arbeitsformen in den Blick genommen:

- Wie verändern sich die Belastungskonstellationen für die Beschäftigten in der Praxis?
- Entstehen neue Potenziale und Ressourcen für eine gesundheitsförderliche Gestaltung moderner Arbeitswelten?
- Was sind die zentralen Handlungsfelder, um Agilität nachhaltig zu gestalten?

Den empirischen Hintergrund bilden mehr als zehn Jahre intensive Feldforschung zu agilen Arbeitsformen in der IT-Industrie, der Automobil- und Elektroindustrie sowie dem Maschinenbau. Die Grundlage der folgenden Analysen bilden so mehr als 200 qualitative Interviews mit Führungskräften, Betriebsräten und vor allem den Beschäftigten selbst.[1] Im Rahmen von Unternehmensfallstudien erfolgte der empirische „Zugriff" dabei auf zwei Ebenen:

- Im Sinne einer explorativen Bestandsaufnahme wurden 13 Kurzfallstudien erhoben. Neben umfangreichen Dokumentenanalysen und Werksbesichtigungen wurden hier insbesondere Expertengespräche (Trinczek 2009) und Gruppendiskussionen mit 38 Gesprächspartnern durchgeführt. Im Zentrum standen hier die betrieblichen Strategien im Umgang mit Agilität. Zu den Gesprächspartnern gehörten Vertreter der Geschäftsführungen und des Managements, der Personalabteilungen sowie Mitglieder der betrieblichen Interessenvertretung.
- Darauf aufbauend wurden 6 Intensivfallstudien erhoben. Hier wurden die konkrete Umsetzung agiler Arbeitsformen und die Folgen für die Beschäftigten in den Blick genommen. Im Fokus standen hier insbesondere wissensintensive Arbeitsbereiche (z. B. Software-Entwicklung, Ingenieursarbeit; für eine ausführliche Fallbeschreibung siehe Boes et al. 2018a). Im Rahmen dieser Fallstudien wurden weitere 50 Expertengespräche sowie 140 Intensivinterviews mit zumeist hochqualifizierten Beschäftigten geführt. Die Forschungsfragen konzentrierten sich hier darauf, wie die neuen Organisationskonzepte in unterschiedlichen Bereichen der Kopfarbeit in der Praxis umgesetzt werden, wie sich die Organisation von Arbeit konkret verändert und wie sich nicht zuletzt die Belastungssituation verändert.

Ziel des qualitativen Forschungsdesigns war es, „unter die Oberfläche" zu blicken und das subjektive Erleben der Beschäftigten und ihren Umgang mit agilen Arbeitsformen zu rekonstruieren. Deshalb wurden die Beschäftigteninterviews als „problemzentrierte Interviews" (Witzel und Reiter 2012) geführt. Diese folgen zwar einem Leitfaden, geben aber den Befragten Raum dafür, eigene Relevanzsetzungen zu geben. Für alle Interviews wurden Leitfäden ausgearbeitet, in die auch die theoretischen Vorüberlegungen eingingen. Die Experteninterviews dauerten jeweils 60 bis 90 min, die Interviews mit den Beschäftigten 90 bis 120 min. Für die Auswertung wurden alle Interviews aufgezeichnet und transkribiert. Die Interviews wurden einzeln ausgewertet und in einem iterativen Forschungsprozess, in dem die verschiedenen empirischen Perspektiven miteinander kontrastiert und in Beziehung gesetzt werden, schrittweise zu empirisch gehaltvollen Fallstudien verdichtet.

13.2 Agile Arbeitsformen in der Praxis: Fallbeispiel Software-Entwicklung

Um zu verstehen, wie Agilität und agile Arbeitsformen in der Praxis funktionieren, ist der Blick in das Feld der Software-Entwicklung instruktiv. Die neuen Arbeitsformen sind hier weit über das „Experimentierstadium" hinaus und haben einen reifen Entwicklungsstand erreicht. Hier lässt sich sehr konkret nachvollziehen, wie tiefgreifend und substanziell sich mit dem Paradigma der Agilität Arbeits- und Wertschöpfungsprozesse verändern.

Seit den 1970er Jahren war in der Software-Entwicklung das Modell der „Wasserfall-Projekte" verbreitet. Charakteristisch für sie war ein sequenzieller Ablauf der verschiede-

---
[1] Die empirischen Arbeiten sind im Rahmen verschiedener Forschungsprojekte entstanden – u. a. „Lean und agil im Büro" (Hans-Böckler-Stiftung, 2013–2016), „WING – Wissensarbeit im Unternehmen der Zukunft nachhaltig gestalten" (BMAS, 2013–2019) sowie „EdA – Empowerment in der digitalen Arbeitswelt" (BMBF, 2017–2019).

nen Phasen des Entwicklungsprozesses, die regelrecht voneinander isoliert waren – von der Spezifikation der Software mit dem Kunden („Lastenheft"), der darauf aufbauenden Entwicklung des Designs und der Architektur der Software über die eigentliche Kodierung bis hin zum abschließenden Test der fertigen Software. Grundidee war, für diesen Prozess a priori einen möglichst genauen Plan zu entwerfen, der dann auf Basis eines rigiden Projektmanagements umzusetzen ist. Immer komplexere Software-Projekte haben in der Praxis zu immer längeren Planungszyklen und oftmals mehrjährigen Releasezyklen von Software geführt. Schon früh erwies sich dieses Modell als zu starr und unflexibel, um den zwangsläufig eintretenden Unwägbarkeiten im Prozess der Software-Entwicklung wirklich gerecht zu werden (vgl. dazu bereits DeMarco 2001; Palmquist et al. 2013). Als besonderes Problem erwies sich, dass Fehler und Kompatibilitätsprobleme der Software verschiedener Entwicklungsteams erst zu einem sehr späten Zeitpunkt sichtbar wurden. Krisenphasen am Ende von Software-Projekten bestimmten in der Folge die Szenerie in vielen Unternehmen. Management und Führungskräfte reagierten darauf häufig mit einer weiteren Bürokratisierung, einer Verschärfung des Projekt-Controllings und neuen Formen des „Micro-Managements". Für die Entwickler selbst war die Projektarbeit – insbesondere kurz vor dem Release einer Software – immer mehr durch hochbelastende Arbeitssituationen und zunehmende Sinnverluste gekennzeichnet (vgl. dazu z. B. bereits Kämpf et al. 2011; Gerlmaier 2011).

Ausgehend von diesen Erfahrungen hat sich mit der rasanten Verbreitung agiler Methoden – insbesondere des Scrum-Frameworks – in der Software-Entwicklung ein neues Entwicklungsmodell durchgesetzt. Idealtypisch basiert dieses auf vier zentralen Prinzipien:

- Im Gegensatz zum Wasserfall-Modell wird nun nicht mehr in mehrjährigen Entwicklungszyklen gedacht, sondern der Entwicklungsprozess wird in *kurzzyklische Takte* (sog. „Sprints") von zwei bis vier Wochen zerlegt. Am Ende jedes Sprints muss fertige Software („usable software") geliefert werden. Zu Beginn des Entwicklungsprozesses wird dafür eine knappe Zusammenstellung der wichtigsten Features der Software erstellt (der sog. „Product Backlog"). Für jeden Sprint priorisiert und spezifiziert nun der „Product Owner", der im Scrum-Framework die Perspektive des Kunden vertritt, die nächsten zu bearbeitenden Schritte und verteilt diese auf die Teams. Ziel ist es, so auch komplexe Software-Produkte iterativ Schritt für Schritt zu entwickeln. Dieses schrittweise Vorgehen – das die A-priori-Planung ersetzt – ermöglicht es, flexibel mit den Unwägbarkeiten von Entwicklungsprozessen umzugehen, das eigene Vorgehen immer wieder neu zu justieren und auch auf sich ändernde Kundenwünsche schnell zu reagieren.
- Das kurzzyklische Vorgehen bildet zugleich den Ausgangspunkt dafür, Software-Entwicklung im Sinne einer *synchronisiert getakteten Wertschöpfungskette* neu zu organisieren. Mit Ansätzen wie „Scrum-of-Scrums" oder dem „SAFe-Framework" (vgl. dazu Mathis 2017) können nicht nur einzelne Teams, sondern Entwicklungsabteilungen mit mehreren Hundert oder sogar Tausend Entwicklern organisiert werden. Entscheidend dafür ist, dass die Teams zum Ende jedes Sprints synchronisiert „usable Software" erstellen. Während früher die Integration und der Test von Code erst sehr spät im Entwicklungszyklus erfolgten, kann dies nun kontinuierlich bereits in einem sehr frühen Entwicklungsstadium erfolgen. Die Basis dafür bilden moderne Entwicklungsumgebungen, in denen der Software-Code aller Teams permanent (oftmals täglich) automatisiert getestet und zu einem gemeinsamen Software-Produkt zusammengefügt werden kann. Die Entwickler arbeiten nicht mehr in individuellen Silos getrennt voneinander, sondern werden Teil eines vernetzten, kollektiven Arbeitsprozesses. Dies bietet die Grundlage dafür, Schnittstellen neu zu organisieren, so dass

die Arbeit vieler verschiedener Software-Teams „wie ein Zahnrad ins andere" greift.
- Im Zentrum des neuen Entwicklungsmodells steht in der Folge nicht mehr der einzelne, individuelle Software-Entwickler, sondern *empowerte Software-Teams*. Zentrale Idee ist, dass sich die Teams selbst als autonome Einheit organisieren und weitgehende Freiheitsgrade in der Arbeit genießen. Auf der einen Seite können sie selbst entscheiden, wie die Anwendungen programmiert werden; auf der anderen Seite bestimmt das Team seine Arbeitsmenge selbst. Am Anfang jedes Sprints schätzt das Team den Arbeitsaufwand für jede Aufgabe und legt auf dieser Basis eigenständig fest, wie viele der vom Product Owner vorgeschlagenen Themen es bearbeiten will. Gemäß den Scrum-Prinzipien darf in diese Schätzung bzw. Planung keine Führungskraft von außen intervenieren. Mit der neuen Bedeutung des Teams vollzieht sich zudem ein Paradigmenwechsel weg vom Prinzip der individuellen Expertise hin zu kollektiven Wissensdomänen und gemeinsamen Lernprozessen. Teamstrukturen und Arbeitsabläufe sind deshalb davon geprägt, Transparenz zu schaffen und Wissen innerhalb des Teams zu teilen – so unterrichten sich z. B. alle Teammitglieder im Rahmen der täglichen „Daily Scrums" gegenseitig über ihren individuellen Arbeitsstand und Unterstützungsbedarf.
- Vor dem Hintergrund des Empowerments der Teams verändern sich auch *Führung und Managementstrukturen* maßgeblich. So entstehen mit dem „Product Owner" als Vertreter der Kundenperspektive und dem „Scrum Master", der zum „Anwalt" des Empowerments und zum Coach des Teams wird, neue Führungsrollen. Im Zusammenspiel zwischen diesen beiden Rollen und dem empowerten Team kann ein Großteil der herkömmlichen Managementaufgaben aufgefangen werden. Unschwer zu erkennen ist, dass mit diesen neuen Formen verteilter Führung neben dem traditionellen Projektmanagement insbesondere die Position der unteren und mittleren Führungskräfte prekär wird. Nicht zuletzt, weil viele fachliche Entscheidungen nun auf die Ebene des Teams verlagert werden können, reduziert sich diese Rolle – konsequent zu Ende gedacht – auf das klassische „People-Management". In einem der von uns untersuchten Fallunternehmen wurde denn auch die Führungsspanne auf der Ebene der Team- bzw. Gruppenleiter von zehn auf 30 Mitarbeiter erhöht. Gerade das Nebeneinander der neuen Methoden mit klassischen Führungsstrukturen erweist sich als eine „Achillesferse" bei der Einführung agiler Arbeitsformen.

Eine differenzierte empirische Analyse zeigt, dass sich die konkrete Umsetzung des neuen Entwicklungsmodells in der Praxis oftmals erheblich unterscheidet (ausführlich dazu z. B. Boes et al. 2018a, b). Selbst im gleichen Unternehmen gibt es häufig sehr unterschiedliche Varianten. Insbesondere die Frage des „Empowerments" der Teams erweist sich hier als ein bedeutsames Differenzierungsmerkmal (Boes et al. 2018b). Auf der einen Seite gibt es Spielarten, die tatsächlich auf ein hohes Maß an Selbstorganisation setzen. Dies erweist sich als funktional, um Lernprozesse und die Kollektivierung von Wissen in den Teams voranzutreiben. Auf der anderen Seite stehen Varianten, die genau auf dieses Empowerment verzichten. Hier bleiben oftmals die klassischen Führungsstrukturen erhalten und die Teams verfügen kaum über ausgeprägte Handlungsspielräume – z. B. in Bezug auf die Arbeitsmenge, aber auch die Inhalte der Arbeit. In der Praxis ist dann auch nur noch wenig zu spüren vom ursprünglichen Geist einer Graswurzel-Bewegung aus der Entwickler-Community. Vielmehr herrscht oftmals das Gefühl vor, Arbeitspakete nur noch abzuarbeiten und Software – so ein befragter Entwickler – *„wie am Fließband"* zu entwickeln. Eine Entwicklerin kommentiert ihre Erfahrungen mit dem neuen Entwicklungsmodell deshalb sehr zugespitzt: *„(…) es wird wahrscheinlich eine Industrialisierung der Entwicklung stattfinden in dem Sinne, dass der Software-*

prozess wie ein Autoherstellungsprozess aussehen wird. (…) Der Mensch bleibt außen vor. Das ist für mich ein Zeichen der Industrialisierung."

13.3 Agilität und Belastung: Wie entwickelt sich die Gesundheits- und Belastungssituation in agilen Teams?

Die Erfahrungen in der Software-Entwicklung zeigen, dass in der Praxis mit der Einführung von Agilität sehr grundlegende Veränderungen von Arbeit verbunden sind. In der Folge verändern sich auch die Arbeitsbedingungen und die Belastungskonstellationen in der Software-Entwicklung grundlegend (vgl. dazu z. B. Boes et al. 2018a, b; Kämpf et al. 2011). Eine Bewertung der Folgen für die Gesundheits- und Belastungssituation der Beschäftigten kann hier nicht auf „einfache" Antworten setzen, sondern erfordert eine sorgfältige empirische Analyse. Nicht zuletzt die große Bandbreite in der konkreten Umsetzung – von Ansätzen, die auf ein Empowerment der Teams setzen, bis hin zur Software-Entwicklung „vom Fließband" – macht eine differenzierte Betrachtung notwendig.

Unsere empirischen Ergebnisse zeigen, dass Chancen und Risiken agilen Arbeitens in der Praxis eng beieinanderliegen (Boes et al. 2018a). Auf der einen Seite lassen sich hier zukunftsweisende Ansätze für eine gesundheitsförderliche Gestaltung einer modernen Arbeitswelt erkennen. Mit der Abkehr vom bürokratischen Wasserfall-Modell können „salutogene" Potenziale erschlossen und der „Sinn in der Arbeit" gestärkt werden (siehe dazu auch die Beiträge in Badura et al. 2018; grundlegend dazu Antonovsky 1997). Zudem entsteht mit dem Empowerment ein neuer Hebel, mit dem die Teams ihre Arbeitsmenge eigenständig kontrollieren können und so die charakteristische Überlast in der Entwicklung begrenzen können. Auf der anderen Seite zeigt sich in der Praxis jedoch auch, dass mit der Einführung agiler Arbeitsformen die Belastungen erheblich steigen können. Gerade wenn auf das Empowerment der Teams verzichtet wird, werden vor allem die kurzzyklische Taktung, aber auch die neue Transparenz in den Teams zu neuen Belastungsfaktoren – die die betroffenen Beschäftigten an die Grenze ihrer Belastbarkeit bringen können (vgl. dazu auch Kämpf 2015).

Auf Basis unserer empirischen Untersuchungen zu agilen Arbeitswelten haben wir ein Modell entwickelt, wie sich Teams und ihre Belastungssituation mit der Einführung agiler Arbeitsformen entwickeln (◘ Abb. 13.1). Differenziert werden hier die Potenziale und Risiken von Agilität in den Blick genommen, die komplexen Entwicklungsdynamiken agiler Teams skizziert und die damit verbundenen Belastungskonstellationen und ihre Wirkmechanismen aufgezeigt.

Den Ausgangspunkt für die Einführung agiler Arbeitsformen bildet in der Praxis in den meisten Unternehmen eine ausgeprägte bürokratische Organisationskultur. In den Entwicklungsbereichen sind die Teams daher geprägt durch Silostrukturen und einen individualistischen „Expertenmodus" (Boes et al. 2016), starre Prozesse und eine hierarchische Führungskultur („bürokratisches Team"). Den ersten Schritt in Richtung einer agilen Organisation bildet zunächst die formale Einführung agiler Arbeitsformen wie Scrum („formales Scrum"). Zentrale Meilensteine sind hier in der Praxis zum Beispiel kurzzyklische Entwicklungsprozesse („Sprints"), die Umsetzung neuer Meeting-Strukturen in den Teams („Daily Scrums", „Retrospektiven" und „Review") und die Besetzung neuer agiler Rollen („Scrum Master", „Product Owner"). Alleine die formale Implementierung dieser zentralen Institutionen bedeutet für die meisten Unternehmen eine große Herausforderung und eine weitreichende Restrukturierung der Organisation. Mit Blick auf die Belastungssituation der Beschäftigten erweist sich in dieser Phase nicht zuletzt der Prozess der Reorganisation selbst – mit all den damit verbundenen Unsicherheiten – als ein relevanter Belastungsfaktor. Auch die „Kinderkrankheiten" eines neuen agi-

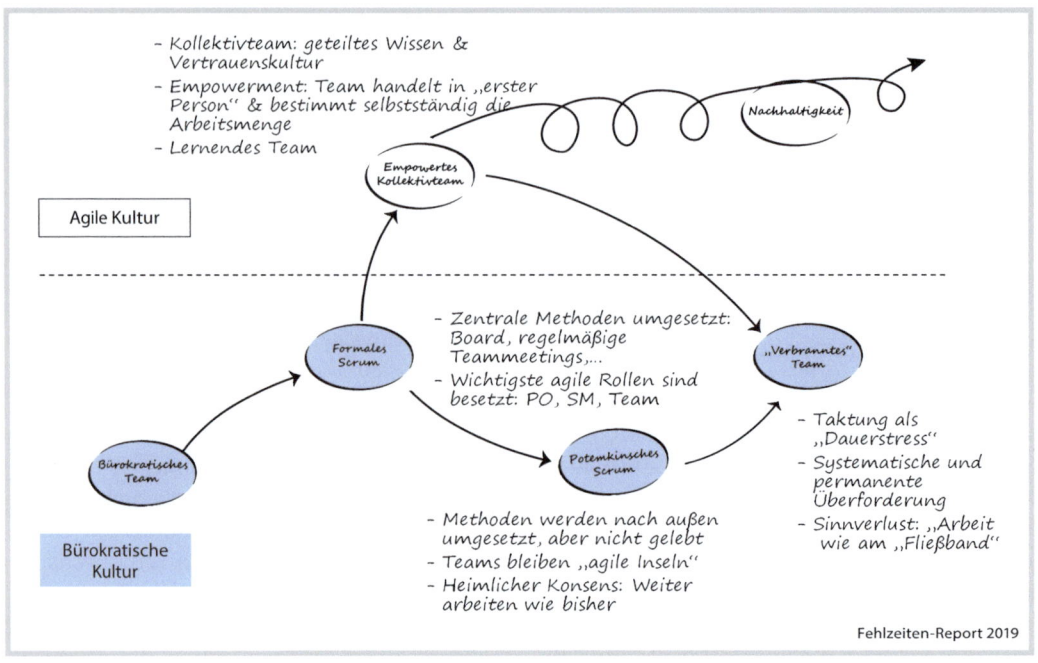

◘ **Abb. 13.1** Entwicklungsmodell: Agile Teams und ihre Belastungssituation. (Boes et al. 2018a)

len Entwicklungsmodells dürfen nicht unterschätzt werden. Nicht „eingeschwungene" Prozesse, unklare Zuständigkeiten und noch fehlende Erfahrungen mit agilen Arbeitsformen führen in der Praxis oftmals zu spürbaren Reibungsverlusten und teilweise erheblichem Mehraufwand.

Auf dem Weg zu einer wirklich agilen Organisation können Unternehmen jedoch nicht in diesem Stadium stehen bleiben und sich auf die formale Einführung agiler Prozessmodelle beschränken. Entscheidend ist es, dass die agilen Arbeitsformen in den Teams und in der konkreten Arbeitspraxis vorangetrieben und gelebt werden. Als zentraler Erfolgsfaktor erweist sich das Empowerment der Teams. Teams, denen es gelingt, agile Arbeitsformen voran zu treiben („*empowertes Kollektivteam*"), schaffen es, zu einer sehr eng kooperierenden Einheit zu werden, Wissen miteinander zu teilen und eine echte Vertrauenskultur aufzubauen. Die Basis hierfür bilden Handlungsbedingungen, in denen die Teams tatsächlich über ein hohes Maß an Selbstorganisation verfügen und Arbeitsinhalte und Arbeitsmenge bestimmen können. Beeindruckend sind in der Praxis dabei die mitunter rasanten Lernfortschritte und Produktivitätssprünge dieser Teams. Für diese Teams bildet das Empowerment auch die Grundlage dafür, neue gesundheitsförderliche Potenziale zu erschließen. Die Stärkung der Teamarbeit selbst wird so für die Beschäftigten zu einer wirkungsvollen neuen Ressource, um mit den hohen Belastungen in der Software-Entwicklung umgehen zu können. Gleichzeitig stärkt die erfolgreiche Entwicklung der Teams die „Selbstwirksamkeitserfahrung" (Bandura 1979) und das Sinnerleben der Beschäftigten. Auch wenn die Teams immer wieder Schwierigkeiten bei der korrekten Schätzung und Planung des Arbeitsaufwands haben, finden sich in dieser Gruppe Teams, denen es gelingt, ihre Arbeitsmenge eigenständig zu kontrollieren. Auf der einen Seite trägt dabei die kurzzyklische Arbeitsweise in Sprints dazu bei, die charakteristischen Belastungsspitzen am Projektende abzuflachen; auf der anderen Seite gibt die transparente Planung am Anfang jedes Sprints den

Teams neue Möglichkeiten, zusätzliche bzw. kurzfristig durch das Management delegierte Arbeitsaufträge legitim abzuweisen und Kapazitätsengpässe frühzeitig zu erkennen und zu artikulieren.

Das Sinnerleben der Beschäftigen wird in der folgenden Interviewpassage eines Entwicklers exemplarisch deutlich: *„… wenn wir ein Review machen mit der kompletten Abteilung, so dass jeder seine Arbeit auch vorstellen kann und sagen kann, das habe ich gemacht; da fühlt man, ich bin wirklich ein Teil von dem Ganzen. Und ich bringe da als Teammitglied so viel ein, dass das Gesamte dann passt. Und dass für sie einfach sichtbar wird, was machen die anderen. Ich meine, sonst weiß man das ja nicht. Und so sieht man, okay, wir arbeiten alle, wir ziehen alle an einem Strang, und es ist das Produkt insgesamt, wofür wir arbeiten. Das wird da sichtbar, und die wissen dann, wie die anderen Teams arbeiten, wer was macht in den anderen Teams. Also das finde ich schon sehr, sehr wichtig."*

Unsere Untersuchungen zeigen jedoch, dass diese positive Entwicklung nur eine Seite der Medaille ist. In vielen Unternehmen zeichnet sich nach der formalen Einführung von Agilität in der konkreten Arbeitspraxis der Teams ein gegenläufiger Entwicklungstrend ab, den wir „potemkinsches Scrum" nennen (Boes et al. 2018a). Nach außen wird hier scheinbar agil gearbeitet (dies manifestiert sich dann z. B. durch demonstrative „Scrum Boards" und die Durchführung von „Daily Scrums") – hinter der Fassade wird jedoch auf eine konsequente Umsetzung verzichtet und auf Basis der tief verankerten bürokratischen Organisationsroutinen weitergearbeitet wie bisher. Auf der einen Seite zeigt sich dabei, dass sich Teams als „agile Insel" in einem weitgehend unveränderten bürokratischen Umfeld nur schwer entfalten können (vgl. dazu auch Hodgson und Briand 2013). Das gilt insbesondere dann, wenn die Management- und Führungsstrukturen nicht in Richtung eines Empowerments der Teams geöffnet werden. Auf der anderen Seite wird hier deutlich, dass agile Arbeitsformen voraussetzungsreich sind und besondere Rahmenbedingungen erfordern. Ohne ausgeprägte Vertrauenskulturen wird insbesondere die neue Transparenz in der Arbeit als Bedrohung erlebt. Immer wieder beschreiben die von uns befragten Entwickler, wie sich im Daily Scrum täglich *„offenbaren"* und *„rechtfertigen"* müssen; sie fühlen sich einem neuen Leistungsdruck – Stichwort: peer-group pressure – ausgesetzt. In diesem Szenario ist es plausibel und nachvollziehbar, dass sich Beschäftigte nicht wirklich auf die kollektive Zusammenarbeit in einem agilen Team einlassen wollen – und jeder in seinem „individuellen Silo" verharrt und weiterarbeitet wie bisher.

Diesen Zusammenhang beschreibt ein Software-Entwickler sehr anschaulich: *„Während der Arbeit hat man einfach mehr Druck. Weil du musst dich quasi jeden Tag im Daily Scrum rechtfertigen, mehr oder weniger, kann man so sehen. Was habe ich gemacht? Wo war mein Problem? Was mache ich heute? Das heißt, permanent ist man quasi unter Kontrolle, sage ich jetzt mal, und hat permanent diesen Druck, fertig werden zu müssen."*

Mit Blick auf die Belastungssituation bewegen sich die Teams damit auf einem gefährlichen und nicht nachhaltigen Entwicklungspfad. In der Praxis zeigt sich, dass gerade für diese Teams ein hohes Risiko besteht, zu *„verbrannten Teams"* zu werden. Die besondere Belastungskonstellation liegt hier darin, dass die Teams den neuen kurzzyklischen Lieferzyklen der Sprints unterworfen werden, ohne sich jedoch komplementär die neuen Ressourcen und gesundheitsförderlichen Potenziale des empowerten Kollektivteams erschließen zu können. Zugespitzt formuliert, sind sie so ohne Empowerment dem Takt schutzlos ausgeliefert – und können dann Arbeitsmenge und Arbeitstempo kaum noch kontrollieren. In der Praxis finden sich viele Beispiele, in denen auf eine konsequente Schätzung des Arbeitsaufwands zu Beginn jedes Sprints mehr und mehr verzichtet wird und die Teams schließlich ihre Aufgaben vom Product Owner nur noch zugewiesen bekommen. Die Beschäftigten berichten dann nicht nur über das Gefühl von „Dauerstress", sondern auch über Sinnverluste – weil ihre Arbeit dann zunehmend dem bloßen „Abarbeiten" kleinteiliger und bereits vorstrukturierter Arbeitspakete gleicht. Gerade das Zusammenwirken des Verlusts individueller Handlungsspielräume, eines permanenten Zeitdrucks in getakteten Arbeitsprozessen und der brüchiger werdenden Sinnstrukturen bedeutet für die Beschäftigten eine grundlegende Verschärfung ihrer Belastungssituation, die mit hohen gesundheitlichen Risiken einhergeht.

Beispielhaft ist hier die folgende Interviewpassage eines Entwicklers: *„Das hat sich total verändert, also das ist heute alles superdicht [getaktet]. Das ist alles superdicht dadurch, dass man praktisch von außen diese Happen reinbekommt und die abgearbeitet werden müssen. (…) Also da ist sozusagen aus meiner Sicht kaum noch Erholungsphase. Also wenn der einzelne Entwickler nicht in der Lage ist, sich diese Erholungszeit selber zu nehmen, (…) dann ist er praktisch permanent unter Stress."*

Bemerkenswert ist schließlich, dass auch bei den empowerten Kollektivteams eine negative Entwicklung in Richtung der „verbrannten Teams" möglich ist. Auf Basis der rasanten Entwicklung in den Teams und der Lernfortschritte in der Zusammenarbeit können hier viele Teams mitunter erhebliche Produktivitätsfortschritte erzielen. Wenn diese von den Teams einseitig für eine bloße Ausweitung der Arbeitsmenge und eine Erhöhung des Arbeitstempos genutzt werden, unterminieren sie selbst das Fundament für eine nachhaltige Entwicklung ihrer Arbeitssituation. Mittelfristig drohen dann auch hier eine markante Verschärfung der Belastungssituation und eine „Erschöpfung" der Teams. Ein befragter Entwickler kommentierte dies so: *„… wir lernen immer schneller zu laufen – aber nicht, dass man nicht immer schnell laufen kann"*. Notwendig sind deshalb Bedingungen, die eine gezielte Ausrichtung der Team-Entwicklung in Richtung Nachhaltigkeit möglich machen. Eine Schlüsselrolle spielen hier die Scrum Master der Teams. Sie müssen insbesondere die Frage adressieren, wie die Teams mit den anhaltenden Produktivitätsfortschritten umgehen wollen, und sicherstellen, dass die Teams diese tatsächlich für eine sinnstiftende und nachhaltige Gestaltung von Arbeit nutzen können. Aus der Perspektive einer nachhaltigen Entwicklung gilt es, die neu gewonnene Produktivität nicht nur für eine immer weitere Verdichtung von Arbeit zu nutzen, sondern diese zum Ausgangspunkt zu machen für Entschleunigung und neue Freiräume für Innovation und Kreativität in der Arbeit.

13.4 Agile Arbeit nachhaltig gestalten

Die Entwicklungsdynamiken agiler Teams in der betrieblichen Praxis zeigen, dass die Nachhaltigkeit agiler Methoden kein Selbstläufer ist. Die gesundheitsförderlichen Potenziale von Agilität können ihre Wirkung nur dann entfalten, wenn die Einführung und Umsetzung der neuen Arbeitsformen konsequent in Richtung Empowerment ausgerichtet wird. Ohne gezielte Gestaltung hingegen drohen neue Belastungen in der Arbeit und eine weitreichende Verschärfung der psychischen Beanspruchung von Beschäftigten. Aus der Perspektive der Gesundheitsförderung markiert der strategische Trend in Richtung Agilität deshalb dringenden Handlungsbedarf. Für eine nachhaltige Gestaltung agiler Arbeit lassen sich auf Basis unserer empirischen Befunde vier strategische Handlungsfelder bzw. Erfolgsfaktoren erkennen:

■■ **Beteiligung und Qualifizierung der Beschäftigten**

Agilität lässt nicht über die Köpfe der Menschen hinweg „ausrollen" und verordnen, sondern muss in der Praxis gelebt werden. In der Praxis zeigt sich sehr deutlich, dass Agilität immer dann erfolgreich funktioniert, wenn nicht auf einfache „one-size-fits-all"-Lösungen gesetzt wird, sondern die Beschäftigten von Anfang an konsequent beteiligt werden und sie selbst die neuen Arbeitsprozesse und Organisationsmodelle nach ihren spezifischen Bedürfnissen und Anforderungen mitgestalten können. Mit einer konsequenten Beteiligung der Beschäftigten können so bereits bei der Implementierung wichtige Weichen gestellt werden, um eine Entwicklung in Richtung des „potemkinschen Scrum" – und nachfolgend der „verbrannten Teams" – zu verhindern. Die beteiligungsorientierte Gestaltung einer agilen Organisation erweist sich in der Praxis als voraussetzungsreich. Um hier wirklich nachhaltig erfolgreich zu sein, sind deshalb umfassende Qualifizierungsmaßnahmen in der Belegschaft notwendig – von der Vermittlung von Basiskenntnissen über ein Training der neuen Rollen bis hin zu einem langfristig angelegten Coaching der Teams. Es gilt: „Empowerment muss man nicht nur dürfen, sondern auch können."

■ ■ **Führung neu denken**
Zweites zentrales Handlungsfeld ist der Wandel von Führung. Ohne Veränderungen der Managementstrukturen und der Führungskultur können sich die Teams kaum in Richtung eines „empowerten Kollektivteams" entwickeln – und bleiben „agile Inseln" in einem weiterhin weitgehend bürokratisch geprägten Umfeld. Konkrete Gestaltungsfelder sind hier zum Beispiel die Ausgestaltung neuer Rollen wie „Scrum Master" oder „Product Owner". Insbesondere die Aufgaben und Kompetenzen im Verhältnis zu den klassischen Führungsrollen müssen hier neu bestimmt und ausgehandelt werden. Wichtiger Erfolgsfaktor ist dabei, die neuen Rollen frühzeitig gleichberechtigt mit entsprechenden Karrierepfaden und Entwicklungsmöglichkeiten auszustatten. Nicht unterschätzt werden darf dabei die Unsicherheit, mit der die Führungskräfte selbst in diesem Change-Prozess konfrontiert sind: Nicht wenige von ihnen befürchten insgeheim, selbst eher zu den Verlierern als zu den Gewinnern dieser Entwicklung zu gehören.

■ ■ **Empowerment der Teams**
Zentraler Erfolgsfaktor für eine nachhaltige Gestaltung von Agilität ist das Empowerment der Teams. Nur wenn diese in neuer Qualität Freiheitsgrade und Handlungsmacht bekommen, um über ihre Arbeitsinhalte und insbesondere die Arbeitsmenge bestimmen zu können, können neue agile Arbeitsformen wirklich nachhaltig funktionieren. Das Empowerment bildet auf der einen Seite den notwendigen Gegenpol zur Taktung und kurzzyklischen Ergebnisorientierung agiler Arbeitsformen; auf der anderen Seite ist das Empowerment und die damit verbundene Erfahrung von Selbstwirksamkeit auch der Antrieb für das Lernen der Teams. Aus der Perspektive der Gesundheitsförderung entscheidend ist hier, die Teams zu befähigen und darauf zu orientieren, eigenständig ein auf Dauer mögliches „nachhaltiges Arbeitstempo" zu finden. Die Praxis zeigt, dass dies nicht im Selbstlauf geschieht: Die Teams neigen in der Regel eher dazu, sich zu überfordern, als sich zu wenig vorzunehmen. Notwendig sind in der Praxis deshalb immer wieder Initiativen, die die Aufmerksamkeit des Teams auf dieses Thema richten (z. B. in den Retrospektiven am Ende der Sprints). Der Blick auf die Nachhaltigkeit und die Entwicklung der Belastungssituation wird so zu einem zentralen Aufgabenfeld für die Scrum Master.

■ ■ **Kollektive Regeln und Leitlinien**
Mit Blick auf die tiefgreifenden Veränderungen von Arbeitsprozessen und Organisationsstrukturen sollte die Einführung agiler Arbeitsformen und ihre nachhaltige Gestaltung auch institutionell und kollektivvertraglich abgesichert werden. Gerade weil Praktiken wie das Empowerment den bestehenden, bürokratisch geprägten Arbeitsroutinen zuwiderlaufen, ist es sinnvoll, die damit verbundenen Ziele und die dafür notwendigen Rahmenbedingungen durch verbindliche Regelungen – zum Beispiel in Form von Betriebsvereinbarungen – zu unterfüttern. Dies gibt den Teams und den Beschäftigten die Legitimität, die entsprechenden Ansprüche auch in der konkreten Arbeitspraxis einzufordern und umzusetzen. Aus dieser Per-

spektive gewinnt – neben den Betriebsräten – auch das betriebliche Gesundheitsmanagement eine strategische Rolle bei der Einführung und nachhaltigen Gestaltung agiler Arbeitsformen. In der Praxis haben sich zum Beispiel (anlassbezogene) Gefährdungsbeurteilungen als ein wichtiges Instrument erwiesen, um die Entwicklung der Belastungssituation im Zuge der Einführung von Agilität bewerten zu können und die Wirkung von Gestaltungsmaßnahmen zu evaluieren.

Literatur

Antonovsky A (1997) Salutogenese. Zur Entmystifizierung der Gesundheit. dgvt, Tübingen

Badura B, Ducki A, Schröder H, Klose J, Meyer M (Hrsg) (2018) Fehlzeiten-Report 2018. Sinn erleben – Arbeit und Gesundheit. Springer, Berlin

Bandura A (1979) Self-efficacy: towards a unifying theory of behavioral change. Psychol Rev 84(2):191–215

Beedle MA, Schwaber K (2002) Agile software development with Scrum. Pearson, Prentice Hall

Boes A, Kämpf T, Lühr T (2016) Neue Mittelschichten unter Druck. Die Erosion des „Expertenmodus" als Organisationsform hochqualifizierter Kopfarbeit. In: Haipeter T (Hrsg) Angestellte Revisited. Arbeit, Interessen und Herausforderungen für Interessenvertretungen. Springer, Wiesbaden, S 131–155

Boes A, Kämpf T, Langes B, Lühr T (2018a) „Lean" und „agil" im Büro. Neue Organisationskonzepte in der digitalen Transformation und ihre Folgen für die Angestellten. transcript, Berlin

Boes A, Kämpf T, Lühr T, Ziegler A (2018b) Agilität als Chance für einen neuen Anlauf zum demokratischen Unternehmen? Berl J Soziol 28(1-2):181–208

Bröckling U (2003) You are not responsible for being down, but you are responsible for getting up. Über Empowerment. Leviathan 31(3):323–344

DeMarco T (2001) Slack: getting past burnout, busywork, and the myth of total efficiency. Broadway Books, New York

Gerlmaier A (2011) Stress und Burnout bei IT-Fachleuten – auf der Suche nach Ursachen. In: Gerlmaier A, Latniak E (Hrsg) Burnout in der IT-Branche: Ursachen und betriebliche Prävention. Asanger S 53–90

Häusling A (Hrsg) (2018) Agile Organisationen. Transformationen erfolgreich gestalten – Beispiele agiler Pioniere. Haufe, Freiburg

Hill H (2018) Agiles Verwaltungshandeln im Rechtsstaat. DÖV 71(13):497–504

Hodgson D, Briand L (2013) Controlling the uncontrollable: 'Agile' teams and illusions of autonomy in creative work. Work Employ Soc 27(2):308–325

Kämpf T (2015) Ausgebrannte Arbeitswelt – Wie erleben Beschäftigte neue Formen von Belastung in modernen Feldern der Wissensarbeit? Berl J Soziol 25(1):133–159

Kämpf T (2018) Lean and white-collar work: towards new forms of Industrialisation of knowledge work and office jobs? tripleC 16(2):901–918

Kämpf T, Boes A, Gül K (2011) Gesundheit am seidenen Faden: Eine neue Belastungskonstellation in der IT-Industrie. In: Gerlmaier A, Latniak E (Hrsg) Burnout in der IT-Branche: Ursachen und betriebliche Prävention. Asanger, Kröning, S 91–148

Kanter RM (1977) Men and women of the corporation. Basic Books, New York

Mathis C (2017) SAFe – Das Scaled Agile Framework. Lean und Agile in großen Unternehmen skalieren. dpunkt, Heidelberg

Palmquist MS, Lapham MA, Miller S, Chick T, Ozkaya I (2013) Parallel worlds: agile and waterfall differences and similarities. Carnegie Mellon University

Poppendieck M, Poppendieck T (2007) Implementing lean software development. From concept to cash. Addison-Wesley, Upper Saddle River

Rappaport J (1981) In praise of paradox. A social policy of empowerment over prevention. Am J Community Psychol 9(1):1–25

Rigby D, Sutherland J, Takeuchi H (2016) Embracing agile. Harv Bus Manag 94(5):41–50

Spreitzer GM (2008) Taking Stock: A Review of more than twenty years of research on empowerment at work. In: Cooper C, Barling J (Hrsg) Handbook of Organisational Behavior. SAGE, Thousand Oaks, S 54–73

Sutherland J (2012) The Scrum papers: nut, bolts, and origins of an agile framework. http://jeffsutherland.org/scrum/ScrumPapers.pdf. Zugegriffen: 5. Juni 2018

Trinczek R (2009) How to interview managers? Methodical and methodological aspects of expert interviews as a qualitative method in empirical social research. In: Bogner A, Littig B, Menz W (Hrsg) Interviewing experts. Palgrave Macmillan, Basingstoke, S 203–216

Witzel A, Reiter H (2012) The Problem-centred Interview. SAGE, London

Womack JP, Jones DT, Roos D (1991) Die zweite Revolution in der Autoindustrie. Konsequenzen aus der weltweiten Studie aus dem Massachusetts Institute of Technology. Campus, Frankfurt New York

Mobile Arbeit: Arbeitsbedingungen und Erleben

Kerstin Rieder, Sylvia Kraus und Gerlinde Vogl

14.1 Einleitung – 206

14.2 Belastungen und Ressourcen mobiler Arbeit – 207

14.3 Belastungserleben bei mobiler Arbeit – 208

14.4 Zielsetzung und Methoden – 208
14.4.1 Stichprobe – 209
14.4.2 Fragebogen und Interviews – 209
14.4.3 Ausprägung mobiler Arbeit – 210
14.4.4 Analysen – 210

14.5 Bedingungen für positives Erleben mobiler Arbeit – 210
14.5.1 Bedeutung demografischer Aspekte – 211
14.5.2 Bedeutung allgemeiner Arbeitsbedingungen – 211
14.5.3 Bedeutung mobilitätsspezifischer Arbeitsbedingungen – 211

14.6 Erleben mobiler Arbeit und Gesundheit – 213

14.7 Diskussion – 213

14.8 Fazit – 214

Literatur – 215

© Springer-Verlag GmbH Deutschland, ein Teil von Springer Nature 2019
B. Badura et al. (Hrsg.), *Fehlzeiten-Report 2019*, https://doi.org/10.1007/978-3-662-59044-7_14

Zusammenfassung

Mobile Arbeit wird für zunehmend mehr Beschäftigte Teil des Arbeitsalltags. Mit berufsbedingter Mobilität sind neuartige Belastungen und Ressourcen verbunden. Welche Rolle spielen diese mobilitätsspezifischen Arbeitsbedingungen für das Erleben mobiler Arbeit seitens der Mitarbeitenden? Dieser Frage wird auf der Grundlage einer Studie in vier Unternehmen mittels qualitativer Interviews und einer schriftlichen Befragung nachgegangen. Die Ergebnisse zeigen, dass der mobilitätsbezogene Planungsspielraum, die mobilitätsbezogene Unterstützung sowie Übernachtungen zu einem positiven Erleben mobiler Arbeit beitragen. Deutlich wird auch, dass diejenigen, die gern mobil arbeiten, im Durchschnitt gesünder sind als diejenigen, die es nur notgedrungen tun. Bei der Gestaltung der Arbeit, etwa im Rahmen der Gefährdungsbeurteilung, sollten deshalb mobilitätsspezifische Arbeitsbedingungen einbezogen werden.

14.1 Einleitung

Arbeit ist mobil geworden: Gearbeitet wird immer und überall, egal ob zu Hause, im Betrieb, im Café oder anderswo. Mit der Zunahme mobiler Arbeit verliert der konkrete Arbeitsplatz an Bedeutung, der Arbeitsplatz der Zukunft ist multilokal, mobil und dynamisch (Kratzer 2018). Die Entwicklung mobiler Technologien hat die Arbeit in vielen Bereichen mobilisiert, auch in Bereichen, die ehemals stationär waren (Kesselring und Vogl 2010).

Die Gründe für die Mobilisierung von Arbeit liegen nicht nur in der zunehmend digitalen Durchdringung von Arbeit, sondern auch in der globalen Ausrichtung wirtschaftlichen Handels. Durch die zunehmende Vernetzung nehmen Kommunikations- und Abstimmungsanforderungen zu, die einen direkten Kontakt erfordern (vgl. Urry 2007; Haynes 2010), in deren Folge auch die Anforderungen an die Mobilitätsbereitschaft der Beschäftigten steigen. Mobilität wird so zu einer Leistungsanforderung an die Arbeitskraft (Kesselring und Vogl 2010; Nies et al. 2017). Die Digitalisierung scheint den paradoxen Effekt zu haben, dass einerseits Arbeit in den digitalen „Informationsraum" (Boes und Kämpf 2010) verlagert wird, andererseits dezentrale Vernetzung und globale Wertschöpfungsketten zu einem Mehr an Reisen führen. So dokumentiert der Verband deutsches Reisemanagement (VDR) jährlich den beständigen Anstieg von Dienstreisen (vgl. VDR 2018).

Die räumliche Dimension mobiler Arbeit ist in der wissenschaftlichen Forschung lange vernachlässigt worden (vgl. Hislop und Axtell 2007). Erst in den letzten Jahren wurden mobilitätsbedingte Belastungen in der Arbeit breiter thematisiert (exemplarisch hierzu: Ducki 2010; Ducki und Nguyen 2016; Hupfeld et al. 2013; Paridon 2012; Vogl et al. 2014).

Mobile Arbeit, verstanden als orts- und zeitflexible Arbeit, wird oftmals als Chance für Beschäftigte gesehen, Arbeit und Privatleben besser vereinbaren zu können (BMAS 2016). Mittels mobiler Arbeit – so die Hoffnung – lassen sich die Flexibilitätswünsche der Beschäftigten mit den Anforderungen der Unternehmen besser in Einklang bringen. Mobile Arbeit – das wird dabei implizit vorausgesetzt – beschert den Beschäftigten mehr Gestaltungsfreiheit, indem sie z. B. den Arbeitsort frei wählen können. Ein genauerer Blick offenbart allerdings, dass mobiles Arbeiten „nur selten in den eigenen vier Wänden, im Café oder Freibad stattfindet, sondern hauptsächlich beim Kunden" (Hammermann und Stettes 2017, S. 1). Wird beim Kunden gearbeitet, ist die Arbeitstätigkeit stark durch diesen vorstrukturiert, die damit verbundene notwendige Mobilität ist nur bedingt individuell gestaltbar, es handelt sich eher um „verordnete Mobilität" (Nies et al. 2015, S. 4), die im Zusammenhang mit der Ausübung der beruflichen Tätigkeit entsteht.

Im Folgenden steht das beruflich notwendige Unterwegs-Sein der Beschäftigten, die Mobilität IN der Arbeit (Nies et al. 2015; 2017) im Zentrum. Besuche oder Arbeiten über einen längeren Zeitraum direkt beim Kunden, auf Tagungen oder Messen sowie Meetings sind nur einige Beispiele, die Beschäftigte in Bewegung setzen.

Mobile Arbeit findet in vielen Berufen und Branchen statt und ist deshalb sehr vielfältig. Es verwundert daher nicht, dass es keine eindeutige Definition zu mobiler Arbeit gibt (diverse Definitionen finden sich in Prümper et al. 2016; BMAS 2015; Piele und Piele 2016; Deutscher Bundestag 2017). Ein gemeinsamer Nenner liegt in der Zeit- und Ortsflexibilität sowie in der Nutzung mobiler Endgeräte.

Im Forschungsprojekt prentimo[1], das den Fokus auch auf die räumliche Mobilität in der Arbeit legt, wird mobile Arbeit wie folgt definiert:

> Mobile Arbeit findet statt, wenn die Arbeitstätigkeit in erheblichem Maße mit räumlicher Mobilität einhergeht. Die Arbeit wird an verschiedenen Orten – unter Nutzung mobiler Endgeräte – erbracht (Vogl 2017, S. 6).

Mobile Arbeit hat damit zwei Komponenten: Sie besteht einerseits aus der primären Tätigkeit, die sich aus dem Beruf, d. h. der konkreten Arbeitstätigkeit, ergibt und andererseits aus der sekundären Tätigkeit – dem Mobilsein – welche die notwendige Voraussetzung zur Ausübung der primären Tätigkeit darstellt. Mit dieser Unterscheidung wollen wir verdeutlichen, dass mit beiden Tätigkeitsbereichen bestimmte Anforderungen und Herausforderungen verbunden sind. Belastungen entstehen sowohl aus der primären und sekundären Tätigkeit als auch im Zusammenhang mit weiteren arbeits- und lebensweltlichen Anforderungen (Gressel et al. 2019; Monz 2018).

---

1 Das Projekt *prentimo – präventionsorientierte Gestaltung mobiler Arbeit* wurde durch das Bundesministerium für Bildung und Forschung im Rahmen des Programms „Arbeiten – Lernen – Kompetenzen entwickeln. Innovationsfähigkeit in einer modernen Arbeitswelt" im Förderschwerpunkt „Präventive Maßnahmen für die sichere und gesunde Arbeit von morgen" gefördert. Laufzeit des Projektes: 01.01.2016 bis 31.07.2019. Nähere Informationen zum Projekt finden sich unter: ▶ www.prentimo.de.

14.2 Belastungen und Ressourcen mobiler Arbeit

Belastungen und Ressourcen mobiler Arbeit sind ein vergleichsweise neues Thema. Es liegen sowohl qualitative als auch – überwiegend querschnittliche – quantitative Studien vor. Einen Überblick bieten die Reviews von Hupfeld et al. (2013) sowie von Ducki und Nguyen (2016). Diese beziehen sich auf unterschiedliche Formen von Mobilität im Kontext der beruflichen Tätigkeit. Entsprechend dem Fokus des vorliegenden Beitrags werden im Folgenden speziell Befunde zum beruflich notwendigen Unterwegs-Sein der Beschäftigten in Form von Mobilität IN der Arbeit (Nies et al. 2015; 2017), also Mobilität in Form von Businesstrips und Vor-Ort Arbeit, aufgegriffen.

Insgesamt zeigen die Studien, dass mobil Beschäftigte oft vergleichsweise große Freiräume in der Gestaltung des Arbeitsalltags haben. Zugleich wird jedoch neben der Zeit für die eigentliche Arbeit (die primäre Tätigkeit) viel Zeit für das Unterwegssein (die sekundäre Tätigkeit) aufgewendet, sodass Zeitdruck und hohe Termindichte die Arbeit prägen. Es wird außerdem fern vom Unternehmen an Orten gearbeitet, die hierfür wenig geeignet sind. Hieraus entstehen Belastungen durch die Arbeitsumgebung und durch fehlende oder ungeeignete Arbeitsmittel. Unter anderem aufgrund der genannten Besonderheiten mobiler Arbeit muss davon ausgegangen werden, dass diese vielfach durch indirekte Steuerung und das Risiko interessierter Selbstgefährdung gekennzeichnet ist (Nies et al. 2017; Peters 2017). Im Folgenden werden eine qualitative und eine quantitative Studie vorgestellt, die die Bedingungen mobiler Arbeit genauer beleuchten.

Kesselring und Vogl (2010) untersuchten in einer qualitativen Studie Arbeitsbedingungen mobil Beschäftigter auf der Grundlage von 68 Interviews mit Beschäftigten und Experten. Befragt wurden 30 Frauen und 38 Männer aus acht Unternehmen verschiedener Branchen. Bei der Auswahl der Beschäftigten wurde darauf geachtet, dass diese mindestens seit einem

Jahr mobil tätig waren. Das Alter der mobil Beschäftigten lag zwischen 34 und 59 Jahren. Die Ergebnisse der Studie verweisen auf eine teilweise sehr hohe Reiseintensität (viele Reisen in kurzer Zeit sowie die enge Taktung verschiedener Reiseziele). Typisch sind auch Planungsunsicherheiten, denn oft müssen die Beschäftigten sehr kurzfristig auf Kundenanforderungen reagieren. Dementsprechend kommt es zur Ausdehnung der Arbeitszeit – mit bis zu 16 Arbeitsstunden am Tag. Beschrieben werden außerdem Arbeitsverdichtungen. Mittels mobiler Endgeräte bearbeiten die Mitarbeitenden parallel zu den Aufgaben unterwegs auch solche, die in der Zwischenzeit am Arbeitsplatz im Unternehmen anfallen. Trotz dieser ausgeprägten Belastungen wollen viele Mitarbeitende die mobile Arbeit nicht missen, denn sie schätzen die hohen Entscheidungsspielräume, die Möglichkeiten, aufgrund der Vielfalt der unterschiedlichen Erfahrungen bei der Arbeit dazuzulernen, sowie die sozialen Kontakte, die diese Arbeitsform bietet.

Dieses Bild mobiler Arbeit findet sich auch in den Zahlen wieder, die eine große quantitative Studie liefert, eine Sonderauswertung der Daten des European Working Conditions Survey von 2015 für Deutschland (Hammermann und Stettes 2017). Diese basiert auf der Befragung von 1.665 abhängig Beschäftigten, von denen 19,8 % mobile Computerarbeiter sind. Die Ergebnisse zeigen, dass diese verglichen mit anderen Beschäftigten besonders häufig flexible Arbeitszeitregelungen haben. Typisch sind außerdem hohe Spielräume, etwa bezogen auf die Gestaltung des Arbeitsablaufs und die Herangehensweise an die Arbeit. Diesen Ressourcen stehen hohe Belastungen gegenüber. Hierzu gehören vergleichsweise häufige und störende Unterbrechungen bei der Arbeit sowie die Ausdehnung der Arbeit in die Freizeit. So geben 22,3 % der mobilen Computerarbeiter an, mehrmals im Monat in der Freizeit zu arbeiten, während dies nur auf 3,4 % der stationären Offlinearbeiter zutraf. Durchschnittlich wird an 2,6 Tagen pro Monat mehr als zehn Stunden gearbeitet. 26,5 % der mobilen Computerarbeiter hatten im letzten Monat mindestens einmal Ruhezeiten von weniger als elf Stunden. Dass die Arbeit sich stark an Anforderungen von Kunden ausrichtet, zeigt sich etwa daran, dass 76,7 % der mobilen Computerarbeiter ihr Arbeitstempo an den Anforderungen der Kunden ausrichten, bei den stationären Offlinearbeitern sind es nur 53,0 %.

14.3 Belastungserleben bei mobiler Arbeit

Welche Bedingungen mobiler Arbeit sind besonders bedeutsam für deren Erleben durch die Beschäftigten? Diese Frage war Gegenstand einer schriftlichen Befragung von 517 Beschäftigten im Alter zwischen 17 und 65 Jahren aus vier Unternehmen unterschiedlicher Branchen. Die Ergebnisse zeigen, dass für das Erleben von Dienstreisen und Vor-Ort Arbeit sowohl allgemeine als auch mobilitätsspezifische Arbeitsbedingungen bedeutsam sind (Vogl et al. 2014). Zum Belastungserleben tragen insbesondere quantitative Überforderung, arbeitsbezogene Erreichbarkeit, die Länge der Einsätze und die Notwendigkeit, vor Ort zu übernachten, bei. Demgegenüber verringern die Autonomie der Mitarbeitenden bei der Reiseplanung, die gute Planbarkeit der Einsätze sowie die entgegengebrachte Anerkennung das Belastungserleben (ebd.).

14.4 Zielsetzung und Methoden

Für Unternehmen ist wichtig, wie die Beschäftigten mobile Arbeit erleben – nicht zuletzt, weil in vielen Branchen mit ausgeprägter mobiler Arbeit ein Mangel an Fachkräften besteht. Dies gilt etwa für das verarbeitende Gewerbe (Litsche und Sauer 2018) sowie den IT-Sektor (Brandt et al. 2019). Ein positives Erleben mobiler Arbeit kann zur Arbeitgeberattraktivität und zur Gewinnung von Fachkräften beitragen. Offen ist, ob die Faktoren, die zum Belastungserleben bei mobiler Arbeit beitragen, auch bedeutsam sind für das positive Erleben

14.4 · Zielsetzung und Methoden

mobiler Arbeit und welche anderen Faktoren möglicherweise zusätzlich wichtig sind.

Ziel der im Folgenden vorgestellten Studie war, zu untersuchen, inwiefern die Beschäftigte mobile Arbeit positiv erleben und welche Faktoren zu einem positiven Erleben beitragen. Dabei sollten sowohl allgemeine als auch mobilitätsspezifische Ressourcen und Belastungen in den Blick genommen werden. Weiterhin sollte geprüft werden, inwieweit Unterschiede im Erleben mobiler Arbeit bedeutsam für die Gesundheit der mobil Beschäftigten sind.

14.4.1 Stichprobe

Im Projekt prentimo wurden sowohl quantitative als auch qualitative Daten erfasst. Zum einen wurden in vier Unternehmen standardisierte Online-Fragebögen eingesetzt, in denen Beschäftigte die Bedingungen ihrer mobilen Arbeit einschätzten. Die insgesamt 407 Befragten kamen aus vier Unternehmen der IT- und Maschinenbaubranche und waren mobil im Sinne von Dienstreisen tätig. Zum anderen fanden 59 qualitative Interviews mit mobil Beschäftigten statt. Aufgrund des Tätigkeitsbereichs der Befragten ist es nicht verwunderlich, dass überwiegend männliche Beschäftigte (85 %) befragt wurden. Das Durchschnittsalter betrug 43 Jahre ($SD = 9$) und die Befragten waren im Mittel seit acht Jahren im Unternehmen ($SD = 6$). Des Weiteren gaben 48 % an, in Gleitzeit zu arbeiten und 52 % in Vertrauensarbeitszeit. 93 % der Beschäftigten waren in Vollzeit beschäftigt und insgesamt 20 % hatten Führungsverantwortung für Mitarbeitende oder Teams.

14.4.2 Fragebogen und Interviews

Als Messinstrumente wurden zum einen erprobte Skalen zur Erfassung von allgemeinen Ressourcen (Handlungsspielraum und Vielseitigkeit, beide KFZA, Prümper et al. 1995; Führungsqualität, COPSOQ, Nübling et al. 2005) und Belastungen (quantitative und qualitative Arbeitsbelastung, ebenfalls KFZA) der Arbeit eingesetzt. Die Reliabilität der Skalen lag zwischen $\alpha = 0{,}62$ und $\alpha = 0{,}86$.

Die mobilitätsspezifischen Belastungen und Ressourcen wurden anhand eines neu entwickelten Instruments (Amobil, Kraus und Rieder 2018) erfasst. Die Rahmenbedingungen der Mobilität (Dauer, Häufigkeit, Übernachtung) wurden jeweils als Einzelitems formuliert. Die mobilitätsbezogene Unterstützung wurde mit zwei Skalen erfasst. Zum einen zeigen sich *technische und organisatorische Unterstützung* auf mobilen Einsätzen etwa in folgendem Beispielitem: „Wenn auf meinen mobilen Einsätzen Probleme mit mobiler Technik entstehen, erhalte ich unkompliziert Unterstützung." Die Reliabilität betrug in der vorliegenden Studie $\alpha = 0{,}69$. Zum anderen zeigt sich eine *mobilitätsbezogene soziale Unterstützung* beispielsweise in folgendem Item: „Ich kann unterwegs bei meinen mobilen Einsätzen anfallende Fragen unkompliziert mit Kollegen klären." Die Skala hat eine Reliabilität von $\alpha = 0{,}76$. Die Skala mobilitätsbezogener Planungsspielraum spiegelt die individuelle Einflussnahme auf die Reiseplanung wider, sie wurde von Vogl et al. (2014) übernommen. Ein Beispielitem der drei Items umfassenden Skala lautet: „Ich kann den Zeitpunkt der mobilen Einsätze selbst bestimmen." Die Reliabilität betrug $\alpha = 0{,}89$.

Die untersuchte abhängige Variable „Positives Erleben der mobilen Arbeit" repräsentiert die individuelle Wahrnehmung der mobilen Tätigkeit und wurde mit drei neu entwickelten Items im Fragebogen erhoben. Ein Beispielitem lautet: „Ich bin gerne beruflich unterwegs." Es ergab sich eine Reliabilität von $\alpha = 0{,}79$ für die Skala.

Als Indikatoren für gesundheitliche Beeinträchtigungen dienten Einzelitems zu (psycho-)somatischen Beschwerden (Magen-Darm-Beschwerden, Schmerzen in Nacken oder Schultern, Erkältungsanfälligkeit, Schlafstörungen; DIGA, Ducki 2000) sowie zwei Items zur emotionalen und körperlichen Erschöpfung (COPSOQ, Nübling et al. 2005).

Es wurden als Antwortformate jeweils fünfstufige Likertskalen verwendet. Ausnahmen ergaben sich lediglich bei zwei Fragen zu Rahmenbedingungen der Mobilität mit drei- bzw. vierstufigen Antwortformaten.

14.4.3 Ausprägung mobiler Arbeit

Mobile Arbeit kann sehr unterschiedlich ausgestaltet sein; die Rahmenbedingungen variieren zum Teil stark zwischen den Beschäftigten. 92 % gaben an, bis zu 20-mal pro Jahr bei Kunden, im Hotel oder in einem Verkehrsmittel zu arbeiten. Weitere 6 % tun dies zwischen 21- und 50-mal pro Jahr und nur 2 % der Befragten ist mehr als 50-mal pro Jahr außerhalb der zugeordneten Geschäftsstelle tätig. Dabei dauern die Einsätze außerhalb für 35 % der mobil Beschäftigten bis zu einem Tag. Der Großteil (54 %) ist allerdings bis zu einer Woche unterwegs. Die verbleibenden 11 % sind sogar länger als eine Woche unterwegs. Etwas mehr als ein Viertel verbringt nur eine Nacht auswärts (28 %), weitere 29 % übernachten zwischen zwei- und viermal. Nur 5 % übernachten während einer dienstlichen Reise mehr als fünfmal.

14.4.4 Analysen

In den 60 bis 90 min dauernden leitfadengestützten Intensivinterviews mit mobil Beschäftigten standen die betrieblichen Mobilitätsanforderungen sowie die subjektiven Mobilitätspraktiken im Zentrum der Analysen. Die Interviews wurden vollständig transkribiert und im Anschluss einem interpretativ und typisierend angelegten Auswertungsverfahren unterzogen. Die Datenaufbereitung, sowie die weitere Auswertung erfolgten computergestützt mit dem Softwareprogramm MAXQDA (vgl. Kuckartz 2018).

Alle Berechnungen der Daten aus der schriftlichen Befragung wurden mit der Statistiksoftware SPSS (IBM Corp. 2017) durchgeführt.

14.5 Bedingungen für positives Erleben mobiler Arbeit

Wie in ◘ Abb. 14.1 zu erkennen, nimmt ein großer Teil der Beschäftigten die mobile Arbeit positiv wahr (39 %). Insbesondere in einem der IT-Unternehmen ist die Arbeit beim Kunden und damit auch die dazu notwendige Mobilität Teil des Arbeitsalltags:

> Reisen war immer Bestandteil meines Arbeitslebens. Es gehört dazu und ist überhaupt nicht negativ belastet. Ich kann das auch durchaus mal genießen bei schönem Wetter mit dem Auto durch die Gegend zu fahren und Landschaften zu sehen, wenn ich nun in ungewohnten Gegenden unterwegs bin, die ich noch nicht kenne. Das kann ja auch durchaus mal entspannend sein. Also für mich ist Reisen nichts Negatives und es gehört einfach dazu (IT, MA03).

Weitere 40 % sind zumindest teilweise gern mobil unterwegs. Nur 21 % der Befragten sind ungern unterwegs. So berichtet ein Vertriebsmitarbeiter eines IT-Beratungsunternehmens:

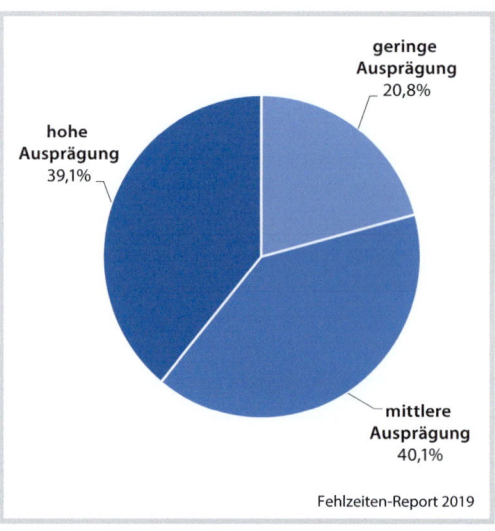

◘ **Abb. 14.1** Ausprägungen positiven Erlebens mobiler Arbeit

> Es strengt mich unheimlich an, wenn ich einen ganzen Tag in Terminen gewesen bin und mich dann abends noch ins Auto setze und noch mal 200 km fahre. Das strengt mich einfach an (IT, MA09).

Welche Faktoren sind entscheidend dafür, ob mobile Arbeit positiv erlebt wird? ◘ Tab. 14.1 zeigt die Ergebnisse der hierarchischen Regressionsanalyse mit dem Erleben mobiler Arbeit als abhängige Variable. Diese werden im Folgenden erläutert.

14.5.1 Bedeutung demografischer Aspekte

In einem ersten Schritt wurde geprüft, ob ein Effekt der demografischen Variablen vorliegt. Es zeigt sich, dass diese nicht signifikant zur Erklärung des Erlebens mobiler Arbeit beitragen ($R^2 = 0{,}02$). Weder Alter noch Beschäftigungsdauer oder das Arbeitszeitmodell der Befragten leisten hierzu einen bedeutsamen Beitrag. Einzig das Geschlecht der Beschäftigten hat einen geringen signifikanten Effekt. Männliche Beschäftigte scheinen im Durchschnitt die mobile Arbeit positiver zu bewerten.

14.5.2 Bedeutung allgemeiner Arbeitsbedingungen

Im zweiten Schritt wurden die allgemeinen Ressourcen und Belastungen in das Modell aufgenommen ($R^2 = 0{,}16$). Durch diese Variablen können zusätzlich 14 % der Varianz am Erleben mobiler Arbeit aufgeklärt werden. Somit kann ein bedeutsamer Anteil des Erlebens mobiler Arbeit durch die allgemeinen Arbeitsressourcen und -belastungen beschrieben werden. Vor allem Vielseitigkeit scheint eine wesentliche Rolle zu spielen. Beschäftigte, die ihre mobile Arbeit als vielseitig ansehen, stimmen etwa der Aussage „Ich bin gerne beruflich unterwegs" häufiger zu. Qualitative (zu komplizierte Arbeit) sowie quantitative (zu viel Arbeit) Arbeitsbelastungen haben hingegen einen negativen Effekt auf das Erleben der mobilen Arbeit. Interessanterweise hat die Führungsqualität keinen Einfluss auf die Wahrnehmung der mobilen Arbeit. Dies kann daran liegen, dass bei den mobil Beschäftigten der Kontakt zum Vorgesetzten eher einen sporadischen Charakter hat. Die IT-Berater agieren beim Kunden meist alleine, die direkte Kontaktaufnahme mit dem Vorgesetzten erfolgt in erster Linie bei Problemen:

> Manchmal haben wir uns beim Kunden getroffen, weil wir zufällig den gleichen dann hatten, sonst telefoniert man einmal die Woche oder so (…) Oder wenn man Probleme hat, dann holt man sich die Führungskraft natürlich (IT, MA01).

14.5.3 Bedeutung mobilitätsspezifischer Arbeitsbedingungen

Die im letzten Schritt aufgenommenen mobilitätsspezifischen Variablen klären zusätzliche 6 % der Varianz der Erlebensvariable auf ($R^2 = 0{,}22$). Somit stellen auch die genuin mobilitätsbezogenen Bedingungen einen wichtigen Einflussfaktor für die Wahrnehmung der mobilen Arbeit dar. Dabei zeigt sich bei den Variablen Übernachtungshäufigkeit, mobilitätsbezogener Planungsspielraum und mobilitätsbezogene technische und organisatorische Unterstützung jeweils ein signifikanter positiver Effekt. Je häufiger eine dienstliche Reise mit *Übernachtungen* verbunden ist, desto positiver wird sie erlebt. Allerdings muss beachtet werden, dass die Beschäftigten in der vorliegenden Studie eher wenige Übernachtungen pro Reise haben. Eine mögliche Erklärung für das Ergebnis ist, dass der Verzicht auf Übernachtungen teilweise zu sehr langen Arbeitstagen führt. Eine Führungskraft eines IT-Unternehmens thematisiert dies wie folgt:

> Da mache ich mir auch immer relativ viele Gedanken, weil ich als Führungskraft bin

Tabelle 14.1 Ergebnisse der hierarchischen Regressionsanalyse mit Erleben mobiler Arbeit als abhängige Variable

	Schritt 1 β	Schritt 2 β	Schritt 3 β
Geschlecht[a]	0,11	0,10	0,11*
Alter	−0,02	−0,01	−0,07
Führungsverantwortung	−0,05	0,00	−0,02
Arbeitszeitmodell[b]	0,04	0,04	−0,01
Handlungsspielraum		0,01	−0,04
Vielseitigkeit		0,28***	0,27***
Führungsqualität		0,02	−0,02
Quantitative Arbeitsbelastung		−0,14*	−0,14*
Qualitative Arbeitsbelastung		−0,14*	−0,14*
Dauer der Einsätze			−0,09
Häufigkeit der Einsätze			0,08
Übernachtungshäufigkeit			0,12*
Mobilitätsbezogener Planungsspielraum			0,16**
Mobilitätsbezogene technische und organisatorische Unterstützung			0,15*
Mobilitätsbezogene soziale Unterstützung			−0,02
R^2	0,02	0,16	0,22
ΔR^2	0,02	0,14***	0,06**

Anmerkung. * p < 0,05; ** p < 0,01; *** p < 0,001; β standardisierter Regressionskoeffizient
[a] *0* weiblich, *1* männlich
[b] *0* Gleitzeit, *1* Vertrauensarbeitszeit
Fehlzeiten-Report 2019

halt auch in der Fürsorgepflicht, und ich kann das nicht vertreten, wenn jemand zehn Stunden Auto fährt und ich weiß, der muss noch eine Stunde Auto fahren, dass er da gegen einen Baum fährt. Da mache ich mir schon persönlich auch immer wieder so ein Schild, Achtung geht nicht, greif ein. Es ist halt schwer. Es ist schwer, weil, diese Balance zu halten zwischen Anforderungen, persönlichem Vermögen, Erwartungshaltung vom Kunden, das ist extrem schwer (IT, MA07).

Ebenfalls einen positiven Effekt für das Erleben mobiler Arbeit hat der *mobilitätsbezogene Planungsspielraum*. Können mobil Beschäftigte etwa Dauer, Häufigkeit oder Zeitpunkt der mobilen Tätigkeit selbst bestimmen, so wird die mobile Arbeit positiver eingeschätzt. Die Bedeutung dieses Freiraumes zeigt sich auch in den Interviews:

» Wir haben da schon viele Freiräume einfach, dass wir unsere Termine einfach selber gestalten können und für mich persönlich zählt immer, dass ich den Kunden da irgendwie zufrieden stellen möchte und wenn ich das dann hinbekomme es mit einem privaten Termin zu vereinbaren, dann ist das gut, das versuche ich und mache ich auch genauso. Aber wenn natürlich irgendwann mal, es kann dann immer mal so einen Peak geben, wo es dann einmal nicht geht, dann ist es auch okay für mich. Aber ich kann meine Termine selber steuern (IT, MA04).

Zuletzt gibt es einen positiven Effekt der *mobilitätsbezogenen technischen und organisatorischen Unterstützung* auf die subjektive Wahrnehmung der mobilen Arbeit. So beschreiben Beschäftigte, die unterwegs die erforderlichen Arbeitsmittel (z. B. Ausrüstung, mobile Technik) sowie die erforderlichen räumlichen Gegebenheiten zur Verfügung haben, die mobile Arbeit insgesamt als positiver.

14.6 Erleben mobiler Arbeit und Gesundheit

Eine insgesamt positive Wahrnehmung von mobiler Arbeit hängt somit von der Vielseitigkeit der Arbeitstätigkeit, der Arbeitsbelastung sowie von der Ausgestaltung der Mobilität ab. Bisher gibt es allerdings noch keine belastbaren Ergebnisse in der Literatur, die darüber hinaus die Bedeutung für Aspekte der Gesundheit betrachten. Es stellt sich also die Frage, inwiefern Unterschiede im Erleben mobiler Arbeit sich auch in Aspekten der Gesundheit der Mitarbeitenden niederschlagen.

Die vorliegenden Daten zum Erleben mobiler Arbeit wurden dazu am Median (3.33) geteilt, sodass zwei Gruppen von mobil Beschäftigten entstanden sind: diejenigen, die die mobile Arbeit eher positiv erleben und diejenigen, die mobile Arbeit eher wenig positiv wahrnehmen.

Tatsächlich zeigen sich signifikante Unterschiede in allen untersuchten Gesundheitsvariablen (siehe ◘ Abb. 14.2). Mobil Beschäftigte, die ihre Mobilität subjektiv als Bereicherung erleben, zeigen weniger gesundheitliche Beeinträchtigungen. (Psycho-)Somatische Beschwerden wie Magen-Darm-Beschwerden oder Schmerzen im Nacken und Schulterbereich, Erkältungsanfälligkeit und Schlafstörungen treten seltener auf. Die Beschäftigten sind außerdem seltener von emotionaler und körperlicher Erschöpfung betroffen.

14.7 Diskussion

Mit der vorgestellten Studie konnten erstmals umfassend allgemeine und mobilitätsbezogene Arbeitsbedingungen in ihrer Bedeutung für das positive Erleben der Mobilität untersucht werden. Mit Blick auf die allgemeinen Arbeitsbedingungen tragen die Vielseitigkeit der Tätigkeit sowie (geringe) quantitative und qualitative Belastungen zu einem positiven Erleben bei. Hinsichtlich der mobilitätsbezogenen Arbeitsbedingungen bestätigt die Studie den Befund von Vogl et al. (2014), dass der mobilitätsbezogene Planungsspielraum für die Beschäftigten von zentraler Bedeutung ist. Darüber hinaus wird deutlich, dass die mobilitätsbezogene technische und organisatorische Unterstützung eine wichtige Ressource für die Beschäftigten darstellt. Die Ergebnisse legen außerdem nahe, dass Übernachtungen zu einem positiven Erleben von Mobilität beitragen. Dies steht im Gegensatz zu den Befunden von Vogl et al. (2014), die darauf hinweisen, dass Übernachtungen als belastend erlebt werden. Eine mögliche Erklärung ist, dass in der vorliegenden Studie Dienstreisen untersucht wurden. Bei Vogl et al. zeigt sich der negative Effekt von Übernachtungen nur bei Vor-Ort-Arbeit und nicht bei Dienstreisen.

Interessanterweise zeigt sich die Bedeutung mobilitätsbezogener Arbeitsbedingungen unabhängig von der Häufigkeit und Dauer der Mobilität. Diese Aspekte sind in der hierarchischen Regressionsrechnung statistisch nicht signifikant. Somit sind die Bedingungen mobilen Arbeitens für das Erleben der Mobilität auch dann von Bedeutung, wenn nur wenig gereist wird. Weiterhin wird deutlich, dass Personen, die mobile Arbeit positiv erleben, weni-

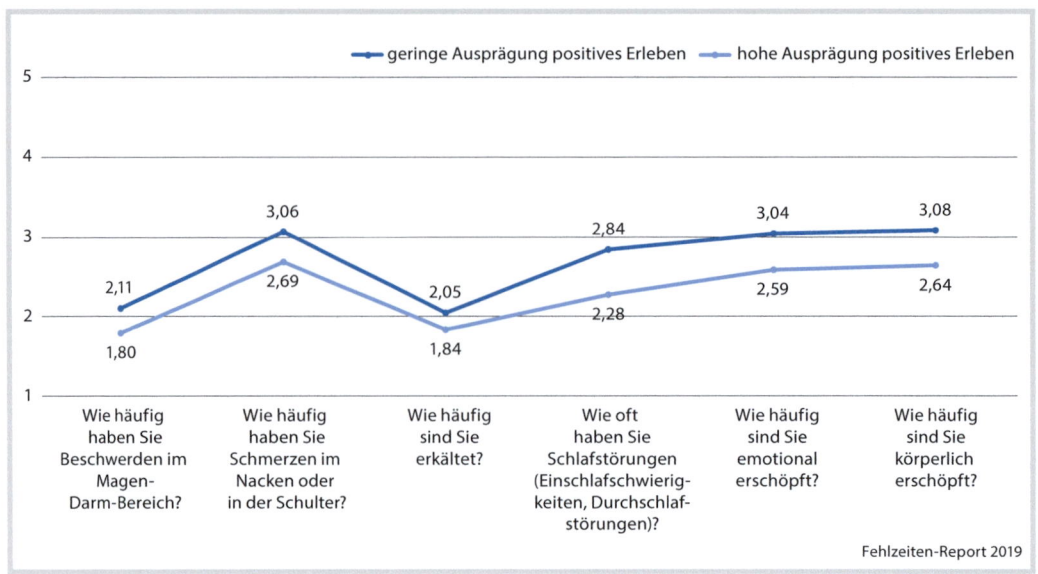

◘ Abb. 14.2 Unterschiede in den Gesundheitsfaktoren für mobil Beschäftigte mit geringer und hoher Ausprägung im positiven Erleben der mobilen Arbeit (1 = nie/fast nie; 5 = fast täglich). Alle Unterschiede sind statistisch signifikant (p < 0,01)

ger gesundheitliche Beschwerden aufweisen als diejenigen, die nicht gern mobil arbeiten.

Die Aussagekraft der vorgestellten Studie ist insofern eingeschränkt, als es sich um eine Querschnittstudie handelt. Daher können keine Aussagen über die Wirkrichtung der beschriebenen Zusammenhänge gemacht werden. Zudem wurden sowohl Arbeitsbedingungen als auch das Erleben der Mobilität und Aspekte der Gesundheit mittels Fragebogen erhoben. Damit könnten grundsätzlich Verzerrungen durch gemeinsame Methodenvarianz auftreten. Es handelt sich zudem um eine für mobile Arbeit nicht repräsentative Stichprobe, sodass die Ergebnisse nicht ohne Weiteres auf andere Formen mobiler Arbeit übertragbar sind.

14.8 Fazit

Die Ergebnisse der vorgestellten Studie verweisen auf die Bedeutung der Arbeitsbedingungen für das Erleben mobiler Arbeit. Dementsprechend sollten Aufgaben bei mobiler Arbeit möglichst vielseitig gestaltet werden. Zugleich sollten qualitative und quantitative Belastungen konsequent abgebaut werden, etwa im Rahmen der Gefährdungsbeurteilung psychischer Belastungen. Von zentraler Bedeutung ist darüber hinaus, den Mitarbeitenden Spielräume bei der Planung der Reisen zu bieten. Auf diesem Weg kann die mobile Tätigkeit jeweils auf private und andere berufliche Erfordernisse abgestimmt werden. Um überlange Arbeitstage zu vermeiden, kann es sich außerdem als hilfreich erweisen, den Beschäftigten die Möglichkeit zur Übernachtung einzuräumen. Eine weitere zentrale Ressource ist die mobilitätsbezogene technische und organisatorische Unterstützung. Dies verdeutlicht, dass eine gute Arbeitsorganisation sowie geeignete Arbeitsmittel und Räumlichkeiten vor Ort eine enorme Erleichterung für die mobile Arbeit darstellen.

Insgesamt zeigen die Ergebnisse, dass Arbeitgeber mit einer auf die besonderen Anforderungen dieser Tätigkeit zugeschnittenen Gestaltung gezielt zur Attraktivität mobiler Arbeit beitragen können.

Literatur

BMAS – Bundesministerium für Arbeit und Soziales (2015) Monitor Mobiles und entgrenztes Arbeiten. Aktuelle Ergebnisse einer Betriebs- und Beschäftigtenbefragung. https://www.bmas.de/SharedDocs/Downloads/DE/PDF-Publikationen/a873.pdf?__blob=publicationFile&v=2. Zugegriffen: 1. Dez. 2018

BMAS – Bundesministerium für Arbeit und Soziales (2016) Weißbuch. Arbeiten 4.0. https://www.bmas.de/SharedDocs/Downloads/DE/PDF-Publikationen/a883-weissbuch.pdf;jsessionid=D6CDB210E4A7A3B2BFA1FB3797E6178C?__blob=publicationFile&v=9. Zugegriffen: 1. Dez. 2018

Boes A, Kämpf T (2010) Arbeit im Informationsraum. Eine neue Qualität der Informatisierung als Basis einer neuen Phase der Globalisierung. In: Ben W (Hrsg) Internationale Arbeitsräume. Unsicherheiten und Herausforderungen. Centaurus, Freiburg, S 19–54

Brandt P, Rumscheidt S, Wohlrabe K (2019) Die Branchenkonjunktur. ifo Schnelldienst 72(1):61–65

Deutscher Bundestag (2017) Telearbeit und Mobiles Arbeiten. Voraussetzungen, Merkmale und rechtliche Rahmenbedingungen. Wissenschaftliche Dienste. https://www.bundestag.de/blob/516470/3a2134679f90bd45dc12dbef26049977/wd-6-149-16-pdf-data.pdf. Zugegriffen: 1. Dez. 2018

Ducki A (2000) Diagnose gesundheitsförderlicher Arbeit. Eine Gesamtstrategie zur betrieblichen Gesundheitsanalyse. Vdf, Zürich

Ducki A (2010) Arbeitsbedingte Mobilität und Gesundheit. Überall dabei – Nirgendwo daheim. In: Badura B, Schröder H, Klose J, Makko K (Hrsg) Fehlzeiten-Report 2009. Arbeit und Psyche: Belastungen reduzieren; Wohlbefinden fördern. Springer, Berlin, Heidelberg, S 61–70

Ducki A, Nguyen HT (2016) Psychische Gesundheit in der Arbeitswelt: Mobilität. Bundesanstalt für Arbeitsschutz und Arbeitsmedizin. http://www.baua.de/de/Publikationen/Fachbeitraege/F2353-3d.pdf;jsessionid=4694CE44ED8A0D1F54DB1E1860609955.1_cid333?__blob=publicationFile&v=13. Zugegriffen: 1. Juni 2018

Gressel R, Monz A, Vogl G (2019) Zur Ortsgebundenheit mobiler Arbeit. AIS-Studien 12(1):86–102. http://www.ais-studien.de/home/veroeffentlichungen-19/april/artikel/3096.html#artikel3096. Zugegriffen: 3. Juni 2019

Hammermann A, Stettes O (2017) Mobiles Arbeiten in Deutschland und Europa: Eine Auswertung auf Basis des European Working Conditions Survey 2015. Vierteljahresschr Zur Empirischen Wirtschaftsforsch 44(3):1–23

Haynes P (2010) Information and communication technology and international business travel: mobility allies? Mobilities 5(4):547–564

Hislop D, Axtell C (2007) The neglect of spatial mobility in contemporary studies of work: the case of telework. New Technol Work Employ 22(1):34–51

Hupfeld J, Brodersen S, Herdegen R (2013) Arbeitsbedingte räumliche Mobilität und Gesundheit. IGA-Report 25. https://www.iga-info.de/veroeffentlichungen/igareporte/igareport-25/. Zugegriffen: 1. Apr. 2017

IBM Corp (2017) IBM SPSS Statistics for Windows, Version 25.0. IBM Corp, Armonk

Kesselring S, Vogl G (2010) Betriebliche Mobilitätsregime. edition sigma, Berlin

Kratzer N (2018) Arbeit der Zukunft. Thesen und Gestaltungsansätze für den Arbeitsplatz der Zukunft. http://www.prentimo.de/assets/Uploads/Fokusgruppe-Zukunft-der-Arbeit.pdf. Zugegriffen: 2. Jan. 2019

Kraus S, Rieder K (2018) Fragebogen zur Analyse mobiler Arbeit – Amobil. Hochschule Aalen, Aalen. https://www.prentimo.de/fragebogen-amobil. Zugegriffen: 2. Dez. 2018

Kuckartz U (2018) Qualitative Inhaltsanalyse. Methoden, Praxis, Computerunterstützung, 4. Aufl. Beltz Juventa, Weinheim/Basel

Litsche S, Sauer S (2018) ifo Konjunkturumfrage im Verarbeitenden Gewerbe: Konjunkturelle Hochlage führt zu Engpässen. ifo Schnelldienst 71(23):29–31

Monz A (2018) Mobile Arbeit, mobile Eltern. Körperliche und virtuelle Kopräsenz in der Paarbeziehung berufsmobiler Eltern. Springer VS, Wiesbaden

Nies S, Roller K, Vogl G (2015) Räumliche Mobilität rund um die Arbeit. http://www.boeckler.de/pdf/p_fofoe_WP_001_2015.pdf. Zugegriffen: 1. Dez. 2018

Nies S, Roller K, Vogl G (2017) Mobilität und Leistung: Dienstreisende im Trade-off zwischen Verdichtung und Entgrenzung. Arbeit, 26 (2): 173–191. https://www.degruyter.com/downloadpdf/j/arbeit.2017.26.issue-2/arbeit-2017-0011/arbeit-2017-0011.pdf. Zugegriffen: 1. Dez. 2018

Nübling M, Stößel U, Hasselhorn HM, Michaelis M, Hofmann F (2005) Methoden zur Erfassung psychischer Belastungen. Erprobung eines Messinstrumentes (COPSOQ). Schriftenreihe der Bundesanstalt für Arbeitsschutz und Arbeitsmedizin. Bundesanstalt für Arbeitsschutz und Arbeitsmedizin, Dortmund

Paridon H (2012) Berufsbedingte Mobilität. In: Badura B, Ducki A, Schröder H, Klose J, Meyer M (Hrsg) Fehlzeiten-Report 2012. Springer, Berlin Heidelberg, S 79–96

Peters K (2017) Interessierte Selbstgefährdung, indirekte Steuerung und mobile Arbeit. In: Breisig T, Grzech-Sukalo H, Vogl G (Hrsg) Mobile Arbeit gesund gestalten – Trendergebnisse aus dem Forschungsprojekt prentimo – präventionsorientierte Gestaltung mobiler Arbeit, S 12–14

Piele C, Piele A (2017) Mobile Arbeit. Der Analyse des verarbeitenden Gewerbes auf Basis der IG Metall Beschäftigtenbefragung 2017. https://www.businessmanagement.iao.fraunhofer.de/content/dam/businessmanagement/Mobile%20Arbeit.pdf. Zugegriffen: 1. Dez. 2018

Prümper J, Hartmannsgruber K, Frese M (1995) KFZA. Kurz-Fragebogen zur Arbeitsanalyse. Z Arbeits-und Organisationspsychologie 39(3):125–131

Prümper J, Lochner C, Hornung S (2016) „Mobiles Arbeiten" Kompetenzen und Arbeitssysteme entwickeln: Abschlussbericht. http://www.dgfp.de/assets/news/2016/Ergebnisbericht-Studie-Mobiles-Arbeiten.pdf. Zugegriffen: 1. Dez. 2018

Urry J (2007) Mobilities. Polity, Cambridge

VDR – Verband deutsches Reisemanagement (2018) Geschäftsreisenanalyse 2018. https://www.vdr-service.de/fileadmin/services-leistungen/fachmedien/geschaeftsreiseanalyse/VDR-Geschaeftsreiseanalyse-2018_GRA.pdf. Zugegriffen: 1. Dez. 2018

Vogl G (2017) Mobile Arbeit – anyplace – anywhere anytime? In: Breisig T, Grzech-Sukalo H, Vogl G (Hrsg) Mobile Arbeit gesund gestalten – Trendergebnisse aus dem Forschungsprojekt prentimo – präventionsorientierte Gestaltung mobiler Arbeit, S 5–8. http://www.prentimo.de/assets/Uploads/prentimo-Mobile-Arbeit-gesund-gestalten2.pdf. Zugegriffen: 1. Dez. 2018

Vogl G, Roller K, Eichmann V, Pangert B, Schiml N (2014) Mobilität „rund um die Arbeit". Ergebnisse der quantitativen Befragung. https://www.boeckler.de/pdf_fof/91062.pdf. Zugegriffen: 15. März 2015

Gesunde Führung in vernetzter (Zusammen-)Arbeit – Herausforderungen und Chancen

Henning Staar, Jochen Gurt und Monique Janneck

15.1 Einleitung – 218

15.2 Vernetzte Arbeit – Gegenstandsbestimmung – 219

15.3 Vernetzte Arbeit – Standard oder (noch) Ausnahme? – 220

15.4 Führung und Gesundheit in dynamischen Arbeitswelten – die Rolle der Vorgesetzten – 221
15.4.1 Gesundheitsrelevante Führungskonzepte und ihre Gültigkeit im Kontext vernetzter Arbeit – 222

15.5 Gesundheitsbezogene Herausforderungen und Chancen vernetzter Arbeit – konkrete Führungsansätze – 224
15.5.1 Arbeitsinhalte – 225
15.5.2 Arbeitsumgebung und Technik – 227
15.5.3 Arbeitsorganisation – 229
15.5.4 Soziale Beziehungen – 230

15.6 Fazit – 232

Literatur – 233

© Springer-Verlag GmbH Deutschland, ein Teil von Springer Nature 2019
B. Badura et al. (Hrsg.), *Fehlzeiten-Report 2019*, https://doi.org/10.1007/978-3-662-59044-7_15

▬▬ Zusammenfassung

Die stetig voranschreitende technische Entwicklung und die damit einhergehende stärkere Vernetzung von Arbeitsprozessen und -strukturen durch Informations- und Kommunikationstechnologien ermöglicht neue flexible Arbeitsformen und Arbeitszeitmodelle sowie räumliche Dezentralisierung und Virtualisierung durch Ansätze wie Telearbeit, mobiles Arbeiten und die Zusammenarbeit in virtuellen Teams. Dies führt zu tiefgreifenden Veränderungen für die Zusammenarbeit von Menschen – Führungskräften wie Mitarbeitern –, die sich in diesen Kontexten bewegen. Im vorliegenden Beitrag sollen die Auswirkungen dieser neuen, vernetzten Formen der Arbeit für Beschäftigte und Führungskräfte, deren Gesundheit und Möglichkeiten der Gestaltung durch die Führung thematisiert werden. Zum einen wird herausgearbeitet, welche gesundheitlichen Implikationen das vernetzte und zunehmend virtuelle Arbeiten für die beteiligten Menschen in diesen Systemen haben kann und welche Herausforderungen, aber auch Ressourcen sich für das Individuum ergeben. Zum anderen werden Möglichkeiten und Herausforderungen der Steuerung und Führung durch die beteiligten Akteure im Kontext vernetzten Arbeitens diskutiert.

15.1 Einleitung

Die Arbeitswelt ist im Wandel. Gesellschaftliche sowie technische Entwicklungen führen gegenwärtig zu erheblichen Um- bzw. Neugestaltungen von Arbeitsstrukturen und -prozessen (Janneck 2017). Vor allem die rasante Entwicklung der Leistung und Vernetzung von Informations- und Kommunikationstechnologien (IKT) führt heutzutage zu tiefgreifenden Veränderungen der Zusammenarbeit. In der aktuellen Kampagne eines großen deutschen Automobilherstellers liest man auch „Some call it work. We call it networking" (Audi 2019). Waren Unternehmen in der Vergangenheit noch mehr oder weniger stabile Gemeinschaften, in denen Mitarbeiter an einem lokalen Ort zeitsynchron arbeiteten, prägt heute oftmals verteiltes, lokal entgrenztes, asynchrones und vernetztes Arbeiten in mehr oder weniger stabilen Netzwerken den Arbeitsalltag (Creusen et al. 2017; Mesmer-Magnus und Dechurch 2009; Moser und Axtell 2013). Damit einher gehen neue flexible Arbeitsformen und Arbeitszeitmodelle sowie räumliche Dezentralisierung und Virtualisierung durch Ansätze wie Telearbeit, mobiles Arbeiten und die Zusammenarbeit in virtuellen Teams als innersowie zwischenbetriebliche virtuelle Formen der Zusammenarbeit in der beruflichen Praxis.

Für Führungskräfte und Mitarbeiter, die sich in diesen Kontexten bewegen, hat dies vielfältige Konsequenzen. Technologie, Organisation und Mensch stehen in einem unauflösbaren Beeinflussungsverhältnis und bedürfen einer gemeinsamen Betrachtung, wenn es darum geht, Arbeit zu gestalten. Deshalb sollen in diesem Beitrag Fragen nach Auswirkungen für Beschäftigte und Führungskräfte, deren Gesundheit und Möglichkeiten der Gestaltung durch die Führung fokussiert werden:

1. Welche gesundheitlichen Implikationen hat das vernetzte und zunehmend virtuelle Arbeiten für die beteiligten Menschen in diesen Systemen? Welche Herausforderungen ergeben sich für den Einzelnen? Welche Ressourcen kommen hinzu und wie wirken sich die Veränderungen auf Verhalten, Leistung, Wohlbefinden und Gesundheit aus? Veränderte Arbeitswelten bergen grundsätzlich sowohl salutogene als auch pathogene Potenziale, mit denen gesundheitliche Gewinne, aber auch Verluste verbunden sein können (Antoni und Syrek 2017; Kordsmeyer et al. 2018; Ducki et al. 2017).

2. Welche Möglichkeiten der Steuerung und Führung durch die beteiligten Akteure ergeben sich durch vernetztes Arbeiten? Neuere Forschung zu hierarchischen Formen der Führung konnte deren Bedeutung für die Mitarbeitergesundheit mittlerweile

gut dokumentieren (Montano et al. 2017; Kuoppala et al. 2008; Gregersen et al. 2011). Insofern als direkte Interaktion oftmals als definitorisches Merkmal von Führung beschrieben wird (Zigurs 2003), stellt sich die Frage, ob sich diese Ergebnisse auf Führung in vernetzten Kontexten übertragen lassen. Welche Merkmale beschreiben virtuelle Führung – und grenzen diese von „klassischen" Führungsmodellen ab? Welche Herausforderungen und Möglichkeiten ergeben sich durch vernetzte, räumlich und zeitlich getrennte (Zusammen-)Arbeit für Führende?

Vor dem Hintergrund veränderter Flexibilisierungsmöglichkeiten und -anforderungen ist aus arbeits- und organisationspsychologischer Perspektive zu klären, wie auch über Distanz, durch IuK-Technologien vermittelt, Leistungsfähigkeit und Gesundheit sowohl der Führungskräfte als auch der geführten Mitarbeiter langfristig gesichert werden kann. Dies umfasst sowohl die Wirkzusammenhänge zwischen den veränderten Arbeitsbedingungen und der Gesundheit der Beschäftigten als auch den Einfluss des konkreten Führungs- und Mitarbeiterhandelns auf das Wohlbefinden. Dies alles geschieht mit einer Gestaltungsperspektive für Unternehmen und Beschäftigte, die unter der Berücksichtigung sowohl bedingungs- als auch personenbezogener Faktoren die Humanisierung der digitalen Arbeitswelt in den Mittelpunkt rückt (Holler 2017).

Ziel des vorliegenden Beitrags ist es, aufzuzeigen, welche Formen von Führungskonzepten sich durch die Digitalisierung der Arbeitswelt herausgebildet haben. Zentrale Anforderungen, Belastungen und Ressourcen im Rahmen vernetzter Zusammenarbeit werden illustriert und neben Führungs- und Mitarbeiterkompetenzen im Umgang mit diesen in Handlungsimplikationen zur Gestaltung gesunder Führung und Zusammenarbeit in vernetzten Bezügen überführt.

15.2 Vernetzte Arbeit – Gegenstandsbestimmung

Unter vernetzter Arbeit werden grundsätzlich alle Formen der Arbeitsorganisation verstanden, bei der Beschäftigte elektronisch mit der zentralen Betriebsstätte oder anderen Mitarbeitenden verbunden sind (Schaper 2014). Darunter fallen sämtliche Formen mobiler Arbeit unter Inanspruchnahme von Informations- und Kommunikationstechnologien wie Smartphones, Notebooks etc., das vernetzte Arbeiten des Beschäftigten vom häuslichen Arbeitsplatz aus bis hin zu virtueller Teamarbeit, bei der die Teilnehmer den Arbeitsprozess vornehmlich digital orts- und zeitunabhängig gestalten (Staar 2014). Hochentwickelte mobile Endgeräte im Zusammenspiel mit immer größeren Bandbreiten im Bereich des Mobilfunks und Cloudlösungen ermöglichen ortsunabhängiges, verteiltes Arbeiten (Pfeiffer 2012). Der Zugriff auf die benötigten Informations- und Kommunikationsressourcen in Echtzeit ist für die Beschäftigten in vielen Bereichen prinzipiell 24 h möglich.

Darüber hinaus lösen sich traditionelle Abteilungs- und Unternehmensgrenzen immer stärker zugunsten symbiotischer organisationsübergreifender Netzwerke zwischen internen und externen Partnern auf (Travica 2005). Diese Entwicklung zeigt sich beispielsweise in einer von Glückler et al. (2012) durchgeführten bundesweiten Netzwerkumfrage unter 11.440 kleinen und mittleren Unternehmen. Ein Drittel der befragten Unternehmen berichtete, gegenwärtig bereits in interorganisationalen Netzwerken tätig zu sein, immerhin 12 % erfüllten zum Zeitpunkt des Screenings sogar die Kriterien organisierter unternehmensübergreifender Netzwerke im engeren Sinne. Knapp 40 % der nicht in Netzwerken arbeitenden Organisationen gab an, an einer Netzwerkarbeit in Zukunft interessiert zu sein. Weiterhin wurde in der Befragung deutlich, dass in der Kommunikationspraxis organisationsübergreifender Netzwerke die Nutzung verschiedener Informations- und Kommunikati-

Tabelle 15.1 Kommunikationsformen der in Netzwerken organisierten Unternehmen. (Glückler et al. 2012, S. 31)

	Anzahl der Fälle	Anzahl der Antworten (in %)
Grundlegende Kommunikationsmittel wie Telefon, Fax, E-Mail	1.235	39,4
Internettelefonie (z. B. Skype)	141	4,5
Video- oder Internetkonferenzen	95	3,0
Gemeinsame Dateiverwaltung	330	10,5
Vorhandene Kommunikations- oder Kooperationsplattform(en) eines Netzwerkpartners	220	7,0
Eigens für das Netzwerk eingerichtete Kommunikations- oder Kooperationsplattform(en)	500	15,9
Wir planen zukünftig die Nutzung einer Kommunikations- oder Kooperationsplattform für das Netzwerk	97	3,1
Der Austausch findet überwiegend auf persönlichen Treffen statt	520	16,6
Gesamt	**3.138**	**100,0**

Fehlzeiten-Report 2019

onstechnologien gegenüber dem persönlichen Austausch (16,6 %) dominiert (◘ Tab. 15.1).

Neue Organisationskonzepte wie z. B. die bereits implementierte Schwarmorganisation bei Daimler (Zetsche 2016) sehen vor, dass eine Vielzahl an Mitarbeitern und Führungskräften zu einem großen Teil virtuell und netzwerkbasiert arbeitet und nicht mehr hierarchiegebunden in Abteilungen verortet ist. Die Personen sind dauerhaft autonom und nur über Themen flexibel und zeitlich begrenzt miteinander verbunden (Neef und Burmeister 2005). Eine selbstverantwortliche Abstimmung innerhalb von Teams, die sich selbst organisieren, dynamisch zusammenfinden und sich ggf. wieder auflösen, ersetzt bei diesem Organisationsprinzip eine zentralisierte Koordination.

Vernetztes Arbeiten weist damit eine große Bandbreite an unterschiedlichen Ausprägungen auf: Es findet sowohl im lokalen Arbeitsteam statt, das sich (auch) über E-Mail austauscht, als auch in rein virtuellen globalen Netzwerken (Glazer et al. 2012). Umfang und Intensität der IuK-Nutzung sind also gradueller Natur (Staar 2014). Es können schwächere und stärkere Formen computervermittelter Zusammenarbeit unterschieden werden (Griffith und Neale 1999). Während bei Ersteren vergleichsweise niedrigschwellige Mediennutzung bzw. häufigerer Face-to-Face-Kontakt kennzeichnend ist, bilden IuK-Technologien bei Letzteren das „Nervensystem" der virtuellen Zusammenarbeit (Reichwald et al. 2000).

15.3 Vernetzte Arbeit – Standard oder (noch) Ausnahme?

Flexible Arbeitsformen dieser Art sind dabei kein neues Phänomen. Mittlerweile antiquiert wirkende Begriffe wie „Telearbeit" – synonyme Etiketten jüngeren Datums sind beispielsweise „Teleworking", „e-Work" und „Homeoffice" – deuten bereits an, dass die Diskussion um die Gestaltung von Arbeitsort und Arbeitszeit keine neue ist: „Arbeitstätigkeiten, die räumlich entfernt vom Auftraggeber bzw. der Betriebsstätte unter Nutzung von Informations- und Kommunikationstechnik verrichtet werden" (Schaper 2014, S. 548), werden bereits seit mehr als zwei Jahrzehnten intensiv beforscht (vgl. Hornung et al. 2008). Gleichzeitig sind die Zahlen zur gegenwärtigen flexiblen Arbeit nicht eindeutig. Zwar arbeitet mehr als die Hälfte der Beschäftigten in Deutschland zeitweise außerhalb der eigentlichen Arbeitsstätte (Hammermann und Stettes 2017), regelmäßige Arbeit in zeit- und ortsflexiblen Modellen scheint hingegen noch sehr unterschiedlich gehandhabt zu werden – sowohl je nach Branche als auch im Hinblick auf die aktuelle Lebensphase des Einzelnen. Trotz zunehmender Verbreitung digitaler Arbeitsmittel arbeiten laut einer Befragung des D21 Digital Index gegenwärtig nur 16 % der berufstätigen Menschen in Deutschland zumindest teilweise mobil von unterwegs oder flexibel von zu Hause aus. Knapp 40 % der Beschäftigten arbeiten laut des Instituts zur Zukunft der Arbeit (IZA) inzwischen regelmäßig oder zumindest in Ausnahmefällen von zu Hause (IZA 2018). Demgegenüber kommt die Bundesanstalt für Arbeitsschutz und Arbeitsmedizin zu dem Ergebnis, dass nicht einmal jeder zehnte Beschäftigte räumliche Flexibilität mit dem Arbeitgeber vereinbart habe (BAuA 2016, zitiert nach Robelski et al. 2018). Mit Blick auf diese unterschiedlichen Ergebnisse wird bereits deutlich, dass der zwischen Unternehmen und Beschäftigten ablaufende Aushandlungsprozess von Möglichkeiten, Interessen und Anforderungen vernetzter, flexibler Arbeit weiterhin sehr heterogen verläuft und einer gezielten Abstimmung von technischer Gestaltung, individueller Nutzung sowie der Einbindung auf betrieblicher Ebene bedarf (Robelski et al. 2018).

15.4 Führung und Gesundheit in dynamischen Arbeitswelten – die Rolle der Vorgesetzten

Führung als verhaltensorientiertes Konzept der Führung durch direkte Vorgesetzte ist nicht statisch. Vielmehr ist sie vor dem Hintergrund der zu Beginn dargestellten Ursachen für den Arbeitswandel immer wieder zu hinterfragen und entlang der sich daraus ergebenen Herausforderungen für Führende und Geführte neu zu definieren. Vernetze, virtuelle Arbeitswelten erfordern eine solche Hinterfragung (Hoch und Kozlowski 2014). Zunächst ist die Ursache hierfür fast schon banal: Ein klassisches, durch Präsenz und direkte Interaktion (Face-to-Face-Kontakt) geprägtes Führungshandeln muss hier zumindest teilweise durch eine räumlich und zeitlich verteilte Kommunikation und Koordination der Aktivitäten ersetzt werden. Zahlreiche Beiträge zeigen, dass ohne bzw. bei stark reduziertem Face-to-Face-Kontakt die Beziehungsgestaltung und -pflege erschwert sind (Hertel und Lauer 2012). Dadurch kann die Identifikation mit dem Team und den Zielen des Teams verlorengehen, die Bereitschaft zum Engagement und das Vertrauen abnehmen und die persönliche Motivation leiden, sofern der eigene Beitrag als nicht sichtbar oder unzureichend gewürdigt empfunden wird. Aber nicht nur die Beziehungsgestaltung und -pflege ist erschwert, auch die Koordination der Arbeitsprozesse wird komplizierter: Mitarbeiter sind oftmals in mehrere Projekte bei mehreren Führungskräften, Kunden, Gruppen oder Institutionen gleichzeitig eingebunden. Dies führt zu zusätzlichem und komplexerem Koordinationsaufwand nicht nur innerhalb der eigenen Gruppe, sondern über die Grenzen hinaus auch zwischen den Gruppen. Durch die multiplen Verknüpfungen zwischen den Mitarbeitern ergeben sich mehr und kürzere, ungeplante Interaktionssequenzen, die für die Führungskraft nicht planbar sind (Hertel und Lauer 2012). Doch nicht nur Motivation, Bindung und Leistungsverhalten der

Mitarbeiter sind von Führungskräften zu berücksichtigen. Vielmehr steht in Zeiten des demografischen Wandels die Führungskraft vor der Herausforderung, auch die Gesundheit der Mitarbeiter bei ihrem Führungshandeln zu berücksichtigen (Haefeli et al. 2006). Entsprechend ist zu fragen, wie „erfolgreiches" Führungshandeln unter anderen, nämlich virtuellen, Bedingungen und unter neuen Zielsetzungen definiert, ergänzt, unterstützt oder ggf. teilweise substituiert werden kann. Hierzu wird im Folgenden zunächst die Forschung zu gesundheitsförderlichen Aspekten hierarchischer Führungskonzepte dargestellt, bevor Verbindungslinien zur Führung in virtuell vernetzten Kontexten gezogen werden, um zu überprüfen, inwiefern diese auch für vernetztes Arbeiten und die damit einhergehende Führung auf Distanz Gültigkeit besitzen.

15.4.1 Gesundheitsrelevante Führungskonzepte und ihre Gültigkeit im Kontext vernetzter Arbeit

▪▪ Transformationale Führung
Die transformationale Führung nach Bass (1985) ist ein Konzept, bei dem durch Wertschätzung, das Vermitteln attraktiver Visionen sowie durch intellektuelle Stimulierung der Mitarbeiter eine Transformation des Geführten durch die Führungskraft stattfindet. Damit gehen nicht nur Motivations- und Leistungsgewinne einher, sondern auch positive gesundheitliche Effekte hinsichtlich z. B. Stress, Burnout oder Gesundheitsbeschwerden (Montano et al. 2017). Durch transformationale Führung geförderte Aspekte wie Vertrauen, Integrität und individuelle Motivation spielen gerade in virtuellen Kontexten eine bedeutsame Rolle (Braga 2017). Die konzeptionelle Nähe des Konzeptes zu charismatischen Ansätzen der Führung, die Bedeutung des Rollenverhaltens des Vorgesetzten und des Vertrauens der Mitarbeiter in diesen legen die Vermutung nahe, dass der Face-to-Face-Kontakt für die Effektivität des Führungsstils nicht unerheblich sein könnte. Es finden sich aber Hinweise, dass zentrale Wirkmechanismen auch hier Bestand haben sollten bzw. dass transformationale Verhaltensweisen bei zunehmender Virtualität sogar an Bedeutung gewinnen, z. B. wenn es um die Sicherstellung der Ausrichtung auf gemeinsame Interessen geht (Huang et al. 2010). So fanden Joshi et al. (2009), dass der Grad an Virtualität die Beziehungen zwischen inspirierender Führung, Vertrauen und Commitment moderierte, d. h. je größer der Grad an Virtualität, desto enger der Zusammenhang zwischen diesen Aspekten. Eine experimentelle Studie, die transformationale Führung in Teams mit direktem persönlichem Kontakt und rein virtuelle Teams untersuchte, konnte diese Zusammenhänge replizieren (Purvanova und Bono 2009). Sie zeigte allerdings auch, dass Führungskräfte in rein virtuellen Teams deutlich mehr Zeit und Anstrengung investieren mussten. Hertel und Lauer (2012) sehen in der Verwendung von IKT zusätzliche Möglichkeiten für eine Ausgestaltung der transformationalen Führung, wenn es um die zeitnahe Verbreitung und plakative Darstellung von Visionen im Netzwerk geht (z. B. durch Fallberichte). Entscheidender Einfluss auf die Wirksamkeit von transformationaler Führung scheint deshalb von der Medienwahl auszugehen (Hambley et al. 2007).

▪▪ Beziehungs- und Aufgabenorientierung
Seit den Ohio-Studien werden Beziehungs- und Aufgabenorientierung als übergeordnete Dimensionen von Führungsaufgaben beforscht (Yukl 2010). Aufgabenorientierte Verhaltensweisen sind, Ziele klar zu kommunizieren, den Beschäftigten adäquate Aufgaben zuzuweisen oder Arbeitsfortschritte zu planen und zu überwachen. Beziehungsorientierte Führungsverhaltensweisen ergänzen diese und umfassen z. B., dass die Führungskraft Interesse für Anliegen der Beschäftigten zeigt, diese partizipativ einbindet oder die Fähigkeit hat, Konflikte zu lösen. Während die Befunde für die gesundheitliche Relevanz beziehungsorientierter Verhaltensweisen eindeutig war, zeigen

sich bezüglich der aufgabenorientierten Verhaltensweisen uneinheitlichere Befunde (Montano et al. 2017). Wie sieht es hier bezüglich der Übertragbarkeit auf den Kontext vernetzten Arbeitens aus? Liao (2017) legt in seinem Reviewartikel dar, dass in virtuellen Teams aufgabenorientierte und beziehungsorientierte Verhaltensweisen von Führungskräften wichtig bleiben, um die Zusammenarbeit zu unterstützen. Indem Führungskräfte Orientierung, Hilfestellungen und Coaching, Schulung und Training geben sowie gute Beziehungen der Mitarbeiter untereinander fördern, tragen sie zur erfolgreichen Zusammenarbeit des Teams maßgeblich bei, da durch solche Maßnahmen das Entstehen von geteilten mentalen Modellen und Vertrauen gefördert wird. Insbesondere bei hoch flexiblen, dynamischen Teams, die ad hoc zusammengestellt werden und schnell funktionieren müssen, ist das Führungsverhalten wichtig. Da bei diesen Teams keine vorausgehenden sozialen Interaktionen herangezogen werden können, um Vertrauen aufzubauen, basiert das anfängliche Vertrauen der Teammitglieder auf „Erfahrungswerten in ähnlichen Situation" (Crisp und Jarvenpaa 2013). Ein solches vorläufiges Vertrauen (swift trust) bedarf der schnellen Bestätigung, um aufrechterhalten zu werden. Deshalb ist die Führungskraft hier gefordert, gerade am Anfang ausreichend aufgabenbezogenes und soziales Feedback zu geben, dass das Team „funktioniert" (Liao 2017).

■ ■ **Gesundheitsbezogene Führung – Health-oriented Leadership**
Neben Führungsansätzen, die sich auf das Führungsverhalten insgesamt beziehen, werden auch Konzepte entwickelt, die nur einen spezifischen Teilbereich, hier gesundheitsbezogene Verhaltensweisen von Führungskräften, fokussieren (i.e. Domain-specific Leadership). Hier sind insbesondere die gesundheitsspezifische Führung von Gurt et al. (2011), die Gesundheits- und Entwicklungsorientierte Führung (Vincent 2012) und die gesundheitsbezogene Führung bzw. „Health-oriented Leadership" (HoL) (Pundt und Felfe 2017;

Franke et al. 2014) zu nennen. HoL setzt dabei im Sinne der gesundheitsbezogenen Selbstführung bei den Führungskräften direkt an. Gesunde Führung bedeutet hier, sich zunächst einmal selbst gesundheitsgerecht „zu führen". Dazu gehören, Bewusstsein für die eigene Gesundheit, die Wertschätzung derselben und der selbstfürsorgliche Umgang. Sie werden als Ausgangspunkt für eine gesundheitsbezogene Mitarbeiterführung gesehen. Erste Studien konnten die Relevanz der Selbstfürsorge für mehr Mitarbeitergesundheit aufzeigen (Köppe et al. 2018). Aber kann Gesundheit und Wohlbefinden auch über Distanz und virtuell vermittelt erreicht werden? Welche Maßnahmen sind zielführend? Studien zur Übertragbarkeit des Ansatzes liegen bislang nicht vor. Dennoch lassen sich anhand der genannten Einflussbereiche bzw. Maßnahmenfelder entlang des HoL-Ansatzes von Franke et al. (2014) erste Hypothesen zur Übertragbarkeit aufstellen. Gesundheitsbezogenes Verhalten gegenüber den Mitarbeitern kann z. B. in instrumentellem Handeln wie in der Gestaltung gesundheitsförderlicher Arbeitsbedingungen liegen (z. B. Bereitstellung ergonomischer Ressourcen) oder auch indem gesundheitsförderliches Arbeitsverhalten eingefordert (z. B. Vermeidung von exzessiven Überstunden) oder Gesundheit im Rahmen der Kommunikation thematisiert wird. Diese Beispiele machen deutlich, dass HoL gerade wegen seines unspezifischen Ansatzes zumindest teilweise auch auf den virtuellen Kontext übertragbar sein könnte. Herausforderungen ergeben sich vermutlich hinsichtlich der Wahrnehmung des oben beschriebenen „Vorbildverhaltens" der Führungskraft im Sinne einer gesundheitsförderlichen Selbstführung. Dies könnte aufgrund des geringen Face-to-Face-Kontaktes, der geringeren Kontakthäufigkeit und der damit einhergehenden geringeren Salienz des Verhaltens der Führungskraft bei den Mitarbeitern problematisch sein. So ist damit zu rechnen, dass die Führungskraft (analog zu den Befunden von Purvanova und Bono 2009) deutlich mehr Anstrengung

Tabelle 15.2 Herausforderungen und Chancen in vernetzter Zusammenarbeit

Ebene	Herausforderungen	Chancen
Arbeitsinhalte	– Zusätzliche Arbeit – Information Overload	– Vielfältige Tätigkeiten – Verantwortlichkeit – Commitment
Arbeitsumgebung und Technik	– Stressoren – Nutzungsverhalten – Mangelnder Einblick in die individuelle Situaton	– Technologiebasiertes Prozessfeedback
Arbeitsorganisation	– Mangelnde Sichtbarkeit und Eindeutigkeit von Leistungsbeiträgen – Entgrenzung und interessierte Selbstgefährdung	– Zeit und Zeitsouveränität – Handlungsspielräume
Soziale Beziehungen	– Fehlender persönlicher Kontakt, Vertrauens- und Motivationsverlust, Rollenunklarheit	– Mehr Kontakte – Erweiterter Zugriff auf Ressourcen

Fehlzeiten-Report 2019

investieren und kreative Wege entwickeln muss[1].

Als Implikation für die Führungskraft bedeutet dies eine bewusste Information an und Kommunikation mit den Mitarbeitern und damit auch eine zielgerichtete Medienauswahl, um zielgerichtet Salienz herzustellen. Beispielsweise sollte eine Führungskraft den Zeitpunkt einer verschickten E-Mail (z. B. am Wochenende, im Urlaub oder am späten Abend) und die damit verbundene (Signal)Wirkung auf Mitarbeiterseite nicht unterschätzen (Fritz et al. 2011; Ohly und Latour 2014). Weiterhin sind auch Verhaltensweisen der Führungskraft im Sinne einer vorbildhaften, gesundheitsförderlichen Selbstführung wie die symbolische Verabschiedung der Führungskraft in den Feierabend nicht unbedingt auf das gemeinsame Büro beschränkt, sondern können auch medienvermittelt erfolgen.

15.5 Gesundheitsbezogene Herausforderungen und Chancen vernetzter Arbeit – konkrete Führungsansätze

Wie oben dargestellt, beschäftigt sich eine Reihe von Studien mit den Folgen vernetzter Arbeit auf die Gesundheit und das Wohlbefinden der beteiligten Akteure. Es wurde bereits deutlich, dass die Charakteristika vernetzen Arbeitens sowohl Chancen als auch Risiken mit sich bringen (Bärmann und Gauss-Kuntze 2018). Um spezifische Hinweise für ein gesundheitsförderliches Führungsverhalten abzuleiten, werden diese im Folgenden kurz erörtert und hinsichtlich ihrer gesundheitlichen Wirkungen charakterisiert. Eine Übersicht ist in Tab. 15.2 dargestellt.

---

[1] In weiteren vergleichenden Studien stellte sich heraus, dass LMX (Leaders-Member Exchange), der die Beziehungsqualität zwischen der Führungskraft und dem einzelnen Mitarbeiter abbildet, den vorstehenden Führungskonzepten hinsichtlich der Erklärungskraft für die Mitarbeitergesundheit überlegen war (Gregersen et al. 2014). Wir haben allerdings auf eine gesonderte Betrachtung verzichtet, da wir der Meinung anderer Autoren folgen, dass LMX eher als Ergebnis von oder Mediator zwischen konkreten Führungsverhaltensweisen und Führungsergebnissen zu sehen sein dürfte, auch wenn diese Diskussion noch nicht abgeschlossen ist.

15.5.1 Arbeitsinhalte

■ ■ Herausforderungen: Zusätzliche Arbeit, Information Overload

Grundsätzlich kann die Nutzung von IKT im Zuge des vernetzten Arbeitens dazu führen, dass für die gleiche Aufgabe Mehrarbeit anfällt, indem durch Interdependenzen mehr Koordinations- und Dokumentationsbedarf entsteht oder der Umgang mit der Kommunikationstechnik mehr Aufwand erfordert (Kordsmeyer et al. 2018). Dies kann zum Teil gewollt sein. So sehen Hertel und Kollegen im gezielten Aufbau von Interdependenzen eine Möglichkeit, der später diskutierten Herausforderung der fehlenden sozialen Integration zu begegnen (Hertel et al. 2004). Interdependenzen werden gezielt erzeugt, indem z. B. Teilaufgaben so im Team aufgeteilt werden, dass vertiefte Zusammenarbeit und Kommunikation notwendig werden.

Ein „Mehr" an Kommunikation kann aber auch mit Information Overload (IO) einhergehen. Unter IO versteht man einen „Überlastungszustand, bei dem die Anforderungen an die Informationsverarbeitung die Verarbeitungskapazitäten übersteigen" (Antoni und Ellwart 2017, S. 306). Die gesundheitlichen Konsequenzen sind vielfach beschrieben und äußert sich z. B. in vermehrtem Stress, Sorge, Druck und damit einhergehend z. B. in der Vernachlässigung sozialer Kontakte und im Verzicht auf Freizeitaktivitäten. IO hat vielfältige Ursachen, die sowohl im Individuum als auch in der Information selbst oder den Aufgaben und Prozessen verortet werden können (Antoni und Ellwart 2017). Interdependenz, wie sie bei Arbeiten in virtuellen Netzwerken auftritt, muss aber nicht automatisch mit höherer IO verbunden sein (Dabbish und Kraut 2006). Ein geteiltes mentales Modell (Was ist unsere Aufgabe? Wie arbeiten wir zusammen? Wie dringend sind einzelne Prozessschritte?) und ein transaktives Gedächtnissystem (Wer besitzt welche Expertise im Team?) tragen bei vernetztem Arbeiten dazu bei, dass IO vermieden wird, da Informationen besser kanalisiert und Kommunikation zielgerichteter erfolgt (Antoni und Ellwart 2017).

Als Aufgabe für Führungskräfte ergibt sich hier, ein solches geteiltes mentales Modell bezüglich der Aufgabe und des Teams zu schaffen (Manyard und Gilson 2014). Cramton (2002) nennt hier konkrete Abstimmungsbereiche, die möglichst früh für einen gemeinsamen Kontext sorgen und Kommunikationsproblemen vorbeugen: So sollte z. B. ein Überblick über die Verfügbarkeit der Mitarbeiter allen Teammitgliedern zugänglich sein und zentrale lokale Einflüsse im technischen oder sozialen Bereich transparent gemacht werden. Beispiele reichen von einer temporär begrenzten Netzabdeckung und damit eingeschränkten Erreichbarkeit bei mobiler Arbeit (z. B. während einer Bahnfahrt) bis hin zu möglichen Interferenzen durch soziale Verpflichtungen wie der Kinderbetreuung im Home-Office. Technische Lösungen, um dies transparent zu machen, existieren bereits, etwa in Messengerdiensten oder Netzwerken in Form von integrierten Statusanzeigen. Es empfiehlt sich auch, das Arbeits- und Kommunikationstempo transparent zu machen, um Erwartungen zu normieren. Weiterhin sollten alle Teammitglieder über den Kontext des gemeinsamen Vorhabens informiert sein, z. B. über die Relevanz des Projekts für die Organisation und über Querverbindungen zu anderen Projekten. So können Botschaften im späteren Kommunikationsprozess eingeordnet und Missverständnisse vermieden werden. Um ein gemeinsames mentales Modell zu erzeugen, empfiehlt es sich, zumindest zu Beginn eines Projekts ein Face-to-Face-Treffen zu ermöglichen. Im weiteren Prozess sollte die Führungskraft aber auch über regelmäßige virtuelle Meetings ausreichend Raum vorsehen, um das mentale Modell upzudaten und damit Stress und Überforderungen vorzubeugen. Wichtig ist in diesem Kontext auch, dass die Führungskraft über ihren eigenen (impliziten, nicht ausgesprochenen) Beitrag zum mentalen Modell reflektiert. So werden mentale Modelle des Arbeitsverhaltens (z. B. Erreichbarkeit, irreguläre Arbeitszeiten) weniger durch explizite Vereinbarungen, sondern stärker durch das tatsächliche

Verhalten der Führungskraft (und anderer Teammitglieder) geprägt.

Hinsichtlich der Häufigkeit und Dauer der beschriebenen virtuellen Meetings erscheint es wenig sinnvoll, allgemeine Gestaltungsempfehlungen zu formulieren. Je nach Teamgröße, der Phase im Arbeitsprozess, den bestehenden Aufgabeninterdependenzen oder Störungen innerhalb des Teams werden Bedarf und Notwendigkeit virtueller Meetings erheblich variieren. Als grundsätzliche Regel empfehlen Hertel und Konradt (2007) „lieber einmal zu oft kommunizieren" (S. 76). Weiterhin sollte die Führungskraft, wie oben beschrieben, gemeinsam mit den Mitarbeitern einen Kommunikationsplan entwickeln, der neben klaren Kommunikationszeiten vornehmlich dazu dient, die Häufigkeit und Dauer virtueller Meetings partizipativ auszuhandeln. Schließlich sollte genügend Zeit für informelle Kommunikation eingeplant werden, die – im Gegensatz zu konventionellen Teams – in virtuellen Teams nicht ohne Weiteres gegeben ist. Hertel et al. (2004) weisen darauf hin, dass nicht-aufgabenbezogene Kommunikation unter Mitgliedern erfolgreicher Teams deutlich häufiger stattfindet als bei Mitgliedern weniger erfolgreicher Teams, denn „nur so lässt sich langfristig ein tragfähiges Commitment der Mitglieder zum Team und seinen Zielen aufbauen" (Hertel und Konradt 2007, S. 76).

Folgende Fragen zur Abstimmung von Arbeitsprozessen greifen die genannten Herausforderungen auf und können nach Bärmann und Gauss-Kuntze als Grundlage für einen Kommunikationsplan dienen (Bärmann und Gauss-Kuntze 2018, S. 344 f.)

Folgendes ist wörtliches Zitat:
- Wann sind wir für unsere (Team-)KollegInnen erreichbar? Ist es sinnvoll, einen täglichen fixen Zeitrahmen festzulegen?
- In welcher Häufigkeit brauchen wir Teammeetings? (täglich, wöchentlich, zweiwöchentlich)
- Wie gehen wir mit kurzen Abwesenheiten von KollegInnen um? Gibt es einen Vertretungsplan?
- Wie organisieren wir unseren Informationsfluss? (push or pull, Mail, Groupware)
- In welchem Zeitraum sollten E-Mails beantwortet, Telefonate rückgerufen werden? Wer braucht Mailkopien und welche?
- In welcher Form werden Dokumente abgespeichert, Versionen nummeriert, wer löscht alte Dokumente?
- Wie ist unser Kalender organisiert? Wer hat wo Einsicht? Wie kann eine Balance zwischen Privatsphäre und Übersicht eingehalten werden?
- In welchem Abstand haben wir Reflexionsmeetings mit dem Team über das „Wie?" der Zusammenarbeit? (z. B. vor der Sommerpause, nach einem Projektabschluss, halbjährlich, vierteljährlich etc.)
- Welche Konfliktregeln haben wir? Was sind die ersten Schritte? Wie wird ein Konflikt deeskaliert? (z. B. Medium, TeilnehmerIn, Sprache, Kontaktverlust geht nicht! etc.)

▪▪ Chancen: Vielfältige Tätigkeiten, Verantwortlichkeit und Commitment

Autoren wie Kordsmeyer et al. (2018) weisen darauf hin, dass der spezielle Aufgabencharakter virtueller Arbeit die Chance einer durch die Beteiligten erhöhten wahrgenommenen Verantwortlichkeit für die Arbeitsaufgaben bietet. So könnten durch zusätzliche Aufgabenbereiche wie beispielsweise Dokumentationsanforderungen oder technische Aktivitäten sowohl die Variabilität und Komplexität als auch die Vollständigkeit der Tätigkeiten positiv beeinflusst werden. Tomaschek et al. (2005) betonen neben der größeren Eigenverantwortlichkeit der Mitarbeiter als potenzielles Tätigkeitsmerkmal virtueller Zusammenarbeit auch die größere Möglichkeit, als Teammitglied an Entscheidungsprozessen mitzuwirken, und verweisen auf die enge Assoziation dieser Aufgabenmerkmale zum Commitment des Individuums. Ähnlich vermutet Weinert (2004), dass die mit der neuen Arbeitsform einhergehenden Herausforderungen möglicherweise „durch interessante Arbeit und durch mehr Entscheidungsmacht ausgeglichen werden und somit gleichermaßen zu innerer Motivation führen"

(Weinert 2004, S. 21). Insofern als Führungskräfte – wenn auch in unterschiedlichem Maße – für die Gestaltung von Arbeitsbedingungen verantwortlich sind, können sie auch in der vernetzten Zusammenarbeit durch ein Fördern und Fordern der Mitarbeiter zu Gesundheit und Motivation beitragen, ohne diese zu überfordern (Franke et al. 2011).

Konkret bedeutet dies für die Führungskraft u. a., ihren Mitarbeitern Aufgaben zu übertragen, die den Einsatz vielfältiger Fähigkeiten und Fertigkeiten erfordern und durch die sich die Mitarbeiter weiterentwickeln können (Vincent 2011). Der Abgleich zwischen Anforderungen und Kompetenzen einerseits und Möglichkeiten und Interessen andererseits ist also wichtige Voraussetzung. Ob eine Aufgabe also als (an)fordernd oder überfordernd erlebt wird, ist nur im gemeinsamen Austausch zwischen Führungskraft und Mitarbeiter zu eruieren (siehe auch „Mangelnder Einblick in die individuelle Situation" im nächsten Abschnitt).

15.5.2 Arbeitsumgebung und Technik

■■ **Herausforderung: Technische Stressoren, Nutzungsverhalten**
Der Einsatz von E-Mail, Chat- oder Videokonferenzsoftware, Groupware oder vernetzten Datenbanken können zu negativen Gesundheitsfolgen führen und z. B. Stress auslösen, wenn Aspekte der Usability bei der Implementierung vernachlässigt werden (Ayyagari et al. 2011). Usability bezieht sich auf drei Aspekte: Nützlichkeit, Komplexität und Zuverlässigkeit. Ist die Technologie für die zu erledigende Aufgabe nicht nützlich oder sehr unzuverlässig (Netzausfall), weist die Technologie eine zu hohe oder zu niedrige Komplexität auf, kommt es zu Bedienfehlern, Missverständnissen und Kommunikationsdefiziten. Darüber hinaus scheint die Dynamik der Veränderung, d. h. die Frequenz und Geschwindigkeit, mit der neue IKTs eingeführt werden, die Wahrnehmung von ständiger Erreichbarkeit durch die IKT und die Möglichkeit, die Nutzung der IKTs zu überwachen und dadurch Kontrolle auszuüben, zusätzliche Belastungen hervorzurufen (Ayyagari et al. 2011). Schließlich spielt das tatsächliche Nutzungsverhalten eine entscheidende Rolle (Huber 2004).

Gesundheitsförderliche Führung bedeutet in dem Fall ganz simpel, adäquate Kommunikationsmittel bereitzustellen und für eine entsprechende Qualifizierung der Beschäftigten im Umgang mit diesen zu sorgen, um oben genannten Belastungen vorzubeugen. Was dabei als adäquat anzusehen ist, ergibt sich aus den Anforderungen an die Kommunikation im Rahmen der Arbeitsaufgabe (z. B. Dringlichkeit, Notwendigkeit der Dokumentation, Relevanz von direktem Feedback) sowie aus der Kompetenz und Affinität der Mitarbeiter. Generell empfiehlt sich, individuelle Unterschiede zu berücksichtigen und mehrere alternative Möglichkeiten zu schaffen (Ayyagari et al. 2011). Weiterhin ist die gemeinsame Festlegung von Kommunikationsnormen wichtig. Wer ist verantwortlich für die Aufnahme der Kommunikation, wann wird kommuniziert, welche Kommunikationsmittel werden genutzt? Gerade letzterer Aspekt, die Wahl des Kommunikationsmittels, stellt in virtuellen Teams eine zentrale Herausforderung dar, da mit der Wahl des Mediums viele Implikationen verbunden sind. Orientierung gibt hier das Modell der Media-Richness[2] (Daft und Lengel 1986). Führungskräfte sollten hier zu Beginn partizipativ Normen und Regeln der Kommunikation aufstellen und im Laufe der Zusammenarbeit wiederholt für eine Reflektion der Mitarbeiter (Haben wir ausreichend IKT? Hat jeder die entsprechenden Kenntnisse für deren Nutzung? Setzen wir diese adäquat ein? Was

---
[2] Nach der Media-Richness-Theorie sollte die Medienwahl immer in Abhängigkeit von der Komplexität der zu absolvierenden Aufgaben geschehen werden. „Reichhaltigere" Medien wie Video-Chats sollten danach vornehmlich für unsichere und mehrdeutige Aufgaben genutzt werden, während bei strukturierten und klaren Aufgaben mit einem wenig reichhaltigeres Medium wie einer E-Mail effektiv kommuniziert werden kann.

könnten wir verbessern?) und entsprechende Anpassungen sorgen.

Herausforderung: Mangelnder Einblick in die individuelle Situation

Wenn Mitarbeiter individuell flexibel zeit- und ortsungebunden und in mehreren Projekten gleichzeitig arbeiten, sieht auch der Kontext ihrer individuellen Arbeitsaufgabe sehr unterschiedlich aus. Führungskräfte haben aufgrund der Distanz keinen direkten Einblick und Überblick über die konkrete Arbeitssituation des Mitarbeiters vor Ort. Wie gesundheitsförderlich sieht jeweils die Arbeitsumgebung aus? Wie steht es mit der aktuellen (Gesamt-) Arbeitsbelastung des einzelnen Mitarbeiters? Liegen z. B. dringende Aufgaben in anderen Projekten an, die aktuell hohe Priorität haben? Kommen zusätzlich private Belastungen ins Spiel? Wie hoch ist die aktuelle Beanspruchung? Fehlen diese Informationen, kann dies schnell zu unterschiedlichen Attributionen bei Schwierigkeiten wie z. B. Zeitverzug führen und die weitere Zusammenarbeit erheblich beeinträchtigen (Cramton 2002): Während sich der Mitarbeiter als Opfer der Umstände sieht, führt die Führungskraft den Zeitverzug auf fehlende Anstrengungsbereitschaft zurück.

Gesundheitsförderliche Führung bedeutet in diesem Fall, dass Führungskräfte vermehrt Zeit und Ressourcen in Kommunikation stecken müssen, um oben genannte Aspekte mit dem Mitarbeiter und dem Team zu reflektieren und gemeinsam Maßnahmen zu entwickeln. Aufgrund der potenziell großen Heterogenität an Anforderungen aus individuellen Kontexten muss der Mitarbeiter hier aber zunehmend eigenverantwortlich handeln. Führungskräfte sollten deshalb dafür sorgen, dass der einzelne Mitarbeiter auch die Qualifikationen mitbringen, um die Anforderungen zu bewältigen, d. h. persönliche Ressourcen sollten aufgebaut werden. Schulze und Krumm (2017) haben hier in einer Übersichtsarbeit die maßgeblichen zusammengetragen: (1) Medienkompetenzen (Welche Funktionalitäten, Vor- und Nachteile haben einzelne Medien? Wann nutze ich welches Medium am sinnvollsten); (2) Kommunikationskompetenzen (Wie kommuniziere ich möglichst eindeutig? Wie teile ich Wissen?); (3) Umgang mit Vertrauen (Welche Bedeutung hat Vertrauen? Wie baue ich Vertrauen auf?); (4) Interkulturelle Kompetenz (Welchen Einfluss hat die Abteilung, die Organisation, die Kultur auf das Verhalten?); (5) Selbstmanagement-Kompetenz (Wie motiviere ich mich selbst? Wie plane ich meine Zeit?); (6) Konfliktmanagement-Kompetenz (Wie löse ich Konflikte konstruktiv?). Dabei ist wichtig zu erwähnen, dass es im Sinne des Kompetenzbegriffs neben diesen Kenntnissen als Grundvoraussetzung auch darum geht, die Fähigkeit zu erwerben, das entsprechende Wissen auch anzuwenden. Welche spezifischen Aspekte dieser umfassenden Aufzählung jeweils relevant sind, hängt von der jeweiligen Konfiguration des Netzwerks bzw. des Teams ab. Die aus der virtuellen Arbeit resultierenden positiven oder negativen Konsequenzen sind zudem auch abhängig von der Motivation des einzelnen Mitarbeiters, diesen Herausforderungen zu begegnen. Gerade in vernetzten Kontexten können speziell entwickelte digital gestützte Interventionen, wie etwa der EngAGE-Coach (Janneck et al. 2018, vergleiche auch den Beitrag von Janneck, Dettmers und Hoppe in diesem Band), Kompetenzen hinsichtlich einer gesundheitsförderlichen Arbeits- und Freizeitgestaltung bei den Mitarbeitern aufbauen.

Chance: Technologiebasiertes Prozessfeedback

IKT-Systeme eröffnen aber auch neue Möglichkeiten, um Stressoren von vornherein zu vermeiden. Online-Feedbacksysteme, die nahezu in jede Kollaborations-Software integriert sind, ermöglichen eine zeitnahe und anonymisierte Rückmeldung etwa zu konkreten Problemen oder sozialen Entwicklungen (z. B. Verlust an Vertrauen ins Team) und ermöglichen es, frühzeitig zu reagieren. Eine Studie von Geister und Kollegen (2006, zitiert nach Hertel und Lauer 2012) zeigte, dass der Einsatz solcher prozessbezogenen Feedbacks sich vor allem positiv auf die Anstrengungsbereitschaft weniger motivierter Teammitglieder auswirkt.

Neben den motivationalen Konsequenzen sind hier aber auch gesundheitsrelevante psychosoziale Aspekte berührt. So lassen sich im laufenden Arbeitsgeschehen gesundheitsbezogene Indikatoren zum subjektiv wahrgenommenen Belastungsgrad oder Beanspruchungslevel ergänzend erheben. Die Belastungs-Beanspruchungs-Forschung verfügt hier über eine breite Palette an erprobten Instrumenten, die als Screening angepasst und eingesetzt werden könnten (Richter 2011).

Beispielsweise bietet die Irritations-Skala von Mohr et al. (2007) zur Erfassung psychischer (Fehl-)Beanspruchung als Folge von Belastungen durch Arbeit die Möglichkeit, frühzeitig diese psychomentalen Fehlbelastungen zu erkennen und direkt mit konkreten Angeboten zu verbinden. Auch aktuelle Forschungsprojekte wie das vom BMBF geförderte Verbundprojekt vLead entwickeln auf Situation und Person abgestimmte Screeningverfahren, um den Belastungen zu begegnen (Müller 2018).

15.5.3 Arbeitsorganisation

■■ **Chance: Zeit und Zeitsouveränität, Handlungsspielräume**

Vernetztes Arbeiten bringt oftmals direkte zeitliche Gewinne. Im Rahmen von Homeoffice-Lösungen oder bei mobilem Arbeiten fallen der Weg zur Arbeit oder auch Reisezeiten weg (Gilson et al. 2015). Damit verbundene Belastungen (z. B. Zeitdruck) werden reduziert. Beschäftigte bekommen zudem zusätzlichen Handlungsspielraum, sofern Arbeiten dann erledigt werden können, wenn entsprechende zeitliche Ressourcen vorhanden sind. Die Freiräume, die sich hieraus hinsichtlich der Zeitsouveränität und Eigenverantwortung ergeben, gehen mit motivationalen Gewinnen einher (Hertel und Konradt 2004) und bergen auch ein gesundheitliches Potenzial. Autonomie und Handlungsspielraum werden als zentrale organisationale Ressourcen angesehen, um negative gesundheitliche Konsequenzen zu vermeiden (Bakker und Demerouti 2017).

Für Führungskräfte bedeutet dies, dass sie in Erwägung ziehen sollten, Flexibilität und Handlungsspielräume im Sinne einer geteilten Führung zu erhöhen, indem sie ihre zentrale Führungsverantwortung auflösen. Führungsfunktionen werden dann von einzelnen Mitgliedern im Netzwerk flexibel übernommen. Hierdurch wird eine Selbstführung auf Teamebene ermöglicht und die Mitarbeiter haben Einfluss auf Inhalte, Methoden, Menge oder Reihenfolge der Arbeit (Hoch und Kozlowski 2014; Lovelace et al. 2007).

■■ **Herausforderung: Mangelnde Sichtbarkeit und Eindeutigkeit von Leistungsbeiträgen**

Im Vergleich zu traditionelleren (innerbetrieblichen) Face-to-Face-Settings sind bei vernetztem Arbeiten häufig individuelle Beiträge und Leistungen weniger sichtbar; damit sind die Interpretations- und Adaptionsprozesse aufgrund mangelnder Kontextwahrnehmung erschwert (Staar 2014). Vor allem aufgrund dieser stärkeren Anonymität von Beiträgen und Arbeitsprozessen müssen die Netzwerkmitglieder ihr Kommunikations- und Kooperationsverhalten an die digitalisierte Arbeitsumgebung anpassen (Janneck und Staar 2012), um sicherzustellen, dass die Aktivitäten anderer erfasst und eigene Beiträge gegenüber den Kooperationspartnern sichtbar gemacht werden („knowing what is going on". Endsley 1995, S. 36).

Im Sinne einer gesundheitsorientierten Führung ist hier der Einsatz von technischen Instrumenten des Performance Monitorings (Log-in-Zeiten, Arbeitstempo, Kundenzufriedenheit) zumindest fraglich. In Studien zur Effektivität zeigte sich, dass diese zum einen nicht in der Lage sind, komplexe Aufgaben abzubilden (worunter die wahrgenommene Fairness leidet) und zum anderen auf der symbolischen Ebene als Zeichen des Misstrauens wahrgenommen werden, was mit einem erhöhten Stresserleben einhergeht (Aiello und Kolb 1995). Der Einsatz der oben erwähnten Online-Feedbacksysteme, die ein aufgabenbezogenes Prozessfeedback ermöglichen, verspricht hier die deutlich bessere Lösung zu sein.

■ ■ **Herausforderung: Entgrenzung und interessierte Selbstgefährdung**

Die größere zeitliche und räumliche Unabhängigkeit in Verbindung mit IKTs, die eine ständige Erreichbarkeit und die ständige Möglichkeit zum Arbeiten mit sich bringen, kann aber auch Risiken bergen: Die gedankliche Loslösung von der Arbeit kann erschwert und dadurch können Erholungsprozesse blockiert werden (Dettmers et al. 2016; Kim und Hollensbe 2018). Arbeiten in Netzwerken und virtuellen Kontexten birgt deshalb auch immer die Gefahr einer potenziellen Entgrenzung der Arbeit mit negativen gesundheitlichen Konsequenzen (Pfeiffer 2012), wenn lange nach Feierabend noch E-Mails abgearbeitet oder Arbeitsaufträge während des Wochenendes empfangen werden. In global vernetzten Kontexten kann ein Bedarf an synchroner Kommunikation zudem dazu führen, dass irreguläre Arbeitszeiten notwendig sind (Kordsmeyer et al. 2018), wenn z. B. eine Telefonkonferenz mit Kollegen am anderen Ende der Welt um 2 Uhr nachts stattfindet. Ebenso ist denkbar, dass zeitliche Vorgaben durch die technischen Möglichkeiten vernetzter Arbeit enger gesetzt werden und statt zusätzlicher Freiräume die dadurch ausgelösten Belastungen zunehmen (Glazer et al. 2012).

Arbeitszeiten werden von den Beschäftigten z. T. aber auch im Sinne einer interessierten Selbstgefährdung freiwillig übermäßig ausgedehnt (Peters 2011). Selbstgefährdung ist definiert als „Handlungen von Erwerbstätigen, welche mit dem Ziel der Bewältigung arbeitsbezogener Stressoren ausgeübt werden, jedoch gleichzeitig die Wahrscheinlichkeit für das Auftreten von Erkrankungen erhöhen und/oder notwendige Regeneration verhindern" (Krause et al. 2015, S. 51). Die Folge ist, dass Arbeitszeiten ausgedehnt und Pausen ausgelassen werden und der Missbrauch leistungsfördernder Substanzen betrieben wird.

Empfohlen wird hier zum einen eine regelmäßige individuelle Reflexion über das eigene Arbeits- und Gesundheitsverhalten („Wie aufmerksam bin ich gegenüber Veränderungen meines Befindens? Achte ich bewusst auf gesundheitliche Warnsignale") sowie über den Wert der eigenen Gesundheit („Wie wichtig ist mir meine Gesundheit? Und warum?") (Franke et al. 2011; CConsult 2013). Diese Auseinandersetzung mit sich selbst erfordert natürlich Zeit, die bewusst, z. B. durch feste Termine mit sich selbst, eingeräumt werden muss. Zum anderen sind auch die gemeinsame Reflexion der oben beschriebenen Fragen im Team sowie die gegenseitige Fürsorge wichtige Komponenten einer gesunden vernetzten Arbeit. Die Funktion informeller Kommunikation bei eingeschränktem Face-to-Face-Kontakt wird hier besonders deutlich, da das Befinden über Distanz nicht mehr offensichtlich ist und sowohl der Offenheit des sich mitteilenden Mitarbeiters als auch der proaktiven Vorgehensweise der Führungskraft (z. B. durch regelmäßiges ernstgemeintes Erfragen des Befindens) bedarf.

15.5.4 Soziale Beziehungen

■ ■ **Chance: Mehr Kontakte, erweiterter Zugriff auf Ressourcen**

Durch die Überwindung von räumlichen und zeitlichen Distanzen durch Vernetzung entsteht per se erst einmal die Möglichkeit zu zusätzlichen Kontakten. So wird zumindest potenziell der Zugriff auf zusätzliche personelle Ressourcen ermöglicht (Andriessen und Vartiainen 2006). Der Vertriebsmitarbeiter im transnationalen Konzern in England, der am nächsten Tag eine wichtige Präsentation bei einem Schlüsselkunden hat, kann über IKT vermittelt den Experten in Italien erreichen, um eine Fachfrage direkt zu klären, für die er sonst Stunden hätte recherchieren müssen. Ist er mit seinen Vorbereitungen etwas im Verzug, muss er den Feinschliff nicht mehr in Überstunden bis spät in die Nacht erledigen, sondern schickt am Tag vorher kurz vor Feierabend seine Folien zu einem Support-Mitarbeiter in China oder Australien, der gerade morgens ins Büro kommt, mit der Bitte, diese noch einmal Korrektur zu lesen und Formate zu vereinheitlichen.

Um diese Potenziale verteilter Arbeit optimal nutzen zu können, sollten Führungskräfte mit den Mitarbeitern Möglichkeiten der Verzahnung und gegenseitigen Arbeitserleichterung erarbeiten. Dies erfordert Rollen- und Aufgabenklarheit und einen abgestimmten Kommunikationsplan. Zudem sollten sowohl durch die direkt im Prozess beteiligten Personen als auch durch die Führungskraft selbst Feedbackschleifen etabliert werden.

■ ■ **Herausforderung: Fehlender persönlicher Kontakt, Vertrauens- und Motivationsverlust, Rollenunklarheit**

In vernetzten Arbeitskontexten ist der Face-to-Face-Kontakt oftmals sehr eingeschränkt, was zu einer reduzierten informellen Kommunikation führt. Vertrauensverluste (im Team) können die Folge sein, wobei Vertrauen als der zentrale „Klebstoff" einer funktionierenden vernetzten Zusammenarbeit gesehen wird (Moser und Axtell 2013). Fehlendes Vertrauen kann dagegen motivationale und gesundheitliche Konsequenzen wie Unsicherheit und sinkende Einsatzbereitschaft nach sich ziehen. Damit einher gehen eine erschwerte soziale Integration, die Auflösung von engen sozialen Bezügen zu Kollegen und verminderte Identifikation mit dem Unternehmen (Hertel et al. 2004; Gilson et al. 2015), die wichtige Ressourcen darstellen. Kollegen nehmen in vielfältiger Weise Einfluss auf das Belastungs-Beanspruchungs-Geschehen und stellen über den sozialen Austausch eine wichtige Form der instrumentellen und emotionalen sozialen Unterstützung dar (Mathieu et al. 2018). Sie tragen z. B. als Rollensender zur Klärung des Rollenverständnisses bei (Was wird von mir erwartet?), helfen, Rollenkonflikte zu vermeiden (Wie bringe ich zwei Aufgaben unter einen Hut?) und Rollenüberlastung zu verhindern (Welche Aufgaben sind wirklich wichtig?) (Chiaburu und Harrison 2008).

Ein spezifischer Ansatz für die Führung, um der Herausforderung der fehlenden sozialen Integration durch räumlich und zeitlich verteiltes Arbeiten begegnen, besteht darin, dieser durch den gezielten Aufbau von Interdependenzen, d. h. gegenseitigen Abhängigkeiten, zu begegnen (Hertel et al. 2004). Bei der Gestaltung der Arbeitsaufgaben können Aufgaben-, Ziel- und Ergebnisabhängigkeiten erzeugt und durch die Führung immer wieder ins Gedächtnis gerufen werden. Regelmäßige Feedbackprozesse beim Erreichen von Teilzielen oder gemeinsame Incentives beim Erreichen des Ergebnisziels spielen hier eine wichtige Rolle.

Konkret bedeutet dies eine strukturelle Unterstützung durch die Einführung eines Managements by Objectives (MbO). Hier ist allerdings die Qualität der MbO-Prozesse entscheidend. Hohe Prozessqualität hängt mit geringerem Stresserleben der Mitarbeiter zusammen (Konradt et al. 2003). MbO kann dazu beitragen, dass die Mitarbeiter durch klarere, eindeutigere Ziele, einen höheren Grad an Partizipation und mehr Feedback eine bessere Vorstellung davon bekommen, was von ihnen erwartet wird und welche Arbeitsmethoden anwendbar sind, sodass sie dadurch autonomer arbeiten können. Werden im Zuge des MbO die Verantwortung für die Arbeitsergebnisse zwar beim Mitarbeiter verortet, ihm aber nicht die Ressourcen und Freiräume zur Verfügung gestellt, um seinen tatsächlichen Handlungsspielraum zu erweitern (z. B. Wegfall von detaillierten Prozessvorschriften), spricht Peters (2011) von einer Engführung der indirekten Steuerung. Diese führt zu weiteren psychischen Belastungen, die aus der paradoxen Situation resultieren, sich für Ergebnisse verantworten zu müssen, hinsichtlich deren Erlangung (ohne Regelbrüche und Abweichungen von Prozessvorgaben) wenig Einfluss besteht.

Deshalb ist es aus gesundheitlichen Überlegungen sinnvoll, für möglichst große Handlungsspielräume zu sorgen, wie dies z. B. bei der geteilten Führung passiert (Hoch und Kozlowski 2014). Hier wird die zentrale Führungsverantwortung aufgelöst und einzelne Mitglieder im Netzwerk übernehmen flexibel einzelne Führungsfunktionen. Glazer und Kollegen konnten in einer Studie zeigen, dass geteilte Führung unabhängig vom Grad der Virtualität positiv mit Effektivität zusammenhing. Gleichzeitig stellte sich aber heraus, dass bei hoher Virtualität eine strukturelle Unterstützung die Leistung förderte (Glazer et al. 2012). Somit scheint ein Minimum an struktureller Steuerung, Klarheit der Ziele, das Fehlen von Zielkonflikten sowie das Ausmaß an Feedback erfolgskritisch zu sein, zumal eine Verortung der Verantwortung allein beim Individuum die oben erwähnte Gefahr selbstgefährdenden Verhaltens mit sich bringt (Krause et al. 2015).

■ ■ **Herausforderung: Kommunikationsbarrieren**
In virtuellen und vor allem in globalen Kontexten können sich durch soziale Kontakte zusätzliche Belastungen aus Sprachbarrieren und interkulturellen Unterschieden ergeben (Krumm et al. 2013): Ist der Mitarbeiter in Deutschland in der Lage, den Auftrag so zu formulieren, dass der Mitarbeiter am anderen Ende der Welt den Auftrag auch versteht? Und wenn er ihn versteht, versteht er dann auch das Gleiche darunter?

Handlungsempfehlungen beziehen sich hier zum einen auf die Personalauswahl und -entwicklung: Sind sprachliche Voraussetzungen einer gemeinsamen Lingua Franca für die Zusammenarbeit gegeben oder können diese frühzeitig entwickelt werden (Chen et al. 2006; Hinds et al. 2014)? Auch der Einsatz von Emoticons kann eine wichtige parasprachliche Methode sein, um Gefühlslagen deutlich zu machen und Verständnis zu erleichtern (Staar et al. 2016). Daneben ist eine bewusste Medienwahl in Abhängigkeit von der zu absolvierenden Aufgabe im Sinne der Media-Richness-Theorie zentral. „Reichhaltigere" Medien wie Video-Chats sollten vornehmlich bei sprachlicher und/oder kultureller Unsicherheit genutzt werden, um die Kommunikation anzureichern und das Verständnis des bzw. der Empfänger zu sichern. Schließlich sollten die Führungskräfte Möglichkeiten etablieren, gemeinsam mit dem Team auf der Metaebene über das „Wie" der Zusammenarbeit zu diskutieren. Entlang der Empfehlungen von Bärmann und Gauss-Kuntze (2018) bedeutet dies auch, gemeinsam Regeln hinsichtlich zeitnaher Rückmeldung bei Verständnisproblemen und Konflikten zu entwickeln.

15.6 Fazit

Zusammenfassend kann konstatiert werden, dass zentrale Führungsaufgaben auch bei vernetztem Arbeiten Gültigkeit besitzen, z. B. Organisation und Koordination von arbeitsteiligem Handeln, Motivierung und Weiterentwicklung von Mitarbeitern und Schaffung eines sozialen Zusammenhalts im Team. Auch die grundsätzlichen Formen der Einflussnahme ändern sich nicht: Direkte personale Einflussnahme in Form von Kommunikation (z. B. mündliche Anweisungen) wird ergänzt durch Möglichkeiten der Gestaltung von Strukturen und Prozessen (z. B. schriftliche Arbeitsanweisungen) oder durch Selbstabstimmung der Mitarbeiter ohne direkte Einflussnahme. Was sich beim vernetzten Arbeiten ändert, ist die zunehmende medial vermittelte personale Einflussnahme (Kommunikation, Vorbildverhalten) statt primärer Kommunikation im Face-to-Face-Kontakt. Hiermit sind sowohl Chancen als auch Herausforderungen verbunden.

Jedoch lässt sich festhalten, dass bislang noch wenig empirische Evidenz vorliegt, inwiefern klassische Führungskonzepte sich auf virtuelle Kontexte übertragen lassen. Vorläufig scheinen aber delegative Konzepte, die Autonomie und Selbststeuerung ins Zentrum stellen, besser geeignet zu sein als kontrollierende Konzepte der Überwachung. Zu den Führungsaufgaben gehört zunehmend, inspirierend, beratend und coachend zu wirken, um Vertrauen, Commitment und Motivation zu gewährleisten (Gilson et al. 2015). Konkrete Hinweise, wie Führungskräfte mit Herausforderungen des vernetzten Arbeitens konkret umgehen können, wurden in diesem Kapitel aufgezeigt.

Literatur

Aiello JR, Kolb KJ (1995) Electronic performance monitoring and social context: Impact on productivity and stress. J Appl Psychol 80:339–353

Andriessen JHE, Vartiainen M (2006) Mobile virtual work – a new paradigm? Springer, Berlin Heidelberg

Antoni CH, Ellwart T (2017) Informationsüberlastung bei digitaler Zusammenarbeit – Ursachen, Folgen und Interventionsmöglichkeiten. Gr Interakt Org 48:305–315

Antoni CH, Syrek C (2017) Digitalisierung der Arbeit: Konsequenzen für Führung und Zusammenarbeit. Gr Interakt Org 48:247–258

Audi (2019) Careers – some call it work. We call it passion. https://www.audi.com/en/career.html. Zugegriffen: 2. Febr. 2019

Ayyagari R, Grover V, Purvis R (2011) Technostress: technological antecedents and implications. MIS Q 35:831–858

Bakker AB, Demerouti E (2017) Job demands–resources theory: taking stock and looking forward. J Occup Health Psychol 22:273–285

Bärmann S, Gauss-Kuntze C (2018) Teams entwickeln ist schon schwer, virtuelle noch viel mehr? In: Covarrubias Venegas B, Thill K, Domnanovich J (Hrsg) Personalmanagement. Forschung und Praxis an der FH Wien der WKW. Springer Gabler, Wiesbaden

Bass BM (1985) Leadership and performance beyond expectations. Free Press, New York

Braga D (2017) Transformational leadership attributes for virtual team leaders. In: Nemiro J, Beermann B, Amlinger-Chatterjee M, Brenscheidt F, Gerstenberg S, Niehaus M, Wöhrmann AM (Hrsg) Orts- und zeitflexibles Arbeiten * Gesundheitliche Chancen und Risiken. BAuA, Dortmund Berlin Dresden

CConsult (2013) Gesund und erfolgreich führen. Informationen für Führungskräfte. VBG, Hamburg

Chen S, Geluykens R, Choi CJ (2006) Manag Int Rev 46:679

Chiaburu DS, Harrison DA (2008) Do peers make the place? Conceptual synthesis and meta-analysis of coworker effects on perceptions, attitudes, OCBs, and performance. J Appl Psychol 93:1082–1103

Cramton CD (2002) Finding common ground in dispersed collaboration. Organ Dyn 40:356–367

Creusen U, Gall B, Hackl O (2017) Digital Leadership. Springer, Wiesbaden

Crisp CB, Jarvenpaa SL (2013) Swift trust in global virtual teams. J Pers Psychol 12:45–56

Dabbish LA, Kraut RE (2006) Email overload at work. In: Hinds P, Martin D (Hrsg) Conference on Computer Supported Cooperative Work. Conference proceedings The 2006 20th Anniversary Conference, Banff, Alberta, 4.11.–8.11. 2006 ACM Press, New York, S 431

Daft RL, Lengel RH (1986) Manage Sci 32:554–571

Dettmers J, Vahle-Hinz T, Bamberg E, Friedrich N, Keller M (2016) Extended work availability and its relation with start-of-day mood and cortisol. J Occup Health Psychol 21:105–118

Ducki A, Gerstenberg S, Nguyen H (2017) Mobiles Arbeiten: Konsequenzen für die strategische Personalarbeit. PERSONALquarterly 69(2):28–35

Endsley MR (1995) Toward a theory of situation awareness in dynamic systems. Human Factors 37(1):32–64

Franke F, Vincent S, Felfe J (2011) Gesundheitsbezogene Führung. In: Bamberg E, Ducki A, Metz A (Hrsg) Gesundheitsförderung und Gesundheitsmanagement in der Arbeitswelt. Ein Handbuch. Hogrefe, Göttingen

Franke F, Felfe J, Pundt A (2014) The impact of health-oriented leadership on follower health: Development and test of a new instrument measuring health-promoting leadership. Z Personalforsch 28:139–161

Fritz C, Lam CF, Spreitzer GM (2011) It's the little things that matter: An examination of knowledge workers' energy management. Acad Manag Perspect 25(3):28–39

Gilson LL, Maynard MT, Jones YNC, Vartiainen M, Hakonen M (2015) Virtual teams research: 10 years, 10 themes, and 10 opportunities. J Manage 41:1313–1337

Glazer S, Kożusznik MW, Shargo IA (2012) Global virtual teams: a cure for – or a cause of – stress. In: Perrewé PL, Halbesleben JRB, Rosen CC (Hrsg) The role of the economic crisis on occupational stress and well being. Research in occupational stress and well being, 1. Aufl. Bd. 10. Emerald Group Publishing Limited, Bingley, S 213–266

Glückler J, Janneck M, Dehning W, Hammer I, Staar H (2012) Organisatorische Vielfalt und Innovativität von KMU-Netzwerken: Ein bundesweites Screening. In: Glückler J, Dehning W, Janneck M, Armbrüster T (Hrsg) Unternehmensnetzwerke. Architekturen, Strukturen und Strategien. Springer Gabler, Heidelberg, S 21–34

Gregersen S, Kuhnert S, Zimber A, Nienhaus A (2011) Führungsverhalten und Gesundheit – Zum Stand der Forschung. Gesundheitswesen 73:3–12

Gregersen S, Vincent-Höper S, Nienhaus A (2014) Health-relevant leadership behaviour: A comparison of leadership constructs. Z Personalforsch 28:117–138

Griffith T, Neale ME (1999) Information processing and performance in traditional and virtual teams: the role of transactive memory. Research paper series Nr 1613. Stanford University, Graduate School of Business, Stanford

Gurt J, Schwennen C, Elke G (2011) Health-specific leadership. Work Stress 25:108–127

Haefeli B, Krenn J, Maurer J (2006) Implementierung von Gesundheit als Wert im Unternehmen. In: Böhnisch WR, Krennmair N, Stummer H (Hrsg) Gesundheitsorientierte Unternehmensführung: Eine Werteperspektive. DUV, Wiesbaden, S 17–110

Hambley LA, O'Neill TA, Kline TJB (2007) Virtual team leadership: The effects of leadership style and communication medium on team interaction styles and outcomes. Organ Behav Hum Decis Process 103:1–20

Hammermann A, Stettes O (2017) Mobiles Arbeiten in Deutschland und Europa: Eine Auswertung auf Basis des European Working Conditions Survey 2015. IW-Trends. Institut der deutschen Wirtschaft, Köln

Hertel G, Konradt U (2004) Führung aus der Distanz: Steuerung und Motivierung bei ortsverteilter Zusammenarbeit. In: Hertel G, Konradt U (Hrsg) Human Resource Management im Inter- und Intranet. Hogrefe, Göttingen, S 169–186

Hertel G, Konradt U (2007) Telekooperation und virtuelle Teamarbeit, 1. Aufl. Oldenbourg Wissenschaftsverlag, München

Hertel G, Lauer L (2012) Führung auf Distanz und E-Leadership – die Zukunft der Führung? In: Grote S (Hrsg) Die Zukunft der Führung. Springer, Berlin Heidelberg, S 103–118

Hertel G, Konradt U, Orlikowski B (2004) Managing distance by interdependence: goal setting, task interdependence and team-based rewards in virtual teams. Eur J Work Organ Psychol 13:1–28

Hinds P, Neeley T, Cramton CJ (2014) J Int Bus Stud 45:536

Hoch JE, Kozlowski SWJ (2014) Leading virtual teams: hierarchical leadership, structural supports, and shared team leadership. J Appl Psychol 99:390–403

Holler M (2017) Verbreitung, Folgen und Gestaltungsaspekte der Digitalisierung in der Arbeitswelt. Auswertungsbericht auf Basis des DGB-Index Gute Arbeit 2016. Institut DGB-Index Gute Arbeit, Berlin

Hornung S, Herbig B, Glaser J (2008) Mitarbeiterorientierte Flexibilisierung. Konzeptgeleitete Evaluation eines Fallbeispiels aus der öffentlichen Verwaltung. Psychol Des Alltagshandelns 1:33–43

Huang R, Kahai S, Jestice R (2010) The contingent effects of leadership on team collaboration in virtual teams. Comput Hum Behav 26:1098–1110

Huber N (2004) HSBC head office staff gain two hours a week after e-mail training. Comput Wkly. https://www.computerweekly.com/news/2240058888/HSBC-head-office-staff-gain-two-hours-a-week-after-e-mail-training

IZA (2018) Homeoffice auf dem Vormarsch. https://newsroom.iza.org/de/archive/research/homeoffice-auf-dem-vormarsch/. Zugegriffen: 22. Dez. 2018

Janneck M (2017) Digitalisierung, Arbeit und Werte. In: Busch C, Ducki A, Dettmers J, Witt H (Hrsg) Der Wert der Arbeit. Hampp, Augsburg München, S 217–227

Janneck M, Staar H (2012) Mikropolitik – Informelle Einflussnahme durch individuelle Akteure in Netzwerken. In: Glückler J, Dehning W, Janneck M, Armbrüster T (Hrsg) Unternehmensnetzwerke. Architekturen, Strukturen und Strategien. Springer Gabler, Heidelberg, S. 205–227

Janneck M, Jent S, Hoppe A, Dettmers J (2018) Der EngAGE-Coach: Eine Online-Intervention zur Förderung von Arbeitsgestaltungs- und Gesundheitskompetenz. In: Janneck M, Hoppe A (Hrsg) Gestaltungskompetenzen für gesundes Arbeiten. Arbeitsgestaltung im Zeitalter der Digitalisierung. Springer, Berlin, S 55–69

Joshi A, Lazarova MB, Liao H (2009) Getting everyone on board: The role of inspirational leadership in geographically dispersed teams. Organ Sci 20:240–252

Kim S, Hollensbe E (2018) When work comes home: technology-related pressure and home support. Hum Resour Dev Int 21:91–106

Konradt U, Hertel G, Schmook R (2003) Quality of management by objectives, task-related stressors and non-task-related stressors as predictors of stress and job satisfaction among teleworkers. Eur J Work Organ Psychol 12(1):61–79

Köppe C, Kammerhoff J, Schütz A (2018) Leader-follower crossover: exhaustion predicts somatic complaints via StaffCare behavior. J Manage Psychol 33:297–310

Kordsmeyer A-C, Mette J, Harth V, Mache S (2018) Arbeitsbezogene Belastungsfaktoren und Ressourcen in der virtuellen Teamarbeit. Zbl Arbeitsmed 48:247

Krause A, Baeriswyl S, Berset M, Deci N, Dettmers J, Dorsemagen C et al (2015) Selbstgefährdung als Indikator für Mängel bei der Gestaltung mobil-flexibler Arbeit. Wirtschaftspsychologie 1:49–59

Krumm S, Terwiel K, Hertel G (2013) Challenges in norm formation and adherence. J Pers Psychol 12:33–44

Kuoppala J, Lamminpää A, Liira J, Vainio H (2008) Leadership, job well-being, and health effects – a systematic review and a meta-analysis. J Occup Environ Med 50:904–915

Liao C (2017) Leadership in virtual teams: a multilevel perspective. Hum Resour Manage Rev 27:648–659

Lovelace KJ, Manz CC, Alves JC (2007) Work stress and leadership development: the role of self-leadership, shared leadership, physical fitness and flow in managing demands and increasing job control. Hum Resour Manage Rev 17(4):374–387

Manyard MT, Gilson LL (2014) Group Organ Manag 39:3–32

Mathieu M, Eschleman KJ, Cheng D (2019) Meta-analytic and multiwave comparison of emotional support and instrumental support in the workplace. J Occup Health Psychol 24(3):387–409. https://doi.org/10.1037/ocp0000135

Literatur

Mesmer-Magnus JR, Dechurch LA (2009) Information sharing and team performance: a meta-analysis. J Appl Psychol 94:535–546

Mohr G, Rigotti T, Müller A (2007) Irritations-Skala zur Erfassung arbeitsbezogener Beanspruchungsfolgen. Hogrefe, Göttingen

Montano D, Reeske A, Franke F, Hüffmeier J (2017) Leadership, followers' mental health and job performance in organizations: a comprehensive met – analysis from an occupational health perspective. J Organ Behav 38:327–350

Moser KS, Axtell CM (2013) The Role of Norms in Virtual Work. J Pers Psychol 12:1–6

Müller F (2018) vLead – Digitale Teamarbeit. Tempora Online. J Für Mod Arbeitszeit 1:5

Neef A, Burmeister K (2005) Die Schwarm-Organisation – Ein neues Paradigma für das e-Unternehmen der Zukunft. In: Kuhlin B, Thielmann H (Hrsg) Real-Time Enterprise in der Praxis. Fakten und Ausblick. Springer, Berlin Heidelberg, S 563–572

Ohly S, Latour A (2014) Work-related smartphone use and well-being in the evening. The role of autonomous and controlled motivation. J Pers Psychol 13(4):174–183

Peters K (2011) Indirekte Steuerung und interessierte Selbstgefährdung – Eine 180-Grad-Wende bei der betrieblichen Gesundheitsförderung. In: Kratzer N, Becker K, Hinrichs S, Dunkel W (Hrsg) Arbeit und Gesundheit im Konflikt. Analysen und Ansätze für ein partizipatives Gesundheitsmanagement, 1. Aufl. Nomos, Baden-Baden, S 105–122

Pfeiffer S (2012) Technologische Grundlagen der Entgrenzung: Chancen und Risiken. In: Badura B, Ducki A, Schröder H, Klose J, Meyer M (Hrsg) Gesundheit in der flexiblen Arbeitswelt: Chancen nutzen – Risiken minimieren. Fehlzeiten-Report 2012. Springer, Berlin Heidelberg, S 15–21

Pundt F, Felfe J (2017) HOL. Health oriented Leadership. Instrument zur Erfassung gesundheitsförderlicher Führung [Testbox mit Manual, 5 Fragebögen-Sets für Führungskräfte, 10 Fragebögen-Sets für Mitarbeitende sowie 15 Auswertungs- und Profilbögen]. Hogrefe, Göttingen

Purvanova RK, Bono JE (2009) Transformational leadership in context: Face-to-face and virtual teams. Leadersh Q 20:343–357

Reichwald R, Möslein K, Sachenbacher H, Englberger H (2000) Telekooperation: Verteilte Arbeits- und Organisationsformen, 2. Aufl. Springer, Berlin

Richter G (2011) Toolbox Version 1.2. Instrumente zur Erfassung psychischer Belastungen; Forschung Projekt F 1965, 2. Aufl. Bundesanstalt für Arbeitsschutz und Arbeitsmedizin, Dortmund

Robelski S, Harth V, Mache S (2018) Anforderungen an Führung im Kontext flexibler Arbeitswelten. Zbl Arbeitsmed 68:118. https://doi.org/10.1007/s40664-017-0226-9

Schaper N (2014) Neue Formen der Arbeit: Das Beispiel Telekooperation. In: Nerdinger FW, Blickle G, Schaper N (Hrsg) Arbeits- und Organisationspsychologie, 3. Aufl. Springer, Heidelberg, S 541–562

Schulze J, Krumm S (2017) The "virtual team player". Organ Psychol Rev 7:66–95

Staar H (2014) „Auf jedem Schiff, ob's dampft, ob's segelt, gibt's einen, der die Sache regelt" – Führung, Macht und Einfluss in virtuellen Netzwerken. In: Jeschke S, Kobbelt L, Dröge A (Hrsg) Exploring Virtuality: Virtualität im interdisziplinären Diskurs. Springer, Wiesbaden, S 173–198

Staar H, Keysers P, Janneck M, Mattera M (2016) "Emotions online or offline?" – A cross-cultural investigation of emotional labor and emotional display rules in virtual teams. In: Spender JC, Schiuma G, Noennig JR (Hrsg) IFKAD 2016 – 11th international forum on knowledge asset dynamics: towards a new architecture of knowledge: big data, culture and creativity

Tomaschek A, Meyer J, Richter P (2005) Commitment in virtuellen Teams – Gibt es das? In: Meißner K, Engelien M (Hrsg) Virtuelle Organisation und Neue Medien. TUDpress, Dresden, S 223–236

Travica B (2005) Virtual organization and electronic commerce. SIGMIS Database 36(3):45–68

Vincent S (2011) Gesundheits- und entwicklungsförderliches Führungsverhalten: ein Analyseinstrument. In: Badura B, Schröder H, Klose J, Macco K (Hrsg) Führung und Gesundheit. Fehlzeiten-Report 2011. Springer, Berlin Heidelberg, S 49–60

Vincent S (2012) Analyseinstrument für gesundheits- und entwicklungsförderliches Führungsverhalten: eine Validierungsstudie. Z Arbeitswiss 66:41–60

Weinert AB (2004) Organisations- und Personalpsychologie, 6. Aufl. Beltz, Weinheim

Yukl G (2010) Leadership in organizations, 7. Aufl. Pearson, Upper Saddle River

Zetsche D (2016) Mit der Schwarm-Organisation auf den Premium-Thron. Handelsblatt online. http://www.handelsblatt.com/unternehmen/industrie/daimler-mit-der-schwarmorganisation-auf-den-premium-thron/14515590.html. Zugegriffen: 11. Jan. 2019

Zigurs I (2003) Leadership in virtual teams: Oxymoron or opportunity? Organ Dyn 31:339–351. https://doi.org/10.1016/S0090-2616(02)00132-8

Private Nutzung sozialer Medien am Arbeitsplatz

Tim Vahle-Hinz, Christine Syrek, Jana Kühnel und Nicolas Feuerhahn

16.1 Einleitung – 238

16.2 Nutzung sozialer Medien – 239

16.3 Private Nutzung sozialer Medien im Arbeitskontext – 240
16.3.1 Private Nutzung sozialer Medien im Arbeitskontext: Negative *und* positive Wirkungen? – 241
16.3.2 Work-non-Work-Balance und Kreativität – 242

16.4 Exemplarische empirische Erkenntnisse – 242

16.5 Fazit und praktische Implikationen – 244

Literatur – 246

© Springer-Verlag GmbH Deutschland, ein Teil von Springer Nature 2019
B. Badura et al. (Hrsg.), *Fehlzeiten-Report 2019*, https://doi.org/10.1007/978-3-662-59044-7_16

Zusammenfassung

Es gibt Schätzungen, dass Beschäftigte bis zu zwei Stunden ihrer täglichen Arbeitszeit mit privaten Aktivitäten im Internet verbringen. Es wundert daher nicht, dass die private Nutzung sozialer Medien am Arbeitsplatz, die soziale Interaktionen mittels Technologie umschreibt, als eine im betrieblichen Kontext unerwünschte Verhaltensweise aufgefasst wird. In diesem Beitrag möchten wir diese Perspektive erweitern, indem wir auch mögliche positive Wirkungen aufzeigen. Zu diesem Zweck ziehen wir Verbindungen zwischen der privaten Nutzung sozialer Medien am Arbeitsplatz und dem Konzept der Mikropause und berichten empirische Ergebnisse, die aufbauend auf dieser Betrachtungsweise positive Wirkungen auf Leistung, Arbeitsengagement und Work-non-Work-Balance bestätigen. Abschließend diskutieren wir die Frage, wie Organisationen im Lichte der negativen *und* positiven Wirkungen von privater Nutzung sozialer Medien am Arbeitsplatz mit dieser Verhaltensweise umgehen sollten.

16.1 Einleitung

Die Einführung und Verbreitung digitaler und mobiler Informations- und Kommunikationstechnologien prägt die Arbeitswelt maßgeblich. Viele Arbeitsplätze sind ohne Computer/Notebooks/Tablets/Smartphones und Internetzugang kaum mehr vorstellbar. Informations- und Kommunikationstechnologien bewirken Veränderungen in der Art und Weise, wie wir arbeiten (Arnold et al. 2016). Die Hoffnung liegt dabei darauf, dass die Effektivität gesteigert wird, Arbeitsprozesse besser kontrollierbar werden und eine Arbeitsersparnis sowie körperliche Entlastung erreicht werden können (Arnold et al. 2016).

Auf der positiven Seite ist zu konstatieren, dass beispielsweise Informationen einfacher teilbar und jederzeit verfügbar sind, wodurch die Zusammenarbeit und Abstimmung mit Kolleginnen und Kollegen, die an anderen Standorten oder im Homeoffice arbeiten, erleichtert oder überhaupt erst ermöglicht wird (Aral et al. 2013). Moderne Informations- und Kommunikationstechnologien können daher auch als Ressource angesehen werden (Day et al. 2010). Beschäftigte verfügen über mehr Autonomie im Umgang mit ihrer Zeit, erleben eine größere Entscheidungsfreiheit, berichten eine flexiblere Arbeitsgestaltung, die wiederum zu einer höheren Work-non-Work-Balance (oftmals auch als Work-Life-Balance benannt) führen kann (Arnold et al. 2016), und unerledigte Aufgaben können abgeschlossen werden, um sich im Anschluss mental von der Arbeit besser lösen zu können (Syrek et al. 2017). Die Möglichkeit, jederzeit Informationen abrufen zu können, kann ein beruhigendes Gefühl von Transparenz, Informiertheit und Überbrückung von Langeweile hervorrufen.

Eher mit negativen Folgen für Beschäftigte ist jedoch assoziiert, wenn sie durch die sozialen Medien auch während ihrer Freizeit für Belange der Erwerbsarbeit verfügbar sind (Hans-Böckler-Stiftung und DGB 2018), was vor allem auf die Nutzung von Smartphones oder E-Mails zurückzuführen ist. Mehr als jeder zweite Beschäftigte (55 %) gibt an, dass von ihm erwartet werde, in der Freizeit erreichbar zu sein (DGB-Index Gute Arbeit 2015). In einer repräsentativen Untersuchung in Europa zeigte sich, dass 22,4 % der Beschäftigten tatsächlich häufiger außerhalb der Erwerbsarbeitszeit von ihrem Arbeitgeber kontaktiert werden (Arlinghaus und Nachreiner 2013). Geschäftliche E-Mails lesen laut DAK-Gesundheitsreport (2013) 20 % der Deutschen in ihrer Freizeit. Bisherige Studien berichten sowohl für gezeigtes Verhalten in der Freizeit (z. B. das Bearbeiten von arbeitsbezogenen E-Mails) als auch für betrieblich regulierte Verfügbarkeit in der Freizeit (z. B. Rufbereitschaft) negative Folgen wie erhöhtes Stressempfinden, verstärkte Ausschüttung des Stresshormons Kortisol und eine verringerte Work-non-Work-Balance (z. B. Dettmers et al. 2016; Pangert et al. 2016). Neben der tatsächlich geleisteten Mehrarbeit lassen sich die negativen Folgen einer erweiterten Verfügbarkeit auch dadurch erklären, dass die

Grenze zwischen Arbeit und Nicht-Arbeit verschwimmt und Beschäftigte geringe Kontrolle über die Durchlässigkeit dieser Grenze empfinden (z. B. Kossek et al. 2006).

Während sich die bisherige Forschung vor allem auf die erweiterte Verfügbarkeit für Belange der Erwerbsarbeit in Freizeit- und Erholungszeiten konzentriert hat, wurde die entgegengesetzte Richtung – eine erweiterte Verfügbarkeit für Belange der Familie und Freizeit während der Erwerbsarbeit – vernachlässigt. Auch hier verwischt die Grenze zwischen Arbeit und Nicht-Arbeit. Vor allem soziale Medien wie WhatsApp oder Facebook vereinfachen es Beschäftigten, während der Erwerbsarbeit in Kontakt mit Familie und Freunden zu stehen.

Im vorliegenden Beitrag wollen wir die Wirkung von privater Nutzung sozialer Medien am Arbeitsplatz beleuchten. Zunächst gehen wir dabei auf die Nutzung sozialer Medien allgemein ein und fokussieren uns anschließend auf die Forschung zu privater, also nicht-arbeitsbezogener, Nutzung sozialer Medien am Arbeitsplatz. Hierbei erläutern wir zunächst die vorherrschende Ansicht, dass die private Nutzung sozialer Medien am Arbeitsplatz ein sogenanntes „deviantes" Arbeitsverhalten ist. Hiermit wird ein Verhalten bezeichnet, das von dem abweicht, was von Beschäftigten gefordert wird, das mit geringerer Leistung einhergeht und Ressourcen der Organisation verschwendet (Robinson und Bennett 1995). Daran anschließend präsentieren wir Ideen für positive Wirkungen privater Nutzung sozialer Medien am Arbeitsplatz (z. B. für die Work-non-Work-Balance) und beschreiben exemplarische empirische Ergebnisse, die sowohl die negative als auch die positive Seite veranschaulichen. Abschließend diskutieren wir diese differenzierte Sichtweise auf die private Nutzung sozialer Medien am Arbeitsplatz vor allem im Hinblick auf praktisch relevante Implikationen.

16.2 Nutzung sozialer Medien

Die Nutzung sozialer Medien kann als Nutzung internetbasierter Anwendungen definiert werden, die auf den technologischen Grundlagen des Web 2.0 aufbauen und die Erstellung und den Austausch von benutzergenerierten Inhalten ermöglichen (Kaplan und Haenlein 2010, S. 61) oder einfach als „[…] soziale Interaktionen unter Verwendung von Technologie […]" (Smith 2012, S. 1). Die Nutzung sozialer Medien bezieht sich auf elektronische, sofortige Kommunikation über moderne Geräte der Informations- und Kommunikationstechnik wie Computer/Notebooks/Tablets/Smartphones. Diese Konzeptualisierung der Nutzung sozialer Medien schließt die Nutzung sozialer Netzwerkseiten und Apps wie Facebook, Twitter und WhatsApp ein, aber auch „traditionelle" Kommunikationskanäle wie private E-Mails, da diese inzwischen ähnlich wie Kurznachrichten verwendet werden (z. B. Towers et al. 2006). Viele Social-Media-Tools können sowohl am Arbeitsplatz als auch zu Hause verwendet werden, wodurch die Grenze zwischen diesen beiden Kontexten zunehmend verschwimmt.

Die Nutzung sozialer Medien hat in den letzten zehn Jahren dramatisch zugenommen. Eine Untersuchung von Markowetz et al. (2014) zeigt, dass im Durchschnitt am Tag alle 16 min eine Interaktion mittels Smartphone stattfindet. Gefragt nach den am häufigsten genutzten Plattformen sozialer Medien dominieren in den Antworten vor allem Facebook und YouTube, bei Jüngeren Instagram und Snapchat (Pew Research Center 2018) – wobei die Befragten angeben, diese äußerst selten für berufliche Zwecke aufzurufen. Laut jüngsten Umfragen nutzen 65 % der amerikanischen Erwachsenen regelmäßig mindestens eine Social-Media-Plattform während der Arbeitszeit für private Zwecke (Pew Research Center 2015). Bezogen auf den Arbeitskontext zeigen weitere Schätzungen, dass Beschäftigte täglich bis zu zwei Stunden ihrer Erwerbsarbeit mit persönlichen Aktivitäten im Internet (z. B. lesen, Instant

Messaging, persönliche E-Mails schreiben) verbringen (Henle et al. 2009; Vitak et al. 2011).

16.3 Private Nutzung sozialer Medien im Arbeitskontext

Die private Nutzung von sozialen Medien während der Arbeitszeit wird typischerweise als Missbrauch von Arbeitszeit und Unternehmensressourcen angesehen (z. B. Mills et al. 2001). Die in der Literatur verwendeten Begrifflichkeiten wie Cyberloafing (z. B. Lim und Chen 2009) oder Cyberslacking (z. B. Lavoie und Pychyl 2001) bestätigen diese Ansicht. Die Begriffe verdeutlichen, dass die private Nutzung sozialer Medien am Arbeitsplatz aus Sicht der Organisation als deviantes Verhalten eingeschätzt werden kann, das „gegen wesentliche Organisationsnormen verstößt und dadurch das Wohlergehen einer Organisation, ihrer Mitglieder oder beider gefährdet" (Robinson und Bennett 1995, S. 556). Gründe für dieses Verhalten am Arbeitsplatz können – wie bei anderen Arten von deviantem Verhalten am Arbeitsplatz auch – ein entstandenes und aufzuhebendes Ungleichgewicht zwischen Aufwand und Belohnung (z. B. Entlohnung für Überstunden), ein Ausgleich wahrgenommenen organisatorischen Unrechts (z. B. Unzufriedenheit mit dem Lohn) sowie die Reaktion auf Verstöße gegen psychologische Verträge (z. B. Rache an der Organisation für wahrgenommene Ungerechtigkeiten) (z. B. Berry et al. 2007) sein. Es überrascht daher nicht, dass die empirische Forschung negative Auswirkungen von privater Nutzung sozialer Medien am Arbeitsplatz berichtet. Beispielsweise wurde in einer Querschnittsstudie festgestellt, dass die Nutzung sozialer Medien mit einer schlechteren selbst berichteten Arbeitsleistung zusammenhängt (Andreassen et al. 2014).

In einer umfassenden Studie des Pew Research Center zeigt die am häufigsten genannte Antwort auf die Frage, warum Beschäftigte während der Arbeit soziale Medien nutzen, eine neue und vor allem positive Perspektive auf: Der am häufigsten genannte Grund hierfür ist der Studie zufolge, „eine mentale Pause (von der Arbeit) zu machen" (Pew Research Center 2016). Die Frage, inwiefern eine positive Wirkung von privater Nutzung sozialer Medien am Arbeitsplatz auf Befinden und Leistung zu erwarten wäre, stand bislang wenig im Fokus der Forschung. Hierzu bietet das Konzept der Kurzpausen von der Arbeit – auch Mikropausen genannt – erste Ansätze, die die Idee, eine mentale Pause zu machen, aufgreifen.

Um die Energie während des ganzen Arbeitstages aufrecht zu erhalten, nutzen Beschäftigte sogenannte Energiemanagementstrategien (Fritz et al. 2011) – Aktivitäten, die Beschäftigte durchführen, um ihre Energie während der Arbeit aufzufüllen und zu steigern. Es wird angenommen, dass Energiemanagementstrategien Auswirkungen auf das berufliche Wohlbefinden und die Leistung während des Arbeitstages haben. Auf der einen Seite gibt es Fritz et al. (2011) und Zacher et al. (2014) zufolge Strategien, die unmittelbar mit der Arbeit zu tun haben (z. B. das Schreiben einer To-do-Liste, Austausch mit Kollegen), auf der anderen Seite sogenannte Mikropausen, die nicht mit der Arbeit zu tun haben (z. B. einen Kaffee trinken, aufstehen). Die private Nutzung sozialer Medien kann als Mikropause angesehen werden, die dazu verwendet wird, Energie und persönliche Ressourcen aufzubauen. Während der Nutzung sozialer Medien können Beschäftigte mit Freunden und Familie Textnachrichten, Bilder oder Videos austauschen, soziale Unterstützung erfahren (wenn sie über negative Vorfälle bei der Arbeit berichten) etc. und sich so kurz mental von der Arbeit lösen und erholen. Nachfolgend beschreiben wir die private Nutzung sozialer Medien detaillierter und führen eine theoretische Betrachtungsweise ein, die hilft, mögliche negative *und* positive Wirkungen zu verdeutlichen.

16.3.1 Private Nutzung sozialer Medien im Arbeitskontext: Negative *und* positive Wirkungen?

Private Nutzung sozialer Medien kann als eine kurzfristige, fluktuierende Verhaltensweise aufgefasst werden. Konkret bedeutet dies, dass es zum einen Beschäftigte gibt, die häufiger soziale Medien für private Zwecke nutzen als ihre Kollegen (stabile Unterschiede zwischen Beschäftigten). Zum anderen gibt es über einen Arbeitstag hinweg Zeiträume, in denen ein Beschäftigter häufiger soziale Medien für private Zwecke nutzt, aber ebenso Zeiten, an denen dieser Beschäftigte die sozialen Medien seltener für private Zwecke nutzt (Unterschiede innerhalb von Beschäftigen über die Zeit). Um nun die Wirkung von privater Nutzung sozialer Medien am Arbeitsplatz zu beschreiben, müssen beide Quellen für Unterschiede in der Intensität der Nutzung berücksichtigt werden. Ein theoretisches Model, das hierfür herangezogen werden kann, ist das episodische Prozessmodel von Beal et al. (2005). Dieses Model ist besonders geeignet, um den Zusammenhang zwischen der Nutzung sozialer Medien für private Zwecke und momentaner Arbeitsleistung zu erklären.

Dem Modell zufolge ist ein Arbeitstag „[…] aus einer Reihe von Episoden zusammengesetzt, die eine kohärente thematische Organisation aufweisen und mit bestimmten Personen, Ereignissen und Zielen in Verbindung stehen" (Beal et al. 2005, S. 1055). Aufmerksamkeit für die aktuelle Arbeitsaufgabe ist die wichtigste Voraussetzung für Leistung in einer Episode. Genauer gesagt sollte der (prozentuale) Anteil der Momente, die während einer bestimmten Episode auf die Aufgabe fokussiert sind, beeinflussen, wie gut ein Beschäftigter in dieser Episode arbeitet. Diese Annahmen des Models verdeutlichen eine zu erwartende negative Wirkung privater Nutzung sozialer Medien am Arbeitsplatz in Bezug auf die Leistung. Dies gilt sowohl im Hinblick auf Unterschiede zwischen Beschäftigten als auch im Hinblick auf Unterschiede innerhalb von Beschäftigten über die Zeit. Beschäftigte, die während der Arbeit häufiger soziale Medien für private Zwecke nutzen als ihre Kollegen, werden ihren Arbeitsaufgaben durchschnittlich weniger Aufmerksamkeit zuwenden können. Ebenso verhält es sich innerhalb eines Beschäftigten: In Episoden des Arbeitstages, in denen ein Beschäftigter sich stärker mit sozialen Medien für private Zwecke beschäftigt, wird er seiner aktuellen Arbeitsaufgabe weniger Aufmerksamkeit schenken können.

Mit dem Modell lassen sich aber auch mögliche positive Wirkungen von privater Nutzung sozialer Medien auf die Leistung vorhersagen, indem die Idee, dass die private Nutzung sozialer Medien als Mikropause fungieren könnte, mit einbezogen wird. Nach dem episodischen Prozessmodell von Beal et al. (2005) ist die Aufmerksamkeit, die einer momentanen Arbeitsaufgabe gewidmet werden kann, abhängig von den dem Beschäftigten zur Verfügung stehenden Ressourcen zur Selbstregulierung. Fasst man die private Nutzung von sozialen Medien als Mikropause auf, bietet sie am Arbeitsplatz die Möglichkeit, erschöpfte Ressourcen zur Selbstregulierung wieder aufzufüllen. Dies ist wesentlich, um anschließend die Aufmerksamkeit wieder auf Arbeitsaufgaben lenken zu können (Muraven und Baumeister 2000). Die Mikropause, die durch die private Nutzung sozialer Medien entsteht, mag sich zwar zunächst negativ niederschlagen, indem die Aufmerksamkeit auf die aktuelle Arbeitsaufgabe sinkt, kann sich jedoch durch die Erholung und entsprechend aufgefüllte Ressourcen für die folgende Arbeitsepisode positiv auswirken.

Weitere positive Potenziale von privater Nutzung sozialer Medien am Arbeitsplatz zeigen sich bei der Betrachtung anderer wichtiger organisationaler Kennwerte neben der Leistung. In diesem Zusammenhang möchten wir auf den Nutzen von privater Nutzung sozialer Medien für die Work-non-Work-Balance und die Kreativität bei der Arbeit etwas näher eingehen.

16.3.2 Work-non-Work-Balance und Kreativität

Wie gut Beschäftigte die Bedürfnisse von Arbeit und Familie vereinbaren können ist wichtig für Organisationen, weil Konflikte zwischen Arbeit und Familie mit schlechterem Befinden und schlechterer Leistung assoziiert sind (z. B. Amstad et al. 2011). Gerade in der heutigen Arbeitswelt, mit zumeist zwei berufstätigen Partnern, ist die Work-non-Work-Balance eine Herausforderung für Beschäftigte (Kubicek und Tement 2016; Major und Germano 2006). Die private Nutzung sozialer Medien am Arbeitsplatz kann helfen, eine Work-non-Work-Balance zu verbessern. Paare können sich zum Beispiel über soziale Medien schnell austauschen, um Haushaltspflichten zu koordinieren (z. B. wer macht den Einkauf nach der Arbeit, was muss besorgt werden?). Die private Nutzung sozialer Medien am Arbeitsplatz kann es auch erleichtern, mit Familienangehörigen während der Arbeit in Kontakt zu stehen, ohne physisch präsent zu sein. Beispielsweise können Beschäftigte und ihre Freunde und Angehörigen sich emotional unterstützen, indem sie aufmunternde Nachrichten versenden, oder das Wohlergehen von Kindern kann erfragt werden. Zusammengefasst kann angenommen werden, dass die private Nutzung sozialer Medien am Arbeitsplatz es Beschäftigten erleichtert, unerledigte Aufgaben, die außerhalb der Erwerbsarbeit liegen, zu erledigen und verschiedene Rollen gleichzeitig auszufüllen (D'Abate 2005).

Ein zentraler Bestandteil von heutigen Arbeitsaufgaben ist die Lösung von nicht alltäglichen Problemen (Newell et al. 2009). Einen guten Job zu machen erfordert von Beschäftigten, sich Wissen zu erarbeiten, es zu teilen und anzuwenden und dabei auch „out of the box" zu denken (Chen und Huang 2009). Im Gegensatz zu Routineaufgaben ist der Zusammenhang zwischen investierter Zeit und Produktivität für Aufgaben, die Kreativität erfordern, nicht eindeutig. Mehr Zeitaufwand resultiert nicht unbedingt in einer besseren kreativen Leistung. Kreative Lösungen erfordern zudem die Fähigkeit, sich nicht auf Probleme zu fixieren, sondern neue und diverse Informationen zu berücksichtigen (Lubart 2001). Die private Nutzung sozialer Medien am Arbeitsplatz kann dazu beitragen, die Fixierung auf ein Problem zu durchbrechen, und Beschäftigten erlauben, eine neue Perspektive auf die zu lösende Aufgabe zu erhalten. Des Weiteren kann die private Nutzung sozialer Medien am Arbeitsplatz Kreativität begünstigen, da Beschäftigte einer größeren Vielfalt an Informationen ausgesetzt sind und somit die Anzahl und Art an Informationen steigt, aus denen gewählt werden kann und die mit dem zu lösenden Problem in Verbindung gebracht werden können (Amabile et al. 2005).

Nachfolgend stellen wir exemplarische empirische Arbeiten vor, die zum einen beide Quellen von Unterschieden in privater Nutzung sozialer Medien berücksichtigen (zwischen Beschäftigten und innerhalb von Beschäftigten über die Zeit), und zum anderen versuchen, neben negativen Wirkungen von privater Nutzung sozialer Medien auch positive Wirkungen zu beleuchten.

16.4 Exemplarische empirische Erkenntnisse

Um die Zusammenhänge zwischen der privaten Nutzung sozialer Medien am Arbeitsplatz und dem Arbeitsengagement, der Work-non-Work-Balance und der Leistung/Kreativität zu untersuchen, führten Syrek et al. (2018, siehe auch Kühnel et al. 2017) eine Studie mit 334 Beschäftigten aus verschiedenen Branchen durch (größter Anteil: Ingenieurdienstleistungen, IT, Finanzsektor). Die Teilnehmer wurden über persönliche Kontakte der Autoren und der an der Datenerhebung beteiligten Studierenden rekrutiert (convenience sampling approach). Das Durchschnittsalter der Teilnehmenden betrug 34 Jahre (vertreten waren Personen im Alter von 18 bis 64 Jahren; davon waren zwei Personen bis einschließlich 20 Jahre alt, 178 Personen zwischen 21 und 30 Jah-

16.4 · Exemplarische empirische Erkenntnisse

re alt, 58 Personen zwischen 31 und 40 Jahre alt, 44 Personen zwischen 41 und 50 Jahre alt, 40 Personen zwischen 51 und 60 Jahre alt und eine Person über 60 Jahre alt). Die Stichprobe bestand zu gleichen Teilen aus Männern und Frauen. 80 % der Teilnehmenden waren in Vollzeit beschäftigt; die Teilnehmenden arbeiteten im Schnitt 40 h pro Woche und hatten im Schnitt sechs Jahre Berufserfahrung. Der Großteil der Teilnehmenden gab an, verheiratet zu sein und/oder mit einem Partner zusammenzuleben, und 24 % lebten mit einem Kind oder mehreren Kindern gemeinsam im Haushalt.

Die Teilnehmenden der Studie wurden gebeten, über den Verlauf eines Arbeitstages stündliche Kurzfragebogen zu beantworten. In jedem dieser Kurzfragebogen wurde die private Nutzung sozialer Medien am Arbeitsplatz (in Minuten) innerhalb der letzten Stunde erfragt. Zur privaten Nutzung sozialer Medien gehörte in dieser Studie die private Nutzung von sozialen Netzwerken (z. B. Facebook, MySpace), von Kurznachrichten-Diensten und -Programmen (z. B. WhatsApp, Threema), von Voice-over-IP-Services (z. B. Skype, FaceTime) sowie das Lesen und Schreiben privater E-Mails und das Spielen von Online-Multiplayerspielen (z. B. Farmville, Words with Friends). Zudem wurden die Teilnehmenden gebeten, ihr Arbeitsengagement, die wahrgenommene Work-non-Work-Balance und ihre Arbeitsleistung/Kreativität in Bezug auf die letzte Stunde einzuschätzen. Das Arbeitsengagement wurde dazu mit sechs Items der *Utrecht Work Engagement Scale* (Schaufeli et al. 2006), die wahrgenommene Work-non-Work-Balance mit zwei Items basierend auf dem *Survey Work Home Interaction NijmeGen* (Geurts et al. 2005) und die Arbeitsleistung/Kreativität mit zwei adaptierten Items, die nach innovativen Ideen und dem kreativen Lösen von arbeitsbezogenen Problemen fragen (George und Zhou 2001), erfasst. Die von den Autoren eingesetzte Befragungsmethode hat den großen Vorteil, dass das Risiko von Verzerrungen bezüglich der Einschätzung vergangener oder allgemeiner Verhaltensweisen und Erlebnisse minimiert wird (z. B. die potenzielle Unter- oder Überschätzung der tatsächlichen privaten Nutzung sozialer Medien am Arbeitsplatz, wenn diese retrospektiv in Bezug auf den gesamten Arbeitstag, die letzte Arbeitswoche oder „im Allgemeinen" erfragt würde). Zudem lassen sich mit dieser Methode Unterschiede innerhalb einer Person über die Zeit erfassen und auswerten.

Der Großteil der Personen in der untersuchten Stichprobe (97 %) gab an, während des Arbeitstages soziale Medien für private Zwecke genutzt zu haben. Die durchschnittliche Dauer der Nutzung sozialer Medien betrug 4,9 min pro Stunde, also ca. 39 min während des ganzen Arbeitstages. Erwartungsgemäß nutzten Beschäftigte, die der Generation Y angehörten (Geburtsjahrgänge von 1981 bis 2000), soziale Medien mit 5,4 min pro Stunde häufiger als Beschäftigte der Generation X (Geburtsjahrgänge von 1966 bis 1980; 3,7 min pro Stunde) oder der Generation der Babyboomer (Geburtsjahrgänge bis 1965; 2,7 min pro Stunde).

Die Ergebnisse der Studie zeigten, dass Personen, die eine längere private Nutzungsdauer von sozialen Medien während des Tages angaben, generell weniger Arbeitsengagement berichteten als Personen, die angaben, soziale Medien generell weniger zu nutzen (Unterschied zwischen Beschäftigten; Syrek et al. 2018). Ebenso fanden die Autoren einen negativen Zusammenhang zwischen der privaten Nutzung sozialer Medien und dem Arbeitsengagement, wenn die Nutzung sozialer Medien einer Person in einer Stunde anhand der Nutzung sozialer Medien dieser Person während des ganzen Tages relativiert wurde: In den Stunden, in denen eine Person soziale Medien häufiger privat nutzte im Vergleich zu Stunden, in denen sie soziale Medien weniger häufig privat nutzte, erlebte die Person weniger Arbeitsengagement (Unterschied innerhalb von Beschäftigten über die Zeit). Jedoch fand sich ein positiver Zusammenhang zum Arbeitsengagement in der *darauffolgenden* Stunde (zeitversetzter Unterschied innerhalb von Beschäftigten über die Zeit). Dies legt nahe, dass die Nutzung sozialer Medien eine Mikropause darstellte, während der Ressourcen wiederhergestellt wurden,

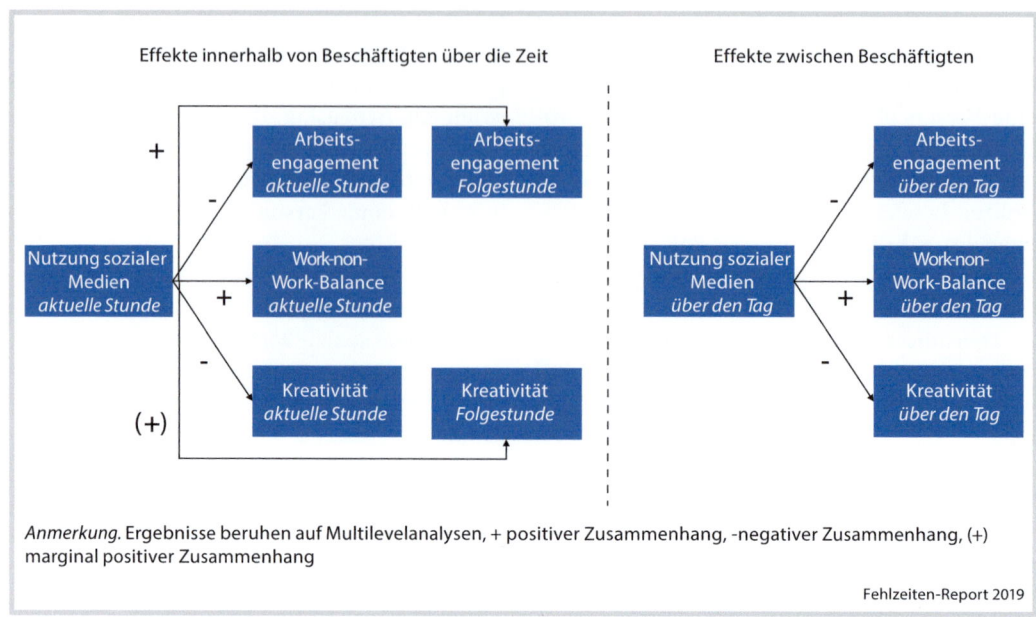

◉ **Abb. 16.1** Zusammenhänge zwischen der privaten Nutzung sozialer Medien am Arbeitsplatz und dem Arbeitsengagement, der Work-non-Work-Balance und der Leistung/Kreativität

die anschließend ermöglichten, sich auf die Arbeitstätigkeit zu fokussieren und Engagement bei der Arbeit zu erleben. Ähnliche Ergebnisse konnten auch für Kreativität bei der Arbeit gefunden werden (Kühnel et al. 2017).

Neben dem Arbeitsengagement untersuchten die Autoren auch die wahrgenommene Work-non-Work-Balance der Teilnehmenden (Kühnel et al. 2017). Hier zeigten sich durchgängig positive Zusammenhänge zwischen der privaten Nutzung sozialer Medien und der Work-non-Work-Balance: Personen, die eine längere private Nutzungsdauer von sozialen Medien während des Tages angaben, berichteten von einer besseren Work-non-Work-Balance als Personen, die angaben, soziale Medien generell weniger privat zu nutzen (Unterschied zwischen Beschäftigten). Ebenso erlebte eine Person in den Stunden, in denen sie soziale Medien häufiger privat nutzte im Vergleich zu Stunden, in denen sie soziale Medien weniger häufig privat nutzte, eine bessere Work-non-Work-Balance (Unterschied innerhalb von Beschäftigten über die Zeit). Interessanterweise galt dieses Befundmuster sowohl für Frauen als auch für Männer, während es sich für Jüngere und Ältere unterschied: Der positive Zusammenhang zwischen der privaten Nutzung sozialer Medien und Work-non-Work-Balance war stärker für Ältere als für Jüngere. Zudem war dieser Zusammenhang stärker für Personen, die eine Beziehung führten, im Vergleich zu Alleinlebenden. Die Tatsache, ob eine Person mit Kindern oder ohne Kinder im Haushalt lebte, war hingegen nicht relevant für den Zusammenhang zwischen der privaten Nutzung sozialer Medien und der Work-non-Work-Balance. ◉ Abb. 16.1 bietet eine zusammenfassende Darstellung der Ergebnisse.

16.5 Fazit und praktische Implikationen

Die theoretischen Überlegungen und die exemplarischen empirischen Ergebnisse zur privaten Nutzung sozialer Medien am Arbeitsplatz machen deutlich, dass eine eindeutige Bewertung dieses Verhaltens am Arbeitsplatz nicht möglich ist. Allgemein zeigen Beschäftigte, die bei der Arbeit häufiger soziale Medien für private Zwecke nutzen, ein geringeres Engagement über den Tag hinweg (Unterschiede zwischen Personen). Allerdings gibt es Hinweise, dass die sporadische private Nutzung sozialer Medien am Arbeitsplatz sogar förderlich für das Arbeitsengagement in der Folgestunde sein kann (Unterschiede innerhalb von Personen über die Zeit). Diese Befundlage konnte auch für Kreativität weitestgehend bestätigt werden. Eindeutiger fällt die Bewertung bezüglich der Work-non-Work-Balance aus. Hier zeigt sich, dass die private Nutzung sozialer Medien am Arbeitsplatz sowohl als stabiler Unterschied zwischen Beschäftigten als auch als sporadische Verhaltensweise eine bessere Work-non-Work-Balance ermöglicht. Im Zuge dieser unterschiedlich zu bewertenden Auswirkungen von privater Nutzung sozialer Medien am Arbeitsplatz stellt sich die Frage, wie Organisationen mit dieser Verhaltensweise ihrer Beschäftigten umgehen sollten.

Die Debatte in Führungskreisen über die potenziell negativen Auswirkungen der privaten Nutzung sozialer Medien während der Arbeitszeit und deren Folgen mündet für viele Unternehmen darin, die private Nutzung von Plattformen wie Facebook, YouTube, Instagram und Twitter bei der Arbeit zu verbieten (Microsoft 2013). Wie zeitgemäß und effektiv ein Verbot bzw. eine technische Einschränkung von Plattformen oder Anwendungen auf Firmengeräten ist, kann vor dem Hintergrund der privaten Verbreitung von Smartphones in Frage gestellt werden. Ein zusätzliches Argument gegen das Verbot der privaten Nutzung sozialer Medien ist, dass junge Beschäftigte eine Einschränkung ihrer Aktivitäten in den sozialen Medien ablehnen und nicht akzeptieren (Ali-Hassan et al. 2015). Entsprechend stimmen fast drei von vier „Millenials"-Beschäftigten der Aussage zu, Richtlinien zur Beschränkung ihrer privaten Nutzung sozialer Medien nicht Folge zu leisten (Fister Gale 2013). In derselben Studie wird berichtet, dass zwei Drittel es auch für illegitim halten, wenn die IT-Abteilung das Online-Verhalten überwacht, auch wenn soziale Medien für private Zwecke auf Firmengeräten innerhalb des Unternehmensnetzwerks genutzt werden. Auf Basis der Ergebnisse verschiedener Studien, die aufzeigen, dass die private Nutzung sozialer Medien während der Arbeitszeit als Mikropause das Potenzial hat, Ressourcen aufzubauen, erscheint ein generelles Verbot – auch vor dem Hintergrund der möglicherweise mit einem Verbot einhergehenden Reaktanz – nicht immer sinnvoll.

Eine alternative Möglichkeit für Arbeitgeber, auf die private Nutzung sozialer Medien während der Arbeitszeit indirekt Einfluss zu nehmen, bietet die Arbeitsgestaltung. Es ist denkbar, dass Beschäftigte soziale Medien nutzen, wenn ihre Arbeitsaufgaben zum Beispiel durch eine geringe Bedeutsamkeit oder Monotonie gekennzeichnet sind. Sind die Arbeitsaufgaben nach den Kriterien menschengerechter Arbeit gestaltet (Hacker und Richter 1980), sollte dies die Beschäftigen dabei unterstützen, sich ihren Arbeitsaufgaben zuzuwenden (vgl. „task attentional pull" von Beal et al. 2005), anstatt ihre Aufmerksamkeit auf nicht-arbeitsbezogene Dinge zu richten. Die Schulung und Aufklärung von Beschäftigten, auf welche Weise soziale Medien privat genutzt werden können (z. B. für Mikropausen), ist ebenfalls wichtig. Unternehmen und speziell Führungskräfte sollten ihre Beschäftigten sensibilisieren und informieren, welche Art der privaten Nutzung sozialer Medien akzeptiert wird, in welchem Rahmen diese stattfinden kann und welche Risiken und negativen Auswirkungen für die Beschäftigten und das Unternehmen von einer inadäquaten Nutzung ausgehen. Gerade wenn Beschäftigte soziale Medien privat nutzen, um eine kurze mentale Pause zu machen oder mit Familie oder Freunden zu kommunizieren, um sich im Folgenden wieder völlig auf die Arbeit konzentrieren zu können, dürfte ein Verbot unnötig sein. Gerade für Beschäftigte, die außerhalb der regulären Arbeitszeit für den Job erreichbar sind, ist gut vorstellbar, dass diese im Sinne der Reziprozität bzw. als Ausgleich dazu verstärkt davon profitieren könnten, soziale Medien während der Erwerbsarbeit für private Zwecke zu nutzen. In einer

Studie zeigte sich, dass die negativen Effekte, die eine erweiterte Erreichbarkeit für Belange der Erwerbsarbeit in der Freizeit auf das Wohlbefinden der Beschäftigten hat, über eine Verringerung der Work-non-Work-Balance vermittelt werden (Dettmers 2017). Die positiven Effekte, die umgekehrt eine erweiterte Erreichbarkeit für Familie und Freunde während der Erwerbsarbeit durch die private Nutzung sozialer Medien für die Work-non-Work-Balance hat, könnten demnach den negativen Effekten einer erweiterten Verfügbarkeit in der Freizeit entgegenwirken. Wie wichtig der Kontext der Nutzung ist, unterstreicht eine Studie von Ali-Hassan et al. (2015), die entsprechend empfehlen, dass Führungskräfte eine klare Vorstellung davon haben sollten, welche Art von Arbeitsleistung für sie wichtig ist, und die private Nutzung sozialer Medien entsprechend regeln. Wenn die Förderung innovativen und kreativen Denkens im Fokus steht, kann die private Nutzung sozialer Medien unter den Gesichtspunkten, dass soziale und kognitiv-informative ebenso wie hedonistische Bedürfnisse befriedigt werden, durchaus günstig sein.

Zukünftige Forschungsarbeiten sollten sich deshalb auch der Frage widmen, ob das Erholungspotenzial einer kurzen „Social-Media-Pause" an Randbedingungen geknüpft ist, wie z. B., dass die private Nutzung sozialer Medien *bewusst und selbst-initiiert* erfolgen sollte (im Kontrast zu einer lediglich reaktiven Nutzung, die eine Störung/Unterbrechung des Arbeitsablaufs darstellen kann). Des Weiteren erscheint uns Forschung nötig, die neben der Häufigkeit oder Dauer die private Nutzung sozialer Medien mit einem stärker qualitativen Fokus untersucht. So könnten zum Beispiel die Motive und die Inhalte der privaten Nutzung sozialer Medien einbezogen werden, da denkbar ist, dass diese die Wirkrichtung der privaten Nutzung sozialer Medien modulieren können.

Literatur

Ali-Hassan H, Nevo D, Wade M (2015) Linking dimensions of social media use to job performance: The role of social capital. J Strateg Inf Syst 24(2):65–89

Amabile TM, Barsade SG, Mueller JS et al (2005) Affect and creativity at work. Adm Sci Q 50(3):367–403

Amstad FT, Meier LL, Fasel U et al (2011) A meta-analysis of work-family conflict and various outcomes with a special emphasis on cross-domain versus matching-domain relations. J Occup Health Psychol 16(2):151–169

Andreassen CS, Torsheim T, Pallesen S (2014) Use of online social network sites for personal purposes at work: Does it impair self-reported performance? Comprehensive Psychology 3. January 201(4):1–21

Aral S, Dellarocas C, Godes D (2013) Introduction to the special issue—social media and business transformation: a framework for research. Inf Syst Res 24(1):3–13

Arnold D, Butschek S, Steffes S et al (2016) Digitalisierung am Arbeitsplatz: Bericht. https://nbn-resolving.org/urn:nbn:de:0168-ssoar-47712-7. Zugegriffen: 12. Januar 2019.

Arlinghaus A, Nachreiner F (2013) When work calls-associations between being contacted outside of regular working hours for work-related matters and health. Chronobiol Int 30(9):1197–1202

Beal DJ, Weiss HM, Barros E et al (2005) An episodic process model of affective influences on performance. J Appl Psychol 90(6):1054–1068

Berry CM, Ones DS, Sackett PR (2007) Interpersonal deviance, organizational deviance, and their common correlates: A review and meta-analysis. J Appl Psychol 92(2):410–424

Chen CJ, Huang JW (2009) Strategic human resource practices and innovation performance – The mediating role of knowledge management capacity. J Bus Res 62(1):104–114

D'Abate CP (2005) Working hard or hardly working: A study of individuals engaging in personal business on the job. Hum Relations 58(8):1009–1032

DAK-Gesundheit (2013) Gesundheitsreport 2013. https://www.dak.de/dak/bundes-themen/gesundheitsreport-2013-1318292.html. Zugegriffen: 19. Januar 2019

Day A, Scott N, Kelloway EK (2010) Information and communication technology: Implications for job stress and employee well-being. In: Perrewé PL, Ganster DC (Hrsg) New developments in theoretical and conceptual approaches to job stress. Emerald Group Publishing Limited, Bingley (UK), S 317–350

Dettmers J (2017) How extended work availability affects well-being: The mediating roles of psychological detachment and work-family-conflict. Work Stress 31(1):24–41

Literatur

Dettmers J, Vahle-Hinz T, Bamberg E et al (2016) Extended work availability and its relation with start-of-day mood and cortisol. J Occup Health Psychol 21(1):105–118

DGB-Index Gute Arbeit (2015) DGB-Index Gute Arbeit – Der Report 2015: Wie die Beschäftigten die Arbeitsbedingungen in Deutschland beurteilen. https://index-gute-arbeit.dgb.de. Zugegriffen: 17. Januar 2019

Fister Gale S (2013) Companies that don't embrace social media might be treading water. http://www.workforce.com/articles/companies-that-don-t-embrace-social-media-might-be-treading-water-experts-say. Zugegriffen: 19. Januar 2019

Fritz C, Lam CF, Spreitzer GM (2011) It's the little things that matter: An examination of knowledge workers' energy management. Acad Manage Perspect 25(3):28–39

George JM, Zhou J (2001) When openness to experience and conscientiousness are related to creative behavior: An interactional approach. J Appl Psychol 86:513–524

Geurts SAE, Taris TW, Kompier MAJ, Dikkers JSE, Van Hooff MLM, Kinnunen UM (2005) Work-home interaction from a work psychological perspective: Development and validation of a new questionnaire, the SWING. Work Stress 19:319–339

Hacker W, Richter P (1980) Psychische Fehlbeanspruchung. Psychische Ermüdung, Monotonie, Sättigung und Stress. VEB Deutscher Verlag der Wissenschaften, Berlin

Hans-Böckler-Stiftung, DGB (2018) Atlas der Arbeit. https://www.boeckler.de/14_113923.htm. Zugegriffen:19. Januar 2019

Henle CA, Kohut G, Booth R (2009) Designing electronic use policies to enhance employee perceptions of fairness and to reduce cyberloafing: An empirical test of justice theory. Comput Hum Behav 25(4):902–910

Kaplan AM, Haenlein M (2010) Users of the world, unite! The challenges and opportunities of Social Media. Bus Horiz 53(1):59–68

Kossek EE, Lautsch BA, Eaton SC (2006) Telecommuting, control, and boundary management: Correlates of policy use and practice, job control, and work-family effectiveness. J Vocat Behav 68(2):347–367

Kubicek B, Tement S (2016) Work intensification and the work-home interface. J Pers Psychol 15(2):76–89

Kühnel J, Vahle-Hinz T, Bloom J de et al (2017) Staying in touch while at work: Relationships between personal social media use at work and work-nonwork balance and creativity. The International Journal of Human Resource Management, advanced online publication

Lavoie JAA, Pychyl TA (2001) Cyberslacking and the procrastination superhighway: A web-based survey of online procrastination, attitudes, and emotion. Soc Sci Comput Rev 19(4):431–444

Lim VKG, Chen DJQ (2009) Cyberloafing at the workplace: Gain or drain on work? Behav Inf Technol 31(4):343–353

Lubart TI (2001) Models of the creative process: Past, present and future. Creat Res J 13(3-4):295–308

Major DA, Germano LM (2006) The changing nature of work and its impact on the work-home interface. In: Jones F, Burke RJ, Westman M (Hrsg) Work-life balance: A psychological perspective. Psychology Press, New York, NY, S 13–38

Markowetz A, Błaszkiewicz K, Montag C et al (2014) Psycho-Informatics: big data shaping modern psychometrics. Med Hypotheses 82(4):405–411

Microsoft (2013) Bring your own service: Employees want social tools at work, despite company restrictions and hesitations, reports new Microsoft survey. http://www.microsoft.com/en-us/news/Press/2013/May13/05-27SocialToolsPR.aspx. Zugegriffen: 20. Januar 2019

Mills JE, Hu B, Beldona S et al (2001) Cyberslacking! A wired-workplace liability issue. Cornell Hotel Restaur Adm Q 42(5):34–47

Muraven M, Baumeister RF (2000) Self-regulation and depletion of limited resources: Does self-control resemble a muscle? Psychol Bull 126(2):247–259

Newell S, Robertson M, Scarbrough H et al (2009) Managing knowledge work and innovation Bd. 2. Palgrave Macmillan, Houndmills

Pangert B, Pauls N, Schüpbach H (2016) Die Auswirkungen arbeitsbezogener erweiterter Erreichbarkeit auf Life-Domain-Balance und Gesundheit, 2. Aufl. Bundesanstalt für Arbeitsschutz und Arbeitsmedizin, Dortmund

Pew Research Center (2018) Social Media Use in 2018 (report). http://www.pewinternet.org/2018/03/01/social-media-use-in-2018/. Zugegriffen: 20. Januar 2019

Pew Research Center (2016) Social Media and the Workplace (report). http://www.pewinternet.org/2016/06/22/social-media-and-the-workplace/. Zugegriffen: 20. Januar 2019

Pew Research Center (2015) Social media usage: 2005–2015. http://www.pewinternet.org/2015/10/08/social-networking-usage-2005-2015/. Zugegriffen: 20. Januar 2019

Robinson SL, Bennett RJ (1995) A typology of deviant workplace behaviors: A multidimensional scaling study. Acad Manag J 38(2):555–572

Schaufeli WB, Bakker AB, Salanova M (2006) The measurement of work engagement with a short questionnaire: A cross-national study. Educ Psychol Meas 66:701–716

Smith MC (2012) Social media update. Advocate 58:1–12

Syrek C, Kühnel J, Vahle-Hinz T et al (2018) Share, like, twitter and connect: Ecological momentary assessment to examine the relationship between personal social media use at work and work engagement. Work Stress 32(3):209–227

Syrek C, Weigelt O, Peifer C et al (2017) Zeigarnik's sleepless nights: How unfinished tasks at the end of the week impair employees' sleep on the weekend through rumination. J Occup Health Psychol 19(4):490–499

Towers I, Duxbury L, Higgins C et al (2006) Time thieves and space invaders: Technology, work and the organization. J Organ Chang Manag 19(5):593–618

Vitak J, Crouse J, LaRose R (2011) Personal internet use at work: Understanding cyberslacking. Comput Hum Behav 27(5):1751–1759

Zacher H, Brailsford HA, Parker SL (2014) Micro-breaks matter: A diary study on the effects of energy management strategies on occupational well-being. J Vocat Behav 85(3):287–297

Individuelle Ebene: Auswirkungen der Digitalisierung auf den Menschen

Inhaltsverzeichnis

Kapitel 17 Wie erholt ist Bayern? – Ergebnisse einer repräsentativen Erwerbstätigenbefragung – 251
Johanna Schrödel und Werner Winter

Kapitel 18 Extensives und intensiviertes Arbeiten in der digitalisierten Arbeitswelt – Verbreitung, gesundheitliche Risiken und mögliche Gegenstrategien – 267
Anika Schulz-Dadaczynski, Gisa Junghanns und Andrea Lohmann-Haislah

Kapitel 19 Selbstmanagement als Kernkompetenz – 285
Anita Graf und Sibylle Olbert-Bock

Kapitel 20 Von der Arbeit (Nicht) Abschalten-Können: Ursachen, Wirkungen, Verbreitung und Interventionsmöglichkeiten – 307
Andrea Lohmann-Haislah, Johannes Wendsche, Anika Schulz, Tina Scheibe und Ina Schöllgen

Kapitel 21 Gesundheit in der Arbeitswelt 4.0 – 319
Anouschka Gronau, Sonja Stender und Sabrina Fenn

Wie erholt ist Bayern? – Ergebnisse einer repräsentativen Erwerbstätigenbefragung

Johanna Schrödel und Werner Winter

17.1 Einführung – 252
17.1.1 Was ist Erholung? – 252
17.1.2 Methodik und Forschungsfragen – 255

17.2 Darstellung der Befragungsergebnisse – 256
17.2.1 Aktueller Erholungszustand – 256
17.2.2 Erholungsaktivitäten und Erholungsstrategien – 257
17.2.3 Pausengestaltung und arbeitsbezogene Ressourcen – 257
17.2.4 Extremgruppenbetrachtung: Hoch Belastete und hoch/niedrig Erholte – 258
17.2.5 Erholung bei veränderten Arbeitsinhalten durch Arbeit 4.0 – 259

17.3 Diskussion – 261

17.4 Fazit und Implikationen für die Praxis – 263

Literatur – 264

© Springer-Verlag GmbH Deutschland, ein Teil von Springer Nature 2019
B. Badura et al. (Hrsg.), *Fehlzeiten-Report 2019*, https://doi.org/10.1007/978-3-662-59044-7_17

▪▪ Zusammenfassung

Erholung ist ein wesentlicher Prozess, um Leistungsfähigkeit dauerhaft aufrechtzuerhalten. Durch neu entstehende Risikofaktoren (z. B. Wandel von Arbeitsinhalten, Arbeitszeitflexibilisierung, zunehmende Mensch-Maschine-Interaktion) im Rahmen von Arbeit 4.0 gewinnt das Thema Erholung an Bedeutung – wenn Erholung erschwert ist, steigen die Anforderungen an ein effektives Erholungsmanagement. Dies betrifft Erholungsprozesse in der Freizeit ebenso wie während der Arbeit. Dass sowohl die Anwendung bestimmter Erholungsstrategien als auch das Vorhandensein arbeitsbezogener Ressourcen sowie die Pausengestaltung einen Beitrag zur Erholung leisten, zeigt die von der AOK Bayern durchgeführte Studie zur Erholung bayerischer Erwerbstätiger. Sind hohe Belastungen im Arbeitskontext nicht vermeidbar, so sollten Organisationen im Rahmen eines Betrieblichen Gesundheitsmanagements Ressourcen wie soziale Unterstützung, Vielfalt von Arbeitsanforderungen oder Sinnerleben stärken und Möglichkeiten zur erholungsförderlichen Pausengestaltung schaffen.

verdichtung entstehen (Bundesministerium für Arbeit und Soziales 2016; Wöhrmann et al. 2016). Zusätzlich kann die Notwendigkeit, sich auf häufige Veränderungen einzustellen, als beanspruchend erlebt werden.

Sind Beschäftigte mit hohen Anforderungen konfrontiert, so entsteht dadurch auch Stress, der bei dauerhafter Belastung Erschöpfungszustände und damit verbunden die Entstehung von Krankheiten nach sich ziehen kann (Kaluza 2014). Je nach Vulnerabilität (Verletzlichkeit) einer Person können Stressfaktoren zur Ausprägung psychischer Erkrankungen führen (vgl. Vulnerabilitäts-Stress-Modell). Neben den psychischen Beanspruchungen dürfen körperliche Folgen von Erschöpfungszuständen nicht außer Acht gelassen werden (Becker et al. 2004).

Was also tun, um trotz hoher Beanspruchung leistungsfähig zu bleiben? Um Fehlbelastungen und Erschöpfung im Arbeitskontext vorzubeugen, ist es zentral, dass Phasen hoher Beanspruchung mit Phasen der Erholung ausgeglichen werden (Rau 2012). Bleibt die Erholung aus, kann die Leistungsfähigkeit der Beschäftigten nicht dauerhaft aufrechterhalten werden.

17.1 Einführung

Viele Beschäftigte in der heutigen Arbeitswelt sind nicht nur hohen qualitativen Anforderungen ausgesetzt, sondern auch mit großen Arbeitsmengen und Zeitdruck konfrontiert. Zudem erfordert der Wandel der Arbeitswelt in Verbindung mit zunehmender Digitalisierung eine hohe Anpassungsfähigkeit der Beschäftigten. Die Nutzung digitaler Technologien bietet einerseits ein hohes Potenzial, Ressourcen effizient zu nutzen und produktiver zu arbeiten. Andererseits ist dies auch mit Risiken für die Arbeitnehmer verbunden, die mit Robotern/Maschinen interagieren (Möller 2015). Belastungen können beispielsweise durch eine Flexibilisierung der Arbeitszeit verbunden mit räumlicher Mobilität, ein höheres Maß an Fremdbestimmung oder Arbeits-

17.1.1 Was ist Erholung?

Erholung dient dazu, die in Stress- und Beanspruchungsphasen verbrauchten Kräfte wiederherzustellen und so einen erneuten Zustand guter Leistungsfähigkeit herzustellen. Unabhängig davon, ob eine Anforderung – im positiven Sinne – als herausfordernd empfunden wird oder als hinderlich und negativ, beansprucht ihre Bewältigung sowohl körperliche als auch mentale Kräfte (Rau 2012; Bennett et al. 2018). Im Wechsel von Beanspruchung und Erholung entsteht also ein sich wiederholender Zyklus – nur nach ausreichender Erholung ist die erneute Bewältigung von Anforderungen möglich und nach Bewältigung einer anstrengenden Tätigkeit bedarf es einer Erholungsphase. Ist dieser Zyklus dauerhaft gestört,

z. B. durch fehlende Möglichkeit oder Bereitschaft sich zu erholen, kann es zu sinkender Leistungsfähigkeit bis hin zur Entstehung von Krankheiten kommen (Allmer 1996).

Klassischerweise werden mit Erholung vor allem Aktivitäten assoziiert, denen sich die Beschäftigten in ihrer Freizeit widmen: am Abend, am Wochenende oder an freien Tagen sowie im Urlaub. Nachdem die erholsamen, gesundheitsfördernden Effekte eines Urlaubs jedoch schnell wieder abflachen und die Beanspruchung auf das Ursprungsniveau zurückkehrt (Bloom et al. 2009; Westman und Etzion 2001), steht die tägliche Erholung nach der Arbeit oder am Wochenende im Fokus dieser Betrachtung.

Da Erholung bekanntermaßen aber nicht nur außerhalb der Arbeit, sondern auch währenddessen stattfindet, werden zudem arbeitsbezogene Einflüsse auf Erholung untersucht. So kann beispielsweise Erschöpfung vorgebeugt und Vitalität erhalten werden, indem Beschäftigte während der Arbeit etwas Neues lernen, Kollegen eine Freude bereiten oder reflektieren, was ihnen selbst bei der Arbeit Freude macht (Fritz et al. 2011). Personen, denen es gelingt, sich während der Arbeit zu erholen, sind auch eher in der Lage, Erholungsstrategien nach der Arbeit anzuwenden als Personen, die nach der Arbeit hoch erschöpft sind und nicht von Erholungsphasen während der Arbeitszeit profitieren können (Bloom et al. 2015). Der Erholungsprozess nach der Arbeit ist von entscheidender Bedeutung für die Arbeitsfähigkeit am Folgetag – kann dieser vor Beginn des nächsten Arbeitstages/der nächsten Arbeitsschicht nicht abgeschlossen werden, wirkt sich dies negativ auf Arbeitsengagement und -leistung aus (Bloom et al. 2015; Kühnel et al. 2012).

17.1.1.1 Erholung in der Freizeit

Welche Aktivitäten Menschen in der Freizeit nutzen und als erholsam, aktivierend oder positiv empfinden, ist sehr vielfältig. Einige Aktivitäten können dennoch als besonders erholungshemmend oder -fördernd angesehen werden. Arbeitsbezogene Freizeitaktivitäten können beispielsweise als erholungshemmend angesehen werden, während soziale Aktivitäten und körperliche Aktivitäten positiv wirken (Sonnentag 2001; Sonnentag und Natter 2004). Unter einer arbeitsbezogenen Freizeitaktivität versteht man eine Aktivität, die der Tätigkeit während der Arbeit ähnlich ist, beispielsweise wenn eine Schreinerin in der Freizeit Holzarbeiten durchführt oder ein Sachbearbeiter in der Freizeit Büroarbeiten erledigt. Zentral ist es hierbei, viel mehr als die ausgeführten Erholungsaktivitäten die mit einer Aktivität verbundenen psychologischen Prozesse zu betrachten. Während die als erholsam erlebten konkreten Aktivitäten sich interindividuell unterscheiden, sind die dahinterliegenden Prozesse – die Erholungsstrategien – universell (Sonnentag und Fritz 2007). Körperliche Aktivitäten (wie z. B. Sport) können so z. B. von arbeitsbezogenen Gedanken und täglichen Stressoren geistig entlasten (Raglin und Morgan 1985; Yeung 1996) und sind somit mit *mentalem Lösen von der Arbeit* verbunden. Eine herausfordernde Sportübung zu schaffen kann ebenso zu dem Gefühl beitragen, eine *herausfordernde Aufgabe bewältigt* zu haben, wie kreative Aktivitäten (z. B. das Spielen eines Musikinstruments, Basteln) (Demerouti et al. 2009; Winwood et al. 2007). Ebenso trägt *Entspannung*, verbunden mit einer Reduktion psychophysiologischer Aktivierung und positiven, stressreduzierenden Emotionen zur Erholung bei. Erholungsförderlich ist es zudem, wenn selbst bestimmt werden kann, wie die Erholungszeit genutzt wird, also Kontrolle über die eigene Freizeitgestaltung ausgeübt werden kann. Die Möglichkeit, *Kontrolle auszuüben,* ist verbunden mit einer Erhöhung der Selbstwirksamkeit und einem Gefühl der Kompetenz (Sonnentag und Fritz 2007). Neben diesen vier gut erforschten Erholungsstrategien (mentales Lösen von der Arbeit, Bewältigung herausfordernder Aufgaben, Entspannung, Kontrolle) wird der Beitrag weiterer Erholungsprozesse diskutiert: So beschreiben Clauß et al. (2016) *positives Denken* als erholungsförderlich, da hierdurch negative Gedanken unterbrochen werden können und durch eine Erweiterung des Aufmerksamkeitsfokus beim Erleben positiver

Emotionen (vgl. Broaden-and-build-Theorie, Frederickson 2001) neue Ressourcen erschlossen werden (Hobfoll 1989; Kobau et al. 2011). Zudem kann möglicherweise die *bewusste Planung erholungsförderlicher Aktivitäten* oder die *Reflexion der Erholung* eine Rolle spielen (Eichhorn 2009). Da guter Schlaf stark mit Erholung assoziiert ist, liegt es nahe, dass es ebenfalls erholungsförderlich wirken kann, für ausreichend Schlaf zu sorgen.

Verbunden mit sich ändernden Arbeitszeitmodellen verfließen Arbeitszeit und Erholungszeit in der Freizeit; atypische und flexibilisierte Arbeitszeitmodelle nehmen zu (Seiler et al. 2013). Atypische Formen der Arbeitszeitorganisation sind mit Risiken für die Erholung sowie für erholsamen Schlaf verbunden, insbesondere bei Schichtarbeit, langen Arbeitswochen und Überstundenarbeit oder bei variablen Arbeitszeiten und Arbeit am Abend und am Wochenende (Doi 2005; Caruso et al. 2004; Wirtz et al. 2009). Insbesondere bei Betrachtung dieser Risikofaktoren ist in Verbindung mit Arbeitsveränderungen im Rahmen der Arbeit 4.0 verstärkt der Fokus darauf zu richten, wie Erholung trotzdem gelingen kann.

17.1.1.2 Erholung während der Arbeit

Die stärksten Auswirkungen auf Erholung haben die während der Arbeit erlebten Beanspruchungen (Rau 2011). Wenn atypische Arbeitszeiten Erholung in der Freizeit erschweren bzw. verknappen, gewinnt die Frage an Bedeutung, wie die Freizeit auch unter diesen Bedingungen erholungsförderlich gestaltet werden kann (Wöhrmann et al. 2016). Dabei ist nicht nur die Gestaltung der freien Zeit von Belang, sondern auch die Nutzung von Erholungsstrategien bei der Arbeit. Je eher es Beschäftigten gelingt, Erholungsstrategien in den Arbeitsalltag zu integrieren, desto mehr Ressourcen für Erholungsstrategien haben sie in ihrer Freizeit: Sie schalten nach der Arbeit eher ab, entspannen sich, können Herausforderungen bewältigen oder Kontrolle ausüben (Bloom et al. 2015).

Eine wichtige Rolle in Bezug auf Erholung während der Arbeit kommt der Pausengestaltung zu. Sowohl Kurzpausen als auch die längere Mittagspause (bzw. die gesetzlich vorgeschriebene mindestens 30-minütige Arbeitszeitpause) können zur Erholung beitragen – allerdings ist es für den Erholungseffekt bedeutsam, wie die Pause genutzt wird. Zusätzlich zu den Pausen können arbeitsbezogene Aktivitäten positiv wirken (vgl. Fritz et al. 2011). Damit arbeitsbezogene Erholungsstrategien genutzt werden können, benötigen Beschäftigte insbesondere zeitlichen und organisatorischen Handlungsspielraum sowie die Möglichkeit, zwischen vielfältigen Arbeitsanforderungen zu wechseln (Rau 2017). Entsteht ein Ungleichgewicht zwischen arbeitsbezogenen Belastungen und der zur Bewältigung zur Verfügung stehenden Ressourcen, wird dies als Stress empfunden, der wiederum durch Erholung ausgeglichen werden muss (Meijman und Mulder 1998). Typische Belastungen sind z. B. Konflikte, Rollenkonflikte oder Überlastung; arbeitsbezogene Ressourcen neben Handlungsspielraum und Vielfalt der Arbeitstätigkeiten beispielsweise Kontrolle, Autonomie oder Entwicklungsmöglichkeiten. Je nach Art der mit der Tätigkeit verbundenen Belastung spielen unterschiedliche Erholungserlebnisse eine Rolle (Rau 2011).

Betrachtet man, welche Arbeitsaufgaben im Zuge der Digitalisierung von Maschinen übernommen werden können, handelt es sich dabei vornehmlich um klar strukturierte formale Aufgaben mit eindeutigen Wenn-Dann-Regeln – also Aufgaben, die durch eindeutige formale Prozeduren gelöst werden können (Hacker 2016). Folgt man den Thesen von Renate Rau (2017) in ihrem Artikel „Zum Stellenwert von Erholung in der Welt der Arbeit 4.0", ändern sich die Arbeitsinhalte, wenn diese Aufgaben von Maschinen übernommen werden. Rau geht davon aus, dass durch diese Veränderung zum einen Personen mit bislang klar strukturierten Aufgaben mit eindeutigem Ziel betroffen sind: Wenn deren Aufgaben immer stärker von Maschinen übernommen und koordiniert werden, führt dies dazu, dass ihre Tätigkeit stark von Maschinen bestimmt wird (Fremdsteuerung) und damit verbunden ihr Handlungsspielraum sinkt. Zum anderen betrifft die Veränderung auch Arbeitnehmer, die zieloffene Tätigkeiten ausführen, die keinen eindeutigen Wenn-Dann-Regeln folgen und sich entsprechend schwer digitalisieren lassen (z. B. Emotionsarbeit, Forschung, Innovation). Diese Tätigkeiten stellen hohe Anforderungen an Konzentration und Aufmerksamkeit. Im Bereich dieser Tätigkeitsgruppe ist davon auszugehen, dass diejenigen Tätigkeitsanteile, die einer klaren Struktur folgen, ebenfalls von Maschinen übernommen werden und entsprechend nur hochkonzentrative Aufgaben erhalten bleiben.

Treffen diese Veränderungen so zu, dann verstärkt sich zum einen die Belastung durch Monotonie und fehlenden Handlungsspielraum für bestimmte Tätigkeitsgruppen mit formal strukturierten Aufgaben, zum anderen die Belastung durch dauerhaft hohe Arbeitsdichte mit Konzentrations- und Aufmerksamkeitsanforderungen für Beschäftigte mit zieloffenen Tätigkeiten.

Es kann davon ausgegangen werden, dass Handlungsspielraum erholungsförderlich ist (Rau 2012), da dadurch eigenständig zwischen Tätigkeiten gewechselt werden kann und zeitliche Freiheitsgrade entstehen. Wenn aufgrund der zunehmenden Fremdsteuerung durch Maschinen der Handlungsspielraum sinkt und aufgrund der Übernahme von Routineaufgaben durch Maschinen bei anspruchsvollen Tätigkeiten die Möglichkeit wegfällt, zur Erholung einfache Tätigkeiten/Routinetätigkeiten auszuführen, wirkt sich dies negativ auf die Möglichkeiten aus, sich während der Arbeit zu erholen. Entsprechend stellt sich die Frage, ob mit zunehmender Digitalisierung zusätzliche bzw. andere Erholungsmöglichkeiten während der Arbeit geschaffen werden müssen. So könnten bei anspruchsvollen Tätigkeiten zusätzliche Kurzpausen bisherige einfache Tätigkeiten ersetzen, die zur Erholung genutzt wurden; bei Personen mit monotonen Aufgaben könnten alternative Ressourcen (beispielsweise Lernerfahrungen) erholungsförderlich wirken. Diese Annahmen wurden in der bayerischen Erholungsstudie näher betrachtet, auf die im Folgenden näher eingegangen wird.

17.1.2 Methodik und Forschungsfragen

Die empirische Basis dieser Untersuchung bildet eine repräsentative telefonische Befragung unter 2.001 bayerischen Erwerbstätigen mit einem Beschäftigungsumfang von mindestens 19 h in abhängiger oder selbständiger Tätigkeit. Um die erholende Nachwirkung des Urlaubs zu vermeiden, wurden Personen ausgeschlossen, die in den letzten beiden Wochen vor der Befragung Urlaub genommen hatten.

Die telefonische Befragung fand im Zeitraum von Oktober bis Mitte Dezember 2018 statt. In der vorliegenden Stichprobe ist ein höherer Anteil älterer Beschäftigter zu erkennen; in Bezug auf das Geschlecht wurde bei den bivariaten Analysen eine Gewichtung an die Gesamtheit der sozialversicherungspflichtigen Beschäftigten in Bayern im Jahr 2017 vorgenommen (54 % männlich; 46 % weiblich).

Neben dem Erholungszustand der Befragten wurden verschiedene Erholungsaktivitäten, die Erholungsselbstwirksamkeit sowie Erholungsstrategien erfasst (dabei mittels Items aus dem Recovery Experience Questionaire nach Sonnentag und Fritz (2007): mentales Abschalten von der Arbeit, Entspannung, Erleben von Kontrolle sowie die Bewältigung herausfordernder Aufgaben). Erfasst wurde die Pausengestaltung bei der Arbeit sowie vorhandene Ressourcen und Beanspruchungen (als belastend empfundene Arbeitsmerkmale).

Demografische Merkmale wie Alter, Geschlecht, Branche, Arbeitszeit, Beschäftigungsart (abhängig beschäftigt/selbstständig) und Position als Führungskraft wurden zusätzlich einbezogen.

Die zentralen Forschungsfragen lauten:
- Wie erholt sind die bayerischen Erwerbstätigen?
- Welche Strategien und Ressourcen tragen dazu bei, dass Erholung in der Freizeit und während der Arbeit gelingen kann?
- Hinsichtlich welcher Strategien und Ressourcen unterscheiden hoch erholte und gleichzeitig hoch belastete Personen von gering erholten hoch belasteten Personen?

- Zeigen sich unterschiedliche Erholungsbedürfnisse in Zusammenhang mit unterschiedlichen Arbeitstätigkeiten hinsichtlich digitalisierter Aufgaben mit Wenn-Dann-Regeln vs. nicht digitalisierten Aufgaben ohne Wenn-Dann-Regeln?

Für die Extremgruppenvergleiche wurde eine Gruppeneinteilung mittels Perzentilen vorgenommen (Belastung: 75 %-Perzentil, Erholung: 50 %-Perzentil). Für die multiplen linearen Regressionsanalysen zur Vorhersage des subjektiv erlebten Erholungszustandes wurde neben der zu betrachtenden unabhängigen Variable (Strategie/Aktivität/Tätigkeitsmerkmal) das Alter sowie die Führungseigenschaft einbezogen, um darauf zurückzuführende Unterschiede zu kontrollieren.

17.2 Darstellung der Befragungsergebnisse

17.2.1 Aktueller Erholungszustand

Betrachtet man, wie erholt die bayerischen Erwerbstätigen aktuell (zum Befragungszeitpunkt) sind, so geben knapp 39 % einen guten oder sehr guten Erholungszustand an. 30 % der Befragten fühlen nicht oder überhaupt nicht erholt. Personen unter 29 Jahren und über 50 Jahren sind dabei am höchsten erholt, während Personen zwischen 40 und 49 den geringsten Erholungszustand berichten. Unterschiede bezüglich des Erholungszustandes ergeben sich auch in Bezug auf die Branche: Während sich in der Branche öffentliche Verwaltung, Verteidigung und Sozialversicherung die Hälfte der Befragten als erholt oder sehr erholt einschätzt, tun dies in der Branche Verkehr und Lagerei nur 28 %. In ◘ Abb. 17.1 ist der Erholungszustand nach Branche dargestellt.

Das Wissen über gute Erholung ist unter den Befragten weit verbreitet: 80 % schätzen ihr Wissen als hoch oder sehr hoch ein. Auch die Erholungsselbstwirksamkeit (= das Gefühl, den Erholungszustand aktiv beeinflussen zu können) wird als relativ hoch eingeschätzt: 64 % der bayerischen Erwerbstätigen geben hohe bis sehr hohe Werte an.

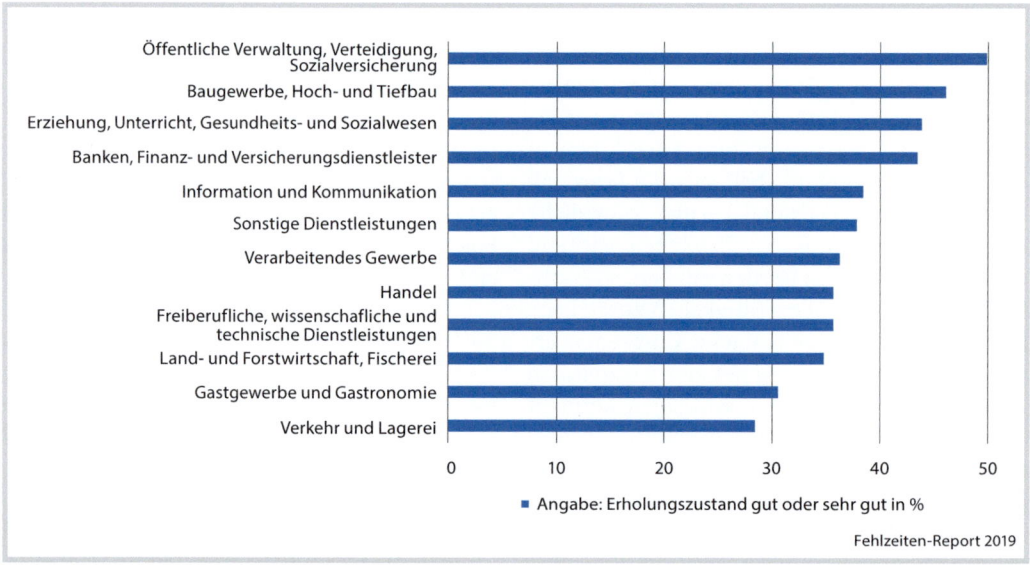

◘ **Abb. 17.1** Guter oder sehr guter aktueller Erholungszustand nach Branche

17.2 · Darstellung der Befragungsergebnisse

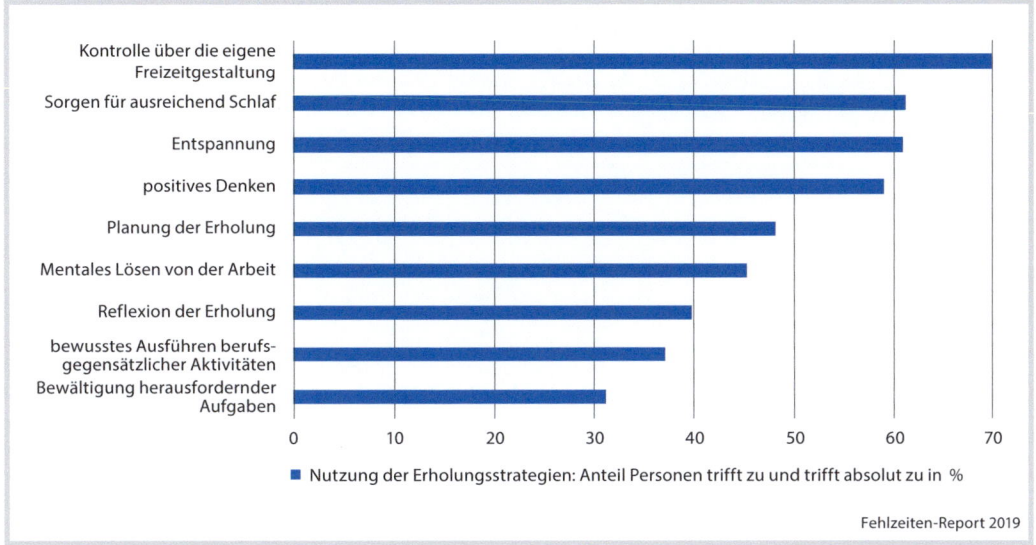

◻ Abb. 17.2 Genutzte Erholungsstrategien der bayerischen Erwerbstätigen

17.2.2 Erholungsaktivitäten und Erholungsstrategien

Bewegung und soziale Aktivitäten sind die meistgenutzten Erholungsaktivitäten der bayerischen Erwerbstätigen – 84 % bzw. 81 % hatten diese Aktivitäten innerhalb der letzten 14 Tage vor dem Befragungszeitraum bewusst eingesetzt, um sich zu erholen. Weiterhin gehören zu den fünf meistgenannten Erholungsaktivitäten der Studienteilnehmer/-innen das Lesen eines Buches/einer Zeitschrift (74 %), die Nutzung von Fernsehen, Internet oder Smartphone (69 %) sowie Haus- oder Gartenarbeit (68 %). Unterteilt man die genutzten Freizeitaktivitäten in High-Effort- (z. B. Bewegung, Aktivität mit Freunden) und Low-Effort-Aktivitäten (z. B. Entspannungsübungen, lesen), so zeigt sich, dass Personen, die eine Kombination von High-Effort- und Low-Effort-Aktivitäten wählen, einen signifikant höheren Erholungszustand aufweisen als Personen ohne diese Kombination. Dies spricht dafür, dass eine abwechslungsreiche Freizeitgestaltung als erholungsförderlich angesehen werden kann. 37 % der Befragten geben an, in ihrer Freizeit etwas zu tun, das sie als gegensätzlich zu ihrem Arbeitsalltag empfinden.

Bezüglich der Erholungsstrategien hatten 70 % der Befragten das Gefühl, in den letzten 14 Tagen selbst entscheiden zu können, was sie tun (Kontrolle), 61 % sorgten für ausreichend Schlaf und hatten etwas unternommen, bei dem sie sich entspannen konnten. Die genutzten Erholungsstrategien sind in ◻ Abb. 17.2 dargestellt.

Alle abgefragten Erholungsstrategien haben einen positiven Einfluss auf den Erholungszustand – insbesondere die Nutzung von Entspannung sowie die Ausführung berufsgegensätzlicher Aktivitäten (vgl. ◻ Tab. 17.1).

17.2.3 Pausengestaltung und arbeitsbezogene Ressourcen

Nur 43 % der Befragten geben an, sich nach ihrer Arbeitspause erholt zu fühlen – dies kann als Indikator dafür gesehen werden, dass diese Personen ihre Pause erholsam gestalten. 73 % halten die gesetzlichen Pausenvorgaben mit ei-

■ **Tabelle 17.1** Einfluss von Erholungsstrategien auf den Erholungszustand. Der Erholungszustand wird auf einer 12-stufigen Skala mit möglichen Ausprägungen von 3 (trifft absolut nicht zu) bis 15 (trifft absolut zu) abgebildet. β: unstandardisierter Regressionskoeffizient, SE (β): Standardfehler des Regressionskoeffizienten. B: standardisierter Regressionskoeffizient. Mit *** gekennzeichnete Konstrukte weisen einen p-Wert < 0,001 auf und können als hochsignifikant bezeichnet werden

Konstrukt	β	SE (β)	B
Entspannung	1,118***	0,051	0,441
Bewusstes Ausführen berufsgegensätzlicher Aktivitäten	1,158***	0,057	0,412
Sorgen für ausreichend Schlaf	0,896***	0,053	0,360
Mentales Lösen von der Arbeit	0,728***	0,044	0,349
Kontrolle über die eigene Freizeitgestaltung	0,892***	0,056	0,340
Planung der Erholung	0,724***	0,051	0,304
Bewältigung herausfordernder Aufgaben	0,406***	0,047	0,189
Reflexion der Erholung	0,378***	0,052	0,162
Positives Denken	0,406***	0,060	0,151

Fehlzeiten-Report 2019

■ **Tabelle 17.2** Einfluss von Pausen auf den Erholungszustand. Der Erholungszustand wird auf einer 12-stufigen Skala mit möglichen Ausprägungen von 3 (trifft absolut nicht zu) bis 15 (trifft absolut zu) abgebildet. β: unstandardisierter Regressionskoeffizient, SE (β): Standardfehler des Regressionskoeffizienten. B: standardisierter Regressionskoeffizient. Mit *** gekennzeichnete Konstrukte weisen einen p-Wert < 0,001 auf und können als hochsignifikant bezeichnet werden

Konstrukt	β	SE (β)	B
Gefühl, nach der Pause erholt zu sein	0,662***	0,048	0,301
Mindestens 30 min Arbeitspause	0,282***	0,042	0,149
Kurzpausen	0,254***	0,046	0,123

Fehlzeiten-Report 2019

ner mindestens 30-minütigen Arbeitszeitpause regelmäßig ein, nur 35 % nutzen regelmäßige Kurzpausen. Insbesondere die erholsame Gestaltung von Pausen trägt zur Erholung bei; insgesamt wirken Pausen erholungsförderlich (vgl. ■ Tab. 17.2).

Neben Pausen können weitere arbeitsbezogene Ressourcen bzw. Aktivitäten erholungsfördernd wirken, wie beispielsweise die soziale Unterstützung durch Kolleginnen und Kollegen und Vorgesetzte am Arbeitsplatz, das Erleben von Rückmeldung oder vielfältige Arbeitsanforderungen. In ■ Tab. 17.3 werden die signifikant mit Erholung assoziierten arbeitsbezogenen Ressourcen dargestellt.

17.2.4 Extremgruppenbetrachtung: Hoch Belastete und hoch/niedrig Erholte

Hoch erholte hoch belastete Personen unterscheiden sich hinsichtlich sowohl ihrer Erholungsstrategien als auch der ihnen zur Verfügung stehenden arbeitsbezogenen Ressourcen

Tabelle 17.3 Einfluss von arbeitsbezogenen Ressourcen auf den Erholungszustand. Der Erholungszustand wird auf einer 12-stufigen Skala mit möglichen Ausprägungen von 3 (trifft absolut nicht zu) bis 15 (trifft absolut zu) abgebildet. β: unstandardisierter Regressionskoeffizient, SE (β): Standardfehler des Regressionskoeffizienten. B: standardisierter Regressionskoeffizient. Mit *** gekennzeichnete Konstrukte weisen einen p-Wert < 0,001 auf und können als hochsignifikant bezeichnet werden, mit * gekennzeichnete Konstrukte weisen einen p-Wert < 0,05 und ≥ 0,01 auf und können als signifikant bezeichnet werden. Sinnerleben wurde transformiert, um eine annähernde Normalverteilung herzustellen, negative Koeffizienten kennzeichnen somit positive Zusammenhänge

Konstrukt	β	SE (β)	B
Soziale Unterstützung	0,435***	0,049	0,197
Erleben von Rückmeldung	0,389***	0,053	0,166
Vielfältige Arbeitsanforderungen	0,448***	0,065	0,156
Rückzugsräume	0,287***	0,044	0,145
Sinnerleben	−2,118***	0,330	−0,144
Handlungsspielraum	0,339***	0,056	0,140
Erfüllung von Zielen mit hoher Wertigkeit	0,339***	0,057	0,135
Lernpotenziale	0,357***	0,062	0,129
Typische Arbeitszeitorganisation	0,087*	−0,042	0,046

Fehlzeiten-Report 2019

sehr deutlich von gering erholten hoch belasteten Personen. Sie verfügen über ein höheres Erholungswissen, eine höhere Erholungsselbstwirksamkeit und praktizieren häufiger Erholungsaktivitäten, die arbeitsgegensätzlich sind. Alle abgefragten Erholungsstrategien werden häufiger angewendet und Pausen mehr genutzt und auch erholsamer gestaltet. Hoch erholte hoch belastete Personen können in ihrer Arbeit eher wichtige Ziele erreichen, haben mehr Lernerfahrungen bei der Arbeit, vielfältigere Arbeitsanforderungen, mehr Handlungsspielraum, mehr soziale Unterstützung bei der Arbeit, erhalten mehr Rückmeldung zur Qualität ihrer Arbeit, können sich eher bei der Arbeit zurückziehen und erleben eher Sinn bei der Arbeit (vgl. ◘ Abb. 17.3).

17.2.5 Erholung bei veränderten Arbeitsinhalten durch Arbeit 4.0

In ▶ Abschn. 17.1.2 (Erholung bei der Arbeit) wurde dargestellt, wie Arbeitsinhalte sich bei zunehmender Digitalisierung und damit verbunden zunehmender Übernahme eindeutig strukturierter Aufgaben durch Maschinen verändern könnten. Dieser Hypothese folgend wurde erwartet, dass Personen, die monotone Aufgaben erledigen und das Gefühl haben, bei ihrer Arbeit fremdgesteuert zu werden, ihre Arbeit auch als wenig anspruchsvoll erleben und wenig durch Emotionsarbeit (= Notwendigkeit, eigene Gefühle zu steuern) belastet sind.

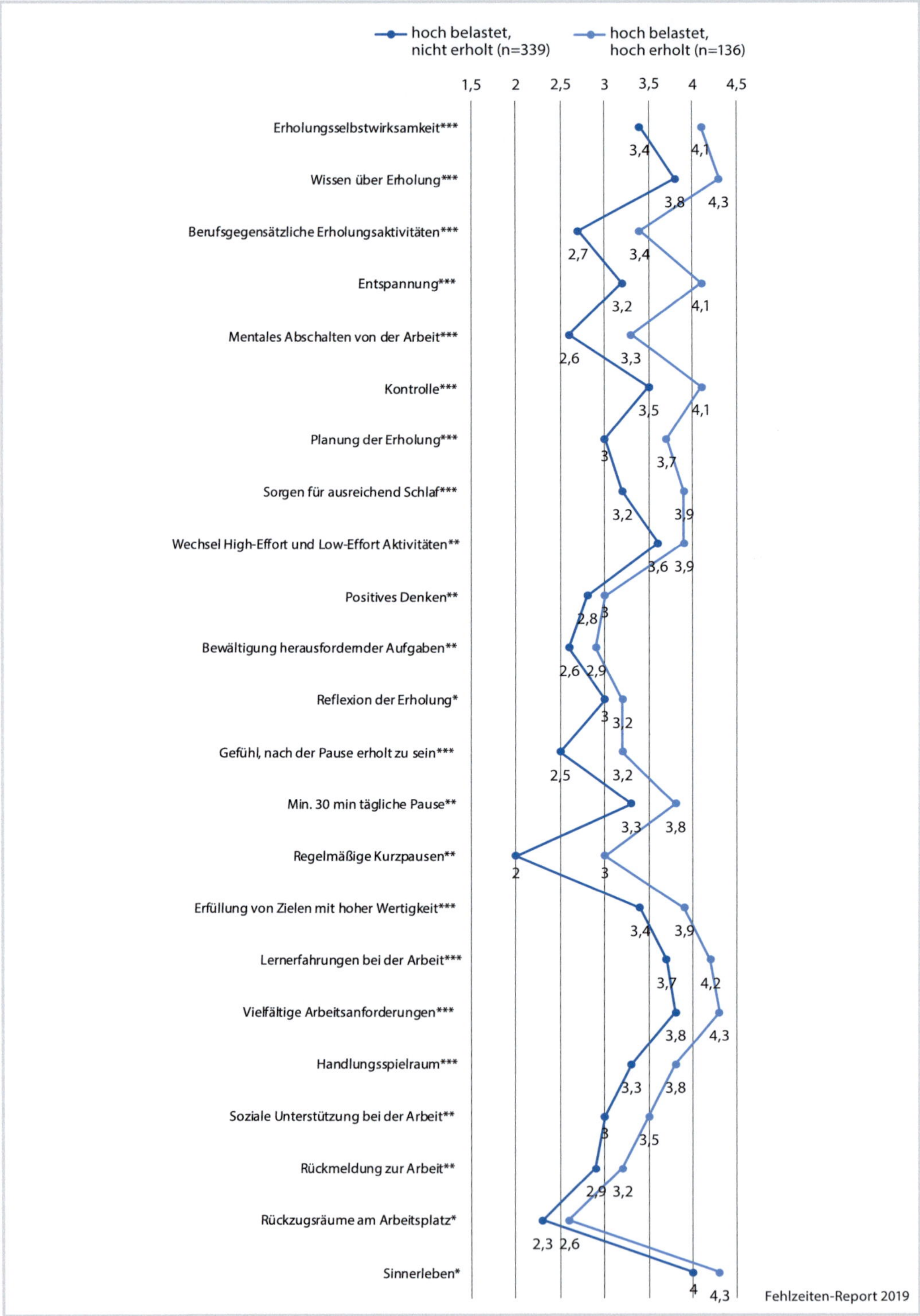
hoch belastet, nicht erholt (n=339)
hoch belastet, hoch erholt (n=136)
1,5
2
2,5
3
3,5
4
4,5
Erholungsselbstwirksamkeit***
3,4
4,1
Wissen über Erholung***
3,8
4,3
Berufsgegensätzliche Erholungsaktivitäten***
2,7
3,4
Entspannung***
3,2
4,1
Mentales Abschalten von der Arbeit***
2,6
3,3
Kontrolle***
3,5
4,1
Planung der Erholung***
3
3,7
Sorgen für ausreichend Schlaf***
3,2
3,9
Wechsel High-Effort und Low-Effort Aktivitäten**
3,6
3,9
Positives Denken**
2,8
3
Bewältigung herausfordernder Aufgaben**
2,6
2,9
Reflexion der Erholung*
3
3,2
Gefühl, nach der Pause erholt zu sein***
2,5
3,2
Min. 30 min tägliche Pause**
3,3
3,8
Regelmäßige Kurzpausen**
2
3
Erfüllung von Zielen mit hoher Wertigkeit***
3,4
3,9
Lernerfahrungen bei der Arbeit***
3,7
4,2
Vielfältige Arbeitsanforderungen***
3,8
4,3
Handlungsspielraum***
3,3
3,8
Soziale Unterstützung bei der Arbeit**
3
3,5
Rückmeldung zur Arbeit**
2,9
3,2
Rückzugsräume am Arbeitsplatz*
2,3
2,6
Sinnerleben*
4
4,3
Fehlzeiten-Report 2019

◘ **Abb. 17.3** Darstellung der Mittelwerte der erholungsrelevanten Strategien und Ressourcen der Extremgruppen (hoch belastet, nicht erholt vs. hoch belastet hoch erholt). Angegebene Signifikanzen beziehen sich auf Mittelwertsvergleiche mittels t-Test: p-Werte < 0,05 und ≥ 0,01 werden mit * gekennzeichnet, p-Werte < 0,01 und ≥ 0,001 werden mit ** und p-Werte < 0,001 werden mit *** gekennzeichnet ◂

Dieser Zusammenhang zeigte sich in der vorliegenden Studie allerdings nicht. Ebenso wenig konnte ein Zusammenhang zwischen vorhandenen Wenn-Dann-Regeln und Belastung durch Monotonie, Fremdsteuerung durch Maschinen, anspruchsvolle Arbeitsinhalte oder Emotionsarbeit gezeigt werden (vgl. ◘ Tab. 17.4).

Personen, die durch viele Arbeitsinhalte in kurzer Zeit belastet sind, sind eher durch die Notwendigkeit, eigene Gefühle beherrschen zu müssen, belastet ($r = 0{,}34$). Personen mit hoher Belastung durch Eintönigkeit empfinden eher eine Belastung durch eine Fremdsteuerung durch Maschinen ($r = 0{,}38$).

Im Weiteren wurde untersucht, ob Personen mit ebendiesen Belastungen von unterschiedlichen Erlebnissen hinsichtlich ihrer Erholung profitieren. Folgende Tendenzen waren dabei feststellbar: Vor allem Personen mit vielen anspruchsvollen Arbeitsinhalten in kurzer Zeit und Belastung durch Emotionsarbeit profitieren sowohl von regelmäßigen mindestens 30-minütigen Arbeitspausen ($\beta = 0{,}27^{***}$; $SD(\beta) = 0{,}07$; $B = 0{,}19^{1}$) als auch von Kurzpausen ($\beta = 0{,}19^{*}$; $SD(\beta) = 0{,}36$; $B = -0{,}18$). Dass es für diese Personengruppe erholungsförderlich ist, wenn sie ihre anspruchsvolle Arbeit durch einfache Tätigkeiten/Routinearbeiten unterbrechen können, konnte empirisch nicht belegt werden ($\beta = -0{,}09$; $SD(\beta) = 0{,}1$; $B = -0{,}04$).

— Personen mit hoher Belastung durch Eintönigkeit und Fremdsteuerung durch Maschinen (im Vergleich zu Personen ohne diese hohe Belastung) (1),
— Personen mit Belastung durch anspruchsvolle Arbeitsinhalte in kurzer Zeit und Emotionsarbeit (2) und
— Personen mit hohem Ausmaß an eindeutigen Wenn-Dann-Regeln (3)

profitieren in Bezug auf ihre Erholung von Rückmeldung bei der Arbeit (1: $\beta = 0{,}69^{**}$ $SD(\beta) = 0{,}22$; $B = -0{,}21$ bzw. 2: $\beta = 0{,}43^{***}$ $SD(\beta) = 0{,}09$; $B = 0{,}26$ bzw. 3: $\beta = 0{,}452^{***}$ $SD(\beta) = 0{,}06$; $B = 0{,}27$).

Zusätzlich deuten die Ergebnisse auf einen positiven Effekt durch Handlungsspielraum vor allem für Personen mit hoher Belastung durch Eintönigkeit und Fremdsteuerung durch Maschinen ($\beta = 0{,}84^{***}$; $SD(\beta) = 0{,}2$; $B = 0{,}26$), Personen mit vielen anspruchsvollen Arbeiten in kurzer Zeit und Emotionsarbeit ($\beta = 0{,}51^{***}$; $SD(\beta) = 0{,}1$; $B = 0{,}33$) sowie für Personen mit einem geringen Ausmaß an eindeutigen Wenn-Dann-Regeln ($\beta = 0{,}65^{***}$; $SD(\beta) = 0{,}14$; $B = 0{,}37$) hin.

17.3 Diskussion

Die Studienergebnisse zeigen, dass die Möglichkeiten, den Erholungszustand zu beeinflussen, sehr vielfältig sind. Dies betrifft sowohl die eigenen Gestaltungsmöglichkeiten in der Freizeit und während der Arbeit als auch organisationale Einflüsse. Von Arbeitgeberseite kann also sowohl auf ausreichend freie Zeit der Arbeitnehmer hingewirkt werden als auch auf die Pausengestaltung und Möglichkeit der

---

[1] Zur Bedeutung von β, SD(β) und BB vgl. ◘ Tab. 17.1, 17.2, 17.3. Mit *** gekennzeichnete Konstrukte weisen einen p-Wert < 0,001 auf, mit ** gekennzeichnete Konstrukte weisen einen p-Wert < 0,01 und ≥ 0,001 auf, mit * gekennzeichnete Konstrukte weisen einen p-Wert < 0,05 und ≥ 0,01 auf. Betrachtet wurde der Einfluss des Erholungserlebnisses (Pausen) für Personen mit hoher Belastung (viele anspruchsvolle Arbeitsinhalte in kurzer Zeit) im Vergleich zu Personen mit geringer Belastung (ohne viele anspruchsvolle Arbeitsinhalte in kurzer Zeit) unter Einbezug von Kontrollvariablen (Führungskraft, Alter). Weitere Regressionen wurden analog berechnet.

Tabelle 17.4 Einfache Korrelationen (nach Pearson) zwischen Arbeitsmerkmalen

	(1)	(2)	(3)	(4)
(1) Vorhandensein eindeutiger Wenn-Dann-Regeln im Rahmen der Tätigkeit				
(2) Belastung durch viele anspruchsvolle Arbeitsinhalte in kurzer Zeit	0,00			
(3) Belastung durch Monotonie	0,03	0,02		
(4) Belastung durch das Gefühl der Fremdsteuerung durch Maschinen	0,03	0,13	0,38	
(5) Belastung durch Notwendigkeit, Gefühle steuern zu müssen	−0,01	0,34	0,12	0,21

Fehlzeiten-Report 2019

Ressourcenstärkung. Selbst wenn Belastungen nicht vermieden werden können, ist Erholung möglich. Bei einem Vergleich hoch belasteter Personen mit hohem Erholungszustand mit hoch belasteten, nicht erholten Personen zeigt sich sehr deutlich, dass ein Ausgleich der Belastungen durch eine angemessene Pausengestaltung und das Vorhandensein arbeitsbezogener Ressourcen in gewisser Weise möglich ist. Die genauen Wirkweisen wurden in dieser Studie allerdings nicht näher betrachtet. Entscheidend ist nicht, welche Erholungsstrategien angewendet werden, sondern diese überhaupt anzuwenden. Eine möglichst abwechslungsreiche Erholungsgestaltung ist sinnvoll, sowohl in Hinblick auf die Erholungsstrategien als auch in Hinblick auf Erholungsaktivitäten (z. B. berufsgegensätzliche Aktivitäten, Wechsel High- und Low-Effort-Aktivitäten).

Nachdem das Wissen und die Erholungsselbstwirksamkeit unter den bayerischen Erwerbstätigen verhältnismäßig hoch ausgeprägt ist, könnte man annehmen, dass die grundsätzliche Erholungskompetenz gegeben ist und schlechte Erholung eher auf andere Faktoren zurückzuführen ist. Inwiefern neben arbeitsbezogenen Belastungen auch private und familiäre Belastungen eine erholungshemmende Rolle spielen und deshalb die Strategieanwendung verhindern, wurde in der Studie nicht erfasst. Es zeigt sich, dass die bewusste Planung der Erholung positiv auf den Erholungszustand wirkt (vgl. Tab. 17.1). Die bewusste Planung führt möglicherweise dazu, dass die Erholungsaktivität mit höherer Wahrscheinlichkeit auch tatsächlich umgesetzt wird. Ebenso könnte hier Vorfreude, verbunden mit positiven erholungsförderlichen Emotionen, eine Rolle spielen – wie bei positivem Denken insgesamt.

Für die Förderung der Erholung während der Arbeit nehmen Pausen einen hohen Stellenwert ein. Ein Großteil der Beschäftigten hält zwar die gesetzlichen Pausenvorschriften ein, die Ergebnisse deuten jedoch darauf hin, dass die Pausen wenig erholsam gestaltet werden. Interessant wäre hier, in weiteren Studien zu betrachten, wie genau eine erholungsförderliche Pausengestaltung aussehen sollte. Erste Befunde dazu zeigen beispielsweise, dass die Anwendung von Progressiver Muskelentspannung nach Jacobson erholungsförderlich ist, während Small Talk in der Pause als eher beanspruchend angesehen werden kann (Krajewski et al. 2010). Einen weiteren Ansatz zur Erholungsförderung stellen Kurzpausen dar. Diese werden von relativ wenigen Beschäftigten genutzt, wirken jedoch erholungsförderlich. Die genaue Ausgestaltung dieser Kurzpausen wäre dabei ebenfalls weiter zu untersuchen.

Inwiefern der Wandel der Arbeit im Rahmen der Arbeit 4.0 tatsächlich mit sich wandelnden Erholungsbedürfnissen verbunden ist, ist zum aktuellen Zeitpunkt noch unklar. Möglicherweise lassen sich die von Rau (s. oben) dargestellten Extrempole in Bezug auf die Arbeitsinhalte zum jetzigen Zeitpunkt noch nicht in dieser Trennschärfe abbilden. Hier bedarf es weiterer Forschung, wie genau sich Arbeitsinhalte verändern und mit welchen Konsequenzen dies hinsichtlich Belastungen und Ressourcen sowie Erholung verbunden ist. Erste Hinweise zur weiteren Untersuchung bezüglich unterschiedlichen Erholungserlebnissen für Gruppen mit verschiedenen Belastungen lassen sich aus der Studie jedoch ableiten. So profitieren vor allem Personen, die durch hohe Monotonie und solche, die durch hoch konzentrative Tätigkeiten verbunden mit Emotionsarbeit sehr belastet sind, in Bezug auf ihre Erholung von Rückmeldung und Handlungsspielraum. Bei hoch anspruchsvollen Arbeiten ist die Pausengestaltung in besonderem Maße relevant.

Limitiert werden die Erkenntnisse der Studie unter anderem dadurch, dass die Betrachtung lediglich im Querschnitt erfolgte, eine Verzerrung hinsichtlich des Alters vorliegt und genaue Lebensumstände sowie private Belastungen nicht erfasst wurden.

17.4 Fazit und Implikationen für die Praxis

Die Studie zeigt deutlich, dass Erholung keine reine Privatsache ist. Arbeitsbezogene Faktoren wirken deutlich auf den Erholungszustand ein. Bekannte Ressourcen, die auch auf andere in einem Betrieblichen Gesundheitsmanagement betrachtete Faktoren wie Leistungsfähigkeit, Arbeitsengagement oder Motivation wirken, haben auch positive Auswirkungen auf das Erholungserleben. Dies spricht dafür, sowohl im Betrieblichen Gesundheitsmanagement als auch insgesamt bei der Arbeitsgestaltung den Ansatz der Ressourcenstärkung beizubehalten.

Der Faktor Sinnerleben als bedeutsame Ressource wurde dabei im Fehlzeiten-Report 2018 ausführlich betrachtet (Badura et al. 2018). Zudem kann es einen wichtigen Beitrag leisten, soziale Faktoren zu stärken und Feedback zu geben, ebenso wie gegenseitige Unterstützung im Unternehmen. Die Gestaltung der Arbeitsanforderungen bietet ebenfalls Spielraum für eine erholungsförderliche Gestaltung von Arbeit: Haben die Beschäftigten vielfältige Arbeitsanforderungen und Handlungsspielraum und können sie so zwischen verschiedenen Beanspruchungen wechseln, wirkt sich dies positiv auf die Erholungsqualität aus.

Da Beschäftigte sich in Zusammenhang mit Arbeit 4.0 auf veränderte Tätigkeiten einstellen müssen und mitunter mit einer zunehmenden Interaktion mit Maschinen sowie einer steigenden Arbeitsdichte konfrontiert sind, ist ein anderes Erholungsmanagement während der Arbeit notwendig. Insbesondere die Pausengestaltung spielt hier eine wichtige Rolle: Unternehmen können zur erholungsförderlichen Gestaltung der Pausen Umgebungen schaffen, die einen möglichst hohen Grad an Selbstbestimmung der Pausengestaltung zulassen (z. B. Möglichkeiten zur Entspannung). Lässt der Arbeitsablauf regelmäßige Kurzpausen zu und werden diese zudem durch Vorgesetzte und das Team als selbstverständlich erachtet, kann auch dadurch ein positiver Effekt für Erholung erreicht werden.

Nachdem sich in der Studie Ansätze zeigen, dass je nach Arbeitsinhalt unterschiedliche Erholungsbedürfnisse relevant sind, sollte auf zielgruppenspezifische Förderung der Erholung im Betrieb geachtet werden. Aufgrund der wachsenden Entgrenzung von Arbeit und Privatleben sowie der zunehmenden Flexibilisierung der Arbeitszeiten wird außerdem die Erholung während der Freizeit erschwert. Um sich dennoch in der Freizeit gut erholen zu können, sollten Beschäftigte auf eine Ausgewogenheit zwischen aktiven und passiven Aktivitäten in ihrer Freizeit achten, wie auch darauf, Erholungszeiten bewusst in den Tagesablauf einzuplanen.

Literatur

Allmer H (1996) Erholung und Gesundheit. Hogrefe, Göttingen

Badura B, Ducki A, Schröder J (2018) Fehlzeiten-Report 2018. Sinn erleben – Arbeit und Gesundheit. Springer, Berlin

Becker P, Schulz P, Schlotz W (2004) Persönlichkeit, chronischer Stress und körperliche Gesundheit. Eine prospektive Studie zur Überprüfung eines systemischen Anforderungs-Ressourcen-Modells. Z Gesundheitspsychol 12(1):11–23

Bennett AA, Bakker AB, Field JG (2018) Recovery from work-related effort: a meta-analysis. J Organ Behav 39(3):262–275

de Bloom J, Kompier M, Geurts S et al (2009) Do we recover from vacation? Meta-analysis of vacation effects on health and well-being. Sangyo Eiseigaku Zasshi 51:13–25

de Bloom J, Kinnunen U, Korpela K (2015) Recovery processes during and after work. J Occup Environ Med 57(7):732–742

Bundesministerium für Arbeit und Soziales (2016) Weißbuch Arbeiten 4.0. http://www.bmas.de/SharedDocs/Downloads/DE/PDF-Publikationen/a883-weissbuch.pdf?__blob=publicationFile&v=9. Zugegriffen: 29. Apr. 2019

Caruso CC, Hitchcock EM, Dick RB et al (2004) Overtime and extended work shifts: recent findings on illness, injuries, and health behaviors. National Institute for Occupational Safety and Health

Clauß E, Hoppe A, Schachler V et al (2016) Erholungskompetenz bei Berufstätigen mit hoher Autonomie und Flexibilität. Pers Q 68(2):22–27

Demerouti E, Bakker AB, Geurts SA et al (2009) Daily recovery from work-related effort during non-work time. In: Sonnentag S, Perrewé P, Daniel C et al (Hrsg) Current perspectives on job-stress recovery. Research in Occupational Stress and Well-Being, Bd. 7. Emerald Group Publishing Limited, Bigley, S 85–123

Doi Y (2005) An epidemiologic review on occupational sleep research among Japanese workers. Ind Health 43(1):3–10

Eichhorn C (2009) Erholungskompetenz-Basis für berufliche Höchstleistung. Symposium Publishing. http://stress-kompetenz-training.ch/media/Erholungskompetenz-Symposium.pdf. Zugegriffen: 15. Jan. 2019

Frederickson BL (2001) The role of positive emotions in positive psychology. The broaden-and-build theory of positive emotions. Am Psychol 56(3):218–226

Fritz C, Lam C, Spreitzer G (2011) It's the little things that matter: an examination of knowledge worker's energy management. Acad Manage Perspect 25:28–39

Hacker W (2016) Vernetzte künstliche Intelligenz/Internet der Dinge am deregulierten Arbeitsmarkt: Psychische Arbeitsanforderungen. J Psychol Alltagshandel 9:4–21

Hobfoll SE (1989) Conservation of resources: A new attempt at conceptualizing stress. Am Psychol 44(3):513–524

Kaluza G (2014) Stress und Stressbewältigung. EHK 63(5):261–267

Kobau R, Seligman ME, Peterson C et al (2011) Mental health promotion in public health: perspectives and strategies from positive psychology. Am J Public Health 101(8):e1–e9

Krajewski J, Wieland R, Sauerland M (2010) Regulating strain states by using the recovery potential of lunch breaks. J Occup Health Psychol 15(2):131–139

Kühnel J, Sonnentag S, Bledow R (2012) Resources and time pressure as day-level antecedents of work engagement. J Occup Organ Psychol 85(1):181–198

Meijman TF, Mulder G (1998) Psychological aspects of workload. In: Drenth PJ, Henk T, de Wolff CJ (Hrsg) A Handbook of Work and Organizational Psychology. Work Psychology, Bd. 2. Psychology Press, UK, S 5–33

Möller J (2015) Verheißung oder Bedrohung? Die Arbeitsmarktwirkungen einer vierten industriellen Revolution. IAB-Discussion Paper 18. http://doku.iab.de/discussionpapers/2015/dp1815.pdf. Zugegriffen: 29. Apr. 2019

Raglin J, Morgan WP (1985) Influence of vigorous exercise on mood state. Behav Ther 8(9):179–183

Rau R (2011) Zur Wechselwirkung von Arbeit, Beanspruchung und Erholung. In: Bamberg E, Ducki A, Metz AM (Hrsg) Gesundheitsförderung und Gesundheitsmanagement in der Arbeitswelt. Ein Handbuch. Hogrefe, Göttingen, S 83–106

Rau R (2017) Zum Stellenwert von Erholung in der Welt der „Arbeit 4.0". In: Romahn R (Hrsg) Arbeitszeit gestalten. Wissenschaftliche Erkenntnisse für die Praxis. Metropolis Verlag für Ökonomie, Gesellschaft und Politik, Weimar, S 61–76

Rau R (2012) Erholung als Indikator für gesundheitsförderlich gestaltete Arbeit. In: Badura B, Ducki A, Schröder H et al (Hrsg) Fehlzeiten-Report 2012 – Gesundheit in der flexiblen Arbeitswelt: Chancen nutzen – Risiken minimieren. Springer, Berlin, S 181–190

Seiler K, Beerheide E, Figgen M et al (2013) Arbeit, Leben und Erholung. Ergebnisse einer Repräsentativbefragung in Nordrhein-Westfalen. transfer 3

Sonnentag S (2001) Work, recovery activities, and individual well-being: a diary study. J Occup Health Psychol 6(3):196–210

Sonnentag S, Fritz C (2007) The recovery experience questionnaire: development and validation of a measure for assessing recuperation and unwinding from work. J Occup Health Psychol 12(3):204–221

Literatur

Sonnentag S, Natter E (2004) Flight attendants' daily recovery from work: Is there no place like home? Int J Stress Manag 11(4):366–391

Westman M, Etzion D (2001) The impact of vacation and job stress on burnout and absenteeism. Psychol Health 16(5):595–606

Winwood PC, Bakker AB, Winefield AH (2007) An investigation of the role of non-work-time behavior in buffering the effects of work strain. J Occup Environ Med 49(8):862–871

Wirtz A, Nachreiner F, Beermann B et al (2009) Lange Arbeitszeiten und Gesundheit. Bundesanstalt für Arbeitsschutz und Arbeitsmedizin, Dortmund

Wöhrmann AM, Gerstenberg S, Hünefeld L et al (2016) Arbeitszeitreport 2016. Bundesanstalt für Arbeitsschutz und Arbeitsmedizin, Dortmund

Yeung RR (1996) The acute effects of exercise on mood state. J Psychosom Res 40(2):123–141

Extensives und intensiviertes Arbeiten in der digitalisierten Arbeitswelt – Verbreitung, gesundheitliche Risiken und mögliche Gegenstrategien

Anika Schulz-Dadaczynski, Gisa Junghanns und Andrea Lohmann-Haislah

18.1 Einleitung – 268

18.2 Informationsüberflutung – 269
18.2.1 Zum Phänomen – 269
18.2.2 Gesundheitliche Risiken – 270
18.2.3 Umgangsweisen – 271

18.3 Umgang von Beschäftigten mit Anforderungen der digitalisierten Arbeitswelt – 274
18.3.1 Das Projekt „Begrenzung und Fokussierung" – 275
18.3.2 Extensives und intensiviertes Arbeiten – 275
18.3.3 Begrenzung und Fokussierung als mögliche Gegenstrategien – 278

18.4 Fazit und Ausblick – 281

Literatur – 281

© Springer-Verlag GmbH Deutschland, ein Teil von Springer Nature 2019
B. Badura et al. (Hrsg.), *Fehlzeiten-Report 2019*, https://doi.org/10.1007/978-3-662-59044-7_18

Zusammenfassung

Die digitalisierte Arbeitswelt bringt sowohl neue als auch sich verstärkende „traditionelle" Anforderungen mit sich, wie bspw. Informationsüberflutung oder Zeit- und Leistungsdruck, die sich als gesundheitlich relevant erweisen und mit denen Betriebe und Beschäftigte umgehen müssen. Aufgrund dieser Anforderungen dehnen Beschäftigte ihre Arbeitszeit häufig aus, bspw. in Form von Überstunden, oder arbeiten während der regulären Arbeitszeit intensiver, bspw. durch ein hohes Arbeitstempo. Dieses extensive und intensivierte Arbeiten muss zumindest langfristig als problematisch für die Gesundheit angesehen werden. Dieser Beitrag beleuchtet exemplarisch die Informationsüberflutung als einen relevanten Belastungsfaktor der digitalisierten Arbeitswelt und beschreibt die Umgangsweisen der Beschäftigten mit Anforderungen der digitalisierten Arbeitswelt. Dazu werden sowohl quantitative Daten aus zwei aktuellen Erwerbstätigenbefragungen genutzt als auch Interviewdaten aus einem aktuellen Forschungsprojekt. Im Rahmen der Interviewstudie wurden zudem Umgangsweisen ermittelt, die der Arbeitsausdehnung und -intensivierung entgegenwirken. Der Beitrag stellt die Gegenstrategien der so genannten „Begrenzung" und „Fokussierung" vor.

18.1 Einleitung

Der Wandel der Arbeit ist bereits seit einiger Zeit im Fokus von Wissenschaft und Praxis (BMAS 2018). Ein wesentliches Kennzeichen dieses Wandels wird dabei in der Digitalisierung gesehen, d. h. im technischen Fortschritt und in der informationstechnischen Durchdringung aller Lebensbereiche einschließlich der Arbeit. Die Nutzung moderner digitaler Technologien nimmt stark zu, insbesondere auch im Bereich der Dienstleistungsarbeit bei wissensintensiven Tätigkeiten (Arntz et al. 2016). Neue Technologien bringen zunehmende Mensch-Maschine-Interaktionen (Robelski 2016), eine verstärkte Automatisierung sowie neue Arbeitsformen wie bspw. „Crowdworking" mit sich und haben letztendlich auch Auswirkungen auf die konkreten Arbeitsinhalte, -bedingungen und -prozesse von Beschäftigten. Die Digitalisierung resultiert somit auch in veränderten Belastungskonstellationen, mit denen Beschäftigte und Betriebe umgehen müssen und die sowohl Chancen als auch Risiken bergen (Gerlmaier und Kastner 2003; Rothe und Morschhäuser 2014; Ulich 2013).

So ermöglicht die Digitalisierung zum einen ein neues Ausmaß an zeit- und ortsflexiblem Arbeiten wie bspw. in Telearbeit oder auch mobil unterwegs, da der Zugriff auf Informationen ortsunabhängig ist (Pfeiffer 2012). Die Grenzen zwischen Arbeit und Freizeit werden damit zunehmend durchlässiger. Leistungskontrollen erfolgen vermehrt über Mechanismen der indirekten Steuerung wie bspw. Zielvereinbarungen oder Benchmarks (Kratzer und Dunkel 2013; Krause und Dorsemagen 2016). Dies bringt einerseits eine erhöhte (Zeit)Autonomie und Selbstbestimmung für die Beschäftigten mit sich und ermöglicht eine verbesserte Work-Life-Balance. Andererseits steigen jedoch auch die Anforderungen an die Selbstorganisation und -disziplin der Beschäftigten und an ein erfolgreiches „Boundary Management", d. h. eine Grenzziehung zwischen Arbeit und Freizeit, die auch persönlichen Präferenzen entspricht und die von einer strikten Trennung der Lebensbereiche bis hin zum gewollten Verschmelzen in unterschiedlichem Ausmaß reichen kann (Antoni et al. 2014; Rexroth et al. 2016; Van Steenbergen et al. 2018). Damit liegt es auch in der Verantwortung der Beschäftigten, dafür zu sorgen, dass die Erreichbarkeit und Verfügbarkeit für die Arbeit nicht ausufern, das Abschalten von der Arbeit weiterhin gelingt und sie sich ausreichend von der Arbeit erholen (Krause et al. 2014; Park et al. 2011).

Zum anderen trägt die Digitalisierung dazu bei, dass die Arbeit bspw. durch beschleunigte Kommunikations- und Produktionsprozesse, die Verkürzung von Innovationszyklen und die erhöhte Verfügbarkeit von Informationen schnelllebiger und zunehmend komplex wird (Korunka und Kubicek 2013). Belastungsfaktoren wie beispielsweise Zeit- und Leistungsdruck, aber auch Informationsüberflutung am Arbeitsplatz (Junghanns und Kersten 2018), Unterbrechungen bei der Arbeit oder Multitasking haben in der digitalisierten Arbeitswelt eine hohe Bedeutung (Lohmann-Haislah 2012). So zeigen auch Daten der aktuellen BIBB/BAuA-Erwerbstätigenbefragung 2018, dass über die Hälfte der Beschäftigten (51 %) häufig starken Termin- und Leistungsdruck hat[1]. Außerdem müssen 62 % der Befragten oft verschiedene Arbeiten gleichzeitig betreuen und 34 % berichten, häufig sehr schnell arbeiten zu müssen. Viele Tätigkeiten stellen damit hohe Anforderungen an die Beschäftigten, bieten jedoch gleichzeitig auch Lern- und Entwicklungsmöglichkeiten sowie – unterstützt durch Informations- und Kommunikationstechnologien – Möglichkeiten auch ortsunabhängiger Vernetzung, Kommunikation und Kooperation (Korunka und Kubicek 2013). Für Tätigkeiten insbesondere im Produktionsbereich wird hingegen auch kritisch diskutiert, dass die Arbeitsleistung transparenter wird und qualifizierte Tätigkeiten durch die Technik übernommen werden (Baethge-Kinsky et al. 2018). Die Digitalisierung stellt somit auch neue Herausforderungen an die Gestaltung von Arbeit (Gerlmaier und Kastner 2003; Zink 2018).

Die Arbeitsbedingungen in der digitalisierten Arbeitswelt werden in diesem Beitrag zunächst anhand eines Belastungsfaktors aufgegriffen und exemplarisch näher beleuchtet, der durch die Digitalisierung an Bedeutung gewonnen hat: die Informationsüberflutung am Arbeitsplatz (Antoni und Ellwart 2017; Pfeiffer 2012). Im Anschluss steht im Fokus, wie Beschäftigte mit Anforderungen in der digitalisierten Arbeitswelt, primär Zeit- und Leistungsdruck, umgehen: Zum einen wird das extensive und intensivierte Arbeiten behandelt, d. h. das Ausdehnen der Arbeit in die Freizeit bzw. das intensivere Arbeiten während der Arbeitszeit. Zum anderen werden die Umgangsweisen der „Begrenzung" und „Fokussierung" vorgestellt, die Gegenstrategien zur Arbeitsausdehnung und -intensivierung darstellen. Beide Themen sind Gegenstand aktueller Forschungsprojekte der Bundesanstalt für Arbeitsschutz und Arbeitsmedizin (BAuA).

18.2 Informationsüberflutung

Die in diesem Kapitel beschriebenen Ergebnisse und Zusammenhänge sind im Rahmen des BAuA-Projekts „Informationsflut am Arbeitsplatz – Umgang mit hohen Informationsmengen vermittelt durch elektronische Medien" entstanden. Dieses Projekt umfasst mehrere, methodisch unterschiedlich ausgerichtete Arbeitspakete. Datengrundlage für die nachfolgend berichteten Ergebnisse ist die BAuA-Arbeitszeitbefragung 2015, in der über 20.000 Erwerbstätige über alle Wirtschaftsbereiche in Deutschland zu Aspekten der Arbeitszeit, aber auch zu anderen Arbeitsbedingungen, Befinden und Gesundheitszustand telefonisch interviewt wurden. Die Befragung wurde als Zufallsstichprobe mittels Kontaktierung über zufällig generierte Festnetz- und Mobilfunknummern umgesetzt. Die Grundgesamtheit der Studie bildeten alle Personen ab einem Alter von 15 Jahren in Deutschland, die einer bezahlten Erwerbstätigkeit von mindestens zehn Stunden pro Woche nachgingen. In die hier verwendete Substichprobe wurden alle abhängig Beschäftigten zwischen 19 und 69 Jahren einbezogen, die unterstützt durch Informations- und Kommunikationsmittel arbeiten (n = 13.460 Beschäftigte).

18.2.1 Zum Phänomen

Gemäß dem Arbeitszeitreport Deutschland (Wöhrmann et al. 2016) nutzen ca. 70 % der

---

1 Gemeinsame Befragung des Bundesinstituts für Berufsbildung (BIBB) und der Bundesanstalt für Arbeitsschutz und Arbeitsmedizin (BAuA), basierend auf insgesamt 12.122 befragten abhängig Beschäftigten mit einer Tätigkeit in Vollzeit im Umfang von mindestens 35 h pro Woche.

Beschäftigten bei der Arbeit Informations- und Kommunikationsmittel wie Smartphone, E-Mail, Internet etc. Bei über 50 % der Befragten geht diese Nutzung digitaler Medien mit einer subjektiv hohen Informationsfülle einher, die eher schwer zu bewältigen ist.[2] Das betrifft vor allem Führungskräfte und Beschäftigte in akademischen Berufen mit hochqualifizierten Tätigkeiten (z. B. Wissenschaftler, Mathematiker und Ingenieure) sowie Fachkräfte in ingenieurtechnischen und vergleichbaren Berufen. Eine hohe, schwer zu bewältigende Informationsfülle legt nahe, dass die Betroffenen eine sogenannte „Informationsüberflutung" erleben. In der englischsprachigen Literatur wird in diesem Zusammenhang von „information overload" gesprochen (z. B. Bawden und Robinson 2009), der in der Fachwelt recht einheitlich definiert wird (Antoni und Ellwart 2017). Zu einem „information overload" kommt es demnach, wenn die Anforderungen an die Informationsverarbeitung, die aus den in einer bestimmten Zeitspanne zu bearbeitenden Informationen resultieren, die Verarbeitungskapazität des Individuums überschreiten (Eppler und Mengis 2004; Soucek 2007). Information overload bzw. Informationsüberflutung stellt sich in erster Linie als ein wahrgenommenes, subjektives Phänomen dar (Seidler et al. 2018). Die daraus resultierende Überforderung kann quantitativer Natur sein, wenn eine größere Informationsmenge bewältigt werden muss als in der verfügbaren Zeit bewältigt werden kann. Es kann aber auch eine qualitative Überlastung vorliegen, wenn Informationen zu komplex oder uneindeutig sind (Eppler und Mengis 2004, zit. nach Antoni und Ellwart 2017; Drössler et al. 2018).

Das Phänomen der Informationsüberflutung wurde bereits in den siebziger Jahren des letzten Jahrhunderts beschrieben (Toffler 1970) und ist damit älter als das Internet und die E-Mail. Im Zusammenhang mit der Nutzung digitaler Medien – speziell mit der beruflichen E-Mail-Kommunikation – hat es in den letzten Jahren aber wieder erheblich an Bedeutung gewonnen (Seidler et al. 2018).

Eine repräsentative Querschnittstudie der volljährigen Bevölkerung in Deutschland im Auftrag der Techniker Krankenkasse (Wohlers und Hombrecher 2016) ergab z. B., dass von 13 genannten Stressfaktoren die sogenannte „Informationsflut" durch E-Mails bei der Arbeit bereits auf dem vierten Platz der als belastend empfundenen Faktoren steht, nach Arbeitsverdichtung, Termindruck/Arbeitshetze und Störungen/Unterbrechungen während der Arbeit.

Zentrale tätigkeitsbezogene Faktoren, die im Zusammenhang mit Informationsüberflutung diskutiert werden, sind Zeit- und Leistungsdruck, Arbeitsunterbrechungen, ständige Erreichbarkeitserwartungen, eine hohe Aufgabenkomplexität und hohe aufgabenbezogene Abstimmungsbedarfe (Schick et al. 1990; Bawden 2001; Baethge und Rigotti 2010; Junghanns und Kersten 2018). Darüber hinaus scheinen auch individuelle Merkmale das Erleben von Informationsüberflutung zu beeinflussen. Neben Berufserfahrungen, privaten Nutzungsgewohnheiten und der persönlichen Organisation der Arbeit kann die individuelle digitale Kompetenz sowohl im Erleben als auch im Umgang mit Informationsüberflutung eine Rolle spielen (Jones und Czerniewicz 2010).

18.2.2 Gesundheitliche Risiken

Obwohl die generelle Befundlage zu Auswirkungen digitaler Technologien auf die psychosoziale Gesundheit am Arbeitsplatz bislang noch lückenhaft scheint (Müller-Thur et al. 2018), gibt es in Hinblick auf Informationsüberflutung Befunde, die die Bedeutung des Phänomens unterstreichen. So berichten Mo-

---

[2] Die Frage dazu aus der Arbeitszeitbefragung lautet: „Benutzen Sie bei Ihrer Arbeit Informations- und Kommunikationsmittel wie z. B. das Internet oder E-Mail, das Smartphone? *Wenn Ja*: Die berufliche Verwendung von modernen Kommunikationstechnologien – Internet, E-Mail, Smartphone ... – geht oft mit einer hohen Informationsfülle einher. Wie häufig kommt es bei Ihrer Arbeit vor, dass diese Menge an Informationen schwer zu bewältigen ist (*häufig, manchmal, selten, nie*)?"

18.2 · Informationsüberflutung

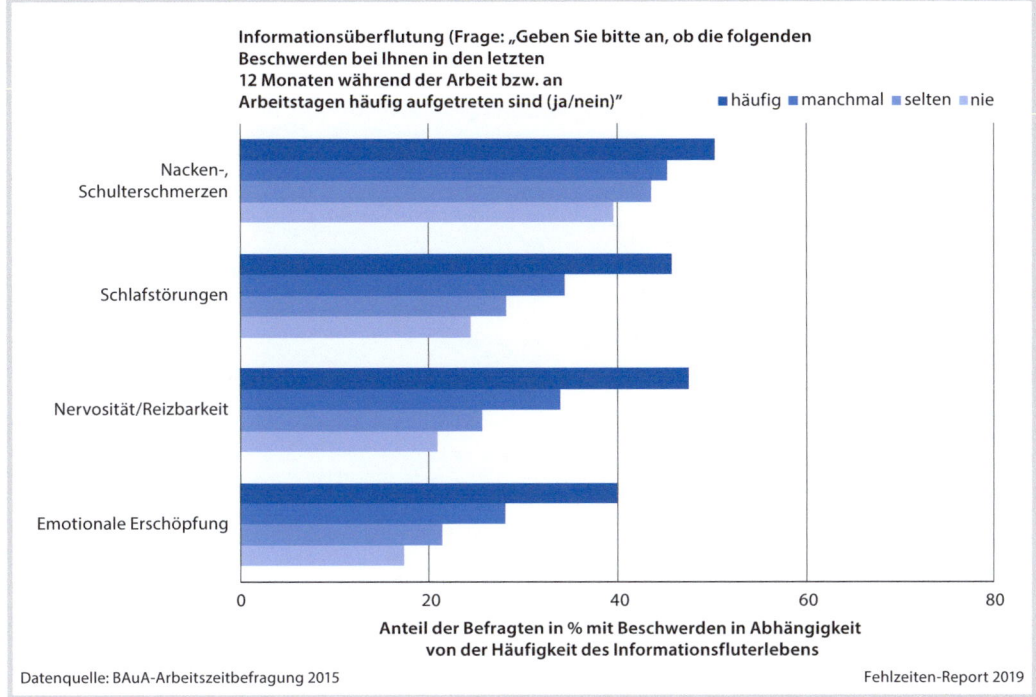

Abb. 18.1 Informationsüberflutung und gesundheitliche Beschwerden

ser et al. (2002), dass insbesondere bei der Bearbeitung großer Informationsmengen mit ungenügender Qualität (Gebrauchstauglichkeit) psychosomatische Beanspruchungssymptome und ein eingeschränktes emotionales Wohlbefinden auftreten können. In ◘ Abb. 18.1 sind ausgewählte gesundheitliche Beschwerden (psychosomatische und physische Befindensbeeinträchtigungen) in Abhängigkeit vom Informationsfluterleben auf der Basis von Daten aus der BAuA-Arbeitszeitbefragung 2015 zusammengefasst.

Charakteristisch für alle hier dargestellten gesundheitlichen Beschwerden ist, dass der Anteil der Befragten mit Beschwerden in Abhängigkeit von der Häufigkeit des Informationsfluterlebens ansteigt. Insbesondere bei den sogenannten psychosomatischen Beschwerden, wie emotionale Erschöpfung und Reizbarkeit oder auch Schlafstörungen wird das deutlich.

Vor dem Hintergrund der beschriebenen gesundheitlichen Beschwerden in Verbindung mit Informationsüberflutung ist es sowohl aus gesundheitlichen Gründen als auch für den Erhalt der Leistungsfähigkeit wichtig, sich mit den Umgangsweisen bei Informationsüberflutung näher zu beschäftigen. Hierzu werden im Folgenden wiederum Daten aus der bereits erwähnten BAuA-Arbeitszeitbefragung 2015 genutzt.

18.2.3 Umgangsweisen

Zwei Aspekte, die nicht nur die Arbeits- bzw. Belastungssituation verdeutlichen, sondern bei denen nicht ausgeschlossen ist, dass sie auch Formen des Umgangs mit einer hohen/schwer

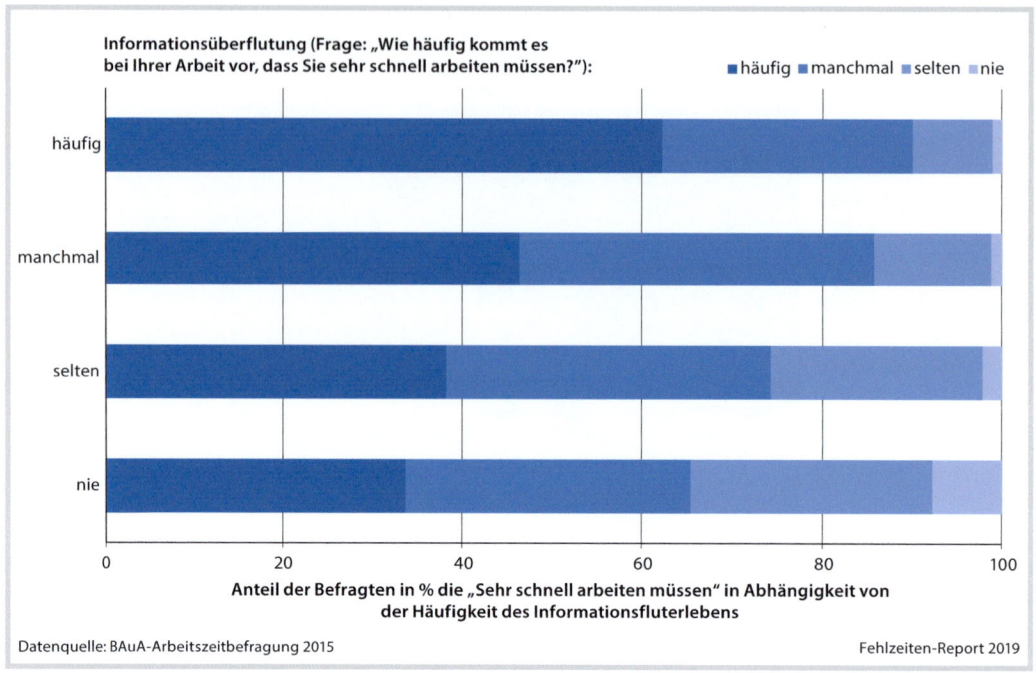

◘ Abb. 18.2 Informationsüberflutung und „Sehr schnell arbeiten müssen"

zu bewältigenden Menge an Informationen darstellen können, sind das „sehr schnelle Arbeiten" und „verschiedene Vorgänge gleichzeitig im Auge behalten zu müssen". Beide Aspekte sind Merkmale einer eher intensivierten Umgangsweise mit Informationsüberflutung mit dem Ziel, die Arbeitsaufgaben zu bewältigen. In ◘ Abb. 18.2 und 18.3 sind beide Aspekte in Abhängigkeit von der gesamten Bewertungsskala von „Informationsüberflutung" dargestellt.

Mit steigender Informationsüberflutung wächst der Anteil der Beschäftigten, die häufig sehr schnell arbeiten müssen. Genauso wächst der Anteil an Beschäftigten, die häufig verschiedene Arbeiten gleichzeitig im Auge behalten müssen. Dies ist möglicherweise auch in Verbindung mit dem Erleben von Zeit- und Leistungsdruck zu sehen. Wenn man davon ausgeht, dass bei Informationsüberflutung unmittelbar die Assoziation von einem „Zuviel" an Informationen besteht (z. B. Pfeiffer 2012), kann hohe Informationsfülle schnelles Arbeiten bedingen, um die Arbeit in der gegebenen Zeiteinheit bewältigen zu können. Mit der „übergroßen" Menge an Informationen gehen unter Umständen auch neue Arbeitsaufträge einher, die den Aufwand der Informationsverarbeitung innerhalb einer Zeiteinheit wiederum erhöhen (Piecha et al. 2016). Das kann zu Zeitdruck führen: Gemäß den Daten des Arbeitszeitreports 2015 berichten 77 % der Befragten, die häufig Informationsüberflutung erleben, auch häufig starken Termin- oder Leistungsdruck, Befragte mit seltener Informationsüberflutung hingegen nur zu 49 %.

Eine weitere Art, mit einer Fülle an Informationen umzugehen, ist das Ausweiten der Arbeitszeit und das Weglassen von Pausen als Ausdruck extensiven Arbeitens. So wächst mit zunehmendem Informationsfluterleben auch der Anteil der Beschäftigten, die wöchentlich mehr als 42 bzw. sogar über 48 Stunden arbeiten (s. ◘ Abb. 18.4). Immerhin 50 % der Befragten, die häufige Schwierigkeiten mit der Informationsfülle berichten, geben derartige lange bzw. überlange Arbeitszeit an, im Vergleich zu ca. 33 % der Beschäftigten, die

18.2 · Informationsüberflutung

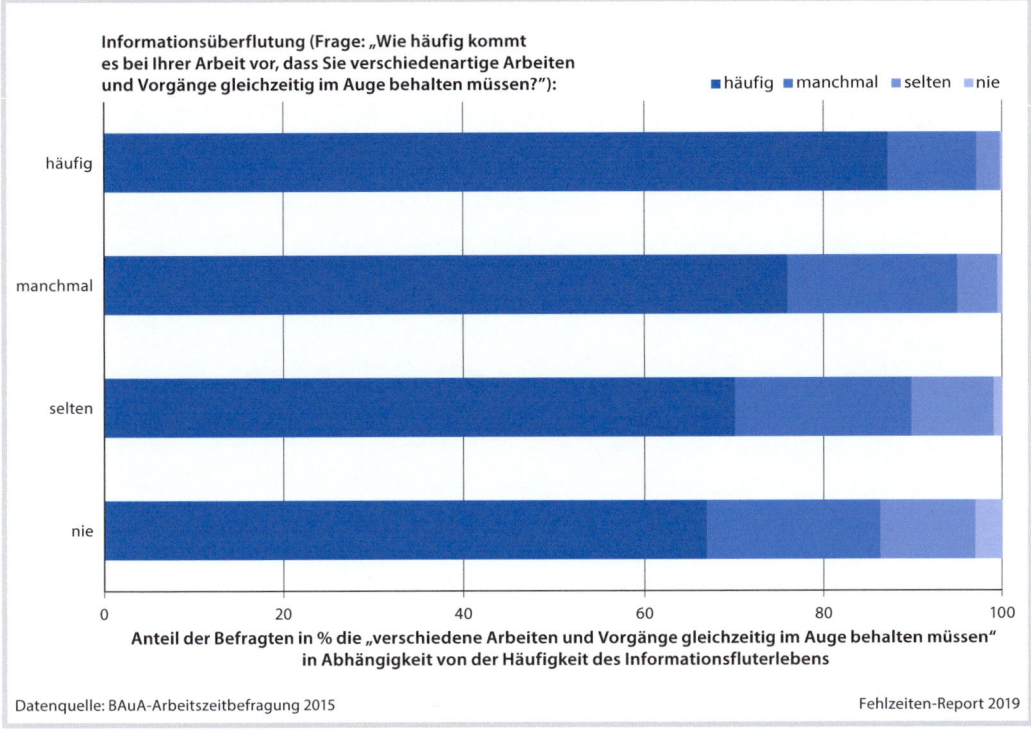

Abb. 18.3 Informationsüberflutung und „verschiedene Arbeiten und Vorgänge gleichzeitig im Auge behalten müssen"

„seltener" oder 31 %, die „nie" Informationsüberflutung erleben.

Ebenso werden bei hoher Informationsüberflutung gesetzlich vorgeschriebene Ruhepausen (mind. 15 min bei einer Arbeitszeit ab sechs Stunden) oft nicht in Anspruch genommen: 43 % der Beschäftigten lassen häufig die Pausen ausfallen, wenn sie häufig Informationsüberflutung wahrnehmen. Im Vergleich dazu arbeiten nur 24 % bzw. 23 % der Beschäftigten die Pausen durch, wenn sie „selten" oder „nie" Informationsüberflutung erleben. Auch Kurzpausen bei der Arbeit am Computer (gemeint sind 5–10 min pro Stunde) fallen bei Beschäftigten, die Informationsüberflutung häufig erleben, öfter aus (34 %) als bei denen, die „selten" Informationsüberflutung haben (21 %). Wird „nie" Informationsüberflutung erlebt, sind es sogar nur 16 % der Befragten, die Pausen ausfallen lassen.

Bezüglich des intensivierten Arbeitens bei Informationsüberflutung zeigen sich auch gesundheitliche Effekte, z. B. in Hinblick auf die emotionale Erschöpfung: 45 % der Beschäftigten, die häufiger Informationsüberflutung haben *und* (möglicherweise daraufhin) schnell arbeiten, geben mehr emotionale Erschöpfung an im Vergleich zu denen, die nicht derart intensiviert arbeiten: hier sind es nur 30 %. Erleben Beschäftige Informationsüberflutung *und* müssen sie Vorgänge häufig gleichzeitig im Auge behalten, klagen sie zu 49 % über Reizbarkeit und Nervosität, während nur 35 % diese Beschwerden haben, wenn sie nicht „parallel" arbeiten *und* gleichzeitig Informationsüberflutung erleben. Hiermit deutet sich eine Relevanz der Umgangsweisen mit Informationsüberflutung für das gesundheitliche Befinden an.

Zusammenfassend lässt sich sagen, dass sich Informationsüberflutung als ein gesundheitlich relevanter Belastungsfaktor der digita-

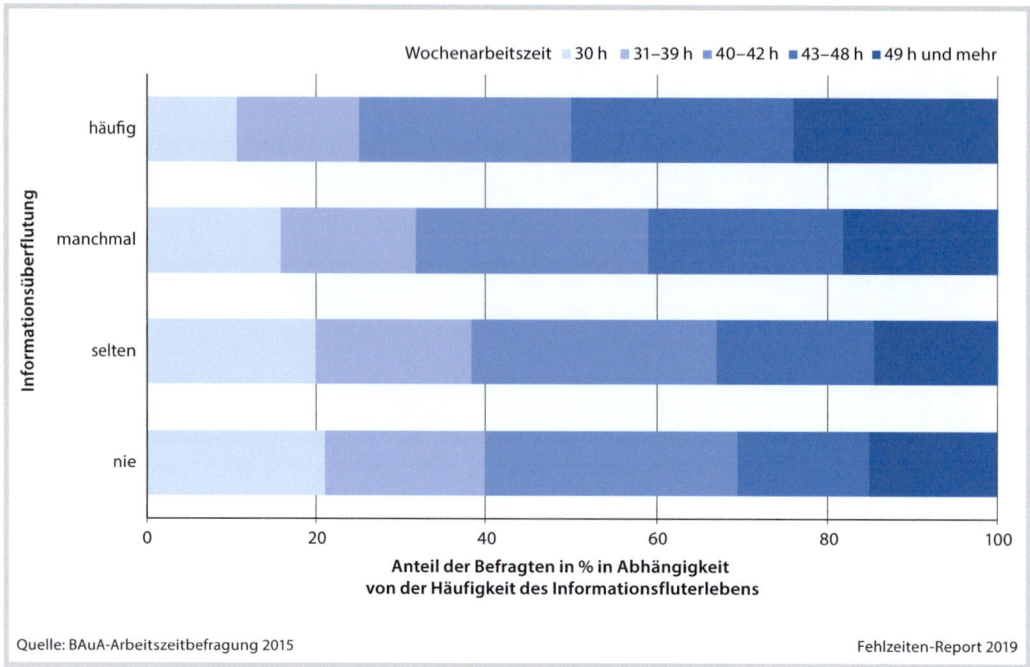

◘ **Abb. 18.4** Informationsüberflutung und Wochenarbeitszeiten

lisierten Arbeitswelt darstellt, der auch im Zusammenhang mit Umgangsweisen der Arbeitsausdehnung und -intensivierung zu sehen ist. Im Folgenden wird unabhängig von der Informationsüberflutung noch einmal ausführlicher auf diese Umgangsweisen eingegangen, die insgesamt als Reaktion der Beschäftigten auf die Anforderungen der digitalisierten Arbeitswelt gesehen werden können. Darüber hinaus werden alternative Umgangsweisen vorgestellt, um auch unter veränderten Belastungskonstellationen im Zuge der Digitalisierung ein eher gesundheitsförderliches Arbeiten zu ermöglichen.

18.3 Umgang von Beschäftigten mit Anforderungen der digitalisierten Arbeitswelt

Selbstverständlich ist es auch im Zeitalter der Digitalisierung primär Aufgabe der Betriebe, für eine gute Gestaltung der Arbeitsbedingungen zu sorgen und sich dabei mit Belastungsfaktoren und deren Optimierung auseinanderzusetzen. Beschäftigte haben jedoch in der modernen, digitalisierten Arbeitswelt eine zunehmend aktive Rolle bei der Mitgestaltung ihrer Arbeitsbedingungen und im Umgang mit Anforderungen (Demerouti 2014; Janiesch et al. 2017). Zur Bewältigung ihrer Arbeitsanforderungen zeigen Beschäftigte grundsätzlich verschiedene Umgangsweisen. Ob diese erfolgreich sind, ist jedoch sowohl von den betrieblichen Rahmenbedingungen als auch den individuellen Voraussetzungen der Beschäftigten abhängig (Schulz-Dadaczynski 2017). Konkrete, letztendlich praktizierte Umgangsweisen und deren zugrunde liegende betriebliche Ursachen und individuelle Motive nehmen eine vermittelnde Rolle im Belastungs-Beanspruchungs-Geschehen ein und haben somit eine eigenständige Relevanz in Hinblick auf mögliche positive wie negative (gesundheitliche) Folgen (Baethge et al. 2018; Houlfort et al. 2014; Kreiner 2006; siehe auch ▶ Abschn. 18.2.3). Ein aktuelles Forschungsprojekt der BAuA beschäftigt sich genauer mit diesen Aspekten und wird im nächsten Abschnitt beschrieben.

18.3.1 Das Projekt „Begrenzung und Fokussierung"

Das Projekt wurde mit dem Ziel initiiert, konkrete Umgangsweisen von Beschäftigten im Arbeitsalltag und deren individuelle sowie betriebliche Voraussetzungen zu untersuchen. Hierbei standen zwar Umgangsweisen mit Zeit- und Leistungsdruck als einem ebenfalls hoch relevanten Belastungsfaktor der digitalisierten Arbeitswelt (siehe ▶ Abschn. 18.1) im Fokus, jedoch müssen Beschäftigte in der Regel mit komplexen Belastungskonstellationen umgehen, so dass es Überschneidungen zum Umgang mit assoziierten Belastungsfaktoren wie bspw. Informationsüberflutung oder auch Unterbrechungen bei der Arbeit gibt (siehe ▶ Abschn. 18.1, 18.2.1 und 18.2.3).

Im Rahmen des Projekts wurden von Juni bis Dezember 2017 empirische Fallstudien in fünf unterschiedlichen Betrieben aus dem Bereich der Wissens- und Dienstleistungsarbeit durchgeführt. Nach Vor- und Expertengesprächen in den Betrieben bestand der Kern der empirischen Untersuchungen aus qualitativen, problemzentrierten Interviews mit Beschäftigten (Kruse 2014). Pro Betrieb wurden acht bis zehn Beschäftigte zwischen 60 und 90 min interviewt, so dass insgesamt 45 Interviews vorliegen. Alle Interviews wurden aufgezeichnet und im Anschluss transkribiert und softwaregestützt (MAXqda, Version 11) inhaltsanalytisch ausgewertet.

In den Interviews wurden die drei Themenbereiche [1] Umgangsweisen der Beschäftigten, [2] Gründe für geschilderte Umgangsweisen sowie [3] Folgen von Umgangsweisen möglichst offen (erzählgenerierend) und tätigkeitsnah behandelt. Die Beschäftigten schilderten in den Interviews zum einen unterschiedliche Formen des extensiven und inten-

sivierten Arbeitens, zum anderen lag das Augenmerk jedoch auch auf Gegenstrategien, die sich als Strategien des begrenzten und fokussierten Arbeitens bezeichnen lassen. Beide Arten an Umgangsweisen werden im Folgenden aufgegriffen und nicht nur vor dem Hintergrund der Projektergebnisse beleuchtet, sondern auch anhand von Ergebnissen der aktuellen BIBB/BAuA-Erwerbstätigenbefragung 2018 diskutiert.

18.3.2 Extensives und intensiviertes Arbeiten

18.3.2.1 Verbreitung und Formen

Beschäftigte reagieren oftmals auf die Anforderungen ihrer Arbeit, indem sie mehr Zeit und mehr Anstrengung in ihre Arbeit investieren. Dieses Verhalten wurde von Snir und Harpaz (2012) als „Heavy Work Investment" bezeichnet und umfasst zwei Arten von Umgangsweisen: zum einen die *Arbeitsausdehnung* (work extension), d. h. das extensive Arbeiten in die Freizeit hinein, z. B. in Form von Überstunden, indem Arbeit nach Hause mitgenommen wird oder die Beschäftigten auch nach Feierabend erreichbar sind, und zum anderen die *Arbeitsintensivierung* (work intensification), d. h. das intensivere Arbeiten während der Arbeitszeit, z. B. durch ein hohes Arbeitstempo oder paralleles Arbeiten. Sowohl Arbeitsausdehnung als auch -intensivierung stellen verbreitete Umgangsweisen von Beschäftigten mit hohen Anforderungen dar (Krause et al. 2014; Podsakoff et al. 2007).

So ist es nicht verwunderlich, dass auch im Rahmen des Projekts „Begrenzung und Fokussierung" auf die offene Frage nach Umgangsweisen mit Zeit- und Leistungsdruck unterschiedliche Formen des extensiven und intensivierten Arbeitens beschrieben wurden. Bei der *Arbeitsintensivierung* erwähnten die Befragten am häufigsten ein *beschleunigtes und sehr dichtes Arbeiten*, zu dem sie nicht nur ein hohes Arbeitstempo bzw. Arbeitshetze schilderten, sondern bspw. auch ein hektisches Arbeiten, „rotieren" oder die Arbeit wie „in einem Tunnel". Auch die Kategorie des notwendigen *Beherrschens von Parallelität bzw. von Vielfalt an Anforderungen* findet sich in den Schilderungen der Beschäftigten, der sie durch Multitasking bzw. fragmentiertes Arbeiten, „Jonglieren" und „viele Fäden in einer Hand halten" begegnen. Schließlich beschreiben die Beschäftigen notwendiges *Ad-hoc-Handeln bzw. reagieren anstatt agieren* als eine wichtige Ausdrucksform der Arbeitsintensivierung. Dieses Arbeitsverhalten wird in der Literatur bislang nicht als Facette der Arbeitsintensivierung thematisiert, wurde jedoch in den Interviews von einigen Befragten als sehr bedeutende und anstrengende Komponente des intensivierten Arbeitens angeführt. Ein Befragter berichtet diesbezüglich beispielsweise:

> Also man hat ja immer einen Plan für seinen Tag eigentlich. Und oftmals ist es dann so, man kommt in den Dienst und das wird alles über den Haufen geschmissen. Man muss irgendwie reagieren auf das, was ist und seine eigenen geplanten Aufgaben dann versuchen im Tag irgendwie unterzubringen. Aber oftmals klappt das dann einfach auch nicht. Und das baut natürlich auch Druck auf, wenn man seine eigenen geplanten Aufgaben nicht abarbeiten kann, sondern nur das Tagesgeschäft bedienen muss.

Er schildert die Arbeit dann wie „in einem Hamsterrad":

> Also oftmals ist man wirklich in so einem Hamsterrad. Man reagiert dann. Und arbeitet das eigentlich immer nur weg. Und wenn einer einen dann aus diesem Hamsterrad holt, dann realisiert man eigentlich überhaupt erstmal, was man jetzt gerade alles gemacht hat.

Bezüglich der *Arbeitsausdehnung* berichten die Befragten vor allem von *Überstunden*, die in unterschiedlichem Ausmaß gemacht und zum Teil bezahlt oder durch Freizeit ausgeglichen werden. Teilweise handelt es sich jedoch auch um unentgeltliche Überstunden, da ein Freizeitausgleich nicht realisiert werden kann oder Überstunden sogar inoffiziell gemacht werden. Außerdem berichten viele Befragte davon, *Pausen ausfallen* zu lassen. Darüber hinaus schildern die Beschäftigten *Arbeiten in der Freizeit* am Abend oder auch am Wochenende, sowohl bezahlt als auch unentgeltlich, sowie den *Verzicht auf Urlaubstage* und *Präsentismus*, d. h. arbeiten trotz Krankheit aufgrund ansonsten nicht zu bewältigender Anforderungen. Schließlich wurde die *Erreichbarkeit bzw. Verfügbarkeit* nach Feierabend als weitere Form des extensiven Arbeitens beschrieben.

18.3.2.2 Gesundheitliche Risiken

Das intensivierte und extensive Arbeiten im Umgang mit Anforderungen birgt gesundheitliche Risiken für die Beschäftigten (Krause et al. 2014; siehe auch ▶ Abschn. 18.2.3). So sind u. a. notwendige Erholungsprozesse beeinträchtigt und die Work-Life-Balance erschwert (Holland 2007; Meiman und Mulder 1998). Negative Folgen für Befinden und Gesundheit durch bspw. eine erhöhte Irritation, Erschöpfung oder konkrete gesundheitliche Beschwerden konnten in wissenschaftlichen Studien festgestellt werden (Baeriswyl et al. 2014; Glaser und Palm 2016).

So berichten auch die Befragten der Interviewstudie verbreitet von negativen Folgen des intensivierten und extensiven Arbeitens. Am häufigsten führen sie hierbei Beeinträchtigungen des Befindens an, wie bspw. „Dünnhäutigkeit", Gereiztheit, Schwierigkeiten, von der Arbeit abzuschalten und vor allem Erschöpfung. Diesbezüglich erzählt eine Befragte:

> Und ich merke es dann [in Phasen mit vielen Überstunden und sehr intensiviertem Arbeiten], dass ich zu Hause dann keine Kraft mehr habe. Also dass ich zu Hause eben sage, ich bin so ein bisschen manchmal antriebslos und es dauert da manchmal, dass ich denke: Oh, ich kann mich nicht aufraffen, dann mal bei der Werkstatt anzurufen, um zu sagen: Ich brauche einen Termin, weil das Auto gemacht werden

18.3 · Umgang von Beschäftigten mit Anforderungen der digitalisierten Arbeitswelt

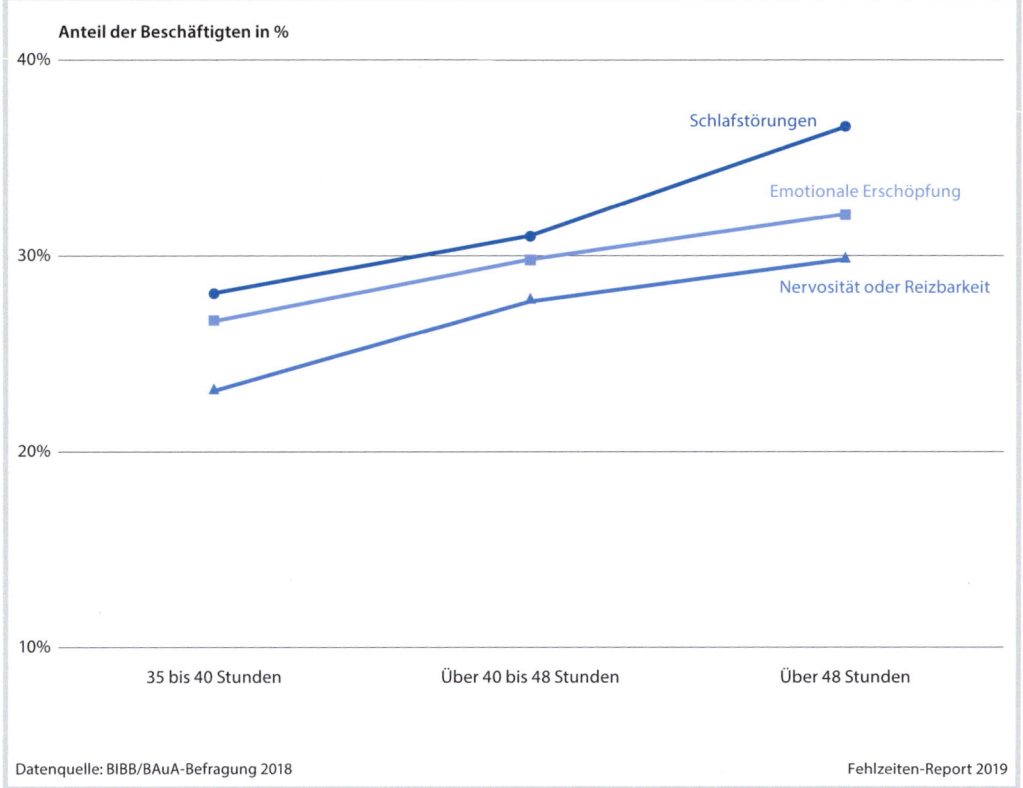

Abb. 18.5 Anzahl an Überstunden und gesundheitliche Beschwerden der Beschäftigten

muss, weil ich denke, oh, dann ist das Auto zwei Tage weg, und ach nö. Oder, ja, eben keinen Hausputz mache oder jetzt dann eben merke: Och, dann habe ich halt die Weihnachtsdeko noch nicht geschafft am zweiten Advent […] Und dass man dann da einfach sagt, da macht man dann nichts mehr. Da ist man dann platt […]

Einige Befragte berichten von deutlichen Schlafproblemen, wie bspw. diese Befragte:

» Doch, also ja, da gibt es dann [in Phasen sehr intensivierter Projektarbeit mit überlangen Arbeitszeiten] auch ganz viel mit Träumen, schlechte Träume, gar nicht schlafen, panisch aufwachen und so was. Also das geht dann schon auch in die Richtung.

Darüber hinaus erzählen einzelne Befragte von konkreten gesundheitlichen Beschwerden wie Magenschmerzen, Kopfschmerzen oder Herzrasen und daneben auch von Auswirkungen bspw. in Form von Krankschreibungen:

» Also es war so, dass ich meine Schlüssel meinem Kollegen in die Hand gedrückt habe und gesagt habe: „Ich gehe nach Hause." Und dann bin ich zum Arzt gegangen und dann war ich krankgeschrieben. Zweieinhalb Wochen. Die Tränen sind nur noch geflossen. Ich war nicht ich selber.

Auch die Daten der aktuellen BIBB/BAuA-Erwerbstätigenbefragung 2018 zeigen deutliche Zusammenhänge zwischen Aspekten des extensiven und intensivierten Arbeitens und Gesundheitsindikatoren. Die Abb. 18.5, 18.6 und 18.7 veranschaulichen diese Zusammenhänge für das Leisten von Überstunden, das sehr schnelle Arbeiten sowie die Betreuung ver-

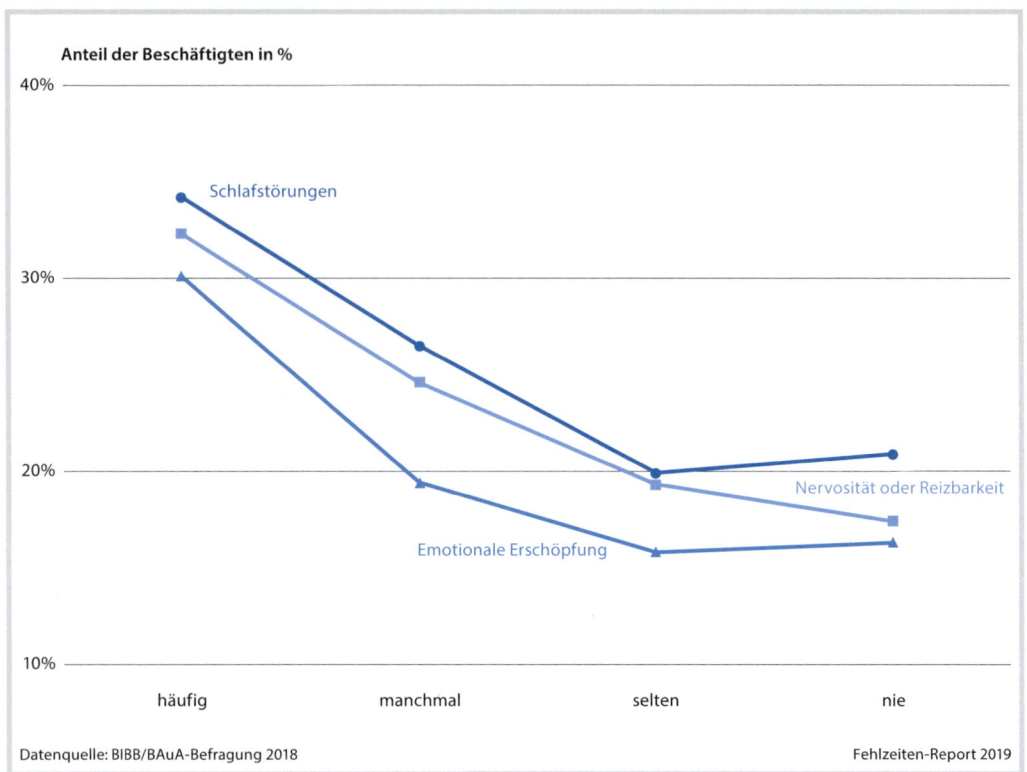

Abb. 18.6 Häufigkeit zeitgleich zu betreuende Arbeiten und gesundheitliche Beschwerden der Beschäftigten

schiedener Arbeiten gleichzeitig in Bezug zu Nervosität oder Reizbarkeit, emotionaler Erschöpfung und nächtlichen Schlafstörungen[3]. Die Abbildungen zeigen, dass die gesundheitlichen Beschwerden bei den Befragten, die extensiv bzw. intensiviert arbeiten müssen, deutlich häufiger auftreten.

Die Umgangsweisen der Arbeitsausdehnung und -intensivierung können somit – zumindest langfristig – als gesundheitsgefährdend für Beschäftigte eingestuft werden. Es sind Gegenstrategien erforderlich, mit denen ein (zu) intensiviertes bzw. extensives Arbeiten verhindert oder zumindest eingeschränkt werden kann. Im folgenden Abschnitt werden solche in der Interviewstudie ermittelten Umgangsweisen vorgestellt.

18.3.3 Begrenzung und Fokussierung als mögliche Gegenstrategien

Im Rahmen der Interviewstudie schilderten die Beschäftigten verschiedene Alternativen im Umgang mit Zeit- und Leistungsdruck, die bei erfolgreicher Umsetzung das extensive und intensivierte Arbeiten zwar nicht komplett verhindern, jedoch zumindest eindämmen. Die erfolgreiche Realisierung dieser Gegenstrategien wird von den Befragten als sehr positiv in Hinblick auf (gesundheitliche) Folgen bewertet, insbesondere dann, wenn ein besserer Umgang zugleich zu einer Reduktion der Belastung selbst beiträgt, bspw. indem Zeit- und Leistungsdruck abgebaut oder Unterbrechungen vermieden werden.

Die Beschäftigten beschreiben dabei zum einen Umgangsweisen, die vor allem das ex-

---

[3] Gefragt wurden die Beschäftigten nach gesundheitlichen Beschwerden, die innerhalb der letzten zwölf Monate während der Arbeit bzw. an Arbeitstagen häufig vorkamen.

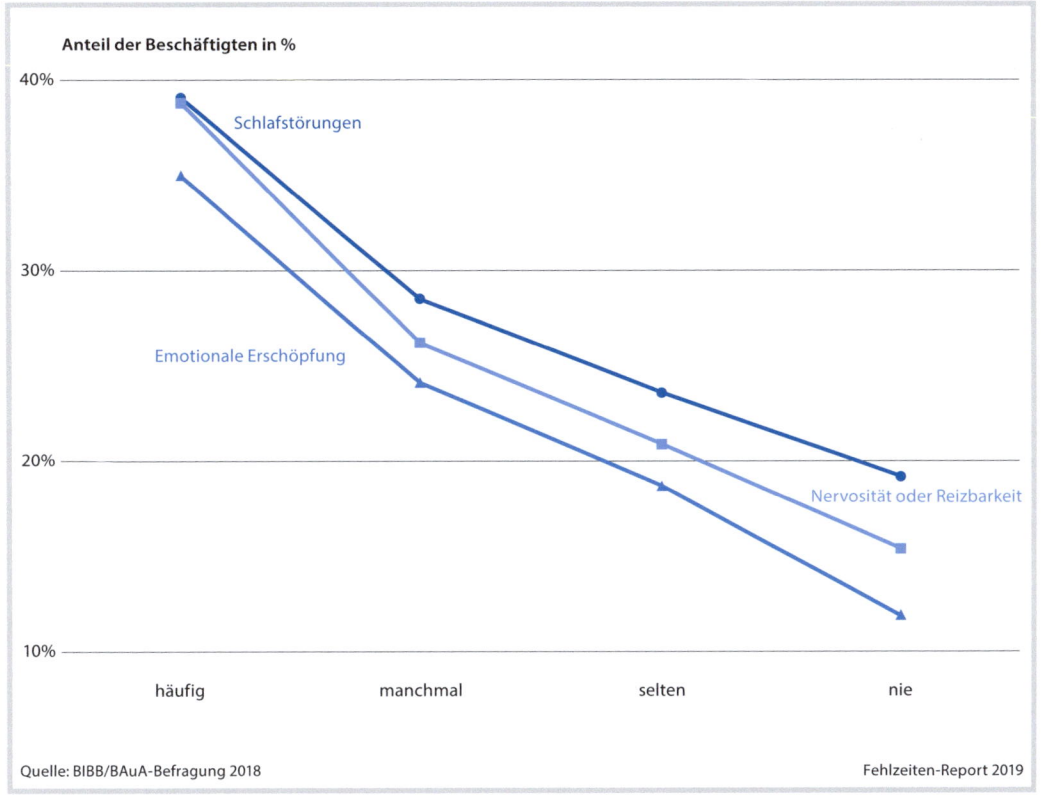

◻ **Abb. 18.7** Häufigkeit des sehr schnellen Arbeitens und gesundheitliche Beschwerden der Beschäftigten

tensive Arbeiten, d. h. die Ausdehnung der Arbeit in die Freizeit begrenzen. Zum anderen schildern sie Umgangsweisen, die ihnen ein fokussiertes Arbeiten während der Arbeitszeit ermöglichen, etwa die Konzentration auf zu einem bestimmten Zeitpunkt wichtige Tätigkeitsaspekte (z. B. Kernaufgaben, konzeptionelle Tätigkeiten u. ä.) sowie ein zeitlich entzerrtes Arbeiten. Im Folgenden werden für diese beiden Strategien verbreitete Umgangsweisen vorgestellt, die von vielen Interviewten übereinstimmend berichtet wurden.

18.3.3.1 Umgangsweisen der Begrenzung

Für die Strategie der Begrenzung konnten insgesamt drei Gruppen an Umgangsweisen identifiziert werden, wobei konkrete Maßnahmen oftmals als Bündel, d. h. zusammen, von den Befragten angewendet werden.

Als eine erste Gruppe konnte die *Umverteilung von Arbeit* identifiziert werden. Konkret versuchen die Befragten hier, ihre Menge an Arbeit *vorübergehend oder auch langfristig zu reduzieren*, indem sie *(vorübergehende) Unterstützung suchen*, entweder intern im Team oder auch extern durch die Auslagerung bestimmter Tätigkeiten. Zudem versuchen die Beschäftigten vielfach, *zusätzliche Arbeit zu vermeiden*, indem sie Zusatzaufgaben oder beispielsweise die Mitarbeit in Projekten u. ä. aus Kapazitätsgründen ablehnen oder manchmal auch regelrecht abwehren. Damit einhergehend ist der *offene Umgang mit der eigenen Auslastung bzw. Überlastung* wichtig. Die Beschäftigten erzählen von einer offenen Kommunikation im Team und mit der Führungskraft, um Transparenz über Auslastungen und Kapazitäten herzustellen.

Eine weitere, sehr verbreitete Gruppe an Umgangsweisen der Begrenzung ist das *Suchen der richtigen Balance zwischen Perfektionismus und Pragmatismus*. Hierbei versuchen die Befragten, ein Gleichgewicht zu finden zwischen den eigenen Ansprüchen und den Erwartungen anderer an eine bestimmte Ergebnisqualität einerseits und der erreichbaren Ergebnisqualität bei gegebener Arbeitsmenge und -zeit andererseits. Diesbezüglich schilderten die Beschäftigten sehr häufig, dass es immer wieder um ein *Abwägen von notwendiger und möglicher Arbeitstiefe bzw. Arbeitsqualität* geht, d. h. sie entscheiden müssen, welche Abstriche für sie selbst in Ordnung und gegenüber anderen vertretbar sind. In diesem Zusammenhang gilt es dann auch immer wieder *Grenzen* der Arbeitsrolle, von Zuständigkeiten und Verantwortung *aufzuzeigen* in Interaktion mit anderen Personen, seien es Kollegen, Auftraggeber, Kunden oder Patienten.

Eine Untergruppe von Befragten schilderte zudem, dass eine ganz *klare Grenzziehung zwischen der Arbeit und der Freizeit* im Sinne eines rigiden „Boundary Management" eine für sie sehr wichtige Umgangsweise ist. Diese Befragten *vermeiden* zum einen *das physische Vordringen der Arbeit in die Privatsphäre*, indem sie Arbeitsmittel wie bspw. den Laptop oder arbeitsbezogene Dokumente nicht mit nach Hause nehmen oder trotz bestehender Möglichkeiten Telearbeit nicht in Anspruch nehmen. Durch letzteres wird zugleich auch das *mentale Vordringen der Arbeit in die Privatsphäre reduziert*, was diese Befragten zum Beispiel auch dadurch unterstützen, indem sie anstehende „To Do's" bewusst aufschreiben und damit bis zum nächsten Arbeitstag aus ihrem mentalen Speicher löschen. Darüber hinaus wurde die *bewusste Gestaltung von Pausen oder Arbeitswegen*, bspw. indem Arbeitsgespräche in den Pausen vermieden oder Arbeitswege bewusst zu Fuß zurückgelegt werden, als weitere Bestandteile einer klaren Grenzziehung berichtet.

18.3.3.2 Umgangsweisen der Fokussierung

Bei der Fokussierung hoben die Befragten hervor, dass vor allem *vorausschauendes (proaktives) Handeln* bei der Arbeit sehr wichtig ist, das durch eine gute Organisation der eigenen Arbeit erreicht wird. Viele Befragte berichteten, dass sie sich dazu *kontinuierlich einen Überblick über die anfallende Arbeit verschaffen* und versuchen, diesen Überblick *zu behalten*. Dabei arbeiten viele Befragte ganz konkret bspw. mit Checklisten, Timelines, Wiedervorlage-Systemen, E-Mail-Ordnerstrukturen u. ä. Dies dient auch dazu, einen möglichst *handhabbaren Mix unterschiedlicher Tätigkeiten zu planen* und bspw. Dokumentationstätigkeiten u. ä. nicht anzusammeln.

In engem Zusammenhang mit diesem vorausschauenden Handeln können *Umgangsweisen mit Terminen und Fristen* gesehen werden, von denen die Beschäftigten verbreitet erzählen. Viele Beschäftigte loten regelmäßig aus, wie feststehend oder verhandelbar Termine und Fristen und wie relevant einzelne Arbeitsaufträge sind, um daraufhin *Priorisierungen vorzunehmen*, oftmals in Rücksprache mit Kollegen oder ihrer Führungskraft. Auch im Umgang mit Terminen sind *vorausschauende Planungen* wichtig, um ausreichend Zeitpuffer bzw. Vorlauf zu realisieren.

Darüber hinaus betonen viele Befragte, wie wichtig störungsfreies Arbeiten ist, das zumindest phasenweise gewährleistet sein sollte, und beschreiben konkrete *Umgangsweisen zur Vermeidung von Störungen und Unterbrechungen*. Hierbei handelt es sich bspw. um die Einrichtung von Sprechzeiten bei Interaktionsarbeit, die Umleitung des Telefons, die zeitliche Verlagerung bestimmter Tätigkeiten auf ruhigere Tageszeiten oder auch das Aufsuchen stillerer Arbeitsorte im Unternehmen.

Zuletzt berichteten die Befragten von diversen Strategien zur *(Wieder)Herstellung der eigenen Konzentrations- und Leistungsfähigkeit*. Hierbei geht es zum einen darum, sich im Arbeitsalltag *immer wieder zu „resetten" bzw. zu sammeln*, indem bspw. bewusst Kurzpausen oder kleine Unterbrechungen eingebaut werden oder gerade in der größten Hektik sortiert oder „ausgemistet" wird, bspw. durch das Löschen von E-Mails oder das Aussortieren von Unterlagen. Auch das bewusste Verschaffen kleiner Erfolgserlebnisse wie bspw. der Abschluss eines kleinen Arbeitsauftrags oder das Einholen eines kurzen (positiven) Feedbacks wurden diesbezüglich erwähnt. Darüber hinaus erzählen einzelne Befragte auch davon, *die Arbeit* durch die Nutzung von Gleitzeit u. ä. *möglichst optimal dem eigenen Biorhythmus anzupassen*. Sie berichten auch von einer *weitestgehend differentiellen*, d. h. individuellen Neigungen und Kompetenzen entsprechenden *Arbeitsverteilung* im Team.

18.4 Fazit und Ausblick

Die digitalisierte Arbeitswelt bringt sowohl neue als auch sich verstärkende „traditionelle" Anforderungen mit sich, mit denen Betriebe und Beschäftigte möglichst gut umgehen sollten, um negative Folgen und Gesundheitsbeeinträchtigungen zu vermeiden. Begrenzung und Fokussierung stellen dabei Gegenstrategien zu den zwar weit verbreiteten, jedoch auf lange Sicht gesundheitsgefährdenden Strategien der Arbeitsausdehnung und -intensivierung dar. Umgangsweisen wie bspw. das Leisten von Überstunden, das sehr schnelle Arbeiten, das fragmentierte Arbeiten oder auch das Auslassen von Pausen können durch Begrenzung und Fokussierung zwar nicht gänzlich vermieden, jedoch zumindest eingedämmt werden. Beschäftigte praktizieren üblicherweise ein Bündel an unterschiedlichen Strategien und sollten dabei möglichst viele gute und günstige Umgangsweisen integrieren (können). Hierzu sollten Betriebe Voraussetzungen schaffen, d. h. für Bedingungen sorgen, unter denen die Strategien der Begrenzung und Fokussierung gut gelingen, und die Beschäftigten dadurch bei der Anwendung dieser Strategien unterstützen. Dabei muss ein betrieblicher „Nährboden", auf dem Umgangsweisen der Begrenzung und Fokussierung gut gedeihen, immer auch im Zusammenspiel mit den individuellen Voraussetzungen und Motiven der Beschäftigten betrachtet werden. Die dezidierte Analyse sowohl der betrieblichen als auch der individuellen Voraussetzungen ist derzeit Gegenstand weiterer Auswertungen des vorliegenden Interviewmaterials und zukünftiger Publikationen.

Natürlich sollte die Schaffung guter Arbeitsbedingungen immer das primäre Ziel einer gesundheitsförderlichen Arbeitsgestaltung sein. Dazu gehört einerseits der Abbau von Belastungsfaktoren wie Zeit- und Leistungsdruck oder Informationsüberflutung und andererseits der Ausbau von Ressourcen wie soziale Unterstützung, wobei relevante betriebliche Rahmenbedingungen wie zum Beispiel eine angemessene Personalausstattung zu berücksichtigen sind. Umgangsweisen der Begrenzung und Fokussierung tragen hier teilweise zu einer Belastungsoptimierung bei, etwa wenn die Umverteilung von Arbeit gut gelingt und damit Zeit- und Leistungsdruck reduziert wird. Somit gehen manchmal ein guter Umgang mit und die Gestaltung von Belastungsfaktoren Hand in Hand. Die erfolgreiche Umsetzung von Begrenzung und Fokussierung kann somit auch als Wegweiser einer guten Arbeitsgestaltung gesehen werden.

Literatur

Antoni CH, Ellwart T (2017) Informationsüberlastung bei digitaler Zusammenarbeit. Ursachen, Folgen und Interventionsmöglichkeiten. Gr Interakt Org 48:305–315

Antoni CH, Apostel E, Hiestand S et al (2014) Entgrenzen oder Abgrenzen? Ein Vergleich von vier Arten des Boundary Managements und Typen der Work-Learn-Life-Balance. In: Antoni CH, Friedrich P, Haunschild A, al (Hrsg) Work-Learn-Life-Balance in der Wissensarbeit. Herausforderungen, Erfolgsfaktoren und Gestaltungshilfen für die betriebliche Praxis. Springer VS, Wiesbaden, S 149–175

Arntz M, Gregory T, Lehmer F et al (2016) Arbeitswelt 4.0 – Stand der Digitalisierung in Deutschland: Dienstleister haben die Nase vorn. IAB-Kurzbericht. No. 22/2016. Institut für Arbeitsmarkt- und Berufsforschung (IAB), Nürnberg

Baeriswyl S, Krause A, Kunz-Heim D (2014) Arbeitsbelastungen, Selbstgefährdung und Gesundheit bei

Lehrpersonen – eine Erweiterung des Job Demands-Resources Modells. Empir Pädagog 2:128–146

Baethge A, Rigotti T (2010) Arbeitsunterbrechungen und Multitasking. Bundesanstalt für Arbeitsschutz und Arbeitsmedizin, Dortmund, Berlin, Dresden

Baethge A, Deci N, Dettmers J et al (2018) "Some days won't end ever": Working faster and longer as a boundary condition for challenge versus hindrance effects of time pressure. J Occup Health Psychol 10(1037):ocp121

Baethge-Kinsky V, Kuhlmann M, Tullius K (2018) Arbeits- und Industriesoziologische Studien 11(2):91–106

Bawden D (2001) Information and digital literacies: a review of concepts. J Documentation 57:218–259

Bawden D, Robinson L (2009) The dark side of information: overload, anxiety and other paradoxes and pathologies. J Inf Sci 35(2):180–191

BMAS (Bundesministerium für Arbeit und Soziales) (2018) Wertewelten Arbeiten 4.0. https://www.arbeitenviernull.de/mitmachen/wertewelten.html. Zugegriffen: 14. Dez. 2018

Demerouti E (2014) Design your own job through job crafting. Eur Psychol. https://doi.org/10.1027/1016-9040/a000188

Drössler S, Steputat A, Schubert M et al (2018) Informationsüberflutung durch digitale Medien am Arbeitsplatz. Zentralbl Arbeitsmed Arbeitsschutz Ergonomie 68(2):77–88

Eppler MJ, Mengis J (2004) The concept of information overload: A review of literature from organization science, accounting, marketing, MIS, and related disciplines. Inf Soc 20(5):325–344

Gerlmaier A, Kastner M (2003) Der Übergang von der Industrie- zur Informationsarbeit: Neue Herausforderungen für eine menschengerechte Gestaltung von Arbeit. In: Kastner M (Hrsg) Neue Selbstständigkeit in Organisationen. Rainer Hampp, München, S 15–36

Glaser J, Palm E (2016) „Flexible und entgrenzte Arbeit – Segen oder Fluch für die psychische Gesundheit?". Wirtschaftspsychologie 18(3):82–99

Holland DW (2007) Work addiction: Costs and solutions for individuals, relationships and organizations. J Workplace Behav Health 22(4):1–15

Houlfort N, Philippe F, Vallerand R et al (2014) On passion and heavy work investment: personal and organizational outcomes. J Manage Psychol 29(1):25–45

Janiesch Ch, Bipp T, Kübler A et al (2017) Unterstützung der Selbstregulation für das Arbeiten in der digitalen Welt. HMD 54(6):950–964

Jones C, Czerniewicz L (2010) Describing or debunking? The net generation and digital natives. J Comput Assist Learn 26(5):317–320

Junghanns G, Kersten N (2018) Informationsüberflutung am Arbeitsplatz. Einfluss von Arbeitsanforderungen und Ressourcen. Zentralblatt Arbeitsmedizin. https://doi.org/10.1007/s40664-018-0320-7

Korunka C, Kubicek B (2013) Beschleunigung im Arbeitsleben – neue Anforderungen und deren Folgen. In: Junghanns G, Morschhäuser M (Hrsg) Immer schneller, immer mehr. Psychische Belastungen bei Wissens- und Dienstleistungsarbeit. Springer, Wiesbaden, S 17–39

Kratzer N, Dunkel W (2013) Neue Steuerungsformen bei Dienstleistungsarbeit. Folgen für Arbeit und Gesundheit. In: Junghanns G, Morschhäuser M (Hrsg) Immer schneller, immer mehr. Psychische Belastung bei Wissens- und Dienstleistungsarbeit. Springer, Wiesbaden, S 41–61

Krause A, Dorsemagen C (2016) Neue Herausforderungen für die Betriebliche Gesundheitsförderung durch indirekte Steuerung und interessierte Selbstgefährdung. In: Faller G (Hrsg) Lehrbuch Betriebliche Gesundheitsförderung. Hogrefe, Bern, S 153–161

Krause A, Baeriswyl S, Berset M et al (2014) Selbstgefährdung als Indikator für Mängel bei der Gestaltung mobil-flexibler Arbeit: Zur Entwicklung eines Erhebungsinstruments. Wirtschaftspsychologie (4–1):49–59

Kreiner GE (2006) Consequences of work-home segmentation or integration: a person-environment fit perspective. J Organ Behav 27(4):485–507

Kruse J (2014) Qualitative Interviewforschung. Ein integrativer Ansatz. Beltz, Weinheim

Lohmann-Haislah A (2012) Stressreport Deutschland 2012. Psychische Anforderungen, Ressourcen und Befinden. Bundesanstalt für Arbeitsschutz und Arbeitsmedizin, Berlin, Dortmund, Dresden

Meijman TF, Mulder G (1998) Psychological aspects of workload. In: Drenth PJD, Thierry H, de Wolff CJ (Hrsg) Handbook of work and organizational psychology. Psychology Press/Erlbaum, Taylor & Francis, Hove, S 5–33

Moser K, Preising K, Göritz AS et al (2002) Steigende Informationsflut am Arbeitsplatz: Belastungsgünstiger Umgang mit elektronischen Medien (E-Mail, Internet). Wirtschaftsverlag NW, Bremerhaven

Müller-Thur K, Angerer P, Körner U et al (2018) Arbeit mit digitalen Technologien, psychosoziale Belastungen und potenzielle gesundheitliche Konsequenzen. ASU Arbeitsmedizin Sozialmedizin Umweltmedizin 53:388–391

Park Y, Fritz C, Jex S (2011) Relationships between work-home segmentation and psychological detachment from work: the role of communication technology use at home. J Occup Health Psychol 16(4):457–467

Pfeiffer S (2012) Technologische Grundlagen der Entgrenzung: Chancen und Risiken. In: Badura B, Ducki A, Schröder H et al (Hrsg) Fehlzeiten-Report 2012. Gesundheit in der flexiblen Arbeitswelt: Chancen nutzen – Risiken minimieren. Springer, Berlin Heidelberg, S 15–21

Piecha A, Hacker W, Seidler A (2016) Informationsflut am Arbeitsplatz – Umgang mit hohen Informationsmengen vermittelt durch elektronische Medien. Unveröff. Angebot zum Verhandlungsverfahren im Rahmen des Forschungsvorhabens F2373 bei der Bundesanstalt für Arbeitsschutz und Arbeitsmedizin, Berlin

Podsakoff NP, Lepine JA, Lepine MA (2007) Differential challenge stressor-hindrance stressor relationships with job attitudes, turnover intentions, turnover, and withdrawal behavior: a meta-analysis. J Appl Psychol 92:438–454

Rexroth M, Feldmann E, Peters A et al (2016) Learning how to manage the boundaries between life domains. Effects of a boundary management intervention on boundary management, recovery, and wellbeing. Z Arbeits Organisationspsychol 60(3):117–129

Robelski S (2016) Psychische Gesundheit in der Arbeitswelt. Mensch-Maschine-Interaktion. baua: Bericht. Bundesanstalt für Arbeitsschutz und Arbeitsmedizin, Dortmund, Berlin, Dresden

Rothe I, Morschhäuser M (2014) Psychische Belastungen im Wandel der Arbeit. In: Klein-Heßling J, Krause D (Hrsg) Psychische Gesundheit in der Arbeitswelt. medhochzwei Verlag, Heidelberg, S 77–89

Schick AG, Gorden LA, Haka S (1990) Information overload: a temporal approach. Account Organ Soc 15(3):199–220

Schulz-Dadaczynski A (2017) Umgang mit Zeit- und Leistungsdruck. Eher Anpassung als Reduktion? Präv Gesundheitsf 12(3):160–166

Seidler A, Steputat A, Drössler S et al (2018) Determinanten und Auswirkungen von Informationsüberflutung am Arbeitsplatz: Ein systematischer Review. Zentralbl Arbeitsmed Arbeitsschutz Ergonomie 68(1):12–26

Snir R, Harpaz I (2012) Beyond workaholism: Towards a general model of heavy work investment. Hum Resour Manage Rev 22:232–243

Soucek R (2007) Informationsüberflutung: E-Mails im Beruf. In: Weber A, Hörmann G (Hrsg) Psychosoziale Gesundheit im Beruf. Gentner, Stuttgart, S 291–298

Van Steenbergen EF, Ybema JF, Lapierre LM (2018) Boundary management in action: A diary study of students' school-home conflict. Int J Stress Manag 25(3):267–282

Toffler A (1970) Future shock. Random House, New York

Ulich E (2013) Wandel der Arbeit – Wandel der Belastungen. In: Junghanns G, Morschhäuser M (Hrsg) Immer schneller, immer mehr. Psychische Belastung bei Wissens- und Dienstleistungsarbeit. Springer, Wiesbaden, S 195–220

Wohlers K, Hombrecher M (2016) Entspann dich, Deutschland – TK-Stressstudie 2016. Hamburg: Techniker Krankenkasse. https://www.tk.de/centaurus/servlet/contentblob/921466/Datei/3654/TK-Stressstudie_2016_PDF_barrierefrei.pdf/. Zugegriffen: 8. Mai 2018

Wöhrmann AM, Gerstenberg S, Hünefeld L et al (2016) Arbeitszeitreport Deutschland 2016. Kettler, Dortmund, Berlin, Dresden

Zink (2018) Die Zukunft der Arbeit in einer digitalisierten Welt human gestalten. Z Arbeitswiss 72:160–167. https://doi.org/10.1007/s41449-018-0107-x

Selbstmanagement als Kernkompetenz

Anita Graf und Sibylle Olbert-Bock

19.1 Bedeutung von Selbstmanagement-Kompetenz in der heutigen Arbeitswelt – 287

19.2 Modell der Selbstmanagement-Kompetenz als Orientierungsrahmen – 288
19.2.1 Selbstmanagement-Kompetenz verstehen – 288
19.2.2 Selbstmanagement praktisch – Reflexionsfragen für Coachings und Trainings – 290

19.3 Das dynamische Kernmodell von Selbstmanagement-Kompetenz – 290
19.3.1 Kern der Werte- und Haltungsebene – Selbstverantwortung übernehmen – 290
19.3.2 Kern der Reflexionsebene – Selbsterkenntnis vertiefen – 293
19.3.3 Kern der Umsetzungsebene – Selbstentwicklung entfalten – 294

19.4 Sechs weitere Bausteine von Selbstmanagement-Kompetenz auf der Reflexions- und Umsetzungsebene – 295
19.4.1 Baustein Ziele – 295
19.4.2 Baustein Zeit und Informationen – 296
19.4.3 Baustein Physische und psychische Gesundheit – 297
19.4.4 Baustein Soziale Beziehungen – 298
19.4.5 Baustein Selbstkontrolle und Selbstregulation – 299
19.4.6 Baustein Weitere Persönlichkeitsaspekte – 300

© Springer-Verlag GmbH Deutschland, ein Teil von Springer Nature 2019
B. Badura et al. (Hrsg.), *Fehlzeiten-Report 2019*, https://doi.org/10.1007/978-3-662-59044-7_19

19.5	Selbstmanagement praktisch – 300
19.5.1	Reflexion von Verhaltensindikatoren entlang der neun Bausteine von Selbstmanagement-Kompetenz – 301
19.5.2	Modell der Selbstmanagement-Kompetenz als Basis für die Gestaltung eines Zertifikatskurses – 303

Literatur – 305

Zusammenfassung

Mitarbeitende und Führungskräfte sind in Zeiten tiefgreifender Veränderungen mehr denn je gefordert, ihre Leistungsfähigkeit und Leistungsbereitschaft kontinuierlich zu überprüfen und mittels bewusst gestalteter Reflexions- und Entwicklungsprozesse zukunftsorientiert zu stärken. Ziel sollte sein, die eigene Arbeitsfähigkeit und Arbeitsmarktfähigkeit im Lebensverlauf bestmöglich zu erhalten.

Durch die zunehmende Verflechtung von Berufs- und Privatleben integriert ein modernes Verständnis von Arbeitsfähigkeit und Arbeitsmarktfähigkeit Fragen zu den verschiedenen Lebensfeldern und die vorhandene Ausprägung von Wohlbefinden im Privat- und Berufsleben. Dies zu leisten setzt u. a. umfassende Fähigkeiten des Selbstmanagements voraus.

Im Beitrag wird das Modell der Selbstmanagement-Kompetenz mit seinen neun Bausteinen vorgestellt. Ein spezieller Fokus wird dabei im Kontext des Sammelbands auf Herausforderungen einer modernen Arbeitswelt gelegt.

19.1 Bedeutung von Selbstmanagement-Kompetenz in der heutigen Arbeitswelt

> „Selbstmanagement-Kompetenz umfasst die Bereitschaft und die Fähigkeit, das eigene Leben selbstverantwortlich zu steuern und so zu gestalten, dass Leistungsfähigkeit, Leistungsbereitschaft, Wohlbefinden und Balance gestärkt und langfristig erhalten werden. Selbstmanagement ist gelebte Selbstverantwortung." (Graf 2019, S. 12)

Die rasanten technischen, wirtschaftlichen und gesellschaftlichen Entwicklungen erhöhen die Dynamik und Komplexität in der Arbeitswelt und stellen **hohe Ansprüche an die Selbstmanagement-Kompetenz von Menschen.**

Im Zuge der Digitalisierung sind der Einsatz moderner Medien und Technologien, Veränderungen der Organisationsformen und -strukturen, die Verbreitung neuer Formen der Arbeitsgestaltung und Veränderungen in der Zusammenarbeit eng miteinander verwoben. Der Einsatz moderner Medien und Technologien verändert Entscheidungs-, Leistungserstellungs- und Arbeitsprozesse (z. B. durch Automation und Robotics, Data und Machine Learning, Künstliche Welten). Gleichzeitig werden Organisationsformen und -strukturen hinterfragt. Die Bedeutung der formalen Hierarchie nimmt ab, mehr Selbstverantwortung ist gefordert und die Art des Zusammenarbeitens und Kommunizierens verändert sich durch den Einsatz digitaler Technologien. Mit Blick auf den Menschen und die Gestaltung sozialer Beziehungen ist der **Einsatz moderner Medien und Technologien Chance und Risiko zugleich.** Chancen zeigen sich darin, dass neue Möglichkeiten verfügbar sind, um Menschen wirkungsvoll direkt in der Aufgabenerfüllung zu unterstützen, beispielsweise durch Kollaborationsplattformen oder durch Assistenz. Planung, Kontrolle, Transparenz (Monitoring von Prozessen und Workload, Auswahl von Ressourcen, Abgleich zu Projekten etc.). Der Zugang zu spezifischem Wissen wird vereinfacht (Olbert-Bock et al. 2018).

Mit Blick auf Risiken werden vielfach Veränderungen in den kompetenzbezogenen Anforderungen diskutiert. Bezogen auf Arbeitsmärkte dominiert eine Zweiteilungshypothese. Sie besagt, dass hochkomplexe Tätigkeiten beim Menschen verbleiben, da sich technisierte Arbeit zunehmend auf höhere Qualifikationsbereiche verlagert. Ebenso verbleiben Tätigkeiten beim Menschen, die Empathie verlangen, sowie einfachste Tätigkeiten, deren Automatisierung schlichtweg zu teuer wäre. Bestimmte betriebliche Funktionen entfallen und andere Aufgabenfelder verändern sich in ihren Anforderungen so stark, dass die Ausführenden deutlich veränderte Kompetenzen benötigen (Redzepi und Olbert-Bock 2018).

Je nach Einsatz digitaler Medien und Technologien sowie Ausgestaltung der Organisationsstrukturen und -prozesse wird sich künftig der zugestandene **Grad an Autonomie** und damit der Raum für selbstverantwortliches Denken und Handeln erhöhen oder verringern. Eine Abnahme wirkt sich meist negativ auf Anforderungsvielfalt, Sinnhaftigkeit und stressfreie Regulierbarkeit von Arbeitsprozessen aus.

Die Art, wie moderne Technologien eingesetzt werden – ob als Unterstützung des Menschen gedacht, seine Anpassung erfordernd oder zur Förderung einer optimalen Zusammenarbeit –, hat einen großen Einfluss darauf, wie gut sich **Engagement, Kompetenz, Gesundheit und gelingende soziale Beziehungen** erhalten lassen. Zu beobachten ist, dass Entscheidungen über den Einsatz und die Nutzung digitaler Medien und Technologien bislang in den Unternehmen deutlich von Überlegungen hinsichtlich ihrer Effizienz dominiert werden (Olbert-Bock et al. 2018; Olbert-Bock und Lemm 2017). Als mögliche Nebenwirkung von Technologieeinsatz wird auf ein „Deskilling" hingewiesen, bei dem genau die Fähigkeiten verkümmern, die für die Lösung neuartiger Problemstellungen nötig sind. Dies ist beispielsweise dann der Fall, wenn Entscheidungen nicht mehr durch den Menschen, sondern automatisch basierend auf Algorithmen getroffen werden. Mit Blick auf berufliche Kompetenzen ist dies als „Ironies of Automation" (Bainbridge 1983) beschrieben und für die Digitalisierung bestätigt worden (Baxter et al. 2012). Piloten beispielsweise, die aufgrund der Nutzung des Autopiloten diesem Risiko ausgesetzt sind, müssen den Erhalt ihrer Fähigkeiten immer wieder im Simulator trainieren. Der Einsatz moderner Technologien kann infolgedessen selbst der **Fähigkeit zur Selbststeuerung** entgegenstehen, beispielsweise wenn zu häufig eine Problemlösung auf „bequeme" Art und Weise technisch direkt mit angeboten wird.

Wesentlich für den Erhalt der eigenen Fähigkeit zur Selbststeuerung wird sein, sich aktiv immer wieder selbst zu verorten und proaktiv Maßnahmen zu ihrem Erhalt zu ergreifen.

Durch die hohen Ansprüche an die individuelle Produktivität in der Arbeitswelt und die zunehmende Verflechtung der Lebensbereiche ist es zudem für Mitarbeitende und Führungskräfte essenziell, stressregulierende Mechanismen zu erlernen und persönliche Resilienz aufzubauen. Dies beinhaltet beispielsweise, Erfahrungen lösungsorientiert umzudeuten, sich vorhandene Ressourcen bewusst zu machen und sie zu nutzen, bestehende Beziehungen und Freundschaften zu pflegen oder den ausdrücklichen Konnex zu etwas Wichtigem bzw. Sinnstiftenden herzustellen. Daneben gilt es, sich selbst kontinuierlich Neuem auszusetzen, aus Erfahrungen Kraft zu schöpfen und Erfolge wahrzunehmen (Heitger und Serfass 2015). Die **Stärkung der eigenen Selbstmanagement-Kompetenz** und somit Persönlichkeitsentwicklung avanciert zum entscheidenden Erfolgsfaktor in der heutigen Arbeitswelt.

19.2 Modell der Selbstmanagement-Kompetenz als Orientierungsrahmen

19.2.1 Selbstmanagement-Kompetenz verstehen

Um Selbstmanagement-Kompetenz zu verstehen und zu stärken, kann das in ◘ Abb. 19.1 dargestellte Modell genutzt werden. Es integriert neun Bausteine, die für ein wirkungsvolles Selbstmanagement bedeutsam sind. Die drei Bausteine Selbstverantwortung, Selbsterkenntnis und Selbstentwicklung mit ihren dazugehörigen Ebenen und Wechselwirkungen repräsentieren im Modell den fortwährenden, dynamischen Prozess in der Entwicklung von Selbstmanagement-Kompetenz. Eine lebenslange, konsequente und kreative Auseinandersetzung mit der eigenen Lebensgestaltung ist notwendig.

Der Baustein **Selbstverantwortung** stellt dazu den Kern der **Werte- und Haltungsebene**

19.2 · Modell der Selbstmanagement-Kompetenz als Orientierungsrahmen

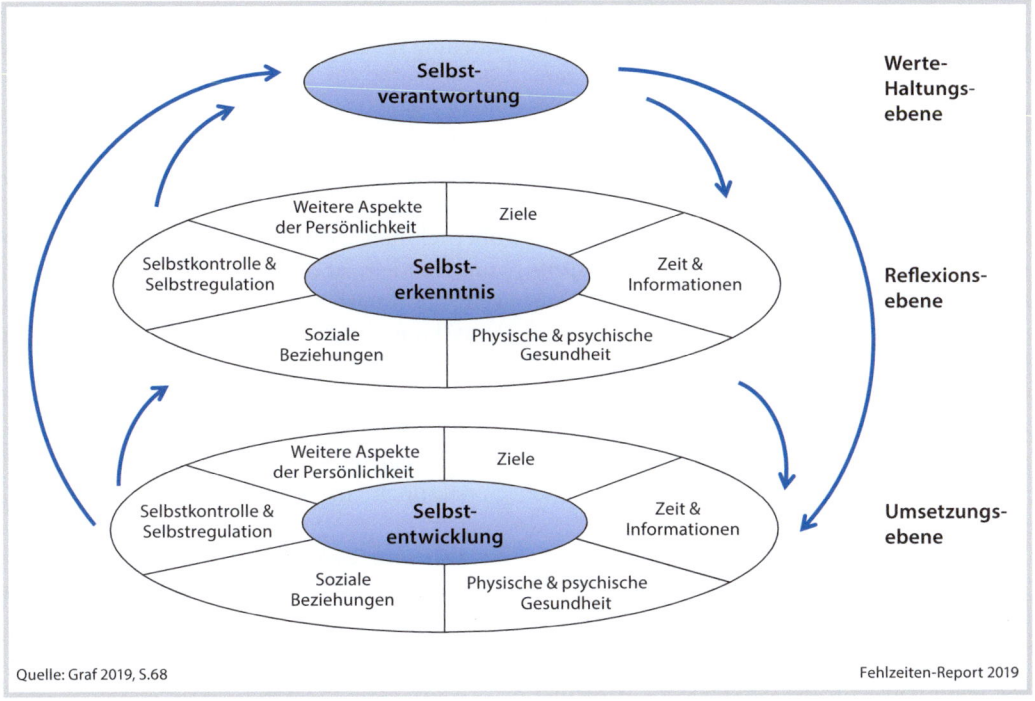

Abb. 19.1 Modell der Selbstmanagement-Kompetenz

dar: Menschen sind gefordert, ihre Lebensführung an persönlichen Werten und Prinzipien auszurichten und die eigene Verantwortung für ihre Gestaltung anzuerkennen. Selbstverantwortung ist nicht delegierbar. Auf der **Reflexionsebene** steht der Baustein **Selbsterkenntnis** im Zentrum. Selbsterkenntnis liefert wichtige Einsichten, um Stärken und Veränderungspotenziale bezogen auf das eigene Selbstmanagement zu erkennen. Grundlegende Bedürfnisse, Werte, Kompetenzen und Potenziale werden deutlich, die es im Leben zu verwirklichen gilt. Der Baustein **Selbstentwicklung** reflektiert die **Umsetzungsebene.** Die auf der Reflexionsebene gewonnenen Erkenntnisse führen idealerweise auf der Umsetzungsebene zu konkreten Handlungen. Hierzu sind Ziele erforderlich, die genügend Kraft entfalten, um konsequent umgesetzt zu werden. Da zahlreiche Einflussfaktoren auf das persönliche Selbstmanagement einwirken, gestaltet sich die Umsetzung oftmals als anspruchsvoller und teilweise auch als schmerzhafter Prozess. Selbstmanagement hat mit klaren Entscheidungen zu tun, mit Verzichten-Können oder Verzichten-Müssen. Zudem kann es große Anstrengungen erfordern, neue Fähigkeiten zu erwerben, persönliche Grenzen zu erweitern oder Risiken einzugehen (Graf 2019).

Auf der Reflexions- und Umsetzungsebene finden sich jeweils sechs weitere Bausteine, die zu einem wirkungsvollen Selbstmanagement gehören: Ziele, Zeit und Informationen, physische und psychische Gesundheit, soziale Beziehungen, Selbstdisziplin und Selbstregulation, weitere Aspekte der Persönlichkeit.

Die Anordnung auf den beiden Ebenen verdeutlicht, dass es für die Entwicklung von Selbstmanagement-Kompetenz bedeutsam ist zu unterscheiden, ob noch Zeit für Reflexion bzw. Klärung eingesetzt werden sollte (z. B. um klare Vorstellungen zu entwickeln, was man will oder wie man etwas haben möchte) oder ob es in erster Linie darum geht, vorhandene Erkenntnisse in Handlungen umzusetzen.

Für jeden Baustein lassen sich konkrete **Verhaltensweisen und Einstellungen** definieren, die zu einer hohen Selbstmanagement-Kompetenz beitragen. Mittels Selbstreflexion, einer beruflichen bzw. persönlichen Standortbestimmung oder im Rahmen von Führungsgesprächen können sie genutzt werden, um **Stärken und relevante Handlungsfelder** zu identifizieren und gezielte **Lern- und Entwicklungsprozesse** zu initiieren. So wird eine wichtige Basis gelegt, um die eigene Leistungsfähigkeit und Leistungsbereitschaft sowie Wohlbefinden und Balance umfassend zu fördern und langfristig zu erhalten.

19.2.2 Selbstmanagement praktisch – Reflexionsfragen für Coachings und Trainings

Die neun Bausteine des Modells der Selbstmanagement-Kompetenz werden in den folgenden Ausführungen vorgestellt.

Für jeden der neun Bausteine wird damit eine Auswahl an Reflexionsfragen zur Verfügung gestellt, die als Fragebogen gestaltet im Rahmen von (Selbst-)Coachings und Trainings eingesetzt werden können (für weitere Reflexionsfragen siehe Graf 2019).

19.3 Das dynamische Kernmodell von Selbstmanagement-Kompetenz

19.3.1 Kern der Werte- und Haltungsebene – Selbstverantwortung übernehmen

Bestehende Entwicklungen in der Arbeitswelt erhöhen die Anforderungen an selbstverantwortliches Denken und Handeln. **Selbstverantwortung als Baustein von Selbstmanagement-Kompetenz** bezieht sich auf die bewusste Auseinandersetzung mit der eigenen Verantwortung für Entscheidungen und Handlungen. Sie bedeutet, für sich und die eigenen Bedürfnisse, Ziele, Werte und Grenzen im Spannungsfeld von Selbstbestimmung und Fremdbestimmung einzustehen und größtmögliche Verantwortung für die eigene Lebensgestaltung zu übernehmen. Selbstverantwortliches Denken und Handeln ist die Basis, um Leistungsfähigkeit, Leistungsbereitschaft, Wohlbefinden, Balance konsequent zu fördern und langfristig zu erhalten (Graf 2019):

- **Leistungsfähigkeit** beinhaltet die gezielte und umfassende Förderung von Wissen, Kompetenzen, Arbeitsmarktfähigkeit, Gesundheit, mentaler und körperlicher Fitness.
- **Leistungsbereitschaft** beinhaltet die Stärkung von Identifikation und Engagement im Berufs- und Privatleben.
- **Wohlbefinden** entsteht durch die Förderung und Stärkung positiver Gefühle (z. B. Zufriedenheit), positiver Beziehungen, von Sinn, Engagement und Zielerreichung.
- **Balance** beinhaltet die Herstellung von Balance auf körperlicher, emotionaler, geistiger und sozialer Ebene.

19.3.1.1 Leistungsfähigkeit und Balance erhalten

Leistungsfähigkeit hängt entscheidend davon ab, ob die benötigten **Kompetenzen** für die Ausführung einer bestimmten Tätigkeit oder die Erfüllung eines Rollenprofils in ausreichendem Maße vorhanden sind. Dies bedingt, dass sich Menschen bewusst mit den Entwicklungen in der modernen digitalen Arbeitswelt auseinandersetzen und frühzeitig notwendige Kompetenzen erkennen und entwickeln. Die Basis für den Erhalt der eigenen Arbeitsmarktfähigkeit (vgl. Baustein Selbstentwicklung) wird gelegt.

Gerne wird zur Bewältigung der Anforderungen einer modernen Arbeitswelt auf die Bedeutung des Erwerbs überfachlicher Kompetenzen in Form sozialer oder personaler Kompetenzen verwiesen. Es sollte nicht dazu verleiten, funktionsbezogene **Sachkompeten-**

zen (verstanden als fachliche und fachbezogene Methodenkompetenz) zu vernachlässigen. Oft ist es gerade ihr Nachweis, der über Stellenbesetzungen entscheidet. Eine klare Prognose, welche Sachkompetenzen in Zukunft konkret benötigt werden, erweist sich als schwierig.

Zu den **überfachlichen Kompetenzen** gehören in der agilen Arbeitswelt Selbstorganisation, Reflexion und lebenslanges Lernen. Der unternehmerische Erfolg hängt deutlich von einer gelingenden Kommunikation mit Kunden, Communities und den Organisationsmitgliedern untereinander ab. Hierzu braucht es Offenheit und eine nicht wertende, konstruktive Feedback- und Kommunikationskultur. Durch den stärkeren Fokus auf Teamarbeit, größere Handlungsspielräume und rasche Reaktionsfähigkeit nimmt die Bedeutung der Kommunikations-, Team- und Kooperationsfähigkeiten zu. Ein agiler Teamplayer sieht in den verschiedenen Persönlichkeiten, Meinungen und Talenten eine Bereicherung. Dies ist Voraussetzung für einen wertschätzenden, vertrauensvollen und respektvollen Umgang miteinander (Buschor und Mutzner 2018).

Die zunehmende Vielschichtigkeit und Komplexität in der Arbeitswelt haben hohes **Verunsicherungspotenzial**. Die Akzeptanz von Doppeldeutigkeit und das eigene Orientierungsvermögen sind Grundlage dafür, auch in Situationen permanenter Veränderung handlungsfähig zu bleiben. Problemlösungsprozesse erfordern eine systematische Auseinandersetzung mit den vielschichtigen Problemen und Herausforderungen und Kreativität in der Lösung. Die Bewältigung der Herausforderungen ereignet sich iterativ und wird von Unsicherheit gekennzeichnet bleiben.

Flexible Arbeitsformen gehen mit einer Verschiebung der Verantwortung für die Gestaltung der eigenen Arbeitsbedingungen einher. Mitarbeitende sind gefordert, selbstverantwortlich **gesundheitsförderliche Arbeitsbedingungen** zu schaffen und neue Formen zu finden, um Basisbedürfnisse wie Kompetenz, Autonomie und soziale Eingebundenheit zu befriedigen (Bauer und Brauchli 2017). Es gilt, Mechanismen von Selbstausbeutung zu erkennen und zu minimieren. Die Kenntnis und Wahrung eigener Leistungsgrenzen und eine **ausgewogene Balance** auf körperlicher, emotionaler und geistiger Ebene sind wichtige Faktoren langfristiger Leistungsfähigkeit.

19.3.1.2 Leistungsbereitschaft und Wohlbefinden erhalten

Leistungsbereitschaft beinhaltet Determinanten des Wollens von Leistung. Warum Menschen eine Leistung erbringen wollen und eine entsprechende Handlung vornehmen, ist äußerst komplex. Leistungsbereitschaft bezieht sich darauf, dass Menschen (Graf 2019):

- *Identifikation spüren* – mit der Aufgabe, die sie ausüben, mit dem Unternehmen, für das sie tätig sind, und mit der Lebensführung insgesamt. Identifikation basiert auf einer Lebensgestaltung, die mit den eigenen Bedürfnissen und Werten übereinstimmt und ist die Basis für Begeisterung und Passion.
- *Engagement zeigen.* Engagement bedeutet, dass Menschen die Bereitschaft haben, sich für etwas einzusetzen – für ein Ziel, eine Sache, eine Person, ein Anliegen, eine Organisation. Wichtige Voraussetzungen sind eine affektive, positive Einstellung zum angestrebten Ergebnis (z. B. den Sinn einer Handlung zu sehen), die Erwartung, die beabsichtigte Leistung erbringen zu können (z. B. Erfolg zu haben), und die mehr oder weniger bewusste Entscheidung, die eigene Leistungsbereitschaft in einer bestimmten Form und Intensität im Verhalten umzusetzen.

Eine wichtige Basis für Leistungsbereitschaft ist, eine **berufliche Tätigkeit bzw. eine berufliche Laufbahn** zu verfolgen, die mit den eigenen Stärken, Potenzialen und Werten übereinstimmt. Im Lebensverlauf ist immer wieder der Mut wichtig, neue Richtungen einzuschlagen, Risiken einzugehen und die Bereitschaft zur kontinuierlichen Weiterentwicklung aufrechtzuerhalten. Dies wird umso wichtiger, als sich im Zuge der Digitalisierung Berufsfelder immer häufiger stark verändern werden und

Kompetenzerhalt und -erweiterung entscheidende Erfolgsfaktoren sind.

Zunehmend wird die Betrachtung von „Leistungsbereitschaft" um die von **„Wohlbefinden"** erweitert. Wohlbefinden wird durch fünf Faktoren beeinflusst, die sich gegenseitig ergänzen und bedingen. Es entsteht erstens, wenn Menschen ein positives Gefühl wie Freude, Inspiration, Stolz oder Ausgeglichenheit spüren. Zweitens, wenn sie Ziele erreichen können und Erfolg haben. Drittens, wenn sie in ihrem Tun aufgehen und Flow-Erlebnisse haben. Der vierte Faktor betrifft die Sinnhaftigkeit: Mitarbeitende erfahren Sinn, wenn sie einen für persönlich als wertvoll empfundenen Beitrag leisten können. Der fünfte Beitrag zum Wohlbefinden ist, wenn sie positive Beziehungen knüpfen können (Seligman 2011).

Die Erarbeitung eines **persönlichen Leitbilds** („Lebensvision") hilft, eine klare Vorstellung der Werte und Prinzipien zu entwickeln, die im Leben manifestiert werden sollen. Der Spielraum für Selbstbestimmung wird so erhöht.

Folgende Fragen bieten einen Orientierungsrahmen (Graf 2019; Covey et al. 2014):
1. Was für ein Leben will ich führen? Wie soll es konkret ausgestaltet sein?
2. Was gibt meinem Leben Sinn? Welches sind meine wesentlichen Prioritäten?
3. In welche Richtung will ich im Leben gehen – was will ich sein, was will ich tun?

> **Baustein Selbstverantwortung – Reflexionsfragen**
> – Wie steht es um meine Leistungsfähigkeit? Meine Leistungsbereitschaft? Mein Wohlbefinden? Meine Balance?
> – Übernehme ich ausreichend Verantwortung für die Stärkung dieser vier Bereiche? Woran erkenne ich dies? Was wäre wichtig zu verändern?
> – An welchen Werten möchte ich mich im Leben stärker orientieren?

19.3.1.3 Selbstmanagement praktisch – Selbstverantwortung übernehmen – Reflexion der vier Parameter Leistungsfähigkeit, Leistungsbereitschaft, Wohlbefinden und Balance

Im Rahmen von Seminaren und Coachings hat es sich als sehr hilfreich erwiesen, eine Einschätzung der vier Parameter Leistungsfähigkeit, Leistungsbereitschaft, Wohlbefinden und Balance vorzunehmen (◘ Abb. 19.2). Daraus lassen sich wesentliche Handlungsfelder erkennen und Maßnahmen für die Erhöhung bzw. den Erhalt von Leistungsfähigkeit, Leistungsbereitschaft, Wohlbefinden und Balance ableiten.

Die folgende Reflexionssequenz stellt ein mögliches Vorgehen dar, das sich einfach in der Praxis einsetzen lässt (in Anlehnung an Graf 2017). Die einzelnen Fragen werden vom Coach oder der Trainerin/dem Trainer angeleitet; die vier Parameter werden dabei gemäß den Ausführungen oben spezifiziert. Da zentrale Lebensthemen berührt werden, die eine große Betroffenheit auslösen können, sollte genügend Zeit eingeplant werden.

> – **Einschätzung der Ausprägung:**
> 1. Wie hoch war in den letzten sechs Monaten im Durchschnitt Ihre **Leistungsfähigkeit** (10 = sehr hoch, 0 = sehr tief)? Bitte tragen Sie Ihre Einschätzung auf der Skala ein.
> 2. Welches sind die Gründe, dass der Wert so ist wie er ist? Bitte notieren Sie hier die wesentlichen Punkte in Stichworten.
> 3. Wie verläuft der Trend, wenn Sie weiter so leben, wie Sie in den letzten sechs Monaten gelebt haben – nach oben, gleichbleibend oder nach unten? Tragen Sie dies mittels Pfeilen entsprechend ein.

19.3 · Das dynamische Kernmodell von Selbstmanagement-Kompetenz

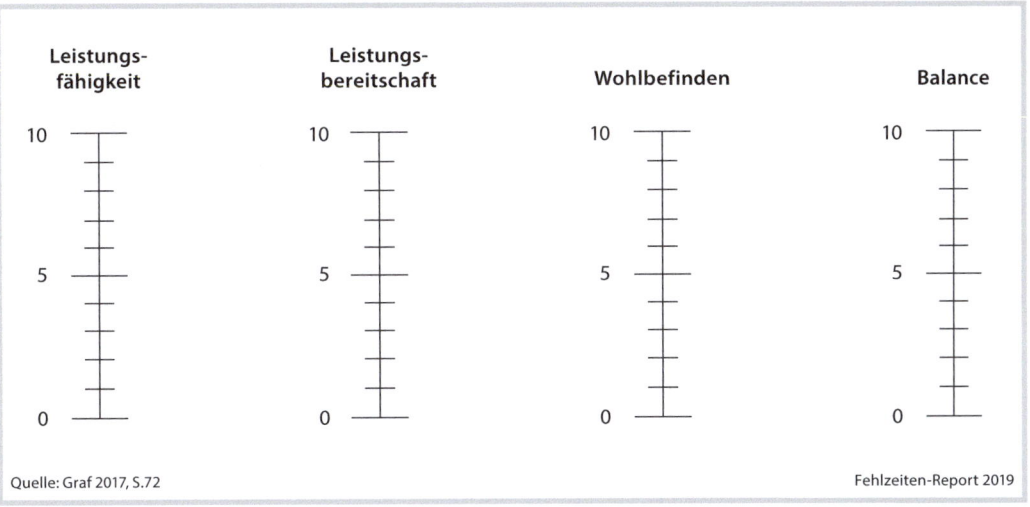

Abb. 19.2 Skalen für die Einschätzung von Leistungsfähigkeit, Leistungsbereitschaft, Wohlbefinden, Balance

Beantworten Sie die Fragen 1 bis 3 analog für die Parameter **Leistungsbereitschaft, Wohlbefinden, Balance**.
- *Identifikation wesentlicher Handlungsfelder:*
  1. Was bedeutet das Ergebnis bezogen auf Ihre Selbstmanagement-Kompetenz?
  2. Welche wesentlichen Handlungsfelder zeigen sich?
- *Bestimmen von Maßnahmen:*
  1. Was müssten Sie konkret tun, um die vier Parameter auf einem hohen Niveau zu halten bzw. diese dahin zu bewegen?
  2. Was ist der Gewinn, der Nutzen, den Sie dadurch für sich und Ihr Leben generieren könnten?
  3. Was könnte Sie daran hindern, es nicht zu tun? Was wäre der Preis hierfür?
  4. Welche Ressourcen könnten Sie aktivieren, die Sie unterstützen könnten?

19.3.2 Kern der Reflexionsebene – Selbsterkenntnis vertiefen

Durch Selbsterkenntnis werden wesentliche Voraussetzungen geschaffen, um Leistungsfähigkeit, Leistungsbereitschaft, Wohlbefinden und Balance zu stärken und Weichen für ihren langfristigen Erhalt zu stellen. Indem sich Menschen mit sich selbst auseinandersetzen, können sie erkennen, in welchen Bereichen von Selbstmanagement ihre Stärken liegen und in welchen Veränderungen notwendig sind.

Selbsterkenntnis als Baustein von Selbstmanagement-Kompetenz beinhaltet, dass Menschen über die Fähigkeit und die Bereitschaft verfügen, neue Erkenntnisse und Einsichten über sich selbst zu gewinnen. Sie nutzen verschiedene Quellen zur Gewinnung von Selbsterkenntnis (z. B. Introspektion, Beobachten des eigenen Verhaltens, Feedback, meditative Praktiken) und sind in der Lage, eigene Gedanken, Emotionen und Verhaltensweisen zu reflektieren. Sie kennen ihre Bedürfnisse, Motivationsbereiche und Werte. Sie können Stärken, Schwächen und Entwicklungsmöglichkeiten realistischer einschätzen (Graf 2019).

Selbsterkenntnis erfordert den Mut, sich selbst zu begegnen. Ziel ist, sich selbst gegenüber **Selbstbewusstsein sowie Wertschätzung** zu entwickeln – bezogen auf Aspekte, die wir an uns mögen, und solchen, die wir weniger schätzen. Dies stärkt nicht nur innerlich, sondern wird auch für das Umfeld spürbar. Selbsterkenntnisprozesse schulen die Fähigkeit, die Aufmerksamkeit vermehrt nach innen zu richten und auf diese Weise Möglichkeiten und Lösungen für die täglichen Herausforderungen zu entdecken (Kranz 2011).

> **Baustein Selbsterkenntnis – Reflexionsfragen**
> – Wie gut weiß ich über mich und meine Bedürfnisse, Werte, Stärken und Entwicklungsmöglichkeiten Bescheid?
> – Wenn ich meinen Körper frage, wie es mir geht: Was erhalte ich als Antwort?
> – Welches sind meine herausragenden Kompetenzen (Fähigkeiten, Fertigkeiten, Wissen) bzw. Stärken? Inwiefern bringe ich meine Stärken im Beruf ein?
> – Wo liegen meine persönlichen Schwächen und wie stehe ich zu ihnen?
> – Wo liegen ungenutzte Potenziale? Wie könnte ich diese vermehrt einsetzen?

19.3.3 Kern der Umsetzungsebene – Selbstentwicklung entfalten

Die auf der Reflexionsebene gewonnenen Erkenntnisse führen idealerweise auf der Umsetzungsebene zu konkreten Handlungen („vom Wissen zum Tun"). **Selbstentwicklung als Baustein von Selbstmanagement-Kompetenz** beruht auf der Fähigkeit, Handlungen zu ergreifen und die eigenen Handlungen zu steuern. Selbstentwicklung bedeutet, sich neue Verhaltensweisen anzueignen, Einstellungen und persönliche Grenzen zu verändern, Kompetenzen kontinuierlich weiterzuentwickeln, neue Laufbahn- und Entwicklungswege zu suchen, Lebenspläne (um) zu gestalten und letztlich als Mensch zu wachsen (Graf 2019).

Für viele Menschen kann dies eine **Veränderung des bestehenden Karriereverhaltens** bedeuten. Das klassische Karrierekonzept eines kontinuierlichen Aufstiegs in der Hierarchie innerhalb eines Unternehmens ist für immer weniger Arbeitnehmende zutreffend. „Karrieren" erweisen sich immer häufiger als Serien kürzerer Lern- und Anpassungszyklen und sind gekennzeichnet durch Wechsel in andere Berufe, Tätigkeitsbereiche und Beschäftigungsformen. Die Verfolgung flexibler Karrierekonzepte erfordert eine andere Form des Selbstbewusstseins und mehr persönliche Verantwortung für eine lebenslange Entwicklung. Manche Menschen schätzen die Unabhängigkeit, die diese Form der Karriere bietet; bei anderen hingegen ruft diese Freiheit Angst und Unsicherheit hervor.

Das **Ausmaß der Anpassungsleistung** im Lebensverlauf wird durch verschiedene Faktoren beeinflusst: die bisherigen Lebenserfahrungen, die Lernvergangenheit oder die Qualität der Kontextbedingungen, die eine Person vorfindet (z. B. der Zugang zu Bildungsaktivitäten). Wesentlich ist, wie sehr Veränderung und Lernen bisher vom Umfeld eingefordert wurden und ob die notwendigen Rahmenbedingungen für Lernen und Entwicklung seitens der Organisation vorhanden sind. Menschen, denen zu viel abgenommen wurde, müssen eventuell zunächst wieder in der Entwicklung von Autonomie unterstützt werden.

Veränderungsbereitschaft und **Lernfähigkeit** sind wesentliche Kompetenzen, über die Mitarbeitende und Führungskräfte im heutigen Arbeitsleben verfügen sollten. Die **Bereitschaft zum lebenslangen Lernen** ist entscheidend, damit Menschen dauerhaft arbeitsfähig und arbeitsmarktfähig bleiben. Durch die Entwicklungen in der modernen Arbeitswelt (z. B. steigende Anforderungen und Unsicherheiten, zunehmende Instabilitäten von Arbeitsplätzen und Tätigkeitsbereichen) sollte nicht mehr das Streben nach Arbeitsplatzsicherheit im Zentrum stehen, sondern die kontinuierliche Förderung und Erweiterung der eigenen Kompetenzen (Rump und Eilers 2017b). Selbstmanagement-Kompetenz zeigt sich darin, dass die

Anpassung an künftige Erfordernisse proaktiv erfolgt. Reaktive Maßnahmen kommen oftmals zu spät – insbesondere, wenn Personen bisher nicht in einer solchen Denkweise gefordert wurden und über Jahrzehnte die gleiche Tätigkeit im Unternehmen ausgeführt haben.

Die **Antizipation von wesentlichen Veränderungen** in den Anforderungen von beruflichen Tätigkeiten und die Förderung eines kontinuierlichen Bewusstseins der Bedeutung von Flexibilität und Offenheit für Neues sind die Basis, um in schwierigen und unerwarteten Situationen handlungsfähig zu sein (Rump und Eilers 2017b). Hier bieten berufliche und persönliche Standortbestimmungen eine große Unterstützung (Graf 2015).

> **Baustein Selbstentwicklung – Reflexionsfragen**
> – Lebe ich das Prinzip des lebenslangen Lernens? Wie zeigt sich dies konkret – im Berufs- und Privatleben? Oder: Wie gut bin ich in der Lage, mich selbst beruflich und privat zu bewegen/zu verändern? Wer/was kann mir dabei helfen?
> – Inwiefern wird sich das Arbeitsfeld, in dem ich tätig bin, in den nächsten Jahren verändern? Welche Kompetenzen und Qualifikationen könnten in meinem Beruf in Zukunft (noch) wichtiger werden? Geht es um den Erwerb von Kompetenzen oder ihren Nachweis?
> – In welchen Bereichen sollte ich mich weiterqualifizieren, um meine Arbeitsmarktfähigkeit bestmöglich zu sichern? Welche Möglichkeiten zur Weiterqualifizierung bestehen? Wie kann ich notwendige Entwicklung einfordern? Was möchte ich nicht mehr umfassend tun, da es in eine berufliche Sackgasse führt?
> – Was würde ich im Leben noch gerne lernen, erfahren, wissen, tun?

19.4 Sechs weitere Bausteine von Selbstmanagement-Kompetenz auf der Reflexions- und Umsetzungsebene

Im folgenden Abschnitt werden die weiteren sechs Baustein des Modells der Selbstmanagement-Kompetenz vorstellt.

19.4.1 Baustein Ziele

Ziele haben eine wichtige handlungsauslösende- und regulierende Funktion. Wichtig ist, Ziele zu definieren, die mit den inneren Bedürfnissen und Werten übereinstimmen und zu den eigenen Kompetenzen passen. Storch und Krause (2014) formulieren drei Kriterien, die zur Beurteilung handlungswirksamer Ziele wichtig sind:

- **Annäherungsziele statt Vermeidungsziele:** Ziele sollten das beschreiben, was erwünscht ist oder gewünscht wird. Vermeidungsziele bewirken, dass das Gehirn fortwährend an das erinnert wird, was es nicht tun sollte. Sie sind somit kontraproduktiv.
- **Vollständig unter der eigenen Kontrolle:** Die Zielerreichung muss durch die betreffende Person zu bewerkstelligen sein, d. h. nicht von anderen Menschen oder veränderten Rahmenbedingungen abhängig sein. Nur so ist eine angemessene Übernahme von Verantwortung möglich, eine klare Erfolgskontrolle und Erfolg wahrscheinlich und lässt sich vermeiden, dass Misserfolge, deren Ursachen außerhalb des persönlichen Einflussbereiches liegen, dem eigenen Versagen zugeschrieben werden.
- **Ein gutes Gefühl geben:** Ein Ziel, das nicht mit einem guten Gefühl verbunden ist, kann nur schwer Handlungswirksamkeit entfalten. Manche unangenehmen Ziele lassen sich auf eine Weise umformulieren, dass

ein positiver Zustand in den Mittelpunkt gestellt wird. Dies kann ein übergeordnetes Ziel sein (z. B. anstelle von „Ich stelle meine Masterarbeit vor den Sommerferien fertig": „Ich komme in meinem Studium einen großen Schritt weiter").

Für Selbstmanagement-Kompetenz braucht es jedoch nicht nur die Fähigkeit, definierte Ziele mit Engagement und Beharrlichkeit zu verfolgen, sondern auch die Bereitschaft, unerreichbar gewordene Ziele wieder loszulassen, was als *„adaptive Lebensgestaltung"* bezeichnet wird (Brandtstädter 2007). In einer „Multioptionsgesellschaft" und einer Zeit von nahezu unbegrenzten Alternativen tritt verstärkt die Notwendigkeit hinzu, eine **Auswahl wesentlicher Ziele** zu treffen und ihre Erreichung zumindest für einen selbst festgelegten Zeitraum fokussiert zu verfolgen anstelle „en passant" stets weitere Ziele mit aufnehmen zu wollen.

> **Baustein Ziele – Reflexionsfragen**
> — Welche Ziele möchte ich im nächsten Jahr in meinen verschiedenen Lebensrollen verwirklichen?
> — Wo sind mögliche Stolpersteine auf dem Weg und Bedingungen, auf die ich keinen Einfluss nehmen kann? Wie kann ich adäquat reagieren, wenn Hindernisse auftauchen?
> — Was lenkt mich ab? Wie gelingt es mir, an vereinbarten Zielen festzuhalten und diese nicht tagtäglich durch neue Ziele zu ergänzen?
> — Wie konsequent verfolge ich meine Ziele? Wieso lohnt es sich durchzuhalten? Gibt es ein Ziel, bei dem ich mir realistischerweise seine Unerreichbarkeit eingestehen sollte?

19.4.2 Baustein Zeit und Informationen

Digitale Medien und Technologien stellen einen **Beschleuniger** in unserem Wirtschafts- und gesellschaftlichen Leben dar. Smartphones, Tablets und Notebooks ermöglichen es, Informationen praktisch jederzeit und überall abzufragen. Die vorhandenen Informationen sind grenzenlos. Der Einsatz digitaler Medien und Technologien ermöglicht **effizienteres Arbeiten und Transparenz** in der Erledigung sichtbarer Aufgaben. Die gestiegene Transparenz und Beobachtbarkeit mögen zur Nachweisbarkeit der eigenen Aktivität durchaus nützlich sein; sie setzen aber zusätzlich unter Druck (Kratzer 2016). Ob digitale Medien und Technologien das bisweilen formulierte Versprechen einlösen werden, wonach uns mehr Zeit bleiben soll, ist mehr als fraglich.

Die wachsende Transparenz verführt dazu, dass Menschen sich stärker an der Erledigung von sichtbaren, messbaren Aufgaben orientieren. Die Geschwindigkeit, in der sich die Prioritäten anderer verändern und über die verschiedensten Kanäle neue Ansprüche bzw. Erwartungen an Arbeitsnehmende herangetragen werden, wächst. Digitale Erreichbarkeit und Informationsüberflutung können u. a. dazu führen, dass viel Zeit für weniger wichtige Tätigkeiten eingesetzt wird (durch ein zu wenig konsequentes Management der E-Mails, durch die Nutzung von Internet, Facebook und Twitter als Ablenkung etc.). Aus der Anwendung der neuen mobilen Kommunikationstechnologien kann demzufolge eine **Informations- und Anforderungsüberlastung** resultieren, die darin mündet, immer mehr Dinge gleichzeitig zu tun, die Aufgaben nicht mit der notwendigen Sorgfalt zu erledigen oder den Fokus auf das Wesentliche zu verlieren.

Insgesamt werden digitale Medien und Technologien seitens Organisationen primär unter dem Gesichtspunkt der Effizienzsteigerung gestaltet (Olbert-Bock und Redzepi 2018). Untersuchungen zeigen beispielsweise, dass die Erwartung steigt, auf E-Mails sofort bzw. mindestens innerhalb eines Tages eine Antwort zu erhalten (Genner und Süss 2014).

Die genannten Herausforderungen und der kompetente Umgang mit ihnen haben sowohl objektive als auch subjektive Komponenten. Die zahlreichen **Zeit- und Informationsmanagement-Methoden und -Tools** können Menschen dabei unterstützen, die eigene Zeit effektiv und sinnvoll zu gestalten, Informationen umsichtig zu managen und einen stetigen Wechsel zwischen Aktivität und Regeneration zu realisieren (vgl. z. B. Knoblauch et al. 2015). **Offline-Zonen** in Unternehmen setzen einen Kontrapunkt – durch Rituale, WIFI-freie Zonen oder bewusstes Entschleunigen (Wissensfabrik 2015). Entscheidend ist auch, den wesentlichen Dingen im Privat- und Berufsleben Priorität bei der Zeitgestaltung einzuräumen und damit eine **Anpassung der inneren Haltung** mit der digitalen Erreichbarkeit vorzunehmen. Es wird kaum gelingen, allem und jedem im Raum stehenden Erwartung vollumfänglich gerecht zu werden.

> **Baustein Zeit und Informationen – Reflexionsfragen**
> - Was bedeuten für mich Zeitqualität, effiziente Zeitnutzung und wofür möchte ich mir Zeit nehmen?
> - Welches sind meine Stärken in der Nutzung und Gestaltung von Zeit? Wo geht mir Zeit für Dinge „verloren" (Zeitdiebe), die mich im Nachhinein ärgern? Wie konsequent plane ich Freiräume ein?
> - Wie gut gelingt es mir tatsächlich und auf welche Weise kann es mir gelingen, den tatsächlichen und vermuteten Druck von außen zu reduzieren? Wo lasse ich mich verplanen?
> - Welche Chancen, die mir digitale Medien und Technologien bieten, nutze ich und welche interessieren mich bisher nicht ausreichend? (z. B. moderne Technologien als Unterstützung ...)

19.4.3 Baustein Physische und psychische Gesundheit

Eine gute **physische und psychische Gesundheit** zu erhalten beruht auf der Fähigkeit, präventiv und konsequent Maßnahmen zum Aufbau von Energie, Kraft und Vitalität sowie jener, Maßnahmen zum Abbau von Belastungen und Stress in den Alltag zu integrieren. Voraussetzung ist, persönliche und situative Ressourcen zu kennen und konsequent zu aktivieren sowie belastenden Faktoren im Privat- und Berufsleben zu erkennen und gezielt abzubauen (Graf 2019).

In einer Umfrage zur Digitalisierung geben 29 % der Befragten an, dass die technischen Neuerungen zu einer körperlichen Entlastung ihrer Arbeit geführt haben (BMAS 2016). Auch ist es durch digitale Medien besser als bisher möglich, mobil sowie zeit- und ortsunabhängig zu arbeiten. Durch eine freiere Gestaltung der Arbeitszeit und des Arbeitsortes können die Grenzen zwischen Beruf und Privatleben jedoch leicht verschwimmen. Der Druck nimmt zu, von zu Hause oder unterwegs aus zu arbeiten – nicht, weil es stets nötig wäre, sondern weil es möglich ist. Vielfach besteht das Gefühl, auch kleinste Pausen effizient nutzen zu müssen, für die Arbeitgeberin erreichbar zu sein und so die eigene Leistungsbereitschaft und Leistung zu zeigen.

Seit einigen Jahren wird eine **Zunahme an psychischen Belastungen und Erkrankungen** registriert (z. B. Marschall et al. 2018). Als ursächlich für den Anstieg psychischer Belastungen gelten u. a. der bereits seit einiger Zeit wachsende Termin- und Leistungsdruck, häufige Unterbrechungen und Umstrukturierungen (Lohmann-Haislah 2012). Zu den besonderen Risiken durch die Digitalisierung zählen beispielsweise Workoholismus und Präsentismus, Langeweile im Fall von reinen Überwachungstätigkeiten, das Phänomen des „Always on", vermehrter Stress sowie Schwierigkeiten bei der Balance von Berufs- und Privatleben (Bier und Bruder 2017; Cummings et al. 2016; Pangert et al. 2016; Persin 2015; Derks und Bakker 2014; Bakker et al. 2013).

Die moderne Berufswelt ist insgesamt von einer steigenden Wissensintensität und oftmals komplexen, neuartigen Problemstellungen gekennzeichnet. **Psychische Risiken** entstehen in besonderer Weise, wenn hohe qualitative Anforderungen im Rahmen komplexer Prozesse und Organisationsstrukturen mit unzureichenden bzw. gleichbleibenden oder gar sinkenden Ressourcen bearbeitet werden müssen (Eichhorst et al. 2016; Kratzer 2016). Nicht zuletzt stellen auch eine zunehmende Unsicherheit und die Sorge vor dem Verlust des eigenen Arbeitsplatzes in Folge einer Technisierung der Arbeitsabläufe ein weiteres mögliches Belastungsrisiko dar. Auch dass sich „der Einzelne immer wieder neu beweisen muss, dass er mit seinem Wertbeitrag die Zugehörigkeit zum Unternehmen verdient" (Kämpf 2015, S. 145).

Das Thema Gesundheit hat in den letzten Jahren eine breite Aufmerksamkeit erfahren. Als Maßnahmen der *„Digital Health"* finden sich zahlreiche spielerische oder „Nudging"-Ansätze, damit eine bessere Einschätzung der eigenen Gesundheit und bestehender Risikofaktoren möglich wird. Sie können die Eigenbeobachtung ergänzen und Verhaltensänderungen unterstützen. Eine gut ausgeprägte Selbstwahrnehmung bleibt dennoch Kern der Selbstmanagement-Kompetenz.

> **Baustein Physische und psychische Gesundheit –**
> **Reflexionsfragen**
> – Welches sind Belastungsfaktoren, die in meinem Leben wirken?
> – Welches sind meine Signale für Überlastung – auf körperlicher, mentaler und emotionaler Ebene und aus meinem Umfeld?
> – Welches sind meine Ressourcen? Nutze ich diese Ressourcen in meinem Privat- und Berufsleben ausreichend? Wie kann ich bei Bedarf zusätzliche Regenerations-/Erholungsräume schaffen?
> – Wie gut passt die Arbeitssituation heute und in Zukunft zu meinen Ressourcen? Werde ich Schritt halten können oder muss ich meine Tätigkeit verändern? Wie kann ich Einfluss auf die Arbeitsbedingungen und ihre Anforderungen nehmen?

19.4.4 Baustein Soziale Beziehungen

Soziale Beziehungen gehören zu den wichtigsten **Ressourcen** überhaupt. Menschen sind soziale Wesen. Zur Selbstmanagement-Kompetenz gehört die Fähigkeit, soziale Beziehungen aufzubauen und zu pflegen, die Wohlbefinden und Balance fördern – d. h. Beziehungen, die nährend, unterstützend und inspirierend sind. Durch eine angemessene Priorisierung und eine optimierte Balance der verschiedenen Lebensfelder wird es möglich, ausreichend Zeit mit Menschen zu verbringen, die persönlich wichtig sind und Freundschaften auch bei hoher Arbeitsbelastung zu pflegen. Es lohnt sich, Beziehungen kritisch zu überprüfen, die das eigene Wohlbefinden beeinträchtigen oder die eigenen Ressourcen übernutzen, und entsprechend zu verändern. Ebenso entscheidend ist es, berufliche Netzwerke aktiv aufzubauen, zu pflegen und zu beobachten (Graf 2019).

Mit der Verbreitung digitaler und der Nutzung sozialer Medien ist eine **Zunahme an Vernetzung und Kontakten** verbunden. Die einfache und effiziente Kommunikation über digitale Medien und die Möglichkeit, gut sichtbar zu sein, bieten neue Kontaktmöglichkeiten trotz räumlicher Distanz. Es entstehen vielfältige Arbeitsbeziehungen, in denen sich Kolleginnen und Kollegen verschiedener Bereiche begegnen, die den schnellen Zugang zu Expertise bei virtueller Zusammenarbeit ermöglichen.

Gradmesser für die Beliebtheit, Kompetenz oder das Integriertsein von Personen wird ihre **Sichtbarkeit in sozialen Medien**. Den Anforderungen an Flexibilität und Mobilität in Form von beruflich bedingten Ortswechseln oder unregelmäßigen Arbeitszeiten fällt nicht selten die klassische Verankerung im privaten Bereich zum Opfer – beispielsweise in Form sozialer Kontakte oder Vereinsaktivitäten (Rump und Eilers 2017a).

Während einerseits eine Informationsflut herrscht, besteht ein **Mangel an direkten sozialen Beziehungen**. Im beruflichen Kontext können Arbeitnehmende an vielen Stellen nicht mehr selbst entscheiden, wie viel ihrer Zeit sie in virtuellen Welten verbringen wollen. Virtuelle soziale Beziehungen sind in ihrer Qualität deutlich ärmer. Menschen sind dann von wichtigen, nur analog übertragenen Kommunikationsanteilen abgeschnitten (Orhan et al. 2016; Rupietta und Beckmann 2016; Bartel et al. 2012). Es ist schwieriger, sich den Gedankengängen anderer anzuschließen und diese zu verstehen. Grenzen der Vermittlung von Wertschätzung, der mangelnde persönliche Kontakt und der damit verbundene schwierige Vertrauensaufbau und Armut an Empathie können das Gefühl psychischer und informationeller Isolierung entstehen lassen (Olbert-Bock et al. 2018).

Permanente Erreichbarkeit über verschiedene Medien und das Bedürfnis, nichts verpassen zu wollen, können nicht nur das Gefühl entstehen lassen, sowohl beruflich als auch privat unter permanenter Zeitnot zu leiden. Es besteht tatsächlich das Risiko, nichts und niemandem mehr angemessene Aufmerksamkeit zu widmen, sondern als „*fractured attention*" (Turkle 2015) in kleinsten Episoden eine oberflächliche Aufmerksamkeit zu verteilen. Auf Dauer gelingende und unterstützende soziale Beziehungen sind und bleiben auf den direkten Kontakt angewiesen.

> **Baustein Soziale Beziehungen – Reflexionsfragen**
> - Welche sozialen Beziehungen nähren mich? Welche Menschen bringen Freude, Zufriedenheit, Ausgeglichenheit, Liebe in mein Leben? Wie gestalte ich den Kontakt mit ihnen? Wieviel Zeit widme ich diesen Menschen und ist dies genügend?
> - Wo werden von mir wichtige soziale Kontakte zeitlich und mit Blick auf die genutzten Medien und im vernachlässigt – beruflich und privat?
> - In welchen Kontakten fühle ich mich unwohl und was ist die Ursache? Wo laufen soziale Kontakte Gefahr, nur noch zweckorientiert unter dem Gesichtspunkt des persönlichen Nutzens bewertet zu werden?
> - Wie zufrieden bin ich mit meiner Nutzung digitaler Medien? Wo können Sie mir helfen, Kontakte zu finden und zu erhalten und wo stehen sie zu sehr im Vordergrund?

19.4.5 Baustein Selbstkontrolle und Selbstregulation

Selbstkontrolle und Selbstregulation ermöglichen, das eigene Verhalten so zu steuern, dass wünschenswerte Ziele auch erreicht werden. Hierzu sind einerseits die Willensanstrengung und die Konsequenz erforderlich, Ablenkungen im Innen und Außen entgegenzuwirken – auch wenn andere Bedürfnisse dabei zurückgestellt werden müssen. Andererseits ist es wichtig, sich der Wirkung von Emotionen für die eigene Handlungssteuerung bewusst zu sein und Emotionen mittels verschiedener Strategien gezielt regulieren zu können (etwa Selbstmotivierung und Selbstberuhigung). Misserfolge gilt es nicht als persönliche Niederlage anzusehen, sondern als Lernchance zu nutzen (Graf 2019).

Digital vermittelte Kommunikation und Kooperation fordert uns in der **Regulierung unserer Emotionen** auf besondere Weise, da die Gegenseitigkeit fehlt und Äußerungen im Internet unmittelbar eine sehr hohe Zahl an Empfängern erreichen und dann unkontrollierbar positives, aber auch umfassendes, negatives Feedback auslösen und letztlich zu konformem Verhalten auffordern.

Die Fähigkeiten zur Selbstkontrolle und Selbstregulation sind im Zuge der Digitalisierung auch angesichts der mit ihr verbundenen **Optionenvielfalt** besonders gefordert. Andererseits nehmen uns gleichzeitig digitale Medien und Technologien weit mehr Entscheidungen ab, als uns bewusst ist (Häußling et al. 2017). Damit können sie unsere Bequemlichkeit fördern und unbewusst unser Verhalten steuern. Je umfassender wir „an die Hand genommen" werden, umso schwieriger ist es, dies „Komfortzone" wieder zu verlassen und eigenständig und gezielt Optionen selbst auszuwählen.

> **Baustein Selbstkontrolle und Selbstregulation – Reflexionsfragen**
> - Was hilft mir im Alltag, meine Emotionen gezielt zu regulieren, zum Beispiel positive Emotionen zu erzeugen, mich selbst zu beruhigen?
> - Wie gehe ich mit Rückschlägen und Misserfolgen um? Kann ich diese als einen Teil von Selbstwachstum anerkennen und nutzen?
> - Wie gelingt es mir, mich gegenüber Kritik abzugrenzen und meine eigene Sichtweise in angemessener Weise zu reflektieren und zu verteidigen?
> - Wie ausgeprägt ist meine Überzeugung, mein Leben selbst lenken zu können, und wie sehr sehe ich mich als „Opfer" anderer bzw. der Umstände? Was stärkt meine Überzeugung, Einfluss nehmen zu können, und was schwächt sie?

19.4.6 Baustein Weitere Persönlichkeitsaspekte

Zahlreiche weitere relevante Aspekte der Persönlichkeit wie etwa Selbstwirksamkeitserwartung, Optimismus, Resilienz oder Kohärenzvermögen haben einen Einfluss darauf, wie Selbstmanagement-Kompetenz im Alltag gelebt und erlebt wird. Wichtig ist, eigene Persönlichkeitsaspekte zu erkennen, sich der Wirkung auf die Selbstmanagement-Kompetenz bewusst zu werden und mittels Persönlichkeitsentwicklung Stärken zu fördern und Regulationsmechanismen zu erlernen.

> **Baustein Weitere Persönlichkeitsaspekte – Reflexionsfragen**
> - Welche Aspekte meiner Persönlichkeit wirken sich positiv auf meine Selbstmanagement-Kompetenz aus, sind also wichtige Ressourcen?
> - Welche Aspekte meiner Persönlichkeit wirken sich beeinträchtigend auf meine Selbstmanagement-Kompetenz aus? Wie zeigt sich dies? Wie könnte ich dies verändern?

19.5 Selbstmanagement praktisch

Selbstmanagement-Kompetenz ermöglicht es, das eigene Leben so zu gestalten, dass es unter Berücksichtigung der vorhandenen Rahmenbedingungen und zukünftigen Entwicklungen möglichst erfüllend, erfolgreich und sinngebend gestaltet ist. Sie darf nicht dahingehend fehlinterpretiert werden, dass Führung sich nun komplett zurückziehen könne und Mitarbeitenden die Bewältigung von Anforderungen zu überlassen, zu denen sie gar nicht die Schlüssel „in der Hand halten". In einem organisationalen Kontext ist das Zutun weiterer verantwortlicher Personen oftmals unabdingbar und begrenzt den Einfluss des „Selbst". Sowohl der Einzelne als auch die Organisation müssen zeitliche Freiräume für ein wirksames Selbstmanagement vorsehen.

Die vorangehenden Ausführungen zeigen, wie anspruchsvoll und vielschichtig ein wirkungsvolles Selbstmanagement ist. Es ist ein lebenslanger und vor allem dynamischer Prozess, der aus vielen Schritten besteht und immer wieder Selbstreflexion und Selbstentwicklung erfordert. In zahlreichen Seminaren und Coachings zeigt sich immer wieder, dass für ein wirkungsvolles Selbstmanagement der Schritt vom Wissen zum Tun besonders herausfordernd ist. In der praktischen Arbeit mit dem Modell sollte diesem Aspekt eine besondere Bedeutung beigemessen werden. Nachfolgend sind abschließend Umsetzungsmöglichkeiten für die Nutzung des Modells der Selbstmanagement-Kompetenz in der Praxis aufgeführt.

19.5.1 Reflexion von Verhaltensindikatoren entlang der neun Bausteine von Selbstmanagement-Kompetenz

In ◘ Tab. 19.1 ist eine Auswahl an Verhaltensindikatoren aufgeführt, auf deren Grundlagen eine Einschätzung der eigenen Selbstmanagement-Kompetenz vorgenommen werden kann. Sie lassen sich in (Selbst-)Coachings zur Analyse nutzen, in welchen Bausteinen der Selbstmanagement-Kompetenz primär Handlungsbedarf besteht.

Die Vorgehensweise zur Identifikation von Entwicklungsbedarf und Entwicklungswünschen, der Formulierung von Entwicklungszielen, der Planung von Maßnahmen und die Bewertung des Entwicklungserfolgs kann in folgenden Schritten erfolgen:

1. **Beurteilung der einzelnen Verhaltensindikatoren (Selbsteinschätzung):** Gehen Sie alle Verhaltensindikatoren (◘ Tab. 19.1) durch und beurteilen Sie, inwiefern Sie das entsprechende Verhalten zeigen (z. B. mittels „+", „±", „−").
2. **Analyse der neun Bausteine (Selbsteinschätzung):** Beurteilen Sie dann, inwiefern die einzelnen Bausteine eine Stärke, ein Entwicklungsbereich oder eine Mischform (Stärken und Schwächen vorhanden) darstellen.
3. **Fremdeinschätzung einbauen:** Eine Möglichkeit ist, dass Sie von einer oder mehreren Personen eine Fremdeinschätzung vornehmen lassen.
4. **Entwicklungsfokus auswählen und Entwicklungsziele definieren:** Wählen Sie anschließend ein bis zwei Bausteine aus, in denen eine Veränderung eine große positive Wirkung auf Ihre Selbstmanagement-Kompetenz bzw. Ihr Leben hätte. Schreiben Sie auf, welche Entscheidungen, Maßnahmen, Handlungen Sie realisieren müssten, um diese positive Veränderung herbeiführen zu können. Formulieren Sie auf dieser Basis ein bis drei Entwicklungsziele, die Sie erreichen möchten.
5. **Entwicklungsziele verifizieren:** Überprüfen Sie, ob jedes Ziel handlungswirksam ist. Besonders wichtig ist zu prüfen, ob es vollumfänglich realistisch ist und ob Sie ausreichend motiviert sind, dieses Ziel zu verfolgen
6. **Handlungsplan erstellen:** Definieren Sie geeignete Maßnahmen, um Ihre Ziele erreichen zu können. Erarbeiten Sie einen konkreten Zeitplan, wie Sie die definierten Ziele erreichen wollen. Welche Schritte sind erforderlich? Welche Hindernisse können auftauchen (im Innen und Außen)? Welche Ressourcen sind vorhanden und welche könnten zusätzlich aktiviert werden? Welche Lernaktivitäten werden benötigt? Welche Zwischenschritte oder Meilensteine wären sinnvoll? Woran erkennen Sie, dass das Ziel erreicht ist?
7. **Entwicklungsprozess überprüfen:** Legen Sie Zeitpunkte fest, an denen Sie den Entwicklungsprozess überprüfen wollen. Wenn die Entwicklung nicht wie gewünscht vorangeht, müsste die Handlungswirksamkeit des Ziels nochmals überprüft und das Ziel gegebenenfalls umdefiniert werden.

◘ **Tabelle 19.1** Auswahl an Verhaltensindikatoren von Selbstmanagement-Kompetenz. (Quelle: Graf et al. 2015, S. 37, für eine vollständige Liste siehe Graf 2019)

Bausteine	Verhaltensindikatoren
1. Selbstverantwortung	– Den wesentlichen Dingen im Arbeits- und Privatleben Raum und Priorität einräumen. – Für sich und die eigenen Bedürfnisse, Ziele, Werte und Grenzen im Spannungsfeld von Selbstbestimmung und Fremdbestimmung einstehen. – Das Leben so steuern, dass Leistungsfähigkeit, Leistungsbereitschaft, Wohlbefinden und Balance gefördert und langfristig erhalten werden.
2. Selbsterkenntnis	– Ein klares Bewusstsein für die eigenen Werte, Bedürfnisse, Überzeugungen, Emotionen und Verhaltensmuster entwickeln. – Die eigenen Kompetenzen (Fähigkeiten, Fertigkeiten, Wissen) und ungenutzten Potenziale erkennen, Stärken und Entwicklungsbereiche realistisch einschätzen. – Regelmäßig eine Standortbestimmung durchführen, unterschiedliche Quellen für Selbsterkenntnis nutzen (z. B. Reflexion, Feedback).
3. Selbstentwicklung	– Die eigene berufliche Entwicklung und Laufbahn proaktiv steuern, die eigene Arbeitsmarktfähigkeit periodisch überprüfen und gezielt aufrechterhalten. – Bereitschaft zeigen, Neues auszuprobieren, persönliche Grenzen zu erweitern und Möglichkeitsspiel(t)räume zu vergrößern. – Lebenslanges Lernen und Wachstum als Prinzip verankern. Den Mut aufbringen, etwas zu riskieren, um dem Leben eine positive Wende zu geben.
4. Ziele	– Motivierende private und berufliche Ziele definieren. Zielniveau auf der Basis der vorhandenen Kompetenzen und Ressourcen optimal festlegen. – Eine weitgehende Harmonie zwischen persönlichen und beruflichen Zielen schaffen, Zielkonflikte erkennen und minimieren. – Konkrete Handlungspläne für die Zielerreichung entwickeln, Prozess der Zielrealisierung regelmäßig überprüfen.
5. Zeit und Informationen	– Den wesentlichen Dingen bei der Zeitgestaltung konsequent Priorität einräumen, Zeitdiebe und Störungen reduzieren. – Hilfreiche Zeitmanagement-Methoden und -Werkzeuge erlernen und konsequent nutzen. – Neue Kommunikations- und Informationstechnologien effektiv einsetzen, Grenzen zwischen Arbeit und Freizeit reflektieren und bewusst gestalten.
6. Physische und psychische Gesundheit	– Maßnahmen zum Aufbau von Energie/Kraft/Vitalität regelmäßig in den Alltag integrieren, Zeiten für Erholung und Regeneration einplanen und einhalten. – Belastende Faktoren frühzeitig erkennen, Alarmsignale des Körpers und der Psyche ernst nehmen und notwendige Schritte zum Abbau der Belastungen einleiten und umsetzen. – Realistische Erwartungen an die eigene Leistungsfähigkeit entwickeln, Selbstausbeutung stoppen.
7. Soziale Beziehungen	– Soziale Beziehungen aufbauen, die Wohlbefinden und Balance fördern, z. B. Beziehungen, die nähren und inspirieren. – Ausreichend Zeit für Familie und Freundschaften einplanen, soziale Beziehungen auch in intensiven Lebensphasen nicht vernachlässigen. – Berufliche Netzwerke aktiv aufbauen und pflegen.

Tabelle 19.1 (Fortsetzung)

Bausteine	Verhaltensindikatoren
8. Selbstkontrolle und Selbstregulation	– Die Willensanstrengung aufbringen, inneren und äußeren Ablenkungen entgegenzuwirken, die der Zielerreichung entgegenstehen. – Sich der Wirkung von Emotionen für die eigene Handlungssteuerung bewusst sein und Techniken zur Emotionsregulation erlernen (z. B. Selbstberuhigung, Selbstmotivation). – Frustrationstoleranz entwickeln, Misserfolge nicht als persönliche Niederlage sehen, sondern als Lernchance erkennen und nutzen.
9. Weitere Aspekte der Persönlichkeit	– Bewusstsein entwickeln, welche Aspekte der Persönlichkeit förderlich und welche hinderlich für Selbstmanagement-Kompetenz sind. – Sich auf den Prozess der Persönlichkeitsentwicklung einlassen. – Unterstützung beiziehen, z. B. in Form eines Coachings oder des Besuchs einer Weiterbildung.

Fehlzeiten-Report 2019

Oder es kann erforderlich sein, zusätzliche Ressourcen zu aktivieren, z. B. soziale Unterstützung.

Erfolge feiern: Feiern Sie Ihre Erfolge, wenn Sie die Entwicklung oder wichtige Zwischenschritte vollzogen haben.

19.5.2 Modell der Selbstmanagement-Kompetenz als Basis für die Gestaltung eines Zertifikatskurses

Auf der **Basis des Modells der Selbstmanagement-Kompetenz** wurde am Institut für Personalmanagement und Organisation der Hochschule für Wirtschaft FHNW (Fachhochschule Nordwestschweiz) ein rund **20-tägiges Zertifikatsprogramm** entwickelt, in dem die Teilnehmenden während eines Jahres ihre Selbstmanagement-Kompetenz systematisch erweitern. In diesem Programm werden Teilnehmende befähigt und motiviert, neue Wege zu gehen und die eigenen Handlungsoptionen zu erweitern – für sich selbst und in der Führung. Zu jedem Baustein des Modells der Selbstmanagement-Kompetenz werden vertiefte theoretische Erkenntnisse vermittelt, aktuelle Methoden und Instrumente vorgestellt sowie Anwendungsmöglichkeiten in der Praxis reflektiert.

Der Zertifikatslehrgang „Selbstmanagement-Kompetenz in Organisationen stärken" besteht aus vier Modulen:

- **Modul 1: Der Weg zum Wesentlichen – die richtigen Prioritäten setzen:**
a) Modell der Selbstmanagement-Kompetenz (die neun Bausteine), b) Das Wesentliche im Fokus – Prioritäten reflektieren und richtig setzen, c) Zeitmanagement als Schlüssel zu Effizienz und Effektivität, d) Achtsamkeit im Alltag, e) Reflexion und Transfer.

- **Modul 2: Potenziale entfalten, Veränderungen erfolgreich initiieren und realisieren:**
a) Selbsterkenntnis – Stärken und Potenziale erkennen und nutzen, b) Handlungswirksame Ziele setzen – die Basis für Zielerreichung und Erfolg, c) Neue Muster ermöglichen, d) Das berufliche Leben aktiv gestalten, e) Achtsamkeit in Veränderungsprozessen, f) Reflexion und Transfer.

- **Modul 3: Die persönliche Energiebilanz aktiv gestalten:**
a) Grundlagen eines effektiven Ressourcenmanagements, b) Die eigene Widerstandkraft erhalten, Herzratenvariabilitätsmes-

sung als Ausgangspunkt, c) Bewegung und Ernährung – zwei wichtige Basiselemente von Gesundheit, d) Ressourcen gezielt aktivieren – Ressourcenmanagement praktisch, e) Reflexion und Transfer.
- **Modul 4: Organisationale Resilienz stärken:**
a) Organisationale Resilienz fördern, b) Burnout-Prävention als Führungsaufgabe, c) Interessierte Selbstgefährdung in Organisationen erkennen und abbauen, d) Selbstmanagement-Kompetenz als Führungsaufgabe, e) Reflexion und Transfer, Abschluss.

Im Rahmen einer *Wirksamkeitsstudie* wurde für die beiden ersten Durchführungen des Zertifikatslehrgangs überprüft, inwieweit die Teilnehmenden ihre Selbstmanagement-Kompetenz stärken und von dem Lehrgang profitieren konnten. Auch Personalverantwortliche verlangen zunehmend klare Aussagen, ob eine finanzielle Unterstützung seitens Unternehmen den erhofften Mehrwert schafft. Auf der Ebene des Bewusstseins sowie der des Verhaltens konnten beispielsweise die folgenden nachhaltigen Veränderungen erreicht werden (Graf et al. 2015):
- Für viele Teilnehmende war ein wichtiger Gewinn, die eigenen **Grenzen** besser zu erkennen, zu respektieren und wirksam gegenüber anderen zu kommunizieren. Die Klarheit über die eigenen Lebensziele und ein Fokus auf das Wesentliche waren wichtige Bausteine des Lernerfolgs, denn es gelang vielfach, sich eigener Bedürfnisse im Alltag bewusster zu werden und die eigenen Prioritäten höher zu gewichten. Dies führte insgesamt zu einem bewussteren **Umgang mit dem eigenen Energiehaushalt** und zu einer stärkeren **Ressourcenorientierung**.
- Darüber konnten die Teilnehmenden einen Zugewinn an **Gelassenheit und Zuversicht** erfahren. So erleben es einige als Gewinn, die eigenen Einflussmöglichkeiten realistischer einschätzen zu können. Neben der Akzeptanz begrenzter Handlungsoptionen in bestimmten Situationen kam auch ein gestärkter **Selbstwert** zum Tragen. Es gelingt besser, mit Unsicherheit im Alltag – wie bei Veränderungsprozessen im Unternehmen oder komplexen Entscheidungen – umzugehen.
- Ein verbessertes **Führungsverhalten** drückte sich einerseits durch eine durch Klarheit, kompetente Selbstführung und Authentizität gestärkte Ausstrahlung und Vorbildrolle aus. Darüber hinaus gaben Teilnehmende in einer Führungsposition häufig die in der Weiterbildung erworbenen Kenntnisse und Fähigkeiten aktiv an ihre Mitarbeitenden weiter und konnten so deren Selbstmanagement-Kompetenz stärken. Auch im Bereich der Arbeitsgestaltung konnten Veränderungen realisiert werden, indem mehr Aufgaben delegiert und den Mitarbeitenden mehr Vertrauen entgegengebracht wurden, was sich in verbesserten Ergebnissen widerspiegelte.
- Als wichtige Verhaltensänderung – sowohl in der Führungs- als auch der Mitarbeitendenrolle – wurden eine verbesserte **Kommunikation** und ein verändertes **Konfliktverhalten** beschrieben. So gaben die Befragten an, Konflikte nicht länger zu vermeiden und damit unerwartet positive Erfahrungen zu machen. Ebenso wurde geschildert, in Projekten klare Erwartungen zu entwickeln und diese auch zu kommunizieren.
- Insgesamt gelingt ein besserer **Umgang mit hohen Ansprüchen.** Hatten diese in der Vergangenheit häufig dazu geführt, Aufgaben zu vermeiden oder erst unter massivem Abgabedruck anzugehen, gelänge es mittels **neuer Arbeitstechniken** nun besser, einen Anfang zu finden und ein Projekt Schritt für Schritt wachsen zu lassen, statt vom eigenen Anspruch blockiert zu werden. Teilnehmende räumen sich auch bewusst mehr Zeit dafür ein, sich einen Überblick über die vielfältigen Anforderungen an die eigene Zeit zu verschaffen, den Zeitaufwand für die verschiedenen Aktivitäten realistischer einzuschätzen und den Alltag gezielt

zu planen. Die strukturiertere Arbeitsweise erleichtere den beruflichen Alltag und helfe bei der Stressbewältigung.

Literatur

Bainbridge L (1983) Ironies of automation. Automatica 19(6):775–779

Bakker AB, Demerouti E, Oerlemans W, Sonnentag S (2013) Workaholism and daily recovery: A day reconstruction study of leisure activities. J Organ Behav 34:87–107

Bartel CA, Wrzesniewski A, Wiesenfeld BM (2012) Knowing where you stand: Physical isolation, perceived respect, and organizational identification among virtual employees. Organ Sci 23:743–775

Bauer GF, Brauchli R (2017) Arbeit und Gesundheit bei flexiblen Anstellungsverhältnissen. In: Zölch M, Oertig M, Calabrò V (Hrsg) Flexible Workforce – Fit für die Herausforderungen der modernen Arbeitswelt? Strategien, Modelle, Best Practice. Haupt, Bern, S 172–189

Baxter G, Rooksby J, Wang Y, Khajeh-Hosseini A (2012) The ironies of automation ... still going strong at 30? Proceedings of ECCE 2012 Conference Edinburgh, North Britain. http://johnrooksby.org/papers/ECCE2012_baxter_ironies.pdf. Zugegriffen: 14. Mai 2019

Bier L, Bruder R (2017) Der technische Beifahrer zur Vorbeugung monotoniebedingter Müdigkeit. 63. Kongress der GfA, 15.02–17.02.17, Brugg (Schweiz)

BMAS (Bundesministerium für Arbeit und Soziales) (2016) Monitor Digitalisierung am Arbeitsplatz. Aktuelle Ergebnisse einer Betriebs- und Beschäftigtenbefragung, Berlin. http://www.bmas.de/SharedDocs/Downloads/DE/PDF-Publikationen/a875-monitor-digitalisierung-am-arbeitsplatz.pdf?__blob=publicationFile&v=2. Zugegriffen: 14. Mai 2019

Brandtstädter J (2007) Das flexible Selbst. Selbstentwicklung zwischen Zielbindung und Ablösung. Elsevier, München

Buschor N, Mutzner J (2018) Agile Führung im digitalen Zeitalter. Grundlagen der agilen Führung und die Rolle des HR. Spektramedia und Alma Medien AG, Zürich

Covey SR, Merrill AR, Merrill RR, Altmann A (2014) Der Weg zum Wesentlichen. Der Klassiker des Zeitmanagements, 7. Aufl. Campus, Frankfurt New York

Cummings ML, Gai F, Thornburg KM (2016) Boredom in the Workplace. A New Look at an Old Problem. Hum Factors 58/2:279–300

Derks D, Bakker AB (2014) Smartphone Use, Work-Home Interference, and Burnout: A Diary Study on the Role of Recovery. Appl Psychol Int Rev 63(3):411–440

Eichhorst W, Tobsch V, Wehner C (2016) (2016) Neue Qualität der Arbeit? In: Badura B, Ducki A, Schröder H, Klose J, Meyer M (Hrsg) Fehlzeiten-Report. Springer, Berlin Heidelberg, S 9–20

Genner S, Süss D (2014) Stress und Stressbewältigung durch neue Medien. P & G – Prävention und Gesundheitsförderung 35:4–5. https://digitalcollection.zhaw.ch/handle/11475/3832. Zugegriffen: 29. Januar 2019

Graf A (2015) Standortbestimmung – Kernelement einer lebenszyklusorientierten Personalentwicklung. In: Zölch M, Mücke A (Hrsg) Fit für den demografischen Wandel? Ergebnisse, Instrumente, Ansätze guter Praxis, 2. Aufl. Haupt, Bern, S 125–147

Graf A (2017) Sich selbst wirkungsvoll führen. Kernkompetenz der Zukunft. zfo: Zeitschrift für Führung und Organisation 2017(2):69–76

Graf A (2019) Selbstmanagement-Kompetenz in Organisationen stärken. Leistung, Wohlbefinden und Balance als Herausforderung, 2. Aufl. Springer Gabler, Wiesbaden

Graf A, Schulze B, Konrad J (2015) Ausbalanciert und leistungsfähig. In: personalSCHWEIZ. WEKA, Zürich, S 36–38

Häußling R, Eggert M, Kerpen D, Lemm J, Strüver N, Ziesen N (2017) Schlaglichter der Digitalisierung: Virtualreale(r) Körper – Arbeit – Alltag. Working Paper des Lehrstuhls für Technik- und Organisationssoziologie. RWTH Aachen

Heitger B, Serfass A (2015) Unternehmensentwicklung. Wissen, Wege, Werkzeuge für morgen. Schäffer-Poeschel, Stuttgart

Kämpf T (2015) Ausgebrannte Arbeitswelt – Wie erleben Beschäftigte neue Formen von Belastung in modernen Feldern der Wissensarbeit? Berl J Soziol 25(1-2):133–159

Knoblauch J, Wöltje H, Hausner MB, Kimmich M, Lachmann J (2015) Zeitmanagement. Best of-Edition, 3. Aufl. Haufe-Lexware, Freiburg

Kranz C (2011) Durch Selbstreflexion zum Erfolg. Potenziale erkennen. Persönlichkeit entwickeln. Ziele erreichen, 2. Aufl. Symbolon, Triesen

Kratzer N (2016) (2016) Unternehmenskulturelle Aspekte des Umgangs mit Zeit- und Leistungsdruck. In: Badura B, Ducki A, Schröder H, Klose J, Meyer M (Hrsg) Fehlzeiten-Report. Springer, Berlin Heidelberg, S 21–32

Lohmann-Haislah A (2012) Stressreport. Deutschland, Bd. 2012. Bundesanstalt für Arbeitsschutz und Arbeitsmedizin, Psychische Anforderungen, Ressourcen und Befinden. Dortmund

Marschall J, Hildebrandt S, Zich K, Tisch T, Sörensen J, Nolting H-D (2018) DAK-Gesundheitsreport 2018. IGES Institut GmbH, Berlin

Olbert-Bock S, Lemm J (2017) Bedeutung und Umsetzung von Industrie 4.0 in der Textil-Industrie – Schwerpunkt Mitarbeitende. Textilplus 07/08:8–10

Olbert-Bock S, Redzepi A (2018) Bestandsaufnahme personalpolitische Rahmenbedingungen. In: Köhler C, Olbert-Bock S, Strittmatter M (Hrsg) Digitale Agenda Bodensee. Internationale Bodensee-Hochschule, Kreuzlingen, S 22–33. http://www.kmu-digital.eu/de/service-kompetenz/publikationen/studien/204-dab-gruenbuch-2018. Zugegriffen: 10. Oktober 2018

Olbert-Bock S, Redzepi A, Pauli J (2018) Technisierungs- und Personalpolitik von Unternehmen. In: Wörwag S, Cloots A (Hrsg) Arbeitsplatz der Zukunft – Perspektive Mensch. Springer, Wiesbaden, S 249–260

Orhan M, Rijsman JB, van Dijk GM (2016) Invisible, therefore isolated: Comparative effects of team virtuality with task virtuality on workplace isolation and work outcomes. J Work Organ Psychol 32:109–122

Pangert B, Pauls N, Schüpbach H (2016) Die Auswirkungen arbeitsbezogener erweiterter Erreichbarkeit auf Life-Domain-Balance und Gesundheit, 2. Aufl. Bundesanstalt für Arbeitsschutz und Arbeitsmedizin, Dortmund

Persin D (2015) Always Online – Chance und Gefahr zugleich. In: Schlick CM (Hrsg) Arbeit in der digitalisierten Welt. Beiträge der Fachtagung des. BMBF, Bd. 2015. Campus, Frankfurt, S 94–103

Redzepi A, Olbert-Bock S (2018) Future Workforce Challenges. Digitalisierung und demografischer Wandel. KMU-Magazin 06/07:86–90

Rump J, Eilers S (2017a) Arbeit 4.0 – Leben und Arbeiten unter neuen Vorzeichen. In: Rump J, Eilers S (Hrsg) Auf dem Weg zur Arbeit 4.0. Innovationen in HR. Springer Gabler, Berlin, S 3–77

Rump J, Eilers S (2017b) Das Konzept des Employability Management. In: Rump J, Eilers S (Hrsg) Auf dem Weg zur Arbeit 4.0. Innovationen in HR. Springer Gabler, Berlin, S 87–126

Rupietta K, Beckmann M (2016) Arbeit im Homeoffice: Förderung der Arbeitsbereitschaft oder Einladung zum Faulenzen? PERSONALquarterly, Bd. 03, S 14–19

Seligman M (2011) Flourish. A New Understanding of Happiness and Well-being – and How to Achieve Them. Nicholas Brealey. Boston, London

Storch M, Krause F (2014) Selbstmanagement – ressourcenorientiert. Grundlagen und Trainingsmanual für die Arbeit mit dem Zürcher Ressourcen Modell (ZRM), 5. Aufl. Huber, Bern

Turkle S (2015) Reclaiming Conversation. The Power of Talk in a Digital Age. Penguin, LCC US

Wissensfabrik (2015) Die Digitalisierung als Jobmotor. Wie die Digitalisierung neue Märkte und Berufsbilder hervorbringt. https://www.wissensfabrik.ch/pdfs/digitalmotor.pdf. Zugegriffen: 12 April 2019

Von der Arbeit (Nicht) Abschalten-Können: Ursachen, Wirkungen, Verbreitung und Interventionsmöglichkeiten

Andrea Lohmann-Haislah, Johannes Wendsche, Anika Schulz, Tina Scheibe und Ina Schöllgen

20.1 Einleitung – 308

20.2 Definition – 308

20.3 Verbreitung – 309

20.4 Erklärungsmodelle – 310

20.5 Befunde zu Wirkungen von und Einflussgrößen auf Detachment – 311
20.5.1 Wirkungen von Detachment – 311
20.5.2 Einflussgrößen auf Detachment – 312

20.6 Interventionen – 313
20.6.1 Verhältnisorientierte Gestaltungsansätze – 314
20.6.2 Verhaltensorientierte Gestaltungsansätze – 314
20.6.3 Kombinierte Gestaltungsansätze – 315

20.7 Fazit und Ausblick – 316

Literatur – 316

■■ **Zusammenfassung**

Erholung dient der Rückstellung beeinträchtigender Beanspruchungsfolgen. Ein bedeutender Einflussfaktor auf die Erholung von Beschäftigten ist das Abschalten-Können von der Arbeit (Detachment), wobei in diesem Beitrag sowohl dessen Ursachen und Wirkungen als auch Prävalenzraten kritischer Ausprägungen beschrieben sowie der Forschungsstand zu möglichen Interventionsansätzen zur Verbesserung des Abschalten-Könnens diskutiert werden.

Im Einklang mit theoretischen Annahmen beeinträchtigen hohe quantitative und emotionale Arbeitsanforderungen, ein entgrenztes Arbeitsverhalten und bestimmte Personeneigenschaften das Detachment von der Arbeit, während es durch hohe Arbeitsressourcen wie soziale Unterstützung am Arbeitsplatz gefördert wird. Gelingt Detachment, berichten Beschäftigte ein besseres Befinden, eine bessere körperliche und mentale Gesundheit sowie eine höhere Arbeitsleistung. Zur Verbesserung des mentalen Abschaltens wurden bisher jedoch überwiegend verhaltensorientierte Interventionen entwickelt. Da die Forschung zeigt, dass das mentale Abschalten von der Arbeit ein wichtiges Bindeglied zwischen Arbeitsbedingungen und Beanspruchungsfolgen darstellt, bedarf es auch geeigneter verhältnisorientierter Ansätze, um Erholungsstörungen bei Beschäftigten vorzubeugen.

20.1 Einleitung

Immer online, ständig erreichbar: Technische Entwicklungen (z. B. eine zunehmende private Verbreitung von elektronischen Kommunikationsmitteln), aber auch arbeitsorganisatorische Veränderungen (z. B. mehr Telearbeit) haben dazu beigetragen, dass Arbeit heute auch während der täglichen Ruhezeit stärker verfügbar ist. Gleichzeitig erleben viele Beschäftigte eine Verdichtung der Arbeit (Kubicek und Tement 2016), u. a. auch durch eine Zunahme digitaler Information bei der Arbeit (Junghanns und Kersten 2018). Das Abarbeiten von Arbeitsaufträgen während vereinbarter Arbeitszeiten wird dabei schwieriger. Infolge dieses Wandels scheinen sich die Grenzen zwischen Arbeit und Privatleben zunehmend aufzuheben – vielen Beschäftigten in Deutschland fällt es schwer, von der Arbeit abzuschalten (vgl. z. B. Seiler et al. 2013; Wohlers und Hombrecher 2016). Dabei gilt das Abschalten-Können von der Arbeit (engl. „psychological detachment") als zentraler Faktor für das Gelingen von Erholung, die nötig ist, um negative Folgen der Beanspruchung auf ein beeinträchtigungsfreies Niveau abbauen zu können (Sonnentag et al. 2017).

Grundsätzlich ist Erholung ein Menschenrecht. Denn in Artikel 24 der 1948 durch die Vereinten Nationen verkündeten Menschenrechtscharta (A/RES/217, UN-Doc. 217/A-(III), 1948) heißt es: „Jeder hat das Recht auf Erholung und Freizeit und insbesondere auf eine vernünftige Begrenzung der Arbeitszeit und regelmäßigen bezahlten Urlaub." In Deutschland findet dies seine Entsprechung im Arbeitszeitgesetz, in dem u. a. auch zeitliche Organisationskriterien für Erholung (Arbeitszeitlänge, Ruhepausen und Ruhezeiten) festgelegt sind. Zwar gerät dieses der Erholung Rahmen gebende Gesetz zunehmend unter Druck, weil der Wandel der Arbeit mit steigenden Flexibilitätsanforderungen einhergeht – doch vor dem Hintergrund gestiegener psychischer Anforderungen wird ausreichende Erholung umso wichtiger und damit auch das Abschalten-Können von der Arbeit, hier im weiteren Verlauf auch kurz Detachment genannt.

20.2 Definition

Der Begriff Detachment wurde als „individual's sense of being away from the work situation" ursprünglich von Etzion et al. (1998, S. 579) geprägt. Gemeint ist damit aber nicht nur die körperliche Abwesenheit im Sinne eines „Ich-bin-dann-mal-weg-von-der-Arbeit", sondern vor allem die erfolgreiche geistige Distanzierung von der Arbeit während der Ruhezeit oder auch anderen Erholungsphasen wie Arbeitspausen und Urlaub (Sonnentag und Bayer 2005; Sonnentag und Fritz 2015). Dabei wird das Konzept des Detachments jedoch recht unterschiedlich in der Forschung operationalisiert, wie Wendsche und Lohmann-Haislah (2016) zeigen. Neben den zwei verschiedenen Perspektiven, die man bei der Betrachtung des Detachments einnehmen kann (abschalten *von* versus beschäftigen *mit Arbeit*), sind auch inhaltliche Eigenschaften der Gedanken zu unterscheiden. Während z. B. Sonnentag und Fritz (2007) in ihrem Fragebogen „Recovery Experience Questionnaire" neutral nach der Distanzierung von arbeitsbezogenen Gedanken fragen, unterscheiden andere Autoren negative, neutrale und positive Gedanken an die Arbeit. Dabei wird davon ausgegangen, dass positive Gedanken auch durchaus förderlich auf Gesundheit und Leistung wirken können. Im Gegensatz dazu werden negative arbeitsbezogene Gedanken am ehesten mit Erholungsstörungen in Verbindung gebracht (z. B. Cropley et al. 2012).

Darüber hinaus können Gedanken an die Arbeit unwillentlich umherschweifen oder aber willentlich auf ein ganz bestimmtes Thema gerichtet sein. Mangelndes Detachment kann sich zudem auch auf verschiedene Zeitpunkte beziehen: auf die Vergangenheit (wenn man sich mit der Arbeitssituation, die vor dem Feierabend lag, beschäftigt, wie z. B. über das Gespräch mit dem Vorgesetzten am Nachmittag nachdenken), auf die Gegenwart (wenn man während der Ruhezeit Arbeitstätigkeiten ausführt, wie z. B. eine nach Feierabend eingegangene E-Mail bearbeiten) oder die Zukunft (Arbeitstätigkeiten als Vorbereitung zum nächsten Schicht-/Arbeitsbeginn durchführen, wie z. B. Überlegungen zur Marketingpräsentation für ein neues Produkt am nächsten Tag anstellen).

20.3 Verbreitung

Aktuelle Daten zur Verbreitung von gestörtem Detachment liefert die „Studie Mentale Gesundheit bei der Arbeit" (S-MGA, Rose et al. 2017). Es handelt sich dabei um eine Repräsentativbefragung von über 4.000 sozialversicherungspflichtig Beschäftigten im Alter von 31 bis 60 Jahren in Deutschland. Die Befragten sollten durch Zustimmung oder Ablehnung beurteilen, ob ihnen das Abschalten nach der Arbeit schwerfällt.

Die Studienergebnisse zeigen, dass es 40 % der befragten Beschäftigten schwerfällt, nach der Arbeit abzuschalten. Dieser ermittelte Prozentsatz ist vergleichbar mit Angaben aus anderen Studien (Seiler et al. 2013: 43 %; Wohlers und Hombrecher 2016: 38 %). Von den erwerbstätigen Männern berichten 38 % über Schwierigkeiten mit dem Abschalten am Feierabend, bei den Frauen sind es 41 %. Deutliche Unterschiede zeigen sich bei einem Vergleich zwischen Beschäftigten mit und ohne Führungsverantwortung sowie Beschäftigten mit unterschiedlich langer durchschnittlicher Arbeitszeit. So berichtet gut die Hälfte der Beschäftigten mit Führungsverantwortung über erschwertes Detachment am Feierabend (51 %). Bei den Beschäftigten ohne Führungsverantwortung sind es dagegen nur 38 %. Von den Personen mit durchschnittlich 40 Arbeitsstunden und mehr pro Woche geben 44 % Schwierigkeiten mit dem mentalen Abschalten am Feierabend an, von den Personen mit weniger als 40 Stunden wöchentlicher Arbeitszeit trifft dies auf 34 % zu.

Weitere Unterschiede sind bei einem Vergleich verschiedener Berufe erkennbar. ◘ Abb. 20.1 zeigt den Prozentanteil an Beschäftigten in verschiedenen Berufssegmenten, die über Schwierigkeiten beim Detachment nach getaner Arbeit berichten. Beschäftigte in personenbezogenen Dienstleistungsberufen sind stark von vermindertem Abschalten am Feierabend betroffen. So berichten 51 % der

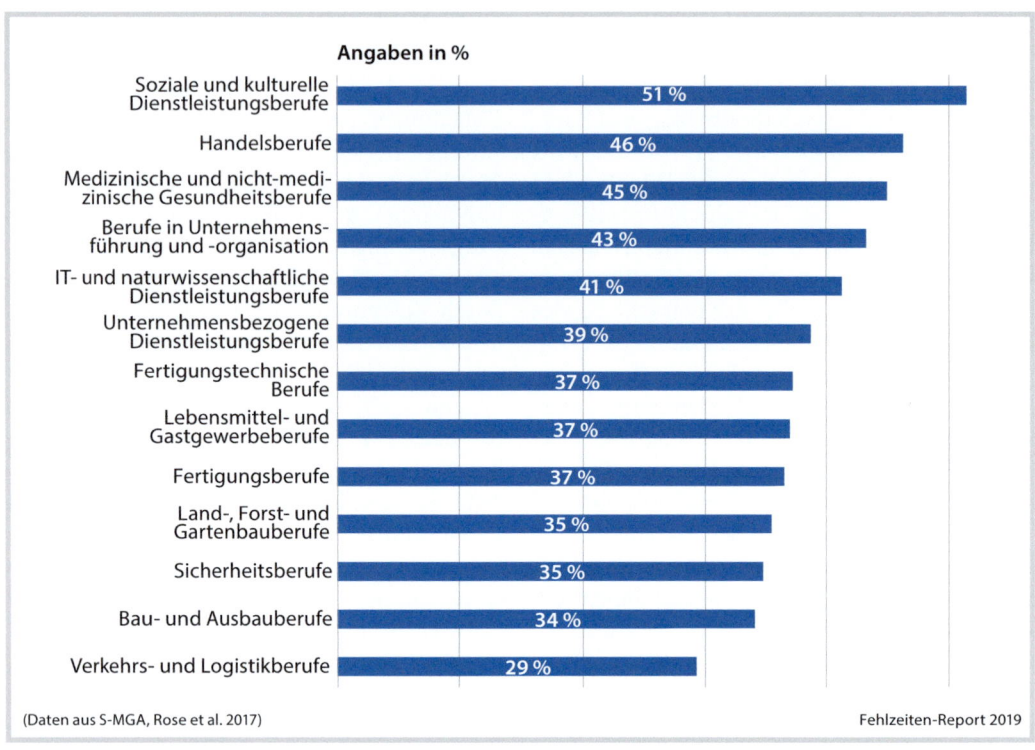

◘ **Abb. 20.1** Relative Häufigkeit berichteter Schwierigkeiten mit dem Abschalten-Können von der Arbeit nach Berufsgruppen (N = 4.166)

Personen in sozialen und kulturellen Dienstleistungsberufen (z. B. Lehrkräfte, Erzieher) und 45 % in medizinischen und nicht-medizinischen Gesundheitsberufen nach der Arbeit schwer abschalten zu können. Auch in kaufmännischen und unternehmensbezogenen Dienstleistungsberufen geben Beschäftigte Probleme mit dem Detachment nach der Arbeit an. Besonders auffällig sind hier die Anteile an Personen mit Abschalt-Problemen in Handelsberufen (46 %) sowie Berufen in Unternehmensführung und -organisation (43 %). Fast ebenso groß ist der Anteil der Beschäftigten, die in IT- und naturwissenschaftlichen Dienstleistungsberufen tätig sind (41 %). Demgegenüber sind Arbeitende in Produktionsberufen etwas weniger von erschwertem Detachment betroffen, wie beispielsweise in Fertigungsberufen (37 %), Land-, Forst- und Gartenbauberufen (35 %) sowie Bau- und Ausbauberufen (34 %).

20.4 Erklärungsmodelle

Zur Erklärung für das Entstehen von gestörtem Detachment und dessen Auswirkungen werden meist vier theoretische Modelle herangezogen:
a. Meijman und Mulder (1998) nehmen in ihrem Effort-Recovery-Modell an, dass Arbeitsanforderungen und Arbeitsressourcen zusammen mit Personenmerkmalen und Bewältigungsstrategien zu unmittelbaren Beanspruchungsreaktionen führen. Negative Folgen der Beanspruchung wie Befindens- und Gesundheitsbeeinträchtigungen können dann entstehen, wenn keine Erholung möglich ist, beispielsweise weil das mentale Abschalten von der Arbeit nicht gelingt.
b. Die Conservation-of-Resources-Theorie (Hobfoll 1989) geht davon aus, dass Menschen bedeutsame individuelle Ressourcen schützen, stärken und ausbauen wollen.

Stressreaktionen treten dann auf, wenn solche Ressourcen bedroht oder deren Aufbau beeinträchtigt werden. Nach diesem Modell hat erfolgreiches Detachment eine stressreduzierende Funktion, da während der Erholungsphase individuelle Ressourcen wiederhergestellt werden (Halbesleben et al. 2014).

c. Eine Begründung für physiologische Folgen von gestörtem Detachment liefert die Perseverative-Cognition-Theorie von Brosschot et al. (2005). Demnach führen Stressoren zu wiederkehrenden stressbezogenen Gedanken und erschweren in der Folge das mentale Abschalten von diesen. Auf längere Sicht werden so psychophysiologische Prozesse gestört und damit das Risiko (psycho)somatischer Erkrankungen erhöht.

d. In dem von Sonnentag und Fritz (2015) entwickelten Stressor-Detachment-Modell werden dem Detachment zwei mögliche Funktionen zugeschrieben. Auf der einen Seite können hohe Arbeitsstressoren mit einem reduzierten Abschalten von der Arbeit einhergehen, was in der Folge das Wohlbefinden beeinträchtigt. Auf der anderen Seite kann das Abschalten auch als wichtige individuelle Bewältigungsressource die negative Beziehung zwischen hohen Arbeitsstressoren und dem Wohlbefinden abschwächen.

Insgesamt ist aus diesen Modellen zu schlussfolgern, dass das mentale Abschalten von der Arbeit sowohl ein vermittelndes Bindeglied als auch eine regulierende Stellgröße zwischen Arbeitsmerkmalen von Beschäftigten und deren Wohlbefinden und Gesundheit darstellt. Da diese theoretischen Ansätze die Einflussgrößen und Auswirkungen des Detachments nur recht grob beschreiben, konkretisieren wir diese anhand von Studienbefunden in der folgenden Literaturzusammenfassung.

20.5 Befunde zu Wirkungen von und Einflussgrößen auf Detachment

Zur Darstellung der Befunde sowohl zu den Auswirkungen von gestörtem Detachment als auch zu den Einflussfaktoren auf das Detachment werden im Folgenden Daten aus Metaanalysen genutzt. Diese fassen Effektstärken einzelner Studien zusammen und liefern damit eine genauere Schätzung von tatsächlichen Zusammenhängen. Die Wirkungen und Einflussgrößen zum Detachment wurden dabei sowohl für kürzere Erholungsphasen wie Arbeitspausen (Wendsche et al. 2018a: 7 Studien, N = 1.955 Beschäftigte) als auch für längere Erholungsphasen wie die tägliche Ruhezeit (Bennett et al. 2018: 54 Studien, N = 26.592 Beschäftigte; Wendsche und Lohmann-Haislah 2017a, 2017b: 91 Studien, N = 38.124 Beschäftigte) untersucht. Dargestellt werden mittlere, stichprobengewichtete Korrelationskoeffizienten (r), d. h. Zusammenhänge zwischen den berichteten Variablen. Nach Cohen (1988) gilt dabei ein r = 0,10 als ein kleiner Effekt, ein r = 0,30 als ein mittlerer und ein r = 0,5 als ein starker Effekt.

20.5.1 Wirkungen von Detachment

■■ Detachment während der Ruhezeit
Übereinstimmend fanden sowohl Wendsche und Lohmann-Haislah (2017a) als auch Bennett et al. (2018), dass höheres Detachment mit einer geringeren berichteten Ermüdung von Beschäftigten einhergeht (−0,42, −0,34). Die Arbeit von Wendsche und Lohmann-Haislah (2017a) zeigte weiterhin, dass das Abschalten-Können von der Arbeit mit einem höheren Erholungserleben (0,31), einem besseren psychischen Befinden (Wohlbefinden 0,28–0,32, Lebenszufriedenheit 0,32), weniger psychischen Befindensbeeinträchtigungen (Erschöpfung −0,36), weniger körperlichen Beschwerden (−0,32) und einem besseren Schlaf (0,30) einhergeht. Zusätzlich zeigte die Arbeit,

dass auch kleine förderliche Zusammenhänge mit der Aufgabenleistung bestehen (0,09). Allerdings fanden sich für Leistungsfacetten, die sich möglicherweise schlechter auf die vereinbarte Arbeitszeit begrenzen lassen, leicht negative Zusammenhänge (Kontextleistung[1] −0,13, Kreativität −0,11). Hinsichtlich der Arbeitsmotivation konnten sowohl Wendsche und Lohmann-Haislah (2017a) als auch Bennett et al. (2018) keine bedeutsamen Zusammenhänge (beispielsweise zum Arbeitsengagement) feststellen.

▪▪ Detachment während Arbeitspausen
In einer weiteren Metaanalyse von Wendsche et al. (2018a) zeigen sich ähnliche Zusammenhänge für das Detachment während Arbeitspausen. Beschäftigte, die sich während ihrer Ruhepausen besser von der Arbeit mental distanzieren können, berichten ein höheres Erholungs- (0,61) sowie Entspannungserleben (0,69) nach der Pause sowie ein geringeres Ermüdungs- und Erschöpfungserleben nach dem Arbeitsende (−0,28). Interessanterweise fanden sich in dieser Arbeit auch positive Zusammenhänge zum Arbeitsengagement nach der Beendigung der Pause (0,41), jedoch nicht zum Arbeitsende (0,03). Dies könnte darauf hinweisen, dass die förderlichen motivationalen Erholungsfolgen eher kurzfristiger Natur sind und aus untersuchungsbedingten Gründen in anderen Studien unentdeckt blieben.

Insgesamt weisen die Ergebnisse darauf hin, dass das Abschalten- bzw. Nicht-Abschalten-Können von der Arbeit mit zahlreichen Befindens-, Gesundheits- und – wenngleich in geringerem Maße – Leistungsindikatoren zusammenhängt.

Dabei stellt sich die Frage, ob das Abschalten-Können einen eigenständigen Erklärungswert gegenüber anderen Einflussfaktoren auf das Ausmaß von Befindensbeeinträchtigungen hat. Dies kann bejaht werden. Denn Beschäftigte, die schlechter von der Arbeit abschalten können, berichten auch dann mehr Befindensbeeinträchtigungen (mehr Ermüdung und Erschöpfung, geringeren Tatendrang), wenn die Beziehungen gleichzeitig für Arbeitsanforderungen, Arbeitsressourcen, Persönlichkeitsmerkmale und andere Erholungserfahrungen (z. B. Entspannungs- und Kontrollerleben) kontrolliert werden (Bennett et al. 2018; Wendsche und Lohmann-Haislah 2017b).

20.5.2 Einflussgrößen auf Detachment

In Anbetracht der beschriebenen Wirkungen stellt sich nun auch die Frage, was die relevanten Einflussgrößen auf das Abschalten-Können von der Arbeit sind. Das Wissen über diese könnte auch Hinweise auf Gestaltungsansätze liefern, mit denen die Erholung von Beschäftigten verbessert werden kann.

▪▪ Detachment während der Ruhezeit
Zunächst sollen hier die Zusammenhänge solcher Faktoren für das Detachment während der täglichen Ruhezeit betrachtet werden (Wendsche und Lohmann-Haislah 2017a). Betrachtet man dabei Merkmale der arbeitenden Person, so zeigte sich in Übereinstimmung mit Daten aus der S-MGA-Studie, dass demografische Merkmale wie Alter (−0,02) und weibliches Geschlecht (0,03) keine substanziellen Vorhersagewerte besitzen. Auf der anderen Seite wurden jedoch einige Persönlichkeitsmerkmale als wichtige Prädiktoren identifiziert. So fällt das Abschalten von der Arbeit solchen Beschäftigten schwerer, die eine hohe negative Affektivität und hohe Neurotizismuswerte[2] berichten,

---

[1] Darunter wird Verhalten verstanden, das nicht unmittelbar zur Aufgabenerfüllung gehört, sondern die organisationale, soziale und psychologische Arbeitsumgebung unterstützt.

[2] Neurotizismus gehört zu den grundlegenden Persönlichkeitsmerkmalen. Jeder hat es – hoch oder niedrig ausgeprägt. Es kann am ehesten mit „emotionaler Labilität" beschrieben werden und meint die Empfindlichkeit hinsichtlich negativer Gefühle. In Abhängigkeit davon, wie stark die Eigenschaft Neurotizismus ausgeprägt ist, reagiert eine Person schnell mit Stress, Sorgen, Ängsten und negativen

also zu Nervosität und Ängstlichkeit neigen (−0,22), und die stärker in ihrer Arbeit aufgehen (exzessives Arbeitsengagement: −0,32, berufliche Identifikation: −0,30).

In Bezug auf die Arbeitsmerkmale zeigte sich, dass es vor allem die Arbeitsanforderungen (−0,25) und weniger die Arbeitsressourcen (0,10) sind, die das Abschalten-Können beeinflussen. Zu den Arbeitsanforderungen, die das Abschalten-Können von der Arbeit erschweren, zählen hohe quantitative Anforderungen (−0,28; z. B. Zeitdruck) und soziale Konflikte auf der Arbeit (−0,25) sowie hohe emotionale Anforderungen aus der Arbeit (−0,22), lange Arbeitszeiten (−0,17) und Führungsverantwortung (−0,16). Das Abschalten von der Arbeit fällt weiterhin dann schwerer, wenn auch während der Ruhezeit gearbeitet wird (−0,31), die Grenzen zwischen Arbeits- und Privatleben also aufweichen. Hinsichtlich der Arbeitsressourcen fanden sich im Vergleich zu einem hohen Handlungsspielraum bei der Arbeit (0,06) stärkere positive Zusammenhänge zwischen dem Detachment und einer hohen sozialen Unterstützung durch Vorgesetzte und Kollegen (0,21).

▪▪ Detachment während Arbeitspausen

Betrachten wir nun die Einflussfaktoren auf das Abschalten-Können während Arbeitspausen (Wendsche et al. 2018a). In ähnlicher Weise wie für die Ruhezeit wurden keine substantiellen Zusammenhänge zu demografischen Faktoren (Alter 0,03, weibliches Geschlecht 0,02) gefunden, dagegen negative Beziehungen zu quantitativen Arbeitsanforderungen (−0,19) und positive zum Handlungsspielraum bei der Arbeit (0,21). Darüber hinaus wurden auch Zusammenhänge zu Organisationsmerkmalen der Pause geprüft. Demnach fällt das Abschalten von der Arbeit leichter, wenn die Pausen regelmäßiger (0,21) und länger (0,17) sind, jedoch schwerer, wenn die Pausen am Arbeitsplatz verbracht werden (−0,19) bzw. wenn die Betroffenen sich während der Pausen über arbeitsbezogene Themen unterhalten (−0,51).

Insgesamt deuten diese Ergebnisse darauf hin, dass es vor allem Arbeitsfaktoren und einige stress- und arbeitsrelevante Personenmerkmale sind, die das Abschalten-Können von der Arbeit beeinflussen.

In diesem Zusammenhang stellt sich nunmehr die Frage, ob Arbeitsanforderungen einen eigenständigen Erklärungswert gegenüber anderen Einflussfaktoren auf das Detachment haben. Auch diese Frage kann bejaht werden. Arbeitsanforderungen hängen mit dem Abschalten-Können auch dann negativ zusammen, wenn die Einflüsse von Arbeitsressourcen (Bennett et al. 2018) sowie des Arbeitens während der Ruhezeit und auch der Einfluss von Persönlichkeitsmerkmalen (negative Affektivität, Neurotizismus, exzessivem Arbeitsengagement) gleichzeitig kontrolliert werden (Wendsche und Lohmann-Haislah 2017b).

20.6 Interventionen

Im folgenden Abschnitt wollen wir der Frage nachgehen, inwiefern es möglich ist, durch gezielte Maßnahmen bei Beschäftigten das Abschalten-Können von der Arbeit positiv zu beeinflussen, sodass deren Erholung verbessert wird. Für diese Zwecke fassen wir Daten aus einem kürzlich vorgestellten Minireview zusammen (Wendsche et al. 2018b).

Vorab zwei Anmerkungen zu potenziellen Ansatzstellen für Interventionen: Wir hatten, erstens, angemerkt, dass sich drei zentrale Einflussfaktoren ermitteln lassen, die das Abschalten-Können von der Arbeit erschweren: (1) hohe Arbeitsmengen, die das Beenden von Arbeitsaufträgen erschweren, (2) eine Ausweitung von Arbeitstätigkeiten in die Erholungsphase (z. B. aufgrund unerledigter Arbeitsaufträge, aufgrund der physischen Verfügbarkeit von Arbeit, aufgrund intrinsischer Motivation) und (3) emotional belastende Arbeitserlebnisse und Arbeitsinhalte. Wir hatten, zweitens, zusammengefasst, dass sich für alle drei Ursachen

---

Gefühlen wie Unsicherheit oder Selbstzweifel – oder ist im anderen Fall bei geringem Neurotizismus widerstandsfähig gegen diese Dinge.

sowohl arbeits- als auch personenbezogene Risikofaktoren ermitteln lassen.

Nach diesen beiden Arten von Risikofaktoren lassen sich auch grundsätzliche Gestaltungsansätze zur Verbesserung des mentalen Abschaltens von der Arbeit ableiten. Die vom gesetzlichen Arbeitsschutz vorrangig geforderten *verhältnisorientierten Interventionen* versuchen, ungünstige arbeitsbedingte Auslösefaktoren für das Nicht-Abschalten-Können zu beseitigen bzw. zu reduzieren. Im Vergleich dazu beabsichtigen *verhaltensorientierte Interventionen* (a) bei den Beschäftigten durch Trainings individuelle Ressourcen aufzubauen, damit sie Auslösebedingungen für das Nicht-Abschalten-Können selbstständig identifizieren und förderlich modifizieren oder (b) Strategien zu vermitteln, die eine bewusste Ablenkung von arbeitsbezogenen Gedanken ermöglichen.

In ◘ Tab. 20.1 haben wir die bisher an Beschäftigtenstichproben geprüften Ansätze und ihre Wirksamkeit auf das Abschalten-Können nach der Arbeit zusammengefasst.

20.6.1 Verhältnisorientierte Gestaltungsansätze

Obwohl kritische Arbeitsbedingungsfaktoren für das (Nicht-)Abschalten-Können theoretisch postuliert (► Abschn. 20.4) und empirisch gut unterstützt werden (► Abschn. 20.5.2), standen Interventionen zur Verbesserung dieser bisher kaum im Mittelpunkt der Forschung. Coffeng und Kollegen (2014) versuchten, bei Büroangestellten über eine *Gestaltung der Arbeitsumgebung* (z. B. Erholungszonen, Bereiche für Erholungsaktivitäten, Bereitstellung von Mitteln für körperliche Ausgleichsübungen) das Abschalten von der Arbeit während der Ruhezeit zu verbessern. Sie fanden dabei allerdings weder nach sechs noch nach zwölf Monaten einen substanziellen Interventionseffekt im Vergleich zu einer Kontrollbedingung. Die Intervention hatte auch keinen Einfluss auf das Abschalten-Können während Arbeitspausen.

Über mögliche andere Ansatzstellen zur Beeinflussung des Abschaltens während Pausen geben die Ergebnisse aus drei weiteren, laborexperimentellen Studien Aufschluss (Praetsch 2013; Wendsche 2017). Die Studien zeigten einen förderlichen Einfluss folgender Faktoren: eine *Reduktion des Zeitdrucks* bei hohen kognitiven Aufgabenanforderungen, hohe *individuelle Freiheitsgrade* bei der zeitlichen und inhaltlichen *Pausenorganisation* und Vorteile *körperlicher Ausgleichsübungen* gegenüber passiven Pausen bei hohem Zeitdruck. Aufgrund der schmalen Studienlage, besteht allerdings weiterer Forschungsbedarf hinsichtlich der Prüfung verhältnisorientierter Interventionen zur Verbesserung des Detachments.

20.6.2 Verhaltensorientierte Gestaltungsansätze

Im Vergleich zu verhältnisorientierten Interventionen wurden zahlreiche Studien zur Wirkung *verhaltensorientierter Maßnahmen* durchgeführt (eine umfassende Literaturzusammenstellung findet sich bei Wendsche et al. 2018b). Am häufigsten wurden *Stress- und Erholungstrainings* untersucht. Sie erzielen relativ häufig förderliche Wirkungen auf das Abschalten-Können von der Arbeit, da ihre Trainingsinhalte zahlreiche Einflussfaktoren tangieren: (1) Wissen über Erholung, Ermüdung (auch Schlaf) und Stress, (2) Kennenlernen, Identifizieren, Beeinflussen oder Bewältigung von Arbeitsstressoren und (3) Bewältigung negativer emotionaler Erlebnisse. Vergleichbare Wirkungen, wenngleich auch bisher seltener untersucht, erzielen *Achtsamkeitstrainings*. Ähnlich wie bei der vorher beschriebenen Maßnahmengruppe schärfen diese sowohl die Wahrnehmung für Arbeitsstressoren und den bewältigenden Umgang mit diesen als auch die der daraus resultierenden kognitiven und emotionalen Stressreaktionen, sodass Auslösebedingungen für das Nicht-Abschalten-Können von der Arbeit reduziert werden.

Tabelle 20.1 Übersicht zur Wirkung verschiedener Interventionen auf das Abschalten-Können nach der Arbeit. (zusammengefasst nach Wendsche et al. 2018b)

Interventionsart	k	N	Studienanzahl: mit förderlichen Effekten/Gesamt
Verhältnisorientiert	1	197	0/1
Gestaltung der Erholungsumgebung	1	197	0/1
Verhaltensorientiert	20	2.792	13/20
Positive Arbeitsreflektion	2	135	1/2
Achtsamkeitstraining	3	504	2/3
Stress- und Erholungstrainings	13	1.992	9/13
Grenzziehung Arbeit und Privatleben	2	161	1/2
Kombiniert verhältnis- und verhaltensorientiert	2	222	1/2
Gestaltung der Erholungsumgebung + Erholungsbezogene soziale Intervention	1	162	0/1
Pausenorganisation & Lean Management + Job Crafting Training + Coaching	1	60	1/1

Anmerkungen. k Anzahl an Studien, N Gesamtzahl untersuchter Beschäftigter
Fehlzeiten-Report 2019

Die Studienergebnisse zu Maßnahmen wie einer *positiven Arbeitsreflektion* sowie Trainings, die die *Grenzziehung zwischen Arbeit und Privatleben* stärken sollen, fallen gemischt aus und sind aufgrund der geringen Datenlage bisher schwer verallgemeinerbar. Beide Maßnahmen setzen allerdings durchaus an Einflussfaktoren für das Abschalten-Können von der Arbeit an, indem Strategien zur gedanklichen Verarbeitung und positiven Bewertung arbeitsbezogener Gedanken sowie zur Begrenzung von Arbeit vermittelt werden.

20.6.3 Kombinierte Gestaltungsansätze

Aufgrund der von uns aufgezeigten arbeits- und personenbedingten Risikofaktoren für das Nicht-Abschalten-Können von der Arbeit sollten kombinierte *verhältnis- und verhaltensorientierter Interventionen* die stärksten förderlichen Effekte aufweisen. Solche Maßnahmen sind allerdings bisher selten geprüft worden. Einen nachgewiesenermaßen förderlichen Ansatz konnten Niks et al. (2018) entwickeln. Hierbei wurden zunächst Arbeitsbelastungsanalysen durchgeführt, aus den Ergebnissen zentrale Gestaltungserfordernisse abgeleitet und anschließend die kritischen Arbeitsfaktoren partizipativ optimiert. Gleichzeitig wurden durch Trainings die psychosozialen Bewältigungsressourcen der Mitarbeiter gestärkt. Das Interventionsbündel verbesserte nicht nur die Wahrnehmung arbeitsbezogener Ressourcen (z. B. mehr Handlungsspielraum, bessere Pausenbedingungen), sondern reduzierte auch Probleme der Beschäftigten mit dem Abschalten von der der Arbeit sowie Konzentrationsbeeinträchtigungen.

Insgesamt ist festzuhalten, dass verhaltensorientierte Interventionen überwiegend förderliche Wirkungen auf das Abschalten-Können der Beschäftigten von der Arbeit haben. Da zahlreiche der dort thematisierten und bearbeiteten Risikofaktoren allerdings aus dem Arbeitssystem kommen, ist es sinnvoll, auch die tatsächlichen Ursachen für Erholungsprobleme an der Wurzel zu packen. Insofern wären – insbesondere auch vor dem Hintergrund der sich aus dem Arbeitsschutzgesetz ableitenden Arbeitgeberpflichten – *kombinierte verhältnis- und verhaltensorientierte Maßnahmenbündel* präventionsstrategisch vorzuziehen.

20.7 Fazit und Ausblick

Schwierigkeiten mit dem Abschalten-Können von der Arbeit bzw. Detachment sind bei Beschäftigten in Deutschland weit verbreitet, vor allem in Dienstleistungs- und Gesundheitsberufen sowie bei Beschäftigten mit Führungsverantwortung. Dabei spielen folgende in Überblicksarbeiten identifizierten Einflussgrößen eine Rolle: eine hohe Arbeitsmenge, die das Beenden von Arbeitsaufträgen erschwert, die Ausweitung von Arbeitstätigkeiten in die Erholungsphase sowie emotional belastende Arbeitserlebnisse. Dies sind Arbeitsmerkmale, die auch im Rahmen der zunehmenden Digitalisierung in der Arbeitswelt an Bedeutung gewinnen, beispielsweise, weil Beschäftigte aufgrund erlebter Informationsüberflutung ihre Arbeit in vereinbarten Arbeitszeitfenstern nicht mehr beenden können oder weil digitale Erreich- und Verfügbarkeit auch während der Freizeit zunehmend erwartet wird oder Kunden nur durch eine 24-Stunden-Betreuung zufriedengestellt werden können. Die ermittelten Einflussgrößen auf das Detachment sowie die abträglichen Wirkungen des Nicht-Abschalten-Könnens auf das psychische und körperliche Befinden verweisen sowohl auf die Notwendigkeit von Interventionen als auch auf mögliche Ansatzpunkte dafür. Empirisch geprüfte Interventionen mit dem Ziel, das Abschalten-Können zu verbessern, setzten bisher vor allem bei den Beschäftigten selbst und deren Umgang mit den Arbeitsbedingungen an, wobei in der Mehrzahl der Studien förderliche Effekte gefunden werden konnten. Das aus Befragungsstudien gewonnene Wissen zu den Zusammenhängen zwischen Arbeitsbedingungen und Detachment sowie einige experimentelle Studien zur Pausengestaltung geben jedoch erste Hinweise, wie unternehmensseitig das Abschalten-Können gefördert werden kann, um Beschäftigte gesund zu erhalten (Wendsche und Lohmann-Haislah 2018).

Für die künftige Forschung in diesem Bereich zeichnen sich derzeit mehrere Entwicklungen ab. Zum einen werden die arbeitsbezogenen Gedanken in der Erholungsphase (z. B. negativ, neutral oder positiv, Cropley et al. 2012) und potenziell unterschiedlicher Auswirkungen verschiedener Formen des Nicht-Abschalten-Könnens auf Befinden, Motivation und Leistung differenzierter untersucht. Zum anderen werden die Prozesse, die die Zusammenhänge zwischen Arbeitsbedingungen und Detachment sowie zwischen Detachment und Beanspruchungsfolgen vermitteln, genauer analysiert. Zu den hier untersuchten Faktoren gehört beispielsweise die im Zuge der Digitalisierung an Bedeutung gewinnende arbeitsbezogene Techniknutzung in der Ruhezeit (z. B. Ďuranová und Ohly 2015; Wendsche und Lohmann-Haislah 2016). Für das Verständnis sowohl dieser Prozesse als auch der zeitlichen Wirkhorizonte des Detachments (z. B. Chronifizierung von Beschwerden) sind Längsschnittstudien, welche dieselben Teilnehmer und Teilnehmerinnen wiederholt befragen, zwingend erforderlich. Für die Praxis von besonderer Bedeutung sind Interventionsstudien. Hier wäre es wünschenswert, kombinierte Ansätze, die sowohl an den Arbeitsbedingungen als auch bei den Beschäftigten ansetzen, gemeinsam mit Unternehmen zu entwickeln und in ihrer Wirkung zu untersuchen.

Literatur

Bennett AA, Bakker AB, Field JG (2018) Recovery from work-related effort: a meta-analysis. J Organ Behav 39:262–275

Brosschot JF, Pieper S, Thayer JF (2005) Expanding stress theory: prolonged activation and perseverative cognition. Psychoneuroendocrinology 30:1043–1049

Coffeng JK, Boot CR, Duijts SF, Twisk JW, van Mechelen W, Hendriksen IJ (2014) Effectiveness of a worksite social & physical environment intervention on need for recovery, physical activity and relaxation; results of a randomized controlled trial. PLoS ONE 9:e114860

Cohen J (1988) Statistical power analysis for the behavioral sciences. Lawrence Erlbaum, Hillsdale

Cropley M, Michalianou G, Pravettoni G, Millward LJ (2012) The relation of postwork ruminative thinking with eating behaviour. Stress Health 28:23–30

Ďuranová L, Ohly S (2015) Persistent work-related technology use, recovery and well-being processes: focus on supplemental work after hours. Springer, Berlin Heidelberg

Etzion D, Eden D, Lapidot Y (1998) Relief from job stressors and burnout: reserve service as a respite. J Appl Psychol 83:577–585

Generalversammlung der Vereinten Nationen (1948) Allgemeine Erklärung der Menschenrechte. https://www.un.org/depts/german/menschenrechte/aemr.pdf Zugegriffen: 27. Juni 2019

Halbesleben JRB, Neveu J, Paustian-Underdahl SC, Westman M (2014) Getting to the "COR": understanding the role of resources in conservation of resources theory. J Manag 40:1334–1364

Hobfoll SE (1989) Conservation of resources: A new attempt at conceptualizing stress. Am Psychol 44:513–524

Junghanns G, Kersten N (2018) Informationsüberflutung am Arbeitsplatz. Einfluss von Arbeitsanforderungen und Ressourcen. Zentralbl Arbeitsmed Arbeitsschutz Ergonomie 68(12):251–254

Kubicek B, Tement S (2016) Work Intensification and the Work-Home Interface. J Pers Psychol 5:76–89

Meijman TF, Mulder G (1998) Psychological aspects of workload. In: Drenth PJD, Thierry H (Hrsg) Work psychology, Bd. 2. Psychology Press, Hove, S 5–33

Niks I, de Jonge J, Gevers J, Houtman I (2018) Work stress interventions in hospital care: effectiveness of the DISCovery method. Int J Env Res Pub He 15:332

Praetsch B (2013) Der Einfluss von Freiheitsgraden in der Kurzpausenorganisation bei verschiedenen Anforderungshöhen der Arbeit auf die Entwicklung von Fehlbeanspruchungsfolgen. Unveröffentlichte Diplomarbeit, TU Dresden

Rose U, Schiel S, Schröder H, Kleudgen M, Tophoven S, Rauch A, Freude G, Müller G (2017) The study on mental health at work: design and sampling. Scand J Public Health 45:584–594

Seiler K, Beerheide E, Figgen M, Goedicke A, Alaze F, Rack R, Mayer S, Loocke-Scholz A, Evers G (2013) Arbeit, Leben und Erholung – Ergebnisse einer Repräsentativbefragung in Nordrhein-Westfalen. Landesinstitut für Arbeitsgestaltung des Landes Nordrhein-Westfalen, Düsseldorf

Sonnentag S, Bayer UV (2005) Switching off mentally: predictors and consequences of psychological detachment from work during off-job time. J Occup Health Psychol 10:393–414

Sonnentag S, Fritz C (2007) The recovery experience questionnaire: development and validation of a measure for assessing recuperation and unwinding from work. J Occup Health Psychol 12:204–221

Sonnentag S, Fritz C (2015) Recovery from job stress: the stressor-detachment model as an integrative framework. J Organ Behav 36:72–103

Sonnentag S, Venz L, Casper A (2017) Advances in recovery research: what have we learned? What should be done next? J Occup Health Psychol 22:365–380

Wendsche J (2017) Modulatoren und Mechanismen der beanspruchungsoptimierenden Wirkung von Kurzpausen. Dissertation. TU Dresden, Dresden (http://nbn-resolving.de/urn:nbn:de:bsz:14-qucosa-231858)

Wendsche J, Lohmann-Haislah A (2016) Psychische Gesundheit in der Arbeitswelt: Detachment. Bundesanstalt für Arbeitsschutz und Arbeitsmedizin, Dortmund

Wendsche J, Lohmann-Haislah A (2017a) A meta-analysis on antecedents and outcomes of detachment from work. Front Psychol 7:2072

Wendsche J, Lohmann-Haislah A (2017b) Detachment als Bindeglied zwischen psychischen Arbeitsanforderungen und ermüdungsrelevanten psychischen Beanspruchungsfolgen: Eine Metaanalyse. Z Arbeitswiss 71:52–70

Wendsche J, Lohmann-Haislah A (2018) Arbeitspausen gesundheits- und leistungsförderlich gestalten. Hogrefe, Göttingen

Wendsche J, Lohmann-Haislah A, Schulz A, Schöllgen I (2018a) Mentales Abschalten während Arbeitspausen: Eine Metaanalyse. Poster präsentiert beim 6. Symposium der Arbeitszeitgesellschaft, Dortmund, 05.10.2018

Wendsche J, Lohmann-Haislah A, Schulz A, Schöllgen I (2018b) Mentales Abschalten von der Arbeit: Wirkungen, Einflussfaktoren und Gestaltungsansätze. ASU Arbeitsmed Sozialmed Umweltmed 53(Sonderheft):25–31

Wohlers K, Hombrecher M (2016) Entspann dich Deutschland: Die TK-Stressstudie 2016. Techniker Krankenkasse, Hamburg

Gesundheit in der Arbeitswelt 4.0

Anouschka Gronau, Sonja Stender und Sabrina Fenn

21.1 Arbeitswelt 4.0 – 320

21.2 Herausforderungen der Arbeitswelt 4.0 in der betrieblichen Praxis – 320

21.3 Das Innovationsprojekt „Gesundheit in der Arbeitswelt 4.0" – 321

21.4 Erste Erkenntnisse – 323
21.4.1 Führung in der Arbeitswelt 4.0 – 323
21.4.2 Betriebliches Gesundheitsmanagement zukunftsfähig gestalten – 325

21.5 Fazit und Ausblick – 328

Literatur – 328

© Springer-Verlag GmbH Deutschland, ein Teil von Springer Nature 2019
B. Badura et al. (Hrsg.), *Fehlzeiten-Report 2019*, https://doi.org/10.1007/978-3-662-59044-7_21

▬▬ Zusammenfassung

Die Arbeitswelt ist im Wandel und wird zunehmend digitaler, vernetzter und flexibler. Diese Veränderungen stellen Unternehmen vor die Herausforderung, Veränderungsprozesse und neue Arbeitsbedingungen für Führungskräfte und Beschäftigte gesundheitsgerecht zu gestalten. Einen wichtigen Beitrag kann hierbei das Betriebliche Gesundheitsmanagement (BGM) leisten. Doch wie sieht ein zukunftsfähiges Betriebliches Gesundheitsmanagement-Konzept aus, das den Anforderungen der Arbeitswelt 4.0 gerecht wird? Dies wird gemeinsam mit 21 niedersächsischen Unternehmen unterschiedlicher Branchen und Größen im Innovationsprojekt „Gesundheit in der Arbeitswelt 4.0" der AOK Niedersachsen untersucht. In den ersten zwei Jahren des insgesamt auf fünf Jahre angelegten Projekts wurden erste Erkenntnisse zur betrieblichen Realität des digitalen Wandels, zur Bedeutung der Führung in der Arbeitswelt 4.0 sowie zur zukunftsfähigen Weiterentwicklung eines BGM-Konzepts gewonnen. Diese werden im folgenden Beitrag dargestellt.

21.1 Arbeitswelt 4.0

Die Arbeitswelt ist im Wandel und befindet sich in einer erneuten industriellen Revolution zur sogenannten „Arbeitswelt 4.0". Diese wird zunehmend digitaler, vernetzter und flexibler (Bundesministerium für Arbeit und Soziales 2015; Deutsche Gesetzliche Unfallversicherung 2016). Die Digitalisierung, der Haupttreiber der Entwicklungen, aber auch die Globalisierung verändern die Art, wie wir arbeiten, und das in einem immer schnelleren Tempo (Jager 2018). Bislang wird die Debatte um die digitale Transformation der Arbeit von dem Begriff „Industrie 4.0" dominiert, der die technische Ausgestaltung betrieblicher Prozesse beschreibt. Die Gestaltung gesunder Arbeitsbedingungen für die Beschäftigten wird in dieser Diskussion vielfach vernachlässigt. Diesem Aspekt muss künftig ein größerer Stellenwert zukommen, da der menschliche Faktor in der Arbeitswelt 4.0 von besonderer Bedeutung für den Unternehmenserfolg ist (Bundesministerium für Arbeit und Soziales 2015; Deutsche Gesetzliche Unfallversicherung 2016; Deutscher Gewerkschaftsbund 2017). Neben der Digitalisierung und Globalisierung nimmt der Wandel gesellschaftlicher Strukturen, Werte und Ansprüche eine entscheidende Rolle ein (Bouffier 2018; Bundesministerium für Arbeit und Soziales 2015; Pawlik 2018). Die Beteiligung von Beschäftigten in Veränderungsprozessen sowie die Orientierung am Menschen im Rahmen der digitalen Transformation ist ein entscheidender Faktor zur erfolgreichen Gestaltung der Arbeitswelt 4.0. Ebenso wird der Führung in digitalen Veränderungsprozessen ein relevanter Stellenwert beigemessen (Gebhardt et al. 2015).

21.2 Herausforderungen der Arbeitswelt 4.0 in der betrieblichen Praxis

Die genannten Entwicklungen verändern die Rahmenbedingungen der Arbeit in allen Branchen und somit die Einflussfaktoren auf Gesundheit und Wohlbefinden. Der verstärkte Trend zum zeit- und ortsflexiblen Arbeiten bietet die Chance für ein selbstbestimmteres Arbeiten, mehr Zeitsouveränität sowie bessere Vereinbarkeitslösungen von Beruf und Privatleben. Darüber hinaus ermöglichen der zunehmende Robotik-Einsatz im Industrie- und Produktionsbereich oder die Nutzung von Assistenzsystemen in der Pflege eine Reduktion physischer Belastungen (Bundesministerium für Arbeit und Soziales 2016).

Neben diesen positiven Aspekten zeigt sich jedoch auch, dass im Zuge von Homeoffice, Vertrauensarbeitszeit und potenziell ständiger Erreichbarkeit eine Entgrenzung von Arbeit und Privatleben stattfindet. Damit gehen gesundheitliche Risiken einher, die sich in Form von Arbeitsverdichtung oder einer Verlagerung arbeitsbedingter Belastungen in die Freizeit darstellen (Bundesministerium für Arbeit und Soziales 2016; Deutscher Gewerkschaftsbund 2017).

Auch die Häufigkeit von durch technische Erneuerungen oder Umstrukturierungen hervorgerufenen Veränderungen im Berufsleben ist eine Herausforderung in der Arbeitswelt 4.0. Veränderungsprozesse sind als stetig anzusehen und stellen Unternehmen vor die Aufgabe, diese gesundheitsgerecht zu gestalten. Schlüsselfaktoren sind dabei zum einen die Partizipation von Beschäftigten, um Akzeptanz für Neuerungen und damit Veränderungsbereitschaft zu schaffen. Zum anderen braucht es Führungskräfte, die über ausreichend Sozial- und Führungskompetenzen verfügen, um Beschäftigte gesund durch Veränderungsprozesse zu führen. In der Praxis wird jedoch deutlich, dass Führungskräfte hierfür nicht immer entsprechend qualifiziert sind (Deutsche Gesetzliche Unfallversicherung 2014). Darüber hinaus ist in der Praxis zu beobachten, dass auf der Führungsebene Unsicherheiten bestehen, welche Rolle Führungskräfte in der Gestaltung von Veränderungsprozessen einnehmen. Welche Aspekte und Kompetenzen für Führungskräfte in der Arbeitswelt 4.0 zunehmend relevanter werden, wird in ▶ Abschn. 21.4.1 erläutert.

Wie genau sich die Arbeitswelt wandelt und welche Wirkung diese Veränderungen auf die Gesundheit und das Wohlbefinden der Beschäftigten haben, ist aktuell noch wenig untersucht (Bouffier 2018; Bundesministerium für Arbeit und Soziales 2015). Aktuelle Auswertungen von Arbeitsunfähigkeitsdaten des Jahres 2017 zeigen, dass die Arbeitsunfähigkeitstage aufgrund psychischer Erkrankungen in den letzten Jahren kontinuierlich zugenommen haben, wodurch diesen eine wachsende gesellschaftliche Bedeutung zukommt (Meyer et al. 2018; Stahmeyer et al. 2018). Inwiefern die Entwicklungen der Arbeitswelt Auslöser für diesen Anstieg sind, ist umstritten und wird kontrovers diskutiert (Meyer et al. 2018). Diagnosedaten belegen, dass die Prävalenz psychischer Erkrankungen bei Erwerbstätigen keinen stärkeren Anstieg als in anderen Versichertengruppen aufweist (Stahmeyer et al. 2018). Zudem wird diskutiert, dass die reale Prävalenz psychischer Erkrankungen in den letzten Jahren relativ stabil ist und eine Vielzahl von Einflüssen zu einem Anstieg der oben genannten Daten beitragen (Eberhard 2014; Jacobi et al. 2014; Thom et al. 2019).

Unabhängig von der Diskussion um einen Anstieg psychischer Erkrankungen ist festzustellen, dass die Entwicklungen der Arbeitswelt Unternehmen branchenübergreifend vor neue Herausforderungen stellen. Dem BGM wird in der gesunden Gestaltung der digitalen Transformation eine wichtige Bedeutung beigemessen. Aufgrund der neuen Herausforderungen in der Arbeitswelt 4.0 muss sich das BGM mit den Neuerungen auseinandersetzen und sich weiterentwickeln, um eine zeitgemäße betriebliche Präventionsarbeit zu gewährleisten (Bundesministerium für Arbeit und Soziales 2016; ias Aktiengesellschaft 2016). Erste Erkenntnisse zur Weiterentwicklung des BGM werden in ▶ Abschn. 21.4.2 erläutert.

21.3 Das Innovationsprojekt „Gesundheit in der Arbeitswelt 4.0"

Das Bundesministerium für Arbeit und Soziales hat im Jahr 2016 mit dem Weißbuch Arbeiten 4.0 den Bedarf formuliert, unter Beteiligung der Wissenschaft und Sozialpartnern eine bessere Datengrundlage hinsichtlich der Entwicklungen der Arbeitswelt zu schaffen. Ein entscheidender Aspekt soll dabei die Erprobung neuer Konzepte und die Übertragung dieser in die betriebliche Realität sein (Bundesministerium für Arbeit und Soziales 2016).

Mit dem Innovationsprojekt „Gesundheit in der Arbeitswelt 4.0" möchte die AOK Niedersachsen einen Beitrag zu dieser Datengrundlage leisten und eigene, bereits etablierte BGM-Konzepte prüfen und weiterentwickeln. Das Projekt verfolgt zum einen das Ziel, die Wirkung der Arbeitswelt 4.0 auf die Gesundheit der Beschäftigten zu verstehen. Zum anderen, darauf aufbauend ein zukunftsfähiges

BGM-Konzept zu gestalten. Grundlegend wird der Frage nachgegangen, wie sich BGM weiterentwickeln muss, um die Gesundheit der Beschäftigten auch zukünftig zu erhalten und zu fördern. Die Ergebnisse des Projekts werden im öffentlichen Diskurs präsentiert und diskutiert und fließen in die Beratungspraxis der AOK Niedersachsen ein. So profitieren fortan auch weitere Unternehmen von den gewonnenen Erkenntnissen.

Das Projekt wurde in Partnerschaft mit dem Niedersächsischen Ministerium für Wirtschaft, Arbeit, Verkehr und Digitalisierung, dem Niedersächsischen Ministerium für Soziales, Gesundheit und Gleichstellung sowie mit Unterstützung des Bundesministeriums für Arbeit und Soziales ins Leben gerufen. Neben den politischen Partnern und Unterstützern wird das Projekt sozialpartnerschaftlich durch die Unternehmerverbände Niedersachsen e. V. sowie den Deutschen Gewerkschaftsbund Niedersachsen – Bremen – Sachsen-Anhalt begleitet.

An dem Projekt nehmen 21 niedersächsische Unternehmen aus dem Handel, der Elektro-, Automobil-, Nahrungsmittel- und Möbelindustrie, dem Versicherungs-, Transport- und Gesundheitswesen sowie dem Finanzdienstleistungssektor teil. Damit vereint das Projekt die Erfahrungen und Ergebnisse zum BGM in der Arbeitswelt 4.0 aus unterschiedlichen Unternehmensbranchen und -größen. Das Soziologische Forschungsinstitut Göttingen e. V. (SOFI) begleitet das Projekt im Rahmen einer unabhängigen Studie.

Das Innovationsprojekt „Gesundheit in der Arbeitswelt 4.0" wurde im Jahr 2016 mit einer Laufzeit von fünf Jahren initiiert. Im ersten Projektjahr wurde der aktuelle Erkenntnisstand zu Veränderungen sowie bisher bekannten gesundheitlichen Chancen und Risiken der Arbeitswelt 4.0 recherchiert. Der offizielle Start für die Umsetzungsphase war im August 2017. Seitdem berät die AOK Niedersachsen die Projektunternehmen zur Einführung und Gestaltung eines BGM unter besonderer Berücksichtigung der digitalisierten Arbeitswelt. Der Beratungsprozess setzt sich aus einer Planungs-, Analyse-, Ziele-Maßnahmen-Planungs-, Umsetzungs- und Evaluationsphase zusammen (Rosenbrock und Hartung 2011). Um eine Arbeitswelt 4.0 spezifische Weiterentwicklung des BGM zu erreichen, werden im Rahmen der Planungsphase gemeinsam mit den Unternehmen Beschäftigtengruppen identifiziert, die in besonderem Maße von digitalen Veränderungen betroffen sind. Dies sind beispielsweise Beschäftigtengruppen, die in die Etablierung digitalisierter Arbeitsprozesse eingebunden sind, in internationalen Teams oder mobil arbeiten oder durch Roboter oder Assistenzsysteme in ihrer Arbeit unterstützt werden. Die Beratung der Unternehmen läuft über drei Jahre und schließt im Jahr 2021 mit der Evaluation der umgesetzten Maßnahmen in den Projektunternehmen ab. Mit dem Projektabschluss Ende 2021 findet die Gesamtevaluation des Projekts statt und die Ergebnisse der AOK Niedersachsen und des SOFI werden publiziert.

Neben dem Beratungsprozess in den Unternehmen findet der Aufbau von Netzwerkstrukturen in Form von Erfahrungsaustauschen statt. An diesen nehmen Vertreter der Projektunternehmen, in der Regel die BGM-Verantwortlichen, teil. Ziel der Erfahrungsaustausche ist, einen betriebsübergreifenden Austausch zu fördern, gemeinsam Herausforderungen der Arbeitswelt 4.0 zu identifizieren und Lösungen für die gesunde Gestaltung dieser zu entwickeln.

Die AOK Niedersachsen sammelt während der gesamten Projektlaufzeit Erkenntnisse zur Arbeitswelt 4.0. Dabei werden Entwicklungen in den Unternehmen hinsichtlich der digitalen Transformation erfasst und damit einhergehende Herausforderungen der betrieblichen Praxis beleuchtet. Die aktuell vorliegenden Daten sind qualitativ und stammen aus Workshops mit den Teilnehmern des Steuerkreises[1],

---

1 Der Steuerkreis setzt sich aus relevanten Akteuren der Projektunternehmen zur Gestaltung gesundheitsförderlicher betrieblicher Rahmenbedingungen zusammen, wie beispielsweise BGM-Verantwortliche, Geschäftsführung, Arbeitssicherheitsbeauftragte, Personalverantwortliche.

Analyseverfahren wie Fokusgruppen oder Arbeitssituationserfassungen mit den Beschäftigten und Führungskräften und den Erfahrungsaustauschen der Fachebene. Die Erkenntnisse werden durch die Berater protokolliert und anschließend systematisch erfasst und aufbereitet. In der Ergebnisaufbereitung erfolgt eine Clusterung von Arbeitswelt 4.0 spezifischen Themen und Herausforderungen für Unternehmen und Beschäftigtengruppen. In der weiteren Aufbereitung werden gesundheitsförderliche Aspekte und solche, die negativ auf Wohlbefinden und Gesundheit wirken, zu den jeweiligen Themen und Herausforderungen herausgestellt. Dies dient als Grundlage, um neue Angebote zur Gesundheitsförderung zu schaffen, Empfehlungen für die gesunde Gestaltung der Arbeitswelt 4.0 zu formulieren sowie darauf aufbauend ein zukunftsfähiges BGM-Konzept zu entwickeln. Die Datenbasis wird im Projektverlauf stetig erweitert und dient dem kontinuierlichen Erkenntnisgewinn zur Weiterentwicklung des BGM-Beratungskonzepts.

21.4 Erste Erkenntnisse

Im ersten Jahr mit den Projektunternehmen wurde der Frage nachgegangen, wie präsent die Arbeitswelt 4.0 in der betrieblichen Realität ist und welche spezifischen Herausforderungen hierin wiederzufinden sind. Eine erste Erkenntnis ist, dass sich alle Projektunternehmen – unabhängig von Branche und Größe – mit der digitalen Transformation auseinandersetzen. Veränderungsprozesse entwickeln sich zu einer Konstante in den Unternehmen, die sowohl die Managementebene beeinflusst als auch in der täglichen Arbeit der Beschäftigten spürbar ist.

Aus der betrieblichen Praxis kann bestätigt werden, dass insbesondere den Führungskräften eine besondere Rolle in der gesunden Gestaltung der digitalen Transformation zugeschrieben wird. Vor diesem Hintergrund hat sich das Handlungsfeld Führung im bisherigen Projektverlauf als branchenübergreifendes Kernthema herausgestellt. Welche Aufgaben und Kompetenzen für Führungskräfte in der Arbeitswelt 4.0 zunehmend relevanter werden, wird im Folgenden erläutert. Ebenso werden im folgenden Abschnitt erste Erkenntnisse zur zukunftsfähigen Weiterentwicklung eines BGM-Konzepts aufgezeigt. Diese stellen neben strukturellen Aspekten auch Entwicklungspotenziale dar, um künftig Beschäftigte in neuen Arbeitsformen mit Präventionsangeboten erreichen zu können.

21.4.1 Führung in der Arbeitswelt 4.0

Der Einfluss von Führung auf die Gesundheit von Beschäftigen ist hinlänglich bekannt. Führungskräfte haben sowohl im positiven als auch im negativen Sinne erheblichen Einfluss auf die Gesundheit, Arbeitszufriedenheit und Motivation der Beschäftigten. Durch ihre Funktion als Vorbild und Gestalter von Arbeitsbedingungen sowie durch ihr direktes Verhalten und die soziale Beziehung zu ihren Beschäftigten gelten Führungskräfte als zentrale Schlüsselfaktoren bei der gesunden Gestaltung von Arbeit und als Begleiter von Veränderungsprozessen (Bundesanstalt für Arbeitsschutz und Arbeitsmedizin 2017). Die Qualifizierung zur gesundheitsgerechten Führung stellt ein wichtiges Prinzip in der betrieblichen Prävention dar. Daneben ist jedoch auch die Förderung der eigenen Gesundheitskompetenz ein wichtiger Aspekt, da die Führungstätigkeit selbst mit hohen Anforderungen verbunden ist. Wichtige Aufgabe der Arbeitgeber ist, Rahmenbedingungen und Strukturen zu schaffen, die Führungskräfte zu einem gesundheitsgerechten Führungsverhalten befähigen (GKV-Spitzenverband 2018). Hinsichtlich der in ▶ Abschn. 21.2 beschriebenen Herausforderungen werden im Folgenden Aspekte beschrieben, die im Kontext gesunder Führung in der Arbeitswelt 4.0 zunehmend relevanter werden.

Führungskräfte als Gestalter von Veränderungsprozessen In Workshops und Gesprächen mit Personal- und Unternehmensvertretern wurde bestätigt, dass Veränderungen in der Arbeitswelt 4.0 zur Tagesordnung gehören. Damit geht ein Wandel von Herausforderungen und Aufgaben von Führungskräften einher. Es gilt Veränderungsprozesse aktiv zu gestalten und Beschäftigte gesund durch den Wandel zu führen. Zentrale Aufgabe von Führungskräften ist es, Veränderungsbereitschaft zu schaffen. Hierfür sind Partizipation von Beschäftigten, wertschätzende Kommunikation, Vermittlung von Sinnhaftigkeit und das Geben von Sicherheit relevante Erfolgsfaktoren. Darüber hinaus ist es wichtig, dass Führungskräfte Verständnis für die Ängste der Beschäftigten haben sowie Widerstände erkennen und beseitigen. Grundlegend hierfür sind Sozialkompetenzen der Führungskräfte, Wissen über Zusammenhänge zwischen Führung und Gesundheit, Sicherheit im Umgang mit technischen oder strukturellen Neuerungen sowie Rollenklarheit, die insbesondere durch die Kommunikation der Erwartungshaltung der Geschäftsleitung gegeben wird.

Führung auf Distanz Beschäftigte und Führungskräfte haben in der Arbeitswelt 4.0 zunehmend die Möglichkeit, mobil und ortsungebunden zu arbeiten. Aus Workshops mit Führungskräften sowie im Rahmen der Erfahrungsaustausche wurde Führung auf Distanz als besondere Herausforderung für Führungskräfte identifiziert. Die Herausforderungen bei Führung auf Distanz sind, dass Führungskräfte Arbeitsprozesse und Kommunikationsroutinen den neuen Arbeitsbedingungen anpassen müssen. Dabei gilt es sich regelmäßig mit den Beschäftigten abzustimmen und Feedback zu geben, eine neue Meeting-Kultur zu schaffen und adäquate Kommunikationsmedien zu nutzen. Ebenso gewinnt das Führen über Ziele mit einer klaren Formulierung von Arbeitsaufgaben, Erwartungen und Rollen an Bedeutung. In der Führung von Teams auf Distanz ist es darüber hinaus eine besondere Herausforderung, Transparenz über den Status von Schnittstellenaufgaben zu schaffen und das Team-Gefühl zu erhalten. Führungskräfte haben die Aufgabe, die Arbeitsleistung eines jeden Beschäftigten – sei es vor Ort oder auf Distanz – objektiv zu beurteilen. Die Fürsorgepflicht gegenüber der Beschäftigten einzuhalten und eine vertrauensvolle Beziehung zu diesen zu pflegen stellen weitere Herausforderungen in der Führungsaufgabe dar. Um dies leisten zu können, sind zum einen ausgeprägte Kommunikations- und Sozialkompetenzen der Führungskräfte notwendig, zum anderen die Bereitschaft und Kompetenz, digitale Medien als Instrument für neue Kommunikationsroutinen zu nutzen. Studienergebnisse des Instituts für Führungskultur im digitalen Zeitalter bestätigen, dass sowohl Kommunikation, Mitarbeiterorientierung und ein wertschätzender und respektvoller Umgang als auch Aspekte wie Medienkompetenz und Teamfähigkeit für die Führung im digitalen Zeitalter eine hohe Relevanz haben (Institut für Führungskultur im digitalen Zeitalter 2014, 2016).

Befähigung als Kernaufgabe In der Arbeitswelt 4.0 verändern sich zunehmend Organisationsstrukturen, Arbeitsweisen und -prozesse. Darüber hinaus wächst die Themenvielzahl und -komplexität. Aufgrund dessen gilt es für Führungskräfte Beschäftigten mehr Verantwortung zu übertragen und sie in Entscheidungsprozesse sowie die Arbeits- und Prozessgestaltung einzubinden. Dabei gilt es individuelle Qualifikationsbedarfe zu identifizieren und zu fördern. Zu diesem Ergebnis kommt auch die Bertelsmann Stiftung in ihrem Bericht zur zukunftsfähigen Führung, in dem es heißt, dass „die Befähigung der Mitarbeiter und ihrer individuellen Weiterentwicklung […] eine Kernaufgabe der neuen Führung" ist (Gebhardt et al. 2015). Dies bedeutet, dass Sozial- und Projektmanagementkompetenzen gleichermaßen für Führungskräfte an Bedeutung gewinnen.

Führung und psychische Gesundheit Wie in ▶ Abschn. 21.2 beschrieben, gewinnt psychische Gesundheit gesellschaftlich an Bedeutung (Meyer et al. 2018; Stahmeyer et al. 2018). Dieser Bedeutungszuwachs findet sich auch im Berufskontext wieder. Führungskräfte der Projektunternehmen schildern eine zunehmende

Konfrontation mit psychisch belasteten oder erkrankten Beschäftigten in ihrem Arbeitsalltag. Darüber hinaus sind Führungskräfte hinsichtlich der eigenen psychischen Gesundheit und möglicher psychischer Belastungen nicht ausreichend sensibilisiert.

Aufgrund dieser Entwicklungen ist es zum einen wichtig, die Führungskräfte im Umgang mit psychisch belasteten Beschäftigten zu qualifizieren, zum anderen, betriebliche Unterstützungsmöglichkeiten aufzubauen und aufzuzeigen. Darüber hinaus nimmt die Qualifikation von Führungskräften zu eigenen Stressbewältigungs- und Gesundheitskompetenzen in der Arbeitswelt 4.0 eine zentrale Rolle ein, um die eigene, aber auch die Gesundheit der Beschäftigten zu erhalten und zu fördern. Unter dem Phänomen der sogenannten „Crossover-Effekte" wird beobachtet, dass das Stresserleben von Führungskräften sich auch auf ihre Beschäftigten überträgt und damit auch die Gesundheit der Beschäftigten beeinflusst (Bundesanstalt für Arbeitsschutz und Arbeitsmedizin 2017).

Rahmenbedingungen für den neuen Typ Führung Im Rahmen des Innovationsprojekts „Gesundheit in der Arbeitswelt 4.0" wurde deutlich, dass branchenübergreifend auf Führungsebene Unsicherheiten dazu bestehen, welche Aufgaben Führungskräfte in der Arbeitswelt 4.0 erfüllen oder welche Rolle sie einnehmen sollen. Dies kann dadurch bedingt sein, dass sich Unternehmen der Veränderungen der Führungskompetenzen und -rolle in der Arbeitswelt 4.0 teilweise nicht ausreichend bewusst sind. Die aktive Gestaltung von Veränderungsprozessen, die Identifikation und Förderung individueller Qualifikationsbedarfe oder die Einbindung der Beschäftigten in die Arbeits- und Prozessgestaltung sind wichtige Aufgaben einer gesunden Führung, die nach Erkenntnissen aus der betrieblichen Praxis nicht hinreichend formuliert und transparent sind. Eine zentrale Unternehmensaufgabe ist es somit, Erwartungen an die eigenen Führungskräfte entsprechend den Entwicklungen im Unternehmen und damit einhergehenden Veränderungen und Aufgaben zu definieren und Transparenz hierüber zu schaffen. Ebenso sind Entwicklungspotenziale der Führungskräfte zu identifizieren und Qualifizierungsangebote zu schaffen. Dies stellt nach aktuellem Erkenntnisstand die grundlegende Voraussetzung dar, Führungskräfte zu befähigen, Beschäftigte in der Arbeitswelt 4.0 gesund zu führen und selbst den Anforderungen gerecht zu werden.

21.4.2 Betriebliches Gesundheitsmanagement zukunftsfähig gestalten

Im Rahmen des Innovationsprojekts „Gesundheit in der Arbeitswelt 4.0" werden die in der betrieblichen Realität gewonnenen Erkenntnisse dahingehend betrachtet, was diese für die zukunftsfähige Gestaltung eines BGM-Konzepts bedeuten. Dabei sind zum aktuellen Zeitpunkt vier Weiterentwicklungspotenziale identifiziert: 1. Neue Angebote für Führungskräfte, 2. Zielgruppenspezifizierung, 3. Vernetzung und 4. Nutzung digitaler Angebote.

Neue Angebote für Führungskräfte Angebote der Betrieblichen Gesundheitsförderung für Führungskräfte müssen auf die veränderten Herausforderungen der Arbeitswelt reagieren, flexibler und digitaler werden. Im Rahmen der Qualifizierung zu gesundheitsgerechter Führung wird im Projekt die Kombination von Präsenz-Workshops und digitaler Wissensvermittlung (Blended Learning) über einen Zeitraum von 15 Wochen pilotiert.

Im Online-Programm steht die Vermittlung grundlegender Kompetenzen einer gesundheitsgerechten Führung im Vordergrund. Im Rahmen des Qualifizierungskonzepts wird das vermittelte Wissen darüber hinaus über begleitende Präsenz-Workshops gefestigt sowie in den betriebsindividuellen Kontext der Arbeitswelt 4.0 gebracht. Die Präsenz-Workshops bieten den Führungskräften zum einen die Möglichkeit, die vermittelten Inhalte des Online-Programms vor dem Hintergrund des eigenen Arbeitsalltags zu reflektieren (Praxistransfer) und zum anderen Raum für Austausch und gemeinsames Lernen.

Die vermittelten Kompetenzen orientieren sich an den Einflussebenen von Führung auf Gesundheit und Wohlbefinden von Beschäftigten. Über ihre persönliche Beziehung und Interaktion mit den Beschäftigten wirken Führungskräfte direkt auf deren Wohlbefinden ein. Hierfür sind insbesondere Kommunikations- und Sozialkompetenzen notwendig, die online vermittelt werden. Darüber hinaus wirken Führungskräfte durch die Gestaltung von Arbeitsprozessen indirekt auf das Wohlbefinden und die Gesundheit der Beschäftigten ein. Diese indirekte Wirkweise wird ebenfalls im Online-Programm aufgegriffen, indem die Rolle der Führungskraft als Gestalter gesundheitsförderlicher Arbeitsprozesse sowie Möglichkeiten der Mitarbeiterbeteiligung und -entwicklung thematisiert werden. Führungskräfte haben zudem durch ihre Vorbildfunktion und mit eigenen Gesundheitskompetenzen einen Einfluss auf ihre Beschäftigten. Neben Kommunikations- und Sozialkompetenzen sowie Fähigkeiten der Arbeitsgestaltung und Beteiligung vermittelt das Online-Programm Wissen zu Gesundheits- und Stressbewältigungskompetenzen.

Mit dem Qualifizierungsangebot können Vorteile von Präsenz-Workshops wie der direkte Austausch unter Führungskräften, die Möglichkeit des Unternehmensbezugs sowie die gemeinsame Reflexion des Führungsalltags mit den Vorteilen digitaler Wissensvermittlung wie selbstbestimmtes sowie zeitlich und räumlich flexibles Lernen verknüpft werden. Neben der Kombination von Präsenz-Workshops und digitaler Wissensvermittlung kann als weiterer Erfolgsfaktor die Verzahnung von kontinuierlichem Lernen im Arbeitsprozess identifiziert werden. Qualifizierungsangebote für Führungskräfte sollten in direktem Bezug zum Arbeits- und Führungsalltag stehen und die betrieblichen Herausforderungen berücksichtigen. Empfohlen werden hier langfristig und nachhaltig angelegte Angebote, die gemeinsam mit der unternehmensinternen Führungskräfte- oder Personalentwicklung entwickelt und geplant werden.

Zielgruppenspezifizierung Stetige Veränderungen in der Arbeitswelt 4.0 stellen das BGM vor zweierlei Herausforderungen. Zum einen betreffen Veränderungsprozesse nicht alle Beschäftigten eines Unternehmens gleichermaßen, sondern sie variieren im Umfang und Tempo je nach Bereich und Tätigkeitsfeld. Zum anderen führt die Häufigkeit der Veränderungsprozesse innerhalb einzelner Bereiche dazu, dass Belastungen und Ressourcen sich verändern. Aufgabe des BGM ist, zum einen die jeweiligen Zielgruppen zu identifizieren und zum anderen die sich ebenso verändernden Ressourcen und Belastungen in den jeweiligen Zielgruppen zu erkennen und entsprechende gesundheitsförderliche Maßnahmen umzusetzen. Dies macht eine verstärkte Zielgruppenspezifizierung im BGM notwendig, um schneller agieren und zeitgerechte Präventionsarbeit im Setting Betrieb leisten zu können. Um dieser Herausforderung zu begegnen, wird im Innovationsprojekt „Gesundheit in der Arbeitswelt 4.0" ein zielgruppenspezifisches Vorgehen mit Konzentration auf kleinere Beschäftigtengruppen, die von Digitalisierungsprozessen betroffen sind, pilotiert. Die BGM-Beratung in diesen Interventionsbereichen orientiert sich an den Planungs-, Analyse-, Ziele-Maßnahmen-Planungs-, Umsetzungs- und Evaluationsphasen. Die Konzentration auf von Veränderungen betroffene Bereiche erwies sich bisher als erfolgreich, um Erkenntnisse darüber zu gewinnen, wie der BGM-Beratungsprozess der Schnelllebigkeit der Arbeitswelt 4.0 weiterzuentwickeln ist. Die Konzentration auf Digitalisierungs- bzw. Veränderungsprozesse stellt ein zukunftsgerechtes Vorgehen im BGM dar, da Unternehmen so lernen, Neuerungen nicht nur aus technischer Sicht, sondern auch unter Berücksichtigung der Bedürfnisse der Beschäftigten zu betrachten. Die gesunde Gestaltung digitaler Transformationsprozesse

21.4 · Erste Erkenntnisse

kann somit einen ergänzenden Aktionskreis im BGM darstellen.

Vernetzung Der unternehmensinterne Steuerkreis setzt sich im BGM – je nach Unternehmensgröße und -struktur – aus unterschiedlichen Akteuren zusammen. Hinsichtlich der oben genannten Konzentration auf Veränderungs- bzw. Digitalisierungsprozesse wurde im Projekt bisher deutlich, dass die Vernetzung von Akteuren in einem BGM-Prozess in der Arbeitswelt 4.0 durchaus noch interdisziplinärer und hierarchieübergreifender gestaltet sein sollte. Akteure des Personalmanagements, der Personal- und Führungskräfteentwicklung und der IT sind ergänzend zu den Akteuren des Betriebs- bzw. Personalrates zusammenzubringen. Auch Unternehmensakteure wie „Digitalisierungsbeauftrage" oder Change Manager gilt es bedarfsorientiert mit einzubeziehen. Dieser Austausch ermöglicht, Prozesse ganzheitlich zu betrachten und transparent zu gestalten. Schnittstellenproblematiken, Wissensverlust und Intransparenz wird so entgegengewirkt.

Darüber hinaus hat sich im Projekt auch die unternehmensübergreifende Vernetzung als wichtiger Erfolgsfaktor herausgestellt, um die digitale Transformation mitarbeiterorientiert und gesundheitsgerecht zu gestalten. Problemstellungen zeigen sich unternehmensübergreifend und lassen sich unabhängig von Branche und Unternehmensgröße wiederfinden. Durch den unternehmensübergreifenden Austausch können Herausforderungen und Fragestellungen besprochen, Sichtweisen und Erfahrungen geteilt und Unsicherheiten genommen werden. Grundlage hierfür ist die Bereitschaft, über Strukturen, Prozesse, gute und auch nicht gelungene Praxisbeispiele zu sprechen. Innerhalb des Innovationsprojekts „Gesundheit in der Arbeitswelt 4.0" ist diese Bereitschaft bei den Unternehmen gegeben und die Austausche werden gut angenommen.

Nutzung digitaler Angebote Orts- und zeitungebundenes Arbeiten wird in der Arbeitswelt 4.0 zunehmend relevanter. Dies betrifft beispielsweise Beschäftigte, die mobil oder im Homeoffice arbeiten oder solche, die national oder international an verschiedenen Standorten tätig sind. Digitale, orts- und zeitungebundene Präventionsangebote stellen daher ein Entwicklungsfeld im BGM dar. Digitale Instrumente im BGM-Prozess sind eine Voraussetzung, um die oben genannten Beschäftigtengruppen im Rahmen betrieblicher Präventionsangebote zu erreichen. Im Innovationsprojekt „Gesundheit in der Arbeitswelt 4.0" werden onlinegestützte Befragungen sowie digitale Maßnahmen zur Gesundheitsförderung erprobt, um diesem Bedarf gerecht zu werden und auf die Gegebenheiten der Arbeitswelt 4.0 zu reagieren.

Klassische Erhebungsmethoden im BGM wie Analyseworkshops oder Beschäftigtenbefragungen werden hinsichtlich ihres Digitalisierungspotenzials geprüft und im Rahmen des Innovationsprojekts erprobt. Schriftliche Befragungen werden durch Online-Befragungen ersetzt, mit denen Beschäftigte zeit- und ortsunabhängig erreicht werden konnten. Inhaltlich konzentrierten sich die Befragungen auf die klassischen, wissenschaftlich gesicherten betrieblichen Einflussfaktoren auf die Beschäftigtengesundheit nach dem Leitfaden Prävention (GKV-Spitzenverband 2018). Ergänzend werden Fragestellungen zu Herausforderungen der Arbeitswelt 4.0 und deren Wirkung auf Gesundheit integriert. Durch die Konzentration auf Interventionsbereiche in Digitalisierungs- und Veränderungsprozessen können diese klassischen Einflussfaktoren vor dem Hintergrund der sich verändernden Arbeitswelt untersucht und bewertet werden.

Digitale Lernformen wie virtuelle Klassenräume, mobile Anwendungen (Apps) und Lernvideos in der Wissensvermittlung nehmen laut Expertenmeinungen eine zunehmend zentrale Rolle im Rahmen der Qualifizierung und Weiterbildung ein (mmb Institut 2018). Daher werden im Rahmen des Projekts in den Präventionsprinzipien Bewegung, Ernährung, Stressbewältigung und Führung unterschiedliche Lernformen erprobt. Neben dem bereits beschriebenen Blended-Learning-Ansatz zum gesundheitsgerechtem Führen werden im Präventionsprinzip Bewegung Inhalte zur ergonomischen Gestaltung des Arbeitsplatzes und zum entsprechenden ergonomischen Verhalten im Rahmen von Lernvideos mit Micro-Learning-Content vermittelt. Unter Micro-Learning-Content versteht man, dass die zu vermittelnden Inhalte in kleine Einheiten von wenigen Minuten aufgeteilt werden, sodass es möglich ist, sich die Zeit für die Lerneinheiten flexibel einzuteilen. Diese Variante erlaubt einen bedarfsgerechten Einstieg in das Thema und berücksichtigt die individuellen Lernstände der Nutzer. Weitere bedarfsspezifische Entwicklungspotenziale in allen Präventionsprinzipien sollen im Projekt perspektivisch über eine digitale Gesundheitsplattform ermittelt werden.

21.5 Fazit und Ausblick

Die dargestellten Entwicklungen in der Arbeitswelt 4.0 und damit einhergehende Herausforderungen machen deutlich, dass Führungskräften eine entscheidende Bedeutung in der Gestaltung der Arbeitswelt 4.0 zukommt. Auch ist deutlich geworden, dass gesunde Führung nur gelingen kann, wenn individuelle Qualifikationsbedarfe der Führungskräfte hinsichtlich der in der Arbeitswelt 4.0 zu erfüllenden Aufgaben erkannt und entsprechend durch Schulungen gedeckt werden. Sozial-, Kommunikations-, Medien- und Projektmanagementkompetenzen sind besonders wichtig. Die Kompetenz zum Umgang mit psychisch belasteten Beschäftigten sowie die Stärkung eigener Stress- und Gesundheitskompetenzen stellen ebenfalls relevante Handlungsfelder dar.

Des Weiteren ist die Sicherheit von Führungskräften in ihrer Rolle, ihren Aufgaben sowie ihrem Handlungs- und Verantwortungsbereich entscheidend. Dies kommt besonders zum Tragen, wenn sie Verantwortung für die Gestaltung von Veränderungsprozessen und Rahmenbedingungen übernehmen sowie individuelle Qualifikationsbedarfe von Beschäftigten erkennen und fördern müssen.

Um BGM zukunftsfähig zu gestalten und so einen wichtigen Beitrag zu gesunder Arbeit 4.0 leisten zu können, gilt es Veränderungen in den Handlungsfeldern betrieblicher Prävention zu erkennen, neue Zielgruppen zu identifizieren und veränderte Bedarfe zu erfassen. Strukturen und Prozesse im BGM sind vor dem Hintergrund der Anforderung an schnelleres und anpassungsfähigeres Agieren zu prüfen und zu optimieren. Darüber hinaus sind digitale Möglichkeiten, beispielsweise in Form von Online-Analysetools oder -Angeboten zur Gesundheitsförderung, im BGM-Prozess zu erproben.

Das Innovationsprojekt „Gesundheit in der Arbeitswelt 4.0" wird Erkenntnisse zur Weiterentwicklung des BGM und der Angebote Betrieblicher Gesundheitsförderung sammeln. Die Frage, welche Wirkung die in der Arbeitswelt 4.0 zunehmend relevanten Aspekte wie mobile Arbeit, mehr digitalisierte Arbeitsprozesse oder die Zusammenarbeit mit Robotern auf die Gesundheit von Beschäftigten haben, wird im weiteren Projektverlauf fokussiert. Neben den Erkenntnissen der AOK Niedersachsen werden auch die Ergebnisse des SOFI einen wichtigen Einblick in die Herausforderungen der Arbeitswelt 4.0, deren gesundheitliche Auswirkungen und Gestaltungsansätze für gesunde Arbeit geben.

Weiterführende Informationen zum Innovationsprojekt „Gesundheit in der Arbeit 4.0" erhalten Sie unter ▶ www.aok-projekt-viernull.de.

Literatur

Bundesanstalt für Arbeitsschutz und Arbeitsmedizin (2017) Psychische Gesundheit in der Arbeitswelt – Wissenschaftliche Standortbestimmung. Bundesanstalt für Arbeitsschutz und Arbeitsmedizin, Dortmund Berlin Dresden

Bouffier V (2018) Chancen der Digitalisierung nutzen und Arbeitswelt menschlich gestalten. In: Randstad Deutschland (Hrsg) Wie wir in Zukunft arbeiten. Randstad Deutschland, Eschborn, S 30–33

Bundesministerium für Arbeit und Soziales (2015) Grünbuch Arbeiten 4.0. Bundesministerium für Arbeit und Soziales, Berlin

Literatur

Bundesministerium für Arbeit und Soziales (2016) Weißbuch Arbeiten 4.0. Bundesministerium für Arbeit und Soziales, Berlin

Deutsche Gesetzliche Unfallversicherung (2014) Fachkonzept Führung und psychische Gesundheit. Deutsche Gesetzliche Unfallversicherung, Berlin

Deutsche Gesetzliche Unfallversicherung (2016) Neue Formen der Arbeit, Neue Formen der Prävention – Arbeitswelt 4.0: Chancen und Herausforderungen. Deutsche Gesetzliche Unfallversicherung, Berlin

Deutscher Gewerkschaftsbund (2017) Kursbuch Arbeiten 4.0. Deutscher Gewerkschaftsbund, Berlin

Eberhard S (2014) Depression und Burn-out – Epidemie des 21. Jahrhunderts? KomPart, Hannover

Gebhardt B, Hofmann J, Roehl H (2015) Zukunftsfähige Führung. Die Gestaltung von Führungskompetenzen und -systemen. Bertelsmann, Gütersloh

GKV-Spitzenverband (2018) Leitfaden Prävention – Handlungsfelder und Kriterien nach § 20 Abs. 2 SGB V. GKV-Spitzenverband, Berlin

ias Aktiengesellschaft (2016) Die Digitalisierung der Arbeitswelt – Auswirkungen auf Gesundheit und Leistungsfähigkeit. ias Gruppe, Berlin

Institut für Führungskultur im digitalen Zeitalter (2014) Alpha Intelligence. Was Führungskräfte von morgen brauchen. Institut für Führungskultur im digitalen Zeitalter, Frankfurt am Main

Institut für Führungskultur im digitalen Zeitalter (2016) Führungskompetenzen im digitalen Zeitalter. Eine Analyse von 30 Studien und Umfragen aus den Jahren 2012–2016. Institut für Führungskultur im digitalen Zeitalter, Frankfurt am Main

Jacobi F, Höfler M, Strehle J et al (2014) Psychische Störungen in der Allgemeinbevölkerung, Studie zur Gesundheit Erwachsener in Deutschland und ihr Zusatzmodul Psychische Gesundheit (DEGS1-MH). Nervenarzt 85:77–87

Jager R (2018) Technologisierung macht Jobs menschlicher. In: Randstad Deutschland (Hrsg) Wie wir in Zukunft arbeiten. Eschborn, S 8–17

Meyer M, Wenzel J, Schenkel A (2018) Krankheitsbedingte Fehlzeiten in der deutschen Wirtschaft im Jahr 2017. In: Bernhard B, Ducki A, Schröder H et al (Hrsg) Fehlzeiten-Report 2018: Sinn erleben – Arbeit und Gesundheit. Springer, Berlin, S 331–384

mmb Institut (2018) mmb-Trendmonitor. Weiterbildung und digitales Lernen heute und in drei Jahren. Erklärfilme als Umsatzbringer der Stunde. Ergebnisse der 12. Trendstudie „mmb Learning Delphi". mmb Institut, Essen

Pawlik J (2018) Mut ist die Schlüsselqualifikation des 21. Jahrhunderts. In: Randstad Deutschland (Hrsg) Wie wir in Zukunft arbeiten. Randstad Deutschland, Eschborn, S 22–25

Rosenbrock R, Hartung S (2011) Public Health Action Cycle/Gesundheitspolitischer Aktionszyklus. In: BZg (Hrsg) Leitbegriffe der Gesundheitsförderung und Prävention. Verlag für Gesundheitsförderung, Gamburg, S 469–471

Stahmeyer JT, Kuhlmann K, Eberhard S (2018) Die Häufigkeit von Depressionsdiagnosen nach Versichertengruppen im Zeitverlauf – eine Routinedatenanalyse der Jahre 2006–2015. Psychother Psychosom Med Psychol. https://doi.org/10.1055/a-0581-4785

Thom J, Bretschneider J, Kraus N et al (2019) Versorgungsepidemiologie psychischer Störungen – Warum sinken die Prävalenzen trotz vermehrter Versorgungsangebote nicht ab? Bundesgesundheitsblatt. https://doi.org/10.1007/s00103-018-2867-z

Weiterführende Literatur

Friedrichs M, Jungmann F, Liebermann S et al (2011) iga.Report 21 – iga-Barometer 3. Welle 2010: Einschätzungen der Erwerbsbevölkerung zum Stellenwert der Arbeit, zum Gesundheitsverhalten, zum subjektiven Gesundheitszustand und zu der Zusammenarbeit in altersgemischten Teams. iga, Berlin Essen

Nyberg A, Alfredsson L, Theorell et al (2009) Managerial leadership and ischaemic heart disease among employees: the Swedish WOLF study. Occup Environ Med 66:51–55

Digitale Neuentwicklungen für betriebliche Anwendungen

Inhaltsverzeichnis

Kapitel 22 Digi-Exist: Eine digitale Plattform zur Gesundheitsförderung für junge Unternehmen – 333
Antje Ducki, Dörte Behrendt, Leif Boß, Martina Brandt, Monique Janneck, Sophie Jent, Daniela Kunze, Dirk Lehr, Helge Nissen und Paul Wappler

Kapitel 23 Arbeitsgestaltungs- und Gesundheitskompetenz bei Beschäftigten mit flexiblen Arbeitsbedingungen fördern: Eine Online-Intervention – 349
Monique Janneck, Jan Dettmers und Annekatrin Hoppe

vi

Digi-Exist: Eine digitale Plattform zur Gesundheitsförderung für junge Unternehmen

Antje Ducki, Dörte Behrendt, Leif Boß, Martina Brandt, Monique Janneck, Sophie Jent, Daniela Kunze, Dirk Lehr, Helge Nissen und Paul Wappler

22.1 Gesundheit von Anfang an – 334

22.2 Wissenschaftlicher Hintergrund – 335
22.2.1 Evidenz verhaltens- und verhältnisbezogener Interventionen – 335
22.2.2 Evidenz digitaler Interventionen – 336
22.2.3 Technische und methodische Besonderheiten – 336
22.2.4 Anforderungen an digitale Präventions- und Gesundheitsförderungsangebote – 337

22.3 Die Digi-Exist-Plattform – 338
22.3.1 Anforderungsanalyse und Konzeption der Plattform – 338
22.3.2 Angebote der Verhältnisprävention – 340
22.3.3 Verhaltensorientierte Trainings – 341
22.3.4 Idealtypischer Gesamtablauf im Unternehmen – 341

22.4 Implementierung und erste Evaluationsergebnisse – 342

22.5 Ausblick – 345

Literatur – 345

© Springer-Verlag GmbH Deutschland, ein Teil von Springer Nature 2019
B. Badura et al. (Hrsg.), *Fehlzeiten-Report 2019*, https://doi.org/10.1007/978-3-662-59044-7_22

▶▶ Zusammenfassung

Die zunehmenden Digitalisierungsinteressen der deutschen Wirtschaft rücken besonders junge Unternehmen aus dem Bereich der Informations- und Telekommunikationsbranche in den Fokus des Interesses. Doch so wichtig die Entwicklungen im Bereich der Digitalisierung sind, so häufig wird in diesen vorrangig jungen und dynamisch agierenden Unternehmen das Thema Gesundheit vernachlässigt. Mit Digi-Exist wird eine wissenschaftlich entwickelte digitale Plattform für Existenzgründungen vorgestellt, die Unternehmen von ihrer Gründung an dabei unterstützt, ein systematisches Betriebliches Gesundheitsmanagement aufzubauen. Es bietet die Möglichkeit, eine Gefährdungsbeurteilung psychischer Belastungen durchzuführen und bedarfsgerechte Maßnahmen zur Gesundheitsförderung und Prävention zu entwickeln. Abgestimmte Online-Trainings verbessern die Wissensgrundlage von Beschäftigten und Gründer-/innen und liefern praktische Tipps zur Verbesserung des eigenen Verhaltens und der Arbeitsbedingungen. Methodisch didaktische Maßnahmen zur Erzeugung und Aufrechterhaltung der Teilnahmemotivation und erste Erprobungsergebnisse werden berichtet.

22.1 Gesundheit von Anfang an

Die Digitalisierung hat das Gründungsgeschehen in der deutschen Wirtschaft verstärkt. Knapp ein Drittel aller Start-ups (31,6 %) finden sich in der Informations- und Telekommunikationsbranche (Start Up Monitor 2018). Start-ups zeichnen sich u. a. durch eine hohe Kreativität, Flexibilität, flache Hierarchien, kurze Entscheidungswege und eine hohe Experimentierfreude hinsichtlich agiler Arbeitsmethoden und Führungs- und Beteiligungsmodelle aus. Sie haben den besonderen Vorteil, dass schon in den frühen Phasen der Unternehmensentwicklung Strukturen und Prozesse gesundheitsförderlich aufgebaut werden können. Die Beschäftigten sind in der Regel jung, motiviert und werden international rekrutiert. Gesundheit und Gesundheitsförderung sind in Start-ups keine vorrangigen Themen, allerdings leiden viele Unternehmen unter hoher Fluktuation, die häufig durch eine unzureichende Prozess- und Arbeitsgestaltung und daraus resultierende Belastungen bei den Beschäftigten verursacht ist (CB Insights 2018).

Im Folgenden wird eine digitale Plattform für Gesundheitsförderung und Prävention für Existenzgründungen (*Digi-Exist*) vorgestellt. Sie richtet sich an junge Unternehmen, um im Sinne der prospektiven Arbeitsgestaltung (Ulich 2011) schon in der frühen Phase der Unternehmensentwicklung praktische Hilfestellungen für eine gesundheitsgerechte Unternehmensentwicklung zu geben und für das Thema Gesundheitsförderung zu sensibilisieren. Die Plattform – bestehend aus Online-Assessments, Informationsmodulen sowie verschiedenen verhaltens- und verhältnisbezogenen Trainings – ermöglicht es jungen Unternehmen, ein systematisches Betriebliches Gesundheitsmanagement aufzubauen, bei dem Beschäftigte von Anfang an mitbestimmen können, wie gesunde Arbeit und eine gesunde Grenzregulation zwischen Arbeit und Nichtarbeit aussehen kann. Sie liefert eine zeit- und ortsflexible Gesamtlösung für die Betriebliche Gesundheitsförderung und ermöglicht zudem, die im Arbeitsschutzgesetz vorgeschriebene Gefährdungsbeurteilung psychischer Belastungen umzusetzen.

Die Präventionsplattform wird im Rahmen des BMBF-geförderten Verbundprojektes „Digi-Exist: Digitale Prävention und Gesundheitsförderung für Existenzgründungen" (Förderkennzeichen: 01FA15113) von Projektpartnern verschiedener Institutionen (Beuth Hochschule für Technik Berlin, Leuphana Universität Lüneburg, Technische Hochschule Lübeck, bbw Bildungswerk der Wirtschaft in Berlin und Brandenburg e. V., CCVOSSEL GmbH Berlin) interdisziplinär entwickelt.

22.2 Wissenschaftlicher Hintergrund

Betriebliche Maßnahmen zur Prävention und Gesundheitsförderung lassen sich grundlegend auf zwei Ebenen verorten: Maßnahmen der *Verhältnisprävention* zielen darauf ab, gesundheitliche Risikofaktoren zu reduzieren oder zu verhindern, die durch die vorherrschenden Arbeitsbedingungen hervorgerufen werden können. Demgegenüber setzen Maßnahmen der *Verhaltensprävention* beim Individuum mit dem Ziel an, gesundheitsriskierende Verhaltensweisen zu reduzieren und gesundheitsförderliche Verhaltensweisen zu fördern. Diese Unterscheidung sowie die Prämisse der Verknüpfung verhältnis- und verhaltensbezogener Interventionen haben in den vergangenen Jahrzehnten gesundheitspolitische Empfehlungen geprägt (vgl. GKV Präventionsleitfaden 2018).

22.2.1 Evidenz verhaltens- und verhältnisbezogener Interventionen

Die genannte Unterscheidung findet sich auch in der Forschung zur Wirksamkeit gesundheitsbezogener Maßnahmen. Die größte Evidenz zeigt sich für individuumsbezogene Maßnahmen auf der Verhaltensebene, die primär darauf abzielen, stressbezogene Beschwerden zu reduzieren und Folgeerkrankungen vorzubeugen (Joyce et al. 2016). Darunter fallen Maßnahmen wie z. B. körperliche Bewegung, Gesundheits-Checks, betriebliche Beratungsangebote, Trainings zur Stressbewältigung sowie weitere Interventionen zur individuellen Gesundheitsförderung am Arbeitsplatz. Am wirksamsten zeigen sich dabei Angebote zur Stressbewältigung, die auf Techniken der kognitiv-behavioralen Psychotherapie beruhen (Joyce et al. 2016). Sie werden meistens in Form von ein- oder mehrtägigen Gruppenworkshops durchgeführt, in denen die Teilnehmenden verschiedene Techniken zum Umgang mit Stress erlernen und erproben.

Organisationsbezogene Interventionen auf der Verhältnisebene nehmen meistens verschiedene gesundheitsrelevante Faktoren in den Blick, wie z. B. die Partizipation der Beschäftigten, Schaffung eines gesundheitsförderlichen Arbeitsklimas, Erhöhung von Handlungs- und Entscheidungsräumen, Fragen der Arbeitszeit- oder der Umgebungsgestaltung und auch das Thema Führung (GKV 2018). Die Wirksamkeit der Programme fällt je nach Programmgestaltung und gewähltem Erfolgsmaß sehr heterogen aus (Montano et al. 2014; Pieper und Schröder 2015). Am deutlichsten zeigten sich positive Effekte für Maßnahmen, die zum Ziel haben, die Handlungs- und Entscheidungsräume der Mitarbeitenden zu vergrößern, was wiederum zu einer Reduktion von Stress und psychischen Beschwerden führen kann (Egan et al. 2007; Joyce et al. 2010). Insgesamt zeigt sich, dass solche Programme vielversprechend sind, die die Besonderheiten der Zielgruppe berücksichtigen, partizipativ ausgerichtet sind und Maßnahmen auf mehreren Ebenen umfassen (z. B. Veränderung technischer Bedingungen wie Luftqualität und Lärm und auch organisationale Rahmenbedingungen wie die Gestaltung der Arbeitszeit und Erhöhung von Entscheidungsspielräumen) (GKV 2018; Montano et al. 2014).

Vor dem Hintergrund zahlreicher methodischer Schwierigkeiten wie kleine Fallzahlen, eingeschränkte Vergleichbarkeit von Stichproben, unterschiedliche Wirksamkeitsmaßen und Veränderungen von betrieblichen Rahmenbedingungen während der Erhebungszeiten ist die Evidenz für organisationsbezogene Maßnahmen insgesamt jedoch als vergleichsweise gering einzuschätzen (Pieper und Schröder 2015; vgl. auch Aust und Ducki 2004; Mohr und Semmer 2002).

22.2.2 Evidenz digitaler Interventionen

Mittlerweile existieren erste digital gestützte Programme auf organisationaler Ebene (Bräunig und Kohstall 2012; Matusiewicz und Kaiser 2018), jedoch mangelt es bislang an Wirksamkeitsuntersuchungen dieser Angebote im betrieblichen Umfeld. Deutlich umfangreicher ist die wissenschaftliche Evidenz zu individuumsbezogenen digitalen Gesundheitsinterventionen, die sich an einzelne Mitarbeitende richten (vgl. Hoppe et al. 2017, siehe auch ▶ Kap. 23). Sogenannte „Occupational e-Mental Health"-Interventionen, im deutschsprachigen Raum insbesondere Online-Gesundheitstrainings (Lehr et al. 2016), haben sich bei einer ganzen Reihe stressbezogener Beschwerden als wirksam erwiesen (Howarth et al. 2018). Dabei handelt es sich in der Regel um Trainings, die auf bewährten Techniken der kognitiven Verhaltenstherapie beruhen. Sie bestehen meistens aus mehreren Trainingseinheiten, die in einem wöchentlichen Rhythmus am PC oder zum Teil auch via Smartphone absolviert werden. Eine Trainingseinheit enthält typischerweise mehrere verhaltensnahe Übungen, die durch Erklärungstexte, Video- und Audiosequenzen sowie Selbst-Checks interaktiv aufbereitet und auf den persönlichen Bedarf der Trainingsteilnehmenden hin zugeschnitten dargeboten werden. Oft wird zusätzlich zum Online-Training auch eine persönliche Begleitung in Form eines Online-Coachings angeboten, das die Teilnehmenden bei Bedarf nutzen können. ▶ Kap. 11 stellt Online-Gesundheitstrainings im Bereich der Betrieblichen Gesundheitsförderung detailliert vor.

Bislang existieren erst wenige Versuche, rein digitale Interventionen für unterschiedliche gesundheitliche Beschwerden im Rahmen eines digitalen Gesundheitsprogramms in Unternehmen zu bündeln. Studien dazu deuten auf das Potenzial dieser Art der Prävention und Gesundheitsförderung hin (z. B. Billings et al. 2008; Bolier et al. 2014).

22.2.3 Technische und methodische Besonderheiten

Digitale Interventionen bedürfen, wenn sie wirkungsvoll sein sollen, spezifischer technischer Voraussetzungen und methodischer Aufbereitung.

Hinsichtlich der technischen Gestaltung rückt – wie in vielen anderen Bereichen auch – die Nutzung *mobiler Endgeräte* wie Smartphones und Tablets zunehmend in den Blickpunkt. Eine mobile Nutzung entsprechender Interventionen wird von der Zielgruppe stark gefordert bzw. selbstverständlich erwartet. Dies bringt aus Gestaltungs- und Usability-Sicht durchaus Herausforderungen mit sich, da gerade umfangreiche Interventionen häufig für die Nutzung am Desktop-Rechner konzipiert und entwickelt wurden und beispielsweise erfordern, sich länger auf die Inhalte zu konzentrieren und sich mit ihnen zu befassen oder eine ruhige, ablenkungsarme Umgebung voraussetzen. Speziell für mobile Nutzung konzipierte Angebote – sogenannte *Mobile-Health-Interventionen* – bieten dagegen eher kurze und kompakte Interventionen an, die beispielsweise auch unterwegs bzw. in Pausen genutzt werden können. Auch Interventionen für gesundheitsbezogenes Self-Monitoring und -Assessment eignen sich gut für eine mobile Nutzung (vgl. Heron und Smyth 2010; Donker et al. 2013; Ly et al. 2014; Fiordelli et al. 2013). Trotz der Beliebtheit mobiler Interventionen ist davon auszugehen, dass solche Mini-Interventionen nicht in allen Bereichen eine vergleichbare Wirksamkeit entfalten können wie umfangreichere Online-Trainings. Hierzu liegen bislang noch keine ausreichenden Forschungsergebnisse vor. Eine Gestaltungsmöglichkeit besteht darin, umfangreichere Online-Interventionen in Darstellung und Funktionsweise einzuschränken, wenn diese auf mobilen Endgeräten genutzt werden: So kann beispielsweise der EngAGE-Coach, eine Online-Intervention zur Förderung von Arbeitsgestaltungs-

und Gesundheitskompetenz (siehe ▶ Kap. 23), als Webanwendung prinzipiell auch auf mobilen Endgeräten aufgerufen werden; jedoch sind nicht alle Übungen verfügbar, wenn diese auf mobilen Endgeräten nicht sinnvoll nutzbar sind. Die Nutzenden werden darüber informiert.

Eine wesentliche Herausforderung bei der Gestaltung von Online-Interventionen zur Gesundheitsförderung ist die Erzeugung und Aufrechterhaltung der *Motivation* der Teilnehmenden. Zur Verbesserung des Nutzungserlebens sowie der Nutzungsmotivation wird seit einigen Jahren *Gamification*, der Einsatz spielerischer Elemente und Mechaniken in einem spielfremden Kontext, erprobt (Deterding et al. 2011; Sailer 2016). Das Ziel dieses Ansatzes ist es, die Nutzungsmotivation zu steigern, indem etwa Punkte gesammelt, virtuelle oder reale Belohnungen vergeben werden oder ein Vergleich mit anderen Nutzenden angestellt wird (vgl. Hamari et al. 2014). Studien zeigen, dass Gamification einen positiven Effekt auf das Erleben (z. B. Motivation, Vergnügen) und Verhalten (z. B. Effektivität des Lernens) ausüben kann (Hamari et al. 2014). Auch aus dem E-Health-Bereich sind entsprechende positive Effekte bekannt (Graafland et al. 2012; Mohr et al. 2013).

Vor diesem Hintergrund ist eine Berücksichtigung der Perspektive der Nutzenden vom ersten Entwicklungsschritt an notwendig (Richter und Flückinger 2013). Um die Interessen der späteren Teilnehmenden, aber auch ihre lebens- und arbeitsweltlichen Besonderheiten angemessen aufzugreifen, wird in der Softwareentwicklung mit *Personas* gearbeitet. Eine Persona repräsentiert eine Gruppe oder einen Typ von Nutzenden, indem eine Menge an Verhaltensmustern echter Menschen in ihr zusammengefasst ist. Zur Charakterisierung einer bzw. mehrerer Personas werden kurze prototypische Statements z. B. zur beruflichen oder gesundheitlichen Situation formuliert. Die Personifizierung und Typisierung der Nutzenden hat verschiedene Vorteile:

- Interessen und Bedürfnisse der Nutzenden werden für das Entwicklungsteam nachvollziehbarer aufbereitet, was Designentscheidungen verbessern kann.
- Die Kommunikation und die Zusammenarbeit in interdisziplinären Projektteams kann durch diese Fokussierung erleichtert werden.
- Sie helfen, ein technisches Produkt nicht durch einen zu breiten Funktionsumfang zu überladen und die Nutzung folglich zu einer kognitiven Belastung werden zu lassen.
- Sie stellt eine natürliche Möglichkeit dar, die Ansprache auf der Plattform an den Kommunikationsstil der Zielgruppe anzupassen.
- Kommen Personas auch in der Online-Anwendung selbst zum Einsatz, können Teilnehmende in ihrer individuellen Lebens- und Arbeitswelt abgeholt und durch das Programm geführt werden.

Dabei ist die Auswahl der richtigen Persona für ein bestimmtes Design erfolgsentscheidend. Können die Bedürfnisse einer bestimmten Persona mit einem Design erfüllt werden, wird dies auch Teilnehmenden gelingen, die ähnliche Bedürfnisse wie diese konstruierte Persona haben.

22.2.4 Anforderungen an digitale Präventions- und Gesundheitsförderungsangebote

Der Forschungsstand kann wie folgt zusammengefasst werden: Es lassen sich hinreichende Belege finden, dass vor allem Interventionen wirksam sind, die gleichermaßen auf das Verhalten der einzelnen Beschäftigten und auf Veränderungen der Arbeitsbedingungen abzielen. Gerade digitale Technologien ermöglichen es, verschiedene Gesundheitsinterventionen so aufzubereiten und zu kombinieren, dass sie je nach Bedarf von einzelnen Mitarbeitenden genutzt werden können, um gesundheitliche Beschwerden zu reduzieren, die eigene Gesundheit zu fördern oder auch die Gestaltung gesundheitsförderlicher Arbeitsbedingungen zu unterstützen. Zielgruppenadressierung, partizipative Angebote, variable technische Nutzungsmöglichkeiten, Gamification-Elemente sowie eine individualisierte Ansprache mit Reflexionsmöglichkeiten und Feedbackangeboten sind dabei wirksamkeitsförderlich.

22.3 Die Digi-Exist-Plattform

22.3.1 Anforderungsanalyse und Konzeption der Plattform

Die Entwicklung der im Folgenden dargestellten Digi-Exist-Plattform folgte einer iterativen Vorgehensweise. Die entwickelten Plattformelemente wurden schrittweise getestet, entsprechend überarbeitet und erneut erprobt.

In einem ersten Schritt wurden auf der Grundlage einer Literaturrecherche 33 leitfadengestützte Interviews mit Gründern und Gründerinnen sowie deren Beschäftigten geführt. Neben spezifischen Belastungen und Ressourcen sowie Einstellungen zu gesundheitsförderlichem Verhalten wurden Daten zur IT-Erfahrung, Nutzung bestehender E-Health-Angebote, verwendeten Endgeräten und Betriebssystemen etc. erfragt. Neben niedrigschwelligen Nutzungsmöglichkeiten (einfache, zeitsparende und flexible Handhabbarkeit) wurden die Schaffung von Identifikationsmöglichkeiten mit dem Programm (u. a. durch Anpassung an Sprache und Lebenswelt der Zielgruppe), die Nutzung von Gamification sowie die Unterstützung unternehmerischer Ziele (z. B. MA-Zufriedenheit, MA-Bindung; Senkung der AU-Quote) als wesentliche Anforderungen herausgearbeitet.

Die Basis für die Plattform bildet das Content-Management-System (CMS) Wordpress. Dieses wurde aufgrund seiner Erweiterbarkeit und der Verfügbarkeit als Open-Source-Software ausgewählt. Das CMS erlaubt lediglich die Verwaltung der Nutzenden und das Anlegen von Inhalten. Um aus dem CMS eine Trainingsplattform zu machen, wurden umfangreiche Zusatzmodule (Plug-Ins) entwickelt, die das Erstellen und Konfigurieren der interaktiven Trainings, die Datenspeicherung und eine Nutzerverwaltung ermöglichen.

■■ **Personas zur Verbesserung der Nutzungsmotivation**

Um die Bereitschaft der Inanspruchnahme durch die Zielgruppe zu steigern, wurden auf Basis der Interviewauswertung verschiedene Personas mit dazugehörigen Zugangs- und Nutzungsszenarien entwickelt. Die Persona-Geschichten stellen in kurzen Texten gründungsspezifische Problemlagen dar und weisen auf jeweils passende Online-Angebote von Digi-Exist hin. Teilnehmende haben somit Referenzbeispiele, mit denen sie sich identifizieren und auf deren Grundlage sie Trainings aus dem Präventionsprogramm wählen können (siehe ◘ Abb. 22.1).

Die Personas wurden auf der Landing Page (Einstiegsseite) platziert, um einen interessengeleiteten Einstieg in die Plattform zu ermöglichen. In den Trainings wurden die Persona-Geschichten aufgegriffen und themenbezogen weiterentwickelt. Typische Belastungen und Ressourcen in jungen Unternehmen oder auch gesundheitliche Warnsignale wurden in die Geschichten integriert.

■■ **Individualisierte Selbstchecks mit automatisiertem Feedback und Trainingsempfehlung**

Ein weiterer Zugang zum Online-Angebot wurde über die Entwicklung von Online-Checks zu den Bereichen *Arbeit* (Verhältnisprävention) und *Gesundheit* (Verhaltensprävention) realisiert. Im Gesundheits-Check können die Nutzenden individualisiert ermitteln, in welchen Bereichen ihre gesundheitlichen Beschwerden liegen. Zusätzlich erfahren sie, welche verhaltensbezogenen Gesundheitstrainings für sie geeignet sind, um die identifizierten Beschwerden zu reduzieren. Im Arbeits-Check können die Teilnehmenden die Bedingungen an ihrem Arbeitsplatz einschätzen und bekommen daraufhin verhältnisbezogene Arbeitstrainings empfohlen,

22.3 · Die Digi-Exist-Plattform

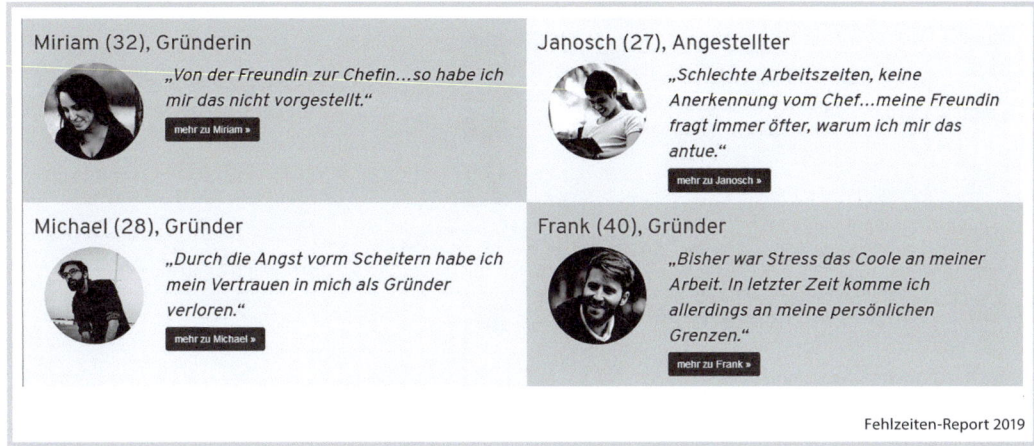

◘ Abb. 22.1 Beispiele für entwickelte Personas

die sie dabei unterstützen sollen, ihre Arbeit gesundheitsförderlich zu gestalten (vgl. Bolier et al. 2014). Um den Einstieg in den verhältnisorientierten Teil des Präventionsprogrammes zu erleichtern, beziehen sich die Fragen des Arbeits-Checks für Gründende auf das gesamte Unternehmen (*Unternehmenscheck*), wohingegen sich die Fragen des Eingangschecks für die Nutzung durch einzelne Beschäftigte auf den individuellen Arbeitsplatz beziehen (*Arbeitsplatz-Check*). Nach beiden Eingangschecks werden den Teilnehmenden die Handlungsnotwendigkeiten in den einzelnen Vertiefungsbereichen zurückgemeldet und somit eine bedarfsgerechte Trainingsauswahl sichergestellt.

Das Trainingsprogramm bietet insgesamt 15 Einzeltrainings (◘ Abb. 22.2).

Alle Trainings bestehen jeweils aus vier bis acht Einheiten. Die Bearbeitungsdauer pro Einheit variiert zwischen 20 und 60 min. Die Trainings sind interaktiv gestaltet und enthalten informative Texte, aussagekräftige Bilder und Grafiken, Audioübungen, Erklärungsvideos, praktische Übungen, Selbsttests und Quiz. Die Personas (s. o.) begleiten durch die Trainings, zeigen mögliche Handlungsalternativen und Anregungen zur Umsetzung von Übungen auf und machen Vorschläge, wie man mit möglichen Widerständen und Rückschlägen während des Trainings umgehen kann.

▪ ▪ Gamification

Gamification-Elemente wurden in die Online-Plattform durch die Möglichkeit, Abzeichen (Badges) zu sammeln, Fortschrittsanzeigen sowie das sukzessive Freischalten von Inhalten integriert. Fortschrittsanzeigen visualisieren den Teilnehmenden ihren aktuellen Bearbeitungsstand in den Online-Checks und Trainings. Nach dem erfolgreichen Abschluss einer Trainingseinheit erhalten sie Abzeichen. Wurden vorherige Trainingslektionen absolviert, werden zudem weitere Trainingseinheiten freigeschaltet. Darüber hinaus werden zur Wissensvermittlung Quiz innerhalb der Trainings eingesetzt. Auf den Einsatz von sozialen Vergleichen (z. B. Ranglisten) wurde bewusst verzichtet, um die Teilnehmenden keinem sozialen Druck auszusetzen. Auch wurden keine Elemente, die Zeitdruck verursachen, integriert, um zusätzlichen Stress zu vermeiden.

▪ ▪ Datensicherheit

Für digitale Angebote der (Betrieblichen) Gesundheitsförderung ist das Thema Datensicherheit von großer Bedeutung. Um den bestmöglichsten Schutz auf Informationssicherheits- bzw. Datensicherheits- sowie Datenschutzebene zu realisieren, wurde ein dem nationalen Standard des Bundesamtes für Sicherheit in der Informationstechnik (BSI), dem IT-Grundschutz, ent-

◻ **Abb. 22.2** Digi-Exist-Trainings in der Übersicht

sprechendes Informationssicherheitskonzept erstellt. Dadurch konnte eine Schutzbedarfsanalyse anhand entsprechender Bewertungskriterien vorgenommen werden. Inhaltliche Schwerpunkte, die zusätzlich durch den Punkt „Personal" ergänzt wurden, sind:
- Organisation (Zuordnung von Verantwortlichkeiten, Zugriffsrechtemanagement, Passwortrichtlinie, Protokollierung, Schutz vor SQL-Injections und weitere),
- Hard- und Software (Konfiguration, Authentisierung, Fehlerbehandlung, Zugriffskontrolle, Schutz vor Cross-Site Request Forgery und weitere) und
- Kommunikation (SSL/TLS, Penetrationstests und Systemarchitektur).

Bei der konzeptuellen Arbeit wurden stets die aktuellen tatsächlich umgesetzten technischen und organisatorischen Maßnahmen durch einen Checklisten-Fortschritt mit dem Entwicklungsteam abgeglichen. Neben State-of-the-Art-Kontrollen wurden zusätzliche webapplikationsspezifische Standards – wie der OWASP Top 10 – betrachtet und integriert.

22.3.2 Angebote der Verhältnisprävention

Das verhältnispräventive Angebot besteht aus den Eingangs-Checks für das Unternehmen und den individuellen Arbeitsplatz, einer vertiefenden Gefährdungsanalyse psychischer Belastung, den einführenden Online-Basistrainings für Gründerinnen und Gründer und deren Beschäftigte sowie vier thematischen Vertiefungstrainings. Begleitet wird das Präventionsprogramm von Face-to-Face-Workshops zur Maßnahmenplanung und Umsetzung im Team (Themenwerkstätten).

Das Training zur *Gefährdungsbeurteilung* psychischer Belastung bildet den zentralen Kern für die Realisierung eines komplexen BGM-Prozesses im Unternehmen. Es macht die Teilnehmenden nicht nur mit der rechtssicheren Vorgehensweise vertraut, sondern beinhaltet zugleich die Durchführung und Auswertung einer Beschäftigtenbefragung zur Erhebung von Belastungen und Ressourcen. Auf der Grundlage der bereitgestellten Ergebnisse werden die Teilnehmenden angeleitet, in sog.

Themenwerkstätten geeignete Handlungsstrategien zu erarbeiten, um die identifizierten Belastungen abzubauen.

Es wird empfohlen, als Einstieg in die verhältnisbezogene Intervention das entsprechende Basistraining für Führungskräfte (*Führung*) und Beschäftigte (*Gesunde Arbeit*) zu absolvieren. Das *Basistraining Führung* vermittelt Gründerinnen und Gründern Basiskenntnisse zum Thema Stress und Leistung, Wachstumskrisen und ihrer Bewältigung, Werte und Mitarbeitendenzufriedenheit. Das *Basistraining Gesunde Arbeit* behandelt die Frage, wie Beschäftigte eigenverantwortlich ihre Arbeit gesundheitsgerecht und ressourcenstärkend gestalten können.

Die *Vertiefungstrainings* sind auf die speziellen Herausforderungen für Gründerinnen und Gründer sowie Beschäftigte in den Bereichen Arbeitsschutz (empfohlen für Führungskräfte oder Arbeitsschutzbeauftragte), Work-Life-Balance, Arbeitsorganisation und Unternehmenskultur zugeschnitten. Es werden für konkrete betriebliche und individuelle Bedarfe Handlungsanleitungen zur Problemlösung erarbeitet. Dazu werden Informationen angeboten, die mit verschiedenen Übungen und Praxistipps angereichert sind.

Die Vertiefungstrainings dienen neben der Ableitung und Umsetzung individueller Veränderungsprojekte auch der Vorbereitung der intern oder extern moderierten *Themenwerkstätten*. Das gesamte Angebot im Bereich „Gesunde Arbeit" ist so angelegt, dass ein Unternehmen innerhalb eines Jahres alle Module durchlaufen und bearbeiten kann.

22.3.3 Verhaltensorientierte Trainings

Die Digi-Exist-Online-Gesundheitstrainings wurden bereits in einem Großprojekt zu e-Mental Health an der Leuphana Universität entwickelt und erfolgreich evaluiert (Heber et al. 2016; Thiart et al. 2015; Buntrock et al. 2016; Boß et al. 2018; Reins et al. 2019).

Innerhalb der Digi-Exist-Plattform gibt es Trainings, die die Reduktion von Gesundheitsbeschwerden adressieren (Schlaf, Alkohol, Stress, Depressivität, Hirndoping) und Trainings, die auf den Aufbau von Ressourcen fokussieren (Dankbarkeit und Resilienz). Entsprechend der Ergebnisse der Anforderungsanalyse wurden die Trainings auf die Zielgruppe der Gründerinnen und Gründer sowie ihrer Beschäftigten zugeschnitten. So wurden typische Stressoren der Zielgruppe in Form von konstruierten Personas (s. o.) aufgegriffen, die die Teilnehmenden durch das jeweilige Training begleiten. Zum einen sollen die Personas die Akzeptanz der Teilnehmenden fördern. Zum anderen veranschaulichen sie beispielhaft, wie verschiedene Trainingsübungen absolviert werden können (siehe ◘ Abb. 22.3). Auf Anfrage können die Teilnehmenden zusätzlich Unterstützung in Form eines schriftlichen Feedbacks zu den Übungen des Trainings durch externe Coaches (e-Coaches) erhalten. Das Angebot von E-Coaching kann die Häufigkeit der Nutzung von Online-Gesundheitstrainings erhöhen (Baumeister et al. 2014), was gerade in Anbetracht der knappen zeitlichen Ressourcen der Zielgruppe auch ein erfolgskritischer Aspekt für die Wirksamkeit von Online-Trainings sein kann.

22.3.4 Idealtypischer Gesamtablauf im Unternehmen

Die idealtypische Nutzung von Digi-Exist hat das Ziel, ein umfassendes Betriebliches Gesundheitsmanagement im Unternehmen zu etablieren und schließt eine Gefährdungsbeurteilung psychischer Belastungen ein (◘ Abb. 22.4).

Der Gesamtprozess besteht aus mehreren Schritten und ist für einen vollständigen Durchlauf durch alle Themenfelder im Bereich „Meine Arbeit" auf die Dauer von einem Jahr ausgerichtet. Den Startpunkt bildet der Kick-off-Workshop, möglichst mit der ge-

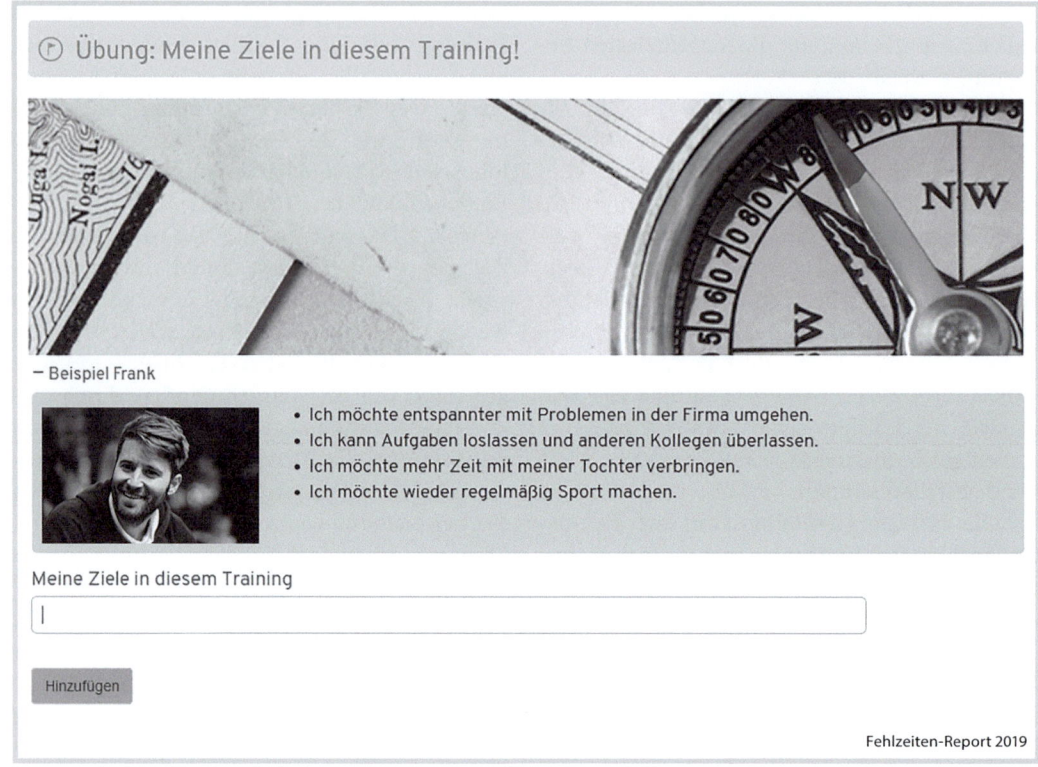

◘ **Abb. 22.3** Integration von Personas in die Trainings

samten Belegschaft. Als zentrale Maßnahme für das weitere Vorgehen wird die Durchführung einer Gefährdungsbeurteilung psychischer Belastung im Unternehmen angekündigt und hierzu das entsprechende Training auf der Digi-Exist-Plattform vorgestellt. Dieses schließt eine ausführliche Mitarbeitendenbefragung ein. Auf der Grundlage der automatisiert erstellten Befragungsergebnisse und ggf. mit Unterstützung einer externen Prozessbegleitung finden sog. Themenwerkstätten statt, in denen Maßnahmen zum Belastungsabbau und zur Ressourcenstärkung erarbeitet werden. Zur Vorbereitung auf die Workshops absolvieren die Beschäftigten das thematisch jeweils passende Vertiefungstraining (Arbeitsschutz, Work-Life-Balance, Arbeitsorganisation, Unternehmenskultur). Die im Ergebnis der Themenworkshops ermittelten Veränderungsmaßnahmen werden dokumentiert und die Kontrolle ihrer Wirksamkeit sichergestellt. Zu Beginn jedes neuen Workshops wird eine Kurzevaluation zu den vereinbarten Maßnahmen des letzten Themenworkshops vorgenommen. In einen Schlussworkshop wird ein Gesamtresümee gezogen und die Wiederholung der Befragung nach ca. einem Jahr vereinbart. Ergänzend zu dem beschriebenen Prozess können die Online-Gesundheitstrainings aus dem Bereich „Meine Gesundheit" individuell genutzt werden.

22.4 Implementierung und erste Evaluationsergebnisse

Die Pilotierung des Programms fand in einem deutschen IT-Unternehmen statt. Um die Pilotierung von Digi-Exist theoretisch und empirisch abzusichern, wurde ein pragmatisches Evaluationsdesign auf Basis des RE-AIM-

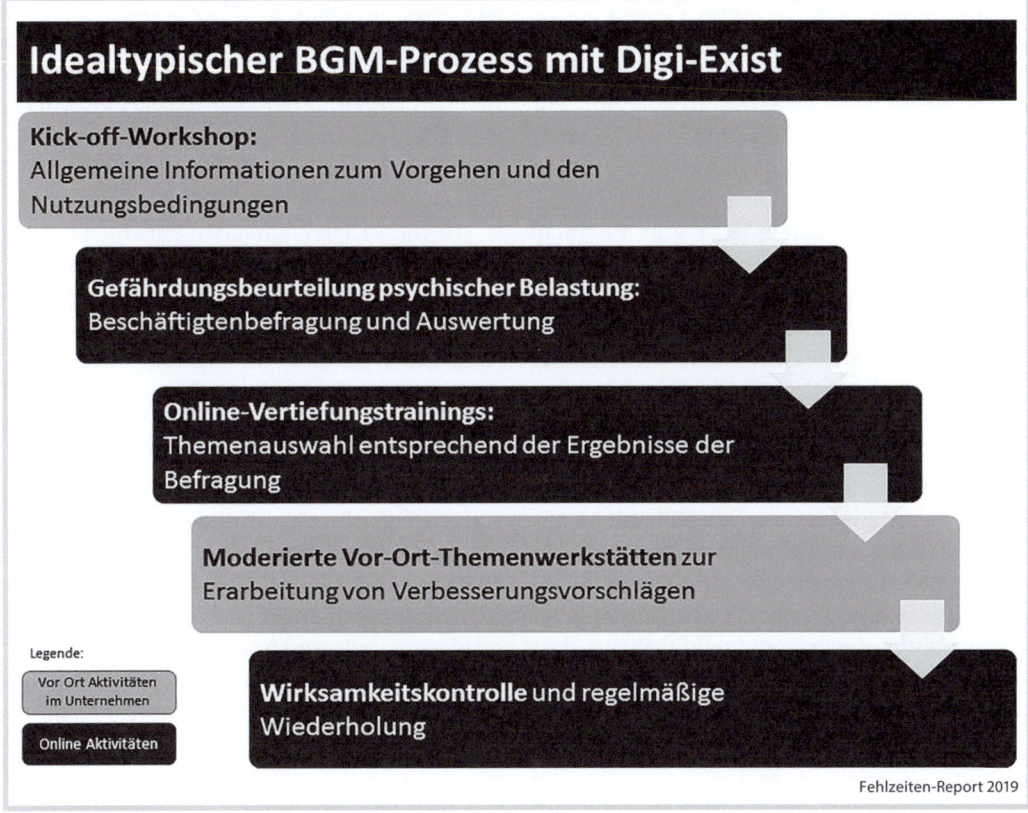

Abb. 22.4 Idealtypischer Ablauf

Frameworks entwickelt. Dieses beschreibt fünf Dimensionen, die für die erfolgreiche Implementierung bedeutsam sind: Reach, Efficacy, Adoption, Implementation, Maintenance (Glasgow et al. 1999).

Um die Implementation zu testen, wurden direkt vor der Einführung von Digi-Exist und erneut neun Monate später von allen Mitarbeitenden anhand einer Online-Befragung Angaben zu den Arbeitsbedingungen, zum Gesundheitszustand und zur Nutzung des Programms erfasst. Auf diese Weise konnten erste Hinweise auf die Reichweite (Reach) und die Wirksamkeit des Programms (Efficacy) unter Alltagsbedingungen gewonnen werden. In persönlichen Gesprächen mit der Fachkraft für Arbeitssicherheit und mit der Geschäftsführung wurden zudem Nutzungsbarrieren und Ideen zu deren Überwindung diskutiert (Implementation).

Auch wurde thematisiert, inwiefern das Programm über die Projektphase hinaus weiter genutzt werden kann, um die psychische Gesundheit der Beschäftigten zu fördern (Maintenance). Schließlich wurden während der Pilotierung auch Rahmenbedingungen dafür geschaffen, Digi-Exist nach Abschluss des Forschungsprojekts weiteren Institutionen zur Verfügung zu stellen (Adoption).

Evaluationsergebnisse

An der Erstbefragung nahmen insgesamt 18 Personen teil, die zum damaligen Zeitpunkt 43 % der gesamten Belegschaft (42 Angestellte) ausmachten. Von ihnen berichteten sechs von deutlichen Stresssymptomen.

Im Implementierungszeitraum zwischen März und Dezember 2018 nahmen sieben Personen an einem der fünf Digi-Exist-Online-

Gesundheitstrainings teil (drei Personen nahmen am Stressmanagementtraining teil und jeweils eine Person am Training zur Burnoutprävention, zur Alkoholreduktion, zur Verbesserung des Schlafs und am Dankbarkeitstraining). Daneben nahmen insgesamt siebzehn Personen an einem organisationsbezogenen Online-Training teil (sechs Personen nahmen am Training „Gesunde Arbeit" teil, sechs an „Gesunde Führung", zwei an einem Training zur Durchführung der Gefährdungsbeurteilung und drei Personen am Training zum Arbeitsschutz).

An der Nachbefragung neun Monate nach der Erstbefragung nahmen insgesamt 25 Personen teil, die nach einer Reihe von Neueinstellungen 54 % der gesamten Belegschaft (46 Angestellte) des Unternehmens ausmachten. In Bezug auf die erhobenen Gesundheitsindikatoren zeigte sich im Vergleich zur Ausgangsbefragung ein positiver Trend dahingehend, dass weniger Personen (n = 2; 8 %) über Stressbezogene Beschwerden klagten als zuvor (n = 6; 33 %), wenngleich einschränkend zu berücksichtigen ist, dass die Befragungsgruppen zu den beiden Zeitpunkten nicht vollständig aus denselben Personen bestanden. Gründe hierfür waren Urlaubs- und Krankheitsfälle sowie Austritte und Neuanstellungen innerhalb der Belegschaft.

Außer zu den Gesundheitsindikatoren wurde die Belegschaft im Rahmen der Nachbefragung dazu befragt, was sie motiviert hat, die Digi-Exist-Plattform zu nutzen bzw. welche Hindernisse es gab, das Programm nicht oder nicht öfter zu nutzen.

Nach dem ausschlaggebenden *Motiv für die Nutzung* von Digi-Exist befragt gaben 16 Personen (64 %) an, dass sie die Aufgabe erhalten hatten, die Online-Plattform zu testen, bzw. zehn Personen (40 %), dass ihr Arbeitgeber es gerne sähe, wenn sie Digi-Exist nutzen würden (Mehrfachnennungen waren möglich).

Auf die Frage, ob sie die Präventionsplattform oft genutzt hätten, um etwas für das eigenen Wohlbefinden zu tun, gaben 18 Personen (72 %) an, dass sie das Programm nicht umfänglich genutzt haben, da sie wichtigere Dinge zu erledigen hatten. Zwölf Personen (48 %) haben die Plattform nicht häufiger genutzt, da sie für sich keinen persönlichen Nutzen in der Inanspruchnahme der Digi-Exist-Plattform sahen. Diese Aussagen spiegeln deutlich die positiven Ergebnisse bei der Erhebung der stressbezogenen Beschwerden wider.

17 von 21 teilnehmenden Personen (81 %), die nach der halbstündigen Einführungsveranstaltung befragt wurden, die von Projektmitarbeitenden vor Ort zu Beginn der Implementierung von Digi-Exist durchgeführt wurde, gaben an, dass sie durch die Veranstaltung erst richtig verstanden haben, wofür die Plattform gut ist und was sie damit machen können.

Nach *Anreizen für eine zukünftige Nutzung von Digi-Exist* oder von digitalen Programmen zur Gesundheitsförderung gefragt, gab die Mehrheit von 16 der 22 Befragten (73 %) an, dass sie Empfehlungen durch Kollegen als besonders motivierend finden würden, um solche Programme auszuprobieren. Gleichzeitig gaben ebenfalls 16 Personen an, dass sie Trainings oder Workshops zur Gesundheitsförderung bevorzugen würden, die nicht online, sondern vor Ort durchgeführt werden. Bei diesem Ergebnis ist zu beachten, dass bis zum Zeitpunkt der Erhebung noch keine Workshops im Unternehmen (Themenwerkstätten) umgesetzt werden konnten.

Zitate von Teilnehmenden

„Die Plattform Digi-Exist ist eine großartige Möglichkeit, um sich den gesundheitlichen Fragestellungen im beruflichen Kontext neu und ganzheitlich zu stellen. Gerade für meine Kollegen und mich ist es eine tolle Alternative zu herkömmlichen Methoden, sich reflektiert in einer modernen spielerischen Art und Weise mit der eigenen Gesundheit auseinanderzusetzen. Ich glaube daran, dass Digi-Exist für jeden Arbeitnehmer und -geber eine Hilfestellung sein kann zur Bewältigung und Lösung der Hürden für eine nachhaltige Arbeitswelt."

> „Obwohl ich vorher bzgl. der Wirksamkeit von Online-Trainings skeptisch war, habe ich inzwischen festgestellt, dass mir die Gesundheitstrainings von Digi-Exist wertvolle Impulse für meinen Alltag gegeben haben."
>
> „Der Gesundheitscheck von Digi-Exist hat mir gezeigt, dass ich anscheinend vieles richtig mache, um meine psychische Gesundheit in Balance zu halten, aber eben nicht alles. Durch Digi-Exist ist mir das Thema Entgrenzung erst bewusst geworden. Und nun kann ich daran arbeiten, die Arbeit Arbeit und Freizeit Freizeit sein zu lassen. Dank Digi-Exist!"

22.5 Ausblick

Die ersten Evaluationsergebnisse weisen darauf hin, dass Digi-Exist-Trainings zu gesundheitlichen Verbesserungen führen können. Für valide Aussagen muss aber die begonnene Evaluation der Trainings in größeren Stichproben fortgesetzt werden. Vor allem aber zeigt sich, dass eine ausführliche Erläuterung der Online-Plattform zu Beginn des Prozesses von großer Wichtigkeit ist, um die Teilnahmemotivation zu steigern. Diese Erläuterungen müssen nach Projektende von den Prozessbegleiterinnen und -begleitern übernommen werden. Zur Sicherung der Nachnutzung nach Projektende werden daher Betriebsberaterinnen und -berater der Krankenkassen und Unfallversicherungsträger mit dem Programm vertraut gemacht und auf ihre Rolle als Prozessbegleiter vorbereitet. Das eintägige Qualifizierungsprogramm umfasst eine Übersicht zu den Nutzungsmöglichkeiten des Präventionsprogramms, Anleitungen zur Unterstützung von Workshops und Themenwerkstätten sowie zur Auswertung der im Rahmen der Gefährdungsbeurteilung durchgeführten Mitarbeitendenbefragung. Darüber hinaus werden die Anforderungen zur Durchführung der Online-Coachings im Rahmen der Verhaltenstrainings vermittelt.

Der zukünftige Einsatz von Digi-Exist in weiteren Branchen könnte Aufschluss darüber geben, inwieweit das Interesse für Online-Präventionsangebote abhängig ist vom Umfang der tätigkeitsbedingten Nutzungsdauer digitaler Medien. Darüber hinaus wird sich durch den Einsatz in weiteren Firmen zeigen, ob die Kombination von Online-Angeboten und Workshops vor Ort (Themenwerkstätten) Einfluss auf die Einschätzung der Attraktivität der Plattform durch die Nutzer hat.

Literatur

Aust B, Ducki A (2004) Comprehensive health promotion interventions at the workplace: experiences with health circles in Germany. J Occup Health Psychol 9:258–270

Baumeister H, Reichler L, Munzinger M, Lin J (2014) The impact of guidance on Internet-based mental health interventions – a systematic review. Internet Interv 1(4):205–215. https://doi.org/10.1016/j.invent.2014.08.003

Billings DW, Cook RF, Hendrickson A, Dove DC (2008) A web-based approach to managing stress and mood disorders in the workforce. J Occup Environ Med 50:960–968. https://doi.org/10.1097/JOM.0b013e31816c435b

Bolier L, Ketelaar SM, Nieuwenhuijsen K, Smeets O, Gärtner FR, Sluiter JK (2014) Workplace mental health promotion online to enhance well-being of nurses and allied health professionals: A cluster-randomized controlled trial. Internet Interv 1(4):196–204. https://doi.org/10.1016/j.invent.2014.10.002

Boß L, Lehr D, Schaub MP, Castro PR, Riper H, Berking M, Ebert DD (2018) Efficacy of a web-based intervention with and without guidance for employees with risky drinking: results of a three-arm randomized controlled trial. Addiction 113(4):635–646. https://doi.org/10.1111/add.14085

Bräunig D, Kohstall T (2012) Calculating the International Return on Prevention for Companies: Costs and Benefits of Investments in Occupational Safety and Health. Final Report, Version 1. International Social Security Association (Hrsg), Genf. (Englisch: ISBN 978-3-86423-079-0, 978-3-86423-080-6 Online, Deutsch: ISBN 978-3-86423-077-6, 978-3-86423-078-3 Online)

Buntrock C, Ebert DD, Lehr D, Smit F, Riper H, Berking M, Cuijpers P (2016) Effect of a Web-Based Guided Self-help Intervention for Prevention of Major Depression in Adults With Subthreshold Depression: A Randomized Clinical Trial. JAMA 315(17):1854–1863. https://doi.org/10.1001/jama.2016.4326

Insights CB (2018) https://www.cbinsights.com/research/startup-failure-reasons-top/

Deterding S, Dixon D, Khaled R, Nacke L (2011). From game design elements to gamefulness: defining gamification. In: Proceedings of the 15th international academic MindTrek conference: Envisioning future media environments, S 9–15

Donker T, Bennett K, Bennett A, Mackinnon A, van Straten A, Cuijpers P, Griffiths KM (2013) Internet-delivered interpersonal psychotherapy versus internet-delivered cognitive behavioral therapy for adults with depressive symptoms: randomized controlled noninferiority trial. J Med Internet Res (May 13) 15(5):e82

Egan M, Bambra C, Thomas S, Petticrew M, Whitehead M, Thomson H (2007) The psychosocial and health effects of workplace reorganisation. 1. A systematic review of organisational-level interventions that aim to increase employee control. J Epidemiol Community Health 61(11):945–954

Fiordelli M, Diviani N, Schulz PJ (2013) Mapping mHealth research: a decade of evolution. J Med Internet Res 15(5):e95. https://doi.org/10.2196/jmir.2430

GKV-Präventionsleitfaden 2018 https://www.gkv-spitzenveband.de/media/dokumente/presse/publikationen/Leitfaden_Prävention_2018_barrierefrei.pdf. Zugegriffen: 21. Januar 2019

Glasgow RE, Vogt TM, Boles SM (1999) Evaluating the public health impact of health promotion interventions: the RE-AIM framework. Am J Public Health 89(9):1322–1327

Graafland M, Schraagen JM, Schijven MP (2012) Systematic review of serious games for medical education and surgical skills training. Br J Surg 99(10):1322–1330

Hamari J, Koivisto J, Sarsa H (2014) Does gamification work? – A literature review of empirical studies on gamification. Proceedings of the 47th Hawaii International Conference on System Sciences, Waikoloa, HI, 2014, 3025–3034. https://doi.org/10.1109/HICSS.2014.377

Heber E, Lehr D, Ebert DD, Berking M, Riper H (2016) Web-Based and Mobile Stress Management Intervention for Employees: A Randomized Controlled Trial. J Med Internet Res 18(1):e21

Heron KE, Smyth JM (2010) Ecological momentary interventions: incorporating mobile technology into psychosocial and health behaviour treatments. Br J Health Psychol 15(1):1–39

Hoppe A, Clauß E, Schachler V (2017) Wie wirksam sind Online-Interventionen? Evaluation des Moduls „Meine Freie Zeit" des EngAGE-Coaches. In: Janneck M, Hoppe A (Hrsg) Gestaltungskompetenzen für gesundes Arbeiten: Arbeitsgestaltung im Zeitalter der Digitalisierung. Springer, Berlin, S 117–126

Howarth A, Quesada J, Silva J, Judycki S, Mills PR (2018) The impact of digital health interventions on health-related outcomes in the workplace: A systematic review. Digit Health 4:205520761877086. https://doi.org/10.1177/2055207618770861

Joyce K, Pabayo R, Critchley JA, Bambra C (2010) Flexible working conditions and their effects on employee health and wellbeing. Cochrane Database Syst Rev. https://doi.org/10.1002/14651858.CD008009.pub2

Joyce S, Modini M, Christensen H, Mykletun A, Bryant R, Mitchell PB, Harvey SB (2016) Workplace interventions for common mental disorders: a systematic meta-review. Psychol Med 46(04):683–697

Lehr D, Geraedts A, Asplund R, Khadjesari Z, Heber E, de Bloom J, Funk B (2016) Occupational e-Mental Health – current approaches and promising perspectives for promoting mental health in workers. In: Wiencke M, Fischer S, Cacace M (Hrsg) Healthy at Work – Interdisciplinary perspectives. Springer, Basel, S 257–281 https://doi.org/10.1007/978-3-319-32331-2

Ly KH, Asplund K, Andersson G (2014) Stress management for middle managers via an acceptance and commitment-based smartphone application: a randomized controlled trial. Internet Interv 1:95–101

Matusiewicz D, Kaiser L (Hrsg) (2018) Digitales Betriebliches Gesundheitsmanagement-Theorie und Praxis. Springer Gabler, Wiesbaden

Mohr DC, Burns MN, Schueller SM, Clarke G, Klinkman M (2013) Behavioral intervention technologies: Evidence review and recommendations for future research in mental health. Gen Hosp Psychiatry 35(4):332–338

Mohr G, Semmer N (2002) Arbeit und Gesundheit: Kontroversen zu Person und Situation. [Work and health: Controversies about person and situation. Psychol Rundsch 53:77–84

Montano D, Hoven H, Siegrist J (2014) Effects of organisational-level interventions at work on employees' health: a systematic review. BMC Public Health 14:135. http://www.biomedcentral.com/1471-2458/14/135

Pieper C, Schröder S (2015) IGA Report 28, Wirksamkeit und Nutzen betrieblicher Prävention. https://www.iga-info.de/fileadmin/redakteur/Veroeffentlichungen/iga_Reporte/Dokumente/iga-Report_28_Wirksamkeit_Nutzen_betrieblicher_Praevention.pdf. Zugegriffen: 21. Januar 2019

Reins JA, Boß L, Lehr D, Berking M, Ebert DD (2019) The more I got, the less I need? Efficacy of Internet-based guided self-help compared to online psychoeducation for major depressive disorder. J Affect Disord 246:695–705

Literatur

Richter M, Flückinger MD (2013) Usability Engineering kompakt: Benutzbare Produkte gezielt entwickeln. Springer Vieweg, Wiesbaden

Sailer M (2016) Die Wirkung von Gamification auf Motivation und Leistung. Springer, Nature, Wiesbaden. DOI https://doi.org/10.1007/978-3-658-14309-1

Start Up Monitor (2018) https://deutscherstartupmonitor.de/fileadmin/dsm/dsm-18/files/Deutscher%20Startup%20Monitor%202018.pdf. Zugegriffen: 21. Januar 2019

Thiart H, Lehr D, Ebert DD, Berking M, Riper H (2015) Log in and breathe out: internet-based recovery training for sleepless employees with work-related strain – results of a. Randomized Control Trial Scand J Work Environ Health 41(2):164–174. https://doi.org/10.5271/sjweh.3478

Ulich E (2011) Arbeitspsychologie, 7. Aufl. vdf Hochschulverlag AG, Zürich

Arbeitsgestaltungs- und Gesundheitskompetenz bei Beschäftigten mit flexiblen Arbeitsbedingungen fördern: Eine Online-Intervention

Monique Janneck, Jan Dettmers und Annekatrin Hoppe

23.1 Einleitung – 351

23.2 Arbeitsgestaltungskompetenzen – 351

23.3 Erholungskompetenzen – 353

23.4 Der EngAGE-Coach – 354

23.5 Das Modul „Meine Arbeit" – 356
23.5.1 Ergonomie – 356
23.5.2 Arbeit organisieren – 357
23.5.3 Selbstmotivation – 359

23.6 Das Modul „Mein berufliches Umfeld" – 359
23.6.1 Networking – 360
23.6.2 Soziale Ressourcen im Unternehmen – 360
23.6.3 Erreichbarkeit – 360

© Springer-Verlag GmbH Deutschland, ein Teil von Springer Nature 2019
B. Badura et al. (Hrsg.), *Fehlzeiten-Report 2019*, https://doi.org/10.1007/978-3-662-59044-7_23

23.7	Das Modul „Meine freie Zeit"	– 360
23.7.1	Freiräume schaffen	– 360
23.7.2	Entspannen und Genießen	– 361
23.7.3	Positives Denken	– 362
23.8	Fazit und Einsatzmöglichkeiten	– 362
	Literatur	– 362

Zusammenfassung

Die Verbreitung individualisierter Arbeitsformen stellt Unternehmen vor eine besondere Herausforderung, denn diese Arbeitenden sind mit bestehenden Maßnahmen betrieblicher Gesundheitsförderung schwer oder nicht zu erreichen. Daher gilt es, neue Wege zu beschreiten, um Kompetenzen für die selbstständige Gestaltung gesundheitsförderlicher Arbeit zu entwickeln. Der *EngAGE-Coach* ist eine Online-Intervention, mit deren Hilfe Selbstständige und Beschäftigte mit flexiblen und individualisierten Arbeitsformen Kompetenzen für eine effektive und gesundheitsförderliche Arbeits- und Freizeitgestaltung erlangen. Das Online-Instrument ist in drei Module aufgeteilt. Das Modul „Meine Arbeit" thematisiert die Gestaltung der eigenen Arbeitsaufgaben und Arbeitssituation sowie die ergonomische Gestaltung mobiler Arbeitsplätze. Das Modul „Mein berufliches Umfeld" zeigt Strategien auf, das eigene Netzwerk und die soziale Unterstützung am Arbeitsplatz zu aktivieren. Das Modul „Meine freie Zeit" leitet dazu an, Erholungsstrategien zu reflektieren und Erholungskompetenzen anhand von Übungen zum Entspannen und Genießen, zum Umgang mit Erreichbarkeit und Abgrenzung sowie zum mentalen Abschalten zu verbessern.

23.1 Einleitung

Die Arbeitswelt verändert sich – und damit auch die Anforderungen an ein betriebliches Gesundheitsmanagement. Flexibilisierte Arbeitsformen wie zeit- und ortsunabhängiges oder projektbezogenes Arbeiten, häufig einhergehend mit einem hohen Ausmaß an Digitalisierung, sind auf dem Vormarsch (vgl. Allvin et al. 2013). Auch sehen sich immer mehr Beschäftigte der Herausforderung gegenüber, ihre Arbeitsaufgaben und -abläufe selbstständig zu planen und zu gestalten (Wood 2011), was einerseits zu größeren Handlungsspielräumen, es andererseits jedoch auch notwendig macht, die eigene Arbeit gesundheitsförderlich zu gestalten (Bredehöft et al. 2015). Klassische Maßnahmen der Betrieblichen Gesundheitsförderung sind für Beschäftigte mit flexibilisierten und individualisierten Arbeitstätigkeiten hingegen nur bedingt geeignet (Becke et al. 2011).

Im Verbundprojekt EngAGE – gefördert von 2013 bis 2017 im Rahmen der Bekanntmachung „Betriebliches Kompetenzmanagement im demographischen Wandel" des Bundesministeriums für Bildung und Forschung – wurden Belastungen und Ressourcen von Personen mit individualisierten und selbstgestalteten Arbeitsbedingungen untersucht und entsprechende Kompetenzbedarfe erfasst.

Auf dieser Grundlage wurde der „*EngAGE-Coach*" entwickelt, ein Online-Training zur Förderung arbeitsgestalterischer und gesundheitsbezogener Kompetenzen für Beschäftigte und Selbstständige mit flexiblen und selbstgestalteten Arbeitsformen. Dieses Online-Programm ermöglicht somit eine flexible, eigenverantwortliche und ortsunabhängige Wissens- und Kompetenzentwicklung.

In diesem Beitrag wird die Konzeption und Umsetzung des EngAGE-Coaches beschrieben.

23.2 Arbeitsgestaltungskompetenzen

Arbeitsgestaltung wurde lange Zeit vor allem als Top-down-Prozess gesehen, in dem die Organisation (bzw. deren Verantwortliche) Arbeitsaufgaben für die Beschäftigten gestaltet bzw. umgestaltet, um die Leistung, Motivation oder das Wohlbefinden der Beschäftigten, Teams oder Abteilungen zu steigern. Hierzu können arbeitspsychologische Theorien herangezogen werden, die beschreiben, wie Aufgaben, Rollen und Umgebungsfaktoren strukturiert, ausgefüllt und verändert werden sowie welche Wirkungen diese Strukturen und Veränderungen auf das Individuum, Arbeitsgruppen und organisationale Ergebnisse haben (Grant und Parker 2009). Das Konzept des so genannten Job Crafting (Wrzesniewski und Dutton 2001) befasst sich dagegen mit der Frage, wie Arbeitende *selbst* ihre Arbeitsbedingungen neu interpretieren und so mitgestalten, dass sie für sich eine bessere Passung finden (Berg et al. 2008) und ein besseres Verhältnis von Belastungen und Ressourcen und damit eine gesundheitsförderliche Arbeitsgestaltung erreichen (Bakker 2010). Statt auf die gegebenen Arbeitsbedingungen nur zu reagieren, gestalten und verändern Beschäftigte ihre Arbeitsaufgaben proaktiv mit.

Eine besondere Relevanz erhält die eigenständige Gestaltung im Zusammenhang mit neuen Arbeitsformen, die durch hohe Autonomie und Eigenverantwortlichkeit gekennzeichnet sind (Wood 2011). Diese Tätigkeiten (z. B. Projektarbeit oder mobile Arbeit) zeichnen sich dadurch aus, dass Planungs-, Entscheidungs- und Kontrollaufgaben auf die Beschäftigten übertragen werden (Kaschube und Koch 2005; Voß und Pongratz 1998). Die eigenständige Aushandlung von Zielen und Zeitplänen, die Strukturierung der Aufgaben sowie die Gestaltung der Rahmenbedingungen wird Teil der Arbeitsaufgabe. In einer Interviewstudie im Rahmen des EngAGE-Projekts berichteten flexibel und autonom arbeitende Beschäftigte und Soloselbstständige, dass die individuelle Gestaltung der Tätigkeit Teil der eigenen Arbeit ist (Bredehöft et al. 2015).

Dabei ist es jedoch keineswegs selbstverständlich, dass Beschäftige die gegebenen Gestaltungsspielräume als Ressource nutzen, um für sich gute Arbeitsbedingungen zu schaffen (Brandt und Brandl 2008). Untersuchungen im Rahmen des EngAGE-Projekts bestätigen, dass hohe Gestaltungsanforderungen im Hinblick auf die eigene Arbeit zu Beeinträchtigungen von Beschäftigten führen können, wenn diese sich durch die Anforderungen überlastet fühlen (Bredehöft et al. 2015; Höge und Hornung 2013; Kubicek et al. 2014). Um die eigene Arbeit nachhaltig und gesundheitsförderlich gestalten zu können, bedarf es zudem Kompetenzen (Tims und Bakker 2010). Das Wissen, die Strategien und Fertigkeiten, die benötigt werden, um die Anforderungen der eigenständigen Arbeitsgestaltung („Selbstgestaltungsanforderungen", Bredehöft et al. 2015) zu bewältigen, können unter dem Begriff der „Arbeitsgestaltungskompetenz" zusammengefasst werden:

> » Arbeitsgestaltungskompetenz ist das Wissen um günstige Gestaltung der Arbeitsbedingungen, die eine effektive Bewältigung der eigenen Arbeitsaufgaben ermöglicht, gleichzeitig die Motivation fördert und Belastungen reduziert. Die Kompetenz basiert auf Erfahrungen und schließt Fertigkeiten und Strategien ein, wie die eigene Arbeit im Kontext der spezifischen Rahmenbedingungen gestaltet werden kann. Schließlich beinhaltet die Arbeitsgestaltungskompetenz das Wissen um die Gestaltungsspielräume, die den Beschäftigten in ihrer Arbeitssituation gegeben sind.

Arbeitsgestaltungskompetenz ist besonders dann erforderlich, wenn externe Regulationen oder Institutionen (Vorgesetzte, betriebliche Abteilungen) nicht verfügbar sind (Allvin et al. 2011), wie es z. B. bei autonomen Arbeitsformen oder Selbstständigen der Fall ist.

Beschäftigte müssen dann an verschiedenen Punkten selbstständig Entscheidungen treffen, die wiederum Auswirkungen auf die Effektivität der eigenen Arbeit, die eigene Motivation und Belastung durch Stressoren sowie die Schaffung und Nutzung von Ressourcen haben.

Das hier vorgestellte Konzept der Arbeitsgestaltungskompetenz fokussiert auf die Fähigkeit, Gestaltungsanforderungen zu bewältigen, die sich im Rahmen von selbstständigen und autonomen Arbeitsformen ergeben und sich auch in einer Interviewstudie im Rahmen des EngAGE Projekts als relevant herausgestellt haben (vgl. Bredehöft et al. 2015). Hierzu gehören folgende Anforderungen:

1. Selbstständig die eigene Arbeit so zu strukturieren und zu planen, dass man effektiv und produktiv arbeiten kann
2. Die Arbeit so zu gestalten, Schwerpunkte zu setzen und weiterzuentwickeln, dass die Ar-

beit besser zu einem passt, motiviert und Spaß macht (vgl. Berg et al. 2008)
3. Gezielt stressrelevante Belastungen (z. B. Arbeitsunterbrechungen) zu reduzieren und Ressourcen bei der Arbeit zu stärken (z. B. Tims et al. 2013)

Als relevant, um diese Anforderungen zu bewältigen, erwiesen sich dabei (1) die Planung und Strukturierung der eigenen Arbeitsaufgaben, (2) die Regulation von Qualität und Anspruch der Arbeitsergebnisse, (3) die aktive Reduktion von Belastungen bei der Arbeit sowie (4) Strategien zur Selbstmotivierung. So müssen Personen mit selbstgestalteten Arbeitstätigkeiten in der Lage sein, ihre Arbeitsaufgaben, -abläufe sowie -zeiten in hohem Maße selbst zu organisieren und zu gestalten, aber auch Belastungsfaktoren wie etwa Arbeitsunterbrechungen oder ungleich verteilte Arbeitsmengen zu vermeiden. Weiter ist es für Personen mit stark individualisierten Arbeitstätigkeiten essentiell, sich selbst zu motivieren und Prokrastination zu vermeiden, insbesondere im Hinblick auf monotone oder unliebsame Aufgaben.

23.3 Erholungskompetenzen

Neben der Fähigkeit, die eigene Arbeit durch die selbstständige Planung von Arbeitsaufgaben und -abläufen gut zu gestalten, erfordert selbstständige und flexibilisierte Arbeit ebenso eine gute Gestaltung der eigenen Pausen- und Erholungszeiten. Durch eine Verdichtung von Arbeit und die Zunahme von ständiger Erreichbarkeit über neue Technologien (Berkowsky 2013) laufen Beschäftigte Gefahr, Erholungszeiten wie die Arbeitspause oder den Feierabend zu reduzieren oder nicht mehr wahrzunehmen. Um sich von kognitiven, körperlichen oder emotionalen Beanspruchungen durch die Arbeit (z. B. intensive Konzentration, langes Sitzen oder konflikthaltige Gespräche) zu erholen, bedarf es jedoch Erholungsphasen, die diese Beanspruchung unterbrechen und Ressourcen wieder auffüllen. Andernfalls sind Müdigkeit und Erschöpfung die Folge (Effort-Recovery-Modell, Meijman und Mulder 1998). Beschäftigte in flexiblen Arbeitsstrukturen benötigen daher Erholungskompetenzen, um Freiräume zu schaffen, zu wahren und sinnvoll zu gestalten. Clauß et al. (2016) definieren Erholungskompetenz wie folgt:

» Erholungskompetenz setzt das Wissen um Beanspruchungen sowie Erfahrungen mit persönlichen Beanspruchungsauslösern voraus. Erholungskompetenz ist demnach die Fähigkeit, sich auf Grundlage dieses Wissens und persönlicher Erfahrungen funktionale Erholungsstrategien (Fertigkeiten) anzueignen. Weiterhin müssen diese Strategien erfolgreich eingesetzt werden, wobei Können, Handeln, Erfahrung und Motivation eine wichtige Rolle spielen. (S. 22).

Wie sehen diese Erholungsstrategien aus? In einer Interviewstudie haben wir 20 Berufstätige, deren Arbeit durch ein hohes Maß an Eigenverantwortlichkeit für Arbeitsgestaltung und Erholungsmöglichkeiten charakterisiert war, nach erfolgreichen Erholungsstrategien befragt (5 Frauen und 15 Männer, Mittelwert Alter: 42,80 Jahre, 7 Selbstständige und 13 angestellte Berater in Unternehmen). Sie gaben an, dass Erholungszeiten dann für sie erfüllend und fruchtbar seien, wenn diese 1. Angenehmes Erleben, 2. Entspannung, oder 3. Positives Denken beinhalteten (Clauß et al. 2016).
1. *Angenehmes Erleben*: Angenehmes Erleben umfasst positiv bewertete Aktivitäten oder Situationen, die individuelle, soziale oder sportliche Aktivitäten beinhalten können. Wichtig sei es, für sich eine Aktivität zu finden, die als angenehm erlebt wird. Hierzu gehört auch, sich selbst etwas Gutes zu tun und schöne Momente bewusst zu genießen.
2. *Entspannen*: Als entspannend werden beruhigende Tätigkeiten wie lesen, meditieren, sich ausruhen, schlafen oder „nichts tun" genannt.
3. *Positives Denken*: Positives Denken oder Reflektieren umfasst verschiedene kogni-

tive Strategien, die die eigenen Gedanken oder Wahrnehmung positiv beeinflussen – entweder durch das Fokussieren auf positive (Arbeits-)Ereignisse, die Umbewertung negativer (Arbeits-)Ereignisse oder das Zuschreiben und Entdecken von Sinnhaftigkeit in der eigenen Arbeit.

Insbesondere die Erholungsstrategien *Angenehmes Erleben* und *Entspannung* wurden durch die Literatur bereits vielfach bestätigt (Sonnentag und Zijlstra 2006; Sonnentag und Fritz 2007). Eine weniger klassische Erholungsstrategie, die sich aus den Interviews ergeben hat, ist das positive Denken. Alle drei Ansätze werden im EngAGE-Coach aufgegriffen und mit Übungen gezielt geschult (siehe Modul „Meine freie Zeit"). Eine ganz entscheidende Voraussetzung für das Erlernen positiver Erholungsstrategien ist, sich Freiräume zu schaffen und sie zu wahren. Nur dann, wenn Beschäftigte sich gezielt Zeit für Erholungsphasen nehmen, können sie diese auch mit fruchtbaren Erholungsstrategien füllen.

23.4 Der EngAGE-Coach

Zur Konzeption des EngAGE-Coaches wurde eine umfangreiche Bedarfsanalyse in Form von teilstrukturierten Interviews mit insgesamt 41 Personen mit flexiblen und selbstgestalteten Arbeitsbedingungen sowie einer Online-Befragung mit N = 200 Teilnehmenden durchgeführt (Bredehöft et al. 2015; Dettmers und Clauß 2018). Es stellte sich heraus, dass die Befragten selbst Defizite hinsichtlich ihrer Arbeitsgestaltungskompetenzen sehen und sich entsprechende Unterstützung wünschen. Auch die Gestaltung mobiler Arbeit, der Aufbau sozialer und persönlicher Ressourcen sowie die Entwicklung von Erholungskompetenzen spielen eine wichtige Rolle. Demzufolge gliedert sich der Online-Coach in drei inhaltliche Bereiche: Das Modul „*Meine Arbeit*" vermittelt Arbeitsgestaltungskompetenzen, auch hinsichtlich der Gestaltung mobiler Arbeitsplätze; das Modul „*Mein berufliches Umfeld*" stellt die Aktivierung und produktive Nutzung sozialer Ressourcen im beruflichen Umfeld in den Vordergrund; das Modul „*Meine freie Zeit*" schließlich thematisiert Erholungsstrategien und die Verbesserung des Befindens.

Die Module, die in den nächsten Abschnitten ausführlich vorgestellt werden, umfassen jeweils möglichst niedrigschwellig nutzbare Übungen und Trainings, die sich möglichst einfach in den – meist ohnehin schon fordernden – Alltag integrieren lassen. Die Übungen, die möglichst kompakt und kurz gestaltet wurden, sollen ohne umfangreiche Erklärungen verständlich und unmittelbar nutzbar sein.

Basiswissen zum jeweiligen Thema wird knapp in Form von audiovisuellen Medien vermittelt.

Der EngAGE-Coach verfolgt das Konzept einer individuellen, freiwilligen und selbstgesteuerten Nutzung. Nutzerinnen und Nutzer können die Übungen des Coaches beliebig häufig und in einer für sie passenden Auswahl und Reihenfolge durchführen. Alle Daten, die im Verlauf der Übungen gespeichert werden, sind nur den jeweiligen Nutzenden zugänglich. Trotz dieses individuellen Nutzungskonzeptes wird eine Einbettung des Coaches in eine Gesamtstrategie Betrieblichen Gesundheitsmanagements empfohlen (s. auch ▶ Abschn. 23.8).

Eine Orientierung im Coach gibt bei Bedarf der sogenannte „*Modul-Kompass*": Nach Beantwortung von kurzen Screening-Fragen werden den Handlungsbedarfe identifiziert und Empfehlungen für bestimmte Übungsbereiche gegeben (◘ Abb. 23.1).

Weiterhin steht mit dem *Selbst-Check* die Möglichkeit zu einer ausführlichen Gefährdungsanalyse zur Verfügung. Der Selbst-Check umfasst im Gegensatz zum kurzen Modulkompass einen ausführlichen Fragebogen, der Arbeitssituation, Belastungen, Ressourcen und Befindensmaße mittels erprobter Skalen erfasst. Die Ergebnisse werden für die Nutzenden in Form von Grafiken verständlich aufbereitet und dargestellt. So werden neben den eigenen Werten auch Mittelwerte einer Vergleichsstichprobe angezeigt, die im Rahmen mehrerer

23.4 · Der EngAGE-Coach

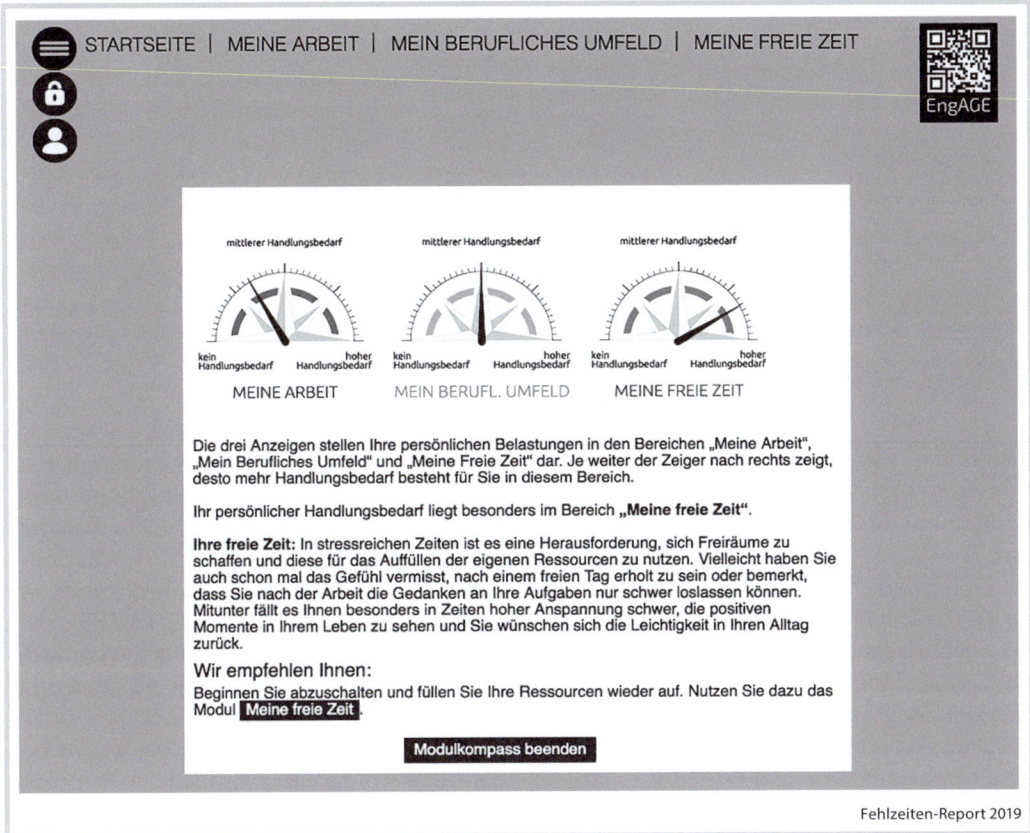

Abb. 23.1 Modul-Kompass

deutschlandweiten Online-Befragung mit insgesamt bis zu 1.807 Beschäftigten mit flexiblen Arbeitsbedingungen (z. B. selbstgestaltete Arbeitszeiten) gewonnen wurde. Durch den Vergleich können die Nutzenden sich selbstständig einordnen.

Der Selbst-Check kann zu selbstgewählten Zeitpunkten durchlaufen werden. Die Ergebnisse werden dauerhaft gespeichert und in einer Verlaufskurve dargestellt, sodass auch Entwicklungen über die Zeit von den Nutzenden selbst verfolgt werden können. Somit können diese beispielsweise auch einschätzen, ob die Arbeit mit dem EngAGE-Coach zu einer Verbesserung führt und Belastungen reduziert werden bzw. wo ggf. eine vertiefte Arbeit mit dem Coach sinnvoll wäre.

Die Selbst-Check-Daten sind nur für die jeweiligen Nutzenden persönlich verfügbar und können nicht von Dritten eingesehen werden. Entsprechende Hinweise zum Datenschutz werden den Nutzenden bei der Registrierung gegeben und sind dauerhaft abrufbar. Auch eine weitergehende Interpretation oder automatisierte Nutzerführung anhand der Selbst-Check-Daten erfolgt aufgrund des selbstgesteuerten Nutzungskonzeptes nicht.

Die Wirksamkeit onlinebasierter Interventionen ist stark abhängig von der Motivation zur Teilnahme und der Integration in den Alltag (vgl. auch ▶ Kap. 22). Zur Unterstützung des Alltagstransfers wurde im EngAGE-Coach ein *Zielplaner* entwickelt, der im Anschluss an jede Übung angeboten wird. Mit dem Zielplaner können sich die

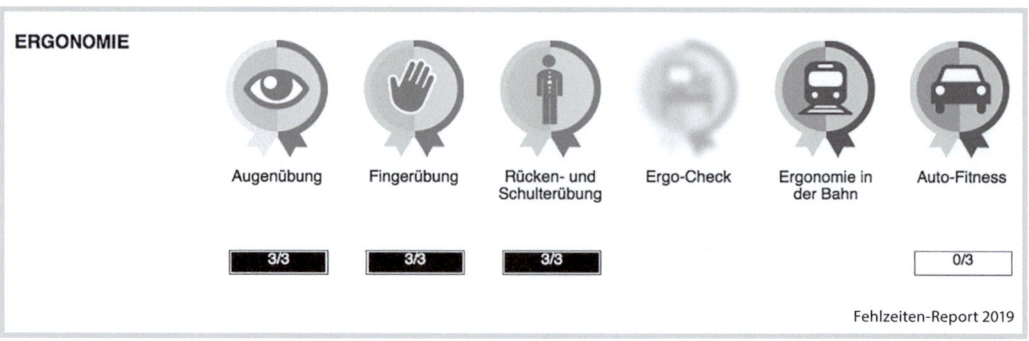

◘ **Abb. 23.2** Gamification-Elemente

Nutzenden eigene Ziele setzen, überprüfen, inwiefern diese realistisch sind, und mögliche Hindernisse und deren Umgehung antizipieren.

Eine Möglichkeit, die Teilnahmemotivation zu fördern, ist *Gamification*, d. h. der Einsatz spielerischer Elemente (vgl. Jent und Janneck 2016). Im EngAGE-Coach können die Nutzerinnen und Nutzer beispielsweise Punkte sammeln und Abzeichen erspielen, wenn sie Übungen absolvieren oder ihre Ziele erreichen. Besonders gern und häufig genutzte Übungen können als *Favoriten* abgespeichert werden und stehen somit im Alltag schnell zur Verfügung (◘ Abb. 23.2).

23.5 Das Modul „Meine Arbeit"

Das Modul „Meine Arbeit" besteht aus den Bereichen *Ergonomie, Arbeit organisieren* sowie *Selbstmotivation* (◘ Abb. 23.3).

23.5.1 Ergonomie

Für die ergonomische Gestaltung der Arbeitsmittel und -umgebung existieren erprobte gesetzliche Regelungen bzw. standardisierte Leitlinien, um Belastungen und gesundheitliche Beeinträchtigungen zu vermeiden. Im Zuge der Digitalisierung jedoch nimmt die Zahl „klassischer" Bildschirmarbeitsplätze im Büro ab und die Zahl mobiler (z. B. beim Kunden vor Ort oder mit Tablet und Smartphone unterwegs) und Heimarbeitsplätze zu. Ein dauerhaftes und regelmäßiges Arbeiten an wechselnden Orten kann physische Belastungen nach sich ziehen (vgl. Janneck et al. 2017). Der EngAGE-Coach liefert eine praktische Unterstützung dabei, (mobile) Arbeitsplätze zu bewerten und ergonomischer zu gestalten.

Herzstück des Bereichs ist der *Ergo-Check* zur Bewertung der eigenen Arbeitsplätze (z. B. Heimarbeitsplatz, Arbeitsplatz beim Kunden …). Dieser basiert auf bewährten Grundlagen und Leitlinien wie der Bildschirmarbeitsverordnung sowie den ISO-Normen 6385 und 9241, gibt jedoch auch niedrigschwellige, leicht umzusetzende Handreichungen, die von den Betroffenen realistisch und mit überschaubarem Ressourceneinsatz umgesetzt werden können.

Weiterhin finden sich im Bereich Ergonomie Übungen zum *ergonomischen Arbeiten in der Bahn* sowie zur ergonomischen Gestaltung von *Autofahrten*. Weitere Übungen sollen physischen Beschwerden durch Bildschirmarbeit entgegenwirken:

Eine *Augenübung* (◘ Abb. 23.4) dient der Entspannung der Augen bei länger andauernder Bildschirmarbeit (vgl. Schieck und Brückner 2013); eine *Fingerübung* unterstützt die Entspannung von Fingern und Handgelenken und verbessert die Dehnungsfähigkeit der Hand- und Fingermuskulatur; eine einfache *Rücken- und Schulterübung* lindert kurzzeiti-

23.5 · Das Modul „Meine Arbeit"

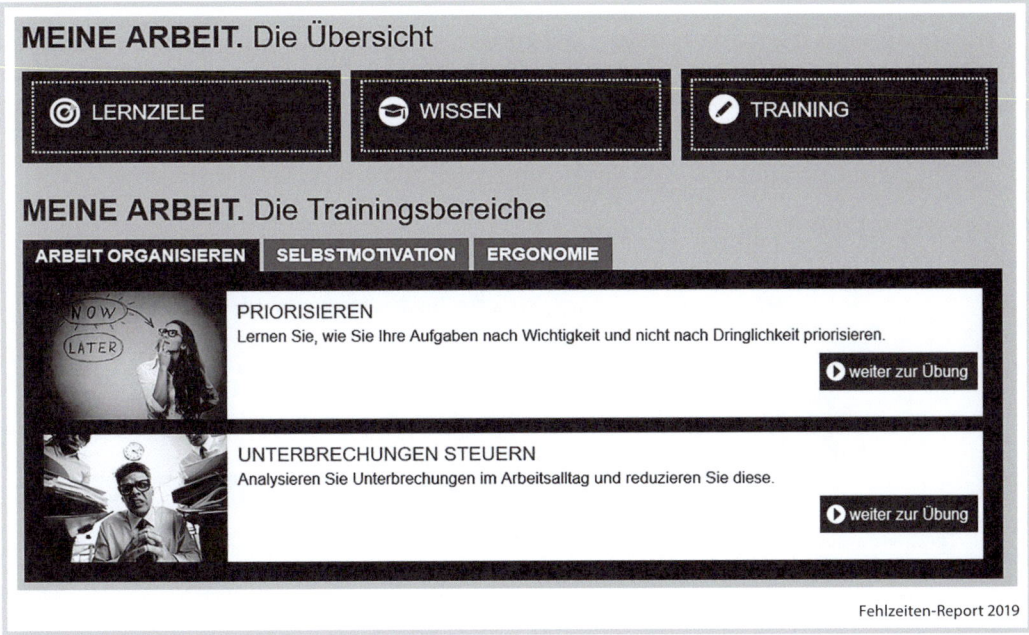

Abb. 23.3 Übersicht des Bereichs „Meine Arbeit"

gen Schmerz bei Verspannungen durch falsches Sitzen und mangelnde Bewegung und hilft, die Muskulatur zu dehnen und die Wirbelsäule zu lockern (vgl. Wottke 2013). Alle Übungen wurden mit Physiotherapeuten entwickelt und sind an unterschiedlichen Orten (z. B. auch unterwegs) ohne Hilfsmittel umsetzbar. Angeleitet werden sie mittels Videos. Die Nutzenden werden jedoch darauf hingewiesen, dass bei andauernden bzw. schwerwiegenden Beschwerden ärztliche Hilfe in Anspruch genommen werden sollte.

23.5.2 Arbeit organisieren

Personen mit selbstgestalteten Arbeitstätigkeiten können und müssen ihre Arbeitsaufgaben, -abläufe sowie -zeiten in hohem Maße selbst organisieren und gestalten. Der EngAGE-Coach bietet Übungen an, um Kompetenzen zur Bewältigung dieser Anforderung zu stärken:

Die Übung *Priorisierung* basiert auf der sogenannten „Eisenhower-Methode" zum Zeitmanagement. Dabei werden anstehende Aufgaben nach Wichtigkeit, nicht nach Dringlichkeit priorisiert. Die entscheidenden Faktoren zur Einschätzung der Priorität der Aufgaben sind Wichtigkeit, Wertigkeit und die langfristige Auswirkung auf die Zielerreichung. Die Übung stellt eine Einführung in die Eisenhower-Methode bereit und leitet interaktiv dazu an, eigene Aufgaben einzutragen und zu priorisieren.

Der EngAGE-Coach stellt hierfür die Eisenhower-Matrix dar, die sich in vier Felder von A bis D gliedert, denen die eigenen Aufgaben zugeordnet werden können. Jedes der Felder nimmt zwei Eigenschaften der Achsen „Dringlichkeit" und „Wichtigkeit" ein.

- A-Aufgaben sind wichtig und dringend, sie sollten daher eigenständig und sofort erledigt werden, z. B. wichtige Kundengespräche und aktuelle Probleme.
- B-Aufgaben sind Aufgaben, die wichtig, aber zeitlich nicht dringend sind. Diese Aufgaben müssen Sie nicht heute erledigen, Sie sollten aber einen Termin/Zeitpunkt

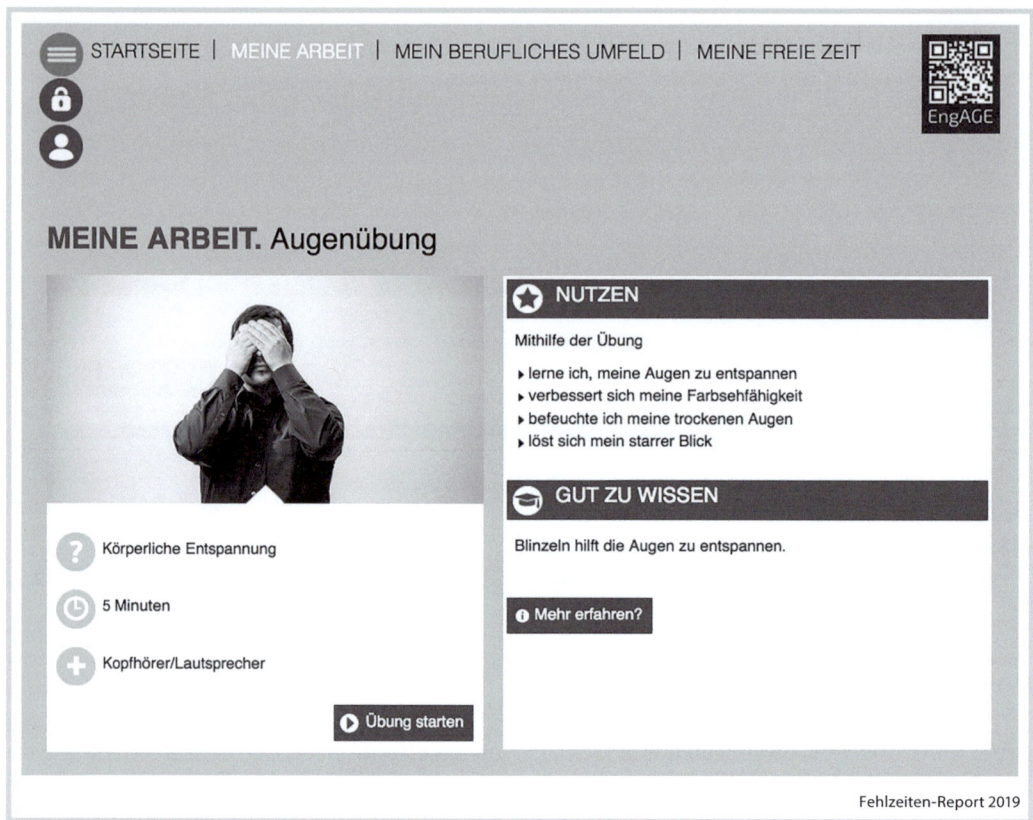

◘ **Abb. 23.4** Augenübung

dafür definieren, z. B. Strategieentwicklung und Weiterbildung.
- C-Aufgaben sind nicht besonders wichtig, aber dringend. Sie sollten an andere Mitarbeiter/innen delegiert werden, weil sie einen geringen Wert für Ihre Zielerreichung haben, z. B. Tagesgeschäft und Dokumentationen.
- D-Aufgaben sind weder wichtig noch dringend und haben keine Auswirkungen auf die Effektivität Ihrer Arbeit.

Der EngAGE-Coach erläutert das Eisenhower-Prinzip, wonach in die A- und B-Aufgaben die vorhandene Zeit investiert werden soll. Die C- und D-Aufgaben sollen delegiert oder ignoriert werden, um Zeit zu schaffen und so den Zeitdruck zu reduzieren.

Eine weitere Herausforderung bei selbstgestalteten Arbeitsbedingungen ist die proaktive Vermeidung von Stressoren. Arbeitsunterbrechungen gehören zu den häufigsten Stressoren am Arbeitsplatz. Nicht nur ständige Anfragen von Kollegen, sondern auch sich wiederholende kleine Unterbrechungen wie ein E-Mail-Popup können die Qualität der Arbeit mindern sowie Stress erhöhen. Studien zeigen, dass schon kleinste Unterbrechungen die Qualität der laufenden Arbeit signifikant reduzieren und Zeitdruck entstehen lassen können (Rigotti et al. 2012). Die Einrichtung störungsfreier Zeiten während der Arbeitszeit sind dagegen eine wichtige Strategie gegen andauernden Stress.

Die Übung im EngAGE-Coach *Unterbrechungen steuern* leitet dazu an, Unterbrechungen innerhalb der Arbeitszeit zu analysieren und zu reduzieren, um somit Belastungen zu verringern und die Qualität der Arbeit zu steigern. Mit Hilfe einer Checkliste werden Ursprung und Häufigkeit von Unterbrechungen analysiert und anhand einer grafischen Darstellung Handlungsbedarfe ermittelt und zurückgemeldet. Hinsichtlich der problematischen Bereiche werden die Nutzerinnen und Nutzer angeleitet, Veränderungsmöglichkeiten zu erarbeiten und diese umzusetzen.

23.5.3 Selbstmotivation

Für Personen mit stark individualisierten Arbeitstätigkeiten ist es wichtig, sich selbst zu motivieren und Prokrastination zu vermeiden, insbesondere im Hinblick auf monotone oder unliebsame Aufgaben. Zwei Übungen im EngAGE-Coach sollen diese Fähigkeit beim Nutzer fördern.

Die Übung *Mich belohnen* unterstützt bei einem konstruktiven Umgang mit uninteressanten Aufgaben, indem durch die Aussicht auf eine Belohnung positive Emotionen ausgelöst werden können: Neurologische Studien belegen, dass bereits die Aussicht auf Belohnung zu einer Erhöhung des Dopaminlevels führt (Nesse und Berridge 1997; Sapolsky 2011). Deshalb wird eine uninteressante Aufgabe in der Regel positiver wahrgenommen, wenn man sich bereits bei deren Bearbeitung eine Belohnung vorstellt. Belohnungen können kleine Dinge sein, wie eine kurze (Kaffee-)Pause, ein Stück Kuchen, „eine Runde zocken" oder einmal Ausschlafen sein.

Die Übung *Mich belohnen* leitet den Nutzer in der Verknüpfung von unliebsamen Aufgaben mit Belohnung an und vermittelt wichtige Regeln, die berücksichtigt werden sollen:
- Die Belohnung sollte für Sie relevant sein. Es sollte etwas sein, das der Nutzer wirklich will.
- Die Belohnung sollte sich nach der Aufgabe richten: Je ambitionierter und komplexer die Aufgabe, desto aufregender sollte Ihre Belohnung sein.
- Für unerledigte Aufgaben soll keine Belohnung erfolgen.
- Die Belohnung soll nicht aufgeschoben werden. Sie wirkt am besten, wenn sie sofort oder zumindest am selben Tag erfolgt.

Die Übung *Was ist mir wichtig?* thematisiert die eigenständige Arbeitsgestaltung im Sinne von „Job Crafting": Die eigene Arbeitssituation und die eigenen Arbeitsbedingungen werden eigenständig verändert, damit die Arbeit persönlichen Werten, Interessen und Stärken besser entspricht und damit motivierender ist (Berg et al. 2008). Durch dieses Job Crafting können Gefühle der Kontrolle und eines breiten Handlungsspielraumes geweckt sowie eine fehlende Passung zwischen Person und Job überwunden werden. Studien berichten, dass Job Crafting zum Erleben von Freude, Erfolg und Sinnhaftigkeit führen kann. Die eigenen Werte und Stärken zu kennen und diese mit den aktuellen Arbeitsaufgaben abzugleichen und eigenständig Schwerpunkte zu setzen, hilft, ein Gefühl von Kompetenz zu entwickeln und die Arbeitsmotivation zu erhöhen (Berg et al. 2008; Berg et al. 2010). Die Übung zeigt Potenziale des Job Craftings auf, um persönliche Stärken, Werte und Interessen besser kennenlernen und stärker in den Job einbringen zu können.

Da im Rahmen dieser Übung grundlegende Aspekte der Arbeit analysiert werden, verlangt sie entsprechend mehr Zeit und Muße. Die Nutzerinnen und Nutzer werden durch sechs Übungsschritte geführt, ein durchgängiges Fallbeispiel sowie viele Anregungen und Tipps unterstützen die persönliche Reflektion.

23.6 Das Modul „Mein berufliches Umfeld"

Das Modul „Mein berufliches Umfeld" beschäftigt sich mit Aufbau und Nutzung sozialer Ressourcen im Unternehmen, einem gesunden und produktiven Networking sowie dem Umgang mit Erreichbarkeit.

23.6.1 Networking

Ein gutes berufliches Netzwerk stellt eine wichtige soziale Ressource dar, gerade für Personen, die ihre Arbeit stark selbst gestalten (müssen). Gleichwohl ist berufliches Netzwerken häufig sehr ressourcenaufwändig. Dies trifft auf Selbstständige in besonderem Maße zu, betrifft jedoch auch Beschäftigte mit flexibilisierten Arbeitsbedingungen. Die Übungen zum „Networking" sollen daher bei der Analyse des eigenen Netzwerks und helfen und zur Reflektion anregen. Eine Netzwerk-Energieübersicht zeigt an, welche Aspekte beim Networking eher belastend und welche gewinnbringend sind. Die Nutzerinnen und Nutzer können ihre beruflichen Kontakte anschaulich visualisieren (vgl. Hollstein und Straus 2006) und als „Energiequellen" bzw. „Energieräuber" klassifizieren. Sie erhalten Hinweise zur Verringerung belastender Aspekte bzw. zur Intensivierung gewinnbringender Kontakte. Eine Kommunikationsübung, basierend auf dem Vier-Seiten-Modell Schulz von Thuns (2010), unterstützt bei der zielgerichteten Kommunikation im beruflichen Umfeld.

23.6.2 Soziale Ressourcen im Unternehmen

Soziale Beziehungen sind in hohem Maße bedeutsam für die psychische und physische Gesundheit (House et al. 1988). Soziale Ressourcen helfen dabei, berufliche Belastungen und Beanspruchungen zu bewältigen (Segerstrom und Miller 2004). Daher unterstützen entsprechende Übungen dabei, soziale Ressourcen im beruflichen Umfeld aufzubauen und zu nutzen, um etwa in schwierigen beruflichen Situationen Hilfe zu erhalten, auch und gerade, wenn bei Personen mit flexiblen und individuellen Arbeitsbedingungen – z. B. aufgrund von häufiger Arbeit unterwegs, beim Kunden oder im Home Office – ein unmittelbarer kollegialer Kontakt nicht gegeben ist. Weiterhin thematisieren Übungen den konstruktiven Umgang mit Konflikten im beruflichen Umfeld sowie schwierigen Kolleginnen und Kollegen oder Kunden.

23.6.3 Erreichbarkeit

Anforderungen und Erwartungen an die Erreichbarkeit von Mitarbeitern oder Kollegen sind häufig nicht formal geregelt, sondern werden eher informell praktiziert (Dettmers 2017a). Sind die Anforderungen an Erreichbarkeit dauerhaft, können Erholungsprozesse beeinträchtigt werden. Die Balance und die Grenzen zwischen Arbeit und Privatleben können verlorengehen und in der Folge Gesundheitsbeeinträchtigungen drohen (Dettmers 2017a). Neben einer guten betrieblichen Gestaltung der Erreichbarkeit (Dettmers 2017b) ist es wichtig, auch auf individueller Ebene die eigene Erreichbarkeit selbst im Blick zu behalten und kritisch zu hinterfragen, um sie individuell zu regulieren und aktiv mit dem sozialen Umfeld zu verhandeln. Die entsprechende Übung im EngAGE-Coach hilft dabei, die eigene Erreichbarkeit zu reflektieren und weniger belastend zu gestalten. Dabei wird zunächst eine differenzierte IST-Analyse der eigenen Erreichbarkeit sowie deren Wirkung durchgeführt. Im zweiten Schritt werden die Teilnehmer dann aufgefordert, konkrete Schritte zu einer günstigeren Gestaltung der Erreichbarkeit zu entwickeln.

23.7 Das Modul „Meine freie Zeit"

Das Modul „Meine freie Zeit" umfasst die inhaltlichen Bereiche „Freiräume schaffen", „Entspannen und Genießen" sowie „Positives Denken".

23.7.1 Freiräume schaffen

Eine gute Work-Life-Balance geht mit geringerer Erschöpfung sowie höherer Lebenszu-

23.7 · Das Modul „Meine freie Zeit"

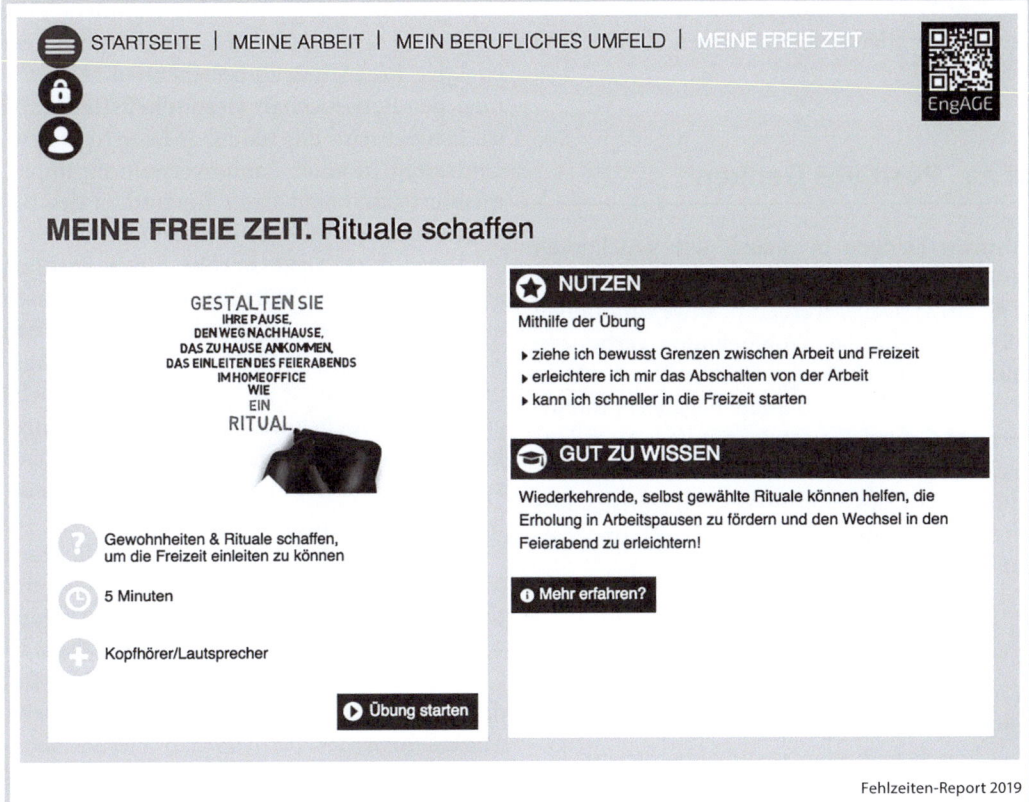

Abb. 23.5 Übung „Rituale"

friedenheit und höherem Wohlbefinden einher (Becker 2012; Greenhaus et al. 2003; Guest 2002). Die Übung *Balance verbessern* leitet dazu an, die Verteilung verschiedener Lebensbereiche wie Arbeit, Familie, Freizeit etc. zu reflektieren. Ziel ist es, Strategien zur besseren Ausbalancierung dieser Lebensbereiche zu entwickeln und umzusetzen. Die Übung *Rituale* soll dabei helfen, Grenzen zwischen Arbeit und Privatleben zu ziehen, das Abschalten von der Arbeit zu erleichtern und schneller in die Freizeit zu starten (◘ Abb. 23.5). Die Forschung zeigt, dass Rituale dabei helfen können, negative Emotionen abzumildern, da sie ein Gefühl der Kontrolle herbeiführen (Eilam et al. 2011). Die Übung zeigt ein Feierabendritual und leitet die Teilnehmer dazu an, eigene Rituale für den Übergang von der Arbeit zur Freizeit zu entwickeln.

23.7.2 Entspannen und Genießen

Die fünf Übungen im Bereich „Entspannen und Genießen" leiten mit kurzen Texten oder Audiodateien Beschäftigte dazu an, abzuschalten, innezuhalten und körperlich wie geistig zu entspannen. Die Übungen umfassen eine *Gedankenreise*, eine *Genussübung (Kleinigkeiten und Alltägliches Genießen)*, *Atemübungen*, eine *Nackenentspannung* sowie eine *Handmassage*. Einige Übungen enthalten Achtsamkeitskomponenten, die die Aufmerksamkeit aktiv auf positive Wahrnehmungen und Sinnesempfindungen im Hier und Jetzt lenken (Bryant und Veroff 2007).

23.7.3 Positives Denken

Positives Denken beinhaltet das Reflektieren positiver Erlebnisse und Ereignisse (Clauß et al. 2018). Dabei werden positive Emotionen entwickelt, die das Wohlbefinden verbessern und die Wahrnehmung erweitern (Fredrickson et al. 2008). Dabei werden negative Emotionen und Grübeleien sowie ständiges Nachdenken über Probleme bei der Arbeit unterbrochen (Burwell 2015). Weiterhin zeigen positive Emotionen Zusammenhänge mit Erfolg und Gesundheit (Lyubomirsky et al. 2005).

Vier Übungen in diesem Bereich leiten dazu an, auf positive Erlebnisse im Arbeitsalltag zu fokussieren, die eigenen Bedürfnisse wahrzunehmen, positive Erlebnisse wertzuschätzen sowie sich von negativen Gedanken zu lösen bzw. ärgerliche Ereignisse umzubewerten.

23.8 Fazit und Einsatzmöglichkeiten

Der EngAGE-Coach wurde im Rahmen des EngAGE-Projekts ausführlich erprobt und evaluiert, u. a. mit Einrichtungen der öffentlichen Verwaltung sowie Unternehmensberatungen (Hoppe et al. 2018; Helfer et al. 2018). Die Evaluation des Moduls „Meine freie Zeit" in einer öffentlichen Verwaltung mit 126 Beschäftigten (50 % Frauen, 36 % > 50 Jahre, durchschnittliche Beschäftigungsdauer: 24,10 Jahre) zeigte positive Effekte auf verschiedene Erholungskompetenzen wie Abschalten von der Arbeit und Entspannung sowie auf die Work-Life-Balance der Beschäftigten (s. auch Hoppe et al. 2018). Evaluationsergebnisse der Job-Crafting-Übung „Was ist mir wichtig" im Modul „Meine Arbeit" deuten darauf hin, dass die Teilnahme an der Online-Intervention zu einer Reduktion des Beanspruchungsindikators „Irritation" beitragen kann (Uglanova und Dettmers i. V.). Insgesamt zeigte sich, dass das Angebot eine effektive Ergänzung zu bestehenden Maßnahmen der Betrieblichen Gesundheitsförderung ist. Derzeit wird das Modul „Meine freie Zeit" landesweit in einer Landesverwaltung implementiert und somit fester Bestandteil des Betrieblichen Gesundheitsmanagements.

Der Coach steht sowohl Einzelpersonen als auch für eine Nutzung in Unternehmen zur Verfügung. Einzelpersonen können einen Zugang zum Coach über die Weiterbildungsplattform oncampus.de buchen[1], für Betriebe gibt es die Möglichkeit, spezifische Nutzungskontingente zu vereinbaren. Darüber hinaus kommt der Coach in Einrichtungen der öffentlichen Verwaltung zum Einsatz.

Obgleich sich die Übungen an Individuen richten und eine möglichst flexible, zeit- und ortsunabhängige Nutzung für die Zielgruppe – Personen mit individualisierten, selbstgestalteten Arbeitsbedingungen – von zentraler Bedeutung ist, ist eine Verzahnung mit weiteren Maßnahmen des betrieblichen Gesundheitsmanagements wichtig: Gesundheitsförderliche Arbeitsgestaltung ist auch im Zeitalter der Digitalisierung eine wichtige Aufgabe von Unternehmen, die nicht auf die Beschäftigten im Sinne einer individuellen Kompetenzentwicklung abgewälzt werden kann. Im Rahmen des EngAGE-Projekts wurden daher Handreichungen zur Entwicklung einer Gesamtstrategie der Betrieblichen Gesundheitsförderung für Beschäftigte mit flexiblen Arbeitsformen entwickelt und erprobt, die für die Einführung des Coaches im eigenen Betrieb genutzt werden können (Kötter et al. 2016; Helfer et al. 2018).

Literatur

Allvin M, Aronsson G, Hagström T, Johansson G, Lundberg U (2011) Work without boundaries: psychological perspectives on the new working life. John Wiley & Sons, West Sussex

---

[1] ▶ https://www.oncampus.de/weiterbildung/soft-skills/engage-resilenz-erholen-gestalten-entwickeln.

Literatur

Allvin M, Mellner C, Movitz F, Aronsson G (2013) The diffusion of flexibility: estimating the incidence of lowregulated working conditions. Nord J Work Life Stud 3(3):99–116

Bakker A (2010) Engagement and "job crafting": engaged employees create their own great place to work. In: Albrecht SL (Hrsg) Handbook of employee engagement: Perspectives, issues, research and practice 229. Edward Elgar, Glos, S 229–244

Becke G, Bleses P, Schmidt S (2011) Betriebliche Gesundheitsförderung in flexiblen Arbeitsstrukturen der Wissensökonomie. In: Bamberg E, Ducki A, Metz AM (Hrsg) Gesundheitsförderung und Gesundheitsmanagement: Ein Handbuch. Hogrefe, Göttingen, S 671–692

Becker PR (2012) Work-life Balance: Einflussfaktoren – Auswirkungen – Handlungsempfehlungen. Ein ressourcenbasierter Ansatz am Beispiel einer empirischen Untersuchung in der Industrie. Dissertation. Ruprecht-Karls-Universität Heidelberg, Heidelberg

Berg JM, Grant AM, Johnson V (2010) When callings are calling: Crafting work and leisure in pursuit of unanswered occupational callings. Organ Sci 21(5):973–994

Berg JM, Dutton J, Wrzesniewski A (2008) What is job crafting and why does it matter? https://positiveorgs.bus.umich.edu/wp-content/uploads/What-is-Job-Crafting-and-Why-Does-it-Matter1.pdf. Zugegriffen: 21.06.2019

Berkowsky RW (2013) When you Just cannot get away. Inf Commun Soc 16(4):519–541

Brandt C, Brandl K (2008) Von der Telearbeit zur mobilen Arbeit. Comput Arb 3:15–20

Bredehöft F, Dettmers J, Hoppe A, Janneck M (2015) Individual work design as a job demand: the double-edged sword of autonomy. J Everyday Actitvity 8(01):13–26

Bryant FB, Veroff J (2007) Savoring: a new model of positive experience. Lawrence Erlbaum, Mahwah

Burwell RA (2015) Self-evaluative and emotion processes linked with brooding rumination among adolescents. J Adolesc 41:162–174

Clauß E, Hoppe A, Schachler V, Dettmers J (2016) Erholungskompetenz bei Berufstätigen mit hoher Autonomie und Flexibilität. Pers Q 16(2):22–27

Clauß E, Hoppe A, O'Shea D, Gonzales-Morales G, Steidle A, Michel A (2018) Promoting personal resources and reducing exhaustion through positive work reflection among caregivers. J Occup Health Psychol 23(1):127–140

Dettmers J (2017a) How extended work availability affects well-being: The mediating roles of psychological detachment and work-family-conflict. Work Stress 31(1):24–41

Dettmers J (2017b) Ständige Erreichbarkeit und erweiterte Verfügbarkeit – Wirkungen und Möglichkeiten einer gesundheitsförderlichen Gestaltung. In: Knieps F, Pfaff H (Hrsg) Digitale Arbeit – Digitale Gesundheit. BKK Gesundheitsreport 2017. Medizinisch Wissenschaftliche Verlagsgesellschaft, Berlin, S 167–174

Dettmers J, Clauß E (2018) Arbeitsgestaltungskompetenzen für flexible und selbstgestaltete Arbeitsbedingungen. In: Janneck M, Hoppe A (Hrsg) Gestaltungskompetenzen für gesundes Arbeiten. Springer, Berlin, S 13–25

Eilam D, Izhar R, Mort J (2011) Threat detection: Behavioral practices in animals and humans. Neurosci Biobehav Rev 35(4):999–1006

Fredrickson BL, Cohn MA, Coffey KA, Pek J, Finkel SM (2008) Open hearts build lives: positive emotions, induced through loving-kindness meditation, build consequential personal resources. J Pers Soc Psychol 95(5):1045–1062

Grant AM, Parker SK (2009) 7 redesigning work design theories: the rise of relational and proactive perspectives. Acad Manag Ann 3(1):317–375. https://doi.org/10.1080/19416520903047327

Greenhaus JH, Collins KM, Shaw D (2003) The relation between work-family balance and quality of life. J Vocat Behav 63(3):510–531

Guest EG (2002) Perspectives on the study of work-life balance. Soc Sci Inf 41(2):255–279

Helfer M, Höth H, Kötter W, Roth S (2018) Betriebliches Gesundheitsmanagement und Kompetenzentwicklung für Selbstgestalter/-innen. In: Janneck M, Hoppe A (Hrsg) Gestaltungskompetenzen für gesundes Arbeiten. Springer, Berlin, S 103–116

Höge T, Hornung S (2013) Perceived flexibility requirements: exploring mediating mechanisms in positive and negative effects on worker well-being. Econ Ind Democr. https://doi.org/10.1177/0143831X13511274

Hollstein B, Straus F (2006) Qualitative Netzwerkanalyse. Konzepte, Methoden, Anwendungen. VS, Wiesbaden

Hoppe A, Clauß E, Schachler V (2018) Wie wirksam sind Online-Interventionen? Evaluation des Moduls „Meine Freie Zeit"des EngAGE-Coaches. In: Janneck M, Hoppe A (Hrsg) Gestaltungskompetenzen für gesundes Arbeiten. Springer, Berlin, S 117–126

House JS, Landis KR, Umberson D (1988) Social relationships and health. Science 241(4865):540–545

Janneck M, Jent S, Weber P, Nissen H (2017) Ergonomics to go: designing the mobile workspace. Int J Human–computer Interact. https://doi.org/10.1080/10447318.2017.1413057

Jent S, Janneck M (2016) Using gamification to enhance user motivation in an Online-coaching application. In: Proceedings of WEBIST 2016. Scitepress, Setúbal, Portugal, S 35–41

Kaschube J, Koch S (2005) Ein neuer Weg zur Beschreibung beruflicher Leistung: Eigenverantwortung. Gruppendynamik Organisationsberatung 36(2):141–156

Kötter W, Helfer M, Höth H, Roth S (2016) Betriebliches Gesundheitsmanagement für Selbstgestalter in Organisationen. In: Wieland R, Seiler K, Hammes M (Hrsg) Psychologie der Arbeitssicherheit und Gesundheit: Dialog statt Monolog 19. Workshop 2016. Asanger, Kröning, S 441–444

Kubicek B, Paškvan M, Korunka C (2014) Curvilinear effects of job autonomy: conscientiousness as a boundary condition (May)

Lyubomirsky S, King L, Diener E (2005) The benefits of frequent positive affect: does happiness lead to success? Psychol Bull 131(6):803–855

Meijman TF, Mulder G (1998) Psychological aspects of workload. In: Drenth PJD, Thierry H, de Wolff CJ (Hrsg) A Handbook of work and organizational psychology, 2. Aufl. Work psychology, Bd. 2. Psychology Press, Hove, S 5–33

Nesse RM, Berridge KC (1997) Psychoactive drug use in evolutionary perspective. Science 3:63–66

Rigotti T, Baethge A, Freude G (2012) Arbeitsunterbrechungen als tägliche Belastungsquelle. In: Badura B, Ducki A, Schröder H, Klose J, Meyer M (Hrsg) Fehlzeiten-Report 2012. Springer, Berlin, S 61–69

Sapolsky R (2011) Are humans Just another primate? Gratification and anticipation in humans and primates [video]. California Academy of Sciences, San Francisco (http://library.fora.tv/2011/02/15/Robert_Sapolsky_Are_Humans_Just_Another_Primate)

Schieck F, Brückner A (Hrsg) (2013) Kurzes Handbuch der Ophthalmologie. Dritter Band Orbita, Nebenhöhlen, Lider, Tränenorgane, Augenmuskeln, Auge und Ohr. Springer, Berlin

Schulz von Thun F (2010) Miteinander reden. Rowohlt, Reinbek

Segerstrom SC, Miller GE (2004) Psychological stress and the human immune system: a meta-analytic study of 30 years of inquiry. Psychol Bull 130(4):601

Sonnentag S, Fritz C (2007) The recovery experience questionnaire: development and validation of a measure for assessing recuperation and unwinding from work. J Occup Health Psychol 12(3):204–221

Sonnentag S, Zijlstra FRH (2006) Job characteristics and off-job activities as predictors of need for recovery, well-being, and fatigue. J Appl Psychol 91(2):330–350

Tims M, Bakker AB (2010) Job crafting: towards a new model of individual job redesign. SA J Ind Psychol 36(2):1–9. https://doi.org/10.4102/sajip.v36i2.841

Tims M, Bakker AB, Derks D (2013) The impact of job crafting on job demands, job resources, and well-being. J Occup Health Psychol 18(2):230–240. https://doi.org/10.1037/a0032141

Uglanova E, Dettmers (i. V.) Evaluation on an Online Job Crafting Intervention.

Voß GG, Pongratz HJ (1998) Der Arbeitskraftunternehmer: Eine neue Grundform der Ware Arbeitskraft? Köln Z Soziol 50(1):131–158

Wood LA (2011) The changing nature of jobs: a meta-analysis examining changes in job characteristics over time. University of Georgia, Georgia

Wottke D (2013) Die richtige Haltung beim Sitzen. In: Rückengerechtes Verhalten. Springer, Heidelberg, S 11–25

Wrzesniewski A, Dutton JE (2001) Crafting a job: revisioning employees as active crafters of their work. Acad Manag Rev 26(2):179–201

Praxisbeispiele

Inhaltsverzeichnis

Kapitel 24 Vom Taylorismus zur Selbstorganisation – Wie Betriebliches Gesundheitsmanagement zur Gestaltung der Digitalisierung beitragen kann – 367
Bernhard Badura und Mika Steinke

Kapitel 25 Einblick: Reorganisation im Zuge der Digitalisierung – BGM im Unternehmen Moll Marzipan – 383
Gerhard Westermayer und Mathias Schilder

Kapitel 26 BGM 4.0 – Intelligente Vernetzung in der VUKA-Welt – 397
Natalie Lotzmann

Vom Taylorismus zur Selbstorganisation – Wie Betriebliches Gesundheitsmanagement zur Gestaltung der Digitalisierung beitragen kann

Bernhard Badura und Mika Steinke

24.1 Einleitung – 368

24.2 Selbstorganisation – 369

24.3 Der Beitrag des BGM – 371

24.4 Agiles und gesundes Arbeiten im Unternehmen A – 376

24.5 Forschungsbedarf – 380

Literatur – 381

Die eigentliche Gefahr sind nicht Maschinen, die immer menschlicher werden, sondern Menschen, die wie Maschinen behandelt werden. John Brockman

▪▪ Zusammenfassung

Die digitale Transformation der Wirtschaft stellt in Verbindung mit globalen Risiken und einem zunehmenden Fachkräftemangel die Unternehmensführung vor neue Herausforderungen. Was unsere Forschung zum Betrieblichen Gesundheitsmanagement zu ihrer Bewältigung beitragen kann, lässt sich wie folgt zusammenfassen: Wachsende Ansprüche an das persönliche Arbeitsvermögen lassen sich besser und leichter bewältigen von Menschen, die eingebettet sind in ein Netzwerk vertrauensvoller Beziehungen und getragen werden von einem gemeinsamen Grundverständnis handlungsleitender Überzeugungen, Werte und Prinzipien. Müssen zunehmende Anforderungen dagegen in einem zudem von Ängsten, Misstrauen und Unsicherheiten geprägten Umfeld bewältigt werden, steigt das Risiko beeinträchtigter Gesundheit, sinkender Leistungskraft und Loyalität. Als Instrumente zur Bewältigung der digitalen Transformation schlagen wir insbesondere vor: Kennzahlen zum Human- und Sozialvermögen, regelmäßige Gesundheitsberichte, Kulturworkshops, Qualifizierung zum Thema Arbeit, Organisation und Gesundheit sowie die Förderung der Grundlagenforschung zu Kultur, Gesundheit und Produktivität sowie zu Formen und Folgen der Selbstorganisation. Wollen Unternehmen sich ernsthaft um mehr Mitarbeiterorientierung bemühen, sollten sie das am Beispiel Gesundheit beweisen.

24.1 Einleitung

In ihrem grundlegenden Werk sehen Brynjolfsson und McAfee die Digitalisierung als wesentliche gestalterische Kraft des „zweiten Maschinenzeitalters" (2014, S. 84). Internet, Roboter und künstliche Intelligenz seien „Basis- oder Universaltechnologien", mit dem Potenzial maßgeblicher Auswirkungen auf zahlreiche Wirtschaftssektoren (ebd. S. 94). *Wir vertreten die Auffassung, dass die Digitalisierung der Wirtschaft den schon seit langem beobachtbaren Trend zu selbstorganisierter Kopfarbeit beschleunigen wird.* Digitalisierung ist u. E. Teil eines evolutionären Prozesses, dessen Gestaltung tradierte Führungs- und Organisationskonzepte in Frage stellt. Digitalisierung findet aktuell statt unter Bedingungen, die aus gesundheitswissenschaftlicher Sicht schon länger als problematisch bis toxisch erachtet und nunmehr auch von Vertretern einer „agilen" Arbeitsorganisation in Frage gestellt werden. Digitalisierung kann – wie jede andere Technik auch – für ganz unterschiedliche Zwecke eingesetzt werden. Sie kann bestehende Strukturen verfestigen helfen, z. B. durch flächendeckende Überwachung mittels automatischer Bilderkennung. Sie kann allerdings auch zu neuen Formen der Zusammenarbeit beitragen und zu einer gleichermaßen kunden- und mitarbeiterorientierten Arbeitsgestaltung. Der vorliegende Beitrag beschäftigt sich mit den Auswirkungen der Digitalisierung auf die Arbeit und ihre Organisation.

Es sind insbesondere zwei Merkmale zeitgenössischer Organisationen, die sich in allen Branchen wiederfinden, bisher zumeist als selbstverständlich hingenommen, von den Anhängern „agilen" Arbeitens jedoch problematisiert werden: steile Hierarchien und die innerhalb weitgehend voneinander abgeschotteter Abteilungen („Silos") stattfindende Prozessorganisation. *Steile Hierarchien* – so wird behauptet – reagierten zu langsam auf Kundenwünsche, stünden einer offenen Fehlerkultur im Wege und behinderten die kreative Beteiligung ihrer Mitglieder. Den *Abteilungs-* bzw. *Silostrukturen* wird vorgeworfen, sie erschwerten den Wissensaustausch und eine vertrauensvolle, disziplinen- und abteilungsübergreifende Kooperation (z. B. Gloger und Rösner 2014; Häusling und Rutz 2017). Aus gesundheitswissenschaftlicher Sicht müssen die genannten Probleme um ein drittes ergänzt werden: die *generelle Unterschätzung der Organisationskul-*

tur und ihrer mittlerweile gut belegten Folgen für Bindung und Gesundheit, für Absentismus, Präsentismus und Qualitätsbewusstsein (Badura 2017). Führung ist eine kulturstiftende Tätigkeit. *Gestaltung der Digitalisierung bedeutet für uns: die Lichtseiten der Selbstorganisation fördern und ihre Schattenseiten vermeiden durch einen Kulturwandel in Richtung vertrauensvoller Kooperation.*

In Übereinstimmung mit Brynjolfsson und McAfee vertreten wir die Auffassung, dass Basistechnologien nur dann ihr Potenzial voll zu entfalten vermögen, wenn sie durch soziale und kulturelle Innovationen ergänzt werden. In einer hochtechnisierten Kopfarbeiterwirtschaft hängt die Wertschöpfung noch stärker von immateriellen Werten wie dem Sozial- oder Humanvermögen ab. Werden Routinetätigkeiten durch technische Leistungen substituiert, ist eine Kultur vertrauensvoller Zusammenarbeit umso gefragter. Solange Unternehmen nur materielle Werte als erfolgsrelevant erachten, bleiben immaterielle Werte, die wesentlich zum Wohlbefinden und zu Leistungsfähigkeit und Leistungsbereitschaft der Beschäftigten beitragen, unbeachtet, wie z. B. die Qualität der Führung, der Kultur, der Teambeziehungen oder die erlebte Sinnhaftigkeit der gestellten Arbeitsaufgaben. Das bedeutet auch, dass das Berichtswesen um entsprechende Kennzahlen erweitert werden sollte. Der von uns entwickelte Sozialkapitalindex dient diesem Zweck, aber auch Messgrößen zum Commitment, zur Gesundheit, zum Präsentismus und zum Qualitätsbewusstsein (Badura et al. 2013; Rixgens 2010). Dadurch lassen sich Lücken schließen zwischen dem, was Gesundheitsexperten als wichtig erachten, und dem, was das von Finanzkennzahlen dominierte Berichtswesen bisher sichtbar macht. Brynjolfsson und McAfee verweisen ferner darauf, dass der Einsatz neuer Techniken oft sehr viel mehr bedeutet als bloßen Ersatz menschlicher Arbeit durch Maschinen (ebd. S. 154 ff.). Die eigentliche Herausforderung läge vielmehr darin, mit der Einführung neuer Techniken auch tradierte Prozesse und Strukturen einer Organisation zu verändern. Ob und wie diese Herausforderung angenommen wird, hängt nicht nur von der Technik selbst ab oder gewandelten Anforderungen des Marktes, sondern maßgeblich von der Mitarbeiterorientierung des Managements und der Führungskultur; davon, ob Menschen nur als weisungsgebundene Produktionsfaktoren gesehen werden oder als das zentrale Leistungspotenzial eines Unternehmens, das es nachhaltig zu schützen und zu fördern gilt (z. B. de Geus 1997; Kaplan und Norton 1992).

24.2 Selbstorganisation

Selbstorganisation ist eine Leitidee neuer Arbeitsformen (Beedle et al. 2001; Hamel und Zanini 2019). Als Gegenkonzept zur tayloristischen Arbeitsorganisation verbindet sich damit die Hoffnung, dass bürokratische Kontrollen zugunsten hoher Freiheitsgrade bei der Arbeitsgestaltung im Kollektiv an Bedeutung verlieren. Tayloristische Konzepte waren getrieben von der Angst des Managements vor Kontrollverlust. Führung erschöpfte sich in Motivation durch finanzielle Anreize und durch genaue Vorgaben und Kontrolle einzelner Arbeitsschritte, bei strikter Arbeitsteilung zwischen zentraler Planung und dezentraler Ausführung. Derartig auf ihre physischen Fähigkeiten reduzierte „Arbeitskräfte" sollten „so verlässlich und effizient handeln wie das heute von Robotern erwartet wird" (Morgan 1997, S. 26). Zunehmende Komplexität der Aufgaben, zunehmender Wettbewerb und immer rascherer Wandel in den Kundenerwartungen wird – so die Vorhersage der Vertreter agiler Konzepte – diesem alten Denken und Handeln ein Ende setzen. Arbeiten im Kollektiv setzt nicht nur bestimmte fachliche und soziale Fähigkeiten voraus, sondern auch Gemeinsamkeiten: im Denken, Fühlen und Handeln, in den Wünschen, Erwartungen und Zielen, in den Werten und Regeln. Kooperation, ihre Gestaltung und ihr Erfolg, hängen nicht nur von *persönlichen,* sondern auch von *organisationsbedingten* Voraussetzungen ab. Teamarbeit ist voraussetzungsvoller als Einzelarbeit, erfordert ein Ethos der Kooperation (Badura 2017, S. 15 f.). Sie kann gesucht, aber auch gemieden werden, kann gelingen, aber auch scheitern. Die Qualität der Führung und der Kultur sind dafür von entscheidender Bedeutung.

Delegation und Empowerment

Im Zentrum selbstorganisierter Kopfarbeit steht das Team als Basiseinheit einer Organisation. In seine Verantwortung fällt die kundenorientierte Gestaltung des operativen Arbeitsgeschehens, also die Arbeitseinteilung und die kreative Durchführung der einzelnen Arbeitsprozesse. An die Stelle bürokratischer Vorgaben tritt Führung durch Begeisterung für gemeinsame Ziele, Kernwerte und Grundüberzeugungen. An die Stelle von „hard power" tritt „soft power" (Nye 2004). Nur wenn es gelingt, Mitarbeiterinnen und Mitarbeiter von der Sinnhaftigkeit ihrer Aufgaben und der Organisationsziele zu überzeugen, werden sie ihre volle Aufmerksamkeit und Energie dafür einsetzen. Eine weitere Voraussetzung gelingender Selbstorganisation ist Empowerment der Mitglieder durch Qualifizierung und durch Transparenz des Unternehmensgeschehens. Dazu gehört ein Berichtswesen, das Führung, Gesundheitsexperten und Personalvertretungen befähigt, Schattenseiten von Selbstorganisation frühzeitig zu erkennen und Lichtseiten zu fördern, wie es der Gesetzgeber mit seinem Corporate-Social-Responsibility-Umsetzungsgesetz beabsichtigt (CSR-Richtlinie-Umsetzungsgesetz 11.04.2017). *Die Entwicklung einer Kultur vertrauensvoller Kooperation wird in einer zunehmend selbstorganisierten Arbeitswelt zum wichtigsten Garanten von sozialer Kohäsion und sozialer Kohärenz* (siehe dazu Fußnote 1).

Von dieser neuen Arbeitswelt sind wir vielerorts noch weit entfernt. Der tayloristische Glaube an die Überlegenheit zentral geplanter Prozesse und hierarchischer Kontrolle ist nur schwer überwindbar. Bemühungen in Richtung Selbstorganisation sind für das Wohlbefinden der Mitarbeiter und die Bekämpfung weit verbreiteter innerer Kündigung und psychischer Beeinträchtigungen wie Burnout oder Schlafstörungen (z. B. Wöhrmann et al. 2016) allerdings zwingend geboten. Sie müssen gleichwohl mit großen Widerständen rechnen. Menschen lösen sich schwer von tradierten Denk- und Handlungsgewohnheiten, haben Angst vor Neuem oder verteidigen Privilegien. Aufbau und Weiterentwicklung eines Betrieblichen Gesundheitsmanagements und eine entsprechende Weiterentwicklung des Berichtswesens können helfen, diese Widerstände zu überwinden. Ohne verlässliche Daten zu Bindekraft und Mitarbeitergesundheit – bisher meist unsichtbare Qualitätsmerkmale einer Organisation – erfährt die Führung wenig Verlässliches über Auswirkungen ihrer Entscheidungen auf die Leistungsfähigkeit und Leistungsbereitschaft ihrer Mitarbeiter und deren Folgen für Produktivität und Qualität.

Ein besonderes Problem selbstorganisierter Arbeit bildet die Delegation „disziplinarischer" Funktionen, also der Verantwortung für Auswahl und Einstellung neuen Personals, für Leistungsbeurteilung, Belohnung und Beförderung. Führungskräfte können dahingehende Veränderungen als Befreiung von lästigen Kontroll- und Routinetätigkeiten erleben oder aber als Verlust subjektiv bedeutsamer Aufgaben und als sozialen Abstieg. Mitarbeiter können dies ihrerseits als einen Zugewinn an Gestaltungsmöglichkeiten oder aber als Überforderung erleben. Entsprechende Ängste gilt es ernst zu nehmen – als Hindernisse für den gewollten Wandel und als Risiken für Wohlbefinden und Leistungsbereitschaft der Betroffenen. Externe Begleitung dürfte in den meisten Fällen geboten sein, ebenso wie die Entwicklung eines Monitorings zur frühzeitigen Erkennung von Problemen für Gesundheit und Arbeitsverhalten.

Selbstorganisation verlangt Führung durch Delegation von Verantwortung und „vernetzte Intelligenz". Gelingen kann das durch Förderung der sozialen Kompetenz der Mitarbeiter und durch Mobilisierung ihrer intrinsischen Motivation. Selbstorganisation bedeutet Führung nicht mehr durch Regulierung einzelner Arbeitsschritte, sondern durch Beseitigung bürokratischer Widerstände, durch Einflussnahme auf Überzeugungen, Werte, Präferenzen, durch Begeisterung für Ziele, Visionen und durch vorbildhaftes Verhalten.

■■ **Licht- und Schattenseiten selbstorganisierter Arbeit**

Organisationen und ihre Arbeitssysteme haben Licht- und Schattenseiten, Stärken und Schwächen, die sich positiv oder negativ auf Kooperation, Gesundheit und Betriebsergebnis auswirken. In und durch Gruppen selbstständig organisierte Arbeit kann gesundheitsförderlich wirken, wenn sie herausfordernd und abwechslungsreich ist, wenn sie ermöglicht, das eigene Können einzusetzen und Arbeitsprozesse mitzugestalten. Vertrauensvolle Kooperation in überschaubaren Arbeitszusammenhängen entspricht der sozialen Natur der Spezies Mensch (z. B. Wilson 2013, S. 75 ff.). Nichts inspiriert offenbar so sehr wie der persönliche Austausch. In der Kommunikation „von Angesicht zu Angesicht" finden wir Menschen unsere Bestimmung und zugleich ein wirkmächtiges Instrument zur Arbeitsbewältigung. Dies gilt insbesondere dann, wenn Aufgaben frei von Motivation und Kreativität erstickenden technischen oder bürokratischen Kontrollen erledigt werden können.

Keinesfalls übersehen werden dürfen aber auch die möglichen „Schattenseiten". Aus Einzelkämpfern wird so leicht kein Team: „Die Hölle, das sind die Anderen" heißt es in den „Fliegen" von Jean-Paul Sartre. Mitglieder im Team können sich empathisch und rücksichtsvoll, aber auch abweisend und rücksichtslos verhalten. Mehr Verantwortung kann als angsteinflößende Belastung erlebt werden, z. B. die Verantwortung dafür, Konflikte innerhalb der Gruppe oder im Team bewältigen zu müssen. Ein einseitig effizienzorientiertes Management kann Selbstorganisation als Mittel zur Einsparung von Führungskräften erachten und die Selbstausbeutung der Mitarbeiterinnen und Mitarbeiter fördern. „Die wichtigsten und gleichzeitig am häufigsten übersehenen Kriterien [bei der Einführung neuer Arbeitsformen – B. B., M. S.] sind aber die kritischen Kunden- und Mitarbeiterbedürfnisse" (Rigby et al. 2019, S. 37). Vorgegebene Ziele können in Widerspruch stehen zu eigenen Moralvorstellungen, zu fachlichen Qualitätsstandards, der Berufsethik oder dem persönlichen Empfinden von Fairness und Gerechtigkeit. Als falsch oder unangemessen erachtete Arbeitsaufträge zerstören die emotionale Bindung an den Arbeitgeber und den Beruf. Und sie beeinträchtigen die Gesundheit: „Der Fokus auf Erschöpfung alleine und auf Arbeitsüberlastung unterschlägt die wesentliche Komponente von Burnout als Ergebnis einer Krise von Sinn oder Werten" (Maslach und Leiter 2016, S. 108). Das Betriebliche Gesundheitsmanagement (BGM) ist ein hierzulande mittlerweile breit rezipiertes Konzept, zu dessen Ausgestaltung im Rahmen selbstorganisierter Arbeit im Folgenden Vorschläge gemacht werden. Das Ziel des BGM zur Bewältigung der Digitalisierung ist Begleitung eines Kulturwandels in Richtung vertrauensvoller Kooperation und sinnvoller Betätigung.

24.3 Der Beitrag des BGM

Der Trend von der fremdorganisierten Hand- zur selbstorganisierten Kopfarbeit wird durch die Digitalisierung verstärkt. Qualifizierung und Gesundheit der Beschäftigten erfahren eine weitere Aufwertung. Immer gefragter sind hohe Lern- und Leistungsfähigkeit des Gehirns und deren Grundlage: das emotionale Befinden (Badura 2017, Kap. 2). Immer gefragter wird mit anderen Worten nicht mehr die physische, sondern die psychische Energie. Die Unternehmenskultur hat sich als eine dafür entscheidende, sinnstiftende oder sinntötende Größe erwiesen (z. B. Badura und Ehresmann 2016; Ehresmann und Badura 2018a). Wissenschaftliche Erschließung dieser komplexen Problemstellung und gesundheitsförderliche Gestaltung der Kultur von Kollektiven erachten wir deshalb als für die Weiterentwicklung des Betrieblichen Gesundheitsmanagements zentrale Herausforderungen.

Für Aufbau und Akzeptanz des BGM von grundlegender Bedeutung ist es, von Anbeginn die wichtigsten internen „Kunden" bzw. *Anspruchsgruppen* innerhalb eines Unternehmens, einer Verwaltung oder einer Dienstleistungsorganisation im Auge zu behalten. Erster Schritt in diese Richtung ist die Gewinnung von *Akzeptanz und Unterstützung durch die Beschäftigten und ihre Personalvertretung*. Ein zweiter Schritt ist der Aufbau einer Dateninfrastruktur („Gesundheitsbericht"). Die Arbeit daran verfolgt den Nebenzweck, die in Unternehmen oft recht große Zahl unterschiedlicher *Gesundheitsexperten* (Sozialarbeiter, Ärzte, Psychologen, Sicherheitsingenieure etc.) auf ein gemeinsames Vorgehen und zu kontinuierlicher Zusammenarbeit zu verpflichten. Sie bilden eine zweite interne Anspruchsgruppe, deren Kompetenzen für die Professionalität und den Erfolg des BGM von mitentscheidender Bedeutung sind. Die dritte Anspruchsgruppe bzw. der dritte interne Kunde des BGM ist das *operative Management*. Sein großer Einfluss auf Gesundheit und Bindung der Mitglieder und für ihre Transformation in engagierte Mitarbeiterinnen und Mitarbeiter ist mittlerweile hinlänglich dokumentiert (Badura et al. 2011). Der nachhaltige Erfolg des BGM hängt entscheidend davon ab, wie gut Führungskräfte für ihre Rolle vorbereitet, wie sie eingesetzt und laufend fortgebildet werden. Die Unterstützung der Führungskräfte bei der Bewältigung der an sie gestellten Anforderungen (z. B. Führungsspanne, Aufgabenmenge etc.) ist eine Daueraufgabe des BGM, realisiert z. B. durch spezielle Projekte zur Gesundheitsförderung und durch Coaching. Die wichtigste Anspruchsgruppe ist jedoch die *oberste Führungsebene* einer Organisation. Ihre Unterstützung ist für das BGM von existenzieller Bedeutung. Deshalb sollten die Beiträge des BGM zu den Unternehmenszielen nicht nur versprochen, sondern auch regelmäßig belegt werden – idealerweise durch die Entwicklung und laufende Erhebung einer begrenzten Zahl von Kennzahlen zum Monitoring des Gesundheitszustandes der Organisationsmitglieder und der dafür mitverantwortlichen Arbeits- und Organisationsbedingungen.

■ ■ Kennzahlen

Entscheidend für die Transformation der Mitglieder eines Unternehmens in leistungsbereite und qualitätsbewusste Mitarbeiterinnen und Mitarbeiter ist – das zeigen unsere zahlreichen Organisationsdiagnosen immer wieder – die Qualität der Führung, der Organisationskultur und der persönlichen Verbundenheit ihrer Mitglieder, mit anderen Worten ihr Sozialvermögen. Dies sollte auch im Berichtswesen angemessen berücksichtigt werden. Deshalb wird es zukünftig immer wichtiger, wie Unternehmen jenseits ihrer üblichen Finanzkennzahlen dastehen. Bereits seit 2017 geltendes Recht – wie bereits erwähnt – ist die Verpflichtung für Kapitalgesellschaften ab 500 Mitarbeiter zur „nichtfinanziellen Berichterstattung über Führung, Soziales und Umwelt". Wobei sich die Angaben beziehen sollen „auf die Maßnahmen, die zur Gewährleistung der *Geschlechtergleichstellung* ergriffen wurden, die *Arbeitsbedingungen*, die Umsetzung der grundlegenden *Übereinkommen der Internationalen Arbeitsorganisation*, die Achtung der *Rechte der Arbeitnehmerinnen und Arbeitnehmer*, […] den *sozialen Dialog*, die Achtung der *Rechte der Gewerkschaften*, den *Gesundheitsschutz* oder die *Sicherheit am Arbeitsplatz* …" (CSR-Richtlinie-Umsetzungsgesetz 11.04.2017). Das hier vorgeschlagene Kennzahlenset besteht aus Indikatoren zum Sozialvermögen (Treiber), zum Humanvermögen (Frühindikatoren) und zu betriebswirtschaftlich relevanten Ergebnissen (Spätindikatoren). Es soll einen Beitrag zu einer rechtskonformen und mitarbeiterorientierten Erweiterung des Berichtswesens leisten (◘ Abb. 24.1).

Gesundheitsindikatoren haben mehrfache Funktionen und werden in der Zukunft immer wichtiger. *Sie informieren die Führung* einer Organisation über den Zustand ihres sozialen Systems und den Entwicklungsbedarf. Sie informieren zudem über den wirtschaftlichen Nutzen von Investitionen in die Gesundheit und über den Stand der Zielerreichung in den einzelnen Untergliederungen: darüber, wieviel Gesundheit bei den Mitgliedern

24.3 · Der Beitrag des BGM

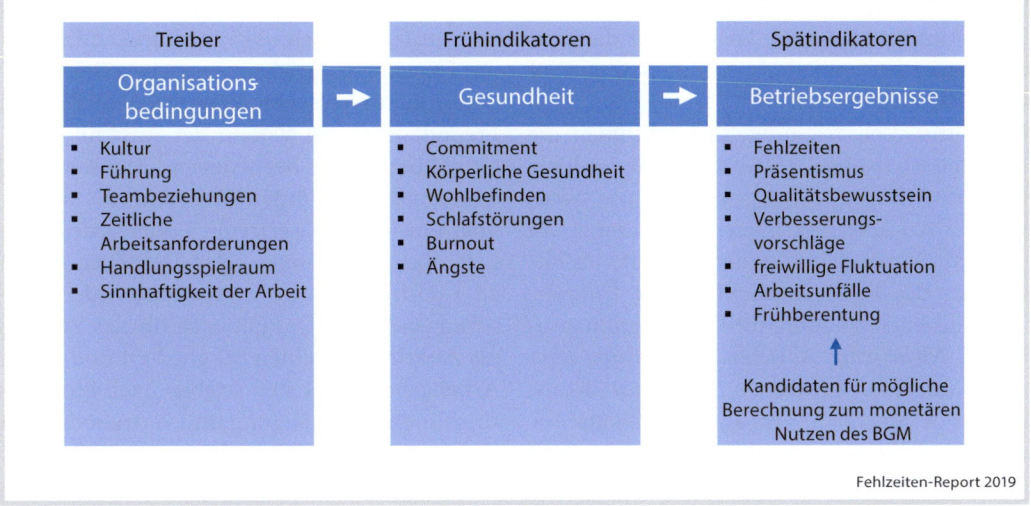

Abb. 24.1 Kennzahlenmodell

tatsächlich ankommt. Gesundheitskennzahlen dienen zudem auch dem *operativen Geschehen im BGM*. Sie lenken die Aufmerksamkeit der Gesundheitsexperten, der Personalvertretungen und der einzelnen Organisationsmitglieder, helfen Schwerpunkte ihres Handelns zu ermitteln, die Bedarfsgerechtigkeit einzelner Maßnahmen zu begründen und deren Durchführung zu bewerten. Für die Entwicklung des BGM zu einem lernenden System sind Kennzahlen zu Treibern, Früh- und Spätindikatoren zwingend erforderlich.

Kennzahlen beeinflussen Unternehmensentscheidungen und die Aufmerksamkeit innerhalb und außerhalb von Organisationen. Sie sind kritikanfällig, weil Ergebnis selektiver Wahrnehmung der betrieblichen Realität, mit dem Risiko von Informationsverlusten und Fehleinschätzungen. Sie sollten deshalb im Dialog mit den genannten betrieblichen Anspruchsgruppen und der Wissenschaft weiterentwickelt werden. Damit Kennzahlen zum Thema Gesundheit auf der obersten Führungsebene Beachtung finden, sollten sie eine überschaubare Zahl nicht überschreiten, Ursache-Wirkungs-Zusammenhänge abbilden und den Beitrag des BGM zu den Unternehmenszielen sichtbar machen. Das vorgeschlagene Kennzahlensystem ist der für die Führung einer Organisation relevante Extrakt des Gesundheitsberichts (zur weiteren Erläuterung verweisen wir auf Badura 2018).

Gesundheitsbericht

Gesundheitsexperten arbeiten in Unternehmen immer noch zu häufig neben- statt miteinander. Sie stammen meist aus unterschiedlichen Disziplinen, sprechen eine unterschiedliche Sprache und befassen sich in ihrer Arbeit oft auch mit unterschiedlichen Themen. Menschen sind biopsychosoziale Wesen, deren Herausforderungen und Beeinträchtigungen nur Disziplinen übergreifend verstanden werden können. Hinzu kommt, dass für Kopfarbeiter die psychische Gesundheit besonders wertvoll, zugleich aber auch besonders gefährdet ist. Ein Konsens darüber muss erst einmal hergestellt werden. Gesundheitsberichte dienen der Zusammenführung aller Gesundheitsexperten zur Bewältigung gemeinsamer Aufgaben und Arbeitsschwerpunkte und zur Entwicklung einer unabdingbaren Dateninfrastruktur, nicht um ihrer selbst willen, sondern nach dem Motto: Daten für Taten! Gesundheitsberichte dienen ferner der Information aller Mitglieder einer Organisation über ihren Gesundheitszustand und über betriebliche Einflüsse und Folgen. Sie dienen darüber hinaus der Festlegung von Prioritäten, der Entwicklung evaluierbarer Zielparameter sowie der Auswahl für die Zielerreichung geeigneter Maßnahmen und Projekte. Und sie dienen der periodischen Prüfung ihrer Zielerreichung. Bislang bilden die Fehlzeitenstatistiken der Krankenkassen hierfür die wichtigste Datengrundlage. Sie beruhen auf Angaben der niedergelassenen Ärzte über von ihnen diagnostizierte Krankheitsbilder. Für das BGM wichtiger ist die *Häufung* von Fehlzeiten als Indiz für Organisationsprobleme. *Nicht jeder Abwesende ist krank, aber auch nicht jeder Anwesende ist gesund!* „Krankenstände" sind kein verlässlicher Indikator für den Gesundheitszustand der Abwesenden und sie sagen nichts aus über den Gesundheitszustand derer, auf die es tagtäglich ankommt: der Anwesenden. Absentismus beeinträchtigt die Produktivität. Noch mehr tut das, nach allem was wir bisher darüber wissen, jedoch der Präsentismus. Damit gemeint sind gesundheitliche Beeinträchtigungen der Anwesenden (Steinke und Lampe 2017). Präsentismus lässt sich nur erfassen mit Hilfe aus unserer Sicht für das BGM unverzichtbarer Befragungen der Mitarbeiterinnen und Mitarbeiter über ihren Gesundheitszustand und über dessen Einfluss auf das Arbeitsverhalten. Unsere vergleichende Unternehmensforschung belegt den starken Einfluss der Sozialkapitalfaktoren „Führung", „Kultur" und „Beziehungsklima" und der damit zusammenhängenden „Sinnhaftigkeit" der gestellten Aufgaben auf beides: Absentismus und Präsentismus. *Entscheidend für den Erfolg des BGM ist der am Ende des Tages erreichte Zugewinn an Schutz und Förderung der Gesundheit der Beschäftigten.* Sinnstiftung und vertrauensvolle Kooperation fördern Gesundheit und Produktivität. Eine Kultur der Angst und des Misstrauens bewirkt das Gegenteil (Ehresmann und Badura 2018a).

- ▪▪ **Mitarbeiterbindung durch Kulturentwicklung: Ein Workshop-Programm**

Menschen sind das Ergebnis der biologischen Evolution. Ihr Handeln folgt einem biologisch vorgegebenen Basisprogramm der Annäherung oder Vermeidung. Menschen sind aber auch das Ergebnis der kulturellen Evolution. Unsere biologischen Antriebskräfte unterliegen kulturtypischen Prägungen in Familie, Freundeskreis, im Verlauf der Aus- und Weiterbildung und im Berufsleben.[1] Menschen bewerten alles, was ihnen widerfährt als wichtig oder unwichtig, als erfreulich oder bedrohlich. Erfreuliche Situationen oder Menschen ziehen an. Unerfreulich erlebte Situationen oder Menschen stoßen ab. Das gilt auch für das Verhältnis zwischen einzelnen Mitgliedern und ihrem Arbeitgeber. Menschen streben nach Bindung, sinnstiftender Betätigung und vertrauensvoller Kooperation. Wir gehen davon aus, dass Organisationen, die diesem Grundbedürfnis entgegenkommen, gesündere und motiviertere Mitglieder haben (siehe dazu Kap. 3–10 in Badura et al. 2017). Ein *Workshop-Programm zur Mitarbeiterbindung durch Kulturentwicklung* sollte Routinebestandteil eines jeden BGM sein, weil unsere mittlerweile zahlreichen Organisationsdiagnosen immer wieder den erheblichen

---

[1] Das Annäherungs- und Vermeidungssystem ist eine zentrale biologische Grundlage der von uns vertretenen Bindungsthese. Die Idee dafür geht auf das letzte große Werk von Darwin zurück: „Der Ausdruck der Gemütsbewegung bei den Menschen und den Tieren". Eric Kandel schreibt dazu: „In diesem Buch weist Darwin darauf hin, dass Gefühle Teil eines primitiven, praktisch universellen Annäherungs- und Vermeidungssystems sind, das dazu dient, Befriedigung zu finden und Leiden möglichst aus dem Wege zu gehen. Dieses System ist kulturübergreifend und wird von der Evolution bewahrt" (Kandel 2012, S. 103). In der modernen Neuroforschung werden, in Anknüpfung an Darwin, zwei biologisch vorgegebene Antriebskräfte unterschieden: ein Annäherungs- bzw. Belohnungssystem, das nach Wohlbefinden durch Bindung strebt, und ein Angstsystem, das nach Vermeidung und Bekämpfung von Bedrohungen strebt (z. B. Insel 2010). Bei der Transformation der Wirtschaft in Richtung selbstorganisierter Kopfarbeit sollten beide biologisch vorgegebene Coping-Strategien beachtet, sollten Bindung und Sinnstiftung gefördert, Misstrauen und Ängste gemieden werden. In der heutigen Arbeitswelt stark verbreitete Beeinträchtigungen wie Burnout und depressive Verstimmungen sind u. E. Symptome für eine zugrunde liegende Erkrankung des Bindungssystems der betroffenen Organisation.

Einfluss speziell der Organisationskultur auf Wohlbefinden, Loyalität und Leistungsbereitschaft und den hier bestehenden Handlungsbedarf belegen. Die *Notwendigkeit einer kontinuierlichen Beschäftigung mit Kultur, Bindung und Gesundheit ergibt sich aus der Erfahrung, dass nicht nur technische Systeme einer Organisation immer wieder auf ihre Funktionsfähigkeit überprüft werden müssen, sondern dass dies auch für ihre sozialen Systeme gilt.*

Kultur ist für uns ein deskriptives, kein normatives Konzept. Sie ist Ausdruck von Bindekraft und Energie einer Organisation. Unter der Kultur einer Organisation verstehen wir zum einen das Maß an gegenseitigem Vertrauen bzw. sozialer Kohäsion und zum anderen das Maß an Gemeinsamkeiten im Denken, Fühlen und Handeln bzw. an (Gemein-) Sinn, an gemeinsamem Glauben und Streben. *Vertrauen* ist eine zentrale Voraussetzung für die Entstehung starker Bindung an Mitmenschen, für soziale Kohäsion. Soziale Kohäsion ist die zentrale Voraussetzung für das Überleben jeder Gruppe, Organisation und Gesellschaft. Eine zweite überlebenswichtige Voraussetzung ist die Fähigkeit zur Entwicklung *sinnstiftender Ziele*, Visionen und Innovationen zur gemeinsamen Daseins- und Zukunftsbewältigung, hier genannt soziale Kohärenz. Die Kunst der Führung besteht darin, in einer turbulenten Umwelt zukunftsoffen zu bleiben, soziale Kohärenz zu stärken, ohne soziale Kohäsion zu opfern. *Vertrauen reduziert Kontrollkosten, Sinnstiftung die Kosten für Koordination*, was auf die wirtschaftliche Bedeutung von Kultur verweist. Gemeinsinn und Vertrauen reduzieren die Transaktionskosten einer Organisation durch einen gemeinsamen Fokus und gemeinsame Kernwerte.

Soziale Kohäsion zielt auf das Spannungsverhältnis zwischen den Wünschen und Erwartungen (Soll) der Mitglieder in Sachen *Zusammenarbeit* und dem von ihnen wahrgenommenen Ist-Zustand. In der Unternehmenspraxis sollten dabei folgende Fragen bearbeitet werden: Was behindert gegenseitige Unterstützung und sozialen Zusammenhalt im Team? Wie erfreulich oder belastend werden Kooperation und das tägliche Miteinander erlebt? Werden dazu bestehende Regeln eingehalten? Welche Konflikte entstehen aus welchem Anlass, werden sie gelöst oder unterdrückt? Was stärkt oder schwächt das Gemeinschaftsgefühl? Gibt es das überhaupt? Wie steht es um das Sicherheitsgefühl, um Ängste und Misstrauen? Was sind mögliche Ursachen? Was geschieht bei Nichtbeachtung zentraler Regeln und Werte? Was behindert disziplinen- und abteilungsübergreifende Kooperation? Fühlen sich die Mitglieder fair und gerecht behandelt, belohnt und ausreichend informiert (zum Zusammenhang zwischen Einkommensungleichheit in Unternehmen und ihrer sozialen Kohäsion vgl. Ehresmann und Badura 2018b)? Werden grobe Regelverstöße nicht sanktioniert, untergräbt das Arbeitsmoral und Gemeinsinn. *Soziale Kohäsion befriedigt das Grundbedürfnis nach sozialer Verwurzelung, Wir-Gefühl und vertrauensvoller Zusammenarbeit.*

Soziale Kohärenz zielt auf das Spannungsverhältnis zwischen Wünschen und Erwartungen in Sachen *sinnstiftender Arbeit* (Soll) und den tatsächlich gelebten Zielen, Werten und Visionen (Ist). Soziale Kohärenz bezieht sich auf Fragen wie: Tun wir das Richtige? Und wie richtig tun wir es? Ziehen alle am gleichen Strang? Förderung von Kohärenz bedeutet Förderung von Transparenz, Beteiligung und Selbstorganisation durch gemeinsame Sinnsysteme, d. h. gemeinsame Vorstellungen darüber, was wichtig oder unwichtig, dringend oder weniger dringend ist, welche Gemeinsamkeiten es im Denken, Fühlen und Handeln trotz aller Unterschiede zu beachten gilt. *Soziale Kohärenz befriedigt das Grundbedürfnis nach Sinn, Orientierung und Zuversicht.* Gemeinsinn entsteht nur durch Beides: begeisternde Ziele und aufeinander abgestimmtes, „konzertiertes" Handeln zu ihrer Erreichung. Ein hohes Maß an sozialer Kohärenz besteht dann in einer Organisation, wenn sich die Mitglieder mit ihren Zielen und Aufgaben identifizieren.

Soziale Kohärenz und soziale Kohäsion sind Grundvoraussetzungen dafür, dass Wissen und Energie der Mitglieder weitgehend ungehindert in die Zielverfolgung eines Kollektivs fließen. Was die Forschung zum Betrieblichen Gesundheitsmanagement dazu beiträgt, lässt sich in folgender Erkenntnis zusammenfassen: Ansprüche an das persönliche Arbeitsvermögen sind besser und leichter zu bewältigen von Menschen, die in ein Netzwerk vertrauensvoller Beziehungen eingebettet sind und von einem gemeinsamen Grundverständnis handlungsleitender Überzeugungen, Werte und Ziele getragen werden. Müssen zunehmende Anforderungen dagegen in einem zudem von Ängsten, Misstrauen und Unsicherheiten geprägten Umfeld bewältigt werden, wie das gegenwärtig zu häufig der Fall ist, steigt das Risiko beeinträchtigter Gesundheit, sinkender Leistungskraft und Loyalität (Badura et al. 2013, 2017).

Kulturworkshops, gut vorbereitet, wohlmoderiert und protokolliert, leisten nicht nur einen Beitrag zur Entwicklung und Stabilisierung kollektiver Identität und zur Reflexion und Weiterentwicklung gemeinsamer Handlungs- und Entscheidungsgrundlagen. Sie dienen auch der Mobilisierung kollektiver Intelligenz und Energie. Eine gewisse Kluft zwischen individuellen Wünschen und kollektiven Zwängen wird sich kaum vermeiden lassen, insbesondere nicht in Zeiten hoher kultureller Fragmentierung und einer turbulenten Umwelt. Das erkennbar von der obersten Führung angestrengte Bemühen zu ihrer Überwindung kann jedoch dazu beitragen, die Ergebnisse solcher Workshops zu akzeptieren, auch wenn sie nicht immer oder nicht in Gänze von allen geteilt werden. Bei der persönlichen Bewertung von Arbeit und Organisation sollten positive Gefühle die Oberhand behalten, weil davon Bindung und Energieeinsatz der Mitarbeiter abhängt. Behalten negative Gefühle die Oberhand, sinkt das Interesse an Arbeit und Organisation, nehmen Dienst nach Vorschrift zu, bis hin zur inneren Kündigung und der Bereitschaft, der eigenen Organisation zu schaden oder sie zu verlassen. Erzwingen die Umstände dennoch einen Verbleib, steigt das Risiko hoher Fehlzeiten (Absentismus) und gesundheitlicher Beeinträchtigungen (Präsentismus), sinken Qualitätsbewusstsein, Mitarbeiterbindung und Energieeinsatz.

Das folgende Unternehmensbeispiel soll verdeutlichen, wie ein eingeleiteter Veränderungsprozess in Richtung Selbstorganisation durch ein Betriebliches Gesundheitsmanagement unterstützt werden kann: (a) durch eine Unternehmensdiagnose und (b) durch eine Serie von Kulturworkshops.

24.4 Agiles und gesundes Arbeiten im Unternehmen A

Das Unternehmen A ist ein führender Anbieter von Rechnungswesen- und Controlling-Software, das vor knapp 40 Jahren gegründet wurde. Es wird geführt durch seinen Gründer und Eigentümer und – in den letzten Jahren – eine Geschäftsführung. Das Unternehmen A ist in den letzten 15 Jahren sehr stark gewachsen und zählt aktuell knapp 160 Mitarbeiterinnen und Mitarbeiter.

Seit seiner Gründung ist A ein Unternehmen, das – wesentlich vorangetrieben durch seinen Inhaber – auf einer werteorientierten Unternehmenskultur basiert. Neben unternehmensstrategischen Werten wie Qualität und Innovation spielt die Mitarbeiterorientierung eine wesentliche Rolle. Die Beteiligung und Expertise der Beschäftigten wird im Rahmen von Standardprozessen aktiv eingefordert. Die Weiterentwicklung der Beschäftigten und ein offener Dialog werden gefördert. Die Mitarbeiterinnen und Mitarbeiter können über eine Beteiligungsgesellschaft Teilhaber am Unternehmen werden und das Unternehmen engagiert sich sozial in der Region (Stiftung, Stipendien, Social Events etc.).

■■ **Agiles Arbeiten nach dem „Scaled Agile Framework (SAFe)"**

Im Herbst 2017 fiel die Entscheidung, die Arbeitsweise im Bereich der Herstellung mit ca. 60 Mitarbeiterinnen und Mitarbeitern auf agiles Arbeiten umzustellen. Entwicklungen des Marktes erforderten kürzere Produktzy-

24.4 · Agiles und gesundes Arbeiten im Unternehmen A

klen (Time-to-Market (TTM)) und ein schnelleres und flexibleres Reagieren auf individuellere Anforderungen seitens der Kunden. Diesen Anforderungen sollte mit Hilfe von agilen, selbstorganisiert arbeitenden Entwickler-Teams begegnet werden. Die Umstellung erfolgte nach dem „Scaled Agile Framework (SAFe)" mit der Unterstützung entsprechend zertifizierter Beratung. Perspektivisch ist eine Ausweitung auf das gesamte Unternehmen geplant.

Die Einführung von SAFe ging mit einer Reihe von Änderungen in der Zusammenarbeit und den Arbeitsprozessen einher. Aus den bisher insgesamt vier Entwicklungs- bzw. Qualitätssicherungsteams mit jeweiliger Teamleitung wurden drei agile Teams, bestehend jeweils aus den Entwicklern, der Qualitätssicherung, dem Team-Verantwortlichen (Scrum-Master[2]) und dem Produktverantwortlichen (Product Owner). Die Teams wurden also zum Teil neu zusammengesetzt und erhielten die Verantwortung für die Herstellung des Endprodukts nach Planung. Die Rolle der Team-Verantwortlichen (Scrum-Master) wurde durch die bisherigen Teamleitungen ausgefüllt. Dies wurde von Seiten der Leitung als Lösung ausschließlich für den Übergang von der bisherigen Organisation hin zur agilen Organisation verbindlich zugesagt und stellte im Prozess so für alle Beteiligte einen tragfähigen Kompromiss dar, der aber durchaus kritisch „beäugt" wurde. Für die Mitarbeiterinnen und Mitarbeiter und die Teamleitungen ergaben sich hierdurch Änderungen ihrer bisherigen Aufgaben, Kompetenzen und Verantwortlichkeiten.

Veränderungen für die agilen, selbstorganisierten Teams
- Neubesetzung mit anderen Funktionen
- Verantwortung für die Prozessplanung und -einhaltung (PI Plannings, eigenständige Status-Meetings etc.)
- Fachliche Verantwortung für das Produkt
- Verantwortung für die Dokumentation

Veränderungen für die bisherigen Teamleitungen
- Aufgabe der Rolle als fachliche Vorgesetzte
- Übergangsweise Übernahme der Rolle als Scrum-Master („Servant Leadership"; „Group Facilitator")
Unterstützung des Teams bei der Ausführung seiner Aufgaben
Förderung der Zusammenarbeit im Team
Beratung und Unterstützung im Zeit-/Projektmanagement
Förderung und Coaching einzelner Teammitglieder bezogen auf ihre Aufgaben

■■ **Prozessbegleitung durch das Betriebliche Gesundheitsmanagement (BGM)**

Begleitend zu den beschriebenen Veränderungen wurde im gesamten Unternehmen im Frühjahr 2018 im Rahmen des Betrieblichen Gesundheitsmanagements (BGM) ein Review-Prozess durchgeführt. Ziel dieses Prozesses war es, die in Folge einer im Herbst 2016 durchgeführten BGM-Mitarbeiterbefragung umgesetzten Maßnahmen auf ihre Wirksamkeit hin zu überprüfen. Die Mitarbeiterbefragung wurde mit dem Bielefelder Sozialkapitalindex (BISI) durchgeführt, der auf dem Unternehmensmodell aus Treibern, Früh- und Spätindikatoren beruht. Entsprechend dem Vorgehen der Unternehmensdiagnostik wurden die Befragungsergebnisse in allen Teams in einem strukturierten Folgeprozess bearbeitet und Maßnahmen abgeleitet. Darüber hinaus wurden Querschnittsthemen auf Abteilungs- und Unternehmensebene identifiziert und adressiert. Der Gesamtprozess wurde über den BGM-Steuerkreis gesteuert, dem regelmäßig Umsetzungsstände berichtet wurden. Durch das Vorgehen konnten die bestehenden Stärken

---

[2] Die Rolle des Scrum-Masters nimmt Funktionen eines Team-Coaches bzw. -Assistenten wahr: „The Scrum Master role is a unique Agile team member who spends much of her time helping other team members communicate, coordinate, and cooperate; generally, this person assists the team in meeting their delivery goals … The Scrum Master also helps the team coordinate with other teams … and communicates status to management as needed" (Scaled Agile Inc. 2018).

und Schwächen bei Kultur, Führung, Teambeziehungen, Arbeitsbedingungen und der Gesundheit der Beschäftigten erstmals explizit benannt und gefördert bzw. abgebaut werden. Ein systematischer und kontinuierlicher Dialog zum Thema wurde im Unternehmen angestoßen Im Entwicklungsbereich hatte der Prozess zusätzlich das Ziel, die bereits stattgefundenen Veränderungen im Rahmen des SAFe-Prozesses hinsichtlich ihrer Wirkungen auf die beteiligten Mitarbeiterinnen und Mitarbeiter und Führungskräfte und hinsichtlich deren Reaktionen zu beleuchten. Dieser Blickwinkel, der in Veränderungsprozessen üblicherweise durch ein Change Management berücksichtigt wird, war im Unternehmen und dem SAFe-Prozess bisher nicht vorgesehen.

Mit jedem Team wurden 1 bis 2 halbtägige Analyse-Workshops auf der Grundlage von Befragungsergebnissen, Maßnahmenplänen und Leitfragen durchgeführt und weitere Maßnahmen vereinbart und umgesetzt.

▪▪ Begleitung der Mitarbeiterinnen und Mitarbeiter und Teams

In den Workshops fielen die Reaktionen seitens der Mitarbeiterinnen und Mitarbeiter in der Entwicklung auf die beschriebenen Veränderungen unterschiedlich aus. In einem Team stellte die Umstellung keine größere Veränderung dar, da die Beschäftigten hier schon im Vorfeld – wesentlich getrieben durch die Teamleitung – sehr eigenständig und selbstorganisiert arbeiteten und die Teamleitung ihre Rolle im Wesentlichen als Unterstützerin und Ansprechperson vertrat. In diesem Team wurde in den Workshops der bereits erreichte Entwicklungsstand bewusst gemacht und gestärkt. Unterschiede und Schwierigkeiten in der Zusammenarbeit in und mit den anderen Entwicklungsteams wurden thematisiert und Lösungsstrategien erarbeitet (Planungsgespräch zu einer eventuellen Umbesetzung der Teams; Beratung und Coaching einzelner Mitarbeiterinnen und Mitarbeiter etc.).

In einem weiteren Team waren die Mitarbeiterinnen und Mitarbeiter den Veränderungen gegenüber ebenfalls sehr aufgeschlossen und fühlten sich darauf ausreichend vorbereitet. Es wurde erarbeitet, welche Anzeichen bei Überforderung auftreten können und wie im Team darauf reagiert werden kann. Im Rahmen des Workshops wurden Hinweise und Sorgen aufgenommen, dass die bislang sehr stark fachlich führende Teamleitung Schwierigkeiten in der Ausübung ihrer neuen Rolle haben könnte. Diese Hinweise wurden gemeinsam mit der Teamleitung aufgenommen, diskutiert und es wurde diesbezüglich ein Vorgehen für die nächste Zeit erarbeitet.

In einem dritten Team bestanden schon im Vorfeld des Veränderungsprozesses Schwierigkeiten in der Zusammenarbeit zwischen den Teammitgliedern und auch mit der Teamleitung, die die Arbeitsweise und Produktivität des Teams erkennbar einschränkten. Diese Schwierigkeiten wurden nun noch transparenter (neue Teammitglieder, Planungsmeetings mit dem gesamten Bereich) und spitzten sich zu. Die Teamleitung verstärkte aus Angst vor Kontrollverlust ihre enge Führung der einzelnen Mitarbeiterinnen und Mitarbeiter noch und erhöhte dadurch den Druck im Team. Eine selbstorganisierte Arbeitsweise konnte nicht entstehen und es trat zusätzlich ein Konflikt mit einer Mitarbeiterin auf. Diese Schwierigkeiten wurden im Rahmen der Workshops erkannt und es wurde für das Team ein Coach eingesetzt, der eine getrennte Begleitung der Teamleitung und des Teams aufnahm.

In den Analyse-Workshops äußerten unterschiedliche Mitarbeiterinnen und Mitarbeiter außerdem Bedenken, ob Selbstorganisation und Delegation auch tatsächlich konsequent umgesetzt würden und ob am Ende nicht doch eine inkonsequente Lösung stehe, die das volle Potenzial selbstorganisierten Arbeitens nicht ausschöpfen könne. Diese Hinweise wurden an die Bereichs- und Unternehmensleitung weitergegeben. Diese kommunizierte – als Reaktion – ihr Zielbild und ihren Entwicklungsplan noch einmal expliziter in den Bereich.

▪▪ Begleitung der Führungskräfte

Auf Seiten der Führungskräfte bestanden die größten Schwierigkeiten mit der Umstellung.

24.4 · Agiles und gesundes Arbeiten im Unternehmen A

In den Fällen, in denen die Teamleitungen vor allem wegen ihres fachlichen Know-hows ausgewählt worden waren, fiel es entsprechend schwer, die fachliche und Prozessverantwortung an die Teams zu delegieren und sich ausschließlich auf (Menschen-)Führung zu beschränken. Gleichzeitig bestand die Sorge, als Führungskraft „überflüssig" und „wegrationalisiert" zu werden, weil selbstorganisiertes Arbeiten weniger Führung bedarf. Diese Sorgen und Bedenken wurden durch die Analyse-Workshops erstmals offen benannt und thematisiert. In der Folge vereinbarte die Bereichsleitung mit den ehemaligen Teamleitungen feste Gesprächsroutinen, um im laufenden Change-Prozess im Dialog zu bleiben. In den Gesprächen wurden einerseits aktuelle Bedürfnisse der einzelnen Führungskräfte thematisiert. Darüber hinaus ging es andererseits darum, gemeinsam mit der Bereichsleitung die „richtige" Rolle im zukünftigen System zu identifizieren. Hierzu wurden Feedback-Gespräche geführt und Rückmeldungen von Mitarbeiterinnen und Mitarbeitern einbezogen. Einzelne Führungskräfte behielten ihre Rolle als Scrum-Master, wenn sie sie gerne und gut ausfüllten. Andere Führungskräfte übernahmen neue fachliche Rollen im System ohne Personalverantwortung (Programmebene). Unternehmens- und Bereichsleitung wurden für die Sichtweise und Wahrnehmung der Führungskräfte sensibilisiert und angehalten, stärker Klarheit, Orientierung und Sicherheit zu geben.

Weiterentwicklung der Unternehmenskultur

Insgesamt betrachtet konnte der Veränderungsprozess durch die beschriebene Begleitung im Rahmen des BGM gesundheitsförderlicher gestaltet werden. Es konnten Schwierigkeiten, Sorgen und Ängste bearbeitet und adressiert werden, die ansonsten nicht oder erst spät entdeckt worden wären. Entsprechend wurde im Prozessverlauf die Entscheidung getroffen, im Folgejahr einen ähnlichen Prozess inklusive einer Folgebefragung durchzuführen, um über das BGM-Berichtswesen die organisatorischen und sozialen Veränderungen „im Blick" zu haben und diese konstruktiv zu gestalten.

Darüber hinaus waren weitere übergeordnete Faktoren von Bedeutung:

- Die Hintergründe und Ziele des Veränderungsprozesses waren hinlänglich bekannt und wurden geteilt, sodass die Veränderungen als richtig und sinnhaft empfunden wurden („Wir müssen schneller werden", „Der Markt verändert sich ständig"). Es bestand eine gemeinschaftliche Überzeugung, über notwendige Weiterentwicklungen als Unternehmen erfolgreich in die Zukunft gehen zu können. Die Grundlage hierfür war wiederum die sehr offene und diskursive Kultur des Unternehmens, in der es üblich ist, sich mit allen Beteiligten regelmäßig und sehr offen zu übergeordneten Fragestellungen auszutauschen und dabei explizit auch die Sichtweisen aller Beschäftigten einzuholen. Dieser Austausch sollte nicht zuletzt durch eine entsprechende (offene und kommunikative) Gestaltung des Firmengebäudes gefördert werden.
- Zu den tradierten Werten im Unternehmen gehört ein stark Mitarbeiter- und beteiligungsorientiertes Vorgehen bei Neuerungen oder Veränderungen (z. B. Gestaltung Umbau). Dieser Ansatz hat – das ist im Rahmen der BGM-Begleitung deutlich sichtbar geworden – den Boden dafür bereitet, dass selbstorganisiertes und eigenverantwortliches Arbeiten keinen „Stilbruch", sondern vielmehr eine Weiterentwicklung bestehender Arbeitsweisen darstellt. Dies zeigte sich auch daran, dass in Teams außerhalb der Entwicklung (Marketing, Support) bereits weitgehend eigenverantwortlich und selbstorganisiert gearbeitet wird und die Führungskräfte hier nur eine unterstützende Rolle einnehmen.
- Entscheidend war weiterhin ein intensiver und strukturierter Austausch im Leitungs- und Führungsteam, in dem ebenfalls ein Analyse-Workshop durchgeführt wurde. Thematisiert wurde hier die Gestaltung von Schnittstellen zwischen

Abteilungen und die abteilungsübergreifende Zusammenarbeit insgesamt. Im Zuge des BGM-Prozesses waren hierzu Verbesserungsbedarfe erkennbar geworden, die sich mit dem Wachstum des Unternehmens entwickelt hatten. Die Unternehmensziele und deren Abhängigkeit von abteilungsübergreifender Kooperation wurden thematisiert. Der Gemeinsinn im Führungskreis wurde gefördert und es wurden konkrete Schritte und Maßnahmen erarbeitet, um in Zukunft Austausch, Zusammenarbeit und Zusammenhalt im Führungsteam und zwischen den Abteilungen weiter zu fördern.

Insgesamt betrachtet hat sich in dem Unternehmensbeispiel gezeigt, dass es sozialer und kultureller Weiterentwicklungen im Unternehmen A bedurfte, um die technische Innovation sowohl für das Unternehmen als auch die Mitarbeiterinnen und Mitarbeiter und Führungskräfte gut und erfolgreich gestalten zu können. Die Prozessbegleitung durch das BGM hat dabei geholfen, diese sozialen und kulturellen Notwendigkeiten überhaupt erst sichtbar zu machen und sie zielgerichtet und gemeinsam zu gestalten. In seinem Ansatz vergleichbar mit einem klassischen Change Management hat das BGM im Beispiel jedoch sehr stark den Fokus auf die Veränderungen und ihre Auswirkungen auf Gesundheit, Wohlbefinden und Leistungsfähigkeit der Beschäftigten gelegt. Darüber hinaus hat die BGM-Begleitung über Kulturentwicklung einen Gesamtrahmen aus gemeinsamen Überzeugungen, Werten und Zielen im Unternehmen („Mindset") geschaffen, innerhalb dessen die positive Gestaltung des Veränderungsprozesses möglich war.

24.5 Forschungsbedarf

Hochausgebildete Kopfarbeiter streben nach sinnvoller Betätigung und höchstmöglicher Autonomie bei starker Selbstverpflichtung auf bestmögliche Anwendung gelernten Wissens und gelernter Qualitätsstandards. Daraus folgt:

Eine Kopfarbeitergesellschaft kann ihr technisches Potenzial nur dann voll ausschöpfen, wenn beides gelingt: arbeiten in vertrauensvoller Kooperation entlang der wertschöpfenden Prozesse; und arbeiten nicht nur mit hoher fachlicher, sondern auch mit hoher sozialer Kompetenz und intrinsischer Motivation. *Der Link zwischen Wohlbefinden, Kreativität und Unternehmenserfolg* ist in den Führungsetagen der Wirtschaft noch längst nicht überall erkannt. Dass die Unternehmenskultur dabei eine zentrale Rolle spielt, wird zudem häufig unterschätzt. Intrinsische Motivation ist keinesfalls nur Merkmal einzelner Personen. Intrinsische Motivation muss immer wieder geweckt und erhalten werden: durch kollektive Begeisterung für die Sache und durch kollektives Vertrauen auf die Mitarbeiterorientierung einer Organisation. Die Verantwortung dafür trägt die oberste Führung mit den von ihr vorgelebten Überzeugungen, Werten und Visionen.

Jede Organisation ist ein Fall für sich. Dementsprechend unterschiedlich sind auch die faktisch vorfindbaren Organisationskulturen. Wir schlagen vor, drei Grundtypen zu unterscheiden: 1. *Kulturen der Angst und des Misstrauens*; sie finden sich vermutlich überall dort, wo traditionell streng hierarchische Strukturen bestehen, z. B. in großen Unternehmen und in der öffentlichen Verwaltung. 2. *Kulturen bedingungslosen Wettbewerbs* und amoralischen Strebens nach individuellem Erfolg; sie finden sich vermutlich überwiegend in der Finanzwirtschaft. 3. *Kulturen vertrauensvoller Kooperation* auf der Grundlage gemeinsamer Grundüberzeugungen und Kernwerte; sie finden sich vermutlich eher in mittelständischen Familienunternehmen und Start-ups (vgl. dazu Cameron und Quinn 2011; Badura 2017). Eine Kultur sinnstiftender und vertrauensvoller Kooperation ist – dafür sprechen die uns bisher vorliegenden Organisationsdiagnosen – gesünder und erfolgsversprechender. Sie reduziert den Kontrollaufwand der Führungskräfte, trägt bei zur Vermeidung von Beziehungskonflikten, von Fehlern und innerer Kündigung. Und sie reduziert Absentismus und Präsentismus. Dies und der zunehmende Fachkräftemangel legen nahe, den Link zwischen Gesundheit und Unternehmenskultur noch ernster zu nehmen und die Attraktivität und Bindekraft der eigenen Organisation durch Investitionen in die Gesundheit zu erhöhen. Der Einfluss der Kultur auf das Arbeitsverhalten und die Gesundheit ist eine bisher wenig untersuchte Fragestellung. Es besteht Forschungsbedarf: z. B. zur Identifizierung und Verbreitung unterschiedlicher Kulturtypen und zur Analyse ihrer Auswirkungen auf Gesundheit und Organisationserfolg. Der Trend in Richtung selbstorganisierter Kopfarbeit und die Suche nach neuen Formen sowohl betriebsgerechter wie auch gesundheitsförderlicher Arbeitsorganisation erzwingen zudem – wie oben angedeutet – eine wissenschaftlich fundierte Auseinandersetzung mit den Licht- und Schattenseiten mehr oder weniger autonomer Gruppen- bzw. Teamarbeit und deren Konsequenzen für Gesundheit und Produktivität (vgl. dazu Allen und Hecht 2004; Martela und Riekki 2018). Die von Neuroforschern vertretene These vom Gehirn als einem sozialen Organ räumt zwischenmenschlichen Prozessen eine zentrale Bedeutung ein: für die Entwicklung neuronaler ebenso wie für die Entwicklung sozialer Netzwerke. Einleiten könnte dies einen längst fälligen Brückenschlag zwischen den Neuro- und den Sozialwissenschaften.

Literatur

Allen NJ, Hecht TD (2004) The 'romance of teams': Toward an understanding of its psychological underpinnings and implications. J Occup Organ Psychol 77(4):439–461

Badura B, Greiner W, Rixgens P, Ueberle M, Behr M (2013) Sozialkapital. Grundlagen von Gesundheit und Unternehmenserfolg Bd. 2. Springer, Berlin

Badura B, Ducki A, Schröder H, Klose J, Macco K (2011) Fehlzeiten-Report 2011. Führung und Gesundheit. Springer, Berlin Heidelberg

Badura B, Ducki A, Schröder H, Klose J, Meyer M (2013) Fehlzeiten-Report 2013. Verdammt zum Erfolg – die süchtige Arbeitsgesellschaft? Springer, Berlin Heidelberg

Badura B, Ducki A, Schröder H, Klose J, Meyer M (2017) Fehlzeiten-Report 2017. Krise und Gesundheit – Ursachen, Prävention, Bewältigung. Springer, Berlin

Badura B, Ehresmann C (2016) Unternehmenskultur, Mitarbeiterbindung und Gesundheit. In: Badura B et al (Hrsg) Fehlzeiten-Report 2016. Unternehmenskultur und Gesundheit – Herausforderungen und Chancen. Springer, Berlin Heidelberg, S 81–94

Badura B (2017) Arbeit und Gesundheit im 21. Jahrhundert. In: Badura B (Hrsg) Arbeit und Gesundheit im 21. Jahrhundert. Springer, Berlin Heidelberg, S 1–17

Badura B (2018) Controlling im BGM: Mit Kennzahlen zum Erfolg. Sicherheitsingenieur 41(11):28–30

Beedle M et al (2001) Manifest für agile Softwareentwicklung. www.agilemanifesto.org. Zugegriffen: 9. Juli 2019

Brynjolfsson E, McAfee A (2014) The Second Machine Age. Wie die nächste digitale Revolution unser aller Leben verändern wird. Börsenmedien AG, Kulmbach

Cameron KS, Quinn RE (2011) Diagnosing and changing organizational culture. Jossey Bass, San Francisco

de Geus A (1997) The living company: habits for survival in a turbulent business environment. Harvard Business School Press, Boston

Ehresmann C, Badura B (2018a) Sinnquellen in der Arbeitswelt und ihre Bedeutung für die Gesundheit. In: Badura B et al (Hrsg) Fehlzeiten-Report 2018. Sinn erleben – Arbeit und Gesundheit. Springer, Berlin

Ehresmann C, Badura B (2018b) Soziale Ungleichheit, sozialer Zusammenhalt und Gesundheit. In: Public Health Forum. De Gruyter, Berlin, S 322–324

Gesetz zur Stärkung der nichtfinanziellen Berichterstattung der Unternehmen in ihren Lage- und Konzernlageberichten (CSR-Richtlinie-Umsetzungsgesetz) vom 11. April 2017. https://www.bgbl.de/xaver/bgbl/text.xav?SID=&tf=xaver.component.Text_0&tocf=&-qmf=&hlf=xaver.component.Hitlist_0&bk=bgbl&start=%2F%2F*%5B%40node_id%3D%27265220%27%5D&skin=pdf&tlevel=-2&nohist=1. Zugegriffen: 18. April 2019

Gloger B, Rösner D (2014) Selbstorganisation braucht Führung: die einfachen Geheimnisse agilen Managements. Carl Hanser, München

Hamel G, Zanini M (2019) Das Ende der Bürokratie. Harvard-Business-Manager 19(1):23–31

Häusling A, Rutz B (2017) Agile Führungsstrukturen und Führungskulturen zur Förderung der Selbstorganisation – Ausgestaltung und Herausforderungen. In: von Au C (Hrsg) Struktur und Kultur einer Leadership-Organisation. Springer, Wiesbaden, S 105–122

Insel TR (2010) The challenge of translation in social neuroscience: a review of oxytocin, vasopressin, and affiliative behavior. Neuron 65(6):768–779

Kandel ER (2012) Das Zeitalter der Erkenntnis. Siedler, München

Kaplan S, Norton DP (1992) In Search of Excellence – der Maßstab muss neu definiert werden. Harv Manag 14(4):37–46

Martela F, Riekki TJ (2018) Autonomy, competence, relatedness, and beneficence: a multicultural comparison of the four pathways to meaningful work. Front Psychol 9:1157

Maslach C, Leiter MP (2016) Understanding the burnout experience: recent research and its implications for psychiatry. World Psychiatry 15(2):103–111

Morgan G (1997) Images of organization. SAGE, Thousand Oaks

Nye JS (2004) Soft power: the means to success in world politics. Public Affairs, New York, S 153–171

Rigby DK, Sutherland J, Noble A (2019) Das agile Unternehmen. Harvard-Business-Manager 19(1):33–42

Rixgens P (2010) Messung von Sozialkapital im Betrieb durch den „Bielefelder Sozialkapital-Index" (BISI). In: Badura B, Macco K, Klose J, Schröder H (Hrsg) Fehlzeiten-Report 2009. Arbeit und Psyche: Belastungen reduzieren – Wohlbefinden fördern. Springer, Berlin Heidelberg, S 263–274

Scaled Agile Inc (2018) Scrum master. https://www.scaledagileframework.com/scrum-master/. Zugegriffen: 6. Mai 2019

Steinke M, Lampe D (2017) Präsentismus: Zum Zusammenhang von Gesundheit und Produktivität. In: Badura B (Hrsg) Arbeit und Gesundheit im 21. Jahrhundert. Springer, Berlin Heidelberg, S 127–151

Wilson EO (2013) Die soziale Eroberung der Erde. Beck, München

Wöhrmann AM, Gerstenberg S, Hünefeld L, Pundt F, Reeske-Behrens A, Brenscheidt F et al (2016) Arbeitszeitreport Deutschland 2016. Forschung Projekt F 2398. Bundesanstalt für Arbeitsschutz und Arbeitsmedizin, Dortmund

Einblick: Reorganisation im Zuge der Digitalisierung – BGM im Unternehmen Moll Marzipan

Gerhard Westermayer und Mathias Schilder

25.1 Einleitung – 384

25.2 Was bisher geschah: Das Fallbeispiel Moll Marzipan – 384

25.3 Eine neue Unternehmensidentität – 389

25.4 Der Reorganisations- und Digitalisierungsprozess – 390
25.4.1 Aktuelle Situation – 390
25.4.2 Die Bedeutung der Gesundheitspotenziale im Reorganisations- und Digitalisierungsprozess – 390

25.5 Intervention – 392
25.5.1 Workshops – 392
25.5.2 Auswirkungen der Digitalisierung – 393

25.6 Ergebnisse – 394

Literatur – 395

© Springer-Verlag GmbH Deutschland, ein Teil von Springer Nature 2019
B. Badura et al. (Hrsg.), *Fehlzeiten-Report 2019*, https://doi.org/10.1007/978-3-662-59044-7_25

▪▪ Zusammenfassung

In diesem Beitrag wird kurz die gesamte Entwicklung des Unternehmens Moll Marzipan über die letzten zwölf Jahre beleuchtet, wobei die Befragungen der Belegschaft mit ihren die jeweilige Entwicklungskultur abbildenden Haupteinflussfaktoren die Stationen des Veränderungsprozesses darstellen. Die gesunde Reorganisation im Rahmen der Digitalisierung und der aktuelle Stand dieses aktuell noch laufenden und auf die nächsten vier Jahre angelegten Prozesses bilden den Hauptteil des Beitrags. Dabei werden die praktische Herangehensweise des Berliner Mittelständlers sowie die unkonventionelle Methode des Drehbuchschreibens als Teil der Veränderung erläutert. Denn wenn die Digitalisierung nach den Prinzipien der Betrieblichen Gesundheitsförderung umgesetzt wird, dient sie sowohl der Gesundheit und Partizipation der Mitarbeiter als auch dem wirtschaftlichen Erfolg des Unternehmens.

25.1 Einleitung

Das Megathema Digitalisierung ersetzt und ergänzt teilweise das bis vor kurzem vorherrschende Thema des demografischen Wandels. So steht die als Herausforderung verstandene Digitalisierung ebenso für die Vorteile und Probleme einer als schwer eingeschätzten Verständigung zwischen drei Generationen (XYZ) (vgl. Bund 2014, S. 189 ff), für die Arbeitserleichterung durch Automatisierung und künstliche Intelligenz (vgl. Dreyfuss 1985, S. 239 ff), aber auch für die damit verbundenen möglichen Gefahren des Arbeitsplatzverlustes, des Verlustes der eigenen beruflichen Identität und für die Entfremdung zwischen Produktionsarbeitern und Verwaltungsangestellten (vgl. Schirrmacher 2013, S. 190 ff).

Bei Moll wurden diese Themen in Workshops mit allen Mitarbeitern diskutiert, deren Vorschläge zur Verbesserung der Arbeitsbedingungen und zur Vermeidung von Gefährdungen wurden aufgegriffen und – wo möglich – umgesetzt.

Die drei in der wissenschaftlichen Literatur am meisten diskutierten Gefahren, die von einer Digitalisierung ausgehen können, sind
1. unkontrollierbare Prozesse im Rahmen von Deep-Learning-Ansätzen der künstlichen Intelligenz (Precht 2018, S. 265 ff)
2. Verlust von Arbeitsplätzen durch Automatisierung
3. Entfremdung von der eigenen Arbeit (Über- bzw. Unterforderung, Verlust von Kompetenzen etc.)

Keine dieser drei Gefahren wird von den Mitarbeitern als relevant für die zukünftige Entwicklung bei Moll empfunden: Die zunehmende Automatisierung wird als Erleichterung der Arbeit und als Erweiterung der Möglichkeiten, sich fortzubilden, betrachtet.

Die mit der Automatisierung einhergehenden Verbesserungen, etwa Anleitung zur effizienteren Reinigung von Maschinen über eine Videodatenbrille und Entlastung von anderen Reinigungsarbeiten durch einen Roboter, der schon als Kollege akzeptiert ist, werden von allen Mitarbeitern begrüßt.

Die Mitarbeiter schätzen es auch als sehr positiv ein, dass es durch die Digitalisierung möglich geworden ist, spielerische Elemente in den Arbeitsablauf zu integrieren: etwa der Einsatz von Touchscreens in der Produktion oder die Anleitung zur Verbindung von durch den Arbeitsablauf bedingten Körperbewegungen mit Bewegungen, die durch einen lizensierten Physiotherapeuten geschult werden. Auch der geplante Einsatz eines Roboterarms zur Beförderung schwerer Lasten und mit allen Punkten verbunden die regelmäßige digitale Rückmeldung zum Stand aller Veränderungsmaßnahmen wird sehr positiv bewertet (vgl. Atiker 2018, S. 39 ff).

25.2 Was bisher geschah: Das Fallbeispiel Moll Marzipan

Seit 2007 beschäftigt sich das Unternehmen Moll Marzipan strukturiert mit der Gesundheit der Beschäftigten. Im Auftrag der AOK

25.2 · Was bisher geschah: Das Fallbeispiel Moll Marzipan

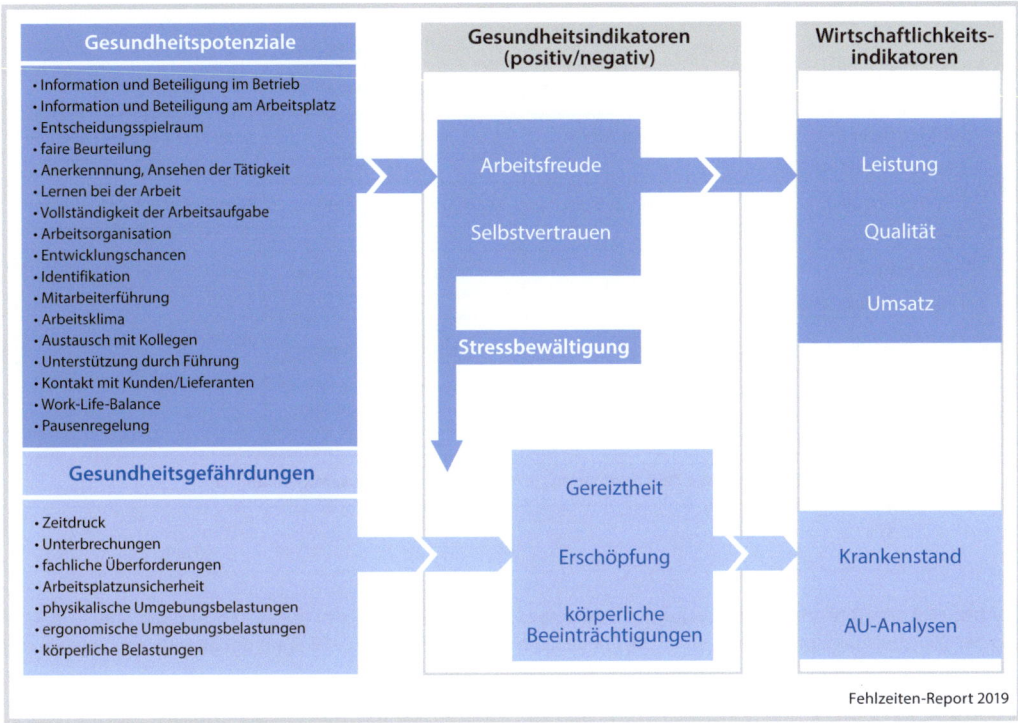

Abb. 25.1 Modell Diagnose Betriebliche Gesundheit

Nordost leitet die BGF GmbH regelmäßig Strategieworkshops für das Topmanagement und führt alle drei Jahre Mitarbeiterbefragungen durch. Inzwischen haben diese Workshops eine Tradition begründet. Dabei werden die Ergebnisse der vorangegangenen empirischen Erhebungen diskutiert. Auf der deskriptiven Ebene werden die stärksten Einflussfaktoren auf die positiven wie negativen Indikatoren identifiziert. Das geschieht in drei Schritten: Befragung der Mitarbeiter, Auswertung der Befragung mit einer Treiberanalyse (Ermittlung der Haupteinflussfaktoren durch eine multiple Regressionsanalyse), Bewertung der ermittelten Treiber durch das Management im Hinblick auf ihre Beeinflussbarkeit und Veränderungsmöglichkeit. Dabei wird das Modell der Diagnose der Betrieblichen Gesundheit zugrunde gelegt (◘ Abb. 25.1).

Die drei oben genannten Schritte: Befragung, Auswertung und Bewertung durch das Management erfüllen dabei verschiedene Funktionen bei der geplanten Reorganisation. Die möglichen Einflüsse werden auf maximal fünfzehn Faktoren reduziert. Mithilfe dieser Methode hat die BGF GmbH die Haupteinflussfaktoren auf die Gesundheit bei mehr als 25.000 Beschäftigten vieler Branchen in Deutschland identifiziert (◘ Abb. 25.2).

In der Aufstellung (◘ Abb. 25.2) wird deutlich, dass viele der Haupteinflussfaktoren gleich mehrfach vorkommen und andere gar nicht. Somit bleiben die daraus ableitbaren Interventionen überschaubar, weil statt der fünfzehn möglichen stärksten Einflussfaktoren lediglich sieben auftreten. Unter den einzelnen Skalen sind jeweils die sogenannten Beta-Koeffizienten angegeben. Diese beschreiben die Stärke des Einflusses der einzelnen Faktoren auf die Zielindikatoren und relativ zueinander. Sie bieten damit die Möglichkeit, Fokusthemen zu priorisieren und geeignete Maßnahmen abzuleiten.

Treiber gesamt (Stand: November 2018)	Einflussfaktoren		
	1. Einflussfaktor	2. Einflussfaktor	3. Einflussfaktor
Arbeitsfreude Varianzaufklärung: 42,5 %	Lernen bei der Arbeit 0,36	Identifikation 0,27	Kontakt mit Kunden, Klienten 0,24
Selbstvertrauen Varianzaufklärung: 22,7 %	Ansehen der Tätigkeit 0,25	fachliche Überforderungen −0,22	Kontakt mit Kunden, Klienten 0,21
Gereiztheit Varianzaufklärung: 25,0 %	Work-Life-Balance −0,29	fachliche Überforderungen 0,23	Kontakt mit Kunden, Klienten −0,18
Erschöpfung Varianzaufklärung: 30,4 %	Work-Life-Balance −0,33	physikalische Umgebungsbelastungen 0,22	fachliche Überforderungen 0,21
körperliche Beeinträchtigungen Varianzaufklärung: 32,0 %	physikalische Umgebungsbelastungen 0,29	körperliche Belastungen 0,25	Work-Life-Balance −0,20

Interpretationshinweis: Eine schwarze Zahl zeigt einen „je mehr, desto mehr-Zusammenhang" an; eine blaue Zahl zeigt einen „je mehr, desto weniger-Zusammenhang" an.

Fehlzeiten-Report 2019

Abb. 25.2 Haupteinflussfaktoren der ca. insgesamt 25.000 von der BGF GmbH befragten Beschäftigten (u. a. 42 % aus der Dienstleistungsbranche, 16 % aus der Pflege (ambulant und stationär), 12 % aus der öffentlichen Verwaltung)

Speziell beim Unternehmen Moll Marzipan ergaben sich aus der ersten Befragung acht Faktoren, die positiven Einfluss auf die Gesundheitsindikatoren haben: viel Entscheidungsspielraum, viele Lernmöglichkeiten, hohe Identifikation mit dem Unternehmen, wenig fachliche Überforderung, geringe körperliche Belastungen und geringe physikalische Belastungen, wenig Unterbrechungen, hohe Information und Beteiligung. Das Ergebnis der Bewertung durch das Management war dann, bei der zu entwickelnden Strategie der Reorganisation vor allem Komplexitäts- und Quantitätsreduktionen in den Vordergrund zu stellen. Mit den oben genannten acht Faktoren lässt sich die Befindlichkeit der Belegschaft ausreichend als Grundlage für die zu gestaltende Führung, Unternehmensorganisation und -kommunikation beschreiben: Sie ist genau dann gut, wenn gelernt werden kann, wenn Entscheidungsspielräume gegeben werden, wenn das Unternehmen Identifikationsmöglichkeiten bietet, wenn Mitarbeiterinnen und Mitarbeiter durch Führung fachlich unterstützt und nicht überfordert werden. Diese positiven Einflussfaktoren helfen gleichzeitig, vorhandene Gesundheitsgefährdungen besser abzufedern.

Ein besonders spannender Aspekt der Veränderung bei Moll besteht darin, dass sich die alle drei Jahre durchgeführten Befragungen, die Rückmeldung ihrer Ergebnisse an die MA und die dann erfolgende Rückmeldung der Verbesserungsvorschläge der MA an das Managementteam zu einem dauerhaft anhaltenden unternehmensinternen Dialogsystem zwischen Führung und Mitarbeitern etablieren konnten.

Dabei ist interessant zu sehen, dass sich der betriebliche Einfluss auf die Befindlichkeit der Mitarbeiter mit jeder Befragung signifikant verstärkte. Die Varianzaufklärung für Arbeitsfreude durch die drei betrieblichen Faktoren Entscheidungsspielraum, Lernen bei der Arbeit und fachliche Unterstützung durch Führung betrug 2007 gerade mal 26 %. Im Jahr 2016 konnten Anerkennung, Entwicklungschancen und Information & Beteiligung immerhin schon 65 % der Arbeitsfreude erklären (◘ Abb. 25.3). Die Berater der BGF GmbH weisen Moll Marzipan nachhaltig darauf hin,

25.2 · Was bisher geschah: Das Fallbeispiel Moll Marzipan

Gesundheitsindikatoren	Jahr (N)	1. Einflussfaktor	2. Einflussfaktor	3. Einflussfaktor
Arbeitsfreude	2007 (15)	Entscheidungsspielraum	Lernen bei der Arbeit	fachliche Unterstützung durch Führung
	2010 (39)	Anerkennung	faire Beurteilung	Mitarbeiterführung
	2013 (50)	Lernen bei der Arbeit	Information & Beteiligung im Unternehmen	Identifikation
	2016 (48)	Anerkennung	Entwicklungschancen	Information & Beteiligung im Unternehmen
Selbstvertrauen	2007 (15)	Entscheidungsspielraum	Identifikation	fachliche Überforderungen
	2010 (39)	Arbeitsklima	Information & Beteiligung im Unternehmen	faire Beurteilung
	2013 (50)	fachlicher Austausch zwischen Kollegen	Information & Beteiligung am Arbeitsplatz	Entwicklungschancen
	2016 (48)	fachliche Überforderungen	Entscheidungsspielraum	Mitarbeiterführung
Gereiztheit	2007 (15)	körperliche Belastungen	physikalische Umgebungsbelastungen	Identifikation
	2010 (39)	Arbeitsplatzunsicherheit	fachliche Überforderungen	Unterbrechungen
	2013 (50)	physikalische Umgebungsbelastungen	Zeitdruck	fachliche Überforderungen
	2016 (48)	Mitarbeiterführung	Information & Beteiligung am Arbeitsplatz	Arbeitsklima
Erschöpfung	2007 (15)	physikalische Umgebungsbelastungen	körperliche Belastungen	Unterbrechungen
	2010 (39)	Arbeitsklima	Arbeitsorganisation	Unterbrechungen
	2013 (50)	Zeitdruck	fachliche Unterstützung durch Führung	Mitarbeiterführung
	2016 (48)	Information & Beteiligung am Arbeitsplatz	fachlicher Austausch zwischen Kollegen	Arbeitsklima
körperliche Beeinträchtigungen	2007 (15)	fachliche Unterstützung durch Führung	Identifikation	Information & Beteiligung im Unternehmen
	2010 (39)	fachliche Überforderungen	---	---
	2013 (50)	Information & Beteiligung im Unternehmen	physikalische Umgebungsbelastungen	Mitarbeiterführung
	2016 (48)	körperliche Belastungen	Identifikation	ergonomische Umgebungsbelastungen

Interpretationshinweis:
Eine *schwarze* Zahl in einer Zelle zeigt einen *„je mehr, desto mehr-Zusammenhang"* an;
eine *blaue* Zahl in einer Zelle zeigt einen *„je mehr (weniger), desto weniger (mehr)-Zusammenhang"* an.

Fehlzeiten-Report 2019

Abb. 25.3 Betriebliche Einflussfaktoren bei Moll Marzipan im Jahresvergleich (2007–2016) – es wurden hier die bivariaten Korrelationen berechnet – nur auf mindestens dem Niveau p ≤ 0,05 signifikante Korrelationen wurden dargestellt

Moll Marzipan Treiber 2016		Einflussfaktoren		
		1. Einflussfaktor	2. Einflussfaktor	3. Einflussfaktor
Gesundheitsindikatoren	**Arbeitsfreude**	Anerkennung	Lernen bei der Arbeit	---
	Varianzaufklärung: 56,6%	0,48	0,40	
	Selbstvertrauen	fachliche Überforderungen	Unterbrechungen	Arbeitsklima zwischen Kollegen
	Varianzaufklärung: 49,5%	−0,66	0,42	0,28
	Gereiztheit	körperliche Belastungen	Mitarbeiterführung	fachliche Überforderungen
	Varianzaufklärung: 56,1%	0,34	−0,29	0,28
	Erschöpfung	Lernen bei der Arbeit	Information und Beteiligung am Arbeitsplatz	fachliche Überforderungen
	Varianzaufklärung: 66,9%	−0,35	−0,34	0,28
	körperliche Beeinträchtigungen	körperliche Belastungen	Identifikation	---
	Varianzaufklärung: 56,0%	0,44	−0,38	

Interpretationshinweis: Eine *schwarze* Zahl zeigt einen „je mehr, desto mehr-Zusammenhang" an; eine *blaue* Zahl zeigt einen „je mehr, desto weniger-Zusammenhang" an.

Fehlzeiten-Report 2019

◘ Abb. 25.4 Haupteinflussfaktoren bei Moll (2016)

dass, wenn sich der Einfluss der Firma auf die Befindlichkeit der Mitarbeiter hier noch weiter verstärken sollte, das daraus entstehende soziale Gebilde eher einer Sekte oder einem einschlägig hierfür bekannten Start-up-Unternehmen ähneln könnte. Insgesamt ist allerdings dieser Einfluss äußerst positiv zu bewerten, was sich an der Entwicklung des Krankenstandes (von 13 auf 2,5 %), der Produktivität (von 32 auf 65 %) und am Rückgang schwerer Reklamationen um 98 % zeigt.

Wie wichtig diese positiven Faktoren für die Belegschaft sind, zeigt besonders das Ergebnis der Einflüsse auf die körperlichen Beeinträchtigungen beim Unternehmen Moll Marzipan: Nicht physikalische und ergonomische Umgebungsbelastungen und auch nicht der Faktor Unterbrechungen, sondern das Ausbleiben fachlicher Unterstützung durch die Führung, fehlende Identifikationsmöglichkeiten und ein Mangel an Information und Beteiligung beeinflussen diesen Gesundheitsindikator stark.

Gleichzeitig bleibt es natürlich ein Thema, die identifizierten Gesundheitsgefährdungen zu minimieren: Unterbrechungen, physikalische und körperliche Belastungen setzen die Belegschaft unter Stress und behindern die Arbeitsmotivation.

Im Fokus der Unternehmensorganisation ist es jedoch wichtig zu beachten, dass die oben genannten positiven Einflussfaktoren bzw. ihr Fehlen sehr stark und unmittelbar auf das körperliche Wohlbefinden bzw. Unbehagen wirken. Körperliche Beeinträchtigung ist die Vorstufe der Krankheit und insofern hoch relevant in einem Unternehmen, dessen Belegschaft zum damaligen Zeitpunkt einen Krankenstand von über 13 % aufwies. Interessant ist hier auch, wie stark fehlende Identifikationsmöglichkeiten wirken. Mit der Ermittlung der Haupteinflussfaktoren auf Gesundheit und Motivation haben Management und Führungskräfte den Kompass in die Hand bekommen, die weiteren Veränderungsschritte im Unternehmen gemeinsam mit der Belegschaft zu gehen.

Alle drei Jahre wird mit einer erneuten Befragung die gesundheitliche Motivationslage erfasst, die Rücklaufquoten lagen u. a. 2013 bei 71,4 % und 2016 bei 73,8 %. ◘ Abb. 25.4 zeigt die Haupteinflussfaktoren der letzten Befragung aus dem Jahr 2016.

25.3 Eine neue Unternehmensidentität

Bereits 2007 wurde die Reorganisationsstrategie mit den Themen Image, Identifikation und Bildung einer neuen Unternehmenskultur als Unternehmensidentität entwickelt. Eine Schlussfolgerung bestand darin, dass man die Geschichte des Unternehmens neu erzählen muss. Diese Erzählung sollte eine attraktive Einladung an die Belegschaft sein, dass es einen Teil der eigenen Identität ausmacht, sich als Mollianer zu definieren. Dazu wurden die 150 Jahre Firmengeschichte so erzählt, dass der geplante Neustart geradezu ein notwendiges Ergebnis der Firmenentwicklung darstellte. Rudolf Moll wurde als weitsichtiger Unternehmensgründer mit hohem Identifikationspotenzial in der Geschichte wiederbelebt. Bereits bei dem damals entwickelten Videoclip über das Unternehmen hat sich gezeigt, wie positiv dieses Medium auf die Befindlichkeit der Mitarbeiter wirkt.

In der Tat begründet sich der Erfolg des Unternehmens darin, dass es eine umfassende Reorganisation vollzogen hat, die alle Bereiche des Unternehmens umfasste. Ein ganz wesentlicher Teil dieser Reorganisation besteht in einem Gestalt-Switch, einem Figur-Grundwechsel im Sinne einer kollektiven Veränderung der Wahrnehmung der Bereiche Kultur, Führung und Arbeitsgestaltung. Wie oben beschrieben war eine Voraussetzung für den kompletten Wandel, die Geschichte, die Identität der Firma neu zu erzählen. Aus einem Unternehmen mit einem negativen Image, das sich alle Mitarbeiter nach einer bestimmten Zeit auch persönlich zugeschrieben hatten, musste wieder ein Gewinnerunternehmen werden. Dieser Imagewechsel wurde mit unterschiedlichen Aktionen unterstützt, unter anderen mit der Teilnahme an Wettbewerben[1] und durch verstärkte gemeinsame Sportaktivitäten. Im Arbeitsalltag wurde ein kollektives „Wir wollen immer besser werden" zur Selbstverständlichkeit.

Die Transformation vom „richtigen Moll" zum „blauen Blut" des Mollianers

Der Führungsstil entwickelte sich von der transaktionalen zur transformationalen Führung: D. h. Führungskräfte, das Topmanagement und insbesondere die Geschäftsführer verstehen sich weniger als Kontrolleure der Leistung und Zielerreichung, sondern als Coaches für engagierte Mitstreiter bei deren und der gemeinsamen Entwicklung. Transaktionale Führung konzentriert sich auf Verhaltensbeobachtung und gegebenenfalls auf Verhaltenskontrolle, transformationale Führung bietet Hilfestellung bei der persönlichen Entwicklung und bei der Ausbildung der vorhandenen Talente. Solche Veränderungen gehen einher mit einem komplett anderen Blick auf das Arbeiten und Lernen. War es früher ausschließlich Führungskräften vorbehalten, Stressmanagement-Seminare, Fortbildungen in Qualitätssicherung, Kommunikation oder Arbeitstechniken zu besuchen, werden diese Themen jetzt an alle Mitarbeiter herangetragen.

„Köperspannung heißt das Zauberwort, meine Herren" Dieser inzwischen zum geflügelten Wort gewordene Satz des Betriebsleiters Markus Butt mag erläutern, was man bei Moll Marzipan unter Transformation versteht. Vor der Reorganisation bei Moll machten die Mitarbeiter fast andauernd die Erfahrung, einer Verlierer-Firma anzugehören. Der Spruch: „Das war wieder ein richtiger Moll" stand damals für die ironisch distanzierende Abgrenzung von der dauernden Abwertung der Qualität der eigenen Arbeit durch Kunden, Chefs oder Kollegen. Ein „richtiger Moll" war z. B. eine schwere Reklamation eines wichtigen Kunden oder ein anderer Anlass, bei dem man eigentlich in den Boden versinken wollte oder sollte.

Auch aus diesem Grund bestand eines der wesentlichen Reorganisationsziele darin, für Moll und die Mollianer eine neue positive Identität zu erfinden. Das „blaue Blut" des mit sicht-

---

[1] Moll erhielt mehrere Auszeichnungen, darunter eine vom Gesundheitsministerium und letztes Jahr vom Wirtschaftsministerium. Zudem gewann Moll zweimal den begehrten IHK-Preis zur Förderung von Mitarbeiterpotenzialen.

barer Körperspannung ausgestatteten neuen Mollianers steht für die gelungene Transformation des Losers zum Gewinner. Nicht zufällig wurde als virtueller Standort für die Wunschgeschichte der 150 Jahre Moll eine Burg ausgesucht. Hier wurde dann auch der Zaubertrank hergestellt, der die Transformation mit Hilfe der AOK möglich machte (vgl. Moll der Film).

25.4 Der Reorganisations- und Digitalisierungsprozess

25.4.1 Aktuelle Situation

Der durch die Betriebliche Gesundheitsförderung mitbedingte wirtschaftliche Erfolg des Unternehmens bildet den Ausgangspunkt für einen Digitalisierungsprozess. Diese Entwicklung führt aktuell dazu, dass die Produktionsmitarbeiter unter immer stärkeren Auftrags- und Arbeitsdruck geraten. Das Management sucht händeringend nach neuen Mitarbeitern. Letztes Jahr konnten zwar zehn neue Arbeitnehmer eingestellt werden, doch mittelfristig sieht es auf dem Arbeitsmarkt sehr schlecht aus. Daher wurde beschlossen, zusammen mit der Belegschaft eine Automatisierungs- und Digitalisierungsoffensive einzuleiten und darin die in den letzten zwölf Jahren gut erprobten Methoden der Betrieblichen Gesundheitsförderung weiter auszubauen. Dazu gehören Stressmanagementseminare, der jährliche Strategieworkshop für das Topmanagement, Schulungen aller Mitarbeiter in Resilienz-Techniken, Datenfeedback- und Verbesserungsvorschläge-Workshops, Schulungen durch Physiotherapeuten zu gesunder Bewegung und dynamischem Stehen.

In einem auf vier Jahre geplanten Veränderungsprozess sollen bei Moll Marzipan folgende Ziele erreicht werden:
Zielszenario 2021
- Produktionssteigerung um 38 %
- Abschluss der Automatisierung
- Digitale Informationsabläufe
- Etablierter zentraler Leitstand
- Steigerung der Mitarbeiterzahl um 20 %
- Weltweite Marktführerschaft im Bereich Herstellung von Rohmasse
- Entwicklung eigener Produkte inkl. Vermarktung

Die Firma hat sich in diesem Zusammenhang und auf Grundlage der aktuellen Befragung aus 2016 fünf Veränderungsthemen für die Zukunft verschrieben, die in Workshops systematisch mit der Belegschaft bearbeitet werden. Sie lauten:
- Digitalisierung
- Gamifizierung (Einsatz neuer Medien für individuelles und organisationales Lernen)
- Verbesserte Kommunikationsformen zwischen den Generationen XYZ
- Verbesserung der Work-Life-Balance
- Eine gemeinsame hierarchieübergreifende Planung des Veränderungsprozesses in Form der Verfassung eines Storyboards (eines Drehbuchs) für diesen auf vier Jahre angelegten Veränderungsprozess und die Entwicklung eines Kurzfilms auf dieser Grundlage

Der Film wurde der Belegschaft wie der erste Film auf der Weihnachtsfeier vorgestellt. Auch dieses Jahr hatte der neue Film eine sehr positive Resonanz.

Als der erste Film im Jahr 2010 der Belegschaft vorgestellt worden war, waren bei Moll Marzipan knapp über 60 MA beschäftigt, trotzdem wurde der Film im Intranet innerhalb der ersten Woche mehr als 700-mal angeklickt

25.4.2 Die Bedeutung der Gesundheitspotenziale im Reorganisations- und Digitalisierungsprozess

Anders als Gefährdungen betreffen Gesundheitspotenziale wechselseitige Interaktions- und Kommunikationsprozesse zwischen Menschen. Lernen bei der Arbeit oder die

25.4 · Der Reorganisations- und Digitalisierungsprozess

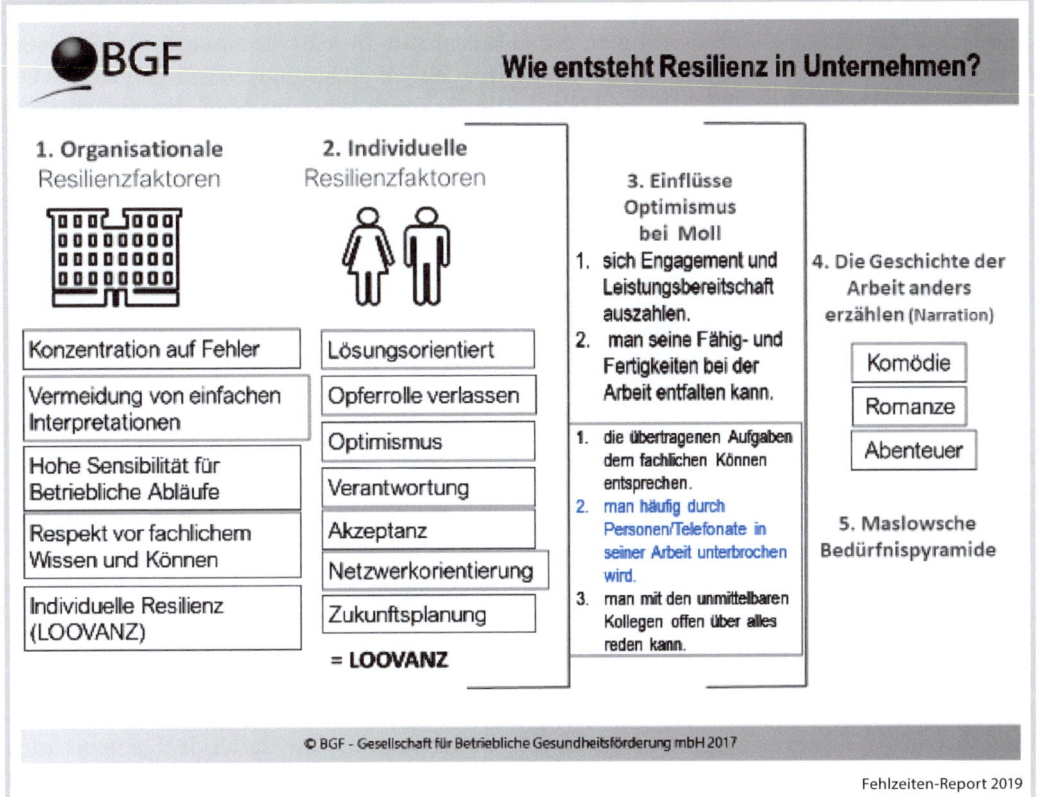

◘ Abb. 25.5 Wie entsteht Resilienz im Unternehmen?

Wahrnehmung von Identifikationsmöglichkeiten erfordern immer einen Austausch zwischen mindestens zwei Personen oder eine Kommunikation über Medien. Während der Arbeit entfaltet eine gesunde Mitarbeiterführung ihre ganz besondere salutogene Wirkung. Gelingt es einer Führungskraft, ihren Mitarbeiter in eine nachhaltige Entwicklung seiner Talente einzubinden, werden in diesem Prozess wechselseitig Potenziale erzeugt. Lernen fördert die Identifikation, diese fördert die Verbesserung des Arbeitsklimas, letzteres wiederum die Steigerung von Anerkennung und Ansehen der Tätigkeit. Die wechselseitige Kommunikation zwischen Beschäftigten und Führungskräften schafft ein nachhaltig gesundes Arbeitssystem, das auch in der Lage ist, immer wieder auftauchende Gefährdungen abzumildern bzw. resilient zu kompensieren.

Da vor der Restrukturierung die einflussreichsten Potenziale identifiziert werden konnten, können sie nun als kommunikative Gesundheitsanker verstärkt genutzt werden. Die bilden dann Schutzfaktoren in unsicheren Zeiten.

Zu den im Unternehmen wirksamen Resilienzfaktoren wurden die Mitarbeiter nicht nur geschult, sondern auch angeleitet, hieraus Ideen zum Erhalt der Resilienz in der Gestaltung von digitalen Prozessen zu entwickeln. Da die Restrukturierung auch auf die Digitalisierung aller noch mit Papier vollzogenen Informationsprozesse zielt, können diese wiederum mit den bereits identifizierten Resilienzfaktoren verknüpft werden. Digitalisierung, Steigerung der Resilienzfaktoren und die Gamifizierung aller Prozesse haben eine Gemeinsamkeit: Sie helfen, die Wahrnehmung der Kommunikationsteilnehmer auf Chancen auszurichten und eine Kultur der stetigen Verbesserung zu etablieren.

Nach Weick und Suttcliff (2010) und Westermayer und Kauffeldt (2014) werden in der einschlägigen Literatur elf Resilienzfaktoren organisationaler und individueller Provenienz diskutiert (◘ Abb. 25.5). Der Faktor Optimismus, der sich wie die Indikatoren Arbeitsfreude und Selbstvertrauen aus dem SOC (Sense of Coherence) nach Antonovsky ableiten lässt, kann daher durch die in der Befragung identifizierten Haupteinflussfaktoren präzisiert werden: Bei Moll durch Anerkennung, Lernen, keine fachliche Überforderung, Arbeitsklima und Unterbrechungen. Diese nun 16 Faktoren lassen sich durch Gamifizierung in narrativen Kommunikationssystemen gemäß den Schulungsinhalten verstärken und in den Filmen dokumentieren.

Die gemeinsam entwickelten Filme haben hier eine ganz wesentliche Funktion der Erinnerungs- und Wahrnehmungsteuerung. In ihnen werden die eingesetzten Analyse- und Interventionsinstrumente sowie die parallel durchgeführte Ergebnis- und Prozessevaluation beschrieben. Alle Verfahren sind partizipativ ausgerichtet. Es wird ein klassischer Organisationsentwicklungszyklus top-down und bottom-up in der Betrieblichen Gesundheitsförderung durchlaufen. Die darin erfolgten Schritte werden in den größeren Kontext der Restrukturierung des Unternehmens gesetzt – mit dem Ziel einer salutogenen, produktiven und modernen Organisation.

25.5 Intervention

25.5.1 Workshops

In einer Serie von Workshops wurde die gesamte Belegschaft in die Planung des Veränderungsprozesses einbezogen. Hierzu schulte man alle Beschäftigten zunächst in verschiedenen Resilienzsystemen (siehe ▶ Abschn. 25.4.2) und wies sie in agile Techniken ein, wie etwa die Erfindung positiver Narrationen.

Letztendlich sollen alle Workshop-Ergebnisse in ein Storyboard als Fahrplan für den Veränderungsprozess einfließen. Die Workshops selbst wurden bereits filmisch begleitet, um im Anschluss einen Kurzfilm über und für den Prozess zu erstellen. Außerdem sollte durch die Erarbeitung eines gemeinsamen Drehbuchs für den Film zu den Potenzialen und Zukunftsthemen im Unternehmen der zunehmend gefühlten Trennung zwischen Produktion und Verwaltung entgegengewirkt werden.

Der grundlegende Sinn des gesamten Interventionssystems liegt darin, dass alle Teilnehmer ein gemeinsames Bild ihres Unternehmens bekommen. Es geht um ein Verständnis für die einzelnen Mitarbeiter, für das Unternehmen selbst, die Stärken und Schwächen sowie die Aufgabenverteilung und um Chancen zur Intervention jedes Einzelnen. Hierbei liegt der Fokus weiterhin auf den positiven Faktoren. Es können Ideen und Maßnahmen partizipativ entworfen werden. Ganz wesentlich ist dabei der Aspekt, dass durch den gemeinsamen Besuch der Seminare die Kommunikationsprobleme zwischen Verwaltung und Produktion geringer werden und ein gemeinsamer Lernprozess[2] initiiert, das Arbeitsklima verbessert wird und möglichen Überforderungen nachgegangen werden kann und das bei allen drei Generationen, die den Arbeitsalltag prägen (vgl. Westermayer und Brand 2017, S. 271)

Das Medium Film und das dazugehörige Verfassen eines Storyboards ermöglichen es, in einer spielerisch distanzierten Weise Defiziten auf die Spur zu kommen. So können auch die oft unbewusst eingesetzten Kommunikationsmedien wie Stimme, Mimik, Körperhaltung, Wortwahl, Redefluss etc. unter die Lupe genommen werden, ohne dass die persönliche Integrität abgewertet wird. Es geht schließlich um die Wirkung im geplanten Film. Auch der Resilienzfaktor „Humor" kann hier systematisch seinen Einfluss verstärken.

---

[2] Einer der Haupteinflussfaktoren aus der Befragung

25.5.2 Auswirkungen der Digitalisierung

Nach Reinhard Sprenger (2018, S. 16) bedeutet richtig verstandene Digitalisierung die Wiedereinführung von Kreativität, Kundenorientierung und Kooperation. Digitalisierung erfordert die Partizipation der Mitarbeiter und einen Führungsstil, der nicht nur Ergebnis, sondern insbesondere (Lern-/Transformations-) Prozess-orientiert ist. Vor allem erfordert die Digitalisierung einen Organisationsentwicklungsansatz, der geradezu identisch ist mit den Qualitätskriterien der Krankenkassen für Betriebliche Gesundheitsförderung (vgl. auch Gairing 2017, S. 150 ff).

Um sich der Digitalisierung zu nähern, wurde zusammen mit der Belegschaft zunächst eruiert, welche Routinen während der Arbeit ausgeführt werden, um die Aufgaben zu bewältigen. Dies bedeutet, das Erfahrungswissen der Mitarbeiter zu ergründen und zu verstehen. Dieses Wissen wird im Anschluss in eine Form gebracht, die es ermöglicht, automatisierte Abläufe in den Arbeitsfluss einzubetten. Hier spielt auch eine sehr wichtige Rolle, was Fritz Böhle (2017) das „subjektivierende Arbeitshandeln" nennt. Gemäß seiner Beschreibung der psychologischen Nebeneffekte der Digitalisierung müssen Mitarbeiter aus allen Eindrücken während der Arbeit immer eine sinnhafte Deutung der Arbeitstätigkeit finden. Daher werden Prozesse personifiziert, Geschichten erfunden und Dinge hineingedeutet, die oft gar nicht so geplant waren. Erfolgreiche Digitalisierung bedeutet deshalb auch, diese psychologischen, narrativen und an der Unternehmenskultur orientierten Dimensionen so zu erfassen, dass die Gesundheitspotenziale, die die Mitarbeiter zur Arbeit im Unternehmen motivieren, über die vorzunehmenden technischen Veränderungen nicht nur erhalten, sondern auch verstärkt werden.

Zum Zeitpunkt der Entstehung des Artikels können zwei konkrete Beispiele angeführt werden. Um den Mitarbeitern die „Angst vor Digitalisierung" zu nehmen, war es zunächst notwendig festzulegen, welcher Grad an Automatisierung im Unternehmen überhaupt zu erreichen bzw. anzustreben ist. Es wurde festgestellt, dass bei den Beschäftigten eine durchaus sehr unterschiedliche Vorstellung von Automatisierung existiert. Diese reicht vom Einsatz und der Vernetzung von herkömmlichen, existierenden Maschinen bis zur Fertigungsstraße, wie sie in der Automobilindustrie üblich ist. Beide Extreme sind sicherlich nicht optimal für das Unternehmen Moll Marzipan. Gerade wenn Mitarbeiter befürchten, dass ein sehr hoher Automatisierungsgrad angestrebt wird, entsteht sofort große Arbeitsplatzunsicherheit, die teilweise lähmend auf die Belegschaft wirkt.

Um die Mitarbeiter von Beginn an einzubinden und dieser Unsicherheit vorzubeugen, haben zwölf Produktionsmitarbeiter die Berliner Schultheiss-Brauerei besucht. Großbrauereien sind bereits seit den neunziger Jahren sehr hoch automatisiert und die gesamte Produktion wird über zentrale Leitstände gefahren. Voraussetzung hierfür sind sehr einheitliche Produkte, die es bei Moll Marzipan an sich nicht gibt. Es war wichtig, durch diese Exkursion zu zeigen, dass eine Automatisierung im eigenen Haus nach Art einer Brauerei gar nicht möglich wäre. Die Firma Moll verfügt über eine wesentlich höhere Produktvielfalt als Brauereien, sodass die digitalisierte Produktion sich grundsätzlich von der einer Brauerei unterscheiden muss. Allein durch diesen Besuch wuchs bei den Beschäftigten die Erkenntnis, dass durch Hochautomatisierung in Zukunft wohl keine Arbeitsplätze wegfallen würden, da ein solcher Automatisierungsgrad utopisch wäre.

Bei Moll wird Automatisierung eher darin bestehen, Informationsflüsse (Fertigungsaufträge, Rückmeldungen, Reparaturanforderungen, Statistik etc.) zu digitalisieren, als automatisierte Fertigungsstraßen einzusetzen. Dadurch werden zwar einige Arbeiten überflüssig, durch Fortbildung können die betroffenen Arbeitskräfte jedoch an anderer Stelle eingesetzt werden und man braucht weniger neue Mitarbeiter von außen zu akquirieren. Durch die zusätzlich gewonnenen statistischen Daten ergeben sich interessante Möglichkeiten, die Effizienz in der Produktion noch mehr zu erhöhen.

Ein weiteres Beispiel für Automatisierung ist die Anschaffung eines Reinigungsroboters, vergleichbar einem gängigen automatischen Rasenmäher oder Staubsauger, wie es ihn heute schon in vielen Haushalten gibt. Bisher hat ein Mitarbeiter die Bodenreinigung mittels eines Handreinigungsgeräts erledigt, heute putzt „Kollege Roboter". Der hierdurch frei gewordene Mitarbeiter wurde fortgebildet und wird nun als Produktionsmitarbeiter eingesetzt. Ein angenehmer Nebeneffekt ist, dass der Roboter praktisch 24 h am Tag reinigen kann und somit die Sauberkeit in der Produktion erhöht werden konnte.

25.6 Ergebnisse

Der entstandene Film lässt sich in Zukunft auch als Medium im Gesundheitsförderungsprozess einsetzen, da es bei der Stärkung der Gesundheitspotenziale immer auch um eine Veränderung der Wahrnehmung geht – weg von den vermuteten Gefährdungen hin zu Chancen und Weiterentwicklung. Der Digitalisierungsprozess von der Erfassung des Erfahrungswissens in den Workshops über die Planung von Maßnahmen bis hin zur Anschaffung neuer Maschinen und Anbringung von Touchscreens wurde filmisch dokumentiert. Da in dieser Dokumentation die Gesundheitspotenziale Lernen, Identifikation, aber auch präventive arbeitssicherheitsrelevante Themen gleichberechtigt neben Produktionsthemen stehen, wird der fertige Film auch über die neu installierten Bildschirme in der Produktion transportiert werden. So können aus Stressteufelskreisen „Glücksspiralen"[3] werden. Lernen führt zu Freude, Freude weckt die Motivation, Neues zu lernen, und Erfolge machen stolz. Darin liegt übrigens das Geheimnis sogenannter Glückspilze: Sie wissen intuitiv über das Gesundheitspotenzialmodell Bescheid.

Durch das seit zwölf Jahren im Unternehmen angewendete System von Befragung, Auswertung, Bewertung und Ableitung von Maßnahmen ließen sich viele Veränderungen erwirken. Seit fünf Jahren verharrt der ursprünglich bei 13 % liegende Krankenstand bei 2 %, die Reklamationen sind um 98 % gesunken und die mitarbeiterbezogene durchschnittliche Produktivität ist um 61 % angestiegen. Moll sorgt für eine gesunde Zukunft, und das lohnt sich tatsächlich für alle Beteiligten.

Selbstverständlich führte der über zwölf Jahre andauernde Reorganisationsprozess auch dazu, dass Mitarbeiter, die die Transformation zum „blauen Blut" nicht mitmachen wollten, aus dem Unternehmen ausgeschieden sind. Dies ist ein entscheidender kritischer Aspekt bei jeder Reorganisation, der – wenn er nicht optimal umgesetzt wird – sehr negativen Einfluss auf die verbleibenden Mitarbeiter haben kann; ein Effekt, der in der Fachliteratur als „surviver sickness" bezeichnet wird. Bei Moll wurde jeder Mitarbeiter gebeten, die anstehende Transformation aktiv mitzugestalten. Wer dies aus welchen Gründen auch immer nicht wollte, dem wurde neben einer sehr fairen Abfindung große Unterstützung bei der Suche nach einem neuen, eher für diesen Mitarbeiter passenden Arbeitsplatz zuteil. Auch hier gab es nie böses, sondern immer nur „blaues" Blut.

Einen Eindruck des aktuell noch andauernden Prozesses können Sie unter dem QR-Code gewinnen. Er führt zu einem Videoclip, der aus dem Projekt heraus entstand

---

[3] Nach Dr. Eckart von Hirschhausen.

Literatur

Atiker Ö (2018) Das Survival Handbuch Digitale Transformation. Campus, Frankfurt/New York

Böhle F (Hrsg) (2017) Arbeit als Subjektivierendes Handeln. Handlungsfähigkeit bei Unwägbarkeiten und Ungewissheit. Springer, Wiesbaden

Bund K (2014) Glück schlägt Geld. Generation Y: Was wir wirklich wollen. Murmann, Hamburg

Dreyfuss HL (1985) Die Grenzen künstlicher Intelligenz. Was Computer nicht können. Ohne Verlags- und Ortsangabe

Gairing F (2017) Organisationsentwicklung. Geschichte-Konzepte-Praxis. Kohlhammer, Stuttgart

Precht RD (2018) Jäger, Hirten, Kritiker. Eine Utopie für die digitale Gesellschaft. Goldmann, München

Sprenger RK (2018) Radikal Digital. Weil der Mensch den Unterschied macht. Deutsche Verlagsanstalt, München

Schirrmacher F (2013) Ego Das Spiel des Lebens. Karl. Blessing Verlag, München

Weick C, Sutcliffe K (2010) Das Unerwartete managen. Wie Unternehmen aus Extremsituationen lernen, 2. Aufl. Schäffer-Poeschel, Stuttgart

Westermayer G, Brand D (2017) Von der Fehlzeitenanalyse zur Förderung der Arbeitsfreude. In: Richter G, Hecker C, Hintz A (Hrsg) Produktionsarbeit in Deutschland mit alternden Belegschaften. Erich Schmidt Verlag, Berlin, S 263–271

Westermayer G, Kauffeldt H (2014) Recherche von Maßnahmen zur Förderung psychosozialer Resilienz- und Schutzfaktoren in der Gesundheitsförderung im Erwachsenalter (Proj-Nr 31.12). BZGA, unveröffentlichter Projektbericht

BGM 4.0 – Intelligente Vernetzung in der VUKA-Welt

Natalie Lotzmann

26.1 Vorstellung der Arbeitswelt der SAP – 398

26.2 Gesundheitsmanagement bei SAP: Evolution in Ansatz und Strategie – 399

26.3 Digitalisierung im Gesundheitsmanagement: „Risiken erkennen und Chancen nutzen" – 402
26.3.1 Digitale Tools und Services im Gesundheitsmanagement – 403
26.3.2 Deep Dive Best Practice: Der Gesundheitskulturindex BHCI – 405
26.3.3 Deep Dive Best Practice: Das Aktivitätsprogramm „Run Your Way on Fit@SAP" – 406

26.4 Reflexion und Fazit – 407

Literatur – 409

Mitarbeit: Annika Horn ist Master Gesundheitsfördernde Organisationsentwicklung und verantwortlich für interne Stakeholder-Kommunikation und Portfoliomanagement im Project Management Office des globalen Gesundheitsmanagements bei SAP. Des Weiteren verantwortet sie als Co-Lead die operative Umsetzung des Innovationsprojekts „Run Your Way on Fit@SAP".

© Springer-Verlag GmbH Deutschland, ein Teil von Springer Nature 2019
B. Badura et al. (Hrsg.), *Fehlzeiten-Report 2019*, https://doi.org/10.1007/978-3-662-59044-7_26

Zusammenfassung

Die Digitale Transformation mit ihrem steigenden globalen Wettbewerbsdruck und sich kontinuierlich wandelnden Arbeits- und Produktionsprozessen, führt zu tiefgreifenden Veränderungen der Arbeitswelt. Ein effektives Gesundheitsmanagement als Partner eines modernen strategischen Personalmanagements sollte in der Lage sein, einerseits mit der Digitalisierung einhergehende Risiken zu minimieren, und andererseits, die mit der Digitalisierung verbundenen Chancen durch attraktive Angebote für fünf Generationen größtenteils mobil und flexibel Beschäftigter zu nutzen. Eingebettet in eine Betrachtung über die Evolution im Gesundheitsmanagement und die Darstellung der Gesamtstrategie des BGM bei SAP, werden im Folgenden zwei Maßnahmen, die den traditionellen Begrifflichkeiten der Verhältnis- und Verhaltensprävention zugeordnet werden können, als Best Practice näher beleuchtet.

26.1 Vorstellung der Arbeitswelt der SAP

Als Marktführer von Unternehmenssoftware steht SAP im Mittelpunkt der aktuellen Technologierevolution. SAPs Vision ist es, ökonomische Prozesse zu optimieren und das Leben von Menschen zu verbessern. Gemeinsam mit akkreditierten Partnern unterstützt SAP seine Kunden, Komplexität zu reduzieren und sich zu nachhaltigen, intelligenten Unternehmen zu entwickeln. Daher treibt SAP Innovationen in der digitalen Wirtschaft voran, mit Technologien wie dem Internet der Dinge, maschinellem Lernen und künstlicher Intelligenz (SAP SE 2019a).

SAP wurde 1972 gegründet und ist ein global aufgestelltes Unternehmen mit Sitz in Walldorf, Baden-Württemberg. Mit über 425.000 Kunden in mehr als 180 Ländern beschäftigt SAP fast 96.500 Mitarbeiterinnen und Mitarbeiter mit 140 Nationalitäten weltweit (SAP SE 2019b).

Die „Intelligent Enterprise Strategie" zielt darauf ab „das intelligente Unternehmen für unsere Kunden Wirklichkeit werden zu lassen. Unserer Vorstellung nach arbeitet ein intelligentes Unternehmen ereignisgesteuert und mit Echtzeitabläufen. [...] Das intelligente Unternehmen ist unsere Zukunftsvision für die Geschäftsabläufe unserer Kunden, das Arbeitsumfeld ihrer Mitarbeiter und das Erlebnis für ihre Kunden" (SAP SE 2019a, S. 54).

Als globales Unternehmen in der IT-Branche ist SAP dabei selbst erheblich von den Auswirkungen von Digitalisierung und Globalisierung betroffen. Der ursprünglich aus dem Militär stammende Begriff „VUKA" hat sich auch in der Wirtschaft bereits durchgesetzt: Volatilität, Unsicherheit, Komplexität und Ambiguität kennzeichnen die Arbeitswelt von heute. Hochdynamische, sich schnell und unübersichtlich verändernde Rahmenbedingungen stellen, insbesondere auch vor dem Hintergrund des Demografischen Wandels und eines in manchen Branchen und Regionen bereits manifesten Fachkräftemangels, große Herausforderungen an jeden Einzelnen, aber auch an Betriebe und Kommunen, an Politik und Verwaltung (SAP SE 2018).

Auch für SAP gilt es, die jeweils auf ihrem Gebiet besten Fachkräfte zu gewinnen und über ihr Berufsleben hinweg hochmotiviert, gesund, leistungs- und anschlussfähig zu halten.

SAP beschäftigt fast ausschließlich hochqualifizierte Mitarbeiter aus fünf Generationen (von der Generation der sogenannten Traditionalisten bis zur Generation Z): in der Softwareentwicklung, (17 %), im Vertrieb (25 %), in der Forschung und Entwicklung (28 %), im Kundenservice (20 %), in der Verwaltung (6 %) und im Bereich Infrastruktur (4 %). Der Frauenanteil beträgt aktuell 33 %. Frauen halten dabei 25,7 % der Führungspositionen. Zwei Frauen sind im Vorstand zuständig für den weltweiten Vertrieb (SAP SE 2019a).

Heimarbeit und ortsunabhängiges Arbeiten ist für alle möglich, die meisten arbeiten zumindest auch zeitweise in weltweiten virtuellen Teams; Smartphones, Laptops, Tablets etc.

sind Arbeitsmittel für jeden. Die individuellen Herausforderungen ergeben sich einerseits durch die intensive Nutzung dieser digitalen Kommunikationsmedien über Zeit- und Kulturzonen hinweg und andererseits durch die Erfordernis flexibler Selbstorganisation angesichts des 24/7-Betriebs und des achtsamen Umgangs mit den eigenen Ressourcen und denen des Teams. Als salutogenetische Faktoren wirken eine durch Mitarbeiterbefragungen konstant bestätigte hohe Vertrauens- und Kollaborationskultur (Leadership Trust Index[1]: 60 % in 2018), hoher Sinngehalt und Selbstwirksamkeit, große Handlungsspielräume und das breite Angebot an individuellen Unterstützungsmaßnahmen, wodurch eine Mitarbeiterbindung von 93,9 % (2018) entsteht[2] (SAP SE 2019a).

Entsprechend sind trotz des erforderlichen hohen Engagements unter VUKA-Bedingungen die Arbeitsunfähigkeitsraten gering. In Deutschland lag die AU-Rate 2018 bei SAP nach Gesundheitsbericht der intern führenden Krankenkasse bei 1,8 %, (Branchenvergleichswert laut Fehlzeiten-Report 2018: 3,5 %)

26.2 Gesundheitsmanagement bei SAP: Evolution in Ansatz und Strategie

Wie in allen Bereichen, gilt auch für das Thema Gesundheit im Betrieb: je mehr in Silos gedacht und gearbeitet wird, desto geringer die Effizienz, Effektivität und Nachhaltigkeit. Umgekehrt gilt, dass eine bereichsübergreifende Kollaboration in Bezug auf gemeinsame Ziele zu positiven multiplikativen und nachhaltigen Effekten führt (Deloitte 2018).

◘ Abb. 26.1 zeigt die beobachtbare Evolution von BGM 1.0 bis hin zu BGM 4.0 – als Antwort auf die Herausforderungen der vernetzten VUKA-Welt.

Ausgangspunkt der Entwicklung ist die Erfüllung der gesetzlich vorgeschriebenen Mindestanforderungen im Bereich Arbeitssicherheit und Gesundheitsschutz (1.0), über zusätzliche freiwillig angebotene Gesundheitsförderungsmaßnahmen (2.0), über die inhaltliche Integration in eine Strategie (3.0) bis hin zu einem vernetzten, intelligenten BGM als Teil der Unternehmensstrategie (4.0). Entsprechend findet eine Evolution der Begrifflichkeiten statt, wobei die jeweils vorherige Stufe integriert wird:

- Von der Notwendigkeit vor den physischen Gefahren der Arbeit zu schützen
- über die Notwendigkeit individuell gesundheitsfördernde Angebote bereitzustellen
- über die Erkenntnis alle gesundheitsfördernden Bestrebungen auf die Unternehmensstrategie auszurichten und den Begriff der Gesundheit auf die Organisation auszudehnen
- bis hin zu der Ausrichtung auf die größten Schutzfaktoren: Wohlbefinden und Freude bei der Arbeit als Grundlage unternehmerischen Handelns.

Dabei entwickeln sich Betrachtungsweise und Evaluationsansatz von objektiv zu subjektiv: Während bei BGM 1.0 die objektive Bestandsaufnahme von Arbeitsplatzbedingungen (z. B. in Form von Begehungen) im Vordergrund stehen, wird im Rahmen von BGM 4.0 vorrangig die subjektive Erlebenswelt der Beschäftigten erfasst. Damit werden im BGM 4.0 die individuellen Bedürfnisse der Menschen in den Fokus gestellt und Gesundheitsmaßnahen danach ausgerichtet.

Auch das Gesundheitsmanagement bei SAP unterliegt einer Evolution in diesem Sinne. Es ist entsprechend der strategischen Bedeutung Teil des Strategischen Personalmanagements. Durch Ausrichtung auf die Unternehmensstra-

---

[1] Der Leadership Trust Index wird mit der Net-Promoter-Score-Methode (NPS) ermittelt. Der mögliche Wertebereich des NPS liegt zwischen plus 100 und minus 100.
[2] Mitarbeiterbindung wird definiert als Verhältnis der durchschnittlichen Mitarbeiteranzahl abzüglich der von Mitarbeitern ausgehenden Austritte (Fluktuation) zur durchschnittlichen Mitarbeiteranzahl, umgerechnet in Vollzeitbeschäftigte.

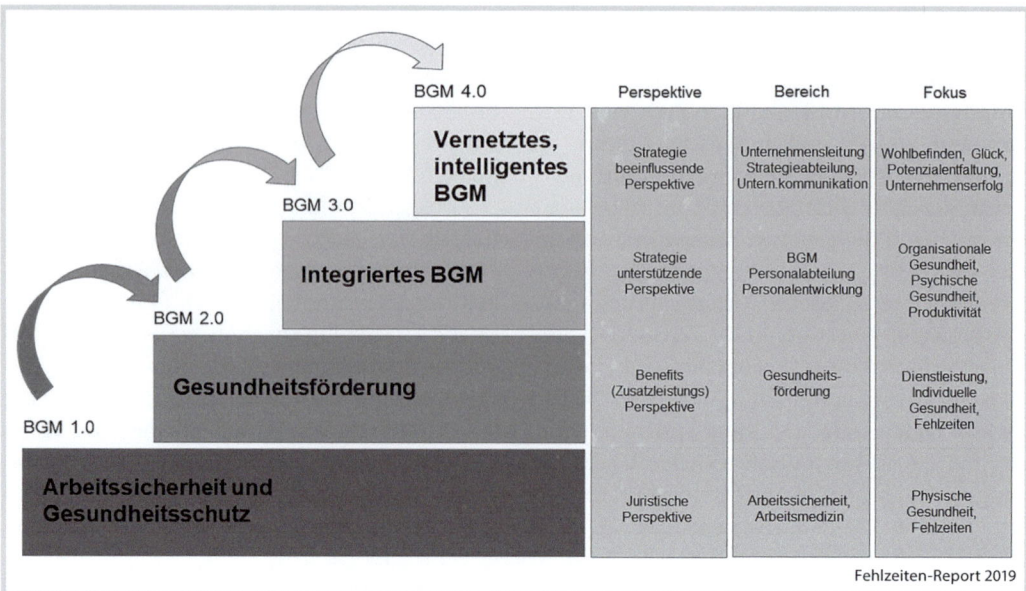

◘ **Abb. 26.1** Evolutionsstufen des Betrieblichen Gesundheitsmanagements (BGM)

tegie wird das Unternehmen in der Bereitstellung gesundheitsfördernder Rahmenbedingungen unterstützt. Gleichzeitig unterstützt es die Beschäftigten im Umgang mit den sich wandelnden Arbeitsbedingungen und den damit einhergehenden Herausforderungen der VUKA-Welt (SAP Global Health and Well-Being 2019). Die Maßnahmen des Gesundheitsmanagements unterstützen messbar die Unternehmensstrategie, indem sie Mitarbeiterengagement[3] (84 % in 2018), Mitarbeiterbindung (93,9 % in 2018) (SAP SE 2019a), Produktivität und Innovationskraft (McKinsey 2017) positiv beeinflussen (◘ Abb. 26.2).

Ein Unternehmen, das seinen Kunden eine intelligente Unternehmenssteuerung durch kluge Vernetzung von Daten und Prozessen (beispielsweise Voraussage von Kundenwünschen/Kundenverhalten durch maschinelles Lernen und „Predictive Analytics") ermöglichen will, muss zum einen technologisch innovativ dazu in der Lage sein, also die richtigen Talente an Bord haben. Zum anderen muss es auch selbst klug und vernetzt, also intelligent, agieren – Das heißt einerseits Daten und Prozesse mittels innovativer Technologien (maschinelles Lernen, künstliche Intelligenz etc.) so zu vernetzen, dass mit geringem Zeitverzug und ohne Redundanzen auf sich dynamisch ändernde Bedingungen wie das Verhalten von Märkten, Konkurrenten und Kundenwünschen reagiert werden kann. Andererseits aber auch durch offene, konstruktive und vorurteilsfreie Kommunikation in bereichsübergreifender Zusammenarbeit ein kontinuierlicher interner Verbesserungsprozess gewährleistet, der zu größerer Zufriedenheit bei Mitarbeitern und Kunden gleichermaßen führt.

Als hochattraktiver Arbeitgeber talentierte Mitarbeitende zu binden, ist dafür ebenso Voraussetzung wie ein achtsamer orchestrierender Führungsstil (im Gegensatz zu hierarchieorientiertem Befehl-und-Gehorsam), intakte Feedbackschleifen (Förderung von Widerspruchs- und Fehlerkultur) und ein mitarbeiter- und lösungsorientierter Umgang mit Herausforderungen, bei dem sowohl auf organisationaler wie auf individueller Ebene

---

[3] Gemessen mit den Employee Engagement Index (EEI) auf Basis der Mitarbeiterbefragungen.

◘ Abb. 26.2 Strategischer Ansatz des Betrieblichen Gesundheitsmanagements bei SAP

die Mitarbeiterbedürfnisse berücksichtigt werden (SAP Global Health and Well-Being 2019).

Mit dem zunehmenden Eintritt der Generation Y und Z, also der nach 1980 Geborenen in die Belegschaft, verschieben sich Arbeitnehmerbedürfnisse explizit: der Wunsch nach Lebensbalance gewinnt an Bedeutung, wie der Wunsch nach einer Tätigkeit, die einem höheren Sinn dient (Hardering et al. 2016), die Zusammenarbeit und Lernen in Netzstrukturen ermöglicht und Flexibilität hinsichtlich Arbeitszeit und Arbeitsort bietet (FAZ 2018). Dabei rückt das subjektive Erleben, die „Experience", in den Mittelpunkt der Bewertung. Folgerichtig erscheint „Well-Being" unter den Top 3 der Trends im internationalen Personalwesen (Deloitte 2018). Entsprechend ist das Gesundheitsmanagement bei SAP in vier Bereichen aktiv (SAP Global Health and Well-Being 2019):

— Förderung einer gesunden Unternehmenskultur, z. B. Globale Kampagnen und Aktionswochen zu gesunder Einstellung, gesunder Kommunikation, gesundem Verhalten, oder gegen Stigmatisierung von Erkrankungen
— Erhalt der individuellen Gesundheit der Beschäftigten, z. B. psychologische und medizinische Ambulanzen, Sport- und Fitnessangebote, Schulungen und Coachings
— Förderung und Unterstützung guten Führungsverhaltens, z. B. durch Trainings (classroom, virtuell und e-learnings) und individuellem Coaching im Rahmen von Check-ups
— Angebote analoger und digitaler Services rund um Gesundheit und Wohlbefinden, z. B. werden Angebote wie Sportkurse, Ergonomie-Beratung, psychologische Beratung gleichzeitig in digitaler Form angeboten (Apps, Videos, Telefonhotline, Beratungschats u. a., siehe ▶ Kap. 3).

Im Fokus des zugehörigen vernetzten Gesundheitsportfolios stehen dabei die Mitarbeiterinnen und Mitarbeiter in ihrem unmittelbaren Erleben. Folgende Fragestellungen bilden dafür das Fundament: „Wie geht es Dir wirklich?", „Was sind Deine Bedürfnisse?", „Wie erlebst Du XYZ", „Was brauchst Du, um …?"

Für die Effizienz, Effektivität und Nachhaltigkeit von Maßnahmen ist es dabei von entscheidender Bedeutung, dass die Umsetzung bereichsübergreifend stattfindet. ◘ Abb. 26.3 zeigt links relevante Bedürfnisse am Arbeitsplatz, die salutogenetischen Faktoren entspre-

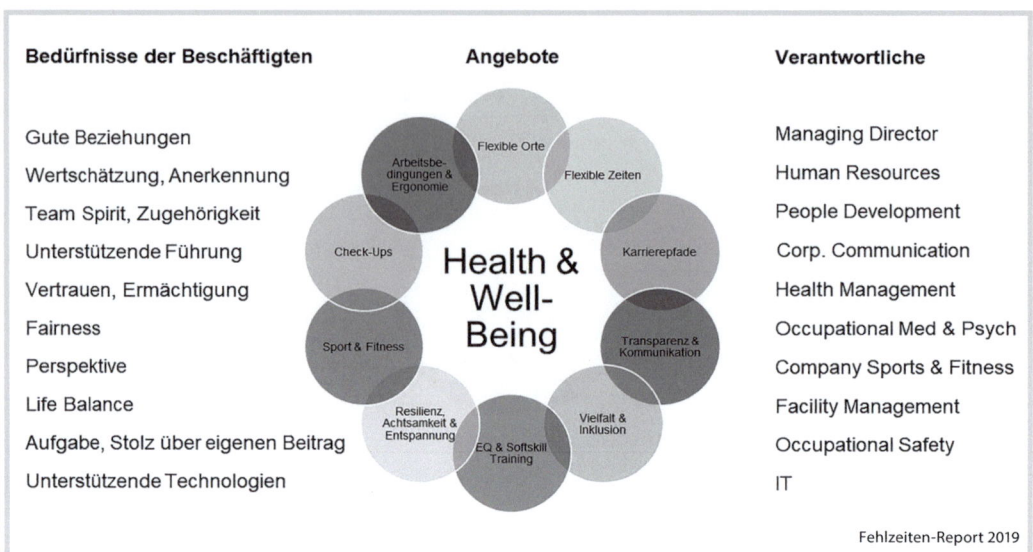

☐ **Abb. 26.3** Intelligentes Netzwerk an Bedürfnissen, Angeboten und Verantwortlichen für Angebote, die auf Gesundheit und Wohlbefinden wirken

chen (vgl. Badura 2017; Badura et al. 2013; Blättner 2007). In der Mitte finden sich Beispiele ineinandergreifender Angebote und rechts sind Unternehmensbereiche genannt, die typischerweise für die genannten Angebote die Verantwortung tragen, meist aber nicht umfassend kooperieren und somit hinter den Möglichkeiten einer maximal positiven Gestaltung der „Experience" zurückbleiben.

BGM 4.0 ist etabliert, wenn die Silos überwunden sind und es zu einer bereichsübergreifenden Zusammenarbeit hinsichtlich gemeinsamer Analyse, Zielsetzung, Maßnahmenergreifung und Erfolgssteuerung kommt.

26.3 Digitalisierung im Gesundheitsmanagement: „Risiken erkennen und Chancen nutzen"

Als Weltmarktführer für betriebliche Softwarelösungen sieht sich SAP in einer besonderen Verantwortung, die Arbeitswelt der Zukunft mitzugestalten und an vorderster Front, gemeinsam mit den Beschäftigten, Lösungen für eine humane Gestaltung von Arbeit aufzuzeigen.

Ein effektives Gesundheitsmanagement spielt dabei als Partner eines modernen strategischen Personalmanagements eine tragende Rolle. Ging es früher darum, Fehlzeiten zu reduzieren, so geht es heute um Wohlbefinden, Freude, Agilität, Engagement und Potenzialentfaltung, um nachhaltige Innovationskraft und Wettbewerbsfähigkeit und nicht zuletzt darum, die Attraktivität als Arbeitgeber in einem zunehmend umkämpften Arbeitsmarkt zu sichern (Busold 2019). SAPs Chief Executive Officer (CEO) Bill McDermott unterstreicht dies mit folgenden Worten: „Es ist heute wichtiger denn je, ein glückliches, gesundes Unternehmen zu fördern. Wenn Menschen einen Arbeitsplatz haben, der einen gesunden und nachhaltigen Lebensstil unterstützt – einen Platz, an dem sie ihr wahres Selbst sein können – gibt es nichts, was uns aufhalten kann!"

Dabei führt der tägliche Umgang mit unbeherrschbarer Komplexität, Zielkonflikten, Vereinbarkeitsproblemen, Informationsflut aus einer Vielzahl digitaler Medien, interkulturellen Herausforderungen sowie verschwimmenden Grenzen zwischen Arbeit und Privatleben zu zunehmenden psychomentalen Belastungen. Dies gilt in besonderer Weise für ältere Mitarbeiter, die unter dem Druck stehen, mit den „Digital Natives" mitzuhalten und für Menschen, die sich schwertun, sich von polaren Entweder-oder-Denkmustern, von klaren Hierarchien, standardisierten Verhaltensweisen und dem Wunsch nach Kontrolle und Eindeutigkeit zu verabschieden.

Um die Digitale Transformation wirtschaftlich und gesundheitlich erfolgreich zu gestalten, bedarf es also einerseits Rahmenbedingungen, die Gesundheit und Wohlbefinden fördern. In erster Linie bedeutet dies eine *mitarbeiterorientierten Kultur* des gegenseitigen Respekts, der Ermutigung und Förderung, der Kooperation und der Fehlertoleranz. Andererseits bedarf es attraktiver Angebote für Mitarbeiter und Führungskräfte, die die Eigenverantwortung gezielt aktivieren und möglichst viele salutogenetisch wirksame Effekte synergistisch zu erzielen vermögen (siehe auch Badura 2017).

In der SAP-Firmenkultur ist gemeinsamer Sport bereits durch die Firmengründer etabliert. Neben der frühen Errichtung firmeneigener Sportplätze und Fitnesscenter wurde seit 1997 zunehmend in ein umfassendes Gesundheitsmanagement investiert. Heute gibt es neben der arbeitsmedizinischen Basisversorgung mit arbeitsplatzspezifischen Vorsorgeuntersuchungen, reisemedizinischer Beratung und Impfungen, individuelle Ergonomieberatungen und psychologische Unterstützung. Allein am Hauptsitz finden über 90 gesundheitsrelevante Kurs- und Aktivitätsangebote pro Woche statt, die 2018 mehr als 180.000-mal genutzt wurden. Außerdem werden allgemeinmedizinische Check-up-Untersuchungen für alle, medizinische und psychologische Ambulanzen mit einer Weiterempfehlungsrate von 100 % in 2018 (SAP Global Health & Well-Being 2019) angeboten. Ein weltweit gemanagtes Employee Assistance Program, das Angehörige mit einschließt, Physiotherapie und Massage, ein höchst effektives Wiedereingliederungsmanagement nach längerer Erkrankung, sowie regelmäßige Kampagnen zu relevanten Themen wie Krebsvorsorge oder mentale Gesundheit runden das Portfolio ab.

Der Trend der Flexibilisierung von Arbeitszeit und Arbeitsort, wird von SAP stark unterstützt (Bund Verlag 2018). Deshalb sind neben der grundsätzlichen Attraktivität und sinnvoller Incentivierung besonders auch Skalierbarkeit und dezentrale oder virtuelle on demand Verfügbarkeit der Angebote wie virtuelle Trainings, Videos und Online-Beratung von zunehmender Relevanz. Dabei profitieren von innovativen digitalen Lösungen neben der Generation der Digital Natives besonders auch Mitarbeiter kleinerer Standorte, Mitarbeiter im Homeoffice oder solche mit überwiegender Reisetätigkeit.

26.3.1 Digitale Tools und Services im Gesundheitsmanagement

Das älteste eingesetzte gesundheitsrelevante digitale Tool bei SAP ist die digitale Mitarbeiterbefragung, die bereits seit 1998 regelmäßig flächendeckend durchgeführt wird. Sie ermöglichte früh die Auswertung von Belastungen und Ressourcen bezogen auf Merkmale wie Arbeitsbereiche, Alter, Geschlecht oder Region. Mittels eines online verfügbaren Fragebogens haben alle Beschäftige die Möglichkeit, an der Befragung teilzunehmen. Die Beteiligungsrate lag 2018 bei 73 % (SAP SE 2019a).

2009 wurde der Gesundheitskulturindex („Business Health Culture Index" = BHCI) entwickelt und 2010 erstmalig im Geschäftsbericht veröffentlicht. Er ermöglicht über die Auswertung nach gängigen Filtern hinaus die Bestimmung für jede Führungskraft und ist Teilgrundlage der Beratungsleistung für Führungskräfte. Er gibt Aufschluss darüber, wie sich das Arbeitsklima bei der SAP auf das Wohlergehen der Mitarbeiter, auf die Vereinbarkeit von Beruf und Privatleben sowie auf die Gesundheit des Unternehmens auswirkt.

2012 wurde Vertrauen als ausschlaggebender Faktor für die Beziehung („ultimate currency") zwischen Führungskraft und Mitarbeiter definiert und wird seit 2013 über die Mitarbeiterbefragung als Leadership Trust Index für jede Führungskraft erhoben. Dieser Index gibt an, wie hoch die Wahrscheinlichkeit ist, dass Mitarbeiter ihre direkte Führungskraft als Manager weiterempfehlen würden.

2016 ist es gelungen, eine 100-Prozent-Abdeckung der psychologischen Beratung über Telefon, Mail und Chat weltweit zu etablieren. Diese ist täglich rund um die Uhr (24/7) erreichbar und wurde 2018 über 4.700-mal genutzt (SAP Global Health and Well-Being 2019).

Seit 2017 ermöglicht das digitale Tool für Mitarbeitergespräche „SAP Talk" die Dokumentation von Ergebnissen aus Mitarbeitergesprächen. Beispielsweise kann so die Einbeziehung eines Stress-Satisfaction-Assessments, bei dem das subjektive Stressempfinden der erlebten Zufriedenheit bei der Arbeit gegenübergestellt wird, erfasst und im Zeitverlauf verglichen werden. Im gleichen Jahr wurde das globale Aktivitätsprogramm „Run Your Way" inklusive der internen Aktivitäts-Plattform „Fit@SAP" eingeführt. Auf der Plattform können sich Mitarbeiter vernetzen, ihre sportlichen Aktivitäten vergleichen und teilen sowie sich gegenseitig herausfordern.

Seit 2018 wird länderweise ein umfassendes Health & Well-Being Management System eingeführt. Basierend auf einem digitalen Assessment des organisationalen Reifegrades der Gesundheitsangebote sowie der Arbeitssicherheitsstandards wird ein Report für jedes Land erstellt. Dieser macht Handlungsfelder transparent und die Auswirkungen umgesetzter Maßnahmen messbar.

Neben der Bedarfsermittlung ist auch die kontinuierliche Evaluation der Gesundheitsan-

Abb. 26.4 Digitale Transformation der Services im Gesundheitsmanagement bei SAP. Basisservices wie das interaktive digitale Informationsportal oder die digitale Registrierungs- und Feedbackmöglichkeit für Teilnehmer an Gesundheitskursen sind nicht extra erwähnt

gebote über digitale Feedbacktools wie beispielsweise Online-Fragebögen in die Arbeit des Gesundheitsmanagements integriert. Die Ergebnisse solcher Befragungen z. B., ob die Inhalte einer Schulung oder eines Kurses tatsächlich hilfreich im Alltag sind, gehen in die kontinuierliche Verbesserung der Angebote ein. Darüber hinaus wird aktuell an der Erhebung eines vereinfachten Happiness Scores gearbeitet. Die übergeordnete Kennzahl eines Gesundheitskulturindex (Business Health Culture Index, BHCI) wird im nachfolgenden Kapitel anhand des Gesundheitskulturindex beispielhaft dargestellt.

Weiterhin spielen digitale Tools und Plattformen (z. B. Skype, Intranet) in der Kommunikation mit Zielgruppen, Stakeholdern, und Multiplikatoren innerhalb des Unternehmens eine zentrale Rolle. Diese Tools ermöglichen die globale Skalierbarkeit von Trainings und Beratungen sowie den Zugang zu Informationsmaterialien von allen SAP-Standorten weltweit sowie aus dem Homeoffice. Zusätzlich haben Beschäftigte die Möglichkeit, sich über ein online verfügbares Portal zu Gesundheitsaktionen, Sport- und Fitnesskursen oder in eigenen Apps, z. B. zu Corporate Challenges, anzumelden.

Die beiden in ◘ Abb. 26.4 blau markierten Tools Gesundheitskulturindex und Run Your Way werden im Folgenden näher beschrieben.

26.3.2 Deep Dive Best Practice: Der Gesundheitskulturindex BHCI

Der betriebliche Gesundheitskulturindex wurde 2009 entwickelt. Seine Erhebung ist in die seit 1998 weltweit jährlich durchgeführte Online-Mitarbeiterbefragung integriert. Die Beteiligungsrate liegt jeweils zwischen 70 und 80 %. Der Index ermittelt anhand von neun Aussagen zu Zugehörigkeit, Partizipation, Wertschätzung, Feedback, Unterstützung durch die Führungskraft, Empowerment, Stress, Lebensbalance und subjektive Gesundheit das subjektive Erleben der Mitarbeiter hinsichtlich belastender und unterstützender Faktoren, die sich auf Gesundheit und Wohlbefinden auswirken. Die Antwortmöglichkeiten werden hinsichtlich des Grades der Zustimmung auf einer Fünferskala ausgewertet. Der Index ermittelt in Prozent die Anzahl der Zustimmungen, wird auf Unternehmensebene global erhoben und als Leistungskennzahl im integrierten Geschäftsbericht der SAP veröffentlicht.

Darüber hinaus wird er auf Regionen und Länderebene, auf Geschäftsbereiche und über alle Hierarchieebenen auf die Linienmanager heruntergebrochen. Die Auswertungen sind in einem digitalen Tool für jede Führungskraft aufbereitet und mit Benchmarks versehen. Im gleichen Tool können direkt empfohlene Folgeaktionen ausgewählt werden, die den jeweiligen Items aus der Befragung zugeordnet sind. Somit kann eine Führungskraft, bei der Handlungsbedarf transparent wurde, sofort konkrete bei SAP verfügbare Angebote, z. B. das „Healthy Leadership Training" oder Zugang zu Beratung und Coaching finden.

2018 lag der BHCI-Wert mit 78 % von 100 im SAP-internen Zielkorridor von 78 % bis 80 % (SAP SE 2019a). Seit 2014 ermitteln wir die finanziellen Auswirkungen des BHCI anhand einer Vielzahl von Unternehmensdaten und mit erprobten statistischen Berechnungen. Mit Unterstützung einer unabhängigen Wirtschaftsprüfungsgesellschaft untersuchen wir, wie sich eine Abweichung um einen Prozentpunkt auf unser Betriebsergebnis auswirken würde. 2018 konnte eine Abweichung um einen Prozentpunkt im BHCI den Betriebsgewinn der SAP im Jahre um 90 bis 100 Mio. € beeinflussen (SAP SE 2019).

Die Kalkulation des Einflusses auf das Betriebsergebnis anhand der in ◘ Abb. 26.5 dargestellten Wirkketten wird mittels eines digitalen Dashboards vorgenommen und in ein Pfadmodell überführt. Neben internen Daten werden aktuelle Studienergebnisse, z. B. zum Zusammenhang zwischen Mitarbeiterzufriedenheit und Kundentreue (Reed et al. 2016), ebenso einbezogen wie z. B. aktuelle Arbeitsmarkt-

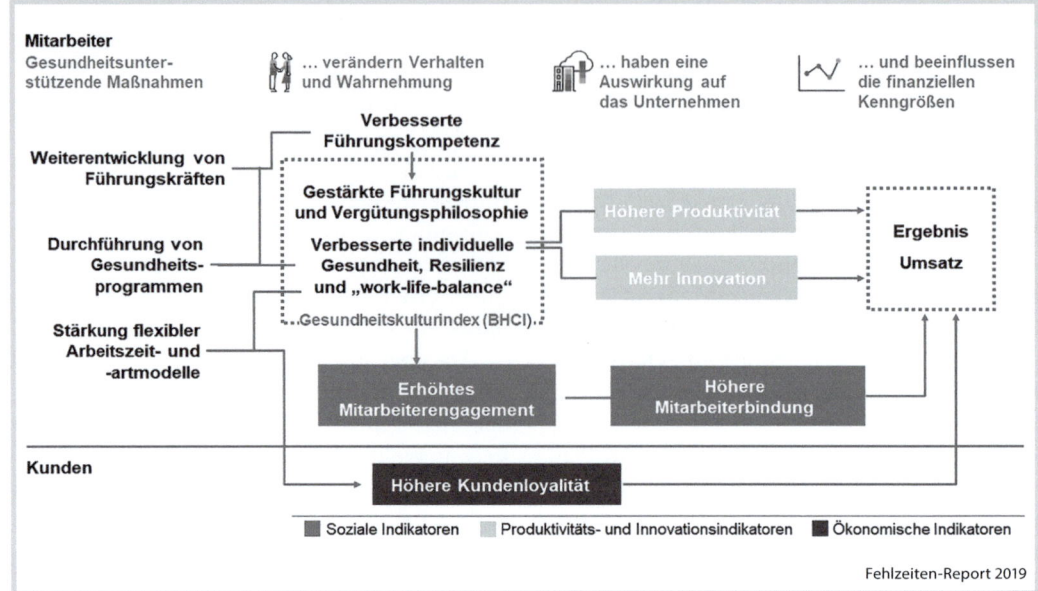

◘ **Abb. 26.5** Die Wirkkette des betrieblichen Gesundheitskulturindex

daten, die die Wiederbeschaffungskosten freier Positionen beeinflussen.

Es konnte ermittelt werden, dass der Gesundheitskulturindex BHCI bei SAP im Geschäftsjahr 2018 mit 90–100 Mio. € fast doppelt so stark auf das Betriebsergebnis einzahlt wie der international bestens etablierte Employee Engagement Index mit 50–60 Mio. € (SAP SE 2019a). Die Ermittlung dieser eindrucksvollen monetären Auswirkung der Gesundheitskultur war ein Meilenstein, der weit über die regelmäßig im BGM durchgeführten Return-on-Investment Berechnungen hinaus zur Anschlussfähigkeit in den Kreis strategischer Kennzahlenlieferanten geführt hat. In Folge wurde er in die virtuelle digitale Unternehmenssteuerungszentrale, den „Digital Boardroom" für den Personalvorstandsbereich, aufgenommen, in der die wichtigsten Kennzahlen des Unternehmens in Echtzeit und miteinander verknüpft dargestellt werden (SAP SE 2019a).

26.3.3 Deep Dive Best Practice: Das Aktivitätsprogramm „Run Your Way on Fit@SAP"

Das Gesundheitsprogramm „Run Your Way" wurde 2017 entwickelt und ausgerollt. Es motiviert, ermutigt und unterstützt Mitarbeiter weltweit, unabhängig von Alter oder körperlichen Voraussetzungen, regelmäßig etwas für die eigene Gesundheit zu tun. Da bereits eine geringe Steigerung körperlicher Aktivität das Risiko für zahlreichen Erkrankungen senken und die Lebenserwartung erhöhen kann, liegt der Fokus zunächst auf der Steigerung von Alltagsbewegung, um den negativen Folgen eines überwiegend sitzenden Lebensstils vorzubeugen (WHO 2019; Lee und Skerrett 2001; Moore et al. 2012; Manson et al. 1999).

Die Herausforderung lag u. a. darin, dass bereits eine erhebliche Anzahl meist jüngerer Mitarbeiter Fitnesstracker besaß und es auf dem Markt keine Plattform gab, die in der Lage war, alle verschiedenen existierenden Tracker und Apps zu einem *gemeinsamen* Erleben zu integrieren. Deshalb wurde zunächst als Mitarbeiterinitiative die Activity Challenge Plattform Fit@SAP entwickelt, die es *allen* ermöglicht, *verschiedene* Tracker oder -Apps zu verbinden, ihren persönlichen Aktivitäts-Fortschritt zu verfolgen, Teams zu bilden und sich gegenseitig im Rahmen von Challenges zu motivieren.

Um auch die weniger trackingaffinen Mitarbeiter zu erreichen, wurde in einer weltweiten Kampagne für das Programm geworben und der Kauf von Trackern lokal bezuschusst. Gleichzeitig wurde die erste globale Challenge ausgerufen, bei der die Beschäftigten aufgerufen waren, Teams zu bilden und in einem bestimmten Zeitraum möglichst viele Schritte gemeinsam zu erlaufen. Hierbei stand ein kameradschaftlicher Wettbewerb im Vordergrund, der durch die Interaktionen mit Kolleginnen und Kollegen rund um die Welt zur Teilnahme motivierte (Hunt 2015).

Da die Motivation der Teilnahme erhöht werden kann, wenn mit einer Aktion ein höherer Sinn im Sinne eines Charity-Zweckes verbunden ist (Won et al. 2013), wurden die erlaufenen Schritte mit einer Spendenaktion zugunsten von „Plant for the Planet" kombiniert, deren junger Gründer kurz zuvor bei SAP für seine Organisation geworben hatte. Im Ergebnis wurden 2017 und 2018 jeweils über vier Wochen von jeweils mehr als 6.500 Teilnehmern eine Strecke gelaufen, die 24 bzw. 26 virtuellen Weltumrundungen entspricht. Es konnten über den SAP-internen Programmerfolg hinaus von Plant-for-the-Planet 30.000 Bäume gepflanzt und fünf Akademien zur Ausbildung von Kindern als Klimabotschafter unterstützt werden. Als Erfolgsfaktoren wurden mittels Befragungen ermittelt: Einfache Handhabung, stabiles Programm, gute Funktionalität der Teamerstellung über Einladungen an Kollegen und übersichtliche Ergebnisdarstellung (vgl. Abb. 26.6).

Nach diesem erfolgreichen Start war es wichtig, die Motivation der bisherigen Nutzer zu verstetigen und einen konstanten Zugewinn an Teilnehmern zu erreichen. Eine zentrale Rolle spielten Funktionalitäten, wie die Möglichkeit eigene Challenges zu definieren und

◘ **Abb. 26.6** Konzept des Mitarbeiterprogramms „Run Your Way"

mit eigenen Incentives zu belegen, die Möglichkeit gegen Vorbilder anzulaufen (z. B. eine höhere Führungskraft macht transparent, wieviel sie täglich läuft und alle versuchen sie zu überbieten) und die Verknüpfung mit lokalen Gesundheitsangeboten. Diese Befähigung von Multiplikatoren und die Verknüpfung mit weiteren Angeboten und Kampagnen in den einzelnen Ländern, führten zu einer verstetigten Akzeptanz des Programms. Aktuell nutzen über 11.500 Mitarbeiter die Plattform aktiv; die Tendenz ist weiter steigend. Außerdem zeigt sich ein konstanter Durchschnitt von 8.000 Schritten bei den teilnehmenden Kollegen. Ebenso gibt es zahlreiche Ideen für den weiteren Ausbau der Funktionalität.

26.4 Reflexion und Fazit

Globalisierung und Digitalisierung stellen uns vor Herausforderungen und bieten gleichsam viele Chancen. Dies gilt im Privatleben wie in der Arbeitswelt; für Unternehmen jeglicher Branche und Größe, für Kommunen und Behörden, für jede Organisation. Allen gemeinsam ist es, dass sie trotz demografischen Wandels und bereichsweise bereits wirksamen Fach- oder Arbeitskräftemangels Menschen brauchen, um ihre Ziele zu erreichen. Menschen, die sich ihr Unternehmen als Arbeitgeber aussuchen, Menschen, deren Motivation und Engagement über den Erfolg des Unternehmens mit entscheiden. Nicht nur die spezifischen Belastungen im eigenen Betrieb, sondern auch die Bedürfnisse der einzelnen Mitarbeiter zu kennen ist damit nicht nur eine Frage sozialer Verantwortung, sondern wird zum ökonomischen Gebot.

Betriebliches Gesundheitsmanagement bedarf neben einer achtsamen, fürsorglichen und unterstützenden Grundhaltung auch Zahlen, Daten und Fakten, um die Ausgangslage und den Erfolg eingeleiteter Maßnahmen erkennen zu können. Dies gilt unabhängig davon in welchem Reifegrad von BGM 1.0 bis 4.0 es sich befindet, ob es in einem kleinen Betrieb eine Person in Zusammenarbeit mit der Geschäftsführung „on top" steuert oder eine ganze Abteilung in einem Großunternehmen das Thema treibt. Die wichtigste Quelle sind dabei die Mitarbeiter selbst. Digitale Tools bei Befragungen und deren Auswertungen einzusetzen, kann heute als Standard gelten (auch wenn immer noch viele Betriebe noch gar nicht befragen). Der Trend geht dabei weg von aufwändigen statischen Erhebungen einmal pro Jahr, bei denen viele Ergebnisse auf Grund personeller oder organisationaler Veränderungen schon bei Erscheinen nicht mehr zuordenbar sind, hin zu niedrigschwelligen spielerischen Echtzeitdatenerhebungen mit hoher Responserate. Die Zukunft wird Apps gehören, die täglich ein, zwei Fragen aufbringen und diese über eine Plattform in Echtzeit verarbeiten können (z. B. „Wie zufrieden warst Du heute?", „Wie hoch war Dein Stresslevel?" oder „Wie wahrscheinlich ist es, dass Du Deine Führungskraft weiterempfiehlst?") mit der zusätzlichen Möglichkeit Freitextkommentare einzugeben, die durch intelligente Software aufbereitet werden können. Natürlich bedarf es im Zusammenhang mit der Nutzung dieser innovativen Technologien der Einhaltung von Datenschutzstandards und der engen Abstimmung mit der Mitarbeitervertretung.

Ebenso sind bereits unzählige Apps auf dem Markt, die gesundes Verhalten fördern können. Es werden sich über die Zeit einige wenige nutzerfreundliche und attraktive Apps herauskristallisieren, die in personalwirtschaftliche Tools integrierbar sein werden und dabei höchstmöglichen Datenschutz bieten. Des Weiteren wird es Tools geben, die in Echtzeit messen können, wie eine schlecht gemanagte Umstrukturierung über den Verlust an Freude, Motivation und Engagement messbar Profitabilität kostet. Diese Tools werden personalwirtschaftliche und gesundheitsfördernde Maßnahmen integriert betrachten können. Sie werden Effekte aus *bisherigen* Maßnahmen erkennen und daraus lernen. Sie werden aktive Vorschläge machen und helfen Investitionen in das Wohlbefinden der Mitarbeiterinnen und Mitarbeiter zu begründen, zu veranlassen und gut zu steuern. Unter Berücksichtig der Selbstbestimmungsrechte eines jeden Beschäftigten muss die Teilnahme an Programmen zur Verarbeitung gesundheitsbezogener Daten stets auf Freiwilligkeit basieren.

Vorbei sind bald auch die Zeiten, in denen der Erfolg einer BGM-Maßnahme ausschließlich an der Anzahl der Teilnehmer, bestenfalls an ihrem direkten Feedback zur Maßnahmenqualität, gemessen wird. Intelligente Tools der Zukunft werden mittels künstlicher Intelligenz und maschinellem Lernen das komplexe Zusammenspiel von Einflussfaktoren erfassen können, die Grundlage sind für strategische Entscheidungen für eine lebenswerte Arbeitswelt. Aus dieser Verknüpfung von Daten, wie beispielsweise der Bedürfnisse der Beschäftigten, Entwicklungen des Arbeitsmarktes und der Weltwirtschaft können dann Vorhersagen getroffen („Predictive Analytics"). Diese Vorhersagen ermöglichen neue Wege der strategischen Planung in Unternehmen.

Bei aller Technologie darf aber nicht vergessen werden: Der entscheidende salutogenetisch wirksame Faktor ist und bleibt die Unternehmenskultur. Sie bestimmt das Ausmaß des Vertrauens, der Unterstützung, der Ermutigung, der Fehlertoleranz und die Qualität der Beziehungen. Sie bestimmt wie Menschen sich fühlen, mit welcher Haltung sie an den Arbeitsplatz kommen, wie ihnen begegnet wird, wie sie geführt werden und wie sie zusammenarbeiten. BGM 4.0 ist auch im Zeitalter der Digitalisierung am Ende Kulturarbeit.

Literatur

Badura B (2017) Arbeit und Gesundheit im 21. Jahrhundert. Mitarbeiterbindung durch Kulturentwicklung. Springer Gabler, Berlin Heidelberg

Badura B, Greiner W, Rixgens P, Ueberle M, Behr M (2013) Sozialkapital. Grundlagen von Gesundheit und Unternehmenserfolg. Springer Gabler, Berlin Heidelberg

Blättner (2007) Das Modell der Salutogenese. Eine Leitorientierung für die berufliche Praxis. Springer, Berlin Heidelberg

Bund Verlag (2018) SAP SE Neue Wege bei mobiler Arbeit. https://www.bund-verlag.de/aktuelles~Neue-Wege-bei-mobiler-Arbeit-~. Zugegriffen: 16. Mai 2019

Busold M (2019) War for Talents. Erfolgsfaktoren im Kampf um die Besten. Springer Gabler, Berlin Heidelberg

Deloitte (2018) The rise of the social enterprise: 2018 Deloitte Global Human Capital Trends. https://www2.deloitte.com/content/dam/Deloitte/at/Documents/human-capital/at-2018-deloitte-human-capital-trends.pdf. Zugegriffen: 27. März 2019

FAZ (2018) Die Generation Y ist ein Phantom. https://www.faz.net/aktuell/beruf-chance/beruf/einstellungen-zur-arbeitswelt-die-generation-y-ist-ein-phantom-15904396.html. Zugegriffen: 16. Mai 2019

Hardering F, Will-Zocholl M, Hofmeister H (2016) Sinn der Arbeit und sinnvolle Arbeit: Zur Einführung. Arbeit 24(1-2):3–12. https://www.degruyter.com/abstract/j/arbeit.2015.24.issue-1-2/arbeit-2016-0002/arbeit-2016-0002.xml. Zugegriffen: 16. Mai 2019

Hunt J (2015) The relationship of fitness tracker usage in wellness programs with organizational commitment, job satisfaction and job stress. https://repository.tcu.edu/bitstream/handle/116099117/10354/Hunt_-_Senior_Honors_Thesis.pdf?sequence=1. Zugegriffen: 25. Febr. 2019

Lee IM, Skerrett PJ (2001) Physical activity and all-cause mortality: what is the dose-response relation? Med Sci Sports Exerc 33(6):459–471

McKinsey (2017) Working on health works. It's good for your people and for your bottom line. https://www.mckinsey.com/business-functions/organization/our-insights/organizational-health-a-fast-track-to-performance-improvement. Zugegriffen: 16. Mai 2019

Manson JE, Hu FB, Rich-Edwards JW et al (1999) A prospective study of walking compared with vigorous exercise in the prevention of coronary heart disease in women. New Engl J Med 341(9):650–658

Moore SC, Patel AV, Matthews CE et al (2012) Leisure Time Physical Activity of Moderate to Vigorous Intensity and Mortality: A Large Pooled Cohort Analysis. PLoS Med 9(11):e10011335

Reed K, Goolsby JR, Johnston MK (2016) Listening in and out: Listening to customers and employees to strengthen an integrated market-oriented system. J Bus Res 69(9):3591–3599

SAP SE (2019a) SAP integrierter Bericht. https://www.sap.com/docs/download/investors/2018/sap-2018-integrierter-bericht.pdf. Zugegriffen: 19. März 2019

SAP SE (2019b) SAP: Weltgrößter Anbieter von Unternehmensanwendungen. https://www.sap.com/corporate/de/documents/2017/04/16b2e4dd-b67c-0010-82c7-eda71af511fa.html. Zugegriffen: 21. Mai 2019

SAP SE (2019) Politikbrief: Informationen für Politik und Verwaltung. https://discover.sap.com/government-relations/de-de/politikbrief.html. Zugegriffen: 15. Apr. 2019

SAP Global Health and Well-Being (2019) SAP Global Health Report 2018. Zugegriffen: 27. März 2019, interne Quelle

WHO (2019) Physical activity. https://www.who.int/ncds/prevention/physical-activity/en/. Zugegriffen: 25. Febr. 2019

Won D, Park M, Lee YJ (2013) Factors influencing college students' choice of a charity sport event. J Glob Scholars Mark Sci 23(1):41–54

Weiterführende Literatur

Badura B, Ducki A, Schröder H, Klose J, Meyer M (Hrsg) (2018) Fehlzeiten-Report 2018: Sinn erleben – Arbeit und Gesundheit. Springer, Berlin Heidelberg

Lotzmann N (2018) A Healthy Workplace Culture is Key to Success in a Crazy, Digital, „VUCA" World. https://news.sap.com/2018/09/a-healthy-workplace-culture-is-key-to-success-in-a-crazy-digital-vuca-world/. Zugegriffen: 25. Febr. 2019

Lotzmann N (2017) 5 Tips To Get Your Employees Moving – Sustainably. https://www.digitalistmag.com/improving-lives/2017/10/02/5-tips-get-employees-moving-sustainably-05384283. Zugegriffen: 25. Febr. 2019

Machmeier C (2017) Fit@SAP: Nothing Can Stop Us. https://news.sap.com/2017/06/fitsap-nothing-can-stop-us/. Zugegriffen: 25. Febr. 2019

Patel MS, Asch DA, Volpp KG (2015) Wearable Devices as Facilitators, Not Drivers, of Health Behavior Change. JAMA 313(5):459–460

Sanders K (2018) SAP SuccessFactors Work-Life Wins HR Innovation Award. https://news.sap.com/2018/09/sap-successfactors-work-life-wins-hr-innovation-award/. Zugegriffen: 25. Febr. 2019

Schmitz A (2015) Was Gesundheit wert ist. https://news.sap.com/germany/2015/05/gesundheit-wert-ist/. Zugegriffen: 19. März 2019

Straub R, Schmitt K, Krapf F et al (2018) whatsnext – Gesund arbeiten in der digitalen Arbeitswelt. https://www.tk.de/resource/blob/2012962/d64eb5a912d260d628182f02292ebba1/trendstudie-whatsnext-data.pdf

// VI

Daten und Analysen

Inhaltsverzeichnis

Kapitel 27 Krankheitsbedingte Fehlzeiten in der deutschen Wirtschaft im Jahr 2018 – Überblick – 413
Markus Meyer, Maia Maisuradze und Antje Schenkel

Kapitel 28 Krankheitsbedingte Fehlzeiten nach Branchen im Jahr 2018 – 479
Markus Meyer, Maia Maisuradze und Antje Schenkel

Kapitel 29 Die Arbeitsunfähigkeit in der Statistik der GKV – 719
Klaus Busch

Kapitel 30 Betriebliches Gesundheitsmanagement und krankheitsbedingte Fehlzeiten in der Bundesverwaltung – 741
Annette Schlipphak

Krankheitsbedingte Fehlzeiten in der deutschen Wirtschaft im Jahr 2018 – Überblick

Markus Meyer, Maia Maisuradze und Antje Schenkel

27.1 Datenbasis und Methodik – 417

27.2 Allgemeine Krankenstandsentwicklung – 421

27.3 Verteilung der Arbeitsunfähigkeit – 422

27.4 Kurz- und Langzeiterkrankungen – 424

27.5 Krankenstandsentwicklung in den einzelnen Branchen – 425

27.6 Einfluss der Alters- und Geschlechtsstruktur – 426

27.7 Fehlzeiten nach Bundesländern – 433

27.8 Fehlzeiten nach Betriebsgröße – 433

27.9 Fehlzeiten nach Ausbildungsabschluss und Vertragsart – 434

27.10 Fehlzeiten nach Berufsgruppen – 439

27.11 Fehlzeiten nach Wochentagen – 441

27.12 Arbeitsunfälle – 443

© Springer-Verlag GmbH Deutschland, ein Teil von Springer Nature 2019
B. Badura et al. (Hrsg.), *Fehlzeiten-Report 2019*, https://doi.org/10.1007/978-3-662-59044-7_27

27.13 Krankheitsarten im Überblick – 445

27.14 Die häufigsten Einzeldiagnosen – 451

27.15 Krankheitsarten nach Branchen – 451

27.16 Langzeitfälle nach Krankheitsarten – 458

27.17 Krankheitsarten nach Diagnoseuntergruppen – 459

27.18 Burnout-bedingte Fehlzeiten – 459

27.19 Arbeitsunfähigkeiten nach Städten 2018 – 462

27.20 Inanspruchnahme von Krankengeld bei Erkrankung des Kindes – 465

Literatur – 476

Zusammenfassung

Der folgende Beitrag liefert umfassende und differenzierte Daten zu den krankheitsbedingten Fehlzeiten in der deutschen Wirtschaft im Jahr 2018. Datenbasis sind die Arbeitsunfähigkeitsmeldungen der 13,9 Mio. erwerbstätigen AOK-Mitglieder in Deutschland. Ein einführendes Kapitel gibt zunächst einen Überblick über die allgemeine Krankenstandsentwicklung und wichtige Determinanten des Arbeitsunfähigkeitsgeschehens. Im Einzelnen werden u. a. die Verteilung der Arbeitsunfähigkeit, die Bedeutung von Kurz- und Langzeiterkrankungen und Arbeitsunfällen, von Kinderpflegekrankengeld, regionale Unterschiede in den einzelnen Bundesländern und Städten sowie die Abhängigkeit des Krankenstandes von Faktoren wie Branche, Beruf, Beschäftigtenstruktur und demografischen Faktoren dargestellt. In ▶ Kap. 28 wird dann detailliert die Krankenstandsentwicklung in den unterschiedlichen Wirtschaftszweigen beleuchtet.

Allgemeine Krankenstandsentwicklung

Der Krankenstand im Jahr 2018 ist im Vergleich zum Vorjahr um 0,2 Prozentpunkte gestiegen und lag bei 5,5 %. In Westdeutschland lag der Krankenstand mit 5,4 % um 0,6 Prozentpunkte niedriger als in Ostdeutschland (6,0 %). Bei den Bundesländern verzeichneten das Saarland sowie Sachsen-Anhalt, Thüringen und Brandenburg mit jeweils 6,3 % den höchsten Krankenstand. In Hamburg (4,6 %) und Bayern (4,8 %) lag der Krankenstand am niedrigsten. Im Schnitt waren die AOK-versicherten Arbeitnehmer 19,4 Kalendertage arbeitsunfähig. Für etwas mehr als die Hälfte aller AOK-Mitglieder (54,2 %) wurde mindestens einmal im Jahr eine Arbeitsunfähigkeitsbescheinigung ausgestellt.

Das Fehlzeitengeschehen wird hauptsächlich von sechs Krankheitsarten dominiert: Im Jahr 2018 gingen mehr als ein Fünftel der Fehlzeiten auf Muskel- und Skelett-Erkrankungen (22,0 %) zurück, danach folgten Atemwegserkrankungen (13,3 %), psychische Erkrankungen (11,3 %), Verletzungen (10,9 %) sowie Erkrankungen des Kreislaufsystems und der Verdauungsorgane (5,3 bzw. 4,7 %). Der Anteil der Muskel- und Skelett-Erkrankungen an den Fehlzeiten ist im Vergleich zum Vorjahr um 0,5 Prozentpunkte am deutlichsten gesunken, auch der Anteil der Herz-Kreislauf-Erkrankungen und der Verdauungserkrankungen ist um 0,2 Prozentpunkte sowie der Anteil der Verletzungen um 0,1 Prozentpunkte gesunken. Der Anteil der Atemwegserkrankungen ist dagegen im Vergleich zum Vorjahr um 0,7 und der der psychischen Erkrankungen um 0,1 Prozentpunkte gestiegen. Im Vergleich zu den anderen Krankheitsarten kommt den psychischen Erkrankungen eine besondere Bedeutung zu: Seit 2008 haben die Krankheitstage aufgrund psychischer Erkrankungen um 64,2 % zugenommen. Im Jahr 2018 wurden erneut mehr Fälle aufgrund psychischer Erkrankungen (5,1 %) als aufgrund von Herz- und Kreislauf-Erkrankungen (3,7 %) registriert. Die durchschnittliche Falldauer psychischer Erkrankungen war im Jahr mit 26,3 Tagen je Fall mehr als doppelt so lang wie der Durchschnitt mit 11,8 Tagen je Fall.

Neben den psychischen Erkrankungen verursachten insbesondere Verletzungen (18,5 Tage je Fall), Herz- und Kreislauf-Erkrankungen (17,4 Tage je Fall) sowie Muskel- und Skelett-Erkrankungen (17,0 Tage je Fall) lange Ausfallzeiten. Auf diese vier Erkrankungsarten gingen 2018 bereits 59 % der durch Langzeitfälle (> sechs Wochen) verursachten Fehlzeiten zurück.

Langzeiterkrankungen mit einer Dauer von mehr als sechs Wochen verursachten weit mehr als ein Drittel der Ausfalltage (41,8 % der AU-Tage). Ihr Anteil an den Arbeitsunfähigkeitsfällen betrug jedoch nur 4,2 %. Bei Kurzzeiterkrankungen mit einer Dauer von ein bis drei Tagen verhielt es sich genau umgekehrt: Ihr Anteil an den Arbeitsunfähigkeitsfällen lag bei 34,8 %, doch nur 5,9 % der Arbeitsunfähigkeitstage gingen auf sie zurück.

Schätzungen der Bundesanstalt für Arbeitsschutz und Arbeitsmedizin zufolge verursachten im Jahr 2017 668,6 Mio. AU-Tage[1] volkswirtschaftliche Produktionsausfälle von 76 Mrd. bzw. 136 Mrd. € Ausfall an Produktion und Bruttowertschöpfung (Bundesministerium für Arbeit und Soziales/Bundesanstalt für Arbeitsschutz und Arbeitsmedizin 2018).

Die Ausgaben für Krankengeld sind im Jahr 2018 erneut gestiegen. Für das 1. bis 4. Quartal 2018 betrug das Ausgabenvolumen für Krankengeld 13,1 Mrd. €. Gegenüber dem Vorjahr bedeutet das einen Anstieg von 6,6 % (Bundesministerium für Gesundheit 2019).

Fehlzeitengeschehen nach Branchen

In fast allen Branchen gab es im Jahr 2018 im Vergleich zum Vorjahr einen Anstieg des Krankenstandes. In der Branche Energie, Wasser, Entsorgung und Bergbau lag der Krankenstand mit 6,7 % am höchsten. Ebenfalls hohe Krankenstände verzeichneten die Branchen Öffentliche Verwaltung und Sozialversicherung (6,6 %), verarbeitende Gewerbe (6,2 %) sowie Verkehr und Transport (6,0 %). Der niedrigste Krankenstand war mit 3,9 % in der Branche Banken und Versicherungen zu finden. Im Vergleich zum Vorjahr ist lediglich der Krankenstand in der Branche Verkehr und Transport mit 6,0 % gleichgeblieben, in allen anderen Branchen ist dieser angestiegen.

Bei den Branchen Land- und Forstwirtschaft, Baugewerbe sowie Verkehr und Transport handelt es sich um Bereiche mit hohen körperlichen Arbeitsbelastungen und überdurchschnittlich vielen Arbeitsunfällen. Im Baugewerbe gingen 6,0 % der Arbeitsunfähigkeitsfälle auf Arbeitsunfälle zurück. In der Land- und Forstwirtschaft waren es sogar 7,5 %, im Bereich Verkehr und Transport 4,2 %.

In den Branchen Baugewerbe, Energie, Wasser, Entsorgung und Bergbau sowie Metallindustrie sind viele Arbeitsunfähigkeitsfälle durch Verletzungen zu verzeichnen, in der Regel durch Arbeitsunfälle bedingt. Der Bereich Land- und Forstwirtschaft verzeichnete mit 22,0 Tagen je Fall die höchste Falldauer vor der Branche Verkehr und Transport mit 21,2 Tagen je Fall.

Im Jahr 2018 war der Anteil der Muskel- und Skelett-Erkrankungen an der Gesamtheit der Erkrankungen mit 22 % in den meisten Branchen wie im Vorjahr am höchsten. Einzig in den Branchen Banken und Versicherungen sowie im Bereich Erziehung und Unterricht nehmen die Atemwegserkrankungen mit jeweils 18 % einen größeren Anteil als die Muskel- und Skelett-Erkrankungen ein. Zudem weisen diese beiden Branchen den insgesamt höchsten Wert für die Atemwegserkrankungen auf.

Psychische Erkrankungen sind v. a. in der Branche Gesundheits- und Sozialwesen zu verzeichnen. Der Anteil der Arbeitsunfähigkeitsfälle ist hier mit 15,8 Arbeitsunfähigkeitsfällen je 100 AOK-Mitglieder fast dreimal so hoch wie in der Land- und Forstwirtschaft (5,7 AU-Fälle je 100 AOK-Mitglieder). Nach der Branche Gesundheits- und Sozialwesen steht der Bereich Öffentliche Verwaltung und Sozialversicherung mit 14,9 AU-Fällen pro 100 AOK-Mitglieder an zweiter Stelle, gefolgt von der Branche Erziehung und Unterricht mit 14,0 AU-Fällen pro 100 AOK-Mitglieder.

Fehlzeitengeschehen nach Altersgruppen

Zwar nimmt mit zunehmendem Alter die Zahl der Krankmeldungen ab, die Dauer der Arbeitsunfähigkeitsfälle dagegen steigt kontinuierlich an. Ältere Mitarbeiter sind also seltener krank, fallen aber in der Regel länger aus als ihre jüngeren Kollegen. Dies liegt zum einen daran, dass Ältere häufiger von mehreren Erkrankungen gleichzeitig betroffen sind (Multimorbidität), aber auch daran, dass sich das Krankheitsspektrum verändert.

Bei den jüngeren Arbeitnehmern zwischen 15 und 19 Jahren dominieren v. a. Atemwegserkrankungen und Verletzungen: 23,7 % der Ausfalltage gingen in dieser Altersgruppe auf Atemwegserkrankungen zurück, der Anteil der Verletzungen liegt bei 18,7 % (zum Vergleich: 60- bis 64-Jährige: 9,2 % bzw. 8,2 %). Ältere Arbeitnehmer leiden dagegen zu-

---

[1] Dieser Wert ergibt sich durch die Multiplikation von rund 38,7 Mio. Arbeitnehmern mit durchschnittlich 15,2 AU-Tagen.

nehmend an Muskel- und Skelett- oder Herz- und Kreislauf-Erkrankungen. Diese Krankheitsarten sind häufig mit langen Ausfallzeiten verbunden. Im Schnitt fehlt ein Arbeitnehmer aufgrund einer Atemwegserkrankung lediglich 6,7 Tage, bei einer Muskel- und Skeletterkrankung fehlt er hingegen 17,0 Tage. So gehen in der Gruppe der 60- bis 64-Jährigen über ein Viertel der Ausfalltage (25,7 %) auf Muskel- und Skelett-Erkrankungen und 9,1 % auf Herz- und Kreislauf-Erkrankungen zurück. Bei den 15- bis 19-Jährigen hingegen sind es lediglich 8,7 bzw. 1,3 %.

Die meisten Fehltage aufgrund psychischer Erkrankungen entfallen auf die 60- bis 64-Jährigen (18,9 %) sowie auf die 55- bis 59-Jährigen (14,5 %), die wenigsten auf die Altersgruppe der 15- bis 19-Jährigen (4,1 %).

■■ **Fehlzeitengeschehen nach Geschlecht**

Im Fehlzeitengeschehen zeigen sich Unterschiede zwischen den Geschlechtern. Der Krankenstand liegt bei den Frauen bei 5,6 %, bei den Männern bei 5,4 %. Frauen sind mit einer AU-Quote von 56,6 % etwas häufiger krank als Männer (52,2 %). Die durchschnittliche Falldauer lag bei den Frauen mit 11,8 etwas höher als bei den Männern (11,7 Tage je Fall).

Unterschiede zeigen sich jedoch im Krankheitsspektrum. Betrachtet man die Fehltage, führen bei Männern insbesondere Muskel- und Skelett-Erkrankungen und Verletzungen häufiger zu Fehlzeiten als bei Frauen (Männer: 23,4 % bzw. 13,2 % an allen Fehltagen; Frauen: 20,3 % und 8,1 %). Dies dürfte damit zusammenhängen, dass Männer nach wie vor in größerem Umfang körperlich beanspruchenden und unfallträchtigen Tätigkeiten nachgehen. Bei Frauen hingegen liegen neben Muskel- und Skelett-Erkrankungen (20,3 % an allen Fehltagen) vermehrt psychische Erkrankungen (14,4 %) und Atemwegserkrankungen (14,1 %) vor. Der Großteil der männlichen AOK-Versicherten arbeitet im Dienstleistungsbereich (32,2 %) und im verarbeitenden Gewerbe (25,5 %), beispielsweise in Berufen der Lagerwirtschaft, der Gastronomie, der Reinigung oder Metallbearbeitung. Der überwiegende Teil der Frauen ist ebenfalls im Dienstleistungsbereich beschäftigt (53,2 %), gefolgt von der Branche Handel (16,5 %); Frauen sind außerdem verstärkt in Reinigungsberufen, in der Gesundheits-, Alten- und Krankenpflege sowie in der Gastronomie tätig.

Unterschiede zwischen den Geschlechtern finden sich bei genauerer Betrachtung der einzelnen Krankheitsarten: Im Bereich der Herz- und Kreislauf-Erkrankungen leiden Männer vermehrt an ischämischen Herzkrankheiten wie beispielsweise dem Myokardinfarkt. Mehr als ein Fünftel aller Fehltage innerhalb dieser Krankheitsart (22,2 %) entfallen bei den Männern auf diese Erkrankung, bei den Frauen sind es lediglich 9,4 %.

Auch bei den psychischen Erkrankungen ergeben sich Unterschiede. 14,4 % aller Arbeitsunfähigkeitstage gehen bei den Frauen auf psychische Erkrankungen wie affektive Störungen oder neurotische, Belastungs- und somatoforme Störungen zurück, bei den Männern sind es dagegen nur 8,7 % der Fehltage.

27.1 Datenbasis und Methodik

Die folgenden Ausführungen zu den krankheitsbedingten Fehlzeiten in der deutschen Wirtschaft basieren auf einer Analyse der Arbeitsunfähigkeitsmeldungen aller erwerbstätigen AOK-Mitglieder. Die AOK ist nach wie vor die Krankenkasse mit dem größten Marktanteil in Deutschland. Sie verfügt daher über die umfangreichste Datenbasis zum Arbeitsunfähigkeitsgeschehen. Ausgewertet wurden die Daten des Jahres 2018 – in diesem Jahr waren insgesamt 13,9 Mio. Arbeitnehmer bei der AOK versichert. Dies ist im Vergleich zum Vorjahr ein Plus von 5,5 %.

Datenbasis der Auswertungen sind sämtliche Arbeitsunfähigkeitsfälle, die der AOK im Jahr 2018 gemeldet wurden. Es werden sowohl Pflichtmitglieder als auch freiwillig Versicherte berücksichtigt, Arbeitslosengeld-I-Empfänger dagegen nicht. Unberücksichtigt bleiben auch Schwangerschafts- und Kinderkrankenfälle. Arbeitsunfälle gehen mit in die Statistik ein, soweit sie der AOK gemeldet werden. Kuren werden in den Daten berücksichtigt. Allerdings werden Kurzzeiterkrankungen bis zu drei Tagen von den Krankenkassen nur erfasst, soweit eine ärztliche Krankschreibung vorliegt. Der Anteil der Kurzzeiterkrankungen liegt daher höher, als dies in den Krankenkassendaten zum Ausdruck kommt. Hierdurch verringern sich die Fallzahlen und die rechnerische Falldauer erhöht sich entsprechend. Langzeitfälle mit einer Dauer von mehr als 42 Tagen wurden in die Auswertungen einbezogen, weil sie von entscheidender Bedeutung für das Arbeitsunfähigkeitsgeschehen in den Betrieben sind.

Die Arbeitsunfähigkeitszeiten werden von den Krankenkassen so erfasst, wie sie auf den Krankmeldungen angegeben sind. Auch Wochenenden und Feiertage gehen in die Berechnung mit ein, soweit sie in den Zeitraum der Krankschreibung fallen. Die Ergebnisse sind daher mit betriebsinternen Statistiken, bei denen lediglich die Arbeitstage berücksichtigt werden, nur begrenzt vergleichbar. Bei jahresübergreifenden Arbeitsunfähigkeitsfällen wurden ausschließlich Fehlzeiten in die Auswertungen einbezogen, die im Auswertungsjahr anfielen.

◘ Tab. 27.1 gibt einen Überblick über die wichtigsten Kennzahlen und Begriffe, die in diesem Beitrag zur Beschreibung des Arbeitsunfähigkeitsgeschehens verwendet werden. Die Kennzahlen werden auf der Basis der Versicherungszeiten berechnet, d. h. es wird berücksichtigt, ob ein Mitglied ganzjährig oder nur einen Teil des Jahres bei der AOK versichert war bzw. als in einer bestimmten Branche oder Berufsgruppe beschäftigt geführt wurde.

Aufgrund der speziellen Versichertenstruktur der AOK sind die Daten nur bedingt repräsentativ für die Gesamtbevölkerung in der Bundesrepublik Deutschland bzw. die Beschäftigten in den einzelnen Wirtschaftszweigen. Infolge ihrer historischen Funktion als Basiskasse weist die AOK einen überdurchschnittlich hohen Anteil an Versicherten aus dem gewerblichen Bereich auf. Angestellte sind dagegen in der Versichertenklientel der AOK unterrepräsentiert.

Im Jahr 2008 fand eine Revision der Klassifikation der Wirtschaftszweige statt. Die Klassifikation der Wirtschaftszweige Ausgabe 2008 wird vom Statistischen Bundesamt veröffentlicht (Anhang 2). Aufgrund der Revision kam es zu Verschiebungen zwischen den Branchen, eine Vergleichbarkeit mit den Daten vor 2008 ist daher nur bedingt gegeben. Daher werden bei Jahresvergleichen Kennzahlen für das Jahr 2008 sowohl für die Klassifikationsversion 2003 als auch für die Version 2008 ausgewiesen.

Die Klassifikation der Wirtschaftszweigschlüssel in der Ausgabe 2008 enthält insgesamt fünf Differenzierungsebenen, von denen allerdings bei den vorliegenden Analysen nur die ersten drei berücksichtigt wurden. Es wird zwischen Wirtschaftsabschnitten, -abteilungen und -gruppen unterschieden. Ein Abschnitt ist beispielsweise die Branche „Energie, Wasser, Entsorgung und Bergbau". Diese untergliedert sich in die Wirtschaftsabteilungen „Bergbau und Gewinnung von Steinen und Erden", „Energieversorgung" und „Wasserversorgung, Abwasser- und Abfallentsorgung und Beseitigung von Umweltverschmutzungen". Die Wirtschaftsabteilung „Bergbau und Gewinnung von Steinen und Erden" umfasst wiederum die Wirtschaftsgruppen „Kohlenbergbau", „Erzbergbau" etc. Im vorliegenden Unterkapitel werden die Daten zunächst ausschließlich auf der Ebene der Wirtschaftsabschnitte analysiert (Anhang 2). In den folgenden Kapiteln wird dann auch nach Wirtschaftsabteilungen und teilweise auch nach Wirtschaftsgruppen differenziert. Die Metallindustrie, die nach der Systematik der Wirtschaftszweige der Bundesanstalt für Arbeit zum verarbeitenden Gewerbe gehört, wird, da sie die größte Branche des Landes darstellt, in einem eigenen Kapitel behandelt (▶ Abschn. 28.9). Auch dem Bereich „Erziehung und Unterricht" wird angesichts der zunehmenden Bedeutung des Bildungsbereichs für die Produktivität der Volkswirtschaft ein eigenes Kapitel gewidmet (▶ Abschn. 28.5). Aus ◘ Tab. 27.2 ist die Anzahl der AOK-Mitglieder in den einzelnen Wirtschaftsabschnitten sowie deren Anteil an den sozialversi-

27.1 · Datenbasis und Methodik

Tabelle 27.1 Kennzahlen und Begriffe zur Beschreibung des Arbeitsunfähigkeitsgeschehens

Kennzahl	Definition	Einheit, Ausprägung	Erläuterungen
AU-Fälle	Anzahl der Fälle von Arbeitsunfähigkeit	Je AOK-Mitglied[a] bzw. je 100 AOK-Mitglieder in % aller AU-Fälle	Jede Arbeitsunfähigkeitsmeldung, die nicht nur die Verlängerung einer vorangegangenen Meldung ist, wird als ein Fall gezählt. Ein AOK-Mitglied kann im Auswertungszeitraum mehrere AU-Fälle aufweisen
AU-Tage	Anzahl der AU-Tage, die im Auswertungsjahr anfielen	Je AOK-Mitglied[a] bzw. je 100 AOK-Mitglieder in % aller AU-Tage	Da arbeitsfreie Zeiten wie Wochenenden und Feiertage, die in den Krankschreibungszeitraum fallen, mit in die Berechnung eingehen, können sich Abweichungen zu betriebsinternen Fehlzeitenstatistiken ergeben, die bezogen auf die Arbeitszeiten berechnet wurden. Bei jahresübergreifenden Fällen werden nur die AU-Tage gezählt, die im Auswertungsjahr anfielen
AU-Tage je Fall	Mittlere Dauer eines AU-Falls	Kalendertage	Indikator für die Schwere einer Erkrankung
Krankenstand	Anteil der im Auswertungszeitraum angefallenen Arbeitsunfähigkeitstage am Kalenderjahr	In %	War ein Versicherter nicht ganzjährig bei der AOK versichert, wird dies bei der Berechnung des Krankenstandes entsprechend berücksichtigt
Krankenstand, standardisiert	Nach Alter und Geschlecht standardisierter Krankenstand	In %	Um Effekte der Alters- und Geschlechtsstruktur bereinigter Wert
AU-Quote	Anteil der AOK-Mitglieder mit einem oder mehreren Arbeitsunfähigkeitsfällen im Auswertungsjahr	In %	Diese Kennzahl gibt Auskunft darüber, wie groß der von Arbeitsunfähigkeit betroffene Personenkreis ist
Kurzzeiterkrankungen	Arbeitsunfähigkeitsfälle mit einer Dauer von 1–3 Tagen	In % aller Fälle/Tage	Erfasst werden nur Kurzzeitfälle, bei denen eine Arbeitsunfähigkeitsbescheinigung bei der AOK eingereicht wurde
Langzeiterkrankungen	Arbeitsunfähigkeitsfälle mit einer Dauer von mehr als 6 Wochen	In % aller Fälle/Tage	Mit Ablauf der 6. Woche endet in der Regel die Lohnfortzahlung durch den Arbeitgeber, ab der 7. Woche wird durch die Krankenkasse Krankengeld gezahlt
Arbeitsunfälle	Durch Arbeitsunfälle bedingte Arbeitsunfähigkeitsfälle	Je 100 AOK-Mitglieder[a] in % aller AU-Fälle/-Tage	Arbeitsunfähigkeitsfälle, bei denen auf der Krankmeldung als Krankheitsursache „Arbeitsunfall" angegeben wurde, nicht enthalten sind Wegeunfälle

◘ Tabelle 27.1 (Fortsetzung)

Kennzahl	Definition	Einheit, Ausprägung	Erläuterungen
AU-Fälle/-Tage nach Krankheitsarten	Arbeitsunfähigkeitsfälle/-tage mit einer bestimmten Diagnose	Je 100 AOK-Mitglieder[a] in % aller AU-Fälle bzw. -Tage	Ausgewertet werden alle auf den Arbeitsunfähigkeitsbescheinigungen angegebenen ärztlichen Diagnosen, verschlüsselt werden diese nach der Internationalen Klassifikation der Krankheitsarten (ICD-10)

[a] Umgerechnet in ganzjährig Versicherte

Fehlzeiten-Report 2019

◘ Tabelle 27.2 AOK-Mitglieder nach Wirtschaftsabschnitten im Jahr 2018 nach der Klassifikation der Wirtschaftszweigschlüssel, Ausgabe 2008

Wirtschaftsabschnitte	Pflichtmitglieder		Freiwillige Mitglieder
	Absolut	Anteil an der Branche in %	Absolut
Banken und Versicherungen	144.256	14,9	19.459
Baugewerbe	988.039	53,5	11.968
Dienstleistungen	4.000.897	48,7	96.738
Energie, Wasser, Entsorgung und Bergbau	176.799	32,3	12.853
Erziehung und Unterricht	353.722	27,8	18.987
Gesundheits- und Sozialwesen	1.587.811	33,1	33.515
Handel	1.923.158	43,2	39.147
Land- und Forstwirtschaft	192.617	76,7	723
Metallindustrie	1.352.871	33,2	116.830
Öffentliche Verwaltung/Sozialversicherung	556.677	30,7	17.947
Verarbeitendes Gewerbe	1.242.601	43,5	40.794
Verkehr und Transport	944.449	52,7	10.678
Sonstige	90.680		1.925
Insgesamt	**13.554.577**	**41,2**	**421.564**

Fehlzeiten-Report 2019

Tabelle 27.3 Krankenstandskennzahlen 2018 im Vergleich zum Vorjahr

	Kranken-stand in %	Arbeitsunfähigkeit je 100 AOK-Mitglieder				Tage je Fall	Veränd. z. Vorj. in %	AU-Quote in %
		AU-Fälle	Veränd. z. Vorj. in %	AU-Tage	Veränd. z. Vorj. in %			
West	5,4	169,5	3,1	1.953,9	2,6	11,5	−0,6	53,4
Ost	6,0	167,4	3,7	2.173,4	3,7	13,0	0,0	57,4
Bund	5,5	169,1	3,2	1.991,6	2,8	11,8	−0,4	54,1

Fehlzeiten-Report 2019

cherungspflichtig Beschäftigten insgesamt[2] ersichtlich.

Da sich die Morbiditätsstruktur in Ost- und Westdeutschland nach wie vor unterscheidet, werden neben den Gesamtergebnissen für die Bundesrepublik Deutschland die Ergebnisse für Ost und West separat ausgewiesen.

Die Verschlüsselung der Diagnosen erfolgt nach der 10. Revision der ICD (International Classification of Diseases)[3]. Teilweise weisen die Arbeitsunfähigkeitsbescheinigungen mehrere Diagnosen auf. Um einen Informationsverlust zu vermeiden, werden bei den diagnosebezogenen Auswertungen im Unterschied zu anderen Statistiken[4], die nur eine (Haupt-)Diagnose berücksichtigen, auch Mehrfachdiagnosen[5] in die Auswertungen einbezogen.

27.2 Allgemeine Krankenstandsentwicklung

Die krankheitsbedingten Fehlzeiten sind im Jahr 2018 im Vergleich zum Vorjahr nahezu unverändert. Bei den 13,97 Mio. erwerbstätigen AOK-Mitgliedern betrug der Krankenstand 5,5 % (◘ Tab. 27.3). 54,1 % der AOK-Mitglieder meldeten sich mindestens einmal krank. Die Versicherten waren im Jahresdurchschnitt 11,8 Kalendertage krankgeschrieben[6]. 5,8 % der Arbeitsunfähigkeitstage waren durch Arbeitsunfälle bedingt.

Die Zahl der krankheitsbedingten Ausfalltage nahm im Vergleich zum Vorjahr um 2,8 % zu. Im Osten nahmen die Ausfalltage um 3,7 % und im Westen um 2,6 % zu. Die Zahl der Arbeitsunfähigkeitsfälle ist im Vergleich zum Vorjahr im Osten ebenfalls um 3,7 % und im Westen um 3,1 % gestiegen. Diese Entwicklung schlägt sich mit einem Anstieg um 0,3 Prozentpunkte des Krankenstandes im Osten auf 6,0 % und im Westen um 0,2 Prozentpunkte auf 5,4 % nieder. Die durchschnittliche Dauer der Krankmeldungen blieb hingegen in Ostdeutschland unverändert, in Westdeutschland sank sie um 0,6 %. Die Zahl der von Arbeitsunfähigkeit betroffenen AOK-Mitglieder (AU-Quote: Anteil der AOK-Mitglieder mit mindestens einem AU-Fall) stieg im Jahr 2018 um 0,7 Prozentpunkte auf 54,1 %.

---

[2] Errechnet auf der Basis der Beschäftigtenstatistik der Bundesagentur für Arbeit, Stichtag: 30. Juni 2018 (Bundesagentur für Arbeit 2019).
[3] International übliches Klassifikationssystem der Weltgesundheitsorganisation (WHO).
[4] Beispielsweise die von den Krankenkassen im Bereich der gesetzlichen Krankenversicherung herausgegebene Krankheitsartenstatistik.
[5] Leidet ein Arbeitnehmer an unterschiedlichen Krankheitsbildern (Multimorbidität), kann eine Arbeitsunfähigkeitsbescheinigung mehrere Diagnosen aufweisen. Insbesondere bei älteren Beschäftigten kommt dies häufiger vor.

[6] Wochenenden und Feiertage eingeschlossen.

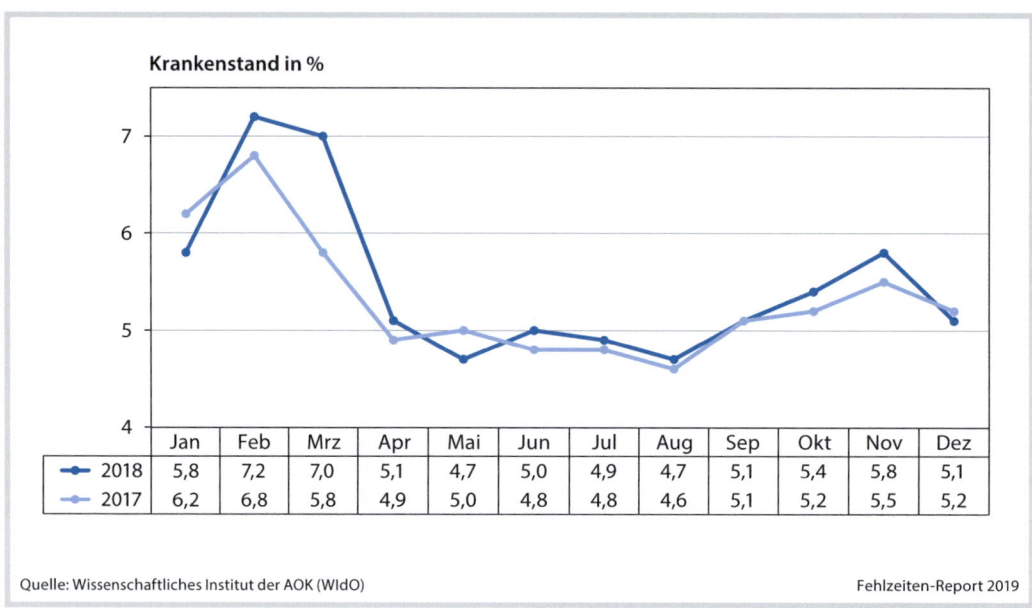

◘ Abb. 27.1 Krankenstand im Jahr 2018 im saisonalen Verlauf im Vergleich zum Vorjahr, AOK-Mitglieder

Im Jahresverlauf wurde der höchste Krankenstand mit 7,2 % im Februar erreicht, während der niedrigste Wert im Mai und August zu verzeichnen war (jeweils 4,7 %). Der Krankenstand lag insbesondere im Februar und März des Jahres 2018 deutlich über dem Wert des Vorjahres, in dem es ebenfalls eine stärkere Erkältungswelle gegeben hatte (◘ Abb. 27.1).

◘ Abb. 27.2 zeigt die längerfristige Entwicklung des Krankenstandes in den Jahren 1999 bis 2018 Seit Ende der 1990er Jahre konnte ein Rückgang der Krankenstände bis zum Jahr 2006 verzeichnet werden. Danach stieg der Krankenstand sukzessive an und lag im Jahr 2018 im Bundesdurchschnitt mit 5,5 % wieder oberhalb des Standes von 1999 (5,4 %).

Bis zum Jahr 1998 war der Krankenstand in Ostdeutschland stets niedriger als in Westdeutschland. In den Jahren 1999 bis 2002 waren dann jedoch in den neuen Ländern etwas höhere Werte als in den alten Ländern zu verzeichnen. Diese Entwicklung führte das Institut für Arbeitsmarkt- und Berufsforschung auf Verschiebungen in der Altersstruktur der erwerbstätigen Bevölkerung zurück (Kohler 2002). Diese war nach der Wende zunächst in den neuen Ländern günstiger, weil viele Arbeitnehmer vom Altersübergangsgeld Gebrauch machten. Dies habe sich aufgrund altersspezifischer Krankenstandsquoten in den durchschnittlichen Krankenständen niedergeschlagen. Inzwischen sind diese Effekte jedoch ausgelaufen. Nachdem der Krankenstand in den Jahren 2003 bis 2008 durchgehend in Ostdeutschland unter dem Westdeutschlands lag, ist seither mit Ausnahme der Jahre 2009 und 2011 in Ostdeutschland wieder ein höherer Krankenstand zu konstatieren. Im Jahr 2018 lag der Krankenstand im Osten Deutschlands bei 6,0 %, im Westen Deutschlands bei 5,4 %.

27.3 Verteilung der Arbeitsunfähigkeit

Den Anteil der Arbeitnehmer, die in einem Jahr mindestens einmal krankgeschrieben wurden, wird als Arbeitsunfähigkeitsquote bezeichnet. Diese lag 2018 bei 54,1 % (◘ Abb. 27.3). Der

27.3 · Verteilung der Arbeitsunfähigkeit

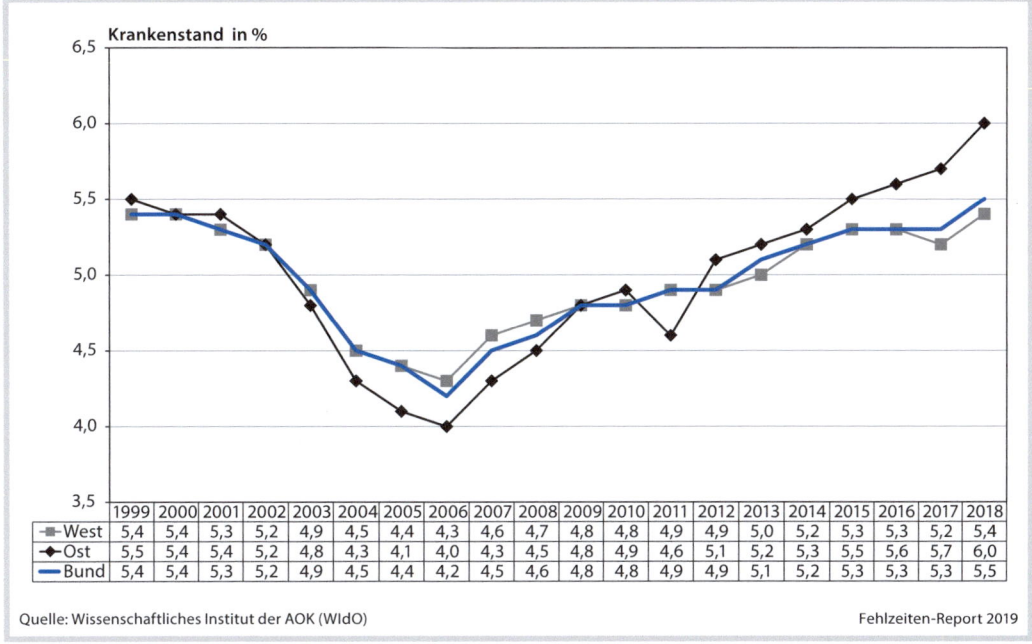

Abb. 27.2 Entwicklung des Krankenstandes in den Jahren 1999–2018, AOK-Mitglieder

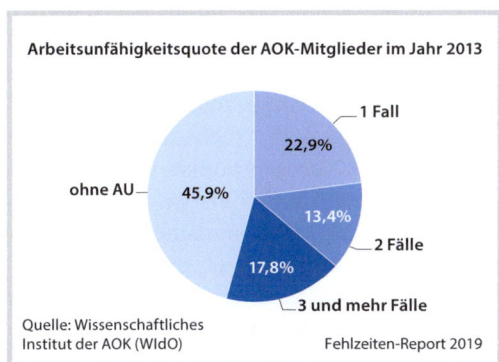

Abb. 27.3 Arbeitsunfähigkeitsquote der AOK-Mitglieder im Jahr 2018

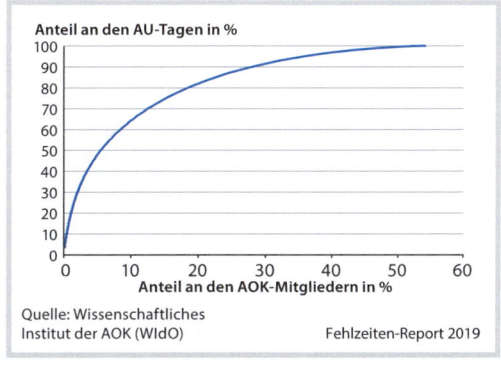

Abb. 27.4 Lorenzkurve zur Verteilung der Arbeitsunfähigkeitstage der AOK-Mitglieder im Jahr 2018

Anteil der AOK-Mitglieder, die das ganze Jahr überhaupt nicht krankgeschrieben waren, lag somit bei 45,9 %.

Abb. 27.4 zeigt die Verteilung der kumulierten Arbeitsunfähigkeitstage auf die AOK-Mitglieder in Form einer Lorenzkurve. Daraus ist ersichtlich, dass sich die überwiegende Anzahl der Tage auf einen relativ kleinen Teil der AOK-Mitglieder konzentriert. Die folgenden Zahlen machen dies deutlich:

- Rund ein Viertel der Arbeitsunfähigkeitstage entfällt auf nur 1,5 % der Mitglieder.
- Nahezu die Hälfte der Tage wird von lediglich 5,5 % der Mitglieder verursacht.
- 80 % der Arbeitsunfähigkeitstage gehen auf nur 18,5 % der AOK-Mitglieder zurück.

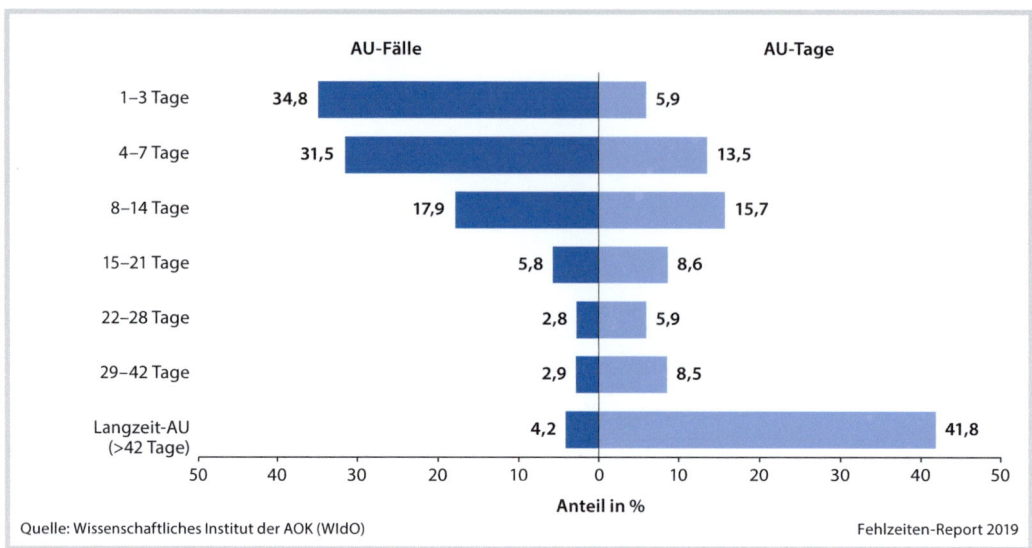

◘ Abb. 27.5 Arbeitsunfähigkeitstage und -fälle der AOK-Mitglieder im Jahr 2018 nach Dauer

27.4 Kurz- und Langzeiterkrankungen

Die Höhe des Krankenstandes wird entscheidend durch länger dauernde Arbeitsunfähigkeitsfälle bestimmt. Die Zahl dieser Erkrankungsfälle ist zwar relativ gering, aber für eine große Zahl von Ausfalltagen verantwortlich (◘ Abb. 27.5). 2018 waren knapp die Hälfte aller Arbeitsunfähigkeitstage (50,3 %) auf lediglich 7,1 % der Arbeitsunfähigkeitsfälle zurückzuführen. Dabei handelt es sich um Fälle mit einer Dauer von mehr als vier Wochen. Besonders zu Buche schlagen Langzeitfälle, die sich über mehr als sechs Wochen erstrecken. Obwohl ihr Anteil an den Arbeitsunfähigkeitsfällen im Jahr 2018 nur 4,2 % betrug, verursachten sie 41,8 % des gesamten AU-Volumens. Langzeitfälle sind häufig auf chronische Erkrankungen zurückzuführen. Der Anteil der Langzeitfälle nimmt mit steigendem Alter deutlich zu.

Kurzzeiterkrankungen wirken sich zwar oft sehr störend auf den Betriebsablauf aus, spielen aber – anders als häufig angenommen – für den Krankenstand nur eine untergeordnete Rolle. Auf Arbeitsunfähigkeitsfälle mit einer Dauer von 1 bis 3 Tagen gingen 2018 lediglich 5,9 % der Fehltage zurück, obwohl ihr Anteil an den Arbeitsunfähigkeitsfällen 34,8 % betrug. Insgesamt haben sich die Kurzzeiterkrankungen im Vergleich zum Vorjahr bezogen auf die Arbeitsunfähigkeitstage und Arbeitsunfähigkeitsfälle um 0,1 bzw. 0,7 Prozentpunkte verringert. Da viele Arbeitgeber in den ersten drei Tagen einer Erkrankung keine ärztliche Arbeitsunfähigkeitsbescheinigung verlangen, liegt der Anteil der Kurzzeiterkrankungen allerdings in der Praxis höher, als dies in den Daten der Krankenkassen zum Ausdruck kommt.

2018 war der Anteil der Langzeiterkrankungen mit 50,1 % in der Land- und Forstwirtschaft sowie im Baugewerbe (48,8 %) am höchsten und in der Branche Banken und Versicherungen mit 35,5 % am niedrigsten. Der Anteil der Kurzzeiterkrankungen schwankte in den einzelnen Wirtschaftszweigen zwischen 8,7 % im Bereich Banken und Versicherungen und 3,9 % im Bereich Land- und Forstwirtschaft (◘ Abb. 27.6).

27.5 · Krankenstandsentwicklung in den einzelnen Branchen

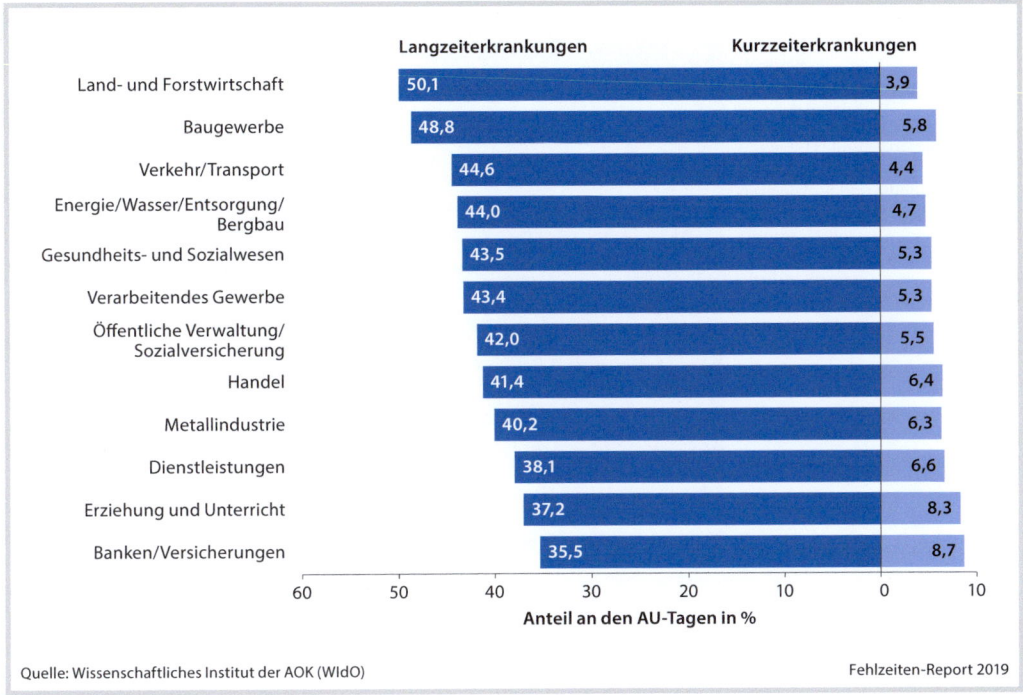

◘ **Abb. 27.6** Anteil der Kurz- und Langzeiterkrankungen an den Arbeitsunfähigkeitstagen nach Branchen im Jahr 2018 AOK-Mitglieder

27.5 Krankenstandsentwicklung in den einzelnen Branchen

Im Jahr 2018 wies die Branche Energie, Wasser, Entsorgung und Bergbau mit 6,7 % den höchsten Krankenstand auf, während die Banken und Versicherungen mit 3,9 % den niedrigsten Krankenstand hatten (◘ Abb. 27.7). Bei dem hohen Krankenstand in der Branche Öffentliche Verwaltung/Sozialversicherung (6,6 %) muss allerdings berücksichtigt werden, dass ein großer Teil der in diesem Sektor beschäftigten AOK-Mitglieder keine Bürotätigkeiten ausübt, sondern in gewerblichen Bereichen mit teilweise sehr hohen Arbeitsbelastungen tätig ist, wie z. B. im Straßenbau, in der Straßenreinigung und Abfallentsorgung, in Gärtnereien etc. Insofern sind die Daten, die der AOK für diesen Bereich vorliegen, nicht repräsentativ für die gesamte öffentliche Verwaltung. Hinzu kommt, dass die in den öffentlichen Verwaltungen beschäftigten AOK-Mitglieder eine im Vergleich zur freien Wirtschaft ungünstige Altersstruktur aufweisen, die zum Teil für die erhöhten Krankenstände mitverantwortlich ist. Schließlich spielt auch die Tatsache, dass die öffentlichen Verwaltungen ihrer Verpflichtung zur Beschäftigung Schwerbehinderter stärker nachkommen als andere Branchen, eine erhebliche Rolle. Mit einem Anteil von einem Fünftel aller schwerbehinderten Beschäftigten stellt der öffentliche Dienst einen bedeutsamen Arbeitgeber für schwerbehinderte Menschen dar (Bundesagentur für Arbeit 2015). Es kann vermutet werden, dass die höhere Zahl von Arbeitsunfähigkeitsfällen im öffentlichen Dienst auf die hohe Anzahl an schwerbehinderten Beschäftigten zurückzuführen ist (vgl. Benz 2010)[7].

---

[7] Vgl. dazu Marstedt et al. 2002. Weitere Ausführungen zu den Bestimmungsfaktoren des Krankenstandes in der öffentlichen Verwaltung finden sich in Oppolzer 2000.

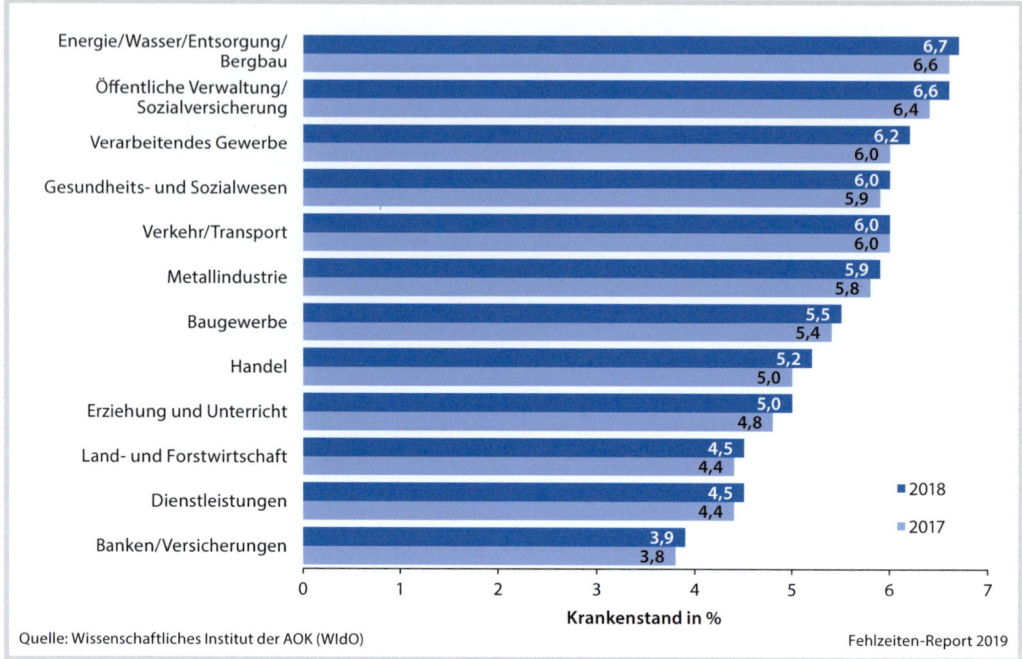

Abb. 27.7 Krankenstand der AOK-Mitglieder nach Branchen im Jahr 2018 im Vergleich zum Vorjahr

Die Höhe des Krankenstandes resultiert aus der Zahl der Krankmeldungen und deren Dauer. Im Jahr 2018 lagen bei der Branche Energie, Wasser, Entsorgung und Bergbau, der öffentlichen Verwaltung/Sozialversicherung, Gesundheits- und Sozialwesen sowie im verarbeitenden Gewerbe sowohl die Zahl der Krankmeldungen als auch die mittlere Dauer der Krankheitsfälle über dem Durchschnitt (◘ Abb. 27.8). Der überdurchschnittlich hohe Krankenstand in der Branche Verkehr und Transport war dagegen vor allem auf die lange Dauer (13,6 Tage je Fall) der Arbeitsunfähigkeitsfälle zurückzuführen. Auf den hohen Anteil der Langzeitfälle in diesen Branchen wurde bereits in ▸ Abschn. 27.4 hingewiesen.

◘ Tab. 27.4 zeigt die Krankenstandsentwicklung in den einzelnen Branchen in den Jahren 1999 bis 2018, differenziert nach West- und Ostdeutschland. Im Vergleich zum Vorjahr ist der Krankenstand im Jahr 2018 in allen Branchen – bis auf die Branche Verkehr und Transport – angestiegen.

27.6 Einfluss der Alters- und Geschlechtsstruktur

Die Höhe des Krankenstandes hängt entscheidend vom Alter der Beschäftigten ab. Die krankheitsbedingten Fehlzeiten nehmen mit steigendem Alter deutlich zu. Die Höhe des Krankenstandes variiert ab dem 40. Lebensjahr in Abhängigkeit vom Geschlecht (◘ Abb. 27.9).

Zwar geht die Zahl der Krankmeldungen mit zunehmendem Alter zunächst zurück, die durchschnittliche Dauer der Arbeitsunfähigkeitsfälle steigt jedoch kontinuierlich an (◘ Abb. 27.10). Ältere Mitarbeiter sind also nicht unbedingt häufiger krank als ihre jüngeren Kollegen, fallen aber bei einer Erkrankung in der Regel wesentlich länger aus. Der starke Anstieg der Falldauer hat zur Folge, dass der Krankenstand mit zunehmendem Alter deutlich ansteigt, obwohl die Anzahl der Krankmeldungen nur minimal zunimmt. Hinzu kommt, dass ältere Arbeitnehmer im Unterschied zu ihren jüngeren Kollegen häufiger von mehreren

27.6 · Einfluss der Alters- und Geschlechtsstruktur

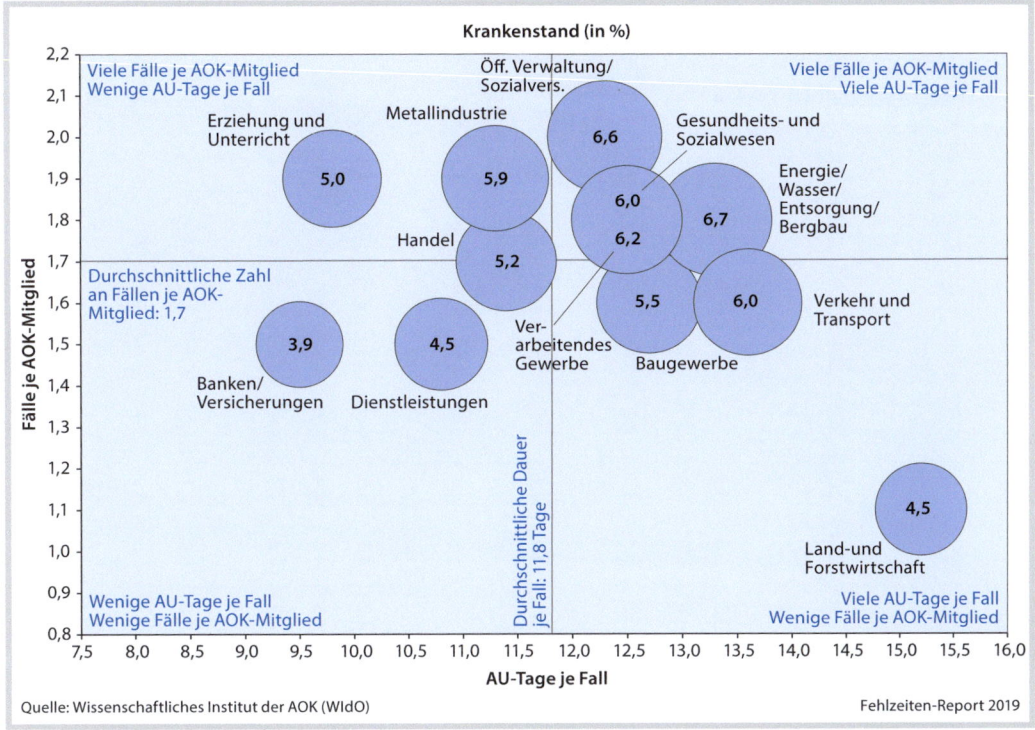

◻ **Abb. 27.8** Krankenstand der AOK-Mitglieder nach Branchen im Jahr 2018 nach Bestimmungsfaktoren

Erkrankungen gleichzeitig betroffen sind (Multimorbidität). Auch dies kann längere Ausfallzeiten mit sich bringen.

Da die Krankenstände in Abhängigkeit vom Alter und Geschlecht sehr stark variieren, ist es sinnvoll, beim Vergleich der Krankenstände unterschiedlicher Branchen oder Regionen die Alters- und Geschlechtsstruktur zu berücksichtigen. Mithilfe von Standardisierungsverfahren lässt sich berechnen, wie der Krankenstand in den unterschiedlichen Bereichen ausfiele, wenn man eine durchschnittliche Alters- und Geschlechtsstruktur zugrunde legen würde. ◻ Abb. 27.11 zeigt die standardisierten Werte für die einzelnen Wirtschaftszweige im Vergleich zu den nicht standardisierten Krankenständen[8].

---

[8] Berechnet nach der Methode der direkten Standardisierung – zugrunde gelegt wurde die Alters- und Geschlechtsstruktur der erwerbstätigen Mitglieder der gesetzlichen Krankenversicherung insgesamt im Jahr 2017 (Mitglieder mit Krankengeldanspruch).

In den meisten Branchen fallen die standardisierten Werte niedriger aus als die nicht standardisierten. Insbesondere in der Branche Energie, Wasser, Entsorgung und Bergbau (0,9 Prozentpunkte), im Baugewerbe (0,6 Prozentpunkte) und in der öffentlichen Verwaltung (0,5 Prozentpunkte) ist der überdurchschnittlich hohe Krankenstand zu einem erheblichen Teil auf die Altersstruktur in diesen Bereichen zurückzuführen. In den Branchen Dienstleistungen und Handel (jeweils 0,3 Prozentpunkte) sowie Banken und Versicherungen und Verkehr und Transport (jeweils 0,2 Prozentpunkte) ist es hingegen genau umgekehrt: Dort wäre bei einer durchschnittlichen Altersstruktur ein etwas höherer Krankenstand zu erwarten.

◻ Abb. 27.12 zeigt die Abweichungen der standardisierten Krankenstände vom Bundes-

---

Quelle: GKV-Spitzenverband 2019, Satzart 111 (interne Statistik).

Tabelle 27.4 Entwicklung des Krankenstandes der AOK-Mitglieder in den Jahren 1999–2018

Wirtschaftsabschnitte	Krankenstand in %																				
	1999	2000	2001	2002	2003	2004	2005	2006	2007	2008 (WZ03)	2008 (WZ08)[a]	2009	2010	2011	2012	2013	2014	2015	2016	2017	2018
Banken und Versicherungen																					
West	3,6	3,6	3,5	3,5	3,3	3,1	3,1	2,7	3,1	3,1	3,1	3,2	3,2	3,3	3,2	3,2	3,4	3,6	3,7	3,6	3,7
Ost	4,0	4,1	4,1	4,1	3,5	3,2	3,3	3,2	3,4	3,6	3,6	3,9	4,0	3,9	4,1	4,1	4,2	4,4	4,5	4,8	4,9
Bund	3,7	3,6	3,6	3,5	3,3	3,1	3,1	2,8	3,1	3,2	3,2	3,3	3,3	3,3	3,4	3,4	3,5	3,7	3,8	3,8	3,9
Baugewerbe																					
West	6,0	6,1	6,0	5,8	5,4	5,0	4,8	4,6	4,9	5,1	5,0	5,1	5,1	5,2	5,3	5,4	5,5	5,5	5,5	5,3	5,4
Ost	5,5	5,4	5,5	5,2	4,6	4,1	4,0	3,8	4,2	4,5	4,4	4,7	4,7	4,4	5,1	5,2	5,4	5,6	5,5	5,5	5,7
Bund	5,9	5,9	5,9	5,7	5,3	4,8	4,7	4,4	4,8	4,9	4,9	5,1	5,1	5,1	5,3	5,3	5,5	5,5	5,5	5,4	5,5
Dienstleistungen																					
West	–	4,6	4,6	4,5	4,3	3,9	3,8	3,7	4,0	4,2	4,1	4,2	4,2	4,3	4,3	4,3	4,3	4,4	4,3	4,3	4,4
Ost	–	5,6	5,4	5,2	4,7	4,1	3,9	3,8	4,1	4,3	4,2	4,5	4,6	4,4	4,7	4,7	4,8	4,9	5,0	5,1	5,3
Bund	–	4,8	4,7	4,6	4,3	4,0	3,8	3,8	4,1	4,2	4,1	4,2	4,2	4,3	4,4	4,4	4,4	4,5	4,4	4,4	4,5
Energie, Wasser, Entsorgung und Bergbau																					
West	5,9	5,8	5,7	5,5	5,2	4,9	4,8	4,4	4,8	4,9	5,6	5,8	6,0	6,1	6,0	6,4	6,5	6,7	6,7	6,7	6,8
Ost	4,4	4,4	4,4	4,5	4,1	3,7	3,7	3,6	3,7	3,9	4,9	5,3	5,5	4,9	5,4	5,7	5,7	5,9	5,9	6,2	6,3
Bund	5,6	5,5	5,4	5,3	5,0	4,6	4,6	4,3	4,6	4,7	5,4	5,7	5,9	5,8	5,9	6,2	6,3	6,5	6,5	6,6	6,7

27.6 · Einfluss der Alters- und Geschlechtsstruktur

Tabelle 27.4 (Fortsetzung)

Wirt-schafts-abschnitte	Krankenstand in %										2008 (WZ03)	2008 (WZ08)[a]	2009	2010	2011	2012	2013	2014	2015	2016	2017	2018
	1999	2000	2001	2002	2003	2004	2005	2006	2007													
Erziehung und Unterricht																						
West	6,1	6,3	6,1	5,6	5,3	5,1	4,6	4,4	4,7	5,0	5,0	5,1	5,1	4,6	4,8	4,4	4,6	4,8	4,8	4,8	4,9
Ost	9,3	9,2	8,9	8,6	7,7	7,0	6,6	6,1	6,1	6,2	6,2	6,5	5,7	5,1	5,8	4,9	4,9	5,0	5,0	5,2	5,4
Bund	7,3	7,3	7,1	6,6	6,1	5,9	5,4	5,1	5,3	5,4	5,4	5,6	5,3	4,7	5,0	4,5	4,6	4,8	4,8	4,8	5,0
Gesundheits- und Sozialwesen																						
West	–	5,7	5,5	5,4	5,1	4,8	4,6	4,5	4,8	4,9	4,9	5,1	5,2	5,3	5,3	5,5	5,7	5,9	5,8	5,8	6,0
Ost	–	5,4	5,3	5,2	4,7	4,2	4,1	3,9	4,2	4,5	4,5	4,9	5,1	4,8	5,2	5,4	5,5	5,7	5,9	6,1	6,4
Bund	–	5,7	5,5	5,4	5,1	4,7	4,6	4,4	4,7	4,8	4,8	5,0	5,2	5,2	5,3	5,5	5,6	5,8	5,8	5,9	6,0
Handel																						
West	4,6	4,6	4,6	4,5	4,2	3,9	3,8	3,7	3,9	4,1	4,1	4,2	4,3	4,4	4,4	4,7	4,8	5,0	5,0	4,9	5,1
Ost	4,2	4,2	4,2	4,1	3,7	3,4	3,3	3,3	3,6	3,8	3,7	4,1	4,1	3,9	4,4	4,6	4,7	4,9	5,1	5,3	5,5
Bund	4,5	4,6	4,5	4,5	4,2	3,8	3,7	3,6	3,9	4,0	4,0	4,2	4,3	4,3	4,4	4,7	4,8	5,0	5,0	5,0	5,2
Land- und Forstwirtschaft																						
West	4,6	4,6	4,6	4,5	4,2	3,8	3,5	3,3	3,6	3,7	3,1	3,0	3,3	3,4	3,2	3,3	3,4	3,4	3,5	3,5	3,6
Ost	6,0	5,5	5,4	5,2	4,9	4,3	4,3	4,1	4,4	4,6	4,6	5,0	5,1	4,9	5,4	5,5	5,5	5,7	5,9	6,0	6,2
Bund	5,3	5,0	5,0	4,8	4,5	4,0	3,9	3,7	3,9	4,1	3,9	4,0	4,2	4,0	4,1	4,2	4,2	4,3	4,4	4,4	4,5

Tabelle 27.4 (Fortsetzung)

Wirtschaftsabschnitte	Krankenstand in %										2008 (WZ03)	2008 (WZ08)[a]									
	1999	2000	2001	2002	2003	2004	2005	2006	2007			2009	2010	2011	2012	2013	2014	2015	2016	2017	2018
Metallindustrie																					
West	5,6	5,6	5,5	5,5	5,2	4,8	4,8	4,5	4,8	5,0	5,0	4,9	5,1	5,2	5,3	5,5	5,6	5,9	5,8	5,7	5,9
Ost	5,0	5,0	5,1	5,0	4,6	4,2	4,1	4,0	4,3	4,5	4,5	4,7	4,9	4,8	5,3	5,6	5,6	5,8	6,0	6,0	6,2
Bund	5,6	5,5	5,5	5,5	5,1	4,8	4,7	4,5	4,8	4,9	5,0	4,9	5,1	5,2	5,3	5,5	5,6	5,9	5,8	5,8	5,9
Öffentliche Verwaltung/Sozialversicherung																					
West	6,6	6,4	6,1	6,0	5,7	5,3	5,3	5,1	5,3	5,3	5,3	5,5	5,5	5,6	5,5	5,6	5,9	6,2	6,2	6,3	6,5
Ost	6,2	5,9	5,9	5,7	5,3	5,0	4,5	4,7	4,8	4,9	4,9	5,3	5,7	5,5	5,5	5,9	6,1	6,5	6,6	6,9	7,2
Bund	6,5	6,3	6,1	5,9	5,6	5,2	5,1	5,0	5,2	5,2	5,2	5,4	5,5	5,6	5,5	5,7	5,9	6,3	6,3	6,4	6,6
Verarbeitendes Gewerbe																					
West	5,6	5,6	5,6	5,5	5,2	4,8	4,8	4,6	4,9	5,0	5,0	5,0	5,2	5,4	5,5	5,7	5,8	6,0	6,0	6,0	6,1
Ost	5,2	5,1	5,2	5,1	4,7	4,3	4,2	4,1	4,9	4,6	4,6	4,9	5,1	5,0	5,6	5,8	6,0	6,2	6,2	6,4	6,7
Bund	5,6	5,6	5,5	5,5	5,1	4,7	4,7	4,5	4,8	5,0	5,0	5,0	5,2	5,3	5,5	5,7	5,8	6,0	6,0	6,0	6,2
Verkehr und Transport																					
West	5,6	5,6	5,6	5,6	5,3	4,9	4,8	4,7	4,9	5,1	5,1	5,3	5,5	5,5	5,6	5,7	5,8	6,0	5,9	5,9	5,9
Ost	4,8	4,8	4,9	4,9	4,5	4,2	4,2	4,1	4,3	4,5	4,5	5,0	5,2	4,8	5,4	5,8	5,9	6,0	6,1	6,3	6,5
Bund	5,5	5,5	5,5	5,5	5,2	4,8	4,7	4,6	4,8	4,9	5,0	5,3	5,5	5,4	5,5	5,7	5,8	6,0	6,0	6,0	6,0

[a] Aufgrund der Revision der Wirtschaftszweigklassifikation in 2008 ist eine Vergleichbarkeit mit den Vorjahren nur bedingt möglich

Fehlzeiten-Report 2019

27.6 · Einfluss der Alters- und Geschlechtsstruktur

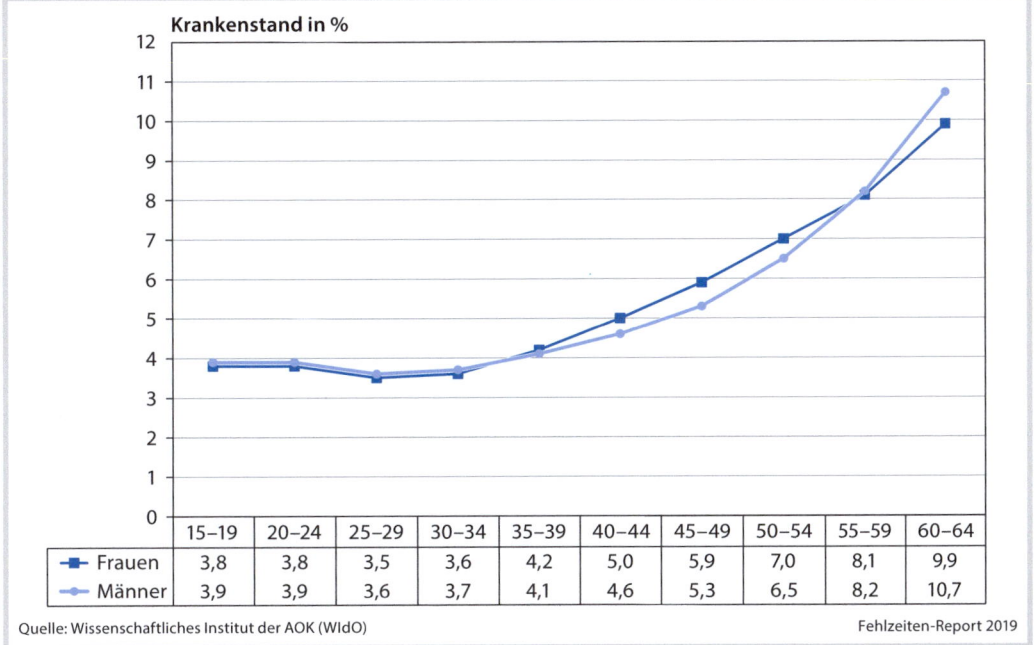

Abb. 27.9 Krankenstand der AOK-Mitglieder im Jahr 2018 nach Alter und Geschlecht

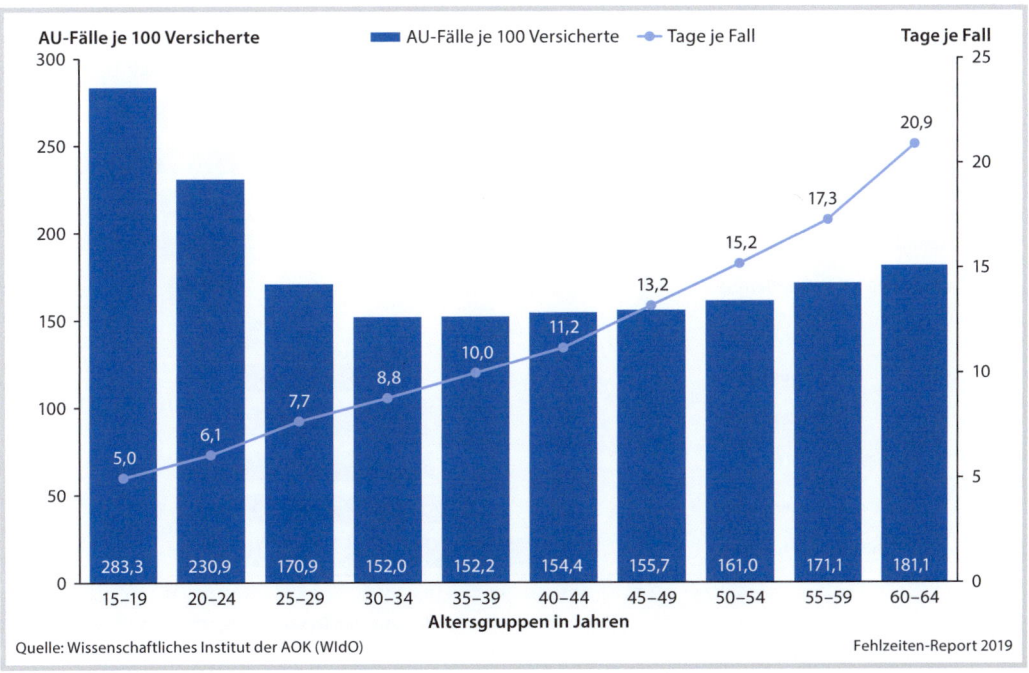

Abb. 27.10 Anzahl der Fälle und Dauer der Arbeitsunfähigkeit der AOK-Mitglieder im Jahr 2018 nach Alter

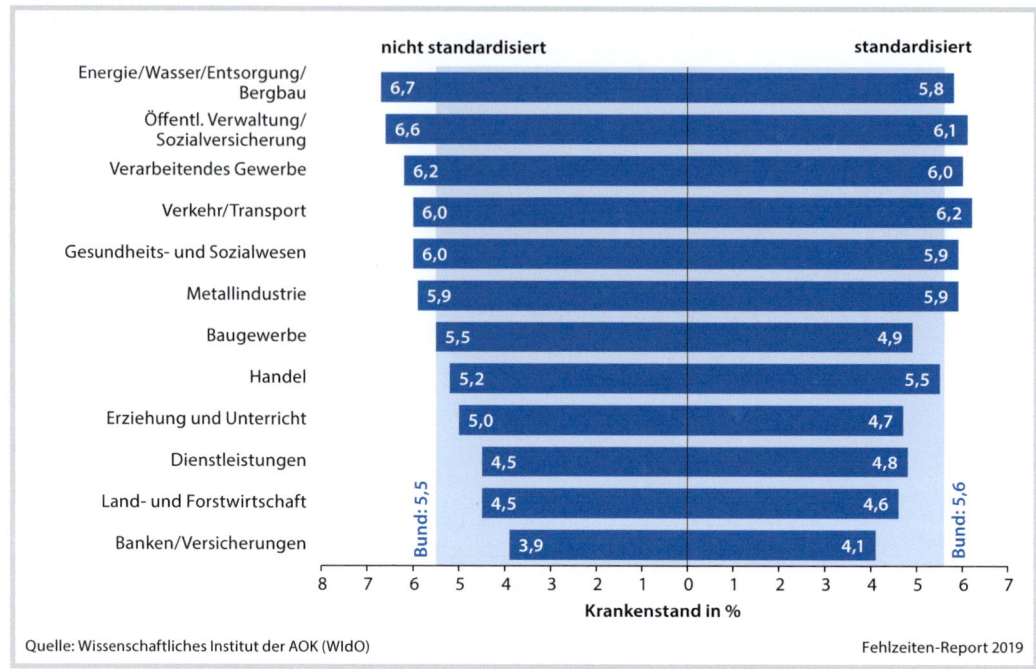

◘ **Abb. 27.11** Alters- und geschlechtsstandardisierter Krankenstand der AOK-Mitglieder im Jahr 2018 nach Branchen

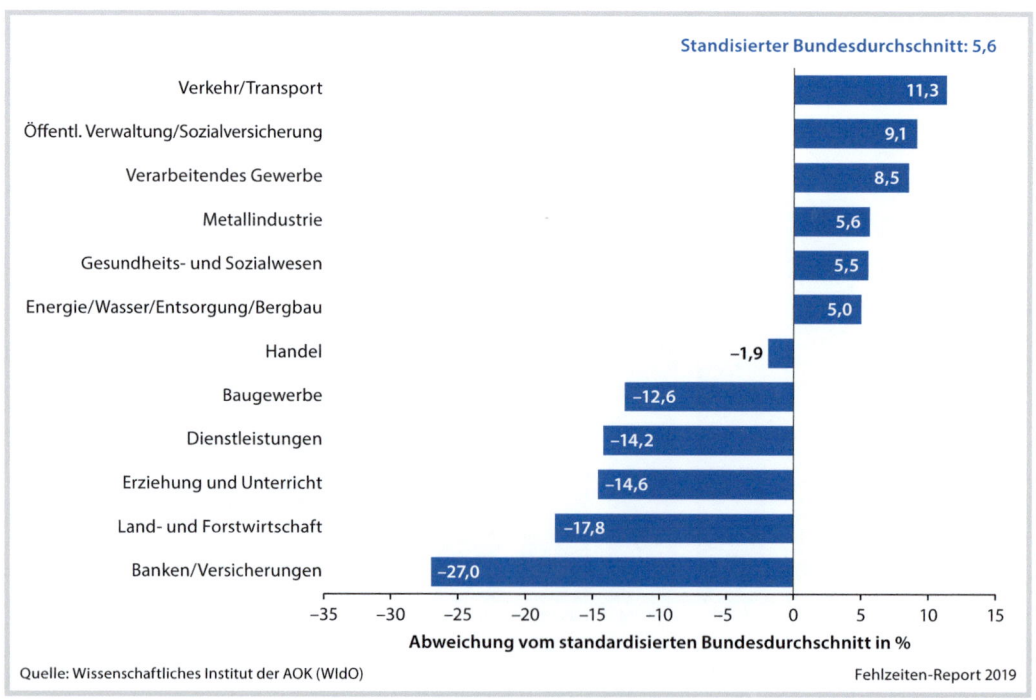

◘ **Abb. 27.12** Abweichungen der alters- und geschlechtsstandardisierten Krankenstände vom Bundesdurchschnitt im Jahr 2018 nach Branchen, AOK-Mitglieder

durchschnitt. In den Bereichen Verkehr und Transport, Öffentliche Verwaltung und Sozialversicherung, Verarbeitendes Gewerbe, Metallindustrie, im Gesundheits- und Sozialwesen sowie Energie, Wasser, Entsorgung und Bergbau liegen die standardisierten Werte über dem Durchschnitt. Hingegen ist der standardisierte Krankenstand in der Branche Banken und Versicherung um über 27,0 % geringer als im Bundesdurchschnitt. Dies ist in erster Linie auf den hohen Angestelltenanteil in dieser Branche zurückzuführen.

27.7 Fehlzeiten nach Bundesländern

Im Jahr 2018 lag der Krankenstand in Ostdeutschland um 0,6 Prozentpunkte höher als im Westen Deutschlands (◘ Tab. 27.3). Zwischen den einzelnen Bundesländern[9] zeigen sich jedoch erhebliche Unterschiede (◘ Abb. 27.13): Die höchsten Krankenstände waren 2018 im Saarland, in Brandenburg, in Thüringen und in Sachsen-Anhalt mit jeweils 6,3 % zu verzeichnen. Die niedrigsten Krankenstände wiesen Hamburg (4,6 %), Bayern (4,8 %), sowie Berlin und Baden-Württemberg (5,1 % bzw. 5,2 %) auf.

Die hohen Krankenstände kommen auf unterschiedliche Weise zustande. In Mecklenburg-Vorpommern, Sachsen-Anhalt, Brandenburg und im Saarland lag vor allem die durchschnittliche Dauer pro Arbeitsunfähigkeitsfall über dem Bundesdurchschnitt (◘ Abb. 27.14). In Rheinland-Pfalz ist der hohe Krankenstand (6,0 %) dagegen auf die hohe Zahl der Arbeitsunfähigkeitsfälle zurückzuführen.

Inwieweit sind die regionalen Unterschiede im Krankenstand auf unterschiedliche Alters- und Geschlechtsstrukturen zurückzuführen? ◘ Abb. 27.15 zeigt die nach Alter und Geschlecht standardisierten Werte für die einzelnen Bundesländer im Vergleich zu den nicht standardisierten Krankenständen[10]. Durch die Berücksichtigung der Alters- und Geschlechtsstruktur relativieren sich die beschriebenen regionalen Unterschiede im Krankenstand etwas. Das Bundesland Saarland hat auch nach der Standardisierung mit 6,3 unverändert den höchsten, Brandenburg und Thüringen nun den zweithöchsten Krankenstand (jeweils 6,2). In Hamburg zeigt sich eine Zunahme um 0,5 Prozentpunkte, in Berlin um 0,4 Prozentpunkte, d. h. in diesen Städten liegt eine vergleichsweise günstige Alters- und Geschlechtsstruktur vor, die sich positiv auf den Krankenstand auswirkt. Bayern weist nach der Standardisierung mit einem Anstieg von nur 0,2 Prozentpunkte auf 5,0 % den günstigsten Wert auf.

◘ Abb. 27.16 zeigt die prozentualen Abweichungen der standardisierten Krankenstände vom Bundesdurchschnitt. Die höchsten Werte weisen das Saarland und Brandenburg auf. Dort liegen die standardisierten Werte mit 14,1 bzw. 11,7 % deutlich über dem Durchschnitt. In Bayern ist der standardisierte Krankenstand mit 10,6 % Abweichung wesentlich niedriger als im Bundesdurchschnitt.

Im Vergleich zum Vorjahr haben im Jahr 2018 die Arbeitsunfähigkeitsfälle in den Bundesländern insgesamt um 3,2 % und die Arbeitsunfähigkeitstage um 2,8 % zugenommen (◘ Tab. 27.5). Die Falldauer ist mit 14,4 Tagen in Mecklenburg-Vorpommern am höchsten und in Baden-Württemberg mit 10,7 Tagen am geringsten.

27.8 Fehlzeiten nach Betriebsgröße

Mit zunehmender Betriebsgröße steigt die Anzahl der krankheitsbedingten Fehltage. Während die Mitarbeiter von Betrieben mit 10–99

---

[9] Die Zuordnung zu den Bundesländern erfolgt über die Postleitzahlen der Betriebe.

[10] Berechnet nach der Methode der direkten Standardisierung – zugrunde gelegt wurde die Alters- und Geschlechtsstruktur der erwerbstätigen Mitglieder der gesetzlichen Krankenversicherung insgesamt im Jahr 2017 (Mitglieder mit Krankengeldanspruch). Quelle: GKV-Spitzenverband 2019, Satzart 111 (interne Statistik).

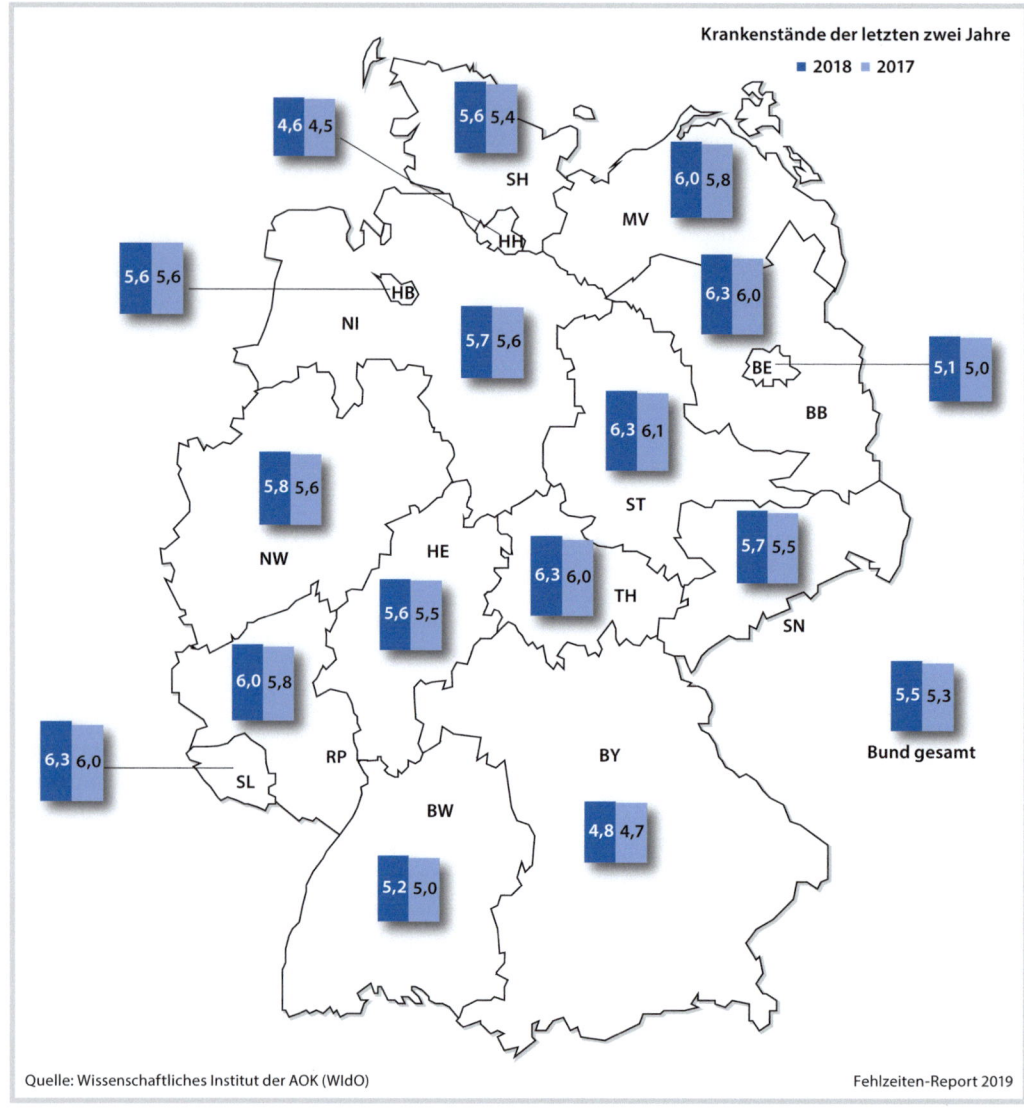

◘ **Abb. 27.13** Krankenstand der AOK-Mitglieder nach Bundesländern im Jahr 2018 im Vergleich zum Vorjahr

AOK-Mitgliedern im Jahr 2018 durchschnittlich 21,1 Tage fehlten, fielen in Betrieben mit 1.000 und mehr AOK-Mitgliedern pro Mitarbeiter 22,6 Fehltage an (◘ Abb. 27.17)[11].

27.9 Fehlzeiten nach Ausbildungsabschluss und Vertragsart

Die Bundesagentur für Arbeit definiert und liefert die für die Unternehmen relevanten Tätigkeitsschlüssel. Die Unternehmen sind verpflichtet, ihren Beschäftigten den jeweils für die Art der Beschäftigung gültigen Tätigkeits-

---

[11] Als Maß für die Betriebsgröße wird hier die Anzahl der AOK-Mitglieder in den Betrieben zugrunde gelegt, die allerdings in der Regel nur einen Teil der gesamten Belegschaft ausmachen.

27.9 · Fehlzeiten nach Ausbildungsabschluss und Vertragsart

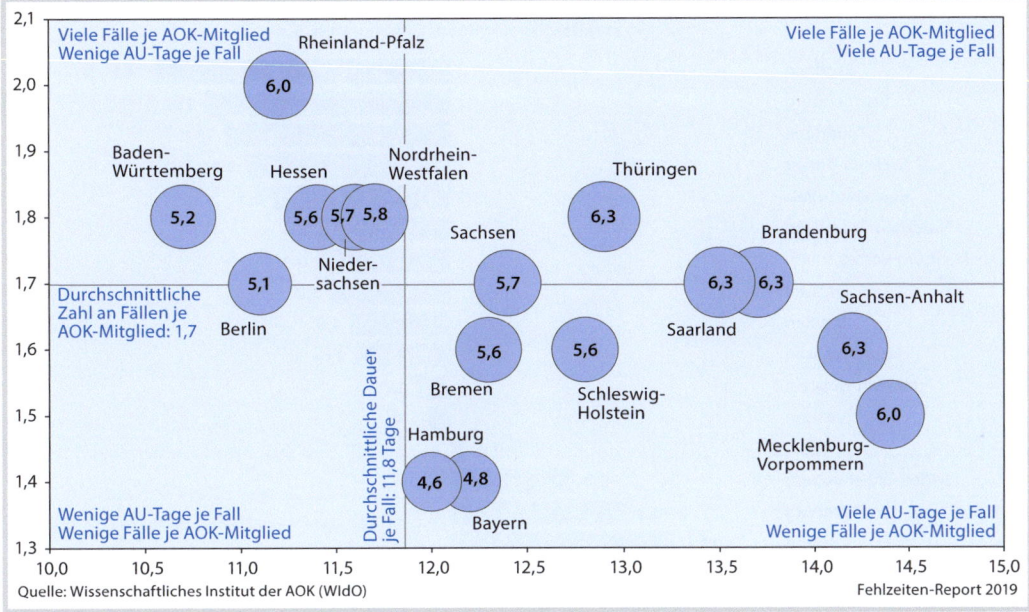

◘ **Abb. 27.14** Krankenstand der AOK-Mitglieder nach Bundesländern im Jahr 2018 nach Bestimmungsfaktoren

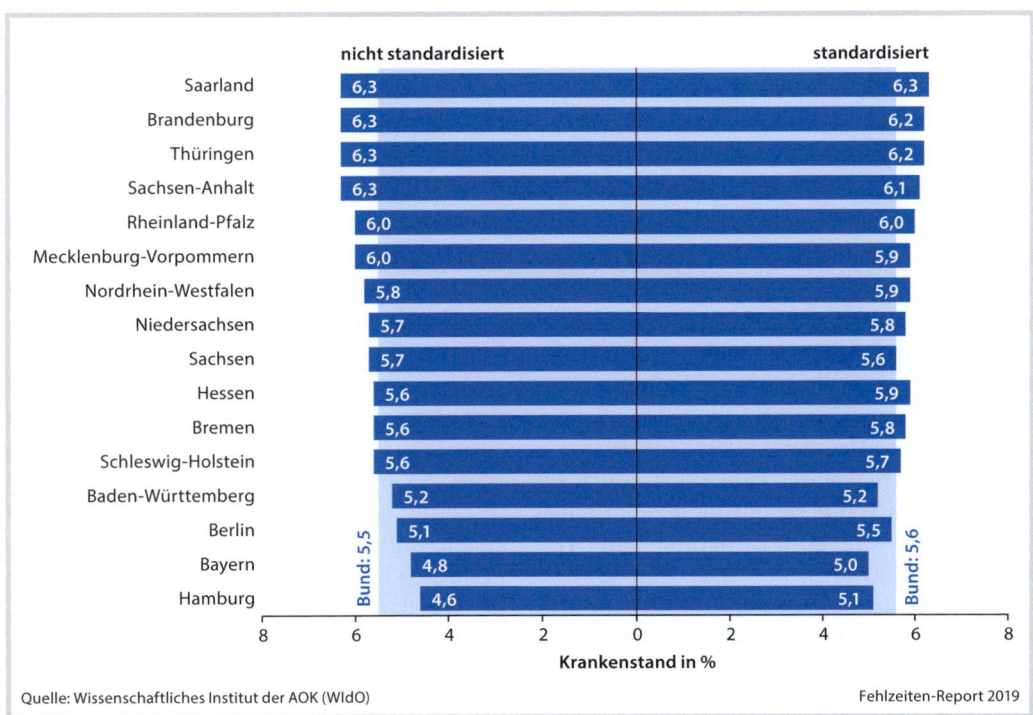

◘ **Abb. 27.15** Alters- und geschlechtsstandardisierter Krankenstand der AOK-Mitglieder im Jahr 2018 nach Bundesländern

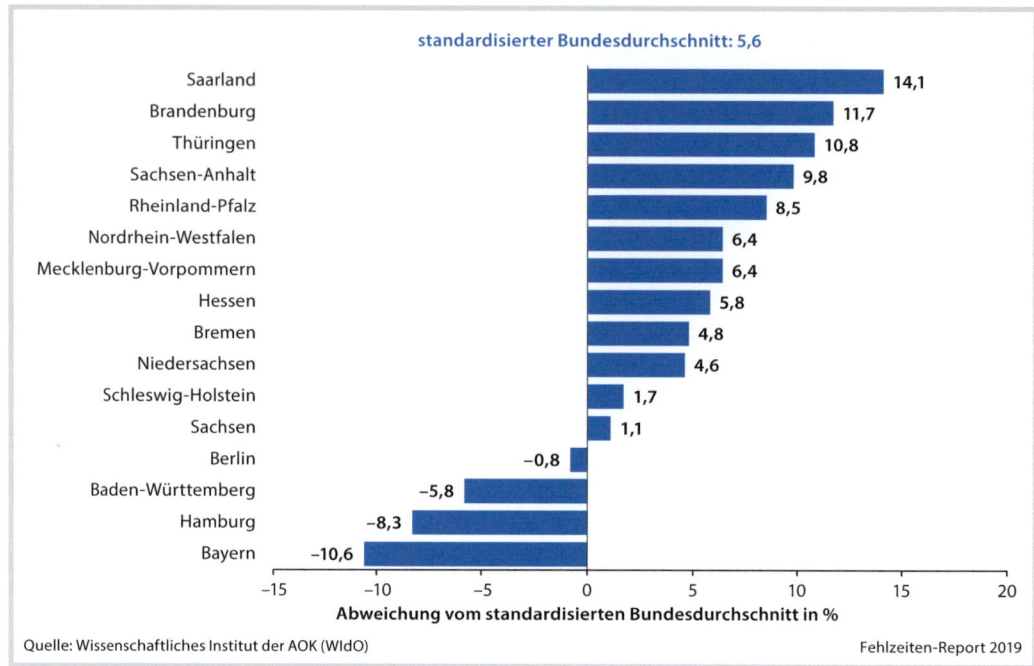

☐ **Abb. 27.16** Abweichungen der alters- und geschlechtsstandardisierten Krankenstände vom Bundesdurchschnitt im Jahr 2018 nach Bundesländern, AOK-Mitglieder

schlüssel zuzuweisen und diesen zu dokumentieren. Diese Schlüssel sind in den Meldungen zur Sozialversicherung enthalten und werden neben weiteren Angaben zur Person den Einzugsstellen, in der Regel den Krankenkassen der Arbeitnehmer, übermittelt. Auf Grundlage der Meldungen führt die Krankenkasse ihr Versichertenverzeichnis und übermittelt die Daten dem Rentenversicherungsträger (vgl. Damm et al. 2012). Grundlage der Tätigkeitseinstufung war bis zum Jahr 2012 die „Klassifikation der Berufe" aus dem Jahr 1988 (KldB 1988).

In den letzten Jahren haben sich jedoch sowohl die Berufs- und Beschäftigungslandschaft als auch die Ausbildungsstrukturen stark verändert. So sind nicht nur neue Ausbildungsabschlüsse entstanden, auch die Trennung zwischen Arbeitern und Angestellten ist bereits seit dem Jahr 2006 rentenrechtlich bedeutungslos. Aus diesem Grund wurde die veraltete Klassifikation der Berufe von der Bundesagentur für Arbeit durch eine überarbeitete Version (KldB 2010) ersetzt. Diese weist zugleich eine hohe Kompatibilität mit der internationalen Berufsklassifikation ISCO-08 (International Standard Classification of Occupations 2008) auf. Die neue Version gilt seit dem 01.12.2011. Infolge der Umstellung wird die Stellung im Beruf (wie die Trennung nach Arbeiter oder Angestellter) nicht mehr ausgewiesen.

Die krankheitsbedingten Fehlzeiten variieren deutlich in Abhängigkeit vom Ausbildungsabschluss (vgl. ☐ Abb. 27.18). Dabei zeigt sich, dass der Krankenstand mit steigendem Ausbildungsniveau sinkt. Den höchsten Krankenstand weisen mit 6,1 % Beschäftigte ohne beruflichen Abschluss auf. Beschäftigte mit einem Diplom, Magister, Master und Staatsexamen oder einem Bachelorabschluss liegen deutlich darunter (2,9 bzw. 2,4 %). Den geringsten Krankenstand weisen mit 2,1 % Beschäftigte mit Promotion auf.

Diese Ergebnisse können zu der Annahme führen, dass die Differenzen im Krankenstand u. a. auf den Faktor Bildung zurückzuführen sind. Diese Annahme wird auch in empirischen

27.9 · Fehlzeiten nach Ausbildungsabschluss und Vertragsart

Tabelle 27.5 Krankenstandskennzahlen nach Regionen, 2018 im Vergleich zum Vorjahr

	Arbeitsunfähigkeiten je 100 AOK-Mitglieder				Tage je Fall	Veränd. z. Vorj. in %
	Fälle	Veränd. z. Vorj. in %	Tage	Veränd. z. Vorj. in %		
Baden-Württemberg	176,7	3,8	1.884,6	2,8	10,7	−1,0
Bayern	143,7	3,2	1.753,6	3,0	12,2	−0,2
Berlin	168,3	3,1	1.863,2	2,7	11,1	−0,4
Brandenburg	167,7	5,1	2.299,6	4,3	13,7	−0,7
Bremen	164,6	−0,8	2.026,3	−0,5	12,3	0,3
Hamburg	140,2	1,2	1.677,2	1,8	12,0	0,5
Hessen	180,8	2,6	2.058,6	1,8	11,4	−0,8
Mecklenburg-Vorpommern	152,3	3,0	2.186,6	2,8	14,4	−0,2
Niedersachsen	180,7	2,7	2.086,9	2,4	11,6	−0,3
Nordrhein-Westfalen	180,1	2,8	2.104,8	2,1	11,7	−0,7
Rheinland-Pfalz	195,1	4,2	2.177,2	3,4	11,2	−0,8
Saarland	170,9	4,9	2.300,3	4,7	13,5	−0,2
Sachsen	166,2	3,3	2.064,9	3,2	12,4	−0,1
Sachsen-Anhalt	162,7	3,3	2.302,3	3,8	14,2	0,5
Schleswig-Holstein	159,3	1,7	2.037,9	2,6	12,8	0,9
Thüringen	177,7	4,2	2.284,7	4,4	12,9	0,2
Bund	**169,1**	**3,2**	**1.991,6**	**2,8**	**11,8**	**−0,4**

Fehlzeiten-Report 2019

Studien bestätigt, bei denen Bildung als eine wesentliche Variable für die Erklärung von gesundheitlichen Differenzen erkannt wurde.

Die Gründe sind u. a. darin zu suchen, dass sich beispielsweise Akademiker gesundheitsgerechter verhalten, was Ernährung, Bewegung und das Rauchverhalten angeht. Ihnen steht ein besserer Zugang zu Gesundheitsleistungen offen. In der Regel werden ihnen auch bei ihrer beruflichen Tätigkeit größere Handlungsspielräume und Gestaltungsmöglichkeiten eingeräumt und für die erbrachten beruflichen Leistungen werden adäquate Gratifikationen wie ein höheres Gehalt, Anerkennung und Wertschätzung sowie Aufstiegsmöglichkeiten und Arbeitsplatzsicherheit gewährt (vgl. u. a. Mielck et al. 2012; Karasek und Theorell 1990; Siegrist 1999; Marmot 2005). Dies führt dazu, dass Beschäftigte in höheren Positionen motivierter sind und sich stärker mit ihrer beruflichen Tätigkeit identifizieren. Aufgrund dieser Tatsache ist in der Regel der Anteil motivationsbedingter Fehlzeiten bei höherem beruflichem Status geringer.

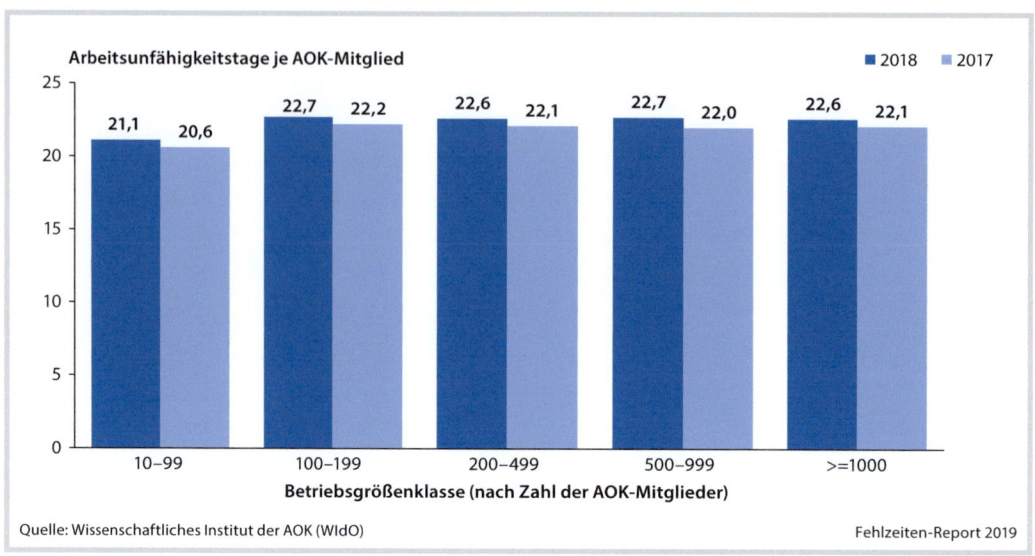

Abb. 27.17 Tage der Arbeitsunfähigkeit je AOK-Mitglied nach Betriebsgröße im Jahr 2018 im Vergleich zum Vorjahr

Umgekehrt haben Studien gezeigt, dass bei einkommensschwachen Gruppen verhaltensbedingte gesundheitliche Risikofaktoren wie Rauchen, Bewegungsarmut und Übergewicht stärker ausgeprägt sind als bei Gruppen mit höheren Einkommen (Mielck 2000). Die theoretische Grundlage liefern hier kulturell determinierte Lebensstilunterschiede.

Hinzu kommt, dass sich die Tätigkeiten von gering qualifizierten Arbeitnehmern im Vergleich zu denen von höher qualifizierten Beschäftigten in der Regel durch ein größeres Maß an physiologisch-ergonomischen Belastungen, eine höhere Unfallgefährdung und damit durch erhöhte Gesundheitskrisen auszeichnen. Zudem gibt es Zusammenhänge zu einer ungesünderen Ernährung und häufigerem Übergewicht (vgl. Datenreport 2018). Nicht zuletzt müssen Umweltfaktoren sowie Infra- und Versorgungsstrukturen berücksichtigt werden. Ein niedrigeres Einkommensniveau wirkt sich bei Geringqualifizierten auch ungünstig auf die außerberuflichen Lebensverhältnisse wie die Wohnsituation und die Erholungsmöglichkeiten aus.

Die AU-Quote weist den Anteil der AOK-Mitglieder mit mindestens einem Arbeitsunfähigkeitsfall im Auswertungsjahr aus. Betrachtet man die AU-Quoten nach der Vertragsart, zeigt sich, dass die unbefristet und Vollzeit-Beschäftigten mit 55,4 bzw. 55,9 % öfter von einer Krankschreibung betroffen sind als befristet bzw. Teilzeit-Beschäftigte (50,5 bzw. 49,8 %). Dies spiegelt sich zugleich im Krankenstand wider: Der Krankenstand bei den unbefristet Beschäftigten liegt im Vergleich zu den befristet Beschäftigten um 1,0 Prozentpunkte und der der Vollzeit-Beschäftigten um 0,1 Prozentpunkte über dem der Teilzeit-Beschäftigten. Hier kann vermutet werden, dass befristet Beschäftigte eher bereit sind, auch einmal krank zur Arbeit zu gehen, da die permanente Gefahr besteht, dass der Arbeitgeber den befristeten Arbeitsvertrag nicht verlängert. Der niedrigere Krankenstand bei den Teilzeitbeschäftigten gegenüber den Vollzeitbeschäftigten kann u. a. damit zusammenhängen, dass für Teilzeitbeschäftigte oft die Herausforderung besteht, ein anspruchsvolles Arbeitspensum in weniger Arbeitszeit schaffen zu müssen.

Betrachtet man die Fehlzeiten von Zeitarbeitern, so stellt sich die Frage: Welchen gesundheitlichen Belastungen sind Zeitarbeiter ausgesetzt? Es sind weniger Zeitarbeitsbeschäf-

27.10 · Fehlzeiten nach Berufsgruppen

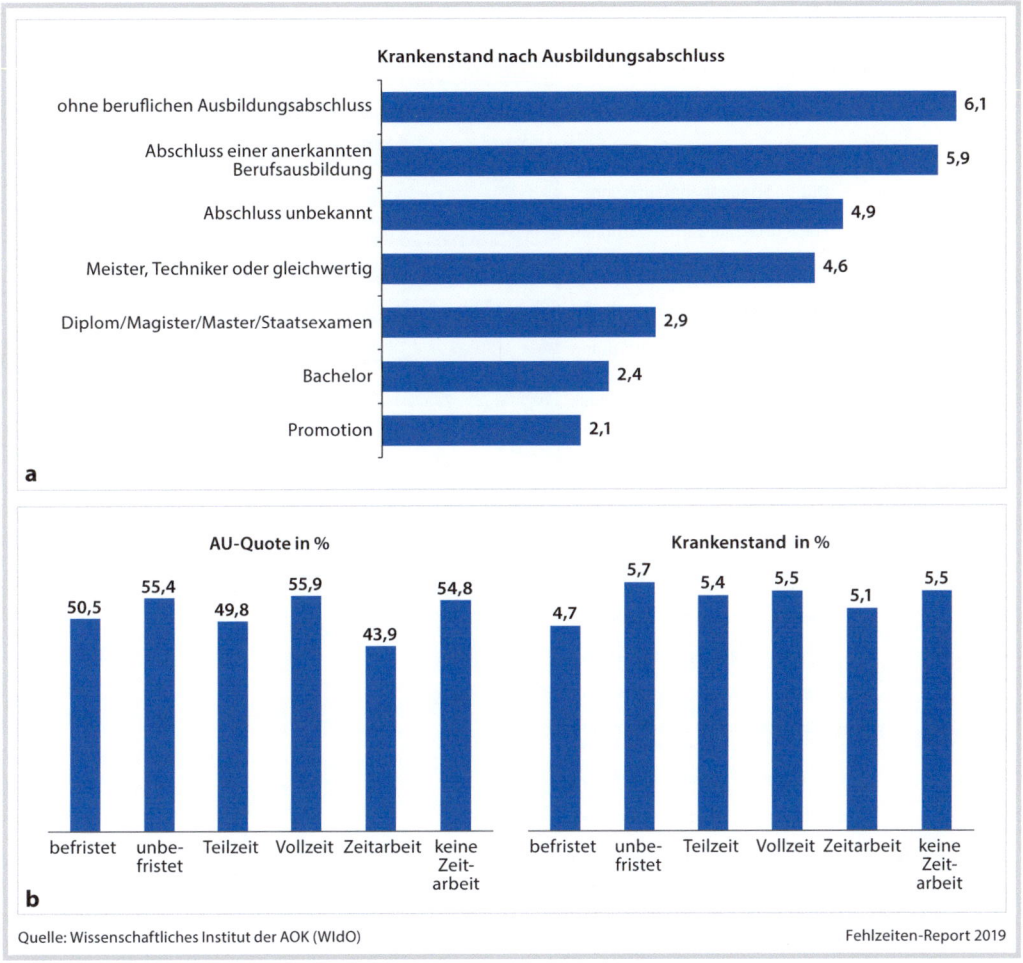

Abb. 27.18 a Krankenstand nach Ausbildungsabschluss im Jahr 2018, AOK-Mitglieder; b Krankenstand und AU-Quote nach Vertragsart im Jahr 2018, AOK-Mitglieder

tigte krankgeschrieben als Beschäftigte ohne Zeitarbeitsverhältnis (43,9 vs. 54,8 %), auch die Anzahl der Fehltage pro Fall ist bei Zeitarbeitern kürzer (Zeitarbeiter: 8,8 Tage vs. Nicht-Zeitarbeiter 11,9 Tage). Eine mögliche Erklärung für dieses Phänomen könnte sein, dass Zeitarbeiter eher bereit sind, krank zur Arbeit zu gehen, um die Chancen einer Weiterbeschäftigung nicht zu gefährden.

27.10 Fehlzeiten nach Berufsgruppen

Auch bei den einzelnen Berufsgruppen[12] gibt es große Unterschiede hinsichtlich der krankheitsbedingten Fehlzeiten (◘ Abb. 27.19). Die Art der ausgeübten Tätigkeit hat erheblichen Einfluss auf das Ausmaß der Fehlzeiten. Die

---

[12] Die Klassifikation der Berufe wurde zum 01.12.2011 überarbeitet und aktualisiert (▶ Abschn. 27.9). Daher finden sich ab dem Jahr 2012 zum Teil andere Berufsbezeichnungen als in den Fehlzeiten-Reporten der Vorjahre.

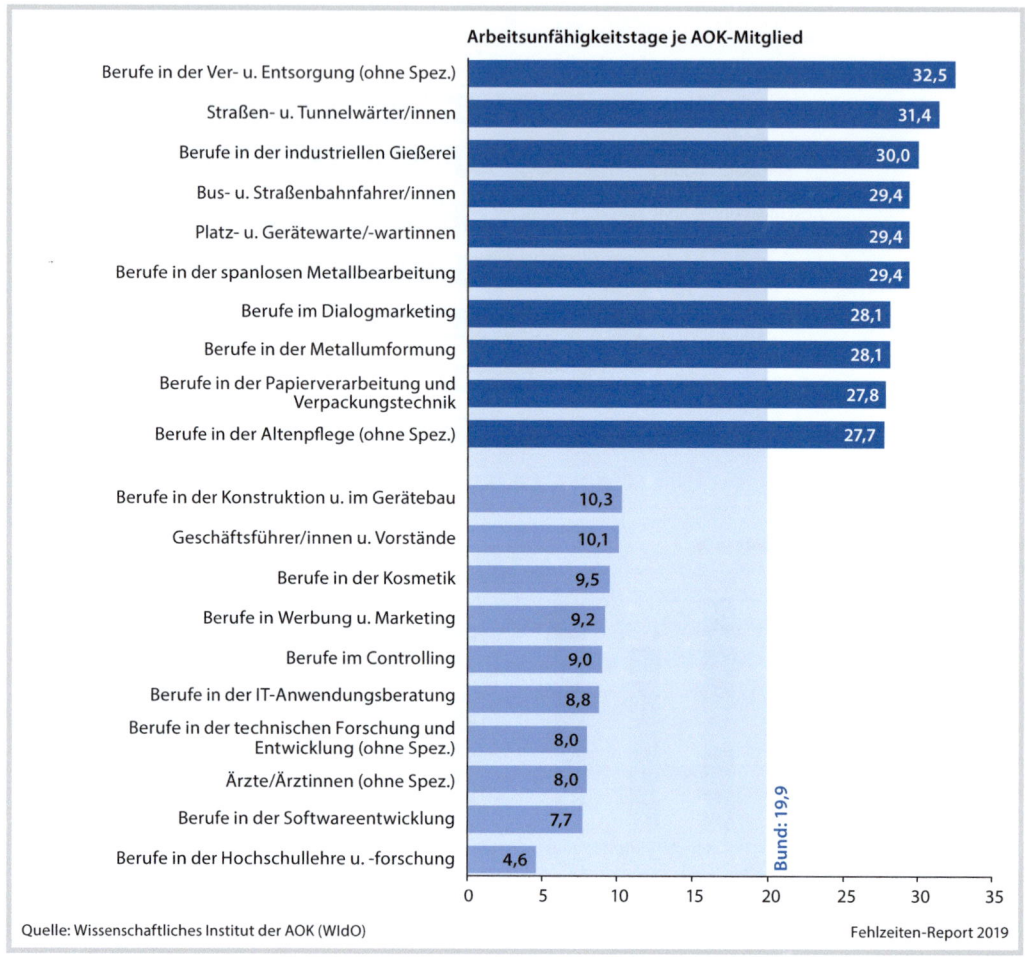

Abb. 27.19 Zehn Berufsgruppen mit hohen und niedrigen Fehlzeiten je AOK-Mitglied im Jahr 2018

meisten Arbeitsunfähigkeitstage weisen Berufsgruppen aus dem gewerblichen Bereich auf, wie beispielsweise Berufe in der Ver- und Entsorgung. Dabei handelt es sich häufig um Berufe mit hohen körperlichen Arbeitsbelastungen und überdurchschnittlich vielen Arbeitsunfällen (▶ Abschn. 27.12). Einige der Berufsgruppen mit hohen Krankenständen, wie Altenpfleger, sind auch in besonders hohem Maße psychischen Arbeitsbelastungen ausgesetzt. Die niedrigsten Krankenstände sind bei akademischen Berufsgruppen wie z. B. Berufen in der Hochschullehre und -forschung, der Softwareentwicklung oder bei Ärzten zu verzeichnen. Während Hochschullehrer im Jahr 2018 im Durchschnitt nur 4,6 Tage krankgeschrieben waren, waren es bei den Berufen in der Ver- und Entsorgung 32,5 Tage, also etwas mehr als das Siebenfache.

Vergleicht man alle erwerbstätigen AOK-Mitglieder miteinander, so zeigt sich, dass die 20 % der AOK-versicherten Beschäftigten in den Berufen mit den höchsten Fehlzeiten an durchschnittlich 26,3 Tagen krankheitsbedingt nicht arbeiten konnten, bei den 20 % mit den geringsten Fehlzeiten waren es weniger als die Hälfte – und zwar nur 12,8 Tage (◘ Abb. 27.20). Ein deutlicher Unterschied zwischen diesen extremen Quintilen, die jeweils 2,5 Mio. AOK-Mitglieder in den betroffenen Berufen umfas-

27.11 · Fehlzeiten nach Wochentagen

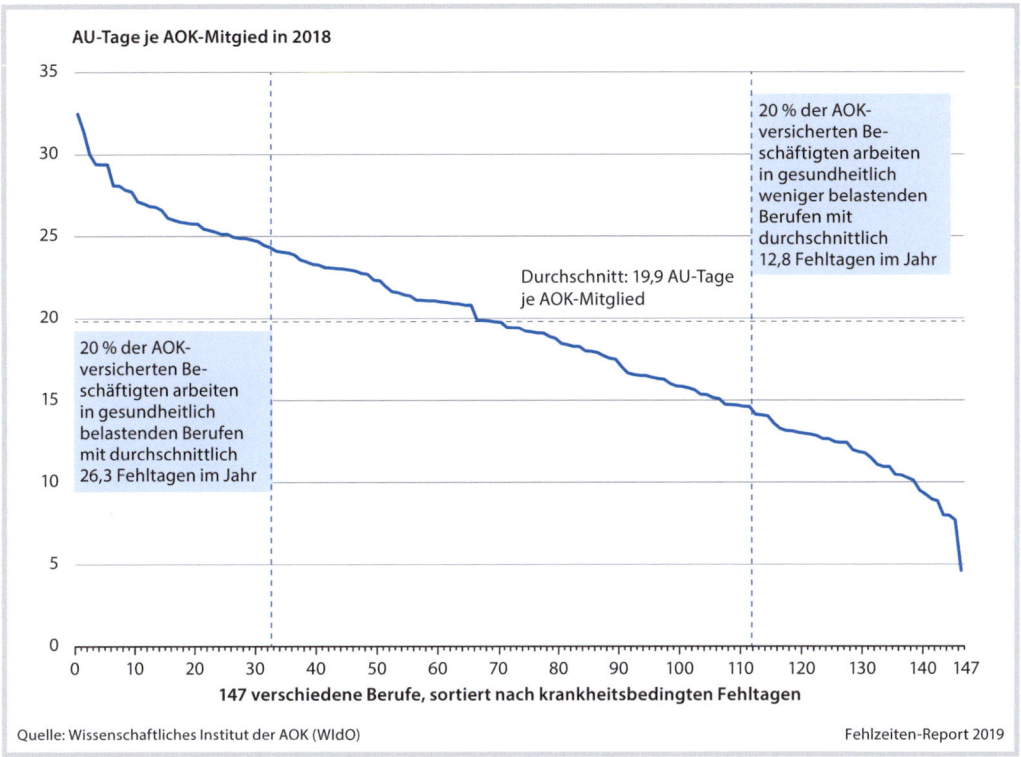

Abb. 27.20 Durchschnittliche Arbeitsunfähigkeitstage je AOK-Mitglied nach Quintilen: Darstellung der jeweils 20 % der Beschäftigten in Berufen mit den höchsten und niedrigsten Krankenständen 2018; berücksichtigt wurden alle Berufe, deren Anzahl mindestens 0,1 % der AOK-Mitglieder aufweisen

sen, bleibt auch erhalten, wenn die Altersunterschiede bei den beiden extremen Quintilen statistisch ausgeglichen werden. Bei den Berufsgruppen mit den meisten krankheitsbedingten Fehlzeiten bleiben es dann immer noch 25,5 Fehltage, bei den Gruppen mit den wenigsten sind es nur 13,6 Fehltage. Dies macht deutlich, dass die Art der beruflichen Tätigkeit die Fehlzeiten stärker als das Alter beeinflusst.

27.11 Fehlzeiten nach Wochentagen

Die meisten Krankschreibungen sind am Wochenanfang zu verzeichnen (◘ Abb. 27.21). Zum Wochenende hin nimmt die Zahl der Arbeitsunfähigkeitsmeldungen tendenziell ab. 2018 entfiel mehr als ein Drittel (35,7 %) der wöchentlichen Krankmeldungen auf den Montag.

Bei der Bewertung der gehäuften Krankmeldungen am Montag muss allerdings berücksichtigt werden, dass der Arzt am Wochenende in der Regel nur in Notfällen aufgesucht wird, da die meisten Praxen geschlossen sind. Deshalb erfolgt die Krankschreibung für Erkrankungen, die bereits am Wochenende begonnen haben, in den meisten Fällen erst am Wochenanfang. Insofern sind in den Krankmeldungen vom Montag auch die Krankheitsfälle vom Wochenende enthalten. Die Verteilung der Krankmeldungen auf die Wochentage ist also in erster Linie durch die ärztlichen Sprechstundenzeiten bedingt. Dies wird häufig in der Diskussion um den „blauen Montag" nicht bedacht.

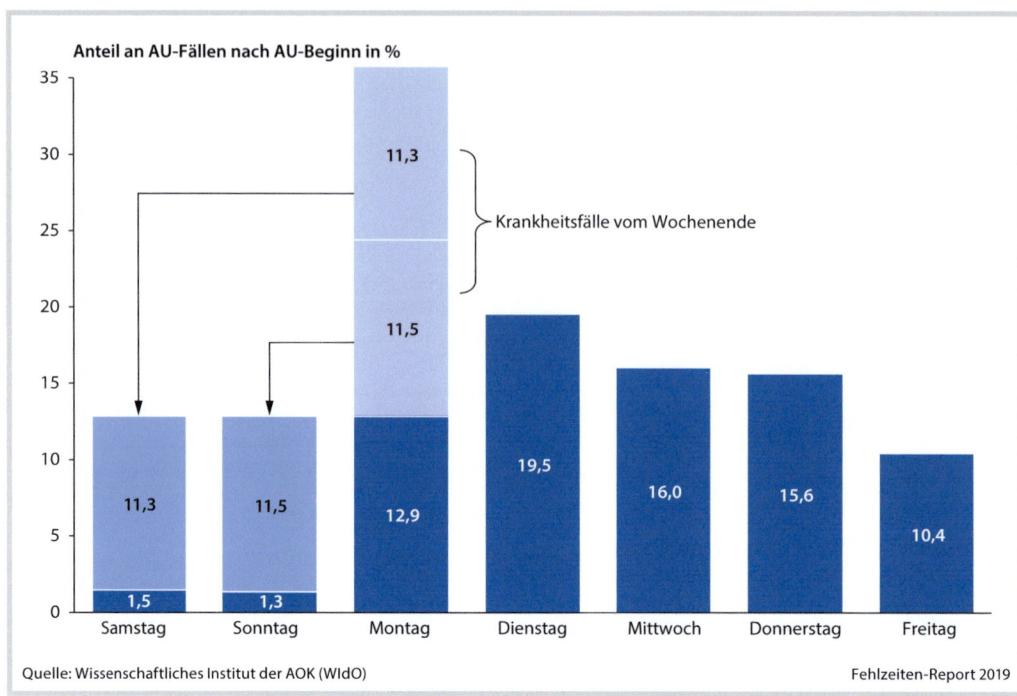

Abb. 27.21 Verteilung der Arbeitsunfähigkeitsfälle der AOK-Mitglieder nach AU-Beginn im Jahr 2018

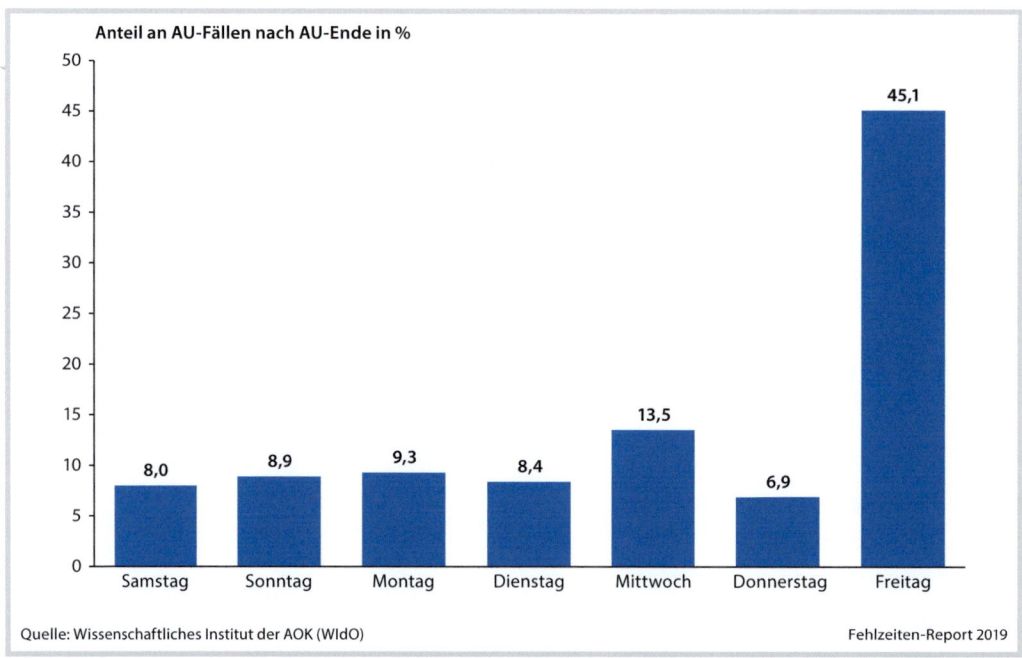

Abb. 27.22 Verteilung der Arbeitsunfähigkeitsfälle der AOK-Mitglieder nach AU-Ende im Jahr 2018

27.12 Arbeitsunfälle

Im Jahr 2018 waren 3,0 % der Arbeitsunfähigkeitsfälle auf Arbeitsunfälle[13] zurückzuführen. Diese waren für 5,8 % der Arbeitsunfähigkeitstage verantwortlich. In kleineren Betrieben kommt es wesentlich häufiger zu Arbeitsunfällen als in größeren Unternehmen (◘ Abb. 27.23)[14]. Die Unfallquote in Betrieben mit 10–49 AOK-Mitgliedern war im Jahr 2018 circa 1,5-mal so hoch wie in Betrieben mit 1.000 und mehr AOK-Mitgliedern. Auch die durchschnittliche Dauer einer unfallbedingten Arbeitsunfähigkeit ist in kleineren Betrieben höher als in größeren Betrieben, was darauf hindeutet, dass dort häufiger schwere Unfälle passieren. Während ein Arbeitsunfall in einem Betrieb mit 10–49 AOK-Mitgliedern durchschnittlich 23,6 Tage dauerte, waren es in Betrieben mit 100–499 AOK-Mitgliedern 21,9 Tage.

In den einzelnen Wirtschaftszweigen variiert die Zahl der Arbeitsunfälle erheblich. So waren die meisten Fälle in der Land- und Forstwirtschaft und im Baugewerbe zu verzeichnen (◘ Abb. 27.24). 2018 gingen beispielsweise 7,5 % der AU-Fälle und 13,4 % der AU-Tage in der Land- und Forstwirtschaft auf Arbeitsunfälle zurück. Neben dem Baugewerbe (6,0 %) und der Land- und Forstwirtschaft gab es auch im Bereich Verkehr und Transport (4,2 %) und in der Branche Energie, Wasser, Entsorgung und Bergbau (3,8 %) überdurchschnittlich viele Arbeitsunfälle. Den geringsten Anteil an Arbeitsunfällen verzeichneten die Banken und Versicherungen mit 0,9 %.

Die Zahl der Arbeitsunfälle lag in Westdeutschland höher als in Ostdeutschland: Während im Westen durchschnittlich 53 Fälle auf 1.000 AOK-Mitglieder entfielen, waren es im Osten 47 Fälle je 1.000 Mitglieder (◘ Abb. 27.25).

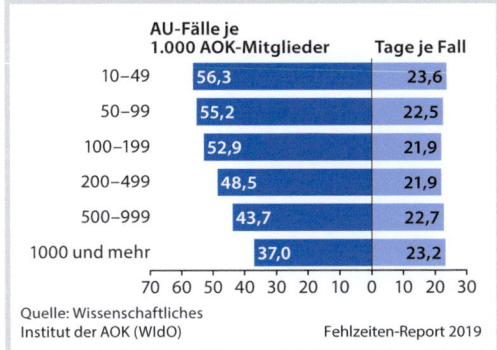

◘ **Abb. 27.23** Fehlzeiten der AOK-Mitglieder aufgrund von Arbeitsunfällen nach Betriebsgröße im Jahr 2018

Geht man davon aus, dass die Wahrscheinlichkeit zu erkranken an allen Wochentagen gleich hoch ist und verteilt die Arbeitsunfähigkeitsmeldungen vom Samstag, Sonntag und Montag gleichmäßig auf diese drei Tage, beginnen am Montag – „wochenendbereinigt" – nur noch 12,9 % der Krankheitsfälle. Danach ist der Montag nach dem Freitag (10,4 %) der Wochentag mit der geringsten Zahl an Krankmeldungen. Eine finnische Studie zu diesem Thema bestätigt ebenfalls die geringe Bedeutung des Montags bei krankheitsbedingten Fehlzeiten (Vahtera et al. 2001). Die Mehrheit der Ärzte bevorzugt als Ende der Krankschreibung das Ende der Arbeitswoche (◘ Abb. 27.22): 2018 endeten 45,1 % der Arbeitsunfähigkeitsfälle am Freitag. Nach dem Freitag ist der Mittwoch der Wochentag, an dem die meisten Krankmeldungen (13,5 %) abgeschlossen sind.

Da meist bis Freitag krankgeschrieben wird, nimmt der Krankenstand gegen Ende der Woche zu. Daraus abzuleiten, dass am Freitag besonders gerne „krankgefeiert" wird, um das Wochenende auf Kosten des Arbeitgebers zu verlängern, erscheint wenig plausibel, insbesondere wenn man bedenkt, dass der Freitag der Werktag mit den wenigsten Krankmeldungen ist.

---

[13] Zur Definition der Arbeitsunfälle ◘ Tab. 27.1
[14] Als Maß für die Betriebsgröße wird hier die Anzahl der AOK-Mitglieder in den Betrieben zugrunde gelegt, die allerdings in der Regel nur einen Teil der gesamten Belegschaft ausmachen (▶ Abschn. 27.8).

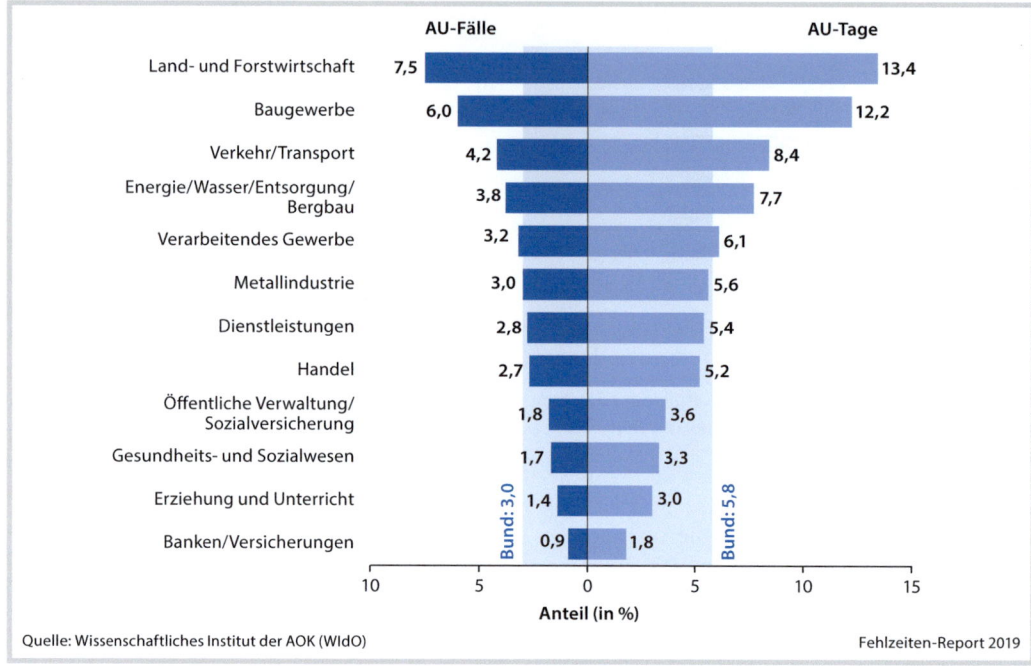

◘ **Abb. 27.24** Fehlzeiten der AOK-Mitglieder aufgrund von Arbeitsunfällen nach Branchen im Jahr 2018

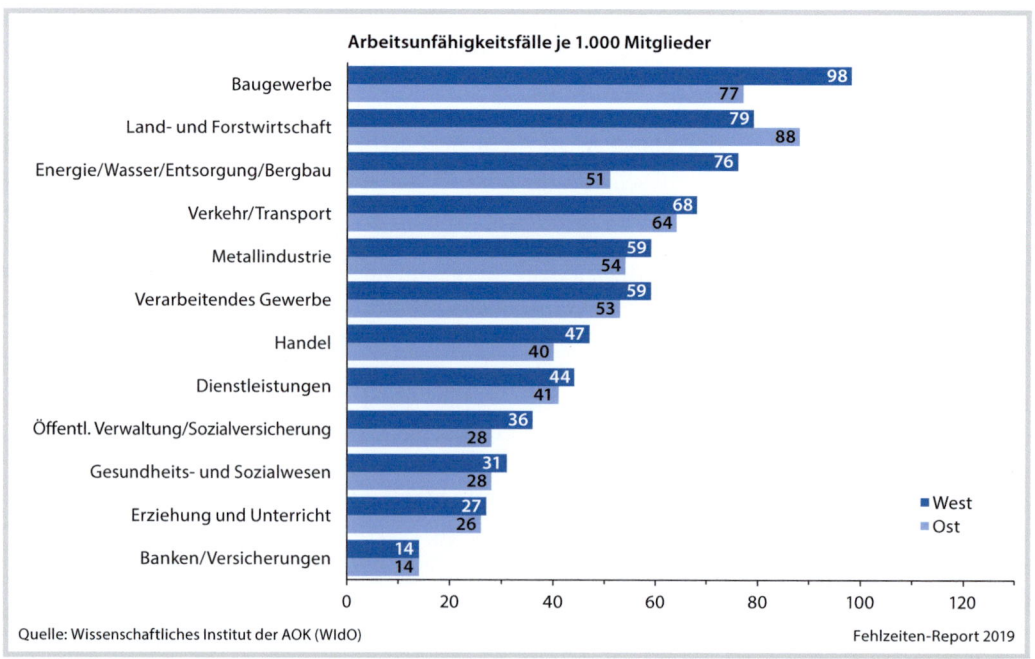

◘ **Abb. 27.25** Fälle der Arbeitsunfähigkeit der AOK-Mitglieder aufgrund von Arbeitsunfällen nach Branchen in West- und Ostdeutschland im Jahr 2018

27.13 · Krankheitsarten im Überblick

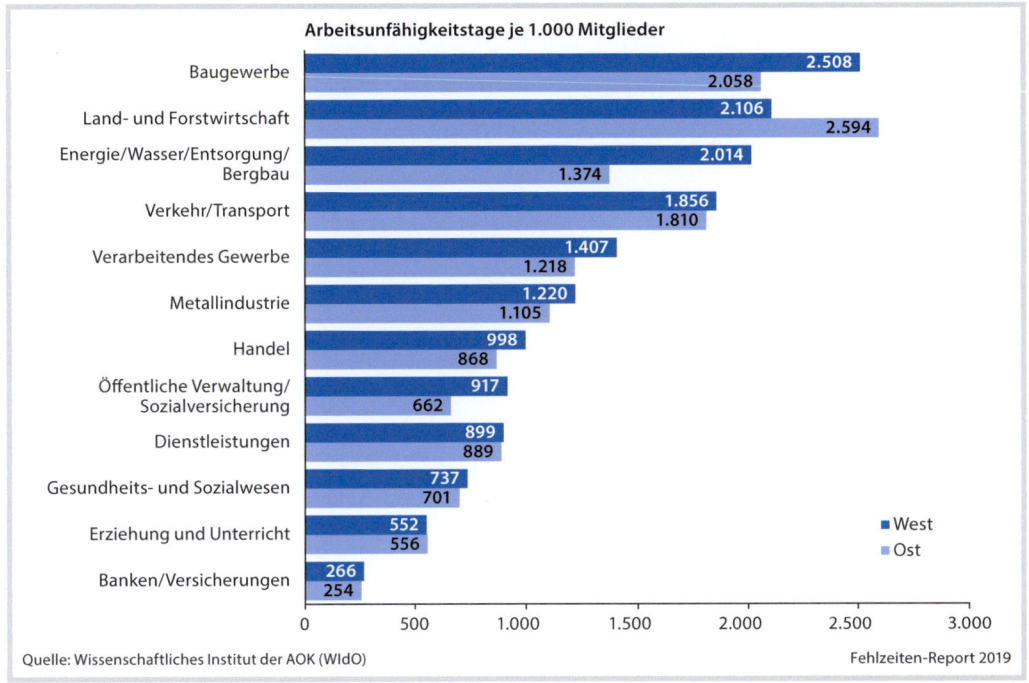

◘ **Abb. 27.26** Tage der Arbeitsunfähigkeit durch Arbeitsunfälle nach Branchen in West- und Ostdeutschland im Jahr 2018

Die Zahl der auf Arbeitsunfälle zurückgehenden Arbeitsunfähigkeitstage war lediglich in den Branchen Land- und Forstwirtschaft und Erziehung und Unterricht in Ostdeutschland höher als in Westdeutschland (◘ Abb. 27.26).

◘ Tab. 27.6 zeigt die Berufsgruppen, die in besonderem Maße von arbeitsbedingten Unfällen betroffen sind. Spitzenreiter waren im Jahr 2018 Berufe in der Zimmerei (4.474 AU-Tage je 1.000 AOK-Mitglieder), Berufe in der Dachdeckerei (4.202 AU-Tage je 1.000 AOK-Mitglieder) sowie Berufe im Beton- und Stahlbetonbau (3.883 AU-Tage je 1.000 AOK-Mitglieder).

27.13 Krankheitsarten im Überblick

Das Krankheitsgeschehen wird im Wesentlichen von sechs großen Krankheitsgruppen (nach ICD-10) bestimmt: Muskel- und Skelett-Erkrankungen, Atemwegserkrankungen, Verletzungen, psychische und Verhaltensstörungen, Herz- und Kreislauf-Erkrankungen sowie Erkrankungen der Verdauungsorgane (◘ Abb. 27.27). 63,5 % der Arbeitsunfähigkeitsfälle und 67,5 % der Arbeitsunfähigkeitstage gingen 2018 auf das Konto dieser sechs Krankheitsarten. Der Rest verteilte sich auf sonstige Krankheitsgruppen.

Der häufigste Anlass für die Ausstellung von Arbeitsunfähigkeitsbescheinigungen waren Atemwegserkrankungen. Im Jahr 2018 waren diese für fast ein Viertel der Arbeitsunfähigkeitsfälle (23,9 %) verantwortlich. Aufgrund einer relativ geringen durchschnittlichen Erkrankungsdauer betrug der Anteil der Atemwegserkrankungen am Krankenstand allerdings nur 13,3 %. Die meisten Arbeitsunfähigkeitstage wurden durch Muskel- und Skelett-Erkrankungen verursacht, die häufig mit langen Ausfallzeiten verbunden sind. Allein auf diese Krankheitsart waren 2018 22,0 % der Ar-

◘ **Tabelle 27.6** Tage der Arbeitsunfähigkeit durch Arbeitsunfälle nach Berufsgruppen im Jahr 2018, AOK-Mitglieder

Berufsgruppe	AU-Tage je 1.000 AOK-Mitglieder
Berufe in der Zimmerei	4.474
Berufe in der Dachdeckerei	4.202
Berufe im Beton- u. Stahlbetonbau	3.883
Berufe im Maurerhandwerk	3.673
Berufe im Tiefbau (ohne Spez.)	3.179
Berufe im Hochbau (ohne Spez.)	3.094
Berufskraftfahrer/innen (Güterverkehr/LKW)	2.767
Berufe in der Holzbe- u. -verarbeitung (ohne Spez.)	2.734
Berufe in der Ver- u. Entsorgung (ohne Spez.)	2.715
Platz- u. Gerätewarte/-wartinnen	2.607
Berufe im Metallbau	2.570
Führer/innen von Erdbewegungs- u. verwandten Maschinen	2.534
Berufe im Aus- u. Trockenbau (ohne Spez.)	2.418
Berufe im Garten-, Landschafts- u. Sportplatzbau	2.339
Berufe im Holz-, Möbel- u. Innenausbau	2.295
Berufe für Post- u. Zustelldienste	2.276
Berufe in der Sanitär-, Heizungs- u. Klimatechnik	2.198
Kranführer/innen, Aufzugsmaschinisten, Bedienung verwandter Hebeeinrichtungen	2.198
Berufe in der Fleischverarbeitung	2.180
Berufe in der Schweiß- u. Verbindungstechnik	2.091
Berufe für Maler- u. Lackiererarbeiten	2.005
Berufe in der Landwirtschaft (ohne Spez.)	2.004
Berufe im Gartenbau (ohne Spez.)	1.965
Berufe in der Metalloberflächenbehandlung (ohne Spez.)	1.922
Fahrzeugführer/innen im Straßenverkehr (sonstige spezifische Tätigkeitsangabe)	1.782

Fehlzeiten-Report 2019

27.13 · Krankheitsarten im Überblick

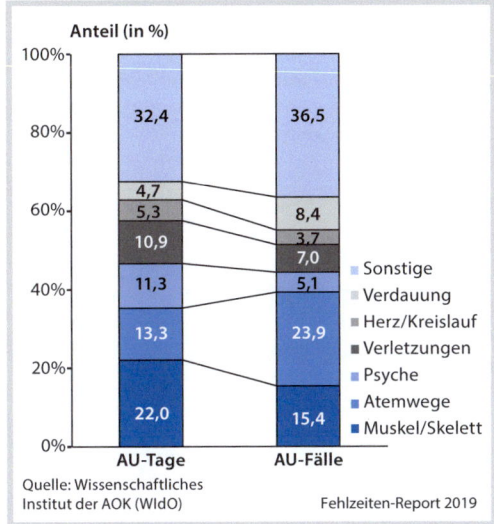

Abb. 27.27 Arbeitsunfähigkeit der AOK-Mitglieder nach Krankheitsarten im Jahr 2018

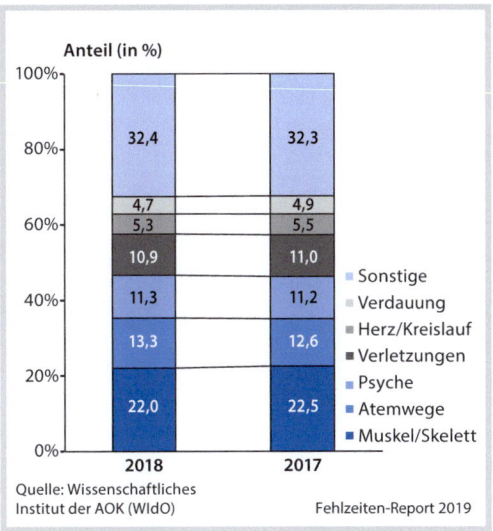

Abb. 27.28 Tage der Arbeitsunfähigkeit der AOK-Mitglieder nach Krankheitsarten im Jahr 2018 im Vergleich zum Vorjahr

beitsunfähigkeitstage zurückzuführen, obwohl sie nur für 15,4 % der Arbeitsunfähigkeitsfälle verantwortlich war.

 Abb. 27.28 zeigt die Anteile der Krankheitsarten an den krankheitsbedingten Fehlzeiten im Jahr 2018 im Vergleich zum Vorjahr. Während die Anteile von Atemwegserkrankungen um 0,7 und der psychischen Erkrankungen um 0,1 Prozentpunkte anstiegen, sanken die Anteile der Muskel- und Skelett-Erkrankungen um 0,5, der Herz- und Kreislauf-Erkrankungen sowie der Erkrankungen des Verdauungsapparats jeweils um 0,2 und der Verletzungen um 0,1 Prozentpunkte.

Die Abb. 27.29 und 27.30 zeigen die Entwicklung der häufigsten Krankheitsarten in den Jahren 2009 bis 2018 in Form einer Indexdarstellung. Ausgangsbasis ist dabei der Wert des Jahres 2008 Dieser wurde auf 100 normiert. Wie in den Abbildungen erkennbar ist, haben die psychischen Erkrankungen in den letzten Jahren deutlich zugenommen. Über die Gründe für diesen Anstieg wird gesellschaftlich kontrovers diskutiert. Neben der Zunahme belastender Arbeitsbedingungen in der modernen Arbeitswelt wird ein wichtiger Grund auch darin gesehen, dass die Ärzte zuneh-

mend bezüglich psychischer Probleme sensibilisiert sind und psychische Krankheiten aufgrund der gestiegenen gesellschaftlichen Akzeptanz eher dokumentieren. Dazu kommt die zunehmende Bereitschaft der Patienten, psychische Probleme auch offener anzusprechen als früher. Als weiterer Grund wird die Verlagerung in Richtung psychischer Störungen als Diagnose diskutiert, d. h. bei Beschäftigten, die früher mit somatischen Diagnosen wie beispielsweise Muskel-Skelett-Erkrankungen krankgeschrieben waren, wird heute öfter eine psychische Erkrankung diagnostiziert. Die „reale Prävalenz" sei aber insgesamt unverändert geblieben (Jacobi 2009). Der Anteil psychischer und psychosomatischer Erkrankungen an der Frühinvalidität hat in den letzten Jahren ebenfalls erheblich zugenommen. Inzwischen geht fast jede zweite Frühberentung (43 %) auf eine psychisch bedingte Erwerbsminderung zurück (Deutsche Rentenversicherung Bund 2018). Nach Prognosen der Weltgesundheitsorganisation (WHO) ist mit einem weiteren Anstieg der psychischen Erkrankungen zu rechnen (WHO 2011). Der Prävention dieser Erkrankungen wird da-

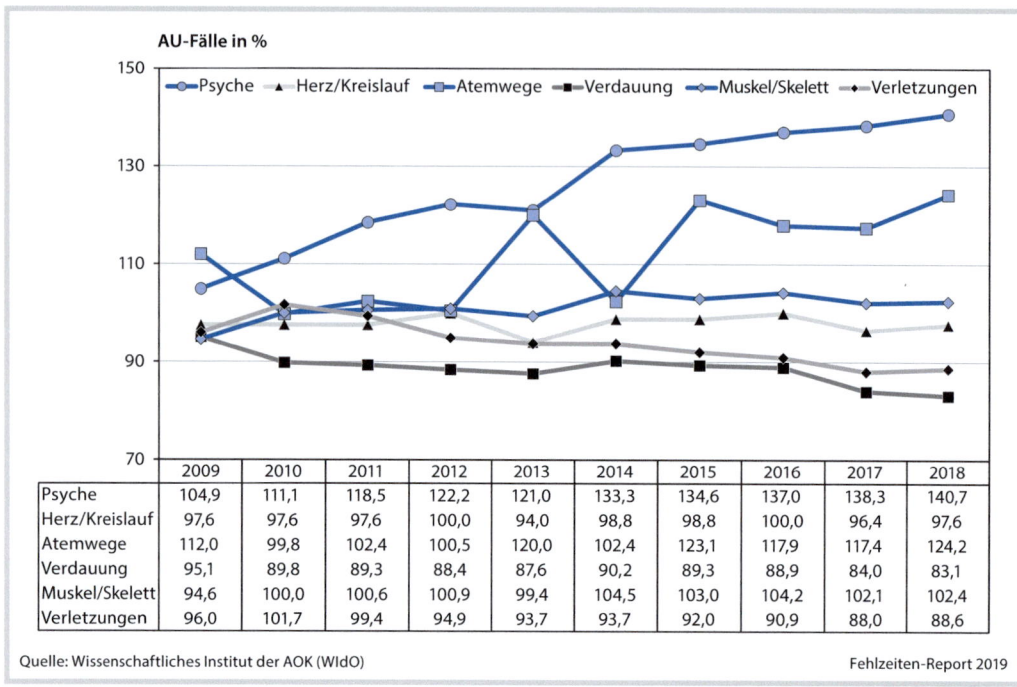

Abb. 27.29 Fälle der Arbeitsunfähigkeit der AOK-Mitglieder nach Krankheitsarten in den Jahren 2009–2018, Indexdarstellung (2008 = 100 %)

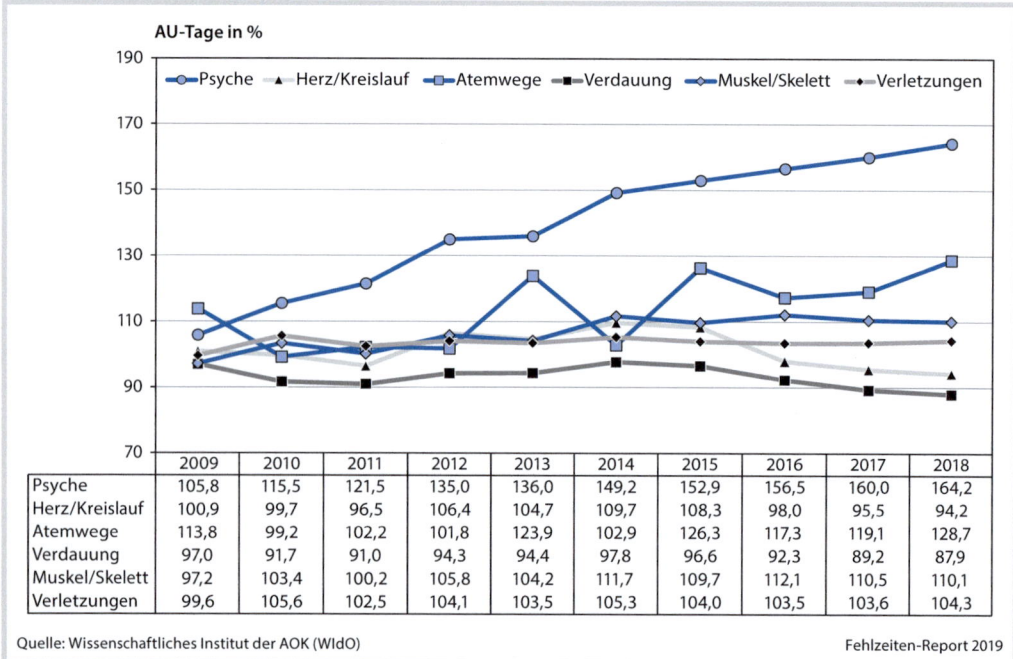

Abb. 27.30 Tage der Arbeitsunfähigkeit der AOK-Mitglieder nach Krankheitsarten in den Jahren 2009–2018 Indexdarstellung (2008 = 100 %)

27.13 · Krankheitsarten im Überblick

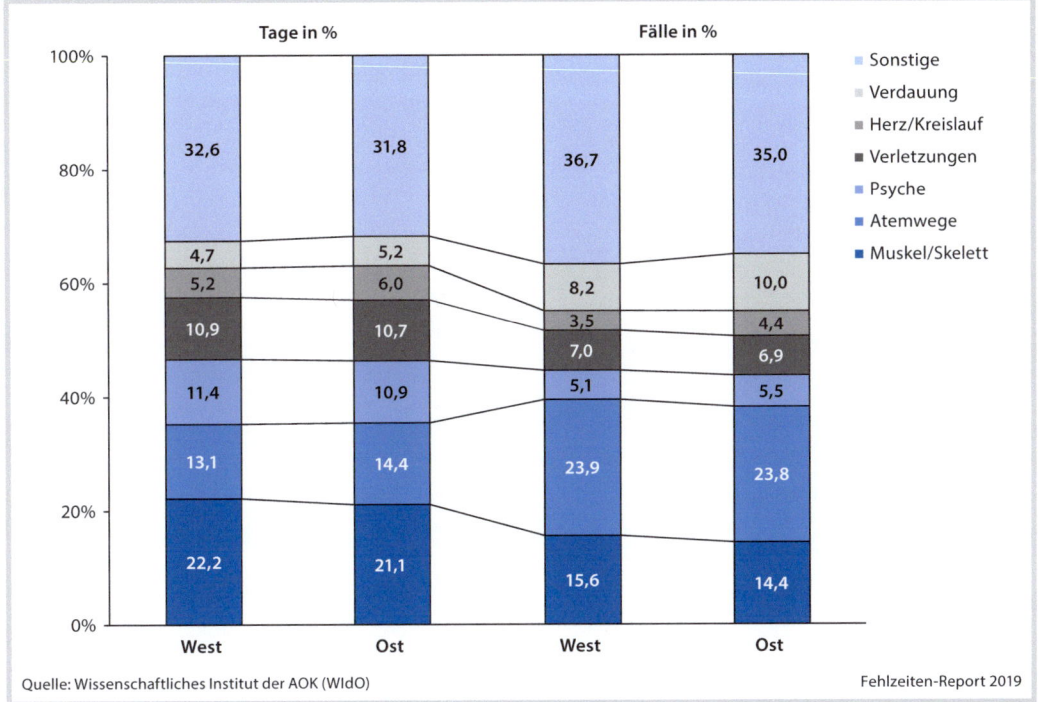

◘ **Abb. 27.31** Arbeitsunfähigkeit der AOK-Mitglieder nach Krankheitsarten in West- und Ostdeutschland im Jahr 2018

her weiterhin eine große Bedeutung zukommen.

Die Anzahl der Arbeitsunfähigkeitsfälle ist im Vergleich zum Jahr 2008 bei den Krankheitsarten psychische Erkrankungen, Atemwegs und Muskel/Skelett-Erkrankungen angestiegen. Arbeitsunfähigkeitsfälle, die auf Verletzungen zurückgingen, reduzierten sich um 11,4 Prozentpunkte. Die durch Atemwegserkrankungen bedingten Fehlzeiten unterliegen aufgrund der von Jahr zu Jahr unterschiedlich stark auftretenden Erkältungswellen teilweise erheblichen Schwankungen. Im Jahr 2018 war die Fallzahl wegen einer Erkältungswelle besonders hoch. Bezogen auf die Fehltage sind in den letzten zehn Jahren vor allem die psychischen Erkrankungen angestiegen (um 64,2 %), gefolgt von den Atemwegserkrankungen (28,7 %) und Muskel/Skelett-Erkrankungen (um 10,1 %). Einen Rückgang gab es bei den Verdauungserkrankungen und Herz- und Kreislauf-Erkrankungen (12,1 % bzw. 5,8 %).

Zwischen West- und Ostdeutschland sind nach wie vor Unterschiede in der Verteilung der Krankheitsarten festzustellen (◘ Abb. 27.31). In den westlichen Bundesländern verursachten Muskel- und Skelett-Erkrankungen (1,1 Prozentpunkte), psychische Erkrankungen (0,5 Prozentpunkte) und Verletzungen (0,2 Prozentpunkte) mehr Fehltage als in den neuen Bundesländern. In den östlichen Bundesländern entstanden vor allem durch Atemwegserkrankungen (1,3 Prozentpunkte), Herz- und Kreislauf-Erkrankungen (0,8 Prozentpunkte) sowie Verdauungserkrankungen (0,5 Prozentpunkte) mehr Fehltage als im Westen.

Auch in Abhängigkeit vom Geschlecht ergeben sich deutliche Unterschiede in der Morbiditätsstruktur (◘ Abb. 27.32). Insbesondere Verletzungen und muskuloskelettale Erkrankungen führen bei Männern häufiger zur Arbeitsunfähigkeit als bei Frauen. Dies dürfte damit zusammenhängen, dass Männer nach

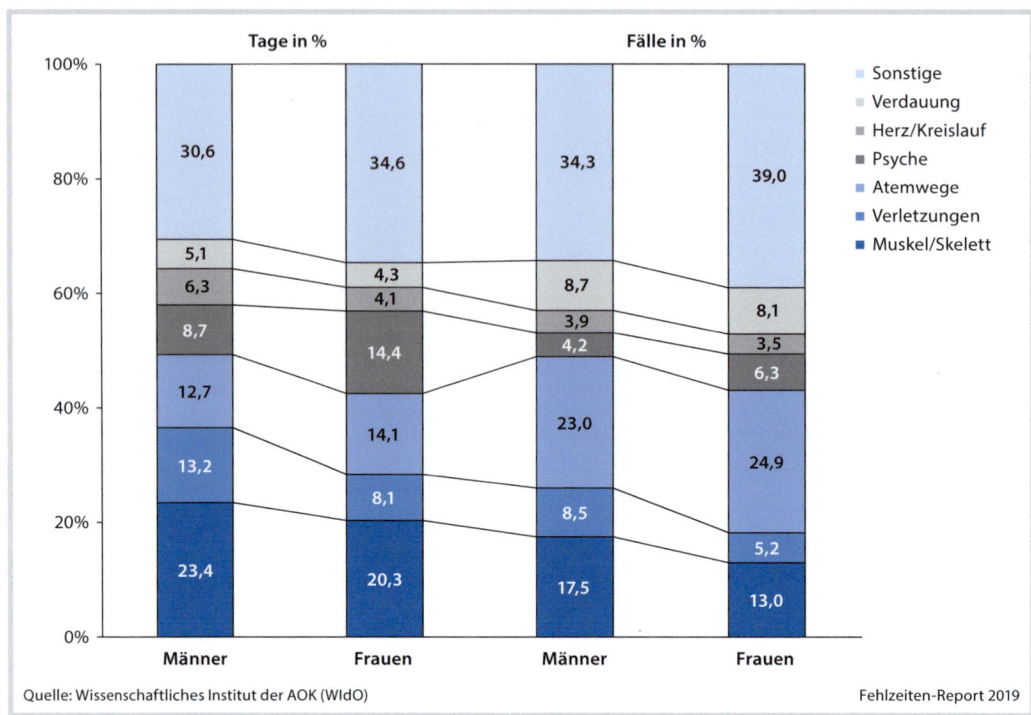

Abb. 27.32 Arbeitsunfähigkeit der AOK-Mitglieder nach Krankheitsarten und Geschlecht im Jahr 2018

wie vor in größerem Umfang körperlich beanspruchende und unfallträchtige Tätigkeiten ausüben als Frauen. Auch der Anteil der Erkrankungen des Verdauungssystems und der Herz- und Kreislauf-Erkrankungen an den Arbeitsunfähigkeitsfällen und -tagen ist bei Männern höher als bei Frauen. Bei den Herz- und Kreislauf-Erkrankungen ist insbesondere der Anteil an den AU-Tagen bei Männern höher als bei Frauen, da sie in stärkerem Maße von schweren und langwierigen Erkrankungen wie einem Herzinfarkt betroffen sind.

Psychische Erkrankungen und Atemwegserkrankungen kommen dagegen bei Frauen häufiger vor als bei Männern. Bei den psychischen Erkrankungen sind die Unterschiede besonders groß. Während sie bei den Männern in der Rangfolge nach AU-Tagen erst an vierter Stelle stehen, nehmen sie bei den Frauen den zweiten Rang ein.

Abb. 27.33 zeigt die Bedeutung der Krankheitsarten für die Fehlzeiten in den unterschiedlichen Altersgruppen. Aus der Abbildung ist deutlich zu ersehen, dass die Zunahme der krankheitsbedingten Ausfalltage mit dem Alter v. a. auf den starken Anstieg der Muskel- und Skelett-Erkrankungen und der Herz- und Kreislauf-Erkrankungen zurückzuführen ist. Während diese beiden Krankheitsarten bei den jüngeren Altersgruppen noch eine untergeordnete Bedeutung haben, verursachen sie in den höheren Altersgruppen die meisten Arbeitsunfähigkeitstage. Bei den 60- bis 64-Jährigen gehen etwas mehr als ein Viertel (25,7 %) der Ausfalltage auf das Konto der muskuloskelettalen Erkrankungen. Muskel- und Skelett-Erkrankungen und Herz- und Kreislauf-Erkrankungen zusammen sind bei dieser Altersgruppe für mehr als ein Drittel des Krankenstandes (34,8 %) verantwortlich. Neben diesen beiden Krankheitsarten nehmen auch die Fehlzeiten aufgrund psychischer und Verhaltensstörungen in den höheren Altersgruppen zu, allerdings in geringerem Ausmaß.

27.15 · Krankheitsarten nach Branchen

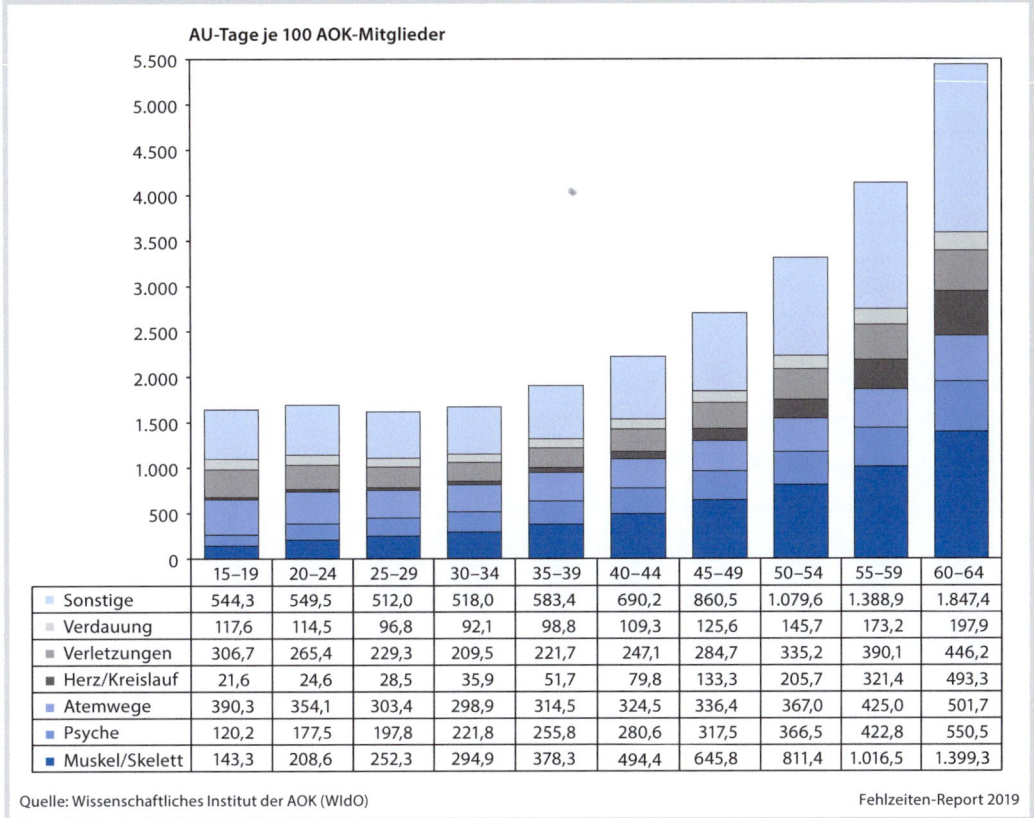

Abb. 27.33 Tage der Arbeitsunfähigkeit je 100 AOK-Mitglieder nach Krankheitsarten und Alter im Jahr 2018

27.14 Die häufigsten Einzeldiagnosen

In ◘ Tab. 27.7 sind die 40 häufigsten Einzeldiagnosen nach Anzahl der Arbeitsunfähigkeitsfälle aufgelistet. Im Jahr 2018 waren auf diese Diagnosen 56,9 % aller AU-Fälle und 45,9 % aller AU-Tage zurückzuführen.

Die häufigste Einzeldiagnose, die im Jahr 2018 zu Arbeitsunfähigkeit führte, war die akute Infektion der oberen Atemwege mit 10,2 % der AU-Fälle und 5,0 % der AU-Tage. Die zweithäufigste Diagnose, die zu Krankmeldungen führte, sind Rückenschmerzen mit 5,9 % der AU-Fälle und 6,0 % der AU-Tage. Unter den häufigsten Diagnosen sind auch weitere Krankheitsbilder aus dem Bereich der Muskel- und Skelett-Erkrankungen besonders zahlreich vertreten.

27.15 Krankheitsarten nach Branchen

Bei der Verteilung der Krankheitsarten bestehen erhebliche Unterschiede zwischen den Branchen, die im Folgenden für die wichtigsten Krankheitsgruppen aufgezeigt werden.

■■ Muskel- und Skelett-Erkrankungen

Die Muskel- und Skelett-Erkrankungen verursachen in fast allen Branchen die meisten Fehltage (◘ Abb. 27.34). Ihr Anteil an den Arbeitsunfähigkeitstagen bewegte sich im Jahr

◻ **Tabelle 27.7** Anteile der 40 häufigsten Einzeldiagnosen an den AU-Fällen und AU-Tagen im Jahr 2018

ICD-10	Bezeichnung	AU-Fälle in %	AU-Tage in %
J06	Akute Infektionen an mehreren oder nicht näher bezeichneten Lokalisationen der oberen Atemwege	10,2	5,0
M54	Rückenschmerzen	5,9	6,0
A09	Sonstige und nicht näher bezeichnete Gastroenteritis und Kolitis infektiösen und nicht näher bezeichneten Ursprungs	4,2	1,5
J20	Akute Bronchitis	2,0	1,2
B34	Viruskrankheit nicht näher bezeichneter Lokalisation	1,9	0,9
K08	Sonstige Krankheiten der Zähne und des Zahnhalteapparates	1,8	0,4
R10	Bauch- und Beckenschmerzen	1,7	0,9
I10	Essentielle (primäre) Hypertonie	1,5	1,4
K52	Sonstige nichtinfektiöse Gastroenteritis und Kolitis	1,5	0,6
F43	Reaktionen auf schwere Belastungen und Anpassungsstörungen	1,4	2,4
J40	Bronchitis, nicht als akut oder chronisch bezeichnet	1,4	0,8
K29	Gastritis und Duodenitis	1,2	0,6
R51	Kopfschmerz	1,2	0,5
F32	Depressive Episode	1,1	3,3
M25	Sonstige Gelenkkrankheiten, anderenorts nicht klassifiziert	1,1	1,3
T14	Verletzung an einer nicht näher bezeichneten Körperregion	1,1	1,1
J02	Akute Pharyngitis	1,0	0,5
J03	Akute Tonsillitis	1,0	0,5
J00	Akute Rhinopharyngitis [Erkältungsschnupfen]	1,0	0,4
R11	Übelkeit und Erbrechen	1,0	0,4
J01	Akute Sinusitis	0,9	0,5
J32	Chronische Sinusitis	0,9	0,5
M79	Sonstige Krankheiten des Weichteilgewebes, anderenorts nicht klassifiziert	0,8	0,8
M99	Biomechanische Funktionsstörungen, anderenorts nicht klassifiziert	0,8	0,7
J11	Grippe, Viren nicht nachgewiesen	0,8	0,5
M51	Sonstige Bandscheibenschäden	0,7	1,9
M75	Schulterläsionen	0,7	1,7
F48	Andere neurotische Störungen	0,7	1,1
M77	Sonstige Enthesopathien	0,7	0,9
R53	Unwohlsein und Ermüdung	0,7	0,7
R42	Schwindel und Taumel	0,7	0,5

27.15 · Krankheitsarten nach Branchen

Tabelle 27.7 (Fortsetzung)

ICD-10	Bezeichnung	AU-Fälle in %	AU-Tage in %
G43	Migräne	0,7	0,3
J98	Sonstige Krankheiten der Atemwege	0,7	0,3
F45	Somatoforme Störungen	0,6	1,2
M53	Sonstige Krankheiten der Wirbelsäule und des Rückens, anderenorts nicht klassifiziert	0,6	0,7
B99	Sonstige und nicht näher bezeichnete Infektionskrankheiten	0,6	0,3
A08	Virusbedingte und sonstige näher bezeichnete Darminfektionen	0,6	0,2
Z98	Sonstige Zustände nach chirurgischem Eingriff	0,5	1,5
M23	Binnenschädigung des Kniegelenkes [internal derangement]	0,5	1,2
S93	Luxation, Verstauchung und Zerrung der Gelenke und Bänder in Höhe des oberen Sprunggelenkes und des Fußes	0,5	0,7
	Summe hier	**56,9**	**45,9**
	Restliche	43,1	54,1
	Gesamtsumme	**100,0**	**100,0**

Fehlzeiten-Report 2019

2018 in den einzelnen Branchen zwischen 14 % bei Banken und Versicherungen und 26 % im Baugewerbe. In Wirtschaftszweigen mit überdurchschnittlich hohen Krankenständen sind häufig die muskuloskelettalen Erkrankungen besonders ausgeprägt und tragen wesentlich zu den erhöhten Fehlzeiten bei.

Abb. 27.35 zeigt die Anzahl und durchschnittliche Dauer der Krankmeldungen aufgrund von Muskel- und Skelett-Erkrankungen in den einzelnen Branchen. Die meisten Arbeitsunfähigkeitsfälle waren im Bereich Energie, Wasser, Entsorgung und Bergbau zu verzeichnen (42,7), mehr als doppelt so viele wie bei den Banken und Versicherungen (18,6).

Die muskuloskelettalen Erkrankungen sind häufig mit langen Ausfallzeiten verbunden. Die mittlere Dauer der Krankmeldungen schwankte im Jahr 2018 in den einzelnen Branchen zwischen 14,2 Tagen bei Banken und Versicherungen und 20,6 Tagen in der Land- und Forstwirtschaft. Im Branchendurchschnitt lag sie bei 17,0 Tagen.

Abb. 27.36 zeigt die zehn Berufsgruppen mit hohen und niedrigen Fehlzeiten aufgrund von Muskel- und Skelett-Erkrankungen. Die meisten Arbeitsunfähigkeitsfälle sind bei den Berufen in der Ver- und Entsorgung zu verzeichnen, während Berufe in der Hochschullehre und -forschung vergleichsweise geringe Fallzahlen aufgrund von Muskel- und Skelett-Erkrankungen aufweisen.

Atemwegserkrankungen

Die meisten Erkrankungsfälle aufgrund von Atemwegserkrankungen waren im Jahr 2018 im Bereich Erziehung und Unterricht zu verzeichnen (Abb. 27.37). Überdurchschnittlich viele Fälle fielen unter anderem auch in der öffentlichen Verwaltung, in der Metallindustrie sowie im Gesundheits- und Sozialwesen und bei den Banken und Versicherungen an.

Aufgrund einer großen Anzahl an Bagatellfällen ist die durchschnittliche Erkrankungsdauer bei dieser Krankheitsart relativ gering. Im Branchendurchschnitt liegt sie bei 6,7 Ta-

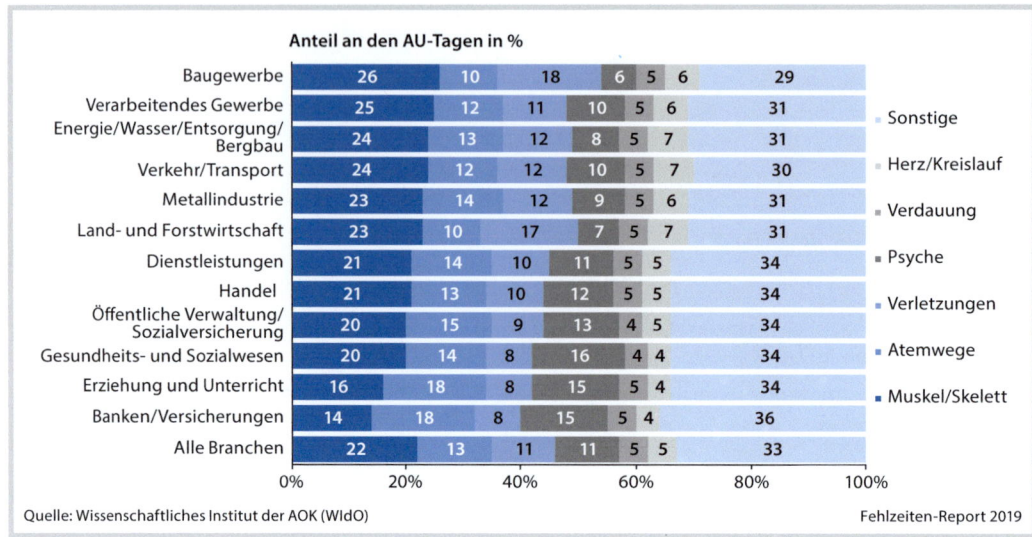

◘ Abb. 27.34 Arbeitsunfähigkeitstage der AOK-Mitglieder nach Krankheitsarten und Branche im Jahr 2018

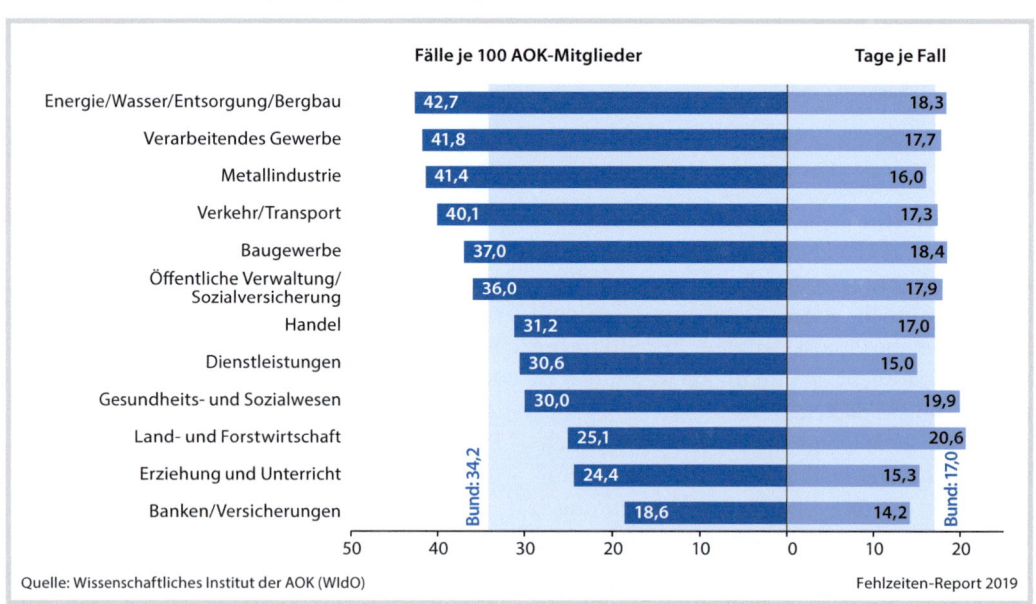

◘ Abb. 27.35 Krankheiten des Muskel- und Skelettsystems und des Bindegewebes nach Branchen im Jahr 2018, AOK-Mitglieder

gen. In den einzelnen Branchen bewegte sie sich im Jahr 2018 zwischen 5,9 Tagen bei Banken und Versicherungen und 8,0 Tagen im Bereich Land- und Forstwirtschaft.

Der Anteil der Atemwegserkrankungen an den Arbeitsunfähigkeitstagen (◘ Abb. 27.34) ist bei den Banken und Versicherungen sowie in der Erziehung und im Unterricht (18 %) am höchsten, in der Land- und Forstwirtschaft sowie im Baugewerbe (jeweils 10 %) am niedrigsten.

27.15 · Krankheitsarten nach Branchen

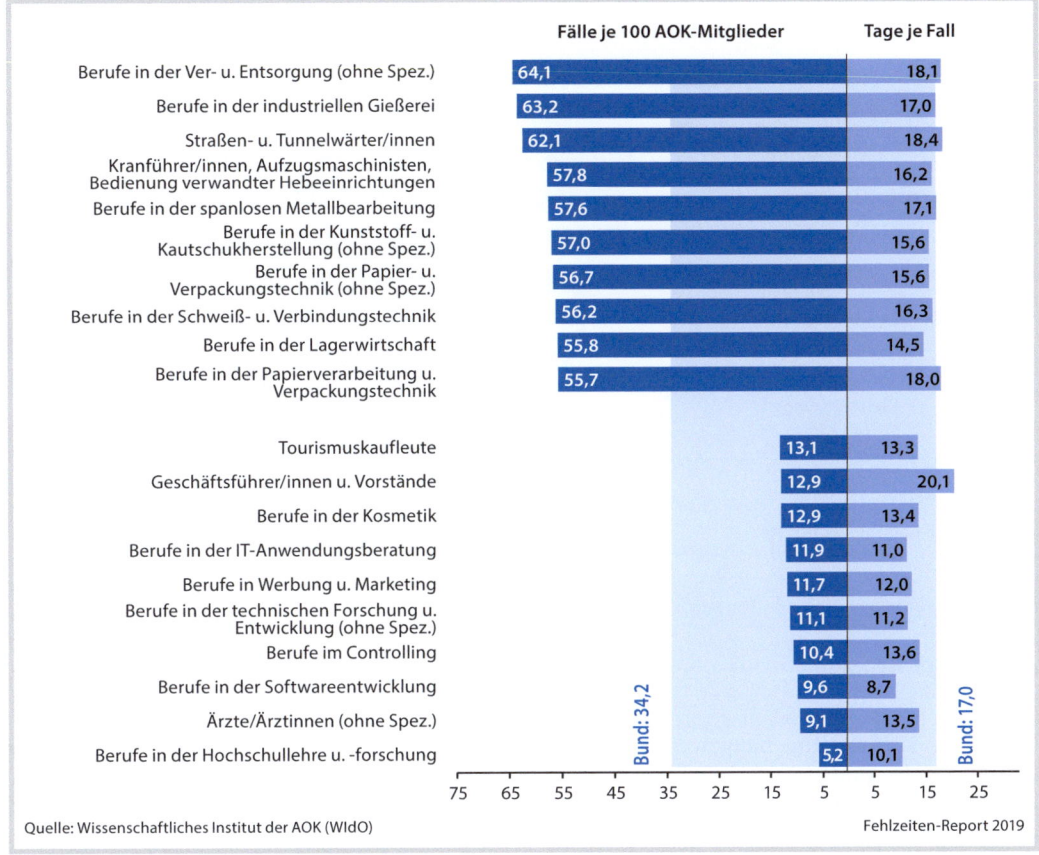

Abb. 27.36 Muskel- und Skelett-Erkrankungen nach Berufen im Jahr 2018, AOK-Mitglieder

In ■ Abb. 27.38 sind die hohen und niedrigen Fehlzeiten aufgrund von Atemwegserkrankungen von zehn Berufsgruppen dargestellt. Spitzenreiter sind die Berufe im Dialogmarketing mit 103,9 Arbeitsunfähigkeitsfällen je 100 AOK-Mitglieder und einer durchschnittlichen Falldauer von 6,7 Tagen je Fall, während Angehörige der Berufe in der Nutztierhaltung im Vergleich zwar deutlich seltener an Atemwegserkrankungen litten (30,8 Fälle je 100 AOK-Mitglieder), jedoch eine überdurchschnittliche Falldauer von 10,4 Tagen aufweisen.

▪▪ Verletzungen

Der Anteil der Verletzungen an den Arbeitsunfähigkeitstagen variiert sehr stark zwischen den einzelnen Branchen (■ Abb. 27.34). Am höchsten ist er in Branchen mit vielen Arbeitsunfällen. Im Jahr 2018 bewegte er sich zwischen 8 % bei den Banken und Versicherungen, im Gesundheits- und Sozialwesen sowie bei Erziehung und Unterricht und 18 % im Baugewerbe. Im Baugewerbe war die Zahl der Fälle mehr als doppelt so hoch wie bei Banken und Versicherungen (■ Abb. 27.39). Die Dauer der verletzungsbedingten Krankmeldungen schwankte in den einzelnen Branchen zwischen 15,1 Tagen bei Banken und Versicherungen und 22,0 Tagen im Bereich der Land- und Forstwirtschaft. Die Unterschiede zeigen sich auch bei den Berufsgruppen (■ Abb. 27.40).

Ein erheblicher Teil der Verletzungen ist auf Arbeitsunfälle zurückzuführen. In der Land- und Forstwirtschaft gehen 52 % der Arbeitsunfähigkeitstage auf Arbeitsunfälle durch Ver-

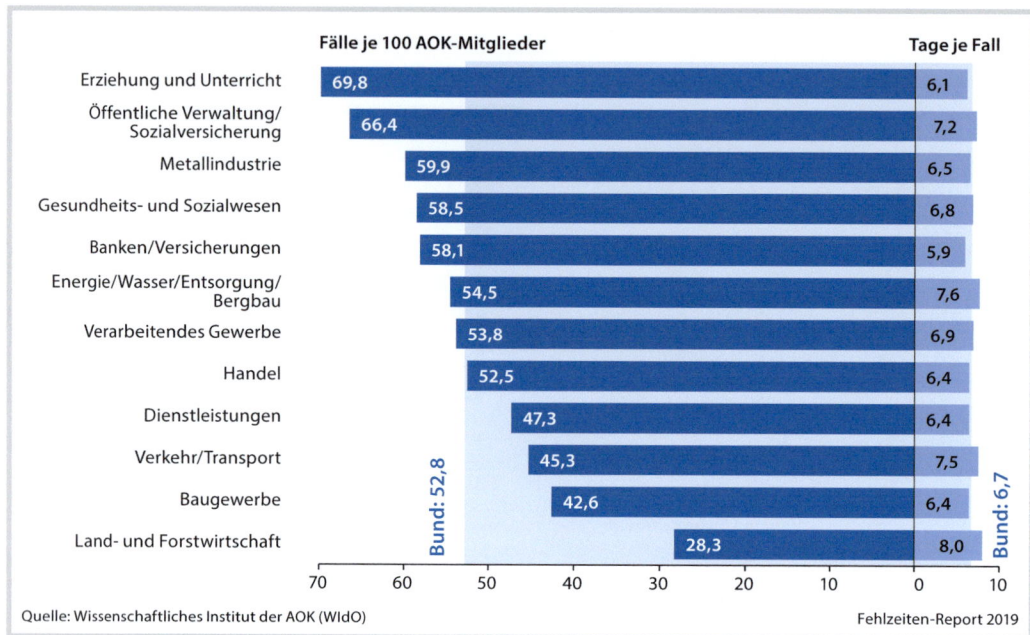

◘ Abb. 27.37 Krankheiten des Atmungssystems nach Branchen im Jahr 2018, AOK-Mitglieder

letzungen zurück. Im Baugewerbe, im Bereich Verkehr und Transport, Energie, Wasser, Entsorgung und Bergbau und dem verarbeitenden Gewerbe gehen bei den Verletzungen immerhin mehr als ein Drittel der Fehltage auf Arbeitsunfälle zurück (◘ Abb. 27.41). Am niedrigsten ist der Anteil der Arbeitsunfälle bei den Banken und Versicherungen: Dort beträgt er lediglich 14 %.

Erkrankungen der Verdauungsorgane

Auf Erkrankungen der Verdauungsorgane gingen im Jahr 2018 insgesamt 5 % der Arbeitsunfähigkeitstage zurück (◘ Abb. 27.34). Die Unterschiede zwischen den Wirtschaftszweigen hinsichtlich der Zahl der Arbeitsunfähigkeitsfälle sind relativ gering. Die Branche Öffentliche Verwaltung und Sozialversicherung verzeichnet mit 21,9 Fällen je 100 AOK-Mitglieder eine vergleichsweise hohe Anzahl an Arbeitsunfähigkeitsfällen. Am niedrigsten war die Zahl der Arbeitsunfähigkeitsfälle im Bereich Land- und Forstwirtschaft mit 13,0 Fällen je 100 AOK-Mitglieder. Die Dauer der Fälle betrug im Branchendurchschnitt 6,7 Tage. In den einzelnen Branchen bewegte sie sich zwischen 5,4 und 8,3 Tagen (◘ Abb. 27.42).

Die Berufe mit den meisten Arbeitsunfähigkeitsfällen aufgrund von Erkrankungen des Verdauungssystems waren im Jahr 2018 Berufe im Dialogmarketing (36,2 Fälle je 100 AOK-Mitglieder), die Gruppe mit den wenigsten Fällen waren Berufe im Bereich der Hochschullehre und -forschung (5,8 Fälle je 100 AOK-Mitglieder) (◘ Abb. 27.43).

Herz- und Kreislauf-Erkrankungen

Der Anteil der Herz- und Kreislauf-Erkrankungen an den Arbeitsunfähigkeitstagen lag im Jahr 2018 in den einzelnen Branchen zwischen 4 und 7 % (◘ Abb. 27.34). Die meisten Erkrankungsfälle waren im Bereich Energie, Wasser, Entsorgung und Bergbau sowie im Bereich Öffentliche Verwaltung und Sozialversicherung zu verzeichnen (11,2 bzw. 10,3 Fälle je 100 AOK-Mitglieder). Die niedrigsten Werte waren bei den Beschäftigten im Bereich Banken und Versicherungen zu finden (5,7 Fälle je 100 AOK-Mitglieder). Herz- und Kreislauf-Erkrankungen bringen oft lange Ausfallzeiten mit

27.15 · Krankheitsarten nach Branchen

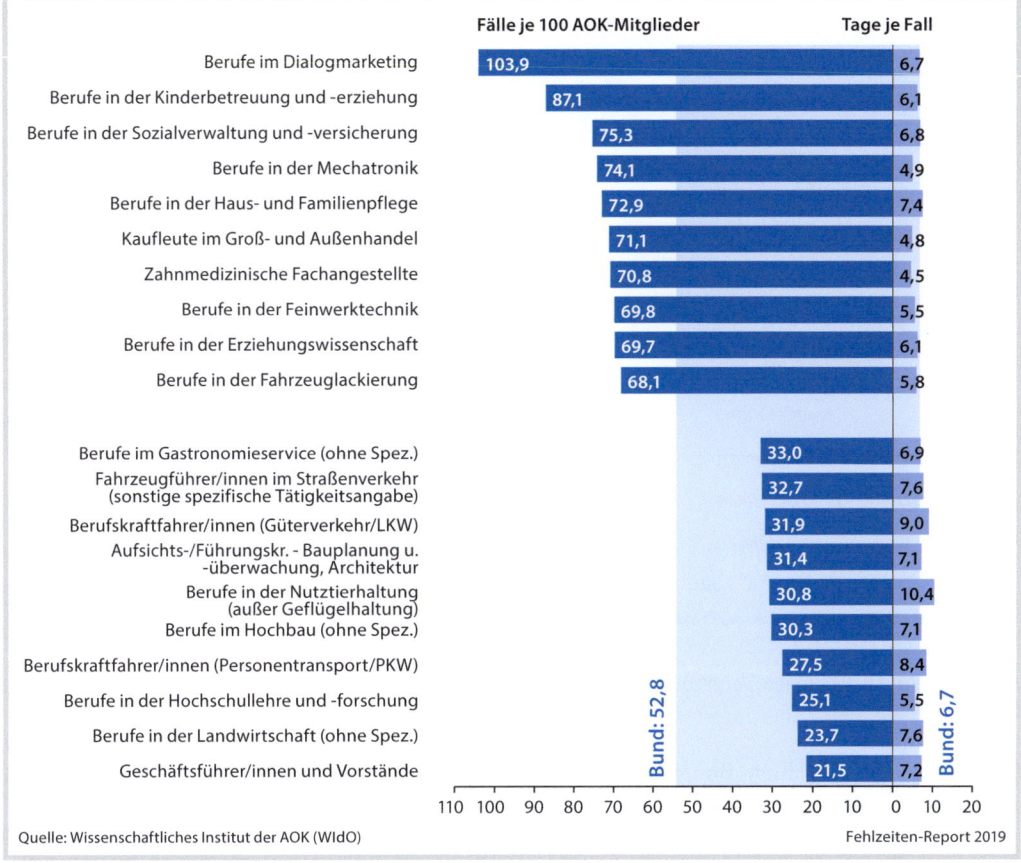

◘ **Abb. 27.38** Krankheiten des Atmungssystems nach Berufen im Jahr 2018, AOK-Mitglieder

sich. Die Dauer eines Erkrankungsfalls bewegte sich in den einzelnen Wirtschaftsbereichen zwischen 13,2 Tagen bei den Banken und Versicherungen und 21,4 Tagen in der Branche Baugewebe (◘ Abb. 27.44).

◘ Abb. 27.45 stellt die hohen und niedrigen Fehlzeiten aufgrund von Erkrankungen des Kreislaufsystems nach Berufen im Jahr 2018 dar. Die Berufsgruppe mit den meisten Arbeitsunfähigkeitsfällen sind Platz- und Gerätewarte/-wartinnen (14,0 Fällen je 100 AOK-Mitglieder). Die wenigsten AU-Fälle sind in der Berufsgruppe der Hochschullehre und -forschung (1,7 Fälle je 100 AOK-Mitglieder) zu verzeichnen. Mit 23,3 Tagen je Fall fallen Führer von Erdbewegungs- und verwandten Maschinen sowie Bus- und Straßenbahnfahrer überdurchschnittlich lange aufgrund von Herz- und Kreislauf-Erkrankungen aus.

■■ **Psychische und Verhaltensstörungen**
Der Anteil der psychischen und Verhaltensstörungen an den krankheitsbedingten Fehlzeiten schwankte in den einzelnen Branchen erheblich. Die meisten Erkrankungsfälle sind im tertiären Sektor zu verzeichnen. Während im Baugewerbe nur 6 % und in der Land- und Forstwirtschaft 7 % der Arbeitsunfähigkeitsfälle auf psychische und Verhaltensstörungen zurückgingen, ist im Gesundheits- und Sozialwesen 16 %, bei Banken und Versicherungen sowie in Erziehung und Unterricht mit jeweils 15 % der höchste Anteil an den AU-Fällen zu verzeichnen (◘ Abb. 27.34). Die durchschnittliche Dauer der Arbeitsunfähigkeitsfälle beweg-

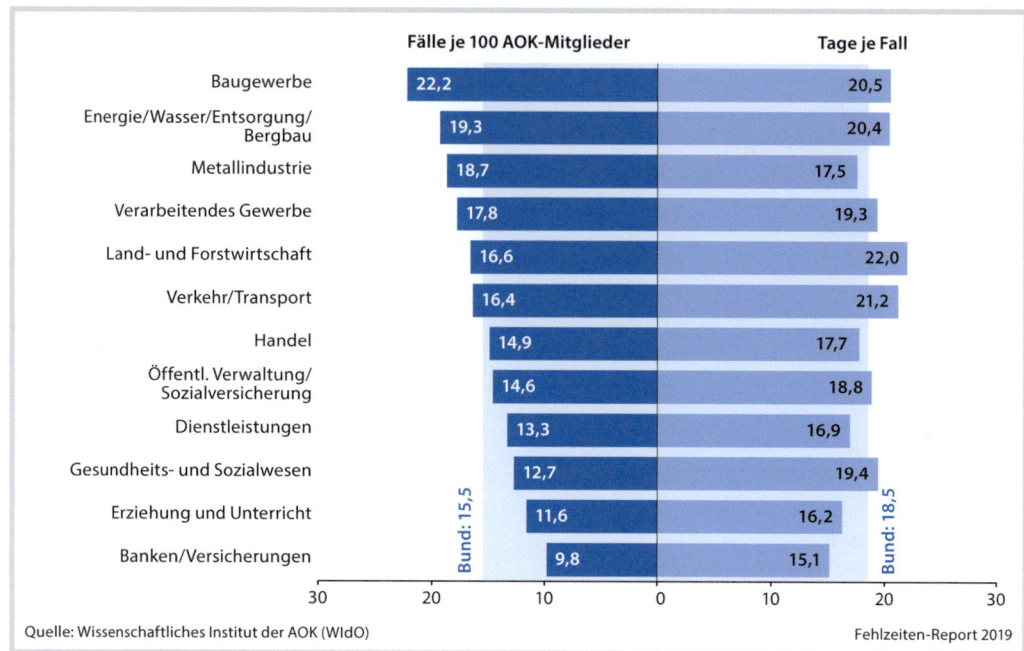

Abb. 27.39 Verletzungen, Vergiftungen und bestimmte andere Folgen äußerer Ursachen nach Branchen im Jahr 2018, AOK-Mitglieder

te sich in den einzelnen Branchen zwischen 23,5 und 29,2 Tagen (Abb. 27.46).

Gerade im Dienstleistungsbereich tätige Personen, wie Beschäftigte im Dialogmarketing (29,3 AU-Fälle je 100 AOK-Mitglieder) und in der Haus-, Familien- sowie in der Altenpflege (21,5 bzw. 19,9 AU-Fälle je 100 AOK-Mitglieder), sind verstärkt von psychischen Erkrankungen betroffen. Psychische Erkrankungen sind oftmals mit langen Ausfallzeiten verbunden: Im Schnitt fehlt ein Arbeitnehmer 26,3 Tage (Abb. 27.47).

27.16 Langzeitfälle nach Krankheitsarten

Langzeit-Arbeitsunfähigkeit mit einer Dauer von mehr als sechs Wochen stellt sowohl für die Betroffenen als auch für die Unternehmen und Krankenkassen eine besondere Belastung dar. Daher kommt der Prävention derjenigen Erkrankungen, die zu langen Ausfallzeiten führen, eine spezielle Bedeutung zu (Abb. 27.48).

Ebenso wie im Arbeitsunfähigkeitsgeschehen insgesamt spielen auch bei den Langzeitfällen die Muskel- und Skelett-Erkrankungen und die psychischen und Verhaltensstörungen eine entscheidende Rolle. Auf diese beiden Krankheitsarten gingen 2018 bereits 39 % der durch Langzeitfälle verursachten Fehlzeiten zurück. An dritter Stelle stehen Verletzungen mit einem Anteil von 13 % an den durch Langzeitfälle bedingten Fehlzeiten.

Auch in den einzelnen Wirtschaftsabteilungen geht die Mehrzahl der durch Langzeitfälle bedingten Arbeitsunfähigkeitstage auf die o. g. Krankheitsarten zurück (Abb. 27.49). Der Anteil der muskuloskelettalen Erkrankungen ist im Baugewerbe (28 %) am höchsten. Bei den Verletzungen werden die höchsten Werte ebenfalls im Baugewerbe (19 %) sowie in der Land- und Forstwirtschaft erreicht (18 %). Die psychischen und Verhaltensstörungen verursachen – bezogen auf die Langzeiterkrankungen – die meisten Ausfalltage bei Banken und Ver-

27.18 · Burnout-bedingte Fehlzeiten

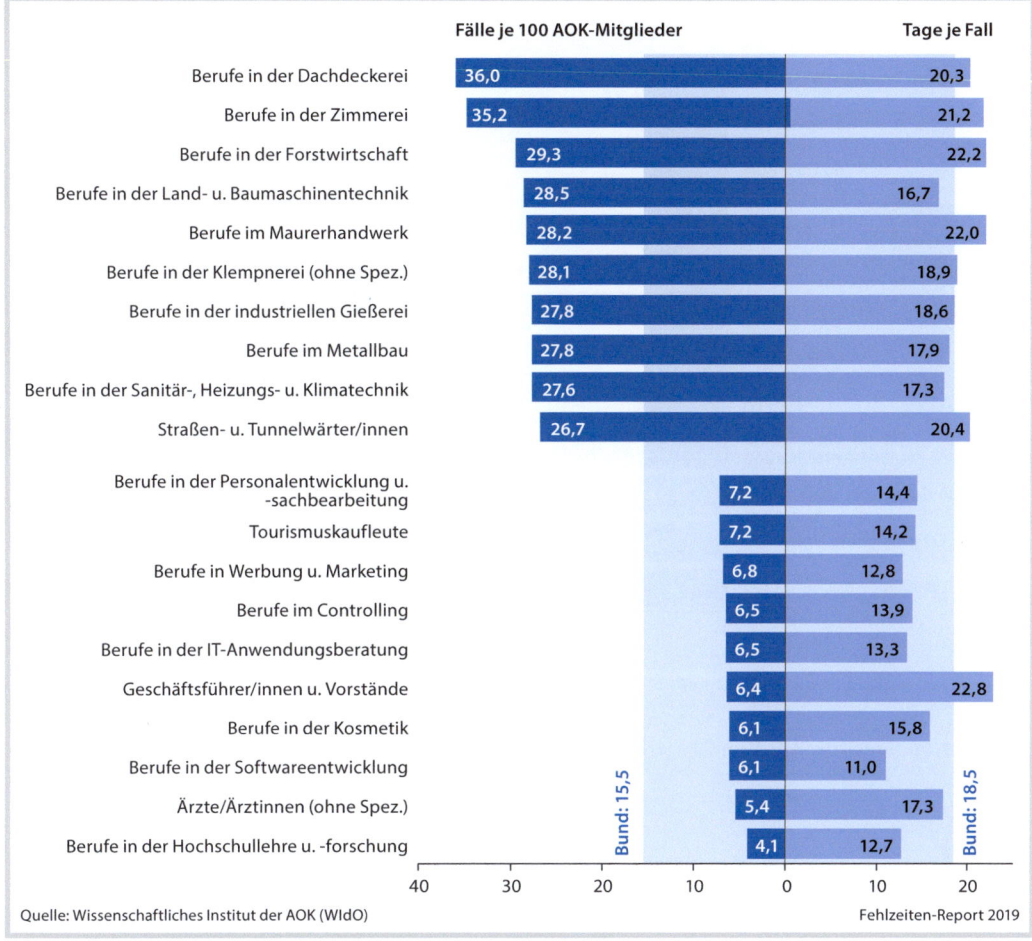

Abb. 27.40 Verletzungen, Vergiftungen und bestimmte andere Folgen äußerer Ursachen nach Berufen im Jahr 2018, AOK-Mitglieder

sicherungen (25 %). Der Anteil der Herz- und Kreislauf-Erkrankungen ist am ausgeprägtesten im Bereich Energie, Wasser, Entsorgung und Bergbau (10 %).

27.17 Krankheitsarten nach Diagnoseuntergruppen

In ▶ Abschn. 27.15 wurde die Bedeutung der branchenspezifischen Tätigkeitsschwerpunkte und -belastungen für die Krankheitsarten aufgezeigt. Doch auch innerhalb der Krankheitsarten zeigen sich Differenzen aufgrund der unterschiedlichen arbeitsbedingten Belastungen. In ◻ Abb. 27.50, 27.51, 27.52, 27.53, 27.54 und 27.55 wird die Verteilung der wichtigsten Krankheitsarten nach Diagnoseuntergruppen (nach ICD-10) und Branchen dargestellt.

27.18 Burnout-bedingte Fehlzeiten

Im Zusammenhang mit psychischen Erkrankungen ist in der öffentlichen Wahrnehmung und Diskussion in den letzten Jahren zunehmend die Diagnose Burnout in den Vorder-

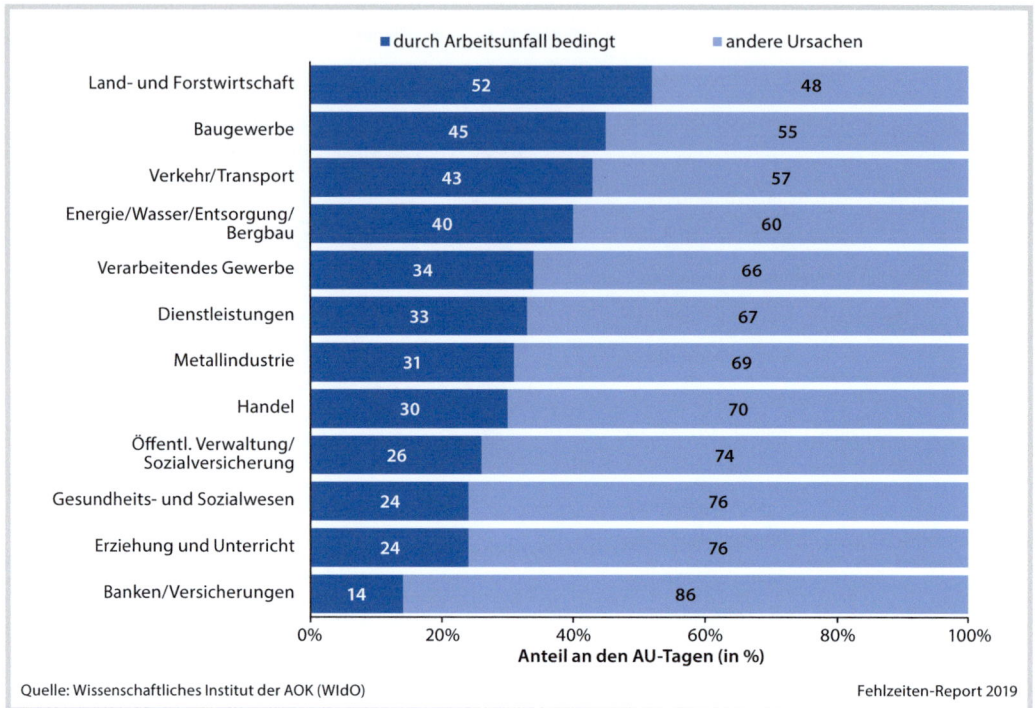

☐ **Abb. 27.41** Anteil der Arbeitsunfälle an den Verletzungen nach Branchen im Jahr 2018, AOK-Mitglieder

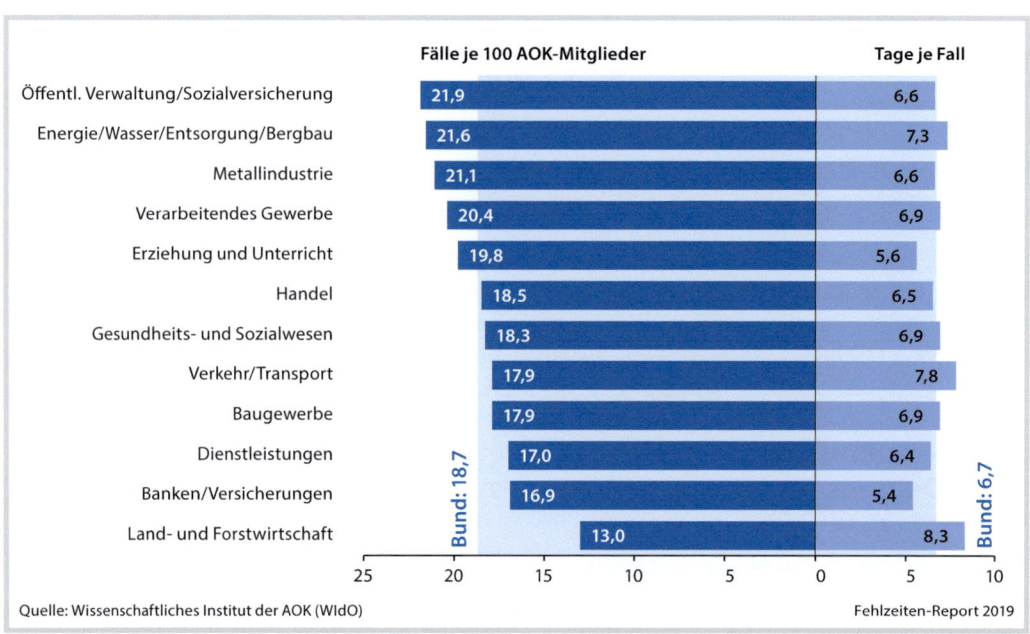

☐ **Abb. 27.42** Krankheiten des Verdauungssystems nach Branchen im Jahr 2018, AOK-Mitglieder

27.18 · Burnout-bedingte Fehlzeiten

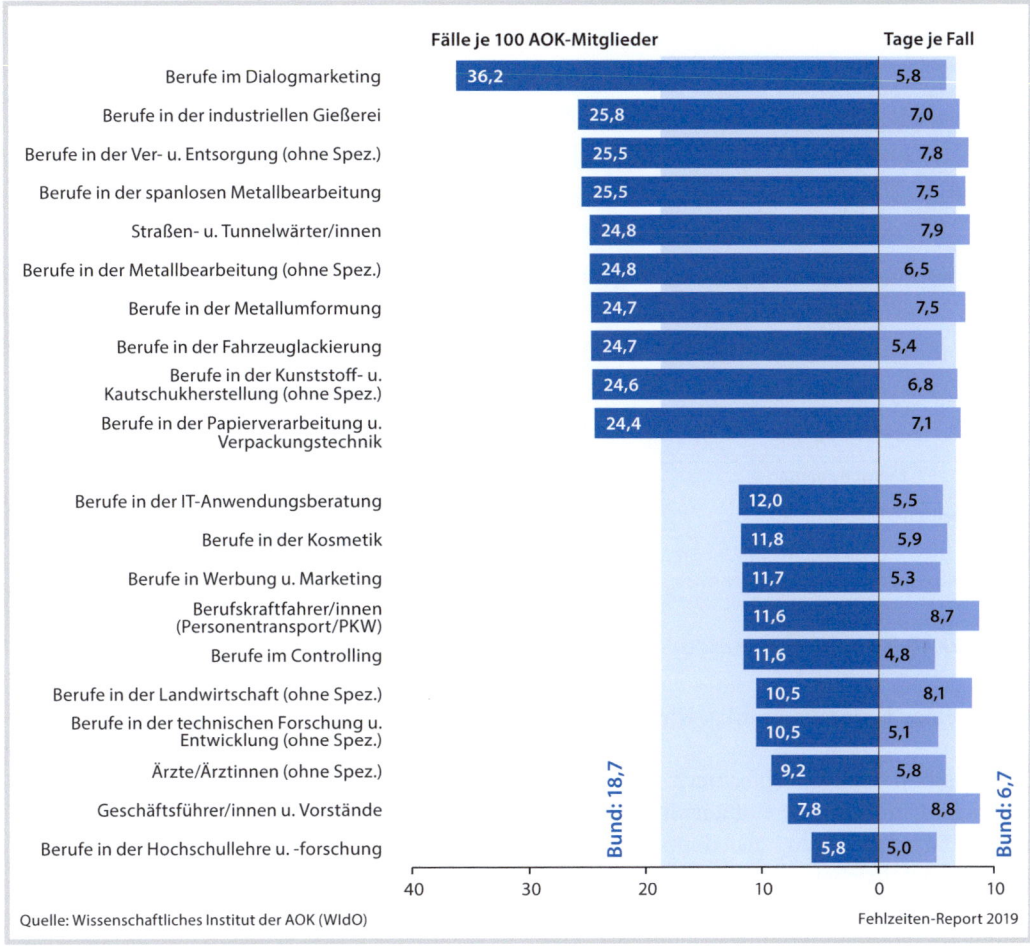

■ Abb. 27.43 Krankheiten des Verdauungssystems nach Berufen im Jahr 2018, AOK-Mitglieder

grund getreten und auch weiterhin von großer Bedeutung.

Unter Burnout wird ein Zustand physischer und psychischer Erschöpfung verstanden, der in der ICD-10-Klassifikation unter der Diagnosegruppe Z73 „Probleme mit Bezug auf Schwierigkeiten bei der Lebensbewältigung" in der Hauptdiagnosegruppe Z00–Z99 „Faktoren, die den Gesundheitszustand beeinflussen und zur Inanspruchnahme des Gesundheitswesens führen" eingeordnet ist. Burnout ist daher von den Ärzten nicht als eigenständige Arbeitsunfähigkeit auslösende psychische Erkrankung in der ICD-Gruppe der psychischen und Ver-

haltensstörungen zu kodieren. Es ist jedoch möglich, diese als Zusatzinformation anzugeben.

Zwischen 2009 und 2018 haben sich die Arbeitsunfähigkeitstage aufgrund der Diagnosegruppe Z73 je 1.000 AOK-Mitglieder von 51,2 auf 120,5 Tage um das Zweifache erhöht (■ Abb. 27.56). Im Jahr 2018 stiegen die Arbeitsunfähigkeitstage im Vergleich zum Vorjahr um 3,8 Tage an. Alters- und geschlechtsbereinigt hochgerechnet auf die mehr als 36 Mio. gesetzlich krankenversicherten Beschäftigten bedeutet dies, dass ca. 176.000 Menschen mit insgesamt 3,9 Mio. Fehltagen im Jahr 2018

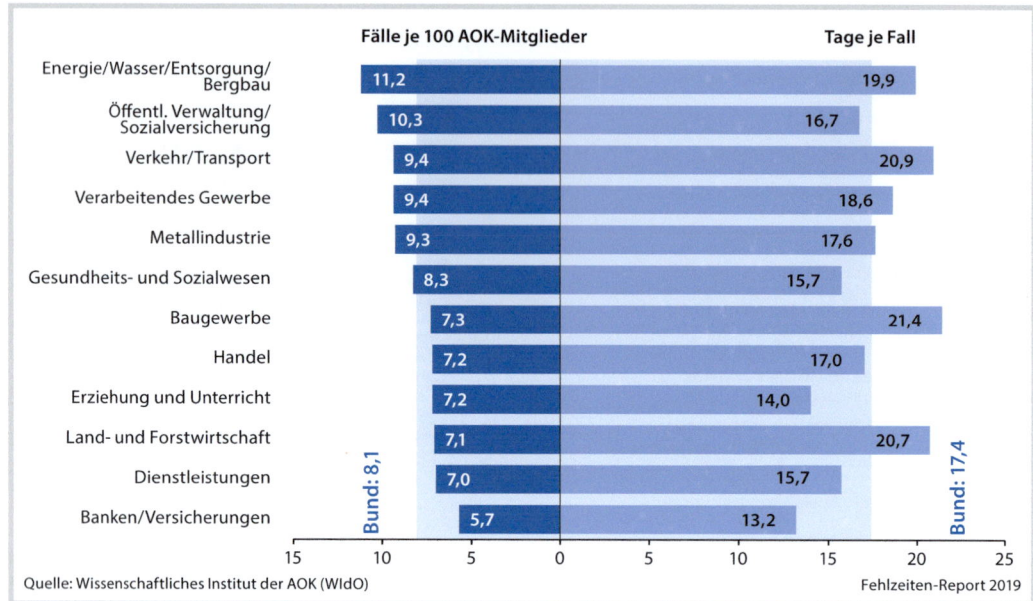

Abb. 27.44 Krankheiten des Kreislaufsystems nach Branchen im Jahr 2018, AOK-Mitglieder

wegen eines Burnouts krankgeschrieben wurden.

Zwischen den Geschlechtern zeigen sich deutliche Unterschiede: Frauen sind aufgrund eines Burnouts mehr als doppelt so lange krankgeschrieben. Im Jahr 2018 entfielen auf Frauen 159,5 Ausfalltage je 1.000 AOK-Mitglieder, auf Männer hingegen nur 89,6 Tage. Sowohl Frauen als auch Männer sind am häufigsten zwischen dem 60. und 64. Lebensjahr von einem Burnout betroffen. Weiterhin zeigt sich, dass mit zunehmendem Alter das Risiko einer Krankmeldung infolge eines Burnouts zunimmt (◘ Abb. 27.57).

Bei den Auswertungen nach Tätigkeiten zeigt sich, dass vor allem Angehörige kundenorientierter und erzieherischer Berufe, bei denen ständig eine helfende oder beratende Haltung gegenüber anderen Menschen gefordert ist, von einem Burnout betroffen sind. ◘ Abb. 27.58 zeigt diejenigen Berufe, in denen am häufigsten die Diagnose Z73 gestellt wurde. So führen Aufsichts- und Führungskräfte im Verkauf mit 308,3 Arbeitsunfähigkeitstagen je 1.000 AOK-Mitglieder die Liste an. Dies entspricht 32,6 Arbeitsunfähigkeitstagen pro Fall.

An zweiter Stelle steht die Berufsgruppe Dialogmarketing mit 290,3 Arbeitsunfähigkeitstagen je 1.000 AOK-Mitglieder.

27.19 Arbeitsunfähigkeiten nach Städten 2018

Analysiert man die 50 einwohnerstärksten Städte in Deutschland nach Dauer der Arbeitsunfähigkeitstage, ergeben sich deutliche Unterschiede. Danach sind die Arbeitnehmer aus Hagen durchschnittlich 25,1 Tage im Jahr krankgeschrieben und liegen damit an der Spitze aller deutschen Großstädte. Im Vergleich sind damit die Fehltage von erwerbstätigen AOK-Mitgliedern, die in Hagen wohnen, im Durchschnitt 5,2 Tage höher als im Bund (19,9 Tage). Die wenigsten Fehltage weisen Münchner Beschäftigte aus: Diese sind 2018 im durchschnittlich zehn Tage weniger krankheitsbedingt am Arbeitsplatz ausgefallen (14,2 Fehltage) als Erwerbstätige aus Hagen (◘ Abb. 27.59).

27.19 · Arbeitsunfähigkeiten nach Städten 2018

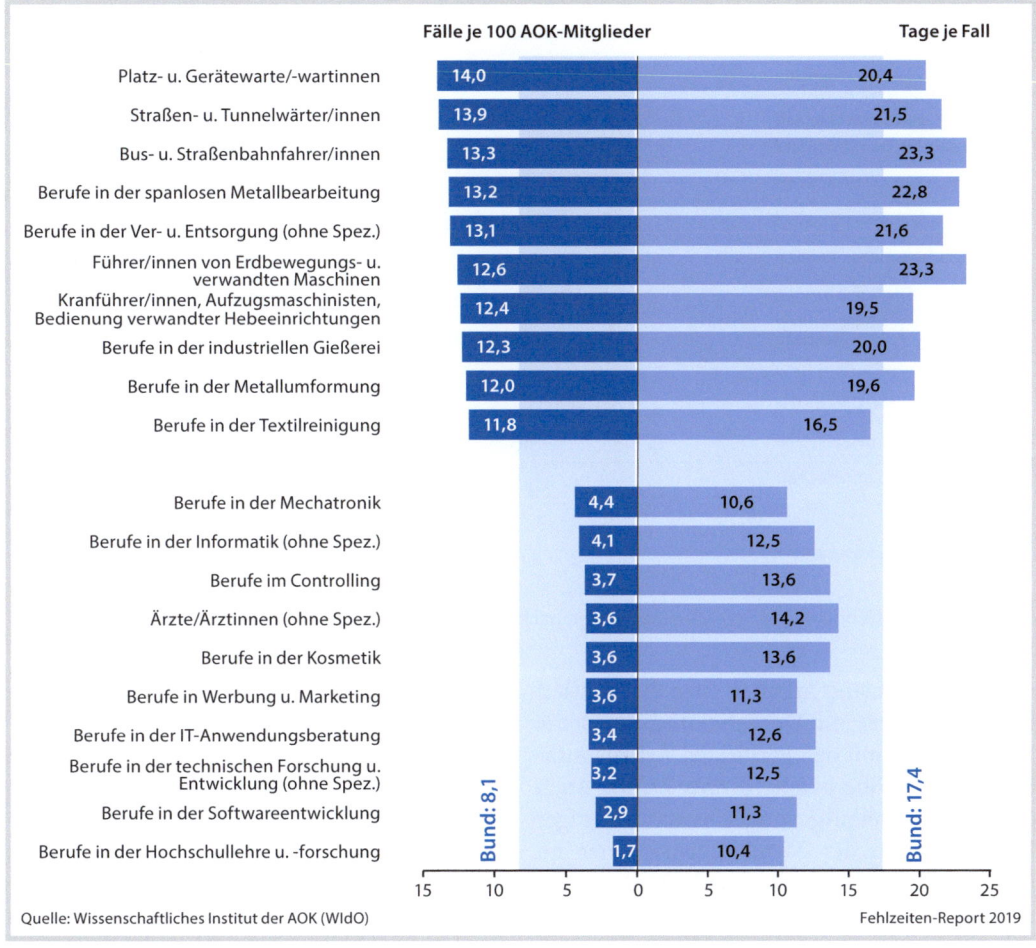

◨ Abb. 27.45 Krankheiten des Kreislaufsystems nach Berufen im Jahr 2018, AOK-Mitglieder

Die Anzahl der Fehltage ist abhängig von einer Vielzahl von Faktoren. Nicht nur die Art der Krankheit, sondern auch das Alter, das Geschlecht, die Branchenzugehörigkeit und vor allem die ausgeübte Tätigkeit der Beschäftigten haben einen Einfluss auf die Krankheitshäufigkeit und -dauer. So weisen beispielsweise Berufe mit hohen körperlichen Arbeitsbelastungen wie Berufe in der Ver- und Entsorgung, in der industriellen Gießerei, aber auch Bus- und Straßenbahnfahrer oder Altenpfleger deutlich höhere Ausfallzeiten auf. Setzt sich die Belegschaft aus mehr Akademikern zusammen, die dann auch noch insbesondere in den Branchen Banken und Versicherungen, Handel oder Dienstleistungen tätig sind, werden im Schnitt deutlich geringere Ausfallzeiten erreicht. In diesem Zusammenhang ist zu sehen, dass klassische Industriestädte mit geringerem Akademikeranteil wie Hagen und Herne deutlich mehr Fehlzeiten aufweisen als Städte mit einem höheren Akademikeranteil. So liegen beispielsweise Bewohner der Stadt Freiburg mit durchschnittlich 14,8 Fehltagen im Jahr 2018 10,3 Tage unterhalb der durchschnittlichen Fehltage der in Hagen Beschäftigten. Dies liegt u. a. daran, dass Freiburg als Wissenschaftsstandort eine günstigere Tätigkeitsstruktur aufweist, insbesondere was die körperlichen Belastungen betrifft. Von den 50 einwohnerstärksten Städ-

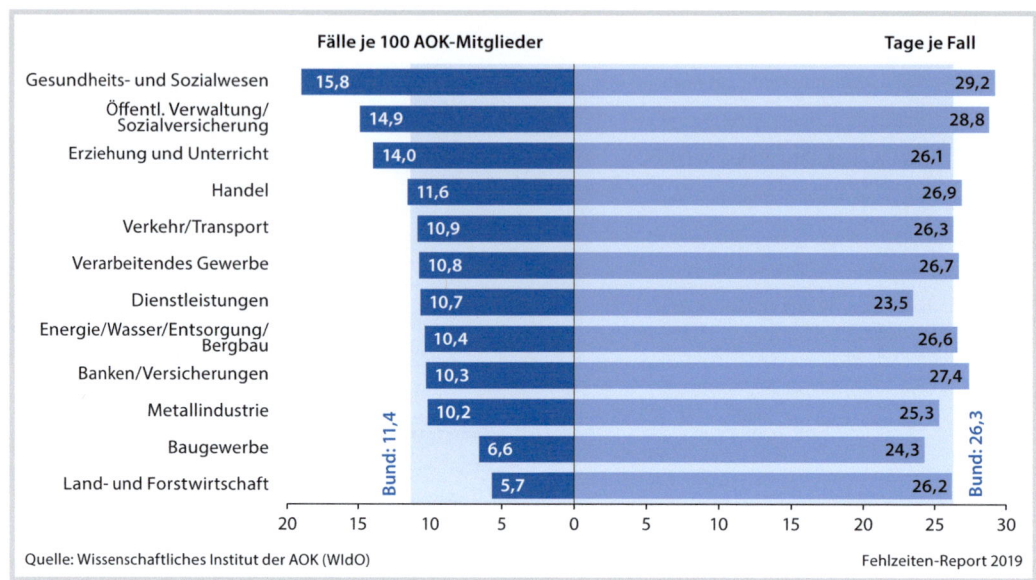

◘ **Abb. 27.46** Psychische und Verhaltensstörungen nach Branchen im Jahr 2018, AOK-Mitglieder

ten in Deutschland arbeiten hier die meisten Hochschullehrer und Dozenten und dies ist die Berufsgruppe mit den geringsten Arbeitsunfähigkeitstagen überhaupt (◘ Abb. 27.19). Auch arbeiten in Freiburg vergleichsweise weniger Beschäftigte in der Metallindustrie oder im Baugewerbe als beispielsweise in Hagen. Dies sind Branchen, in denen Beschäftigte körperlich stärker beansprucht werden und damit auch eher krankheitsbedingt ausfallen. Ähnlich sieht es in München, der Stadt mit den geringsten Fehlzeiten, aus. Dort arbeiten beispielsweise viermal so viele Beschäftigte in der Branche Banken und Versicherungen und deutlich weniger im verarbeitenden Gewerbe als in Hagen. Auch ist der Akademikeranteil der Beschäftigten in München besonders hoch: Von den einwohnerstärksten deutschen Städten hat München mit 32,9 % (IW Consult 2018c) einen besonders hohen Akademikeranteil unter den Beschäftigten. In den Städten mit den höchsten Fehlzeiten wie in Hagen oder Herne liegt der Anteil bei den sozialversicherungspflichtig Beschäftigten hingegen nur bei 11,3 % bzw. 11 % (IW Consult 2018a und 2018b).

Unterschiede zwischen den Städten zeigen sich auch bei den Gründen für eine Arbeitsunfähigkeit. In Hagen, dem Spitzenreiter nach Fehlzeiten, entfallen 10,0 % der Arbeitsunfähigkeitstage auf psychische Erkrankungen. Ein häufiger Grund für Fehltage sind dort vor allem Muskel- und Skelett-Erkrankungen; auf diese Erkrankungsart entfallen in Hagen rund ein Viertel aller Fehltage (24,2 %) und damit genau doppelt so viele wie auf psychische Erkrankungen. Insbesondere die Städte im Ruhrgebiet weisen einen überdurchschnittlichen Anteil an Fehltagen aufgrund von Muskel- und Skelett-Erkrankungen aus, was als ein Hinweis betrachtet werden kann, dass hier mehr Berufe mit schwerer körperlicher Arbeit ausgeübt werden. Obwohl Hamburg nach München, Freiburg und Bonn die geringsten Fehlzeiten im Ranking aufweist, wird hier jedoch der Spitzenplatz bei den psychischen Erkrankungen belegt: Mehr als jeder siebte Fehltag der Beschäftigten in Hamburg (15,4 %) wird durch eine psychische Krankheit begründet. Der Bundesdurchschnitt liegt hier im Vergleich bei 11,3 %.

27.20 · Inanspruchnahme von Krankengeld bei Erkrankung des Kindes

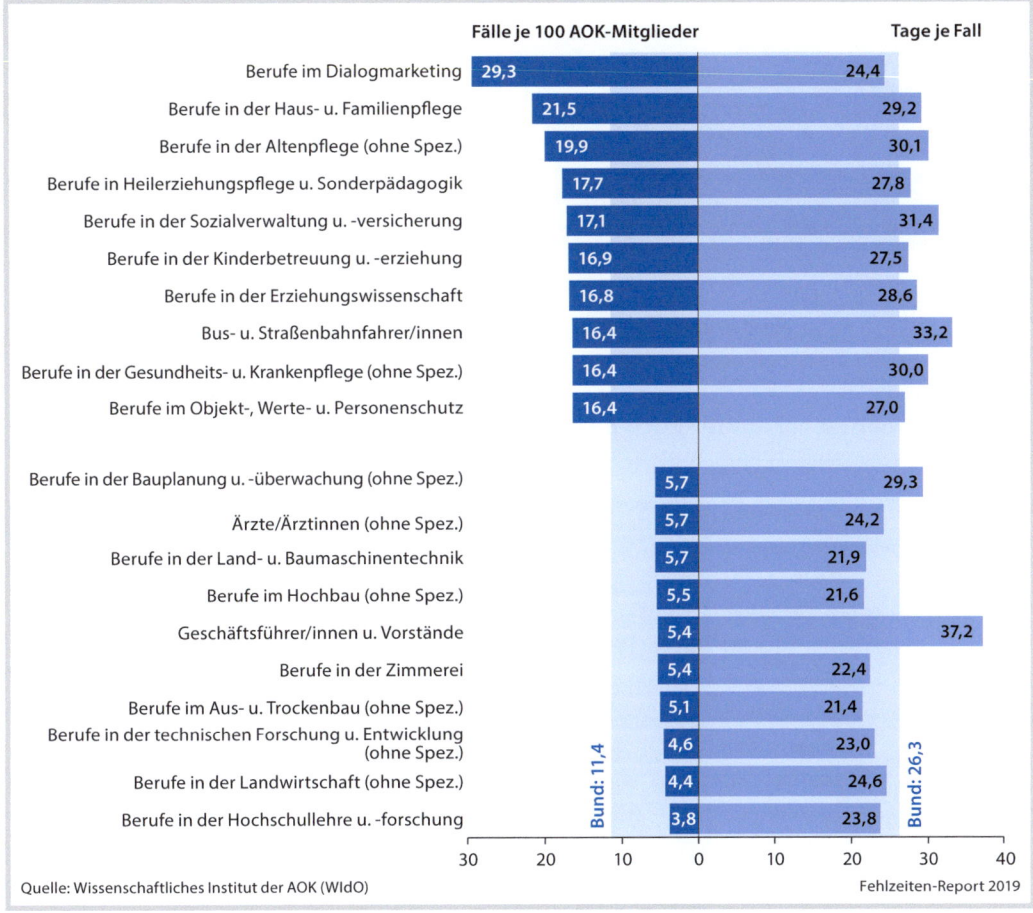

◨ **Abb. 27.47** Psychische und Verhaltensstörungen nach Berufen im Jahr 2018, AOK-Mitglieder

27.20 Inanspruchnahme von Krankengeld bei Erkrankung des Kindes

Die Erkrankung eines Kindes stellt für viele berufstätige Eltern und insbesondere für Alleinerziehende häufig einen belastenden Versorgungsengpass dar. Kann die Betreuung des kranken Kindes nicht durch Angehörige oder Betreuungspersonal sichergestellt werden, bleibt oft nur die Inanspruchnahme der gesetzlichen Freistellung von der Arbeit. In Deutschland bietet der gesetzliche Anspruch auf Freistellung den erwerbstätigen Eltern die Möglichkeit, ihr erkranktes Kind zu Hause zu versorgen, ohne finanzielle Verluste zu erleiden. Die Basis für die Freistellungsmöglichkeit eines Elternteils bei der Erkrankung eines Kindes bildet § 45 des SGB V (Krankengeld bei Erkrankung des Kindes). Soweit das Kind das 12. Lebensjahr noch nicht vollendet hat oder behindert und auf Hilfe angewiesen ist, keine andere pflegende Person im Haushalt bereitsteht und sowohl das Kind als auch der Elternteil gesetzlich krankenversichert sind, besteht seitens des Versicherten der Anspruch auf Zahlung von Kinderpflegekrankengeld (KKG). Als weitere Voraussetzung muss ein ärztliches Attest zur notwendigen Pflege des Kindes vorliegen. Für die Auszahlung durch die Krankenkasse muss zudem ein Formular ausgefüllt werden.

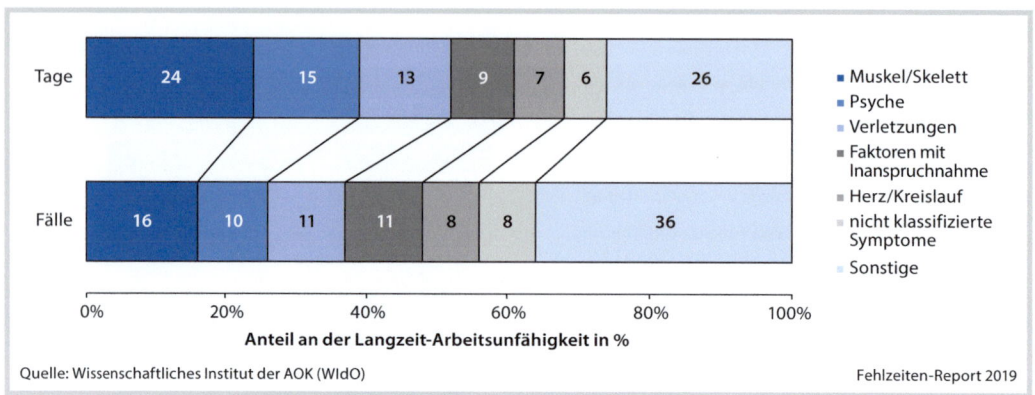

Abb. 27.48 Langzeit-Arbeitsunfähigkeit (> 6 Wochen) der AOK-Mitglieder nach Krankheitsarten im Jahr 2018

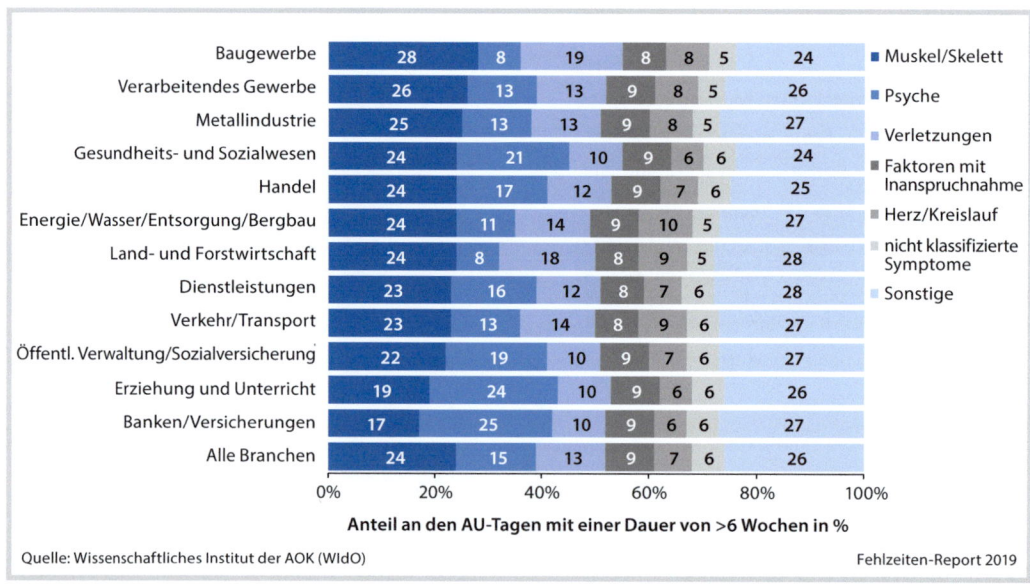

Abb. 27.49 Langzeit-Arbeitsunfähigkeit (> 6 Wochen) der AOK-Mitglieder nach Krankheitsarten und Branchen im Jahr 2018

Der gesetzliche Anspruch auf die Befreiung von zehn Arbeitstagen kann für jedes Kind geltend gemacht werden – maximal bis zu 25 Arbeitstage je Elternteil und Kalenderjahr. Alleinerziehende Eltern haben einen Anspruch von 20 Arbeitstagen pro Kind, wobei 50 Arbeitstage nicht überschritten werden dürfen. Für schwerstkranke Kinder, die nach ärztlichem Zeugnis nur noch eine Lebenserwartung von Wochen oder wenigen Monaten haben, ist das KKG zeitlich unbegrenzt. Das KKG wird laut § 45 SGB V nach dem während der Freistellung ausgefallenen Nettoarbeitsentgelt berechnet (ähnlich wie die Entgeltfortzahlung im Krankheitsfall). Das Brutto-Krankengeld beträgt 90 % des Nettoarbeitsentgelts; es darf 70 % der Beitragsbemessungsgrenze nach § 223 Absatz 3 nicht überschreiten.

Im Jahr 2018 nahmen 3,1 % aller AOK-Mitglieder KKG in Anspruch. Somit haben von den 13,9 Mio. erwerbstätigen AOK-Mitgliedern mehr als 437.000 mindestens einmal

27.20 · Inanspruchnahme von Krankengeld bei Erkrankung des Kindes

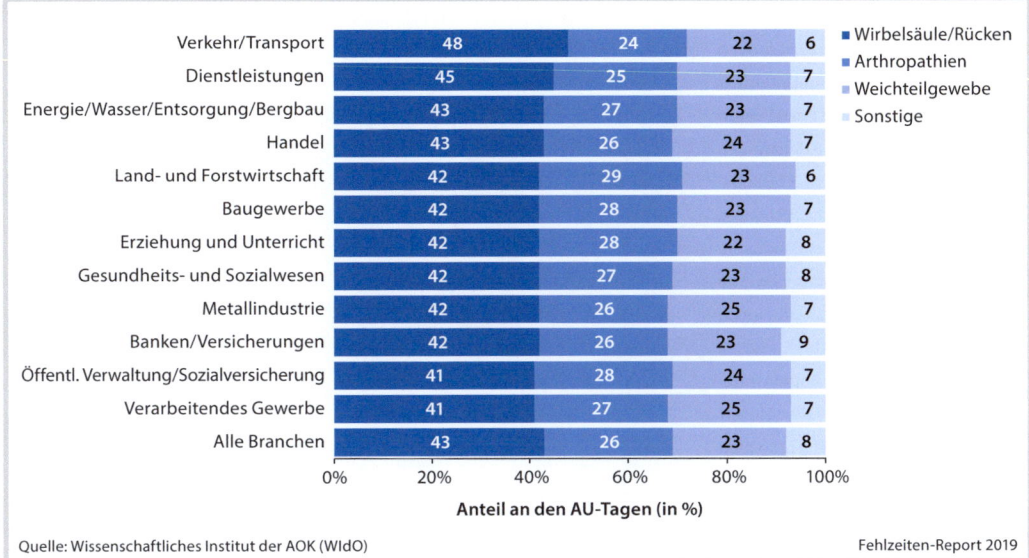

Abb. 27.50 Krankheiten des Muskel- und Skelettsystems und Bindegewebserkrankungen nach Diagnoseuntergruppen und Branchen im Jahr 2018, AOK-Mitglieder

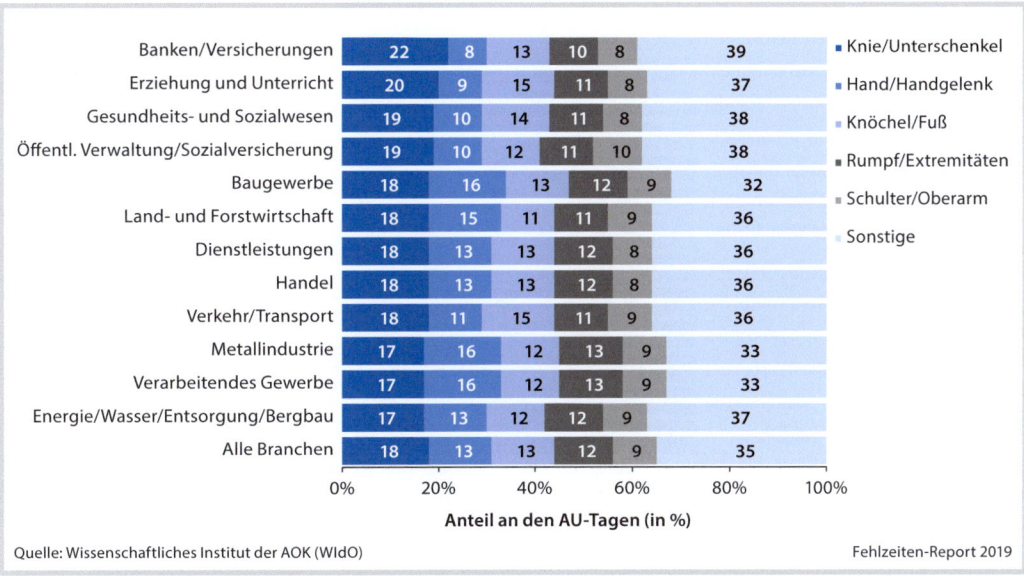

Abb. 27.51 Verletzungen, Vergiftungen und bestimmte andere Folgen äußerer Ursachen nach Diagnoseuntergruppen und Branchen im Jahr 2018, AOK-Mitglieder

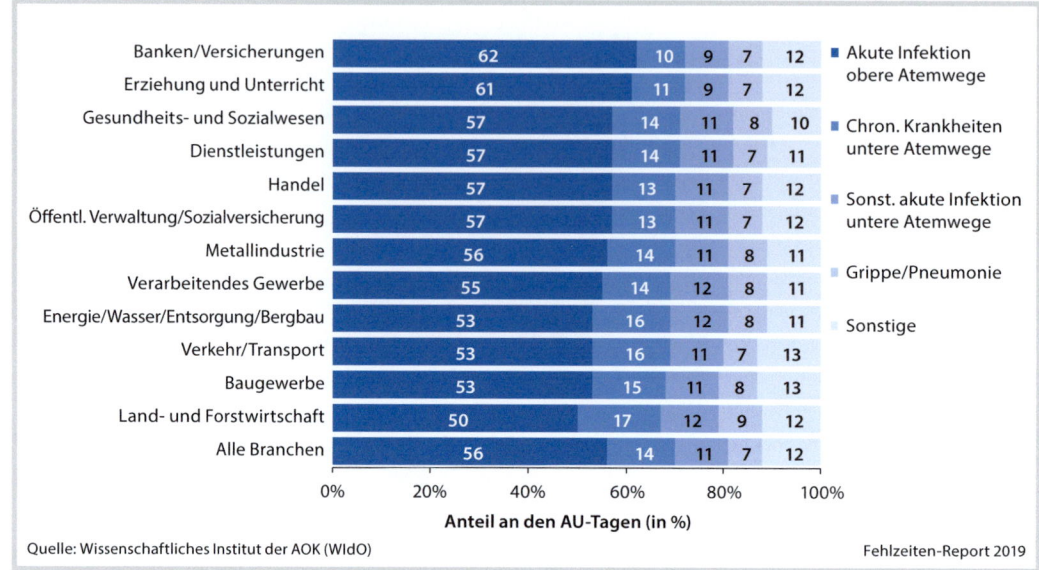

Abb. 27.52 Krankheiten des Atmungssystems nach Diagnoseuntergruppen und Branchen im Jahr 2018, AOK-Mitglieder

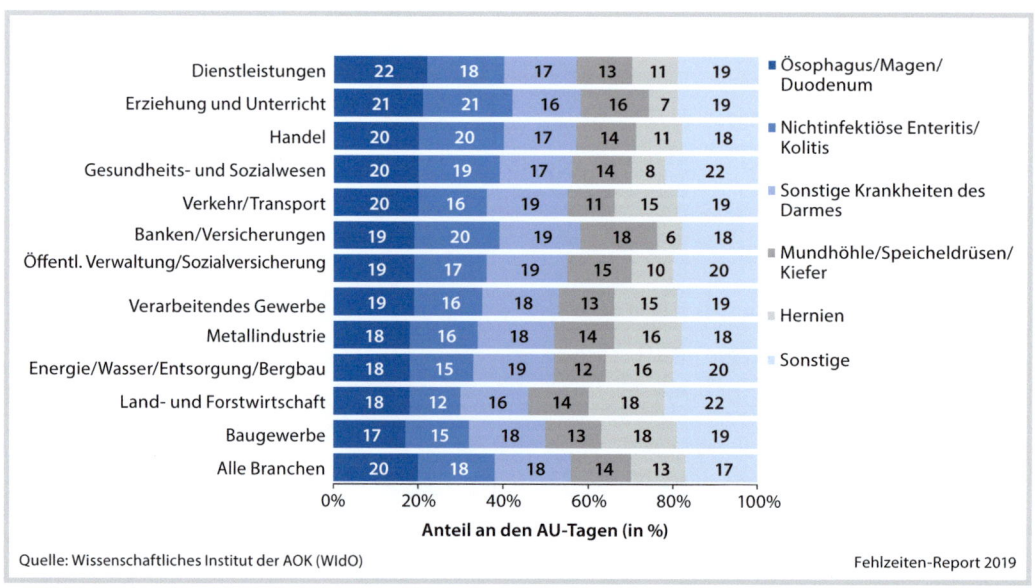

Abb. 27.53 Krankheiten des Verdauungssystems nach Diagnoseuntergruppen und Branchen im Jahr 2018, AOK-Mitglieder

27.20 · Inanspruchnahme von Krankengeld bei Erkrankung des Kindes

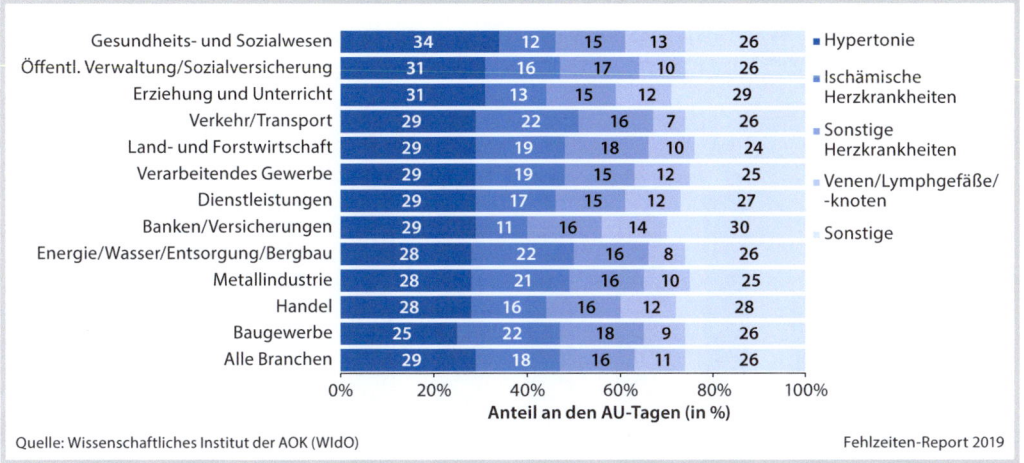

◻ **Abb. 27.54** Krankheiten des Kreislaufsystems nach Diagnoseuntergruppen und Branchen im Jahr 2018, AOK-Mitglieder

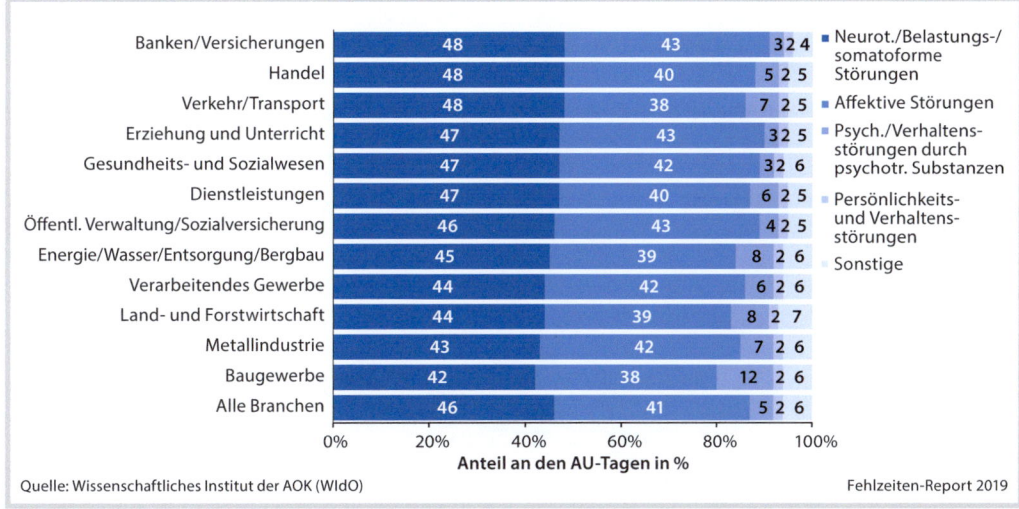

◻ **Abb. 27.55** Psychische und Verhaltensstörungen nach Diagnoseuntergruppen und Branchen im Jahr 2018, AOK-Mitglieder

KKG in Anspruch genommen. Der Anteil der KKG-Fälle an allen Arbeitsunfähigkeitsfällen betrug 4,7 %. Durchschnittlich fehlte jedes erwerbstätige AOK-Mitglied, das KKG in Anspruch genommen hat, wegen der Betreuung seines erkrankten Kindes pro Fall 2,3 Kalendertage. Insofern werden die gesetzlich zustehenden Freistellungstage von den erwerbstätigen Eltern bei Weitem nicht ausgeschöpft.

Männer nehmen weniger häufig KKG in Anspruch als Frauen: 1,6 % aller männlichen AOK-Mitglieder haben 2018 mindestens einmal KKG in Anspruch genommen, bei den Frauen waren es mit 5,2 % mehr als dreimal so viele (◻ Tab. 27.8). Nach wie vor sind es zwar vor allem die Mütter, die ihr krankes Kind pflegen, jedoch steigt der Anteil der Männer an allen AOK-Mitgliedern, die KKG beanspruchen, seit

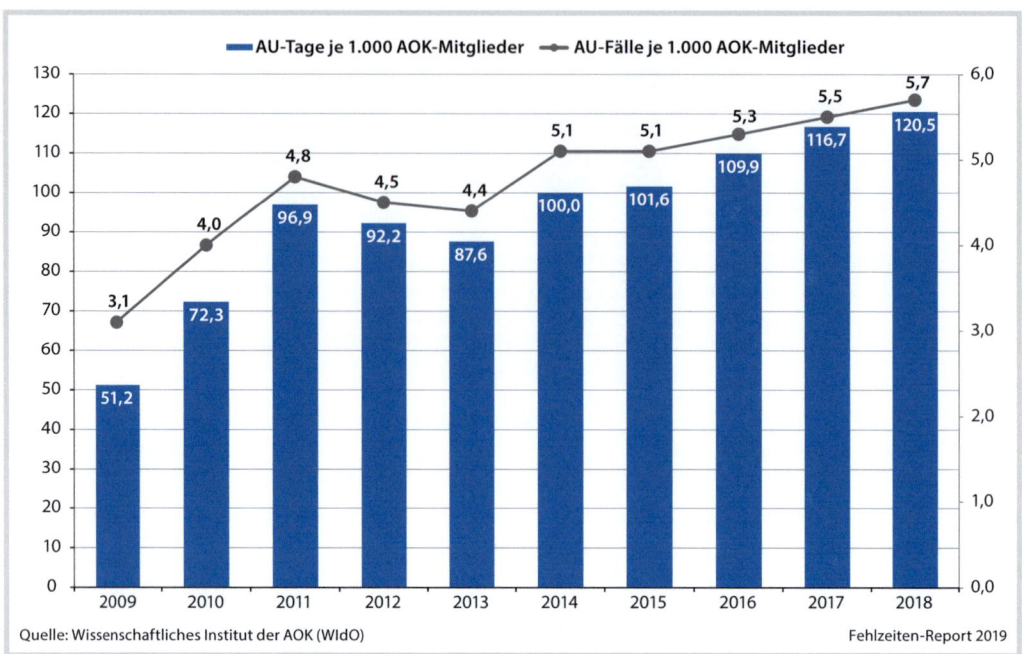

Abb. 27.56 AU-Tage und -Fälle der Diagnosegruppe Z73 in den Jahren 2009–2018 je 1.000 AOK-Mitglieder

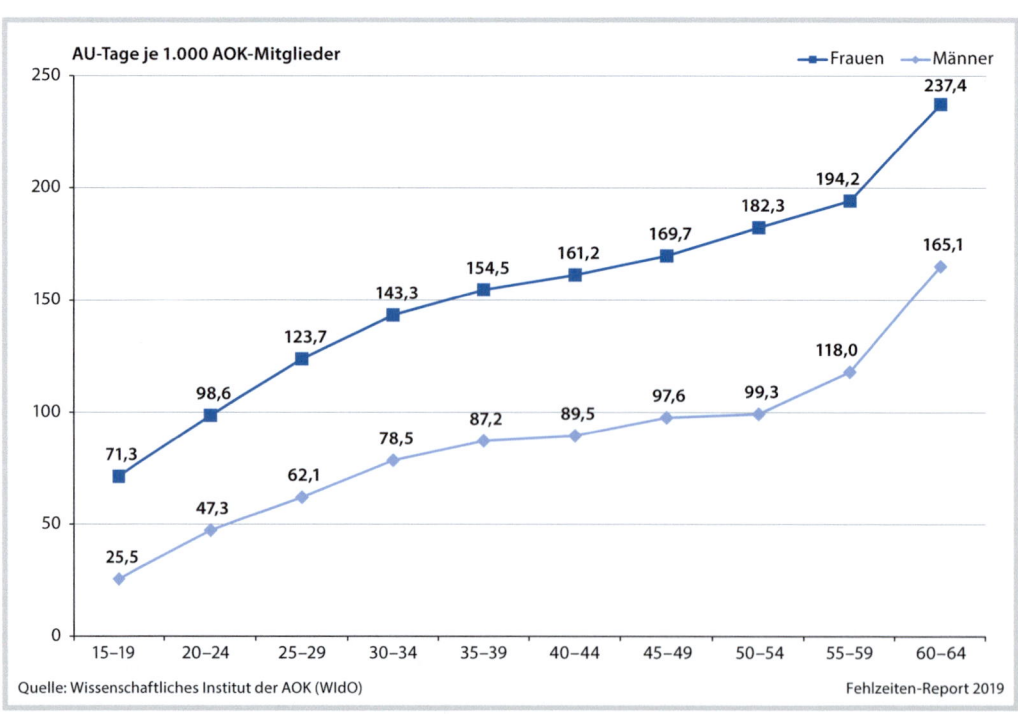

Abb. 27.57 Tage der Arbeitsunfähigkeit der Diagnosegruppe Z73 je 1.000 AOK-Mitglieder nach Alter und Geschlecht im Jahr 2018

27.20 · Inanspruchnahme von Krankengeld bei Erkrankung des Kindes

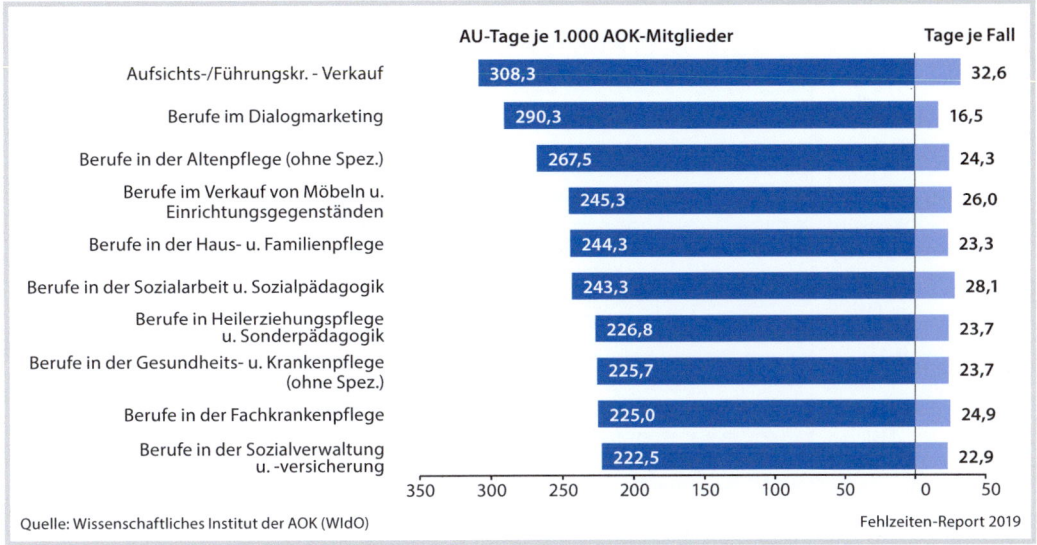

Abb. 27.58 AU-Tage und AU-Tage je Fall der Diagnosegruppe Z73 nach Berufen im Jahr 2018, AOK-Mitglieder

Tabelle 27.8 Krankenstandskennzahlen der AOK-Mitglieder zum Kinderkrankengeld im Jahr 2018

Geschlecht	AOK-Mitglieder mit mind. 1 KKG-Fall	Anteil an allen AOK-Mitgliedern	KKG-Fälle: Tage je Fall	AU-Fälle je 100 Mitglieder	AU-Tage je 100 Mitglieder
Männer	129.551	1,6	2,3	3,8	8,7
Frauen	307.896	5,2	2,3	14,3	33,4
Gesamt	437.447	3,1	2,3	8,4	19,6

Fehlzeiten-Report 2019

2012 kontinuierlich an: Von 25 auf fast 29,6 % im Jahr 2018. Der Anteil bei beiden Geschlechtern mit Inanspruchnahme von KKG ist im Vergleich der letzten sechs Jahre deutlich angestiegen: bei Männern von 0,8 auf 1,6 %, bei Frauen von 3,3 auf 5,2 % (Abb. 27.60).

Betrachtet man die Inanspruchnahme des KKG nach Alter, zeigt sich, dass die meisten KKG-Fälle in die Altersgruppe der 35- bis 39-Jährigen fallen, wobei Frauen deutlich mehr KKG in Anspruch nehmen als Männer. In dieser Altersgruppe weisen sowohl Frauen mit 41,7 Fällen je 100 Versichertenjahre als auch Männer mit 10,9 Fällen je 100 Versichertenjahre die meisten KKG-Fälle auf. Die Länge der Fehlzeiten unterscheidet sich kaum zwischen den Geschlechtern (Abb. 27.61).

Eine Differenzierung der KKG-Fälle nach Falldauerklassen zeigt, dass die Mehrheit der Fälle nur ein (38,2 %) oder zwei (27,8 %) Tage andauerten. Lediglich 2,7 % aller KKG-Fälle erstreckten sich über mehr als fünf Tage (Abb. 27.62).

Unter Berücksichtigung des Bildungsstandes haben im Jahr 2018 am häufigsten AOK-Mitglieder mit einem Hochschulabschluss (Diplom/Magister/Master/Staatsexamen) mindestens einmal KKG in Anspruch genommen (6,4 % aller AOK-Mitglieder innerhalb dieses Bildungsstandes). Am wenigsten haben Be-

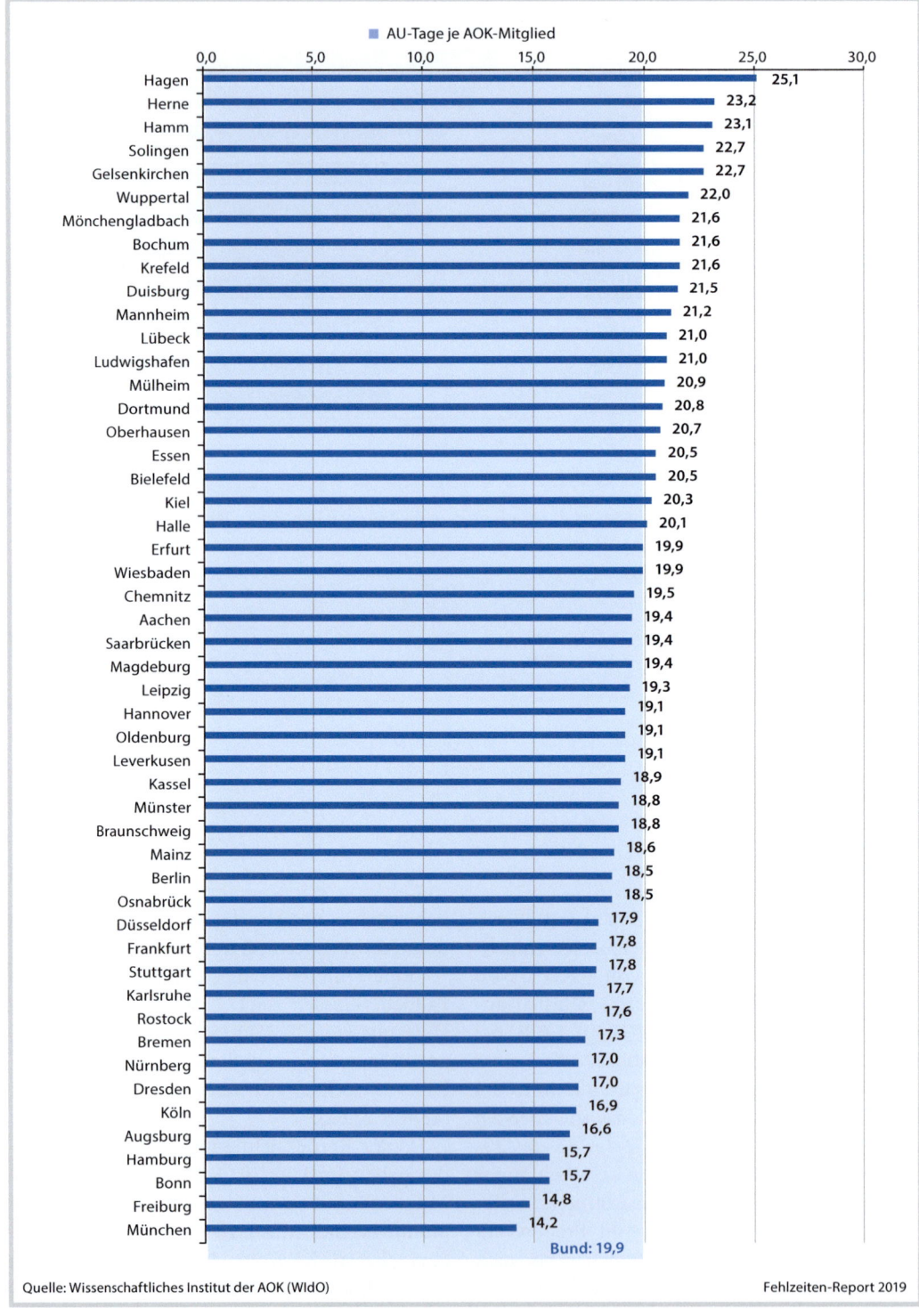

Abb. 27.59 Arbeitsunfähigkeitstage je AOK-Mitglied im Jahr 2018 in den 50 einwohnerstärksten deutschen Städten

27.20 · Inanspruchnahme von Krankengeld bei Erkrankung des Kindes

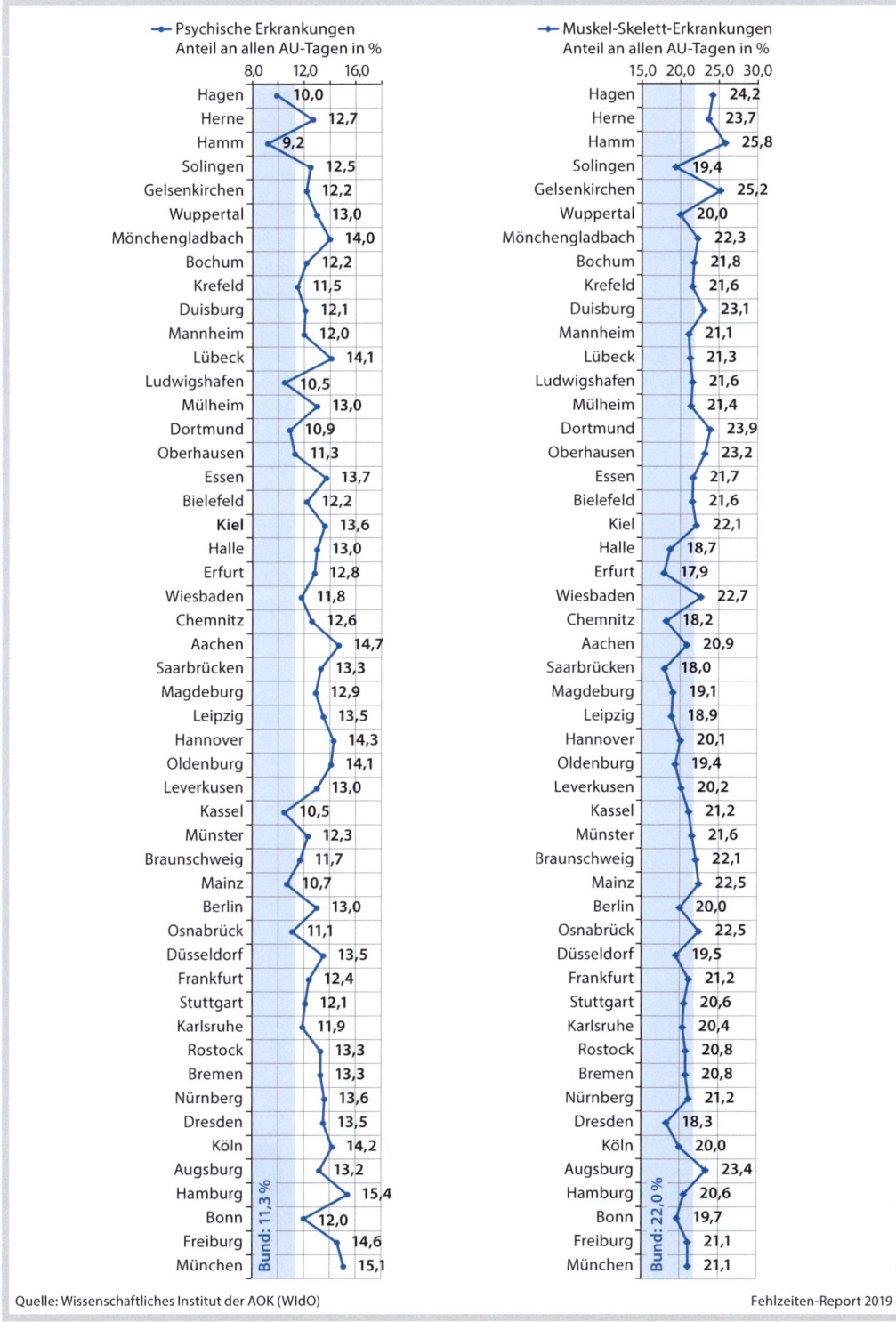

Abb. 27.59 (Fortsetzung)

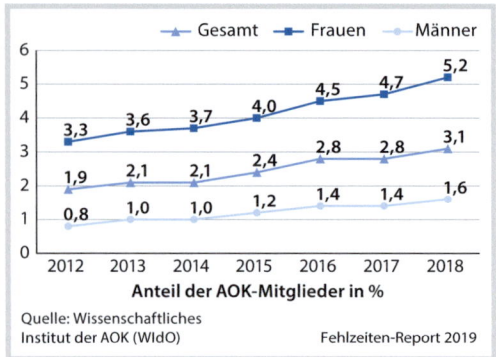

◘ **Abb. 27.60** Anteile der AOK-Mitglieder mit mindestens einem Kinderpflegekrankengeldfall an allen AOK-Mitgliedern in den Jahren 2012 bis 2018 nach Geschlecht

schäftigte ohne berufliche Ausbildung das KKG in Anspruch genommen (1,3 %). Es zeigt sich, dass in der Tendenz mit der Höhe des Ausbildungsabschlusses die Inanspruchnahme des KKG steigt (◘ Abb. 27.63).

Wird der Anteil der Mitglieder mit Inanspruchnahme von KKG in Bezug zur gesamten AOK-Mitgliedschaft des jeweiligen Landes in Bezug gesetzt, zeigt sich, dass besonders Versicherte aus Ostdeutschland die Möglichkeit zur Betreuung des kranken Kindes in Anspruch nehmen. Die Werte für die KKG-Inanspruchnahme lagen mit 9,9 % in Sachsen und mit 9,2 % in Thüringen besonders hoch und deutlich über dem Bundesdurchschnitt und den Anteilswerten in Westdeutschland (◘ Abb. 27.64). Dies könnte unter anderem damit zusammenhängen, dass Mütter in den neuen Bundesländern früher in den Beruf zurückkehren als in den alten Bundesländern und auch insgesamt häufiger erwerbstätig sind als Mütter in Westdeutschland, bei denen der Berufseinstieg in mehreren längeren Phasen erfolgt. Damit steigt auch die Wahrscheinlichkeit für Mütter in Ostdeutschland, Kinderpflegekrankengeld in Anspruch nehmen zu müssen. So liegt die Vollzeitquote von erwerbstätigen Müttern im Westen bei insgesamt nur 25 %,

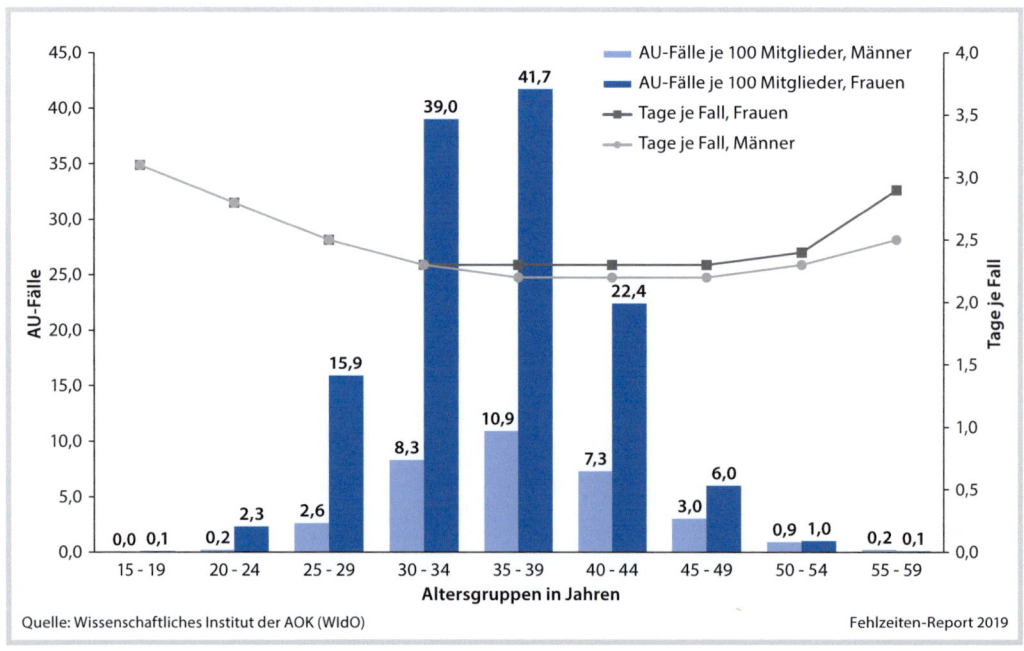

◘ **Abb. 27.61** Kinderpflegekrankengeldfälle nach Anzahl und Dauer der Arbeitsunfähigkeit, AOK-Mitglieder im Jahr 2018 nach Altersgruppen

27.20 · Inanspruchnahme von Krankengeld bei Erkrankung des Kindes

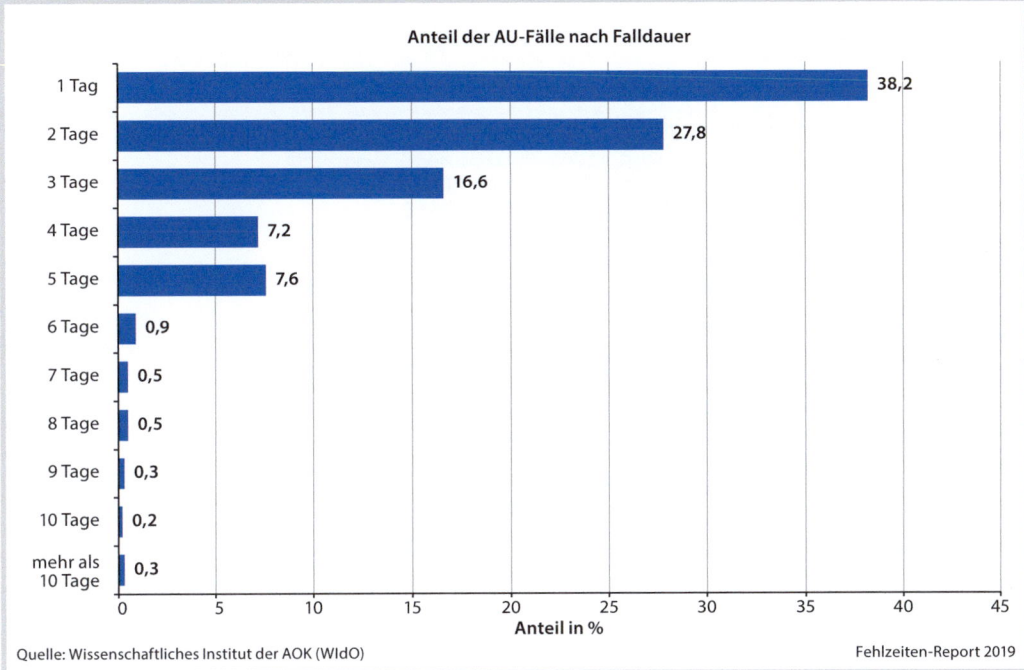

◘ **Abb. 27.62** Kinderpflegekrankengeldfälle nach Dauer, AOK-Mitglieder im Jahr 2018

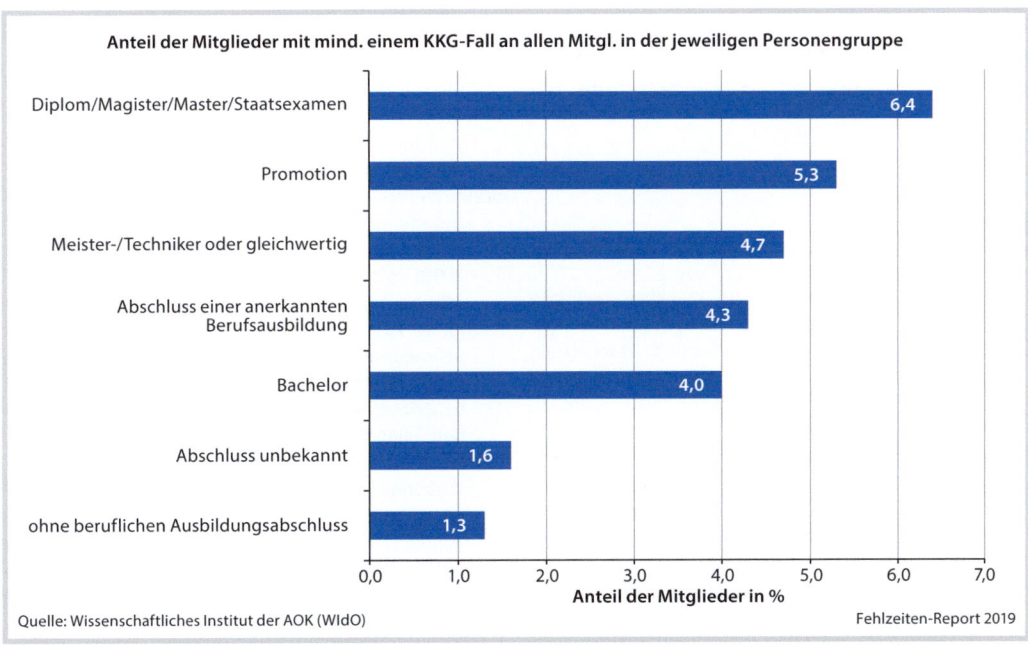

◘ **Abb. 27.63** Anteile der AOK-Mitglieder mit mind. einem Kinderpflegekrankengeldfall an allen AOK-Mitgliedern in der jeweiligen Personengruppe nach Bildungsstand im Jahr 2018

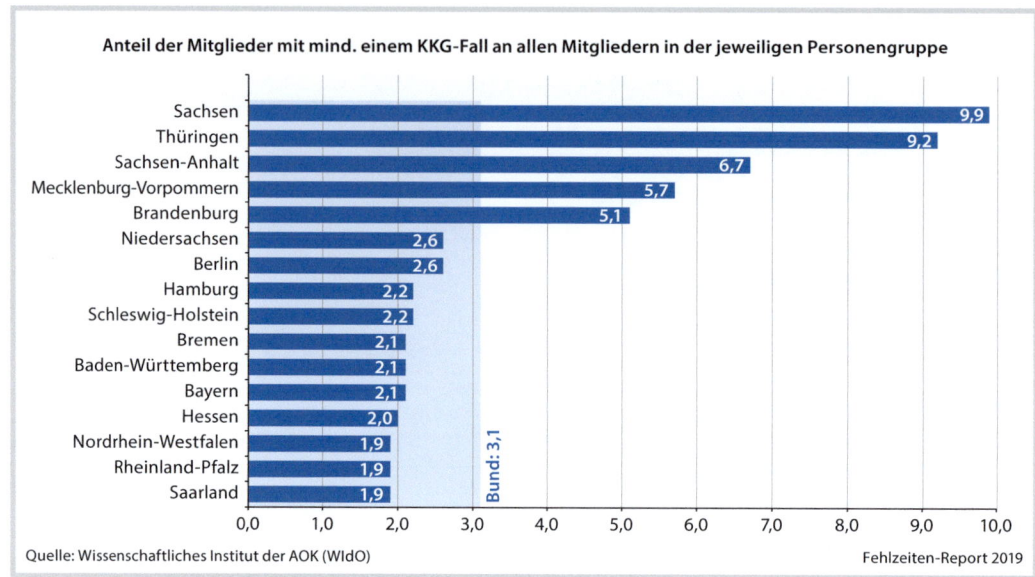

Abb. 27.64 Anteil der Mitglieder mit mind. einem Kinderpflegekrankengeldfall an allen AOK-Mitgliedern nach Bundesländern im Jahr 2018

im Osten ist sie dagegen mit 50,7 % doppelt so hoch (Statistisches Bundesamt 2015). Eltern, die Vollzeit arbeiten, müssen vermutlich eher zu Hause bleiben, um ihr krankes Kind zu versorgen, als Eltern, die Teilzeit arbeiten und so eine nur kurzzeitige alternative Betreuung organisieren müssen.

Literatur

Benz A (2010) Einflussgrößen auf krankheitsbedingte Fehlzeiten – dargestellt am Beispiel des Regierungspräsidiums Stuttgart. Diplomarbeit Hochschule für öffentliche Verwaltung und Finanzen Ludwigsburg. https://opus-hslb.bsz-bw.de/files/139/Benz_Annika.pdf. Zugegriffen: 15. März 2017

Bundesagentur für Arbeit (2011) Klassifikation der Berufe Ausgabe 2010. Nürnberg Stand: 14. Februar 2019. https://www.klassifikationsserver.de/klassService/jsp/common/url.jsf?variant=kldb2010. Zugegriffen: 18. Juli 2019

Bundesagentur für Arbeit (2015) Der Arbeitsmarkt in Deutschland – Die Arbeitsmarktsituation von schwerbehinderten Menschen. Bundesagentur für Arbeit, Nürnberg

Bundesagentur für Arbeit (2019) Beschäftigtenstatistik nach Wirtschaftszweigen. Nürnberg Stand: 30. Juni 2018. http://statistik.arbeitsagentur.de/nn_31966/SiteGlobals/Forms/Rubrikensuche/Rubrikensuche_Form.html?view=processForm&pageLocale=de&topicId=746698. Zugegriffen: 1. März 2017

Bundesministerium für Gesundheit (2019) Gesetzliche Krankenversicherung. Vorläufige Rechnungsergebnisse 1.–4. Quartal 2018. Stand 18. März 2019

Bundesministerium für Arbeit und Soziales, Bundesanstalt für Arbeitsschutz und Arbeitsmedizin (2018) Sicherheit und Gesundheit bei der Arbeit 2017

Bundeszentrale für politische Bildung. Statistisches Bundesamt (Destatis) (2018) Ein Sozialbericht für die Bundesrepublik Deutschland, Datenreport 2018 Bd. 2018. Wissenschaftszentrum Berlin für Sozialforschung (WZB), Bonn

Damm K, Lange A, Zeidler J, Braun S, Graf von der Schulenburg JM (2012) Einführung des neuen Tätigkeitsschlüssels und seine Anwendung in GKV-Routinedatenauswertungen. Bundesgesundheitsblatt 55:238–244

Deutsche Rentenversicherung Bund (2018) Rentenversicherung in Zahlen 2018. Deutsche Rentenversicherung Bund, Berlin

GKV-Spitzenverband (2019) Datenmeldung nach SA111 2017 Ganzjahr der GKV nach Prüfung durch das BVA (Info Dateien zum Schlussausgleich 2017) (Intern aufbereitete Statistik)

IW Consult (2018a) Hagen im Städteranking 2018. https://www.iwconsult.de/leistungen-themen/branchen-und-regionen/staedteranking-2018/. Zugegriffen: 2. Mai 2019

IW Consult (2018b) Herne im Städteranking 2018. https://www.iwconsult.de/leistungen-themen/branchen-und-regionen/staedteranking-2018/. Zugegriffen: 2. Mai 2019

IW Consult (2018c) München im Städteranking 2018. https://www.iwconsult.de/leistungen-themen/branchen-und-regionen/staedteranking-2018/. Zugegriffen: 2. Mai 2019

Jacobi F (2009) Nehmen psychische Störungen zu? Rep Psychol 34(1):16–28

Karasek R, Theorell T (1990) Healthy work: stress, productivity, and the reconstruction of working life. Basic Books, New York

Kohler H (2002) Krankenstand – Ein beachtlicher Kostenfaktor mit fallender Tendenz. IAB-Werkstattbericht, Diskussionsbeiträge des Instituts für Arbeitsmarkt- und Berufsforschung der Bundesanstalt für Arbeit. Ausgabe 1/30.01.2002

Marmot M (2005) Status syndrome: how your social standing directly affects your health. Bloomsbury Publishing, London

Marstedt G, Müller R, Jansen R (2002) Rationalisierung, Arbeitsbelastungen und Arbeitsunfähigkeiten im Öffentlichen Dienst. In: Badura B, Litsch M, Vetter C (Hrsg) Fehlzeiten-Report 2001. Springer, Berlin Heidelberg

Mielck A (2000) Soziale Ungleichheit und Gesundheit. Huber, Bern

Mielck A, Lüngen M, Siegel M, Korber K (2012) Folgen unzureichender Bildung für die Gesundheit. Bertelsmann

Oppolzer A (2000) Ausgewählte Bestimmungsfaktoren des Krankenstandes in der öffentlichen Verwaltung – Zum Einfluss von Arbeitszufriedenheit und Arbeitsbedingungen auf krankheitsbedingte Fehlzeiten. In: Badura B, Litsch M, Vetter C (Hrsg) Fehlzeiten-Report 1999. Springer, Berlin Heidelberg

Siegrist J (1999) Psychosoziale Arbeitsbelastungen und Herz-Kreislauf-Risiken: internationale Erkenntnisse zu neuen Stressmodellen. In: Badura B, Litsch M, Vetter C (Hrsg) Fehlzeiten-Report 1999. Psychische Belastung am Arbeitsplatz. Zahlen, Daten, Fakten aus allen Branchen der Wirtschaft. Springer, Berlin Heidelberg New York Barcelona Hongkong London Mailand Paris Singapur Tokio

Statistisches Bundesamt (2015) Vereinbarkeit von Familie und Beruf: Ergebnisse des Mikrozensus 2013. Wirtschaft und Statistik

Vahtera J, Kivimäki M, Pentti J (2001) The role of extended weekends in sickness absenteeism. Occup Environ Med 58:818–822

WHO (2011) Global burden of mental disorders and the need for a comprehensive, coordinated response for health and social sectors at the country level. Executive Board 130/9

Krankheitsbedingte Fehlzeiten nach Branchen im Jahr 2018

Markus Meyer, Maia Maisuradze und Antje Schenkel

28.1 Banken und Versicherungen – 480

28.2 Baugewerbe – 497

28.3 Dienstleistungen – 516

28.4 Energie, Wasser, Entsorgung und Bergbau – 538

28.5 Erziehung und Unterricht – 558

28.6 Gesundheits- und Sozialwesen – 577

28.7 Handel – 599

28.8 Land- und Forstwirtschaft – 618

28.9 Metallindustrie – 634

28.10 Öffentliche Verwaltung – 656

28.11 Verarbeitendes Gewerbe – 673

28.12 Verkehr und Transport – 701

© Springer-Verlag GmbH Deutschland, ein Teil von Springer Nature 2019
B. Badura et al. (Hrsg.), *Fehlzeiten-Report 2019*, https://doi.org/10.1007/978-3-662-59044-7_28

28.1 Banken und Versicherungen

Entwicklung des Krankenstands der AOK-Mitglieder in der Branche Banken und Versicherungen in den Jahren 1994 bis 2018	Tab. 28.1
Arbeitsunfähigkeit der AOK-Mitglieder in der Branche Banken und Versicherungen nach Bundesländern im Jahr 2018 im Vergleich zum Vorjahr	Tab. 28.2
Arbeitsunfähigkeit der AOK-Mitglieder nach Wirtschaftsabteilungen in der Branche Banken und Versicherungen im Jahr 2018	Tab. 28.3
Kennzahlen der Arbeitsunfähigkeit nach ausgewählten Berufsgruppen in der Branche Banken und Versicherungen im Jahr 2018	Tab. 28.4
Dauer der Arbeitsunfähigkeit der AOK-Mitglieder in der Branche Banken und Versicherungen im Jahr 2018	Tab. 28.5
Tage der Arbeitsunfähigkeit je AOK-Mitglied nach Wirtschaftsabteilung und Betriebsgröße in der Branche Banken und Versicherungen im Jahr 2018	Tab. 28.6
Krankenstand in Prozent nach Ausbildungsabschluss in der Branche Banken und Versicherungen im Jahr 2018, AOK-Mitglieder	Tab. 28.7
Tage der Arbeitsunfähigkeit je AOK-Mitglied nach Ausbildungsabschluss in der Branche Banken und Versicherungen im Jahr 2018	Tab. 28.8
Anteil der Arbeitsunfälle an den AU-Fällen und -Tagen in Prozent nach Wirtschaftsabteilungen in der Branche Banken und Versicherungen im Jahr 2018, AOK-Mitglieder	Tab. 28.9
Tage und Fälle der Arbeitsunfähigkeit durch Arbeitsunfälle nach Berufsgruppen in der Branche Banken und Versicherungen im Jahr 2018, AOK-Mitglieder	Tab. 28.10
Tage und Fälle der Arbeitsunfähigkeit je 100 AOK-Mitglieder nach Krankheitsarten in der Branche Banken und Versicherungen in den Jahren 1995 bis 2018	Tab. 28.11
Verteilung der Arbeitsunfähigkeitstage nach Krankheitsarten in Prozent in der Branche Banken und Versicherungen im Jahr 2018, AOK-Mitglieder	Tab. 28.12
Verteilung der Arbeitsunfähigkeitsfälle nach Krankheitsarten in Prozent in der Branche Banken und Versicherungen im Jahr 2018, AOK-Mitglieder	Tab. 28.13
Verteilung der Arbeitsunfähigkeitstage nach Krankheitsarten und ausgewählten Berufsgruppen in der Branche Banken und Versicherungen im Jahr 2018, AOK-Mitglieder	Tab. 28.14
Verteilung der Arbeitsunfähigkeitsfälle nach Krankheitsarten und ausgewählten Berufsgruppen in der Branche Banken und Versicherungen im Jahr 2018, AOK-Mitglieder	Tab. 28.15
Anteile der 40 häufigsten Einzeldiagnosen an den AU-Fällen und AU-Tagen in der Branche Banken und Versicherungen im Jahr 2018, AOK-Mitglieder	Tab. 28.16
Anteile der 40 häufigsten Diagnoseuntergruppen an den AU-Fällen und AU-Tagen in der Branche Banken und Versicherungen im Jahr 2018, AOK-Mitglieder	Tab. 28.17

28.1 · Banken und Versicherungen

Tabelle 28.1 Entwicklung des Krankenstands der AOK-Mitglieder in der Branche Banken und Versicherungen in den Jahren 1994 bis 2018

Jahr	Krankenstand in %			AU-Fälle je 100 AOK-Mitglieder			Tage je Fall		
	West	Ost	Bund	West	Ost	Bund	West	Ost	Bund
1994	4,4	3,0	4,0	114,7	71,8	103,4	12,8	14,1	13,0
1995	3,9	4,0	3,9	119,3	111,2	117,9	11,9	13,8	12,2
1996	3,5	3,6	3,5	108,0	109,3	108,1	12,2	12,5	12,2
1997	3,4	3,6	3,4	108,4	110,0	108,5	11,5	11,9	11,5
1998	3,5	3,6	3,5	110,6	112,2	110,7	11,4	11,7	11,4
1999	3,6	4,0	3,7	119,6	113,3	119,1	10,8	11,6	10,9
2000	3,6	4,1	3,6	125,6	148,8	127,1	10,5	10,2	10,5
2001	3,5	4,1	3,6	122,2	137,5	123,1	10,6	10,8	10,6
2002	3,5	4,1	3,5	125,0	141,3	126,1	10,1	10,6	10,2
2003	3,3	3,5	3,3	126,0	137,1	127,0	9,5	9,4	9,5
2004	3,1	3,2	3,1	117,6	127,7	118,8	9,7	9,3	9,6
2005	3,1	3,3	3,1	122,6	132,0	123,8	9,2	9,0	9,1
2006	2,7	3,2	2,8	108,1	126,7	110,7	9,2	9,1	9,2
2007	3,1	3,4	3,1	121,0	133,6	122,8	9,2	9,3	9,2
2008 (WZ03)	3,1	3,6	3,2	127,0	136,6	128,4	9,0	9,6	9,1
2008 (WZ08)[a]	3,1	3,6	3,2	126,9	135,9	128,3	9,0	9,6	9,1
2009	3,2	3,9	3,3	136,8	150,9	138,8	8,6	9,5	8,8
2010	3,2	4,0	3,3	134,3	177,7	140,2	8,8	8,3	8,7
2011	3,3	3,9	3,3	139,7	181,2	145,3	8,5	7,9	8,4
2012	3,2	4,1	3,4	134,5	153,7	137,0	8,8	9,8	9,0
2013	3,2	4,1	3,4	143,8	158,6	145,7	8,2	9,4	8,4
2014	3,4	4,2	3,5	142,6	157,2	144,5	8,7	9,8	8,9
2015	3,6	4,4	3,7	152,9	170,1	155,3	8,7	9,4	8,8
2016	3,7	4,5	3,8	150,6	175,0	154,3	8,9	9,5	9,0
2017	3,6	4,8	3,8	145,2	172,6	149,7	9,1	10,2	9,3
2018	3,7	4,9	3,9	146,1	177,1	151,7	9,3	10,1	9,5

[a] Aufgrund der Revision der Wirtschaftszweigklassifikation in 2008 ist eine Vergleichbarkeit mit den Vorjahren nur bedingt möglich

Fehlzeiten-Report 2019

◧ **Tabelle 28.2** Arbeitsunfähigkeit der AOK-Mitglieder in der Branche Banken und Versicherungen nach Bundesländern im Jahr 2018 im Vergleich zum Vorjahr

Bundesland	Kranken-stand in %	Arbeitsunfähigkeit je 100 AOK-Mitglieder				Tage je Fall	Veränd. z. Vorj. in %	AU-Quote in %
		AU-Fälle	Veränd. z. Vorj. in %	AU-Tage	Veränd. z. Vorj. in %			
Baden-Württemberg	3,7	150,1	0,4	1.334,8	0,7	8,9	0,3	57,6
Bayern	3,4	119,7	0,0	1.228,8	3,0	10,3	3,0	47,5
Berlin	4,0	169,5	4,3	1.445,8	2,6	8,5	−1,7	48,9
Brandenburg	4,7	188,8	11,4	1.729,3	−0,7	9,2	−10,8	60,6
Bremen	3,9	147,3	−7,5	1.410,7	−2,4	9,6	5,6	52,6
Hamburg	3,7	119,2	−3,1	1.335,2	17,7	11,2	21,4	41,7
Hessen	3,6	152,6	−1,2	1.310,8	−4,3	8,6	−3,1	52,1
Mecklenburg-Vorpommern	4,6	171,1	6,6	1.681,7	1,7	9,8	−4,7	56,1
Niedersachsen	4,0	160,2	0,5	1.444,6	7,5	9,0	7,0	58,4
Nordrhein-Westfalen	4,2	163,9	1,9	1.523,1	5,3	9,3	3,3	56,1
Rheinland-Pfalz	4,3	175,8	4,3	1.581,3	4,6	9,0	0,2	60,9
Saarland	4,8	155,3	−0,5	1.758,4	−4,4	11,3	−3,9	61,1
Sachsen	4,8	172,9	2,2	1.754,8	0,9	10,1	−1,3	63,7
Sachsen-Anhalt	5,6	188,6	2,0	2.040,0	6,8	10,8	4,7	61,5
Schleswig-Holstein	3,8	133,5	−2,4	1.371,2	3,7	10,3	6,2	48,8
Thüringen	4,9	180,8	1,8	1.779,5	3,4	9,8	1,5	65,6
West	**3,7**	**146,1**	**0,7**	**1.361,0**	**2,9**	**9,3**	**2,2**	**53,8**
Ost	**4,9**	**177,1**	**2,7**	**1.793,0**	**2,3**	**10,1**	**−0,4**	**63,5**
Bund	**3,9**	**151,7**	**1,3**	**1.434,8**	**3,1**	**9,5**	**1,8**	**55,3**

Fehlzeiten-Report 2019

28.1 · Banken und Versicherungen

Tabelle 28.3 Arbeitsunfähigkeit der AOK-Mitglieder nach Wirtschaftsabteilungen in der Branche Banken und Versicherungen im Jahr 2018

Wirtschaftsabteilungen	Krankenstand in %		Arbeitsunfähigkeiten je 100 AOK-Mitglieder		Tage je Fall	AU-Quote in %
	2018	2018 stand.[a]	Fälle	Tage		
Erbringung von Finanzdienstleistungen	4,0	4,1	155,2	1.452,3	9,4	57,4
Mit Finanz- und Versicherungsdienstleistungen verbundene Tätigkeiten	3,6	3,9	138,3	1.328,2	9,6	48,2
Versicherungen, Rückversicherungen und Pensionskassen (ohne Sozialversicherung)	4,1	4,4	150,4	1.492,3	9,9	54,3
Branche gesamt	**3,9**	**4,1**	**151,7**	**1.434,8**	**9,5**	**55,3**
Alle Branchen	**5,5**	**5,6**	**169,1**	**1.991,6**	**11,8**	**54,1**

[a] Krankenstand alters- und geschlechtsstandardisiert
Fehlzeiten-Report 2019

◘ Tabelle 28.4 Kennzahlen der Arbeitsunfähigkeit nach ausgewählten Berufsgruppen in der Branche Banken und Versicherungen im Jahr 2018

Tätigkeit	Kranken-stand in %	Arbeitsunfähigkeit je 100 AOK-Mitglieder		Tage je Fall	AU-Quote in %	Anteil der Berufsgruppe an der Branche in %[a]
		AU-Fälle	AU-Tage			
Anlageberater/innen – u. sonstige Finanzdienstleistungsberufe	2,9	117,1	1.047,2	8,9	47,5	1,6
Bankkaufleute	3,8	154,5	1.395,4	9,0	58,8	50,1
Berufe im Vertrieb (außer Informations- u. Kommunikationstechnologien)	3,6	137,8	1.310,3	9,5	50,4	2,7
Berufe in der Buchhaltung	3,6	136,2	1.325,6	9,7	52,8	1,2
Berufe in der Reinigung (ohne Spez.)	7,3	155,7	2.651,3	17,0	58,2	1,3
Büro- u. Sekretariatskräfte (ohne Spez.)	3,9	142,8	1.414,4	9,9	48,4	8,6
Kaufmännische u. technische Betriebswirtschaft (ohne Spez.)	4,0	152,7	1.447,1	9,5	53,1	3,8
Versicherungskaufleute	4,0	160,1	1.447,9	9,0	55,2	14,2
Branche gesamt	**3,9**	**151,7**	**1.434,8**	**9,5**	**55,3**	**1,2[b]**

[a] Anteil der AOK-Mitglieder in der Berufsgruppe an den in der Branche beschäftigten AOK-Mitgliedern insgesamt
[b] Anteil der AOK-Mitglieder in der Branche an allen AOK-Mitgliedern
Fehlzeiten-Report 2019

28.1 · Banken und Versicherungen

Tabelle 28.5 Dauer der Arbeitsunfähigkeit der AOK-Mitglieder in der Branche Banken und Versicherungen im Jahr 2018

Fallklasse	Branche hier		Alle Branchen	
	Anteil Fälle in %	Anteil Tage in %	Anteil Fälle in %	Anteil Tage in %
1–3 Tage	40,6	8,7	34,8	5,9
4–7 Tage	31,3	16,3	31,5	13,5
8–14 Tage	16,3	17,5	17,9	15,7
15–21 Tage	4,6	8,3	5,8	8,6
22–28 Tage	2,3	5,9	2,8	5,9
29–42 Tage	2,1	7,8	2,9	8,5
> 42 Tage	2,8	35,5	4,2	41,8

Fehlzeiten-Report 2019

Tabelle 28.6 Tage der Arbeitsunfähigkeit je AOK-Mitglied nach Wirtschaftsabteilung und Betriebsgröße in der Branche Banken und Versicherungen im Jahr 2018

Wirtschaftsabteilungen	Betriebsgröße (Anzahl der AOK-Mitglieder)					
	10–49	50–99	100–199	200–499	500–999	≥ 1.000
Erbringung von Finanzdienstleistungen	13,9	14,8	15,0	16,5	20,1	14,3
Mit Finanz- und Versicherungsdienstleistungen verbundene Tätigkeiten	15,5	14,8	22,1	15,9	–	–
Versicherungen, Rückversicherungen und Pensionskassen (ohne Sozialversicherung)	15,8	14,8	13,2	13,3	–	–
Branche gesamt	**14,3**	**14,8**	**14,9**	**15,9**	**20,1**	**14,3**
Alle Branchen	**20,5**	**22,5**	**22,7**	**22,6**	**22,7**	**22,6**

Fehlzeiten-Report 2019

Tabelle 28.7 Krankenstand in Prozent nach Ausbildungsabschluss in der Branche Banken und Versicherungen im Jahr 2018, AOK-Mitglieder

Wirtschafts-abteilungen	Ausbildung						
	Ohne Ausbildungsabschluss	Mit Ausbildungsabschluss	Meister/Techniker	Bachelor	Diplom/Magister/Master/Staatsexamen	Promotion	Unbekannt
Erbringung von Finanzdienstleistungen	3,8	4,3	3,5	2,0	3,0	1,1	5,1
Mit Finanz- und Versicherungsdienstleistungen verbundene Tätigkeiten	3,7	3,9	3,9	1,8	2,2	2,0	3,7
Versicherungen, Rückversicherungen und Pensionskassen (ohne Sozialversicherung)	4,2	4,7	4,0	2,5	2,4	0,9	4,0
Branche gesamt	3,8	4,3	3,5	2,0	2,7	1,2	4,4
Alle Branchen	6,1	5,9	4,6	2,4	2,9	2,1	4,9

Fehlzeiten-Report 2019

28.1 · Banken und Versicherungen

Tabelle 28.8 Tage der Arbeitsunfähigkeit je AOK-Mitglied nach Ausbildungsabschluss in der Branche Banken und Versicherungen im Jahr 2018

Wirtschafts-abteilungen	Ausbildung						
	Ohne Ausbildungsabschluss	Mit Ausbildungsabschluss	Meister/ Techniker	Bachelor	Diplom/ Magister/ Master/ Staatsexamen	Promotion	Unbekannt
Erbringung von Finanzdienstleistungen	13,8	15,7	12,8	7,4	10,8	4,1	18,5
Mit Finanz- und Versicherungsdienstleistungen verbundene Tätigkeiten	13,6	14,4	14,2	6,5	7,9	7,2	13,5
Versicherungen, Rückversicherungen und Pensionskassen (ohne Sozialversicherung)	15,2	17,0	14,7	9,1	8,9	3,1	14,6
Branche gesamt	13,9	15,7	12,9	7,4	10,0	4,3	16,1
Alle Branchen	22,2	21,6	16,7	8,7	10,7	7,7	18,1

Fehlzeiten-Report 2019

Tabelle 28.9 Anteil der Arbeitsunfälle an den AU-Fällen und -Tagen in Prozent nach Wirtschaftsabteilungen in der Branche Banken und Versicherungen im Jahr 2018, AOK-Mitglieder

Wirtschaftsabteilungen	AU-Fälle in %	AU-Tage in %
Erbringung von Finanzdienstleistungen	0,9	2,0
Mit Finanz- und Versicherungsdienstleistungen verbundene Tätigkeiten	0,8	1,5
Versicherungen, Rückversicherungen und Pensionskassen (ohne Sozialversicherung)	0,8	1,2
Branche gesamt	0,9	1,8
Alle Branchen	3,0	5,8

Fehlzeiten-Report 2019

◘ **Tabelle 28.10** Tage und Fälle der Arbeitsunfähigkeit durch Arbeitsunfälle nach Berufsgruppen in der Branche Banken und Versicherungen im Jahr 2018, AOK-Mitglieder

Tätigkeit	Arbeitsunfähigkeit je 1.000 AOK-Mitglieder	
	AU-Tage	AU-Fälle
Berufe in der Reinigung (ohne Spez.)	592,7	16,1
Bankkaufleute	232,2	12,3
Versicherungskaufleute	198,9	11,6
Büro- u. Sekretariatskräfte (ohne Spez.)	173,8	11,2
Berufe in der Buchhaltung	170,9	10,2
Kaufmännische u. technische Betriebswirtschaft (ohne Spez.)	143,8	8,7
Berufe im Vertrieb (außer Informations- u. Kommunikationstechnologien)	135,5	11,1
Anlageberater/innen – u. sonstige Finanzdienstleistungsberufe	128,8	11,7
Branche gesamt	**263,9**	**13,7**
Alle Branchen	**1.158,1**	**50,2**

Fehlzeiten-Report 2019

28.1 · Banken und Versicherungen

◘ **Tabelle 28.11** Tage und Fälle der Arbeitsunfähigkeit je 100 AOK-Mitglieder nach Krankheitsarten in der Branche Banken und Versicherungen in den Jahren 1995 bis 2018

Jahr	Arbeitsunfähigkeiten je 100 AOK-Mitglieder											
	Psyche		Herz/Kreislauf		Atemwege		Verdauung		Muskel/Skelett		Verletzungen	
	Tage	Fälle	Tage	Fälle	Tage	Fälle	Tage	Fälle	Tage	Fälle	Tage	Fälle
1995	102,9	4,1	154,9	8,2	327,6	43,8	140,1	19,1	371,0	20,0	179,5	10,7
1996	107,8	3,8	129,5	6,6	286,2	39,8	119,4	17,9	339,3	17,2	166,9	9,9
1997	104,8	4,1	120,6	6,8	258,1	39,8	112,5	17,8	298,0	16,9	161,1	9,8
1998	109,3	4,5	112,8	6,9	252,3	40,4	109,3	18,1	313,9	18,0	152,2	9,7
1999	113,7	4,8	107,6	6,9	291,2	46,4	108,7	19,0	308,3	18,6	151,0	10,3
2000	138,4	5,8	92,5	6,3	281,4	45,3	99,1	16,6	331,4	19,9	145,3	10,0
2001	144,6	6,6	99,8	7,1	264,1	44,4	98,8	17,3	334,9	20,5	147,6	10,3
2002	144,6	6,8	96,7	7,1	254,7	44,0	105,1	19,0	322,6	20,6	147,3	10,5
2003	133,9	6,9	88,6	7,1	261,1	46,5	99,0	18,7	288,0	19,5	138,2	10,3
2004	150,2	7,1	92,8	6,5	228,5	40,6	103,7	19,0	273,1	18,4	136,5	9,8
2005	147,5	7,0	85,1	6,5	270,1	47,7	100,1	17,9	248,8	18,1	132,1	9,7
2006	147,2	7,0	79,8	6,2	224,6	40,8	98,8	18,3	243,0	17,4	134,0	9,6
2007	167,2	7,5	87,7	6,3	243,9	44,4	103,0	19,6	256,9	18,1	125,2	9,1
2008 (WZ03)	172,7	7,7	86,7	6,5	258,1	46,8	106,2	20,0	254,0	18,0	134,6	9,5
2008 (WZ08)[a]	182,3	7,8	85,3	6,5	256,9	46,7	107,1	20,0	254,0	18,0	134,6	9,5
2009	182,3	8,2	80,6	6,2	303,2	54,6	105,4	20,2	242,2	17,7	134,2	9,6
2010	205,3	8,8	80,0	6,1	260,2	49,2	97,4	18,7	248,6	18,6	142,6	10,4
2011	209,2	8,9	73,8	5,7	268,8	49,4	90,7	17,9	228,7	17,6	132,3	9,8
2012	232,9	9,1	80,1	5,7	266,4	49,1	97,5	18,1	243,8	18,1	135,9	9,7
2013	230,1	9,0	70,7	5,4	321,0	58,3	94,4	17,9	219,7	17,3	128,9	9,8
2014	258,4	10,0	81,6	5,7	272,3	51,3	98,8	18,7	248,7	18,8	139,0	10,0
2015	256,7	10,1	81,6	5,9	340,5	60,5	99,9	18,6	249,0	18,4	144,9	10,0
2016	274,0	10,6	74,5	6,1	317,9	57,5	99,5	18,5	269,5	19,3	145,1	10,1
2017	276,6	10,5	76,7	5,8	325,8	57,0	91,6	17,0	270,1	18,8	148,2	9,7
2018	283,2	10,3	75,5	5,7	343,6	58,1	90,7	16,9	264,8	18,6	147,1	9,8

[a] Aufgrund der Revision der Wirtschaftszweigklassifikation in 2008 ist eine Vergleichbarkeit mit den Vorjahren nur bedingt möglich

Fehlzeiten-Report 2019

◻ **Tabelle 28.12** Verteilung der Arbeitsunfähigkeitstage nach Krankheitsarten in Prozent in der Branche Banken und Versicherungen im Jahr 2018, AOK-Mitglieder

Wirtschaftsabteilungen	AU-Tage in %						
	Psyche	Herz/Kreislauf	Atemwege	Verdauung	Muskel/Skelett	Verletzungen	Sonstige
Erbringung von Finanzdienstleistungen	14,6	4,2	18,7	4,9	14,4	8,0	35,2
Mit Finanz- und Versicherungsdienstleistungen verbundene Tätigkeiten	15,3	4,0	17,0	5,3	13,8	7,9	36,8
Versicherungen, Rückversicherungen und Pensionskassen (ohne Sozialversicherung)	18,3	3,5	18,5	4,4	13,7	7,2	34,5
Branche gesamt	**15,2**	**4,0**	**18,4**	**4,9**	**14,2**	**7,9**	**35,4**
Alle Branchen	**11,3**	**5,3**	**13,3**	**4,7**	**22,0**	**10,9**	**32,4**

Fehlzeiten-Report 2019

◻ **Tabelle 28.13** Verteilung der Arbeitsunfähigkeitsfälle nach Krankheitsarten in Prozent in der Branche Banken und Versicherungen im Jahr 2018, AOK-Mitglieder

Wirtschaftsabteilungen	AU-Fälle in %						
	Psyche	Herz/Kreislauf	Atemwege	Verdauung	Muskel/Skelett	Verletzungen	Sonstige
Erbringung von Finanzdienstleistungen	5,2	3,0	30,2	8,7	9,7	5,1	38,1
Mit Finanz- und Versicherungsdienstleistungen verbundene Tätigkeiten	5,6	3,0	28,4	9,0	9,0	4,9	40,1
Versicherungen, Rückversicherungen und Pensionskassen (ohne Sozialversicherung)	5,8	2,8	30,6	8,2	9,5	4,9	38,2
Branche gesamt	**5,3**	**3,0**	**29,9**	**8,7**	**9,6**	**5,0**	**38,5**
Alle Branchen	**5,1**	**3,7**	**23,9**	**8,4**	**15,4**	**7,0**	**36,5**

Fehlzeiten-Report 2019

28.1 · Banken und Versicherungen

◘ Tabelle 28.14 Verteilung der Arbeitsunfähigkeitstage nach Krankheitsarten und ausgewählten Berufsgruppen in der Branche Banken und Versicherungen im Jahr 2018, AOK-Mitglieder

Tätigkeit	AU-Tage in %						
	Psyche	Herz/ Kreislauf	Atemwege	Verdauung	Muskel/ Skelett	Verletzungen	Sonstige
Anlageberater/innen – u. sonstige Finanzdienstleistungsberufe	13,1	4,8	18,9	5,3	12,4	6,7	38,9
Bankkaufleute	15,1	3,9	19,6	5,0	12,9	7,8	35,6
Berufe im Vertrieb (außer Informations- u. Kommunikationstechnologien)	19,4	3,5	18,7	4,8	13,0	6,6	34,0
Berufe in der Buchhaltung	21,9	3,3	17,1	4,3	14,4	6,9	32,1
Berufe in der Reinigung (ohne Spez.)	11,0	4,8	10,7	2,9	24,4	10,4	35,9
Büro- u. Sekretariatskräfte (ohne Spez.)	14,6	3,7	17,8	5,6	14,7	7,0	36,6
Kaufmännische u. technische Betriebswirtschaft (ohne Spez.)	14,9	5,6	17,9	4,6	11,5	6,3	39,3
Versicherungskaufleute	17,2	3,5	18,8	4,8	12,4	7,7	35,6
Branche gesamt	**15,2**	**4,0**	**18,4**	**4,9**	**14,2**	**7,9**	**35,4**
Alle Branchen	**11,3**	**5,3**	**13,3**	**4,7**	**22,0**	**10,9**	**32,4**

Fehlzeiten-Report 2019

Tabelle 28.15 Verteilung der Arbeitsunfähigkeitsfälle nach Krankheitsarten und ausgewählten Berufsgruppen in der Branche Banken und Versicherungen im Jahr 2018, AOK-Mitglieder

Tätigkeit	AU-Fälle in %						
	Psyche	Herz/Kreislauf	Atemwege	Verdauung	Muskel/Skelett	Verletzungen	Sonstige
Anlageberater/innen – u. sonstige Finanzdienstleistungsberufe	5,2	2,8	29,6	9,1	8,4	4,8	40,1
Bankkaufleute	5,1	2,9	31,1	8,9	8,7	5,1	38,3
Berufe im Vertrieb (außer Informations- u. Kommunikationstechnologien)	6,0	2,7	29,2	8,8	8,9	4,5	39,9
Berufe in der Buchhaltung	6,9	3,0	28,2	8,1	9,6	4,0	40,2
Berufe in der Reinigung (ohne Spez.)	5,2	4,6	20,7	7,6	17,6	6,2	38,1
Büro- u. Sekretariatskräfte (ohne Spez.)	6,1	3,1	27,9	9,1	9,7	4,6	39,5
Kaufmännische u. technische Betriebswirtschaft (ohne Spez.)	5,7	3,0	29,7	8,4	8,9	4,6	39,7
Versicherungskaufleute	5,4	2,6	30,4	8,5	8,5	4,9	39,7
Branche gesamt	**5,3**	**3,0**	**29,9**	**8,7**	**9,6**	**5,0**	**38,5**
Alle Branchen	**5,1**	**3,7**	**23,9**	**8,4**	**15,4**	**7,0**	**36,5**

Fehlzeiten-Report 2019

28.1 · Banken und Versicherungen

Tabelle 28.16 Anteile der 40 häufigsten Einzeldiagnosen an den AU-Fällen und AU-Tagen in der Branche Banken und Versicherungen im Jahr 2018, AOK-Mitglieder

ICD-10	Bezeichnung	AU-Fälle in %	AU-Tage in %
J06	Akute Infektionen an mehreren oder nicht näher bezeichneten Lokalisationen der oberen Atemwege	13,9	7,7
A09	Sonstige und nicht näher bezeichnete Gastroenteritis und Kolitis infektiösen und nicht näher bezeichneten Ursprungs	4,3	1,7
M54	Rückenschmerzen	3,5	3,5
B34	Viruskrankheit nicht näher bezeichneter Lokalisation	2,5	1,4
J20	Akute Bronchitis	2,1	1,4
K08	Sonstige Krankheiten der Zähne und des Zahnhalteapparates	2,1	0,6
R10	Bauch- und Beckenschmerzen	1,9	1,0
F43	Reaktionen auf schwere Belastungen und Anpassungsstörungen	1,7	3,5
J40	Bronchitis, nicht als akut oder chronisch bezeichnet	1,5	1,0
K52	Sonstige nichtinfektiöse Gastroenteritis und Kolitis	1,5	0,6
J01	Akute Sinusitis	1,4	0,8
J02	Akute Pharyngitis	1,4	0,7
J32	Chronische Sinusitis	1,3	0,8
J03	Akute Tonsillitis	1,3	0,7
J00	Akute Rhinopharyngitis [Erkältungsschnupfen]	1,3	0,6
R51	Kopfschmerz	1,3	0,6
K29	Gastritis und Duodenitis	1,2	0,6
F32	Depressive Episode	1,1	4,6
I10	Essentielle (primäre) Hypertonie	1,1	1,1
G43	Migräne	1,1	0,5
J11	Grippe, Viren nicht nachgewiesen	1,0	0,7
R11	Übelkeit und Erbrechen	1,0	0,5
J98	Sonstige Krankheiten der Atemwege	0,9	0,5
F48	Andere neurotische Störungen	0,8	1,7
R53	Unwohlsein und Ermüdung	0,8	0,8
J04	Akute Laryngitis und Tracheitis	0,8	0,5
B99	Sonstige und nicht näher bezeichnete Infektionskrankheiten	0,8	0,4
N39	Sonstige Krankheiten des Harnsystems	0,8	0,4
F45	Somatoforme Störungen	0,7	1,6
T14	Verletzung an einer nicht näher bezeichneten Körperregion	0,7	0,7

◨ **Tabelle 28.16** (Fortsetzung)

ICD-10	Bezeichnung	AU-Fälle in %	AU-Tage in %
M25	Sonstige Gelenkkrankheiten, anderenorts nicht klassifiziert	0,6	0,8
R42	Schwindel und Taumel	0,6	0,6
M79	Sonstige Krankheiten des Weichteilgewebes, anderenorts nicht klassifiziert	0,6	0,6
M99	Biomechanische Funktionsstörungen, anderenorts nicht klassifiziert	0,6	0,5
R05	Husten	0,6	0,4
A08	Virusbedingte und sonstige näher bezeichnete Darminfektionen	0,6	0,2
Z98	Sonstige Zustände nach chirurgischem Eingriff	0,5	1,2
S93	Luxation, Verstauchung und Zerrung der Gelenke und Bänder in Höhe des oberen Sprunggelenkes und des Fußes	0,5	0,6
M53	Sonstige Krankheiten der Wirbelsäule und des Rückens, anderenorts nicht klassifiziert	0,5	0,5
R50	Fieber sonstiger und unbekannter Ursache	0,5	0,3
	Summe hier	**61,4**	**46,9**
	Restliche	38,6	53,1
	Gesamtsumme	**100,0**	**100,0**

Fehlzeiten-Report 2019

28.1 · Banken und Versicherungen

Tabelle 28.17 Anteile der 40 häufigsten Diagnoseuntergruppen an den AU-Fällen und AU-Tagen in der Branche Banken und Versicherungen im Jahr 2018, AOK-Mitglieder

ICD-10	Bezeichnung	AU-Fälle in %	AU-Tage in %
J00–J06	Akute Infektionen der oberen Atemwege	20,1	11,2
A00–A09	Infektiöse Darmkrankheiten	5,3	2,1
M50–M54	Sonstige Krankheiten der Wirbelsäule und des Rückens	4,3	5,0
R50–R69	Allgemeinsymptome	3,6	2,9
F40–F48	Neurotische, Belastungs- und somatoforme Störungen	3,5	8,0
R10–R19	Symptome, die das Verdauungssystem und das Abdomen betreffen	3,1	1,7
B25–B34	Sonstige Viruskrankheiten	2,8	1,6
K00–K14	Krankheiten der Mundhöhle, der Speicheldrüsen und der Kiefer	2,6	0,8
J40–J47	Chronische Krankheiten der unteren Atemwege	2,5	1,8
J20–J22	Sonstige akute Infektionen der unteren Atemwege	2,5	1,7
G40–G47	Episodische und paroxysmale Krankheiten des Nervensystems	2,0	1,5
J30–J39	Sonstige Krankheiten der oberen Atemwege	2,0	1,3
K50–K52	Nichtinfektiöse Enteritis und Kolitis	1,9	0,9
K20–K31	Krankheiten des Ösophagus, des Magens und des Duodenums	1,7	0,9
F30–F39	Affektive Störungen	1,5	7,1
M70–M79	Sonstige Krankheiten des Weichteilgewebes	1,5	2,4
R00–R09	Symptome, die das Kreislaufsystem und das Atmungssystem betreffen	1,5	1,0
Z80–Z99	Personen mit potentiellen Gesundheitsrisiken aufgrund der Familien- oder Eigenanamnese und bestimmte Zustände, die den Gesundheitszustand beeinflussen	1,4	2,7
J09–J18	Grippe und Pneumonie	1,4	1,2
I10–I15	Hypertonie [Hochdruckkrankheit]	1,2	1,3
N30–N39	Sonstige Krankheiten des Harnsystems	1,2	0,6
M20–M25	Sonstige Gelenkkrankheiten	1,1	2,1
K55–K64	Sonstige Krankheiten des Darmes	1,1	0,9
J95–J99	Sonstige Krankheiten des Atmungssystems	1,0	0,6
S90–S99	Verletzungen der Knöchelregion und des Fußes	0,8	1,1
R40–R46	Symptome, die das Erkennungs- und Wahrnehmungsvermögen, die Stimmung und das Verhalten betreffen	0,8	0,8
T08–T14	Verletzungen nicht näher bezeichneter Teile des Rumpfes, der Extremitäten oder anderer Körperregionen	0,8	0,8

Tabelle 28.17 (Fortsetzung)

ICD-10	Bezeichnung	AU-Fälle in %	AU-Tage in %
N80–N98	Nichtentzündliche Krankheiten des weiblichen Genitaltraktes	0,8	0,7
B99–B99	Sonstige Infektionskrankheiten	0,8	0,5
S80–S89	Verletzungen des Knies und des Unterschenkels	0,7	1,8
M95–M99	Sonstige Krankheiten des Muskel-Skelett-Systems und des Bindegewebes	0,7	0,6
D10–D36	Gutartige Neubildungen	0,7	0,6
E70–E90	Stoffwechselstörungen	0,7	0,6
C00–C75	Bösartige Neubildungen an genau bezeichneten Lokalisationen, als primär festgestellt oder vermutet, ausgenommen lymphatisches, blutbildendes und verwandtes Gewebe	0,6	2,6
Z40–Z54	Personen, die das Gesundheitswesen zum Zwecke spezifischer Maßnahmen und zur medizinischen Betreuung in Anspruch nehmen	0,6	1,0
E00–E07	Krankheiten der Schilddrüse	0,6	0,6
I95–I99	Sonstige und nicht näher bezeichnete Krankheiten des Kreislaufsystems	0,6	0,4
Z00–Z13	Personen, die das Gesundheitswesen zur Untersuchung und Abklärung in Anspruch nehmen	0,6	0,4
H65–H75	Krankheiten des Mittelohres und des Warzenfortsatzes	0,6	0,4
H10–H13	Affektionen der Konjunktiva	0,4	0,2
	Summe hier	81,6	74,4
	Restliche	18,4	25,6
	Gesamtsumme	100,0	100,0

Fehlzeiten-Report 2019

28.2 Baugewerbe

Entwicklung des Krankenstands der AOK-Mitglieder in der Branche Baugewerbe in den Jahren 1994 bis 2018	Tab. 28.18
Arbeitsunfähigkeit der AOK-Mitglieder in der Branche Baugewerbe nach Bundesländern im Jahr 2018 im Vergleich zum Vorjahr	Tab. 28.19
Arbeitsunfähigkeit der AOK-Mitglieder nach Wirtschaftsabteilungen in der Branche Baugewerbe im Jahr 2018	Tab. 28.20
Kennzahlen der Arbeitsunfähigkeit nach ausgewählten Berufsgruppen in der Branche Baugewerbe im Jahr 2018	Tab. 28.21
Dauer der Arbeitsunfähigkeit der AOK-Mitglieder in der Branche Baugewerbe im Jahr 2018	Tab. 28.22
Tage der Arbeitsunfähigkeit je AOK-Mitglied nach Wirtschaftsabteilung und Betriebsgröße in der Branche Baugewerbe im Jahr 2018	Tab. 28.23
Krankenstand in Prozent nach Ausbildungsabschluss in der Branche Baugewerbe im Jahr 2018, AOK-Mitglieder	Tab. 28.24
Tage der Arbeitsunfähigkeit je AOK-Mitglied nach Ausbildungsabschluss in der Branche Baugewerbe im Jahr 2018	Tab. 28.25
Anteil der Arbeitsunfälle an den AU-Fällen und -Tagen in Prozent nach Wirtschaftsabteilungen in der Branche Baugewerbe im Jahr 2018, AOK-Mitglieder	Tab. 28.26
Tage und Fälle der Arbeitsunfähigkeit durch Arbeitsunfälle nach Berufsgruppen in der Branche Baugewerbe im Jahr 2018, AOK-Mitglieder	Tab. 28.27
Tage und Fälle der Arbeitsunfähigkeit je 100 AOK-Mitglieder nach Krankheitsarten in der Branche Baugewerbe in den Jahren 1995 bis 2018	Tab. 28.28
Verteilung der Arbeitsunfähigkeitstage nach Krankheitsarten in Prozent in der Branche Baugewerbe im Jahr 2018, AOK-Mitglieder	Tab. 28.29
Verteilung der Arbeitsunfähigkeitsfälle nach Krankheitsarten in Prozent in der Branche Baugewerbe im Jahr 2018, AOK-Mitglieder	Tab. 28.30
Verteilung der Arbeitsunfähigkeitstage nach Krankheitsarten und ausgewählten Berufsgruppen in der Branche Baugewerbe im Jahr 2018, AOK-Mitglieder	Tab. 28.31
Verteilung der Arbeitsunfähigkeitsfälle nach Krankheitsarten und ausgewählten Berufsgruppen in der Branche Baugewerbe im Jahr 2018, AOK-Mitglieder	Tab. 28.32
Anteile der 40 häufigsten Einzeldiagnosen an den AU-Fällen und AU-Tagen in der Branche Baugewerbe im Jahr 2018, AOK-Mitglieder	Tab. 28.33
Anteile der 40 häufigsten Diagnoseuntergruppen an den AU-Fällen und AU-Tagen in der Branche Baugewerbe im Jahr 2018, AOK-Mitglieder	Tab. 28.34

Tabelle 28.18 Entwicklung des Krankenstands der AOK-Mitglieder in der Branche Baugewerbe in den Jahren 1994 bis 2018

Jahr	Krankenstand in %			AU-Fälle je 100 AOK-Mitglieder			Tage je Fall		
	West	Ost	Bund	West	Ost	Bund	West	Ost	Bund
1994	7,0	5,5	6,5	155,3	137,3	150,2	14,9	13,5	14,6
1995	6,5	5,5	6,2	161,7	146,9	157,6	14,7	13,7	14,5
1996	6,1	5,3	5,9	145,0	134,8	142,2	15,5	14,0	15,1
1997	5,8	5,1	5,6	140,1	128,3	137,1	14,6	14,0	14,5
1998	6,0	5,2	5,8	143,8	133,8	141,4	14,7	14,0	14,5
1999	6,0	5,5	5,9	153,0	146,3	151,5	14,2	13,9	14,1
2000	6,1	5,4	5,9	157,3	143,2	154,5	14,1	13,8	14,1
2001	6,0	5,5	5,9	156,3	141,5	153,6	14,0	14,1	14,0
2002	5,8	5,2	5,7	154,3	136,0	151,2	13,8	14,0	13,8
2003	5,4	4,6	5,3	148,8	123,0	144,3	13,3	13,7	13,3
2004	5,0	4,1	4,8	136,6	110,8	131,9	13,4	13,7	13,4
2005	4,8	4,0	4,7	136,0	107,1	130,8	13,0	13,7	13,1
2006	4,6	3,8	4,4	131,6	101,9	126,2	12,7	13,7	12,8
2007	4,9	4,2	4,8	141,4	110,3	135,7	12,7	14,0	12,9
2008 (WZ03)	5,1	4,5	4,9	147,8	114,9	141,8	12,5	14,2	12,8
2008 (WZ08)[a]	5,0	4,4	4,9	147,3	114,3	141,2	12,5	14,2	12,8
2009	5,1	4,7	5,1	151,8	120,8	146,2	12,4	14,2	12,6
2010	5,1	4,7	5,1	147,8	123,2	143,4	12,7	14,0	12,9
2011	5,2	4,4	5,1	154,0	128,0	149,3	12,4	12,7	12,5
2012	5,3	5,1	5,3	152,3	124,6	147,3	12,8	14,9	13,1
2013	5,4	5,2	5,3	158,9	130,1	153,8	12,3	14,5	12,6
2014	5,5	5,4	5,5	156,3	130,9	151,8	12,8	14,9	13,1
2015	5,5	5,6	5,5	162,4	139,6	158,4	12,4	14,5	12,7
2016	5,5	5,5	5,5	160,2	141,5	157,1	12,5	14,1	12,7
2017	5,3	5,5	5,4	154,6	140,5	152,2	12,6	14,4	12,9
2018	5,4	5,7	5,5	159,7	146,7	157,5	12,4	14,1	12,7

[a] Aufgrund der Revision der Wirtschaftszweigklassifikation in 2008 ist eine Vergleichbarkeit mit den Vorjahren nur bedingt möglich

Fehlzeiten-Report 2019

28.2 · Baugewerbe

Tabelle 28.19 Arbeitsunfähigkeit der AOK-Mitglieder in der Branche Baugewerbe nach Bundesländern im Jahr 2018 im Vergleich zum Vorjahr

Bundesland	Kranken-stand in %	Arbeitsunfähigkeit je 100 AOK-Mitglieder				Tage je Fall	Veränd. z. Vorj. in %	AU-Quote in %
		AU-Fälle	Veränd. z. Vorj. in %	AU-Tage	Veränd. z. Vorj. in %			
Baden-Württemberg	5,3	169,8	3,8	1.943,4	3,1	11,4	−0,7	53,9
Bayern	5,0	134,3	3,6	1.832,8	2,7	13,7	−0,8	49,3
Berlin	4,7	132,4	4,8	1.725,7	4,3	13,0	−0,6	36,7
Brandenburg	5,9	153,6	6,3	2.143,2	2,4	14,0	−3,6	53,1
Bremen	5,2	146,1	−1,8	1.891,1	−4,7	12,9	−3,0	46,3
Hamburg	4,9	128,7	1,3	1.791,9	1,1	13,9	−0,1	41,7
Hessen	5,4	150,1	2,7	1.970,4	1,3	13,1	−1,4	44,2
Mecklenburg-Vorpommern	5,9	145,1	0,3	2.171,2	0,7	15,0	0,4	51,9
Niedersachsen	5,9	180,2	3,7	2.169,2	1,5	12,0	−2,1	58,7
Nordrhein-Westfalen	5,7	173,1	2,4	2.075,8	0,6	12,0	−1,8	52,4
Rheinland-Pfalz	6,1	194,1	3,9	2.220,3	3,4	11,4	−0,5	57,5
Saarland	6,9	175,2	5,9	2.510,0	14,0	14,3	7,6	56,4
Sachsen	5,5	144,1	4,8	2.005,4	3,4	13,9	−1,3	55,0
Sachsen-Anhalt	6,0	145,2	2,9	2.194,4	2,1	15,1	−0,7	51,7
Schleswig-Holstein	5,7	165,3	0,9	2.091,1	1,5	12,6	0,6	53,6
Thüringen	5,7	150,4	4,8	2.083,4	2,1	13,8	−2,6	55,3
West	**5,4**	**159,7**	**3,3**	**1.985,2**	**2,2**	**12,4**	**−1,1**	**51,6**
Ost	**5,7**	**146,7**	**4,4**	**2.074,9**	**2,7**	**14,1**	**−1,7**	**54,1**
Bund	**5,5**	**157,5**	**3,5**	**2.000,6**	**2,3**	**12,7**	**−1,2**	**52,0**

Fehlzeiten-Report 2019

Tabelle 28.20 Arbeitsunfähigkeit der AOK-Mitglieder nach Wirtschaftsabteilungen in der Branche Baugewerbe im Jahr 2018

Wirtschaftsabteilungen	Krankenstand in %		Arbeitsunfähigkeiten je 100 AOK-Mitglieder		Tage je Fall	AU-Quote in %
	2018	2018 stand.[a]	Fälle	Tage		
Hochbau	6,0	4,7	144,5	2.176,4	15,1	50,9
Tiefbau	6,3	5,0	158,2	2.291,0	14,5	55,7
Vorbereitende Baustellenarbeiten, Bauinstallation und sonstiges Ausbaugewerbe	5,2	4,9	161,3	1.909,1	11,8	51,8
Branche gesamt	**5,5**	**4,9**	**157,5**	**2.000,6**	**12,7**	**52,0**
Alle Branchen	**5,5**	**5,6**	**169,1**	**1.991,6**	**11,8**	**54,1**

[a] Krankenstand alters- und geschlechtsstandardisiert

Fehlzeiten-Report 2019

28.2 · Baugewerbe

Tabelle 28.21 Kennzahlen der Arbeitsunfähigkeit nach ausgewählten Berufsgruppen in der Branche Baugewerbe im Jahr 2018

Tätigkeit	Krankenstand in %	Arbeitsunfähigkeit je 100 AOK-Mitglieder		Tage je Fall	AU-Quote in %	Anteil der Berufsgruppe an der Branche in %[a]
		AU-Fälle	AU-Tage			
Berufe für Maler- u. Lackiererarbeiten	5,5	184,1	2.021,4	11,0	57,8	6,1
Berufe im Aus- u. Trockenbau (ohne Spez.)	4,5	128,1	1.648,0	12,9	40,0	3,3
Berufe im Beton- u. Stahlbetonbau	6,0	142,1	2.182,3	15,4	41,4	2,0
Berufe im Hochbau (ohne Spez.)	5,2	129,7	1.911,2	14,7	38,1	17,9
Berufe im Holz-, Möbel- u. Innenausbau	5,5	174,2	2.023,7	11,6	60,6	1,8
Berufe im Maurerhandwerk	6,9	166,7	2.528,0	15,2	60,5	4,9
Berufe im Straßen- u. Asphaltbau	6,4	190,2	2.347,9	12,3	63,6	1,6
Berufe im Tiefbau (ohne Spez.)	6,8	165,1	2.494,2	15,1	58,0	3,3
Berufe in der Bauelektrik	5,0	196,0	1.825,3	9,3	60,9	5,3
Berufe in der Dachdeckerei	6,9	193,4	2.525,7	13,1	64,9	2,2
Berufe in der Elektrotechnik (ohne Spez.)	5,2	176,6	1.902,3	10,8	52,4	1,7
Berufe in der Fliesen-, Platten- u. Mosaikverlegung	5,7	166,5	2.071,9	12,4	56,8	1,3
Berufe in der Maschinenbau- u. Betriebstechnik (ohne Spez.)	5,4	154,1	1.988,7	12,9	47,1	1,4
Berufe in der Sanitär-, Heizungs- u. Klimatechnik	5,7	206,2	2.095,5	10,2	65,5	6,5
Berufe in der Zimmerei	6,1	164,5	2.220,9	13,5	61,6	2,1
Berufskraftfahrer/innen (Güterverkehr/LKW)	6,4	133,4	2.338,9	17,5	52,6	1,2
Büro- u. Sekretariatskräfte (ohne Spez.)	3,3	113,0	1.209,6	10,7	44,7	5,3
Führer/innen von Erdbewegungs- u. verwandten Maschinen	6,8	143,3	2.488,4	17,4	57,9	2,0

Tabelle 28.21 (Fortsetzung)

Tätigkeit	Kranken-stand in %	Arbeitsunfähigkeit je 100 AOK-Mitglieder		Tage je Fall	AU-Quote in %	Anteil der Berufs-gruppe an der Branche in %[a]
		AU-Fälle	AU-Tage			
Kaufmännische u. technische Betriebswirtschaft (ohne Spez.)	3,2	129,1	1.179,7	9,1	51,5	1,4
Maschinen- u. Gerätezusam-mensetzer/innen	5,7	141,3	2.097,6	14,8	46,4	1,6
Branche gesamt	**5,5**	**157,5**	**2.000,6**	**12,7**	**52,0**	**7,2[b]**

[a] Anteil der AOK-Mitglieder in der Berufsgruppe an den in der Branche beschäftigten AOK-Mitgliedern insgesamt
[b] Anteil der AOK-Mitglieder in der Branche an allen AOK-Mitgliedern
Fehlzeiten-Report 2019

Tabelle 28.22 Dauer der Arbeitsunfähigkeit der AOK-Mitglieder in der Branche Baugewerbe im Jahr 2018

Fallklasse	Branche hier		Alle Branchen	
	Anteil Fälle in %	Anteil Tage in %	Anteil Fälle in %	Anteil Tage in %
1–3 Tage	37,8	5,8	34,8	5,9
4–7 Tage	29,4	11,5	31,5	13,5
8–14 Tage	16,4	13,4	17,9	15,7
15–21 Tage	5,5	7,6	5,8	8,6
22–28 Tage	2,7	5,2	2,8	5,9
29–42 Tage	2,9	7,8	2,9	8,5
> 42 Tage	5,3	48,8	4,2	41,8

Fehlzeiten-Report 2019

28.2 · Baugewerbe

Tabelle 28.23 Tage der Arbeitsunfähigkeit je AOK-Mitglied nach Wirtschaftsabteilung und Betriebsgröße in der Branche Baugewerbe im Jahr 2018

Wirtschaftsabteilungen	Betriebsgröße (Anzahl der AOK-Mitglieder)					
	10–49	50–99	100–199	200–499	500–999	≥1.000
Hochbau	22,7	21,3	21,7	20,7	18,6	22,0
Tiefbau	23,9	23,2	21,1	22,7	16,0	20,8
Vorbereitende Baustellenarbeiten, Bauinstallation und sonstiges Ausbaugewerbe	19,8	19,4	18,3	20,5	19,5	–
Branche gesamt	**21,0**	**20,7**	**20,2**	**21,1**	**18,7**	**21,4**
Alle Branchen	**20,5**	**22,5**	**22,7**	**22,6**	**22,7**	**22,6**

Fehlzeiten-Report 2019

Tabelle 28.24 Krankenstand in Prozent nach Ausbildungsabschluss in der Branche Baugewerbe im Jahr 2018, AOK-Mitglieder

Wirtschaftsabteilungen	Ausbildung						
	Ohne Ausbildungsabschluss	Mit Ausbildungsabschluss	Meister/ Techniker	Bachelor	Diplom/ Magister/ Master/ Staatsexamen	Promotion	Unbekannt
Hochbau	6,3	6,7	5,0	1,8	2,3	3,9	5,0
Tiefbau	6,8	6,7	4,7	1,9	2,7	4,5	5,6
Vorbereitende Baustellenarbeiten, Bauinstallation und sonstiges Ausbaugewerbe	5,3	5,7	4,4	2,6	3,0	3,8	4,6
Branche gesamt	**5,7**	**6,0**	**4,6**	**2,2**	**2,7**	**3,9**	**4,8**
Alle Branchen	**6,1**	**5,9**	**4,6**	**2,4**	**2,9**	**2,1**	**4,9**

Fehlzeiten-Report 2019

◻ **Tabelle 28.25** Tage der Arbeitsunfähigkeit je AOK-Mitglied nach Ausbildungsabschluss in der Branche Baugewerbe im Jahr 2018

Wirtschafts-abteilungen	Ausbildung						
	Ohne Ausbil-dungsab-schluss	Mit Aus-bildungs-abschluss	Meister/ Techniker	Bachelor	Diplom/ Magister/ Master/ Staats-examen	Promo-tion	Unbe-kannt
Hochbau	23,0	24,3	18,4	6,6	8,5	14,3	18,4
Tiefbau	25,0	24,4	17,1	7,0	9,9	16,4	20,6
Vorbereitende Bau-stellenarbeiten, Bauinstallation und sonstiges Ausbauge-werbe	19,5	20,9	16,2	9,6	10,8	13,7	16,8
Branche gesamt	**20,7**	**22,0**	**16,7**	**8,2**	**9,8**	**14,1**	**17,4**
Alle Branchen	**22,2**	**21,6**	**16,7**	**8,7**	**10,7**	**7,7**	**18,1**

Fehlzeiten-Report 2019

◻ **Tabelle 28.26** Anteil der Arbeitsunfälle an den AU-Fällen und -Tagen in Prozent nach Wirtschaftsabteilungen in der Branche Baugewerbe im Jahr 2018, AOK-Mitglieder

Wirtschaftsabteilungen	AU-Fälle in %	AU-Tage in %
Hochbau	7,2	14,6
Tiefbau	5,9	11,1
Vorbereitende Baustellenarbeiten, Bauinstallation und sonstiges Ausbau-gewerbe	5,7	11,6
Branche gesamt	**6,0**	**12,2**
Alle Branchen	**3,0**	**5,8**

Fehlzeiten-Report 2019

Tabelle 28.27 Tage und Fälle der Arbeitsunfähigkeit durch Arbeitsunfälle nach Berufsgruppen in der Branche Baugewerbe im Jahr 2018, AOK-Mitglieder

Tätigkeit	Arbeitsunfähigkeit je 1.000 AOK-Mitglieder	
	AU-Tage	AU-Fälle
Berufe in der Zimmerei	4.665,3	178,8
Berufe in der Dachdeckerei	4.222,3	170,9
Berufe im Beton- u. Stahlbetonbau	3.887,6	123,2
Berufe im Maurerhandwerk	3.782,8	134,5
Berufe im Tiefbau (ohne Spez.)	3.334,4	113,9
Berufskraftfahrer/innen (Güterverkehr/LKW)	3.226,6	95,8
Berufe im Hochbau (ohne Spez.)	3.218,5	107,7
Maschinen- u. Gerätezusammensetzer/innen	2.757,0	99,7
Berufe im Straßen- u. Asphaltbau	2.630,0	114,8
Führer/innen von Erdbewegungs- u. verwandten Maschinen	2.550,7	80,5
Berufe im Holz-, Möbel- u. Innenausbau	2.512,8	124,3
Berufe im Aus- u. Trockenbau (ohne Spez.)	2.376,6	94,7
Berufe in der Sanitär-, Heizungs- u. Klimatechnik	2.266,5	121,1
Berufe in der Maschinenbau- u. Betriebstechnik (ohne Spez.)	2.191,6	99,4
Berufe in der Elektrotechnik (ohne Spez.)	2.136,8	85,7
Berufe für Maler- u. Lackiererarbeiten	2.051,7	89,5
Berufe in der Fliesen-, Platten- u. Mosaikverlegung	1.832,2	78,7
Berufe in der Bauelektrik	1.820,6	90,1
Kaufmännische u. technische Betriebswirtschaft (ohne Spez.)	281,0	11,1
Büro- u. Sekretariatskräfte (ohne Spez.)	243,0	9,3
Branche gesamt	**2.439,1**	**95,2**
Alle Branchen	**1.158,1**	**50,2**

Fehlzeiten-Report 2019

Tabelle 28.28 Tage und Fälle der Arbeitsunfähigkeit je 100 AOK-Mitglieder nach Krankheitsarten in der Branche Baugewerbe in den Jahren 1995 bis 2018

Jahr	Arbeitsunfähigkeiten je 100 AOK-Mitglieder											
	Psyche		Herz/Kreislauf		Atemwege		Verdauung		Muskel/Skelett		Verletzungen	
	Tage	Fälle	Tage	Fälle	Tage	Fälle	Tage	Fälle	Tage	Fälle	Tage	Fälle
1995	69,1	2,6	208,2	8,0	355,9	43,5	205,2	23,6	780,6	38,5	602,6	34,4
1996	70,5	2,5	198,8	7,0	308,8	37,3	181,0	21,3	753,9	35,0	564,8	31,7
1997	65,3	2,7	180,0	7,0	270,4	35,5	162,5	20,5	677,9	34,4	553,6	31,9
1998	69,2	2,9	179,1	7,3	273,9	37,1	160,7	20,9	715,7	37,0	548,9	31,7
1999	72,2	3,1	180,3	7,5	302,6	41,7	160,6	22,4	756,0	39,5	547,9	32,2
2000	80,8	3,6	159,7	6,9	275,1	39,2	144,2	19,3	780,1	41,2	528,8	31,2
2001	89,0	4,2	163,6	7,3	262,0	39,0	145,0	19,7	799,9	42,3	508,4	30,3
2002	90,7	4,4	159,7	7,3	240,8	36,7	141,0	20,2	787,2	41,8	502,0	29,7
2003	84,7	4,3	150,0	7,1	233,3	36,7	130,8	19,1	699,3	38,2	469,0	28,6
2004	102,0	4,4	158,3	6,6	200,2	30,6	132,1	18,6	647,6	36,0	446,6	26,8
2005	101,1	4,2	155,2	6,5	227,0	34,7	122,8	17,0	610,4	34,2	435,3	25,7
2006	91,9	4,1	146,4	6,4	184,3	29,1	119,4	17,8	570,6	33,8	442,6	26,4
2007	105,1	4,4	148,5	6,6	211,9	33,5	128,7	19,3	619,3	35,6	453,9	26,0
2008 (WZ03)	108,2	4,6	157,3	6,9	218,5	34,9	132,8	20,4	646,1	37,0	459,8	26,5
2008 (WZ08)[a]	107,3	4,6	156,4	6,9	217,0	34,7	131,4	20,2	642,3	36,9	459,2	26,5
2009	112,3	4,9	163,5	7,1	254,8	40,1	132,5	19,8	629,8	35,7	458,7	26,0
2010	121,0	5,0	160,5	6,9	216,2	34,1	127,0	18,4	654,5	36,6	473,1	26,5
2011	124,5	5,5	154,9	7,1	224,1	35,9	124,9	18,8	631,6	37,4	464,5	26,4
2012	143,7	5,7	178,5	7,4	223,4	35,0	133,8	18,7	679,9	37,5	475,7	25,0
2013	146,2	5,8	177,4	6,9	271,3	42,0	136,2	18,9	666,4	36,9	462,7	24,5
2014	157,4	6,4	183,4	7,3	227,2	35,6	139,0	19,3	716,4	38,8	475,9	24,6
2015	161,3	6,5	179,6	7,3	272,6	42,5	138,2	19,2	694,8	38,0	463,5	23,8
2016	159,3	6,5	162,8	7,4	254,0	40,8	130,8	19,0	708,1	38,3	459,7	23,3
2017	157,7	6,5	158,6	7,2	249,5	39,6	125,8	17,9	690,3	37,2	447,8	22,1
2018	161,2	6,6	155,9	7,3	273,2	42,6	124,1	17,9	679,6	37,0	455,8	22,2

[a] Aufgrund der Revision der Wirtschaftszweigklassifikation in 2008 ist eine Vergleichbarkeit mit den Vorjahren nur bedingt möglich

Fehlzeiten-Report 2019

28.2 · Baugewerbe

Tabelle 28.29 Verteilung der Arbeitsunfähigkeitstage nach Krankheitsarten in Prozent in der Branche Baugewerbe im Jahr 2018, AOK-Mitglieder

Wirtschaftsabteilungen	AU-Tage in %						
	Psyche	Herz/Kreislauf	Atemwege	Verdauung	Muskel/Skelett	Verletzungen	Sonstige
Hochbau	5,3	6,8	8,8	4,5	27,6	18,0	29,1
Tiefbau	6,4	7,2	9,7	5,0	27,1	15,2	29,5
Vorbereitende Baustellenarbeiten, Bauinstallation und sonstiges Ausbaugewerbe	6,5	5,5	11,2	4,8	25,4	17,7	28,8
Branche gesamt	**6,2**	**6,0**	**10,5**	**4,8**	**26,1**	**17,5**	**29,0**
Alle Branchen	11,3	5,3	13,3	4,7	22,0	10,9	32,4

Fehlzeiten-Report 2019

Tabelle 28.30 Verteilung der Arbeitsunfähigkeitsfälle nach Krankheitsarten in Prozent in der Branche Baugewerbe im Jahr 2018, AOK-Mitglieder

Wirtschaftsabteilungen	AU-Fälle in %						
	Psyche	Herz/Kreislauf	Atemwege	Verdauung	Muskel/Skelett	Verletzungen	Sonstige
Hochbau	3,1	4,3	18,9	8,9	19,6	11,7	33,6
Tiefbau	3,4	4,6	18,7	9,2	19,6	10,1	34,4
Vorbereitende Baustellenarbeiten, Bauinstallation und sonstiges Ausbaugewerbe	3,3	3,3	22,1	8,8	17,8	10,9	33,7
Branche gesamt	**3,3**	**3,6**	**21,1**	**8,9**	**18,3**	**11,0**	**33,8**
Alle Branchen	5,1	3,7	23,9	8,4	15,4	7,0	36,5

Fehlzeiten-Report 2019

◘ Tabelle 28.31 Verteilung der Arbeitsunfähigkeitstage nach Krankheitsarten und ausgewählten Berufsgruppen in der Branche Baugewerbe im Jahr 2018, AOK-Mitglieder

Tätigkeit	AU-Tage in %						
	Psyche	Herz/ Kreislauf	Atemwege	Verdauung	Muskel/ Skelett	Verletzungen	Sonstige
Berufe für Maler- u. Lackiererarbeiten	6,1	4,8	11,9	5,0	26,9	17,4	28,0
Berufe im Aus- u. Trockenbau (ohne Spez.)	4,9	5,4	9,7	4,9	28,6	20,4	26,1
Berufe im Beton- u. Stahlbetonbau	4,9	6,2	8,4	4,3	29,1	20,4	26,7
Berufe im Hochbau (ohne Spez.)	4,6	6,1	8,3	4,8	27,6	20,9	27,6
Berufe im Holz-, Möbel- u. Innenausbau	6,2	5,7	11,4	5,1	24,7	19,4	27,6
Berufe im Maurerhandwerk	4,3	6,4	8,1	4,3	29,7	19,0	28,2
Berufe im Straßen- u. Asphaltbau	5,8	6,6	9,7	5,3	27,6	16,2	28,8
Berufe im Tiefbau (ohne Spez.)	5,4	7,7	8,8	4,8	28,9	16,7	27,8
Berufe in der Bauelektrik	5,9	5,2	14,3	5,3	21,6	17,8	29,9
Berufe in der Dachdeckerei	4,8	5,1	9,4	4,2	28,2	23,1	25,3
Berufe in der Elektrotechnik (ohne Spez.)	6,0	5,0	12,7	4,8	24,0	16,9	30,6
Berufe in der Fliesen-, Platten- u. Mosaikverlegung	5,7	5,6	9,8	4,5	32,0	16,1	26,4
Berufe in der Maschinenbau- u. Betriebstechnik (ohne Spez.)	6,4	5,7	10,3	4,9	26,1	17,7	28,8
Berufe in der Sanitär-, Heizungs- u. Klimatechnik	5,8	5,1	12,9	4,9	24,4	18,3	28,7
Berufe in der Zimmerei	3,9	4,8	8,2	3,9	26,6	27,4	25,2
Berufskraftfahrer/innen (Güterverkehr/LKW)	6,3	9,4	8,4	4,6	24,7	14,9	31,7
Büro- u. Sekretariatskräfte (ohne Spez.)	13,2	4,5	13,7	5,1	16,1	8,7	38,6
Führer/innen von Erdbewegungs- u. verwandten Maschinen	5,5	8,9	8,2	4,5	27,9	13,5	31,4

Tabelle 28.31 (Fortsetzung)

Tätigkeit	AU-Tage in %						
	Psyche	Herz/Kreislauf	Atemwege	Verdauung	Muskel/Skelett	Verletzungen	Sonstige
Kaufmännische u. technische Betriebswirtschaft (ohne Spez.)	12,2	4,2	16,7	5,0	16,0	9,2	36,6
Maschinen- u. Gerätezusammensetzer/innen	6,5	6,0	9,8	4,2	27,3	18,3	28,0
Branche gesamt	**6,2**	**6,0**	**10,5**	**4,8**	**26,1**	**17,5**	**29,0**
Alle Branchen	**11,3**	**5,3**	**13,3**	**4,7**	**22,0**	**10,9**	**32,4**

Fehlzeiten-Report 2019

Tabelle 28.32 Verteilung der Arbeitsunfähigkeitsfälle nach Krankheitsarten und ausgewählten Berufsgruppen in der Branche Baugewerbe im Jahr 2018, AOK-Mitglieder

Tätigkeit	AU-Fälle in %						
	Psyche	Herz/Kreislauf	Atemwege	Verdauung	Muskel/Skelett	Verletzungen	Sonstige
Berufe für Maler- u. Lackiererarbeiten	3,3	2,9	22,6	9,2	18,1	10,5	33,3
Berufe im Aus- u. Trockenbau (ohne Spez.)	2,8	3,4	19,6	8,5	22,3	12,3	31,0
Berufe im Beton- u. Stahlbetonbau	3,1	4,1	17,5	8,4	22,6	12,6	31,7
Berufe im Hochbau (ohne Spez.)	3,1	3,8	17,4	8,6	22,5	12,9	31,7
Berufe im Holz-, Möbel- u. Innenausbau	3,1	3,1	22,6	8,4	17,8	12,4	32,6
Berufe im Maurerhandwerk	2,6	3,9	18,3	9,1	20,2	13,3	32,7
Berufe im Straßen- u. Asphaltbau	3,1	3,8	19,0	9,0	18,6	11,0	35,5
Berufe im Tiefbau (ohne Spez.)	3,2	4,7	17,6	9,0	21,5	11,2	32,9
Berufe in der Bauelektrik	2,7	2,7	25,5	9,3	14,5	10,4	34,8
Berufe in der Dachdeckerei	2,7	2,9	20,4	8,8	18,5	15,1	31,5
Berufe in der Elektrotechnik (ohne Spez.)	3,3	3,3	23,4	9,1	17,0	9,8	34,2
Berufe in der Fliesen-, Platten- u. Mosaikverlegung	3,1	3,5	21,1	8,7	21,2	10,0	32,4
Berufe in der Maschinenbau- u. Betriebstechnik (ohne Spez.)	3,3	3,4	20,2	8,8	20,0	11,4	32,9
Berufe in der Sanitär-, Heizungs- u. Klimatechnik	2,7	2,7	24,1	9,0	16,1	11,5	34,0
Berufe in der Zimmerei	2,3	2,8	20,6	7,7	17,7	17,8	31,1
Berufskraftfahrer/innen (Güterverkehr/LKW)	3,6	5,9	16,6	9,4	18,3	9,9	36,3
Büro- u. Sekretariatskräfte (ohne Spez.)	5,3	3,5	25,2	9,1	10,3	5,2	41,4
Führer/innen von Erdbewegungs- u. verwandten Maschinen	3,3	6,2	15,9	9,4	19,7	9,5	36,0

Tabelle 28.32 (Fortsetzung)

Tätigkeit	AU-Fälle in %						
	Psyche	Herz/ Kreislauf	Atem- wege	Ver- dauung	Muskel/ Skelett	Verlet- zungen	Sonstige
Kaufmännische u. technische Betriebswirtschaft (ohne Spez.)	4,7	3,0	27,6	9,5	10,0	5,6	39,7
Maschinen- u. Gerätezusammensetzer/innen	3,9	3,8	19,6	8,2	20,9	11,6	32,0
Branche gesamt	**3,3**	**3,6**	**21,1**	**8,9**	**18,3**	**11,0**	**33,8**
Alle Branchen	**5,1**	**3,7**	**23,9**	**8,4**	**15,4**	**7,0**	**36,5**

Fehlzeiten-Report 2019

Tabelle 28.33 Anteile der 40 häufigsten Einzeldiagnosen an den AU-Fällen und AU-Tagen in der Branche Baugewerbe im Jahr 2018, AOK-Mitglieder

ICD-10	Bezeichnung	AU-Fälle in %	AU-Tage in %
J06	Akute Infektionen an mehreren oder nicht näher bezeichneten Lokalisationen der oberen Atemwege	8,9	3,7
M54	Rückenschmerzen	6,9	6,6
A09	Sonstige und nicht näher bezeichnete Gastroenteritis und Kolitis infektiösen und nicht näher bezeichneten Ursprungs	4,2	1,2
K08	Sonstige Krankheiten der Zähne und des Zahnhalteapparates	2,0	0,4
T14	Verletzung an einer nicht näher bezeichneten Körperregion	1,8	1,8
J20	Akute Bronchitis	1,8	0,9
B34	Viruskrankheit nicht näher bezeichneter Lokalisation	1,7	0,7
K52	Sonstige nichtinfektiöse Gastroenteritis und Kolitis	1,6	0,5
I10	Essentielle (primäre) Hypertonie	1,5	1,4
M25	Sonstige Gelenkkrankheiten, anderenorts nicht klassifiziert	1,4	1,7
R10	Bauch- und Beckenschmerzen	1,4	0,6
J40	Bronchitis, nicht als akut oder chronisch bezeichnet	1,3	0,7
K29	Gastritis und Duodenitis	1,2	0,5
R51	Kopfschmerz	1,2	0,4
M99	Biomechanische Funktionsstörungen, anderenorts nicht klassifiziert	1,0	0,8
M51	Sonstige Bandscheibenschäden	0,9	2,6
M75	Schulterläsionen	0,9	2,2
M79	Sonstige Krankheiten des Weichteilgewebes, anderenorts nicht klassifiziert	0,9	0,7
J03	Akute Tonsillitis	0,9	0,4
J02	Akute Pharyngitis	0,9	0,3
R11	Übelkeit und Erbrechen	0,9	0,3
J00	Akute Rhinopharyngitis [Erkältungsschnupfen]	0,9	0,3
M23	Binnenschädigung des Kniegelenkes [internal derangement]	0,8	1,8
S93	Luxation, Verstauchung und Zerrung der Gelenke und Bänder in Höhe des oberen Sprunggelenkes und des Fußes	0,8	1,1
F43	Reaktionen auf schwere Belastungen und Anpassungsstörungen	0,8	1,1
M77	Sonstige Enthesopathien	0,8	1,0
J11	Grippe, Viren nicht nachgewiesen	0,8	0,4
J01	Akute Sinusitis	0,7	0,3
J32	Chronische Sinusitis	0,7	0,3

Tabelle 28.33 (Fortsetzung)

ICD-10	Bezeichnung	AU-Fälle in %	AU-Tage in %
Z98	Sonstige Zustände nach chirurgischem Eingriff	0,6	1,7
F32	Depressive Episode	0,6	1,7
S83	Luxation, Verstauchung und Zerrung des Kniegelenkes und von Bändern des Kniegelenkes	0,6	1,5
M53	Sonstige Krankheiten der Wirbelsäule und des Rückens, anderenorts nicht klassifiziert	0,6	0,7
J98	Sonstige Krankheiten der Atemwege	0,6	0,3
B99	Sonstige und nicht näher bezeichnete Infektionskrankheiten	0,6	0,2
A08	Virusbedingte und sonstige näher bezeichnete Darminfektionen	0,6	0,2
S61	Offene Wunde des Handgelenkes und der Hand	0,5	0,6
R53	Unwohlsein und Ermüdung	0,5	0,4
R42	Schwindel und Taumel	0,5	0,4
R07	Hals- und Brustschmerzen	0,5	0,3
	Summe hier	55,8	42,7
	Restliche	44,2	57,3
	Gesamtsumme	100,0	100,0

Fehlzeiten-Report 2019

Tabelle 28.34 Anteile der 40 häufigsten Diagnoseuntergruppen an den AU-Fällen und AU-Tagen in der Branche Baugewerbe im Jahr 2018, AOK-Mitglieder

ICD-10	Bezeichnung	AU-Fälle in %	AU-Tage in %
J00–J06	Akute Infektionen der oberen Atemwege	12,9	5,4
M50–M54	Sonstige Krankheiten der Wirbelsäule und des Rückens	8,1	9,2
A00–A09	Infektiöse Darmkrankheiten	5,3	1,6
R50–R69	Allgemeinsymptome	3,4	2,4
M70–M79	Sonstige Krankheiten des Weichteilgewebes	3,2	4,9
R10–R19	Symptome, die das Verdauungssystem und das Abdomen betreffen	2,5	1,1
K00–K14	Krankheiten der Mundhöhle, der Speicheldrüsen und der Kiefer	2,5	0,6
M20–M25	Sonstige Gelenkkrankheiten	2,2	3,7
J40–J47	Chronische Krankheiten der unteren Atemwege	2,2	1,5
J20–J22	Sonstige akute Infektionen der unteren Atemwege	2,2	1,1
T08–T14	Verletzungen nicht näher bezeichneter Teile des Rumpfes, der Extremitäten oder anderer Körperregionen	2,1	2,2
B25–B34	Sonstige Viruskrankheiten	1,9	0,8
K50–K52	Nichtinfektiöse Enteritis und Kolitis	1,9	0,7
S60–S69	Verletzungen des Handgelenkes und der Hand	1,8	2,9
I10–I15	Hypertonie [Hochdruckkrankheit]	1,8	1,7
F40–F48	Neurotische, Belastungs- und somatoforme Störungen	1,7	2,8
K20–K31	Krankheiten des Ösophagus, des Magens und des Duodenums	1,7	0,8
Z80–Z99	Personen mit potentiellen Gesundheitsrisiken aufgrund der Familien- oder Eigenanamnese und bestimmte Zustände, die den Gesundheitszustand beeinflussen	1,6	3,5
S90–S99	Verletzungen der Knöchelregion und des Fußes	1,5	2,3
R00–R09	Symptome, die das Kreislaufsystem und das Atmungssystem betreffen	1,5	0,9
S80–S89	Verletzungen des Knies und des Unterschenkels	1,4	3,2
J09–J18	Grippe und Pneumonie	1,2	0,9
G40–G47	Episodische und paroxysmale Krankheiten des Nervensystems	1,2	0,9
J30–J39	Sonstige Krankheiten der oberen Atemwege	1,2	0,7
M95–M99	Sonstige Krankheiten des Muskel-Skelett-Systems und des Bindegewebes	1,1	0,9
M15–M19	Arthrose	1,0	2,8
K55–K64	Sonstige Krankheiten des Darmes	1,0	0,8
E70–E90	Stoffwechselstörungen	0,9	0,6

Tabelle 28.34 (Fortsetzung)

ICD-10	Bezeichnung	AU-Fälle in %	AU-Tage in %
F30–F39	Affektive Störungen	0,8	2,5
S00–S09	Verletzungen des Kopfes	0,8	0,8
G50–G59	Krankheiten von Nerven, Nervenwurzeln und Nervenplexus	0,7	1,3
F10–F19	Psychische und Verhaltensstörungen durch psychotrope Substanzen	0,7	0,8
L00–L08	Infektionen der Haut und der Unterhaut	0,7	0,7
R40–R46	Symptome, die das Erkennungs- und Wahrnehmungsvermögen, die Stimmung und das Verhalten betreffen	0,7	0,6
Z00–Z13	Personen, die das Gesundheitswesen zur Untersuchung und Abklärung in Anspruch nehmen	0,7	0,4
J95–J99	Sonstige Krankheiten des Atmungssystems	0,7	0,4
S40–S49	Verletzungen der Schulter und des Oberarmes	0,6	1,6
Z40–Z54	Personen, die das Gesundheitswesen zum Zwecke spezifischer Maßnahmen und zur medizinischen Betreuung in Anspruch nehmen	0,6	1,0
M05–M14	Entzündliche Polyarthropathien	0,6	0,8
B99–B99	Sonstige Infektionskrankheiten	0,6	0,3
	Summe hier	**79,2**	**72,1**
	Restliche	20,8	27,9
	Gesamtsumme	**100,0**	**100,0**

Fehlzeiten-Report 2019

28.3 Dienstleistungen

Entwicklung des Krankenstands der AOK-Mitglieder in der Branche Dienstleistungen in den Jahren 2000 bis 2018	Tab. 28.35
Arbeitsunfähigkeit der AOK-Mitglieder in der Branche Dienstleistungen nach Bundesländern im Jahr 2018 im Vergleich zum Vorjahr	Tab. 28.36
Arbeitsunfähigkeit der AOK-Mitglieder nach Wirtschaftsabteilungen in der Branche Dienstleistungen im Jahr 2018	Tab. 28.37
Kennzahlen der Arbeitsunfähigkeit nach ausgewählten Berufsgruppen in der Branche Dienstleistungen im Jahr 2018	Tab. 28.38
Dauer der Arbeitsunfähigkeit der AOK-Mitglieder in der Branche Dienstleistungen im Jahr 2018	Tab. 28.39
Tage der Arbeitsunfähigkeit je AOK-Mitglied nach Wirtschaftsabteilung und Betriebsgröße in der Branche Dienstleistungen im Jahr 2018	Tab. 28.40
Krankenstand in Prozent nach Ausbildungsabschluss in der Branche Dienstleistungen im Jahr 2018, AOK-Mitglieder	Tab. 28.41
Tage der Arbeitsunfähigkeit je AOK-Mitglied nach Ausbildungsabschluss in der Branche Dienstleistungen im Jahr 2018	Tab. 28.42
Anteil der Arbeitsunfälle an den AU-Fällen und -Tagen in Prozent nach Wirtschaftsabteilungen in der Branche Dienstleistungen im Jahr 2018, AOK-Mitglieder	Tab. 28.43
Tage und Fälle der Arbeitsunfähigkeit durch Arbeitsunfälle nach Berufsgruppen in der Branche Dienstleistungen im Jahr 2018, AOK-Mitglieder	Tab. 28.44
Tage und Fälle der Arbeitsunfähigkeit je 100 AOK-Mitglieder nach Krankheitsarten in der Branche Dienstleistungen in den Jahren 2000 bis 2018	Tab. 28.45
Verteilung der Arbeitsunfähigkeitstage nach Krankheitsarten in Prozent in der Branche Dienstleistungen im Jahr 2018, AOK-Mitglieder	Tab. 28.46
Verteilung der Arbeitsunfähigkeitsfälle nach Krankheitsarten in Prozent in der Branche Dienstleistungen im Jahr 2018, AOK-Mitglieder	Tab. 28.47
Verteilung der Arbeitsunfähigkeitstage nach Krankheitsarten und ausgewählten Berufsgruppen in der Branche Dienstleistungen im Jahr 2018, AOK-Mitglieder	Tab. 28.48
Verteilung der Arbeitsunfähigkeitsfälle nach Krankheitsarten und ausgewählten Berufsgruppen in der Branche Dienstleistungen im Jahr 2018, AOK-Mitglieder	Tab. 28.49
Anteile der 40 häufigsten Einzeldiagnosen an den AU-Fällen und AU-Tagen in der Branche Dienstleistungen im Jahr 2018, AOK-Mitglieder	Tab. 28.50
Anteile der 40 häufigsten Diagnoseuntergruppen an den AU-Fällen und AU-Tagen in der Branche Dienstleistungen im Jahr 2018, AOK-Mitglieder	Tab. 28.51

28.3 · Dienstleistungen

Tabelle 28.35 Entwicklung des Krankenstands der AOK-Mitglieder in der Branche Dienstleistungen in den Jahren 2000 bis 2018

Jahr	Krankenstand in %			AU-Fälle je 100 AOK-Mitglieder			Tage je Fall		
	West	Ost	Bund	West	Ost	Bund	West	Ost	Bund
2000	4,6	5,6	4,8	148,6	164,9	150,9	11,4	12,3	11,5
2001	4,6	5,4	4,7	146,9	156,2	148,2	11,4	12,7	11,6
2002	4,5	5,2	4,6	145,2	151,7	146,1	11,3	12,4	11,5
2003	4,3	4,7	4,3	141,5	142,9	141,7	11,0	11,9	11,2
2004	3,9	4,1	4,0	126,9	126,1	126,8	11,3	12,0	11,4
2005	3,8	3,9	3,8	126,6	120,6	125,6	11,0	11,8	11,2
2006	3,7	3,8	3,8	127,3	118,9	125,9	10,7	11,6	10,9
2007	4,0	4,1	4,1	140,5	129,9	138,7	10,5	11,5	10,7
2008 (WZ03)	4,2	4,3	4,2	149,0	134,6	146,5	10,4	11,6	10,6
2008 (WZ08)[a]	4,1	4,2	4,1	147,0	135,3	145,0	10,3	11,4	10,4
2009	4,2	4,5	4,2	146,3	140,1	145,2	10,4	11,6	10,6
2010	4,2	4,6	4,2	146,7	146,7	146,7	10,4	11,3	10,5
2011	4,3	4,4	4,3	152,5	148,8	151,9	10,2	10,7	10,3
2012	4,3	4,7	4,4	148,4	136,4	146,4	10,6	12,5	10,9
2013	4,3	4,7	4,4	151,5	141,0	149,7	10,3	12,3	10,6
2014	4,3	4,8	4,4	148,4	138,9	146,8	10,6	12,6	10,9
2015	4,4	4,9	4,5	153,9	146,5	152,7	10,4	12,1	10,7
2016	4,3	5,0	4,4	151,3	148,5	150,8	10,4	12,3	10,7
2017	4,3	5,1	4,4	148,6	149,0	148,7	10,5	12,5	10,8
2018	4,4	5,3	4,5	152,5	153,5	152,7	10,5	12,5	10,8

[a] Aufgrund der Revision der Wirtschaftszweigklassifikation in 2008 ist eine Vergleichbarkeit mit den Vorjahren nur bedingt möglich

Fehlzeiten-Report 2019

◻ **Tabelle 28.36** Arbeitsunfähigkeit der AOK-Mitglieder in der Branche Dienstleistungen nach Bundesländern im Jahr 2018 im Vergleich zum Vorjahr

Bundesland	Kranken-stand in %	Arbeitsunfähigkeit je 100 AOK-Mitglieder				Tage je Fall	Veränd. z. Vorj. in %	AU-Quote in %
		AU-Fälle	Veränd. z. Vorj. in %	AU-Tage	Veränd. z. Vorj. in %			
Baden-Württemberg	4,1	155,8	2,8	1.501,0	2,1	9,6	−0,7	46,4
Bayern	3,8	126,4	3,0	1.379,3	2,8	10,9	−0,3	39,2
Berlin	4,6	154,4	2,3	1.664,4	2,4	10,8	0,2	41,4
Brandenburg	5,5	149,1	2,6	2.004,7	2,5	13,4	−0,1	44,8
Bremen	4,8	152,5	−0,5	1.757,5	1,3	11,5	1,9	42,7
Hamburg	4,0	128,3	1,7	1.475,2	1,9	11,5	0,2	37,2
Hessen	4,7	162,7	2,5	1.697,4	2,3	10,4	−0,2	45,2
Mecklenburg-Vorpommern	5,2	135,6	2,8	1.907,8	2,8	14,1	0,0	43,9
Niedersachsen	4,8	166,5	2,2	1.769,3	2,0	10,6	−0,2	48,3
Nordrhein-Westfalen	4,7	165,8	2,6	1.718,8	1,7	10,4	−0,9	45,8
Rheinland-Pfalz	4,7	172,5	2,9	1.731,4	1,6	10,0	−1,3	46,9
Saarland	5,0	155,9	5,9	1.813,6	3,0	11,6	−2,7	45,2
Sachsen	5,0	154,3	3,0	1.824,8	2,1	11,8	−0,8	51,6
Sachsen-Anhalt	5,6	148,7	2,7	2.037,4	4,8	13,7	2,1	47,0
Schleswig-Holstein	4,8	146,5	1,5	1.762,6	1,5	12,0	−0,1	43,2
Thüringen	5,6	166,0	4,0	2.061,9	5,5	12,4	1,5	50,9
West	**4,4**	**152,5**	**2,6**	**1.597,9**	**2,1**	**10,5**	**−0,5**	**44,1**
Ost	**5,3**	**153,5**	**3,1**	**1.922,7**	**3,2**	**12,5**	**0,2**	**49,4**
Bund	**4,5**	**152,7**	**2,7**	**1.649,9**	**2,3**	**10,8**	**−0,3**	**44,8**

Fehlzeiten-Report 2019

28.3 · Dienstleistungen

Tabelle 28.37 Arbeitsunfähigkeit der AOK-Mitglieder nach Wirtschaftsabteilungen in der Branche Dienstleistungen im Jahr 2018

Wirtschaftsabteilungen	Krankenstand in %		Arbeitsunfähigkeiten je 100 AOK-Mitglieder		Tage je Fall	AU-Quote in %
	2018	2018 stand.[a]	Fälle	Tage		
Erbringung von freiberuflichen, wissenschaftlichen und technischen Dienstleistungen	3,6	4,0	143,0	1.296,5	9,1	49,6
Erbringung von sonstigen Dienstleistungen	4,9	4,8	157,8	1.773,0	11,2	52,9
Erbringung von sonstigen wirtschaftlichen Dienstleistungen	5,4	5,6	185,9	1.979,2	10,6	46,0
Gastgewerbe	3,8	4,0	111,4	1.398,1	12,5	36,3
Grundstücks- und Wohnungswesen	4,7	4,5	141,2	1.708,7	12,1	50,0
Information und Kommunikation	3,5	4,1	136,9	1.285,0	9,4	45,3
Kunst, Unterhaltung und Erholung	4,6	4,7	129,2	1.680,5	13,0	42,6
Private Haushalte mit Hauspersonal, Herstellung von Waren und Erbringung von Dienstleistungen durch private Haushalte für den Eigenbedarf	3,0	3,0	79,5	1.102,1	13,9	30,6
Branche gesamt	**4,5**	**4,8**	**152,7**	**1.649,9**	**10,8**	**44,8**
Alle Branchen	**5,5**	**5,6**	**169,1**	**1.991,6**	**11,8**	**54,1**

[a] Krankenstand alters- und geschlechtsstandardisiert

Fehlzeiten-Report 2019

◻ **Tabelle 28.38** Kennzahlen der Arbeitsunfähigkeit nach ausgewählten Berufsgruppen in der Branche Dienstleistungen im Jahr 2018

Tätigkeit	Krankenstand in %	Arbeitsunfähigkeit je 100 AOK-Mitglieder		Tage je Fall	AU-Quote in %	Anteil der Berufsgruppe an der Branche in %[a]
		AU-Fälle	AU-Tage			
Berufe im Dialogmarketing	8,0	315,5	2.903,3	9,2	60,3	1,3
Berufe im Friseurgewerbe	3,6	159,5	1.312,7	8,2	52,0	1,9
Berufe im Gartenbau (ohne Spez.)	5,8	169,2	2.105,4	12,4	51,0	1,1
Berufe im Gastronomieservice (ohne Spez.)	3,6	106,6	1.297,2	12,2	33,7	7,6
Berufe im Hotelservice	4,2	147,0	1.539,6	10,5	44,7	2,4
Berufe im Objekt-, Werte- u. Personenschutz	6,0	154,8	2.182,3	14,1	48,0	2,8
Berufe in der Gebäudereinigung	6,1	162,0	2.221,8	13,7	49,7	1,8
Berufe in der Gebäudetechnik (ohne Spez.)	5,2	126,7	1.903,3	15,0	47,3	1,6
Berufe in der Hauswirtschaft	5,1	131,6	1.873,9	14,2	44,9	1,1
Berufe in der Kunststoff- u. Kautschukherstellung (ohne Spez.)	5,3	234,9	1.938,7	8,3	47,8	1,1
Berufe in der Lagerwirtschaft	5,3	220,4	1.923,4	8,7	42,1	9,9
Berufe in der Maschinenbau- u. Betriebstechnik (ohne Spez.)	5,0	189,0	1.809,6	9,6	48,9	1,2
Berufe in der Metallbearbeitung (ohne Spez.)	5,2	237,3	1.915,7	8,1	48,4	2,9
Berufe in der Reinigung (ohne Spez.)	5,8	156,8	2.123,6	13,5	48,0	10,1
Berufe in der Steuerberatung	2,9	151,0	1.041,6	6,9	55,6	1,2
Büro- u. Sekretariatskräfte (ohne Spez.)	3,7	145,5	1.352,5	9,3	48,1	4,4

28.3 · Dienstleistungen

Tabelle 28.38 (Fortsetzung)

Tätigkeit	Kranken-stand in %	Arbeitsunfähigkeit je 100 AOK-Mitglieder		Tage je Fall	AU-Quote in %	Anteil der Berufs-gruppe an der Branche in %[a]
		AU-Fälle	AU-Tage			
Kaufmännische u. technische Betriebswirtschaft (ohne Spez.)	3,7	153,9	1.368,5	8,9	51,1	1,6
Köche/Köchinnen (ohne Spez.)	4,1	114,0	1.487,5	13,0	36,7	7,6
Branche gesamt	**4,5**	**152,7**	**1.649,9**	**10,8**	**44,8**	**29,5[b]**

[a] Anteil der AOK-Mitglieder in der Berufsgruppe an den in der Branche beschäftigten AOK-Mitgliedern insgesamt
[b] Anteil der AOK-Mitglieder in der Branche an allen AOK-Mitgliedern
Fehlzeiten-Report 2019

Tabelle 28.39 Dauer der Arbeitsunfähigkeit der AOK-Mitglieder in der Branche Dienstleistungen im Jahr 2018

Fallklasse	Branche hier		Alle Branchen	
	Anteil Fälle in %	Anteil Tage in %	Anteil Fälle in %	Anteil Tage in %
1–3 Tage	35,3	6,6	34,8	5,9
4–7 Tage	32,5	15,3	31,5	13,5
8–14 Tage	17,7	16,9	17,9	15,7
15–21 Tage	5,7	9,1	5,8	8,6
22–28 Tage	2,6	5,8	2,8	5,9
29–42 Tage	2,6	8,2	2,9	8,5
> 42 Tage	3,6	38,1	4,2	41,8

Fehlzeiten-Report 2019

Tabelle 28.40 Tage der Arbeitsunfähigkeit je AOK-Mitglied nach Wirtschaftsabteilung und Betriebsgröße in der Branche Dienstleistungen im Jahr 2018

Wirtschaftsabteilungen	Betriebsgröße (Anzahl der AOK-Mitglieder)					
	10–49	50–99	100–199	200–499	500–999	≥1.000
Erbringung von freiberuflichen, wissenschaftlichen und technischen Dienstleistungen	13,8	16,1	16,5	18,3	17,0	15,2
Erbringung von sonstigen Dienstleistungen	20,2	23,6	25,2	21,8	18,4	19,6
Erbringung von sonstigen wirtschaftlichen Dienstleistungen	20,1	21,1	20,9	20,6	19,4	19,3
Gastgewerbe	15,2	18,3	20,6	22,4	20,6	41,7
Grundstücks- und Wohnungswesen	19,6	21,2	26,2	23,0	–	–
Information und Kommunikation	12,9	16,1	17,5	19,1	20,1	12,2
Kunst, Unterhaltung und Erholung	18,6	21,0	20,2	22,6	20,8	16,6
Private Haushalte mit Hauspersonal, Herstellung von Waren und Erbringung von Dienstleistungen durch private Haushalte für den Eigenbedarf	16,6	–	–	–	–	–
Branche gesamt	**17,1**	**20,1**	**20,7**	**20,5**	**19,3**	**18,8**
Alle Branchen	**20,5**	**22,5**	**22,7**	**22,6**	**22,7**	**22,6**

Fehlzeiten-Report 2019

28.3 · Dienstleistungen

Tabelle 28.41 Krankenstand in Prozent nach Ausbildungsabschluss in der Branche Dienstleistungen im Jahr 2018, AOK-Mitglieder

Wirtschafts-abteilungen	Ausbildung						
	Ohne Ausbildungsabschluss	Mit Ausbildungsabschluss	Meister/ Techniker	Bachelor	Diplom/ Magister/ Master/ Staatsexamen	Promotion	Unbekannt
Erbringung von freiberuflichen, wissenschaftlichen und technischen Dienstleistungen	4,3	4,2	3,3	1,9	2,1	1,5	3,7
Erbringung von sonstigen Dienstleistungen	5,9	5,2	4,5	2,8	3,1	2,4	4,4
Erbringung von sonstigen wirtschaftlichen Dienstleistungen	5,4	6,0	4,8	2,6	3,1	3,7	5,2
Gastgewerbe	4,3	4,6	4,2	2,2	3,0	2,5	3,3
Grundstücks- und Wohnungswesen	4,9	5,1	4,3	2,4	2,7	2,4	4,5
Information und Kommunikation	4,1	4,3	3,4	1,7	2,0	1,8	3,7
Kunst, Unterhaltung und Erholung	4,7	5,5	5,1	2,5	3,0	2,4	4,1
Private Haushalte mit Hauspersonal, Herstellung von Waren und Erbringung von Dienstleistungen durch private Haushalte für den Eigenbedarf	2,7	3,5	3,3	2,5	1,9	1,3	2,9
Branche gesamt	**5,0**	**5,1**	**4,0**	**2,1**	**2,4**	**2,0**	**4,3**
Alle Branchen	**6,1**	**5,9**	**4,6**	**2,4**	**2,9**	**2,1**	**4,9**

Fehlzeiten-Report 2019

Tabelle 28.42 Tage der Arbeitsunfähigkeit je AOK-Mitglied nach Ausbildungsabschluss in der Branche Dienstleistungen im Jahr 2018

Wirtschaftsabteilungen	Ausbildung						
	Ohne Ausbildungsabschluss	Mit Ausbildungsabschluss	Meister/ Techniker	Bachelor	Diplom/ Magister/ Master/ Staatsexamen	Promotion	Unbekannt
Erbringung von freiberuflichen, wissenschaftlichen und technischen Dienstleistungen	15,7	15,2	12,1	6,9	7,6	5,6	13,7
Erbringung von sonstigen Dienstleistungen	21,5	19,0	16,4	10,2	11,2	8,8	16,1
Erbringung von sonstigen wirtschaftlichen Dienstleistungen	19,7	22,1	17,4	9,3	11,3	13,4	18,9
Gastgewerbe	15,8	16,9	15,3	8,0	10,8	9,2	11,9
Grundstücks- und Wohnungswesen	17,9	18,6	15,5	8,9	10,0	8,8	16,5
Information und Kommunikation	15,0	15,8	12,3	6,1	7,4	6,4	13,6
Kunst, Unterhaltung und Erholung	17,3	20,0	18,7	9,3	10,8	8,6	14,9
Private Haushalte mit Hauspersonal, Herstellung von Waren und Erbringung von Dienstleistungen durch private Haushalte für den Eigenbedarf	9,9	12,6	12,2	9,3	7,0	4,9	10,5
Branche gesamt	**18,2**	**18,6**	**14,8**	**7,5**	**8,7**	**7,1**	**15,8**
Alle Branchen	**22,2**	**21,6**	**16,7**	**8,7**	**10,7**	**7,7**	**18,1**

Fehlzeiten-Report 2019

28.3 · Dienstleistungen

Tabelle 28.43 Anteil der Arbeitsunfälle an den AU-Fällen und -Tagen in Prozent nach Wirtschaftsabteilungen in der Branche Dienstleistungen im Jahr 2018, AOK-Mitglieder

Wirtschaftsabteilungen	AU-Fälle in %	AU-Tage in %
Erbringung von freiberuflichen, wissenschaftlichen und technischen Dienstleistungen	1,6	3,7
Erbringung von sonstigen Dienstleistungen	1,8	3,7
Erbringung von sonstigen wirtschaftlichen Dienstleistungen	3,5	6,6
Gastgewerbe	3,3	5,1
Grundstücks- und Wohnungswesen	2,5	5,2
Information und Kommunikation	1,4	3,1
Kunst, Unterhaltung und Erholung	3,8	8,1
Private Haushalte mit Hauspersonal, Herstellung von Waren und Erbringung von Dienstleistungen durch private Haushalte für den Eigenbedarf	1,8	4,4
Branche gesamt	**2,8**	**5,4**
Alle Branchen	**3,0**	**5,8**

Fehlzeiten-Report 2019

Tabelle 28.44 Tage und Fälle der Arbeitsunfähigkeit durch Arbeitsunfälle nach Berufsgruppen in der Branche Dienstleistungen im Jahr 2018, AOK-Mitglieder

Tätigkeit	Arbeitsunfähigkeit je 1.000 AOK-Mitglieder	
	AU-Tage	AU-Fälle
Berufe im Gartenbau (ohne Spez.)	2.246,8	95,9
Berufe in der Maschinenbau- u. Betriebstechnik (ohne Spez.)	1.536,9	82,5
Berufe in der Metallbearbeitung (ohne Spez.)	1.524,0	104,1
Berufe in der Lagerwirtschaft	1.515,5	88,8
Berufe in der Kunststoff- u. Kautschukherstellung (ohne Spez.)	1.367,5	86,6
Berufe in der Gebäudetechnik (ohne Spez.)	1.343,6	53,1
Berufe in der Gebäudereinigung	1.177,8	47,4
Berufe im Objekt-, Werte- u. Personenschutz	1.139,6	41,4
Berufe in der Reinigung (ohne Spez.)	931,4	37,8
Köche/Köchinnen (ohne Spez.)	832,5	45,8
Berufe in der Hauswirtschaft	737,1	26,6
Berufe im Hotelservice	607,3	33,1
Berufe im Gastronomieservice (ohne Spez.)	607,1	32,2
Berufe im Dialogmarketing	374,3	22,5
Kaufmännische u. technische Betriebswirtschaft (ohne Spez.)	289,6	13,4
Büro- u. Sekretariatskräfte (ohne Spez.)	285,6	13,6
Berufe im Friseurgewerbe	263,0	16,8
Berufe in der Steuerberatung	152,8	9,5
Branche gesamt	**897,3**	**43,5**
Alle Branchen	**1.158,1**	**50,2**

Fehlzeiten-Report 2019

28.3 · Dienstleistungen

Tabelle 28.45 Tage und Fälle der Arbeitsunfähigkeit je 100 AOK-Mitglieder nach Krankheitsarten in der Branche Dienstleistungen in den Jahren 2000 bis 2018

Jahr	Arbeitsunfähigkeiten je 100 AOK-Mitglieder											
	Psyche		Herz/Kreislauf		Atemwege		Verdauung		Muskel/Skelett		Verletzungen	
	Tage	Fälle	Tage	Fälle	Tage	Fälle	Tage	Fälle	Tage	Fälle	Tage	Fälle
2000	136,7	7,0	127,0	8,2	307,0	44,0	141,7	20,3	508,6	33,5	260,6	18,2
2001	146,4	7,8	131,4	8,8	292,2	43,4	142,1	20,8	521,6	34,6	256,4	18,1
2002	151,6	8,1	128,1	8,8	277,1	41,7	141,6	21,3	511,8	34,2	247,1	17,4
2003	146,8	8,0	122,1	8,6	275,7	42,5	132,9	20,5	464,0	31,5	235,5	16,5
2004	158,8	7,9	125,2	7,6	233,4	35,2	129,7	19,4	435,6	28,8	223,9	15,3
2005	150,9	7,4	118,9	7,2	259,5	39,2	119,8	17,8	404,7	27,1	216,7	14,7
2006	152,0	7,6	117,2	7,4	223,5	35,0	123,8	19,3	409,4	28,3	226,9	15,8
2007	167,4	8,3	120,3	7,5	254,8	40,1	133,9	21,5	433,8	30,2	232,0	16,1
2008 (WZ03)	177,0	8,7	124,0	7,8	267,3	42,3	140,4	22,7	455,9	31,9	237,7	16,5
2008 (WZ08)[a]	174,8	8,7	119,2	7,6	263,3	42,1	137,3	22,5	441,1	31,2	232,7	16,3
2009	185,8	9,0	119,6	7,4	298,3	46,6	132,1	21,0	427,9	29,0	224,2	14,9
2010	196,5	9,4	116,5	7,4	259,2	41,6	121,2	19,6	448,4	30,8	241,3	16,3
2011	202,9	9,9	112,1	7,3	265,7	42,5	121,5	19,7	437,6	31,5	237,7	16,1
2012	228,4	10,2	125,1	7,4	262,6	41,2	124,2	19,1	460,1	30,9	236,0	14,8
2013	220,0	9,8	121,0	6,9	306,3	47,5	120,6	18,5	445,0	30,1	230,5	14,4
2014	238,5	10,6	125,3	7,2	255,5	40,6	123,9	18,9	471,5	31,4	233,6	14,4
2015	239,8	10,5	122,7	7,2	303,2	47,5	119,9	18,4	456,9	30,6	228,3	14,0
2016	242,5	10,5	114,0	7,2	283,9	45,5	115,7	18,2	464,1	30,9	226,2	13,7
2017	245,4	10,5	111,0	7,0	285,2	45,2	111,5	17,3	460,8	30,5	226,5	13,3
2018	250,9	10,7	110,3	7,0	304,1	47,3	109,6	17,0	459,9	30,6	225,1	13,3

[a] Aufgrund der Revision der Wirtschaftszweigklassifikation in 2008 ist eine Vergleichbarkeit mit den Vorjahren nur bedingt möglich

Fehlzeiten-Report 2019

◘ **Tabelle 28.46** Verteilung der Arbeitsunfähigkeitstage nach Krankheitsarten in Prozent in der Branche Dienstleistungen im Jahr 2018, AOK-Mitglieder

Wirtschaftsabteilungen	AU-Tage in %						
	Psyche	Herz/ Kreislauf	Atem- wege	Ver- dauung	Muskel/ Skelett	Verlet- zungen	Sonstige
Erbringung von freiberuflichen, wissenschaftlichen und technischen Dienstleistungen	13,6	4,4	17,4	5,1	16,2	9,1	34,2
Erbringung von sonstigen Dienstleistungen	13,0	4,9	14,1	4,8	19,8	8,9	34,5
Erbringung von sonstigen wirtschaftlichen Dienstleistungen	10,0	5,2	13,5	5,1	23,3	11,0	32,0
Gastgewerbe	11,5	5,1	11,5	5,0	21,7	10,6	34,5
Grundstücks- und Wohnungswesen	11,2	6,1	13,3	5,0	20,5	10,2	33,7
Information und Kommunikation	14,0	4,5	18,2	5,1	15,8	8,4	33,9
Kunst, Unterhaltung und Erholung	14,0	5,1	13,0	4,5	18,3	11,7	33,2
Private Haushalte mit Hauspersonal, Herstellung von Waren und Erbringung von Dienstleistungen durch private Haushalte für den Eigenbedarf	10,5	5,2	11,4	4,7	21,1	11,2	35,9
Branche gesamt	**11,5**	**5,0**	**13,9**	**5,0**	**21,0**	**10,3**	**33,2**
Alle Branchen	**11,3**	**5,3**	**13,3**	**4,7**	**22,0**	**10,9**	**32,4**

Fehlzeiten-Report 2019

28.3 · Dienstleistungen

Tabelle 28.47 Verteilung der Arbeitsunfähigkeitsfälle nach Krankheitsarten in Prozent in der Branche Dienstleistungen im Jahr 2018, AOK-Mitglieder

Wirtschaftsabteilungen	AU-Fälle in %						
	Psyche	Herz/ Kreislauf	Atem- wege	Ver- dauung	Muskel/ Skelett	Verlet- zungen	Sonstige
Erbringung von freiberuflichen, wissenschaftlichen und technischen Dienstleistungen	5,2	3,0	28,7	8,7	10,7	5,5	38,3
Erbringung von sonstigen Dienstleistungen	5,7	3,6	24,6	8,4	13,4	5,7	38,5
Erbringung von sonstigen wirtschaftlichen Dienstleistungen	5,0	3,5	21,9	8,5	17,9	7,1	36,0
Gastgewerbe	5,7	3,8	20,8	8,2	15,6	7,3	38,5
Grundstücks- und Wohnungswesen	5,3	4,3	23,6	9,0	14,2	6,4	37,2
Information und Kommunikation	5,4	3,1	29,7	8,5	10,9	5,1	37,3
Kunst, Unterhaltung und Erholung	6,5	3,9	23,5	8,1	13,2	7,5	37,3
Private Haushalte mit Hauspersonal, Herstellung von Waren und Erbringung von Dienstleistungen durch private Haushalte für den Eigenbedarf	5,6	5,2	21,6	7,8	13,9	6,4	39,5
Branche gesamt	**5,3**	**3,5**	**23,6**	**8,5**	**15,3**	**6,6**	**37,2**
Alle Branchen	**5,1**	**3,7**	**23,9**	**8,4**	**15,4**	**7,0**	**36,5**

Fehlzeiten-Report 2019

◘ **Tabelle 28.48** Verteilung der Arbeitsunfähigkeitstage nach Krankheitsarten und ausgewählten Berufsgruppen in der Branche Dienstleistungen im Jahr 2018, AOK-Mitglieder

Tätigkeit	AU-Tage in %						
	Psyche	Herz/Kreislauf	Atemwege	Verdauung	Muskel/Skelett	Verletzungen	Sonstige
Berufe im Dialogmarketing	19,4	3,9	18,9	5,9	12,7	4,6	34,5
Berufe im Friseurgewerbe	13,2	3,1	15,8	5,5	16,4	8,9	37,0
Berufe im Gartenbau (ohne Spez.)	7,0	6,3	10,9	5,0	26,0	14,9	29,9
Berufe im Gastronomieservice (ohne Spez.)	11,8	4,6	12,1	5,1	21,1	10,8	34,6
Berufe im Hotelservice	12,0	3,8	13,4	4,7	21,7	9,3	35,2
Berufe im Objekt-, Werte- u. Personenschutz	14,0	7,0	12,3	4,9	19,1	9,0	33,7
Berufe in der Gebäudereinigung	9,7	5,5	11,8	4,5	26,4	9,7	32,4
Berufe in der Gebäudetechnik (ohne Spez.)	8,7	7,9	10,5	4,8	24,4	11,8	31,9
Berufe in der Hauswirtschaft	11,5	4,7	11,8	4,2	24,1	9,3	34,4
Berufe in der Kunststoff- u. Kautschukherstellung (ohne Spez.)	7,0	5,1	15,0	5,6	23,5	12,5	31,3
Berufe in der Lagerwirtschaft	7,8	4,7	14,3	5,6	24,9	12,5	30,3
Berufe in der Maschinenbau- u. Betriebstechnik (ohne Spez.)	7,7	5,3	14,3	5,5	22,2	14,0	31,0
Berufe in der Metallbearbeitung (ohne Spez.)	7,5	4,5	15,6	5,9	22,5	13,2	30,8
Berufe in der Reinigung (ohne Spez.)	10,2	5,2	11,8	4,4	26,0	8,8	33,7
Berufe in der Steuerberatung	14,9	3,1	21,2	5,6	10,5	7,1	37,7
Büro- u. Sekretariatskräfte (ohne Spez.)	16,3	3,9	16,9	4,9	14,1	7,1	36,7

28.3 · Dienstleistungen

◨ Tabelle 28.48 (Fortsetzung)

Tätigkeit	AU-Tage in %						
	Psyche	Herz/ Kreislauf	Atem- wege	Ver- dauung	Muskel/ Skelett	Verlet- zungen	Sonstige
Kaufmännische u. technische Betriebswirtschaft (ohne Spez.)	16,1	4,3	18,5	5,4	13,1	7,0	35,5
Köche/Köchinnen (ohne Spez.)	10,8	5,7	11,1	5,0	22,3	10,8	34,2
Branche gesamt	**11,5**	**5,0**	**13,9**	**5,0**	**21,0**	**10,3**	**33,2**
Alle Branchen	**11,3**	**5,3**	**13,3**	**4,7**	**22,0**	**10,9**	**32,4**

Fehlzeiten-Report 2019

Tabelle 28.49 Verteilung der Arbeitsunfähigkeitsfälle nach Krankheitsarten und ausgewählten Berufsgruppen in der Branche Dienstleistungen im Jahr 2018, AOK-Mitglieder

Tätigkeit	AU-Fälle in %						
	Psyche	Herz/Kreislauf	Atemwege	Verdauung	Muskel/Skelett	Verletzungen	Sonstige
Berufe im Dialogmarketing	7,6	2,9	26,6	9,5	9,3	3,3	40,8
Berufe im Friseurgewerbe	5,6	2,6	25,5	8,8	10,4	5,3	41,8
Berufe im Gartenbau (ohne Spez.)	4,0	4,0	19,3	8,7	20,7	10,2	33,1
Berufe im Gastronomieservice (ohne Spez.)	6,0	3,5	21,3	8,2	15,1	7,2	38,6
Berufe im Hotelservice	5,9	2,9	22,8	8,1	15,3	6,0	39,0
Berufe im Objekt-, Werte- u. Personenschutz	7,3	4,8	21,0	8,1	14,6	5,9	38,2
Berufe in der Gebäudereinigung	5,2	4,3	20,0	8,0	20,3	6,5	35,8
Berufe in der Gebäudetechnik (ohne Spez.)	4,7	5,6	19,5	8,8	18,2	8,4	34,8
Berufe in der Hauswirtschaft	5,8	4,7	21,4	7,9	16,1	5,9	38,3
Berufe in der Kunststoff- u. Kautschukherstellung (ohne Spez.)	4,0	3,0	21,9	8,8	18,5	7,8	35,9
Berufe in der Lagerwirtschaft	4,1	3,0	21,6	8,9	20,1	7,9	34,4
Berufe in der Maschinenbau- u. Betriebstechnik (ohne Spez.)	4,0	3,2	23,2	8,8	17,1	8,9	34,8
Berufe in der Metallbearbeitung (ohne Spez.)	4,0	2,8	22,4	9,2	17,9	8,4	35,3
Berufe in der Reinigung (ohne Spez.)	5,4	4,4	20,2	7,7	20,0	5,9	36,5
Berufe in der Steuerberatung	4,7	2,5	30,8	9,2	7,2	4,3	41,2
Büro- u. Sekretariatskräfte (ohne Spez.)	6,3	3,1	27,3	8,8	9,3	4,5	40,7

28.3 · Dienstleistungen

◼ **Tabelle 28.49** (Forsetzung)

Tätigkeit	AU-Fälle in %						
	Psyche	Herz/ Kreislauf	Atem- wege	Ver- dauung	Muskel/ Skelett	Verlet- zungen	Sonstige
Kaufmännische u. technische Betriebswirtschaft (ohne Spez.)	5,9	3,0	29,1	8,8	9,3	4,4	39,6
Köche/Köchinnen (ohne Spez.)	5,5	4,2	19,8	8,4	16,3	7,7	38,1
Branche gesamt	**5,3**	**3,5**	**23,6**	**8,5**	**15,3**	**6,6**	**37,2**
Alle Branchen	**5,1**	**3,7**	**23,9**	**8,4**	**15,4**	**7,0**	**36,5**
Fehlzeiten-Report 2019							

Tabelle 28.50 Anteile der 40 häufigsten Einzeldiagnosen an den AU-Fällen und AU-Tagen in der Branche Dienstleistungen im Jahr 2018, AOK-Mitglieder

ICD-10	Bezeichnung	AU-Fälle in %	AU-Tage in %
J06	Akute Infektionen an mehreren oder nicht näher bezeichneten Lokalisationen der oberen Atemwege	10,2	5,3
M54	Rückenschmerzen	6,3	6,3
A09	Sonstige und nicht näher bezeichnete Gastroenteritis und Kolitis infektiösen und nicht näher bezeichneten Ursprungs	4,4	1,7
J20	Akute Bronchitis	1,9	1,2
R10	Bauch- und Beckenschmerzen	1,9	1,1
B34	Viruskrankheit nicht näher bezeichneter Lokalisation	1,8	0,9
K08	Sonstige Krankheiten der Zähne und des Zahnhalteapparates	1,7	0,4
K52	Sonstige nichtinfektiöse Gastroenteritis und Kolitis	1,6	0,7
F43	Reaktionen auf schwere Belastungen und Anpassungsstörungen	1,4	2,5
I10	Essentielle (primäre) Hypertonie	1,4	1,4
J40	Bronchitis, nicht als akut oder chronisch bezeichnet	1,4	0,9
K29	Gastritis und Duodenitis	1,4	0,7
R51	Kopfschmerz	1,4	0,7
F32	Depressive Episode	1,1	3,3
M25	Sonstige Gelenkkrankheiten, anderenorts nicht klassifiziert	1,1	1,3
J00	Akute Rhinopharyngitis [Erkältungsschnupfen]	1,1	0,5
T14	Verletzung an einer nicht näher bezeichneten Körperregion	1,0	1,0
J02	Akute Pharyngitis	1,0	0,5
R11	Übelkeit und Erbrechen	1,0	0,5
J03	Akute Tonsillitis	1,0	0,5
M79	Sonstige Krankheiten des Weichteilgewebes, anderenorts nicht klassifiziert	0,9	0,8
J01	Akute Sinusitis	0,9	0,5
R53	Unwohlsein und Ermüdung	0,8	0,8
M99	Biomechanische Funktionsstörungen, anderenorts nicht klassifiziert	0,8	0,7
J11	Grippe, Viren nicht nachgewiesen	0,8	0,5
J32	Chronische Sinusitis	0,8	0,5
M51	Sonstige Bandscheibenschäden	0,7	1,7
F48	Andere neurotische Störungen	0,7	1,1

Tabelle 28.50 (Fortsetzung)

ICD-10	Bezeichnung	AU-Fälle in %	AU-Tage in %
M53	Sonstige Krankheiten der Wirbelsäule und des Rückens, anderenorts nicht klassifiziert	0,7	0,8
R42	Schwindel und Taumel	0,7	0,5
J98	Sonstige Krankheiten der Atemwege	0,7	0,4
G43	Migräne	0,7	0,3
M75	Schulterläsionen	0,6	1,4
F45	Somatoforme Störungen	0,6	1,2
M77	Sonstige Enthesopathien	0,6	0,9
B99	Sonstige und nicht näher bezeichnete Infektionskrankheiten	0,6	0,3
N39	Sonstige Krankheiten des Harnsystems	0,6	0,3
A08	Virusbedingte und sonstige näher bezeichnete Darminfektionen	0,6	0,2
S93	Luxation, Verstauchung und Zerrung der Gelenke und Bänder in Höhe des oberen Sprunggelenkes und des Fußes	0,5	0,7
R07	Hals- und Brustschmerzen	0,5	0,3
	Summe hier	**57,9**	**45,3**
	Restliche	42,1	54,7
	Gesamtsumme	**100,0**	**100,0**

Fehlzeiten-Report 2019

Tabelle 28.51 Anteile der 40 häufigsten Diagnoseuntergruppen an den AU-Fällen und AU-Tagen in der Branche Dienstleistungen im Jahr 2018, AOK-Mitglieder

ICD-10	Bezeichnung	AU-Fälle in %	AU-Tage in %
J00–J06	Akute Infektionen der oberen Atemwege	14,9	7,7
M50–M54	Sonstige Krankheiten der Wirbelsäule und des Rückens	7,4	8,3
A00–A09	Infektiöse Darmkrankheiten	5,4	2,1
R50–R69	Allgemeinsymptome	4,0	3,1
R10–R19	Symptome, die das Verdauungssystem und das Abdomen betreffen	3,2	1,8
F40–F48	Neurotische, Belastungs- und somatoforme Störungen	3,1	5,8
M70–M79	Sonstige Krankheiten des Weichteilgewebes	2,4	3,5
J40–J47	Chronische Krankheiten der unteren Atemwege	2,4	1,8
J20–J22	Sonstige akute Infektionen der unteren Atemwege	2,3	1,5
K00–K14	Krankheiten der Mundhöhle, der Speicheldrüsen und der Kiefer	2,1	0,6
K20–K31	Krankheiten des Ösophagus, des Magens und des Duodenums	2,0	1,1
B25–B34	Sonstige Viruskrankheiten	2,0	1,0
K50–K52	Nichtinfektiöse Enteritis und Kolitis	1,9	0,9
G40–G47	Episodische und paroxysmale Krankheiten des Nervensystems	1,7	1,3
M20–M25	Sonstige Gelenkkrankheiten	1,6	2,8
I10–I15	Hypertonie [Hochdruckkrankheit]	1,6	1,6
F30–F39	Affektive Störungen	1,5	5,0
R00–R09	Symptome, die das Kreislaufsystem und das Atmungssystem betreffen	1,5	1,0
Z80–Z99	Personen mit potentiellen Gesundheitsrisiken aufgrund der Familien- oder Eigenanamnese und bestimmte Zustände, die den Gesundheitszustand beeinflussen	1,4	2,8
J30–J39	Sonstige Krankheiten der oberen Atemwege	1,4	0,9
T08–T14	Verletzungen nicht näher bezeichneter Teile des Rumpfes, der Extremitäten oder anderer Körperregionen	1,2	1,3
J09–J18	Grippe und Pneumonie	1,2	0,9
K55–K64	Sonstige Krankheiten des Darmes	1,0	0,8
S60–S69	Verletzungen des Handgelenkes und der Hand	0,9	1,4
S90–S99	Verletzungen der Knöchelregion und des Fußes	0,9	1,4
R40–R46	Symptome, die das Erkennungs- und Wahrnehmungsvermögen, die Stimmung und das Verhalten betreffen	0,9	0,8
M95–M99	Sonstige Krankheiten des Muskel-Skelett-Systems und des Bindegewebes	0,9	0,8

28.3 · Dienstleistungen

Tabelle 28.51 (Fortsetzung)

ICD-10	Bezeichnung	AU-Fälle in %	AU-Tage in %
N30–N39	Sonstige Krankheiten des Harnsystems	0,9	0,5
S80–S89	Verletzungen des Knies und des Unterschenkels	0,8	1,9
E70–E90	Stoffwechselstörungen	0,8	0,6
J95–J99	Sonstige Krankheiten des Atmungssystems	0,8	0,5
M15–M19	Arthrose	0,7	1,9
Z00–Z13	Personen, die das Gesundheitswesen zur Untersuchung und Abklärung in Anspruch nehmen	0,7	0,4
B99–B99	Sonstige Infektionskrankheiten	0,7	0,4
G50–G59	Krankheiten von Nerven, Nervenwurzeln und Nervenplexus	0,6	1,2
F10–F19	Psychische und Verhaltensstörungen durch psychotrope Substanzen	0,6	0,7
N80–N98	Nichtentzündliche Krankheiten des weiblichen Genitaltraktes	0,6	0,5
I95–I99	Sonstige und nicht näher bezeichnete Krankheiten des Kreislaufsystems	0,6	0,4
M65–M68	Krankheiten der Synovialis und der Sehnen	0,5	0,9
L00–L08	Infektionen der Haut und der Unterhaut	0,5	0,6
	Summe hier	79,6	72,5
	Restliche	20,4	27,5
	Gesamtsumme	100,0	100,0

Fehlzeiten-Report 2019

28.4 Energie, Wasser, Entsorgung und Bergbau

Entwicklung des Krankenstands der AOK-Mitglieder in der Branche Energie, Wasser, Entsorgung und Bergbau in den Jahren 1994 bis 2018	Tab. 28.52
Arbeitsunfähigkeit der AOK-Mitglieder in der Branche Energie, Wasser, Entsorgung und Bergbau nach Bundesländern im Jahr 2018 im Vergleich zum Vorjahr	Tab. 28.53
Arbeitsunfähigkeit der AOK-Mitglieder nach Wirtschaftsabteilungen in der Branche Energie, Wasser, Entsorgung und Bergbau im Jahr 2018	Tab. 28.54
Kennzahlen der Arbeitsunfähigkeit nach ausgewählten Berufsgruppen in der Branche Energie, Wasser, Entsorgung und Bergbau im Jahr 2018	Tab. 28.55
Dauer der Arbeitsunfähigkeit der AOK-Mitglieder in der Branche Energie, Wasser, Entsorgung und Bergbau im Jahr 2018	Tab. 28.56
Tage der Arbeitsunfähigkeit je AOK-Mitglied nach Wirtschaftsabteilung und Betriebsgröße in der Branche Energie, Wasser, Entsorgung und Bergbau im Jahr 2018	Tab. 28.57
Krankenstand in Prozent nach Ausbildungsabschluss in der Branche Energie, Wasser, Entsorgung und Bergbau im Jahr 2018, AOK-Mitglieder	Tab. 28.58
Tage der Arbeitsunfähigkeit je AOK-Mitglied nach Ausbildungsabschluss in der Branche Energie, Wasser, Entsorgung und Bergbau im Jahr 2018	Tab. 28.59
Anteil der Arbeitsunfälle an den AU-Fällen und -Tagen in Prozent nach Wirtschaftsabteilungen in der Branche Energie, Wasser, Entsorgung und Bergbau im Jahr 2018, AOK-Mitglieder	Tab. 28.60
Tage und Fälle der Arbeitsunfähigkeit durch Arbeitsunfälle nach Berufsgruppen in der Branche Energie, Wasser, Entsorgung und Bergbau im Jahr 2018, AOK-Mitglieder	Tab. 28.61
Tage und Fälle der Arbeitsunfähigkeit je 100 AOK-Mitglieder nach Krankheitsarten in der Branche Energie, Wasser, Entsorgung und Bergbau in den Jahren 1995 bis 2018	Tab. 28.62
Verteilung der Arbeitsunfähigkeitstage nach Krankheitsarten in Prozent in der Branche Energie, Wasser, Entsorgung und Bergbau im Jahr 2018, AOK-Mitglieder	Tab. 28.63
Verteilung der Arbeitsunfähigkeitsfälle nach Krankheitsarten in Prozent in der Branche Energie, Wasser, Entsorgung und Bergbau im Jahr 2018, AOK-Mitglieder	Tab. 28.64
Verteilung der Arbeitsunfähigkeitstage nach Krankheitsarten und ausgewählten Berufsgruppen in der Branche Energie, Wasser, Entsorgung und Bergbau im Jahr 2018, AOK-Mitglieder	Tab. 28.65
Verteilung der Arbeitsunfähigkeitsfälle nach Krankheitsarten und ausgewählten Berufsgruppen in der Branche Energie, Wasser, Entsorgung und Bergbau im Jahr 2018, AOK-Mitglieder	Tab. 28.66
Anteile der 40 häufigsten Einzeldiagnosen an den AU-Fällen und AU-Tagen in der Branche Energie, Wasser, Entsorgung und Bergbau im Jahr 2018, AOK-Mitglieder	Tab. 28.67
Anteile der 40 häufigsten Diagnoseuntergruppen an den AU-Fällen und AU-Tagen in der Branche Energie, Wasser, Entsorgung und Bergbau im Jahr 2018, AOK-Mitglieder	Tab. 28.68

28.4 · Energie, Wasser, Entsorgung und Bergbau

Tabelle 28.52 Entwicklung des Krankenstands der AOK-Mitglieder in der Branche Energie, Wasser, Entsorgung und Bergbau in den Jahren 1994 bis 2018

Jahr	Krankenstand in %			AU-Fälle je 100 AOK-Mitglieder			Tage je Fall		
	West	Ost	Bund	West	Ost	Bund	West	Ost	Bund
1994	6,4	5,2	6,0	143,8	117,4	136,7	16,1	14,0	15,6
1995	6,2	5,0	5,8	149,0	126,4	143,3	15,6	13,9	15,2
1996	5,7	4,1	5,3	139,1	112,4	132,3	15,7	13,8	15,3
1997	5,5	4,2	5,2	135,8	107,1	129,1	14,8	13,8	14,6
1998	5,7	4,0	5,3	140,4	108,1	133,4	14,8	13,6	14,6
1999	5,9	4,4	5,6	149,7	118,8	143,4	14,4	13,5	14,2
2000	5,8	4,4	5,5	148,8	122,3	143,7	14,3	13,1	14,1
2001	5,7	4,4	5,4	145,0	120,3	140,4	14,3	13,5	14,2
2002	5,5	4,5	5,3	144,9	122,0	140,7	13,9	13,4	13,8
2003	5,2	4,1	5,0	144,2	121,6	139,9	13,2	12,4	13,0
2004	4,9	3,7	4,6	135,2	114,8	131,1	13,1	11,9	12,9
2005	4,8	3,7	4,6	139,1	115,5	134,3	12,7	11,7	12,5
2006	4,4	3,6	4,3	127,1	112,8	124,2	12,7	11,7	12,5
2007	4,8	3,7	4,6	138,7	117,0	134,3	12,7	11,6	12,5
2008 (WZ03)	4,9	3,9	4,7	142,6	121,6	138,2	12,6	11,8	12,4
2008 (WZ08)[a]	5,6	4,9	5,4	157,8	132,3	152,1	13,0	13,5	13,1
2009	5,8	5,3	5,7	162,4	142,8	158,1	13,0	13,5	13,1
2010	6,0	5,5	5,9	165,7	148,9	162,0	13,3	13,4	13,3
2011	6,0	4,9	5,8	166,2	148,3	162,3	13,3	12,2	13,0
2012	6,0	5,4	5,9	163,5	145,8	159,6	13,4	13,7	13,4
2013	6,4	5,7	6,2	175,2	154,5	170,8	13,2	13,4	13,3
2014	6,5	5,7	6,3	171,9	150,3	167,3	13,7	13,8	13,7
2015	6,7	5,9	6,5	183,1	163,8	178,9	13,3	13,0	13,3
2016	6,7	5,9	6,5	184,0	168,3	180,5	13,4	12,9	13,3
2017	6,7	6,2	6,6	182,0	173,8	180,1	13,5	13,0	13,4
2018	6,8	6,3	6,7	187,1	176,6	184,7	13,3	13,1	13,3

[a] Aufgrund der Revision der Wirtschaftszweigklassifikation in 2008 ist eine Vergleichbarkeit mit den Vorjahren nur bedingt möglich

Fehlzeiten-Report 2019

◻ **Tabelle 28.53** Arbeitsunfähigkeit der AOK-Mitglieder in der Branche Energie, Wasser, Entsorgung und Bergbau nach Bundesländern im Jahr 2018 im Vergleich zum Vorjahr

Bundesland	Kranken-stand in %	Arbeitsunfähigkeit je 100 AOK-Mitglieder				Tage je Fall	Veränd. z. Vorj. in %	AU-Quote in %
		AU-Fälle	Veränd. z. Vorj. in %	AU-Tage	Veränd. z. Vorj. in %			
Baden-Württemberg	6,1	183,3	4,8	2.213,2	2,6	12,1	−2,1	62,5
Bayern	6,3	161,5	3,2	2.294,5	1,2	14,2	−1,9	59,2
Berlin	7,7	214,3	8,8	2.810,0	9,8	13,1	0,9	59,8
Brandenburg	6,4	172,7	3,6	2.328,2	−0,9	13,5	−4,4	62,9
Bremen	7,4	185,1	−8,0	2.699,7	−5,5	14,6	2,7	61,7
Hamburg	5,1	156,9	−8,1	1.872,5	−5,6	11,9	2,7	51,1
Hessen	7,7	210,6	1,9	2.828,6	0,9	13,4	−1,0	66,8
Mecklenburg-Vorpommern	6,8	174,4	−3,4	2.478,2	4,2	14,2	7,9	61,3
Niedersachsen	6,8	195,3	2,5	2.472,4	1,3	12,7	−1,1	64,2
Nordrhein-Westfalen	7,5	197,2	2,1	2.742,5	1,5	13,9	−0,6	66,3
Rheinland-Pfalz	8,2	224,9	4,7	2.999,6	4,3	13,3	−0,4	69,5
Saarland	8,0	197,3	0,8	2.924,1	6,5	14,8	5,7	66,0
Sachsen	6,1	176,8	0,9	2.215,2	0,8	12,5	−0,1	65,1
Sachsen-Anhalt	6,5	171,6	2,3	2.378,3	4,1	13,9	1,8	61,6
Schleswig-Holstein	6,3	175,8	2,1	2.283,4	−4,6	13,0	−6,6	60,8
Thüringen	6,5	183,5	3,6	2.390,2	3,6	13,0	0,0	64,9
West	**6,8**	**187,1**	**2,8**	**2.496,7**	**1,5**	**13,3**	**−1,3**	**63,2**
Ost	**6,3**	**176,6**	**1,6**	**2.307,9**	**2,0**	**13,1**	**0,3**	**64,0**
Bund	**6,7**	**184,7**	**2,6**	**2.452,2**	**1,5**	**13,3**	**−1,0**	**63,4**

Fehlzeiten-Report 2019

28.4 · Energie, Wasser, Entsorgung und Bergbau

Tabelle 28.54 Arbeitsunfähigkeit der AOK-Mitglieder nach Wirtschaftsabteilungen in der Branche Energie, Wasser, Entsorgung und Bergbau im Jahr 2018

Wirtschaftsabteilungen	Krankenstand in %		Arbeitsunfähigkeiten je 100 AOK-Mitglieder		Tage je Fall	AU-Quote in %
	2018	2018 stand.[a]	Fälle	Tage		
Abwasserentsorgung	6,8	6,0	188,0	2.474,1	13,2	64,7
Bergbau und Gewinnung von Steinen und Erden	6,1	5,0	161,5	2.208,9	13,7	60,1
Beseitigung von Umweltverschmutzungen und sonstige Entsorgung	7,0	6,1	181,9	2.564,6	14,1	59,7
Energieversorgung	5,1	4,9	164,2	1.871,9	11,4	60,9
Sammlung, Behandlung und Beseitigung von Abfällen, Rückgewinnung	8,0	6,6	203,7	2.903,0	14,2	65,0
Wasserversorgung	6,6	5,8	187,8	2.412,3	12,8	68,6
Branche gesamt	**6,7**	**5,8**	**184,7**	**2.452,2**	**13,3**	**63,4**
Alle Branchen	**5,5**	**5,6**	**169,1**	**1.991,6**	**11,8**	**54,1**

[a] Krankenstand alters- und geschlechtsstandardisiert
Fehlzeiten-Report 2019

Tabelle 28.55 Kennzahlen der Arbeitsunfähigkeit nach ausgewählten Berufsgruppen in der Branche Energie, Wasser, Entsorgung und Bergbau im Jahr 2018

Tätigkeit	Kranken-stand in %	Arbeitsunfähigkeit je 100 AOK-Mitglieder		Tage je Fall	AU-Quote in %	Anteil der Berufsgruppe an der Branche in %[a]
		AU-Fälle	AU-Tage			
Aufsichts-/Führungskr. – Unternehmensorganisation u. -strategie	3,4	116,4	1.241,6	10,7	51,7	1,1
Berufe im Berg- u. Tagebau	6,8	182,6	2.468,4	13,5	60,7	1,1
Berufe im Gartenbau (ohne Spez.)	9,5	243,5	3.470,1	14,3	71,6	1,0
Berufe im Metallbau	6,9	185,0	2.504,4	13,5	67,2	1,0
Berufe in der Abfallwirtschaft	8,0	207,9	2.909,3	14,0	68,0	1,5
Berufe in der Bauelektrik	6,1	180,4	2.233,4	12,4	67,0	2,7
Berufe in der elektrischen Betriebstechnik	4,4	187,2	1.605,9	8,6	63,6	2,1
Berufe in der Energie- u. Kraftwerkstechnik	5,2	149,5	1.910,9	12,8	61,0	2,1
Berufe in der Kraftfahrzeugtechnik	6,9	210,0	2.535,9	12,1	69,2	1,1
Berufe in der Lagerwirtschaft	7,0	195,9	2.572,8	13,1	59,5	5,0
Berufe in der Maschinenbau- u. Betriebstechnik (ohne Spez.)	6,3	205,1	2.309,7	11,3	67,0	2,2
Berufe in der Naturstein- u. Mineralaufbereitung	7,4	176,7	2.695,4	15,3	63,0	1,3
Berufe in der Reinigung (ohne Spez.)	7,5	179,7	2.731,5	15,2	61,8	1,4
Berufe in der Ver- u. Entsorgung (ohne Spez.)	9,6	244,0	3.490,9	14,3	70,9	10,3
Berufe in der Wasserversorgungs- u. Abwassertechnik	6,9	196,9	2.507,3	12,7	68,4	3,8
Berufskraftfahrer/innen (Güterverkehr/LKW)	8,6	195,8	3.152,6	16,1	65,9	14,5
Büro- u. Sekretariatskräfte (ohne Spez.)	4,1	157,7	1.504,1	9,5	57,8	5,1

28.4 · Energie, Wasser, Entsorgung und Bergbau

Tabelle 28.55 (Fortsetzung)

Tätigkeit	Kranken-stand in %	Arbeitsunfähigkeit je 100 AOK-Mitglieder		Tage je Fall	AU-Quote in %	Anteil der Berufsgruppe an der Branche in %[a]
		AU-Fälle	AU-Tage			
Führer/innen von Erdbewegungs- u. verwandten Maschinen	7,3	166,7	2.663,9	16,0	62,0	2,3
Kaufmännische u. technische Betriebswirtschaft (ohne Spez.)	4,1	164,4	1.494,3	9,1	60,6	5,9
Maschinen- u. Anlagenführer/innen	6,9	174,3	2.504,1	14,4	62,6	2,2
Branche gesamt	**6,7**	**184,7**	**2.452,2**	**13,3**	**63,4**	**1,4[b]**

[a] Anteil der AOK-Mitglieder in der Berufsgruppe an den in der Branche beschäftigten AOK-Mitgliedern insgesamt
[b] Anteil der AOK-Mitglieder in der Branche an allen AOK-Mitgliedern
Fehlzeiten-Report 2019

Tabelle 28.56 Dauer der Arbeitsunfähigkeit der AOK-Mitglieder in der Branche Energie, Wasser, Entsorgung und Bergbau im Jahr 2018

Fallklasse	Branche hier		Alle Branchen	
	Anteil Fälle in %	Anteil Tage in %	Anteil Fälle in %	Anteil Tage in %
1-3 Tage	32,3	4,7	34,8	5,9
4-7 Tage	29,1	11,0	31,5	13,5
8-14 Tage	19,5	15,3	17,9	15,7
15-21 Tage	6,9	9,1	5,8	8,6
22-28 Tage	3,4	6,3	2,8	5,9
29-42 Tage	3,6	9,5	2,9	8,5
> 42 Tage	5,1	44,0	4,2	41,8

Fehlzeiten-Report 2019

Tabelle 28.57 Tage der Arbeitsunfähigkeit je AOK-Mitglied nach Wirtschaftsabteilung und Betriebsgröße in der Branche Energie, Wasser, Entsorgung und Bergbau im Jahr 2018

Wirtschaftsabteilungen	Betriebsgröße (Anzahl der AOK-Mitglieder)					
	10–49	50–99	100–199	200–499	500–999	≥1.000
Abwasserentsorgung	26,7	30,7	27,5	27,0	–	–
Bergbau und Gewinnung von Steinen und Erden	23,1	19,6	22,8	21,7	–	–
Beseitigung von Umweltverschmutzungen und sonstige Entsorgung	25,5	24,3	42,4	–	–	–
Energieversorgung	18,3	19,1	20,6	20,8	23,5	–
Sammlung, Behandlung und Beseitigung von Abfällen, Rückgewinnung	26,9	30,0	33,3	33,6	43,4	35,7
Wasserversorgung	23,5	26,0	25,4	25,2	–	–
Branche gesamt	**23,8**	**25,7**	**27,4**	**26,0**	**35,8**	**35,7**
Alle Branchen	**20,5**	**22,5**	**22,7**	**22,6**	**22,7**	**22,6**

Fehlzeiten-Report 2019

28.4 · Energie, Wasser, Entsorgung und Bergbau

Tabelle 28.58 Krankenstand in Prozent nach Ausbildungsabschluss in der Branche Energie, Wasser, Entsorgung und Bergbau im Jahr 2018, AOK-Mitglieder

Wirtschafts-abteilungen	Ausbildung						
	Ohne Ausbildungsabschluss	Mit Ausbildungsabschluss	Meister/ Techniker	Bachelor	Diplom/ Magister/ Master/ Staatsexamen	Promotion	Unbekannt
Abwasserentsorgung	7,6	7,0	5,0	3,0	3,6	–	7,3
Bergbau und Gewinnung von Steinen und Erden	7,0	6,1	5,1	2,3	3,3	4,0	6,0
Beseitigung von Umweltverschmutzungen und sonstige Entsorgung	6,2	8,2	6,7	5,5	3,4	–	5,6
Energieversorgung	4,9	5,8	4,3	2,2	2,7	1,9	4,9
Sammlung, Behandlung und Beseitigung von Abfällen, Rückgewinnung	9,6	7,9	6,2	3,0	3,3	4,7	7,1
Wasserversorgung	7,1	7,1	4,9	2,7	4,0	–	6,0
Branche gesamt	**8,2**	**6,9**	**4,8**	**2,4**	**3,0**	**3,1**	**6,7**
Alle Branchen	**6,1**	**5,9**	**4,6**	**2,4**	**2,9**	**2,1**	**4,9**

Fehlzeiten-Report 2019

◻ **Tabelle 28.59** Tage der Arbeitsunfähigkeit je AOK-Mitglied nach Ausbildungsabschluss in der Branche Energie, Wasser, Entsorgung und Bergbau im Jahr 2018

Wirtschafts-abteilungen	Ausbildung						
	Ohne Ausbildungsabschluss	Mit Ausbildungsabschluss	Meister/Techniker	Bachelor	Diplom/Magister/Master/Staatsexamen	Promotion	Unbekannt
Abwasserentsorgung	27,7	25,4	18,2	11,0	13,2	–	26,5
Bergbau und Gewinnung von Steinen und Erden	25,4	22,3	18,6	8,5	12,0	14,4	21,9
Beseitigung von Umweltverschmutzungen und sonstige Entsorgung	22,5	29,9	24,5	20,1	12,3	–	20,4
Energieversorgung	18,0	21,1	15,6	7,9	9,8	7,0	17,8
Sammlung, Behandlung und Beseitigung von Abfällen, Rückgewinnung	34,9	29,0	22,7	11,1	12,0	17,2	26,1
Wasserversorgung	25,9	25,9	17,8	9,7	14,5	–	21,9
Branche gesamt	**29,9**	**25,2**	**17,6**	**8,9**	**10,9**	**11,4**	**24,3**
Alle Branchen	**22,2**	**21,6**	**16,7**	**8,7**	**10,7**	**7,7**	**18,1**

Fehlzeiten-Report 2019

◻ **Tabelle 28.60** Anteil der Arbeitsunfälle an den AU-Fällen und -Tagen in Prozent nach Wirtschaftsabteilungen in der Branche Energie, Wasser, Entsorgung und Bergbau im Jahr 2018, AOK-Mitglieder

Wirtschaftsabteilungen	AU-Fälle in %	AU-Tage in %
Abwasserentsorgung	3,4	6,4
Bergbau und Gewinnung von Steinen und Erden	4,3	9,6
Beseitigung von Umweltverschmutzungen und sonstige Entsorgung	3,8	5,7
Energieversorgung	2,2	4,5
Sammlung, Behandlung und Beseitigung von Abfällen, Rückgewinnung	4,8	9,1
Wasserversorgung	2,6	4,7
Branche gesamt	**3,8**	**7,7**
Alle Branchen	**3,0**	**5,8**

Fehlzeiten-Report 2019

28.4 · Energie, Wasser, Entsorgung und Bergbau

Tabelle 28.61 Tage und Fälle der Arbeitsunfähigkeit durch Arbeitsunfälle nach Berufsgruppen in der Branche Energie, Wasser, Entsorgung und Bergbau im Jahr 2018, AOK-Mitglieder

Tätigkeit	Arbeitsunfähigkeit je 1.000 AOK-Mitglieder	
	AU-Tage	AU-Fälle
Berufe in der Naturstein- u. Mineralaufbereitung	3.797,4	118,1
Berufe im Metallbau	3.498,8	137,4
Berufskraftfahrer/innen (Güterverkehr/LKW)	3.351,2	110,9
Berufe in der Abfallwirtschaft	2.917,9	106,6
Berufe in der Ver- u. Entsorgung (ohne Spez.)	2.846,0	117,3
Führer/innen von Erdbewegungs- u. verwandten Maschinen	2.625,1	83,0
Maschinen- u. Anlagenführer/innen	2.472,1	86,1
Berufe in der Lagerwirtschaft	2.404,0	100,6
Berufe im Berg- u. Tagebau	2.369,6	63,6
Berufe in der Kraftfahrzeugtechnik	2.317,1	110,2
Berufe in der Wasserversorgungs- u. Abwassertechnik	1.878,3	73,8
Berufe in der Maschinenbau- u. Betriebstechnik (ohne Spez.)	1.682,0	68,8
Berufe im Gartenbau (ohne Spez.)	1.496,8	81,8
Berufe in der Bauelektrik	1.414,3	56,8
Berufe in der Reinigung (ohne Spez.)	1.163,7	39,6
Berufe in der elektrischen Betriebstechnik	889,4	48,1
Aufsichts-/Führungskr. – Unternehmensorganisation u. -strategie	826,0	17,7
Berufe in der Energie- u. Kraftwerkstechnik	635,6	23,3
Kaufmännische u. technische Betriebswirtschaft (ohne Spez.)	337,9	13,0
Büro- u. Sekretariatskräfte (ohne Spez.)	266,7	12,9
Branche gesamt	**1.881,9**	**70,9**
Alle Branchen	**1.158,1**	**50,2**

Fehlzeiten-Report 2019

Tabelle 28.62 Tage und Fälle der Arbeitsunfähigkeit je 100 AOK-Mitglieder nach Krankheitsarten in der Branche Energie, Wasser, Entsorgung und Bergbau in den Jahren 1995 bis 2018

Jahr	Arbeitsunfähigkeiten je 100 AOK-Mitglieder											
	Psyche		Herz/Kreislauf		Atemwege		Verdauung		Muskel/Skelett		Verletzungen	
	Tage	Fälle	Tage	Fälle	Tage	Fälle	Tage	Fälle	Tage	Fälle	Tage	Fälle
1995	97,5	3,5	225,6	9,4	388,0	45,0	190,5	22,7	713,0	35,2	381,6	22,1
1996	95,0	3,4	208,2	8,5	345,8	40,8	168,6	21,0	664,2	32,2	339,2	19,3
1997	96,1	3,6	202,5	8,6	312,8	39,5	159,4	20,8	591,7	31,8	326,9	19,4
1998	100,6	3,9	199,5	8,9	314,8	40,6	156,4	20,8	637,4	34,3	315,3	19,4
1999	109,0	4,2	191,8	9,1	358,0	46,6	159,4	22,2	639,7	35,5	333,0	19,9
2000	117,1	4,7	185,3	8,4	305,5	40,2	140,8	18,6	681,8	37,5	354,0	20,5
2001	128,8	5,1	179,0	9,1	275,2	37,6	145,3	19,2	693,3	38,0	354,0	20,4
2002	123,5	5,5	176,2	9,2	262,8	36,7	144,0	20,2	678,0	38,3	343,6	19,6
2003	125,3	5,8	167,0	9,5	276,9	39,4	134,4	20,1	606,6	35,5	320,6	19,0
2004	136,6	5,7	179,8	8,9	241,9	33,9	143,2	20,2	583,5	34,5	301,5	17,7
2005	134,4	5,5	177,8	8,9	289,5	40,4	134,6	18,7	547,0	33,2	299,8	17,5
2006	131,5	5,6	180,1	8,9	232,2	33,7	131,8	19,3	540,1	32,9	294,5	17,7
2007	142,8	6,1	187,1	9,2	255,4	36,4	141,0	20,7	556,8	33,5	293,1	16,9
2008 (WZ03)	152,0	6,1	186,1	9,4	264,6	38,1	140,7	21,1	563,9	34,0	295,0	16,9
2008 (WZ08)[a]	161,5	6,7	212,6	10,5	293,0	39,4	167,2	23,3	674,7	40,3	361,8	20,4
2009	179,1	7,2	223,8	10,3	340,2	45,1	166,5	23,0	677,2	39,4	362,9	19,9
2010	186,4	7,7	216,5	10,5	303,4	40,9	156,5	21,5	735,2	42,5	406,8	21,8
2011	195,3	8,2	210,1	10,5	306,0	41,1	153,3	21,2	701,6	41,4	369,4	20,4
2012	218,5	8,4	230,4	10,6	300,0	40,6	162,6	21,4	723,8	40,9	378,1	19,6
2013	235,4	8,6	245,2	10,4	390,8	50,5	167,8	21,7	741,5	41,6	389,0	20,1
2014	244,4	9,5	251,2	10,9	312,8	41,9	170,7	22,5	792,9	43,3	394,5	19,8
2015	260,4	9,8	254,4	11,0	396,2	52,3	171,0	22,6	777,1	42,8	380,4	19,4
2016	262,3	10,1	232,4	11,3	368,5	50,4	161,0	22,7	801,2	44,0	393,4	19,8
2017	280,5	10,3	224,9	11,0	383,5	51,5	162,3	22,1	794,7	43,0	397,3	19,2
2018	277,3	10,4	222,9	11,2	413,9	54,5	157,4	21,6	782,1	42,7	394,3	19,3

[a] Aufgrund der Revision der Wirtschaftszweigklassifikation in 2008 ist eine Vergleichbarkeit mit den Vorjahren nur bedingt möglich

Fehlzeiten-Report 2019

28.4 · Energie, Wasser, Entsorgung und Bergbau

Tabelle 28.63 Verteilung der Arbeitsunfähigkeitstage nach Krankheitsarten in Prozent in der Branche Energie, Wasser, Entsorgung und Bergbau im Jahr 2018, AOK-Mitglieder

Wirtschaftsabteilungen	AU-Tage in %						
	Psyche	Herz/Kreislauf	Atemwege	Verdauung	Muskel/Skelett	Verletzungen	Sonstige
Abwasserentsorgung	9,2	6,6	11,8	5,0	24,2	10,9	32,2
Bergbau und Gewinnung von Steinen und Erden	6,3	7,5	11,4	5,2	23,7	13,7	32,1
Beseitigung von Umweltverschmutzungen und sonstige Entsorgung	5,9	9,1	12,1	5,1	23,3	11,6	32,9
Energieversorgung	9,8	6,1	15,0	4,8	20,4	11,0	32,9
Sammlung, Behandlung und Beseitigung von Abfällen, Rückgewinnung	8,2	7,0	11,8	4,7	25,5	12,3	30,5
Wasserversorgung	9,5	6,4	14,0	4,8	22,9	11,8	30,6
Branche gesamt	**8,5**	**6,8**	**12,6**	**4,8**	**23,9**	**12,0**	**31,3**
Alle Branchen	**11,3**	**5,3**	**13,3**	**4,7**	**22,0**	**10,9**	**32,4**

Fehlzeiten-Report 2019

Tabelle 28.64 Verteilung der Arbeitsunfähigkeitsfälle nach Krankheitsarten in Prozent in der Branche Energie, Wasser, Entsorgung und Bergbau im Jahr 2018, AOK-Mitglieder

Wirtschaftsabteilungen	AU-Fälle in %						
	Psyche	Herz/Kreislauf	Atemwege	Verdauung	Muskel/Skelett	Verletzungen	Sonstige
Abwasserentsorgung	4,1	4,7	21,5	8,8	17,3	7,6	36,1
Bergbau und Gewinnung von Steinen und Erden	3,4	5,1	21,2	8,9	17,4	8,7	35,2
Beseitigung von Umweltverschmutzungen und sonstige Entsorgung	3,8	5,7	21,8	8,3	17,4	8,4	34,6
Energieversorgung	4,4	4,0	26,2	9,0	13,9	6,9	35,6
Sammlung, Behandlung und Beseitigung von Abfällen, Rückgewinnung	4,4	4,7	20,4	8,7	19,6	8,4	33,8
Wasserversorgung	4,1	4,6	23,7	9,7	15,7	7,2	35,0
Branche gesamt	**4,3**	**4,6**	**22,3**	**8,8**	**17,5**	**7,9**	**34,6**
Alle Branchen	**5,1**	**3,7**	**23,9**	**8,4**	**15,4**	**7,0**	**36,5**

Fehlzeiten-Report 2019

◻ **Tabelle 28.65** Verteilung der Arbeitsunfähigkeitstage nach Krankheitsarten und ausgewählten Berufsgruppen in der Branche Energie, Wasser, Entsorgung und Bergbau im Jahr 2018, AOK-Mitglieder

Tätigkeit	AU-Tage in %						
	Psyche	Herz/ Kreislauf	Atemwege	Verdauung	Muskel/ Skelett	Verletzungen	Sonstige
Aufsichts-/Führungskr. – Unternehmensorganisation u. -strategie	9,2	6,6	17,3	6,4	12,7	10,3	37,5
Berufe im Berg- u. Tagebau	7,4	6,7	12,6	6,2	23,3	14,4	29,3
Berufe im Gartenbau (ohne Spez.)	8,6	6,5	13,5	5,0	27,8	9,5	29,1
Berufe im Metallbau	5,5	6,6	12,5	4,3	25,7	17,2	28,3
Berufe in der Abfallwirtschaft	8,3	6,9	11,5	4,0	25,0	12,5	31,9
Berufe in der Bauelektrik	7,1	7,7	13,6	4,6	21,7	13,6	31,7
Berufe in der elektrischen Betriebstechnik	6,8	6,1	16,9	6,0	17,8	15,0	31,4
Berufe in der Energie- u. Kraftwerkstechnik	7,2	7,8	14,4	5,8	22,6	10,0	32,1
Berufe in der Kraftfahrzeugtechnik	7,3	6,0	12,6	4,1	26,3	13,7	30,0
Berufe in der Lagerwirtschaft	8,1	6,9	11,8	4,9	25,9	12,6	29,9
Berufe in der Maschinenbau- u. Betriebstechnik (ohne Spez.)	7,0	5,0	14,6	5,3	25,1	14,9	28,2
Berufe in der Naturstein- u. Mineralaufbereitung	4,5	7,8	9,9	5,5	24,7	15,3	32,3
Berufe in der Reinigung (ohne Spez.)	12,1	4,9	12,0	3,2	28,2	7,7	31,9
Berufe in der Ver- u. Entsorgung (ohne Spez.)	8,3	6,4	12,4	4,8	26,8	11,7	29,4
Berufe in der Wasserversorgungs- u. Abwassertechnik	7,0	6,8	12,5	4,9	23,8	13,2	31,8
Berufskraftfahrer/innen (Güterverkehr/LKW)	7,4	8,2	10,5	4,6	25,9	13,0	30,4
Büro- u. Sekretariatskräfte (ohne Spez.)	13,3	5,4	17,4	4,8	13,9	8,2	37,0
Führer/innen von Erdbewegungs- u. verwandten Maschinen	5,8	8,4	10,5	5,0	24,5	14,5	31,3

Tabelle 28.65 (Fortsetzung)

Tätigkeit	AU-Tage in %						
	Psyche	Herz/ Kreislauf	Atem- wege	Ver- dauung	Muskel/ Skelett	Verlet- zungen	Sonstige
Kaufmännische u. technische Betriebswirtschaft (ohne Spez.)	13,5	4,6	18,9	4,8	14,2	7,6	36,4
Maschinen- u. Anlagenführer/innen	6,2	6,5	11,2	4,3	26,0	13,7	32,1
Branche gesamt	**8,5**	**6,8**	**12,6**	**4,8**	**23,9**	**12,0**	**31,3**
Alle Branchen	**11,3**	**5,3**	**13,3**	**4,7**	**22,0**	**10,9**	**32,4**

Fehlzeiten-Report 2019

Tabelle 28.66 Verteilung der Arbeitsunfähigkeitsfälle nach Krankheitsarten und ausgewählten Berufsgruppen in der Branche Energie, Wasser, Entsorgung und Bergbau im Jahr 2018, AOK-Mitglieder

Tätigkeit	AU-Fälle in %						
	Psyche	Herz/ Kreislauf	Atem- wege	Ver- dauung	Muskel/ Skelett	Verlet- zungen	Sonstige
Aufsichts-/Führungskr. – Unternehmensorganisation u. -strategie	4,2	4,8	29,4	9,0	10,8	5,1	36,6
Berufe im Berg- u. Tagebau	3,8	4,0	23,8	8,5	18,2	9,2	32,5
Berufe im Gartenbau (ohne Spez.)	4,6	4,9	20,3	8,5	21,6	8,3	31,9
Berufe im Metallbau	3,4	4,7	21,2	8,0	19,0	12,1	31,6
Berufe in der Abfallwirtschaft	3,6	4,9	20,5	8,2	19,9	8,8	34,1
Berufe in der Bauelektrik	3,3	4,6	24,2	9,1	15,7	8,4	34,7
Berufe in der elektrischen Betriebstechnik	3,1	2,6	29,8	8,7	11,8	8,8	35,3
Berufe in der Energie- u. Kraftwerkstechnik	4,3	5,7	22,4	9,5	16,9	6,4	34,8
Berufe in der Kraftfahrzeugtechnik	3,3	3,7	23,1	8,4	18,9	9,9	32,7
Berufe in der Lagerwirtschaft	4,0	4,5	20,3	8,6	20,2	8,7	33,7
Berufe in der Maschinenbau- u. Betriebstechnik (ohne Spez.)	3,7	3,5	24,8	9,3	16,5	9,1	33,2
Berufe in der Naturstein- u. Mineralaufbereitung	2,9	5,4	19,2	9,5	20,1	9,8	33,2
Berufe in der Reinigung (ohne Spez.)	5,5	5,2	20,5	8,0	18,8	5,6	36,2
Berufe in der Ver- u. Entsorgung (ohne Spez.)	4,4	4,3	20,6	8,4	21,3	8,6	32,3
Berufe in der Wasserversorgungs- u. Abwassertechnik	3,6	4,5	21,6	9,5	17,1	8,5	35,3
Berufskraftfahrer/innen (Güterverkehr/LKW)	4,3	5,6	18,5	8,7	20,3	8,6	34,0
Büro- u. Sekretariatskräfte (ohne Spez.)	5,4	3,3	28,3	9,0	9,4	4,9	39,7
Führer/innen von Erdbewegungs- u. verwandten Maschinen	3,2	5,9	18,6	9,1	18,4	9,0	35,7

Tabelle 28.66 (Fortsetzung)

Tätigkeit	AU-Fälle in %						
	Psyche	Herz/Kreislauf	Atemwege	Verdauung	Muskel/Skelett	Verletzungen	Sonstige
Kaufmännische u. technische Betriebswirtschaft (ohne Spez.)	5,0	3,2	29,7	9,3	10,0	4,7	38,2
Maschinen- u. Anlagenführer/innen	4,3	5,0	20,0	8,7	19,3	8,7	34,0
Branche gesamt	**4,3**	**4,6**	**22,3**	**8,8**	**17,5**	**7,9**	**34,6**
Alle Branchen	**5,1**	**3,7**	**23,9**	**8,4**	**15,4**	**7,0**	**36,5**

Fehlzeiten-Report 2019

◘ **Tabelle 28.67** Anteile der 40 häufigsten Einzeldiagnosen an den AU-Fällen und AU-Tagen in der Branche Energie, Wasser, Entsorgung und Bergbau im Jahr 2018, AOK-Mitglieder

ICD-10	Bezeichnung	AU-Fälle in %	AU-Tage in %
J06	Akute Infektionen an mehreren oder nicht näher bezeichneten Lokalisationen der oberen Atemwege	9,5	4,6
M54	Rückenschmerzen	6,5	6,5
A09	Sonstige und nicht näher bezeichnete Gastroenteritis und Kolitis infektiösen und nicht näher bezeichneten Ursprungs	3,6	1,2
K08	Sonstige Krankheiten der Zähne und des Zahnhalteapparates	2,2	0,4
I10	Essentielle (primäre) Hypertonie	2,1	1,8
J20	Akute Bronchitis	2,0	1,2
B34	Viruskrankheit nicht näher bezeichneter Lokalisation	1,7	0,8
J40	Bronchitis, nicht als akut oder chronisch bezeichnet	1,4	0,8
K52	Sonstige nichtinfektiöse Gastroenteritis und Kolitis	1,4	0,5
R10	Bauch- und Beckenschmerzen	1,3	0,6
M25	Sonstige Gelenkkrankheiten, anderenorts nicht klassifiziert	1,2	1,5
T14	Verletzung an einer nicht näher bezeichneten Körperregion	1,2	1,2
F43	Reaktionen auf schwere Belastungen und Anpassungsstörungen	1,1	1,7
K29	Gastritis und Duodenitis	1,0	0,5
M75	Schulterläsionen	0,9	2,1
M51	Sonstige Bandscheibenschäden	0,9	2,1
M99	Biomechanische Funktionsstörungen, anderenorts nicht klassifiziert	0,9	0,7
R51	Kopfschmerz	0,9	0,4
F32	Depressive Episode	0,8	2,4
M77	Sonstige Enthesopathien	0,8	0,9
M79	Sonstige Krankheiten des Weichteilgewebes, anderenorts nicht klassifiziert	0,8	0,7
J11	Grippe, Viren nicht nachgewiesen	0,8	0,5
J01	Akute Sinusitis	0,8	0,4
J02	Akute Pharyngitis	0,8	0,4
J00	Akute Rhinopharyngitis [Erkältungsschnupfen]	0,8	0,4
M53	Sonstige Krankheiten der Wirbelsäule und des Rückens, anderenorts nicht klassifiziert	0,7	0,7
J03	Akute Tonsillitis	0,7	0,4
J32	Chronische Sinusitis	0,7	0,4
R11	Übelkeit und Erbrechen	0,7	0,3

Tabelle 28.67 (Fortsetzung)

ICD-10	Bezeichnung	AU-Fälle in %	AU-Tage in %
Z98	Sonstige Zustände nach chirurgischem Eingriff	0,6	1,5
M23	Binnenschädigung des Kniegelenkes [internal derangement]	0,6	1,3
I25	Chronische ischämische Herzkrankheit	0,6	1,2
S93	Luxation, Verstauchung und Zerrung der Gelenke und Bänder in Höhe des oberen Sprunggelenkes und des Fußes	0,6	0,8
R53	Unwohlsein und Ermüdung	0,6	0,5
E11	Diabetes mellitus, Typ 2	0,6	0,5
R42	Schwindel und Taumel	0,6	0,4
J98	Sonstige Krankheiten der Atemwege	0,6	0,3
G47	Schlafstörungen	0,5	0,6
E78	Störungen des Lipoproteinstoffwechsels und sonstige Lipidämien	0,5	0,4
B99	Sonstige und nicht näher bezeichnete Infektionskrankheiten	0,5	0,3
	Summe hier	**54,5**	**43,9**
	Restliche	45,5	56,1
	Gesamtsumme	**100,0**	**100,0**

Fehlzeiten-Report 2019

Tabelle 28.68 Anteile der 40 häufigsten Diagnoseuntergruppen an den AU-Fällen und AU-Tagen in der Branche Energie, Wasser, Entsorgung und Bergbau im Jahr 2018, AOK-Mitglieder

ICD-10	Bezeichnung	AU-Fälle in %	AU-Tage in %
J00–J06	Akute Infektionen der oberen Atemwege	13,4	6,5
M50–M54	Sonstige Krankheiten der Wirbelsäule und des Rückens	7,8	8,6
A00–A09	Infektiöse Darmkrankheiten	4,5	1,6
R50–R69	Allgemeinsymptome	3,1	2,4
M70–M79	Sonstige Krankheiten des Weichteilgewebes	3,0	4,4
K00–K14	Krankheiten der Mundhöhle, der Speicheldrüsen und der Kiefer	2,7	0,6
J40–J47	Chronische Krankheiten der unteren Atemwege	2,5	2,0
F40–F48	Neurotische, Belastungs- und somatoforme Störungen	2,4	4,1
I10–I15	Hypertonie [Hochdruckkrankheit]	2,4	2,1
J20–J22	Sonstige akute Infektionen der unteren Atemwege	2,4	1,4
R10–R19	Symptome, die das Verdauungssystem und das Abdomen betreffen	2,3	1,2
Z80–Z99	Personen mit potentiellen Gesundheitsrisiken aufgrund der Familien- oder Eigenanamnese und bestimmte Zustände, die den Gesundheitszustand beeinflussen	1,9	3,4
B25–B34	Sonstige Viruskrankheiten	1,9	0,9
M20–M25	Sonstige Gelenkkrankheiten	1,8	3,0
K50–K52	Nichtinfektiöse Enteritis und Kolitis	1,7	0,7
K20–K31	Krankheiten des Ösophagus, des Magens und des Duodenums	1,6	0,8
T08–T14	Verletzungen nicht näher bezeichneter Teile des Rumpfes, der Extremitäten oder anderer Körperregionen	1,5	1,5
R00–R09	Symptome, die das Kreislaufsystem und das Atmungssystem betreffen	1,5	1,0
G40–G47	Episodische und paroxysmale Krankheiten des Nervensystems	1,3	1,2
J09–J18	Grippe und Pneumonie	1,3	1,0
F30–F39	Affektive Störungen	1,2	3,6
K55–K64	Sonstige Krankheiten des Darmes	1,2	0,9
J30–J39	Sonstige Krankheiten der oberen Atemwege	1,2	0,7
S90–S99	Verletzungen der Knöchelregion und des Fußes	1,1	1,5
E70–E90	Stoffwechselstörungen	1,1	0,8
M15–M19	Arthrose	1,0	2,6
S80–S89	Verletzungen des Knies und des Unterschenkels	1,0	2,1
S60–S69	Verletzungen des Handgelenkes und der Hand	1,0	1,7

28.4 · Energie, Wasser, Entsorgung und Bergbau

Tabelle 28.68 (Fortsetzung)

ICD-10	Bezeichnung	AU-Fälle in %	AU-Tage in %
M95–M99	Sonstige Krankheiten des Muskel-Skelett-Systems und des Bindegewebes	1,0	0,9
I20–I25	Ischämische Herzkrankheiten	0,8	1,6
J95–J99	Sonstige Krankheiten des Atmungssystems	0,8	0,5
I30–I52	Sonstige Formen der Herzkrankheit	0,7	1,2
M05–M14	Entzündliche Polyarthropathien	0,7	0,8
E10–E14	Diabetes mellitus	0,7	0,8
R40–R46	Symptome, die das Erkennungs- und Wahrnehmungsvermögen, die Stimmung und das Verhalten betreffen	0,7	0,6
Z00–Z13	Personen, die das Gesundheitswesen zur Untersuchung und Abklärung in Anspruch nehmen	0,7	0,4
C00–C75	Bösartige Neubildungen an genau bezeichneten Lokalisationen, als primär festgestellt oder vermutet, ausgenommen lymphatisches, blutbildendes und verwandtes Gewebe	0,6	2,1
M45–M49	Spondylopathien	0,6	1,2
G50–G59	Krankheiten von Nerven, Nervenwurzeln und Nervenplexus	0,6	1,2
Z40–Z54	Personen, die das Gesundheitswesen zum Zwecke spezifischer Maßnahmen und zur medizinischen Betreuung in Anspruch nehmen	0,6	1,0
	Summe hier	**78,3**	**74,6**
	Restliche	21,7	25,4
	Gesamtsumme	**100,0**	**100,0**

Fehlzeiten-Report 2019

28.5 Erziehung und Unterricht

Entwicklung des Krankenstands der AOK-Mitglieder in der Branche Erziehung und Unterricht in den Jahren 1994 bis 2018	Tab. 28.69
Arbeitsunfähigkeit der AOK-Mitglieder in der Branche Erziehung und Unterricht nach Bundesländern im Jahr 2018 im Vergleich zum Vorjahr	Tab. 28.70
Arbeitsunfähigkeit der AOK-Mitglieder nach Wirtschaftsabteilungen in der Branche Erziehung und Unterricht im Jahr 2018	Tab. 28.71
Kennzahlen der Arbeitsunfähigkeit nach ausgewählten Berufsgruppen in der Branche Erziehung und Unterricht im Jahr 2018	Tab. 28.72
Dauer der Arbeitsunfähigkeit der AOK-Mitglieder in der Branche Erziehung und Unterricht im Jahr 2018	Tab. 28.73
Tage der Arbeitsunfähigkeit je AOK-Mitglied nach Wirtschaftsabteilung und Betriebsgröße in der Branche Erziehung und Unterricht im Jahr 2018	Tab. 28.74
Krankenstand in Prozent nach Ausbildungsabschluss in der Branche Erziehung und Unterricht im Jahr 2018, AOK-Mitglieder	Tab. 28.75
Tage der Arbeitsunfähigkeit je AOK-Mitglied nach Ausbildungsabschluss in der Branche Erziehung und Unterricht im Jahr 2018	Tab. 28.76
Anteil der Arbeitsunfälle an den AU-Fällen und -Tagen in Prozent nach Wirtschaftsabteilungen in der Branche Erziehung und Unterricht im Jahr 2018, AOK-Mitglieder	Tab. 28.77
Tage und Fälle der Arbeitsunfähigkeit durch Arbeitsunfälle nach Berufsgruppen in der Branche Erziehung und Unterricht im Jahr 2018, AOK-Mitglieder	Tab. 28.78
Tage und Fälle der Arbeitsunfähigkeit je 100 AOK-Mitglieder nach Krankheitsarten in der Branche Erziehung und Unterricht in den Jahren 2000 bis 2018	Tab. 28.79
Verteilung der Arbeitsunfähigkeitstage nach Krankheitsarten in Prozent in der Branche Erziehung und Unterricht im Jahr 2018, AOK-Mitglieder	Tab. 28.80
Verteilung der Arbeitsunfähigkeitsfälle nach Krankheitsarten in Prozent in der Branche Erziehung und Unterricht im Jahr 2018, AOK-Mitglieder	Tab. 28.81
Verteilung der Arbeitsunfähigkeitstage nach Krankheitsarten und ausgewählten Berufsgruppen in der Branche Erziehung und Unterricht im Jahr 2018, AOK-Mitglieder	Tab. 28.82
Verteilung der Arbeitsunfähigkeitsfälle nach Krankheitsarten und ausgewählten Berufsgruppen in der Branche Erziehung und Unterricht im Jahr 2018, AOK-Mitglieder	Tab. 28.83
Anteile der 40 häufigsten Einzeldiagnosen an den AU-Fällen und AU-Tagen in der Branche Erziehung und Unterricht im Jahr 2018, AOK-Mitglieder	Tab. 28.84
Anteile der 40 häufigsten Diagnoseuntergruppen an den AU-Fällen und AU-Tagen in der Branche Erziehung und Unterricht im Jahr 2018, AOK-Mitglieder	Tab. 28.85

28.5 · Erziehung und Unterricht

Tabelle 28.69 Entwicklung des Krankenstands der AOK-Mitglieder in der Branche Erziehung und Unterricht in den Jahren 1994 bis 2018

Jahr	Krankenstand in %			AU-Fälle je 100 AOK-Mitglieder			Tage je Fall		
	West	Ost	Bund	West	Ost	Bund	West	Ost	Bund
1994	6,0	8,3	6,8	180,5	302,8	226,3	12,0	10,1	11,0
1995	6,1	9,8	7,5	193,8	352,2	253,3	11,5	10,2	10,8
1996	6,0	9,5	7,5	220,6	364,8	280,3	10,0	9,5	9,7
1997	5,8	8,9	7,0	226,2	373,6	280,6	9,4	8,7	9,0
1998	5,9	8,4	6,9	237,2	376,1	289,1	9,1	8,2	8,7
1999	6,1	9,3	7,3	265,2	434,8	326,8	8,4	7,8	8,1
2000	6,3	9,2	7,3	288,2	497,8	358,3	8,0	6,8	7,5
2001	6,1	8,9	7,1	281,6	495,1	352,8	7,9	6,6	7,3
2002	5,6	8,6	6,6	267,2	507,0	345,5	7,7	6,2	7,0
2003	5,3	7,7	6,1	259,4	477,4	332,4	7,4	5,9	6,7
2004	5,1	7,0	5,9	247,5	393,6	304,7	7,6	6,5	7,0
2005	4,6	6,6	5,4	227,8	387,2	292,1	7,4	6,2	6,8
2006	4,4	6,1	5,1	223,0	357,5	277,6	7,2	6,2	6,7
2007	4,7	6,1	5,3	251,4	357,2	291,0	6,9	6,2	6,6
2008 (WZ03)	5,0	6,2	5,4	278,0	349,8	303,4	6,6	6,4	6,6
2008 (WZ08)[a]	5,0	6,2	5,4	272,1	348,5	297,4	6,7	6,5	6,6
2009	5,2	6,5	5,6	278,2	345,3	297,9	6,8	6,9	6,9
2010	5,1	5,7	5,3	262,4	278,0	267,6	7,1	7,5	7,3
2011	4,6	5,1	4,7	212,9	247,4	220,9	7,8	7,5	7,8
2012	4,8	5,8	5,0	238,6	256,0	242,4	7,4	8,3	7,6
2013	4,4	4,9	4,5	192,8	184,5	191,2	8,3	9,7	8,5
2014	4,6	4,9	4,6	188,1	179,2	186,4	8,9	9,9	9,1
2015	4,8	5,0	4,8	195,2	184,6	193,1	8,9	9,8	9,1
2016	4,8	5,0	4,8	193,1	182,3	190,2	9,1	10,0	9,3
2017	4,8	5,2	4,8	184,0	182,1	183,0	9,4	10,4	9,7
2018	4,9	5,4	5,0	187,4	185,7	186,5	9,5	10,5	9,8

[a] Aufgrund der Revision der Wirtschaftszweigklassifikation in 2008 ist eine Vergleichbarkeit mit den Vorjahren nur bedingt möglich

Fehlzeiten-Report 2019

◻ **Tabelle 28.70** Arbeitsunfähigkeit der AOK-Mitglieder in der Branche Erziehung und Unterricht nach Bundesländern im Jahr 2018 im Vergleich zum Vorjahr

Bundesland	Kranken-stand in %	Arbeitsunfähigkeit je 100 AOK-Mitglieder				Tage je Fall	Veränd. z. Vorj. in %	AU-Quote in %
		AU-Fälle	Veränd. z. Vorj. in %	AU-Tage	Veränd. z. Vorj. in %			
Baden-Württemberg	4,5	174,7	4,3	1.646,2	4,6	9,4	0,4	57,3
Bayern	4,2	149,7	2,1	1.525,8	3,3	10,2	1,2	51,6
Berlin	5,5	242,7	2,0	1.996,1	2,8	8,2	0,8	58,7
Brandenburg	5,3	176,7	8,7	1.917,1	−0,8	10,8	−8,7	55,9
Bremen	5,7	193,8	2,3	2.078,5	−0,3	10,7	−2,5	53,5
Hamburg	4,7	183,1	3,2	1.718,6	2,0	9,4	−1,1	48,3
Hessen	5,5	221,1	0,5	2.010,8	−0,5	9,1	−1,0	59,2
Mecklenburg-Vorpommern	5,3	194,2	−4,8	1.938,6	3,6	10,0	8,8	55,7
Niedersachsen	5,5	207,9	0,6	1.995,1	2,2	9,6	1,6	61,4
Nordrhein-Westfalen	5,1	196,6	−0,2	1.854,1	4,0	9,4	4,2	57,1
Rheinland-Pfalz	5,9	229,4	2,9	2.147,7	−0,1	9,4	−2,9	64,9
Saarland	5,8	220,4	0,1	2.110,2	1,3	9,6	1,2	62,0
Sachsen	5,1	183,0	1,8	1.850,4	1,3	10,1	−0,4	62,6
Sachsen-Anhalt	5,9	180,4	0,5	2.155,7	4,8	11,9	4,4	57,0
Schleswig-Holstein	5,4	188,5	−0,6	1.972,6	2,3	10,5	2,9	55,4
Thüringen	6,1	199,3	4,3	2.224,2	8,6	11,2	4,1	63,4
West	4,9	187,4	1,8	**1.788,8**	3,0	9,5	1,2	56,7
Ost	5,4	185,7	2,0	1.955,8	3,0	10,5	0,9	61,4
Bund	5,0	186,5	1,9	1.822,3	3,1	9,8	1,1	57,6

Fehlzeiten-Report 2019

28.5 · Erziehung und Unterricht

Tabelle 28.71 Arbeitsunfähigkeit der AOK-Mitglieder nach Wirtschaftsabteilungen in der Branche Erziehung und Unterricht im Jahr 2018

Wirtschaftsabteilungen	Krankenstand in %		Arbeitsunfähigkeiten je 100 AOK-Mitglieder		Tage je Fall	AU-Quote in %
	2018	2018 stand.[a]	Fälle	Tage		
Erbringung von Dienstleistungen für den Unterricht	3,7	3,5	144,8	1.364,6	9,4	50,0
Grundschulen	5,0	4,4	160,4	1.815,9	11,3	57,5
Kindergärten und Vorschulen	5,7	5,8	222,6	2.093,5	9,4	68,1
Sonstiger Unterricht	5,1	5,0	212,9	1.870,8	8,8	55,3
Tertiärer und postsekundärer, nicht tertiärer Unterricht	3,4	4,1	119,7	1.223,3	10,2	41,9
Weiterführende Schulen	5,1	4,4	165,6	1.845,0	11,1	56,1
Branche gesamt	**5,0**	**4,7**	**186,5**	**1.822,3**	**9,8**	**57,6**
Alle Branchen	**5,5**	**5,6**	**169,1**	**1.991,6**	**11,8**	**54,1**

[a] rankenstand alters- und geschlechtsstandardisiert

Fehlzeiten-Report 2019

◨ **Tabelle 28.72** Kennzahlen der Arbeitsunfähigkeit nach ausgewählten Berufsgruppen in der Branche Erziehung und Unterricht im Jahr 2018

Tätigkeit	Kranken-stand in %	Arbeitsunfähigkeit je 100 AOK-Mitglieder		Tage je Fall	AU-Quote in %	Anteil der Berufs-gruppe an der Branche in %[a]
		AU-Fälle	AU-Tage			
Aufsichts-/Führungskr. – Erziehung, Sozialarbeit, Heilerziehungspflege	4,6	160,7	1.685,6	10,5	63,6	1,0
Berufe im Verkauf (Ohne Spez.)	7,6	498,8	2.770,5	5,6	65,4	1,3
Berufe in der betrieblichen Ausbildung u. Betriebs-pädagogik	5,5	164,7	2.004,9	12,2	59,8	1,0
Berufe in der Erwachse-nenbildung (ohne Spez.)	4,1	143,9	1.500,2	10,4	50,1	1,4
Berufe in der Erziehungs-wissenschaft	5,1	186,9	1.876,6	10,0	60,0	1,6
Berufe in der Gebäude-technik (ohne Spez.)	6,3	147,4	2.299,8	15,6	59,2	1,4
Berufe in der Gesundheits- u. Krankenpflege (ohne Spez.)	4,7	216,0	1.718,9	8,0	59,9	1,2
Berufe in der Hauswirt-schaft	7,6	229,7	2.771,3	12,1	68,6	1,7
Berufe in der Hochschul-lehre u. -forschung	1,2	53,6	443,8	8,3	24,3	8,2
Berufe in der Kinderbe-treuung u. -erziehung	5,5	227,4	2.005,2	8,8	68,6	30,4
Berufe in der öffentlichen Verwaltung (ohne Spez.)	4,3	149,5	1.581,2	10,6	54,5	2,0
Berufe in der Reinigung (ohne Spez.)	8,2	187,7	2.984,2	15,9	66,7	5,0
Berufe in der Sozialarbeit u. Sozialpädagogik	4,5	173,6	1.645,3	9,5	58,4	2,0
Berufe in Heiler-ziehungspflege u. Sonderpädagogik	6,0	213,1	2.173,1	10,2	65,1	1,4
Büro- u. Sekretariatskräfte (ohne Spez.)	4,4	173,6	1.616,8	9,3	53,8	5,3
Fahrlehrer/innen	3,8	105,6	1.380,9	13,1	44,0	1,2
Köche/Köchinnen (ohne Spez.)	7,4	210,9	2.719,2	12,9	65,8	1,9

28.5 · Erziehung und Unterricht

Tabelle 28.72 (Fortsetzung)

Tätigkeit	Kranken-stand in %	Arbeitsunfähigkeit je 100 AOK-Mitglieder		Tage je Fall	AU-Quote in %	Anteil der Berufsgruppe an der Branche in %[a]
		AU-Fälle	AU-Tage			
Lehrkräfte für berufsbildende Fächer	4,0	126,2	1.466,2	11,6	49,7	2,5
Lehrkräfte in der Primarstufe	3,5	133,8	1.270,7	9,5	47,1	2,2
Lehrkräfte in der Sekundarstufe	4,2	138,8	1.533,6	11,0	52,5	7,7
Branche gesamt	**5,0**	**186,5**	**1.822,3**	**9,8**	**57,6**	**2,7[b]**

[a] Anteil der AOK-Mitglieder in der Berufsgruppe an den in der Branche beschäftigten AOK-Mitgliedern insgesamt
[b] Anteil der AOK-Mitglieder in der Branche an allen AOK-Mitgliedern
Fehlzeiten-Report 2019

Tabelle 28.73 Dauer der Arbeitsunfähigkeit der AOK-Mitglieder in der Branche Erziehung und Unterricht im Jahr 2018

Fallklasse	Branche hier		Alle Branchen	
	Anteil Fälle in %	Anteil Tage in %	Anteil Fälle in %	Anteil Tage in %
1–3 Tage	40,4	8,3	34,8	5,9
4–7 Tage	31,0	15,7	31,5	13,5
8–14 Tage	16,3	17,0	17,9	15,7
15–21 Tage	4,6	8,2	5,8	8,6
22–28 Tage	2,3	5,8	2,8	5,9
29–42 Tage	2,2	7,9	2,9	8,5
> 42 Tage	3,1	37,2	4,2	41,8

Fehlzeiten-Report 2019

Tabelle 28.74 Tage der Arbeitsunfähigkeit je AOK-Mitglied nach Wirtschaftsabteilung und Betriebsgröße in der Branche Erziehung und Unterricht im Jahr 2018

Wirtschaftsabteilungen	Betriebsgröße (Anzahl der AOK-Mitglieder)					
	10–49	50–99	100–199	200–499	500–999	≥1.000
Erbringung von Dienstleistungen für den Unterricht	11,9	–	–	–	–	–
Grundschulen	17,8	17,1	22,8	20,8	21,4	–
Kindergärten und Vorschulen	20,5	22,2	23,3	26,9	30,2	30,1
Sonstiger Unterricht	20,0	23,7	22,1	26,7	18,8	–
Tertiärer und post-sekundärer, nicht tertiärer Unterricht	11,6	13,3	14,1	12,0	12,1	13,2
Weiterführende Schulen	18,9	20,0	19,5	23,5	22,3	17,3
Branche gesamt	**19,0**	**20,3**	**20,3**	**17,2**	**17,6**	**16,5**
Alle Branchen	**20,5**	**22,5**	**22,7**	**22,6**	**22,7**	**22,6**

Fehlzeiten-Report 2019

Tabelle 28.75 Krankenstand in Prozent nach Ausbildungsabschluss in der Branche Erziehung und Unterricht im Jahr 2018, AOK-Mitglieder

Wirtschafts-abteilungen	Ausbildung						
	Ohne Ausbildungsabschluss	Mit Ausbildungsabschluss	Meister/ Techniker	Bachelor	Diplom/ Magister/ Master/ Staatsexamen	Promotion	Unbekannt
Erbringung von Dienstleistungen für den Unterricht	3,3	4,0	5,5	1,9	3,1	–	4,2
Grundschulen	5,8	6,0	6,7	3,2	3,8	8,2	4,8
Kindergärten und Vorschulen	6,6	5,7	6,2	4,5	4,7	2,7	5,9
Sonstiger Unterricht	6,6	5,3	5,3	3,0	3,6	3,4	4,8
Tertiärer und post-sekundärer, nicht tertiärer Unterricht	5,4	6,0	4,7	1,5	1,7	1,2	4,1
Weiterführende Schulen	7,1	5,8	5,9	2,7	4,2	3,0	5,1
Branche gesamt	**6,5**	**5,7**	**5,9**	**2,7**	**3,2**	**1,5**	**5,2**
Alle Branchen	**6,1**	**5,9**	**4,6**	**2,4**	**2,9**	**2,1**	**4,9**

Fehlzeiten-Report 2019

28.5 · Erziehung und Unterricht

Tabelle 28.76 Tage der Arbeitsunfähigkeit je AOK-Mitglied nach Ausbildungsabschluss in der Branche Erziehung und Unterricht im Jahr 2018

Wirtschafts-abteilungen	Ausbildung						
	Ohne Ausbildungsabschluss	Mit Ausbildungsabschluss	Meister/Techniker	Bachelor	Diplom/Magister/Master/Staatsexamen	Promotion	Unbekannt
Erbringung von Dienstleistungen für den Unterricht	12,2	14,4	19,9	7,1	11,4	–	15,3
Grundschulen	21,2	21,8	24,5	11,5	13,9	30,1	17,6
Kindergärten und Vorschulen	24,2	20,7	22,6	16,5	17,2	10,0	21,5
Sonstiger Unterricht	24,1	19,4	19,4	10,9	13,1	12,5	17,4
Tertiärer und post-sekundärer, nicht tertiärer Unterricht	19,8	21,8	17,0	5,6	6,1	4,4	15,1
Weiterführende Schulen	25,8	21,1	21,6	9,8	15,3	10,8	18,8
Branche gesamt	**23,7**	**20,7**	**21,6**	**10,0**	**11,7**	**5,6**	**18,8**
Alle Branchen	**22,2**	**21,6**	**16,7**	**8,7**	**10,7**	**7,7**	**18,1**

Fehlzeiten-Report 2019

Tabelle 28.77 Anteil der Arbeitsunfälle an den AU-Fällen und -Tagen in Prozent nach Wirtschaftsabteilungen in der Branche Erziehung und Unterricht im Jahr 2018, AOK-Mitglieder

Wirtschaftsabteilungen	AU-Fälle in %	AU-Tage in %
Erbringung von Dienstleistungen für den Unterricht	2,2	1,7
Grundschulen	1,6	2,9
Kindergärten und Vorschulen	1,2	2,6
Sonstiger Unterricht	1,8	3,9
Tertiärer und post-sekundärer, nicht tertiärer Unterricht	1,3	2,9
Weiterführende Schulen	1,5	3,1
Branche gesamt	**1,4**	**3,0**
Alle Branchen	**3,0**	**5,8**

Fehlzeiten-Report 2019

◨ **Tabelle 28.78** Tage und Fälle der Arbeitsunfähigkeit durch Arbeitsunfälle nach Berufsgruppen in der Branche Erziehung und Unterricht im Jahr 2018, AOK-Mitglieder

Tätigkeit	Arbeitsunfähigkeit je 1.000 AOK-Mitglieder	
	AU-Tage	AU-Fälle
Berufe in der Gebäudetechnik (ohne Spez.)	1.404,5	52,0
Berufe in der betrieblichen Ausbildung u. Betriebspädagogik	917,2	36,9
Köche/Köchinnen (ohne Spez.)	914,3	41,4
Berufe in Heilerziehungspflege u. Sonderpädagogik	894,7	38,6
Berufe in der Reinigung (ohne Spez.)	787,5	26,9
Berufe in der Hauswirtschaft	684,9	40,3
Berufe im Verkauf (Ohne Spez.)	632,1	56,1
Berufe in der Gesundheits- u. Krankenpflege (ohne Spez.)	539,7	31,0
Berufe in der Kinderbetreuung u. -erziehung	521,8	27,8
Fahrlehrer/innen	511,1	30,7
Aufsichts-/Führungskr. – Erziehung, Sozialarbeit, Heilerziehungspflege	475,4	21,2
Berufe in der Erziehungswissenschaft	474,9	22,9
Berufe in der Erwachsenenbildung (ohne Spez.)	459,2	16,9
Lehrkräfte in der Sekundarstufe	400,4	17,1
Büro- u. Sekretariatskräfte (ohne Spez.)	391,1	15,7
Berufe in der Sozialarbeit u. Sozialpädagogik	374,6	20,2
Lehrkräfte in der Primarstufe	351,6	17,2
Lehrkräfte für berufsbildende Fächer	339,1	13,6
Berufe in der öffentlichen Verwaltung (ohne Spez.)	333,2	13,3
Berufe in der Hochschullehre u. -forschung	103,1	6,7
Branche gesamt	**553,2**	**26,5**
Alle Branchen	**1.158,1**	**50,2**

Fehlzeiten-Report 2019

28.5 · Erziehung und Unterricht

Tabelle 28.79 Tage und Fälle der Arbeitsunfähigkeit je 100 AOK-Mitglieder nach Krankheitsarten in der Branche Erziehung und Unterricht in den Jahren 2000 bis 2018

Jahr	Arbeitsunfähigkeiten je 100 AOK-Mitglieder											
	Psyche		Herz/Kreislauf		Atemwege		Verdauung		Muskel/Skelett		Verletzungen	
	Tage	Fälle	Tage	Fälle	Tage	Fälle	Tage	Fälle	Tage	Fälle	Tage	Fälle
2000	200,3	13,3	145,3	16,1	691,6	122,5	268,8	55,4	596,0	56,0	357,1	33,8
2001	199,2	13,9	140,8	16,1	681,8	125,5	265,8	55,8	591,4	56,8	342,0	32,9
2002	199,6	14,2	128,7	15,3	623,5	118,9	257,3	57,3	538,7	54,4	327,0	32,0
2003	185,4	13,5	120,7	14,8	596,5	116,5	239,2	55,5	470,6	48,9	296,4	30,0
2004	192,8	14,0	121,5	12,7	544,1	101,0	245,2	53,0	463,3	46,9	302,8	29,1
2005	179,7	12,5	102,4	11,0	557,4	104,0	216,9	49,3	388,1	40,2	281,7	27,7
2006	174,6	12,0	99,8	11,2	481,8	92,8	215,6	50,0	365,9	38,0	282,7	27,7
2007	191,0	12,9	97,1	10,5	503,6	97,6	229,8	52,9	366,9	38,5	278,0	27,1
2008 (WZ03)	201,0	13,5	96,2	10,5	506,8	99,1	237,3	55,8	387,0	40,8	282,0	27,9
2008 (WZ08)[a]	199,5	13,3	97,6	10,4	498,4	97,3	232,6	54,5	387,1	40,3	279,3	27,2
2009	226,5	14,7	102,7	9,9	557,5	103,5	223,7	50,2	382,8	39,2	265,2	24,7
2010	261,4	14,9	98,1	9,3	460,6	86,6	176,9	39,0	387,7	36,3	253,5	21,9
2011	263,0	13,7	99,1	8,0	394,8	72,3	146,3	30,0	351,0	30,0	205,5	16,1
2012	297,7	15,6	104,0	8,6	408,8	76,8	161,2	33,7	374,0	33,3	233,9	18,4
2013	278,6	12,4	102,4	7,0	403,4	70,5	123,3	23,6	346,7	26,2	178,9	12,8
2014	316,3	13,6	111,8	7,5	349,4	62,8	127,5	23,5	374,8	26,9	186,8	12,8
2015	326,3	13,6	112,8	7,4	410,7	70,7	125,3	22,8	370,6	26,0	180,5	12,2
2016	342,1	13,9	102,8	7,4	395,1	68,8	119,3	22,2	376,9	26,0	183,1	12,0
2017	355,2	14,0	102,1	7,2	398,2	67,3	113,6	20,1	374,6	24,7	186,5	11,7
2018	365,4	14,0	101,5	7,2	424,5	69,8	111,3	19,8	372,5	24,4	186,8	11,6

[a] Aufgrund der Revision der Wirtschaftszweigklassifikation in 2008 ist eine Vergleichbarkeit mit den Vorjahren nur bedingt möglich
Fehlzeiten-Report 2019

Tabelle 28.80 Verteilung der Arbeitsunfähigkeitstage nach Krankheitsarten in Prozent in der Branche Erziehung und Unterricht im Jahr 2018, AOK-Mitglieder

Wirtschaftsabteilungen	AU-Tage in %						
	Psyche	Herz/ Kreislauf	Atem- wege	Ver- dauung	Muskel/ Skelett	Verlet- zungen	Sonstige
Erbringung von Dienstleistungen für den Unterricht	7,4	3,1	26,2	3,7	11,8	4,4	43,5
Grundschulen	16,0	5,0	17,9	4,1	14,7	8,2	34,1
Kindergärten und Vorschulen	15,5	3,5	19,5	4,4	15,8	7,1	34,2
Sonstiger Unterricht	14,8	4,8	16,5	5,4	15,3	8,8	34,4
Tertiärer und postsekundärer, nicht tertiärer Unterricht	15,0	4,6	17,5	5,0	15,4	8,6	33,9
Weiterführende Schulen	15,7	5,1	16,1	4,5	16,3	7,9	34,4
Branche gesamt	**15,4**	**4,3**	**17,9**	**4,7**	**15,7**	**7,9**	**34,2**
Alle Branchen	**11,3**	**5,3**	**13,3**	**4,7**	**22,0**	**10,9**	**32,4**

Fehlzeiten-Report 2019

Tabelle 28.81 Verteilung der Arbeitsunfähigkeitsfälle nach Krankheitsarten in Prozent in der Branche Erziehung und Unterricht im Jahr 2018, AOK-Mitglieder

Wirtschaftsabteilungen	AU-Fälle in %						
	Psyche	Herz/ Kreislauf	Atem- wege	Ver- dauung	Muskel/ Skelett	Verlet- zungen	Sonstige
Erbringung von Dienstleistungen für den Unterricht	7,0	2,7	31,6	10,3	7,3	4,3	36,9
Grundschulen	6,6	3,6	30,2	7,5	10,1	5,0	37,1
Kindergärten und Vorschulen	5,5	2,5	31,4	8,0	9,5	4,3	38,7
Sonstiger Unterricht	5,9	3,1	26,0	9,0	10,8	5,4	39,8
Tertiärer und postsekundärer, nicht tertiärer Unterricht	5,9	3,4	28,7	8,4	10,8	5,4	37,4
Weiterführende Schulen	6,4	3,8	28,0	8,3	10,8	5,1	37,5
Branche gesamt	**5,9**	**3,0**	**29,3**	**8,3**	**10,2**	**4,8**	**38,5**
Alle Branchen	**5,1**	**3,7**	**23,9**	**8,4**	**15,4**	**7,0**	**36,5**

Fehlzeiten-Report 2019

28.5 · Erziehung und Unterricht

Tabelle 28.82 Verteilung der Arbeitsunfähigkeitstage nach Krankheitsarten und ausgewählten Berufsgruppen in der Branche Erziehung und Unterricht im Jahr 2018, AOK-Mitglieder

Tätigkeit	AU-Tage in %						
	Psyche	Herz/Kreislauf	Atemwege	Verdauung	Muskel/Skelett	Verletzungen	Sonstige
Aufsichts-/Führungskr. – Erziehung, Sozialarbeit, Heilerziehungspflege	16,5	4,3	17,9	4,4	16,0	8,8	32,2
Berufe im Verkauf (Ohne Spez.)	16,4	2,1	20,1	7,6	10,9	8,4	34,5
Berufe in der betrieblichen Ausbildung u. Betriebspädagogik	16,7	5,3	13,9	5,1	14,3	9,1	35,6
Berufe in der Erwachsenenbildung (ohne Spez.)	21,8	3,4	16,6	4,8	10,7	6,7	36,0
Berufe in der Erziehungswissenschaft	20,4	4,4	17,8	4,3	12,3	6,9	33,9
Berufe in der Gebäudetechnik (ohne Spez.)	9,3	8,9	11,7	5,4	22,8	10,1	31,9
Berufe in der Gesundheits- u. Krankenpflege (ohne Spez.)	19,5	3,8	16,8	5,5	14,0	8,1	32,3
Berufe in der Hauswirtschaft	13,1	4,6	14,4	4,3	23,1	7,1	33,4
Berufe in der Hochschullehre u. -forschung	15,7	3,6	23,1	5,0	9,2	9,4	33,9
Berufe in der Kinderbetreuung u. -erziehung	16,6	3,1	21,0	4,5	13,4	7,0	34,4
Berufe in der öffentlichen Verwaltung (ohne Spez.)	18,0	3,9	16,7	4,8	12,6	7,4	36,8
Berufe in der Reinigung (ohne Spez.)	11,2	5,4	12,0	3,8	26,4	7,9	33,2
Berufe in der Sozialarbeit u. Sozialpädagogik	20,0	3,2	20,5	4,1	11,3	6,5	34,4
Berufe in Heilerziehungspflege u. Sonderpädagogik	16,2	4,4	18,3	5,0	15,3	8,4	32,4
Büro- u. Sekretariatskräfte (ohne Spez.)	17,2	4,0	17,1	4,9	13,1	6,9	36,8
Fahrlehrer/innen	11,7	8,3	10,4	5,4	18,2	9,9	36,0
Köche/Köchinnen (ohne Spez.)	12,9	5,1	13,5	4,3	22,1	8,8	33,4

Tabelle 28.82 (Fortsetzung)

Tätigkeit	AU-Tage in %						
	Psyche	Herz/Kreislauf	Atemwege	Verdauung	Muskel/Skelett	Verletzungen	Sonstige
Lehrkräfte für berufsbildende Fächer	17,0	6,7	16,4	4,3	12,3	7,0	36,4
Lehrkräfte in der Primarstufe	16,2	4,2	21,6	4,3	10,0	7,3	36,3
Lehrkräfte in der Sekundarstufe	18,4	5,2	17,4	4,4	12,1	7,5	35,0
Branche gesamt	**15,4**	**4,3**	**17,9**	**4,7**	**15,7**	**7,9**	**34,2**
Alle Branchen	**11,3**	**5,3**	**13,3**	**4,7**	**22,0**	**10,9**	**32,4**

Fehlzeiten-Report 2019

28.5 · Erziehung und Unterricht

Tabelle 28.83 Verteilung der Arbeitsunfähigkeitsfälle nach Krankheitsarten und ausgewählten Berufsgruppen in der Branche Erziehung und Unterricht im Jahr 2018, AOK-Mitglieder

Tätigkeit	AU-Fälle in %						
	Psyche	Herz/Kreislauf	Atemwege	Verdauung	Muskel/Skelett	Verletzungen	Sonstige
Aufsichts-/Führungskr. – Erziehung, Sozialarbeit, Heilerziehungspflege	6,8	3,4	30,1	8,3	9,6	5,0	36,9
Berufe im Verkauf (Ohne Spez.)	6,0	2,0	24,4	10,7	7,2	4,9	44,8
Berufe in der betrieblichen Ausbildung u. Betriebspädagogik	6,1	5,0	24,8	9,0	12,6	5,6	36,8
Berufe in der Erwachsenenbildung (ohne Spez.)	8,8	3,0	28,5	8,1	8,9	4,0	38,7
Berufe in der Erziehungswissenschaft	7,5	3,1	29,5	7,7	9,8	4,3	38,1
Berufe in der Gebäudetechnik (ohne Spez.)	4,7	6,2	20,5	8,4	16,9	7,5	35,9
Berufe in der Gesundheits- u. Krankenpflege (ohne Spez.)	7,2	2,6	26,6	9,1	8,4	4,8	41,2
Berufe in der Hauswirtschaft	5,3	4,0	25,3	8,0	15,1	5,2	37,2
Berufe in der Hochschullehre u. -forschung	5,4	2,4	33,7	7,8	7,2	5,8	37,8
Berufe in der Kinderbetreuung u. -erziehung	5,6	2,2	32,6	8,0	8,4	4,2	38,9
Berufe in der öffentlichen Verwaltung (ohne Spez.)	6,9	3,2	29,0	8,0	9,7	4,6	38,6
Berufe in der Reinigung (ohne Spez.)	5,6	4,5	22,4	7,8	18,6	5,3	35,8
Berufe in der Sozialarbeit u. Sozialpädagogik	7,1	3,0	31,6	8,2	8,1	4,2	37,9
Berufe in Heilerziehungspflege u. Sonderpädagogik	6,7	2,9	30,9	8,0	9,9	5,1	36,4
Büro- u. Sekretariatskräfte (ohne Spez.)	6,6	3,5	26,9	8,7	9,1	4,3	41,0
Fahrlehrer/innen	5,3	5,0	21,6	10,5	11,9	6,6	39,0
Köche/Köchinnen (ohne Spez.)	5,8	4,0	23,5	8,6	15,0	5,8	37,3

◻ **Tabelle 28.83** (Fortsetzung)

Tätigkeit	AU-Fälle in %						
	Psyche	Herz/Kreislauf	Atemwege	Verdauung	Muskel/Skelett	Verletzungen	Sonstige
Lehrkräfte für berufsbildende Fächer	7,2	4,4	29,3	7,5	10,1	4,6	37,0
Lehrkräfte in der Primarstufe	6,0	3,5	35,5	6,4	7,4	4,3	37,0
Lehrkräfte in der Sekundarstufe	7,0	4,2	30,1	8,3	9,1	4,5	36,8
Branche gesamt	**5,9**	**3,0**	**29,3**	**8,3**	**10,2**	**4,8**	**38,5**
Alle Branchen	**5,1**	**3,7**	**23,9**	**8,4**	**15,4**	**7,0**	**36,5**

Fehlzeiten-Report 2019

28.5 · Erziehung und Unterricht

Tabelle 28.84 Anteile der 40 häufigsten Einzeldiagnosen an den AU-Fällen und AU-Tagen in der Branche Erziehung und Unterricht im Jahr 2018, AOK-Mitglieder

ICD-10	Bezeichnung	AU-Fälle in %	AU-Tage in %
J06	Akute Infektionen an mehreren oder nicht näher bezeichneten Lokalisationen der oberen Atemwege	12,9	7,0
A09	Sonstige und nicht näher bezeichnete Gastroenteritis und Kolitis infektiösen und nicht näher bezeichneten Ursprungs	4,8	1,8
M54	Rückenschmerzen	3,8	4,0
B34	Viruskrankheit nicht näher bezeichneter Lokalisation	2,3	1,2
J20	Akute Bronchitis	2,1	1,4
R10	Bauch- und Beckenschmerzen	1,9	1,0
F43	Reaktionen auf schwere Belastungen und Anpassungsstörungen	1,8	3,4
K52	Sonstige nichtinfektiöse Gastroenteritis und Kolitis	1,8	0,7
K08	Sonstige Krankheiten der Zähne und des Zahnhalteapparates	1,7	0,5
J40	Bronchitis, nicht als akut oder chronisch bezeichnet	1,6	1,0
R51	Kopfschmerz	1,5	0,6
J01	Akute Sinusitis	1,4	0,8
J03	Akute Tonsillitis	1,4	0,8
J02	Akute Pharyngitis	1,4	0,7
F32	Depressive Episode	1,3	4,4
J32	Chronische Sinusitis	1,3	0,8
J00	Akute Rhinopharyngitis [Erkältungsschnupfen]	1,3	0,6
K29	Gastritis und Duodenitis	1,3	0,6
I10	Essentielle (primäre) Hypertonie	1,2	1,2
R11	Übelkeit und Erbrechen	1,1	0,5
G43	Migräne	1,1	0,4
R53	Unwohlsein und Ermüdung	0,9	0,8
J11	Grippe, Viren nicht nachgewiesen	0,9	0,7
J04	Akute Laryngitis und Tracheitis	0,9	0,5
F48	Andere neurotische Störungen	0,8	1,6
J98	Sonstige Krankheiten der Atemwege	0,8	0,5
F45	Somatoforme Störungen	0,7	1,6
M25	Sonstige Gelenkkrankheiten, anderenorts nicht klassifiziert	0,7	0,9
M79	Sonstige Krankheiten des Weichteilgewebes, anderenorts nicht klassifiziert	0,7	0,7

◘ **Tabelle 28.84** (Fortsetzung)

ICD-10	Bezeichnung	AU-Fälle in %	AU-Tage in %
T14	Verletzung an einer nicht näher bezeichneten Körperregion	0,7	0,7
R42	Schwindel und Taumel	0,7	0,5
B99	Sonstige und nicht näher bezeichnete Infektionskrankheiten	0,7	0,4
N39	Sonstige Krankheiten des Harnsystems	0,7	0,4
A08	Virusbedingte und sonstige näher bezeichnete Darminfektionen	0,7	0,3
M99	Biomechanische Funktionsstörungen, anderenorts nicht klassifiziert	0,6	0,5
R05	Husten	0,6	0,3
F33	Rezidivierende depressive Störung	0,5	2,2
M51	Sonstige Bandscheibenschäden	0,5	1,3
M53	Sonstige Krankheiten der Wirbelsäule und des Rückens, anderenorts nicht klassifiziert	0,5	0,6
H10	Konjunktivitis	0,5	0,2
	Summe hier	**62,1**	**48,1**
	Restliche	37,9	51,9
	Gesamtsumme	**100,0**	**100,0**

Fehlzeiten-Report 2019

28.5 · Erziehung und Unterricht

Tabelle 28.85 Anteile der 40 häufigsten Diagnoseuntergruppen an den AU-Fällen und AU-Tagen in der Branche Erziehung und Unterricht im Jahr 2018, AOK-Mitglieder

ICD-10	Bezeichnung	AU-Fälle in %	AU-Tage in %
J00–J06	Akute Infektionen der oberen Atemwege	19,4	10,6
A00–A09	Infektiöse Darmkrankheiten	5,9	2,3
M50–M54	Sonstige Krankheiten der Wirbelsäule und des Rückens	4,6	5,5
R50–R69	Allgemeinsymptome	3,8	3,0
F40–F48	Neurotische, Belastungs- und somatoforme Störungen	3,7	7,9
R10–R19	Symptome, die das Verdauungssystem und das Abdomen betreffen	3,2	1,7
J40–J47	Chronische Krankheiten der unteren Atemwege	2,6	2,0
B25–B34	Sonstige Viruskrankheiten	2,6	1,4
J20–J22	Sonstige akute Infektionen der unteren Atemwege	2,5	1,6
K00–K14	Krankheiten der Mundhöhle, der Speicheldrüsen und der Kiefer	2,2	0,7
K50–K52	Nichtinfektiöse Enteritis und Kolitis	2,1	0,9
G40–G47	Episodische und paroxysmale Krankheiten des Nervensystems	2,0	1,4
J30–J39	Sonstige Krankheiten der oberen Atemwege	2,0	1,2
F30–F39	Affektive Störungen	1,8	7,3
K20–K31	Krankheiten des Ösophagus, des Magens und des Duodenums	1,8	0,9
M70–M79	Sonstige Krankheiten des Weichteilgewebes	1,6	2,5
R00–R09	Symptome, die das Kreislaufsystem und das Atmungssystem betreffen	1,5	1,0
Z80–Z99	Personen mit potentiellen Gesundheitsrisiken aufgrund der Familien- oder Eigenanamnese und bestimmte Zustände, die den Gesundheitszustand beeinflussen	1,4	2,8
J09–J18	Grippe und Pneumonie	1,4	1,2
I10–I15	Hypertonie [Hochdruckkrankheit]	1,3	1,4
M20–M25	Sonstige Gelenkkrankheiten	1,1	2,2
N30–N39	Sonstige Krankheiten des Harnsystems	1,1	0,6
J95–J99	Sonstige Krankheiten des Atmungssystems	1,0	0,6
K55–K64	Sonstige Krankheiten des Darmes	0,9	0,7
R40–R46	Symptome, die das Erkennungs- und Wahrnehmungsvermögen, die Stimmung und das Verhalten betreffen	0,9	0,7
S90–S99	Verletzungen der Knöchelregion und des Fußes	0,8	1,2
T08–T14	Verletzungen nicht näher bezeichneter Teile des Rumpfes, der Extremitäten oder anderer Körperregionen	0,8	0,9
N80–N98	Nichtentzündliche Krankheiten des weiblichen Genitaltraktes	0,8	0,6

Tabelle 28.85 (Fortsetzung)

ICD-10	Bezeichnung	AU-Fälle in %	AU-Tage in %
B99–B99	Sonstige Infektionskrankheiten	0,8	0,4
M95–M99	Sonstige Krankheiten des Muskel-Skelett-Systems und des Bindegewebes	0,7	0,6
M15–M19	Arthrose	0,6	1,7
S80–S89	Verletzungen des Knies und des Unterschenkels	0,6	1,6
E00–E07	Krankheiten der Schilddrüse	0,6	0,6
E70–E90	Stoffwechselstörungen	0,6	0,5
H65–H75	Krankheiten des Mittelohres und des Warzenfortsatzes	0,6	0,4
I95–I99	Sonstige und nicht näher bezeichnete Krankheiten des Kreislaufsystems	0,6	0,4
Z00–Z13	Personen, die das Gesundheitswesen zur Untersuchung und Abklärung in Anspruch nehmen	0,6	0,3
H10–H13	Affektionen der Konjunktiva	0,6	0,2
S60–S69	Verletzungen des Handgelenkes und der Hand	0,5	0,7
D10–D36	Gutartige Neubildungen	0,5	0,5
	Summe hier	**82,1**	**72,7**
	Restliche	17,9	27,3
	Gesamtsumme	**100,0**	**100,0**

Fehlzeiten-Report 2019

28.6 Gesundheits- und Sozialwesen

Entwicklung des Krankenstands der AOK-Mitglieder in der Branche Gesundheits- und Sozialwesen in den Jahren 2000 bis 2018	Tab. 28.86
Arbeitsunfähigkeit der AOK-Mitglieder in der Branche Gesundheits- und Sozialwesen nach Bundesländern im Jahr 2018 im Vergleich zum Vorjahr	Tab. 28.87
Arbeitsunfähigkeit der AOK-Mitglieder nach Wirtschaftsabteilungen in der Branche Gesundheits- und Sozialwesen im Jahr 2018	Tab. 28.88
Kennzahlen der Arbeitsunfähigkeit nach ausgewählten Berufsgruppen in der Branche Gesundheits- und Sozialwesen im Jahr 2018	Tab. 28.89
Dauer der Arbeitsunfähigkeit der AOK-Mitglieder in der Branche Gesundheits- und Sozialwesen im Jahr 2018	Tab. 28.90
Tage der Arbeitsunfähigkeit je AOK-Mitglied nach Wirtschaftsabteilung und Betriebsgröße in der Branche Gesundheits- und Sozialwesen im Jahr 2018	Tab. 28.91
Krankenstand in Prozent nach Ausbildungsabschluss in der Branche Gesundheits- und Sozialwesen im Jahr 2018, AOK-Mitglieder	Tab. 28.92
Tage der Arbeitsunfähigkeit je AOK-Mitglied nach Ausbildungsabschluss in der Branche Gesundheits- und Sozialwesen im Jahr 2018	Tab. 28.93
Anteil der Arbeitsunfälle an den AU-Fällen und -Tagen in Prozent nach Wirtschaftsabteilungen in der Branche Gesundheits- und Sozialwesen im Jahr 2018, AOK-Mitglieder	Tab. 28.94
Tage und Fälle der Arbeitsunfähigkeit durch Arbeitsunfälle nach Berufsgruppen in der Branche Gesundheits- und Sozialwesen im Jahr 2018, AOK-Mitglieder	Tab. 28.95
Tage und Fälle der Arbeitsunfähigkeit je 100 AOK-Mitglieder nach Krankheitsarten in der Branche Gesundheits- und Sozialwesen in den Jahren 2000 bis 2018	Tab. 28.96
Verteilung der Arbeitsunfähigkeitstage nach Krankheitsarten in Prozent in der Branche Gesundheits- und Sozialwesen im Jahr 2018, AOK-Mitglieder	Tab. 28.97
Verteilung der Arbeitsunfähigkeitsfälle nach Krankheitsarten in Prozent in der Branche Gesundheits- und Sozialwesen im Jahr 2018, AOK-Mitglieder	Tab. 28.98
Verteilung der Arbeitsunfähigkeitstage nach Krankheitsarten und ausgewählten Berufsgruppen in der Branche Gesundheits- und Sozialwesen im Jahr 2018, AOK-Mitglieder	Tab. 28.99
Verteilung der Arbeitsunfähigkeitsfälle nach Krankheitsarten und ausgewählten Berufsgruppen in der Branche Gesundheits- und Sozialwesen im Jahr 2018, AOK-Mitglieder	Tab. 28.100
Anteile der 40 häufigsten Einzeldiagnosen an den AU-Fällen und AU-Tagen in der Branche Gesundheits- und Sozialwesen im Jahr 2018, AOK-Mitglieder	Tab. 28.101
Anteile der 40 häufigsten Diagnoseuntergruppen an den AU-Fällen und AU-Tagen in der Branche Gesundheits- und Sozialwesen im Jahr 2018, AOK-Mitglieder	Tab. 28.102

Tabelle 28.86 Entwicklung des Krankenstands der AOK-Mitglieder in der Branche Gesundheits- und Sozialwesen in den Jahren 2000 bis 2018

Jahr	Krankenstand in %			AU-Fälle je 100 AOK-Mitglieder			Tage je Fall		
	West	Ost	Bund	West	Ost	Bund	West	Ost	Bund
2000	5,7	5,4	5,7	162,4	165,2	162,8	12,8	12,0	12,7
2001	5,5	5,3	5,5	157,5	152,4	156,9	12,8	12,8	12,8
2002	5,4	5,2	5,4	159,5	154,7	159,0	12,4	12,4	12,4
2003	5,1	4,7	5,1	156,8	142,9	154,9	12,0	12,0	12,0
2004	4,8	4,2	4,7	144,9	129,8	142,7	12,2	11,9	12,1
2005	4,6	4,1	4,6	142,5	123,9	139,6	11,9	12,0	11,9
2006	4,5	3,9	4,4	136,6	116,9	133,4	12,1	12,3	12,1
2007	4,8	4,2	4,7	145,2	125,8	141,9	12,2	12,2	12,2
2008 (WZ03)	4,9	4,5	4,8	151,3	129,9	147,7	11,9	12,6	12,0
2008 (WZ08)[a]	4,9	4,5	4,8	151,5	130,8	147,9	11,9	12,6	12,0
2009	5,1	4,9	5,0	159,6	143,2	156,8	11,6	12,5	11,7
2010	5,2	5,1	5,2	158,8	155,3	158,2	11,9	11,9	11,9
2011	5,3	4,8	5,2	162,2	157,7	161,4	12,0	11,2	11,8
2012	5,3	5,2	5,3	158,2	140,5	155,2	12,3	13,5	12,5
2013	5,5	5,4	5,5	166,9	147,2	163,5	12,0	13,3	12,2
2014	5,7	5,5	5,6	165,4	145,9	162,0	12,5	13,7	12,7
2015	5,9	5,7	5,8	176,6	158,2	173,2	12,1	13,3	12,3
2016	5,8	5,9	5,8	175,8	162,0	173,1	12,1	13,3	12,3
2017	5,8	6,1	5,9	172,7	163,8	170,9	12,3	13,6	12,5
2018	6,0	6,4	6,0	177,4	170,1	175,9	12,3	13,6	12,5

[a] Aufgrund der Revision der Wirtschaftszweigklassifikation in 2008 ist eine Vergleichbarkeit mit den Vorjahren nur bedingt möglich

Fehlzeiten-Report 2019

28.6 · Gesundheits- und Sozialwesen

Tabelle 28.87 Arbeitsunfähigkeit der AOK-Mitglieder in der Branche Gesundheits- und Sozialwesen nach Bundesländern im Jahr 2018 im Vergleich zum Vorjahr

Bundesland	Kranken-stand in %	Arbeitsunfähigkeit je 100 AOK-Mitglieder				Tage je Fall	Veränd. z. Vorj. in %	AU-Quote in %
		AU-Fälle	Veränd. z. Vorj. in %	AU-Tage	Veränd. z. Vorj. in %			
Baden-Württemberg	5,6	178,4	3,3	2.052,4	2,8	11,5	−0,5	61,2
Bayern	5,4	148,4	2,7	1.979,8	2,5	13,3	−0,1	54,9
Berlin	6,6	207,0	3,7	2.399,8	1,8	11,6	−1,8	60,6
Brandenburg	7,1	178,3	4,6	2.583,6	6,9	14,5	2,3	62,6
Bremen	6,2	166,7	−1,1	2.263,3	−2,0	13,6	−1,0	55,6
Hamburg	5,3	147,4	−0,8	1.922,2	−2,8	13,0	−2,0	48,8
Hessen	6,3	193,8	2,4	2.284,9	3,0	11,8	0,6	61,9
Mecklenburg-Vorpommern	6,6	166,0	5,2	2.406,0	6,1	14,5	0,9	59,0
Niedersachsen	6,4	189,6	2,2	2.322,2	0,4	12,3	−1,7	63,5
Nordrhein-Westfalen	6,3	187,0	2,3	2.284,9	2,4	12,2	0,2	62,4
Rheinland-Pfalz	6,5	207,5	3,1	2.372,3	4,9	11,4	1,7	65,9
Saarland	7,0	190,1	4,2	2.548,3	6,8	13,4	2,5	62,6
Sachsen	6,0	168,0	3,4	2.198,3	3,6	13,1	0,1	62,2
Sachsen-Anhalt	6,7	160,2	3,2	2.431,1	4,0	15,2	0,8	59,0
Schleswig-Holstein	6,6	174,7	2,6	2.418,2	3,4	13,8	0,7	58,6
Thüringen	6,6	178,8	4,4	2.397,9	4,9	13,4	0,4	63,4
West	6,0	177,4	2,7	2.178,2	2,4	12,3	−0,3	60,2
Ost	6,4	170,1	3,8	2.321,6	4,5	13,6	0,6	61,8
Bund	6,0	175,9	2,9	2.205,1	2,8	12,5	−0,1	60,5

Fehlzeiten-Report 2019

◘ **Tabelle 28.88** Arbeitsunfähigkeit der AOK-Mitglieder nach Wirtschaftsabteilungen in der Branche Gesundheits- und Sozialwesen im Jahr 2018

Wirtschaftsabteilungen	Krankenstand in %		Arbeitsunfähigkeiten je 100 AOK-Mitglieder		Tage je Fall	AU-Quote in %
	2018	2018 stand.[a]	Fälle	Tage		
Altenheime, Alten- und Behindertenwohnheime	7,4	6,7	187,8	2.693,0	14,3	64,3
Arzt- und Zahnarztpraxen	3,3	3,2	169,8	1.206,4	7,1	55,8
Gesundheitswesen a. n. g.	5,1	5,3	158,8	1.862,2	11,7	56,7
Krankenhäuser	6,0	5,8	169,0	2.184,6	12,9	60,7
Pflegeheime	7,5	6,7	189,0	2.740,2	14,5	65,1
Sonstige Heime (ohne Erholungs- und Ferienheime)	5,5	5,4	165,6	2.025,2	12,2	59,0
Sonstiges Sozialwesen (ohne Heime)	6,0	5,9	192,9	2.199,7	11,4	62,2
Soziale Betreuung älterer Menschen und Behinderter	6,7	6,1	164,3	2.443,3	14,9	56,7
Stationäre Einrichtungen zur psychosozialen Betreuung, Suchtbekämpfung u. Ä.	6,3	5,9	179,8	2.283,0	12,7	62,8
Branche gesamt	**6,0**	**5,9**	**175,9**	**2.205,1**	**12,5**	**60,5**
Alle Branchen	**5,5**	**5,6**	**169,1**	**1.991,6**	**11,8**	**54,1**

[a] Krankenstand alters- und geschlechtsstandardisiert
Fehlzeiten-Report 2019

28.6 · Gesundheits- und Sozialwesen

Tabelle 28.89 Kennzahlen der Arbeitsunfähigkeit nach ausgewählten Berufsgruppen in der Branche Gesundheits- und Sozialwesen im Jahr 2018

Tätigkeit	Krankenstand in %	Arbeitsunfähigkeit je 100 AOK-Mitglieder		Tage je Fall	AU-Quote in %	Anteil der Berufsgruppe an der Branche in %[a]
		AU-Fälle	AU-Tage			
Ärzte/Ärztinnen (ohne Spez.)	2,1	88,7	782,7	8,8	35,4	1,7
Berufe in der Altenpflege (ohne Spez.)	7,6	193,3	2.780,2	14,4	63,4	18,9
Berufe in der Fachkrankenpflege	6,3	159,1	2.309,1	14,5	62,3	1,2
Berufe in der Gebäudetechnik (ohne Spez.)	6,6	154,7	2.401,9	15,5	59,1	1,0
Berufe in der Gesundheits- u. Krankenpflege (ohne Spez.)	6,5	172,5	2.373,0	13,8	61,4	18,5
Berufe in der Haus- u. Familienpflege	7,7	203,7	2.817,0	13,8	64,4	1,4
Berufe in der Hauswirtschaft	7,8	180,8	2.839,3	15,7	64,1	4,6
Berufe in der Kinderbetreuung u. -erziehung	6,2	203,7	2.253,4	11,1	64,5	6,0
Berufe in der Physiotherapie	4,5	162,9	1.639,4	10,1	59,4	2,1
Berufe in der Reinigung (ohne Spez.)	8,1	188,6	2.971,2	15,8	65,0	3,0
Berufe in der Sozialarbeit u. Sozialpädagogik	5,3	154,6	1.946,4	12,6	59,2	2,9
Berufe in Heilerziehungspflege u. Sonderpädagogik	6,0	183,6	2.176,4	11,9	63,5	3,5
Büro- u. Sekretariatskräfte (ohne Spez.)	4,7	152,1	1.709,5	11,2	55,7	2,1
Köche/Köchinnen (ohne Spez.)	8,3	176,8	3.018,9	17,1	65,0	2,6
Medizinische Fachangestellte (ohne Spez.)	3,5	171,7	1.288,5	7,5	57,4	8,2

◘ **Tabelle 28.89** (Fortsetzung)

Tätigkeit	Kranken-stand in %	Arbeitsunfähigkeit je 100 AOK-Mitglieder		Tage je Fall	AU-Quote in %	Anteil der Berufsgruppe an der Branche in %[a]
		AU-Fälle	AU-Tage			
Verwaltende Berufe im Sozial- u. Gesundheitswesen	4,8	158,0	1.747,3	11,1	58,0	1,1
Zahnmedizinische Fachangestellte	3,4	201,1	1.234,5	6,1	60,7	4,8
Branche gesamt	**6,0**	**175,9**	**2.205,1**	**12,5**	**60,5**	**11,7[b]**

[a] Anteil der AOK-Mitglieder in der Berufsgruppe an den in der Branche beschäftigten AOK-Mitgliedern insgesamt
[b] Anteil der AOK-Mitglieder in der Branche an allen AOK-Mitgliedern
Fehlzeiten-Report 2019

◘ **Tabelle 28.90** Dauer der Arbeitsunfähigkeit der AOK-Mitglieder in der Branche Gesundheits- und Sozialwesen im Jahr 2018

Fallklasse	Branche hier		Alle Branchen	
	Anteil Fälle in %	Anteil Tage in %	Anteil Fälle in %	Anteil Tage in %
1–3 Tage	33,1	5,3	34,8	5,9
4–7 Tage	32,1	13,3	31,5	13,5
8–14 Tage	18,1	15,0	17,9	15,7
15–21 Tage	6,0	8,4	5,8	8,6
22–28 Tage	3,1	6,0	2,8	5,9
29–42 Tage	3,1	8,5	2,9	8,5
> 42 Tage	4,5	43,5	4,2	41,8

Fehlzeiten-Report 2019

28.6 · Gesundheits- und Sozialwesen

Tabelle 28.91 Tage der Arbeitsunfähigkeit je AOK-Mitglied nach Wirtschaftsabteilung und Betriebsgröße in der Branche Gesundheits- und Sozialwesen im Jahr 2018

Wirtschaftsabteilungen	Betriebsgröße (Anzahl der AOK-Mitglieder)					
	10–49	50–99	100–199	200–499	500–999	≥ 1.000
Altenheime, Alten- und Behindertenwohnheime	27,6	27,5	26,6	25,4	24,9	–
Arzt- und Zahnarztpraxen	14,8	16,9	17,9	17,3	–	–
Gesundheitswesen a. n. g.	22,0	22,5	23,4	24,1	–	–
Krankenhäuser	21,1	23,3	22,6	22,4	21,9	21,4
Pflegeheime	28,2	27,9	26,1	26,5	26,8	20,3
Sonstige Heime (ohne Erholungs- und Ferienheime)	20,7	20,1	21,3	28,1	19,2	–
Sonstiges Sozialwesen (ohne Heime)	22,0	23,3	23,8	24,5	27,5	–
Soziale Betreuung älterer Menschen und Behinderter	25,1	24,9	24,2	23,7	31,7	–
Stationäre Einrichtungen zur psychosozialen Betreuung, Suchtbekämpfung u. Ä.	23,0	29,7	20,7	23,7	–	–
Branche gesamt	**24,5**	**25,6**	**24,0**	**23,4**	**22,6**	**21,4**
Alle Branchen	**20,5**	**22,5**	**22,7**	**22,6**	**22,7**	**22,6**

Fehlzeiten-Report 2019

Tabelle 28.92 Krankenstand in Prozent nach Ausbildungsabschluss in der Branche Gesundheits- und Sozialwesen im Jahr 2018, AOK-Mitglieder

Wirtschafts-abteilungen	Ausbildung						
	Ohne Ausbildungsabschluss	Mit Ausbildungsabschluss	Meister/ Techniker	Bachelor	Diplom/ Magister/ Master/ Staatsexamen	Promotion	Unbekannt
Altenheime, Alten- und Behindertenwohnheime	7,4	7,6	6,4	3,7	5,4	5,2	7,2
Arzt- und Zahnarztpraxen	3,7	3,3	4,1	2,1	2,2	1,8	3,4
Gesundheitswesen a. n. g.	5,6	5,3	5,1	3,0	3,5	2,7	5,0
Krankenhäuser	6,8	6,4	6,6	2,6	2,8	2,2	6,7
Pflegeheime	7,6	7,7	7,0	3,8	5,2	5,8	7,3
Sonstige Heime (ohne Erholungs- und Ferienheime)	6,2	5,8	6,7	3,6	4,0	3,1	6,2
Sonstiges Sozialwesen (ohne Heime)	6,9	6,4	6,4	3,5	4,2	3,7	6,0
Soziale Betreuung älterer Menschen und Behinderter	6,9	7,0	6,5	3,6	5,1	4,2	6,2
Stationäre Einrichtungen zur psychosozialen Betreuung, Suchtbekämpfung u. Ä.	7,5	6,7	4,4	2,2	4,2	1,8	7,4
Branche gesamt	6,6	6,3	6,3	3,3	3,5	2,3	5,9
Alle Branchen	6,1	5,9	4,6	2,4	2,9	2,1	4,9

Fehlzeiten-Report 2019

28.6 · Gesundheits- und Sozialwesen

Tabelle 28.93 Tage der Arbeitsunfähigkeit je AOK-Mitglied nach Ausbildungsabschluss in der Branche Gesundheits- und Sozialwesen im Jahr 2018

Wirtschaftsabteilungen	Ausbildung						
	Ohne Ausbildungsabschluss	Mit Ausbildungsabschluss	Meister/ Techniker	Bachelor	Diplom/ Magister/ Master/ Staatsexamen	Promotion	Unbekannt
Altenheime, Alten- und Behindertenwohnheime	27,1	27,6	23,3	13,4	19,7	18,9	26,4
Arzt- und Zahnarztpraxen	13,7	11,9	15,0	7,8	8,1	6,6	12,3
Gesundheitswesen a. n. g.	20,4	19,3	18,6	10,8	12,8	9,9	18,1
Krankenhäuser	24,7	23,3	24,2	9,7	10,1	8,0	24,4
Pflegeheime	27,8	28,0	25,7	13,7	19,2	21,3	26,7
Sonstige Heime (ohne Erholungs- und Ferienheime)	22,7	21,1	24,5	13,2	14,5	11,4	22,5
Sonstiges Sozialwesen (ohne Heime)	25,4	23,4	23,4	12,9	15,3	13,6	21,9
Soziale Betreuung älterer Menschen und Behinderter	25,3	25,4	23,6	13,3	18,7	15,3	22,6
Stationäre Einrichtungen zur psychosozialen Betreuung, Suchtbekämpfung u. Ä.	27,2	24,4	16,2	8,0	15,3	6,7	26,9
Branche gesamt	**24,1**	**22,9**	**23,0**	**12,1**	**12,8**	**8,3**	**21,5**
Alle Branchen	**22,2**	**21,6**	**16,7**	**8,7**	**10,7**	**7,7**	**18,1**

Fehlzeiten-Report 2019

Tabelle 28.94 Anteil der Arbeitsunfälle an den AU-Fällen und -Tagen in Prozent nach Wirtschaftsabteilungen in der Branche Gesundheits- und Sozialwesen im Jahr 2018, AOK-Mitglieder

Wirtschaftsabteilungen	AU-Fälle in %	AU-Tage in %
Altenheime, Alten- und Behindertenwohnheime	1,9	3,3
Arzt- und Zahnarztpraxen	0,9	1,9
Gesundheitswesen a. n. g.	2,0	4,1
Krankenhäuser	1,7	3,3
Pflegeheime	1,9	3,2
Sonstige Heime (ohne Erholungs- und Ferienheime)	2,0	3,5
Sonstiges Sozialwesen (ohne Heime)	1,7	3,2
Soziale Betreuung älterer Menschen und Behinderter	2,3	4,2
Stationäre Einrichtungen zur psychosozialen Betreuung, Suchtbekämpfung u. Ä.	2,2	3,6
Branche gesamt	**1,7**	**3,3**
Alle Branchen	**3,0**	**5,8**

Fehlzeiten-Report 2019

28.6 · Gesundheits- und Sozialwesen

Tabelle 28.95 Tage und Fälle der Arbeitsunfähigkeit durch Arbeitsunfälle nach Berufsgruppen in der Branche Gesundheits- und Sozialwesen im Jahr 2018, AOK-Mitglieder

Tätigkeit	Arbeitsunfähigkeit je 1.000 AOK-Mitglieder	
	AU-Tage	AU-Fälle
Berufe in der Gebäudetechnik (ohne Spez.)	1.232,3	54,0
Köche/Köchinnen (ohne Spez.)	1.197,5	47,9
Berufe in der Hauswirtschaft	1.010,0	39,0
Berufe in der Reinigung (ohne Spez.)	1.001,0	33,6
Berufe in der Altenpflege (ohne Spez.)	966,3	38,0
Berufe in Heilerziehungspflege u. Sonderpädagogik	870,1	39,3
Berufe in der Gesundheits- u. Krankenpflege (ohne Spez.)	809,4	31,7
Berufe in der Haus- u. Familienpflege	804,3	35,8
Berufe in der Fachkrankenpflege	790,6	27,2
Berufe in der Kinderbetreuung u. -erziehung	725,4	32,9
Berufe in der Physiotherapie	584,1	21,7
Berufe in der Sozialarbeit u. Sozialpädagogik	515,2	23,4
Büro- u. Sekretariatskräfte (ohne Spez.)	334,8	12,3
Ärzte/Ärztinnen (ohne Spez.)	259,9	13,1
Medizinische Fachangestellte (ohne Spez.)	241,9	14,5
Verwaltende Berufe im Sozial- u. Gesundheitswesen	231,8	13,4
Zahnmedizinische Fachangestellte	210,4	17,7
Branche gesamt	**730,6**	**30,5**
Alle Branchen	**1.158,1**	**50,2**

Fehlzeiten-Report 2019

Tabelle 28.96 Tage und Fälle der Arbeitsunfähigkeit je 100 AOK-Mitglieder nach Krankheitsarten in der Branche Gesundheits- und Sozialwesen in den Jahren 2000 bis 2018

Jahr	Arbeitsunfähigkeiten je 100 AOK-Mitglieder										
	Psyche		Herz/Kreislauf		Atemwege		Verdauung		Muskel/Skelett		Verletzungen	
	Tage	Fälle	Tage	Fälle	Tage	Fälle	Tage	Fälle	Tage	Fälle	Tage	Fälle
2000	229,0	9,5	142,7	8,8	357,9	50,2	145,4	20,8	627,8	33,3	221,5	14,7
2001	244,0	10,4	145,7	9,5	329,2	48,4	146,1	21,3	634,1	34,3	220,4	15,0
2002	246,6	10,8	139,1	9,5	316,8	47,7	149,1	23,1	613,5	33,9	220,7	15,0
2003	235,3	10,6	131,7	9,4	318,3	49,2	138,3	21,9	550,9	31,6	205,8	14,2
2004	245,7	10,7	141,1	8,5	275,2	41,9	140,7	21,4	522,5	29,9	201,9	13,3
2005	238,7	9,9	132,5	7,9	307,6	46,7	126,0	19,0	482,6	27,6	192,8	12,4
2006	244,3	10,1	134,4	8,0	257,8	39,6	130,2	20,2	489,9	27,4	198,7	12,5
2007	273,4	10,7	138,9	7,9	284,9	43,8	140,0	21,7	519,7	28,2	194,8	12,2
2008 (WZ03)	284,7	11,2	141,7	8,2	294,7	45,8	143,6	22,5	522,7	29,0	199,5	12,6
2008 (WZ08)[a]	285,0	11,2	141,9	8,2	295,3	45,8	144,1	22,5	524,2	29,1	199,2	12,6
2009	294,1	11,8	139,3	8,1	347,1	53,1	141,5	22,1	507,2	28,2	207,0	12,8
2010	331,8	12,8	138,9	8,0	301,4	47,1	133,5	20,6	545,8	29,6	224,3	13,7
2011	354,7	13,5	140,4	8,1	313,0	48,4	131,5	20,0	531,2	29,4	218,9	13,0
2012	383,9	13,7	150,3	8,2	307,8	46,7	133,8	19,5	556,3	29,3	223,4	12,6
2013	384,9	13,6	147,9	7,9	377,3	55,6	133,6	19,2	552,8	28,9	226,9	12,5
2014	422,9	15,0	157,7	8,5	312,9	47,7	140,4	19,9	599,4	30,5	233,7	12,7
2015	428,7	15,0	153,0	8,4	389,4	57,9	137,3	19,7	585,8	30,0	235,5	12,7
2016	437,8	15,3	135,0	8,4	361,8	55,5	132,2	19,9	604,7	30,7	238,4	12,8
2017	448,0	15,5	131,6	8,2	370,2	55,6	126,5	18,6	600,6	30,2	242,9	12,6
2018	460,3	15,8	130,3	8,3	400,1	58,5	126,1	18,3	597,6	30,0	245,1	12,7

[a] Aufgrund der Revision der Wirtschaftszweigklassifikation in 2008 ist eine Vergleichbarkeit mit den Vorjahren nur bedingt möglich

Fehlzeiten-Report 2019

Tabelle 28.97 Verteilung der Arbeitsunfähigkeitstage nach Krankheitsarten in Prozent in der Branche Gesundheits- und Sozialwesen im Jahr 2018, AOK-Mitglieder

Wirtschaftsabteilungen	AU-Tage in %						
	Psyche	Herz/ Kreislauf	Atemwege	Verdauung	Muskel/ Skelett	Verletzungen	Sonstige
Altenheime, Alten- und Behindertenwohnheime	16,1	4,4	12,4	4,0	22,3	8,1	32,7
Arzt- und Zahnarztpraxen	15,0	3,4	17,7	5,7	11,8	7,2	39,3
Gesundheitswesen a. n. g.	14,3	4,5	14,6	4,4	19,2	9,9	33,2
Krankenhäuser	15,1	4,4	13,6	4,2	20,6	8,7	33,4
Pflegeheime	15,6	4,7	12,2	4,0	22,6	7,9	33,0
Sonstige Heime (ohne Erholungs- und Ferienheime)	18,1	4,5	14,5	4,3	16,7	8,2	33,7
Sonstiges Sozialwesen (ohne Heime)	16,4	4,2	15,8	4,5	17,4	7,8	33,9
Soziale Betreuung älterer Menschen und Behinderter	15,8	4,5	11,9	4,1	21,6	8,8	33,3
Stationäre Einrichtungen zur psychosozialen Betreuung, Suchtbekämpfung u. Ä.	16,2	5,1	14,7	4,3	16,1	6,9	36,7
Branche gesamt	**15,6**	**4,4**	**13,5**	**4,3**	**20,2**	**8,3**	**33,7**
Alle Branchen	**11,3**	**5,3**	**13,3**	**4,7**	**22,0**	**10,9**	**32,4**

Fehlzeiten-Report 2019

◻ **Tabelle 28.98** Verteilung der Arbeitsunfähigkeitsfälle nach Krankheitsarten in Prozent in der Branche Gesundheits- und Sozialwesen im Jahr 2018, AOK-Mitglieder

Wirtschaftsabteilungen	AU-Fälle in %						
	Psyche	Herz/Kreislauf	Atemwege	Verdauung	Muskel/Skelett	Verletzungen	Sonstige
Altenheime, Alten- und Behindertenwohnheime	7,4	3,8	23,0	7,4	15,0	5,6	37,7
Arzt- und Zahnarztpraxen	5,4	2,6	27,6	9,0	7,1	4,2	44,2
Gesundheitswesen a. n. g.	6,0	3,5	26,4	8,1	12,1	5,8	38,1
Krankenhäuser	6,6	3,6	25,4	7,7	13,2	5,6	37,9
Pflegeheime	7,3	3,9	23,0	7,4	15,2	5,6	37,6
Sonstige Heime (ohne Erholungs- und Ferienheime)	7,2	3,5	26,1	7,9	11,3	5,5	38,4
Sonstiges Sozialwesen (ohne Heime)	6,7	3,4	27,3	8,0	11,6	5,1	38,1
Soziale Betreuung älterer Menschen und Behinderter	7,5	3,8	22,9	7,7	14,1	5,9	38,1
Stationäre Einrichtungen zur psychosozialen Betreuung, Suchtbekämpfung u. Ä.	7,4	3,7	25,4	7,9	12,1	5,2	38,3
Branche gesamt	**6,7**	**3,6**	**25,0**	**7,8**	**12,8**	**5,4**	**38,7**
Alle Branchen	**5,1**	**3,7**	**23,9**	**8,4**	**15,4**	**7,0**	**36,5**

Fehlzeiten-Report 2019

28.6 · Gesundheits- und Sozialwesen

Tabelle 28.99 Verteilung der Arbeitsunfähigkeitstage nach Krankheitsarten und ausgewählten Berufsgruppen in der Branche Gesundheits- und Sozialwesen im Jahr 2018, AOK-Mitglieder

Tätigkeit	AU-Tage in %						
	Psyche	Herz/Kreislauf	Atemwege	Verdauung	Muskel/Skelett	Verletzungen	Sonstige
Ärzte/Ärztinnen (ohne Spez.)	12,5	4,8	18,6	5,0	11,7	9,1	38,4
Berufe in der Altenpflege (ohne Spez.)	16,1	4,3	12,0	4,1	23,0	8,1	32,5
Berufe in der Fachkrankenpflege	14,7	4,6	13,1	4,0	20,2	10,0	33,4
Berufe in der Gebäudetechnik (ohne Spez.)	10,4	7,8	11,1	4,7	22,9	9,9	33,2
Berufe in der Gesundheits- u. Krankenpflege (ohne Spez.)	15,7	4,3	12,8	4,1	21,5	8,7	32,9
Berufe in der Haus- u. Familienpflege	17,5	4,6	13,9	4,2	19,6	7,3	32,8
Berufe in der Hauswirtschaft	13,7	5,1	11,7	3,8	23,9	8,1	33,6
Berufe in der Kinderbetreuung u. -erziehung	18,0	3,7	16,9	4,3	15,9	7,7	33,4
Berufe in der Physiotherapie	12,8	3,7	17,3	4,4	16,6	11,1	34,1
Berufe in der Reinigung (ohne Spez.)	11,9	5,2	11,5	3,7	26,3	8,1	33,3
Berufe in der Sozialarbeit u. Sozialpädagogik	19,3	4,2	14,8	3,9	16,1	7,5	34,2
Berufe in Heilerziehungspflege u. Sonderpädagogik	17,6	3,7	15,6	4,1	17,1	9,1	32,8
Büro- u. Sekretariatskräfte (ohne Spez.)	18,7	4,4	14,7	4,9	13,7	7,0	36,7
Köche/Köchinnen (ohne Spez.)	12,6	5,7	10,4	3,9	25,2	8,7	33,5
Medizinische Fachangestellte (ohne Spez.)	16,0	3,5	17,0	5,6	11,9	7,1	38,9

Tabelle 28.99 (Fortsetzung)

Tätigkeit	AU-Tage in %						
	Psyche	Herz/ Kreislauf	Atem- wege	Ver- dauung	Muskel/ Skelett	Verlet- zungen	Sonstige
Verwaltende Berufe im Sozial- u. Gesundheitswesen	17,9	4,1	14,9	4,4	14,9	6,9	36,8
Zahnmedizinische Fachangestellte	14,4	2,4	20,4	6,3	10,7	6,9	38,9
Branche gesamt	**15,6**	**4,4**	**13,5**	**4,3**	**20,2**	**8,3**	**33,7**
Alle Branchen	**11,3**	**5,3**	**13,3**	**4,7**	**22,0**	**10,9**	**32,4**

Fehlzeiten-Report 2019

28.6 · Gesundheits- und Sozialwesen

Tabelle 28.100 Verteilung der Arbeitsunfähigkeitsfälle nach Krankheitsarten und ausgewählten Berufsgruppen in der Branche Gesundheits- und Sozialwesen im Jahr 2018, AOK-Mitglieder

Tätigkeit	AU-Fälle in %						
	Psyche	Herz/ Kreislauf	Atem- wege	Ver- dauung	Muskel/ Skelett	Verlet- zungen	Sonstige
Ärzte/Ärztinnen (ohne Spez.)	4,8	3,0	31,1	8,0	7,9	4,7	40,5
Berufe in der Altenpflege (ohne Spez.)	7,6	3,7	22,3	7,3	15,5	5,6	38,0
Berufe in der Fachkrankenpflege	7,1	3,8	25,4	7,3	14,1	6,1	36,2
Berufe in der Gebäudetechnik (ohne Spez.)	5,1	5,7	20,3	8,6	17,2	7,4	35,7
Berufe in der Gesundheits- u. Krankenpflege (ohne Spez.)	7,1	3,6	24,4	7,4	13,9	5,8	37,8
Berufe in der Haus- u. Familienpflege	7,8	3,9	24,5	7,8	13,0	5,1	38,0
Berufe in der Hauswirtschaft	6,5	4,4	22,1	7,6	15,8	5,8	37,8
Berufe in der Kinderbetreuung u. -erziehung	6,9	3,0	28,9	7,9	10,1	4,9	38,4
Berufe in der Physiotherapie	5,1	2,9	29,6	8,1	10,0	6,0	38,3
Berufe in der Reinigung (ohne Spez.)	6,2	4,9	21,1	7,4	18,2	5,5	36,8
Berufe in der Sozialarbeit u. Sozialpädagogik	7,6	3,4	28,5	7,6	10,5	5,0	37,4
Berufe in Heilerziehungspflege u. Sonderpädagogik	7,4	3,1	27,8	7,5	11,5	5,9	36,7
Büro- u. Sekretariatskräfte (ohne Spez.)	6,9	3,6	26,2	8,8	9,4	4,4	40,8
Köche/Köchinnen (ohne Spez.)	6,3	5,0	20,2	7,5	17,1	6,5	37,4
Medizinische Fachangestellte (ohne Spez.)	5,6	2,6	27,6	9,1	6,8	4,1	44,1

◘ **Tabelle 28.100** (Fortsetzung)

Tätigkeit	AU-Fälle in %						
	Psyche	Herz/ Kreislauf	Atem- wege	Ver- dauung	Muskel/ Skelett	Verlet- zungen	Sonstige
Verwaltende Berufe im Sozial- u. Gesundheitswesen	6,6	3,4	26,9	8,8	9,8	4,3	40,3
Zahnmedizinische Fachangestellte	5,1	2,1	28,1	8,8	6,9	4,4	44,6
Branche gesamt	**6,7**	**3,6**	**25,0**	**7,8**	**12,8**	**5,4**	**38,7**
Alle Branchen	**5,1**	**3,7**	**23,9**	**8,4**	**15,4**	**7,0**	**36,5**

Fehlzeiten-Report 2019

28.6 · Gesundheits- und Sozialwesen

Tabelle 28.101 Anteile der 40 häufigsten Einzeldiagnosen an den AU-Fällen und AU-Tagen in der Branche Gesundheits- und Sozialwesen im Jahr 2018, AOK-Mitglieder

ICD-10	Bezeichnung	AU-Fälle in %	AU-Tage in %
J06	Akute Infektionen an mehreren oder nicht näher bezeichneten Lokalisationen der oberen Atemwege	10,7	5,1
M54	Rückenschmerzen	4,8	5,2
A09	Sonstige und nicht näher bezeichnete Gastroenteritis und Kolitis infektiösen und nicht näher bezeichneten Ursprungs	4,3	1,5
J20	Akute Bronchitis	2,1	1,2
F43	Reaktionen auf schwere Belastungen und Anpassungsstörungen	2,0	3,6
R10	Bauch- und Beckenschmerzen	1,9	1,0
B34	Viruskrankheit nicht näher bezeichneter Lokalisation	1,9	0,9
K52	Sonstige nichtinfektiöse Gastroenteritis und Kolitis	1,6	0,6
F32	Depressive Episode	1,5	4,6
J40	Bronchitis, nicht als akut oder chronisch bezeichnet	1,5	0,9
K08	Sonstige Krankheiten der Zähne und des Zahnhalteapparates	1,5	0,4
I10	Essentielle (primäre) Hypertonie	1,4	1,3
K29	Gastritis und Duodenitis	1,2	0,6
R51	Kopfschmerz	1,1	0,5
R11	Übelkeit und Erbrechen	1,1	0,5
J01	Akute Sinusitis	1,1	0,5
J03	Akute Tonsillitis	1,1	0,5
F48	Andere neurotische Störungen	1,0	1,7
J32	Chronische Sinusitis	1,0	0,5
J02	Akute Pharyngitis	1,0	0,4
J00	Akute Rhinopharyngitis [Erkältungsschnupfen]	1,0	0,4
G43	Migräne	1,0	0,4
M25	Sonstige Gelenkkrankheiten, anderenorts nicht klassifiziert	0,9	1,2
R53	Unwohlsein und Ermüdung	0,9	0,8
J11	Grippe, Viren nicht nachgewiesen	0,9	0,6
F45	Somatoforme Störungen	0,8	1,6
T14	Verletzung an einer nicht näher bezeichneten Körperregion	0,8	0,8
M51	Sonstige Bandscheibenschäden	0,7	1,8
M79	Sonstige Krankheiten des Weichteilgewebes, anderenorts nicht klassifiziert	0,7	0,8

Tabelle 28.101 (Fortsetzung)

ICD-10	Bezeichnung	AU-Fälle in %	AU-Tage in %
M99	Biomechanische Funktionsstörungen, anderenorts nicht klassifiziert	0,7	0,7
R42	Schwindel und Taumel	0,7	0,5
N39	Sonstige Krankheiten des Harnsystems	0,7	0,3
J98	Sonstige Krankheiten der Atemwege	0,7	0,3
M75	Schulterläsionen	0,6	1,5
Z98	Sonstige Zustände nach chirurgischem Eingriff	0,6	1,5
M53	Sonstige Krankheiten der Wirbelsäule und des Rückens, anderenorts nicht klassifiziert	0,6	0,7
J04	Akute Laryngitis und Tracheitis	0,6	0,3
B99	Sonstige und nicht näher bezeichnete Infektionskrankheiten	0,6	0,3
A08	Virusbedingte und sonstige näher bezeichnete Darminfektionen	0,6	0,2
M77	Sonstige Enthesopathien	0,5	0,8
	Summe hier	58,4	47,0
	Restliche	41,6	53,0
	Gesamtsumme	100,0	100,0

Fehlzeiten-Report 2019

28.6 · Gesundheits- und Sozialwesen

◘ **Tabelle 28.102** Anteile der 40 häufigsten Diagnoseuntergruppen an den AU-Fällen und AU-Tagen in der Branche Gesundheits- und Sozialwesen im Jahr 2018, AOK-Mitglieder

ICD-10	Bezeichnung	AU-Fälle in %	AU-Tage in %
J00–J06	Akute Infektionen der oberen Atemwege	15,7	7,5
M50–M54	Sonstige Krankheiten der Wirbelsäule und des Rückens	5,8	7,2
A00–A09	Infektiöse Darmkrankheiten	5,4	1,8
F40–F48	Neurotische, Belastungs- und somatoforme Störungen	4,2	8,1
R50–R69	Allgemeinsymptome	3,7	3,0
R10–R19	Symptome, die das Verdauungssystem und das Abdomen betreffen	3,3	1,6
J40–J47	Chronische Krankheiten der unteren Atemwege	2,6	1,8
J20–J22	Sonstige akute Infektionen der unteren Atemwege	2,5	1,4
B25–B34	Sonstige Viruskrankheiten	2,2	1,0
F30–F39	Affektive Störungen	2,1	7,3
M70–M79	Sonstige Krankheiten des Weichteilgewebes	2,1	3,5
G40–G47	Episodische und paroxysmale Krankheiten des Nervensystems	1,9	1,4
K50–K52	Nichtinfektiöse Enteritis und Kolitis	1,9	0,8
K00–K14	Krankheiten der Mundhöhle, der Speicheldrüsen und der Kiefer	1,9	0,6
Z80–Z99	Personen mit potentiellen Gesundheitsrisiken aufgrund der Familien- oder Eigenanamnese und bestimmte Zustände, die den Gesundheitszustand beeinflussen	1,7	3,2
K20–K31	Krankheiten des Ösophagus, des Magens und des Duodenums	1,7	0,8
I10–I15	Hypertonie [Hochdruckkrankheit]	1,6	1,5
J30–J39	Sonstige Krankheiten der oberen Atemwege	1,6	0,9
M20–M25	Sonstige Gelenkkrankheiten	1,4	2,7
J09–J18	Grippe und Pneumonie	1,4	1,0
R00–R09	Symptome, die das Kreislaufsystem und das Atmungssystem betreffen	1,4	0,8
N30–N39	Sonstige Krankheiten des Harnsystems	1,1	0,5
N80–N98	Nichtentzündliche Krankheiten des weiblichen Genitaltraktes	1,0	0,8
T08–T14	Verletzungen nicht näher bezeichneter Teile des Rumpfes, der Extremitäten oder anderer Körperregionen	0,9	1,0
R40–R46	Symptome, die das Erkennungs- und Wahrnehmungsvermögen, die Stimmung und das Verhalten betreffen	0,9	0,7
K55–K64	Sonstige Krankheiten des Darmes	0,9	0,7
S90–S99	Verletzungen der Knöchelregion und des Fußes	0,8	1,2

◨ **Tabelle 28.102** (Fortsetzung)

ICD-10	Bezeichnung	AU-Fälle in %	AU-Tage in %
M95–M99	Sonstige Krankheiten des Muskel-Skelett-Systems und des Bindegewebes	0,8	0,8
J95–J99	Sonstige Krankheiten des Atmungssystems	0,8	0,5
M15–M19	Arthrose	0,7	2,2
S80–S89	Verletzungen des Knies und des Unterschenkels	0,7	1,6
E00–E07	Krankheiten der Schilddrüse	0,7	0,6
E70–E90	Stoffwechselstörungen	0,7	0,5
Z00–Z13	Personen, die das Gesundheitswesen zur Untersuchung und Abklärung in Anspruch nehmen	0,7	0,4
B99–B99	Sonstige Infektionskrankheiten	0,7	0,3
G50–G59	Krankheiten von Nerven, Nervenwurzeln und Nervenplexus	0,6	1,2
Z40–Z54	Personen, die das Gesundheitswesen zum Zwecke spezifischer Maßnahmen und zur medizinischen Betreuung in Anspruch nehmen	0,6	0,9
S60–S69	Verletzungen des Handgelenkes und der Hand	0,6	0,8
D10–D36	Gutartige Neubildungen	0,6	0,6
I95–I99	Sonstige und nicht näher bezeichnete Krankheiten des Kreislaufsystems	0,6	0,3
	Summe hier	80,5	73,5
	Restliche	19,5	26,5
	Gesamtsumme	100,0	100,0

Fehlzeiten-Report 2019

28.7 Handel

Entwicklung des Krankenstands der AOK-Mitglieder in der Branche Handel in den Jahren 1994 bis 2018	Tab. 28.103
Arbeitsunfähigkeit der AOK-Mitglieder in der Branche Handel nach Bundesländern im Jahr 2018 im Vergleich zum Vorjahr	Tab. 28.104
Arbeitsunfähigkeit der AOK-Mitglieder nach Wirtschaftsabteilungen in der Branche Handel im Jahr 2018	Tab. 28.105
Kennzahlen der Arbeitsunfähigkeit nach ausgewählten Berufsgruppen in der Branche Handel im Jahr 2018	Tab. 28.106
Dauer der Arbeitsunfähigkeit der AOK-Mitglieder in der Branche Handel im Jahr 2018	Tab. 28.107
Tage der Arbeitsunfähigkeit je AOK-Mitglied nach Wirtschaftsabteilung und Betriebsgröße in der Branche Handel im Jahr 2018	Tab. 28.108
Krankenstand in Prozent nach Ausbildungsabschluss in der Branche Handel im Jahr 2018, AOK-Mitglieder	Tab. 28.109
Tage der Arbeitsunfähigkeit je AOK-Mitglied nach Ausbildungsabschluss in der Branche Handel im Jahr 2018	Tab. 28.110
Anteil der Arbeitsunfälle an den AU-Fällen und -Tagen in Prozent nach Wirtschaftsabteilungen in der Branche Handel im Jahr 2018, AOK-Mitglieder	Tab. 28.111
Tage und Fälle der Arbeitsunfähigkeit durch Arbeitsunfälle nach Berufsgruppen in der Branche Handel im Jahr 2018, AOK-Mitglieder	Tab. 28.112
Tage und Fälle der Arbeitsunfähigkeit je 100 AOK-Mitglieder nach Krankheitsarten in der Branche Handel in den Jahren 1995 bis 2018	Tab. 28.113
Verteilung der Arbeitsunfähigkeitstage nach Krankheitsarten in Prozent in der Branche Handel im Jahr 2018, AOK-Mitglieder	Tab. 28.114
Verteilung der Arbeitsunfähigkeitsfälle nach Krankheitsarten in Prozent in der Branche Handel im Jahr 2018, AOK-Mitglieder	Tab. 28.115
Verteilung der Arbeitsunfähigkeitstage nach Krankheitsarten und ausgewählten Berufsgruppen in der Branche Handel im Jahr 2018, AOK-Mitglieder	Tab. 28.116
Verteilung der Arbeitsunfähigkeitsfälle nach Krankheitsarten und ausgewählten Berufsgruppen in der Branche Handel im Jahr 2018, AOK-Mitglieder	Tab. 28.117
Anteile der 40 häufigsten Einzeldiagnosen an den AU-Fällen und AU-Tagen in der Branche Handel im Jahr 2018, AOK-Mitglieder	Tab. 28.118
Anteile der 40 häufigsten Diagnoseuntergruppen an den AU-Fällen und AU-Tagen in der Branche Handel im Jahr 2018, AOK-Mitglieder	Tab. 28.119

Tabelle 28.103 Entwicklung des Krankenstands der AOK-Mitglieder in der Branche Handel in den Jahren 1994 bis 2018

Jahr	Krankenstand in %			AU-Fälle je 100 AOK-Mitglieder			Tage je Fall		
	West	Ost	Bund	West	Ost	Bund	West	Ost	Bund
1994	5,6	4,6	5,5	144,1	105,9	138,3	13,1	14,1	13,3
1995	5,2	4,4	5,1	149,7	116,2	144,7	12,8	14,1	13,0
1996	4,6	4,0	4,5	134,3	106,2	129,9	12,9	14,4	13,1
1997	4,5	3,8	4,4	131,3	100,7	126,9	12,3	13,9	12,5
1998	4,6	3,9	4,5	134,1	102,0	129,6	12,3	13,8	12,5
1999	4,6	4,2	4,5	142,7	113,4	138,9	11,9	13,6	12,1
2000	4,6	4,2	4,6	146,5	117,9	143,1	11,6	13,0	11,7
2001	4,6	4,2	4,5	145,4	113,2	141,8	11,5	13,5	11,7
2002	4,5	4,1	4,5	145,5	114,4	142,0	11,4	13,0	11,5
2003	4,2	3,7	4,2	140,5	110,7	136,8	11,0	12,4	11,2
2004	3,9	3,4	3,8	127,0	100,9	123,4	11,2	12,2	11,3
2005	3,8	3,3	3,7	127,9	100,7	123,9	10,9	12,1	11,0
2006	3,7	3,3	3,6	122,7	97,0	118,9	11,0	12,3	11,2
2007	3,9	3,6	3,9	132,4	106,6	128,6	10,9	12,2	11,0
2008 (WZ03)	4,1	3,8	4,0	140,4	112,0	136,2	10,6	12,3	10,8
2008 (WZ08)[a]	4,1	3,7	4,0	139,9	111,7	135,7	10,6	12,2	10,8
2009	4,2	4,1	4,2	146,4	122,1	142,8	10,5	12,2	10,7
2010	4,3	4,1	4,3	143,7	126,8	141,2	10,9	11,9	11,0
2011	4,4	3,9	4,3	149,1	131,0	146,5	10,8	11,0	10,8
2012	4,4	4,4	4,4	149,7	125,8	146,2	10,8	12,9	11,1
2013	4,7	4,6	4,7	161,2	136,3	157,7	10,6	12,4	10,8
2014	4,8	4,7	4,8	159,1	133,4	155,4	11,0	13,0	11,3
2015	5,0	4,9	5,0	168,2	143,7	164,6	10,8	12,6	11,0
2016	5,0	5,1	5,0	166,6	146,9	163,8	10,9	12,6	11,1
2017	4,9	5,3	5,0	162,3	148,3	160,3	11,1	13,0	11,4
2018	5,1	5,5	5,2	168,5	154,5	166,5	11,1	13,0	11,4

[a] Aufgrund der Revision der Wirtschaftszweigklassifikation in 2008 ist eine Vergleichbarkeit mit den Vorjahren nur bedingt möglich

Fehlzeiten-Report 2019

28.7 · Handel

Tabelle 28.104 Arbeitsunfähigkeit der AOK-Mitglieder in der Branche Handel nach Bundesländern im Jahr 2018 im Vergleich zum Vorjahr

Bundesland	Kranken-stand in %	Arbeitsunfähigkeit je 100 AOK-Mitglieder				Tage je Fall	Veränd. z. Vorj. in %	AU-Quote in %
		AU-Fälle	Veränd. z. Vorj. in %	AU-Tage	Veränd. z. Vorj. in %			
Baden-Württemberg	5,1	180,1	4,3	1.862,1	3,4	10,3	−0,8	58,2
Bayern	4,7	146,5	4,1	1.713,4	4,5	11,7	0,4	51,3
Berlin	4,6	165,6	4,9	1.680,2	3,4	10,1	−1,5	47,5
Brandenburg	5,7	155,4	3,7	2.087,1	3,7	13,4	0,0	53,9
Bremen	5,1	155,3	0,7	1.850,1	2,9	11,9	2,2	50,7
Hamburg	4,5	146,3	1,7	1.631,3	2,8	11,1	1,1	45,2
Hessen	5,4	182,3	3,3	1.968,9	2,3	10,8	−1,0	56,7
Mecklenburg-Vorpommern	5,5	137,2	2,9	1.996,5	2,6	14,5	−0,3	50,9
Niedersachsen	5,4	175,6	3,2	1.977,0	4,2	11,3	0,9	58,3
Nordrhein-Westfalen	5,3	171,5	3,4	1.942,6	3,0	11,3	−0,4	56,0
Rheinland-Pfalz	5,8	199,8	5,9	2.111,1	4,7	10,6	−1,1	60,7
Saarland	5,8	167,8	8,4	2.130,3	8,1	12,7	−0,3	55,3
Sachsen	5,2	152,9	4,0	1.911,5	4,8	12,5	0,8	57,9
Sachsen-Anhalt	5,9	152,4	4,6	2.168,9	4,6	14,2	0,0	54,8
Schleswig-Holstein	5,2	156,6	1,1	1.908,1	4,3	12,2	3,2	52,7
Thüringen	5,8	164,6	4,7	2.112,7	3,9	12,8	−0,8	58,6
West	**5,1**	**168,5**	**3,8**	**1.871,5**	**3,7**	**11,1**	**−0,1**	**55,3**
Ost	**5,5**	**154,5**	**4,2**	**2.010,0**	**4,4**	**13,0**	**0,2**	**56,7**
Bund	**5,2**	**166,5**	**3,8**	**1.892,0**	**3,8**	**11,4**	**−0,1**	**55,5**

Fehlzeiten-Report 2019

◻ **Tabelle 28.105** Arbeitsunfähigkeit der AOK-Mitglieder nach Wirtschaftsabteilungen in der Branche Handel im Jahr 2018

Wirtschaftsabteilungen	Krankenstand in %		Arbeitsunfähigkeiten je 100 AOK-Mitglieder		Tage je Fall	AU-Quote in %
	2018	2018 stand.[a]	Fälle	Tage		
Einzelhandel (ohne Handel mit Kraftfahrzeugen)	5,3	5,5	162,5	1.922,3	11,8	54,1
Großhandel (ohne Handel mit Kraftfahrzeugen)	5,3	5,3	168,4	1.922,1	11,4	57,2
Handel mit Kraftfahrzeugen, Instandhaltung und Reparatur von Kraftfahrzeugen	4,7	4,8	177,7	1.719,5	9,7	57,8
Branche gesamt	5,2	5,5	166,5	1.892,0	11,4	55,5
Alle Branchen	5,5	5,6	169,1	1.991,6	11,8	54,1

[a] Krankenstand alters- und geschlechtsstandardisiert

Fehlzeiten-Report 2019

28.7 · Handel

◨ **Tabelle 28.106** Kennzahlen der Arbeitsunfähigkeit nach ausgewählten Berufsgruppen in der Branche Handel im Jahr 2018

Tätigkeit	Kranken-stand in %	Arbeitsunfähigkeit je 100 AOK-Mitglieder		Tage je Fall	AU-Quote in %	Anteil der Berufs-gruppe an der Branche in %[a]
		AU-Fälle	AU-Tage			
Aufsichts-/Führungskr. – Verkauf	4,6	110,8	1.685,9	15,2	49,1	1,2
Berufe im Verkauf (Ohne Spez.)	5,5	160,2	2.008,9	12,5	54,1	23,2
Berufe im Verkauf von Back- u. Konditoreiwaren	5,9	162,3	2.155,4	13,3	53,5	1,9
Berufe im Verkauf von Bekleidung, Sportartikeln, Lederwaren u. Schuhen	4,9	182,1	1.781,5	9,8	54,6	3,3
Berufe im Verkauf von drogerie- u. apothekenüblichen Waren	4,8	173,2	1.746,8	10,1	59,7	1,8
Berufe im Verkauf von Garten-, Heimwerker-, Haustier- u. Zoobedarf	5,8	180,8	2.116,5	11,7	62,8	1,2
Berufe im Verkauf von Kraftfahrzeugen, Zweirädern u. Zubehör	3,6	157,7	1.308,9	8,3	53,8	1,4
Berufe im Verkauf von Lebensmitteln (ohne Spez.)	5,2	158,4	1.896,3	12,0	54,6	1,8
Berufe im Vertrieb (außer Informations- u. Kommunikationstechnologien)	3,6	129,9	1.318,3	10,1	50,9	2,2
Berufe in der Kraftfahrzeugtechnik	5,1	210,3	1.869,9	8,9	64,3	5,2
Berufe in der Lagerwirtschaft	6,8	216,2	2.488,9	11,5	61,3	12,3
Berufe in der pharmazeutisch-technischen Assistenz	2,9	136,2	1.049,0	7,7	53,2	1,1
Berufskraftfahrer/innen (Güterverkehr/LKW)	7,3	155,5	2.652,0	17,1	58,3	2,5
Büro- u. Sekretariatskräfte (ohne Spez.)	3,6	135,5	1.312,6	9,7	50,3	4,5
Fahrzeugführer/innen im Straßenverkehr (sonstige spezifische Tätigkeitsangabe)	6,5	149,3	2.384,4	16,0	52,0	1,0

Tabelle 28.106 (Fortsetzung)

Tätigkeit	Krankenstand in %	Arbeitsunfähigkeit je 100 AOK-Mitglieder		Tage je Fall	AU-Quote in %	Anteil der Berufsgruppe an der Branche in %[a]
		AU-Fälle	AU-Tage			
Kassierer/innen u. Kartenverkäufer/innen	6,3	165,8	2.291,5	13,8	55,8	2,3
Kaufleute im Groß- u. Außenhandel	3,5	192,3	1.268,6	6,6	61,8	1,9
Kaufmännische u. technische Betriebswirtschaft (ohne Spez.)	3,7	148,0	1.359,2	9,2	54,5	2,6
Branche gesamt	**5,2**	**166,5**	**1.892,0**	**11,4**	**55,5**	**14,1**[b]

[a] Anteil der AOK-Mitglieder in der Berufsgruppe an den in der Branche beschäftigten AOK-Mitgliedern insgesamt
[b] Anteil der AOK-Mitglieder in der Branche an allen AOK-Mitgliedern
Fehlzeiten-Report 2019

Tabelle 28.107 Dauer der Arbeitsunfähigkeit der AOK-Mitglieder in der Branche Handel im Jahr 2018

Fallklasse	Branche hier		Alle Branchen	
	Anteil Fälle in %	Anteil Tage in %	Anteil Fälle in %	Anteil Tage in %
1–3 Tage	36,1	6,4	34,8	5,9
4–7 Tage	32,1	14,4	31,5	13,5
8–14 Tage	16,9	15,5	17,9	15,7
15–21 Tage	5,5	8,4	5,8	8,6
22–28 Tage	2,7	5,7	2,8	5,9
29–42 Tage	2,7	8,3	2,9	8,5
> 42 Tage	4,0	41,4	4,2	41,8

Fehlzeiten-Report 2019

28.7 · Handel

Tabelle 28.108 Tage der Arbeitsunfähigkeit je AOK-Mitglied nach Wirtschaftsabteilung und Betriebsgröße in der Branche Handel im Jahr 2018

Wirtschaftsabteilungen	Betriebsgröße (Anzahl der AOK-Mitglieder)					
	10–49	50–99	100–199	200–499	500–999	≥ 1.000
Einzelhandel (ohne Handel mit Kraftfahrzeugen)	20,2	22,4	22,7	22,6	24,4	30,5
Großhandel (ohne Handel mit Kraftfahrzeugen)	20,2	22,1	21,9	23,8	22,4	10,0
Handel mit Kraftfahrzeugen, Instandhaltung und Reparatur von Kraftfahrzeugen	17,8	17,5	19,6	21,5	20,8	–
Branche gesamt	**19,9**	**21,6**	**22,1**	**23,0**	**23,3**	**29,5**
Alle Branchen	**20,5**	**22,5**	**22,7**	**22,6**	**22,7**	**22,6**

Fehlzeiten-Report 2019

Tabelle 28.109 Krankenstand in Prozent nach Ausbildungsabschluss in der Branche Handel im Jahr 2018, AOK-Mitglieder

Wirtschafts-abteilungen	Ausbildung						
	Ohne Ausbildungsabschluss	Mit Ausbildungsabschluss	Meister/ Techniker	Bachelor	Diplom/ Magister/ Master/ Staatsexamen	Promotion	Unbekannt
Einzelhandel (ohne Handel mit Kraftfahrzeugen)	5,6	5,5	4,6	2,6	3,0	2,7	4,9
Großhandel (ohne Handel mit Kraftfahrzeugen)	6,2	5,5	4,1	2,0	2,5	2,2	5,1
Handel mit Kraftfahrzeugen, Instandhaltung und Reparatur von Kraftfahrzeugen	4,9	4,8	4,5	2,2	2,8	2,8	4,4
Branche gesamt	**5,6**	**5,4**	**4,4**	**2,2**	**2,7**	**2,4**	**4,9**
Alle Branchen	**6,1**	**5,9**	**4,6**	**2,4**	**2,9**	**2,1**	**4,9**

Fehlzeiten-Report 2019

Tabelle 28.110 Tage der Arbeitsunfähigkeit je AOK-Mitglied nach Ausbildungsabschluss in der Branche Handel im Jahr 2018

Wirtschaftsabteilungen	Ausbildung						
	Ohne Ausbildungsabschluss	Mit Ausbildungsabschluss	Meister/ Techniker	Bachelor	Diplom/ Magister/ Master/ Staatsexamen	Promotion	Unbekannt
Einzelhandel (ohne Handel mit Kraftfahrzeugen)	20,3	20,0	16,9	9,3	10,8	9,8	17,9
Großhandel (ohne Handel mit Kraftfahrzeugen)	22,7	20,0	14,8	7,3	9,0	8,0	18,5
Handel mit Kraftfahrzeugen, Instandhaltung und Reparatur von Kraftfahrzeugen	18,1	17,7	16,3	8,2	10,1	10,3	16,0
Branche gesamt	**20,5**	**19,6**	**16,0**	**8,2**	**9,9**	**8,9**	**17,9**
Alle Branchen	**22,2**	**21,6**	**16,7**	**8,7**	**10,7**	**7,7**	**18,1**

Fehlzeiten-Report 2019

Tabelle 28.111 Anteil der Arbeitsunfälle an den AU-Fällen und -Tagen in Prozent nach Wirtschaftsabteilungen in der Branche Handel im Jahr 2018, AOK-Mitglieder

Wirtschaftsabteilungen	AU-Fälle in %	AU-Tage in %
Einzelhandel (ohne Handel mit Kraftfahrzeugen)	2,4	4,2
Großhandel (ohne Handel mit Kraftfahrzeugen)	3,0	6,6
Handel mit Kraftfahrzeugen, Instandhaltung und Reparatur von Kraftfahrzeugen	3,4	6,3
Branche gesamt	**2,7**	**5,2**
Alle Branchen	**3,0**	**5,8**

Fehlzeiten-Report 2019

28.7 · Handel

Tabelle 28.112 Tage und Fälle der Arbeitsunfähigkeit durch Arbeitsunfälle nach Berufsgruppen in der Branche Handel im Jahr 2018, AOK-Mitglieder

Tätigkeit	Arbeitsunfähigkeit je 1.000 AOK-Mitglieder	
	AU-Tage	AU-Fälle
Berufskraftfahrer/innen (Güterverkehr/LKW)	3.283,7	97,9
Fahrzeugführer/innen im Straßenverkehr (sonstige spezifische Tätigkeitsangabe)	2.477,1	79,4
Berufe in der Lagerwirtschaft	1.520,8	66,5
Berufe in der Kraftfahrzeugtechnik	1.489,4	97,4
Berufe im Verkauf von Garten-, Heimwerker-, Haustier- u. Zoobedarf	1.033,8	58,1
Berufe im Verkauf von Lebensmitteln (ohne Spez.)	939,6	50,1
Berufe im Verkauf von Back- u. Konditoreiwaren	814,1	44,3
Berufe im Verkauf (Ohne Spez.)	753,8	38,0
Aufsichts-/Führungskr. – Verkauf	715,6	30,3
Kassierer/innen u. Kartenverkäufer/innen	622,8	26,2
Berufe im Verkauf von drogerie- u. apothekenüblichen Waren	433,1	21,5
Berufe im Verkauf von Kraftfahrzeugen, Zweirädern u. Zubehör	406,9	21,2
Berufe im Verkauf von Bekleidung, Sportartikeln, Lederwaren u. Schuhen	405,2	22,5
Kaufleute im Groß- u. Außenhandel	363,6	22,8
Berufe im Vertrieb (außer Informations- u. Kommunikationstechnologien)	361,6	16,7
Kaufmännische u. technische Betriebswirtschaft (ohne Spez.)	321,7	16,1
Büro- u. Sekretariatskräfte (ohne Spez.)	265,3	12,3
Berufe in der pharmazeutisch-technischen Assistenz	187,4	10,4
Branche gesamt	**979,9**	**45,7**
Alle Branchen	**1.158,1**	**50,2**

Fehlzeiten-Report 2019

◘ **Tabelle 28.113** Tage und Fälle der Arbeitsunfähigkeit je 100 AOK-Mitglieder nach Krankheitsarten in der Branche Handel in den Jahren 1995 bis 2018

Jahr	Arbeitsunfähigkeiten je 100 AOK-Mitglieder											
	Psyche		Herz/Kreislauf		Atemwege		Verdauung		Muskel/Skelett		Verletzungen	
	Tage	Fälle	Tage	Fälle	Tage	Fälle	Tage	Fälle	Tage	Fälle	Tage	Fälle
1995	101,3	4,1	175,6	8,5	347,2	43,8	183,5	22,6	592,8	31,9	345,0	21,1
1996	92,4	3,8	152,5	7,1	300,8	38,8	153,0	20,3	524,4	27,6	308,0	18,8
1997	89,6	4,0	142,2	7,4	268,9	37,5	143,7	20,2	463,5	26,9	293,2	18,4
1998	95,7	4,3	142,2	7,6	266,0	38,5	140,9	20,4	480,4	28,3	284,6	18,3
1999	100,4	4,7	139,6	7,8	301,5	44,0	142,3	21,7	499,5	30,0	280,8	18,5
2000	113,7	5,5	119,8	7,0	281,4	42,5	128,1	19,1	510,3	31,3	278,0	18,8
2001	126,1	6,3	124,0	7,6	266,0	41,9	128,9	19,8	523,9	32,5	270,3	18,7
2002	131,0	6,7	122,5	7,7	254,9	41,0	129,6	20,8	512,6	32,0	265,8	18,4
2003	127,0	6,6	114,6	7,6	252,1	41,5	121,3	19,8	459,2	29,4	250,8	17,4
2004	136,9	6,4	120,4	6,8	215,6	34,6	120,4	19,0	424,2	27,1	237,7	16,0
2005	135,8	6,2	118,1	6,6	245,8	39,4	113,5	17,6	399,1	25,9	230,5	15,5
2006	137,2	6,3	117,7	6,7	202,9	33,5	115,7	18,4	400,5	26,0	234,8	15,7
2007	151,2	6,8	120,3	6,8	231,0	37,9	122,6	20,0	426,0	27,1	234,3	15,4
2008 (WZ03)	159,5	7,1	124,1	7,0	244,6	40,6	127,6	21,3	439,2	28,2	238,9	15,8
2008 (WZ08)[a]	158,2	7,1	123,2	7,0	243,2	40,4	127,3	21,2	435,9	28,0	238,8	15,8
2009	168,3	7,6	122,3	6,9	284,1	46,6	126,0	20,8	428,8	27,4	241,8	15,7
2010	190,3	8,1	124,2	6,9	240,7	40,4	118,2	19,2	463,3	28,5	256,3	16,4
2011	209,1	9,0	119,3	6,9	253,8	42,0	119,2	19,3	451,2	28,8	248,1	16,0
2012	231,8	9,3	130,4	7,1	254,5	41,9	124,0	19,5	478,2	29,5	252,0	15,5
2013	243,8	9,7	129,6	6,9	317,6	50,9	127,4	19,7	482,5	29,9	254,6	15,6
2014	273,9	10,7	137,2	7,2	265,7	43,7	133,5	20,3	523,9	31,5	257,2	15,7
2015	282,1	10,9	135,5	7,2	323,7	51,9	131,8	20,1	518,5	31,2	256,3	15,5
2016	290,7	11,1	124,1	7,3	305,6	50,1	125,9	19,9	533,1	31,7	258,0	15,3
2017	299,9	11,2	122,1	7,1	308,7	49,5	122,4	18,7	526,8	30,8	259,7	14,8
2018	311,9	11,6	122,5	7,2	336,2	52,5	121,2	18,5	529,7	31,2	263,4	14,9

[a] Aufgrund der Revision der Wirtschaftszweigklassifikation in 2008 ist eine Vergleichbarkeit mit den Vorjahren nur bedingt möglich

Fehlzeiten-Report 2019

28.7 · Handel

Tabelle 28.114 Verteilung der Arbeitsunfähigkeitstage nach Krankheitsarten in Prozent in der Branche Handel im Jahr 2018, AOK-Mitglieder

Wirtschaftsabteilungen	AU-Tage in %						
	Psyche	Herz/Kreislauf	Atemwege	Verdauung	Muskel/Skelett	Verletzungen	Sonstige
Einzelhandel (ohne Handel mit Kraftfahrzeugen)	14,2	4,3	13,1	4,7	20,7	9,3	33,6
Großhandel (ohne Handel mit Kraftfahrzeugen)	10,3	5,8	13,3	4,8	21,9	11,4	32,5
Handel mit Kraftfahrzeugen, Instandhaltung und Reparatur von Kraftfahrzeugen	9,5	5,0	14,7	5,4	20,7	13,7	31,0
Branche gesamt	**12,4**	**4,9**	**13,4**	**4,8**	**21,1**	**10,5**	**32,9**
Alle Branchen	**11,3**	**5,3**	**13,3**	**4,7**	**22,0**	**10,9**	**32,4**

Fehlzeiten-Report 2019

Tabelle 28.115 Verteilung der Arbeitsunfähigkeitsfälle nach Krankheitsarten in Prozent in der Branche Handel im Jahr 2018, AOK-Mitglieder

Wirtschaftsabteilungen	AU-Fälle in %						
	Psyche	Herz/Kreislauf	Atemwege	Verdauung	Muskel/Skelett	Verletzungen	Sonstige
Einzelhandel (ohne Handel mit Kraftfahrzeugen)	6,1	3,2	23,9	8,4	13,7	6,3	38,4
Großhandel (ohne Handel mit Kraftfahrzeugen)	4,7	3,7	24,1	8,6	15,7	7,1	36,1
Handel mit Kraftfahrzeugen, Instandhaltung und Reparatur von Kraftfahrzeugen	3,9	2,8	25,6	8,9	14,5	8,7	35,6
Branche gesamt	**5,3**	**3,3**	**24,2**	**8,5**	**14,4**	**6,9**	**37,3**
Alle Branchen	**5,1**	**3,7**	**23,9**	**8,4**	**15,4**	**7,0**	**36,5**

Fehlzeiten-Report 2019

Tabelle 28.116 Verteilung der Arbeitsunfähigkeitstage nach Krankheitsarten und ausgewählten Berufsgruppen in der Branche Handel im Jahr 2018, AOK-Mitglieder

Tätigkeit	AU-Tage in %						
	Psyche	Herz/Kreislauf	Atemwege	Verdauung	Muskel/Skelett	Verletzungen	Sonstige
Aufsichts-/Führungskr. – Verkauf	21,0	4,2	10,4	4,0	18,5	8,9	33,0
Berufe im Verkauf (Ohne Spez.)	15,0	4,0	12,7	4,7	21,1	8,7	33,8
Berufe im Verkauf von Back- u. Konditoreiwaren	15,6	4,5	12,1	4,5	20,2	8,9	34,3
Berufe im Verkauf von Bekleidung, Sportartikeln, Lederwaren u. Schuhen	15,9	3,2	15,5	4,8	17,7	7,9	34,9
Berufe im Verkauf von drogerie- u. apothekenüblichen Waren	17,0	3,1	15,5	4,8	17,3	7,4	35,0
Berufe im Verkauf von Garten-, Heimwerker-, Haustier- u. Zoobedarf	13,8	4,7	13,4	4,9	20,1	10,5	32,5
Berufe im Verkauf von Kraftfahrzeugen, Zweirädern u. Zubehör	14,1	5,1	17,5	6,2	14,2	10,2	32,7
Berufe im Verkauf von Lebensmitteln (ohne Spez.)	13,8	4,3	12,5	4,5	20,4	10,1	34,4
Berufe im Vertrieb (außer Informations- u. Kommunikationstechnologien)	14,3	5,5	16,0	5,1	15,8	9,2	34,2
Berufe in der Kraftfahrzeugtechnik	7,0	4,3	15,3	5,4	21,8	16,6	29,6
Berufe in der Lagerwirtschaft	9,6	5,5	12,6	4,8	25,5	11,0	30,9
Berufe in der pharmazeutisch-technischen Assistenz	13,4	3,1	21,8	5,3	11,6	7,1	37,7
Berufskraftfahrer/innen (Güterverkehr/LKW)	7,2	8,4	9,1	4,3	25,6	14,0	31,3
Büro- u. Sekretariatskräfte (ohne Spez.)	15,3	4,2	15,8	5,1	14,1	8,0	37,5
Fahrzeugführer/innen im Straßenverkehr (sonstige spezifische Tätigkeitsangabe)	7,8	6,8	9,0	4,6	26,9	13,6	31,2

28.7 · Handel

Tabelle 28.116 (Fortsetzung)

Tätigkeit	AU-Tage in %						
	Psyche	Herz/Kreislauf	Atemwege	Verdauung	Muskel/Skelett	Verletzungen	Sonstige
Kassierer/innen u. Kartenverkäufer/innen	15,5	4,7	12,5	4,6	20,6	7,5	34,5
Kaufleute im Groß- u. Außenhandel	12,3	3,0	21,7	6,3	12,2	10,7	33,8
Kaufmännische u. technische Betriebswirtschaft (ohne Spez.)	15,2	3,6	17,7	5,1	14,6	8,3	35,4
Branche gesamt	**12,4**	**4,9**	**13,4**	**4,8**	**21,1**	**10,5**	**32,9**
Alle Branchen	**11,3**	**5,3**	**13,3**	**4,7**	**22,0**	**10,9**	**32,4**

Fehlzeiten-Report 2019

◨ **Tabelle 28.117** Verteilung der Arbeitsunfähigkeitsfälle nach Krankheitsarten und ausgewählten Berufsgruppen in der Branche Handel im Jahr 2018, AOK-Mitglieder

Tätigkeit	AU-Fälle in %						
	Psyche	Herz/ Kreislauf	Atem- wege	Ver- dauung	Muskel/ Skelett	Verlet- zungen	Sonstige
Aufsichts-/Führungskr. – Verkauf	8,3	3,5	22,1	8,4	13,4	6,4	37,8
Berufe im Verkauf (Ohne Spez.)	6,6	3,2	23,4	8,3	13,4	6,2	39,0
Berufe im Verkauf von Back- u. Konditoreiwaren	7,4	3,4	21,7	8,4	12,9	6,6	39,6
Berufe im Verkauf von Bekleidung, Sportartikeln, Lederwaren u. Schuhen	6,5	2,7	25,7	8,3	11,6	5,0	40,1
Berufe im Verkauf von drogerie- u. apothekenüblichen Waren	6,3	2,7	26,6	8,2	10,6	4,7	41,0
Berufe im Verkauf von Garten-, Heimwerker-, Haustier- u. Zoobedarf	5,8	3,2	24,0	8,8	13,8	7,3	37,0
Berufe im Verkauf von Kraftfahrzeugen, Zweirädern u. Zubehör	4,6	2,6	28,7	9,8	9,2	6,1	39,0
Berufe im Verkauf von Lebensmitteln (ohne Spez.)	6,1	3,2	22,9	8,6	12,5	7,0	39,7
Berufe im Vertrieb (außer Informations- u. Kommunikationstechnologien)	5,7	3,7	27,7	8,7	10,8	5,5	37,9
Berufe in der Kraftfahrzeugtechnik	3,0	2,2	26,2	8,8	14,9	10,8	34,1
Berufe in der Lagerwirtschaft	4,6	3,6	22,2	8,5	19,7	7,1	34,3
Berufe in der pharmazeutisch-technischen Assistenz	4,8	2,7	30,6	8,7	7,6	4,1	41,5
Berufskraftfahrer/innen (Güterverkehr/LKW)	4,1	5,7	17,8	8,6	20,3	9,3	34,3
Büro- u. Sekretariatskräfte (ohne Spez.)	5,6	3,1	26,9	8,9	9,5	4,9	41,1
Fahrzeugführer/innen im Straßenverkehr (sonstige spezifische Tätigkeitsangabe)	4,4	4,7	18,5	8,6	21,1	8,8	33,8

Tabelle 28.117 (Fortsetzung)

Tätigkeit	AU-Fälle in %						
	Psyche	Herz/ Kreislauf	Atem- wege	Ver- dauung	Muskel/ Skelett	Verlet- zungen	Sonstige
Kassierer/innen u. Kartenverkäufer/innen	7,2	3,7	22,8	8,2	13,1	5,3	39,6
Kaufleute im Groß- u. Außenhandel	3,9	2,1	31,0	9,2	7,9	6,1	39,8
Kaufmännische u. technische Betriebswirtschaft (ohne Spez.)	5,7	3,0	28,8	8,8	9,7	5,1	39,0
Branche gesamt	**5,3**	**3,3**	**24,2**	**8,5**	**14,4**	**6,9**	**37,3**
Alle Branchen	**5,1**	**3,7**	**23,9**	**8,4**	**15,4**	**7,0**	**36,5**

Fehlzeiten-Report 2019

Tabelle 28.118 Anteile der 40 häufigsten Einzeldiagnosen an den AU-Fällen und AU-Tagen in der Branche Handel im Jahr 2018, AOK-Mitglieder

ICD-10	Bezeichnung	AU-Fälle in %	AU-Tage in %
J06	Akute Infektionen an mehreren oder nicht näher bezeichneten Lokalisationen der oberen Atemwege	10,6	5,1
M54	Rückenschmerzen	5,6	5,7
A09	Sonstige und nicht näher bezeichnete Gastroenteritis und Kolitis infektiösen und nicht näher bezeichneten Ursprungs	4,7	1,7
J20	Akute Bronchitis	1,9	1,2
R10	Bauch- und Beckenschmerzen	1,9	1,0
B34	Viruskrankheit nicht näher bezeichneter Lokalisation	1,9	0,9
K52	Sonstige nichtinfektiöse Gastroenteritis und Kolitis	1,7	0,6
K08	Sonstige Krankheiten der Zähne und des Zahnhalteapparates	1,7	0,4
F43	Reaktionen auf schwere Belastungen und Anpassungsstörungen	1,5	2,9
J40	Bronchitis, nicht als akut oder chronisch bezeichnet	1,4	0,8
I10	Essentielle (primäre) Hypertonie	1,3	1,3
R51	Kopfschmerz	1,3	0,6
K29	Gastritis und Duodenitis	1,3	0,6
F32	Depressive Episode	1,2	3,7
T14	Verletzung an einer nicht näher bezeichneten Körperregion	1,1	1,1
R11	Übelkeit und Erbrechen	1,1	0,5
J02	Akute Pharyngitis	1,1	0,5
J03	Akute Tonsillitis	1,1	0,5
M25	Sonstige Gelenkkrankheiten, anderenorts nicht klassifiziert	1,0	1,3
J00	Akute Rhinopharyngitis [Erkältungsschnupfen]	1,0	0,5
J01	Akute Sinusitis	1,0	0,5
J32	Chronische Sinusitis	0,9	0,5
J11	Grippe, Viren nicht nachgewiesen	0,9	0,5
M79	Sonstige Krankheiten des Weichteilgewebes, anderenorts nicht klassifiziert	0,8	0,8
M99	Biomechanische Funktionsstörungen, anderenorts nicht klassifiziert	0,8	0,7
G43	Migräne	0,8	0,3
M51	Sonstige Bandscheibenschäden	0,7	1,9
F45	Somatoforme Störungen	0,7	1,3
F48	Andere neurotische Störungen	0,7	1,2

◻ **Tabelle 28.118** (Fortsetzung)

ICD-10	Bezeichnung	AU-Fälle in %	AU-Tage in %
R53	Unwohlsein und Ermüdung	0,7	0,7
R42	Schwindel und Taumel	0,7	0,5
J98	Sonstige Krankheiten der Atemwege	0,7	0,4
A08	Virusbedingte und sonstige näher bezeichnete Darminfektionen	0,7	0,2
M75	Schulterläsionen	0,6	1,6
Z98	Sonstige Zustände nach chirurgischem Eingriff	0,6	1,5
M77	Sonstige Enthesopathien	0,6	0,9
M53	Sonstige Krankheiten der Wirbelsäule und des Rückens, anderenorts nicht klassifiziert	0,6	0,7
N39	Sonstige Krankheiten des Harnsystems	0,6	0,3
B99	Sonstige und nicht näher bezeichnete Infektionskrankheiten	0,6	0,3
S93	Luxation, Verstauchung und Zerrung der Gelenke und Bänder in Höhe des oberen Sprunggelenkes und des Fußes	0,5	0,7
	Summe hier	58,6	46,4
	Restliche	41,4	53,6
	Gesamtsumme	100,0	100,0

Fehlzeiten-Report 2019

Tabelle 28.119 Anteile der 40 häufigsten Diagnoseuntergruppen an den AU-Fällen und AU-Tagen in der Branche Handel im Jahr 2018, AOK-Mitglieder

ICD-10	Bezeichnung	AU-Fälle in %	AU-Tage in %
J00–J06	Akute Infektionen der oberen Atemwege	15,4	7,5
M50–M54	Sonstige Krankheiten der Wirbelsäule und des Rückens	6,6	7,8
A00–A09	Infektiöse Darmkrankheiten	5,8	2,1
R50–R69	Allgemeinsymptome	3,7	2,8
F40–F48	Neurotische, Belastungs- und somatoforme Störungen	3,3	6,5
R10–R19	Symptome, die das Verdauungssystem und das Abdomen betreffen	3,3	1,7
M70–M79	Sonstige Krankheiten des Weichteilgewebes	2,4	3,8
J40–J47	Chronische Krankheiten der unteren Atemwege	2,4	1,7
J20–J22	Sonstige akute Infektionen der unteren Atemwege	2,3	1,4
B25–B34	Sonstige Viruskrankheiten	2,2	1,0
K00–K14	Krankheiten der Mundhöhle, der Speicheldrüsen und der Kiefer	2,2	0,6
K50–K52	Nichtinfektiöse Enteritis und Kolitis	2,0	0,9
K20–K31	Krankheiten des Ösophagus, des Magens und des Duodenums	1,8	0,9
G40–G47	Episodische und paroxysmale Krankheiten des Nervensystems	1,7	1,3
F30–F39	Affektive Störungen	1,6	5,5
M20–M25	Sonstige Gelenkkrankheiten	1,6	2,9
Z80–Z99	Personen mit potentiellen Gesundheitsrisiken aufgrund der Familien- oder Eigenanamnese und bestimmte Zustände, die den Gesundheitszustand beeinflussen	1,5	3,1
J30–J39	Sonstige Krankheiten der oberen Atemwege	1,5	0,9
I10–I15	Hypertonie [Hochdruckkrankheit]	1,4	1,4
R00–R09	Symptome, die das Kreislaufsystem und das Atmungssystem betreffen	1,4	0,9
T08–T14	Verletzungen nicht näher bezeichneter Teile des Rumpfes, der Extremitäten oder anderer Körperregionen	1,3	1,3
J09–J18	Grippe und Pneumonie	1,2	0,9
S90–S99	Verletzungen der Knöchelregion und des Fußes	1,0	1,4
S60–S69	Verletzungen des Handgelenkes und der Hand	1,0	1,4
K55–K64	Sonstige Krankheiten des Darmes	1,0	0,8
M95–M99	Sonstige Krankheiten des Muskel-Skelett-Systems und des Bindegewebes	0,9	0,8
R40–R46	Symptome, die das Erkennungs- und Wahrnehmungsvermögen, die Stimmung und das Verhalten betreffen	0,9	0,8

Tabelle 28.119 (Fortsetzung)

ICD-10	Bezeichnung	AU-Fälle in %	AU-Tage in %
N30–N39	Sonstige Krankheiten des Harnsystems	0,9	0,4
S80–S89	Verletzungen des Knies und des Unterschenkels	0,8	1,9
J95–J99	Sonstige Krankheiten des Atmungssystems	0,8	0,5
M15–M19	Arthrose	0,7	2,0
E70–E90	Stoffwechselstörungen	0,7	0,6
Z00–Z13	Personen, die das Gesundheitswesen zur Untersuchung und Abklärung in Anspruch nehmen	0,7	0,4
B99–B99	Sonstige Infektionskrankheiten	0,7	0,3
G50–G59	Krankheiten von Nerven, Nervenwurzeln und Nervenplexus	0,6	1,2
M65–M68	Krankheiten der Synovialis und der Sehnen	0,6	0,9
N80–N98	Nichtentzündliche Krankheiten des weiblichen Genitaltraktes	0,6	0,5
I95–I99	Sonstige und nicht näher bezeichnete Krankheiten des Kreislaufsystems	0,6	0,3
Z40–Z54	Personen, die das Gesundheitswesen zum Zwecke spezifischer Maßnahmen und zur medizinischen Betreuung in Anspruch nehmen	0,5	1,0
L00–L08	Infektionen der Haut und der Unterhaut	0,5	0,6
	Summe hier	**80,1**	**72,7**
	Restliche	19,9	27,3
	Gesamtsumme	**100,0**	**100,0**

Fehlzeiten-Report 2019

28.8 Land- und Forstwirtschaft

Entwicklung des Krankenstands der AOK-Mitglieder in der Branche Land- und Forstwirtschaft in den Jahren 1994 bis 2018	Tab. 28.120
Arbeitsunfähigkeit der AOK-Mitglieder in der Branche Land- und Forstwirtschaft nach Bundesländern im Jahr 2018 im Vergleich zum Vorjahr	Tab. 28.121
Arbeitsunfähigkeit der AOK-Mitglieder nach Wirtschaftsabteilungen in der Branche Land- und Forstwirtschaft im Jahr 2018	Tab. 28.122
Kennzahlen der Arbeitsunfähigkeit nach ausgewählten Berufsgruppen in der Branche Land- und Forstwirtschaft im Jahr 2018	Tab. 28.123
Dauer der Arbeitsunfähigkeit der AOK-Mitglieder in der Branche Land- und Forstwirtschaft im Jahr 2018	Tab. 28.124
Tage der Arbeitsunfähigkeit je AOK-Mitglied nach Wirtschaftsabteilung und Betriebsgröße in der Branche Land- und Forstwirtschaft im Jahr 2018	Tab. 28.125
Krankenstand in Prozent nach Ausbildungsabschluss in der Branche Land- und Forstwirtschaft im Jahr 2018, AOK-Mitglieder	Tab. 28.126
Tage der Arbeitsunfähigkeit je AOK-Mitglied nach Ausbildungsabschluss in der Branche Land- und Forstwirtschaft im Jahr 2018	Tab. 28.127
Anteil der Arbeitsunfälle an den AU-Fällen und -Tagen in Prozent nach Wirtschaftsabteilungen in der Branche Land- und Forstwirtschaft im Jahr 2018, AOK-Mitglieder	Tab. 28.128
Tage und Fälle der Arbeitsunfähigkeit durch Arbeitsunfälle nach Berufsgruppen in der Branche Land- und Forstwirtschaft im Jahr 2018, AOK-Mitglieder	Tab. 28.129
Tage und Fälle der Arbeitsunfähigkeit je 100 AOK-Mitglieder nach Krankheitsarten in der Branche Land- und Forstwirtschaft in den Jahren 1995 bis 2018	Tab. 28.130
Verteilung der Arbeitsunfähigkeitstage nach Krankheitsarten in Prozent in der Branche Land- und Forstwirtschaft im Jahr 2018, AOK-Mitglieder	Tab. 28.131
Verteilung der Arbeitsunfähigkeitsfälle nach Krankheitsarten in Prozent in der Branche Land- und Forstwirtschaft im Jahr 2018, AOK-Mitglieder	Tab. 28.132
Verteilung der Arbeitsunfähigkeitstage nach Krankheitsarten und ausgewählten Berufsgruppen in der Branche Land- und Forstwirtschaft im Jahr 2018, AOK-Mitglieder	Tab. 28.133
Verteilung der Arbeitsunfähigkeitsfälle nach Krankheitsarten und ausgewählten Berufsgruppen in der Branche Land- und Forstwirtschaft im Jahr 2018, AOK-Mitglieder	Tab. 28.134
Anteile der 40 häufigsten Einzeldiagnosen an den AU-Fällen und AU-Tagen in der Branche Land- und Forstwirtschaft im Jahr 2018, AOK-Mitglieder	Tab. 28.135
Anteile der 40 häufigsten Diagnoseuntergruppen an den AU-Fällen und AU-Tagen in der Branche Land- und Forstwirtschaft im Jahr 2018, AOK-Mitglieder	Tab. 28.136

28.8 · Land- und Forstwirtschaft

Tabelle 28.120 Entwicklung des Krankenstands der AOK-Mitglieder in der Branche Land- und Forstwirtschaft in den Jahren 1994 bis 2018

Jahr	Krankenstand in %			AU-Fälle je 100 AOK-Mitglieder			Tage je Fall		
	West	Ost	Bund	West	Ost	Bund	West	Ost	Bund
1994	5,7	5,5	5,6	132,0	114,0	122,7	15,7	15,4	15,5
1995	5,4	5,7	5,6	140,6	137,3	139,2	14,7	15,1	14,9
1996	4,6	5,5	5,1	137,3	125,0	132,3	12,9	16,3	14,2
1997	4,6	5,0	4,8	137,4	117,7	129,7	12,3	15,4	13,4
1998	4,8	4,9	4,8	143,1	121,4	135,1	12,1	14,9	13,0
1999	4,6	6,0	5,3	149,6	142,6	147,6	11,6	14,2	12,3
2000	4,6	5,5	5,0	145,7	139,7	142,7	11,6	14,3	12,9
2001	4,6	5,4	5,0	144,3	130,2	137,6	11,7	15,1	13,2
2002	4,5	5,2	4,8	142,4	126,5	135,0	11,4	15,1	13,0
2003	4,2	4,9	4,5	135,5	120,5	128,5	11,2	14,8	12,8
2004	3,8	4,3	4,0	121,5	109,1	115,6	11,4	14,6	12,8
2005	3,5	4,3	3,9	113,7	102,1	108,4	11,3	15,3	13,0
2006	3,3	4,1	3,7	110,2	96,5	104,3	11,0	15,4	12,8
2007	3,6	4,4	3,9	117,1	102,2	110,8	11,1	15,7	12,9
2008 (WZ03)	3,7	4,6	4,1	121,1	107,6	115,4	11,1	15,7	12,9
2008 (WZ08)[a]	3,1	4,6	3,9	101,5	101,6	101,6	11,3	16,5	13,9
2009	3,0	5,0	4,0	101,0	108,9	104,8	11,0	16,8	13,9
2010	3,3	5,1	4,2	99,6	112,5	105,6	12,2	16,7	14,4
2011	3,4	4,9	4,0	99,7	114,0	105,8	12,4	15,7	13,9
2012	3,2	5,4	4,1	91,0	110,2	99,2	12,9	17,8	15,2
2013	3,3	5,5	4,2	98,3	116,4	105,7	12,4	17,3	14,6
2014	3,4	5,5	4,2	92,5	112,2	100,3	13,2	17,9	15,3
2015	3,4	5,7	4,3	97,2	121,4	106,6	12,9	17,2	14,8
2016	3,5	5,9	4,4	97,8	123,2	107,8	13,1	17,5	15,0
2017	3,5	6,0	4,4	96,1	122,7	106,2	13,3	17,7	15,2
2018	3,6	6,2	4,5	97,5	129,3	109,2	13,4	17,6	15,2

[a] Aufgrund der Revision der Wirtschaftszweigklassifikation in 2008 ist eine Vergleichbarkeit mit den Vorjahren nur bedingt möglich

Fehlzeiten-Report 2019

Tabelle 28.121 Arbeitsunfähigkeit der AOK-Mitglieder in der Branche Land- und Forstwirtschaft nach Bundesländern im Jahr 2018 im Vergleich zum Vorjahr

Bundesland	Krankenstand in %	Arbeitsunfähigkeit je 100 AOK-Mitglieder				Tage je Fall	Veränd. z. Vorj. in %	AU-Quote in %
		AU-Fälle	Veränd. z. Vorj. in %	AU-Tage	Veränd. z. Vorj. in %			
Baden-Württemberg	3,0	90,2	−0,6	1.106,6	−5,6	12,3	−5,0	26,2
Bayern	3,1	84,4	1,1	1.142,2	−4,6	13,5	−5,6	27,2
Berlin	3,5	118,2	−12,4	1.281,3	5,3	10,8	20,2	37,1
Brandenburg	6,4	127,0	6,3	2.329,8	5,5	18,3	−0,7	45,6
Bremen	3,6	123,9	1,5	1.299,3	5,8	10,5	4,2	39,5
Hamburg	3,0	72,6	5,6	1.105,2	−17,4	15,2	−21,8	20,7
Hessen	4,7	116,6	3,0	1.701,5	7,5	14,6	4,3	34,9
Mecklenburg-Vorpommern	5,9	117,9	7,6	2.157,3	1,4	18,3	−5,7	46,0
Niedersachsen	4,1	113,1	2,2	1.505,4	5,2	13,3	2,9	36,8
Nordrhein-Westfalen	3,5	96,2	3,6	1.294,8	5,3	13,5	1,6	27,3
Rheinland-Pfalz	3,2	88,5	−4,8	1.150,4	−2,5	13,0	2,5	21,2
Saarland	4,4	113,7	−4,7	1.623,1	11,6	14,3	17,2	36,3
Sachsen	6,1	131,5	4,3	2.239,7	6,7	17,0	2,3	54,7
Sachsen-Anhalt	6,4	127,5	7,5	2.348,9	4,2	18,4	−3,1	49,5
Schleswig-Holstein	3,5	90,1	2,1	1.276,2	10,3	14,2	8,1	28,0
Thüringen	6,3	137,8	3,4	2.296,0	3,0	16,7	−0,3	52,2
West	3,6	97,5	1,4	1.301,9	1,9	13,4	0,4	29,4
Ost	6,2	129,3	5,4	2.271,5	4,6	17,6	−0,8	50,3
Bund	4,5	109,2	2,9	1.655,8	2,7	15,2	−0,2	35,7

Fehlzeiten-Report 2019

Tabelle 28.122 Arbeitsunfähigkeit der AOK-Mitglieder nach Wirtschaftsabteilungen in der Branche Land- und Forstwirtschaft im Jahr 2018

Wirtschaftsabteilungen	Krankenstand in %		Arbeitsunfähigkeiten je 100 AOK-Mitglieder		Tage je Fall	AU-Quote in %
	2018	2018 stand.[a]	Fälle	Tage		
Fischerei und Aquakultur	4,9	5,1	108,9	1.794,6	16,5	42,2
Forstwirtschaft und Holzeinschlag	5,6	4,8	135,3	2.045,7	15,1	44,1
Landwirtschaft, Jagd und damit verbundene Tätigkeiten	4,4	4,5	106,8	1.619,5	15,2	35,0
Branche gesamt	**4,5**	**4,6**	**109,2**	**1.655,8**	**15,2**	**35,7**
Alle Branchen	**5,5**	**5,6**	**169,1**	**1.991,6**	**11,8**	**54,1**

[a] Krankenstand alters- und geschlechtsstandardisiert

Fehlzeiten-Report 2019

Tabelle 28.123 Kennzahlen der Arbeitsunfähigkeit nach ausgewählten Berufsgruppen in der Branche Land- und Forstwirtschaft im Jahr 2018

Tätigkeit	Kranken-stand in %	Arbeitsunfähigkeit je 100 AOK-Mitglieder		Tage je Fall	AU-Quote in %	Anteil der Berufsgruppe an der Branche in %[a]
		AU-Fälle	AU-Tage			
Berufe im Garten-, Landschafts- u. Sportplatzbau	5,0	161,1	1.830,5	11,4	56,0	1,0
Berufe im Gartenbau (ohne Spez.)	3,8	116,6	1.395,1	12,0	32,9	9,9
Berufe in Baumschule, Staudengärtnerei u. Zierpflanzenbau	4,6	171,3	1.683,0	9,8	54,4	1,7
Berufe in der Floristik	3,6	114,1	1.304,3	11,4	49,7	1,2
Berufe in der Forstwirtschaft	6,1	145,0	2.243,6	15,5	44,9	4,9
Berufe in der Lagerwirtschaft	6,5	172,7	2.360,9	13,7	52,0	1,5
Berufe in der Landwirtschaft (ohne Spez.)	3,4	84,0	1.236,8	14,7	25,3	48,5
Berufe in der Nutztierhaltung (außer Geflügelhaltung)	7,3	130,3	2.681,1	20,6	52,2	6,4
Berufe in der Pferdewirtschaft (ohne Spez.)	4,2	99,4	1.538,0	15,5	35,3	1,8
Berufe in der Tierpflege (ohne Spez.)	7,5	117,0	2.732,3	23,4	50,4	1,7
Berufskraftfahrer/innen (Güterverkehr/LKW)	6,3	125,1	2.290,5	18,3	49,0	1,2
Büro- u. Sekretariatskräfte (ohne Spez.)	3,7	108,0	1.353,6	12,5	44,9	1,8
Führer/innen von land- u. forstwirtschaftlichen Maschinen	5,5	116,5	1.995,6	17,1	49,3	2,7
Branche gesamt	**4,5**	**109,2**	**1.655,8**	**15,2**	**35,7**	**1,4[b]**

[a] Anteil der AOK-Mitglieder in der Berufsgruppe an den in der Branche beschäftigten AOK-Mitgliedern insgesamt
[b] Anteil der AOK-Mitglieder in der Branche an allen AOK-Mitgliedern

Fehlzeiten-Report 2019

28.8 · Land- und Forstwirtschaft

Tabelle 28.124 Dauer der Arbeitsunfähigkeit der AOK-Mitglieder in der Branche Land- und Forstwirtschaft im Jahr 2018

Fallklasse	Branche hier		Alle Branchen	
	Anteil Fälle in %	Anteil Tage in %	Anteil Fälle in %	Anteil Tage in %
1–3 Tage	30,4	3,9	34,8	5,9
4–7 Tage	29,0	9,9	31,5	13,5
8–14 Tage	19,5	13,5	17,9	15,7
15–21 Tage	7,1	8,2	5,8	8,6
22–28 Tage	3,5	5,7	2,8	5,9
29–42 Tage	3,8	8,7	2,9	8,5
> 42 Tage	6,6	50,1	4,2	41,8

Fehlzeiten-Report 2019

Tabelle 28.125 Tage der Arbeitsunfähigkeit je AOK-Mitglied nach Wirtschaftsabteilung und Betriebsgröße in der Branche Land- und Forstwirtschaft im Jahr 2018

Wirtschaftsabteilungen	Betriebsgröße (Anzahl der AOK-Mitglieder)					
	10–49	50–99	100–199	200–499	500–999	≥1.000
Fischerei und Aquakultur	23,1	1,1	–	–	–	–
Forstwirtschaft und Holzeinschlag	24,6	25,1	5,6	–	–	–
Landwirtschaft, Jagd und damit verbundene Tätigkeiten	18,8	18,2	16,9	11,1	7,0	–
Branche gesamt	**19,4**	**18,6**	**16,2**	**11,1**	**7,0**	–
Alle Branchen	**20,5**	**22,5**	**22,7**	**22,6**	**22,7**	**22,6**

Fehlzeiten-Report 2019

◻ **Tabelle 28.126** Krankenstand in Prozent nach Ausbildungsabschluss in der Branche Land- und Forstwirtschaft im Jahr 2018, AOK-Mitglieder

Wirtschafts-abteilungen	Ausbildung						
	Ohne Ausbildungsabschluss	Mit Ausbildungsabschluss	Meister/ Techniker	Bachelor	Diplom/ Magister/ Master/ Staatsexamen	Promotion	Unbekannt
Fischerei und Aquakultur	4,6	4,9	2,7	–	13,2	–	4,7
Forstwirtschaft und Holzeinschlag	5,0	6,8	4,3	3,0	3,1	–	4,0
Landwirtschaft, Jagd und damit verbundene Tätigkeiten	4,6	5,6	5,0	2,4	3,9	2,2	3,1
Branche gesamt	**4,6**	**5,7**	**4,9**	**2,5**	**3,9**	**2,2**	**3,2**
Alle Branchen	**6,1**	**5,9**	**4,6**	**2,4**	**2,9**	**2,1**	**4,9**

Fehlzeiten-Report 2019

◻ **Tabelle 28.127** Tage der Arbeitsunfähigkeit je AOK-Mitglied nach Ausbildungsabschluss in der Branche Land- und Forstwirtschaft im Jahr 2018

Wirtschafts-abteilungen	Ausbildung						
	Ohne Ausbildungsabschluss	Mit Ausbildungsabschluss	Meister/ Techniker	Bachelor	Diplom/ Magister/ Master/ Staatsexamen	Promotion	Unbekannt
Fischerei und Aquakultur	16,7	18,0	9,7	–	48,3	–	17,2
Forstwirtschaft und Holzeinschlag	18,2	24,8	15,6	10,8	11,4	–	14,5
Landwirtschaft, Jagd und damit verbundene Tätigkeiten	16,7	20,5	18,3	8,7	14,2	8,1	11,3
Branche gesamt	**16,8**	**20,9**	**18,0**	**9,0**	**14,2**	**8,0**	**11,5**
Alle Branchen	**22,2**	**21,6**	**16,7**	**8,7**	**10,7**	**7,7**	**18,1**

Fehlzeiten-Report 2019

28.8 · Land- und Forstwirtschaft

Tabelle 28.128 Anteil der Arbeitsunfälle an den AU-Fällen und -Tagen in Prozent nach Wirtschaftsabteilungen in der Branche Land- und Forstwirtschaft im Jahr 2018, AOK-Mitglieder

Wirtschaftsabteilungen	AU-Fälle in %	AU-Tage in %
Fischerei und Aquakultur	4,6	6,7
Forstwirtschaft und Holzeinschlag	8,3	18,0
Landwirtschaft, Jagd und damit verbundene Tätigkeiten	7,4	13,0
Branche gesamt	**7,5**	**13,4**
Alle Branchen	**3,0**	**5,8**

Fehlzeiten-Report 2019

Tabelle 28.129 Tage und Fälle der Arbeitsunfähigkeit durch Arbeitsunfälle nach Berufsgruppen in der Branche Land- und Forstwirtschaft im Jahr 2018, AOK-Mitglieder

Tätigkeit	Arbeitsunfähigkeit je 1.000 AOK-Mitglieder	
	AU-Tage	AU-Fälle
Berufe in der Forstwirtschaft	4.593,9	136,0
Berufe in der Pferdewirtschaft (ohne Spez.)	3.679,5	144,9
Berufe in der Tierpflege (ohne Spez.)	3.667,3	109,3
Berufe in der Nutztierhaltung (außer Geflügelhaltung)	3.646,3	120,4
Berufe im Garten-, Landschafts- u. Sportplatzbau	2.750,3	118,6
Berufskraftfahrer/innen (Güterverkehr/LKW)	2.558,0	81,9
Führer/innen von land- u. forstwirtschaftlichen Maschinen	2.453,3	88,7
Berufe in der Landwirtschaft (ohne Spez.)	2.051,7	77,7
Berufe in der Lagerwirtschaft	1.829,1	74,2
Berufe im Gartenbau (ohne Spez.)	1.202,9	54,4
Berufe in Baumschule, Staudengärtnerei u. Zierpflanzenbau	1.030,7	66,0
Büro- u. Sekretariatskräfte (ohne Spez.)	557,3	14,9
Berufe in der Floristik	406,4	33,6
Branche gesamt	**2.226,9**	**81,4**
Alle Branchen	**1.158,1**	**50,2**

Fehlzeiten-Report 2019

◘ **Tabelle 28.130** Tage und Fälle der Arbeitsunfähigkeit je 100 AOK-Mitglieder nach Krankheitsarten in der Branche Land- und Forstwirtschaft in den Jahren 1995 bis 2018

Jahr	Arbeitsunfähigkeiten je 100 AOK-Mitglieder											
	Psyche		Herz/Kreislauf		Atemwege		Verdauung		Muskel/Skelett		Verletzungen	
	Tage	Fälle	Tage	Fälle	Tage	Fälle	Tage	Fälle	Tage	Fälle	Tage	Fälle
1995	126,9	4,2	219,6	9,1	368,7	39,5	205,3	20,5	627,2	30,8	415,2	22,9
1996	80,7	3,3	172,3	7,4	306,7	35,5	163,8	19,4	561,5	29,8	409,5	23,9
1997	75,0	3,4	150,6	7,4	270,0	34,3	150,6	19,3	511,1	29,7	390,3	23,9
1998	79,5	3,9	155,0	7,8	279,3	36,9	147,4	19,8	510,9	31,5	376,8	23,7
1999	89,4	4,5	150,6	8,2	309,1	42,0	152,1	21,7	537,3	34,0	366,8	23,7
2000	80,9	4,2	140,7	7,6	278,5	35,9	136,3	18,4	574,4	35,5	397,9	24,0
2001	85,2	4,7	149,4	8,2	262,5	35,1	136,2	18,7	587,8	36,4	390,1	23,6
2002	85,0	4,6	155,5	8,3	237,6	33,0	134,4	19,0	575,3	35,7	376,6	23,5
2003	82,8	4,6	143,9	8,0	233,8	33,1	123,7	17,8	512,0	32,5	368,5	22,5
2004	92,8	4,5	145,0	7,2	195,8	27,0	123,5	17,3	469,8	29,9	344,0	20,9
2005	90,1	4,1	142,3	6,7	208,7	28,6	111,3	14,7	429,7	26,8	336,2	19,7
2006	84,3	4,0	130,5	6,5	164,4	23,4	105,6	15,0	415,1	26,9	341,5	20,3
2007	90,2	4,1	143,8	6,6	187,2	26,9	112,5	16,2	451,4	28,1	347,5	20,0
2008 (WZ03)	94,9	4,5	153,2	7,0	195,6	27,8	119,6	17,3	472,0	29,2	350,9	19,9
2008 (WZ08)[a]	88,2	4,0	160,5	6,8	176,9	23,8	112,4	15,5	436,4	24,8	336,1	18,3
2009	95,9	4,2	155,5	6,9	207,5	27,5	107,1	15,0	427,5	24,1	337,9	18,2
2010	105,3	4,4	153,8	6,7	181,5	23,5	106,4	14,0	481,0	25,7	368,9	19,1
2011	112,7	4,7	154,0	6,7	174,8	23,5	106,5	13,9	461,2	25,5	353,2	18,9
2012	123,7	4,8	168,7	6,9	169,5	21,8	108,8	13,2	482,1	24,7	357,5	17,1
2013	127,7	4,9	170,9	6,5	216,6	27,5	111,1	13,5	481,5	24,9	361,8	17,4
2014	133,0	5,2	165,5	7,1	169,2	21,6	110,1	13,2	493,6	25,1	364,2	17,3
2015	139,2	5,3	171,2	7,1	207,6	26,8	108,1	13,4	499,1	25,0	358,6	17,1
2016	147,3	5,6	157,6	7,3	201,7	26,0	105,4	13,7	528,7	25,8	359,5	17,1
2017	149,9	5,6	149,5	7,1	205,1	26,2	106,7	13,3	522,4	25,2	359,4	16,5
2018	148,5	5,7	147,6	7,1	227,3	28,3	107,8	13,0	515,5	25,1	367,0	16,6

[a] Aufgrund der Revision der Wirtschaftszweigklassifikation in 2008 ist eine Vergleichbarkeit mit den Vorjahren nur bedingt möglich

Fehlzeiten-Report 2019

28.8 · Land- und Forstwirtschaft

Tabelle 28.131 Verteilung der Arbeitsunfähigkeitstage nach Krankheitsarten in Prozent in der Branche Land- und Forstwirtschaft im Jahr 2018, AOK-Mitglieder

Wirtschaftsabteilungen	AU-Tage in %						
	Psyche	Herz/ Kreislauf	Atem- wege	Ver- dauung	Muskel/ Skelett	Verlet- zungen	Sonstige
Fischerei und Aquakultur	8,8	8,1	10,5	3,9	24,8	10,9	33,0
Forstwirtschaft und Holzeinschlag	5,1	6,7	9,7	4,4	24,9	19,9	29,3
Landwirtschaft, Jagd und damit verbundene Tätigkeiten	6,8	6,6	10,3	4,9	23,0	16,2	32,2
Branche gesamt	**6,7**	**6,6**	**10,2**	**4,8**	**23,2**	**16,5**	**31,9**
Alle Branchen	**11,3**	**5,3**	**13,3**	**4,7**	**22,0**	**10,9**	**32,4**

Fehlzeiten-Report 2019

Tabelle 28.132 Verteilung der Arbeitsunfähigkeitsfälle nach Krankheitsarten in Prozent in der Branche Land- und Forstwirtschaft im Jahr 2018, AOK-Mitglieder

Wirtschaftsabteilungen	AU-Fälle in %						
	Psyche	Herz/ Kreislauf	Atem- wege	Ver- dauung	Muskel/ Skelett	Verlet- zungen	Sonstige
Fischerei und Aquakultur	5,5	4,5	20,2	7,5	17,9	8,5	35,9
Forstwirtschaft und Holzeinschlag	3,3	4,9	18,7	8,5	19,6	12,8	32,2
Landwirtschaft, Jagd und damit verbundene Tätigkeiten	3,9	4,8	19,3	8,9	16,7	11,1	35,3
Branche gesamt	**3,8**	**4,8**	**19,2**	**8,8**	**17,0**	**11,3**	**35,0**
Alle Branchen	**5,1**	**3,7**	**23,9**	**8,4**	**15,4**	**7,0**	**36,5**

Fehlzeiten-Report 2019

Tabelle 28.133 Verteilung der Arbeitsunfähigkeitstage nach Krankheitsarten und ausgewählten Berufsgruppen in der Branche Land- und Forstwirtschaft im Jahr 2018, AOK-Mitglieder

Tätigkeit	AU-Tage in %						
	Psyche	Herz/ Kreislauf	Atem- wege	Ver- dauung	Muskel/ Skelett	Verlet- zungen	Sonstige
Berufe im Garten-, Landschafts- u. Sportplatzbau	4,4	5,9	11,4	4,5	23,0	19,1	31,8
Berufe im Gartenbau (ohne Spez.)	6,9	5,0	11,0	4,9	25,5	13,9	32,7
Berufe in Baumschule, Staudengärtnerei u. Zierpflanzenbau	9,5	4,5	15,5	5,4	20,2	13,8	31,1
Berufe in der Floristik	9,4	6,3	13,8	4,4	20,5	10,9	34,6
Berufe in der Forstwirtschaft	3,9	6,7	9,5	4,4	27,7	20,9	26,8
Berufe in der Lagerwirtschaft	6,3	7,1	9,8	4,4	28,0	11,7	32,6
Berufe in der Landwirtschaft (ohne Spez.)	5,7	6,5	10,1	5,0	21,2	19,4	32,0
Berufe in der Nutztierhaltung (außer Geflügelhaltung)	7,6	6,4	9,3	4,3	27,4	15,7	29,3
Berufe in der Pferdewirtschaft (ohne Spez.)	6,0	4,7	8,3	2,8	21,2	28,9	28,0
Berufe in der Tierpflege (ohne Spez.)	7,7	8,5	8,7	4,3	25,2	14,2	31,5
Berufskraftfahrer/innen (Güterverkehr/LKW)	5,4	9,4	9,2	4,9	25,8	14,0	31,2
Büro- u. Sekretariatskräfte (ohne Spez.)	11,9	5,8	12,3	5,6	15,2	8,1	41,2
Führer/innen von land- u. forstwirtschaftlichen Maschinen	5,7	8,4	9,6	5,7	20,9	14,1	35,6
Branche gesamt	6,7	6,6	10,2	4,8	23,2	16,5	31,9
Alle Branchen	11,3	5,3	13,3	4,7	22,0	10,9	32,4

Fehlzeiten-Report 2019

28.8 · Land- und Forstwirtschaft

Tabelle 28.134 Verteilung der Arbeitsunfähigkeitsfälle nach Krankheitsarten und ausgewählten Berufsgruppen in der Branche Land- und Forstwirtschaft im Jahr 2018, AOK-Mitglieder

Tätigkeit	AU-Fälle in %						
	Psyche	Herz/ Kreislauf	Atem- wege	Ver- dauung	Muskel/ Skelett	Verlet- zungen	Sonstige
Berufe im Garten-, Landschafts- u. Sportplatzbau	3,3	3,1	21,1	9,0	18,6	12,1	32,8
Berufe im Gartenbau (ohne Spez.)	3,4	3,7	20,0	9,2	18,9	9,2	35,4
Berufe in Baumschule, Staudengärtnerei u. Zierpflanzenbau	4,3	3,8	23,6	8,0	15,6	8,4	36,2
Berufe in der Floristik	4,7	3,3	23,7	9,2	12,9	7,9	38,2
Berufe in der Forstwirtschaft	2,7	5,0	18,3	8,2	21,6	14,0	30,3
Berufe in der Lagerwirtschaft	3,9	4,8	17,8	8,8	21,4	8,0	35,4
Berufe in der Landwirtschaft (ohne Spez.)	3,5	4,6	19,2	8,7	15,8	13,0	35,1
Berufe in der Nutztierhaltung (außer Geflügelhaltung)	4,8	5,6	17,0	8,8	18,5	12,1	33,2
Berufe in der Pferdewirtschaft (ohne Spez.)	4,1	3,2	16,2	7,2	16,0	18,1	35,1
Berufe in der Tierpflege (ohne Spez.)	4,4	6,3	15,8	7,8	18,2	12,2	35,2
Berufskraftfahrer/innen (Güterverkehr/LKW)	3,7	6,4	16,2	8,1	19,7	10,8	35,1
Büro- u. Sekretariatskräfte (ohne Spez.)	6,1	4,2	22,8	9,5	10,4	5,8	41,2
Führer/innen von land- u. forstwirtschaftlichen Maschinen	3,3	6,4	17,4	9,9	16,3	10,4	36,4
Branche gesamt	**3,8**	**4,8**	**19,2**	**8,8**	**17,0**	**11,3**	**35,0**
Alle Branchen	**5,1**	**3,7**	**23,9**	**8,4**	**15,4**	**7,0**	**36,5**

Fehlzeiten-Report 2019

Tabelle 28.135 Anteile der 40 häufigsten Einzeldiagnosen an den AU-Fällen und AU-Tagen in der Branche Land- und Forstwirtschaft im Jahr 2018, AOK-Mitglieder

ICD-10	Bezeichnung	AU-Fälle in %	AU-Tage in %
J06	Akute Infektionen an mehreren oder nicht näher bezeichneten Lokalisationen der oberen Atemwege	7,6	3,4
M54	Rückenschmerzen	6,0	6,2
A09	Sonstige und nicht näher bezeichnete Gastroenteritis und Kolitis infektiösen und nicht näher bezeichneten Ursprungs	2,8	0,9
K08	Sonstige Krankheiten der Zähne und des Zahnhalteapparates	2,4	0,5
I10	Essentielle (primäre) Hypertonie	2,2	1,8
J20	Akute Bronchitis	1,8	1,0
T14	Verletzung an einer nicht näher bezeichneten Körperregion	1,6	1,5
R10	Bauch- und Beckenschmerzen	1,5	0,7
B34	Viruskrankheit nicht näher bezeichneter Lokalisation	1,5	0,6
M25	Sonstige Gelenkkrankheiten, anderenorts nicht klassifiziert	1,2	1,5
J40	Bronchitis, nicht als akut oder chronisch bezeichnet	1,2	0,7
K52	Sonstige nichtinfektiöse Gastroenteritis und Kolitis	1,2	0,4
K29	Gastritis und Duodenitis	1,0	0,5
F43	Reaktionen auf schwere Belastungen und Anpassungsstörungen	0,9	1,3
M99	Biomechanische Funktionsstörungen, anderenorts nicht klassifiziert	0,9	0,7
M75	Schulterläsionen	0,8	1,8
M77	Sonstige Enthesopathien	0,8	0,9
S93	Luxation, Verstauchung und Zerrung der Gelenke und Bänder in Höhe des oberen Sprunggelenkes und des Fußes	0,8	0,9
M79	Sonstige Krankheiten des Weichteilgewebes, anderenorts nicht klassifiziert	0,8	0,7
J03	Akute Tonsillitis	0,8	0,4
J11	Grippe, Viren nicht nachgewiesen	0,8	0,4
R51	Kopfschmerz	0,8	0,3
M51	Sonstige Bandscheibenschäden	0,7	1,9
F32	Depressive Episode	0,7	1,8
J02	Akute Pharyngitis	0,7	0,3
R11	Übelkeit und Erbrechen	0,7	0,3
J00	Akute Rhinopharyngitis [Erkältungsschnupfen]	0,7	0,3
Z98	Sonstige Zustände nach chirurgischem Eingriff	0,6	1,5

Tabelle 28.135 (Fortsetzung)

ICD-10	Bezeichnung	AU-Fälle in %	AU-Tage in %
M23	Binnenschädigung des Kniegelenkes [internal derangement]	0,6	1,2
M53	Sonstige Krankheiten der Wirbelsäule und des Rückens, anderenorts nicht klassifiziert	0,6	0,7
E66	Adipositas	0,6	0,4
U50	Motorische Funktionseinschränkung	0,6	0,3
J01	Akute Sinusitis	0,6	0,3
J32	Chronische Sinusitis	0,6	0,3
S61	Offene Wunde des Handgelenkes und der Hand	0,5	0,6
M65	Synovitis und Tenosynovitis	0,5	0,6
E11	Diabetes mellitus, Typ 2	0,5	0,5
R42	Schwindel und Taumel	0,5	0,4
Z92	Medizinische Behandlung in der Eigenanamnese	0,5	0,4
B99	Sonstige und nicht näher bezeichnete Infektionskrankheiten	0,5	0,2
	Summe hier	**50,1**	**39,1**
	Restliche	49,9	60,9
	Gesamtsumme	**100,0**	**100,0**

Fehlzeiten-Report 2019

Tabelle 28.136 Anteile der 40 häufigsten Diagnoseuntergruppen an den AU-Fällen und AU-Tagen in der Branche Land- und Forstwirtschaft im Jahr 2018, AOK-Mitglieder

ICD-10	Bezeichnung	AU-Fälle in %	AU-Tage in %
J00–J06	Akute Infektionen der oberen Atemwege	11,1	4,9
M50–M54	Sonstige Krankheiten der Wirbelsäule und des Rückens	7,2	8,2
A00–A09	Infektiöse Darmkrankheiten	3,6	1,1
R50–R69	Allgemeinsymptome	3,0	2,4
K00–K14	Krankheiten der Mundhöhle, der Speicheldrüsen und der Kiefer	3,0	0,7
M70–M79	Sonstige Krankheiten des Weichteilgewebes	2,8	4,1
I10–I15	Hypertonie [Hochdruckkrankheit]	2,5	2,1
R10–R19	Symptome, die das Verdauungssystem und das Abdomen betreffen	2,4	1,2
J40–J47	Chronische Krankheiten der unteren Atemwege	2,2	1,6
J20–J22	Sonstige akute Infektionen der unteren Atemwege	2,1	1,2
Z80–Z99	Personen mit potentiellen Gesundheitsrisiken aufgrund der Familien- oder Eigenanamnese und bestimmte Zustände, die den Gesundheitszustand beeinflussen	2,0	3,6
T08–T14	Verletzungen nicht näher bezeichneter Teile des Rumpfes, der Extremitäten oder anderer Körperregionen	2,0	1,8
F40–F48	Neurotische, Belastungs- und somatoforme Störungen	1,9	3,1
M20–M25	Sonstige Gelenkkrankheiten	1,8	2,9
S60–S69	Verletzungen des Handgelenkes und der Hand	1,7	2,5
B25–B34	Sonstige Viruskrankheiten	1,7	0,7
R00–R09	Symptome, die das Kreislaufsystem und das Atmungssystem betreffen	1,5	0,9
K20–K31	Krankheiten des Ösophagus, des Magens und des Duodenums	1,5	0,8
S80–S89	Verletzungen des Knies und des Unterschenkels	1,4	3,0
S90–S99	Verletzungen der Knöchelregion und des Fußes	1,4	1,9
K50–K52	Nichtinfektiöse Enteritis und Kolitis	1,4	0,6
J09–J18	Grippe und Pneumonie	1,3	0,9
M15–M19	Arthrose	1,1	2,9
G40–G47	Episodische und paroxysmale Krankheiten des Nervensystems	1,1	0,9
E70–E90	Stoffwechselstörungen	1,1	0,7
F30–F39	Affektive Störungen	1,0	2,7
M95–M99	Sonstige Krankheiten des Muskel-Skelett-Systems und des Bindegewebes	1,0	0,9
K55–K64	Sonstige Krankheiten des Darmes	1,0	0,8

28.8 · Land- und Forstwirtschaft

Tabelle 28.136 (Fortsetzung)

ICD-10	Bezeichnung	AU-Fälle in %	AU-Tage in %
J30–J39	Sonstige Krankheiten der oberen Atemwege	1,0	0,6
Z00–Z13	Personen, die das Gesundheitswesen zur Untersuchung und Abklärung in Anspruch nehmen	1,0	0,4
S00–S09	Verletzungen des Kopfes	0,9	0,9
G50–G59	Krankheiten von Nerven, Nervenwurzeln und Nervenplexus	0,8	1,6
I30–I52	Sonstige Formen der Herzkrankheit	0,7	1,3
Z40–Z54	Personen, die das Gesundheitswesen zum Zwecke spezifischer Maßnahmen und zur medizinischen Betreuung in Anspruch nehmen	0,7	1,1
S20–S29	Verletzungen des Thorax	0,7	1,0
M05–M14	Entzündliche Polyarthropathien	0,7	0,8
R40–R46	Symptome, die das Erkennungs- und Wahrnehmungsvermögen, die Stimmung und das Verhalten betreffen	0,7	0,6
F10–F19	Psychische und Verhaltensstörungen durch psychotrope Substanzen	0,7	0,6
N30–N39	Sonstige Krankheiten des Harnsystems	0,7	0,4
U50–U52	Funktionseinschränkung	0,7	0,4
	Summe hier	**75,1**	**68,8**
	Restliche	24,9	31,2
	Gesamtsumme	**100,0**	**100,0**

Fehlzeiten-Report 2019

28.9 Metallindustrie

Entwicklung des Krankenstands der AOK-Mitglieder in der Branche Metallindustrie in den Jahren 1994 bis 2018	Tab. 28.137
Arbeitsunfähigkeit der AOK-Mitglieder in der Branche Metallindustrie nach Bundesländern im Jahr 2018 im Vergleich zum Vorjahr	Tab. 28.138
Arbeitsunfähigkeit der AOK-Mitglieder nach Wirtschaftsabteilungen in der Branche Metallindustrie im Jahr 2018	Tab. 28.139
Kennzahlen der Arbeitsunfähigkeit nach ausgewählten Berufsgruppen in der Branche Metallindustrie im Jahr 2018	Tab. 28.140
Dauer der Arbeitsunfähigkeit der AOK-Mitglieder in der Branche Metallindustrie im Jahr 2018	Tab. 28.141
Tage der Arbeitsunfähigkeit je AOK-Mitglied nach Wirtschaftsabteilung und Betriebsgröße in der Branche Metallindustrie im Jahr 2018	Tab. 28.142
Krankenstand in Prozent nach Ausbildungsabschluss in der Branche Metallindustrie im Jahr 2018, AOK-Mitglieder	Tab. 28.143
Tage der Arbeitsunfähigkeit je AOK-Mitglied nach Ausbildungsabschluss in der Branche Metallindustrie im Jahr 2018	Tab. 28.144
Anteil der Arbeitsunfälle an den AU-Fällen und -Tagen in Prozent nach Wirtschaftsabteilungen in der Branche Metallindustrie im Jahr 2018, AOK-Mitglieder	Tab. 28.145
Tage und Fälle der Arbeitsunfähigkeit durch Arbeitsunfälle nach Berufsgruppen in der Branche Metallindustrie im Jahr 2018, AOK-Mitglieder	Tab. 28.146
Tage und Fälle der Arbeitsunfähigkeit je 100 AOK-Mitglieder nach Krankheitsarten in der Branche Metallindustrie in den Jahren 2000 bis 2018	Tab. 28.147
Verteilung der Arbeitsunfähigkeitstage nach Krankheitsarten in Prozent in der Branche Metallindustrie im Jahr 2018, AOK-Mitglieder	Tab. 28.148
Verteilung der Arbeitsunfähigkeitsfälle nach Krankheitsarten in Prozent in der Branche Metallindustrie im Jahr 2018, AOK-Mitglieder	Tab. 28.149
Verteilung der Arbeitsunfähigkeitstage nach Krankheitsarten und ausgewählten Berufsgruppen in der Branche Metallindustrie im Jahr 2018, AOK-Mitglieder	Tab. 28.150
Verteilung der Arbeitsunfähigkeitsfälle nach Krankheitsarten und ausgewählten Berufsgruppen in der Branche Metallindustrie im Jahr 2018, AOK-Mitglieder	Tab. 28.151
Anteile der 40 häufigsten Einzeldiagnosen an den AU-Fällen und AU-Tagen in der Branche Metallindustrie im Jahr 2018, AOK-Mitglieder	Tab. 28.152
Anteile der 40 häufigsten Diagnoseuntergruppen an den AU-Fällen und AU-Tagen in der Branche Metallindustrie im Jahr 2018, AOK-Mitglieder	Tab. 28.153

28.9 · Metallindustrie

Tabelle 28.137 Entwicklung des Krankenstands der AOK-Mitglieder in der Branche Metallindustrie in den Jahren 1994 bis 2018

Jahr	Krankenstand in %			AU-Fälle je 100 AOK-Mitglieder			Tage je Fall		
	West	Ost	Bund	West	Ost	Bund	West	Ost	Bund
1994	6,4	5,3	6,3	156,5	131,1	153,7	14,2	13,7	14,1
1995	6,0	5,1	5,9	165,7	141,1	163,1	13,6	13,7	13,6
1996	5,5	4,8	5,4	150,0	130,2	147,8	13,9	13,9	13,9
1997	5,3	4,5	5,2	146,7	123,7	144,4	13,1	13,4	13,2
1998	5,3	4,6	5,2	150,0	124,6	147,4	13,0	13,4	13,0
1999	5,6	5,0	5,6	160,5	137,8	158,3	12,8	13,4	12,8
2000	5,6	5,0	5,5	163,1	141,2	161,1	12,6	12,9	12,6
2001	5,5	5,1	5,5	162,6	140,1	160,6	12,4	13,2	12,5
2002	5,5	5,0	5,5	162,2	143,1	160,5	12,5	12,7	12,5
2003	5,2	4,6	5,1	157,1	138,6	155,2	12,0	12,2	12,0
2004	4,8	4,2	4,8	144,6	127,1	142,7	12,2	12,1	12,2
2005	4,8	4,1	4,7	148,0	127,8	145,6	11,9	11,8	11,9
2006	4,5	4,0	4,5	138,8	123,3	136,9	11,9	11,9	11,9
2007	4,8	4,3	4,8	151,2	134,0	149,0	11,7	11,7	11,7
2008 (WZ03)	5,0	4,5	4,9	159,9	142,2	157,5	11,4	11,5	11,4
2008 (WZ08)[a]	5,0	4,5	5,0	160,8	143,0	158,5	11,5	11,5	11,5
2009	4,9	4,7	4,9	151,1	142,1	149,9	11,9	12,2	11,9
2010	5,1	4,9	5,1	158,9	154,9	158,4	11,7	11,6	11,7
2011	5,2	4,8	5,2	167,8	164,9	167,4	11,4	10,6	11,3
2012	5,3	5,3	5,3	169,7	160,5	168,5	11,4	12,2	11,5
2013	5,5	5,6	5,5	179,7	170,5	178,5	11,2	12,0	11,3
2014	5,6	5,6	5,6	176,7	168,0	175,5	11,6	12,2	11,7
2015	5,9	5,8	5,9	190,8	182,2	189,6	11,2	11,7	11,3
2016	5,8	6,0	5,8	189,3	184,6	188,2	11,2	11,8	11,3
2017	5,7	6,0	5,8	184,9	184,3	184,4	11,3	11,9	11,4
2018	5,9	6,2	5,9	191,6	191,2	191,2	11,2	11,9	11,3

[a] Aufgrund der Revision der Wirtschaftszweigklassifikation in 2008 ist eine Vergleichbarkeit mit den Vorjahren nur bedingt möglich

Fehlzeiten-Report 2019

Tabelle 28.138 Arbeitsunfähigkeit der AOK-Mitglieder in der Branche Metallindustrie nach Bundesländern im Jahr 2018 im Vergleich zum Vorjahr

Bundesland	Kranken-stand in %	Arbeitsunfähigkeit je 100 AOK-Mitglieder				Tage je Fall	Veränd. z. Vorj. in %	AU-Quote in %
		AU-Fälle	Veränd. z. Vorj. in %	AU-Tage	Veränd. z. Vorj. in %			
Baden-Württemberg	5,6	196,1	4,6	2.042,2	3,3	10,4	−1,3	64,7
Bayern	5,2	165,1	2,6	1.906,8	2,2	11,5	−0,4	58,7
Berlin	6,1	184,2	1,2	2.232,7	3,2	12,1	2,0	58,4
Brandenburg	6,8	198,1	7,7	2.494,6	5,7	12,6	−1,9	64,4
Bremen	5,3	176,8	−1,4	1.945,6	0,8	11,0	2,2	54,5
Hamburg	4,9	160,9	0,8	1.785,4	0,7	11,1	−0,2	52,1
Hessen	6,8	212,5	3,6	2.480,4	1,0	11,7	−2,5	68,1
Mecklenburg-Vorpommern	6,5	189,3	1,5	2.366,8	−1,1	12,5	−2,6	59,9
Niedersachsen	5,8	200,0	2,8	2.134,4	2,5	10,7	−0,3	65,8
Nordrhein-Westfalen	6,7	204,7	3,5	2.434,2	2,0	11,9	−1,5	68,1
Rheinland-Pfalz	6,5	218,4	4,6	2.366,9	2,2	10,8	−2,3	68,7
Saarland	7,1	172,5	4,9	2.594,1	0,5	15,0	−4,2	62,9
Sachsen	5,9	187,2	3,8	2.167,2	3,4	11,6	−0,4	66,1
Sachsen-Anhalt	6,7	188,3	2,0	2.438,3	3,7	13,0	1,7	63,0
Schleswig-Holstein	6,0	179,4	3,5	2.191,5	4,4	12,2	0,9	61,5
Thüringen	6,5	199,4	3,6	2.361,4	3,6	11,8	0,0	67,1
West	**5,9**	**191,6**	**3,6**	**2.140,9**	**2,3**	**11,2**	**−1,2**	**64,1**
Ost	**6,2**	**191,2**	**3,7**	**2.266,7**	**3,5**	**11,9**	**−0,2**	**65,8**
Bund	**5,9**	**191,2**	**3,7**	**2.159,7**	**2,5**	**11,3**	**−1,1**	**64,3**

Fehlzeiten-Report 2019

28.9 · Metallindustrie

Tabelle 28.139 Arbeitsunfähigkeit der AOK-Mitglieder nach Wirtschaftsabteilungen in der Branche Metallindustrie im Jahr 2018

Wirtschaftsabteilungen	Krankenstand in %		Arbeitsunfähigkeiten je 100 AOK-Mitglieder		Tage je Fall	AU-Quote in %
	2018	2018 stand.[a]	Fälle	Tage		
Herstellung von Datenverarbeitungsgeräten, elektronischen und optischen Erzeugnissen	5,0	5,1	177,7	1.813,6	10,2	60,9
Herstellung von elektrischen Ausrüstungen	5,9	5,9	191,1	2.168,2	11,3	64,5
Herstellung von Kraftwagen und Kraftwagenteilen	6,3	6,4	189,7	2.295,3	12,1	63,6
Herstellung von Metallerzeugnissen	6,2	6,0	197,7	2.257,8	11,4	64,6
Maschinenbau	5,4	5,3	186,2	1.975,0	10,6	64,4
Metallerzeugung und -bearbeitung	7,0	6,5	202,7	2.566,5	12,7	68,7
Sonstiger Fahrzeugbau	5,7	5,7	191,5	2.070,6	10,8	62,0
Branche gesamt	**5,9**	**5,9**	**191,2**	**2.159,7**	**11,3**	**64,3**
Alle Branchen	**5,5**	**5,6**	**169,1**	**1.991,6**	**11,8**	**54,1**

[a] Krankenstand alters- und geschlechtsstandardisiert
Fehlzeiten-Report 2019

Tabelle 28.140 Kennzahlen der Arbeitsunfähigkeit nach ausgewählten Berufsgruppen in der Branche Metallindustrie im Jahr 2018

Tätigkeit	Krankenstand in %	Arbeitsunfähigkeit je 100 AOK-Mitglieder		Tage je Fall	AU-Quote in %	Anteil der Berufsgruppe an der Branche in %[a]
		AU-Fälle	AU-Tage			
Berufe im Metallbau	6,6	212,7	2.410,9	11,3	67,3	6,1
Berufe im Vertrieb (außer Informations- u. Kommunikationstechnologien)	3,0	124,6	1.106,2	8,9	52,9	1,3
Berufe in der Elektrotechnik (ohne Spez.)	6,5	207,0	2.382,9	11,5	65,3	3,4
Berufe in der Kunststoff- u. Kautschukherstellung (ohne Spez.)	7,1	223,3	2.607,0	11,7	68,1	1,5
Berufe in der Lagerwirtschaft	7,1	206,1	2.589,3	12,6	67,8	5,6
Berufe in der Maschinenbau- u. Betriebstechnik (ohne Spez.)	6,3	203,4	2.292,5	11,3	67,3	9,6
Berufe in der Metallbearbeitung (ohne Spez.)	7,2	218,0	2.643,8	12,1	68,6	9,9
Berufe in der Metalloberflächenbehandlung (ohne Spez.)	7,4	211,0	2.709,5	12,8	68,9	1,6
Berufe in der schleifenden Metallbearbeitung	7,0	211,1	2.561,1	12,1	66,9	1,2
Berufe in der Schweiß- u. Verbindungstechnik	7,6	218,0	2.756,8	12,6	68,6	2,2
Berufe in der spanenden Metallbearbeitung	5,9	209,3	2.149,8	10,3	69,4	5,6
Berufe in der technischen Forschung u. Entwicklung (ohne Spez.)	2,2	102,1	794,7	7,8	45,6	1,3
Berufe in der technischen Produktionsplanung u. -steuerung	4,2	145,1	1.530,6	10,6	58,1	2,1
Berufe in der technischen Qualitätssicherung	6,0	185,6	2.205,1	11,9	66,5	2,3
Berufe in der Werkzeugtechnik	5,3	201,7	1.931,8	9,6	69,2	1,8

28.9 · Metallindustrie

Tabelle 28.140 (Fortsetzung)

Tätigkeit	Kranken-stand in %	Arbeitsunfähigkeit je 100 AOK-Mitglieder		Tage je Fall	AU-Quote in %	Anteil der Berufsgruppe an der Branche in %[a]
		AU-Fälle	AU-Tage			
Büro- u. Sekretariatskräfte (ohne Spez.)	3,5	136,1	1.265,4	9,3	51,0	2,7
Kaufmännische u. technische Betriebswirtschaft (ohne Spez.)	3,2	151,3	1.155,0	7,6	55,3	3,1
Maschinen- u. Anlagenführer/innen	6,9	220,4	2.524,5	11,5	69,0	4,1
Maschinen- u. Gerätezusammensetzer/innen	7,3	213,0	2.659,7	12,5	68,5	3,6
Technische Servicekräfte in Wartung u. Instandhaltung	5,3	163,2	1.920,5	11,8	61,5	1,7
Branche gesamt	**5,9**	**191,2**	**2.159,7**	**11,3**	**64,3**	**10,6**[b]

[a] Anteil der AOK-Mitglieder in der Berufsgruppe an den in der Branche beschäftigten AOK-Mitgliedern insgesamt
[b] Anteil der AOK-Mitglieder in der Branche an allen AOK-Mitgliedern
Fehlzeiten-Report 2019

Tabelle 28.141 Dauer der Arbeitsunfähigkeit der AOK-Mitglieder in der Branche Metallindustrie im Jahr 2018

Fallklasse	Branche hier		Alle Branchen	
	Anteil Fälle in %	Anteil Tage in %	Anteil Fälle in %	Anteil Tage in %
1–3 Tage	35,4	6,3	34,8	5,9
4–7 Tage	31,6	13,9	31,5	13,5
8–14 Tage	17,9	16,4	17,9	15,7
15–21 Tage	5,6	8,7	5,8	8,6
22–28 Tage	2,7	5,9	2,8	5,9
29–42 Tage	2,8	8,7	2,9	8,5
> 42 Tage	4,0	40,2	4,2	41,8

Fehlzeiten-Report 2019

Tabelle 28.142 Tage der Arbeitsunfähigkeit je AOK-Mitglied nach Wirtschaftsabteilung und Betriebsgröße in der Branche Metallindustrie im Jahr 2018

Wirtschaftsabteilungen	Betriebsgröße (Anzahl der AOK-Mitglieder)					
	10–49	50–99	100–199	200–499	500–999	≥1.000
Herstellung von Datenverarbeitungsgeräten, elektronischen und optischen Erzeugnissen	18,1	19,2	20,4	19,6	18,1	16,9
Herstellung von elektrischen Ausrüstungen	21,5	22,1	22,5	23,3	19,9	23,5
Herstellung von Kraftwagen und Kraftwagenteilen	20,9	22,9	24,3	24,4	24,2	22,2
Herstellung von Metallerzeugnissen	22,9	23,6	24,0	23,0	22,1	19,9
Maschinenbau	20,2	20,2	20,4	19,2	19,9	19,9
Metallerzeugung und -bearbeitung	26,3	25,9	26,1	24,9	25,5	30,2
Sonstiger Fahrzeugbau	20,3	20,2	20,4	23,1	21,1	20,3
Branche gesamt	**21,6**	**22,2**	**22,7**	**22,2**	**21,8**	**22,0**
Alle Branchen	**20,5**	**22,5**	**22,7**	**22,6**	**22,7**	**22,6**

Fehlzeiten-Report 2019

28.9 · Metallindustrie

Tabelle 28.143 Krankenstand in Prozent nach Ausbildungsabschluss in der Branche Metallindustrie im Jahr 2018, AOK-Mitglieder

Wirtschaftsabteilungen	Ausbildung						
	Ohne Ausbildungsabschluss	Mit Ausbildungsabschluss	Meister/ Techniker	Bachelor	Diplom/ Magister/ Master/ Staatsexamen	Promotion	Unbekannt
Herstellung von Datenverarbeitungsgeräten, elektronischen und optischen Erzeugnissen	6,4	5,3	3,6	2,0	2,3	1,6	5,1
Herstellung von elektrischen Ausrüstungen	7,4	6,1	3,8	1,8	2,4	1,2	6,3
Herstellung von Kraftwagen und Kraftwagenteilen	7,2	6,7	4,3	1,8	2,1	2,0	6,5
Herstellung von Metallerzeugnissen	7,1	6,3	4,0	2,3	3,0	2,6	6,0
Maschinenbau	6,1	5,8	3,7	1,8	2,4	2,4	5,7
Metallerzeugung und -bearbeitung	8,1	7,0	4,7	2,2	3,1	3,2	7,0
Sonstiger Fahrzeugbau	6,0	6,4	3,9	1,9	2,3	1,5	4,9
Branche gesamt	**7,0**	**6,1**	**3,9**	**1,9**	**2,4**	**1,9**	**6,0**
Alle Branchen	**6,1**	**5,9**	**4,6**	**2,4**	**2,9**	**2,1**	**4,9**

Fehlzeiten-Report 2019

Tabelle 28.144 Tage der Arbeitsunfähigkeit je AOK-Mitglied nach Ausbildungsabschluss in der Branche Metallindustrie im Jahr 2018

Wirtschafts-abteilungen	Ausbildung						
	Ohne Ausbildungsabschluss	Mit Ausbildungsabschluss	Meister/ Techniker	Bachelor	Diplom/ Magister/ Master/ Staatsexamen	Promotion	Unbekannt
Herstellung von Datenverarbeitungsgeräten, elektronischen und optischen Erzeugnissen	23,2	19,5	13,2	7,3	8,6	5,8	18,5
Herstellung von elektrischen Ausrüstungen	26,9	22,3	13,7	6,7	8,8	4,4	22,8
Herstellung von Kraftwagen und Kraftwagenteilen	26,3	24,3	15,7	6,6	7,6	7,3	23,6
Herstellung von Metallerzeugnissen	26,0	22,8	14,6	8,5	10,8	9,7	21,9
Maschinenbau	22,1	21,0	13,5	6,7	8,7	8,7	20,9
Metallerzeugung und -bearbeitung	29,7	25,4	17,0	8,0	11,4	11,8	25,7
Sonstiger Fahrzeugbau	22,1	23,2	14,3	6,9	8,3	5,4	17,8
Branche gesamt	**25,4**	**22,4**	**14,3**	**7,1**	**8,8**	**7,0**	**22,0**
Alle Branchen	**22,2**	**21,6**	**16,7**	**8,7**	**10,7**	**7,7**	**18,1**

Fehlzeiten-Report 2019

28.9 · Metallindustrie

Tabelle 28.145 Anteil der Arbeitsunfälle an den AU-Fällen und -Tagen in Prozent nach Wirtschaftsabteilungen in der Branche Metallindustrie im Jahr 2018, AOK-Mitglieder

Wirtschaftsabteilungen	AU-Fälle in %	AU-Tage in %
Herstellung von Datenverarbeitungsgeräten, elektronischen und optischen Erzeugnissen	1,5	2,8
Herstellung von elektrischen Ausrüstungen	2,0	3,9
Herstellung von Kraftwagen und Kraftwagenteilen	2,3	3,9
Herstellung von Metallerzeugnissen	4,0	7,2
Maschinenbau	3,0	5,4
Metallerzeugung und -bearbeitung	4,0	7,2
Sonstiger Fahrzeugbau	2,7	5,6
Branche gesamt	**3,0**	**5,6**
Alle Branchen	**3,0**	**5,8**

Fehlzeiten-Report 2019

Tabelle 28.146 Tage und Fälle der Arbeitsunfähigkeit durch Arbeitsunfälle nach Berufsgruppen in der Branche Metallindustrie im Jahr 2018, AOK-Mitglieder

Tätigkeit	Arbeitsunfähigkeit je 1.000 AOK-Mitglieder	
	AU-Tage	AU-Fälle
Berufe im Metallbau	2.521,1	126,3
Berufe in der Schweiß- u. Verbindungstechnik	1.953,5	102,8
Berufe in der Metalloberflächenbehandlung (ohne Spez.)	1.946,1	82,7
Berufe in der schleifenden Metallbearbeitung	1.570,6	79,2
Berufe in der Metallbearbeitung (ohne Spez.)	1.514,2	72,7
Maschinen- u. Anlagenführer/innen	1.388,7	69,0
Technische Servicekräfte in Wartung u. Instandhaltung	1.314,3	56,8
Berufe in der Lagerwirtschaft	1.311,0	55,7
Berufe in der Maschinenbau- u. Betriebstechnik (ohne Spez.)	1.269,9	62,9
Berufe in der spanenden Metallbearbeitung	1.217,2	70,7
Berufe in der Werkzeugtechnik	1.173,2	67,7
Berufe in der Kunststoff- u. Kautschukherstellung (ohne Spez.)	1.149,3	54,5
Maschinen- u. Gerätezusammensetzer/innen	1.102,2	49,3
Berufe in der technischen Qualitätssicherung	698,7	29,5
Berufe in der Elektrotechnik (ohne Spez.)	695,2	31,8
Berufe in der technischen Produktionsplanung u. -steuerung	487,9	23,1
Berufe in der technischen Forschung u. Entwicklung (ohne Spez.)	259,4	12,8
Kaufmännische u. technische Betriebswirtschaft (ohne Spez.)	233,3	12,6
Berufe im Vertrieb (außer Informations- u. Kommunikationstechnologien)	233,2	12,0
Büro- u. Sekretariatskräfte (ohne Spez.)	231,5	10,6
Branche gesamt	**1.203,2**	**58,2**
Alle Branchen	**1.158,1**	**50,2**

Fehlzeiten-Report 2019

28.9 · Metallindustrie

Tabelle 28.147 Tage und Fälle der Arbeitsunfähigkeit je 100 AOK-Mitglieder nach Krankheitsarten in der Branche Metallindustrie in den Jahren 2000 bis 2018

Jahr	Arbeitsunfähigkeiten je 100 AOK-Mitglieder											
	Psyche		Herz/Kreislauf		Atemwege		Verdauung		Muskel/Skelett		Verletzungen	
	Tage	Fälle	Tage	Fälle	Tage	Fälle	Tage	Fälle	Tage	Fälle	Tage	Fälle
2000	125,2	5,6	163,1	8,5	332,7	46,5	148,6	20,8	655,7	39,1	343,6	23,5
2001	134,9	6,4	165,4	9,1	310,6	45,6	149,9	21,6	672,0	40,8	338,9	23,4
2002	141,7	6,8	164,9	9,4	297,9	44,1	151,1	22,5	671,3	41,1	338,9	23,1
2003	134,5	6,7	156,5	9,3	296,8	45,1	142,2	21,5	601,3	37,9	314,5	21,7
2004	151,3	6,8	168,4	8,7	258,0	38,0	143,5	21,0	574,9	36,1	305,3	20,4
2005	150,7	6,6	166,7	8,7	300,6	44,4	136,0	19,6	553,4	35,3	301,1	19,9
2006	147,1	6,5	163,0	8,8	243,0	36,7	135,7	20,3	541,1	35,1	304,5	20,2
2007	154,4	6,9	164,0	8,8	275,3	42,1	142,2	21,8	560,3	36,0	303,9	20,2
2008 (WZ03)	162,9	7,1	168,5	9,2	287,2	44,6	148,4	23,3	580,4	37,9	308,6	20,7
2008 (WZ08)[a]	165,0	7,2	171,3	9,3	289,2	44,7	149,3	23,3	590,7	38,5	311,8	20,9
2009	170,6	7,2	173,4	8,7	303,3	46,3	137,9	19,0	558,2	34,1	307,9	19,0
2010	181,8	7,8	174,6	9,2	277,7	43,2	136,6	20,7	606,6	38,2	322,3	20,4
2011	187,5	8,2	168,1	9,2	291,4	45,4	136,8	21,1	595,5	38,9	317,8	20,5
2012	210,7	8,7	185,5	9,4	300,8	46,7	146,1	21,8	633,9	40,0	329,5	20,0
2013	217,5	8,7	184,2	9,0	374,9	56,7	149,7	21,8	630,9	39,8	329,6	19,9
2014	237,0	9,5	193,9	9,3	308,6	48,0	153,6	22,4	673,0	42,1	333,5	19,9
2015	243,7	9,8	193,5	9,5	391,0	59,5	154,3	22,7	669,1	41,9	331,7	19,6
2016	253,2	10,0	174,9	9,6	355,5	56,4	146,9	22,5	686,6	42,7	326,3	19,2
2017	255,6	10,1	168,3	9,3	360,0	56,3	140,9	21,3	668,7	41,4	324,7	18,6
2018	259,5	10,2	164,5	9,3	392,2	59,9	138,5	21,1	662,4	41,4	327,4	18,7

[a] Aufgrund der Revision der Wirtschaftszweigklassifikation in 2008 ist eine Vergleichbarkeit mit den Vorjahren nur bedingt möglich

Fehlzeiten-Report 2019

Tabelle 28.148 Verteilung der Arbeitsunfähigkeitstage nach Krankheitsarten in Prozent in der Branche Metallindustrie im Jahr 2018, AOK-Mitglieder

Wirtschaftsabteilungen	AU-Tage in %						
	Psyche	Herz/ Kreislauf	Atemwege	Verdauung	Muskel/ Skelett	Verletzungen	Sonstige
Herstellung von Datenverarbeitungsgeräten, elektronischen und optischen Erzeugnissen	11,4	5,1	16,0	4,8	20,5	9,3	32,8
Herstellung von elektrischen Ausrüstungen	10,2	5,8	14,1	4,7	23,0	10,0	32,1
Herstellung von Kraftwagen und Kraftwagenteilen	9,8	5,8	13,8	4,8	24,9	10,1	30,7
Herstellung von Metallerzeugnissen	8,6	6,0	13,0	4,9	23,7	12,6	31,2
Maschinenbau	8,7	5,7	14,4	5,0	22,6	12,3	31,4
Metallerzeugung und -bearbeitung	8,4	6,4	13,0	4,9	24,9	12,1	30,3
Sonstiger Fahrzeugbau	9,0	5,1	15,2	5,1	23,2	12,7	29,8
Branche gesamt	**9,2**	**5,8**	**13,9**	**4,9**	**23,4**	**11,6**	**31,3**
Alle Branchen	**11,3**	**5,3**	**13,3**	**4,7**	**22,0**	**10,9**	**32,4**

Fehlzeiten-Report 2019

Tabelle 28.149 Verteilung der Arbeitsunfähigkeitsfälle nach Krankheitsarten in Prozent in der Branche Metallindustrie im Jahr 2018, AOK-Mitglieder

Wirtschaftsabteilungen	AU-Fälle in %						
	Psyche	Herz/Kreislauf	Atemwege	Verdauung	Muskel/Skelett	Verletzungen	Sonstige
Herstellung von Datenverarbeitungsgeräten, elektronischen und optischen Erzeugnissen	4,9	3,5	26,8	8,7	14,1	5,9	36,2
Herstellung von elektrischen Ausrüstungen	4,6	3,8	24,6	8,6	16,5	6,5	35,3
Herstellung von Kraftwagen und Kraftwagenteilen	4,6	3,9	23,9	8,3	18,4	6,8	34,1
Herstellung von Metallerzeugnissen	3,9	3,8	23,4	8,7	17,3	8,4	34,5
Maschinenbau	3,8	3,7	25,4	8,7	15,9	8,0	34,5
Metallerzeugung und -bearbeitung	4,0	4,2	22,9	8,6	18,5	8,0	33,7
Sonstiger Fahrzeugbau	4,1	3,6	25,8	8,7	16,4	7,7	33,5
Branche gesamt	**4,2**	**3,8**	**24,4**	**8,6**	**16,9**	**7,6**	**34,6**
Alle Branchen	**5,1**	**3,7**	**23,9**	**8,4**	**15,4**	**7,0**	**36,5**

Fehlzeiten-Report 2019

◨ Tabelle 28.150 Verteilung der Arbeitsunfähigkeitstage nach Krankheitsarten und ausgewählten Berufsgruppen in der Branche Metallindustrie im Jahr 2018, AOK-Mitglieder

Tätigkeit	AU-Tage in %						
	Psyche	Herz/Kreislauf	Atemwege	Verdauung	Muskel/Skelett	Verletzungen	Sonstige
Berufe im Metallbau	6,5	6,1	12,7	5,0	24,5	16,2	29,0
Berufe im Vertrieb (außer Informations- u. Kommunikationstechnologien)	12,9	4,8	19,1	5,0	12,9	9,2	36,0
Berufe in der Elektrotechnik (ohne Spez.)	11,1	4,8	14,0	4,4	24,4	8,7	32,6
Berufe in der Kunststoff- u. Kautschukherstellung (ohne Spez.)	9,2	5,3	12,8	4,8	26,9	11,1	29,9
Berufe in der Lagerwirtschaft	9,6	6,4	12,6	4,9	24,4	10,4	31,7
Berufe in der Maschinenbau- u. Betriebstechnik (ohne Spez.)	8,8	5,6	13,5	4,7	24,1	12,2	31,1
Berufe in der Metallbearbeitung (ohne Spez.)	8,9	6,1	12,8	4,9	25,8	11,0	30,7
Berufe in der Metalloberflächenbehandlung (ohne Spez.)	8,6	6,5	11,8	4,5	26,5	11,2	30,8
Berufe in der schleifenden Metallbearbeitung	8,9	6,6	12,3	4,9	25,6	11,2	30,4
Berufe in der Schweiß- u. Verbindungstechnik	6,9	6,9	12,9	4,5	26,8	12,3	29,6
Berufe in der spanenden Metallbearbeitung	8,1	5,8	14,5	5,3	22,0	13,5	30,8
Berufe in der technischen Forschung u. Entwicklung (ohne Spez.)	8,6	4,2	23,4	5,6	12,9	11,3	34,0
Berufe in der technischen Produktionsplanung u. -steuerung	11,0	6,4	15,5	4,9	20,0	10,2	32,0
Berufe in der technischen Qualitätssicherung	11,3	5,6	14,6	4,7	22,0	8,7	33,1
Berufe in der Werkzeugtechnik	8,2	5,3	15,3	5,3	19,7	14,7	31,5
Büro- u. Sekretariatskräfte (ohne Spez.)	14,4	4,2	16,8	4,8	14,0	7,6	38,1

Tabelle 28.150 (Fortsetzung)

Tätigkeit	AU-Tage in %						
	Psyche	Herz/ Kreislauf	Atem- wege	Ver- dauung	Muskel/ Skelett	Verlet- zungen	Sonstige
Kaufmännische u. technische Betriebswirtschaft (ohne Spez.)	12,7	3,8	20,5	5,4	12,9	8,5	36,2
Maschinen- u. Anlagenführer/innen	8,6	5,9	13,9	5,2	24,9	11,2	30,2
Maschinen- u. Gerätezusammensetzer/innen	10,0	5,2	13,1	4,5	26,1	10,0	31,0
Technische Servicekräfte in Wartung u. Instandhaltung	8,0	6,0	14,2	4,9	22,6	13,8	30,3
Branche gesamt	**9,2**	**5,8**	**13,9**	**4,9**	**23,4**	**11,6**	**31,3**
Alle Branchen	**11,3**	**5,3**	**13,3**	**4,7**	**22,0**	**10,9**	**32,4**

Fehlzeiten-Report 2019

Tabelle 28.151 Verteilung der Arbeitsunfähigkeitsfälle nach Krankheitsarten und ausgewählten Berufsgruppen in der Branche Metallindustrie im Jahr 2018, AOK-Mitglieder

Tätigkeit	AU-Fälle in %						
	Psyche	Herz/Kreislauf	Atemwege	Verdauung	Muskel/Skelett	Verletzungen	Sonstige
Berufe im Metallbau	3,2	3,7	22,7	8,7	17,9	10,7	33,0
Berufe im Vertrieb (außer Informations- u. Kommunikationstechnologien)	4,6	3,3	29,9	8,9	9,6	5,2	38,6
Berufe in der Elektrotechnik (ohne Spez.)	5,2	3,9	23,7	8,4	17,1	5,5	36,2
Berufe in der Kunststoff- u. Kautschukherstellung (ohne Spez.)	4,6	3,6	22,6	8,6	19,8	6,9	33,9
Berufe in der Lagerwirtschaft	4,6	4,3	22,5	8,6	18,4	6,8	34,7
Berufe in der Maschinenbau- u. Betriebstechnik (ohne Spez.)	4,0	3,7	24,4	8,4	16,9	8,2	34,4
Berufe in der Metallbearbeitung (ohne Spez.)	4,2	4,1	22,5	8,5	19,5	7,5	33,7
Berufe in der Metalloberflächenbehandlung (ohne Spez.)	4,3	4,2	21,6	8,7	20,1	7,6	33,5
Berufe in der schleifenden Metallbearbeitung	4,1	4,1	22,4	8,6	19,5	7,9	33,3
Berufe in der Schweiß- u. Verbindungstechnik	3,5	4,3	22,2	8,1	20,8	8,9	32,2
Berufe in der spanenden Metallbearbeitung	3,7	3,5	25,3	8,8	15,7	8,8	34,2
Berufe in der technischen Forschung u. Entwicklung (ohne Spez.)	3,4	2,6	35,9	8,5	8,9	5,9	34,9
Berufe in der technischen Produktionsplanung u. -steuerung	4,4	4,0	26,9	8,7	14,7	6,3	35,0
Berufe in der technischen Qualitätssicherung	5,1	4,1	24,8	8,7	15,8	5,8	35,6
Berufe in der Werkzeugtechnik	3,3	3,2	26,2	8,9	13,9	9,5	34,9
Büro- u. Sekretariatskräfte (ohne Spez.)	5,1	3,2	27,9	9,0	9,5	4,9	40,5

◨ **Tabelle 28.151** (Fortsetzung)

Tätigkeit	AU-Fälle in %						
	Psyche	Herz/ Kreislauf	Atemwege	Verdauung	Muskel/ Skelett	Verletzungen	Sonstige
Kaufmännische u. technische Betriebswirtschaft (ohne Spez.)	4,4	2,7	30,7	9,0	8,3	5,2	39,7
Maschinen- u. Anlagenführer/innen	4,4	3,8	23,5	8,5	18,9	7,5	33,4
Maschinen- u. Gerätezusammensetzer/innen	4,8	4,0	22,7	8,2	19,2	6,7	34,3
Technische Servicekräfte in Wartung u. Instandhaltung	3,8	4,0	25,0	9,0	16,6	8,5	33,2
Branche gesamt	**4,2**	**3,8**	**24,4**	**8,6**	**16,9**	**7,6**	**34,6**
Alle Branchen	**5,1**	**3,7**	**23,9**	**8,4**	**15,4**	**7,0**	**36,5**

Fehlzeiten-Report 2019

Tabelle 28.152 Anteile der 40 häufigsten Einzeldiagnosen an den AU-Fällen und AU-Tagen in der Branche Metallindustrie im Jahr 2018, AOK-Mitglieder

ICD-10	Bezeichnung	AU-Fälle in %	AU-Tage in %
J06	Akute Infektionen an mehreren oder nicht näher bezeichneten Lokalisationen der oberen Atemwege	10,8	5,4
M54	Rückenschmerzen	6,4	6,3
A09	Sonstige und nicht näher bezeichnete Gastroenteritis und Kolitis infektiösen und nicht näher bezeichneten Ursprungs	4,2	1,5
J20	Akute Bronchitis	2,1	1,3
K08	Sonstige Krankheiten der Zähne und des Zahnhalteapparates	2,1	0,5
B34	Viruskrankheit nicht näher bezeichneter Lokalisation	2,0	0,9
I10	Essentielle (primäre) Hypertonie	1,6	1,5
J40	Bronchitis, nicht als akut oder chronisch bezeichnet	1,5	0,9
R10	Bauch- und Beckenschmerzen	1,4	0,7
K52	Sonstige nichtinfektiöse Gastroenteritis und Kolitis	1,4	0,5
M25	Sonstige Gelenkkrankheiten, anderenorts nicht klassifiziert	1,2	1,4
T14	Verletzung an einer nicht näher bezeichneten Körperregion	1,2	1,2
R51	Kopfschmerz	1,2	0,5
K29	Gastritis und Duodenitis	1,1	0,5
F43	Reaktionen auf schwere Belastungen und Anpassungsstörungen	1,0	1,7
J11	Grippe, Viren nicht nachgewiesen	1,0	0,6
J02	Akute Pharyngitis	1,0	0,5
J00	Akute Rhinopharyngitis [Erkältungsschnupfen]	1,0	0,4
F32	Depressive Episode	0,9	2,8
M79	Sonstige Krankheiten des Weichteilgewebes, anderenorts nicht klassifiziert	0,9	0,8
M99	Biomechanische Funktionsstörungen, anderenorts nicht klassifiziert	0,9	0,7
J32	Chronische Sinusitis	0,9	0,5
J01	Akute Sinusitis	0,9	0,4
J03	Akute Tonsillitis	0,9	0,4
M75	Schulterläsionen	0,8	2,1
M51	Sonstige Bandscheibenschäden	0,8	1,9
M77	Sonstige Enthesopathien	0,8	1,1
R11	Übelkeit und Erbrechen	0,8	0,3
M53	Sonstige Krankheiten der Wirbelsäule und des Rückens, anderenorts nicht klassifiziert	0,7	0,8

Tabelle 28.152 (Fortsetzung)

ICD-10	Bezeichnung	AU-Fälle in %	AU-Tage in %
J98	Sonstige Krankheiten der Atemwege	0,7	0,4
Z98	Sonstige Zustände nach chirurgischem Eingriff	0,6	1,6
M23	Binnenschädigung des Kniegelenkes [internal derangement]	0,6	1,3
R53	Unwohlsein und Ermüdung	0,6	0,5
R42	Schwindel und Taumel	0,6	0,5
B99	Sonstige und nicht näher bezeichnete Infektionskrankheiten	0,6	0,3
A08	Virusbedingte und sonstige näher bezeichnete Darminfektionen	0,6	0,2
F45	Somatoforme Störungen	0,5	1,0
F48	Andere neurotische Störungen	0,5	0,8
S93	Luxation, Verstauchung und Zerrung der Gelenke und Bänder in Höhe des oberen Sprunggelenkes und des Fußes	0,5	0,6
G43	Migräne	0,5	0,2
	Summe hier	**57,8**	**45,5**
	Restliche	42,2	54,5
	Gesamtsumme	**100,0**	**100,0**

Fehlzeiten-Report 2019

Tabelle 28.153 Anteile der 40 häufigsten Diagnoseuntergruppen an den AU-Fällen und AU-Tagen in der Branche Metallindustrie im Jahr 2018, AOK-Mitglieder

ICD-10	Bezeichnung	AU-Fälle in %	AU-Tage in %
J00–J06	Akute Infektionen der oberen Atemwege	15,2	7,6
M50–M54	Sonstige Krankheiten der Wirbelsäule und des Rückens	7,6	8,5
A00–A09	Infektiöse Darmkrankheiten	5,2	1,8
R50–R69	Allgemeinsymptome	3,4	2,6
M70–M79	Sonstige Krankheiten des Weichteilgewebes	2,9	4,6
J40–J47	Chronische Krankheiten der unteren Atemwege	2,5	1,8
J20–J22	Sonstige akute Infektionen der unteren Atemwege	2,5	1,5
R10–R19	Symptome, die das Verdauungssystem und das Abdomen betreffen	2,5	1,3
K00–K14	Krankheiten der Mundhöhle, der Speicheldrüsen und der Kiefer	2,5	0,6
F40–F48	Neurotische, Belastungs- und somatoforme Störungen	2,3	4,3
B25–B34	Sonstige Viruskrankheiten	2,2	1,1
M20–M25	Sonstige Gelenkkrankheiten	1,8	3,0
I10–I15	Hypertonie [Hochdruckkrankheit]	1,8	1,8
K50–K52	Nichtinfektiöse Enteritis und Kolitis	1,8	0,8
K20–K31	Krankheiten des Ösophagus, des Magens und des Duodenums	1,7	0,8
Z80–Z99	Personen mit potentiellen Gesundheitsrisiken aufgrund der Familien- oder Eigenanamnese und bestimmte Zustände, die den Gesundheitszustand beeinflussen	1,6	3,3
T08–T14	Verletzungen nicht näher bezeichneter Teile des Rumpfes, der Extremitäten oder anderer Körperregionen	1,5	1,5
R00–R09	Symptome, die das Kreislaufsystem und das Atmungssystem betreffen	1,5	1,0
G40–G47	Episodische und paroxysmale Krankheiten des Nervensystems	1,4	1,2
J09–J18	Grippe und Pneumonie	1,4	1,0
J30–J39	Sonstige Krankheiten der oberen Atemwege	1,4	0,9
F30–F39	Affektive Störungen	1,3	4,2
S60–S69	Verletzungen des Handgelenkes und der Hand	1,2	1,9
K55–K64	Sonstige Krankheiten des Darmes	1,1	0,9
S90–S99	Verletzungen der Knöchelregion und des Fußes	1,0	1,4
M95–M99	Sonstige Krankheiten des Muskel-Skelett-Systems und des Bindegewebes	1,0	0,9
M15–M19	Arthrose	0,9	2,3
S80–S89	Verletzungen des Knies und des Unterschenkels	0,9	2,0

Tabelle 28.153 (Fortsetzung)

ICD-10	Bezeichnung	AU-Fälle in %	AU-Tage in %
J95–J99	Sonstige Krankheiten des Atmungssystems	0,9	0,5
E70–E90	Stoffwechselstörungen	0,8	0,7
R40–R46	Symptome, die das Erkennungs- und Wahrnehmungsvermögen, die Stimmung und das Verhalten betreffen	0,8	0,7
Z00–Z13	Personen, die das Gesundheitswesen zur Untersuchung und Abklärung in Anspruch nehmen	0,7	0,4
B99–B99	Sonstige Infektionskrankheiten	0,7	0,3
G50–G59	Krankheiten von Nerven, Nervenwurzeln und Nervenplexus	0,6	1,2
I30–I52	Sonstige Formen der Herzkrankheit	0,6	1,0
M65–M68	Krankheiten der Synovialis und der Sehnen	0,6	0,9
Z40–Z54	Personen, die das Gesundheitswesen zum Zwecke spezifischer Maßnahmen und zur medizinischen Betreuung in Anspruch nehmen	0,6	0,9
M05–M14	Entzündliche Polyarthropathien	0,6	0,7
L00–L08	Infektionen der Haut und der Unterhaut	0,6	0,6
N30–N39	Sonstige Krankheiten des Harnsystems	0,5	0,3
	Summe hier	**80,1**	**72,8**
	Restliche	19,9	27,2
	Gesamtsumme	**100,0**	**100,0**

Fehlzeiten-Report 2019

28.10 Öffentliche Verwaltung

Entwicklung des Krankenstands der AOK-Mitglieder in der Branche Öffentliche Verwaltung in den Jahren 1994 bis 2018	Tab. 28.154
Arbeitsunfähigkeit der AOK-Mitglieder in der Branche Öffentliche Verwaltung nach Bundesländern im Jahr 2018 im Vergleich zum Vorjahr	Tab. 28.155
Arbeitsunfähigkeit der AOK-Mitglieder nach Wirtschaftsabteilungen in der Branche Öffentliche Verwaltung im Jahr 2018	Tab. 28.156
Kennzahlen der Arbeitsunfähigkeit nach ausgewählten Berufsgruppen in der Branche Öffentliche Verwaltung im Jahr 2018	Tab. 28.157
Dauer der Arbeitsunfähigkeit der AOK-Mitglieder in der Branche Öffentliche Verwaltung im Jahr 2018	Tab. 28.158
Tage der Arbeitsunfähigkeit je AOK-Mitglied nach Wirtschaftsabteilung und Betriebsgröße in der Branche Öffentliche Verwaltung im Jahr 2018	Tab. 28.159
Krankenstand in Prozent nach Ausbildungsabschluss in der Branche Öffentliche Verwaltung im Jahr 2018, AOK-Mitglieder	Tab. 28.160
Tage der Arbeitsunfähigkeit je AOK-Mitglied nach Ausbildungsabschluss in der Branche Öffentliche Verwaltung im Jahr 2018	Tab. 28.161
Anteil der Arbeitsunfälle an den AU-Fällen und -Tagen in Prozent nach Wirtschaftsabteilungen in der Branche Öffentliche Verwaltung im Jahr 2018, AOK-Mitglieder	Tab. 28.162
Tage und Fälle der Arbeitsunfähigkeit durch Arbeitsunfälle nach Berufsgruppen in der Branche Öffentliche Verwaltung im Jahr 2018, AOK-Mitglieder	Tab. 28.163
Tage und Fälle der Arbeitsunfähigkeit je 100 AOK-Mitglieder nach Krankheitsarten in der Branche Öffentliche Verwaltung in den Jahren 1995 bis 2018	Tab. 28.164
Verteilung der Arbeitsunfähigkeitstage nach Krankheitsarten in Prozent in der Branche Öffentliche Verwaltung im Jahr 2018, AOK-Mitglieder	Tab. 28.165
Verteilung der Arbeitsunfähigkeitsfälle nach Krankheitsarten in Prozent in der Branche Öffentliche Verwaltung im Jahr 2018, AOK-Mitglieder	Tab. 28.166
Verteilung der Arbeitsunfähigkeitstage nach Krankheitsarten und ausgewählten Berufsgruppen in der Branche Öffentliche Verwaltung im Jahr 2018, AOK-Mitglieder	Tab. 28.167
Verteilung der Arbeitsunfähigkeitsfälle nach Krankheitsarten und ausgewählten Berufsgruppen in der Branche Öffentliche Verwaltung im Jahr 2018, AOK-Mitglieder	Tab. 28.168
Anteile der 40 häufigsten Einzeldiagnosen an den AU-Fällen und AU-Tagen in der Branche Öffentliche Verwaltung im Jahr 2018, AOK-Mitglieder	Tab. 28.169
Anteile der 40 häufigsten Diagnoseuntergruppen an den AU-Fällen und AU-Tagen in der Branche Öffentliche Verwaltung im Jahr 2018, AOK-Mitglieder	Tab. 28.170

28.10 · Öffentliche Verwaltung

Tabelle 28.154 Entwicklung des Krankenstands der AOK-Mitglieder in der Branche Öffentliche Verwaltung in den Jahren 1994 bis 2018

Jahr	Krankenstand in %			AU-Fälle je 100 AOK-Mitglieder			Tage je Fall		
	West	Ost	Bund	West	Ost	Bund	West	Ost	Bund
1994	7,3	5,9	6,9	161,2	129,1	152,0	16,2	14,9	15,9
1995	6,9	6,3	6,8	166,7	156,3	164,1	15,6	14,9	15,4
1996	6,4	6,0	6,3	156,9	155,6	156,6	15,4	14,7	15,2
1997	6,2	5,8	6,1	158,4	148,8	156,3	14,4	14,1	14,3
1998	6,3	5,7	6,2	162,6	150,3	160,0	14,2	13,8	14,1
1999	6,6	6,2	6,5	170,7	163,7	169,3	13,8	13,6	13,8
2000	6,4	5,9	6,3	172,0	174,1	172,5	13,6	12,3	13,3
2001	6,1	5,9	6,1	165,8	161,1	164,9	13,5	13,3	13,5
2002	6,0	5,7	5,9	167,0	161,9	166,0	13,0	12,9	13,0
2003	5,7	5,3	5,6	167,3	158,8	165,7	12,4	12,2	12,3
2004	5,3	5,0	5,2	154,8	152,2	154,3	12,5	12,0	12,4
2005[b]	5,3	4,5	5,1	154,1	134,3	150,0	12,6	12,2	12,5
2006	5,1	4,7	5,0	148,7	144,7	147,9	12,5	11,8	12,3
2007	5,3	4,8	5,2	155,5	151,1	154,6	12,4	11,7	12,3
2008 (WZ03)	5,3	4,9	5,2	159,8	152,1	158,3	12,2	11,8	12,1
2008 (WZ08)[a]	5,3	4,9	5,2	159,9	152,2	158,4	12,1	11,8	12,1
2009	5,5	5,3	5,4	167,9	164,9	167,3	11,9	11,7	11,8
2010	5,5	5,7	5,5	164,8	184,6	168,2	12,2	11,3	12,0
2011	5,6	5,5	5,6	172,5	189,1	175,6	11,9	10,6	11,7
2012	5,5	5,5	5,5	163,9	164,4	164,0	12,2	12,2	12,2
2013	5,6	5,9	5,7	174,8	176,3	175,1	11,7	12,2	11,8
2014	5,9	6,1	5,9	174,9	179,9	175,9	12,3	12,3	12,3
2015	6,2	6,5	6,3	187,8	195,6	189,3	12,1	12,1	12,1
2016	6,2	6,6	6,3	189,3	203,8	192,0	12,1	11,9	12,0
2017	6,3	6,9	6,4	187,6	210,7	192,2	12,2	11,9	12,2
2018	6,5	7,2	6,6	192,5	216,4	197,4	12,3	12,2	12,3

[a] Aufgrund der Revision der Wirtschaftszweigklassifikation in 2008 ist eine Vergleichbarkeit mit den Vorjahren nur bedingt möglich
[b] Ohne Sozialversicherung/Arbeitsförderung

Fehlzeiten-Report 2019

Tabelle 28.155 Arbeitsunfähigkeit der AOK-Mitglieder in der Branche Öffentliche Verwaltung nach Bundesländern im Jahr 2018 im Vergleich zum Vorjahr

Bundesland	Kranken-stand in %	Arbeitsunfähigkeit je 100 AOK-Mitglieder				Tage je Fall	Veränd. z. Vorj. in %	AU-Quote in %
		AU-Fälle	Veränd. z. Vorj. in %	AU-Tage	Veränd. z. Vorj. in %			
Baden-Württemberg	6,0	191,4	3,0	2.179,0	2,7	11,4	−0,3	65,5
Bayern	5,7	161,1	2,4	2.098,7	4,6	13,0	2,1	59,6
Berlin	6,1	195,0	2,7	2.239,3	−1,1	11,5	−3,7	60,6
Brandenburg	7,9	216,2	4,0	2.898,3	5,3	13,4	1,3	70,6
Bremen	5,9	192,8	3,1	2.168,4	−1,4	11,2	−4,4	60,8
Hamburg	5,6	155,9	1,4	2.046,4	7,0	13,1	5,5	49,1
Hessen	7,4	224,2	2,6	2.700,0	3,9	12,0	1,3	68,9
Mecklenburg-Vorpommern	7,9	213,2	2,6	2.879,4	2,2	13,5	−0,4	68,4
Niedersachsen	6,7	202,1	1,4	2.431,9	1,4	12,0	−0,1	68,0
Nordrhein-Westfalen	7,4	210,4	2,8	2.716,4	3,6	12,9	0,8	68,4
Rheinland-Pfalz	7,4	215,1	3,7	2.698,1	4,5	12,5	0,8	69,9
Saarland	8,9	207,3	4,5	3.231,4	12,8	15,6	8,0	70,1
Sachsen	6,8	211,9	1,7	2.464,9	3,5	11,6	1,8	71,4
Sachsen-Anhalt	7,7	217,6	2,9	2.816,5	4,8	12,9	1,9	69,9
Schleswig-Holstein	6,9	187,3	0,8	2.528,5	6,5	13,5	5,7	61,8
Thüringen	7,4	227,2	4,2	2.686,6	7,5	11,8	3,2	71,3
West	**6,5**	**192,5**	**2,6**	**2.373,6**	**3,4**	**12,3**	**0,8**	**65,1**
Ost	**7,2**	**216,4**	**2,7**	**2.632,9**	**4,6**	**12,2**	**1,9**	**70,9**
Bund	**6,6**	**197,4**	**2,7**	**2.423,8**	**3,7**	**12,3**	**1,0**	**66,3**

Fehlzeiten-Report 2019

28.10 · Öffentliche Verwaltung

Tabelle 28.156 Arbeitsunfähigkeit der AOK-Mitglieder nach Wirtschaftsabteilungen in der Branche Öffentliche Verwaltung im Jahr 2018

Wirtschaftsabteilungen	Krankenstand in %		Arbeitsunfähigkeiten je 100 AOK-Mitglieder		Tage je Fall	AU-Quote in %
	2018	2018 stand.[a]	Fälle	Tage		
Auswärtige Angelegenheiten, Verteidigung, Rechtspflege, öffentliche Sicherheit und Ordnung	7,0	6,2	197,4	2.572,5	13,0	61,5
Exterritoriale Organisationen und Körperschaften	8,4	6,5	218,7	3.068,8	14,0	67,6
Öffentliche Verwaltung	6,6	6,0	195,2	2.416,0	12,4	66,1
Sozialversicherung	6,4	5,9	204,8	2.336,2	11,4	69,6
Branche gesamt	**6,6**	**6,1**	**197,4**	**2.423,8**	**12,3**	**66,3**
Alle Branchen	**5,5**	**5,6**	**169,1**	**1.991,6**	**11,8**	**54,1**

[a] Krankenstand alters- und geschlechtsstandardisiert

Fehlzeiten-Report 2019

◘ **Tabelle 28.157** Kennzahlen der Arbeitsunfähigkeit nach ausgewählten Berufsgruppen in der Branche Öffentliche Verwaltung im Jahr 2018

Tätigkeit	Kranken-stand in %	Arbeitsunfähigkeit je 100 AOK-Mitglieder		Tage je Fall	AU-Quote in %	Anteil der Berufsgruppe an der Branche in %[a]
		AU-Fälle	AU-Tage			
Berufe im Gartenbau (ohne Spez.)	10,0	263,8	3.655,2	13,9	75,2	1,9
Berufe im Objekt-, Werte- u. Personenschutz	8,2	211,8	2.998,0	14,2	62,6	1,2
Berufe in der Gebäudetechnik (ohne Spez.)	7,1	153,6	2.607,2	17,0	62,1	2,6
Berufe in der Kinderbetreuung u. -erziehung	5,8	231,1	2.125,3	9,2	70,6	10,3
Berufe in der öffentlichen Verwaltung (ohne Spez.)	5,2	178,9	1.883,0	10,5	62,8	15,6
Berufe in der Personaldienstleistung	5,5	181,7	2.018,3	11,1	65,3	1,5
Berufe in der Reinigung (ohne Spez.)	9,1	192,4	3.314,6	17,2	68,4	5,9
Berufe in der Sozialarbeit u. Sozialpädagogik	4,5	153,4	1.647,8	10,7	58,9	2,3
Berufe in der Sozialverwaltung u. -versicherung	6,3	208,9	2.306,5	11,0	70,6	10,5
Büro- u. Sekretariatskräfte (ohne Spez.)	6,4	199,1	2.343,7	11,8	66,6	8,5
Kaufmännische u. technische Betriebswirtschaft (ohne Spez.)	6,1	201,9	2.227,5	11,0	67,0	2,0
Köche/Köchinnen (ohne Spez.)	9,5	225,5	3.449,4	15,3	70,5	1,3
Platz- u. Gerätewarte/-wartinnen	8,6	193,4	3.123,5	16,2	69,0	3,2
Straßen- u. Tunnelwärter/innen	8,7	222,7	3.161,1	14,2	74,3	2,7
Branche gesamt	**6,6**	**197,4**	**2.423,8**	**12,3**	**66,3**	**4,1[b]**

[a] Anteil der AOK-Mitglieder in der Berufsgruppe an den in der Branche beschäftigten AOK-Mitgliedern insgesamt
[b] Anteil der AOK-Mitglieder in der Branche an allen AOK-Mitgliedern
Fehlzeiten-Report 2019

28.10 · Öffentliche Verwaltung

Tabelle 28.158 Dauer der Arbeitsunfähigkeit der AOK-Mitglieder in der Branche Öffentliche Verwaltung im Jahr 2018

Fallklasse	Branche hier		Alle Branchen	
	Anteil Fälle in %	Anteil Tage in %	Anteil Fälle in %	Anteil Tage in %
1–3 Tage	34,3	5,5	34,8	5,9
4–7 Tage	29,3	11,8	31,5	13,5
8–14 Tage	19,1	16,1	17,9	15,7
15–21 Tage	6,4	9,0	5,8	8,6
22–28 Tage	3,3	6,5	2,8	5,9
29–42 Tage	3,2	9,1	2,9	8,5
> 42 Tage	4,4	42,0	4,2	41,8

Fehlzeiten-Report 2019

Tabelle 28.159 Tage der Arbeitsunfähigkeit je AOK-Mitglied nach Wirtschaftsabteilung und Betriebsgröße in der Branche Öffentliche Verwaltung im Jahr 2018

Wirtschaftsabteilungen	Betriebsgröße (Anzahl der AOK-Mitglieder)					
	10–49	50–99	100–199	200–499	500–999	≥ 1.000
Auswärtige Angelegenheiten, Verteidigung, Rechtspflege, öffentliche Sicherheit und Ordnung	26,8	26,6	26,7	22,5	30,9	–
Exterritoriale Organisationen und Körperschaften	27,9	35,3	37,9	34,4	37,8	–
Öffentliche Verwaltung	23,4	24,5	23,9	25,1	26,8	27,4
Sozialversicherung	22,0	23,5	22,9	24,1	24,6	25,0
Branche gesamt	**23,7**	**24,5**	**24,2**	**24,8**	**27,1**	**26,6**
Alle Branchen	**20,5**	**22,5**	**22,7**	**22,6**	**22,7**	**22,6**

Fehlzeiten-Report 2019

Tabelle 28.160 Krankenstand in Prozent nach Ausbildungsabschluss in der Branche Öffentliche Verwaltung im Jahr 2018, AOK-Mitglieder

Wirtschafts-abteilungen	Ausbildung						
	Ohne Ausbildungsabschluss	Mit Ausbildungsabschluss	Meister/ Techniker	Bachelor	Diplom/ Magister/ Master/ Staatsexamen	Promotion	Unbekannt
Auswärtige Angelegenheiten, Verteidigung, Rechtspflege, öffentliche Sicherheit und Ordnung	7,9	7,5	5,9	2,9	2,3	1,9	6,1
Exterritoriale Organisationen und Körperschaften	4,8	5,8	3,7	1,4	2,1	–	9,2
Öffentliche Verwaltung	8,2	6,8	6,2	3,4	4,2	2,7	7,6
Sozialversicherung	5,5	6,7	6,9	3,5	5,1	3,1	8,2
Branche gesamt	**7,8**	**6,8**	**6,2**	**3,4**	**4,2**	**2,8**	**7,8**
Alle Branchen	**6,1**	**5,9**	**4,6**	**2,4**	**2,9**	**2,1**	**4,9**

Fehlzeiten-Report 2019

28.10 · Öffentliche Verwaltung

Tabelle 28.161 Tage der Arbeitsunfähigkeit je AOK-Mitglied nach Ausbildungsabschluss in der Branche Öffentliche Verwaltung im Jahr 2018

Wirtschafts-abteilungen	Ausbildung						
	Ohne Ausbildungsabschluss	Mit Ausbildungsabschluss	Meister/ Techniker	Bachelor	Diplom/ Magister/ Master/ Staatsexamen	Promotion	Unbekannt
Auswärtige Angelegenheiten, Verteidigung, Rechtspflege, öffentliche Sicherheit und Ordnung	28,9	27,5	21,6	10,4	8,3	6,9	22,2
Exterritoriale Organisationen und Körperschaften	17,4	21,1	13,4	5,1	7,7	–	33,6
Öffentliche Verwaltung	30,1	24,6	22,5	12,6	15,2	10,0	27,9
Sozialversicherung	19,9	24,5	25,1	12,8	18,5	11,3	29,8
Branche gesamt	**28,5**	**24,9**	**22,6**	**12,5**	**15,3**	**10,0**	**28,6**
Alle Branchen	**22,2**	**21,6**	**16,7**	**8,7**	**10,7**	**7,7**	**18,1**

Fehlzeiten-Report 2019

Tabelle 28.162 Anteil der Arbeitsunfälle an den AU-Fällen und -Tagen in Prozent nach Wirtschaftsabteilungen in der Branche Öffentliche Verwaltung im Jahr 2018, AOK-Mitglieder

Wirtschaftsabteilungen	AU-Fälle in %	AU-Tage in %
Auswärtige Angelegenheiten, Verteidigung, Rechtspflege, öffentliche Sicherheit und Ordnung	1,6	3,1
Exterritoriale Organisationen und Körperschaften	1,7	3,6
Öffentliche Verwaltung	2,0	4,1
Sozialversicherung	0,8	1,6
Branche gesamt	**1,8**	**3,6**
Alle Branchen	**3,0**	**5,8**

Fehlzeiten-Report 2019

◘ **Tabelle 28.163** Tage und Fälle der Arbeitsunfähigkeit durch Arbeitsunfälle nach Berufsgruppen in der Branche Öffentliche Verwaltung im Jahr 2018, AOK-Mitglieder

Tätigkeit	Arbeitsunfähigkeit je 1.000 AOK-Mitglieder	
	AU-Tage	AU-Fälle
Platz- u. Gerätewarte/-wartinnen	2.833,2	97,7
Straßen- u. Tunnelwärter/innen	2.563,8	101,2
Berufe im Gartenbau (ohne Spez.)	2.369,3	101,4
Berufe in der Gebäudetechnik (ohne Spez.)	1.367,0	50,6
Berufe im Objekt-, Werte- u. Personenschutz	1.115,3	44,3
Köche/Köchinnen (ohne Spez.)	1.010,2	41,8
Berufe in der Reinigung (ohne Spez.)	907,2	29,0
Berufe in der Kinderbetreuung u. -erziehung	507,1	26,6
Berufe in der Personaldienstleistung	415,4	14,1
Büro- u. Sekretariatskräfte (ohne Spez.)	413,2	16,4
Berufe in der öffentlichen Verwaltung (ohne Spez.)	400,7	15,8
Berufe in der Sozialarbeit u. Sozialpädagogik	380,5	20,1
Berufe in der Sozialverwaltung u. -versicherung	297,7	15,1
Kaufmännische u. technische Betriebswirtschaft (ohne Spez.)	297,4	17,3
Branche gesamt	**869,3**	**34,6**
Alle Branchen	**1.158,1**	**50,2**

Fehlzeiten-Report 2019

28.10 · Öffentliche Verwaltung

Tabelle 28.164 Tage und Fälle der Arbeitsunfähigkeit je 100 AOK-Mitglieder nach Krankheitsarten in der Branche Öffentliche Verwaltung in den Jahren 1995 bis 2018

Jahr	Arbeitsunfähigkeiten je 100 AOK-Mitglieder											
	Psyche		Herz/Kreislauf		Atemwege		Verdauung		Muskel/Skelett		Verletzungen	
	Tage	Fälle	Tage	Fälle	Tage	Fälle	Tage	Fälle	Tage	Fälle	Tage	Fälle
1995	168,1	4,2	272,1	9,1	472,7	39,5	226,4	20,5	847,3	30,8	327,6	22,9
1996	165,0	3,3	241,9	7,4	434,5	35,5	199,8	19,4	779,1	29,8	312,4	23,9
1997	156,7	3,4	225,2	7,4	395,1	34,3	184,0	19,3	711,5	29,7	299,8	23,9
1998	165,0	3,9	214,1	7,8	390,7	36,9	178,4	19,8	720,0	31,5	288,1	23,7
1999	176,0	4,5	207,0	8,2	427,8	42,0	179,1	21,7	733,3	34,0	290,5	23,7
2000	198,5	8,1	187,3	10,1	392,0	50,5	160,6	21,3	749,6	41,4	278,9	17,4
2001	208,7	8,9	188,4	10,8	362,4	48,7	157,4	21,7	745,4	41,8	272,9	17,1
2002	210,1	9,4	182,7	10,9	344,1	47,7	157,9	23,0	712,8	41,6	267,9	17,1
2003	203,2	9,4	170,5	11,1	355,1	50,5	151,5	22,8	644,3	39,3	257,9	16,5
2004	213,8	9,6	179,9	10,2	313,1	43,6	153,1	22,5	619,0	37,9	251,5	15,5
2005[b]	211,4	9,4	179,4	10,1	346,2	47,2	142,3	19,7	594,5	36,4	252,5	15,1
2006	217,8	9,4	175,5	10,2	297,4	42,0	142,8	21,3	585,5	35,9	248,5	15,0
2007	234,4	9,9	178,3	10,1	326,0	46,2	148,6	22,3	600,6	36,1	239,2	14,1
2008 (WZ03)	245,1	10,2	176,0	10,2	331,8	47,6	150,3	22,9	591,9	36,1	238,2	14,2
2008 (WZ08)[a]	245,2	10,3	175,9	10,2	332,0	47,7	150,4	22,9	591,5	36,2	238,0	14,2
2009	255,2	10,8	177,1	10,2	387,0	54,8	148,5	22,8	577,6	35,8	245,5	14,5
2010	278,4	11,3	177,0	10,1	337,6	49,3	142,8	21,4	618,1	37,5	261,2	15,3
2011	295,9	12,1	176,3	10,3	353,4	50,9	142,9	21,9	606,2	37,7	254,2	15,0
2012	315,8	11,9	177,3	9,6	337,9	48,5	139,1	20,5	587,4	35,0	243,6	13,6
2013	315,4	11,9	183,2	9,5	425,4	59,0	144,3	21,3	588,5	35,3	254,6	14,1
2014	354,3	13,2	194,5	10,1	356,8	51,6	151,9	22,5	643,6	37,5	263,9	14,5
2015	377,9	13,6	194,7	10,2	448,1	63,0	152,4	22,5	643,4	37,0	266,3	14,4
2016	389,5	14,1	174,7	10,3	423,3	61,8	149,9	23,0	660,9	37,5	268,5	14,6
2017	402,6	14,4	171,4	10,1	446,6	63,5	146,7	22,0	652,5	36,9	271,4	14,4
2018	428,5	14,9	171,2	10,3	480,7	66,4	144,3	21,9	645,6	36,0	274,4	14,6

[a] Aufgrund der Revision der Wirtschaftszweigklassifikation in 2008 ist eine Vergleichbarkeit mit den Vorjahren nur bedingt möglich
[b] Ohne Sozialversicherung/Arbeitsförderung

Fehlzeiten-Report 2019

Tabelle 28.165 Verteilung der Arbeitsunfähigkeitstage nach Krankheitsarten in Prozent in der Branche Öffentliche Verwaltung im Jahr 2018, AOK-Mitglieder

Wirtschaftsabteilungen	AU-Tage in %						
	Psyche	Herz/Kreislauf	Atemwege	Verdauung	Muskel/Skelett	Verletzungen	Sonstige
Auswärtige Angelegenheiten, Verteidigung, Rechtspflege, öffentliche Sicherheit und Ordnung	12,4	6,1	13,8	4,5	21,9	8,6	32,6
Exterritoriale Organisationen und Körperschaften	10,6	6,4	11,9	4,1	25,3	9,3	32,3
Öffentliche Verwaltung	12,4	5,4	14,7	4,4	20,9	8,9	33,1
Sozialversicherung	17,7	4,3	16,7	4,7	15,0	6,8	34,8
Branche gesamt	**13,3**	**5,3**	**14,9**	**4,5**	**20,1**	**8,5**	**33,4**
Alle Branchen	**11,3**	**5,3**	**13,3**	**4,7**	**22,0**	**10,9**	**32,4**

Fehlzeiten-Report 2019

Tabelle 28.166 Verteilung der Arbeitsunfähigkeitsfälle nach Krankheitsarten in Prozent in der Branche Öffentliche Verwaltung im Jahr 2018, AOK-Mitglieder

Wirtschaftsabteilungen	AU-Fälle in %						
	Psyche	Herz/Kreislauf	Atemwege	Verdauung	Muskel/Skelett	Verletzungen	Sonstige
Auswärtige Angelegenheiten, Verteidigung, Rechtspflege, öffentliche Sicherheit und Ordnung	5,9	4,5	23,2	8,5	15,9	5,7	36,3
Exterritoriale Organisationen und Körperschaften	5,8	4,9	20,6	7,5	19,7	5,6	35,9
Öffentliche Verwaltung	5,5	4,0	25,4	8,4	14,3	5,9	36,5
Sozialversicherung	6,6	3,4	27,7	8,8	10,9	4,6	38,0
Branche gesamt	**5,7**	**4,0**	**25,6**	**8,4**	**13,9**	**5,6**	**36,8**
Alle Branchen	**5,1**	**3,7**	**23,9**	**8,4**	**15,4**	**7,0**	**36,5**

Fehlzeiten-Report 2019

28.10 · Öffentliche Verwaltung

Tabelle 28.167 Verteilung der Arbeitsunfähigkeitstage nach Krankheitsarten und ausgewählten Berufsgruppen in der Branche Öffentliche Verwaltung im Jahr 2018, AOK-Mitglieder

Tätigkeit	AU-Tage in %						
	Psyche	Herz/ Kreislauf	Atem-wege	Ver-dauung	Muskel/ Skelett	Verlet-zungen	Sonstige
Berufe im Gartenbau (ohne Spez.)	8,1	5,9	12,8	4,5	27,8	10,5	30,4
Berufe im Objekt-, Werte- u. Personenschutz	13,2	7,4	13,2	4,5	22,2	8,1	31,4
Berufe in der Gebäudetechnik (ohne Spez.)	9,6	8,5	10,6	4,6	23,3	9,5	33,9
Berufe in der Kinderbetreuung u. -erziehung	16,5	3,0	21,2	4,5	13,8	7,0	34,0
Berufe in der öffentlichen Verwaltung (ohne Spez.)	15,6	4,6	17,3	4,8	15,1	7,5	35,0
Berufe in der Personaldienstleistung	19,4	4,8	18,3	4,4	12,8	6,0	34,2
Berufe in der Reinigung (ohne Spez.)	11,5	5,3	11,1	3,5	27,6	7,7	33,3
Berufe in der Sozialarbeit u. Sozialpädagogik	20,6	3,7	18,1	4,2	11,7	6,5	35,2
Berufe in der Sozialverwaltung u. -versicherung	17,8	4,2	17,0	4,7	14,5	6,8	35,0
Büro- u. Sekretariatskräfte (ohne Spez.)	16,2	5,0	15,7	4,6	16,4	6,9	35,1
Kaufmännische u. technische Betriebswirtschaft (ohne Spez.)	14,9	4,5	17,7	4,3	16,6	6,5	35,5
Köche/Köchinnen (ohne Spez.)	13,5	5,5	11,5	3,6	25,1	8,3	32,5
Platz- u. Gerätewarte/ -wartinnen	6,5	7,0	10,1	4,4	28,0	13,1	30,8
Straßen- u. Tunnelwärter/ innen	6,3	7,1	11,7	4,6	27,5	12,9	29,8
Branche gesamt	**13,3**	**5,3**	**14,9**	**4,5**	**20,1**	**8,5**	**33,4**
Alle Branchen	**11,3**	**5,3**	**13,3**	**4,7**	**22,0**	**10,9**	**32,4**

Fehlzeiten-Report 2019

◻ **Tabelle 28.168** Verteilung der Arbeitsunfähigkeitsfälle nach Krankheitsarten und ausgewählten Berufsgruppen in der Branche Öffentliche Verwaltung im Jahr 2018, AOK-Mitglieder

Tätigkeit	AU-Fälle in %						
	Psyche	Herz/ Kreislauf	Atem- wege	Ver- dauung	Muskel/ Skelett	Verlet- zungen	Sonstige
Berufe im Gartenbau (ohne Spez.)	4,5	4,4	20,9	8,2	21,4	8,1	32,5
Berufe im Objekt-, Werte- u. Personenschutz	6,6	5,1	22,2	8,4	17,0	5,7	35,0
Berufe in der Gebäude- technik (ohne Spez.)	4,9	6,5	19,4	8,4	17,4	7,0	36,3
Berufe in der Kinderbe- treuung u. -erziehung	5,7	2,3	32,5	8,0	8,7	4,2	38,6
Berufe in der öffentlichen Verwaltung (ohne Spez.)	6,2	3,6	27,7	8,7	10,5	4,8	38,4
Berufe in der Personal- dienstleistung	7,6	3,4	29,4	8,2	9,7	4,2	37,4
Berufe in der Reinigung (ohne Spez.)	5,9	4,9	20,7	7,6	19,4	5,4	36,2
Berufe in der Sozialarbeit u. Sozialpädagogik	7,0	2,9	30,8	7,7	9,0	4,5	38,2
Berufe in der Sozialverwal- tung u. -versicherung	6,4	3,2	28,3	8,8	10,4	4,6	38,4
Büro- u. Sekretariatskräfte (ohne Spez.)	6,9	4,0	25,5	8,8	12,1	4,6	38,1
Kaufmännische u. tech- nische Betriebswirtschaft (ohne Spez.)	6,2	3,7	27,3	9,5	11,9	4,4	36,9
Köche/Köchinnen (ohne Spez.)	6,2	4,5	21,6	7,7	18,2	5,6	36,1
Platz- u. Gerätewarte/ -wartinnen	3,4	5,5	18,9	8,5	21,1	9,4	33,2
Straßen- u. Tunnelwärter/ innen	3,5	4,8	20,0	8,4	21,4	9,2	32,7
Branche gesamt	**5,7**	**4,0**	**25,6**	**8,4**	**13,9**	**5,6**	**36,8**
Alle Branchen	**5,1**	**3,7**	**23,9**	**8,4**	**15,4**	**7,0**	**36,5**

Fehlzeiten-Report 2019

28.10 · Öffentliche Verwaltung

Tabelle 28.169 Anteile der 40 häufigsten Einzeldiagnosen an den AU-Fällen und AU-Tagen in der Branche Öffentliche Verwaltung im Jahr 2018, AOK-Mitglieder

ICD-10	Bezeichnung	AU-Fälle in %	AU-Tage in %
J06	Akute Infektionen an mehreren oder nicht näher bezeichneten Lokalisationen der oberen Atemwege	11,1	5,8
M54	Rückenschmerzen	4,8	5,0
A09	Sonstige und nicht näher bezeichnete Gastroenteritis und Kolitis infektiösen und nicht näher bezeichneten Ursprungs	3,4	1,2
K08	Sonstige Krankheiten der Zähne und des Zahnhalteapparates	2,2	0,5
J20	Akute Bronchitis	2,1	1,3
B34	Viruskrankheit nicht näher bezeichneter Lokalisation	2,0	1,0
I10	Essentielle (primäre) Hypertonie	1,7	1,6
F43	Reaktionen auf schwere Belastungen und Anpassungsstörungen	1,6	2,8
R10	Bauch- und Beckenschmerzen	1,6	0,8
J40	Bronchitis, nicht als akut oder chronisch bezeichnet	1,4	0,9
F32	Depressive Episode	1,2	3,8
J01	Akute Sinusitis	1,2	0,6
K52	Sonstige nichtinfektiöse Gastroenteritis und Kolitis	1,2	0,5
J02	Akute Pharyngitis	1,1	0,5
J32	Chronische Sinusitis	1,0	0,6
K29	Gastritis und Duodenitis	1,0	0,5
R51	Kopfschmerz	1,0	0,5
J00	Akute Rhinopharyngitis [Erkältungsschnupfen]	1,0	0,5
M25	Sonstige Gelenkkrankheiten, anderenorts nicht klassifiziert	0,9	1,2
J11	Grippe, Viren nicht nachgewiesen	0,9	0,6
J03	Akute Tonsillitis	0,9	0,5
G43	Migräne	0,9	0,4
F48	Andere neurotische Störungen	0,8	1,3
M79	Sonstige Krankheiten des Weichteilgewebes, anderenorts nicht klassifiziert	0,8	0,8
T14	Verletzung an einer nicht näher bezeichneten Körperregion	0,8	0,8
M99	Biomechanische Funktionsstörungen, anderenorts nicht klassifiziert	0,8	0,6
M51	Sonstige Bandscheibenschäden	0,7	1,6
M75	Schulterläsionen	0,7	1,6
F45	Somatoforme Störungen	0,7	1,4

Tabelle 28.169 (Fortsetzung)

ICD-10	Bezeichnung	AU-Fälle in %	AU-Tage in %
R53	Unwohlsein und Ermüdung	0,7	0,7
J98	Sonstige Krankheiten der Atemwege	0,7	0,4
R11	Übelkeit und Erbrechen	0,7	0,4
N39	Sonstige Krankheiten des Harnsystems	0,7	0,3
Z98	Sonstige Zustände nach chirurgischem Eingriff	0,6	1,5
M77	Sonstige Enthesopathien	0,6	0,8
M53	Sonstige Krankheiten der Wirbelsäule und des Rückens, anderenorts nicht klassifiziert	0,6	0,7
R42	Schwindel und Taumel	0,6	0,5
J04	Akute Laryngitis und Tracheitis	0,6	0,4
B99	Sonstige und nicht näher bezeichnete Infektionskrankheiten	0,6	0,3
R05	Husten	0,5	0,3
	Summe hier	**56,4**	**45,5**
	Restliche	43,6	54,5
	Gesamtsumme	**100,0**	**100,0**

Fehlzeiten-Report 2019

Tabelle 28.170 Anteile der 40 häufigsten Diagnoseuntergruppen an den AU-Fällen und AU-Tagen in der Branche Öffentliche Verwaltung im Jahr 2018, AOK-Mitglieder

ICD-10	Bezeichnung	AU-Fälle in %	AU-Tage in %
J00–J06	Akute Infektionen der oberen Atemwege	16,1	8,3
M50–M54	Sonstige Krankheiten der Wirbelsäule und des Rückens	5,9	6,8
A00–A09	Infektiöse Darmkrankheiten	4,3	1,6
F40–F48	Neurotische, Belastungs- und somatoforme Störungen	3,5	6,7
R50–R69	Allgemeinsymptome	3,3	2,7
K00–K14	Krankheiten der Mundhöhle, der Speicheldrüsen und der Kiefer	2,7	0,7
J40–J47	Chronische Krankheiten der unteren Atemwege	2,6	1,9
R10–R19	Symptome, die das Verdauungssystem und das Abdomen betreffen	2,6	1,4
J20–J22	Sonstige akute Infektionen der unteren Atemwege	2,5	1,6
M70–M79	Sonstige Krankheiten des Weichteilgewebes	2,4	3,7
B25–B34	Sonstige Viruskrankheiten	2,3	1,2
I10–I15	Hypertonie [Hochdruckkrankheit]	1,9	1,8
F30–F39	Affektive Störungen	1,8	6,3
Z80–Z99	Personen mit potentiellen Gesundheitsrisiken aufgrund der Familien- oder Eigenanamnese und bestimmte Zustände, die den Gesundheitszustand beeinflussen	1,8	3,4
G40–G47	Episodische und paroxysmale Krankheiten des Nervensystems	1,8	1,4
J30–J39	Sonstige Krankheiten der oberen Atemwege	1,6	0,9
K50–K52	Nichtinfektiöse Enteritis und Kolitis	1,6	0,7
M20–M25	Sonstige Gelenkkrankheiten	1,5	2,5
K20–K31	Krankheiten des Ösophagus, des Magens und des Duodenums	1,5	0,8
R00–R09	Symptome, die das Kreislaufsystem und das Atmungssystem betreffen	1,4	0,9
J09–J18	Grippe und Pneumonie	1,3	1,1
K55–K64	Sonstige Krankheiten des Darmes	1,1	0,8
N30–N39	Sonstige Krankheiten des Harnsystems	1,1	0,5
T08–T14	Verletzungen nicht näher bezeichneter Teile des Rumpfes, der Extremitäten oder anderer Körperregionen	1,0	1,0
M15–M19	Arthrose	0,9	2,4
M95–M99	Sonstige Krankheiten des Muskel-Skelett-Systems und des Bindegewebes	0,9	0,8
E70–E90	Stoffwechselstörungen	0,9	0,7
J95–J99	Sonstige Krankheiten des Atmungssystems	0,9	0,5

Tabelle 28.170 (Fortsetzung)

ICD-10	Bezeichnung	AU-Fälle in %	AU-Tage in %
S90–S99	Verletzungen der Knöchelregion und des Fußes	0,8	1,1
R40–R46	Symptome, die das Erkennungs- und Wahrnehmungsvermögen, die Stimmung und das Verhalten betreffen	0,8	0,7
S80–S89	Verletzungen des Knies und des Unterschenkels	0,7	1,6
Z00–Z13	Personen, die das Gesundheitswesen zur Untersuchung und Abklärung in Anspruch nehmen	0,7	0,4
B99–B99	Sonstige Infektionskrankheiten	0,7	0,4
C00–C75	Bösartige Neubildungen an genau bezeichneten Lokalisationen, als primär festgestellt oder vermutet, ausgenommen lymphatisches, blutbildendes und verwandtes Gewebe	0,6	2,3
G50–G59	Krankheiten von Nerven, Nervenwurzeln und Nervenplexus	0,6	1,1
I30–I52	Sonstige Formen der Herzkrankheit	0,6	0,9
Z40–Z54	Personen, die das Gesundheitswesen zum Zwecke spezifischer Maßnahmen und zur medizinischen Betreuung in Anspruch nehmen	0,6	0,9
E00–E07	Krankheiten der Schilddrüse	0,6	0,5
D10–D36	Gutartige Neubildungen	0,6	0,5
N80–N98	Nichtentzündliche Krankheiten des weiblichen Genitaltraktes	0,6	0,5
	Summe hier	79,1	74,0
	Restliche	20,9	26,0
	Gesamtsumme	100,0	100,0

Fehlzeiten-Report 2019

28.11 Verarbeitendes Gewerbe

Entwicklung des Krankenstands der AOK-Mitglieder in der Branche Verarbeitendes Gewerbe in den Jahren 1994 bis 2018	Tab. 28.171
Arbeitsunfähigkeit der AOK-Mitglieder in der Branche Verarbeitendes Gewerbe nach Bundesländern im Jahr 2018 im Vergleich zum Vorjahr	Tab. 28.172
Arbeitsunfähigkeit der AOK-Mitglieder nach Wirtschaftsabteilungen in der Branche Verarbeitendes Gewerbe im Jahr 2018	Tab. 28.173
Kennzahlen der Arbeitsunfähigkeit nach ausgewählten Berufsgruppen in der Branche Verarbeitendes Gewerbe im Jahr 2018	Tab. 28.174
Dauer der Arbeitsunfähigkeit der AOK-Mitglieder in der Branche Verarbeitendes Gewerbe im Jahr 2018	Tab. 28.175
Tage der Arbeitsunfähigkeit je AOK-Mitglied nach Wirtschaftsabteilung und Betriebsgröße in der Branche Verarbeitendes Gewerbe im Jahr 2018	Tab. 28.176
Krankenstand in Prozent nach Ausbildungsabschluss in der Branche Verarbeitendes Gewerbe im Jahr 2018, AOK-Mitglieder	Tab. 28.177
Tage der Arbeitsunfähigkeit je AOK-Mitglied nach Ausbildungsabschluss in der Branche Verarbeitendes Gewerbe im Jahr 2018	Tab. 28.178
Anteil der Arbeitsunfälle an den AU-Fällen und -Tagen in Prozent nach Wirtschaftsabteilungen in der Branche Verarbeitendes Gewerbe im Jahr 2018, AOK-Mitglieder	Tab. 28.179
Tage und Fälle der Arbeitsunfähigkeit durch Arbeitsunfälle nach Berufsgruppen in der Branche Verarbeitendes Gewerbe im Jahr 2018, AOK-Mitglieder	Tab. 28.180
Tage und Fälle der Arbeitsunfähigkeit je 100 AOK-Mitglieder nach Krankheitsarten in der Branche Verarbeitendes Gewerbe in den Jahren 1995 bis 2018	Tab. 28.181
Verteilung der Arbeitsunfähigkeitstage nach Krankheitsarten in Prozent in der Branche Verarbeitendes Gewerbe im Jahr 2018, AOK-Mitglieder	Tab. 28.182
Verteilung der Arbeitsunfähigkeitsfälle nach Krankheitsarten in Prozent in der Branche Verarbeitendes Gewerbe im Jahr 2018, AOK-Mitglieder	Tab. 28.183
Verteilung der Arbeitsunfähigkeitstage nach Krankheitsarten und ausgewählten Berufsgruppen in der Branche Verarbeitendes Gewerbe im Jahr 2018, AOK-Mitglieder	Tab. 28.184
Verteilung der Arbeitsunfähigkeitsfälle nach Krankheitsarten und ausgewählten Berufsgruppen in der Branche Verarbeitendes Gewerbe im Jahr 2018, AOK-Mitglieder	Tab. 28.185
Anteile der 40 häufigsten Einzeldiagnosen an den AU-Fällen und AU-Tagen in der Branche Verarbeitendes Gewerbe im Jahr 2018, AOK-Mitglieder	Tab. 28.186
Anteile der 40 häufigsten Diagnoseuntergruppen an den AU-Fällen und AU-Tagen in der Branche Verarbeitendes Gewerbe im Jahr 2018, AOK-Mitglieder	Tab. 28.187

Tabelle 28.171 Entwicklung des Krankenstands der AOK-Mitglieder in der Branche Verarbeitendes Gewerbe in den Jahren 1994 bis 2018

Jahr	Krankenstand in %			AU-Fälle je 100 AOK-Mitglieder			Tage je Fall		
	West	Ost	Bund	West	Ost	Bund	West	Ost	Bund
1994	6,3	5,5	6,2	151,4	123,7	148,0	14,9	15,3	14,9
1995	6,0	5,3	5,9	157,5	133,0	154,6	14,6	15,2	14,7
1996	5,4	5,9	5,3	141,8	122,4	139,5	14,7	15,2	14,8
1997	5,1	4,5	5,1	139,0	114,1	136,1	13,8	14,5	13,8
1998	5,3	4,6	5,2	142,9	118,8	140,1	13,7	14,5	13,8
1999	5,6	5,2	5,6	152,7	133,3	150,5	13,5	14,4	13,6
2000	5,7	5,2	5,6	157,6	140,6	155,7	13,2	13,6	13,3
2001	5,6	5,3	5,6	155,6	135,9	153,5	13,2	14,2	13,3
2002	5,5	5,2	5,5	154,7	136,9	152,7	13,0	13,8	13,1
2003	5,1	4,8	5,1	149,4	132,8	147,4	12,5	13,2	12,6
2004	4,8	4,4	4,7	136,5	120,2	134,4	12,8	13,3	12,8
2005	4,8	4,3	4,7	138,6	119,4	136,0	12,5	13,2	12,6
2006	4,6	4,2	4,5	132,9	115,4	130,5	12,6	13,1	12,7
2007	4,9	4,5	4,8	143,1	124,7	140,5	12,5	13,1	12,6
2008 (WZ03)	5,1	4,8	5,0	150,9	132,8	148,3	12,3	13,3	12,4
2008 (WZ08)[a]	5,0	4,8	5,0	151,7	132,9	148,9	12,2	13,1	12,3
2009	5,1	5,0	5,0	153,0	138,6	150,8	12,2	13,2	12,4
2010	5,3	5,2	5,2	153,7	149,0	153,0	12,5	12,7	12,6
2011	5,4	5,0	5,3	159,6	154,4	158,8	12,4	11,8	12,3
2012	5,5	5,6	5,5	159,4	149,6	157,9	12,5	13,8	12,7
2013	5,7	5,8	5,7	168,7	159,4	167,3	12,2	13,4	12,4
2014	5,8	6,0	5,8	166,5	157,4	165,1	12,6	13,8	12,8
2015	6,0	6,2	6,0	178,6	169,7	177,2	12,3	13,3	12,4
2016	6,0	6,2	6,0	177,0	171,5	176,2	12,3	13,3	12,5
2017	6,0	6,4	6,0	174,7	172,2	174,4	12,5	13,6	12,6
2018	6,1	6,7	6,2	182,0	179,6	181,6	12,3	13,5	12,5

[a] Aufgrund der Revision der Wirtschaftszweigklassifikation in 2008 ist eine Vergleichbarkeit mit den Vorjahren nur bedingt möglich
Fehlzeiten-Report 2019

28.11 · Verarbeitendes Gewerbe

Tabelle 28.172 Arbeitsunfähigkeit der AOK-Mitglieder in der Branche Verarbeitendes Gewerbe nach Bundesländern im Jahr 2018 im Vergleich zum Vorjahr

Bundesland	Kranken-stand in %	Arbeitsunfähigkeit je 100 AOK-Mitglieder				Tage je Fall	Veränd. z. Vorj. in %	AU-Quote in %
		AU-Fälle	Veränd. z. Vorj. in %	AU-Tage	Veränd. z. Vorj. in %			
Baden-Württemberg	5,8	190,4	4,0	2.124,5	2,2	11,2	−1,7	62,4
Bayern	5,5	156,8	3,9	2.025,2	3,3	12,9	−0,6	56,9
Berlin	5,9	170,2	5,7	2.163,0	9,3	12,7	3,4	53,1
Brandenburg	7,0	182,9	6,3	2.536,8	4,6	13,9	−1,5	61,5
Bremen	6,7	171,7	−1,7	2.461,0	−5,2	14,3	−3,6	57,5
Hamburg	5,5	153,5	0,1	2.005,3	−1,8	13,1	−2,0	51,9
Hessen	6,8	194,0	4,6	2.481,9	2,9	12,8	−1,7	64,1
Mecklenburg-Vorpommern	7,1	178,5	4,1	2.599,7	3,1	14,6	−1,0	60,3
Niedersachsen	6,5	193,4	3,8	2.364,8	3,4	12,2	−0,4	63,7
Nordrhein-Westfalen	6,7	193,8	4,2	2.453,2	2,6	12,7	−1,6	64,0
Rheinland-Pfalz	6,8	205,4	6,2	2.474,3	4,9	12,0	−1,2	66,3
Saarland	7,0	170,3	1,2	2.561,5	1,6	15,0	0,4	56,1
Sachsen	6,3	173,9	3,7	2.282,9	4,1	13,1	0,4	63,3
Sachsen-Anhalt	7,0	179,6	4,8	2.537,4	3,8	14,1	−1,0	62,4
Schleswig-Holstein	6,3	176,1	2,4	2.289,7	0,9	13,0	−1,4	59,6
Thüringen	7,0	188,9	4,2	2.565,4	2,8	13,6	−1,3	65,4
West	**6,1**	**182,0**	**4,1**	**2.241,5**	**2,9**	**12,3**	**−1,2**	**61,3**
Ost	**6,7**	**179,6**	**4,3**	**2.430,2**	**3,8**	**13,5**	**−0,5**	**63,4**
Bund	**6,2**	**181,6**	**4,1**	**2.269,8**	**3,1**	**12,5**	**−1,0**	**61,7**

Fehlzeiten-Report 2019

Tabelle 28.173 Arbeitsunfähigkeit der AOK-Mitglieder nach Wirtschaftsabteilungen in der Branche Verarbeitendes Gewerbe im Jahr 2018

Wirtschaftsabteilungen	Krankenstand in %		Arbeitsunfähigkeiten je 100 AOK-Mitglieder		Tage je Fall	AU-Quote in %
	2018	2018 stand.[a]	Fälle	Tage		
Getränkeherstellung	6,5	5,6	172,4	2.358,6	13,7	62,0
Herstellung von Bekleidung	5,3	4,8	168,1	1.949,7	11,6	59,2
Herstellung von chemischen Erzeugnissen	6,1	6,0	192,7	2.231,3	11,6	64,8
Herstellung von Druckerzeugnissen, Vervielfältigung von bespielten Ton-, Bild- und Datenträgern	5,9	5,5	174,7	2.143,3	12,3	61,1
Herstellung von Glas und Glaswaren, Keramik, Verarbeitung von Steinen und Erden	6,7	6,1	182,0	2.462,3	13,5	64,3
Herstellung von Gummi- und Kunststoffwaren	6,6	6,5	199,4	2.416,9	12,1	66,2
Herstellung von Holz-, Flecht-, Korb- und Korkwaren (ohne Möbel)	6,2	5,6	178,2	2.260,3	12,7	62,6
Herstellung von Leder, Lederwaren und Schuhen	7,0	6,6	189,5	2.554,1	13,5	64,4
Herstellung von Möbeln	6,1	5,8	183,0	2.228,4	12,2	63,9
Herstellung von Nahrungs- und Futtermitteln	6,2	6,2	165,3	2.258,7	13,7	56,1
Herstellung von Papier, Pappe und Waren daraus	6,8	6,4	195,2	2.476,9	12,7	66,8
Herstellung von pharmazeutischen Erzeugnissen	5,5	5,8	201,0	2.020,8	10,1	63,7
Herstellung von sonstigen Waren	5,4	5,4	186,5	1.988,8	10,7	63,1
Herstellung von Textilien	6,5	6,0	185,5	2.357,0	12,7	64,9
Kokerei und Mineralölverarbeitung	5,4	5,0	164,6	1.977,2	12,0	60,9

Tabelle 28.173 (Fortsetzung)

Wirtschaftsabteilungen	Krankenstand in %		Arbeitsunfähigkeiten je 100 AOK-Mitglieder		Tage je Fall	AU-Quote in %
	2018	2018 stand.[a]	Fälle	Tage		
Reparatur und Installation von Maschinen und Ausrüstungen	5,4	5,3	171,6	1.960,3	11,4	56,9
Tabakverarbeitung	6,2	5,7	178,9	2.265,2	12,7	61,3
Branche gesamt	**6,2**	**6,0**	**181,6**	**2.269,8**	**12,5**	**61,7**
Alle Branchen	**5,5**	**5,6**	**169,1**	**1.991,6**	**11,8**	**54,1**

[a] Krankenstand alters- und geschlechtsstandardisiert
Fehlzeiten-Report 2019

Tabelle 28.174 Kennzahlen der Arbeitsunfähigkeit nach ausgewählten Berufsgruppen in der Branche Verarbeitendes Gewerbe im Jahr 2018

Tätigkeit	Krankenstand in %	Arbeitsunfähigkeit je 100 AOK-Mitglieder		Tage je Fall	AU-Quote in %	Anteil der Berufsgruppe an der Branche in %[a]
		AU-Fälle	AU-Tage			
Berufe im Holz-, Möbel- u. Innenausbau	5,7	184,5	2.070,5	11,2	66,2	2,2
Berufe im Verkauf (Ohne Spez.)	5,4	144,2	1.960,0	13,6	53,3	1,2
Berufe im Verkauf von Back- u. Konditoreiwaren	5,7	151,8	2.090,2	13,8	55,1	4,2
Berufe im Verkauf von Fleischwaren	5,3	122,7	1.942,6	15,8	52,9	1,5
Berufe im Vertrieb (außer Informations- u. Kommunikationstechnologien)	3,4	125,2	1.256,8	10,0	53,2	1,3
Berufe in der Back- u. Konditoreiwarenherstellung	5,2	149,8	1.885,2	12,6	54,3	2,0
Berufe in der Chemie- u. Pharmatechnik	7,2	221,6	2.615,9	11,8	68,9	4,0
Berufe in der Drucktechnik	7,0	197,5	2.556,8	12,9	66,2	2,2
Berufe in der Fleischverarbeitung	6,0	147,8	2.190,6	14,8	47,5	2,4
Berufe in der Holzbe- u. -verarbeitung (ohne Spez.)	7,1	196,8	2.585,4	13,1	65,0	1,9
Berufe in der Kunststoff- u. Kautschukherstellung (ohne Spez.)	7,5	219,8	2.723,9	12,4	68,9	7,9
Berufe in der Lagerwirtschaft	7,3	204,2	2.680,6	13,1	63,2	8,9
Berufe in der Lebensmittelherstellung (ohne Spez.)	7,2	197,2	2.635,5	13,4	60,4	5,5
Berufe in der Maschinenbau- u. Betriebstechnik (ohne Spez.)	6,7	201,1	2.444,7	12,2	67,0	2,9
Berufe in der Metallbearbeitung (ohne Spez.)	6,9	217,9	2.503,6	11,5	68,7	1,3
Berufe in der Papierverarbeitung u. Verpackungstechnik	7,7	219,1	2.816,8	12,9	72,0	1,2

28.11 · Verarbeitendes Gewerbe

Tabelle 28.174 (Fortsetzung)

Tätigkeit	Kranken-stand in %	Arbeitsunfähigkeit je 100 AOK-Mitglieder		Tage je Fall	AU-Quote in %	Anteil der Berufsgruppe an der Branche in %[a]
		AU-Fälle	AU-Tage			
Berufskraftfahrer/innen (Güterverkehr/LKW)	7,3	148,7	2.655,2	17,9	58,3	1,4
Büro- u. Sekretariatskräfte (ohne Spez.)	3,5	129,9	1.279,3	9,8	51,3	2,7
Kaufmännische u. technische Betriebswirtschaft (ohne Spez.)	3,2	144,7	1.154,6	8,0	54,6	3,0
Maschinen- u. Anlagenführer/innen	7,9	224,1	2.896,9	12,9	70,9	2,9
Branche gesamt	**6,2**	**181,6**	**2.269,8**	**12,5**	**61,7**	**9,2[b]**

[a] Anteil der AOK-Mitglieder in der Berufsgruppe an den in der Branche beschäftigten AOK-Mitgliedern insgesamt
[b] Anteil der AOK-Mitglieder in der Branche an allen AOK-Mitgliedern
Fehlzeiten-Report 2019

Tabelle 28.175 Dauer der Arbeitsunfähigkeit der AOK-Mitglieder in der Branche Verarbeitendes Gewerbe im Jahr 2018

Fallklasse	Branche hier		Alle Branchen	
	Anteil Fälle in %	Anteil Tage in %	Anteil Fälle in %	Anteil Tage in %
1–3 Tage	33,1	5,3	34,8	5,9
4–7 Tage	31,4	12,6	31,5	13,5
8–14 Tage	18,6	15,5	17,9	15,7
15–21 Tage	6,2	8,6	5,8	8,6
22–28 Tage	3,0	5,9	2,8	5,9
29–42 Tage	3,1	8,7	2,9	8,5
> 42 Tage	4,6	43,4	4,2	41,8

Fehlzeiten-Report 2019

Tabelle 28.176 Tage der Arbeitsunfähigkeit je AOK-Mitglied nach Wirtschaftsabteilung und Betriebsgröße in der Branche Verarbeitendes Gewerbe im Jahr 2018

Wirtschaftsabteilungen	Betriebsgröße (Anzahl der AOK-Mitglieder)					
	10–49	50–99	100–199	200–499	500–999	≥1.000
Getränkeherstellung	22,8	25,3	27,3	25,4	–	–
Herstellung von Bekleidung	19,4	19,4	24,8	26,1	–	12,2
Herstellung von chemischen Erzeugnissen	23,7	23,8	23,6	22,8	20,5	18,5
Herstellung von Druckerzeugnissen, Vervielfältigung von bespielten Ton-, Bild- und Datenträgern	21,6	25,0	24,7	23,1	22,4	–
Herstellung von Glas und Glaswaren, Keramik, Verarbeitung von Steinen und Erden	26,1	25,9	24,8	24,1	21,2	–
Herstellung von Gummi- und Kunststoffwaren	24,6	24,5	25,3	23,9	25,1	20,7
Herstellung von Holz-, Flecht-, Korb- und Korkwaren (ohne Möbel)	22,8	24,8	24,8	24,3	25,2	–
Herstellung von Leder, Lederwaren und Schuhen	23,7	28,7	26,2	27,6	32,6	–
Herstellung von Möbeln	22,1	23,9	26,8	25,9	22,6	19,9
Herstellung von Nahrungs- und Futtermitteln	20,9	25,0	25,6	25,6	22,2	21,8
Herstellung von Papier, Pappe und Waren daraus	25,1	26,8	25,2	23,2	22,3	–
Herstellung von pharmazeutischen Erzeugnissen	19,1	22,8	22,7	20,6	–	18,8
Herstellung von sonstigen Waren	19,7	21,3	22,8	23,5	26,0	21,8

◻ **Tabelle 28.176** (Fortsetzung)

Wirtschaftsabteilungen	Betriebsgröße (Anzahl der AOK-Mitglieder)					
	10–49	50–99	100–199	200–499	500–999	≥ 1.000
Herstellung von Textilien	23,1	25,0	26,2	24,5	13,4	–
Kokerei und Mineralölverarbeitung	19,1	26,7	19,9	12,1	–	–
Reparatur und Installation von Maschinen und Ausrüstungen	19,5	21,4	20,7	19,7	28,2	–
Tabakverarbeitung	18,2	33,8	28,6	17,8	–	–
Branche gesamt	**22,5**	**24,6**	**25,0**	**24,2**	**23,8**	**20,1**
Alle Branchen	**20,5**	**22,5**	**22,7**	**22,6**	**22,7**	**22,6**

Fehlzeiten-Report 2019

Tabelle 28.177 Krankenstand in Prozent nach Ausbildungsabschluss in der Branche Verarbeitendes Gewerbe im Jahr 2018, AOK-Mitglieder

Wirtschafts-abteilungen	Ausbildung						
	Ohne Ausbildungsabschluss	Mit Ausbildungsabschluss	Meister/ Techniker	Bachelor	Diplom/ Magister/ Master/ Staatsexamen	Promotion	Unbekannt
Getränkeherstellung	7,3	6,7	4,1	1,9	2,4	0,9	6,3
Herstellung von Bekleidung	7,1	5,2	4,0	2,1	2,8	3,3	5,3
Herstellung von chemischen Erzeugnissen	7,2	6,3	4,0	2,0	2,5	1,4	6,8
Herstellung von Druckerzeugnissen, Vervielfältigung von bespielten Ton-, Bild- und Datenträgern	7,2	5,9	4,2	2,5	3,0	7,4	5,5
Herstellung von Glas und Glaswaren, Keramik, Verarbeitung von Steinen und Erden	7,8	6,8	4,5	2,1	2,9	5,0	6,4
Herstellung von Gummi- und Kunststoffwaren	7,4	6,6	4,5	2,4	2,8	3,0	6,7
Herstellung von Holz-, Flecht-, Korb- und Korkwaren (ohne Möbel)	6,8	6,3	4,1	1,7	3,2	2,4	6,0
Herstellung von Leder, Lederwaren und Schuhen	8,3	6,8	5,6	2,6	3,7	–	6,7
Herstellung von Möbeln	6,9	6,3	4,1	2,1	3,5	4,4	5,7
Herstellung von Nahrungs- und Futtermitteln	6,9	6,4	5,1	2,7	3,2	4,7	5,6
Herstellung von Papier, Pappe und Waren daraus	7,8	6,7	4,4	2,5	3,1	3,1	6,8
Herstellung von pharmazeutischen Erzeugnissen	6,8	6,0	4,8	2,0	2,5	1,4	5,9
Herstellung von sonstigen Waren	6,5	5,6	3,7	2,0	2,7	2,3	5,3
Herstellung von Textilien	7,2	6,4	5,0	2,3	3,4	1,1	6,6

Tabelle 28.177 (Fortsetzung)

Wirtschafts-abteilungen	Ausbildung						
	Ohne Ausbildungsabschluss	Mit Ausbildungsabschluss	Meister/ Techniker	Bachelor	Diplom/ Magister/ Master/ Staatsexamen	Promotion	Unbekannt
Kokerei und Mineralölverarbeitung	6,4	5,7	4,3	2,6	2,0	1,7	6,3
Reparatur und Installation von Maschinen und Ausrüstungen	5,3	5,8	4,5	2,3	2,9	3,2	5,1
Tabakverarbeitung	8,4	6,7	5,6	1,8	2,4	–	5,2
Branche gesamt	7,1	6,4	4,4	2,2	2,8	2,2	5,9
Alle Branchen	6,1	5,9	4,6	2,4	2,9	2,1	4,9

Fehlzeiten-Report 2019

◨ **Tabelle 28.178** Tage der Arbeitsunfähigkeit je AOK-Mitglied nach Ausbildungsabschluss in der Branche Verarbeitendes Gewerbe im Jahr 2018

Wirtschafts-abteilungen	Ausbildung						
	Ohne Ausbildungsabschluss	Mit Ausbildungsabschluss	Meister/ Techniker	Bachelor	Diplom/ Magister/ Master/ Staatsexamen	Promotion	Unbekannt
Getränkeherstellung	26,5	24,3	15,0	7,1	8,8	3,2	23,0
Herstellung von Bekleidung	25,8	18,8	14,5	7,7	10,1	11,9	19,3
Herstellung von chemischen Erzeugnissen	26,2	22,8	14,5	7,2	9,2	5,2	24,8
Herstellung von Druckerzeugnissen, Vervielfältigung von bespielten Ton-, Bild- und Datenträgern	26,2	21,5	15,4	9,1	11,1	27,1	20,0
Herstellung von Glas und Glaswaren, Keramik, Verarbeitung von Steinen und Erden	28,6	25,0	16,5	7,7	10,7	18,1	23,4
Herstellung von Gummi- und Kunststoffwaren	27,1	24,3	16,4	8,7	10,1	11,1	24,4
Herstellung von Holz-, Flecht-, Korb- und Korkwaren (ohne Möbel)	24,7	23,2	15,1	6,0	11,5	8,7	22,1
Herstellung von Leder, Lederwaren und Schuhen	30,3	24,8	20,4	9,5	13,5	–	24,3
Herstellung von Möbeln	25,1	23,0	14,9	7,6	12,9	16,0	20,9
Herstellung von Nahrungs- und Futtermitteln	25,2	23,5	18,6	9,9	11,5	17,1	20,4
Herstellung von Papier, Pappe und Waren daraus	28,6	24,5	15,9	9,1	11,2	11,3	24,8
Herstellung von pharmazeutischen Erzeugnissen	24,7	21,9	17,5	7,2	9,2	5,0	21,7

◘ **Tabelle 28.178** (Fortsetzung)

Wirtschafts-abteilungen	Ausbildung						
	Ohne Ausbildungsabschluss	Mit Ausbildungsabschluss	Meister/ Techniker	Bachelor	Diplom/ Magister/ Master/ Staatsexamen	Promotion	Unbekannt
Herstellung von sonstigen Waren	23,8	20,4	13,5	7,4	9,7	8,4	19,3
Herstellung von Textilien	26,3	23,5	18,2	8,3	12,5	4,2	24,0
Kokerei und Mineralölverarbeitung	23,4	20,9	15,6	9,3	7,2	6,0	23,2
Reparatur und Installation von Maschinen und Ausrüstungen	19,5	21,2	16,3	8,5	10,6	11,6	18,5
Tabakverarbeitung	30,5	24,3	20,3	6,5	8,8	–	18,9
Branche gesamt	**26,0**	**23,2**	**16,2**	**8,2**	**10,4**	**8,2**	**21,7**
Alle Branchen	**22,2**	**21,6**	**16,7**	**8,7**	**10,7**	**7,7**	**18,1**

Fehlzeiten-Report 2019

Tabelle 28.179 Anteil der Arbeitsunfälle an den AU-Fällen und -Tagen in Prozent nach Wirtschaftsabteilungen in der Branche Verarbeitendes Gewerbe im Jahr 2018, AOK-Mitglieder

Wirtschaftsabteilungen	AU-Fälle in %	AU-Tage in %
Getränkeherstellung	3,9	7,3
Herstellung von Bekleidung	1,4	2,7
Herstellung von chemischen Erzeugnissen	2,0	4,0
Herstellung von Druckerzeugnissen, Vervielfältigung von bespielten Ton-, Bild- und Datenträgern	2,3	4,3
Herstellung von Glas und Glaswaren, Keramik, Verarbeitung von Steinen und Erden	4,2	8,0
Herstellung von Gummi- und Kunststoffwaren	2,8	5,3
Herstellung von Holz-, Flecht-, Korb- und Korkwaren (ohne Möbel)	5,6	10,9
Herstellung von Leder, Lederwaren und Schuhen	2,1	4,5
Herstellung von Möbeln	4,1	7,1
Herstellung von Nahrungs- und Futtermitteln	3,7	6,5
Herstellung von Papier, Pappe und Waren daraus	2,9	5,8
Herstellung von pharmazeutischen Erzeugnissen	1,6	3,4
Herstellung von sonstigen Waren	1,9	3,8
Herstellung von Textilien	2,9	5,3
Kokerei und Mineralölverarbeitung	1,8	4,2
Reparatur und Installation von Maschinen und Ausrüstungen	4,4	8,2
Tabakverarbeitung	1,4	2,3
Branche gesamt	**3,2**	**6,1**
Alle Branchen	**3,0**	**5,8**

Fehlzeiten-Report 2019

28.11 · Verarbeitendes Gewerbe

Tabelle 28.180 Tage und Fälle der Arbeitsunfähigkeit durch Arbeitsunfälle nach Berufsgruppen in der Branche Verarbeitendes Gewerbe im Jahr 2018, AOK-Mitglieder

Tätigkeit	Arbeitsunfähigkeit je 1.000 AOK-Mitglieder	
	AU-Tage	AU-Fälle
Berufskraftfahrer/innen (Güterverkehr/LKW)	3.150,7	89,9
Berufe in der Holzbe- u. -verarbeitung (ohne Spez.)	2.821,1	109,9
Berufe in der Fleischverarbeitung	2.325,3	99,5
Berufe im Holz-, Möbel- u. Innenausbau	2.079,0	103,9
Berufe in der Lebensmittelherstellung (ohne Spez.)	1.852,9	81,0
Berufe in der Maschinenbau- u. Betriebstechnik (ohne Spez.)	1.757,5	75,4
Maschinen- u. Anlagenführer/innen	1.672,0	74,6
Berufe in der Lagerwirtschaft	1.545,0	62,6
Berufe in der Papierverarbeitung u. Verpackungstechnik	1.539,6	65,0
Berufe in der Kunststoff- u. Kautschukherstellung (ohne Spez.)	1.361,5	61,2
Berufe in der Metallbearbeitung (ohne Spez.)	1.315,8	63,6
Berufe in der Drucktechnik	1.274,4	55,6
Berufe in der Back- u. Konditoreiwarenherstellung	1.212,1	57,2
Berufe in der Chemie- u. Pharmatechnik	1.055,8	43,8
Berufe im Verkauf von Fleischwaren	956,0	48,4
Berufe im Verkauf von Back- u. Konditoreiwaren	856,1	38,4
Berufe im Verkauf (Ohne Spez.)	793,2	36,8
Berufe im Vertrieb (außer Informations- u. Kommunikationstechnologien)	373,1	15,4
Büro- u. Sekretariatskräfte (ohne Spez.)	308,2	12,5
Kaufmännische u. technische Betriebswirtschaft (ohne Spez.)	251,5	13,6
Branche gesamt	**1.378,4**	**58,4**
Alle Branchen	**1.158,1**	**50,2**

Fehlzeiten-Report 2019

Tabelle 28.181 Tage und Fälle der Arbeitsunfähigkeit je 100 AOK-Mitglieder nach Krankheitsarten in der Branche Verarbeitendes Gewerbe in den Jahren 1995 bis 2018

Jahr	Arbeitsunfähigkeiten je 100 AOK-Mitglieder											
	Psyche		Herz/Kreislauf		Atemwege		Verdauung		Muskel/Skelett		Verletzungen	
	Tage	Fälle	Tage	Fälle	Tage	Fälle	Tage	Fälle	Tage	Fälle	Tage	Fälle
1995	109,4	4,1	211,3	9,5	385,7	47,1	206,4	24,9	740,0	38,1	411,3	25,9
1996	102,2	3,8	189,6	8,1	342,8	42,4	177,6	22,5	658,4	33,2	375,3	23,3
1997	97,3	3,9	174,3	8,2	303,1	40,9	161,3	21,9	579,3	32,4	362,7	23,2
1998	101,2	4,3	171,4	8,5	300,9	42,0	158,4	22,2	593,0	34,3	353,8	23,2
1999	108,4	4,7	175,3	8,8	345,4	48,2	160,7	23,5	633,3	36,9	355,8	23,5
2000	130,6	5,8	161,8	8,4	314,5	43,1	148,5	20,0	695,1	39,6	340,4	21,3
2001	141,4	6,6	165,9	9,1	293,7	41,7	147,8	20,6	710,6	41,2	334,6	21,2
2002	144,0	7,0	162,7	9,2	278,0	40,2	147,5	21,4	696,1	40,8	329,1	20,8
2003	137,8	6,9	152,8	9,1	275,8	41,1	138,0	20,4	621,1	37,6	307,2	19,6
2004	154,2	6,9	164,5	8,4	236,7	34,1	138,9	19,8	587,9	35,5	297,7	18,3
2005	153,7	6,7	164,1	8,3	274,8	39,6	132,3	18,4	562,2	34,5	291,1	17,8
2006	153,0	6,7	162,3	8,5	226,0	33,1	133,6	19,3	561,3	34,7	298,5	18,2
2007	165,8	7,0	170,5	8,6	257,2	37,7	143,5	20,9	598,6	36,1	298,2	17,9
2008 (WZ03)	172,3	7,4	175,7	9,0	270,3	40,0	147,1	22,0	623,6	37,8	301,7	18,3
2008 (WZ08)[a]	170,6	7,3	173,9	9,0	270,0	40,3	146,9	22,2	619,5	37,7	300,4	18,4
2009	178,8	7,7	176,5	8,9	304,0	45,0	141,7	21,1	601,5	35,7	302,9	17,9
2010	198,5	8,1	179,8	9,0	265,0	39,7	139,0	20,4	655,5	38,3	324,5	19,0
2011	209,8	8,7	174,3	9,1	278,3	41,3	139,1	20,4	644,7	38,8	318,2	18,7
2012	235,1	9,1	194,6	9,4	281,1	41,3	145,4	20,6	687,0	39,3	327,4	18,2
2013	241,0	9,2	190,4	8,9	350,4	50,5	147,2	20,7	683,4	39,2	330,7	18,1
2014	260,4	10,0	201,6	9,4	285,8	42,3	153,3	21,4	732,5	41,4	337,7	18,3
2015	269,1	10,3	202,1	9,5	363,5	52,7	154,4	21,4	729,9	41,3	335,2	18,2
2016	274,3	10,5	181,0	9,6	330,6	49,8	145,6	21,4	746,4	42,0	333,2	17,9
2017	281,5	10,6	177,4	9,3	339,1	50,2	142,4	20,4	736,8	41,4	339,7	17,6
2018	288,4	10,8	175,2	9,4	372,7	53,8	140,7	20,4	739,8	41,8	342,4	17,8

[a] Aufgrund der Revision der Wirtschaftszweigklassifikation in 2008 ist eine Vergleichbarkeit mit den Vorjahren nur bedingt möglich

Fehlzeiten-Report 2019

28.11 · Verarbeitendes Gewerbe

Tabelle 28.182 Verteilung der Arbeitsunfähigkeitstage nach Krankheitsarten in Prozent in der Branche Verarbeitendes Gewerbe im Jahr 2018, AOK-Mitglieder

Wirtschaftsabteilungen	AU-Tage in %						
	Psyche	Herz/ Kreislauf	Atem- wege	Ver- dauung	Muskel/ Skelett	Verlet- zungen	Sonstige
Getränkeherstellung	8,3	6,9	11,4	4,5	25,8	12,1	30,9
Herstellung von Bekleidung	11,4	5,1	13,1	4,3	21,8	9,2	35,0
Herstellung von chemischen Erzeugnissen	9,8	5,9	14,0	4,9	23,4	10,2	31,8
Herstellung von Druckerzeugnissen, Vervielfältigung von bespielten Ton-, Bild- und Datenträgern	11,3	6,2	12,5	4,8	22,7	10,1	32,4
Herstellung von Glas und Glaswaren, Keramik, Verarbeitung von Steinen und Erden	7,9	6,5	11,5	4,6	26,3	13,0	30,2
Herstellung von Gummi- und Kunststoffwaren	9,4	6,0	12,4	4,7	25,1	10,7	31,7
Herstellung von Holz-, Flecht-, Korb- und Korkwaren (ohne Möbel)	7,1	5,9	11,3	4,8	25,3	15,6	30,1
Herstellung von Leder, Lederwaren und Schuhen	9,8	5,7	11,6	4,6	25,7	9,7	33,0
Herstellung von Möbeln	8,1	5,9	11,7	4,7	26,1	13,0	30,5
Herstellung von Nahrungs- und Futtermitteln	10,2	5,6	11,5	4,5	24,7	11,1	32,5
Herstellung von Papier, Pappe und Waren daraus	9,3	5,9	12,2	4,7	25,7	11,0	31,2
Herstellung von pharmazeutischen Erzeugnissen	12,0	4,2	16,7	4,8	20,3	9,3	32,7
Herstellung von sonstigen Waren	11,4	5,1	14,5	4,6	21,3	9,7	33,4
Herstellung von Textilien	9,6	5,7	12,4	4,6	25,1	10,7	31,9
Kokerei und Mineralölverarbeitung	10,6	6,1	13,6	5,4	21,7	11,7	31,0

Tabelle 28.182 (Fortsetzung)

Wirtschaftsabteilungen	AU-Tage in %						
	Psyche	Herz/ Kreislauf	Atemwege	Verdauung	Muskel/ Skelett	Verletzungen	Sonstige
Reparatur und Installation von Maschinen und Ausrüstungen	8,4	5,6	13,3	4,8	23,4	14,1	30,6
Tabakverarbeitung	10,1	6,0	13,7	4,3	24,4	8,9	32,5
Branche gesamt	**9,6**	**5,8**	**12,4**	**4,7**	**24,5**	**11,3**	**31,8**
Alle Branchen	**11,3**	**5,3**	**13,3**	**4,7**	**22,0**	**10,9**	**32,4**

Fehlzeiten-Report 2019

28.11 · Verarbeitendes Gewerbe

Tabelle 28.183 Verteilung der Arbeitsunfähigkeitsfälle nach Krankheitsarten in Prozent in der Branche Verarbeitendes Gewerbe im Jahr 2018, AOK-Mitglieder

Wirtschaftsabteilungen	AU-Fälle in %						
	Psyche	Herz/ Kreislauf	Atem-wege	Ver-dauung	Muskel/ Skelett	Verlet-zungen	Sonstige
Getränkeherstellung	4,3	4,7	21,4	8,1	18,4	8,4	34,7
Herstellung von Bekleidung	5,3	3,8	24,5	8,6	14,7	5,5	37,6
Herstellung von chemischen Erzeugnissen	4,5	3,7	24,5	8,6	17,4	6,6	34,7
Herstellung von Druckerzeugnissen, Vervielfältigung von bespielten Ton-, Bild- und Datenträgern	5,1	4,0	23,6	8,9	16,4	6,6	35,5
Herstellung von Glas und Glaswaren, Keramik, Verarbeitung von Steinen und Erden	4,0	4,4	21,1	8,7	19,1	8,6	34,0
Herstellung von Gummi- und Kunststoffwaren	4,5	4,0	22,6	8,6	18,5	7,1	34,8
Herstellung von Holz-, Flecht-, Korb- und Korkwaren (ohne Möbel)	3,6	3,9	21,6	8,5	18,7	10,0	33,6
Herstellung von Leder, Lederwaren und Schuhen	4,9	4,4	21,5	8,5	18,5	6,4	35,8
Herstellung von Möbeln	3,8	3,9	22,4	8,6	18,5	8,8	34,0
Herstellung von Nahrungs- und Futtermitteln	4,9	4,0	21,4	8,4	17,5	7,6	36,2
Herstellung von Papier, Pappe und Waren daraus	4,6	4,0	22,5	8,6	18,7	7,2	34,4
Herstellung von pharmazeutischen Erzeugnissen	5,2	3,2	26,8	8,4	14,5	5,7	36,4
Herstellung von sonstigen Waren	4,9	3,6	25,4	8,7	14,7	6,0	36,7
Herstellung von Textilien	4,8	4,1	22,2	9,0	17,6	7,0	35,3
Kokerei und Mineralölverarbeitung	4,7	4,0	24,5	9,1	14,6	6,7	36,5

Tabelle 28.183 (Fortsetzung)

Wirtschaftsabteilungen	AU-Fälle in %						
	Psyche	Herz/ Kreislauf	Atem- wege	Ver- dauung	Muskel/ Skelett	Verlet- zungen	Sonstige
Reparatur und Installation von Maschinen und Ausrüstungen	3,8	3,6	24,0	8,6	16,4	9,0	34,6
Tabakverarbeitung	5,7	4,4	23,7	9,2	17,0	6,1	33,9
Branche gesamt	**4,5**	**4,0**	**22,6**	**8,6**	**17,6**	**7,5**	**35,2**
Alle Branchen	**5,1**	**3,7**	**23,9**	**8,4**	**15,4**	**7,0**	**36,5**

Fehlzeiten-Report 2019

28.11 · Verarbeitendes Gewerbe

◼ **Tabelle 28.184** Verteilung der Arbeitsunfähigkeitstage nach Krankheitsarten und ausgewählten Berufsgruppen in der Branche Verarbeitendes Gewerbe im Jahr 2018, AOK-Mitglieder

Tätigkeit	AU-Tage in %						
	Psyche	Herz/Kreislauf	Atemwege	Verdauung	Muskel/Skelett	Verletzungen	Sonstige
Berufe im Holz-, Möbel- u. Innenausbau	6,3	5,6	11,9	5,3	25,2	16,4	29,4
Berufe im Verkauf (Ohne Spez.)	11,8	5,9	12,2	3,9	22,9	9,8	33,5
Berufe im Verkauf von Back- u. Konditoreiwaren	14,2	4,3	12,0	4,5	20,9	9,3	34,8
Berufe im Verkauf von Fleischwaren	11,8	5,1	10,4	4,2	22,4	10,7	35,5
Berufe im Vertrieb (außer Informations- u. Kommunikationstechnologien)	15,2	4,3	16,2	5,3	14,4	9,3	35,2
Berufe in der Back- u. Konditoreiwarenherstellung	10,5	5,0	12,2	5,1	22,3	12,3	32,6
Berufe in der Chemie- u. Pharmatechnik	9,9	5,6	13,5	4,8	24,5	10,0	31,8
Berufe in der Drucktechnik	9,9	6,5	11,7	4,6	26,0	10,5	31,0
Berufe in der Fleischverarbeitung	7,0	6,8	9,2	4,7	26,7	14,7	30,9
Berufe in der Holzbe- u. -verarbeitung (ohne Spez.)	6,9	6,2	10,6	4,5	27,4	14,9	29,7
Berufe in der Kunststoff- u. Kautschukherstellung (ohne Spez.)	9,2	5,9	12,2	4,8	26,4	10,0	31,4
Berufe in der Lagerwirtschaft	9,1	6,1	11,7	4,5	26,1	10,7	31,7
Berufe in der Lebensmittelherstellung (ohne Spez.)	8,6	5,4	11,6	4,5	28,0	11,1	30,9
Berufe in der Maschinenbau- u. Betriebstechnik (ohne Spez.)	7,9	5,7	12,5	4,5	24,3	13,0	32,1
Berufe in der Metallbearbeitung (ohne Spez.)	9,8	5,5	13,0	4,8	25,0	10,9	31,1
Berufe in der Papierverarbeitung u. Verpackungstechnik	8,6	6,1	11,8	4,8	27,5	10,7	30,6
Berufskraftfahrer/innen (Güterverkehr/LKW)	7,2	8,6	9,0	4,2	26,2	13,6	31,2

◨ **Tabelle 28.184** (Fortsetzung)

Tätigkeit	AU-Tage in %						
	Psyche	Herz/ Kreislauf	Atem- wege	Ver- dauung	Muskel/ Skelett	Verlet- zungen	Sonstige
Büro- u. Sekretariatskräfte (ohne Spez.)	14,0	4,8	15,6	5,0	14,3	8,8	37,4
Kaufmännische u. technische Betriebswirtschaft (ohne Spez.)	14,3	4,2	19,1	5,1	12,3	8,4	36,6
Maschinen- u. Anlagenführer/innen	9,3	5,6	12,5	4,7	27,0	11,3	29,7
Branche gesamt	9,6	5,8	12,4	4,7	24,5	11,3	31,8
Alle Branchen	11,3	5,3	13,3	4,7	22,0	10,9	32,4

Fehlzeiten-Report 2019

28.11 · Verarbeitendes Gewerbe

Tabelle 28.185 Verteilung der Arbeitsunfähigkeitsfälle nach Krankheitsarten und ausgewählten Berufsgruppen in der Branche Verarbeitendes Gewerbe im Jahr 2018, AOK-Mitglieder

Tätigkeit	AU-Fälle in %						
	Psyche	Herz/Kreislauf	Atemwege	Verdauung	Muskel/Skelett	Verletzungen	Sonstige
Berufe im Holz-, Möbel- u. Innenausbau	3,0	3,2	23,1	8,7	17,4	11,2	33,3
Berufe im Verkauf (Ohne Spez.)	5,8	4,1	22,9	8,5	14,4	6,6	37,8
Berufe im Verkauf von Back- u. Konditoreiwaren	6,8	3,7	22,5	8,3	12,5	6,6	39,6
Berufe im Verkauf von Fleischwaren	6,2	4,4	20,7	8,5	13,1	7,9	39,3
Berufe im Vertrieb (außer Informations- u. Kommunikationstechnologien)	5,4	3,3	28,2	9,2	10,2	5,5	38,2
Berufe in der Back- u. Konditoreiwarenherstellung	4,8	3,5	21,8	8,9	14,9	8,7	37,3
Berufe in der Chemie- u. Pharmatechnik	4,7	3,7	23,7	8,5	18,6	6,4	34,4
Berufe in der Drucktechnik	4,9	4,1	22,1	8,7	18,8	7,2	34,2
Berufe in der Fleischverarbeitung	3,5	4,4	18,1	8,4	21,0	10,5	34,0
Berufe in der Holzbe- u. -verarbeitung (ohne Spez.)	3,5	4,1	20,2	8,4	20,9	9,8	33,1
Berufe in der Kunststoff- u. Kautschukherstellung (ohne Spez.)	4,5	4,0	21,7	8,4	20,1	6,9	34,4
Berufe in der Lagerwirtschaft	4,6	4,2	21,3	8,5	19,6	7,0	34,8
Berufe in der Lebensmittelherstellung (ohne Spez.)	4,3	4,0	20,9	8,1	20,7	7,6	34,5
Berufe in der Maschinenbau- u. Betriebstechnik (ohne Spez.)	3,9	3,9	23,3	8,5	17,6	8,5	34,4
Berufe in der Metallbearbeitung (ohne Spez.)	4,5	3,7	22,7	8,3	19,1	7,3	34,4
Berufe in der Papierverarbeitung u. Verpackungstechnik	4,5	3,9	22,1	8,7	20,1	7,3	33,3

Tabelle 28.185 (Fortsetzung)

Tätigkeit	AU-Fälle in %						
	Psyche	Herz/Kreislauf	Atemwege	Verdauung	Muskel/Skelett	Verletzungen	Sonstige
Berufskraftfahrer/innen (Güterverkehr/LKW)	3,8	5,9	17,4	8,9	19,8	9,0	35,1
Büro- u. Sekretariatskräfte (ohne Spez.)	5,2	3,4	27,0	9,1	9,6	5,2	40,5
Kaufmännische u. technische Betriebswirtschaft (ohne Spez.)	4,7	2,7	30,0	9,0	8,3	5,3	40,0
Maschinen- u. Anlagenführer/innen	4,8	4,1	21,9	8,4	19,8	7,5	33,5
Branche gesamt	**4,5**	**4,0**	**22,6**	**8,6**	**17,6**	**7,5**	**35,2**
Alle Branchen	**5,1**	**3,7**	**23,9**	**8,4**	**15,4**	**7,0**	**36,5**

Fehlzeiten-Report 2019

28.11 · Verarbeitendes Gewerbe

Tabelle 28.186 Anteile der 40 häufigsten Einzeldiagnosen an den AU-Fällen und AU-Tagen in der Branche Verarbeitendes Gewerbe im Jahr 2018, AOK-Mitglieder

ICD-10	Bezeichnung	AU-Fälle in %	AU-Tage in %
J06	Akute Infektionen an mehreren oder nicht näher bezeichneten Lokalisationen der oberen Atemwege	9,8	4,6
M54	Rückenschmerzen	6,6	6,4
A09	Sonstige und nicht näher bezeichnete Gastroenteritis und Kolitis infektiösen und nicht näher bezeichneten Ursprungs	4,0	1,3
J20	Akute Bronchitis	2,0	1,2
K08	Sonstige Krankheiten der Zähne und des Zahnhalteapparates	2,0	0,4
B34	Viruskrankheit nicht näher bezeichneter Lokalisation	1,8	0,8
I10	Essentielle (primäre) Hypertonie	1,7	1,5
R10	Bauch- und Beckenschmerzen	1,5	0,7
K52	Sonstige nichtinfektiöse Gastroenteritis und Kolitis	1,5	0,5
J40	Bronchitis, nicht als akut oder chronisch bezeichnet	1,4	0,8
F43	Reaktionen auf schwere Belastungen und Anpassungsstörungen	1,2	1,9
M25	Sonstige Gelenkkrankheiten, anderenorts nicht klassifiziert	1,2	1,5
T14	Verletzung an einer nicht näher bezeichneten Körperregion	1,2	1,2
K29	Gastritis und Duodenitis	1,2	0,5
R51	Kopfschmerz	1,1	0,5
F32	Depressive Episode	1,0	2,9
M75	Schulterläsionen	0,9	2,2
M79	Sonstige Krankheiten des Weichteilgewebes, anderenorts nicht klassifiziert	0,9	0,8
M99	Biomechanische Funktionsstörungen, anderenorts nicht klassifiziert	0,9	0,8
J11	Grippe, Viren nicht nachgewiesen	0,9	0,5
J00	Akute Rhinopharyngitis [Erkältungsschnupfen]	0,9	0,4
J02	Akute Pharyngitis	0,9	0,4
R11	Übelkeit und Erbrechen	0,9	0,4
J03	Akute Tonsillitis	0,9	0,4
M51	Sonstige Bandscheibenschäden	0,8	2,0
M77	Sonstige Enthesopathien	0,8	1,1
J01	Akute Sinusitis	0,8	0,4
J32	Chronische Sinusitis	0,8	0,4

◻ **Tabelle 28.186** (Fortsetzung)

ICD-10	Bezeichnung	AU-Fälle in %	AU-Tage in %
M53	Sonstige Krankheiten der Wirbelsäule und des Rückens, anderenorts nicht klassifiziert	0,7	0,8
R42	Schwindel und Taumel	0,7	0,5
Z98	Sonstige Zustände nach chirurgischem Eingriff	0,6	1,7
M23	Binnenschädigung des Kniegelenkes [internal derangement]	0,6	1,3
F48	Andere neurotische Störungen	0,6	0,9
R53	Unwohlsein und Ermüdung	0,6	0,5
J98	Sonstige Krankheiten der Atemwege	0,6	0,3
B99	Sonstige und nicht näher bezeichnete Infektionskrankheiten	0,6	0,3
A08	Virusbedingte und sonstige näher bezeichnete Darminfektionen	0,6	0,2
G43	Migräne	0,6	0,2
F45	Somatoforme Störungen	0,5	1,0
S93	Luxation, Verstauchung und Zerrung der Gelenke und Bänder in Höhe des oberen Sprunggelenkes und des Fußes	0,5	0,6
	Summe hier	**56,8**	**44,8**
	Restliche	43,2	55,2
	Gesamtsumme	**100,0**	**100,0**

Fehlzeiten-Report 2019

28.11 · Verarbeitendes Gewerbe

◻ **Tabelle 28.187** Anteile der 40 häufigsten Diagnoseuntergruppen an den AU-Fällen und AU-Tagen in der Branche Verarbeitendes Gewerbe im Jahr 2018, AOK-Mitglieder

ICD-10	Bezeichnung	AU-Fälle in %	AU-Tage in %
J00–J06	Akute Infektionen der oberen Atemwege	14,0	6,6
M50–M54	Sonstige Krankheiten der Wirbelsäule und des Rückens	7,9	8,7
A00–A09	Infektiöse Darmkrankheiten	5,0	1,7
R50–R69	Allgemeinsymptome	3,5	2,7
M70–M79	Sonstige Krankheiten des Weichteilgewebes	3,1	4,7
R10–R19	Symptome, die das Verdauungssystem und das Abdomen betreffen	2,7	1,3
F40–F48	Neurotische, Belastungs- und somatoforme Störungen	2,6	4,6
K00–K14	Krankheiten der Mundhöhle, der Speicheldrüsen und der Kiefer	2,5	0,6
J40–J47	Chronische Krankheiten der unteren Atemwege	2,4	1,7
J20–J22	Sonstige akute Infektionen der unteren Atemwege	2,4	1,4
B25–B34	Sonstige Viruskrankheiten	2,0	1,0
M20–M25	Sonstige Gelenkkrankheiten	1,9	3,1
I10–I15	Hypertonie [Hochdruckkrankheit]	1,9	1,8
K50–K52	Nichtinfektiöse Enteritis und Kolitis	1,8	0,7
Z80–Z99	Personen mit potentiellen Gesundheitsrisiken aufgrund der Familien- oder Eigenanamnese und bestimmte Zustände, die den Gesundheitszustand beeinflussen	1,7	3,5
K20–K31	Krankheiten des Ösophagus, des Magens und des Duodenums	1,7	0,8
T08–T14	Verletzungen nicht näher bezeichneter Teile des Rumpfes, der Extremitäten oder anderer Körperregionen	1,5	1,5
G40–G47	Episodische und paroxysmale Krankheiten des Nervensystems	1,5	1,2
R00–R09	Symptome, die das Kreislaufsystem und das Atmungssystem betreffen	1,4	0,9
F30–F39	Affektive Störungen	1,3	4,3
J09–J18	Grippe und Pneumonie	1,3	1,0
J30–J39	Sonstige Krankheiten der oberen Atemwege	1,3	0,8
S60–S69	Verletzungen des Handgelenkes und der Hand	1,2	1,8
M15–M19	Arthrose	1,0	2,8
S90–S99	Verletzungen der Knöchelregion und des Fußes	1,0	1,4
M95–M99	Sonstige Krankheiten des Muskel-Skelett-Systems und des Bindegewebes	1,0	0,9
K55–K64	Sonstige Krankheiten des Darmes	1,0	0,8
S80–S89	Verletzungen des Knies und des Unterschenkels	0,9	1,9

Tabelle 28.187 (Fortsetzung)

ICD-10	Bezeichnung	AU-Fälle in %	AU-Tage in %
R40–R46	Symptome, die das Erkennungs- und Wahrnehmungsvermögen, die Stimmung und das Verhalten betreffen	0,9	0,7
E70–E90	Stoffwechselstörungen	0,8	0,6
J95–J99	Sonstige Krankheiten des Atmungssystems	0,8	0,5
G50–G59	Krankheiten von Nerven, Nervenwurzeln und Nervenplexus	0,7	1,4
M65–M68	Krankheiten der Synovialis und der Sehnen	0,7	1,0
N30–N39	Sonstige Krankheiten des Harnsystems	0,7	0,4
Z00–Z13	Personen, die das Gesundheitswesen zur Untersuchung und Abklärung in Anspruch nehmen	0,7	0,4
Z40–Z54	Personen, die das Gesundheitswesen zum Zwecke spezifischer Maßnahmen und zur medizinischen Betreuung in Anspruch nehmen	0,6	1,0
I30–I52	Sonstige Formen der Herzkrankheit	0,6	1,0
M05–M14	Entzündliche Polyarthropathien	0,6	0,7
L00–L08	Infektionen der Haut und der Unterhaut	0,6	0,6
B99–B99	Sonstige Infektionskrankheiten	0,6	0,3
	Summe hier	**79,8**	**72,8**
	Restliche	20,2	27,2
	Gesamtsumme	**100,0**	**100,0**

Fehlzeiten-Report 2019

28.12 Verkehr und Transport

Entwicklung des Krankenstands der AOK-Mitglieder in der Branche Verkehr und Transport in den Jahren 1994 bis 2018	Tab. 28.188
Arbeitsunfähigkeit der AOK-Mitglieder in der Branche Verkehr und Transport nach Bundesländern im Jahr 2018 im Vergleich zum Vorjahr	Tab. 28.189
Arbeitsunfähigkeit der AOK-Mitglieder nach Wirtschaftsabteilungen in der Branche Verkehr und Transport im Jahr 2018	Tab. 28.190
Kennzahlen der Arbeitsunfähigkeit nach ausgewählten Berufsgruppen in der Branche Verkehr und Transport im Jahr 2018	Tab. 28.191
Dauer der Arbeitsunfähigkeit der AOK-Mitglieder in der Branche Verkehr und Transport im Jahr 2018	Tab. 28.192
Tage der Arbeitsunfähigkeit je AOK-Mitglied nach Wirtschaftsabteilung und Betriebsgröße in der Branche Verkehr und Transport im Jahr 2018	Tab. 28.193
Krankenstand in Prozent nach Ausbildungsabschluss in der Branche Verkehr und Transport im Jahr 2018, AOK-Mitglieder	Tab. 28.194
Tage der Arbeitsunfähigkeit je AOK-Mitglied nach Ausbildungsabschluss in der Branche Verkehr und Transport im Jahr 2018	Tab. 28.195
Anteil der Arbeitsunfälle an den AU-Fällen und -Tagen in Prozent nach Wirtschaftsabteilungen in der Branche Verkehr und Transport im Jahr 2018, AOK-Mitglieder	Tab. 28.196
Tage und Fälle der Arbeitsunfähigkeit durch Arbeitsunfälle nach Berufsgruppen in der Branche Verkehr und Transport im Jahr 2018, AOK-Mitglieder	Tab. 28.197
Tage und Fälle der Arbeitsunfähigkeit je 100 AOK-Mitglieder nach Krankheitsarten in der Branche Verkehr und Transport in den Jahren 1995 bis 2018	Tab. 28.198
Verteilung der Arbeitsunfähigkeitstage nach Krankheitsarten in Prozent in der Branche Verkehr und Transport im Jahr 2018, AOK-Mitglieder	Tab. 28.199
Verteilung der Arbeitsunfähigkeitsfälle nach Krankheitsarten in Prozent in der Branche Verkehr und Transport im Jahr 2018, AOK-Mitglieder	Tab. 28.200
Verteilung der Arbeitsunfähigkeitstage nach Krankheitsarten und ausgewählten Berufsgruppen in der Branche Verkehr und Transport im Jahr 2018, AOK-Mitglieder	Tab. 28.201
Verteilung der Arbeitsunfähigkeitsfälle nach Krankheitsarten und ausgewählten Berufsgruppen in der Branche Verkehr und Transport im Jahr 2018, AOK-Mitglieder	Tab. 28.202
Anteile der 40 häufigsten Einzeldiagnosen an den AU-Fällen und AU-Tagen in der Branche Verkehr und Transport im Jahr 2018, AOK-Mitglieder	Tab. 28.203
Anteile der 40 häufigsten Diagnoseuntergruppen an den AU-Fällen und AU-Tagen in der Branche Verkehr und Transport im Jahr 2018, AOK-Mitglieder	Tab. 28.204

Tabelle 28.188 Entwicklung des Krankenstands der AOK-Mitglieder in der Branche Verkehr und Transport in den Jahren 1994 bis 2018

Jahr	Krankenstand in %			AU-Fälle je 100 AOK-Mitglieder			Tage je Fall		
	West	Ost	Bund	West	Ost	Bund	West	Ost	Bund
1994	6,8	4,8	6,4	139,9	101,5	132,6	16,6	16,1	16,5
1995	4,7	4,7	5,9	144,2	109,3	137,6	16,1	16,1	16,1
1996	5,7	4,6	5,5	132,4	101,5	126,5	16,2	16,8	16,3
1997	5,3	4,4	5,2	128,3	96,4	122,5	15,1	16,6	15,3
1998	5,4	4,5	5,3	131,5	98,6	125,7	15,0	16,6	15,3
1999	5,6	4,8	5,5	139,4	107,4	134,1	14,6	16,4	14,8
2000	5,6	4,8	5,5	143,2	109,8	138,3	14,3	16,0	14,5
2001	5,6	4,9	5,5	144,1	108,7	139,3	14,2	16,5	14,4
2002	5,6	4,9	5,5	143,3	110,6	138,8	14,2	16,2	14,4
2003	5,3	4,5	5,2	138,7	105,8	133,8	14,0	15,4	14,1
2004	4,9	4,2	4,8	125,0	97,6	120,6	14,3	15,6	14,4
2005	4,8	4,2	4,7	126,3	99,0	121,8	14,0	15,4	14,2
2006	4,7	4,1	4,6	121,8	94,7	117,2	14,2	15,8	14,4
2007	4,9	4,3	4,8	128,8	101,5	124,1	14,0	15,5	14,2
2008 (WZ03)	5,1	4,5	4,9	135,4	106,7	130,5	13,6	15,3	13,9
2008 (WZ08)[a]	5,1	4,5	5,0	135,7	105,1	130,5	13,8	15,7	14,1
2009	5,3	5,0	5,3	139,7	114,2	135,4	13,9	16,0	14,2
2010	5,5	5,2	5,5	141,8	120,5	138,1	14,2	15,7	14,4
2011	5,5	4,8	5,4	145,0	121,9	141,1	13,9	14,4	13,9
2012	5,6	5,4	5,5	143,8	121,7	140,1	14,1	16,4	14,5
2013	5,7	5,8	5,7	154,1	130,1	150,1	13,5	16,2	13,9
2014	5,8	5,9	5,8	152,2	131,2	148,8	13,9	16,4	14,3
2015	6,0	6,0	6,0	161,1	140,5	157,7	13,5	15,6	13,8
2016	5,9	6,1	6,0	159,4	145,3	157,4	13,6	15,4	13,9
2017	5,9	6,3	6,0	158,1	148,5	156,7	13,6	15,5	13,9
2018	5,9	6,5	6,0	162,6	155,6	161,6	13,3	15,2	13,6

[a] Aufgrund der Revision der Wirtschaftszweigklassifikation in 2008 ist eine Vergleichbarkeit mit den Vorjahren nur bedingt möglich

Fehlzeiten-Report 2019

28.12 · Verkehr und Transport

Tabelle 28.189 Arbeitsunfähigkeit der AOK-Mitglieder in der Branche Verkehr und Transport nach Bundesländern im Jahr 2018 im Vergleich zum Vorjahr

Bundesland	Kranken-stand in %	Arbeitsunfähigkeit je 100 AOK-Mitglieder				Tage je Fall	Veränd. z. Vorj. in %	AU-Quote in %
		AU-Fälle	Veränd. z. Vorj. in %	AU-Tage	Veränd. z. Vorj. in %			
Baden-Württemberg	5,7	168,3	4,5	2.081,2	0,9	12,4	−3,5	51,0
Bayern	5,1	134,7	3,1	1.878,7	1,4	13,9	−1,7	44,0
Berlin	5,9	164,2	1,3	2.148,9	0,9	13,1	−0,4	42,0
Brandenburg	6,8	182,5	8,2	2.467,6	7,1	13,5	−1,1	50,5
Bremen	6,8	184,6	−2,4	2.485,1	−2,2	13,5	0,2	54,7
Hamburg	5,5	147,3	0,9	1.999,1	2,9	13,6	2,0	44,4
Hessen	6,1	185,4	1,6	2.242,9	−1,2	12,1	−2,7	52,0
Mecklenburg-Vorpommern	6,1	130,0	4,6	2.211,5	0,8	17,0	−3,7	45,9
Niedersachsen	6,3	168,3	2,7	2.283,8	1,5	13,6	−1,2	52,2
Nordrhein-Westfalen	6,4	171,4	2,3	2.329,6	−0,3	13,6	−2,6	51,4
Rheinland-Pfalz	6,2	175,4	5,1	2.274,0	1,6	13,0	−3,3	52,0
Saarland	6,7	156,9	3,9	2.458,4	0,3	15,7	−3,5	50,4
Sachsen	6,4	154,2	3,8	2.331,3	2,3	15,1	−1,5	55,2
Sachsen-Anhalt	6,5	144,6	2,6	2.371,9	−1,4	16,4	−3,9	51,6
Schleswig-Holstein	5,9	135,4	3,0	2.167,6	0,3	16,0	−2,6	44,7
Thüringen	6,5	154,2	4,8	2.386,9	2,4	15,5	−2,3	54,2
West	**5,9**	**162,6**	**2,9**	**2.158,5**	**0,6**	**13,3**	**−2,2**	**49,3**
Ost	**6,5**	**155,6**	**4,8**	**2.359,6**	**2,4**	**15,2**	**−2,3**	**53,0**
Bund	**6,0**	**161,6**	**3,1**	**2.190,4**	**0,8**	**13,6**	**−2,2**	**49,9**

Fehlzeiten-Report 2019

Tabelle 28.190 Arbeitsunfähigkeit der AOK-Mitglieder nach Wirtschaftsabteilungen in der Branche Verkehr und Transport im Jahr 2018

Wirtschaftsabteilungen	Krankenstand in %		Arbeitsunfähigkeiten je 100 AOK-Mitglieder		Tage je Fall	AU-Quote in %
	2018	2018 stand.[a]	Fälle	Tage		
Lagerei sowie Erbringung von sonstigen Dienstleistungen für den Verkehr	6,3	6,3	183,1	2.286,8	12,5	55,4
Landverkehr und Transport in Rohrfernleitungen	5,7	5,7	135,1	2.079,8	15,4	45,6
Luftfahrt	5,3	6,0	184,4	1.936,0	10,5	53,2
Post-, Kurier- und Expressdienste	6,1	6,6	166,3	2.234,8	13,4	46,2
Schifffahrt	4,6	4,3	123,2	1.667,1	13,5	42,4
Branche gesamt	**6,0**	**6,2**	**161,6**	**2.190,4**	**13,6**	**49,9**
Alle Branchen	**5,5**	**5,6**	**169,1**	**1.991,6**	**11,8**	**54,1**

[a] Krankenstand alters- und geschlechtsstandardisiert

Fehlzeiten-Report 2019

28.12 · Verkehr und Transport

Tabelle 28.191 Kennzahlen der Arbeitsunfähigkeit nach ausgewählten Berufsgruppen in der Branche Verkehr und Transport im Jahr 2018

Tätigkeit	Kranken-stand in %	Arbeitsunfähigkeit je 100 AOK-Mitglieder		Tage je Fall	AU-Quote in %	Anteil der Berufsgruppe an der Branche in %[a]
		AU-Fälle	AU-Tage			
Berufe für Post- u. Zustelldienste	6,8	169,7	2.474,5	14,6	49,6	10,6
Berufe in der Lagerwirtschaft	7,0	229,8	2.571,9	11,2	59,4	20,0
Berufskraftfahrer/innen (Güterverkehr/LKW)	5,7	114,7	2.067,5	18,0	43,2	27,5
Berufskraftfahrer/innen (Personentransport/PKW)	3,8	85,7	1.396,7	16,3	31,7	5,1
Büro- u. Sekretariatskräfte (ohne Spez.)	4,0	131,9	1.457,1	11,1	47,4	2,7
Bus- u. Straßenbahnfahrer/innen	8,3	176,3	3.021,9	17,1	59,1	6,3
Fahrzeugführer/innen im Straßenverkehr (sonstige spezifische Tätigkeitsangabe)	4,2	111,8	1.536,8	13,7	32,9	5,9
Kaufmännische u. technische Betriebswirtschaft (ohne Spez.)	4,2	155,8	1.521,6	9,8	55,2	1,6
Kranführer/innen, Aufzugsmaschinisten, Bedienung verwandter Hebeeinrichtungen	7,5	219,4	2.742,6	12,5	65,8	1,1
Servicefachkräfte im Luftverkehr	5,6	204,6	2.030,8	9,9	56,7	1,0
Speditions- u. Logistikkaufleute	3,9	174,4	1.413,4	8,1	55,8	3,3
Branche gesamt	**6,0**	**161,6**	**2.190,4**	**13,6**	**49,9**	**6,9**[b]

[a] Anteil der AOK-Mitglieder in der Berufsgruppe an den in der Branche beschäftigten AOK-Mitgliedern insgesamt
[b] Anteil der AOK-Mitglieder in der Branche an allen AOK-Mitgliedern
Fehlzeiten-Report 2019

Tabelle 28.192 Dauer der Arbeitsunfähigkeit der AOK-Mitglieder in der Branche Verkehr und Transport im Jahr 2018

Fallklasse	Branche hier		Alle Branchen	
	Anteil Fälle in %	Anteil Tage in %	Anteil Fälle in %	Anteil Tage in %
1–3 Tage	29,7	4,4	34,8	5,9
4–7 Tage	31,6	11,9	31,5	13,5
8–14 Tage	19,8	15,3	17,9	15,7
15–21 Tage	6,9	8,9	5,8	8,6
22–28 Tage	3,3	6,0	2,8	5,9
29–42 Tage	3,5	8,9	2,9	8,5
> 42 Tage	5,2	44,6	4,2	41,8

Fehlzeiten-Report 2019

Tabelle 28.193 Tage der Arbeitsunfähigkeit je AOK-Mitglied nach Wirtschaftsabteilung und Betriebsgröße in der Branche Verkehr und Transport im Jahr 2018

Wirtschaftsabteilungen	Betriebsgröße (Anzahl der AOK-Mitglieder)					
	10–49	50–99	100–199	200–499	500–999	≥ 1.000
Lagerei sowie Erbringung von sonstigen Dienstleistungen für den Verkehr	22,2	22,7	24,4	24,5	27,6	30,8
Landverkehr und Transport in Rohrfernleitungen	20,0	23,6	23,7	26,9	35,7	35,7
Luftfahrt	16,7	17,1	16,2	25,8	38,2	22,3
Post-, Kurier- und Expressdienste	22,5	22,8	22,2	23,8	28,1	28,4
Schifffahrt	18,8	23,5	30,3	–	–	–
Branche gesamt	**21,2**	**23,0**	**23,8**	**24,9**	**30,0**	**30,9**
Alle Branchen	**20,5**	**22,5**	**22,7**	**22,6**	**22,7**	**22,6**

Fehlzeiten-Report 2019

Tabelle 28.194 Krankenstand in Prozent nach Ausbildungsabschluss in der Branche Verkehr und Transport im Jahr 2018, AOK-Mitglieder

Wirtschafts-abteilungen	Ausbildung						
	Ohne Ausbildungs-abschluss	Mit Ausbildungs-abschluss	Meister/ Techniker	Bachelor	Diplom/ Magister/ Master/ Staatsexamen	Promotion	Unbekannt
Lagerei sowie Erbringung von sonstigen Dienstleistungen für den Verkehr	6,9	6,5	5,6	2,9	3,5	5,5	5,8
Landverkehr und Transport in Rohrfernleitungen	6,4	6,7	5,0	2,8	3,4	4,4	4,6
Luftfahrt	6,9	6,4	2,7	2,2	2,9	–	4,8
Post-, Kurier- und Expressdienste	5,3	6,2	4,9	2,9	3,8	3,5	6,3
Schifffahrt	5,0	5,6	4,2	1,4	1,9	–	2,8
Branche gesamt	**6,5**	**6,6**	**5,2**	**2,8**	**3,4**	**4,5**	**5,4**
Alle Branchen	**6,1**	**5,9**	**4,6**	**2,4**	**2,9**	**2,1**	**4,9**

Fehlzeiten-Report 2019

◘ **Tabelle 28.195** Tage der Arbeitsunfähigkeit je AOK-Mitglied nach Ausbildungsabschluss in der Branche Verkehr und Transport im Jahr 2018

Wirtschafts-abteilungen	Ausbildung						
	Ohne Ausbil-dungsab-schluss	Mit Aus-bildungs-abschluss	Meister/ Techniker	Bachelor	Diplom/ Magister/ Master/ Staats-examen	Promo-tion	Unbe-kannt
Lagerei sowie Erbringung von sonstigen Dienstleistungen für den Verkehr	25,3	23,8	20,4	10,5	12,7	20,0	21,2
Landverkehr und Transport in Rohrfernleitungen	23,4	24,5	18,4	10,2	12,2	16,1	16,8
Luftfahrt	25,2	23,3	9,7	7,9	10,5	–	17,6
Post-, Kurier- und Expressdienste	19,5	22,5	18,0	10,6	13,7	12,7	23,1
Schifffahrt	18,4	20,5	15,2	5,2	6,9	–	10,1
Branche gesamt	**23,9**	**24,0**	**19,1**	**10,2**	**12,4**	**16,5**	**19,8**
Alle Branchen	**22,2**	**21,6**	**16,7**	**8,7**	**10,7**	**7,7**	**18,1**

Fehlzeiten-Report 2019

◘ **Tabelle 28.196** Anteil der Arbeitsunfälle an den AU-Fällen und -Tagen in Prozent nach Wirtschaftsabteilungen in der Branche Verkehr und Transport im Jahr 2018, AOK-Mitglieder

Wirtschaftsabteilungen	AU-Fälle in %	AU-Tage in %
Lagerei sowie Erbringung von sonstigen Dienstleistungen für den Verkehr	3,8	8,3
Landverkehr und Transport in Rohrfernleitungen	4,3	8,7
Luftfahrt	1,3	2,7
Post-, Kurier- und Expressdienste	5,3	8,8
Schifffahrt	4,5	9,3
Branche gesamt	**4,2**	**8,4**
Alle Branchen	**3,0**	**5,8**

Fehlzeiten-Report 2019

28.12 · Verkehr und Transport

Tabelle 28.197 Tage und Fälle der Arbeitsunfähigkeit durch Arbeitsunfälle nach Berufsgruppen in der Branche Verkehr und Transport im Jahr 2018, AOK-Mitglieder

Tätigkeit	Arbeitsunfähigkeit je 1.000 AOK-Mitglieder	
	AU-Tage	AU-Fälle
Berufskraftfahrer/innen (Güterverkehr/LKW)	2.595,9	72,6
Berufe für Post- u. Zustelldienste	2.416,1	104,1
Kranführer/innen, Aufzugsmaschinisten, Bedienung verwandter Hebeeinrichtungen	1.995,0	73,4
Berufe in der Lagerwirtschaft	1.803,6	82,1
Bus- u. Straßenbahnfahrer/innen	1.722,1	45,7
Fahrzeugführer/innen im Straßenverkehr (sonstige spezifische Tätigkeitsangabe)	1.519,3	66,0
Berufskraftfahrer/innen (Personentransport/PKW)	765,1	28,3
Speditions- u. Logistikkaufleute	518,7	25,2
Kaufmännische u. technische Betriebswirtschaft (ohne Spez.)	434,9	16,1
Servicefachkräfte im Luftverkehr	423,4	25,1
Büro- u. Sekretariatskräfte (ohne Spez.)	325,3	14,0
Branche gesamt	**1.849,3**	**67,2**
Alle Branchen	**1.158,1**	**50,2**

Fehlzeiten-Report 2019

Tabelle 28.198 Tage und Fälle der Arbeitsunfähigkeit je 100 AOK-Mitglieder nach Krankheitsarten in der Branche Verkehr und Transport in den Jahren 1995 bis 2018

Jahr	Arbeitsunfähigkeiten je 100 AOK-Mitglieder											
	Psyche		Herz/Kreislauf		Atemwege		Verdauung		Muskel/Skelett		Verletzungen	
	Tage	Fälle	Tage	Fälle	Tage	Fälle	Tage	Fälle	Tage	Fälle	Tage	Fälle
1995	94,1	3,5	233,0	9,0	359,1	33,4	205,9	21,0	741,6	35,7	452,7	24,0
1996	88,2	3,7	213,7	8,8	321,5	38,5	181,2	21,0	666,8	36,0	425,0	23,9
1997	83,9	3,4	195,5	7,7	281,8	34,8	163,6	19,4	574,0	32,1	411,4	22,0
1998	89,1	3,6	195,2	7,9	283,4	33,1	161,9	19,0	591,5	30,7	397,9	21,9
1999	95,3	3,8	192,9	8,1	311,9	34,5	160,8	19,2	621,2	32,5	396,8	21,7
2000	114,7	5,2	181,9	8,0	295,1	37,1	149,4	18,0	654,9	36,6	383,3	21,3
2001	124,3	6,1	183,1	8,6	282,2	36,8	152,3	18,9	680,6	38,6	372,8	21,0
2002	135,9	6,6	184,2	8,9	273,1	36,1	152,1	19,5	675,7	38,3	362,4	20,4
2003	136,0	6,7	182,0	9,1	271,5	36,4	144,2	18,7	615,9	35,6	345,2	19,3
2004	154,3	6,8	195,6	8,4	234,4	30,1	143,5	17,7	572,5	32,8	329,6	17,6
2005	159,5	6,7	193,5	8,4	268,8	34,7	136,2	16,6	546,3	31,8	327,1	17,3
2006	156,8	6,7	192,9	8,5	225,9	29,0	135,7	17,1	551,7	31,9	334,7	17,6
2007	166,1	7,0	204,2	8,7	249,9	32,6	143,6	18,4	575,2	32,8	331,1	17,0
2008 (WZ03)	172,5	7,3	205,5	9,1	260,0	34,6	149,0	19,2	584,3	34,3	332,0	17,1
2008 (WZ08)[a]	171,8	7,2	210,2	9,2	259,5	34,0	150,6	18,7	597,5	34,3	339,8	17,2
2009	190,8	7,8	223,2	9,3	297,4	38,1	149,0	18,7	607,7	34,3	341,0	17,2
2010	205,3	8,4	218,6	9,5	268,0	34,3	143,7	17,8	659,8	36,9	373,2	19,0
2011	215,5	8,9	209,0	9,4	272,0	35,7	141,8	17,9	625,3	36,6	350,1	18,1
2012	243,3	9,3	233,9	9,6	275,1	35,2	149,8	18,0	654,4	36,7	354,5	17,3
2013	246,7	9,4	228,9	9,1	334,0	43,1	150,4	18,5	656,9	37,4	356,3	17,4
2014	269,3	10,4	236,8	9,5	278,3	36,8	155,9	19,1	698,3	39,3	355,6	17,3
2015	277,4	10,5	232,5	9,4	338,6	44,5	154,5	19,1	686,4	39,2	355,5	17,2
2016	285,1	10,8	213,7	9,6	315,2	42,6	148,6	19,1	706,0	40,0	354,0	16,8
2017	289,0	10,9	207,1	9,3	318,1	42,7	142,9	18,1	700,1	39,9	349,5	16,5
2018	287,5	10,9	195,8	9,4	339,5	45,3	139,6	17,9	691,5	40,1	348,0	16,4

[a] Aufgrund der Revision der Wirtschaftszweigklassifikation in 2008 ist eine Vergleichbarkeit mit den Vorjahren nur bedingt möglich

Fehlzeiten-Report 2019

28.12 · Verkehr und Transport

Tabelle 28.199 Verteilung der Arbeitsunfähigkeitstage nach Krankheitsarten in Prozent in der Branche Verkehr und Transport im Jahr 2018, AOK-Mitglieder

Wirtschaftsabteilungen	AU-Tage in %						
	Psyche	Herz/Kreislauf	Atemwege	Verdauung	Muskel/Skelett	Verletzungen	Sonstige
Lagerei sowie Erbringung von sonstigen Dienstleistungen für den Verkehr	9,1	6,3	12,1	4,9	23,9	11,8	31,8
Landverkehr und Transport in Rohrfernleitungen	10,3	7,9	10,6	4,8	22,1	11,4	32,9
Luftfahrt	12,6	3,9	20,0	4,8	15,5	9,1	34,1
Post-, Kurier- und Expressdienste	10,5	4,9	11,6	4,4	26,4	13,1	29,2
Schifffahrt	11,2	6,4	11,6	4,7	20,9	13,2	32,0
Branche gesamt	**9,8**	**6,7**	**11,6**	**4,8**	**23,5**	**11,8**	**31,9**
Alle Branchen	**11,3**	**5,3**	**13,3**	**4,7**	**22,0**	**10,9**	**32,4**

Fehlzeiten-Report 2019

Tabelle 28.200 Verteilung der Arbeitsunfähigkeitsfälle nach Krankheitsarten in Prozent in der Branche Verkehr und Transport im Jahr 2018, AOK-Mitglieder

Wirtschaftsabteilungen	AU-Fälle in %						
	Psyche	Herz/Kreislauf	Atemwege	Verdauung	Muskel/Skelett	Verletzungen	Sonstige
Lagerei sowie Erbringung von sonstigen Dienstleistungen für den Verkehr	4,7	4,0	21,6	8,3	18,9	7,3	35,1
Landverkehr und Transport in Rohrfernleitungen	5,4	5,2	19,7	8,6	17,4	7,5	36,2
Luftfahrt	6,1	2,5	30,5	6,6	11,4	5,2	37,7
Post-, Kurier- und Expressdienste	5,3	3,5	20,8	7,6	20,8	9,0	33,0
Schifffahrt	4,9	4,3	21,6	8,6	16,4	7,9	36,4
Branche gesamt	**5,1**	**4,3**	**21,0**	**8,3**	**18,6**	**7,6**	**35,1**
Alle Branchen	**5,1**	**3,7**	**23,9**	**8,4**	**15,4**	**7,0**	**36,5**

Fehlzeiten-Report 2019

Tabelle 28.201 Verteilung der Arbeitsunfähigkeitstage nach Krankheitsarten und ausgewählten Berufsgruppen in der Branche Verkehr und Transport im Jahr 2018, AOK-Mitglieder

Tätigkeit	AU-Tage in %						
	Psyche	Herz/ Kreislauf	Atem- wege	Ver- dauung	Muskel/ Skelett	Verlet- zungen	Sonstige
Berufe für Post- u. Zustelldienste	10,6	4,6	11,2	4,2	27,1	14,0	28,4
Berufe in der Lagerwirtschaft	9,1	4,9	13,1	4,9	26,5	11,5	30,0
Berufskraftfahrer/innen (Güterverkehr/LKW)	6,8	9,4	8,6	4,8	23,0	13,9	33,4
Berufskraftfahrer/innen (Personentransport/PKW)	10,9	9,5	10,3	4,6	18,2	9,0	37,4
Büro- u. Sekretariatskräfte (ohne Spez.)	15,6	5,2	14,0	4,9	15,2	7,6	37,5
Bus- u. Straßenbahnfahrer/innen	13,7	7,6	11,0	4,7	22,1	7,9	33,1
Fahrzeugführer/innen im Straßenverkehr (sonstige spezifische Tätigkeitsangabe)	8,5	6,6	9,9	5,2	25,7	14,2	29,9
Kaufmännische u. technische Betriebswirtschaft (ohne Spez.)	15,7	4,5	16,6	5,0	15,6	7,2	35,4
Kranführer/innen, Aufzugsmaschinisten, Bedienung verwandter Hebeeinrichtungen	8,9	6,4	13,1	4,7	26,5	10,9	29,5
Servicefachkräfte im Luftverkehr	13,7	3,7	20,6	5,1	13,1	8,1	35,7
Speditions- u. Logistikkaufleute	12,4	4,0	18,0	5,4	16,3	9,5	34,5
Branche gesamt	**9,8**	**6,7**	**11,6**	**4,8**	**23,5**	**11,8**	**31,9**
Alle Branchen	**11,3**	**5,3**	**13,3**	**4,7**	**22,0**	**10,9**	**32,4**

Fehlzeiten-Report 2019

28.12 · Verkehr und Transport

Tabelle 28.202 Verteilung der Arbeitsunfähigkeitsfälle nach Krankheitsarten und ausgewählten Berufsgruppen in der Branche Verkehr und Transport im Jahr 2018, AOK-Mitglieder

Tätigkeit	AU-Fälle in %						
	Psyche	Herz/ Kreislauf	Atem- wege	Ver- dauung	Muskel/ Skelett	Verlet- zungen	Sonstige
Berufe für Post- u. Zustelldienste	5,4	3,4	20,6	7,4	20,6	10,0	32,5
Berufe in der Lagerwirtschaft	4,6	3,4	21,9	8,3	21,5	7,3	33,0
Berufskraftfahrer/innen (Güterverkehr/LKW)	4,3	6,4	16,3	8,5	19,0	9,0	36,5
Berufskraftfahrer/innen (Personentransport/PKW)	5,3	6,7	19,4	8,1	14,1	6,1	40,4
Büro- u. Sekretariatskräfte (ohne Spez.)	6,2	3,7	25,1	9,2	10,4	4,9	40,5
Bus- u. Straßenbahnfahrer/innen	6,8	5,5	20,0	8,5	17,5	5,4	36,2
Fahrzeugführer/innen im Straßenverkehr (sonstige spezifische Tätigkeitsangabe)	4,9	4,3	17,7	8,2	21,7	9,4	33,8
Kaufmännische u. technische Betriebswirtschaft (ohne Spez.)	6,2	3,1	27,6	9,2	10,6	4,9	38,4
Kranführer/innen, Aufzugsmaschinisten, Bedienung verwandter Hebeeinrichtungen	4,5	4,0	21,2	7,8	21,4	7,2	33,9
Servicefachkräfte im Luftverkehr	6,5	2,2	30,4	6,8	9,3	4,9	39,7
Speditions- u. Logistikkaufleute	5,0	2,5	28,1	8,9	11,0	5,3	39,2
Branche gesamt	**5,1**	**4,3**	**21,0**	**8,3**	**18,6**	**7,6**	**35,1**
Alle Branchen	**5,1**	**3,7**	**23,9**	**8,4**	**15,4**	**7,0**	**36,5**

Fehlzeiten-Report 2019

Tabelle 28.203 Anteile der 40 häufigsten Einzeldiagnosen an den AU-Fällen und AU-Tagen in der Branche Verkehr und Transport im Jahr 2018, AOK-Mitglieder

ICD-10	Bezeichnung	AU-Fälle in %	AU-Tage in %
J06	Akute Infektionen an mehreren oder nicht näher bezeichneten Lokalisationen der oberen Atemwege	8,7	4,1
M54	Rückenschmerzen	7,8	7,3
A09	Sonstige und nicht näher bezeichnete Gastroenteritis und Kolitis infektiösen und nicht näher bezeichneten Ursprungs	3,7	1,3
I10	Essentielle (primäre) Hypertonie	1,9	1,8
J20	Akute Bronchitis	1,8	1,1
K08	Sonstige Krankheiten der Zähne und des Zahnhalteapparates	1,7	0,3
B34	Viruskrankheit nicht näher bezeichneter Lokalisation	1,5	0,7
R10	Bauch- und Beckenschmerzen	1,5	0,7
K52	Sonstige nichtinfektiöse Gastroenteritis und Kolitis	1,4	0,5
F43	Reaktionen auf schwere Belastungen und Anpassungsstörungen	1,3	2,2
M25	Sonstige Gelenkkrankheiten, anderenorts nicht klassifiziert	1,3	1,4
J40	Bronchitis, nicht als akut oder chronisch bezeichnet	1,3	0,8
K29	Gastritis und Duodenitis	1,2	0,6
T14	Verletzung an einer nicht näher bezeichneten Körperregion	1,1	1,1
R51	Kopfschmerz	1,1	0,5
F32	Depressive Episode	1,0	2,7
M51	Sonstige Bandscheibenschäden	0,9	2,1
M79	Sonstige Krankheiten des Weichteilgewebes, anderenorts nicht klassifiziert	0,9	0,8
M99	Biomechanische Funktionsstörungen, anderenorts nicht klassifiziert	0,9	0,8
J00	Akute Rhinopharyngitis [Erkältungsschnupfen]	0,9	0,4
M75	Schulterläsionen	0,8	1,8
R53	Unwohlsein und Ermüdung	0,8	0,6
J02	Akute Pharyngitis	0,8	0,4
J03	Akute Tonsillitis	0,8	0,4
R11	Übelkeit und Erbrechen	0,8	0,3
F48	Andere neurotische Störungen	0,7	0,9
S93	Luxation, Verstauchung und Zerrung der Gelenke und Bänder in Höhe des oberen Sprunggelenkes und des Fußes	0,7	0,9
M53	Sonstige Krankheiten der Wirbelsäule und des Rückens, anderenorts nicht klassifiziert	0,7	0,8

Tabelle 28.203 (Fortsetzung)

ICD-10	Bezeichnung	AU-Fälle in %	AU-Tage in %
M77	Sonstige Enthesopathien	0,7	0,8
R42	Schwindel und Taumel	0,7	0,6
J11	Grippe, Viren nicht nachgewiesen	0,7	0,4
J01	Akute Sinusitis	0,7	0,4
J32	Chronische Sinusitis	0,7	0,4
I25	Chronische ischämische Herzkrankheit	0,6	1,2
F45	Somatoforme Störungen	0,6	1,0
G47	Schlafstörungen	0,6	0,8
E11	Diabetes mellitus, Typ 2	0,6	0,7
B99	Sonstige und nicht näher bezeichnete Infektionskrankheiten	0,6	0,3
J98	Sonstige Krankheiten der Atemwege	0,6	0,3
E66	Adipositas	0,5	0,4
	Summe hier	**55,6**	**44,6**
	Restliche	44,4	55,4
	Gesamtsumme	**100,0**	**100,0**

Fehlzeiten-Report 2019

Tabelle 28.204 Anteile der 40 häufigsten Diagnoseuntergruppen an den AU-Fällen und AU-Tagen in der Branche Verkehr und Transport im Jahr 2018, AOK-Mitglieder

ICD-10	Bezeichnung	AU-Fälle in %	AU-Tage in %
J00–J06	Akute Infektionen der oberen Atemwege	12,6	5,9
M50–M54	Sonstige Krankheiten der Wirbelsäule und des Rückens	9,2	9,6
A00–A09	Infektiöse Darmkrankheiten	4,6	1,6
R50–R69	Allgemeinsymptome	3,7	3,0
F40–F48	Neurotische, Belastungs- und somatoforme Störungen	2,9	5,0
M70–M79	Sonstige Krankheiten des Weichteilgewebes	2,8	4,0
R10–R19	Symptome, die das Verdauungssystem und das Abdomen betreffen	2,5	1,3
J40–J47	Chronische Krankheiten der unteren Atemwege	2,4	1,8
I10–I15	Hypertonie [Hochdruckkrankheit]	2,2	2,1
J20–J22	Sonstige akute Infektionen der unteren Atemwege	2,2	1,3
K00–K14	Krankheiten der Mundhöhle, der Speicheldrüsen und der Kiefer	2,1	0,5
M20–M25	Sonstige Gelenkkrankheiten	1,9	2,8
Z80–Z99	Personen mit potentiellen Gesundheitsrisiken aufgrund der Familien- oder Eigenanamnese und bestimmte Zustände, die den Gesundheitszustand beeinflussen	1,7	3,0
K20–K31	Krankheiten des Ösophagus, des Magens und des Duodenums	1,7	0,9
B25–B34	Sonstige Viruskrankheiten	1,7	0,8
K50–K52	Nichtinfektiöse Enteritis und Kolitis	1,7	0,7
G40–G47	Episodische und paroxysmale Krankheiten des Nervensystems	1,5	1,5
R00–R09	Symptome, die das Kreislaufsystem und das Atmungssystem betreffen	1,5	1,0
F30–F39	Affektive Störungen	1,4	4,0
T08–T14	Verletzungen nicht näher bezeichneter Teile des Rumpfes, der Extremitäten oder anderer Körperregionen	1,3	1,4
S90–S99	Verletzungen der Knöchelregion und des Fußes	1,2	1,8
J30–J39	Sonstige Krankheiten der oberen Atemwege	1,2	0,7
K55–K64	Sonstige Krankheiten des Darmes	1,1	0,9
J09–J18	Grippe und Pneumonie	1,1	0,8
S80–S89	Verletzungen des Knies und des Unterschenkels	1,0	2,2
M95–M99	Sonstige Krankheiten des Muskel-Skelett-Systems und des Bindegewebes	1,0	0,9
E70–E90	Stoffwechselstörungen	1,0	0,7
S60–S69	Verletzungen des Handgelenkes und der Hand	0,9	1,4

Tabelle 28.204 (Fortsetzung)

ICD-10	Bezeichnung	AU-Fälle in %	AU-Tage in %
R40–R46	Symptome, die das Erkennungs- und Wahrnehmungsvermögen, die Stimmung und das Verhalten betreffen	0,9	0,8
M15–M19	Arthrose	0,8	2,1
J95–J99	Sonstige Krankheiten des Atmungssystems	0,8	0,5
I20–I25	Ischämische Herzkrankheiten	0,7	1,6
G50–G59	Krankheiten von Nerven, Nervenwurzeln und Nervenplexus	0,7	1,2
E10–E14	Diabetes mellitus	0,7	0,9
Z00–Z13	Personen, die das Gesundheitswesen zur Untersuchung und Abklärung in Anspruch nehmen	0,7	0,4
I30–I52	Sonstige Formen der Herzkrankheit	0,6	1,1
F10–F19	Psychische und Verhaltensstörungen durch psychotrope Substanzen	0,6	0,7
E65–E68	Adipositas und sonstige Überernährung	0,6	0,5
N30–N39	Sonstige Krankheiten des Harnsystems	0,6	0,4
B99–B99	Sonstige Infektionskrankheiten	0,6	0,3
	Summe hier	**78,4**	**72,1**
	Restliche	21,6	27,9
	Gesamtsumme	**100,0**	**100,0**

Fehlzeiten-Report 2019

Die Arbeitsunfähigkeit in der Statistik der GKV

Klaus Busch

29.1 Arbeitsunfähigkeitsstatistiken der Krankenkassen – 720

29.2 Erfassung von Arbeitsunfähigkeit – 721

29.3 Entwicklung des Krankenstandes – 722

29.4 Entwicklung der Arbeitsunfähigkeitsfälle – 724

29.5 Dauer der Arbeitsunfähigkeit – 726

29.6 Altersabhängigkeit der Arbeitsunfähigkeit – 726

29.7 Arbeitsunfähigkeit nach Krankheitsarten – 729

© Springer-Verlag GmbH Deutschland, ein Teil von Springer Nature 2019
B. Badura et al. (Hrsg.), *Fehlzeiten-Report 2019*, https://doi.org/10.1007/978-3-662-59044-7_29

Zusammenfassung

Der vorliegende Beitrag gibt anhand der Statistiken des Bundesministeriums für Gesundheit (BMG) einen Überblick über die Arbeitsunfähigkeitsdaten der gesetzlichen Krankenkassen (GKV). Zunächst werden die Arbeitsunfähigkeitsstatistiken der Krankenkassen und die Erfassung der Arbeitsunfähigkeit erläutert. Anschließend wird die Entwicklung der Fehlzeiten auf GKV-Ebene geschildert und Bezug auf die Unterschiede bei den Fehlzeiten zwischen den verschiedenen Kassen genommen. Zum Schluss sind Daten der Krankheitsartenstatistik 2017 enthalten.

29.1 Arbeitsunfähigkeitsstatistiken der Krankenkassen

Die Krankenkassen sind nach § 79 SGB IV verpflichtet, Übersichten über ihre Rechnungs- und Geschäftsergebnisse sowie sonstige Statistiken zu erstellen und über den GKV-Spitzenverband an das Bundesministerium für Gesundheit zu liefern. Bis zur Gründung des GKV-Spitzenverbandes war dies Aufgabe der Bundesverbände der einzelnen Kassenarten. Näheres hierzu wird in der Allgemeinen Verwaltungsvorschrift über die Statistik in der gesetzlichen Krankenversicherung (KSVwV) geregelt. Bezüglich der Arbeitsunfähigkeitsfälle finden sich Regelungen zu drei Statistiken:
- Krankenstand: Bestandteil der monatlichen Mitgliederstatistik KM 1
- Arbeitsunfähigkeitsfälle und -tage: Bestandteil der Jahresstatistik KG 2
- Arbeitsunfähigkeitsfälle und -tage nach Krankheitsarten: Jahresstatistik KG 8

Am häufigsten wird in der allgemeinen Diskussion mit dem Krankenstand argumentiert, wobei dieser Begriff unterschiedlich definiert wird. Der Krankenstand in der amtlichen Statistik wird über eine Stichtagserhebung gewonnen, die zu jedem Ersten eines Monats durchgeführt wird. Die Krankenkasse ermittelt im Rahmen ihrer Mitgliederstatistik die zu diesem Zeitpunkt arbeitsunfähig kranken Pflicht- und freiwilligen Mitglieder mit einem Krankengeldanspruch. Vor dem Jahr 2007 bezog sich der Krankenstand auf die Pflichtmitglieder. Dabei wurden Rentner, Studenten, Jugendliche und Behinderte, Künstler, Wehr-, Zivil- sowie Dienstleistende bei der Bundespolizei, landwirtschaftliche Unternehmer und Vorruhestandsgeldempfänger nicht berücksichtigt, da für diese Gruppen in der Regel keine Arbeitsunfähigkeitsbescheinigungen von einem Arzt ausgestellt wurden. Seit dem Jahr 2005 bleiben auch die Arbeitslosengeld-II-Empfänger unberücksichtigt, da sie im Gegensatz zu den früheren Arbeitslosenhilfeempfängern keinen Anspruch auf Krankengeld haben und somit für diesen Mitgliederkreis nicht unbedingt AU-Bescheinigungen ausgestellt und den Krankenkassen übermittelt werden.

Die AU-Bescheinigungen werden vom behandelnden Arzt ausgestellt und unmittelbar an die Krankenkasse gesandt, die sie zur Ermittlung des Krankenstandes auszählt. Der Krankenstand wird monatlich im Rahmen der Mitgliederstatistik KM 1, die auch monatlich vom BMG im Internet veröffentlicht wird, erhoben.[1] Aus den zwölf Stichtagswerten eines Jahres wird als arithmetisches Mittel ein jahresdurchschnittlicher Krankenstand errechnet. Dabei werden auch Korrekturen berücksichtigt, die z. B. wegen verspäteter Meldungen notwendig werden.

Eine Totalauszählung der Arbeitsunfähigkeitsfälle und -tage erfolgt in der Jahresstatistik KG 2. Da in dieser Statistik nicht nur das AU-Geschehen an einem Stichtag erfasst, sondern jeder einzelne AU-Fall mit seinen dazugehörigen Tagen im Zeitraum eines Kalenderjahres berücksichtigt wird, ist die Aussagekraft höher. Allerdings können die Auswertungen der einzelnen Krankenkassen auch erst nach Abschluss des Berichtsjahres beginnen und die Ergebnisse daher nur mit einer zeitlichen Verzögerung von mehr als einem halben Jahr vorgelegt werden. Auch die Ergebnisse dieser Sta-

---

1 ▶ https://www.bundesgesundheitsministerium.de/themen/krankenversicherung/zahlen-und-fakten-zur-krankenversicherung/mitglieder-und-versicherte.html.

tistik werden vom BMG im Internet veröffentlicht.[2]

Zur weiteren Qualifizierung der Arbeitsunfähigkeitsfälle dient die Statistik KG 8, die sogenannte Krankheitsartenstatistik. Im Rahmen dieser Statistik werden Einzeldatensätze mit Diagnosemerkmalen, Altersgruppenzugehörigkeit des Mitglieds, der Falldauer etc. gemeldet. Aufgrund der großen Datenmenge und des aufwendigen Auswertungsverfahrens liegt die Krankheitsartenstatistik erst am Ende des Folgejahres vor.

29.2 Erfassung von Arbeitsunfähigkeit

Informationsquelle für eine bestehende Arbeitsunfähigkeit der pflichtversicherten Arbeitnehmer bildet die Arbeitsunfähigkeitsbescheinigung des behandelnden Arztes. Nach § 5 EFZG bzw. § 3 LFZG ist der Arzt verpflichtet, dem Träger der gesetzlichen Krankenversicherung unverzüglich eine Bescheinigung über die Arbeitsunfähigkeit mit Angaben über den Befund und die voraussichtliche Dauer zuzuleiten; nach Ablauf der vermuteten Erkrankungsdauer stellt der Arzt bei Weiterbestehen der Arbeitsunfähigkeit eine Fortsetzungsbescheinigung aus. Das Vorliegen einer Krankheit allein ist für die statistische Erhebung nicht hinreichend – entscheidend ist die Feststellung des Arztes, dass der Arbeitnehmer aufgrund des konkret vorliegenden Krankheitsbildes daran gehindert ist, seine Arbeitsleistung zu erbringen (§ 3 EFZG). Der arbeitsunfähig schreibende Arzt einerseits und der ausgeübte Beruf andererseits spielen daher für Menge und Art der AU-Fälle eine nicht unbedeutende Rolle.

Voraussetzung für die statistische Erfassung eines AU-Falles ist somit im Normalfall, dass eine AU-Bescheinigung vorliegt. Zu berücksichtigen sind jedoch auch Fälle von Arbeitsunfähigkeit, die der Krankenkasse auf andere Weise als über die AU-Bescheinigung bekannt werden – beispielsweise Meldungen von Krankenhäusern über eine stationäre Behandlung oder die Auszahlung von Krankengeld nach Ablauf der Entgeltfortzahlungszeit. Nicht berücksichtigt werden solche AU-Fälle, für die die Krankenkasse nicht Kostenträger ist, aber auch Fälle mit einem Arbeitsunfall oder einer Berufskrankheit, für die der Träger der Unfallversicherung das Heilverfahren nicht übernommen hat. Ebenfalls nicht erfasst werden Fälle, bei denen eine andere Stelle wie z. B. die Rentenversicherung ein Heilverfahren ohne Kostenbeteiligung der Krankenkasse durchführt. Die Entgeltfortzahlung durch den Arbeitgeber wird allerdings nicht als Fall mit anderem Kostenträger gewertet, sodass AU-Fälle sowohl den Zeitraum der Entgeltfortzahlung als auch den Zeitraum umfassen, in dem der betroffene Arbeitnehmer Krankengeld bezogen hat.

Ein Fehlen am Arbeitsplatz während der Mutterschutzfristen ist kein Arbeitsunfähigkeitsfall im Sinne der Statistik, da Mutterschaft keine Krankheit ist. AU-Zeiten, die aus Komplikationen während einer Schwangerschaft oder bei der Geburt entstehen, werden jedoch berücksichtigt, soweit sich dadurch die Freistellungsphase um den Geburtstermin herum verlängert.

Der als „arbeitsunfähig" erfassbare Personenkreis ist begrenzt: In der Statistik werden nur die AU-Fälle von Pflicht- und freiwilligen Mitgliedern mit einem Krankengeldanspruch berücksichtigt. Mitversicherte Familienangehörige und Rentner sind definitionsgemäß nicht versicherungspflichtig beschäftigt, sie können somit im Sinne des Krankenversicherungsrechts nicht arbeitsunfähig krank sein.

Da die statistische Erfassung der Arbeitsunfähigkeit primär auf die AU-Bescheinigung des behandelnden Arztes abgestellt ist, können insbesondere bei den Kurzzeitarbeitsunfähigkeiten Untererfassungen auftreten. Falls während der ersten drei Tage eines Fernbleibens von der Arbeitsstelle wegen Krankheit dem Arbeitgeber (aufgrund gesetzlicher oder tarifvertraglicher Regelungen) keine AU-Bescheinigung

---

[2] ▶ https://www.bundesgesundheitsministerium.de/themen/krankenversicherung/zahlen-und-fakten-zur-krankenversicherung/geschaeftsergebnisse.html.

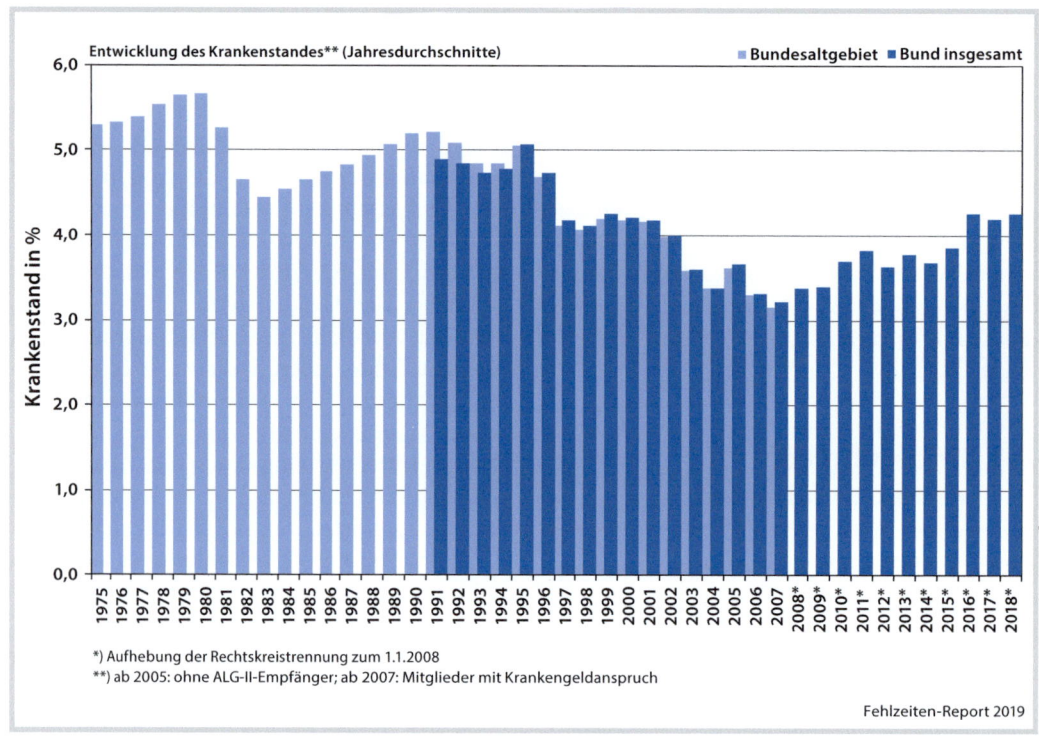

Abb. 29.1 Entwicklung des Krankenstandes (Jahresdurchschnitte)

vorgelegt werden muss, erhält die Krankenkasse nur in Ausnahmefällen Kenntnis von der Arbeitsunfähigkeit. Andererseits bescheinigt der Arzt nur die voraussichtliche Dauer der Arbeitsunfähigkeit; tritt jedoch vorher Arbeitsfähigkeit ein, erhält die Krankenkasse auch in diesen Fällen nur selten eine Meldung, dass das Mitglied die Arbeit wiederaufgenommen hat. Gehen AU-Bescheinigungen bei den Krankenkassen nicht zeitgerecht ein, kann die statistische Auswertung und Meldung schon erfolgt sein; der betreffende Fall wird dann zwar bei der Berechnung des monatlichen Krankenstandes nicht berücksichtigt, fließt aber in die Ermittlung des Jahresdurchschnitts mit ein und wird in der Statistik KG 2 – also der Totalauszählung der AU-Fälle und Tage – berücksichtigt. Der Krankenstand wird in der Regel eine Woche nach dem Stichtag ermittelt.

Der AU-Fall wird zeitlich in gleicher Weise abgegrenzt wie der Versicherungsfall im rechtlichen Sinn. Demnach sind mehrere mit Arbeitsunfähigkeit verbundene Erkrankungen, die als ein Versicherungsfall gelten, auch als ein AU-Fall zu zählen. Der Fall wird abgeschlossen, wenn ein anderer Kostenträger (z. B. die Rentenversicherung) ein Heilverfahren durchführt; besteht anschließend weiter Arbeitsunfähigkeit, wird ein neuer Leistungsfall gezählt. Der AU-Fall wird statistisch in dem Jahr berücksichtigt, in dem er abgeschlossen wird, sodass diesem Jahr alle Tage des Falles zugeordnet werden, auch wenn sie kalendermäßig teilweise im Vorjahr lagen.

29.3 Entwicklung des Krankenstandes

Auch wenn der Krankenstand nach 2014 angestiegen und 2017 leicht gesunken ist, hat er im Jahr 2018 wieder den gleichen Wert wie im Jahr 2016 erreicht. Er liegt heute gegenüber

29.3 · Entwicklung des Krankenstandes

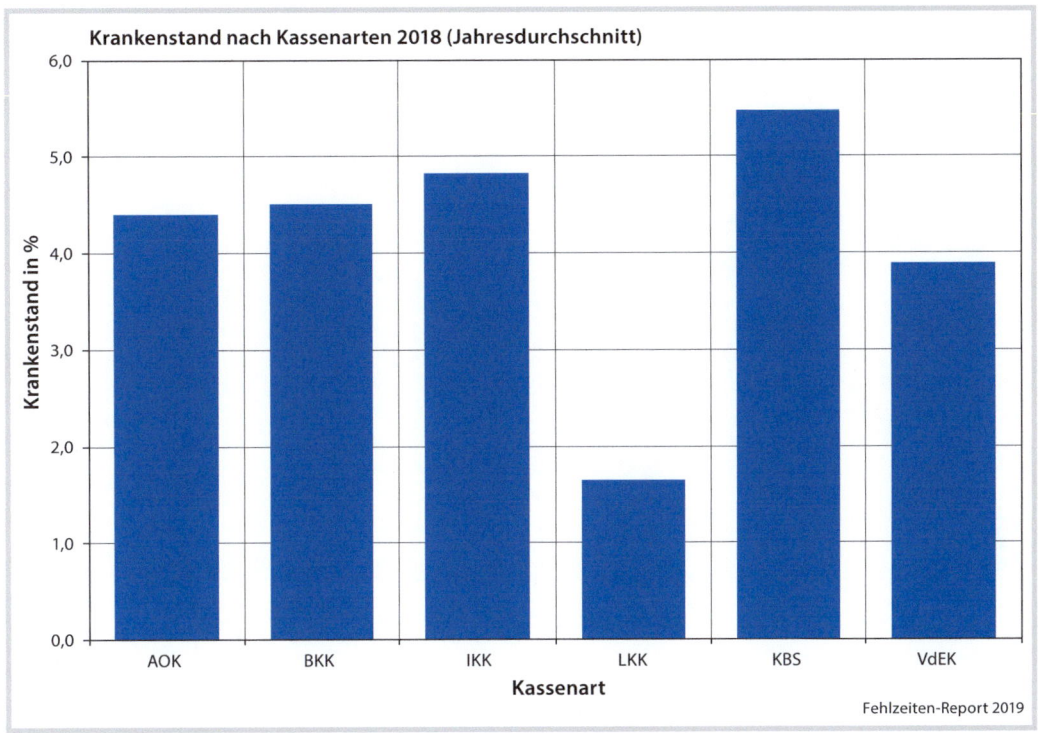

Abb. 29.2 Krankenstand nach Kassenarten 2018 (Jahresdurchschnitt)

den 1970er und 1980er Jahren immer noch deutlich niedriger und befindet sich derzeit auf einem Niveau, das sich seit Einführung der Lohnfortzahlung für Arbeiter im Jahr 1970 um fast ein Drittel reduziert hat. Zeiten vor 1970 sind nur bedingt vergleichbar, da durch eine andere Rechtsgrundlage bezüglich der Lohnfortzahlung (z. B. Karenztage) und des Bezugs von Krankengeld auch andere Meldewege und Erfassungsmethoden angewandt wurden. Da der Krankenstand in Form der Stichtagsbetrachtung erhoben wird, kann er nur bedingt ein zutreffendes Ergebnis zur absoluten Höhe der Ausfallzeiten wegen Krankheit liefern. Die zwölf Monatsstichtage betrachten nur jeden 30. Kalendertag, sodass z. B. eine Grippewelle möglicherweise nur deswegen nicht erfasst wird, weil ihr Höhepunkt zufällig in den Zeitraum zwischen zwei Stichtagen fällt. Saisonale Schwankungen ergeben sich nicht nur aus den Jahreszeiten heraus. Es ist auch zu berücksichtigen, dass Stichtage auf Sonn- und Feiertage fallen können, sodass eine beginnende Arbeitsunfähigkeit erst später, also zu Beginn des nächsten Arbeitstages, festgestellt werden würde (◘ Abb. 29.1).

Die Krankenstände der einzelnen Kassenarten unterscheiden sich zum Teil erheblich. Die Ursachen dafür dürften in den unterschiedlichen Mitgliederkreisen bzw. deren Berufs- und Alters- sowie Geschlechtsstrukturen liegen. Ein anderes Berufsspektrum bei den Mitgliedern einer anderen Kassenart führt somit auch automatisch zu einem abweichenden Krankenstandniveau bei gleichem individuellem, berufsbedingtem Krankheitsgeschehen der Mitglieder (◘ Abb. 29.2). Die weiteren Beiträge des vorliegenden Fehlzeiten-Reports gehen für die Mitglieder der AOKs ausführlich auf die unterschiedlichen Fehlzeitenniveaus der einzelnen Berufsgruppen und Branchen ein.

Durch Fusionen bei den Krankenkassen reduziert sich auch die Zahl der Verbände. So haben sich zuletzt die Verbände der

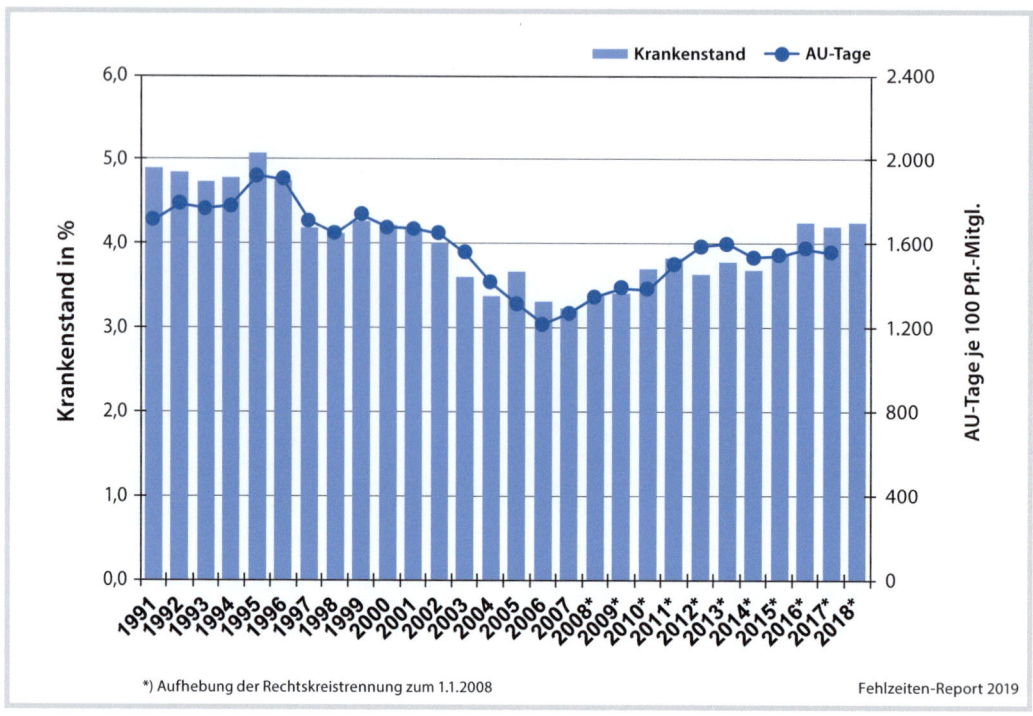

◨ **Abb. 29.3** Entwicklung von Krankenstand und AU-Tagen je 100 Pflichtmitglieder, 1991 bis 2018

Arbeiterersatzkassen und der Angestellten-Krankenkassen zum Verband der Ersatzkassen e. V. (VdEK) zusammengeschlossen. Fusionen finden auch über Kassenartengrenzen hinweg statt, wodurch sich das Berufsspektrum der Mitglieder verschiebt und sich auch der Krankenstand einer Kassenart verändert.

29.4 Entwicklung der Arbeitsunfähigkeitsfälle

Durch die Totalauszählungen der Arbeitsunfähigkeitsfälle im Rahmen der GKV-Statistik KG 2 werden die o. a. Mängel einer Stichtagserhebung vermieden. Allerdings kann eine Totalauszählung erst nach Abschluss des Beobachtungszeitraums, d. h. nach dem Jahresende vorgenommen werden. Die Meldewege und die Nachrangigkeit der statistischen Erhebung gegenüber dem Jahresrechnungsabschluss bringen es mit sich, dass der GKV-Spitzenverband die Ergebnisse der GKV-Statistik KG 2 erst im August zu einem Bundesergebnis zusammenführen und dem Bundesministerium für Gesundheit übermitteln kann.

Ein Vergleich der Entwicklung von Krankenstand und Arbeitsunfähigkeitstagen je 100 Pflichtmitglieder zeigt, dass sich das Krankenstandniveau und das Niveau der AU-Tage je 100 Pflichtmitglieder gleichgerichtet entwickeln, es jedoch eine leichte Unterzeichnung beim Krankenstand gegenüber den AU-Tagen gibt (◨ Abb. 29.3). Hieraus lässt sich schließen, dass der Krankenstand als Frühindikator für die Entwicklung des AU-Geschehens genutzt werden kann. Zeitreihen für das gesamte Bundesgebiet liegen erst für den Zeitraum ab dem Jahr 1991 vor, da zu diesem Zeitpunkt auch in den neuen Bundesländern das Krankenversicherungsrecht aus den alten Bundesländern eingeführt wurde. Seit 1995 wird Berlin insgesamt den alten Bundesländern zugeordnet, zuvor gehörte der Ostteil Berlins zum Rechtskreis der neuen Bundesländer.

29.4 · Entwicklung der Arbeitsunfähigkeitsfälle

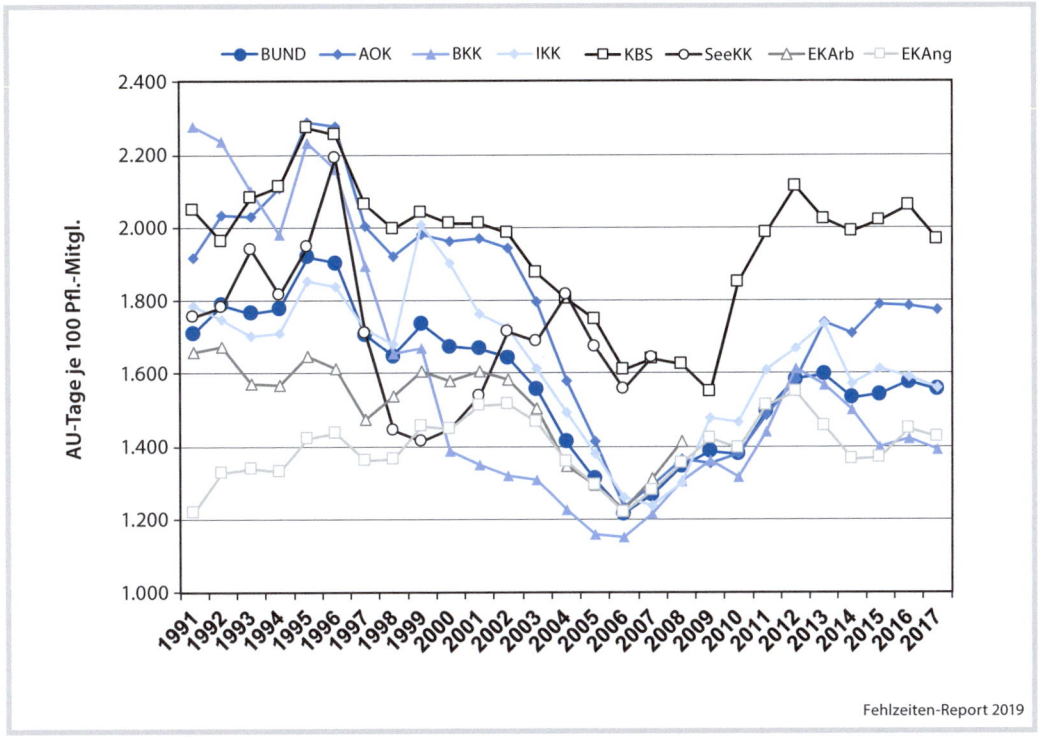

☐ **Abb. 29.4** Arbeitsunfähigkeitstage je 100 Pflichtmitglieder nach Kassenarten, 1991 bis 2017

Der Vergleich der Entwicklung der Arbeitsunfähigkeitstage je 100 Pflichtmitglieder nach Kassenarten zeigt, dass es bei den einzelnen Kassenarten recht unterschiedliche Entwicklungen gegeben hat. Am deutlichsten wird der Rückgang des Krankenstandes bei den Betriebskrankenkassen, die durch die Wahlfreiheit zwischen den Kassen und die Öffnung der meisten Betriebskrankenkassen auch für betriebsfremde Personen einen Zugang an Mitgliedern mit einer günstigeren Risikostruktur zu verzeichnen hatten. Die günstigere Risikostruktur dürfte insbesondere damit zusammenhängen, dass mobile, wechselbereite und gutverdienende jüngere Personen Mitglieder wurden, aber auch daran, dass andere, weniger gesundheitlich gefährdete Berufsgruppen jetzt die Möglichkeit haben, sich bei Betriebskrankenkassen mit einem günstigen Beitragssatz zu versichern. Durch die Einführung des Gesundheitsfonds mit einem einheitlichen Beitragssatz für die GKV ist der Anreiz zum Kassenwechsel reduziert worden. Kassen, die aufgrund ihrer wirtschaftlichen Situation gezwungen waren, einen Zusatzbeitrag zu erheben, hatten jedoch einen enormen Mitgliederschwund zu verzeichnen. Dies führte bei mehreren Kassen sogar zu einer Schließung.

Auch bei der IKK ging der Krankenstand zurück: Eine Innungskrankenkasse hatte aufgrund ihres günstigen Beitragssatzes in den Jahren von 2003 bis Ende 2008 einen Zuwachs von über 600.000 Mitgliedern zu verzeichnen, davon allein fast 511.000 Pflichtmitglieder mit einem Entgeltfortzahlungsanspruch von sechs Wochen. Diese Kasse wies im Zeitraum von 2004 bis 2008 stets einen jahresdurchschnittlichen Krankenstand von unter 2 % aus. Da sie Ende 2008 in ihrer Kassenart über 17 % der Pflichtmitglieder mit einem Entgeltfortzahlungsanspruch von sechs Wochen versicherte, reduzierte sich in diesem Zeitraum der Krankenstand der Innungskrankenkassen insgesamt deutlich. 2009 fusionierte diese Kasse in den

Ersatzkassenbereich und der Krankenstand der Innungskrankenkassen nahm in der Folge wieder überproportional zu.

Am ungünstigsten verlief die Entwicklung bei den Angestellten-Ersatzkassen (EKAng), die jetzt nach der Fusion mit den Arbeiterersatzkassen den VdEK bilden. Nach einer Zwischenphase mit höheren AU-Tagen je 100 Pflichtmitglieder in den Jahren 2001 und 2002 reduzierte sich die Zahl der AU-Tage bis 2006, stieg dann aber wieder bis 2012 über das Niveau von 2002 hinaus; dieser Trend setzte sich in den Jahren 2013 und 2015 allerdings nicht fort (◘ Abb. 29.4), sodass der VdEK und die BKKn seit 2012 wieder die Kassenarten mit den geringsten Zahlen bei den Arbeitsunfähigkeitstagen je 100 Pflichtmitglieder sind.

Insgesamt hat sich die Bandbreite der gemeldeten AU-Tage je 100 Pflichtmitglieder zwischen den verschiedenen Kassenarten deutlich reduziert. Im Jahr 1991 wiesen die Betriebskrankenkassen noch 2.275 AU-Tage je 100 Pflichtmitglieder aus, während die Angestelltenersatzkassen nur 1.217 AU-Tage je 100 Pflichtmitglieder meldeten – dies ist eine Differenz von 1.058 AU-Tagen je 100 Pflichtmitglieder. Im Jahr 2017 hat sich diese Differenz zwischen der ungünstigsten und der günstigsten Kassenart auf rund 573 AU-Tage je 100 Pflichtmitglieder reduziert. Lässt man das Sondersystem KBS (Knappschaft-Bahn-See) unberücksichtigt, so reduziert sich die Differenz im Jahr 2017 zwischen den Betriebskrankenkassen mit 1.391 AU-Tagen je 100 Pflichtmitglieder und den Allgemeinen Ortskrankenkassen mit 1.773 AU-Tagen je 100 Pflichtmitglieder auf gerade 382 AU-Tage je 100 Pflichtmitglieder und damit auf rund 36 % des Wertes von 1991.

29.5 Dauer der Arbeitsunfähigkeit

In der Statistik KG 8 (Krankheitsartenstatistik) wird auch die Dauer der einzelnen Arbeitsunfähigkeitsfälle erfasst. Damit lässt sich aufzeigen, wie viele Arbeitsunfähigkeitsfälle und -tage im Lohnfortzahlungszeitraum der ersten sechs Wochen abgeschlossen werden. Zum Redaktionsschluss des Fehlzeiten-Reports 2018 lagen die nach Dauer der Arbeitsunfähigkeit ausgewiesenen Daten noch nicht vor, daher werden in diesem Fehlzeiten-Report sowohl die Daten für das Jahr 2016 als auch die für das Jahr 2017 ausgewiesen. Die Ergebnisse werden in ◘ Tab. 29.1 dargestellt. Im Jahr 2017 wurden 95,83 % aller Arbeitsunfähigkeitsfälle innerhalb von sechs Wochen abgeschlossen, reichen also nicht in den Zeitraum, für den die Krankenkassen Krankengeld zahlen. Wie schwer das Gewicht der Langzeitfälle jedoch ist, wird dadurch deutlich, dass die Arbeitsunfähigkeitsfälle mit einer Dauer von sechs Wochen und weniger lediglich 52,44 % der Arbeitsunfähigkeitstage insgesamt bilden.

29.6 Altersabhängigkeit der Arbeitsunfähigkeit

Die Dauer der einzelnen Arbeitsunfähigkeitsfälle nach Altersgruppen wird ebenfalls erfasst. Damit lässt sich aufzeigen, wie viele Arbeitsunfähigkeitstage jede Altersgruppe jahresdurchschnittlich in Anspruch nimmt. Das Ergebnis wird in ◘ Tab. 29.2 dargestellt. Die wenigsten Arbeitsunfähigkeitstage je 10 Tsd. Pflichtmitglieder hat die Altersgruppe der 25- bis unter 30-Jährigen, nämlich gut 91,6 Tsd. AU-Tage im Jahr 2017. Die höchsten Werte sind bei den Altersgruppe 60 bis unter 65 Jahre zu beobachten, nämlich gut 272 Tsd. AU-Tage im Jahr 2017. Der auffällige Anstieg der Ergebnisse der Ersatzkassen in der Altersgruppe bis unter 15 Jahre im Jahr 2016 gegenüber dem Jahr 2015 ist auch im Jahr 2017 zu beobachten.

In der Tabelle wird dargestellt, dass die Falldauer sukzessive mit dem Alter zunimmt. Den geringsten Wert weist hier die Altersgruppe 15 bis unter 20 aus (5,10 Tage je Fall). Die Altersgruppe 65 bis unter 70 Jahre kommt hier auf 26,75 Tage je Fall, also auf einen mehr als fünffachen Wert. Die Altersgruppe 15 bis unter 20 Jahre verursacht trotz der geringen Dauer der AU-Fälle mehr AU-Tage je Pflicht-

29.6 · Altersabhängigkeit der Arbeitsunfähigkeit

Tabelle 29.1 Arbeitsunfähigkeitsfälle und -tage der Pflichtmitglieder (ohne Rentner) nach Falldauer 2016 (oben) und 2017 (unten)

Arbeitsunfähigkeitsfälle und -tage der Pflichtmitglieder (ohne Rentner) nach Falldauer 2016

Dauer der Arbeitsunfähigkeit in Tagen	Fälle		Tage		
	Absolut	In %	Absolut	In %.	
1 bis 7	27.179.177	67,09	92.799.974	17,70	
8 bis 14	6.950.714	17,16	71.702.413	13,68	
15 bis 21	2.318.327	5,72	40.271.881	7,68	
22 bis 28	1.158.665	2,86	28.350.625	5,41	
29 bis 35	678.802	1,68	21.424.729	4,09	
36 bis 42	529.933	1,31	20.735.805	3,96	
1 bis 42	38.815.618	95,81	275.285.427	52,51	*Ende Lohnfortzahlung*
43 bis 49	269.125	0,66	12.195.032	2,33	
50 bis 56	154.497	0,38	8.175.093	1,56	
57 bis 63	124.651	0,31	7.464.205	1,42	
64 bis 70	97.157	0,24	6.507.441	1,24	
71 bis 77	83.472	0,21	6.172.895	1,18	
78 bis 84	70.879	0,17	5.743.601	1,10	
1 bis 84	39.615.399	97,78	321.543.694	61,33	*12 Wochen*
85 bis 91	64.308	0,16	5.659.486	1,08	
92 bis 98	55.559	0,14	5.278.393	1,01	
99 bis 105	49.046	0,12	5.005.587	0,95	
106 bis 112	44.172	0,11	4.816.919	0,92	
113 bis 119	40.283	0,10	4.674.864	0,89	
120 bis 126	36.260	0,09	4.461.008	0,85	
1 bis 126	39.905.027	98,50	351.439.951	67,04	*18 Wochen*
127 bis 133	32.457	0,08	4.221.459	0,81	
134 bis 140	29.903	0,07	4.098.145	0,78	
141 bis 147	27.236	0,07	3.923.738	0,75	
148 bis 154	25.195	0,06	3.805.494	0,73	
155 bis 161	23.045	0,06	3.642.289	0,69	
162 bis 168	21.065	0,05	3.477.221	0,66	

Tabelle 29.1 (Fortsetzung)

Arbeitsunfähigkeitsfälle und -tage der Pflichtmitglieder (ohne Rentner) nach Falldauer 2016

Dauer der Arbeitsunfähigkeit in Tagen	Fälle Absolut	In %	Tage Absolut	In %	
1 bis 168	40.063.928	98,89	374.608.297	71,46	24 Wochen
1 bis 210	40.165.102	99,14	393.652.901	75,09	30 Wochen
1 bis 252	40.233.610	99,31	409.432.502	78,10	36 Wochen
1 bis 294	40.284.240	99,43	423.233.198	80,73	42 Wochen
1 bis 336	40.324.296	99,53	435.843.227	83,14	48 Wochen
1 bis 364	40.346.858	99,59	443.748.106	84,64	52 Wochen (1 Jahr)
Insgesamt	**40.513.396**	**100,00 %**	**524.253.033**	**100,00 %**	**78 Wochen**

Arbeitsunfähigkeitsfälle und -tage der Pflichtmitglieder (ohne Rentner) nach Falldauer 2017

Dauer der Arbeitsunfähigkeit in Tagen	Fälle Absolut	In %	Tage Absolut	In %	
1 bis 7	26.542.510	66,80	91.053.108	17,71	
8 bis 14	6.997.831	17,61	72.126.765	14,03	
15 bis 21	2.305.662	5,80	39.950.932	7,77	
22 bis 28	1.090.312	2,74	26.732.786	5,20	
29 bis 35	647.070	1,63	20.442.868	3,98	
36 bis 42	494.208	1,24	19.333.511	3,76	
1 bis 42	38.077.593	95,83	269.639.970	52,44	Ende Lohnfortzahlung
43 bis 49	245.017	0,62	11.143.493	2,17	
50 bis 56	152.986	0,39	8.093.726	1,57	
57 bis 63	124.602	0,31	7.456.647	1,45	
64 bis 70	97.399	0,25	6.521.613	1,27	
71 bis 77	83.551	0,21	6.177.764	1,20	
78 bis 84	69.999	0,18	5.670.731	1,10	
1 bis 84	38.851.147	97,77	314.703.944	61,21	12 Wochen
85 bis 91	64.142	0,16	5.643.919	1,10	
92 bis 98	54.970	0,14	5.222.004	1,02	
99 bis 105	48.809	0,12	4.980.914	0,97	
106 bis 112	43.307	0,11	4.722.140	0,92	
113 bis 119	39.541	0,10	4.588.709	0,89	
120 bis 126	35.826	0,09	4.407.823	0,86	

29.7 · Arbeitsunfähigkeit nach Krankheitsarten

◻ **Tabelle 29.1** (Fortsetzung)

Arbeitsunfähigkeitsfälle und -tage der Pflichtmitglieder (ohne Rentner) nach Falldauer 2017

Dauer der Arbeitsunfähigkeit in Tagen	Fälle		Tage		
	Absolut	In %	Absolut	In %	
1 bis 126	39.137.742	98,49	344.269.453	66,96	18 Wochen
127 bis 133	32.489	0,08	4.223.796	0,82	
134 bis 140	29.418	0,07	4.030.919	0,78	
141 bis 147	27.013	0,07	3.891.173	0,76	
148 bis 154	24.878	0,06	3.757.743	0,73	
155 bis 161	22.517	0,06	3.558.869	0,69	
162 bis 168	21.005	0,05	3.466.451	0,67	
1 bis 168	39.295.062	98,89	367.198.404	71,42	24 Wochen
1 bis 210	39.395.425	99,14	386.094.063	75,09	30 Wochen
1 bis 252	39.463.122	99,31	401.686.133	78,13	36 Wochen
1 bis 294	39.512.690	99,44	415.200.716	80,75	42 Wochen
1 bis 336	39.551.773	99,54	427.500.035	83,15	48 Wochen
1 bis 364	39.573.416	99,59	435.080.858	84,62	52 Wochen (1 Jahr)
Insgesamt	**39.736.439**	**100,00 %**	**514.155.445**	**100,00 %**	**78 Wochen**

Fehlzeiten-Report 2019

mitglied als die Altersgruppe der 25- bis unter 30-Jährigen. Dies hängt damit zusammen, dass die unter 20-Jährigen zwar nicht so lange krank sind, dafür aber wesentlich häufiger.

Mit den Daten zur Altersabhängigkeit der Arbeitsunfähigkeit lässt sich modellhaft überprüfen, ob der kontinuierliche Anstieg des Krankenstandes seit dem Jahr 2007 seine Ursache in der demografischen Entwicklung hat. Durch die demografische Entwicklung einerseits und die Anhebung des Renteneintrittsalters andererseits werden die Altersgruppen 60 bis unter 65 Jahre und 65 bis unter 70 Jahre in Zukunft vermehrt erwerbstätig sein. Dies allein wird schon wegen der altersspezifischen Häufigkeit der Arbeitsunfähigkeitstage in diesen Gruppen den Krankenstand steigen lassen.

29.7 Arbeitsunfähigkeit nach Krankheitsarten

Abschließend soll noch ein Blick auf die Verteilung der Arbeitsunfähigkeitsfälle nach Krankheitsarten geworfen werden. Die Rasterung erfolgt zwar nur grob nach Krankheitsartengruppen, aber auch hier wird deutlich, dass die Psychischen und Verhaltensstörungen durch ihre lange Dauer von mehr als 40 Tagen je Fall ein Arbeitsunfähigkeitsvolumen von fast 28 Tsd. Arbeitsunfähigkeitstagen je 10.000 Pflichtmitglieder bilden. Sie liegen damit aber noch deutlich hinter den Krankheiten des Muskel-Skelett-Systems und des Bindegewebes mit gut 40 Tsd. Tagen, aber schon über den Krankheiten des Atmungssystems mit mehr als 23 Tsd. Tagen. Die Zahlen sind der ◻ Tab. 29.3 zu entnehmen.

Tabelle 29.2 Arbeitsunfähigkeitsfälle und -tage je 10.000 Pflichtmitglieder ohne Rentner nach Altersgruppen 2017

Altersgruppen	Frauen			Männer			Frauen und Männer zusammen		
	Fälle	Tage	Tage je Fall	Fälle	Tage	Tage je Fall	Fälle	Tage	Tage je Fall
	Je 10.000 Pflicht-mitglieder o. R. der Altersgruppe			Je 10.000 Pflicht-mitglieder o. R. der Altersgruppe			Je 10.000 Pflicht-mitglieder o. R. der Altersgruppe		
GKV insgesamt									
Bis unter 15	695	300.456	432,04	383	85.652	223,62	528	185.178	350,86
15 bis unter 20	19.823	100.721	5,08	19.401	99.328	5,12	19.583	99.928	5,10
20 bis unter 25	15.652	104.982	6,71	14.348	97.536	6,80	14.948	100.960	6,75
25 bis unter 30	11.319	98.466	8,70	9.993	85.424	8,55	10.625	91.648	8,63
30 bis unter 35	11.074	112.371	10,15	10.349	99.857	9,65	10.698	105.871	9,90
35 bis unter 40	11.279	127.378	11,29	10.693	117.696	11,01	10.983	122.486	11,15
40 bis unter 45	11.836	150.021	12,68	11.011	138.115	12,54	11.428	144.140	12,61
45 bis unter 50	12.469	179.495	14,39	11.341	162.982	14,37	11.925	171.527	14,38
50 bis unter 55	12.998	207.097	15,93	11.697	192.128	16,43	12.378	199.958	16,15
55 bis unter 60	13.426	235.034	17,51	12.476	235.432	18,87	12.969	235.225	18,14
60 bis unter 65	12.332	266.360	21,60	11.577	278.062	24,02	11.959	272.135	22,75
65 bis unter 70	4.927	125.372	25,45	3.859	108.217	28,04	4.327	115.724	26,75
70 bis unter 75	769	11.186	14,54	709	10.271	14,49	729	10.579	14,51
75 bis unter 80	432	7.278	16,84	492	8.283	16,84	472	7.956	16,84
80 und älter	2.161	11.548	5,34	2.578	16.989	6,59	2.402	14.687	6,11
Insgesamt	**12.482**	**161.934**	**12,97**	**11.515**	**148.575**	**12,90**	**11.995**	**155.206**	**12,94**

29.7 · Arbeitsunfähigkeit nach Krankheitsarten

Tabelle 29.2 (Fortsetzung)

	Altersgruppen	Frauen			Männer			Frauen und Männer zusammen		
		Fälle	Tage	Tage je Fall	Fälle	Tage	Tage je Fall	Fälle	Tage	Tage je Fall
		Je 10.000 Pflichtmitglieder o. R. der Altersgruppe			Je 10.000 Pflichtmitglieder o. R. der Altersgruppe			Je 10.000 Pflichtmitglieder o. R. der Altersgruppe		
AOK Bund	Bis unter 15	927	2.016	2,17	528	7.805	14,77	729	4.899	6,72
	15 bis unter 20	20.202	97.209	4,81	20.345	98.140	4,82	20.281	97.728	4,82
	20 bis unter 25	17.418	110.003	6,32	16.537	103.200	6,24	16.935	106.273	6,28
	25 bis unter 30	12.504	103.530	8,28	12.447	96.730	7,77	12.473	99.860	8,01
	30 bis unter 35	11.247	109.010	9,69	11.930	106.102	8,89	11.622	107.415	9,24
	35 bis unter 40	11.370	121.859	10,72	11.686	119.144	10,20	11.542	120.377	10,43
	40 bis unter 45	12.076	146.365	12,12	11.641	136.653	11,74	11.840	141.081	11,92
	45 bis unter 50	12.939	182.316	14,09	11.746	161.185	13,72	12.296	170.927	13,90
	50 bis unter 55	13.019	207.288	15,92	11.800	189.484	16,06	12.359	197.656	15,99
	55 bis unter 60	12.847	226.711	17,65	12.149	226.194	18,62	12.471	226.433	18,16
	60 bis unter 65	10.958	243.809	22,25	11.005	266.216	24,19	10.983	255.925	23,30
	65 bis unter 70	2.972	88.671	29,84	2.652	88.483	33,37	2.784	88.561	31,81
	70 bis unter 75	140	1.913	13,67	100	952	9,48	112	1.237	11,03
	75 bis unter 80	108	1.077	9,95	113	1.031	9,12	112	1.045	9,36
	80 und älter	59	770	13,07	164	2.554	15,54	116	1.768	15,22
	Insgesamt	**12.828**	**155.859**	**12,15**	**12.445**	**148.936**	**11,97**	**12.620**	**152.093**	**12,05**

Tabelle 29.2 (Fortsetzung)

	Altersgruppen	Frauen			Männer			Frauen und Männer zusammen		
		Fälle	Tage	Tage je Fall	Fälle	Tage	Tage je Fall	Fälle	Tage	Tage je Fall
		Je 10.000 Pflicht-mitglieder o. R. der Altersgruppe			Je 10.000 Pflicht-mitglieder o. R. der Altersgruppe			Je 10.000 Pflicht-mitglieder o. R. der Altersgruppe		
BKK Bund	Bis unter 15	127	443	3,50	51	153	3,00	85	282	3,33
	15 bis unter 20	22.433	111.104	4,95	20.982	104.221	4,97	21.575	107.034	4,96
	20 bis unter 25	15.911	107.177	6,74	14.369	99.160	6,90	15.071	102.809	6,82
	25 bis unter 30	11.451	99.034	8,65	9.656	85.228	8,83	10.516	91.841	8,73
	30 bis unter 35	11.294	112.486	9,96	10.223	99.605	9,74	10.751	105.960	9,86
	35 bis unter 40	11.485	125.433	10,92	11.002	121.963	11,09	11.259	123.810	11,00
	40 bis unter 45	11.889	143.337	12,06	11.675	145.290	12,44	11.789	144.248	12,24
	45 bis unter 50	12.561	173.374	13,80	12.299	172.462	14,02	12.436	172.940	13,91
	50 bis unter 55	13.515	207.238	15,33	13.090	208.880	15,96	13.309	208.036	15,63
	55 bis unter 60	14.407	242.150	16,81	14.591	265.365	18,19	14.500	253.858	17,51
	60 bis unter 65	13.469	281.115	20,87	12.939	290.460	22,45	13.183	286.149	21,71
	65 bis unter 70	6.537	163.639	25,03	5.481	153.183	27,95	5.946	157.785	26,54
	70 bis unter 75	139	1.620	11,63	102	1.400	13,78	113	1.468	12,97
	75 bis unter 80	145	3.000	20,63	129	812	6,29	134	1.456	10,88
	80 und älter	97	742	7,67	145	1.134	7,80	122	948	7,75
	Insgesamt	**12.860**	**161.510**	**12,56**	**12.279**	**160.039**	**13,03**	**12.569**	**160.774**	**12,79**

29.7 · Arbeitsunfähigkeit nach Krankheitsarten

Tabelle 29.2 (Fortsetzung)

IKK Bund

Altersgruppen	Frauen			Männer			Frauen und Männer zusammen		
	Fälle	Tage	Tage je Fall	Fälle	Tage	Tage je Fall	Fälle	Tage	Tage je Fall
	Je 10.000 Pflichtmitglieder o. R. der Altersgruppe			Je 10.000 Pflichtmitglieder o. R. der Altersgruppe			Je 10.000 Pflichtmitglieder o. R. der Altersgruppe		
Bis unter 15	0	0	0,00	0	0	0,00	0	0	0,00
15 bis unter 20	17.048	88.767	5,21	17.260	90.310	5,23	17.172	89.669	5,22
20 bis unter 25	15.278	108.279	7,09	14.287	104.834	7,34	14.733	106.384	7,22
25 bis unter 30	11.950	108.194	9,05	10.382	97.278	9,37	11.104	102.307	9,21
30 bis unter 35	11.569	119.877	10,36	10.569	109.111	10,32	11.035	114.135	10,34
35 bis unter 40	11.701	136.654	11,68	10.940	129.474	11,83	11.274	132.624	11,76
40 bis unter 45	12.057	160.113	13,28	11.112	148.717	13,38	11.508	153.485	13,34
45 bis unter 50	12.468	183.898	14,75	11.287	168.190	14,90	11.793	174.920	14,83
50 bis unter 55	13.332	219.310	16,45	11.785	199.830	16,96	12.464	208.386	16,72
55 bis unter 60	13.661	249.134	18,24	12.691	250.955	19,77	13.119	250.151	19,07
60 bis unter 65	13.039	295.977	22,70	13.214	349.833	26,47	13.136	325.803	24,80
65 bis unter 70	5.645	169.561	30,04	5.248	163.459	31,15	5.412	165.982	30,67
70 bis unter 75	77	1.687	21,80	49	609	12,35	58	946	16,28
75 bis unter 80	157	2.422	15,45	81	4.099	50,63	103	3.601	34,80
80 und älter	0	0		100	796	8,00	66	526	8,00
Insgesamt	**12.682**	**170.976**	**13,48**	**11.674**	**165.962**	**14,22**	**12.119**	**168.175**	**13,88**

Tabelle 29.2 (Fortsetzung)

	Altersgruppen	Frauen			Männer			Frauen und Männer zusammen		
		Fälle	Tage	Tage je Fall	Fälle	Tage	Tage je Fall	Fälle	Tage	Tage je Fall
		Je 10.000 Pflichtmitglieder o. R. der Altersgruppe			Je 10.000 Pflichtmitglieder o. R. der Altersgruppe			Je 10.000 Pflichtmitglieder o. R. der Altersgruppe		
LKK	Bis unter 15	0	0	0,00	0	0	0,00	0	0	0,00
	15 bis unter 20	1.376	8.349	6,07	2.456	20.473	8,34	2.192	17.517	7,99
	20 bis unter 25	1.940	37.639	19,40	935	12.012	12,85	1.102	16.267	14,77
	25 bis unter 30	563	7.807	13,87	438	8.721	19,93	463	8.535	18,43
	30 bis unter 35	989	29.663	29,99	377	7.615	20,20	467	10.844	23,24
	35 bis unter 40	727	14.216	19,55	182	4.586	25,16	269	6.115	22,75
	40 bis unter 45	777	23.380	30,07	88	2.068	23,46	195	5.377	27,55
	45 bis unter 50	634	14.925	23,54	50	1.628	32,50	133	3.517	26,43
	50 bis unter 55	629	21.339	33,92	44	1.265	29,02	121	3.928	32,40
	55 bis unter 60	652	26.012	39,89	60	2.452	40,78	136	5.457	40,23
	60 bis unter 65	544	28.696	52,71	72	4.095	56,69	132	7.192	54,61
	65 bis unter 70	231	16.789	72,63	56	3.741	67,35	76	5.267	69,23
	70 bis unter 75	195	455	2,33	6	65	10,99	35	125	3,57
	75 bis unter 80	37	1.131	31,00	10	39	4,00	15	267	17,50
	80 und älter	0	0		141	1.661	11,75	100	1.172	11,75
	Insgesamt	662	20.616	31,13	135	3.482	25,75	210	5.928	28,17

29.7 · Arbeitsunfähigkeit nach Krankheitsarten

Tabelle 29.2 (Fortsetzung)

Altersgruppen	Frauen			Männer			Frauen und Männer zusammen		
	Fälle	Tage	Tage je Fall	Fälle	Tage	Tage je Fall	Fälle	Tage	Tage je Fall
	Je 10.000 Pflichtmitglieder o. R. der Altersgruppe			Je 10.000 Pflichtmitglieder o. R. der Altersgruppe			Je 10.000 Pflichtmitglieder o. R. der Altersgruppe		
KBS									
Bis unter 15	0	0	0,00	0	0	0,00	0	0	0,00
15 bis unter 20	12.798	71.068	5,55	13.287	75.353	5,67	13.074	73.492	5,62
20 bis unter 25	14.850	111.967	7,54	14.199	108.579	7,65	14.506	110.180	7,60
25 bis unter 30	11.393	115.265	10,12	10.033	100.066	9,97	10.686	107.368	10,05
30 bis unter 35	11.018	124.786	11,33	10.239	114.037	11,14	10.605	119.085	11,23
35 bis unter 40	11.443	142.706	12,47	10.768	136.982	12,72	11.085	139.674	12,60
40 bis unter 45	12.231	184.687	15,10	11.192	173.319	15,49	11.667	178.519	15,30
45 bis unter 50	12.718	220.275	17,32	11.489	204.109	17,77	12.024	211.146	17,56
50 bis unter 55	13.552	252.590	18,64	12.167	236.117	19,41	12.786	243.479	19,04
55 bis unter 60	13.939	282.430	20,26	13.488	284.340	21,08	13.691	283.480	20,71
60 bis unter 65	13.673	336.627	24,62	13.528	348.490	25,76	13.593	343.172	25,25
65 bis unter 70	7.099	188.041	26,49	6.850	158.852	23,19	6.945	170.002	24,48
70 bis unter 75	3.907	37.455	9,59	3.978	46.196	11,61	3.963	44.335	11,19
75 bis unter 80	2.038	28.217	13,84	3.462	36.104	10,43	3.235	34.848	10,77
80 und älter	110.392	529.902	4,80	87.474	420.361	4,81	95.372	458.108	4,80
Insgesamt	**12.668**	**195.857**	**15,46**	**11.797**	**190.358**	**16,14**	**12.194**	**192.864**	**15,82**

Tabelle 29.2 (Fortsetzung)

	Altersgruppen	Frauen			Männer			Frauen und Männer zusammen		
		Fälle	Tage	Tage je Fall	Fälle	Tage	Tage je Fall	Fälle	Tage	Tage je Fall
		Je 10.000 Pflichtmitglieder o. R. der Altersgruppe			Je 10.000 Pflichtmitglieder o. R. der Altersgruppe			Je 10.000 Pflichtmitglieder o. R. der Altersgruppe		
VdEK	Bis unter 15	985	746.299	757,62	538	197.376	366,84	712	415.019	583,28
	15 bis unter 20	19.086	106.278	5,57	18.064	102.313	5,66	18.499	104.001	5,62
	20 bis unter 25	13.693	97.680	7,13	11.770	88.562	7,52	12.681	92.884	7,32
	25 bis unter 30	10.098	91.505	9,06	7.513	71.215	9,48	8.802	81.331	9,24
	30 bis unter 35	10.766	113.518	10,54	8.718	91.355	10,48	9.762	102.657	10,52
	35 bis unter 40	11.055	130.485	11,80	9.543	111.652	11,70	10.353	121.744	11,76
	40 bis unter 45	11.603	153.266	13,21	10.088	134.151	13,30	10.956	145.100	13,24
	45 bis unter 50	12.114	178.415	14,73	10.669	161.375	15,13	11.538	171.620	14,87
	50 bis unter 55	12.780	204.229	15,98	11.255	189.459	16,83	12.196	198.571	16,28
	55 bis unter 60	13.543	235.884	17,42	12.316	235.910	19,15	13.068	235.894	18,05
	60 bis unter 65	12.965	273.461	21,09	11.783	279.527	23,72	12.487	275.914	22,10
	65 bis unter 70	6.100	140.350	23,01	4.959	120.829	24,36	5.530	130.590	23,62
	70 bis unter 75	1.274	19.430	15,25	1.404	22.046	15,71	1.351	20.984	15,53
	75 bis unter 80	742	13.259	17,87	800	16.769	20,97	778	15.437	19,85
	80 und älter	294	3.891	13,24	721	14.207	19,71	531	9.621	18,12
	Insgesamt	12.058	164.836	13,67	10.277	139.806	13,60	11.265	153.690	13,64

Fehlzeiten-Report 2019

29.7 · Arbeitsunfähigkeit nach Krankheitsarten

Tabelle 29.3 Arbeitsunfähigkeitsfälle und -tage der Pflichtmitglieder ohne Rentner nach Krankheitsartengruppen 2017

Krankheitsartengruppe	Frauen			Männer			Zusammen		
	Fälle	Tage	Tage je Fall	Fälle	Tage	Tage je Fall	Fälle	Tage	Tage je Fall
	Je 10.000 Pfl.-Mitgl.o.R.			Je 10.000 Pfl.-Mitgl.o.R.			Je 10.000 Pfl.-Mitgl.o.R.		
I. Bestimmte infektiöse und parasitäre Krankheiten	1.267	7.172	5,66	1.285	6.967	5,42	1.276	7.068	5,54
II. Neubildungen	200	8.309	41,59	145	5.133	35,51	172	6.709	39,02
III. Krankheiten des Blutes und der blutbildenden Organe sowie bestimmte Störungen mit Beteiligung des Immunsystems	18	308	16,81	11	238	21,07	15	273	18,45
IV. Endokrine, Ernährungs- und Stoffwechselkrankheiten	70	1.215	17,29	64	1.141	17,88	67	1.178	17,57
V. Psychische und Verhaltensstörungen	866	34.899	40,28	529	20.977	39,69	696	27.887	40,05
VI. Krankheiten des Nervensystems	373	4.917	13,17	246	4.040	16,44	309	4.475	14,48
VII. Krankheiten des Auges und der Augenanhangsgebilde	156	1.127	7,21	150	1.179	7,84	153	1.153	7,52
VIII. Krankheiten des Ohres und des Warzenfortsatzes	160	1.486	9,27	127	1.182	9,34	143	1.333	9,30
IX. Krankheiten des Kreislaufsystems	296	5.112	17,30	327	8.598	26,32	311	6.868	22,07
X. Krankheiten des Atmungssystems	3.790	25.269	6,67	3.206	20.976	6,54	3.496	23.107	6,61
XI. Krankheiten des Verdauungssystems	1.177	7.160	6,08	1.226	8.437	6,88	1.202	7.803	6,49
XII. Krankheiten der Haut und der Unterhaut	152	1.747	11,46	192	2.592	13,51	172	2.173	12,61

Tabelle 29.3 (Fortsetzung)

Krankheitsartengruppe	Frauen			Männer			Zusammen		
	Fälle	Tage	Tage je Fall	Fälle	Tage	Tage je Fall	Fälle	Tage	Tage je Fall
	Je 10.000 Pfl.-Mitgl.o.R.			Je 10.000 Pfl.-Mitgl.o.R.			Je 10.000 Pfl.-Mitgl.o.R.		
XIII. Krankheiten des Muskel-Skelett-Systems und des Bindegewebes	1.750	36.912	21,10	2.294	43.153	18,81	2.024	40.055	19,79
XIV. Krankheiten des Urogenitalsystems	422	3.544	8,39	142	1.708	12,03	281	2.619	9,31
XV. Schwangerschaft, Geburt und Wochenbett	233	2.616	11,21	0	0	115,81	1.298	11	
XVI. Bestimmte Zustände, die ihren Ursprung in der Perinatalperiode haben	1	12	10,44	0	4	10,70	1	8	10,51
XVII. Angeborene Fehlbildungen, Deformitäten und Chromosomenanomalien	16	363	23,13	13	264	20,56	14	313	21,96
XVIII. Symptome und abnorme klinische und Laborbefunde, die anderenorts nicht klassifiziert sind	958	8.386	8,76	753	6.630	8,81	854	7.501	8,78
XIX. Verletzungen, Vergiftungen und bestimmte andere Folgen äußerer Ursachen	575	11.382	19,81	807	15.358	19,04	692	13.385	19,36
Insgesamt (I. bis XIX. zus.)	**12.482**	**161.934**	**12,97**	**11.515**	**148.575**	**12,90**	**11.995**	**155.206**	**12,94**

Fehlzeiten-Report 2019

Frauen fehlten 2017 häufiger durch Psychische und Verhaltensstörungen (34.899 AU-Tage je 10.000 Pfl.-Mitgl.) als Männer (20.977 AU-Tage je 10.000 Pfl.-Mitgl.). Umgekehrt war es bei den Krankheiten des Muskel-Skelett-Systems und des Bindegewebes: Hier verursachten 2017 Männer 43.153 AU-Tage je 10.000 Pfl.-Mitgl., während für Frauen „nur" 36.912 AU-Tage je 10.000 Pfl.-Mitgl. ausgewiesen wurden.

Betriebliches Gesundheitsmanagement und krankheitsbedingte Fehlzeiten in der Bundesverwaltung

Annette Schlipphak

30.1	Grundlagen des Betrieblichen Gesundheitsmanagements – 742	
30.1.1	Einführung in die Evaluation – 742	
30.1.2	Ansatzpunkte der Evaluation – 742	
30.1.3	Wer ist für die Evaluation zuständig und wer verantwortlich? – 743	
30.1.4	Umsetzung der Evaluation im BGM-Prozess – 743	
30.2	Überblick über die krankheitsbedingten Abwesenheitszeiten im Jahr 2017 – 744	
30.2.1	Methodik der Datenerfassung – 744	
30.2.2	Allgemeine Entwicklung der Abwesenheitszeiten – 744	
30.2.3	Dauer der Erkrankung – 744	
30.2.4	Abwesenheitstage nach Laufbahngruppen – 745	
30.2.5	Abwesenheitstage nach Statusgruppen – 745	
30.2.6	Abwesenheitstage nach Behördengruppen – 747	
30.2.7	Abwesenheitstage nach Geschlecht – 747	
30.2.8	Abwesenheitstage nach Alter – 747	
30.2.9	Gegenüberstellung mit den Abwesenheitszeiten der AOK-Statistik – 749	
	Literatur – 750	

© Springer-Verlag GmbH Deutschland, ein Teil von Springer Nature 2019
B. Badura et al. (Hrsg.), *Fehlzeiten-Report 2019*, https://doi.org/10.1007/978-3-662-59044-7_30

•• Zusammenfassung

Die krankheitsbedingten Fehlzeiten der unmittelbaren Bundesverwaltung werden auf der Grundlage eines Kabinettsbeschlusses seit 1997 erhoben und veröffentlicht. Der nachfolgende Beitrag umfasst den Erhebungszeitraum 2017 und basiert auf dem im November 2018 veröffentlichten Gesundheitsförderungsbericht 2017. Das Schwerpunktthema des Berichts fokussiert die Evaluation im Betrieblichen Gesundheitsmanagement (BGM). Damit wird die Reihe der praxisorientierten Vertiefung des 2013 verabschiedeten Eckpunktepapiers zum Betrieblichen Gesundheitsmanagement abgeschlossen. Die Gesundheit der Beschäftigten des Bundes zu erhalten und zu fördern ist ein fortlaufendes Ziel. Darüber hinaus werden die krankheitsbedingten Abwesenheitszeiten in der Bundesverwaltung dargestellt und analysiert.

30.1 Grundlagen des Betrieblichen Gesundheitsmanagements

Das Durchschnittsalter der Beschäftigten der unmittelbaren Bundesverwaltung bleibt – trotz einer leicht rückläufigen Tendenz – hoch. Dies hat Einfluss auf die krankheitsbedingten Fehlzeiten. Gerade ältere Beschäftigte weisen bei vergleichbaren Krankheitsanlässen durchschnittlich längere Ausfallzeiten auf als jüngere. Dies ist ein wesentlicher Einflussfaktor für gerade bei älteren Beschäftigten ansteigende Fehlzeiten. Um langfristig die Gesundheit der Beschäftigten des Bundes für einen leistungsfähigen öffentlichen Dienst zu erhalten, setzt der Bund daher auf ein systematisches Gesundheitsmanagement.

30.1.1 Einführung in die Evaluation

Ein zentraler Erfolgsfaktor für ein BGM ist ein systematisches, auf einem Managementzyklus basierendes Vorgehen. Für die Bundesverwaltung wurden als Leitfaden die „Eckpunkte für ein Rahmenkonzept zur Weiterentwicklung des Betrieblichen Gesundheitsmanagements (BGM) in der Bundesverwaltung" (Mai 2014) veröffentlicht. Der Zyklus verläuft von der Analyse über die Zieldefinition, die Maßnahmenplanung zur Evaluation und beginnt dann von vorne. Der BGM-Prozess kann gelingen, wenn alle Schritte ineinandergreifen und eine regelmäßige Überprüfung der Wirksamkeit erfolgt.

30.1.2 Ansatzpunkte der Evaluation

Eine Evaluation dient der rückblickenden Wirkungskontrolle, der vorausschauenden Steuerung und der Begleitung von Prozessen. Sie fördert und fordert das Verständnis von Situationen und Prozessen. Ziel einer Evaluation ist immer, Ergebnisse, Prozesse, Strukturen und Aufwände sowie Verantwortlichkeiten zu optimieren. Die zu wählende Evaluationsmethode orientiert sich grundsätzlich an der Fragestellung, insbesondere aber auch am Zeitpunkt der Fragestellung (vor, während, nach) und an der Komplexität des Zusammenhangs, der evaluiert werden soll:

1. Prospektive bzw. vorausschauende Evaluation
   Prospektive Evaluationen haben einen vorausschauenden Charakter. Anhand von Hypothesen und Erfahrungen aus anderen Prozessen wird geprüft und bewertet, ob die angenommenen Ziele erreicht werden können. Dies bezieht sich auf Planungen, Strukturen und Entscheidungen noch vor ihrer Umsetzung.
2. Formative bzw. prozessbegleitende Evaluation
   Die formative bzw. prozessbegleitende Evaluation wird parallel zu einer Maßnahme durchgeführt. Diese wird in regelmäßigen Abständen untersucht, Zwischenresultate werden erhoben und die Maßnahme wird gegebenenfalls angepasst.

3. Summative bzw. ergebnisorientierte Evaluation

   Die ergebnisorientierte Evaluation findet nach Abschluss einer Maßnahme bzw. eines Prozesses statt. Diese Form der Evaluation ermöglicht es, die konkret vorliegenden Ergebnisse zu prüfen und damit die Wirksamkeit einer Maßnahme zusammenfassend zu bewerten. Die Evaluation kann sich auf die Konzeption, die Durchführung, die Wirksamkeit und/oder die Effizienz der Maßnahme beziehen.

Evaluation ist Bestandteil eines jeden Managementprozesses. Daher bietet es sich an, eine Nutzung/Aufnahme der BGM-Evaluation in übergeordneten Prozessen zu prüfen. Einerseits können bereits enthaltene Parameter genutzt werden, andererseits könnten hier für die Evaluation des BGM nutzbare Indikatoren berücksichtigt und aufgenommen werden. Es gibt verschiedene Ansätze (z. B. EFQM-Adaption, DIN ISO 9000:2015, ISO 45001:2018/Zertifizierung für Arbeitsschutzmanagementsysteme), die unterschiedlichen Prinzipien und inhaltlichen Ausrichtungen folgen, aber auch die Implementierung einer BGM-Evaluation aufnehmen könnten.

30.1.3 Wer ist für die Evaluation zuständig und wer verantwortlich?

Die Frage nach der Zuständigkeit und Verantwortung für das BGM und dessen Evaluation muss jede Organisation selbst beantworten. Grundsätzlich ist Evaluation ein Top-down-autorisierter und -gesteuerter Prozess, der auf den Anregungen von Experten und den betroffenen Personen, den Beschäftigten, basiert. Daher bietet es sich an, die Verantwortung für das BGM und die Koordination der Evaluation im gleichen Organisationsbereich zu verorten und die notwendigen Ressourcen wie ausgebildetes Personal, Zeit und finanzielle Mittel bereitzustellen.

30.1.4 Umsetzung der Evaluation im BGM-Prozess

Die Umsetzung einer Evaluation ist handwerklich dann gut zu leisten, wenn die vorangegangenen fünf Schritte systematisch umgesetzt worden sind. Denn dann sollten die relevanten Informationen vorliegen, die für eine Evaluation notwendig sind. Hierbei sollte man sich auf wenige aussagekräftige Parameter beschränken, die für die Weiterentwicklung des BGM zentral und relevant sind.

Idealerweise berücksichtigt die Evaluation alle nachfolgenden Ebenen:
1. Übergeordnete **Ziele**
2. **Handlungsschwerpunkte** des BGM
3. Deren jeweilige verhaltens- und verhältnisorientierte **Maßnahmen**

Auf diesen drei Ebenen sollten dann neben der **Struktur- und Prozessqualität** („Stehen die notwendigen Strukturen und Ressourcen zur Verfügung, um die gesteckten Ziele zu erreichen, und sind die festgelegten Aktivitäten wie geplant umgesetzt worden?") auch die angestrebte **Ergebnisqualität** („Sind die festgelegten Ziele erreicht?") bewertet werden.

Theoretisch lässt sich entlang dieser Dimensionen ein kaskadisches Evaluationssystem entwickeln. Dies bedeutet: Nur wenn die Maßnahmen auf der Grundlage einer fundierten Analyse abgeleitet und wie geplant umgesetzt worden sind (Struktur- und Prozessqualität) sowie erfolgreich waren, können diese Maßnahmen ihre jeweiligen Handlungsschwerpunkte positiv beeinflussen und Veränderungsprozesse auslösen. Gleiches gilt für die ebenfalls auf Grundlage der Analyse festgelegten Handlungsschwerpunkte; diese können dann eine positive Entwicklung aufweisen, die sich wiederum positiv auf die übergeordneten Ziele auswirken.

Unabhängig davon, wie tiefgreifend und umfangreich die Evaluation durchgeführt wird, bleibt ein Punkt für alle BGM-Prozesse unerlässlich: Die sich anschließende Bewertung durch die Leitungsebene. Hier werden die Gesamtstrategie des BGM reflektiert, die Zielerreichung bewertet, Korrekturmaßnahmen getroffen und Prioritäten für die Zukunft festgelegt. Regelmäßige Evaluierung vorausgesetzt, wird so ein kontinuierlicher Verbesserungsprozess eingeleitet.

30.2 Überblick über die krankheitsbedingten Abwesenheitszeiten im Jahr 2017

30.2.1 Methodik der Datenerfassung

Die krankheitsbedingten Abwesenheitszeiten der Beschäftigten in der unmittelbaren Bundesverwaltung werden seit 1997 auf der Grundlage eines Kabinettbeschlusses vom Bundesministerium des Innern, für Bau und Heimat erhoben und veröffentlicht. In der Abwesenheitszeitenstatistik der unmittelbaren Bundesverwaltung werden sämtliche Tage erfasst, an denen die Beschäftigten des Bundes (Beamte einschließlich Richter, Anwärter sowie Tarifbeschäftigte einschließlich Auszubildende mit Dienstsitz in Deutschland) im Laufe eines Jahres aufgrund einer Erkrankung, eines Unfalls oder einer Rehabilitationsmaßnahme arbeitsunfähig waren. Fehltage, die auf Wochenenden oder Feiertage fallen, sowie Abwesenheiten durch Elternzeit, Fortbildungen oder Urlaub werden nicht berücksichtigt. Die Anzahl der Krankheitsfälle wird nicht erhoben. Keine Aussagen können über die Krankheitsursachen gemacht werden, da die Diagnosen auf den Arbeitsunfähigkeitsbescheinigungen nur den Krankenkassen, nicht aber dem Arbeitgeber bzw. Dienstherrn zugänglich sind. Systematisch aufbereitet wurden die Datensätze nach den Merkmalen Dauer der Erkrankung (Kurzzeiterkrankungen bis zu drei Arbeitstagen, längere Erkrankungen von vier bis zu 30 Tagen, Langzeiterkrankungen über 30 Tage und Rehabilitationsmaßnahmen), Laufbahn-, Status- und Behördengruppen sowie Geschlecht und Alter.

30.2.2 Allgemeine Entwicklung der Abwesenheitszeiten

Die unmittelbare Bundesverwaltung umfasste 2017 insgesamt 267.207 Beschäftigte (ohne Soldatinnen und Soldaten). Für den Gesundheitsförderungsbericht 2017 konnten die krankheitsbedingten Abwesenheitszeiten von insgesamt 262.908 Beschäftigten der unmittelbaren Bundesverwaltung in die Auswertung einbezogen werden. Davon arbeiteten 9,7 % in den 23 obersten Bundesbehörden und 90,3 % in den Geschäftsbereichsbehörden. Der Krankenstand ist gegenüber 2016 in allen Bereichen rückläufig. Durchschnittlich fehlten die Beschäftigten an 20,55 Arbeitstagen. Gegenüber 2016 (21,01) sind die krankheitsbedingten Abwesenheitstage um 0,46 Arbeitstage zurückgegangen. ◘ Abb. 30.1 stellt die Entwicklung der Abwesenheitstage je Beschäftigten in der unmittelbaren Bundesverwaltung von 2002 bis 2017 dar. In diesem Zeitraum bewegt sich die Zahl der krankheitsbedingten Abwesenheitstage zwischen 16,21 und 21,01 Tagen. In den letzten 15 Jahren stieg das Durchschnittsalter der Beschäftigten der Bundesverwaltung um 1,5 Jahre an, dieser Trend wurde gestoppt. Bereits im zweiten Jahr in Folge ist das Durchschnittsalter der Beschäftigten der unmittelbaren Bundesverwaltung leicht zurückgegangen. Im Jahr 2017 waren die Beschäftigten der Bundesverwaltung im Durchschnitt 45,3 Jahre alt und damit erneut geringfügig jünger als im Vorjahr.

30.2.3 Dauer der Erkrankung

Der Anteil der Langzeiterkrankungen an den Abwesenheiten ist 2017 um 0,36 Tage zurückgegangen. Sie haben einen Anteil von 34,9 % an den gesamten krankheitsbedingten Abwesenheitszeiten. Längere Erkrankungen haben einen Anteil von 44,8 % und sind im Vergleich zum Vorjahr weitgehend stabil geblieben. Den geringsten Anteil an den Abwesenheitszeiten haben Kurzzeiterkrankungen mit 18,4 % so-

30.2 · Überblick über die krankheitsbedingten Abwesenheitszeiten im Jahr 2017

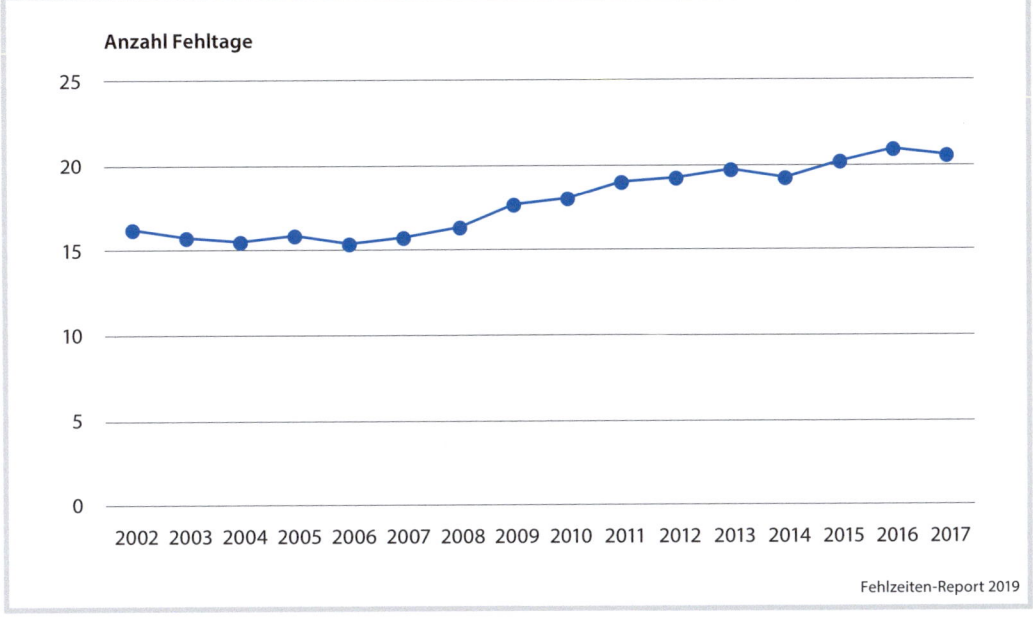

Abb. 30.1 Entwicklung der krankheitsbedingten Abwesenheitstage je Beschäftigten in der unmittelbaren Bundesverwaltung von 2002 bis 2017

wie Rehabilitationsmaßnahmen (Kuren) mit 1,88 % aller Abwesenheitstage im Jahr 2017. Wie Abb. 30.2 zeigt, hat sich das Verhältnis zwischen Kurzzeiterkrankungen, längeren Erkrankungen, Langzeiterkrankungen und Rehabilitationsmaßnahmen im Zeitverlauf nicht wesentlich verändert.

30.2.4 Abwesenheitstage nach Laufbahngruppen

Bezogen auf die verschiedenen Laufbahngruppen waren im Jahr 2017 6,7 % aller Beschäftigten im einfachen Dienst, 47,8 % im mittleren Dienst, 26,2 % im gehobenen Dienst und 12,1 % im höheren Dienst tätig. Die Tarifbeschäftigten wurden hierzu den ihren Entgeltgruppen vergleichbaren Besoldungsgruppen und den entsprechenden Laufbahngruppen zugeordnet. Wie schon in den vergangenen Jahren sinkt die Anzahl der krankheitsbedingten Abwesenheitstage mit zunehmender beruflicher Qualifikation der Beschäftigten.

Je höher die Laufbahngruppe, desto niedriger sind die Abwesenheitszeiten. Zwischen den einzelnen Laufbahngruppen bestehen dabei erhebliche Unterschiede. Durchschnittlich fehlten die Beschäftigten der Bundesverwaltung im einfachen Dienst an 31,40, im mittleren Dienst an 25,02, im gehobenen Dienst an 17,68 und im höheren Dienst an 10,10 Arbeitstagen (Abb. 30.3). Diese Entwicklung ist sowohl in den obersten Bundesbehörden als auch in den Geschäftsbereichsbehörden zu beobachten.

30.2.5 Abwesenheitstage nach Statusgruppen

In der Statistik wurden 262.908 (2016: 252.771) Beschäftigte erfasst. Das Personal der Bundesverwaltung unterteilt sich statusrechtlich in 131.109 Beamtinnen und Beamte sowie Richterinnen und Richter (im Folgenden zusammengefasst als Beamtinnen und Beamte), 112.748 Tarifbeschäftigte sowie 19.051 Auszubildende und Anwärter. Bei den Beamtinnen und Be-

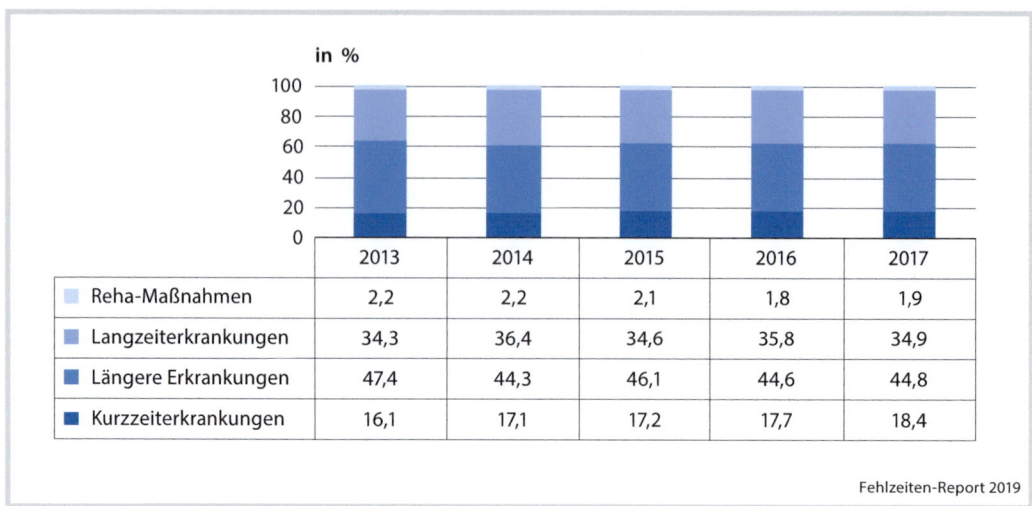

Abb. 30.2 Entwicklung der Krankheitsdauer von 2013 bis 2017 in Prozent

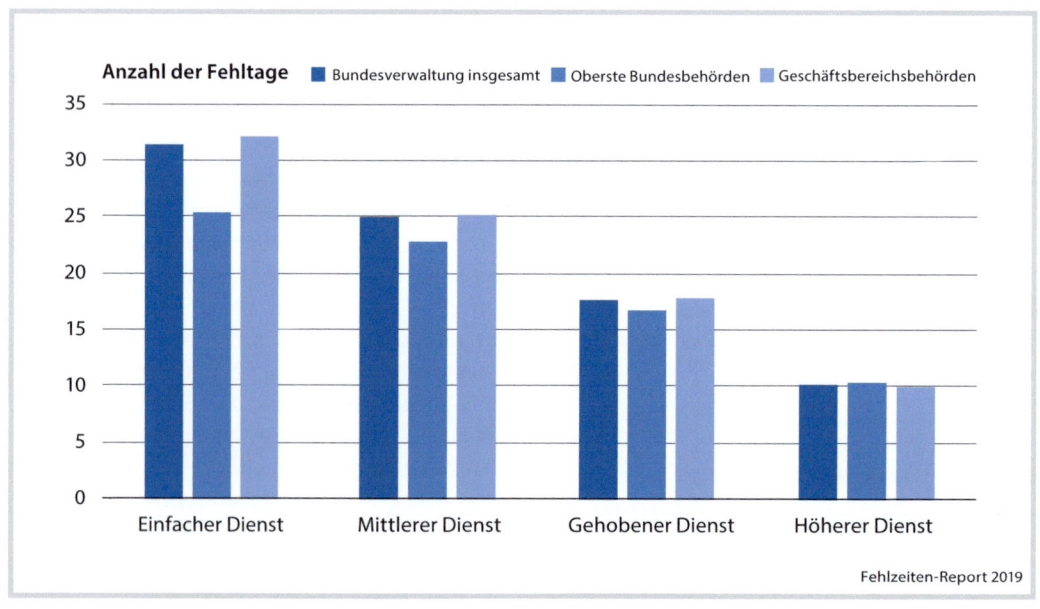

Abb. 30.3 Abwesenheitstage je Beschäftigten nach Laufbahngruppen im Jahr 2017

amten der Bundesverwaltung ist der mittlere Dienst mit 44,7 % am stärksten vertreten. Im einfachen Dienst sind 1,2 %, im gehobenen Dienst 38,1 % und im höheren Dienst 16,0 % der Beamtinnen und Beamten tätig. Die größte Gruppe der Tarifbeschäftigten der Bundesverwaltung ist mit 59,6 % im mittleren Dienst tätig. Im einfachen Dienst waren 14,2 %, im gehobenen Dienst 16,7 % und im höheren Dienst 9,5 % der Tarifbeschäftigten beschäftigt. Mit Blick auf die Statusgruppen sind die Abwesenheitstage der Beamtinnen und Beamten mit 20,87 Tagen gegenüber dem Jahr 2016 zurückgegangen und liegen unter den der Tarifbeschäftigten mit 22,15 Tagen.

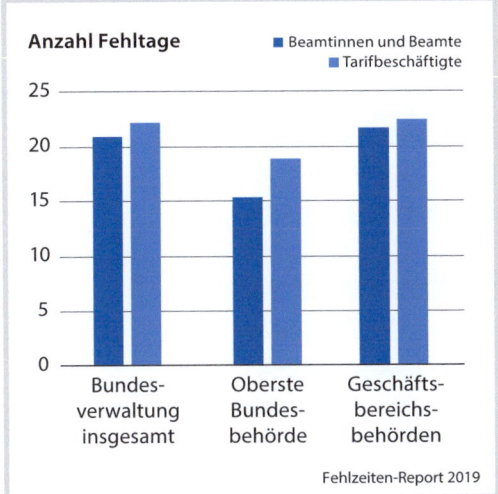

◘ **Abb. 30.4** Abwesenheitstage nach Statusgruppen in der Bundesverwaltung 2017

In den obersten Bundesbehörden weisen Beamtinnen und Beamte sowie Tarifbeschäftigte durchschnittlich weniger Abwesenheitstage auf als in den Geschäftsbereichsbehörden. Tarifbeschäftigte sind in den Geschäftsbereichsbehörden 0,85 Tage und in den obersten Bundesbehörden im Durchschnitt 3,62 Tage länger krank als Beamtinnen und Beamte (siehe ◘ Abb. 30.4).

30.2.6 Abwesenheitstage nach Behördengruppen

Seit Beginn der Erhebung der Abwesenheitszeitenstatistik in der unmittelbaren Bundesverwaltung ist die Zahl der durchschnittlichen Abwesenheitstage der Beschäftigten in den Geschäftsbereichsbehörden höher als in den obersten Bundesbehörden. Im Jahr 2017 setzt sich dieser Trend fort. Die durchschnittliche Anzahl der krankheitsbedingten Abwesenheitstage je Beschäftigten in den obersten Bundesbehörden liegt bei 16,50 (2016: 16,20) und in den Geschäftsbereichsbehörden bei 20,99 (2016: 21,53) Abwesenheitstagen (siehe ◘ Abb. 30.5). Damit waren im Jahr 2017 die Beschäftigten in den Geschäftsbereichsbehörden 3,90 Tage länger arbeitsunfähig krankgeschrieben als die Beschäftigten der obersten Bundesbehörden.

30.2.7 Abwesenheitstage nach Geschlecht

61,5 % aller Beschäftigten waren Männer, 38,5 % Frauen. Die krankheitsbedingten Abwesenheitszeiten von Beschäftigten der Bundesverwaltung waren im Jahr 2017 bei den Frauen mit durchschnittlich 21,99 Abwesenheitstagen um 2,3 Tage höher als bei den Männern mit 19,65 Abwesenheitstagen. Während längere Erkrankungen zwischen vier und 30 Tagen bei beiden Geschlechtern ähnlich häufig auftreten, finden sich bei Frauen öfters Kurzzeiterkrankungen. Langzeiterkrankungen kommen dagegen häufiger bei Männern als bei Frauen vor (siehe ◘ Abb. 30.6).

30.2.8 Abwesenheitstage nach Alter

Die Beschäftigten der Bundesverwaltung waren im Jahr 2017 im Durchschnitt 45,3 (2016: 45,6) Jahre alt. Das durchschnittliche Alter lag bei den Beamten bei 44,8 (2016: 45,1) Jahren und bei den Tarifbeschäftigten bei 45,9 (2016: 46,1) Jahren. Seit 2002 ist das Durchschnittsalter der Beschäftigten im Bundesdienst um 1,6 Jahre gestiegen. ◘ Abb. 30.7 zeigt, dass seit zwei Jahren ein leichter Rückgang des Durchschnittsalters zu beobachten ist.

Die Zahl der krankheitsbedingten Abwesenheitstage der Beschäftigten der unmittelbaren Bundesverwaltung steigt mit zunehmendem Alter an (siehe ◘ Abb. 30.8). Der Anstieg fällt bei Frauen und Männern in etwa gleich hoch aus. Die Statistik zeigt, dass ältere Beschäftigte bei einer Erkrankung im Schnitt länger ausfallen als ihre jüngeren Kolleginnen und Kollegen. Der Anstieg der Krankheitsdauer hat zur Folge, dass der Krankenstand

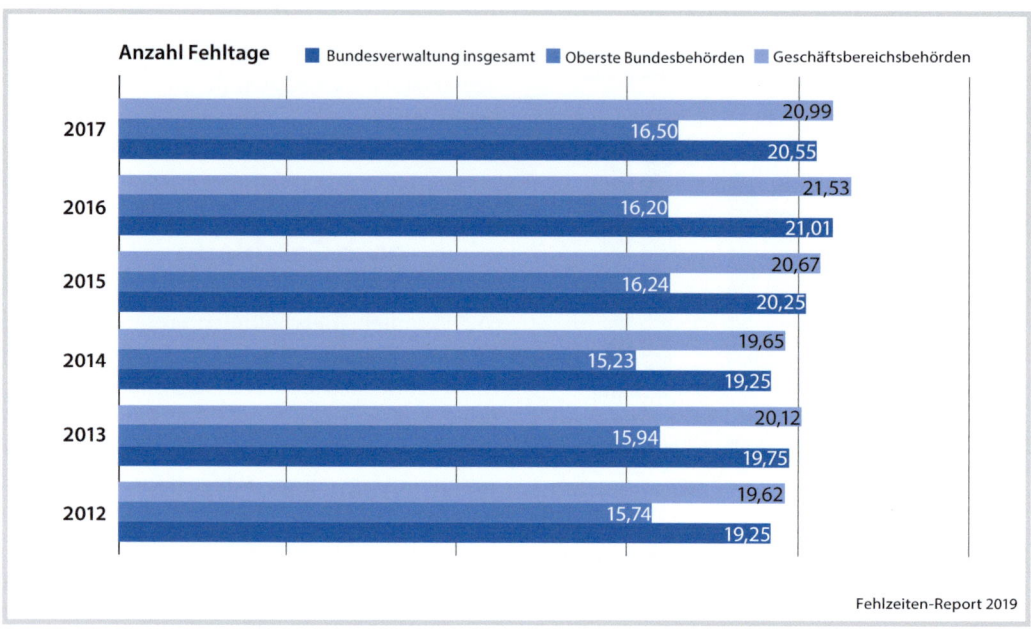

◘ **Abb. 30.5** Abwesenheitstage je Beschäftigten nach Behördengruppen

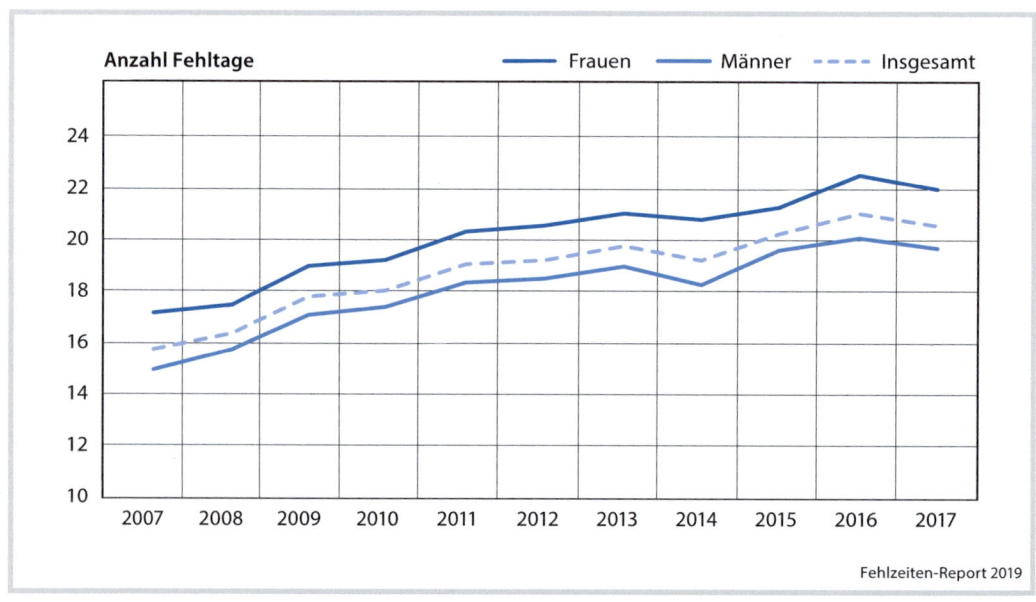

◘ **Abb. 30.6** Entwicklung der Abwesenheitszeiten in der unmittelbaren Bundesverwaltung nach Geschlecht von 2007 bis 2017

trotz der Abnahme der Krankmeldungen mit zunehmendem Alter deutlich ansteigt. Dieser Effekt wird dadurch verstärkt, dass ältere Beschäftigte häufiger von mehreren Erkrankungen gleichzeitig betroffen sind. Dieser Trend kehrt sich erst in der Altersgruppe der über

30.2 · Überblick über die krankheitsbedingten Abwesenheitszeiten im Jahr 2017

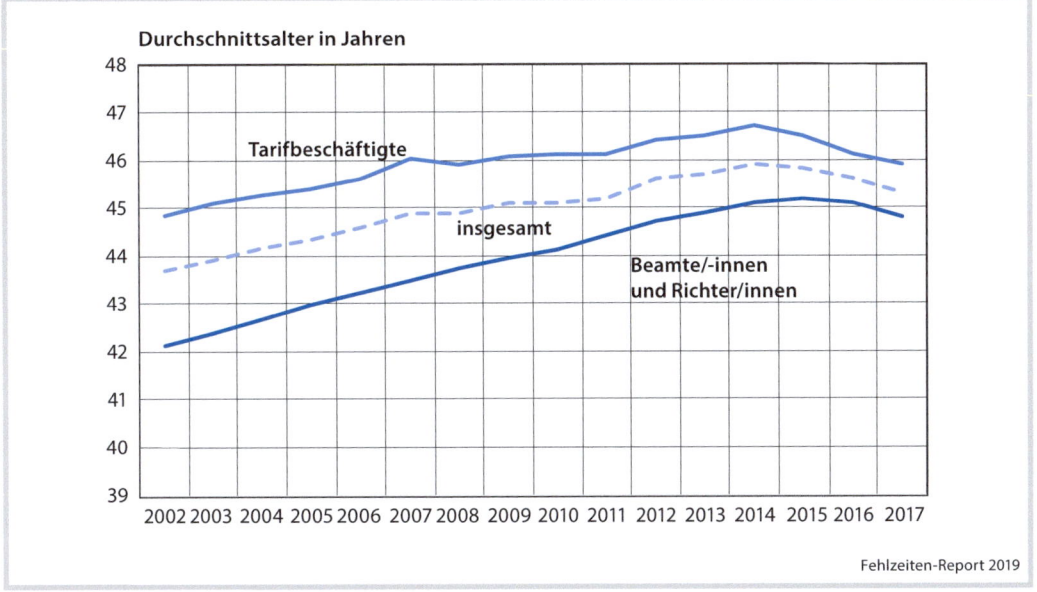

Abb. 30.7 Durchschnittsalter der Beschäftigten in der unmittelbaren Bundesverwaltung 2002 bis 2017 * (ohne Geschäftsbereich BMVg)

60-Jährigen um, da gesundheitlich stark beeinträchtigte ältere Beschäftigte häufig vorzeitig aus der analysierten Gruppe ausscheiden. Für die Bundesverwaltung sind dabei zusätzlich die besonderen Altersgrenzen beim Eintritt in den Ruhestand, z. B. bei der Bundespolizei, zu berücksichtigen. Im Jahr 2017 fehlten über 60-jährige Beschäftigte der unmittelbaren Bundesverwaltung durchschnittlich an 30,51 Tagen. Damit liegt der Wert gegenüber den unter 25-jährigen Beschäftigten (10,4 Tage) um das 2,9-fache höher. Die krankheitsbedingten Abwesenheiten steigen in fast allen Laufbahngruppen mit zunehmendem Alter kontinuierlich an (siehe Abb. 30.8). Der größte Unterschied zwischen den einzelnen Laufbahngruppen besteht bei den über 60-Jährigen: In dieser Altersgruppe haben die Beschäftigten im höheren Dienst durchschnittlich 15,31 Abwesenheitstage und die Beschäftigten des einfachen Dienstes 41,45 Abwesenheitstage. Dies ergibt eine Differenz von 26,14 Tagen.

30.2.9 Gegenüberstellung mit den Abwesenheitszeiten der AOK-Statistik

Für eine Gegenüberstellung der krankheitsbedingten Abwesenheiten der unmittelbaren Bundesverwaltung mit dem Fehlzeiten-Report der AOK werden die Fehlzeiten der AOK gesamt und des AOK-Bereichs „Öffentliche Verwaltung" herangezogen. Vergleichswerte sind die Abwesenheitszeiten von 13,2 Mio. erwerbstätigen AOK-Versicherten (Badura et al. 2018). Die krankheitsbedingten Abwesenheitszeiten der unmittelbaren Bundesverwaltung wurden ansatzweise bereinigt und standardisiert. Abb. 30.9 zeigt die Entwicklung der bereinigten und standardisierten Abwesenheitszeitenquote der unmittelbaren Bundesverwaltung und des Krankenstands der erwerbstätigen AOK-Versicherten.

Bei einem Vergleich der Abwesenheitszeiten der Bundesverwaltung mit denen der Wirtschaft ist immer zu berücksichtigen, dass sich die Standards der Abwesenheitszeitenerhebungen systembedingt ganz erheblich voneinander

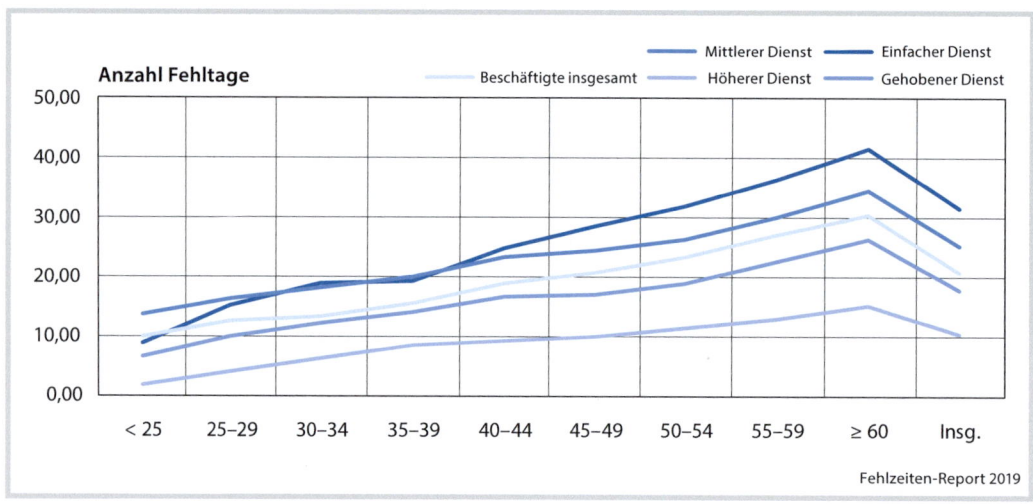

☐ **Abb. 30.8** Krankenstand in der Bundesverwaltung nach Laufbahngruppen im Altersverlauf 2017

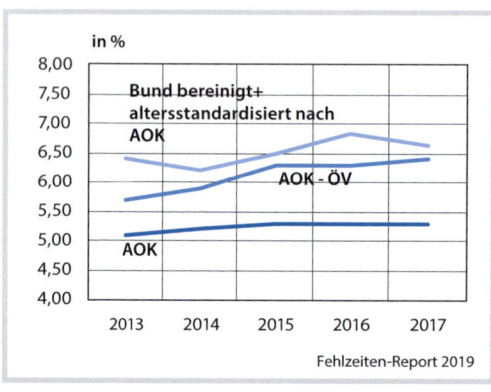

☐ **Abb. 30.9** Entwicklung der Abwesenheitszeitenquote der Beschäftigten der Bundesverwaltung und der erwerbstätigen AOK-Versicherten (inkl. Bereich der öffentlichen Verwaltung/Sozialversicherung) von 2013 bis 2017 in Prozent

unterscheiden. Die Krankenstanderhebungen unterliegen keinen einheitlichen Standards für die Ermittlung von Abwesenheitszeiten, deren Erfassungsmethodik sowie deren Auswertung. Ein weiterer erheblicher Unterschied liegt in den Strukturen der Beschäftigtengruppen, wodurch sich bekannte Einflussgrößen wie Alter, Geschlecht und Tätigkeit unterschiedlich auswirken und zu Verzerrungen führen. So ist der Anteil älterer Beschäftigter in der unmittelbaren Bundesverwaltung deutlich höher als in der gesamten Erwerbsbevölkerung. Im Jahr 2017 waren 59,3 % der Beschäftigten der unmittelbaren Bundesverwaltung 45 Jahre und älter. In der übrigen Erwerbsbevölkerung in Deutschland liegt demgegenüber der Anteil der über 45-Jährigen bei 50,1 %. Die 25- bis 44-Jährigen, die in der gesamten Erwerbsbevölkerung mit 41,4 % die stärkste Altersgruppe bilden, machen im Bundesdienst nur 33,2 % aus (Statistisches Bundesamt 2017; Mikrozensus 2017).

Literatur

Badura B, Ducki A, Schröder H, Klose J, Meyer M (Hrsg) (2018) Fehlzeiten-Report 2018. Sinn erleben – Arbeit und Gesundheit. Springer, Berlin

Statistisches Bundesamt (2017) Fachserie 14 Reihe 6, Finanzen und Steuern, Personal des öffentlichen Dienstes. Wiesbaden

Quelle für die demografischen Angaben zur Gesamtbevölkerung und zu den Beschäftigten des Bundes: Statistisches Bundesamt

Serviceteil

Anhang 1 – 752

Anhang 2 – 762

Die Autorinnen und Autoren – 767

Stichwortverzeichnis – 798

© Springer-Verlag GmbH Deutschland, ein Teil von Springer Nature 2019
B. Badura et al. (Hrsg.), *Fehlzeiten-Report 2019*, https://doi.org/10.1007/978-3-662-59044-7

Anhang 1

Internationale statistische Klassifikation der Krankheiten und verwandter Gesundheitsprobleme (10. Revision, Version 2019, German Modification)

I. Bestimmte infektiöse und parasitäre Krankheiten (A00–B99)	
A00–A09	Infektiöse Darmkrankheiten
A15–A19	Tuberkulose
A20–A28	Bestimmte bakterielle Zoonosen
A30–A49	Sonstige bakterielle Krankheiten
A50–A64	Infektionen, die vorwiegend durch Geschlechtsverkehr übertragen werden
A65–A69	Sonstige Spirochätenkrankheiten
A70–A74	Sonstige Krankheiten durch Chlamydien
A75–A79	Rickettsiosen
A80–A89	Virusinfektionen des Zentralnervensystems
A92–A99	Durch Arthropoden übertragene Viruskrankheiten und virale hämorrhagische Fieber
B00–B09	Virusinfektionen, die durch Haut- und Schleimhautläsionen gekennzeichnet sind
B15–B19	Virushepatitis
B20–B24	HIV-Krankheit [Humane Immundefizienz-Viruskrankheit]
B25–B34	Sonstige Viruskrankheiten
B35–B49	Mykosen
B50–B64	Protozoenkrankheiten
B65–B83	Helminthosen
B85–B89	Pedikulose [Läusebefall], Akarinose [Milbenbefall] und sonstiger Parasitenbefall der Haut
B90–B94	Folgezustände von infektiösen und parasitären Krankheiten
B95–B98	Bakterien, Viren und sonstige Infektionserreger als Ursache von Krankheiten, die in anderen Kapiteln klassifiziert sind
B99–B99	Sonstige Infektionskrankheiten

Anhang 1

II. Neubildungen (C00–D48)	
C00–C97	Bösartige Neubildungen
D00–D09	In-situ-Neubildungen
D10–D36	Gutartige Neubildungen
D37–D48	Neubildungen unsicheren oder unbekannten Verhaltens

III. Krankheiten des Blutes und der blutbildenden Organe sowie bestimmte Störungen mit Beteiligung des Immunsystems (D50–D90)	
D50–D53	Alimentäre Anämien
D55–D59	Hämolytische Anämien
D60–D64	Aplastische und sonstige Anämien
D65–D69	Koagulopathien, Purpura und sonstige hämorrhagische Diathesen
D70–D77	Sonstige Krankheiten des Blutes und der blutbildenden Organe
D80–D90	Bestimmte Störungen mit Beteiligung des Immunsystems

IV. Endokrine, Ernährungs- und Stoffwechselkrankheiten (E00–E90)	
E00–E07	Krankheiten der Schilddrüse
E10–E14	Diabetes mellitus
E15–E16	Sonstige Störungen der Blutglukose-Regulation und der inneren Sekretion des Pankreas
E20–E35	Krankheiten sonstiger endokriner Drüsen
E40–E46	Mangelernährung
E50–E64	Sonstige alimentäre Mangelzustände
E65–E68	Adipositas und sonstige Überernährung
E70–E90	Stoffwechselstörungen

V. Psychische und Verhaltensstörungen (F00–F99)

F00–F09	Organische, einschließlich symptomatischer psychischer Störungen
F10–F19	Psychische und Verhaltensstörungen durch psychotrope Substanzen
F20–F29	Schizophrenie, schizotype und wahnhafte Störungen
F30–F39	Affektive Störungen
F40–F48	Neurotische, Belastungs- und somatoforme Störungen
F50–F59	Verhaltensauffälligkeiten mit körperlichen Störungen und Faktoren
F60–F69	Persönlichkeits- und Verhaltensstörungen
F70–F79	Intelligenzstörung
F80–F89	Entwicklungsstörungen
F90–F98	Verhaltens- und emotionale Störungen mit Beginn in der Kindheit und Jugend
F99	Nicht näher bezeichnete psychische Störungen

VI. Krankheiten des Nervensystems (G00–G99)

G00–G09	Entzündliche Krankheiten des Zentralnervensystems
G10–G14	Systematrophien, die vorwiegend das Zentralnervensystem betreffen
G20–G26	Extrapyramidale Krankheiten und Bewegungsstörungen
G30–G32	Sonstige degenerative Krankheiten des Nervensystems
G35–G37	Demyelinisierende Krankheiten des Zentralnervensystems
G40–G47	Episodische und paroxysmale Krankheiten des Nervensystems
G50–G59	Krankheiten von Nerven, Nervenwurzeln und Nervenplexus
G60–G64	Polyneuroapathien und sonstige Krankheiten des peripheren Nervensystems
G70–G73	Krankheiten im Bereich der neuromuskulären Synapse und des Muskels
G80–G83	Zerebrale Lähmung und sonstige Lähmungssyndrome
G90–G99	Sonstige Krankheiten des Nervensystems

Anhang 1

VII. Krankheiten des Auges und der Augenanhangsgebilde (H00–H59)	
H00–H06	Affektionen des Augenlides, des Tränenapparates und der Orbita
H10–H13	Affektionen der Konjunktiva
H15–H22	Affektionen der Sklera, der Hornhaut, der Iris und des Ziliarkörpers
H25–H28	Affektionen der Linse
H30–H36	Affektionen der Aderhaut und der Netzhaut
H40–H42	Glaukom
H43–H45	Affektionen des Glaskörpers und des Augapfels
H46–H48	Affektionen des N. opticus und der Sehbahn
H49–H52	Affektionen der Augenmuskeln, Störungen der Blickbewegungen sowie Akkommodationsstörungen und Refraktionsfehler
H53–H54	Sehstörungen und Blindheit
H55–H59	Sonstige Affektionen des Auges und der Augenanhangsgebilde

VIII. Krankheiten des Ohres und des Warzenfortsatzes (H60–H95)	
H60–H62	Krankheiten des äußeren Ohres
H65–H75	Krankheiten des Mittelohres und des Warzenfortsatzes
H80–H83	Krankheiten des Innenohres
H90–H95	Sonstige Krankheiten des Ohres

IX. Krankheiten des Kreislaufsystems (I00–I99)	
I00–I02	Akutes rheumatisches Fieber
I05–I09	Chronische rheumatische Herzkrankheiten
I10–I15	Hypertonie [Hochdruckkrankheit]
I20–I25	Ischämische Herzkrankheiten
I26–I28	Pulmonale Herzkrankheit und Krankheiten des Lungenkreislaufs
I30–I52	Sonstige Formen der Herzkrankheit
I60–I69	Zerebrovaskuläre Krankheiten
I70–I79	Krankheiten der Arterien, Arteriolen und Kapillaren
I80–I89	Krankheiten der Venen, der Lymphgefäße und der Lymphknoten, anderenorts nicht klassifiziert
I95–I99	Sonstige und nicht näher bezeichnete Krankheiten des Kreislaufsystems

X. Krankheiten des Atmungssystems (J00–J99)

J00–J06	Akute Infektionen der oberen Atemwege
J09–J18	Grippe und Pneumonie
J20–J22	Sonstige akute Infektionen der unteren Atemwege
J30–J39	Sonstige Krankheiten der oberen Atemwege
J40–J47	Chronische Krankheiten der unteren Atemwege
J60–J70	Lungenkrankheiten durch exogene Substanzen
J80–J84	Sonstige Krankheiten der Atmungsorgane, die hauptsächlich das Interstitium betreffen
J85–J86	Purulente und nekrotisierende Krankheitszustände der unteren Atemwege
J90–J94	Sonstige Krankheiten der Pleura
J95–J99	Sonstige Krankheiten des Atmungssystems

XI. Krankheiten des Verdauungssystems (K00–K93)

K00–K14	Krankheiten der Mundhöhle, der Speicheldrüsen und der Kiefer
K20–K31	Krankheiten des Ösophagus, des Magens und des Duodenums
K35–K38	Krankheiten der Appendix
K40–K46	Hernien
K50–K52	Nichtinfektiöse Enteritis und Kolitis
K55–K64	Sonstige Krankheiten des Darms
K65–K67	Krankheiten des Peritoneums
K70–K77	Krankheiten der Leber
K80–K87	Krankheiten der Gallenblase, der Gallenwege und des Pankreas
K90–K93	Sonstige Krankheiten des Verdauungssystems

XII. Krankheiten der Haut und der Unterhaut (L00–L99)

L00–L08	Infektionen der Haut und der Unterhaut
L10–L14	Bullöse Dermatosen
L20–L30	Dermatitis und Ekzem
L40–L45	Papulosquamöse Hautkrankheiten
L50–L54	Urtikaria und Erythem
L55–L59	Krankheiten der Haut und der Unterhaut durch Strahleneinwirkung
L60–L75	Krankheiten der Hautanhangsgebilde
L80–L99	Sonstige Krankheiten der Haut und der Unterhaut

Anhang 1

XIII. Krankheiten des Muskel-Skelett-Systems und des Bindegewebes (M00–M99)	
M00–M25	Arthropathien
M30–M36	Systemkrankheiten des Bindegewebes
M40–M54	Krankheiten der Wirbelsäule und des Rückens
M60–M79	Krankheiten der Weichteilgewebe
M80–M94	Osteopathien und Chondropathien
M95–M99	Sonstige Krankheiten des Muskel-Skelett-Systems und des Bindegewebes

XIV. Krankheiten des Urogenitalsystems (N00–N99)	
N00–N08	Glomeruläre Krankheiten
N10–N16	Tubulointerstitielle Nierenkrankheiten
N17–N19	Niereninsuffizienz
N20–N23	Urolithiasis
N25–N29	Sonstige Krankheiten der Niere und des Ureters
N30–N39	Sonstige Krankheiten des Harnsystems
N40–N51	Krankheiten der männlichen Genitalorgane
N60–N64	Krankheiten der Mamma [Brustdrüse]
N70–N77	Entzündliche Krankheiten der weiblichen Beckenorgane
N80–N98	Nichtentzündliche Krankheiten des weiblichen Genitaltraktes
N99–N99	Sonstige Krankheiten des Urogenitalsystems

XV. Schwangerschaft, Geburt und Wochenbett (O00–O99)	
O00–O08	Schwangerschaft mit abortivem Ausgang
O09–O09	Schwangerschaftsdauer
O10–O16	Ödeme, Proteinurie und Hypertonie während der Schwangerschaft, der Geburt und des Wochenbettes
O20–O29	Sonstige Krankheiten der Mutter, die vorwiegend mit der Schwangerschaft verbunden sind
O30–O48	Betreuung der Mutter im Hinblick auf den Fetus und die Amnionhöhle sowie mögliche Entbindungskomplikationen
O60–O75	Komplikation bei Wehentätigkeit und Entbindung
O80–O82	Entbindung
O85–O92	Komplikationen, die vorwiegend im Wochenbett auftreten
O94–O99	Sonstige Krankheitszustände während der Gestationsperiode, die anderenorts nicht klassifiziert sind

XVI. Bestimmte Zustände, die ihren Ursprung in der Perinatalperiode haben (P00–P96)	
P00–P04	Schädigung des Fetus und Neugeborenen durch mütterliche Faktoren und durch Komplikationen bei Schwangerschaft, Wehentätigkeit und Entbindung
P05–P08	Störungen im Zusammenhang mit der Schwangerschaftsdauer und dem fetalen Wachstum
P10–P15	Geburtstrauma
P20–P29	Krankheiten des Atmungs- und Herz-Kreislaufsystems, die für die Perinatalperiode spezifisch sind
P35–P39	Infektionen, die für die Perinatalperiode spezifisch sind
P50–P61	Hämorrhagische und hämatologische Krankheiten beim Fetus und Neugeborenen
P70–P74	Transitorische endokrine und Stoffwechselstörungen, die für den Fetus und das Neugeborene spezifisch sind
P75–P78	Krankheiten des Verdauungssystems beim Fetus und Neugeborenen
P80–P83	Krankheitszustände mit Beteiligung der Haut und der Temperaturregulation beim Fetus und Neugeborenen
P90–P96	Sonstige Störungen, die ihren Ursprung in der Perinatalperiode haben

XVII. Angeborene Fehlbildungen, Deformitäten und Chromosomenanomalien (Q00–Q99)	
Q00–Q07	Angeborene Fehlbildungen des Nervensystems
Q10–Q18	Angeborene Fehlbildungen des Auges, des Ohres, des Gesichtes und des Halses
Q20–Q28	Angeborene Fehlbildungen des Kreislaufsystems
Q30–Q34	Angeborene Fehlbildungen des Atmungssystems
Q35–Q37	Lippen-, Kiefer- und Gaumenspalte
Q38–Q45	Sonstige angeborene Fehlbildungen des Verdauungssystems
Q50–Q56	Angeborene Fehlbildungen der Genitalorgane
Q60–Q64	Angeborene Fehlbildungen des Harnsystems
Q65–Q79	Angeborene Fehlbildungen und Deformitäten des Muskel-Skelett-Systems
Q80–Q89	Sonstige angeborene Fehlbildungen
Q90–Q99	Chromosomenanomalien, anderenorts nicht klassifiziert

Anhang 1

XVIII. Symptome und abnorme klinische und Laborbefunde, die anderenorts nicht klassifiziert sind (R00–R99)	
R00–R09	Symptome, die das Kreislaufsystem und das Atmungssystem betreffen
R10–R19	Symptome, die das Verdauungssystem und das Abdomen betreffen
R20–R23	Symptome, die die Haut und das Unterhautgewebe betreffen
R25–R29	Symptome, die das Nervensystem und das Muskel-Skelett-System betreffen
R30–R39	Symptome, die das Harnsystem betreffen
R40–R46	Symptome, die das Erkennungs- und Wahrnehmungsvermögen, die Stimmung und das Verhalten betreffen
R47–R49	Symptome, die die Sprache und die Stimme betreffen
R50–R69	Allgemeinsymptome
R70–R79	Abnorme Blutuntersuchungsbefunde ohne Vorliegen einer Diagnose
R80–R82	Abnorme Urinuntersuchungsbefunde ohne Vorliegen einer Diagnose
R83–R89	Abnorme Befunde ohne Vorliegen einer Diagnose bei der Untersuchung anderer Körperflüssigkeiten, Substanzen und Gewebe
R90–R94	Abnorme Befunde ohne Vorliegen einer Diagnose bei bildgebender Diagnostik und Funktionsprüfungen
R95–R99	Ungenau bezeichnete und unbekannte Todesursachen

XIX. Verletzungen, Vergiftungen und bestimmte andere Folgen äußerer Ursachen (S00–T98)	
S00–S09	Verletzungen des Kopfes
S10–S19	Verletzungen des Halses
S20–S29	Verletzungen des Thorax
S30–S39	Verletzungen des Abdomens, der Lumbosakralgegend, der Lendenwirbelsäule und des Beckens
S40–S49	Verletzungen der Schulter und des Oberarms
S50–S59	Verletzungen des Ellenbogens und des Unterarms
S60–S69	Verletzungen des Handgelenks und der Hand
S70–S79	Verletzungen der Hüfte und des Oberschenkels
S80–S89	Verletzungen des Knies und des Unterschenkels
S90–S99	Verletzungen der Knöchelregion und des Fußes
T00–T07	Verletzung mit Beteiligung mehrerer Körperregionen
T08–T14	Verletzungen nicht näher bezeichneter Teile des Rumpfes, der Extremitäten oder anderer Körperregionen
T15–T19	Folgen des Eindringens eines Fremdkörpers durch eine natürliche Körperöffnung
T20–T32	Verbrennungen oder Verätzungen
T33–T35	Erfrierungen
T36–T50	Vergiftungen durch Arzneimittel, Drogen und biologisch aktive Substanzen
T51–T65	Toxische Wirkungen von vorwiegend nicht medizinisch verwendeten Substanzen
T66–T78	Sonstige nicht näher bezeichnete Schäden durch äußere Ursachen
T79–T79	Bestimmte Frühkomplikationen eines Traumas
T80–T88	Komplikationen bei chirurgischen Eingriffen und medizinischer Behandlung, anderenorts nicht klassifiziert
T89–T89	Sonstige Komplikationen eines Traumas, anderenorts nicht klassifiziert
T90–T98	Folgen von Verletzungen, Vergiftungen und sonstigen Auswirkungen äußerer Ursachen

XX. Äußere Ursachen von Morbidität und Mortalität (V01–Y84)	
V01–X59	Unfälle
X60–X84	Vorsätzliche Selbstbeschädigung
X85–Y09	Tätlicher Angriff
Y10–Y34	Ereignis, dessen nähere Umstände unbestimmt sind
Y35–Y36	Gesetzliche Maßnahmen und Kriegshandlungen
Y40–Y84	Komplikationen bei der medizinischen und chirurgischen Behandlung

Anhang 1

XXI. Faktoren, die den Gesundheitszustand beeinflussen und zur Inanspruchnahme des Gesundheitswesen führen (Z00–Z99)	
Z00–Z13	Personen, die das Gesundheitswesen zur Untersuchung und Abklärung in Anspruch nehmen
Z20–Z29	Personen mit potentiellen Gesundheitsrisiken hinsichtlich übertragbarer Krankheiten
Z30–Z39	Personen, die das Gesundheitswesen im Zusammenhang mit Problemen der Reproduktion in Anspruch nehmen
Z40–Z54	Personen, die das Gesundheitswesen zum Zwecke spezifischer Maßnahmen und zur medizinischen Betreuung in Anspruch nehmen
Z55–Z65	Personen mit potenziellen Gesundheitsrisiken aufgrund sozioökonomischer oder psychosozialer Umstände
Z70–Z76	Personen, die das Gesundheitswesen aus sonstigen Gründen in Anspruch nehmen
Z80–Z99	Personen mit potentiellen Gesundheitsrisiken aufgrund der Familien- oder Eigenanamnese und bestimmte Zustände, die den Gesundheitszustand beeinflussen

XXII. Schlüsselnummern für besondere Zwecke (U00–U99)	
U00–U49	Vorläufige Zuordnungen für Krankheiten mit unklarer Ätiologie und nicht belegte Schlüsselnummern
U50–U52	Funktionseinschränkung
U55	Erfolgte Registrierung zur Organtransplantation
U60–U61	Stadieneinteilung der HIV-Infektion
U69	Sonstige sekundäre Schlüsselnummern für besondere Zwecke
U80–U85	Infektionserreger mit Resistenzen gegen bestimmte Antibiotika oder Chemotherapeutika
U99–U99	Nicht belegte Schlüsselnummern

Anhang 2

Branchen in der deutschen Wirtschaft basierend auf der Klassifikation der Wirtschaftszweige (Ausgabe 2008/NACE)

Banken und Versicherungen		
K	Erbringung von Finanz- und Versicherungsdienstleistungen	
	64	Erbringung von Finanzdienstleistungen
	65	Versicherungen, Rückversicherungen und Pensionskassen (ohne Sozialversicherung)
	66	Mit Finanz- und Versicherungsdienstleistungen verbundene Tätigkeiten
Baugewerbe		
F	Baugewerbe	
	41	Hochbau
	42	Tiefbau
	43	Vorbereitende Baustellenarbeiten, Bauinstallation und sonstiges Ausbaugewerbe
Dienstleistungen		
I	Gastgewerbe	
	55	Beherbergung
	56	Gastronomie
J	Information und Kommunikation	
	58	Verlagswesen
	59	Herstellung, Verleih und Vertrieb von Filmen und Fernsehprogrammen; Kinos; Tonstudios und Verlegen von Musik
	60	Rundfunkveranstalter
	61	Telekommunikation
	62	Erbringung von Dienstleistungen der Informationstechnologie
	63	Informationsdienstleistungen
L	Grundstücks- und Wohnungswesen	
	68	Grundstücks- und Wohnungswesen

Anhang 2

M	**Erbringung von freiberuflichen, wissenschaftlichen und technischen Dienstleistungen**
	69 — Rechts- und Steuerberatung, Wirtschaftsprüfung
	70 — Verwaltung und Führung von Unternehmen und Betrieben; Unternehmensberatung
	71 — Architektur- und Ingenieurbüros; technische, physikalische und chemische Untersuchung
	72 — Forschung und Entwicklung
	73 — Werbung und Marktforschung
	74 — Sonstige freiberufliche, wissenschaftliche und technische Tätigkeiten
	75 — Veterinärwesen
N	**Erbringung von sonstigen wirtschaftlichen Dienstleistungen**
	77 — Vermietung von beweglichen Sachen
	78 — Vermittlung und Überlassung von Arbeitskräften
	79 — Reisebüros, Reiseveranstalter und Erbringung sonstiger Reservierungsdienstleistungen
	80 — Wach- und Sicherheitsdienste sowie Detekteien
	81 — Gebäudebetreuung; Garten- und Landschaftsbau
	82 — Erbringung von wirtschaftlichen Dienstleistungen für Unternehmen und Privatpersonen a. n. g.
Q	**Gesundheits- und Sozialwesen**
	86 — Gesundheitswesen
	87 — Heime (ohne Erholungs- und Ferienheime)
	88 — Sozialwesen (ohne Heime)
R	**Kunst, Unterhaltung und Erholung**
	90 — Kreative, künstlerische und unterhaltende Tätigkeiten
	91 — Bibliotheken, Archive, Museen, botanische und zoologische Gärten
	92 — Spiel-, Wett- und Lotteriewesen
	93 — Erbringung von Dienstleistungen des Sports, der Unterhaltung und der Erholung
S	**Erbringung von sonstigen Dienstleistungen**
	94 — Interessenvertretungen sowie kirchliche und sonstige religiöse Vereinigungen (ohne Sozialwesen und Sport)
	95 — Reparatur von Datenverarbeitungsgeräten und Gebrauchsgütern
	96 — Erbringung von sonstigen überwiegend persönlichen Dienstleistungen
T	**Private Haushalte mit Hauspersonal; Herstellung von Waren und Erbringung von Dienstleistungen durch private Haushalte für den Eigenbedarf**
	97 — Private Haushalte mit Hauspersonal
	98 — Herstellung von Waren und Erbringung von Dienstleistungen durch private Haushalte für den Eigenbedarf ohne ausgeprägten Schwerpunkt

Energie, Wasser, Entsorgung und Bergbau		
B	**Bergbau und Gewinnung von Steinen und Erden**	
	5	Kohlenbergbau
	6	Gewinnung von Erdöl und Erdgas
	7	Erzbergbau
	8	Gewinnung von Steinen und Erden, sonstiger Bergbau
	9	Erbringung von Dienstleistungen für den Bergbau und für die Gewinnung von Steinen und Erden
D	**Energieversorgung**	
	35	Energieversorgung
E	**Wasserversorgung; Abwasser- und Abfallentsorgung und Beseitigung von Umweltverschmutzungen**	
	36	Wasserversorgung
	37	Abwasserentsorgung
	38	Sammlung, Behandlung und Beseitigung von Abfällen; Rückgewinnung
	39	Beseitigung von Umweltverschmutzungen und sonstige Entsorgung
Erziehung und Unterricht		
P	**Erziehung und Unterricht**	
	85	Erziehung und Unterricht
Handel		
G	**Handel; Instandhaltung und Reparatur von Kraftfahrzeugen**	
	45	Handel mit Kraftfahrzeugen; Instandhaltung und Reparatur von Kraftfahrzeugen
	46	Großhandel (ohne Handel mit Kraftfahrzeugen)
	47	Einzelhandel (ohne Handel mit Kraftfahrzeugen)
Land- und Forstwirtschaft		
A	**Land- und Forstwirtschaft, Fischerei**	
	1	Landwirtschaft, Jagd und damit verbundene Tätigkeiten
	2	Forstwirtschaft und Holzeinschlag
	3	Fischerei und Aquakultur

Anhang 2

Metallindustrie

C	Verarbeitendes Gewerbe	
	24	Metallerzeugung und -bearbeitung
	25	Herstellung von Metallerzeugnissen
	26	Herstellung von Datenverarbeitungsgeräten, elektronischen und optischen Erzeugnissen
	27	Herstellung von elektrischen Ausrüstungen
	28	Maschinenbau
	29	Herstellung von Kraftwagen und Kraftwagenteilen
	30	Sonstiger Fahrzeugbau

Öffentliche Verwaltung

O	Öffentliche Verwaltung, Verteidigung; Sozialversicherung	
	84	Öffentliche Verwaltung, Verteidigung; Sozialversicherung
U	Exterritoriale Organisationen und Körperschaften	
	99	Exterritoriale Organisationen und Körperschaften

Verarbeitendes Gewerbe

C	Verarbeitendes Gewerbe	
	10	Herstellung von Nahrungs- und Futtermitteln
	11	Getränkeherstellung
	12	Tabakverarbeitung
	13	Herstellung von Textilien
	14	Herstellung von Bekleidung
	15	Herstellung von Leder, Lederwaren und Schuhen
	16	Herstellung von Holz-, Flecht-, Korb- und Korkwaren (ohne Möbel)
	17	Herstellung von Papier, Pappe und Waren daraus
	18	Herstellung von Druckerzeugnissen; Vervielfältigung von bespielten Ton-, Bild- und Datenträgern
	19	Kokerei und Mineralölverarbeitung
	20	Herstellung von chemischen Erzeugnissen
	21	Herstellung von pharmazeutischen Erzeugnissen
	22	Herstellung von Gummi- und Kunststoffwaren
	23	Herstellung von Glas und Glaswaren, Keramik, Verarbeitung von Steinen und Erden
	31	Herstellung von Möbeln
	32	Herstellung von sonstigen Waren
	33	Reparatur und Installation von Maschinen und Ausrüstungen

Verkehr und Transport		
H	Verkehr und Lagerei	
	49	Landverkehr und Transport in Rohrfernleitungen
	50	Schifffahrt
	51	Luftfahrt
	52	Lagerei sowie Erbringung von sonstigen Dienstleistungen für den Verkehr
	53	Post-, Kurier- und Expressdienste

Die Autorinnen und Autoren

Prof. Dr. Bernhard Badura

Universität Bielefeld
Fakultät für Gesundheitswissenschaften
Bielefeld

Dr. rer. soc., Studium der Soziologie, Philosophie und Politikwissenschaften in Tübingen, Freiburg, Konstanz und Harvard/Mass. Seit März 2008 Emeritus der Fakultät für Gesundheitswissenschaften der Universität Bielefeld.

Dörte Behrendt

Leuphana Universität Lüneburg
Institut für Psychologie
Lüneburg

Dörte Behrendt ist Psychologin und wissenschaftliche Mitarbeiterin in der Abteilung Gesundheitspsychologie und Angewandte Biologische Psychologie der Leuphana Universität Lüneburg. Ihr Arbeits- und Forschungsschwerpunkt ist die Entwicklung und Evaluation onlinebasierter Gesundheitsinterventionen im Bereich Unternehmenskultur und Resilienzförderung. Sie ist als Beraterin und Trainerin für betriebliches Gesundheitsmanagement tätig.

Claudia Bindl

Hochschule Magdeburg – Stendal
Institut für Gesundheitsförderung und Prävention in Lebenswelten
Magdeburg

Claudia Bindl ist Dipl. Pflegewirtin und seit fast 20 Jahren als Beraterin und Prozessbegleiterin zur gesundheitsförderlichen Personal- und Organisationsentwicklung tätig. Als Mitarbeiterin der Landesvereinigung für Gesundheit und Akademie für Sozialmedizin Niedersachsen hat sie das Gesundheitsmanagement in der niedersächsischen Landesverwaltung aufgebaut und weiterentwickelt, insbesondere für die niedersächsische Justiz. Seit 2017 arbeitet sie an der Hochschule Magdeburg in dem Kooperationsprojekt der AOK Sachsen-Anhalt „BGM im Dialog" und begleitet Unternehmen in Veränderungsprozessen. Ihre Forschungsschwerpunkte sind die Gestaltung der Veränderungs- und Kommunikationsarchitektur mit ihren Strukturen, Prozessen sowie dem konkreten Design und die methodische Ausgestaltung.

Prof. Dr. Andreas Boes

Institut für Sozialwissenschaftliche Forschung e. V. München (ISF)
München

Prof. Dr. Andreas Boes ist einer der Pioniere der deutschen Digitalisierungsforschung. Er befasst sich seit mehr als 30 Jahren mit der Informatisierung der Gesellschaft und der Zukunft der Arbeit. Mit seinem Team am ISF München forscht er aktuell zu den Herausforderungen des Übergangs zur Informationsökonomie und den Erfolgsbedingungen einer humanen Gestaltung dieser Entwicklung. Boes ist im Vorstand des ISF München, Direktor des neu gegründeten Bayerischen Forschungsinstituts für Digitale Transformation (BIDT) und außerplanmäßiger Professor an der Technischen Universität Darmstadt.

Dr. Leif Boß

Leuphana Universität Lüneburg
Institut für Psychologie
Lüneburg

Leif Boß ist Informatikkaufmann und Psychologe und arbeitet als wissenschaftlicher Mitarbeiter in der Abteilung Gesundheitspsychologie und Angewandte Biologische Psychologie an der Leuphana Universität Lüneburg. Der Schwerpunkt seiner Forschung ist E-Mental-Health. Im Rahmen seiner Dissertation hat er mehrere randomisiert-kontrollierte Studien durchgeführt, um die Wirksamkeit internetbasierter Trainings zur Reduktion von riskantem Alkoholkonsum und von depressiven Beschwerden zu untersuchen.

Die Autorinnen und Autoren

Karl-Heinz Brandl

ver.di Bundesverwaltung
Berlin

Karl-Heinz Brandl leitet den ver.di-Bereich Innovation und Gute Arbeit.
Er ist gelernter Industriemeister Elektrotechnik im Fachbereich Nachrichtentechnik und hat u. a. die ver.di-innotec GmbH geleitet. Seit 2010 ist er hauptamtlich in der ver.di Bundesverwaltung tätig.

Dr. Martina Brandt

Beuth Hochschule für Technik Berlin
Berlin

Diplom-Wirtschaftswissenschaftlerin mit langjährigen Erfahrungen in der Innovationsforschung. Promotion 1984 zur algorithmischen Modellierung von Produktionsabläufen. Seit 1992 in Forschung und Lehre an verschiedenen Berliner und Brandenburger Hochschulen tätig. Arbeitsschwerpunkte: Innovationsmanagement für KMU, Trends in Forschung und Technologie, Innovations- und Fachkräftebedarfsanalysen, wissenschaftliche Evaluation von Programmen und Projekten, digitale Prävention und Gesundheitsförderung in Unternehmen.

Klaus Busch

Rheinbach

Studium der Elektrotechnik/Nachrichtentechnik an der FH Lippe, Abschluss: Diplom-Ingenieur. Studium der Volkswirtschaftslehre mit dem Schwerpunkt Sozialpolitik an der Universität Hamburg, Abschluss: Diplom-Volkswirt. Referent in der Grundsatz- und Planungsabteilung des Bundesministeriums für Arbeit und Sozialordnung (BMA) für das Rechnungswesen und die Statistik in der Sozialversicherung. Referent in der Abteilung „Krankenversicherung" des Bundesministeriums für Gesundheit (BMG) für ökonomische Fragen der zahnmedizinischen Versorgung und für Heil- und Hilfsmittel. Danach Referent in der Abteilung „Grundsatzfragen der Gesundheitspolitik, Pflegesicherung, Prävention" des BMG im Referat „Grundsatzfragen der Gesundheitspolitik, Gesamtwirtschaftliche und steuerliche Fragen, Statistik des Gesundheitswesens". Vertreter des BMG im Statistischen Beirat des Statistischen Bundesamtes. Seit Mai 2014 im Ruhestand.

Dr. Elisa Clauß

Bundesvereinigung der Deutschen Arbeitgeberverbände (BDA)
Berlin

Dr. Elisa Clauß ist seit 2018 Referentin für Arbeitswissenschaft in der Abteilung Soziale Sicherung der BDA. Ihr Themenschwerpunkt liegt im Bereich Arbeit und Gesundheit mit Fokus auf Arbeitsschutz und -gestaltung, psychische Gesundheit, Digitalisierung und Arbeit 4.0. Frau Dr. Clauß arbeitete zuvor als Wissenschaftlerin und Beraterin in verschiedenen Praxisprojekten zur Kompetenzentwicklung im Bereich der Arbeits-, Ingenieurs- und Organisationspsychologie.

Dr. Katharina Dengler

Institut für Arbeitsmarkt- und Berufsforschung (IAB)
Nürnberg

Dr. Katharina Dengler ist wissenschaftliche Mitarbeiterin in der Forschungsgruppe „Berufliche Arbeitsmärkte" am Institut für Arbeitsmarkt- und Berufsforschung (IAB). Sie arbeitet seit 2009 am IAB und war von 2010 bis 2015 zudem Stipendiatin im gemeinsamen Graduiertenprogramm (GradAB) des IAB und des Fachbereichs Wirtschaftswissenschaften der Universität Erlangen-Nürnberg, wo sie 2016 promovierte. Zuvor studierte sie Volkswirtschaftslehre an der Ludwig-Maximilians-Universität zu München mit dem Abschluss als Diplom-Volkswirtin (Univ.) im Jahr 2008. Ihre Forschungsinteressen umfassen die empirische Arbeitsmarktökonomie, quantitative Methoden, die Evaluation von aktiven Arbeitsmarktprogrammen, der Task-Based Approach sowie die Folgen der Digitalisierung für die Arbeitswelt.

Prof. Dr. Jan Dettmers

MSH Medical School Hamburg – University of Applied Sciences and Medical University
Hamburg

Studium der Psychologie, Informatik und Soziologie an den Universitäten Hamburg und La Sapienza Rom. Seit 2015 Professor für Arbeits- und Organisationspsychologie an der Medical School Hamburg (MSH). Seine Forschungsschwerpunkte liegen im Bereich Arbeit und Gesundheit sowie entsprechenden arbeitspsychologischen Interventionen, insbesondere bei neuen, flexiblen Formen der Arbeit. Freiberuflich engagiert sich Jan Dettmers in der Entwicklung und Durchführung unternehmensspezifischer Vorgehensweisen bei der Gefährdungsbeurteilung psychischer Belastungen.

Dr. Mathias Diebig

Heinrich-Heine-Universität Düsseldorf
Institut für Arbeits-, Sozial- und Umweltmedizin
Düsseldorf

Dr. Mathias Diebig, Dipl.-Psych., ist seit 2016 Projektkoordinator des BMBF-geförderten Projektes DYNAMIK 4.0 und wissenschaftlicher Mitarbeiter am Institut für Arbeits-, Sozial- und Umweltmedizin an der Heinrich-Heine-Universität in Düsseldorf. Zuvor promovierte er am Lehrstuhl für Personalentwicklung und Veränderungsmanagement am Zentrum für Hochschul-Bildung der TU Dortmund zum Thema Führung und Gesundheit. Neben diesen Themen ist sein Forschungsinteresse dem Zusammenhang zwischen Merkmalen der Arbeit und Gesundheit, insb. Führung und Pendeln, gewidmet.

Prof. Dr. Nico Dragano

Heinrich-Heine-Universität Düsseldorf
Institut für Medizinische Soziologie
Centre for Health and Society (CHS)
Düsseldorf

Prof. Dr. Nico Dragano ist seit 2012 Leiter des Instituts für Medizinische Soziologie am Universitätsklinikum Düsseldorf und Leiter des Studiengangs Public Health an der Medizinischen Fakultät der Henrich-Heine-Universität Düsseldorf. Ein Schwerpunkt seiner wissenschaftlichen Tätigkeit ist die Erforschung der gesundheitlichen Folgen von Arbeitsbelastungen. Untersucht werden Aspekte wie die Entstehung und Wirkung von Arbeitsstress, der Einfluss von Führung und Management auf die Gesundheit der Beschäftigten oder die Bedeutung sozial- und wirtschaftspolitischer Regelungen für ein gesundes Arbeitsumfeld.

Prof. Dr. Antje Ducki

Beuth Hochschule für Technik Berlin
Fachbereich I: Wirtschafts- und Gesellschaftswissenschaften
Berlin

Nach Abschluss des Studiums der Psychologie an der Freien Universität Berlin als wissenschaftliche Mitarbeiterin an der TU Berlin tätig. Betriebliche Gesundheitsförderung für die AOK Berlin über die Gesellschaft für Betriebliche Gesundheitsförderung, Mitarbeiterin am Bremer Institut für Präventionsforschung und Sozialmedizin, Hochschulassistentin an der Universität Hamburg. 1998 Promotion in Leipzig. Seit 2002 Professorin für Arbeits- und Organisationspsychologie an der Beuth Hochschule für Technik Berlin. Arbeitsschwerpunkte: Arbeit und Gesundheit, Gender und Gesundheit, Mobilität und Gesundheit, Stressmanagement, Betriebliche Gesundheitsförderung.

Sabrina Fenn

AOK – Die Gesundheitskasse für Niedersachsen
Hannover

Sabrina Fenn studierte Health Communication und Public Health an der Universität Bielefeld mit den Schwerpunkten Betriebliches Gesundheitsmanagement und Prävention. Seit April 2016 ist sie als Beraterin für Betriebliches Gesundheitsmanagement bei der AOK Niedersachsen beschäftigt. Im November 2016 wechselte sie zum Innovationsprojekt „Gesundheit in der Arbeitswelt 4.0", in dem sie sich mit der Weiterentwicklung des Betrieblichen Gesundheitsmanagements sowie der Wirkung der neuen Arbeitswelt auf die Gesundheit der Beschäftigten befasst.

Dr. Nicolas Feuerhahn

VBG – Ihre gesetzliche Unfallversicherung
München

Dr. Nicolas Feuerhahn arbeitet als Referent für Arbeitspsychologie in der Prävention der Verwaltungs-Berufsgenossenschaft. Dr. Feuerhahn befasst sich unter anderem mit gesunder Führung, indirekter Steuerung in Organisationen, betrieblichem Gesundheitsmanagement, Stressprävention und psychischen Belastungen bei der Arbeit, neuen Büroarbeitsformen, so wie mit der Bedeutung der biologischen Rhythmen des Menschen in der Schichtarbeit. Zu diesen und weiteren Themen berät er Unternehmen, ist als Dozent in Seminaren aktiv und hält als Referent Vorträge auf Firmen- und Netzwerkveranstaltungen.

Leonie Franzen

Institut für Betriebliche Gesundheitsförderung
BGF GmbH
Köln

Leonie Franzen studierte Bewegung und Gesundheit an der Justus-Liebig-Universität Gießen (B. Sc.) sowie Bewegungs- und Gesundheitswissenschaften an der Bergischen Universität Wuppertal (M. A.). Seit 2018 ist sie im Institut für Betriebliche Gesundheitsförderung im Team Ergonomie als Fachberaterin für betriebliches Gesundheitsmanagement tätig und betreut die Umsetzung und Weiterentwicklung des Schrittzählerwettbewerbs Schritt4fit.

Prof. Dr. Anita Graf

Hochschule für Wirtschaft FHNW
Institut für Personalmanagement und Organisation
Olten, Schweiz

Studium der Betriebswirtschaftslehre an der Rechts- und Wirtschaftswissenschaftlichen Fakultät der Universität Bern. Promotion zum Thema „Lebenszyklusorientierte Personalentwicklung – ein Ansatz für die Erhaltung und Förderung von Leistungsfähigkeit und -bereitschaft während des gesamten betrieblichen Lebenszyklus". Langjährige Tätigkeit in der Finanzindustrie im Bereich Personalentwicklung und Führungsausbildung, davon 3 Jahre in leitender Funktion. Seit 2004 Dozentin für Human Resource Management an der Hochschule für Wirtschaft FHNW. Programmleiterin der rund 20-tägigen Zertifikatslehrgänge „Moderne Personal- und Organisationsentwicklung" sowie „Selbstmanagement-Kompetenz stärken". Daneben selbstständige Tätigkeit als Coach, Trainerin, Consultant in unterschiedlichen Branchen. Thematische Schwerpunkte: Strategische und Lebenszyklusorientierte Personalentwicklung, Förderung von Selbstmanagement-Kompetenz auf individueller und organisationaler Ebene, Führungskräfteentwicklung, Potenzialentfaltung, berufliche und persönliche Standortbestimmungen.

Anouschka Gronau

AOK – Die Gesundheitskasse für Niedersachsen
Hannover

Anouschka Gronau studierte Public Health an der Universität Bremen und absolvierte den Master of Arts in Sportwissenschaften an der Georg-August-Universität Göttingen. Im Jahr 2015 übernahm sie als Koordinatorin der internen Betrieblichen Gesundheitsförderung der AOK Niedersachsen die Implementierung von Strukturen und Maßnahmen zum Betrieblichen Gesundheitsmanagement. Mit Übernahme der Leitung des Stabsbereichs sowie des gleichnamigen Innovationsprojekts „Gesundheit in der Arbeitswelt 4.0" steht die Weiterentwicklung des externen Betrieblichen Gesundheitsmanagements im Fokus.

Prof. Dr. Jochen Gurt

FOM Hochschule für Oekonomie & Management
Essen

Jochen Gurt lehrt als Professor für Arbeits- und Organisationspsychologie an der Fachhochschule für Oekonomie und Management (FOM). Er ist zudem als Leiter des Instituts für innovative Organisations- und Personalberatung (IOP) in Bochum seit vielen Jahren auch als Berater, Dozent und Trainer in der betrieblichen Praxis in Themenfeldern rund um Führungskräfte-, Team- und Organisationsentwicklung und betriebliches Gesundheitsmanagement unterwegs. Als Vater zweier Kinder und Partner einer arbeitenden Frau gewinnt er zudem vielerlei Einblicke in die Herausforderungen des Managements der Life-Domain-Balance.

Oliver Hasselmann

Institut für Betriebliche Gesundheitsförderung
BGF GmbH
Köln

Oliver Hasselmann studierte Diplom-Geographie in Köln und absolvierte 2015 berufsbegleitend den Master of Health Administration (MHA) an der Fakultät für Gesundheitswissenschaften der Universität Bielefeld. Seit 2008 ist er im Team Forschung & Entwicklung im Institut für Betriebliche Gesundheitsförderung tätig. Er beschäftigt sich neben dem BGM und der BGF mit Fragestellungen zum demografischen Wandel, der Arbeits- und Beschäftigungsfähigkeit in KMU. Seit 2016 leitet er das Teilvorhaben „Prävention 4.0 – Gesundheit in der Arbeitswelt 4.0".

Ute Held

Hochschule Magdeburg – Stendal
Institut für Gesundheitsförderung und Prävention in Lebenswelten
Magdeburg

Ute Held ist Dipl. Sozialwirtin und seit über 20 Jahren als Beraterin und Prozessbegleiterin zur gesundheitsförderlichen Personal- und Organisationsentwicklung tätig. Seit 2017 arbeitet sie an der Hochschule Magdeburg-Stendal in dem Kooperationsprojekt der AOK Sachsen-Anhalt „BGM im Dialog" und begleitet Unternehmen in Veränderungsprozessen. Ihre Arbeitsschwerpunkte sind Dialog und Konflikt im Rahmen beteiligungsorientierter Prozesse in der gesundheitsförderlichen Organisationsentwicklung.

Prof. Dr. Hartmut Hirsch-Kreinsen

Technische Universität Dortmund
Fakultät Wirtschaftswissenschaften
Dortmund

Prof. Dr., Dipl.-Wirtsch.-Ing., bis 2015 Inhaber des Lehrstuhls Wirtschafts- und Industriesoziologie, seitdem Seniorprofessor an der TU Dortmund. Zuvor war er am Institut für Sozialwissenschaftliche Forschung e. V. München (ISF München) und an der TU Darmstadt beschäftigt. Derzeit leitet er das Forschungsgebiet Industrie- und Arbeitsforschung an der TU Dortmund (ZWE Sozialforschungsstelle). Sein aktueller Arbeitsschwerpunkt umfasst Fragen der sozialen, organisatorischen und personellen Konsequenzen der Digitalisierung der Produktion (Industrie 4.0).

Miriam-Maleika Höltgen

Wissenschaftliches Institut der AOK (WIdO)
Berlin

Studium der Germanistik, Geschichte und Politikwissenschaften an der Friedrich-Schiller-Universität Jena (M. A.); wissenschaftliche Mitarbeiterin am Institut für Literaturwissenschaft. Im Anschluss berufliche Stationen in Verlagen in den Bereichen Redaktion, Lektorat, Layout und Herstellung. Seit 2006 im Wissenschaftlichen Institut der AOK (WIdO) im Forschungsbereich Betriebliche Gesundheitsförderung, Heilmittel und ambulante Bedarfsplanung, hier insbesondere verantwortlich für die Redaktion des Fehlzeiten-Reports.

Prof. Dr. Annekatrin Hoppe

Humboldt-Universität zu Berlin
Institut für Psychologie
Berlin

Professorin für Occupational Health Psychology am Institut für Psychologie der Humboldt-Universität zu Berlin. Ihre Forschungsinteressen liegen im Bereich Arbeit und Gesundheit mit den Schwerpunkten gesundheitsbezogene (Online-)Interventionen, neue Formen der Arbeit und Arbeitsmigration und Gesundheit.

Prof. Dr. Monique Janneck

Technische Hochschule Lübeck
Fachbereich Elektrotechnik und Informatik
Lübeck

Professorin für Mensch-Computer-Interaktion am Fachbereich Elektrotechnik und Informatik sowie Wissenschaftliche Direktorin des Instituts für Lerndienstleistungen der Technischen Hochschule Lübeck. Ihre Forschungsinteressen liegen im Bereich Digitalisierung der Arbeit, digital gestützte Lernformen, computergestützte Kommunikation und Kooperation, Entwicklung und Usability von Online-Applikationen.

Sophie Jent

Technische Hochschule Lübeck
Fachbereich Elektrotechnik und Informatik
Lübeck

Sophie Jent arbeitet als wissenschaftliche Mitarbeiterin an der Technischen Hochschule Lübeck am Fachbereich Elektrotechnik und Informatik in der Arbeitsgruppe Human-Computer-Interaction. Ihre Forschungsinteressen liegen im Bereich Gamification, User Experience und Barrierefreiheit.

Die Autorinnen und Autoren

Dr. Gisa Junghanns

Bundesanstalt für Arbeitsschutz und Arbeitsmedizin (BAuA)
Berlin

Diplom-Psychologin, 1981–1986 Studium der Arbeits- und Ingenieurpsychologie an der TU Dresden, im Anschluss wissenschaftliche Mitarbeiterin am Zentralinstitut für Arbeitsmedizin in Berlin, Fachabteilung Psychophysiologie, 1992 Promotion an der Humboldt-Universität Berlin (Dr. rer. nat.), von 1996–2008 wissenschaftliche Mitarbeiterin in der Bundesanstalt für Arbeitsschutz und Arbeitsmedizin im Fachbereich Arbeit und Gesundheit, seit 2009 wissenschaftliche Mitarbeiterin, stellv. Leitung der Fachgruppe „Psychische Belastung". Arbeitsschwerpunkte: Arbeitsintensität, Zeit- und Leistungsdruck im Dienstleistungsbereich, Informationsflut durch digitale Medien am Arbeitsplatz.

Dr. Tobias Kämpf

Institut für Sozialwissenschaftliche Forschung e. V. München (ISF)
München

Dr. Tobias Kämpf ist Wissenschaftler am ISF München und Lehrbeauftragter an der Friedrich-Alexander-Universität Erlangen-Nürnberg. Als Soziologie forscht er international zur Digitalisierung von Arbeit und dem Wandel von Gesellschaft. Seine Forschungsgebiete reichen von digitalen Geschäftsmodellen und dem Umbruch in Unternehmen über neue agile Arbeitsformen bis hin zu den Auswirkungen auf die Arbeitsbedingungen und die Folgen für Beschäftigte.

Joachim Klose

Wissenschaftliches Institut der AOK (WIdO)
Berlin

Diplom-Soziologe. Nach Abschluss des Studiums der Soziologie an der Universität Bamberg (Schwerpunkt Sozialpolitik und Sozialplanung) wissenschaftlicher Mitarbeiter im Rahmen der Berufsbildungsforschung an der Universität Duisburg. Seit 1993 wissenschaftlicher Mitarbeiter im Wissenschaftlichen Institut der AOK (WIdO) im AOK-Bundesverband; Leiter des Forschungsbereichs Betriebliche Gesundheitsforschung, Heilmittel und ambulante Bedarfsplanung.

Jan Koch

SRH Hochschule Berlin
Berlin

Jan Koch ist M. Sc. der Sozial-, Organisations- und Wirtschaftspsychologie und aktuell wissenschaftlicher Mitarbeiter an der SRH Hochschule Berlin. Zu seinen Forschungsschwerpunkten gehören das Arbeiten in agilen Teams, Arbeitgeberattraktivität und das psychologische Empowerment von Beschäftigten in New Work-Arbeitsplätzen.

Sylvia Kraus

Hochschule für angewandte Wissenschaften Aalen
Fakultät Wirtschaftswissenschaften
Aalen

Sylvia Kraus studierte an der Otto-von Guericke-Universität Magdeburg (B. Sc.) und der Friedrich-Schiller-Universität Jena (M. Sc.) Psychologie mit Vertiefung Arbeits- und Organisationspsychologie. Sie ist seit 2016 wissenschaftliche Mitarbeiterin und Doktorandin an der Hochschule Aalen im Forschungsprojekt „Präventionsorientierte Gestaltung mobiler Arbeit – prentimo". Forschungsinteressen liegen neben der mobilen Arbeit auch im Bereich digitalisierte und agile Arbeitsformen sowie der Persönlichkeitsforschung.

Dr. Jana Kühnel

Universität Ulm
Arbeits- und Organisationspsychologie
Ulm

Jana Kühnel ist promovierte Diplom-Psychologin. Aktuell forscht und lehrt sie an der Universität Ulm in der Abteilung Arbeits- und Organisationspsychologie. In ihrer Forschung beschäftigt sie sich mit den Themen Schlaf/zirkadianer Rhythmus (Chronotyp) & Arbeit, Kreativität & Innovation bei der Arbeit, Selbstregulation & Affekt sowie Erholung von Arbeitsstress unter Berücksichtigung neuer Technologien und gesellschaftlicher Veränderungen.

Daniela Kunze

Beuth Hochschule für Technik Berlin
Berlin

Diplom-Psychologin mit dem Schwerpunkt in Arbeits- und Organisationspsychologie, Seit 2002 in unterschiedlichen Forschungsprojekten der Universität Potsdam, bei komega e. V. sowie der Beuth Hochschule für Technik in Berlin tätig. Arbeitsschwerpunkte: Arbeitsbelastung, Arbeitsbeanspruchung, Beanspruchungsfolgen, betriebliches Gesundheitsmanagement, Training und Interventionen, Personalentwicklung sowie digitale Prävention und Gesundheitsförderung in Unternehmen. Begleitend zur Forschungstätigkeit Beraterin und Verhaltenstrainerin im Bereich Gefährdungsbeurteilung, Kommunikation, Konfliktmanagement, Führungskräftecoaching sowie Gastlehraufträge an der Humboldt Universität zu Berlin.

Prof. Dr. Dirk Lehr

Leuphana Universität Lüneburg
Institut für Psychologie
Lüneburg

Dirk Lehr ist Professor für Gesundheitspsychologie und Angewandte Biologische Psychologie an der Leuphana Universität Lüneburg. Zuvor war er Medizin-Psychologe und Psychologischer Psychotherapeut an der Philipps Universität Marburg. Schwerpunkte seiner Arbeit sind das Thema Arbeit und Gesundheit, insbesondere der Zusammenhang von beruflichem Stress mit Schlafstörungen und depressiven Störungen, sowie die Untersuchung der gesundheitlichen Auswirkungen von Erholung nach beruflicher Belastung und der Förderung von Erholungsverhalten. Zum anderen arbeitet er an der Entwicklung und Evaluation von Interventionen zur Gesundheitsforderung im Berufsleben mit Schwerpunkt auf Occupational E-Mental Health. Er untersucht Online-Gesundheitstrainings für chronisch gestresste Berufstätige, deren gesundheitliche sowie gesundheitsökonomische Effekte.

Andrea Lohmann-Haislah

Bundesanstalt für Arbeitsschutz und Arbeitsmedizin (BAuA)
Berlin

Dipl.-Psych., 1991–1997 Studium der Psychologie an der FU-Berlin (Schwerpunkt Gesundheits-, Arbeits- und Organisationspsychologie). Im Anschluss wissenschaftliche Mitarbeiterin an der HTW Berlin (1998–2000) und im Gemeinsamen Krebsregister Berlin/Neue Länder (2000), sodann Senior Consultant bei einer Berliner Unternehmensberatung im Bereich Arbeits- und Gesundheitsschutz (2001–2007). Seit 2007 Referentin und wissenschaftliche Mitarbeiterin bei der Bundesanstalt für Arbeitsschutz und Arbeitsmedizin (Gruppe 3.5 Psychische Belastung).

Die Autorinnen und Autoren

Dr. Natalie Lotzmann

SAP SE
Walldorf

Dr. Natalie Lotzmann ist Betriebswirtin und Ärztin für Arbeitsmedizin, Allgemeinmedizin, Umweltmedizin, Wirtschaftsmediatorin und Business Coach. Sie leitet als Global Vice President Human Resources und Chief Medical Officer heute den Bereich Gesundheitsmanagement global bei SAP. Von 2003–2011 baute sie zusätzlich den Bereich Diversity Management auf.
Ihr Schwerpunkt liegt auf der Entwicklung innovativer Programme, die Lebensbalance, Gesundheit, Wohlbefinden, Produktivität und Innovationskraft fördern. Sie entwickelt digitale Konzepte, die weltweit skalieren und durch innovative KPIs evaluiert werden können.
Ihre Arbeit wurde vielfältig ausgezeichnet, u. a. mit Sonderpreisen des Great Place to Work Awards „Gesundheit", „Diversity", „Chancengleichheit", einem MUWIT Weiterbildungsaward, mehrere Move Europe Awards, Corporate Health Awards und einem EU-OSHA Award.
Frau Dr. Lotzmann ist Mitglied des Vorsitzes des Netzwerks „Unternehmen für Gesundheit", Mitglied des Aufsichtsrates des Zentralinstitutes für Seelische Gesundheit in Mannheim und Themenbotschafter Gesundheit im Betrieb in der INQA Initiative am Bundesministerium für Arbeit und Soziales. Hier engagiert sie sich in der Förderung von Gesundheit in der Zielgruppe Klein- und Mittelständische Unternehmen.

Maia Maisuradze

Wissenschaftliches Institut der AOK (WIdO)
Berlin

Maia Maisuradze studierte Gesundheitswissenschaften an der medizinischen Universität Tiflis (B. Sc.) und der Charité-Universitätsmedizin Berlin (M. Sc.). Derzeit studiert sie Psychologie und Erziehungswissenschaften an der Freien Universität Berlin. Seit Januar 2019 arbeitet sie im Wissenschaftlichen Institut der AOK (WIdO) im Forschungsbereich Betriebliche Gesundheitsförderung, Heilmittel und ambulante Bedarfsplanung als studentische Mitarbeiterin.

Markus Meyer

Wissenschaftliches Institut der AOK (WIdO)
Berlin

Diplom-Sozialwissenschaftler. Berufliche Stationen nach dem Studium: Team Gesundheit der Gesellschaft für Gesundheitsmanagement mbH, BKK Bundesverband und spectrum|K GmbH. Tätigkeiten in den Bereichen Betriebliche Gesundheitsförderung, Datenmanagement und IT-Projekte. Seit 2010 wissenschaftlicher Mitarbeiter im Wissenschaftlichen Institut der AOK (WIdO) im AOK-Bundesverband, Forschungsbereich Betriebliche Gesundheitsförderung, Heilmittel und ambulante Bedarfsplanung; Projektleiter Forschungsbereich Betriebliche Gesundheitsförderung. Arbeitsschwerpunkte: Fehlzeitenanalysen, betriebliche und branchenbezogene Gesundheitsberichterstattung.

Helge Nissen

Technische Hochschule Lübeck
Fachbereich Elektrotechnik und Informatik
Lübeck

Helge Nissen ist als wissenschaftlicher Mitarbeiter an der Technischen Hochschule Lübeck in der Arbeitsgruppe Human-Computer-Interaction tätig. Sein Forschungsschwerpunkt liegt in den Bereichen Usability und User Experience technischer Systeme und gilt insbesondere der Interaktion mit mobilen Anwendungen.

Prof. Dr. Sibylle Olbert-Bock

Hochschule für Angewandte Wissenschaften
St. Gallen, Schweiz

Prof. Dr. Sibylle Olbert-Bock leitet das Kompetenzzentrum für Leadership & Personalmanagement, Institut IQB der Fachhochschule St. Gallen. In ihrer aktuellen Forschung fokussiert sie Fragestellungen der nachhaltigen Unternehmensentwicklung und Personalführung in der Digitalisierung, der Personal- und Karriereentwicklung sowie Facetten des demografischen Wandels. Zuvor hat sie mehrere Jahre in der Wirtschaft in internationalen Funktionen der Führungskräfte- und Organisationsentwicklung Erfahrung gesammelt. Bereits während ihrer Promotion zu organisationalem Lernen an der Universität Karlsruhe war sie in internationalen Forschungsprojekten zum demografischen Wandel, familienorientierter Personalpolitik und Change Projekten aktiv. Sibylle Olbert-Bock hat an der Universität Mannheim studiert und ist wissenschaftliche Beirätin in Forschungsprogrammen zu Veränderungen in der Arbeitswelt, Kompetenzentwicklung und Digitalisierung.

Prof. Dr. Nadine Pieck

Hochschule Magdeburg – Stendal
Institut für Gesundheitsförderung und Prävention in Lebenswelten
Magdeburg

Direktorin des Instituts für Gesundheitsförderung und Prävention in Lebenswelten an der Hochschule Magdeburg-Stendal. Forscht zu Beteiligungsprozessen, Gender und Diversity in der gesundheitsförderlichen Organisationsentwicklung.

Prof. Dr. Kerstin Rieder

Hochschule für angewandte Wissenschaften Aalen
Fakultät Wirtschaftswissenschaften
Aalen

Kerstin Rieder ist Professorin am Studienbereich Gesundheitsmanagement und leitet dort den Studiengang Wirtschaftspsychologie. Sie studierte Psychologie mit dem Schwerpunkt Arbeits- und Organisationspsychologie an der Technischen Universität Berlin und promovierte dort. Seit vielen Jahren forscht sie zu Veränderungen der Arbeitswelt und nimmt insbesondere die Tertiarisierung, die Digitalisierung sowie die Mobilisierung der Arbeitswelt in den Blick. Ihr Fokus liegt dabei auf der gesundheitsförderlichen Gestaltung von Arbeit.

Dr. Birgit Schauerte

Institut für Betriebliche Gesundheitsförderung
BGF GmbH
Köln

Dr. Birgit Schauerte studierte Sportwissenschaften mit dem Schwerpunkt Rehabilitation und Prävention an der Deutschen Sporthochschule (DSHS) und schloss 2014 ihre berufsbegleitende Promotion „Entwicklung und Evaluation eines Interventionskonzeptes zur Prävention kardiovaskulärer Erkrankungen bei Beschäftigten in KMU" ab. Seit 2011 leitet sie das Team Forschung und Entwicklung im Institut für Betriebliche Gesundheitsförderung der AOK Rheinland/Hamburg in Köln und setzt mit ihrem Team schwerpunktmäßig drittmittelgeförderte anwendungsorientierte Forschungsprojekte im Bereich der betrieblichen Prävention um.

Tina Scheibe

Bundesanstalt für Arbeitsschutz und Arbeitsmedizin (BAuA)
Dresden

Masterstudiengang Human Performance in Socio-Technical Systems mit Schwerpunkt auf Arbeits- und Organisationspsychologie (TU Dresden), B. Sc. Psychologie 2016 (FernUniversität Hagen), B. A. Politikwissenschaft 2009 (TU Dresden), seit 2018 Studentische Hilfskraft in der Bundesanstalt für Arbeitsschutz und Arbeitsmedizin, Arbeitsschwerpunkte: Arbeit und Erholung.

Antje Schenkel

Wissenschaftliches Institut der AOK (WIdO)
Berlin

Diplom-Mathematikerin. Nach Abschluss des Studiums 2007 durchgehend unterwegs in Datenbankentwicklung und Datenanalyse. Seit 2017 Mitarbeiterin des Wissenschaftlichen Instituts der AOK (WIdO) im Forschungsbereich Betriebliche Gesundheitsförderung, Heilmittel und ambulante Bedarfsplanung.

Prof. Dr. Carsten C. Schermuly

SRH Hochschule Berlin
Berlin

Leiter des Studiengangs Internationale BWL mit Schwerpunkt Wirtschaftspsychologie an der SRH Berlin. Habilitation im Fach Psychologie. Zu seinen Forschungsschwerpunkten gehören die Konsequenzen von Diversität in Arbeitsteams, die Qualität von Personalentwicklungsmaßnahmen sowie die psychologische Perspektive auf das Thema New Work (psychologisches Empowerment). Für seine Forschung wurde er u. a. mit dem Erdinger Coachingpreis, dem Best-Paper-Award des EJWOP und dem Deutschen Coaching-Preis des DBVC ausgezeichnet.

Mathias Schilder

AOK Nordost – Die Gesundheitskasse
Berlin

Seit 2003 bei der AOK Berlin – Sozialversicherungsfachangestellter; berufsbegleitend an der Hochschule Magdeburg: 2014 B. Sc. angewandte Gesundheitswissenschaften, 2016 M. A. Management im Gesundheitswesen mit Thesis zur Entwicklung eines neuen BGM-Analysetools. BGF Koordinator seit 2010. 2016 11/2 Jahre Referent der Geschäftsleitung Versorgung. Arbeitsschwerpunkte: Beratung und Begleitung von Unternehmen bei der Entwicklung und Umsetzung von BGM-Projekten, Aufbau und Mitgestaltung eines Netzwerks für derzeit über 230 KMU in den drei Ländern Berlin, Brandenburg und Mecklenburg Vorpommern.

Annette Schlipphak

Bundesministerium des Innern, für Bau und Heimat
Berlin

Studium der Psychologie in Frankfurt am Main. Erfahrungen im Bereich Unterricht, Training und Beratung, Personalentwicklung und -auswahl. Seit 2001 Referentin im Bundesministerium des Innern, heute tätig im Ärztlichen und Sozialen Dienst der obersten Bundesbehörden, Gesundheitsmanagement. Zuständig u. a. für die Koordination der Umsetzung des Betrieblichen Gesundheitsmanagements in der unmittelbaren Bundesverwaltung sowie die Erstellung des Gesundheitsförderungsberichts.

Astrid Schmidt

ver.di Bundesverwaltung
Berlin

Astrid Schmidt ist seit 2014 Referentin im ver.di-Bereich Innovation und Gute Arbeit sowie im Fachbereich TK/IT. Sie hat Ethnologie und Literatur-, Film- und Medienwissenschaften an der Universität Hamburg studiert und in den Bereichen Strategische Kommunikation, Forschung und Gewerkschaftliche Organisierung gearbeitet. Seit 2010 ist sie hauptamtlich in der ver.di Bundesverwaltung tätig.

Dr. Ina Schöllgen

Bundesanstalt für Arbeitsschutz und Arbeitsmedizin (BAuA)
Berlin

Dipl.-Psych. 2007 (TU Dresden), Dr. phil. 2011 (FU Berlin), im Anschluss wissenschaftliche Mitarbeiterin am Mannheimer Institut für Public Health sowie an der HU Berlin, seit 2014 wissenschaftliche Mitarbeiterin bei der Bundesanstalt für Arbeitsschutz und Arbeitsmedizin, Arbeitsschwerpunkte: Arbeit und Wohlbefinden, Arbeit und Erholung.

Johanna Schrödel

AOK Bayern – die Gesundheitskasse
Nürnberg

Johanna Schrödel studierte Psychologie (B. Sc. und M. Sc.) mit den Schwerpunkten Arbeits-, Gesundheits- und Klinische Psychologie an den Universitäten Bamberg und Eichstätt.
Seit 2017 ist sie als Beraterin für Betriebliches Gesundheitsmanagement bei der AOK Bayern tätig. Ihre Forschungsinteressen liegen in den Bereichen Betriebliches Stress- und Ressourcenmanagement, psychische Gesundheit am Arbeitsplatz sowie Mediation und Konfliktmanagement.

Helmut Schröder

Wissenschaftliches Institut der AOK (WIdO)
Berlin

Nach dem Abschluss als Diplom-Soziologe an der Universität Mannheim als wissenschaftlicher Mitarbeiter im Wissenschaftszentrum Berlin für Sozialforschung (WZB), dem Zentrum für Umfragen, Methoden und Analysen e. V. (ZUMA) in Mannheim sowie dem Institut für Sozialforschung der Universität Stuttgart tätig. Seit 1996 wissenschaftlicher Mitarbeiter im Wissenschaftlichen Institut der AOK (WIdO) im AOK-Bundesverband und dort insbesondere in den Bereichen Arzneimittel, Heilmittel, Betriebliche Gesundheitsförderung sowie Evaluation tätig; stellvertretender Geschäftsführer des WIdO.

Anika Schulz

Bundesanstalt für Arbeitsschutz und Arbeitsmedizin (BAuA)
Berlin

M. Sc.-Psych. 2016 (Universität Potsdam, Arbeits- und Organisationspsychologie), seit 2016 Wissenschaftliche Mitarbeiterin bei der Bundesanstalt für Arbeitsschutz und Arbeitsmedizin, Arbeitsschwerpunkte: Arbeit, Erholung und mentale Gesundheit, Kontakt: Bundesanstalt für Arbeitsschutz und Arbeitsmedizin, FB 3 Arbeit und Gesundheit, Gruppe 3.4 Mentale Gesundheit und Kognitive Leistungsfähigkeit.

Dr. phil. Anika Schulz-Dadaczynski

Bundesanstalt für Arbeitsschutz und Arbeitsmedizin (BAuA)
Berlin

Master of Arts in Organisational Management 2007 (Universität Flensburg, Arbeits- und Organisationspsychologie), Dr. phil. 2013 (Universität Lüneburg), im Anschluss wissenschaftliche Mitarbeiterin an der Universität Hamburg, Arbeitsbereich für Arbeits- und Organisationspsychologie, seit 2012 wissenschaftliche Mitarbeiterin bei der Bundesanstalt für Arbeitsschutz und Arbeitsmedizin, Fachbereich für Arbeit und Gesundheit (Gruppe 3.5 Psychische Belastung). Arbeitsschwerpunkte: Arbeitsanalyse und -Gestaltung, Arbeitsintensität, Zeit- und Leistungsdruck bei Dienstleistungs- und Wissensarbeit.

Susanne Sollmann

Wissenschaftliches Institut der AOK (WIdO)
Berlin

Susanne Sollmann studierte Anglistik und Kunsterziehung an der Rheinischen Friedrich-Wilhelms-Universität Bonn und am Goldsmiths College, University of London. Von 1986 bis 1988 war sie wissenschaftliche Hilfskraft am Institut für Informatik der Universität Bonn. Seit 1989 ist sie Mitarbeiterin im Wissenschaftlichen Institut der AOK (WIdO) im AOK-Bundesverband. Sie ist verantwortlich für das Lektorat des Fehlzeiten-Reports.

Prof. Dr. Henning Staar

Fachhochschule für öffentliche Verwaltung NRW
Duisburg

Henning Staar, Diplom-Psychologe, Jahrgang 1979, lehrt als Professor für Psychologie an der Fachhochschule für öffentliche Verwaltung Nordrhein-Westfalen (FHöV NRW). Als einer der Gründer und Geschäftsführer der Organisationsberatung doppel p ist Henning Staar seit Jahren zudem als Berater und Trainer in der Privatwirtschaft und dem öffentlichen Sektor zu Themen der Organisations- und Personalentwicklung unterwegs. Schwerpunkte bilden dabei das Betriebliche Gesundheitsmanagement, die Entwicklung von Führungskräften und Teams – insbesondere vor dem Hintergrund der Digitalisierung der Arbeit.

Mika Steinke

SALUBRIS Badura & Münch GbR
Bielefeld

Studium der Soziologie und Wirtschaftswissenschaften (B. A.) und Public Health (M. Sc.) an der Universität Bielefeld. Von 2010 bis 2014 Tätigkeit als wissenschaftlicher Mitarbeiter an der Fakultät für Gesundheitswissenschaften der Universität Bielefeld in drittmittelgeförderten (Forschungs-)Projekten (Hans-Böckler-Stiftung, Bundesanstalt für Arbeitsschutz und Arbeitsmedizin (BAuA), Bertelsmann Stiftung). Seit 2014 Berater für Betriebliches Gesundheitsmanagement (BGM) bei der SALUBRIS Badura & Münch GbR. Beratungsprojekte in der Industrie, der öffentlichen Verwaltung und der Softwarebranche. Beratungsschwerpunkte: Unternehmensdiagnostik und Kennzahlenentwicklung, Gefährdungsbeurteilung psychischer Belastung, Prozessgestaltung und Standardisierung, Team- und Organisationsentwicklung, Qualifizierung.

Sonja Stender

AOK – Die Gesundheitskasse für Niedersachsen
Hannover

Sonja Stender studierte Public Health mit dem Schwerpunkt Gesundheits- und Sportwissenschaften an der Universität Bremen und absolvierte den Master of Arts in Gesundheitsförderung und Prävention an der Europauniversität Flensburg. Anschließend war sie im Bereich der strategischen Gesundheitskommunikation tätig. Seit 2017 ist sie Beraterin für Betriebliches Gesundheitsmanagement bei der AOK Niedersachsen. Im Rahmen des Innovationsprojekts „Gesundheit in der Arbeitswelt 4.0" beschäftigt sie sich mit der Wirkung der Arbeitswelt 4.0 auf die Gesundheit von Beschäftigten sowie der Weiterentwicklung des Betrieblichen Gesundheitsmanagements.

Barbara Susec

ver.di Bundesverwaltung
Berlin

Barbara Susec arbeitet im Bereich Innovation und Gute Arbeit in der ver.di-Bundesverwaltung. Sie ist wissenschaftliche Mitarbeiterin im vom BMBF geförderten Projekt TransWork – Transformation der Arbeit durch Digitalisierung. Sie hat Politologie an der HU Berlin studiert und beim DGB das Büro von Michael Sommer sowie den Bereich Internationales geleitet.

Prof. Dr. Christine Syrek

Hochschule Bonn-Rhein-Sieg
Rheinbach

Christine Syrek ist Professorin für Wirtschaftspsychologie, insbes. Kommunikation und angewandte Sozialpsychologie an der Hochschule Bonn-Rhein-Sieg. Seit 2015 ist sie Vorstandsmitglied der Deutschen Gesellschaft für Positiv-Psychologische Forschung (DGPPF). Ihr Fachgebiet betrifft die Schnittstelle der Arbeits-/Organisationspsychologie und Positiven Psychologie. Speziell gehören zu ihren Forschungsthemen Arbeitsstress und Erholung (von Mikropause bis Urlaub), Führungsverhalten, sowie die Veränderung der Arbeitswelt durch die Digitalisierung. In Forschung und Praxis interessiert sie sich dafür, Perspektiven aus verschiedenen Disziplinen zu integrieren und die Brücke zwischen praktischer Anwendung und methodisch fundierter Forschung zu schlagen.

Dr. Tim Vahle-Hinz

Humboldt-Universität zu Berlin
Institut für Psychologie
Berlin

Dr. rer. nat. Tim Vahle-Hinz lehrt und forscht als wissenschaftlicher Mitarbeiter am Arbeitsbereich Occupational Health Psychology der Humboldt-Universität zu Berlin. In seiner Forschung beschäftigt er sich mit Auswirkungen von organisationalen Bedingungen und individuellen Verhaltensweisen am Arbeitsplatz auf Gesundheit, Motivation und Leistung von Beschäftigten. Ein Schwerpunkt seiner Arbeit sind gesundheitliche Folgen eines Wandels der Arbeit. Hierbei konzentrieren sich seine bisherigen Arbeiten auf gesundheitliche Effekte von ständiger Erreichbarkeit, sozialer Mediennutzung am Arbeitsplatz und atypischer Beschäftigung.

Dr. Birgit Verworn

Bundesvereinigung der Deutschen Arbeitgeberverbände (BDA)
Berlin

Dr. habil. Birgit Verworn gestaltet seit 2013 in der Abteilung Soziale Sicherung der BDA die Themenfelder Betriebliche Gesundheitsförderung, Arbeitsschutz, Arbeitsgestaltung, demografischer Wandel und Digitalisierung. In diesem Zusammenhang vertritt sie u. a. in der Gemeinsamen Deutschen Arbeitsschutzstrategie und der Nationalen Präventionskonferenz und Fachgremien verschiedener Sozialversicherungsträger die Perspektive der Arbeitgeber. Zuvor war Frau Verworn in der Wissenschaft, Industrie und Technologieberatung tätig.

Dr. Gerlinde Vogl

Universität Oldenburg
Institut für Betriebswirtschaftslehre und Wirtschaftspädagogik
Oldenburg

Dr. Gerlinde Vogl (geb. 1961) absolvierte eine Ausbildung zur Bürokauffrau und studierte über den 2. Bildungsweg Soziologie in München und Wien. Die Schwerpunkte lagen dabei in der Industrie- und Arbeitssoziologie. 2007 Promotion an der TU München zu „Selbstständige Medienschaffende in der Netzwerkgesellschaft". Seit vielen Jahren beschäftigt sie sich mit der Mobilisierung der Arbeitswelt in Form mobiler Arbeit. Derzeit leitet sie das Forschungsprojekt „prentimo – präventionsorientierte Gestaltung mobiler Arbeit" (www.prentimo.de) an der Universität Oldenburg.

Andrea Waltersbacher

Wissenschaftliches Institut der AOK (WIdO)
Berlin

Andrea Waltersbacher, Diplom-Soziologin, ist seit 2001 wissenschaftliche Mitarbeiterin im WIdO. Seit 2002 ist sie Projektleiterin des AOK-Heilmittel-Informations-Systems (AOK-HIS) im Forschungsbereich Betriebliche Gesundheitsförderung, Heilmittel und ambulante Bedarfsplanung.

Paul Wappler

CCVOSSEL GmbH
Berlin

Paul Wappler ist Mitarbeiter der CCVOSSEL GmbH in der Abteilung Beratung und Sicherheitslösungen. Er verfasst IT-Sicherheitskonzepte und ist als Informationssicherheitsbeauftragter unter anderem für die Einhaltung und Umsetzung von Sicherheitsrichtlinien nach ISO 27001 verantwortlich.

Dr. Johannes Wendsche

Bundesanstalt für Arbeitsschutz und Arbeitsmedizin(BAuA)
Dresden

Dipl.-Psych. 2007 (TU Dresden), Dr. rer. nat. 2017 (TU Dresden), 2007–2015 Wissenschaftlicher Mitarbeiter an der Fakultät Psychologie der TU Dresden (Professur für Arbeits- und Organisationspsychologie, Professur für Sozialpsychologie, Arbeitsgruppe Wissen-Denken-Handeln), seit 2015 Wissenschaftlicher Mitarbeiter bei der Bundesanstalt für Arbeitsschutz und Arbeitsmedizin, Arbeitsschwerpunkte: Arbeit und Erholung, beanspruchungsoptimierende Arbeitsgestaltung.

Dr. Gerhard Westermayer

BGF GmbH
Berlin

Dr. Gerhard Westermayer arbeitet seit 30 Jahren im Feld der Betrieblichen Gesundheitsförderung, seit 25 Jahren als Partner der AOK. Er hat Ausbildungen in Organisationsentwicklung, systemischer Diagnostik und ist Dipl. Psychologe. Er hat über Organisationsdiagnostik an der TU Berlin promoviert und ist Autor von mehr als 60 einschlägigen Publikationen. Er lehrt an zwei Universitäten Organisationsentwicklung, Occupational Health Promotion und Business Consulting. Er pendelt seit 20 Jahren zwischen Berlin und Schweden, wo er mit seiner schwedischen Frau wohnt und arbeitet.

Dr. Tobias Wienzek

Technische Universität Dortmund
Sozialforschungsstelle
Dortmund

Dr. Tobias Wienzek studierte Wirtschafts- und Sozialwissenschaften an der TU in Dortmund und ist seit 2008 als wissenschaftlicher Mitarbeiter im Bereich Arbeitsforschung (Sozialforschungsstelle Dortmund) tätig. Er promovierte im Jahr 2013 zum Thema Boundary Spanner und Promotoren in Innovationskooperationen nichtforschungsintensiver KMU. Arbeitsschwerpunkte: Innovationspolitik, Kooperationsformen, Industrie 4.0.

Prof. Dr. Lars Windelband

Pädagogische Hochschule Schwäbisch Gmünd
Institut für Bildung, Beruf und Technik
Schwäbisch Gmünd

Professor für Technik und ihre Didaktik an der Pädagogischen Hochschule Schwäbisch Gmünd. Arbeitsschwerpunkte: Veränderungen in der Mensch-Maschine-Schnittstelle, Digitalisierung der Arbeitswelt, Früherkennungs- und Berufsbildungsforschung.

Werner Winter

AOK Bayern – Die Gesundheitskasse
Nürnberg

Studium der Sozialpädagogik und Betriebswirtschaft. Change Manager und Organisationsentwickler. Seit 1982 in unterschiedlichen Feldern der Gesundheitsförderung, insb. der Betrieblichen Gesundheitsförderung tätig. Seit 1989 Mitarbeiter der AOK Bayern. Leiter des Fachbereichs Betriebliches Gesundheitsmanagement. Arbeitsschwerpunkte: Organisationsentwicklung, Qualitätsmanagement, psychosoziale Belastungen, Sucht und Führung.

Ines Catharina Wulf

Heinrich-Heine-Universität Düsseldorf
Wirtschaftswissenschaftliche Fakultät
Düsseldorf

Ines Catharina Wulf, M. Sc. Arbeits- und Organisationspsychologin und examinierte Gesundheits- und Krankenschwester, ist seit 2016 wissenschaftliche Mitarbeiterin im BMBF-geförderten Projekt DYNAMIK 4.0 und am Lehrstuhl für BWL, insb. Organisation und Personal der Heinrich-Heine-Universität in Düsseldorf beschäftigt. Zuvor studierte sie an der Leuphana Universität Lüneburg, der Victoria University of Wellington (Neuseeland) sowie der Universität Potsdam. Ihre Forschungsschwerpunkte liegen vor allem im Bereich Arbeit und Gesundheit, insbesondere Prävention psychischer Fehlbelastung und psychischer Gesundheitskompetenz.

Stichwortverzeichnis

A

Abschalten-Können 308, 309, 311–313
– Einflussfaktoren 313
– Wirkungen 315
Absentismus 374
Absprachen 56
Abwesenheitszeiten 744
– krankheitsbedingte 744
Abwesenheitszeitenquote
– standardisierte 749
agile Arbeit 137
agile Arbeitsformen 195, 196, 198–200
agile Methoden 136, 195, 197
– gesundheitsförderliche Potenziale 202
agile Organisation 194
agile Projektarbeit 135
agiles Arbeiten 134–136
– agile Teamarbeit 129
Agiles Manifest 135
Agilität 194–196, 199, 201, 202
Altersstruktur 427
Analyse-Workshops 378
Anforderungsniveau 32
Anforderungsüberlastung 296
Annäherungsziele 295
Anpassungsleistung 294
Anspruchsgruppen 372
Antonovsky, Aaron 132
Anweisungen
– mündliche 232
Apps 181
APPsist
– mobiles Assistenzsystem 25
Arbeit
– mobile 78
– vernetzte 219, 220, 222
– virtuelle 226
Arbeit 4.0 18
Arbeiten
– ortsflexibles 320
– vernetztes 218
– virtuelles 218
– zeitflexibles 320
Arbeitsanforderungen 310, 313
– Bewältigung 274
Arbeitsanweisungen
– schriftliche 232
Arbeitsausdehnung 275, 276, 278

Arbeitsbedingungen 213, 269, 274
Arbeitsbelastungen 211, 254, 271
Arbeitsengagement 242, 244
Arbeitsformen 128
– flexible 291
Arbeitsformen, neue 137
Arbeitsgestaltungskompetenz 58, 352
Arbeitsintensivierung 74, 275, 276, 278
Arbeitsmarkt 30
Arbeitsorganisation 229
– humanorientierte Gestaltung 19
Arbeitsort 42, 64, 66, 67, 82, 206, 403
– zeit- und ortsflexibles Arbeiten 268
Arbeitsplatz 239
Arbeitsplatz-Check 339
Arbeitsplätze
– mobile 356
– neue 43
– Verlust von 43
Arbeitsressourcen 310, 313, 315
Arbeitsschutz 56
Arbeitsumgebung 227
Arbeitsunfähigkeit 721
– Dauer 726
– Erfassung 721
– nach Altersabhängigkeit 726
– nach Kassenart 720, 724, 726
– nach Krankheitsart 729
Arbeitsunfähigkeits-bescheinigung 720, 721
Arbeitsunfähigkeitsfälle 720, 724
Arbeitsunfähigkeitsquote 422
Arbeitsunfähigkeitstage 96, 423, 443, 720, 724
Arbeitsunfähigkeitszeiten 418
Arbeitsunfälle 455
Arbeitsverdichtung 65, 69, 74
Arbeitswelt
– digitale 219
Arbeitswelt 4.0 320, 322, 325, 327, 328
Arbeitszeit 42, 64, 66, 67, 82, 208, 238, 254, 403
Arbeitszeitbegrenzung 91

Arbeitszeiterfassung 67
Arbeitszeitgesetze 68
Arbeitszeitgestaltung 71
Arbeitszeitregelung 46
Assistenzsysteme 47, 73
Atemwegserkrankungen 445, 453
Automatisierung 35, 71, 384, 393, 394
Automatisierungssystem 47
Automatisierungs-wahrscheinlichkeit 31
Autonomie 58, 93, 99, 102, 232, 288

B

Balance 58, 290
Basistraining Führung 341
Basistraining Gesunde Arbeit 341
Beanspruchung 252
Beeinträchtigungen 97
Befähigung 324
Befragung 385
– repräsentative telefonische 82
Behördengruppen 747
Belastungen 113
Belastungs-Beanspruchungs-Geschehen 231
Belastungsfaktoren 261, 269, 270, 274
– psychische 69
Belastungskonstellationen 199–201
Belastungssituation 200, 271
Belohnung 359
Benchmarks 114
Bergmann, Frithjof 129, 130, 132, 137
BERUFENET 31
berufliche Bildung 46
Berufsbilder 32, 43
Berufsleben
– Ausdehnung 80
Berufssegmente 33
Beschäftigte 52
– mobile 102
– sozialversicherungspflichtig 34
Beschäftigungsgruppen 85
Beschäftigungsverhältnisse
– atypische 82

Stichwortverzeichnis

Beschwerden
- gesundheitliche 97
Best Practice 398, 405, 406
Betriebliches
  Gesundheitsmanagement 181, 189, 320–322, 325, 326, 328, 368, 376, 742
- Prozess 182, 190
Betriebsnachbarschaft 183
Beziehungen
- Mangel an direkten sozialen 299
- soziale 298
Beziehungsorientierung 222
BGM 371, 379
BGM-Plattform 181
BGM-Prozess 743
Bielefelder Sozialkapitalindex (BISI) 377
Bildung 33
- Weiterbildung 36
Blended Learning 325
Boundary Management 268, 280
Bundesdatenschutzgesetz 74
Bundesverwaltung 744
Burnout 133, 137, 461

C

Challenge 407
Change Management 378
Chatbots 57
Clickworking 45
Commitment 226
Common Wisdom 23
Conservation-of-Resources-Theorie 310
Content-Management-System (CMS) 338
convenience sampling approach 242
Corporate-Social-Responsibility-Umsetzungsgesetz 370
Crossover-Effekte 325
Croudworking 46
Crowdsourcing 45
Crowdworker 22

D

Datenbrillen 41
Datenschutz 47, 72, 74
Datenschutzkonzept 119
Datensicherheit 339
Demand-Control-Modell 133
Demings, William 134

Demokratisierung 128
Depression 134, 137
Dequalifizierung 43, 44
Detachment 308, 309, 311, 312
- Einflussfaktoren 312, 316
- Wirkungen 311, 315, 316
Diagnoseuntergruppen 459
Digi-Exist 334, 344
Digi-Exist-Plattform 338
Digi-Exist-Trainings 340
digital Divide 27
digitale BGM-Maßnahmen 188
digitale Lernformen 327
digitale Tools 181, 182, 190
digitale Transformation 323
Digitalisierung 30, 31, 34, 36, 40, 42, 45, 46, 52, 59, 64, 103, 175, 180, 254, 259, 268, 274, 316, 368, 384, 393
- Angst vor 393
- quantitative Beschäftigungseffekte 20
Digitalisierungsprozess 390
Disruption 18
Dokumentation 114
DYNAMIK 4.0 115, 120

E

Echtzeitkommunikation 161
e-Coach 158, 173
Effort-Recovery-Modell 310, 353
Eigenverantwortung 81
Einflussfaktoren 385
Einzeldiagnosen 451
Eisenhower-Methode 357
E-Learning-Elemente 116
E-Learning-Tools 181
e-Mental Health 157
- Occupational 157, 160, 170
Empowerment 137, 194, 198–200, 203
Empowerment, psychologisches 130, 133, 135, 137
Energiebilanz 303
EngAGE 351
- EngAGE-Coach 351, 354
Engagement 288, 291
Entfremdung 384
Entgeltfortzahlungsanspruch 725
Entgrenzung 45, 67, 80, 88, 230
- vom Privatleben 102
- von Arbeit 102
Entlassungen 129
Entlastungseffekte 41

Entscheidungsaufgaben 352
Entscheidungsspielraum 386
Entspannen 361
Entwicklung
- berufliche 302
Entwicklungsprozesse 290, 301
Entwicklungstrends 19
episodisches Prozessmodel 241
Erfahrungsaustausch 104, 322
Erfahrungswissen 44, 48
Ergebnisqualität 743
Ergonomie 356
Erholung 252–254, 263, 308, 313
Erholungskompetenz 353
Erholungsstrategien 253, 257, 258, 261, 262
Erholungszustand 256, 258, 261, 262
Erkrankung
- Dauer 744
Erkrankungen
- der Verdauungsorgane 456
- psychische 321
Erreichbarkeit 56, 360
Erschöpfung 97
Erwerbsarbeit 238
Erwerbsbevölkerung
- gesamte 750
Europäische Datenschutzgrundverordnung (DSGVO) 74
Evaluation 117, 742, 743
- formative 742
- prospektive 742
- summative 743
Evaluationsergebnisse 342
Expositionstherapie 160
Extremgruppenvergleich 100

F

Face-to-Face-Kontakt 221
fachliche Unterstützung durch Führung 386
Falldauer 721, 726
Feedbackschleifen 231
Fehlzeiten
- arbeitsunfähigkeitsbedingte 80
- krankheitsbedingte 95
Fehlzeitengeschehen 415
Fehlzeitenstatistiken
- der Krankenkassen 374
Fitnesstracker 406
Flex-Arbeitende 81, 84
Flexibilisierung 53, 65, 66
- von Arbeitsorten 78

- von Arbeitszeiten 78
Flexibilität 81, 88
- räumliche 221
Flexibilitätsanforderungen 88
Fokussierung 269, 278, 280
fractured attention 299
Fragebogen 116
Fremdeinschätzung 301
Frühindikatoren 373
Frustrationstoleranz 303
Führung 79, 198, 201, 203, 211, 221, 323
- auf Distanz 324
- geteilte 231
- transformationale 222
- und psychische Gesundheit 324
Führung, transaktionale 389
Führung, transformationale 389
Führungsaufgaben 232
Führungskraft 91, 226
Führungskräfte 328, 378
- digitale 54
Führungsqualität 209

G

Gamification 184, 185, 188, 337, 339, 356
Gamifizierung 392
Gefährdung
- von Jobs 70
Gefährdungsanalyse 354
Gefährdungsbeurteilung 69, 74, 113, 204, 340
Gefährdungsbeurteilung psychischer Belastungen 112
Gelenkbeschwerden 98
Generationen 384
Gestalt-Switch 389
Gestaltungsprojekt 24
gesundes Verhalten 408
Gesundheit 103, 221, 288
- physische 297
- psychische 57, 157, 159, 160, 165, 174, 175, 297
gesundheitliche Beeinträchtigungen 209, 213, 273
gesundheitliche Beschwerden 271, 277–279
gesundheitliche Risiken 270, 276
Gesundheits-Apps 159, 160, 408
Gesundheitsbericht 373
Gesundheitsförderungsangebote
- digitale 337

Gesundheitsindikatoren 386
Gesundheitsinterventionen 174
Gesundheitskulturindex 405, 406
Gesundheitsmanagement 399, 401, 403, 405
- digitale Tools 403
- Digitalisierung 402
Gesundheitspotenziale 390, 393
Gigworker 22
Grenzziehung 268, 280
Grenzziehungsmanagement 88

H

Handlungsfelder
- betriebliche 64
Handlungsspielraum 209, 255, 261, 263
hard power 370
Health-oriented Leadership (HoL) 223
Herz- und Kreislauf-Erkrankungen 456
Hierarchien 130
- flache 131
- steile 368
Hilfsmittel
- digitale 87
Höherqualifizierung 36, 43, 44
Homeoffice 80, 86
Humanisierung 219
Human-Relations-Ansatz 129
Humanvermögen 372

I

Identifikation 291
Implementierung 341, 342
Improvisationsvermögen 23
Industrie 4.0 40, 41
Information Overload (IO) 57, 225
Informationstechnologien 218
Informationsüberflutung 269, 270, 272, 273
Informatisierung
- von Arbeit 20
Infrastruktur
- digitale 87
Inhouse-Arbeitende 81, 84, 101
Instandhaltungstätigkeiten
- qualifizierte 22
Instant Messaging 161
intelligentes Unternehmen 398
Interdependenzen 231
Intervention 184
- Internet-Intervention 160

- Nachteile der Internet-Interventionen 171
- Vorteile der Internet-Interventionen 171
Interventionen 157, 158
- evidenzbasierte Internet-Interventionen 170
- Internet-Interventionen 158, 159, 164–166, 175
- Kosten und Nutzen von Internet-Interventionen 174
- Prävention und Gesundheitsförderung 164
- psychotherapeutische Internet-Intereventionen 162
- verhaltensorientierte 314, 315
- verhältnisorientierte 314, 315
- Vor- und Nachteile von Internet-Interventionen 171
Interventionsgruppe 187
Irritation
- kognitive 93, 100
IT- und Maschinenbaubranche 209
IT-Unternehmen 210, 211

J

Job Crafting 359

K

Kapitalismus 129
Karriereverhalten 294
Kennzahlen 372
Kinderpflegekrankengeld 465
KMU 118
Kohärenz
- soziale 375
Kohärenzerleben 132
Kohärenzvermögen 300
Kohäsion
- Soziale 375
Kommunikation 228, 324
Kommunikationsbarrieren 232
Kommunikationsmittel 227
Kommunikationsprozesse 390
Kommunikationstechnologien
- digitale 238
Komplexitätsreduktionen 386
Kontrollaufgaben 352
Kontrolle 253, 257
Kontrollgruppe 187
Kooperation
- abteilungsübergreifende 380
- vertrauensvolle 369, 371

Stichwortverzeichnis

Krankengeldanspruch 721
Krankenstand 415, 424, 443, 720, 722
– nach Kassenart 723
– standardisiert 427
Krankheitsarten 445, 451
krankheitsbedingte Fehlzeiten 742
Krankheitsgeschehen 445
Kreativität 23, 242, 244
Kulturen
– vertrauensvoller Kooperation 380
Kulturentwicklung 374
Kulturworkshops 376
Kundenbedürfnisse
– kritische 371
Künstliche Intelligenz (KI) 18, 73
Kurzzeiterkrankungen 418, 424

L

Langzeiterkrankungen 424
Langzeitfälle 418, 424, 458
Laufbahngruppen 745
Lean-Management 195
Lebensgestaltung
– adaptive 296
lebenslanges Lernen 44
Lebenswelten
– Vereinbarkeit 79
Leistungsbereitschaft 290, 291
Leistungsfähigkeit 290
Leitbild
– persönliches 292
Lernen bei der Arbeit 386
Lernfähigkeit 294
Lernprozesse 290
Lohnfortzahlung 723

M

Management by Objectives (MbO) 231
Maßnahmenentwicklung 114, 116
Maßnahmenumsetzung 114
Media-Richness
– Modell 227
Media-Richness-Theorie 232
Medien
– moderne 287
Mehrarbeit 69
Menschen
– mit Behinderungen 55

Mensch-Roboter-Kollaboration 42
mentale Gesundheit 309
mentales Modell 225
Messung
– veränderte Belastungen 118
Messungen
– objektive 116
Metall- und Elektroberufe 43
Micro-Learning-Content 328
Mikropause 238, 240, 241, 243
Millenials-Beschäftigte 245
Mindset 380
Mitarbeiterbedürfnisse
– kritische 371
Mitarbeiterbefragung 112, 182
Mitarbeiterbindung 374
Mitarbeiterpartizipation 26
Mitbestimmungsrechte 94, 98
mobil Beschäftigte
– Arbeitsbedingungen 207
Mobil-Arbeitende 81, 84, 101
mobile Arbeit 67, 206–208, 210, 213
– Belastungen 207–209, 211
– positives Erleben 209, 210, 213
– Ressourcen 207–209, 211
Mobile Health 159
Mobile-Health-Interventionen 336
Mobiles Arbeiten 54
Mobilität 206, 207, 209, 210, 214
Mobilitätsmanagement 103
Modul-Kompass 354
Motivation 79, 388
– intrinsische 380
Multitasking-Anforderungen 181
Muskel- und Skelett-Erkrankungen 445, 451

N

Networking 360
neue Technologien 130, 268
New Work 128–130, 137
New-Work-Initiativen 130, 132, 134
New-Work-Maßnahmen 130, 132, 134, 137
Nicht-Abschalten-Können
– Wirkungen 316
Normalarbeitsverhältnisse 56
Normalbeschäftigte 82

O

Objektivierung
– der Qualifikationskomponenten 22
Online-Befragungen 116
Online-Feedbacksysteme 229
Online-Fragebogen 184
Online-Gefährdungsbeurteilung 119
Online-Gesundheitstraining 158
Organisationsdiagnosen 380
ortsmobile Arbeit 67
Ortsunabhängigkeit 117

P

Partizipation 117, 120
Pausen 254, 257, 261, 262, 273, 280, 312, 313
Pausengestaltung 257, 261
Peer-to-Peer-Kommunikation 26
Perseverative-Cognition-Theorie 311
Personalmanagement 402
Personas 337, 338
Person-Environment-Fit Modell 133
Planungsaufgaben 352
Plattformökonomie 53
Polarisierung 43–45
– von Arbeit 21
positive Identität 389
positives Denken 362
Potenziale
– entfalten 303
Prä-post-Messungen 117
Präsentismus 95, 374
Präsenz-Workshop 120, 326
Prävention 113, 119
– digitale 334
– evidenzbasiert 165
Präventionsangebote
– digitale 337
Praxistransfer 326
Priorisierung 357
Prioritäten 303
Product Owner 377
Produktivität 80
Programme zur Gesundheitsförderung
– digitale 344
Programmebene 379
Prozessfeedback
– technologiebasiertes 228
Prozessqualität 743
psychische Belastungen 113, 118

– Zunahme 297
psychische Energie 371
psychische Gesundheit 133, 136, 137
psychische und Verhaltensstörungen 457
psychologisches Empowerment 132, 134

Q

Qualifizierung 43, 70
Quantitätsreduktionen 386

R

Reflexionsebene 289
Regeneration 302
Reorganisationsprozess 390, 394
Resilienz 300
– organisationale 304
Resilienzfaktoren, individuelle 392
Resilienzfaktoren, organisationale 391
Ressourcen 258, 262
– individuelle 310
– persönliche 228
– soziale 360
Restrukturierung 199
Rollenkonflikte 231
Rückenbeschwerden 98
Ruhezeit 311, 312

S

Sanktionierung 21
Scaled Agile Framework (SAFe) 376
Schlafstörungen 99
Schnittstelle
– zwischen Arbeit und digitalen Technologien 25
Schritt4fit 182, 184, 187
Schrittzählerintervention 186
Schrittzählerwettbewerb 182, 187
Schulungen 104
Scrum 197–199, 202, 203
Scrum-Master 377
Selbstbestimmungsrechte 94, 98
Selbst-Check 336, 354
Selbsteinschätzung 301
Selbstentwicklung 289, 294
Selbsterkenntnis 289, 293
Selbstfürsorge 223

Selbstgefährdung
– interessierte 230
Selbstkontrolle 299
Selbstlernprozesse 48
Selbstmanagement 93, 300
Selbstmanagement-Kompetenz 58, 287–305
Selbstmotivation 359
Selbstorganisation 81, 138, 268, 368, 369
Selbststeuerung 232, 288
Selbstverantwortung 288
Selbstwirksamkeitserleben 132
Serious Gaming und Gamification 160
Silostrukturen 368
Silver Workers 55
Situation
– individuelle 228
Social Media 159
Social-Media-Pause 246
Social-Media-Tools 239
soft power 370
Souveränität 64
soziale Medien 238, 239, 241
Sozialvermögen 372
sozio-technisches System 24
Spätindikatoren 373
Spreitzer, Gretchen 131
Standardisierungstendenzen 22
Start-ups 334
Statusgruppen 745
Storyboard 392
Stresserleben 133, 137
Stressor-Detachment-Modell 311
Stresstraining
– internetbasiert 161, 163, 164
Strukturqualität 743
Substituierbarkeit 43
Substituierbarkeitspotenzial 30, 33–35
– von Berufen 31, 70
Substitution
– von Berufen 20
surviver sickness 394
swift trust 223
Systemauslegung
– komplementäre 25
Systeme
– selbstlernende 73

T

task attentional pull 245
Tätigkeiten
– einfache 21

– komplexe 21
Tayloristische Konzepte 369
Teamleitung 378
Technik
– digitale 87
Technikdeterminismus 23
Technikfolgenabschätzung 74
Technologien
– neue 54
Teilnahmemotivation 345
Tele-Arbeitende 81, 84
Telefon-Coaching 161
Termin- oder Leistungsdruck 272
Themenwerkstätten 340
Top-down-Prozess 351
transaktionales Stressmodell 133
Treiberanalyse 385

U

Überwachung 73
Umsetzungsdefizit 124
Umsetzungsebene 289
Unfreiwilligkeit 86
Unterbrechungen 358
Unternehmenscheck 339
Unternehmensdiagnose 376
Unternehmensidentität, neue 389
Unternehmenskultur 379
Usability 227
Utrecht Work Engagement Scale 243

V

Varianzaufklärung 386
Veränderungen 324
Veränderungsprozesse 321
Verantwortung
– maschinelle 26
– menschliche 26
Verdichtung von Arbeit 65
Vereinbarkeit 88
Verfahren
– software-gestützte 114
Verhalten
– deviantes 240
Verhaltensindikatoren 301
Verhaltensprävention 335, 398
– digitale Methoden 117
Verhaltensweisen 290
Verhältnisprävention 335, 398
verhältnispräventive Maßnahmen 188
Verletzungen 455

Stichwortverzeichnis

Verluste
- Jobverlust 70
Vermeidungsziele 295
Vernetzung 327
Verschlüsselung der
 Diagnosen 421
Versichertenstruktur 418
Vertiefungstrainings 341
Vertrauenskultur 200
Videokonferenzen 103, 161
- psychotherapeutische
 Versorgung 161
Virtual Reality 160
Vitalität 302
VUKA 398

W

Wegezeiten 79
Weiterbildung 54, 72
Werkstattsteuerungssysteme 25
Werte- und Handlungsebene 289
Wertschätzung 294
Wettbewerbsintervention 188
Wirksamkeit 222
- gesundheitsbezogener
 Maßnahmen 335
Wirksamkeitsprüfung
- der umgesetzten
 Maßnahmen 114
Wohlbefinden 78, 188, 190, 290, 292, 323, 326, 388

Work-non-Work-Balance 238–242, 244, 246
Workshop-Programm 374

Z

Zeit- und Leistungsdruck 275
Zeitdruck 70
Zeitmanagement 302
Zeitsouveränität 66, 67, 229
Zeitunabhängigkeit 117
Zielgruppe 338
Zielszenario 390
Zufriedenheit 79
Zugang zum Arbeitsmarkt 42
Zukunft der Arbeit 128

MIX
Papier aus verantwortungsvollen Quellen
Paper from responsible sources
FSC® C105338

If you have any concerns about our products,
you can contact us on
ProductSafety@springernature.com

In case Publisher is established outside the EU,
the EU authorized representative is:
**Springer Nature Customer Service Center GmbH
Europaplatz 3, 69115 Heidelberg, Germany**

Printed by Libri Plureos GmbH
in Hamburg, Germany